U0857162

ས་ཡུལ་གྱི་མཁས་པས་མཛད་པའི་བོད་ཀྱི་ལོ་རྒྱུས་རྣམ་ཐར་ཕྱོགས་བསྒྲིགས། ༡༥

༄༅། །དུས་ཀྱི་འཁོར་ལོའི་བརྒྱུད་པ་རིན་པོ་ཆེའི་རྟོགས་བརྗོད་དཔག་བསམ་སྙེ་མ་སོགས་བཞུགས། །

ཆག་ལོ་རིན་ཆེན་ཆོས་རྒྱལ་སོགས།

སློན་བཟང་དཔེ་རྙིང་འཚོལ་བསྡུ་ཁང་ནས་བསྒྲིགས།
བོད་ལྗོངས་བོད་ཡིག་དཔེ་རྙིང་དཔེ་སྐྲུན་ཁང་།

图书在版编目（C I P）数据

萨迦诸贤者所著西藏人文、史籍汇编. 十九卷 : 藏文 / 恰洛仁青曲加等著. -- 拉萨 : 西藏藏文古籍出版社, 2019.12

ISBN 978-7-5700-0368-6

Ⅰ. ①萨… Ⅱ. ①贡… Ⅲ. ①萨迦派－文集－藏语 Ⅳ. ①B946.6-53

中国版本图书馆CIP数据核字(2019)第290754号

萨迦诸贤者所著西藏人文、史籍汇编.（十九卷 ）

作 者	恰洛仁青曲加 等
责任编辑	拉巴扎西
终 审	边巴
封面设计	格桑罗布
出 版	西藏藏文古籍出版社
经 销	全国新华书店
印 刷	成都市金雅迪彩色印刷有限公司
开 本	850×1168 1/32
印 张	13.844
版 次	2019年12月第1版
印 次	2019年12月第1次印刷
印 数	01—2.000
标准书号	ISBN 978-7-5700-0368-6
定 价	32.00元

དགེ་སྐྱུན་གསལ་བཤད།

དེ་ཡང་གངས་རིའི་ར་བས་བསྐོར་བའི་བོད་ལྗོངས་འདིར་སྔོན་གྱིན་དམ་པ་ལོ་པཎ་བཀའ་དྲིན་ཅན་རྣམས་ཀྱིས་དཀའ་ཚེགས་དུ་མ་སྤྱད་ནས་ཉམས་མྱོང་དང་ཤེས་རིག་གིས་བསྐྲུན་པའི་བོད་ཀྱི་ལོ་རྒྱུས་དང་། རིག་གནས། དཔལ་འབྱོར། ཆོས་ལུགས་སོགས་རིག་པའི་གནས་སྣ་གང་ས་ནས་ཡོད་པའི་གནའ་དཔེ་བགྲང་གིས་མི་ལང་བ་རང་རེའི་བགོ་སྐལ་དུ་འཛོག་གནང་མཛད་ཡོད་ཀྱང་ལོ་རྒྱུས་ཀྱི་ཆུ་རྒྱུན་རིང་པོའི་ནང་སྲིད་ཀྱི་འཕོ་འགྱུར་དང་། རིག་གནས་ཀྱི་འཕེལ་འགྲིབ། ཉར་ཚགས་བྱེད་ཡུལ་གྱི་ཆ་རྐྱེན་སོགས་ཀྱིས་རྐྱེན་པས་ད་ལྟའི་ཆར་རྒྱ་འཐོར་དུ་སོང་ཟིན་པ་ཕུད། ད་ལྟ་ལུས་པའི་དགེ་རྐྱང་མ་དཔེ་ཕལ་ཆེར་དགོན་པ་དང་། དགེ་མཛོད་ཁང་། རྟེན་མཛོད་ཁང་། ཡིག་ཚགས་ཁང་། དམངས་ཁྲོད་མི་སྒེར་བཅས་སུ་ཁ་འཐོར་དུ་གནས་ཡོད་པས་ཉར་ཚགས་བྱ་ཡུལ་གྱི་ཆ་རྐྱེན་དང་ཉར་ཚགས་བྱེད་པོའི་ཤེས་ཚད་དང་འགན་འཁྲི་འཁུར་ཆེ་ཆུང་གིས་ཉར་ཚགས་བྱེད་པའི་གནས་བབས་མི་འདྲ་བས་དགེ་རྐྱང་ཁག་ཅིག་ད་དུང་ཡང་དགེ་མཁྱུད་གསང་རྒྱ་དང་རྒྱ་འཐོར་ཉམས་ཉེས་སུ་འགྲོ་བཞིན་དང་འགྲོ་ཉེན་ཆེ་བར་སོང་ན་དེང་སྐབས་ང་ཚང་གི་སྲིད་ཇུས་བཟང་པོའི་འོག་ང་ཚོ་བོད་ཡིག་དགེ་རྐྱང་ཉར་ཚགས་ཚན་པ་དང་། དགེ་རྐྱང་བསྡུ་སྒྲིག་ཚན་པ། དགེ་སྐྱུན་ཚན་པ། དེ་བཞིན་སྤྱི་ཚོགས་ཡོངས་ནས་ཐུན་མོང་ཐོག་ལས་དོན་དེ་ར་ཤུགས་སྣོན་རྒྱག་རྒྱུ་ནི་དུས་རབས་ཀྱིས་སྤྲད་པའི་འོས་འགན་གཡོལ་དུ་མེད་པ་ཞིག་ཡིན་པས། ངེད་བོད་ལྗོངས་བོད་ཡིག་དགེ་རྐྱང་དགེ་སྐྱུན་ཁང་བཙུགས་པ་ནས་ད་བར་བོད་ཡིག་དགེ་རྐྱང་དགེ་རྒྱུན་ཤིན་ཏུ་དཀོན་པའི་ལག་ཁྲིས་མ་གཙོ་བོར་གྱུར་

པའི་དཔེ་སྙིང་ནང་དོན་ཕུན་སུམ་ཚོགས་ལ་བོད་ཀྱི་རིག་གནས་ལོ་རྒྱུས་ཞིབ་འཇུག་ལ་དཔྱད་གཞིའི་རིན་ཐང་བྲལ་བ་མི་ལྡང་བ་ཞིག་ང་ཚོའི་《**གངས་ཅན་རིག་མཛོད།**》དཔེ་ཚོགས་ཁོངས་དཔེ་བསྒྲིགས་ཀྱིས་༡༩༨༨ལོ་ནས་ད་བར་དེབ་གྲངས་བརྒྱད་ཅུ་གྱ་དྲུག་ཙམ་རིམ་བཞིན་དཔེ་བསྐྲུན་འགྲེམས་སྤེལ་ཞུས་ཡོད་རུང་དེ་དག་ནི་དཔེ་སྙིང་རྒྱ་མཚོའི་ནང་ནས་ཆུ་ཐིགས་བླངས་པ་ཙམ་ལས། ལས་དོན་དེ་བཞིན་རྒྱ་ཆེ་དང་ཆ་ཚང་བ་ཞིག་སྤེལ་དགོས་ན་དཔེ་སྐྲུན་ཚན་པ་དང་། དཔེ་སྙིང་ཉར་ཚགས་ཚན་པ། བསྡུ་སྒྲིག་ཚན་པ་ཁག་ཡོངས་ཟུང་འབྲེལ་མཉམ་ལས་ལ་འཇུག་རྒྱུ་ནི་དེ་བས་གལ་ཆེ་བ་ཞིག་ཏུ་མཐོང་བས་ངེད་དཔེ་སྐྲུན་ཁང་གིས་སྔ་ཕྱིར་ཟི་ཁྲིན་བོད་ཡིག་དཔེ་སྙིང་བསྡུ་སྒྲིག་ཁང་དང་། བོད་ལྗོངས་སྨོན་བཟང་བོད་ཡིག་དཔེ་སྙིང་བསྡུ་སྒྲིག་ཁང་། དཔལ་བརྩེགས་བོད་ཡིག་དཔེ་སྙིང་བསྡུ་སྒྲིག་ཁང་། དེ་བཞིན་དགོན་སྡེ་ཁག་དང་མི་སྒེར་བཅས་དང་མཉམ་ལས་ཐོག་རྒྱ་ཆེའི་དཔེ་སྙིང་བོད་གྲངས་སྟོང་ལ་ཉེ་བ་དཔེ་སྐྲུན་ཞུས་ཟིན་པ་ཡིན།

དེ་ཡང་ད་ཐེངས་ང་ཚོ་བོད་ཡིག་དཔེ་སྙིང་དཔེ་སྐྲུན་ཁང་དང་བོད་ལྗོངས་སྨོན་བཟང་བོད་ཡིག་དཔེ་སྙིང་བསྡུ་སྒྲིག་ཁང་གཉིས་མཉམ་ལས་ཐོག་ས་ལུགས་མཁས་པ་རིམ་བྱོན་བརྒྱ་དང་དྲུག་ཅུ་རྩ་གསུམ་གྱིས་མཛད་པའི་བོད་ཀྱི་ལོ་རྒྱུས་དང་རྣམ་ཐར་སྐོར་གྱི་དཔེ་སྙིང་དེབ་ཆེན་སུམ་ཅུ་སོ་བདུན་དང་། ནང་ཚན་སུམ་བརྒྱ་བཞི་བཅུ། དེའི་ནང་རྒྱ་བོད་ཀྱི་ལོ་པཎ་དམིགས་བསལ་ཅན་དུ་མའི་མཛད་པ་རྣམ་ཐར་དང་། ཁྱད་པར་དུ་ཚད་མའི་ཆོས་འབྱུང་དང་དབུ་མ་སོགས་ཀྱི་ཆོས་འབྱུང་སོགས་བསྡུས་ཤིང་གསལ་ཁ་ཆེ་བའི་ཆོས་འབྱུང་ལོ་རྒྱུས་དང་བསྟན་རྩིས་སོགས་འདུས་ཡོད་པར་སྤྱིའི་མཚན་བྱང་དུ་《**ས་ལུགས་མཁས་པས་མཛད་པའི་བོད་ཀྱི་ལོ་རྒྱུས་རྣམ་ཐར་ཕྱོགས་བསྒྲིགས།**》ཞེས་བཀོད་ལ། དཔེ་དེབ་སོ་སོར་དེབ་ཀྱི་མཚན་བྱང་བཀོད་པ་དཔེར་ན་དེབ་དང་པོར་《**རྒྱལ་རབས**

གསལ་བའི་མེ་ལོང་སོགས། ཞེས་དང་། དེབ་གཉིས་པར། **བུ་སྟོན་ཆོས་འབྱུང་བཞུགས།** ཞེས་པ་རིམ་པ་ལྟར་དང་། དཔེ་དེབ་སོ་སོར་ཡོད་པའི་ཆོས་ཚན་ཇི་ཡོད་རེ་རེ་བཞིན་དཀར་ཆག་ཞིབ་གསལ་བཀོད་ལ་རྒྱ་ཆེའི་ཀློག་པ་པོར་སྐབས་བདེ་ཡོང་ཆེད་དཔེ་དེབ་རེ་རེར་དཔེ་རྟགས་རེ་དང་། གོང་ཚད་སོ་སོར་བསྒྲིན་ཡོད་པས་ཀློག་པ་པོས་རང་ལ་གང་མཁོ་གཟིགས་ན་ཆོག་པ་ཡིན།

ད་ཕྱེངས་པར་དུ་བསྐྲུན་པའི། **ས་ལུགས་མཁས་པས་མཛད་པའི་བོད་ཀྱི་ལོ་རྒྱུས་རྣམ་ཐར་ཕྱོགས་བསྒྲིགས།** ཞེས་པ་ནི་བོད་ལྗོངས་སློབ་བཟང་བོད་ཡིག་དཔེ་སྙིང་བསྡུ་སྒྲིག་ཚན་པའི་འགན་འཛིན་པ་སྟོང་ར་བ་ཐུབ་བསྟན་སྨོན་ལམ་མཆོག་གིས་གཙོས་ལས་མི་ཡོངས་ནས་ལོ་ངོ་བཅུ་ཕྲག་རིང་དཀའ་བ་དུ་མ་སྤྱད་ནས་བོད་ཀྱི་ས་གནས་ཁག་མང་པོ་ནས་མ་དཔེ་འཚོལ་བསྡུ་གནང་བ་དང་། དེ་ཡང་རེ་རེ་བཞིན་གློག་ཀླད་ནང་ཕབ་པ་དང་། ཞུས་དག་གི་འགན་བཞེས་གནང་ལ་ང་ཚོ་དཔེ་སྐྲུན་ཁང་གིས་རྩོམ་སྒྲིག་དང་མཐའ་ཞིབ་ཀྱི་འགན་འཁུར་ནས་ཞུས་དག་ཟིན་པའི་ནང་ད་དུང་ཆད་ལྷག་དང་ཁ་གསལ་མེད་པ་སོགས་རང་སོར་བཞག་ན་དཔེ་སྐྲུན་ཁང་གི་འགན་འཁུར་ལྷག་བསམ་ཟློལ་མེད་དུ་མི་འགྱུར་བས་མི་སྣ་ཆེད་མངགས་སྒྲིག་འཛུགས་ཀྱིས་འབྲེལ་ཡོད་དགོན་སྡེ་ཁག་དང་དཔེ་སྙིང་ཉར་ཚགས་ཚན་པ་ཁག་ལ་དཔེ་ཚོགས་འདིའི་མ་དཔེ་ཆ་ཚང་གཞན་ཞིག་འཚོར་རེས་རྒྱུད་འཚོལ་ཞུས་ཀྱང་ཆ་ཚང་བ་ཞིག་ནི་ལག་སོན་མ་བྱུང་བས་རྒྱུད་འཚོལ་ཐུབ་པའི་མ་དཔེ་གང་ཡོད་དཔེ་བསྡུར་གང་ནན་ཞུས་ཞུལ་དང་། ད་དུང་དོགས་གནད་ཡོད་རིགས་བོད་ལྗོངས་སློབ་བཟང་བོད་ཡིག་དཔེ་སྙིང་བསྡུ་སྒྲིག་ཁང་གི་འགན་འཛིན་པ་སྟོང་ར་བ་ཐུབ་བསྟན་སྨོན་ལམ་མཆོག་དང་བཀའ་བསྡུར་ལན་མང་ཞུས་ནས་དོགས་སེལ་ཞུས་ཞུལ་ལགས་ཀྱང་ང་ཚོ་དཔེ་སྒྲིག་པའི་ཡོན་ཚད་དང་། སྦྱོང་བྱུང་གིས་རྐྱེན་པས་དོགས

གནད་འགག་ཞིག་ཐག་གཅོད་གཙང་མར་ཐུབ་མེད་པ་དང་། བཅོས་ཟིན་པའི་བཟང་དག་ཁྲོད་ཆད་ལྷག་ནོར་འཛོལ་མཆིས་སྲིད་པས་མཁྱེན་དཔྱོད་ཡངས་པའི་རྒྱ་ཆེའི་ཀློག་པ་པོ་རྣམས་ཀྱིས་བྱེ་དོར་དག་སེལ་མཛད་པར་འཚལ་ཞེས།

བསོད་ནམས་ཚེ་བརྟན་གྱིས།

༢༠༡༨ལོའི་ཟླ་བ་བརྒྱད་པར།

བསྟོ་སྨྲིག་པའི་གཏམ།

སྟོན་གྱི་བྱུང་རབས་བཞུ་རྒྱུན་ཀུག་ཀྱོག་སོགས། །
བརྒྱུས་པའི་རི་སྲུལ་ངེས་མེད་རབ་ལྷགས་འདེས། །
མ་འོངས་གངས་ཅན་ཡང་དག་དཀྲུ་ས་ནས། །
རྒྱུ་བའི་སྤྱང་བླང་བསྟེན་སའི་མེ་ལོང་གཟིགས། །

དེ་ཡང་ང་ཚོས་སྟོན་གྱི་བྱས་རྗེས་བཟང་ངན་ལ་ཤེས་རྟོགས་བྱས་ཏེ་ཕྱིས་འབྱུང་བླང་དོར་ཆ་གང་བཟང་ལ་བསྟེན་ཐབས་དང་། ངན་རིགས་ངོས་ཟིན་པར་བྱས་ཏེ་མི་ཡོང་བའི་སྟོན་འགོག་བྱ་རྒྱུར་མེད་དུ་མི་རུང་བ་ནི་ལོ་རྒྱུས་ཀྱི་ཡིག་ཆ་རྙིང་པ་དག་ལ་བརྟེན་དགོས། འོན་ཀྱང་ལོ་རྒྱུས་སྐྱི་དང་། ཡང་སྒོས་སྲིད་ཀྱི་འཕོ་ལེན་བྱུང་རིམ་ནི་དུས་བབས་དང་བསྟུན་ནས་བསམ་གཞིགས་བྱེད་པ་གལ་ཆེ་བས་སྐབས་གང་མཐུན་ལ་བཟང་ངན་དུ་བསྟེན་དགོས་པ་ལས་འདི་བཟང་པོ་ཁོ་ན་དང་། ཕ་རོལ་ངན་པ་ཁོ་ན་ཡིན་པའི་ཁ་ཚོན་ནི་སུས་ཀྱང་གཅོད་མི་ནུས་པ་ཞིག་དང་མི་འོས་པ་ཞིག་ཡིན། དེས་ན་སྐབས་འདིར་རྒྱ་བོད་ཀྱི་རྒྱལ་རབས་ལོ་རྒྱུས་གཙོ་བོར་གྱུར་པའི་ཆ་འགའ་ཞིག་བསྟོ་སྨྲིག་བྱས་ནས་སྤྱན་བསྟར་ཞུས་པའི་དེབ་ཚོགས་འདིའི་ངོ་སྤྲོད་ཐུང་ཟད་ཞུ་བ་ལ། དོན་རྣམ་པ་གསུམ་སྟེ། སྤྱིར་ལོ་རྒྱུས་ཀྱི་རིགས་དབྱེ་དང་སྐབས་འདིར་བསྟོ་འོས་མི་འོས་ཀྱི་དབྱེ་མཚམས། བརྗོད་དོན་གྱི་གོ་རིམ་དང་འདུས་པའི་ཚན་གྲངས། ཇི་ལྟར་བསྡུས་པའི་ཚུལ་དངོས་བཤད་པའོ། །

དང་པོ་ནི། སྦྱོར་ལོ་རྒྱུས་ཞེས་པ་འདིར་ནང་གསེས་ཙམ་ལ་རིགས་ཀྱི་ཁྱད་པར་ཤིན་ཏུ་མང་ཡང་། མདོར་བསྡུ་ན་ཁག་གཉིས་སུ་འདུ་སྟེ། བརྗོད་གཞི་རྐྱང་པ་དམིཏ་དགར་གྱི་ཙུལ་འཛིན་དུ་བྲིས་པ་དང་། གཞི་ཆེ་བའི་ཆ་ཤས་བསྡུས་ཏེ་བྲིས་པའོ། །བརྗོད་བྱའི་ཁྱད་པར། རྒྱལ་རབས་ལྷ་བུར་ནི་རྒྱལ་བརྒྱུད་དང་། སྲིད་འཛིན་ཁྱབ་ཁོངས། བྱས་པ་བཟང་ངན་གྱི་གཙོ་བོའི་མི་སྣ་ངོ་སྤྲོད། འཁོར་རྒྱུད་ཀྱི་ཡོ་ལང་། སྲིད་འཕོ་ལེན་གྱི་འགྱུར་བ་སོགས་བསྟན་ལ། ཆོས་འབྱུང་ལ་གཙོ་བོ་གཉིས་ཡོད་དེ། གཞུང་གདམས་དེ་ཉིད་ཀྱི་བརྒྱུད་རིམ་རྩ་འཛིན་དུ་བྱས་ཏེ་བྲིས་པ་ཞིག་དང་། ཡང་གཞི་དེའི་ནང་གི་བཞེད་སྲོལ་མི་འདྲ་བའི་ཁྱད་པར་སྦྱོར་བརྗོད་ནས་རང་ལུགས་ཀྱི་བཞེད་སྲོལ་འབྱེད་པའི་མི་སྣ་དང་ལམ་སྲོལ་གྱི་ཁྱད་ཆོས་དེ་ཉིད་མངོན་ཐབས་བྱེད་པའོ། །དེ་མིན་དགོན་སྡེ་དང་། ལུང་བཤད། སྔར་གྱི་རྣམ་ཐར་ལྷ་བུ་ལ་འབྲི་བ་པོའི་བློའི་ཞེན་སྣངས་ལས། འགས་ས་ཆུ་མེ་རླུང་སོགས་རང་བྱུང་གི་ཁྱད་འཕགས་དང་དཔལ་འཁོར་དང་གོ་གནས་ལྷ་བུ་གཙོ་བོར་མངོན་པར་བྱེད་པ་དང་། འགས་ཀུན་སློང་ཀུན་སྤྱོད་བཟང་པོའི་ཕྱོགས་དེ་གཙོ་བོར་བརྗོད་པ། ལ་ལས་གོང་བཤེས་གཉེན་དང་མེས་པོ། འོག་བུ་སློབ་དང་སྲས་ཀྱི་ཁྱད་ཆོས་མངོན་པར་བྱེད་པ་སོགས་ཡོད་དོ། །གཞུང་ཚད་ཀྱི་ཁྱད་པར་ནི། བསྡུས་པ་ནས་རིམ་བཞིན། མཚན་ཐོ་ཙམ་དང་། བསྟན་རྩིས་ལོ་རབས། གཙོ་བོའི་མི་སྣ་དང་མཛད་རྗེས། བརྒྱུད་རིམ་རགས་བརྗོད། ཐོག་མའི་བྱུང་རྐྱེན། བར་དུ་བརྒྱུད་ཚུལ། ཐ་མའི་འཕེལ་འགྲིབ་བཀོད་པ་སོགས་སོ། །འབྲི་ཚུལ་གྱི་ཁྱད་པར་ནི། རང་རེའི་ལོ་རྒྱུས་ཀུན། བརྗོད་གཞི་དེར་གཅེས་སེམས་དང་བཟང་སློམ་གང་སྲུང་གིས་ལེགས་ཆ་མངོན་ཐབས་བྱེད་པ་ཞིག་དང་། སྦྱོར་གྱི་བརྒྱུད་ཚུལ་བསྟན་ཕྱིར་འབྲེལ་ཡོད་ཀུན་གྱི་བཟང་ཆ་དག་གཟུར་གནས་ཀྱིས་བརྗོད་པ། རང་འབྲེལ་ཕྱོགས་སྐྱེལ་གྱིས་འཁྲུག་བརྗོད་གཙོ་འདོན་གྱིས

བརྗོད་པ་གསུམ་དུ་ངེས་ལ། དེའི་སྟེང་དེང་སང་ཕྱི་ལུགས་ཀྱི་ཤན་ཅན་འགའ་ལས་ནི་གྲུ་བ་ངན་པའི་རིགས་དག་ཀྱང་མངོན་གསལ་དུ་བྲིས་པ་འགའ་འདུག་པས་དགག་དགོས་སོགས་ལ་ངེས་ཆ་ལེགས་པོ་སླེབས་ན་དགེ་མཚན་ཡང་ཆེ་བར་མངོན་ནོ། །

དེས་ན་བོད་འདིར་ཡང་རྒྱལ་རབས་ལོ་རྒྱུས་ཆོས་འབྱུང་སོགས་བགྲང་གིས་མི་ལང་བར་བཞུགས་ཀྱང་། སྐབས་འདིར་གྲུབ་མཐར་ཞལ་འཛིན་བྱེད་པ་འགས་རྩེན་བྱས་ཏེ་གཙོ་བོར་ས་ལུགས་ཀྱི་མཁས་པ་རྣམས་ཀྱིས་མཛད་པའི་ལོ་རྒྱུས་ལས་ཡོངས་གྲགས་ལམ་འབྲས་བླ་མ་བརྒྱུད་པའི་རྣམ་ཐར་པོད་ལྔ་ཕྲག་གཉིས་ལྷག་ཏུ་བཞུགས་པའི་ནང་མ་ཚུད་པའི་རིགས་ཀྱི་མ་དཔེ་ལག་ཏུ་འབྱོར་བ་ཀུན་བསྡུ་བ་ཞུས་ཡོད་ལ། སྐབས་དེ་དང་དེར་འབྲེལ་བ་ཡོད་པའི་ཚན་པ་ཆུང་དུ་འགའ་ནི་མཛད་བྱང་མེད་པས་འབྲེལ་བ་ཙམ་གྱིས་བཙུག་པ་དང་། ཡང་ལུགས་གཞན་དུ་བཏྟ་པའི་མཁས་པ་ཡིན་ཡང་རྩོམ་གཞིས་ལ་གཞིགས་ཏེ་འདིར་བཞུགས་སུ་གསོལ་བའང་ཡོད་དོ། །

འདིར་དམིགས་ཞུ་བྱ་རྒྱུར། ད་རེས་ཚུད་དགོས་ངེས་ཀྱི་རྣམ་ཐར་ལོ་རྒྱུས་འགའ་ཞིག་ནི་གནས་སྐབས་མ་དཔེ་མ་འབྱོར་བས་མ་འདུས་ཀྱང་། རྗེས་སུ་ལེགས་བསྒྲིགས་ཚར་རིམ་བཞིན་དཔེ་ཚོགས་འདིའི་ཞབས་ལ་མུ་མཐུད་དེ་རིམ་པ་བསྐྲུན་ཆགས་སུ་འགོད་རྒྱུ་ཡིན།

ད་ལྟའི་དེབ་རྣམས་སུང་ཆོས་མཚན་བུ་བཀོད་པའི་དོན་རྣམས་རྟགས་〃ཞང་བཙུགས་ཡོད་ལ། དེ་མིན་ས་སྐྱ་བཀའ་འབུམ་དཔེ་བསྐྲུར་མ་ནས་བླངས་པའི་ཡིག་ཆར་སྐབས་དེའི་དཔེ་བསྐྲུར་གྱི་ལྷག་+ཆད་-མཚམས་(《ཤ》《ཞུ》)གཞི་སོ་སོའི་མཆན་རྟགས་རྣམས་རང་སོར་བཞག་ཡོད་ལ། དེ་བཞིན་དེབ་གཉིས་པ་བུ་སྟོན་ཆོས་འབྱུང་དང་། དེབ་ལྔ་པའི་ནང་གི་མང་ཐོས་བསྟན་རྩིས་གཉིས་སུ་དེ་སྔ་གདངས་ཅན་རིག་མཛོད

ནང་ཡོད་རྟགས་()འདི་འདང་རང་སོར་བཞག་ཡོད་དོ། །

གཉིས་པ་ནི། དེའང་སྤྱིར་གོ་རིམ་ལ་དགོས་པ་སོ་སོར་གཞིགས་ཏེ། རྒྱུ་འབྲས་དང་། གཞི་ལམ་འབྲས། ཐྲ་རགས། གལ་ཆེ་ཆུང་། དུས་སྔ་ཕྱི་སོགས་སྣ་ཚོགས་ལ་གཞིགས་ཏེ་འཇོག་ཀྱང་། སྐབས་འདིར་ནི་གཞི་ཆེ་ཆུང་དང་ཟབ་མི་ཟབ་བྱོན་སྔ་རིམ་ལ་རགས་ཙམ་བསྟུན་ཡོད། འོན་ཀྱང་ཚན་པ་འགའ་ཞིག་ནི་སྐབས་དེ་དང་འབྲེལ་བ་ཆེ་བ་དང་། དེབ་ཚད་ལ་བསྟུན་ནས་མ་ངེས་པའང་རེ་འགའ་ཡོད། སྒྲིག་ཚུལ་དངོས་ནི། ཐོག་མར་རྒྱལ་རབས་ཁག །དེ་རྗེས་བོད་ཀྱི་རིག་གནས་ལ་གལ་ཆེ་བའི་སྟོན་པའི་རྣམ་ཐར། དེ་རྗེས་མདོ་སྡེའི་བརྒྱུད་རིམ། དེ་བཞིན་རྒྱུད་སྡེ་འོག་མ་ནས་གཉིས་མེད་རྒྱུད་བར་གྱི་ཆོས་འབྱུང་ཁག །དེ་རྗེས་དགོན་སྡེ་དང་གནས་ཆེན་ཁག །དེ་རྗེས་སྐྱེས་ཆེན་རྣམས་བྱོན་སྔ་རིམ་གྱི་རྣམ་ཐར་བཅས་བཞུགས་སུ་གསོལ་ཡོད་དོ། །

འདུས་པའི་ཚད་ནི། སྐབས་འདིར་དེབ་ཆེན་སུམ་ཅུ་སོ་བདུན་ལ། ཚན་པ་མི་འདྲ་བ་སུམ་བརྒྱ་དང་བཞི་བཅུ་ཙམ་དང་། རྩོམ་པ་པོའི་མི་སྣ་གྲངས་འབོད་པ་བརྒྱ་དང་དྲུག་ཅུ་རྩ་གསུམ་འདུས་ལ། དེ་དག་ལས་མཛད་པ་པོ་གཅིག་གིས་མང་ཤོས་ལ་ཆོས་ཚན་ཉེར་གཅིག་ཙམ་མཛད་པའང་ཡོད་ལ། མཛད་བྱང་ཁ་གསལ་མེད་པའི་ཚན་པ་སུམ་ཅུ་སོ་བརྒྱད་ཡོད་པ་དང་། ལྷག་པར་དབུ་བར་ཞབས་གང་རུང་ནས་བརླགས་ཏེ་ཆ་མ་ཚང་བ་དང་འབྲུ་མ་གསལ་བའི་ཚན་པ་འགའ་བཅས་འདུས་ཡོད་དོ། །

ཡང་སྔོན་དེབ་བཅུ་དགུ་པའི་ནང་། ཆག་ལོ་བཞི་པ་རིན་ཆེན་ཆོས་རྒྱལ་གྱིས་མཛད་པའི་དུས་འཁོར་ཆོས་འབྱུང་དཔག་བསམ་སྙེ་མ་དང་། སྟོང་ར་ཀུན་ལེགས་ཀྱིས་མཛད་པའི་དུས་འཁོར་ཆོས་བྱུང་ལུང་དུ་ཞབས་བརླགས་པ་དེ་དང་། རྗེ་བླ་མ་ཚུལ་ཁྲིམས་རྒྱལ་མཚན་ཞབས་ཀྱི་ཞལ་སྔ་ནས་མཛད་པའི་དཔལ་གཡུལ་རྒྱལ་དང་། སདཔྱད་རྩིས

རིག་ཇེ་ལྷར་དར་བའི་ལོ་རྒྱུས་བཅས་བཞུགས་སོ། །

གསུམ་པ་ནི། གཞི་རྒྱ་ཆེ་བའི་ལས་གཞི་འདི་ནི། ང་ཚོས་སྤྱི་ལོ་༢༠༠༩ ཙམ་ནས་མ་དཔེ་འཚོལ་བསྡུར་འབད་པ་མ་ཟད། རགས་ཟིན་མ་དཔེ་རྣམས་ཀྱང་ཞར་ཞོར་དུ་ཡིག་གཏག་སོགས་ཀྱང་བྱས་ཏེ། དེ་རྗེས་སྤྱི་ལོ་༢༠༠༨ ལོར་དེབ་དྲུག་བོད་རིག་པའི་དཔེ་སྐྲུན་ཁང་གི་ཨང་རྟགས་བཏགས་ཏེ་དཔར་བསྐྲུན་ཀྱང་བྱས། འོན་ཀྱང་སྐབས་དེ་དུས་མ་དངུལ་ལ་ཤིན་ཏུ་དཀའ་ངལ་ཆེ་བས་མ་དཔེ་ལག་འཁྱོར་བྱུང་ནས་བསྡུ་སྒྲིག་བྱས་ཟིན་ཀྱང་དཔར་མ་ཐུབ་པར་ལོ་མང་རབས་སུ་ལུས། ཡིན་ན་ཡང་ལས་གཞི་འདི་ཤིན་ཏུ་གལ་ཆེ་བས་ང་ཚོའི་ལས་ཁང་ནས་མུ་མཐུད་ལེགས་སྒྲིག་དང་དཔར་སྐྲུན་བྱ་བའི་བསམ་པ་ནི་རྩ་བ་ནས་བཤོལ་མ་མྱོང་།

དེས་ན་ད་རེས་དངོས་སུ་ལག་འཁྱོར་བྱུང་བའི་ཚན་པ་རྣམས་སྐལ་བཟང་གི་སྐྱེས་བུའི་སྤྱན་སྔར་འབུལ་ཐུབ་པའི་དགའ་སྟོན་ཆེན་པོ་འདི་ནི། གོང་རིམ་དབུ་འཛིན་སྤྱི་དང་། ཡང་སྒོས་འདིར་ཐུགས་རྗེ་བླ་ལྷག་ཏུ་ཆེ་ཞུ་ཡུལ་ནི། བོད་ལྗོངས་བོད་ཡིག་དཔེ་རྙིང་དཔེ་སྐྲུན་ཁང་གི་རྒན་ལགས་རྣམས་དང་། དེད་སློན་བཟང་དཔེ་རྙིང་འཚོལ་བསྡུ་ཁང་གི་དབུ་འཛིན་ཆེན་མོ་དཔལ་མི་ཉག་བཀའ་བཞི་དགོན་གྱི་མཆོག་སྤྲུལ་སངས་རྒྱས་བཟང་པོ་རིན་པོ་ཆེས་བཀའ་དྲིན་བླ་ན་མེད་པ་བསྐྱངས་པ་དང་། དེ་བཞིན་ད་བར་སྟག་མཉམ་སྤྱོད་ཀྱི་ལས་རོགས་རྣམས་དང་། གྲོགས་མཆེད་དང་སྦྱིན་མཆེད་རྣམས་ལའང་སྙིང་དབུས་ནས་བཀའ་དྲིན་ཆེ་ཞུའོ། །

ངལ་བ་སྟོང་གི་ཤུལ་ལམ་གཏོད་པ་བཞིན། །
ངལ་བ་བརྒྱ་ལ་བརྟེན་པའི་འབྲས་བཟང་མཆོག །
ངལ་བས་བསྐྲུན་པའི་ལག་རྗེས་ཡིན་པ་ལས། །
ངལ་མེད་རང་བྱུང་མ་ཡིན་འབད་པ་བསྐྱེན། །

ཞེས་ཐོ་ཅོ་བ་ཐུབ་བསྟན་སྨོན་ལམ་གྱིས་སྨོན་བཟང་ལས།ཁང་ནས།

དཀར་ཆག

༄། །དཔལ་དུས་ཀྱི་འཁོར་ལོའི་བརྒྱུད་པ་རིན་པོ་ཆེའི་རྟོགས་པ་བརྗོད་པ་དཔག་བསམ་གྱི་སྙེ་མ་བཞུགས་སོ། །

ཆག་ལོ་རིན་ཆེན་ཆོས་རྒྱལ་གྱིས་མཛད།

༄། །དཔལ་མཆོག་གི་དང་པོའི་སངས་རྒྱས་ཀྱི་སྙིང་པོ་དུས་ཀྱི་འཁོར་ལོའི་བརྒྱུད་པ་རིན་པོ་ཆེའི་རྟོགས་པ་བརྗོད་པ་དཔག་བསམ་གྱི་སྙེ་མ་ཞེས་བྱ་བ། གང་སྐུ་རྣམ་པ་ཐམས་ཅད་པ་སྟེ་བདུའི་འདབ་མ་རྒྱས་པའི་སྤྱན། །གང་གསུང་སྒྲ་སྐད་ཀུན་ལ་ཞུགས་པ་གཞོམ་མེད་ཉིན་མོར་བྱེད་པའི་གསུང་། །གང་ཐུགས་བདེ་ཆེན་སྙིང་རྗེའི་རང་བཞིན་མཆོག་ཏུ་མི་འགྱུར་ཡེ་ཤེས་ཐུགས། །སྐུ་གསུམ་མི་ཕྱེད་དཔལ་ལྡན་བླ་མ་ཐམས་ཅད་མཁྱེན་པ་དེ་ལ་འདུད། །སྐྱེ་བོ་ཀུན་གྱི་ཕྱག་བྱའི་གནས་ནི་དེ་ཉིད་པདྨ་རཱ་ག་ཡི། །སྲིད་ཞུ་ལ་བཀྲུས་བཀའ་བརྒྱུད་བླ་མ་བཟང་ཡས་ཤེལ་གྱི་ཕྲེང་བ་ནི། །གང་དག་མཆོག་གི་དང་པོའི་སངས་རྒྱས་འོད་དམར་ཁ་དོག་གཅིག་སྒྱུར་པས། །སྐལ་བཟང་གྲུབ་པའི་མགོ་དང་ཐོང་ག་མཛེས་པར་བྱེད་པ་འདི་དག་གོ །མཆོག་གི་བླ་མ་བཀྲ་ཤིས་ཕྲེང་བའི་མཚན་མ་རྣ་བར་ལྷུང་བས་རང་གི་སྙིང་པོ་མཛེས་པ་མཐོང་བ་ནི། །ཡིད་འོང་ཕྱོགས་ཀྱི་དུལ་བ་འཕྲོག་བྱེད་ཀུན་གསལ་བཞིན་མཛེས་ལྷ་ཡི་མཚོན་ཆ་རྣམ་བཀྲའི་རྒྱན་གྱིས་མཚོན་མ་ཡིན། །དེ་ལྟ་བས་ན་གང་ཞིག་གང་གི་རྟོགས་བརྗོད་རྣམ་བཀྲའི་རི་མོ་གསལ་བར་ཡིད་ཀྱི་ངོས་ལ་འབྲི་བྱེད་ཅིང་། །ཞབས་ཀྱི་པདྨོ་རབ་དངར་དད་པའི་ལྷུམ་རྫིང་གསར་པར་མཆོད་བྱེད་དེ་ཡང་འཛིག་རྟེན་ཀུན་གྱིས་མཆོད་བྱའོ། །དེ་སྐད་སྲིད་པའི

གདུང་བ་སྐྱོབ་མཁས་ཐུགས་རྗེའི་གྲིབ་བསིལ་ཉམས་དགའ་བ། །ཡོན་ཏན་མེ་ཏོག་དྲི་བཟང་རྣམ་ཆགས་བཀའ་རྒྱུད་ཡོངས་འདུའི་དབང་པོ་གང་། །འགྲོ་འདིའི་བསོད་ནམས་ར་བར་རྣམ་རྒྱས་རྟོགས་བརྗོད་དཔག་བསམ་སྐྱེ་མ་ཡི། །མཆོད་སྡིན་བཟང་པོས་སྐལ་བཟང་རྣམས་ཀྱི་རེ་བ་སྐོམ་པ་བསྐང་བར་བྱ། །

འདིར་གང་ལ་བརྟེན་ན་རྣམ་པ་ཀུན་ཏུ་མི་སླུ་བ་ནི། རྫོགས་པའི་སངས་རྒྱས་རྣམས་ཀྱིས་གསུངས་པ། ས་བཅུའི་བྱང་ཆུབ་སེམས་དཔའ་རྣམས་ཀྱིས་བཀའ་བསྡུས་ཏེ་འགྲེལ་པས་ལེགས་པར་བཀྲལ་བ། གྲུབ་ཆེན་རྣམས་ཀྱིས་ཐུགས་ཉམས་སུ་བཞེས་པས་གྲུབ་པ་ཐོབ་པ། པཎྜི་ཏ་རྣམས་ཀྱིས་འཆད་ཉན་དང་འབེལ་གཏམ་གྱིས་གཏན་ལ་ཕབ་པ། བོད་ཡུལ་འདིའི་དབང་དུ་བྱས་ན་ལོ་ཙཱ་བས་བོད་སྐད་དུ་བསྒྱུར་བ། བླ་མ་དམ་པའི་བརྒྱུད་པ་བར་མ་ཆད་པ་དང་ལྡན་པ་ཞིག་དགོས་པར་བཀའ་ཡང་དག་པ་ཚད་མར་གྱུར་པ་ལས་འབྱུང་ལ། དེ་ནི་མཆོག་གི་དང་པོའི་སངས་རྒྱས་ཀྱི་སྙིང་པོ་དཔལ་དུས་ཀྱི་འཁོར་ལོ་ཞེས་བྱ་བ་རྒྱུའི་རྒྱུད་དང་པོའི་སངས་རྒྱས་ཨེ་ཝཾ་ཟབ་གསལ་གཉིས་སུ་མེད་པའི་ཡེ་ཤེས་དེ་ཉིད་དྲི་མ་དང་བཅས་པ་ལས་ཕྱི་སྣོད་ཀྱི་འཇིག་རྟེན་དང་། ནང་སེམས་ཅན་གྱི་ལུས་གྲུབ་འཇིག་བྱེད་པའི་ཚུལ་ཤེས་ནས་དྲི་མ་དེ་ཟད་པའི་ཆེད་དུ། ལམ་དབང་བསྐུར་བ་ཐོབ་ཅིང་རིམ་གཉིས་ཉམས་སུ་བླངས་པས། རྒྱུའི་རྒྱུད་དེ་ཉིད་མངོན་དུ་གྱུར་ཏེ་འབྲས་བུ་གཉིས་སུ་མེད་པའི་ཡེ་ཤེས་ཀྱི་སྐུ་གྲུབ་པ་འདི་ཉིད་དེ། འདི་ལ་ནི་གོང་དུ་སྨོས་པའི་མཚན་ཉིད་དེ་ཚང་ཞིང་ཡིད་ཆེས་པ་གསུམ་དང་ལྡན་པས། ཐེ་ཚོམ་དང་སོམ་ཉི་དང་ནེམ་ནུར་ཐམས་ཅད་དང་བྲལ་བ་ཉིད་དོ། །འོ་ན་འདི་ཉིད་རྫོགས་པའི་སངས་རྒྱས་ཀྱིས་ཇི་ལྟར་གསུངས་ཤེ་ན། ཐོག་མར་བདག་ཅག་གི་སྟོན་པ་སངས་རྒྱས་བཅོམ་ལྡན་འདས་ཞེས་མཚན་ཙམ་ཐོས་པས་ཀྱང་སྲིད་པའི་གདུང་བ་མཐའ་དག་ཞི་བར

མཛད་པ་དེའི་ཆེ་བའི་ཡོན་ཏན་བརྗོད་པར་བྱ་སྟེ། དེ་ནི་སྔོན་གྱི་སྔོན་དང་དང་པོའི་ཡང་དང་པོའི་དུས་ཀྱི་ཚེ། རྟེན་ཁམས་དྲུག་དང་ལྡན་པའི་སྐྱེས་བུ་ཆེན་པོའི་གང་ཟག་ཉིད། མཆོག་གི་བླ་མ་ཚུལ་བཞིན་བསྟེན་ནས། དུས་ཀུན་ཏུ་ནི་བྱང་ཆུབ་སེམས་ཀྱང་འགྲོ་བ་དང་ནི་འགྲོ་བར་འདོད་པ་རྣམ་པ་གཉིས་སུ་འགྱུར། །ཞེས་གསུངས་པ་ལྟར། སྨོན་འཇུག་བྱང་ཆུབ་མཆོག་ཏུ་སེམས་བསྐྱེད། དབང་བསྐུར་བདུན་པོ་འདི་དག་ནི། །དཀྱིལ་འཁོར་བཞེངས་ནས་སྦྱིན་པར་བྱ། །ཞེས་པ་ལྟར་བྱིས་པ་འཇུག་པའི་དབང་བདུན་དང་། མདོར་ན་དབང་བསྐུར་རྣམ་པ་གཉིས་ཀྱང་བུ་ཡི་ཡོན་ཏན་དབང་གིས་འཇིག་རྟེན་འཇིག་རྟེན་འདས་པའོ། །ཞེས་པ་ལྟར་དབང་གོང་མ་རྣམ་པ་གཉིས་ལེགས་པར་ཐོབ། འོག་མིན་གྱི་མཐར་ཐུག་པའི་འཇིག་རྟེན་གྱི་དངོས་གྲུབ་སྒྲུབ་བྱེད་བསྐྱེད་པའི་རིམ་པ་ལ་བརྟེན་ནས་བསོད་ནམས་ཀྱི་ཚོགས་བསགས། ལས་ཀྱི་ཕྱག་རྒྱ་ཡོངས་དོར་ཞིང་། །ཡེ་ཤེས་ཕྱག་རྒྱ་རྣམ་པར་སྤངས། །ཞེས་པ་ལྟར་ལམ་དམན་པ་རྣམས་སྤངས། ཕྱག་རྒྱ་ཆེ་ལས་ཡང་དག་སྐྱེས། །ལྷན་སྐྱེས་གཞན་དང་འགྲོགས་པ་མེད། །ཞེས་པ་ལྟར་ཕྱག་རྒྱ་ཆེན་མོའི་ལམ་ལ་བརྟེན་ཏེ། གང་གིས་མཚམས་མེད་པ་ལྔའི་ལས་དང་སོ་སོ་ཐར་པའི་ཕམ་པ་སོགས་ཤིན་ཏུ་མི་ཟད་པའི་སྡིག་པ་ཆེན་པོ་བྱས་པ་དག་ཀྱང་སྐྱེ་བ་དེ་ཉིད་ལ་སངས་རྒྱས་ཉིད་ཐོབ་པར་བྱེད་པའི་ལམ་ཟབ་མོ་རྡོ་རྗེའི་རྣལ་འབྱོར་རྫོགས་པའི་རིམ་པ་སངས་རྒྱས་ཐམས་ཅད་ཀྱི་བགྲོད་པ་གཅིག་པའི་དངོས་ཀྱི་ཉེ་ལམ་སྦྱོར་བ་ཡན་ལག་དྲུག་ཐུགས་ཉམས་སུ་བཞེས་པས། ཡན་ལག་དང་པོས་ནི་ཡེ་ཤེས་ཀྱི་རླུང་བཅུ་མངོན་དུ་གྱུར་ནས་ཤའི་མིག་གིས་ཡེ་ཤེས་ཀྱི་རྩ་ཨ་བ་དྷཱུ་ཏཱིར་རྣམ་པ་ཐམས་ཅད་པའི་སྟོང་པ་ཉིད་ཀྱི་གཟུགས་མཐོང་སྟེ་རྡོ་རྗེའི་ཚིག་གྲུབ། གཉིས་པས་ནི་ནང་གི་དབང་པོའི་མངོན་སུམ་གྱི་ཡུལ་ཡུལ་ཅན་རོ་གཅིག་ཏུ་གྱུར་ནས་ཉན་རང་ལས་འདས

པའི་ མངོན་ པར་ ཤེས་ པ་ ལྔ་ གྲུབ་ སྟེ། ཐེག་ པ་ ཆེན་ པོའི་ ཚོགས་ ལམ་ ཆེན་ པོ་ ཐོབ། གསུམ་ པས་ནི་ བུམ་ པ་ ཅན་ གྱི་ སྦྱོར་ བས་ རླུང་ བཅུ་ དབུ་ མར་ ཞུགས་ ཏེ་ ལུས་ འོད་ ཀྱི་ དཀྱིལ་ འཁོར་ དུ་ རྫུད། བྱང་ ཆུབ་སེམས་དཔའ་རྣམས་ ཀྱིས་ མཆོད་ ཅིང་ བསྟགས། སྦྱོར་ ལམ་ དང་ པོ་ ཐོབ་ བོ། །བཞི་ པས་ ནི་ སྲོག་ ཐུར་ རོ་ མཉམ་ པའི་ རླུང་ དབུ་ མ་ འབབ་ ཞིག་ ནས་ རྒྱུ་ བ་ འཁོར་ ལོ་ དྲུག་ གི་ ལྟེ་ བར་ བཀག་ པས་ གཙུག་ཏོར་ གྱི་ ཧཾ་ ལ་ ཟིན་ པའི་ ཡིད་ ཀྱི་ མངོན་ སུམ་ གྲུབ་ སྟེ་ བཤད་ གཅི་ ཟད་ ཅིང་ འཆི་ འཕོ་ བ་ དང་ སྐྱེ་ བ་ ཟད་ དེ་ རྩེ་ མོ་ ཐོབ། ལྔ་ པས་ནི་ ཡེ་ ཤེས་ ཀྱི་ གཏུམ་ མོ་ འབར་ བས་ཁམས་ གསུམ་ པའི་ སྟོང་ གཟུགས་ མཐའ་ ཡས་ པ་ སྤྲོ་ བར་ ནུས་ པའི་ རྣལ་ འབྱོར་ གྱི་ མངོན་ སུམ་ སྒྱུ་ མ་ ལྟ་ བུའི་ ཏིང་ ངེ་ འཛིན་ གྲུབ་ སྟེ་ བཟོད་ པ་ ཐོབ། དྲུག་ པས་ ནི་ གཡོ་ བ་ དང་ བཅས་ པའི་ ལྷན་ ཅིག་ སྐྱེས་ པ་ མི་ གཡོ་ བར་ རང་ རིག་ པའི་ མངོན་ སུམ་ གྱིས་ མི་ འགྱུར་ བའི་ བདེ་ བ་ སྐད་ ཅིག་ མ་ སྟོང་ བརྒྱད་ བརྒྱ་ རེ་ ཐོབ་ པ་ ན། བདེ་ བ་ དེས་ སྒྲིབས་ མའི་ ཕུང་ ཁམས་ ཆ་ ཉི་ ཁྲི་ ཆིག་ སྟོང་ དྲུག་ བརྒྱར་ བྱས་ པའི་ ཆ་ སྟོང་ བརྒྱད་ བརྒྱ་ རེ་ ཟློས་ ནས་ དངོས་ ཏེ་ ས་ དང་ པོ་ ཐོབ་ བོ། །དེ་ ལྟ་ བུའི་ ཚུལ་ གྱིས་ ཆོས་ ཀྱི་ མཆོག་ ལ་ བཅུ་ གཉིས་ སུ་ རྣམ་ པར་ བཞག་ པའི་ ས་ བཅུ་ གཉིས་ ཐོབ། དེའི་ ཚེ་ རྟེན་ འབྲེལ་ བཅུ་ གཉིས་ ཀྱི་ བདག་ ཉིད་ འཁོར་ བའི་ ལུས་ ངག་ ཡིད་ ཟད་ ཅིང་ འཛག་ བདེ་ འཕོ་ བའི་ བག་ ཆགས་ འགགས་ ཏེ། མི་ འགྱུར་ བའི་ བདེ་ བའི་ ཡེ་ ཤེས་ སྐད་ ཅིག་ ཉི་ ཁྲི་ ཆིག་ སྟོང་ དྲུག་ བརྒྱ་ རྫོགས། མཐོང་ བའི་ ལམ་ དང་། སློབ་ པའི་ ཟུང་ འཇུག་ དང་། རྣམ་ པ་ ཐམས་ ཅད་ པའི་ མཆོག་ དང་ ལྡན་ པའི་ རྡོ་ རྗེ་ འཛིན་ པའི་ སྐུ་ དང་། འཕགས་ པའི་ ས་ དང་ པོ་ རབ་ ཏུ་ དགའ་ བ་ དང་། དབང་ ཐོབ་ པའི་ བྱང་ ཆུབ་ སེམས་ དཔའ་ དང་ སྐལ་ བ་ མཉམ་ པའི་ ཡེ་ ཤེས་ ཀྱི་ སྐུ་ ཞེས་ པ་ གྲུབ་ བོ། །གྲུབ་ པའི་ ཡེ་ ཤེས་ ཀྱི་ སྐུའི་ མཚན་ ཉིད་ ཀྱང་། ལུས་ ནི་ དྭངས་ ཤིང་ རྟུལ་ ཕྲན་ ཉམས་ པ་ ནམ་ མཁའ་ དང་ མཚུངས་ མཚན་ ལ་ སོགས་ པ་ རྣམས

གྱིས་རབ་རྫོགས་འགྱུར། །སྣ་ཚོགས་འཇིག་རྟེན་གསུམ་པོ་ཉིད་ནི་དྭངས་ཤིང་སྒྲིབ་པ་རྣམ་པར་བྲལ་བ་རྨི་ལམ་བཞིན་དུ་སྣང་། །སྐད་ནི་ཀུན་ནས་ཆད་པ་མེད་ཅིང་དུ་མའི་སྐད་གཞན་དག་གིས་གཞན་གྱི་སྙིང་ལ་འཇུག་པ་སྟེ། །སེམས་ནི་དམ་པའི་བདེ་བས་གང་ཞིང་མི་གཡོ་ཐམས་ཅད་དུས་སུ་ལྷན་ཅིག་སྐྱེས་པས་འཁྲུད་པའོ། །ཞེས་པ་ལྟར་གྱུར་ཏེ། །ཁམས་གསུམ་གྱི་གནས་ཐམས་ཅད་ལས་རྣམ་པར་གྲོལ་བས། སྲིད་པའི་གནས་སུ་གྱུར་པ། ཡངས་པ་དང་། དོག་པ་དང་། མཐོ་བ་དང་དམའ་བ་དང་། བཀྲ་བ་དང་མི་བཀྲ་བའི་རྟེན་དང་བརྟེན་པ་ནམ་ཡང་མེད་ཅིང་། ལུས་ཀྱི་ཆོས་ཐམས་ཅད་ལས་གྲོལ་བས་བཞེངས་པ་དང་། བཞུགས་པ་དང་། བརྐྱང་བ་དང་། བསྐུམ་པ་དང་། སྤྱན་འབྱེད་པ་དང་། འཛུམས་པ་ལ་སོགས་པའི་སྤྱོད་ལམ་རྣམས་ཀྱང་མེད་ལ། ངག་གི་ཆོས་ཐམས་ཅད་ལས་གྲོལ་བས་དབུགས་འབྱུང་བ་དང་། རྔུབ་པ་དང་། ཁན་དང་ལྕེ་བསྒྲོད་པ་སོགས་ལས་བྱུང་བའི་ངག་དང་མིང་ཚིག་ཡི་གེའི་ཚོགས་དང་བྲལ་ཞིང་། ཉོན་མོངས་པའི་སེམས་ལས་རྣམ་པར་གྲོལ་བར་ཀླུང་དང་རྗེས་སུ་མཐུན་པར་འཇུག་པའི་རྣམ་པར་རྟོག་པའི་དྲ་བ་དང་། ལས་ཀྱི་སྣང་བ་མཐའ་དག་ཡོངས་སུ་འགག་ལ། དེ་ལྟ་ན་ཡང་མཐའ་ཡས་པ་མཐའ་ཡས་པའི་སེམས་ཅན་གྱི་ཁམས་རྣམས་སུ། སྐུ་དང་གསུང་དང་ཐུགས་ཀྱི་སྤྲུལ་པ་མཐའ་ཡས་པ་འཇུག་པས་ཆད་པ་མེད་པར་སེམས་ཅན་གྱི་དོན་མཛད་ཅིང་། སྔར་གྱི་ལམ་ཉིད་གོམས་པ་ལྷུར་ལེན་པ་ཉིད་ལས་ལམ་གསར་པ་ལ་སློབ་པ་ནམ་ཡང་མེད་པས། ས་གཉིས་པ་དྲི་མ་མེད་པ་ནས་ས་བཅུ་པའི་བར་ཉིན་ཞག་འགའ་ཞིག་ལ་ཡུད་ཙམ་གྱིས་བགྲོད་ནས། མི་ཕྱོགས་པ་འབྲས་བུའི་རྒྱུད་གྲུབ་སྟེ་མངོན་པར་རྫོགས་པར་སངས་རྒྱས་སོ། །གང་དུ་སངས་རྒྱས་པའི་ཞིང་ནི་སངས་རྒྱས་ཀྱི་ས་ཞེས་རྣམ་པར་བཞད་པ་དེ་ཉིད་ཡིན་ལ། ས་དེ་ཡང་ཕྱོགས་བཅུའི་འཇིག་རྟེན་གྱི་

ཁམས་རྣམས་སུ་འདི་དག་ལ་ནི་ཉེ་ལ་འདི་དག་ལ་ནི་རིང་ངོ་ཞེས་པ་དང་། སྣང་འོག་ལ་སོགས་པའི་རྣམ་པར་དབྱེ་བ་མེད་ཅིང་། དོན་དུ་ན་བདེ་སྟོང་དབྱེར་མེད་པ་དེ་ཉིད་ཀྱི་སྟོང་པའི་གཟུགས་བརྙན་གྱི་ཆ་མི་ཟད་པ་རྒྱན་གྱི་འཁོར་ལོ་ལ། སངས་རྒྱས་ཀྱི་ཞིང་དང་། ཆོས་འབྱུང་དང་། རྡོ་རྗེ་བཙུན་མོའི་བྷ་ག་དང་། སེང་གེའི་ཁྲི་ལ་སོགས་པའི་མིང་གི་རྣམ་གྲངས་མང་པོ་བཏགས་པ་དེའོ། །སངས་རྒྱས་ཐོག་མ་ཐ་མ་མེད། །དང་པོ་སངས་རྒྱས་རིས་མེད་པ། །ཡེ་ཤེས་མིག་གཅིག་དྲི་མ་མེད། །དེ་བཞིན་གཤེགས་པ་ཡེ་ཤེས་སྐུ། །ཞེས་པ་ལྟར་སངས་རྒྱས་ཀྱི་ཞིང་དང་སངས་རྒྱས་ཐམས་ཅད་ཀྱང་ཡེ་ཤེས་གཅིག་གི་ངོ་བོ་ཡིན་ལ། དེ་ཉིད་གདོད་མ་ནས་འཁོར་བའི་གནས་སྐབས་སུ་ཡང་རིགས་མི་འགྱུར་བར་གནས་ཤིང་སངས་རྒྱས་རང་སྣང་གི་སྐུ་ནི་གཅིག་པུ་ཁོ་ནའོ། །བདེ་སྟོང་དབྱེར་མེད་པ་ཡེ་ཤེས་ཀྱི་སྐུ་གཅིག་པུ་དེ་གང་ཞེ་ན། དོན་དམ་པའི་བདེན་པ་མཆོག་ཏུ་མི་འགྱུར་བར་བདེ་བ་ཆེན་པོའི་ཆ་ཤས་ཡོངས་སུ་རྫོགས་པའི་འོད་གསལ་བའི་ཡུལ་ཅན་ཡེ་ཤེས་དང་། ཡེ་ཤེས་དེ་ཉིད་ཤེས་བྱ་ཐམས་ཅད་ཀྱི་རྣམ་པར་ཤར་བའི་སྒྱུ་མའི་སྐུ་ཀུན་རྫོབ་པའི་བདེན་པ་རྣམ་པ་ཀུན་གྱི་མཆོག་དང་ལྡན་པའི་ཡུལ་སྟོང་པ་ཉིད་རོ་མཉམ་པར་གཅིག་ཏུ་གྱུར་ནས་དབྱེར་མི་ཕྱེད་པ་ཉིད་དེ། དེ་ལ་ནི་མཆོག་གི་དང་པོའི་སངས་རྒྱས། རིས་མེད་པ། དུས་ཀྱི་འཁོར་ལོ། བཅོམ་ལྡན་འདས་རྡོ་རྗེ་སེམས་དཔའ། གསང་བ་འདུས་པ། ཀྱེ་རྡོ་རྗེ། དཔལ་ཧེ་རུ་ཀ །ལྷན་ཅིག་སྐྱེས་པའི་སྐུ་མི་སློབ་པའི་ཟུང་འཇུག་རྡོ་རྗེ་འཆང་ཆེན་པོ་ཞེས་པའོ། །དེ་ནི་སླན་ཆད་བག་ཆགས་ཀྱི་རྟེན་མི་བྱེད་པས་གཙང་བ་དང་། བདག་དང་བདག་མེད་པའི་སྤྲོས་པ་ཉེ་བར་ཞི་བས་དམ་པའི་བདག་དང་། ཡིད་ཀྱི་རང་བཞིན་གྱི་ལུས་སྦྱངས་ཤིང་མ་རིག་བག་ཆགས་ཀྱིས་ལོག་པས་ཤེས་བྱ་ཐམས་ཅད་གཉིས་སུ་མེད་པར་གཟིགས་ཏེ་གཞན་དབང་དུ་མ་གྱུར་པས་

བདེ་བ་དང་། རྣམ་མཁྱེན་སྐད་ཅིག་དང་པོ་དེ་ཉིད་ལས་ནམ་མཁའ་ཧི་སྲིད་བར་སྨྲ་ཕྱིའི་རྣམ་འགྱུར་མི་འདྲ་བ་མེད་པས་རྟག་པའི་ཕ་རོལ་ཏུ་སོན་པ་སྟེ་ཕ་རོལ་ཏུ་ཕྱིན་པ་བཞི་དང་ལྡན་པ། བག་ཆགས་དང་བཅས་པའི་གློ་བུར་གྱི་དྲི་མ་མཐའ་དག་སྤངས་པའི་སྤོང་བ་ཆེན་པོ་དང་། སྒྱུ་མ་དང་རྨི་ལམ་དང་དྲི་ཟའི་གྲོང་ཁྱེར་དང་བྲ་ཕབ་པ་ལ་སོགས་པ་བཞིན་དུ་མ་བརྟགས་པར་ཤེས་བྱའི་ཆོས་མ་ལུས་པ་མངོན་སུམ་དུ་གཟིགས་པའི་རྟོགས་པ་ཆེན་པོ་དང་། འགྲོ་བ་མཐའ་དག་གི་དོན་ནམ་མཁའ་ཧི་སྲིད་དུ་མཛད་པའི་སེམས་ཆེན་པོ་སྟེ་ཆེན་པོ་གསུམ་དང་ལྡན་ཞིང་། སེམས་ཅན་གང་ལ་ཡང་ཉེ་རིང་མེད་པའི་ཁྱབ་པ་དང་། སེམས་ཅན་གྱི་ཁམས་མི་ཟད་པ་རྗེས་སུ་འཛིན་པའི་དོན་དུ་གཏན་དུ་བར་བཞུགས་པའི་རྟག་པ་སྟེ་ཆོས་གཉིས་དང་ཡང་ལྡན་ནོ། །དེ་ལྟ་བུའི་ངང་རྒྱུན་གཅིག་ལས་མི་འདའ་བས་ཕྱག་རྒྱ་ཡིན་ལ། དེ་ཡང་ཆེན་པོ་གསུམ་དང་ལྡན་པས་ཆེན་པོ་སྟེ། འབྲས་བུའི་རྒྱུད་ཕྱག་རྒྱ་ཆེན་པོ་ཞེས་པའོ། །དེ་ལྟར་སངས་རྒྱས་རྣམས་ལ་དངོས་སུ་སྣང་བའི་སྐུ་དེ་ཉིད་གདུལ་བྱ་ལ་གཟུགས་བརྙན་གྱི་ཚུལ་དུ་སྣང་བས་ཆོས་ཀྱི་སྐུ་དང་། གཟུགས་ཀྱི་སྐུ་གཉིས་སུ་འགྱུར་ལ། གདུལ་བྱ་གཞན་སྣང་ལས་མཚན་དཔེ་ནས་རི་གླིང་ལ་སོགས་པའི་བར་སྣང་བའི་གཟུགས་བརྙན་ལ་ནི་སྐུ་དང་། གསུང་རབ་ཡན་ལག་བཅུ་གཉིས་སུ་སྣང་བའི་སྒྲ་བརྙན་ལ་ནི་གསུང་དང་། ཟུང་འཇུག་གི་སྐུ་ནི་ཐུགས་ཏེ། དེ་ལྟར་སྐུ་གསུང་ཐུགས་ཀྱི་དབྱེ་བས་སྐུ་གསུམ་མམ། ཟུང་འཇུག་གི་ཡེ་ཤེས་ཆོས་ཀྱི་སྐུ་དང་། ཁམས་གསུམ་ལས་འདས་པའི་འོག་མིན་སྟུག་པོ་བཀོད་པར་ས་བཅུའི་བྱང་ཆུབ་སེམས་དཔའ་ལ་མཚན་དཔེའི་རྣམ་པར་སྣང་བའི་གཟུགས་བརྙན་ནི་ལོངས་སྤྱོད་རྫོགས་པའི་སྐུ་དང་། སོ་སོའི་སྐྱེ་བོ་རྣམས་ལ་སྣང་བའི་གཟུགས་བརྙན་ཅི་རིགས་པ་ནི་སྤྲུལ་པའི་སྐུ་སྟེ་དེ་ལྟར་ཡང་སྐུ་གསུམ་མོ། །འདིར་གཙོ་བོར་རྣམ་པར་

བཞག་པ་ནི་སྐུ་བཞི་སྟེ། དོན་དམ་པའི་ཡེ་ཤེས་ཀྱི་སྐུ་ཟུང་འཇུག་དེ་ཉིད་ལ་ལྷན་ཅིག་སྐྱེས་པའི་སྐུ་དང་། ཕ་རོལ་ཏུ་ཕྱིན་པའི་ཚུལ་ལས་ནི་ངོ་བོ་ཉིད་ཀྱི་སྐུ་ཞེས་གསུངས་ཏེ། དེ་ལ་ནི་ཐམས་ཅད་མཁྱེན་པ་ཞེས་བྱའོ། །ཡང་དེ་ཉིད་ཀྱི་དང་ཚུལ་ཆོས་ཀྱི་སྐྱེ་མཆེད་པའི་ནམ་མཁའ་ལྟར་སྤྲོས་པ་ཐམས་ཅད་ཀྱིས་དབེན་ཞིང་མཆོག་ཏུ་མི་འགྱུར་བའི་བདེ་བའི་ཆ་ནས་ཆོས་ཀྱི་སྐུ་ཞེས་བྱ་སྟེ། དེ་ལ་ནི་ཡེ་ཤེས་ཀྱི་སྐུ་ཞེས་kྱང་བྱའོ། །སྟོང་པ་ཉིད་དེ་ཉིད་ཀྱི་སྒྲ་བརྙན་གྱི་ཆ་མཐའ་ཡས་པའི་སེམས་ཅན་གྱི་སྐད་ཀྱིས་གཅིག་ཅར་འཇིག་རྟེན་དང་འཇིག་རྟེན་ལས་འདས་པའི་ཆོས་སྟོན་པ་ནི་ལོངས་སྤྱོད་རྫོགས་པའི་སྐུ་སྟེ། དེ་ལ་ནི་ཉིན་མོར་བྱེད་པའི་སྐུ་ཞེས་ཀྱང་བྱའོ། །ཡང་དེ་ཉིད་ཀྱི་རྣམ་པ་ཐམས་ཅད་པའི་ཆ་མཐའ་ཡས་པའི་བཀོད་པའི་རྫུ་འཕྲུལ་གཅིག་ཅར་གང་ལ་གང་མོས་སུ་སྣང་བ་སྤྲུལ་པའི་སྐུ་སྟེ། དེ་ལ་ནི་བདུད་འདུལ་བ་རྒྱས་པའི་སྤྱན་ཞེས་བྱའོ། །དེ་ལྟ་བུའི་སྐུ་བཞི་ཀ་ངོ་བོ་ཉིད་ཀྱི་སྐུ་དང་། ས་ལ་གནས་པའི་སེམས་དཔའ་རྣམས་ལ་གཟུགས་བརྙན་གྱི་ཚུལ་དུ་སྣང་ཞིང་ནམ་མཁའ་ཇི་སྲིད་པར་གཡོ་བ་མེད་པའི་སྐུ་ནི་ཆོས་ཀྱི་སྐུ་རྡོ་རྗེ་འཆང་དམ་ཀུན་ཏུ་བཟང་པོ་ཞེས་དང་། གཟུགས་ཀྱི་འོག་མིན་ན་བཞུགས་པ་གཙང་མར་སྐྱེས་པའི་ཉན་ཐོས་རྣམས་ཀྱི་ཡང་སྤྱོད་ཡུལ་དུ་གྱུར་པའི་སྐུ་ནི་ལོངས་སྤྱོད་རྫོགས་པ་དང་དགའ་ལྡན་གྱི་གནས་ན་བཞུགས་པ་ལ་སོགས་པ་སོ་སོ་སྐྱེ་བོ་རྣམས་ལ་ཇི་ལྟར་རིགས་པར་སྣང་བའི་སྐུ་ནི་སྤྲུལ་པའི་སྐུའོ་ཞེས་ཀྱང་བྱའོ། །

ཇི་ལྟར་ཟླ་བའི་འོད་དང་ཟླ་བ་ཆུ་ཤེལ་ཕྲེང་བ་ལས་ཆུ་འབྱུང་བ་བཞིན་དུ་སངས་རྒྱས་ལ་རྣམ་པར་རྟོག་པ་མི་མངའ་ཡང་། སྣ་ཚོགས་པའི་གདུལ་བྱ་རྣམས་ཀྱི་སྔོན་གྱི་ལས་ཀྱིས་བསྐྱེད་པའི་མོས་པའི་དབང་གིས་སྐུའི་སྣང་བ་མཐའ་ཡས་པས་ཐེག་པ་རྣམ་པ་མང་པོར་ཆོས་སྟོན་པ་ཡིན་ལ། དེ་ཡང་ཟུང་འཇུག་གི་སྐུ་དེ་ཉིད་ལས་གཡོ་བ་མི

མངའ་བར་མི་རྟོག་གི་གཞིའི་སྙིང་པོའི་རྒྱན་བཀོད་པ་དང་ལྡན་པའི་འཇིག་རྟེན་གྱི་ཁམས་རྒྱ་མཚོར། བཅོམ་ལྡན་འདས་རྣམ་པར་སྣང་མཛད་ཆེན་པོའི་སྐུའི་སྣང་བ་བྱང་ཆུབ་སེམས་དཔའ་ཆེན་པོ་རྣམས་ལ་སྣང་བ་ནི་སྤྲུལ་པའི་ལོངས་སྤྱོད་རྫོགས་པའི་སྐུའོ།། དེ་བཞིན་དུ་རྣམ་པ་ཐམས་ཅད་པའི་གཟུགས་གཟིགས་པའི་དེ་བཞིན་གཤེགས་པ་ཐམས་ཅད་ཀྱི་སྤྱན་ནི་དབུགས་ཉི་ཁྲི་ཆིག་སྟོང་དྲུག་བརྒྱའི་ཆའི་བག་ཆགས་འཛིན་པ་ས་བཅུ་པ་ཆོས་ཀྱི་སྤྲིན་ལ་གནས་པའི་རྩལ་ཅན་སའི་སྙིང་པོ་དང་། སྒྲ་སྐད་ཐམས་ཅད་གསན་པའི་སྙན་ནི་ཕྱག་ན་རྡོ་རྗེ་དང་། དྲི་སྣོམ་པའི་ཤངས་ནི་ནམ་མཁའི་སྙིང་པོ་དང་། རོ་མྱང་བའི་ལྗགས་ནི་སྤྱན་རས་གཟིགས་དང་། རེག་བྱ་འཛིན་པའི་སྐུ་ནི་སྒྲིབ་པ་རྣམ་སེལ་དང་། ཆོས་ཁམས་འཛིན་པའི་ཐུགས་ནི་ཀུན་ཏུ་བཟང་པོ་དང་། ཡེ་ཤེས་ནི་འཇམ་པའི་དབྱངས། ལས་ཀྱི་དབང་པོ་ལ་ནི་ཁྲོ་བོ་ལ་སོགས་ཏེ་འདི་དག་ཀྱང་སྤྲུལ་པའི་ལོངས་སྐུའོ། །ཡང་། སངས་རྒྱས་གར་མཁན་བསམ་མི་ཁྱབ། །ཅེས་པ་ལྟར་བཅོམ་ལྡན་འདས་དུས་ཀྱི་འཁོར་ལོ་ཞལ་ཕྱག་གི་རྣམ་པ་ཅན་དེ་ལས་ཀྱང་མཆོག་ཏུ་གྱུར་པའི་དུས་ཀྱི་འཁོར་ལོ་གཞན་ཞིག་ཡོད་པ་ཞེས་སྟོན་པའི་བརྡར་སྦྲུབ་པའི་ཆ་ཙམ་མཚོན་པའི་ཕྱག་ལྷགས་སོགས་ཀྱི་རྒྱན་འཛིན་པ་ཕྱི་ནང་གཞན་གསུམ་དག་པ་གཅིག་ཏུ་འཁྱིར་པའི་རྟེན་དང་བརྟེན་པའི་དཀྱིལ་འཁོར་དང་། དེ་བཞིན་དུ་ཀྱི་རྡོ་རྗེ་དང་། འཁོར་ལོ་སྡོམ་པ་ལ་སོགས་པའི་སྐུའི་རྣམ་པ་ནི་བརྡའི་སྐུ་སྟེ་ཐུན་མོང་མ་ཡིན་པའི་སྤྲུལ་པའི་སྐུ་ཡིན་ལ། ཁ་སྦྱོར་ཡན་ལག་བདུན་དང་ལྡན་པས་ལོངས་སྤྱོད་རྫོགས་པའི་ཡང་སྐུའོ། །དྲི་མེད་འོད་ལས། སངས་རྒྱས་བཅོམ་ལྡན་འདས་སྟོན་ས་བཅུ་གཉིས་ཀྱི་དབང་ཕྱུག་ཏུ་གྱུར་པ། མཁས་པ་སྒྱུ་འཕྲུལ་ཆེན་པོ་འཆང་བ། སྒྱུ་འཕྲུལ་ཆེན་པོའི་མིག་འཕྲུལ་དང་ལྡན་པ། ཞེས་གསུངས་ཤིང་། ཡབ་སྲས་མཇལ་བ་ལས་འབྱུང་བ་ལྟར། སངས་རྒྱས

དབང་པོའི་རྟོག་ཏུ་སངས་རྒྱས་པའི་ཚུལ་བསྟན་པ་སོགས་སངས་རྒྱས་ཀྱི་སྤྲིན་ཅེ་ཡང་འཕྲོ་བས་ཞིང་ལ་ལར་བྱང་ཆུབ་པ་དང་། ལ་ལར་ཆོས་ཀྱི་འཁོར་ལོ་བསྐོར་བ་དང་། ལ་ལར་མྱ་ངན་ལས་འདས་པ་སོགས་སྐུའི་བཀོད་པ་བགྲང་ཡས་པས་སོ་སོ་སྐྱེ་བོ་ལྟ་བུར་བལྟ་བའི་བློས་བསམ་པར་བྱ་བ་མ་ཡིན་ནོ། །

བྱེ་བྲག་ཏུ་ཞིང་འདིའི་གདུལ་བྱ་རྣམས་དྲངས་པའི་སླད་དུ་དང་པོར་ཚོགས་བསགས་པའི་ཚུལ་བསྟན་པ་ནི། དྲི་མེད་འོད་ལས། སྲིད་པའི་འཆིང་ལས་ངེས་པར་གྲོལ་ཡང་ སྙིགས་ཆགས་རྣམས་ཀྱི་ལམ་གྱི་སླད་དུ་སྲིད་པ་སྟེ། །སྣ་ཚོགས་སྐྱེས་རབས་ཕྲེང་བ་ཡོན་ཏན་དང་ལྡན་སེམས་ཅན་དོན་གཉེར་རྣམས་ཀྱིས་མཐོང་གྱུར་པ། །དང་པོའི་སངས་རྒྱས་རྫུ་འཕྲུལ་ཆེ་ལྡན་སྤྱོད་པ་དག་སྟེ། ཞེས་གསུངས་པར་ལྟར། སྔོན་རྫ་མཁན་གྱི་ཁྱེའུ་སྣང་བྱེད་དུ་གྱུར་པའི་ཚེ། དེས་སངས་རྒྱས་ཤཱཀྱ་ཐུབ་པ་ཆེན་པོའི་སྤྱན་སྔར་ཐུགས་བསྐྱེད་དེ། དེ་བཞིན་གཤེགས་པ་ཁྱེད་སྐུ་ཅི་འདྲ་དང་། །འཁོར་དང་སྐུ་ཚེའི་ཚད་དང་ཞིང་ཁམས་དང་། ཁྱེད་ཀྱི་མཚན་མཆོག་བཟང་པོ་ཅི་འདྲ་བ། །དེ་འདྲ་ཁོ་ནར་བདག་ཀུང་འགྱུར་བར་ཤོག །ཅེས་སྨོན་ལམ་བཏབ་པ་ནས་བཟུང་སྟེ་བསྐལ་པ་ཆེན་པོ་གྲངས་མེད་གཅིག་གི་བར་དུ། རྒྱལ་བ་ཡུལ་འཁོར་སྐྱོང་གི་བར་གྱི་སངས་རྒྱས་བདུན་ཁྲི་ལྔ་སྟོང་མཉེས་པར་མཛད། དེ་ནས་གྲངས་མེད་གཉིས་པ་ལ་སངས་རྒྱས་འོད་སྲུང་ནས་དབང་པོ་རྒྱལ་མཚན་གྱི་བར་གྱི་བདུན་ཁྲི་དྲུག་སྟོང་མཆོད། དེ་ནས་བྲམ་ཟེའི་ཁྱེའུ་སྤྲིན་དུ་གྱུར་ཏེ་སངས་རྒྱས་མར་མེ་མཛད་ཀྱི་དྲུང་དུ་ཛོ་རྗེ་ཐེག་པ་ཐོབ། རང་རྒྱུད་ཀྱི་དང་པོའི་སངས་རྒྱས་དོན་ཐམས་ཅད་གྲུབ་པའི་ཞིང་གི་བཀོད་པ་གཟིགས། ལུང་བསྟན་པ་ཡང་ཐོབ་པ་ནས་བརྩམས་ཏེ་གྲངས་མེད་གསུམ་པ་ལ་འོད་སྲུང་གི་བར་གྱི་སངས་རྒྱས་བདུན་ཁྲི་བདུན་སྟོང་བསྙེན་བཀུར་ནས། དགའ་ལྡན་གྱི་གནས་སུ་དམ

པ་ཧོག་དཀར་པོར་སྐྱེ་བ་ཞེས་པ་ཡན་ནི་སྐྱེ་བ་མངོན་པར་སྐྱེ་བའི་སྤྲུལ་པའི་སྐུའོ། །དེ་ནི་སྐད་ཅིག་མ་གཅིག་ལ་བསྐལ་པ་གྲངས་མེད་པའི་ཡང་གྲངས་མེད་དུ་བྱིན་གྱིས་རློབ་པར་མཛད་པས་ཡུན་རིང་བ་ཡང་མིན་ལ། བསྐལ་པ་དེ་སྙེད་ཀྱི་དུས་ཡུན་དང་བཅས་པར་སྣང་བས་ཡུན་ཐུང་བ་ཡང་མ་ཡིན་ནོ། །དེ་ལྟར་ཏིང་ངེ་འཛིན་གཅིག་གི་མཐུ་ཡིན་པས་ན་བསྐལ་པ་གྲངས་མེད་པ་བདུན་དང་། བཅུ་དང་། སུམ་ཅུ་རྩ་གསུམ་དང་། གཏྨོའི་གླིང་གི་བྱེ་མ་སྙེད་དུ་ཚོགས་བསགས་པའི་ཚུལ་ཡང་བསྟན་ཏེ། འདི་དག་འགལ་བར་མི་བསམ་མོ། །

དེ་ནས་ཞིང་འདིར་མཛད་པ་བཅུ་གཉིས་ཀྱི་སྒོ་ནས་འཚང་རྒྱ་བའི་ཚུལ་ཇི་ལྟར་བསྟན་ཞེ་ན། ཐོག་མར་ཞིང་འདི་བརྗོད་པར་བྱ་སྟེ། འདི་ལྟར་ནམ་མཁའ་ལ་རླུང་མེ་ཆུ་སའི་དཀྱིལ་འཁོར་བཞི་པོ་གོང་ནས་གོང་དུ་བརྩེགས་པ་རི་རིའང་དཔག་ཚད་ལྔ་ཁྲིའི་དཔངས་དང་ལྡན་ཞིང་། ཚད་དེ་ཉིད་ཀྱི་འོག་མ་འོག་མ་གྱེན་དུ་ཡངས་པས་ནང་མ་ནང་མ་སྐོར་བ། བཞི་ཀ་སྟེང་ན་ངོས་མཉམ་པར་གནས་པའི་དབུས་སུ་སའི་དཀྱིལ་འཁོར་དཔག་ཚད་འབུམ་ཡོད་པ་དེའི་དབུས་སུ་ཤར་ཨཱིནྡྲ་ནཱི་ལ། ལྷོ་པདྨ་རཱ་ག །བྱང་ཟླ་བ་ཆུ་ཤེལ། ནུབ་ཀརྐེ་ཏ་སེར་པོ། དབུས་མརྐ་ཏ་སྟེ་རིན་པོ་ཆེ་སྣ་ལྔ་ལས་གྲུབ་པའི་རི་རབ། རྩ་བ་ཟླུམ་པོའི་རྒྱར་དཔག་ཚད་ཁྲི་དྲུག་སྟོང་དང་། དབུས་སུ་འབུམ་ཡོད་པ་རིམ་གྱིས་སྒྲིམ་དུ་སོང་བས་རྡོ་རྗེ་རྩེ་ལྔ་པ་གདེངས་པ་ལྟར་སྟོང་ར་ལྔ་དང་ལྡན་པ། གཡས་གཡོན་གྱི་རྭའི་བར་ལ་དཔག་ཚད་ལྔ་ཁྲི་པ། རྩ་བར་འགྲམ་སྐེགས་ལྟ་བུའི་དཔག་ཚད་སྟོང་ཕྲག་གཅིག་པའི་མུ་ཁྱུད་ཀྱིས་བསྐོར་བ། དེའི་ཕྱི་ནས་གླིང་དང་། མཚོ་དང་། རི་དྲུག་དྲུག་སྤེལ་བས་ཟླུམ་པོར་བསྐོར་བ་ནི་ལོངས་སྤྱོད་ཀྱི་ས་སྟེ། ལྷ་དང་མི་དང་མིའམ་ཅི་སོགས་གནས་ལ། དེ་དག་རི་རབ་ཀྱི་རྭའི་ཁོངས་སྐྱིབས་ན་ཡོད་དོ། །དེའི་ཐ་མ་ནི་

གངས་རི་སྐྱེ། དེའི་ཕྱི་རོལ་ན་གླིང་བདུན་པ་འཛམ་བུའི་གླིང་ཆེན་པོ་དཔག་ཚད་ཉི་ཁྲི་ལྔ་སྟོང་བས་བསྐོར་བ་ནི་སའི་ཁོར་ཡུག་གོ །དེ་ལ་ཕྱོགས་བཞིར་དུམ་བུ་གསུམ་གསུམ་གནས་པས་བཅུ་གཉིས་སུ་བྱས་པ་ནི་ལས་ཀྱི་སའོ། །དུམ་བུ་རེ་རེ་ལས་ཆུ་ཀླུང་དྲུག་སྟོང་དྲུག་སྟོང་རྒྱ་མཚོར་འབབས་པས་ས་དེ་དག་ཕལ་ཆེར་རྒྱ་མཚོ་དང་འབྲེལ་བའི་ཆུས་གང་བའི་བར་བར་དུ་གླིང་རྣམས་དོད་པ། དུམ་བུ་སོ་སོའི་རང་རང་གི་ཕྱེད་ནང་མར་གླིང་ཆེན་རེ་རེ། དེ་སོ་སོ་ལ་གླིང་ཕྲན་བདུན་སྟོང་བདུན་སྟོང་གིས་བསྐོར་བ། ཕྱོགས་བཞིའི་གླིང་ཆེན་དབུས་མ་ལ་ནི་ཤར་དུ་ལུས་འཕགས་གླིང་ཟླ་གམ་གྱི་རྣམ་པ་དཔག་ཚད་བདུན་སྟོང་དང་། ལྷོར་འཛམ་བུའི་གླིང་ཆུང་ངུ་གྲུ་གསུམ་རྩེ་ནང་དུ་བསྟན་པ་དཔག་ཚད་བརྒྱད་སྟོང་དང་། བྱང་དུ་སྒྲ་མི་སྙན་ཟླུམ་པོ་དཔག་ཚད་དགུ་སྟོང་དང་། ནུབ་ཏུ་བ་ལང་སྤྱོད་གྲུ་བཞི་དཔག་ཚད་ཁྲིའི་ཚད་དང་ལྡན་པ། སའི་ཁོར་ཡུག་གི་ཕྱིའི་ཆུའི་ཁོ་ར་ཁོར་ཡུག་ལ་ལན་ཚྭའི་རྒྱ་མཚོ་ཞེས་བྱ་ཞིང་། མེའི་ཁོར་ཡུག་ལ་རྡོ་རྗེ་རི་དང་རྟ་གདོང་གི་མེ་ཞེས་ཀྱང་བྱའོ། །ས་ཆུ་མེ་རླུང་གི་དཀྱིལ་འཁོར་གྱི་དབུས་སུ་སྟེང་ནས་རིམ་པ་བཞིན་ལྷ་མ་ཡིན་དང་། ཀླུ་དང་། གསེག་མའི་ཆུའི་དམྱལ་བ་དང་། བྱེ་མའི་ཆུ་དང་། འདམ་གྱི་ཆུའི་དམྱལ་བ་དང་། དུ་བ་མི་ཟད་པ་དང་། མེའི་དམྱལ་བ་དང་། མུན་པ་ཆེན་པོ་དང་། ངུ་འབོད་དང་། ཁབ་རྩེའི་དམྱལ་བ་རྣམས་གནས། ལྷུན་པོ་ལ་རྒྱལ་ཆེན་རིས་བཞི་དང་། སུམ་ཅུ་རྩ་གསུམ་པ་གནས་ཤིང་། རི་རབ་ཀྱི་སྟེང་གི་ནམ་མཁའ་དཔག་ཚད་ཉི་ཁྲི་ལྔ་སྟོང་གི་ཚད་ལ་འཐབ་བྲལ། དགའ་ལྡན། འཕྲུལ་དགའ། གཞན་འཕྲུལ་དབང་བྱེད་རྣམས་གནས་ཏེ། དེ་ལྟར་ན་དམྱལ་བ་དང་ཡི་དྭགས་དང་དུད་འགྲོ་དང་། ལྷ་མ་ཡིན་དང་མི་དང་འདོད་ལྷ་རིས་དྲུག་སྟེ་འདོད་ཁམས་གནས་རིགས་བཅུ་གཅིག་གོ དེའི་སྟེང་དུ་དཔག་ཚད་ལྔ་ཁྲིའི་ཚད་ཀྱི་ནམ་མཁའ་ལ་ཟད་པར་ས་ཆུ་མེ་རླུང་གི་གནས་

བཞི་བཞི་སྟེ། ཚངས་རིས། ཚངས་པ་མདུན་ན་འདོན། ཚངས་ཆེན། འོད་ཆུང་། ཚད་མེད་འོད། འོད་གསལ། དགེ་ཆུང་། ཚད་མེད་དགེ །དགེ་རྒྱས། སྤྲིན་མེད། བསོད་ནམས་སྐྱེས། འབྲས་བུ་ཆེ། མི་ཆེ་བ། མི་གདུང་བ། ཤིན་ཏུ་མཐོང་། འོག་མིན་ཏེ་གཟུགས་ཁམས་གནས་རིགས་བཅུ་དྲུག་གོ །དེའི་སྟེང་གི་ནམ་མཁའ་དཔག་ཚད་ཉི་ཁྲི་ལྔ་སྟོང་ལ་ནམ་མཁའ་མཐའ་ཡས། རྣམ་ཤེས་མཐའ་ཡས། ཅི་ཡང་མེད་པའི་སྐྱེ་མཆེད། འདུ་ཤེས་མེད་འདུ་ཤེས་མེད་མིན་ཏེ་གཟུགས་མེད་པ་བཞི་གནས་སོ། །དེ་ལྟར་ན་འོག་རླུང་གི་མཐའ་ནས་སྲིད་རྩེའི་བར་དང་། ཐད་ཀར་རླུང་གི་མཐའ་ནས་རླུང་གི་མཐའི་བར་གཉིས་ཀ་དཔག་ཚད་འབུམ་ཕྲག་བཞི་པ་ཡིན་ནོ། །དེ་ཡང་མི་མཇེད་འཇིག་རྟེན་གྱི་ཁམས་དབུས་སུ་བྱས་ནས། ཕྱོགས་བཅུ་ཀར་དེ་ལྟ་བུ་སྟོང་ཕྲག་རེ་རེ་གནས་པ་ལ་སྟོང་གཅིག་པ་ཞེས་བྱ་ལ། དེ་ལ་ནི་འཇིག་རྟེན་གྱི་ཁམས་ཐེར་འབུམ་བརྒྱད་ས་ཡ་ཕྲག་བཅུ་གཉིས་དྲུག་སྟོང་དང་གཅིག་ཡོད་དོ། །ཕྱོགས་བཅུ་ཀར་སྟོང་ཕྲག་གཉིས་ཡོད་པ་ནི་སྟོང་གཉིས་པ་ཡིན་ལ། དེ་ལ་ནི་ཐེར་འབུམ་དྲུག་ཅུ་རྩ་བཞི་བྱེ་བ་བཞི་ས་ཡ་བརྒྱད་ཁྲི་ཉིས་སྟོང་དང་གཅིག་ཡོད་དོ། །ཕྱོགས་བཅུ་ཀར་སྟོང་ཕྲག་གསུམ་ཡོད་པ་ནི། སྟོང་གསུམ་གྱི་འཇིག་རྟེན་ཞེས་བྱ་བ་ལྷན་ཅིག་ཏུ་འཆགས་པ་ཡིན་ལ། དེ་ལ་ནི་ཕྲག་ཁྲིག་གཉིས་ཐེར་འབུམ་བཅུ་དྲུག་ས་ཡ་ཕྲག་བརྒྱ་རྩ་བརྒྱད་ཁྲི་བརྒྱད་སྟོང་དང་གཅིག་ཡོད་དོ། །དེ་ལྟ་བུའི་འཇིག་རྟེན་གྱི་ཁམས་དེ་ཉིད་དུ་སེམས་ཅན་རྣམས་ལ་སངས་རྒྱས་ཀྱི་སྣང་བ་འབྱུང་བས་སངས་རྒྱས་ཀྱི་ཞིང་ཞེས་བྱ་སྟེ་མ་དག་པའི་ཞིང་ངོ། །

མེ་ཏོག་གི་གཞིའི་སྙིང་པོའི་རྒྱན་བཀོད་པ་ལ་སོགས་པ་ཤིན་ཏུ་རྣམ་པར་དག་ཅིང་དབང་བསྒྱུར་བའི་རྣམ་པར་རིག་པའི་མཚན་ཉིད་ཅན་གྱི་ཞིང་ནི་ས་ཐོབ་པ་ཡན་ཆད་ཀྱི་ཏིང་ངེ་འཛིན་གྱི་སྤྱོད་ཡུལ་ཏེ་དག་པའི་ཞིང་ངོ་། །ཞིང་འདིའི་འོག་མིན་ལས

གྱེན་དུ་འཕགས་པའི་ནམ་མཁའི་ཟད་པར་གྱི་གནས་སུ་ལོངས་སྤྱོད་རྫོགས་པའི་སྐུའི་རྣམ་པ་ལ་སངས་རྒྱས་དང་བྱང་ཆུབ་སེམས་དཔའི་འཁོར་གྱི་རྣམ་པས་བསྐོར་ཏེ་བཞུགས་པ་དང་། ལྷུང་ལོ་ཅན་ནམ་རོ་ལྡན་ན་གསང་བ་པའི་བདག་པོ་ཕྱག་ན་རྡོ་རྗེ་བཙུན་མོ་དང་། རྡོ་རྗེ་སྔེ་དང་དཔུང་བཟངས་ལ་སོགས་པའི་སྲས་དང་བཅས་པ་དང་། འཛམ་བུའི་གླིང་གི་ལྷོ་ཕྱོགས་ཀྱི་རྒྱ་མཚོན་རི་པོ་ཏ་ལ་ན་སྤྱན་རས་གཟིགས་སྒྲོལ་མ་ལ་སོགས་པའི་འཁོར་དང་བཅས་ཏེ་བཞུགས་པ་དང་། ས་འོག་ན་སངས་རྒྱས་ཀླུ་དང་རབ་གཏུམ་མའི་ཚུལ་བཟུང་ནས་བཞུགས་པ་དང་། མིའི་ཡུལ་ན་ཁྲི་བོ་བཙུ་བཙུན་མོ་དང་བཅས་པ་དང་། གནས་དང་ཞིང་ལ་སོགས་པ་ཆེན་པོ་དང་འབྲིང་དང་ཆུང་ངུ་རྣམས་ན་དཔའ་བོ་དང་རྣལ་འབྱོར་མ་མང་དུ་བཞུགས་པས་འགྲོ་བ་རྣམས་རྗེས་སུ་འཛིན་པར་མཛད་དོ། །

བྱེ་བྲག་ཏུ་འཛམ་བུའི་གླིང་ཆུང་ངུ་ཉིད་ལ་ལྷོ་ནས་བྱང་དུ་རིམ་པ་བཞིན་འཕགས་པའི་ཡུལ་དང་། བོད་དང་། ལི་དང་། རྒྱ་ནག་དང་། ཤམྦྷ་ལ་དང་། གངས་ལྡན་རྣམས་གནས་ཤིང་། དེ་ཡང་འཕགས་པའི་ཡུལ་ནི་འཕགས་པ་རྣམས་འབྱོན་པའི་ཡུལ་ཡིན་པས་དེ་སྐད་དུ་གྲགས་ལ། རྒྱ་ནག་ལས་ལོགས་སུ་གར་ནས་གནས་པས་རྒྱ་གར་ཞེས་པ། མ་ག་དྷ་དང་། ཨཛྙ་དང་། ཡངས་པ་ཅན་དང་། མཉན་ཡོད་དང་། ཝཱ་རཱ་ཎ་སཱི་དང་། གནས་བཅས་དང་། སེར་སྐྱའི་གཞི་རྣམས་ཡོད་ཅིང་། ཤར་ཕྱོགས་ན་ཛྙཱ་ལ་དང་། ལྷོ་ཕྱོགས་ན་ཀོ་ཤམྦི་དང་། བཻ་ཏྲཱཀྲ་དང་། ནུབ་ཕྱོགས་ན་མ་ཁ་དང་ཁ་ཆེ་ལ་སོགས་པ་ཡོད་པའོ། །བོད་ནི་ཊོ་ཏ་ཞེས་པ་ཟུར་ཉམས་པས་བོད་དུ་གྲགས་པ། གྲོང་བྱེ་བ་ཆགས་པའི་སའི་ཁྲིན་ཡོད་པའོ། །ལི་ནི་སྟོན་ཆུས་གང་བ་ལ་ཤཱ་རིའི་བུའི་འཁར་གསིལ་དང་། རྣམ་སྲས་ཀྱི་མདུང་རྩེས་མཚོ་བྲལ་ཏེ་སངས་རྒྱས་ཤཱཀྱ་ཐུབ་པས་དེར

བྱོན་ནས། རྒྱལ་བ་བཞིའི་མཆོད་རྟེན་གོ་མ་ས་ལ་གནྡྷ་ཡོད་པ་གཟིགས་ཏེ། ལོ་བརྒྱ་ན་ཡུལ་འདིར་དམ་པའི་ཆོས་དར་བར་འགྱུར་རོ་ཞེས་ལུང་བསྟན་པ་བཞིན་རྒྱལ་པོ་ས་ནུ་སོགས་ལི་རྗེ་རབས་བཅས་བྱུང་བ་དེ་ཡིན་ལ་ཁ་ཤའི་ཡུལ་ཞེས་ཀྱང་ཟེར་རོ། །རྒྱ་ནག་ནི་རྒྱ་ནག་དང་རྒྱ་ནག་ཆེན་པོ་གཉིས་ལས་འདི་ནི་རྒྱ་ནག་སྟེ་གྲོང་ཁྱེ་བའི་བདག་ཉིད་ཅན་ནོ། །རྒྱ་ནག་ཆེན་པོ་འདི་མིན་ཏེ། དེ་ནི་མཧཱ་ཙི་ན་ཞེས་པ་ཟུར་ཉམས་པས་སྨན་ཙེ་ཞེས་ཟེར་བ་ཤར་ཕྱོགས་ན་ཡོད་པ་འདིའོ། །ཤམྦྷ་ལ་ནི་བདེ་འབྱུང་གིས་བཟུང་བ་ཞེས་ཏེ་ལྷ་དབང་ཕྱུག་ཆེན་པོའི་གནས་སོ། །ཡུལ་དེ་ཡང་རྒྱར་དཔག་ཚད་སུམ་སྟོང་ཡོད་པ། མཐའ་མ་གངས་རིའི་མུ་ཁྱུད་ཀྱིས་བསྐོར་ཞིང་། ཆུས་བཅད་པས་ས་པདྨ་འདབ་བརྒྱད་ཀྱི་རྣམ་པར་གནས་པ། དེའི་དབུས་ན་དཔག་ཚད་སྟོང་ཕྲག་གཅིག་པའི་ལྟེ་བ་ཟླུམ་ཞིང་མཐོ་བ་གངས་རིས་བསྐོར་བས་ཀེ་ལ་ཤར་གྲགས་པ། དེའི་དབུས་ན་ལྷས་བརྩིགས་པའི་ཕོ་བྲང་ཀ་ལཱ་པ་ཞེས་བྱ་བའི་གྲོང་ཁྱེར་མཆུ་ཞིང་དཔག་ཚད་བཅུ་གཉིས་པ། གྲོང་ཁྱེ་བས་ཉེ་བར་བསྐོར་བ་ཡོད་དེ། དེར་བྱང་ཆུབ་སེམས་དཔའ་དང་ཁྲོ་བོའི་རྒྱལ་པོ་རྣམས་ཀྱི་སྤྲུལ་པ་ཆོས་ཀྱི་འཁོར་ལོས་བསྒྱུར་བའི་རྒྱལ་པོ། སེམས་ཅན་མཐའ་དག་ལ་དེ་བཞིན་གཤེགས་པའི་ཆོས་རབ་ཏུ་སྟོན་པར་མཛད་པ། ཀླ་ཀློ་ལ་སོགས་པའི་ཆོས་ངན་པ་འཛོམས་པར་མཛད་པ། སྐྱེས་བུ་ཆེན་པོའི་མཚན་སུམ་ཅུ་རྩ་གཉིས་དང་དཔེ་བྱད་བརྒྱད་ཅུ་དང་། མངོན་པར་ཤེས་པ་ལྔ་ལ་སོགས་པ་དབང་ཕྱུག་གི་ཡོན་ཏན་ཡོངས་སུ་རྫོགས་པ། སེང་གེའི་ཁྲི་ལ་དབང་བསྒྱུར་ནས་ལོ་བརྒྱ་བཞུགས་པ་ཤ་སྟག་རྒྱུན་ཆགས་སུ་འབྱུང་ཞིང་། ཀ་ལཱ་པའི་གྲོང་གི་ལྷོ་ཕྱོགས་ན་མ་ལ་ཡའི་སྐྱེད་མོས་ཚལ་དང་། ཚལ་དེའི་ཤར་ན་ཉེ་བའི་ཡིད་ཀྱི་མཚོ་དང་། ནུབ་ན་པདྨ་དཀར་པོའི་མཚོ་ཡོད་དེ། དེ་གསུམ་ག་ཚད་མཉམ་པ་དཔག་ཚད་བཅུ་གཉིས་སོ། །ཡུལ་དེའི་ཆུ་བོ་སྔོན་པོའི་བྱང་དུ

རྟ་ག་མ་དང་། དེའི་བྱང་དུ་སུ་རམྨ་དང་། ཆུ་དེའི་ལྷོར་ཙམྦ་ཀ་དང་། སྤྲེའུ་དང་གསེར་ཞེས་པའི་ཡུལ་ལ་སོགས་པ་ཡུལ་ཆེན་པོ་བཅུ་གཉིས་བཅུ་གཉིས་ཕྱི་རོལ་གྱི་འདབ་མ་རེ་རེ་ལ་ཡོད་ལ། དེ་རེ་རེ་ཡང་གྲོང་འབུམ་ཕྲག་རེ་རེས་བརྒྱན་པའི་ཡུལ་འཁོར་བརྒྱ་ཕྲག་རེ་རེ་ཡོད་ཅིང་། ཡུལ་ཆེན་པོ་རེ་རེ་ལ་དབང་བསྒྱུར་བའི་ལྷ་དང་ལྷ་མ་ཡིན་དང་། ཀླུའི་སྤྲུལ་པའི་རྒྱལ་པོ་རེ་རེ་ཡོད་པས་རྒྱལ་པོ་དགུ་བཅུ་རྩ་དྲུག་གིས་ཆོས་ཀྱི་འཁོར་ལོས་བསྒྱུར་བའི་རྒྱལ་པོའི་བཀའ་ཉན་ཞིང་འདུད་པར་བྱེད་དོ། །དེ་ལྟར་ན་འདབ་མ་རྣམས་ལ་གྲོང་བྱེ་བ་ཕྲག་དགུ་བཅུ་རྩ་དྲུག་ཡོད་དོ། །གངས་ལྡན་ནི་འཛམ་བུའི་གླིང་གི་བྱང་གི་གྲུ་གངས་ཀྱི་ཕུང་པོར་གྱུར་པ་ཤམྦྷ་ལའི་གནས་དང་འབྲེལ་བའོ། །

མི་རྣམས་ཀྱི་ཚེ་ལོ་སྟོང་བརྒྱད་བརྒྱ་པ་ལས་མར་རིམ་གྱིས་བྲི་སྟེ་ཚེ་ལོ་བརྒྱ་པར་གྱུར་པ་ན། འདི་རྣམས་དགྲོལ་བའི་སླད་དུ་སྲས་དང་བཅས་པ་རྒྱལ་བའི་བདག་པོ་ལས་ཀྱི་སར་ནི་རབ་བཞུགས་ཏེ། མངལ་ནི་རབ་ཏུ་བཟུང་བ་མཛད་ཅིང་མཆོག་གི་ཐུགས་རྗེ་དག་གིས་བྱང་ཆུབ་བསྙེད་པ་མཛད་ནས་ནི། །ཉོན་མོངས་དང་ནི་བདུད་རྣམས་བཅོམ་ནས་ས་ཡི་སྙིང་གི་གནས་སུ་ཆོས་ཀྱི་འཁོར་ལོ་རབ་བསྐོར་ཏེ། །སྤྲུལ་པ་སྒྱུ་མ་མཛད་ནས་སླར་ཡང་བཅོམ་ལྡན་འདས་ནི་དག་པའི་སྐུ་ཅན་དེ་ཉིད་ཕོ་ནའོ། །ཞེས་གསུངས་པ་ལྟར། ཆུ་བོ་གནྡྷའི་འགྲམ་གྲོང་ཁྱེར་སེར་སྐྱར་འཛམ་དཔལ་གྱི་སྤྲུལ་པ་རྒྱལ་པོ་ཟས་གཙང་མ་བྱུང་སྟེ། སྤྱན་རས་གཟིགས་ཀྱི་སྤྲུལ་པ་སྒྱུ་འཕྲུལ་ཆེན་མོ་བཙུན་མོར་བྱས་ནས་རྒྱལ་སྲིད་ལ་སྐྱོང་དོ། །དེའི་ཚེ་དགའ་ལྡན་གྱི་དམ་པ་ཏོག་དཀར་པོ་དེས་མི་ཕམ་པ་རྒྱལ་ཚབ་ཏུ་བསྐོས་ནས། དཔྱིད་ཟླ་ར་ཆུང་གི་ཉའི་མཚན་ཕྱེད་ལ་རང་ཉིད་གླང་པོ་ཆེའི་གཟུགས་ཅན་གྱི་བར་སྲིད་མཛད་དེ། སྒྱུ་འཕྲུལ་ཆེན་མོ་གསོ་སྦྱོང་བླངས་པའི་གློ་གཡས་པར་ཞུགས་ནས་ལྷུམས་སུ་ཙནྡན་གྱི་ཁང་བུ་བརྩེགས་པར་བྱིས་པ་ཟླ་དྲུག་ལོན

པའི་ཚད་ཙམ་པ་མཚན་དང་དཔེ་བྱད་ཀྱིས་བརྒྱན་ཅིང་ན་བཟའ་དང་བཅས་པ་སྐྱིལ་མོ་ཀྲུང་གིས་བཞུགས་ཏེ། ཚངས་པས་ཕུལ་བའི་ཟེའུ་དངར་བཞེས་པས་སྐུ་ལུས་བརྟས་པར་མཛད་ཅིང་ཟླ་བ་བཅུ་ཚང་བར་བཞུགས་ནས། སྟོའི་ཟླ་བའི་ཁྲིམ་ཞག་གི་ཆོས་བརྒྱད་དང་། ཆོས་ཞག་གི་ཉ་ལ་ལུམྦི་ནཱིའི་ཚལ་དུ་སྐུ་བལྟམས། ཡབ་ཀྱིས་དོན་གྲུབ་ཏུ་མཚན་བཏགས། ཞག་བདུན་ན་ཡུམ་འདས་ཏེ་སུམ་ཅུ་རྩ་གསུམ་དུ་སྐྱེས། ཟླ་བ་བཞི་ན་སེར་སྐྱའི་ཕོ་བྲང་དུ་བྱོན་ཏེ། ཡབ་ཀྱིས་སྲུ་སྐྱེ་རྒྱུའི་བདག་མོ་སྐྱུ་འཕྲུལ་མ་མར་བསྐོས། དེའི་ཚེ་ཤཱཀྱ་གཏུམ་མོའི་ཚོགས་རྣམས་འདིས་ཐུབ་པ་བཞིན་དུ་གྱུར་པ་དང་རང་ཉིད་ཐུབ་པ་བཞིན་ཞི་བར་གནས་པས། ཤཱཀྱ་ཐུབ་པ་ཞེས་མཚན་གཉིས་པ་བཏགས། ཤཱཀྱ་རྣམས་ཀྱི་ལྷ་གནོད་སྦྱིན་ཤཱཀྱ་འཕེལ་སོགས་འཇིག་རྟེན་སྐྱོང་བ་རྣམས་ཀྱིས་འདིའི་ཞབས་ལ་ཕྱག་བྱས་པས་ལྷའི་ཡང་ལྷ་ཞེས་མཚན་གསུམ་པ་བཏགས། དྲང་སྲོང་ནག་པོ་ཉོན་མོངས་མེད་ཀྱིས་སངས་རྒྱས་སུ་འགྱུར་བར་ལུང་བསྟན། དགུང་ལོ་ལྔ་པ་ལ་དབུ་སྐྲ་བྲེགས་ཤིང་། དྲུག་པ་ལ་གཙུག་ཕུད་བཞག་ནས་གསེར་གཞོང་དུ་འབྲས་ཆེན་གསོལ་བ་མ་མས་བཀག ཀྲུང་མ་ཐུབ་པས་གླང་པོ་ཆེ་ལྔ་བརྒྱ་ལ་སྟོད་དེ་བཏགས་ཏེ་འཕྲོག་པར་བརྩམས་པ་ན། མཛུབ་མོས་གླང་ཆེན་དེ་དག་རྒྱང་དྲངས་པས། འདིའི་ལག་པ་གཉིས་ཀྱིས་གླང་པོ་སྟོང་ཐུབ་པོ་ཞེས་མཚན་བཞི་པ་གླང་པོ་སྟོང་ཐུབ་ཏུ་བཏགས། ཀུན་གྱི་བཤེས་གཉེན་སོགས་སློབ་དཔོན་རྣམས་ལས་ཡི་གེ་ལ་སོགས་པ་སློབ་པ་ལྟར་མཛད་ནས། བཟོ་དང་སྒྱུ་རྩལ་གྱི་གནས་མཐའ་དག་ལ་བྱང་བར་འགྱུར། དགུང་ལོ་བཅུ་དྲུག་རྫོགས་པ་ན་ཤཱཀྱ་ལག་ན་བེ་ཅོན་གྱི་བུ་མོ་ལྷ་མོ་དཔལ་ཆེན་མོའི་སྤྲུལ་པ་གྲགས་འཛིན་ནམ་ས་འཚོ་མ་ཞེས་པ་རུ་མཚོན་དུ་བཞག་ནས། བརྒྱ་བྱིན་གྱི་སྤྲུལ་པ་ལྷ་སྦྱིན་ལ་སོགས་པ་ཤཱཀྱ་ལྔ་བརྒྱ་དང་སྒྱུ་རྩལ་མཐའ་དག་འགྲན་པ་ལས་རྒྱལ་

བ་དང་། བཅུ་བདུན་པ་ལ་ཡབ་ཀྱིས་རྒྱལ་ཚབ་ཏུ་བསྐོས་ཏེ། ས་འཚོམ་བཙུན་མོའི་འཁོར་བརྒྱད་ཁྲི་བཞི་སྟོང་དང་བཅས་པ་བདག་གིར་མཛད། དགུང་ལོ་ཉེར་དགུ་པ་ལ་གྲོང་ཁྱེར་གྱི་སྒོ་བཞིར། རྒས་པ་དང་། ན་བ་དང་། འཆི་བ་དང་། རབ་ཏུ་བྱུང་བ་རྣམས་གཟིགས་པས། ཐ་སྙད་ཀྱི་བླ་བའི་ཆོས་བརྒྱད་ཀྱི་ཉེན་མངོན་པར་འབྱུང་བའི་ཐུགས་བསྐྱེད་པ་ན། ད་ནི་ཞག་བདུན་ལ་རབ་ཏུ་མ་བྱུང་ན་འཁོར་ལོས་བསྒྱུར་བའི་རྒྱལ་པོར་འགྱུར་རོ་ཞེས་མཚན་མཁན་རྣམས་ཀྱིས་ལུང་བསྟན་པ་ཐོས་ནས། ཤཱཀྱ་རྣམས་ཀྱིས་མེལ་ཚེ་བྱས་ཏེ་བསྲུངས་པ་ན་ཉའི་མཚན་མོ་གྲགས་འཛིན་མའི་མངལ་དུ་རྡོ་རྗེ་སེམས་དཔའི་སྤྲུལ་པ་སྒྲ་གཅན་འཛིན་བཟང་པོ་སྲས་ཀྱི་ཚུལ་དུ་བཛུས་ཏེ་སྐྱེས། ནམ་ཕྱེད་ན་རྟ་བསྔགས་ལྡན་ལ་བཅིབས། ལྷ་རྣམས་ཀྱིས་བསྐོར་བས་ནམ་མཁའ་ལ་འཕགས་ཏེ་ཤར་ཕྱོགས་སུ་དཔག་ཚད་བཅུ་གཉིས་འདས་པ་ཡངས་པ་ཅན་དུ་བཞུགས་ནས། དབུ་སྐྲ་རང་ཉིད་ཀྱིས་བཅད་དེ་རབ་ཏུ་བྱུང་། དེ་ཉིད་དུ་རིང་འཕུར་ལ་ཅི་ཡང་མེད་པ་དང་། གཏྣ་བཀྲལ་ཏེ་མ་ག་དྷར་ལྷག་སྤྱོད་ལས་སྲིད་རྩེའི་སེམས་དག་མངོན་དུ་མཛད་དེ་དགེ་སྦྱོང་གོ་ཏ་མར་མཚན་གསོལ། དེ་ནས་དཀའ་ཐུབ་ཀྱི་གནས་སུ་གདུང་བ་ལྔའི་སྦྱོར་བས་བཞུགས་པས་བྲང་སྲོང་རྣམས་ཀྱིས་དགེ་སྦྱོང་ཆེན་པོར་མཚན་གསོལ། དེ་ནས་ཆུ་ཀླུང་ནཻ་རཉྫ་ནའི་འགྲམ་དུ་དགུན་ཟླ་ཐ་ཆུང་གི་ཆོས་བརྒྱད་ནས་དབུགས་རྒྱུ་བ་བཅད་དེ་ལོ་དྲུག་ཏུ་མཁའ་ཁྱབ་ཀྱི་ཏིང་ངེ་འཛིན་ལ་མཉམ་པར་བཞག་ནས་དཀའ་བ་སྤྱད། དགུང་ལོ་སོ་ལྔ་པ་དགུན་ཟླ་ར་བའི་ཆོས་བརྒྱད་ལ་ཕྱོགས་བཅུའི་སངས་རྒྱས་ཏེལ་གྱི་གང་བུ་བཞིན་ནམ་མཁའ་གང་བ་འདུས་ནས་སེ་གོལ་གཏོགས་ཏེ། བསམ་གཏན་འདི་ནི་རྣམ་དག་མིན། །མཐར་ཐུག་ཐོབ་བྱེད་ཀྱང་འདི་མིན། ཁྱོད་ཀྱིས་འོད་གསལ་དམིགས་བྱ་སྟེ། །ནམ་མཁའི་ངོས་ལྟ་མཆོག་ཡིན་ནོ། །ཞེས་དབྱངས་གཅིག

གིས་གསུངས་པས། ཉིང་དེ་འཛིན་དེ་བཏང་ནས་བཞེངས་ཏེ་རྣམ་སྣང་གི་ལུས་དེར་བཞག་ནས་ཡེ་ཤེས་ཀྱི་ལུས་འོག་མིན་དུ་མངོན་བྱང་ལྟས་སངས་རྒྱས་ཏེ། རི་རབ་ཀྱི་རྩེ་མོར་རྣལ་འབྱོར་གྱི་རྒྱུད་གསུངས་ནས། སླར་རྣམ་སྣང་གྱི་ལུས་ལ་ཞུགས་ཏེ་ཟས་བསོད་པ་བཞེས་པས་སྟོབས་རྒྱས་ཤིང་སྔོན་ལས་མཛེས་པས་དགེ་སློང་མཛེས་པར་གྲགས། དགུང་ལོ་སོ་དྲུག་པ་ས་ག་ཟླ་བའི་ཉའི་ཉིན་སྔ་ཅན་གྱི་བུ་མོ་ལེགས་སྐྱེས་མས་བ་སྟོང་བཞོས་པ་ལན་བཅུ་དྲུག་ཏུ་ཉིང་ཁུར་བྱས་པའི་འོ་ཐུག་ཕུལ། དེ་གསོལ་མ་ཐག་མཚན་དཔེ་མཆོག་ཏུ་གསལ་ཞིང་འོད་འདོམ་གང་པས་བརྒྱན་པར་གྱུར། ཉིན་ཕྱེད་ན་རྩྭ་ཚོང་བཀྲ་ཤིས་ལ་རྩྭ་བླངས་པ་བསྣམས་ཏེ། རྡོ་རྗེའི་གདན་ཆོས་ཀྱི་གཡེ་དགོན་པར་བྱང་ཆུབ་ཀྱི་ཤིང་དྲུང་དུ་གཤེགས་ནས། རྩྭའི་རྩེ་མོ་ནང་དུ་བསྟེན་པའི་སྟེང་དུ་ཞལ་ཤར་དུ་ཕྱོགས། རྡོ་རྗེའི་སྐྱིལ་མོ་ཀྲུང་བཅས་ཏེ་སྐུ་དྲང་པོར་བསྲང་། ཕྱག་མཉམ་གཞག་མཛད་ནས་བཞུགས་ཏེ། འོད་བཀྱེ་བས་བྱང་སེམས་མང་པོ་འཁོར་དུ་བསྡུས། བདུད་ཀྱི་གནས་ཐམས་ཅད་མུན་པར་མཛད་པས། བདུད་སྡིག་ཅན་གྱི་དམག་མི་འབྲུགས་ཕྲག་གཅིག་གིས་ཆོ་འཕྲུལ་སྣ་ཚོགས་པ་བསྟན། མཚོན་ཆ་སྣ་ཚོགས་པ་འཕངས་པ་མེ་ཏོག་གི་ཆར་དུ་གྱུར། བདུད་ཀྱིས་རྒྱ་བསོད་ནམས་ལ་སྐྱུར་པ་བཏབ་པས། དཔང་པོར་ས་འདི་ཡོད་དོ་ཞེས་ཕྱག་གཡས་པ་ས་གནོན་གྱི་ཕྱག་རྒྱ་ས་ལ་བསྣུན་མ་ཐག་སའི་ལྷ་མོས་དཔང་པོ་བྱས་པས་བདུད་ཕམ། ཉི་མ་ནུབ་པ་ན་གཤིན་རྗེ་གཤེད་ཀྱི་སྐུར་བསྟན་ནས། སྡིག་ཅན་མ་རཏི་ལ་བཞོན་པ་བརྫིས་ཏེ་བཏུལ་ནས་གཤིན་རྗེ་གཤེད་དམར་ནག་གི་རྒྱུད་གསུངས། ནམ་གྱི་ཆ་སྟོད་ལ་བསམ་གཏན་བཞི་དང་། གུང་ལ་མངོན་ཤེས་ལྔ་བསྐྱེད་དེ། སྔར་ནམ་མཁའ་གང་བའི་སངས་རྒྱས་རྣམས་ཀྱིས་བསྟན་པའི་རྡོ་རྗེའི་རྣལ་འབྱོར་ཐུགས་ཉམས་སུ་བཞེས་པས། སྐྱ་རེངས་འཆར་བའི་ཚེ་ཟླ་བ་ལ་དུས་མི་ཞུགས

པ་དང་དུས་མཚུངས་པར་མངོན་པར་རྫོགས་པར་སངས་རྒྱས། ས་འཚོ་མ་ལ་སྒྲ་གཅན་འཛིན་བཟང་པོ་བཙས། ཕྱུག་ན་རྡོ་རྗེའི་སྤྲུལ་པ་ཀུན་དགའ་བོ་བདུད་རྩི་ཟས་ཀྱི་བུར་སྐྱེས། ས་གཡོས། འཇིག་རྟེན་སྣང་བར་བྱས། བདུད་རྣམས་ཕྱོགས་ཀུན་ཏུ་བྱེར་ཏེ་ཞག་བདུན་ཕྲད་པར་མ་གྱུར། དེ་ནས་ཤིང་དྷ་ལ་བདུན་ཙམ་དུ་འཕགས་ཏེ། ལམ་གྱི་རྒྱུད་ནི་ཆད། ཟག་པ་ཟད་དོ་ཞེས་ཆེད་དུ་བརྗོད་པས། ལྷ་རྣམས་ཀྱིས་མེ་ཏོག་གཏོར་ཏེ་མཆོད། སངས་རྒྱས་ཀྱི་མཐུས་ཀུན་ཏུ་བཟང་པོས་སངས་རྒྱས་ཕལ་པོ་ཆེའི་ཆོས་ཀྱི་རྣམ་གྲངས་བཤད། ཞག་བདུན་ཕྲག་དང་པོ་ལ་སྤྲུལ་པའི་སྐུ་མེའི་ཁམས་ལ་ཞུགས་ནས་བྱང་ཆུབ་ཀྱི་ཤིང་དྲུང་དུ་སྐྱིལ་ཀྲུང་མ་བཤིག་པར་བཞུགས། མངོན་པར་བྱང་ཆུབ་པའི་སྐུ་ནི་འོག་མིན་ལྷའི་གནས་སུ་བྱོན་ཏེ་ཕྱོགས་བཅུའི་རྒྱལ་སྲས་འདུས་ནས་ཆོས་བཅུ་བསྟན། བདུན་ཕྲག་གཉིས་པ་ལ་དབང་བསྐུར་གྱི་གནས་སུ་རྡོ་རྗེ་སྙིང་པོས་ས་བཅུ་པ་དང་། སྟོན་པས་རྣམ་སྣང་མངོན་བྱང་གི་རྒྱུད་གསུངས། སྤྲུལ་པའི་སྐུས་ནི་སྟོང་གསུམ་ཞབས་ཀྱིས་བཅགས། གསུམ་པ་བྱང་ཆུབ་ཀྱི་སྙིང་པོར་སྤྱན་མི་འཛུམ་པར་གཟིགས། བཞི་པ་ལ་འཛམ་བུའི་གླིང་མཐའ་དག་ཞབས་ཀྱིས་བཅགས། ལྔ་པ་ལ་ཀླུ་བཏང་ཟུང་གི་གནས་སུ་བཞུགས། དྲུག་པ་ལ་ཤིང་ཙུ་གྲོ་དྷར་སྐྱོང་གི་དྲུང་དུ་བཞུགས། བདུན་པ་ལ་ཤིང་སྒྲོལ་རྒྱུའི་ཚལ་དུ་བཞུགས་ཏེ་ཚོང་པ་ག་གོན་དང་བཟང་པོས་སྦྲང་རྩིའི་འདག་ཁུ་ཕུལ་བ་རྒྱལ་ཆེན་བཞིས་ཕུལ་བའི་ལྷུང་བཟེད་དུ་བཞེས་ཏེ་ཤིས་པ་བརྗོད། ཟབ་ཞི་རྟུལ་བྲལ་འོད་གསལ་འདུས་མ་བྱས། །བདུད་རྩིའི་ཆོས་འདི་བདག་གིས་ཐོབ་པར་གྱུར། །བདག་གིས་བསྟན་ཀྱང་གཞན་གྱིས་མི་ཤེས་ཏེ། །མི་སྨྲ་ནགས་འདབ་གནས་པར་བྱའོ་སྙམ། །ཞེས་གསུངས་ཏེ་ཐུགས་ལས་ཆུང་ངུར་བཞུགས་པ་ན། ཚངས་པ་གཙུག་ཕུད་ཅན་དང་བརྒྱ་བྱིན་གྱིས་བཅོམ་ལྡན་འདས་ཞེས་མཚན་གསོལ་ནས་ཆོས་

གསུང་བར་བསྐུལ་བས་གནང་སྟེ། རི་ཡ་གའི་ཕྱོགས་སུ་བྱོན་ནས་ཀུན་ཏུ་རྒྱུ་ཉེར་འགྲོ་ལ། ང་ལ་སློབ་དཔོན་གང་ཡང་མེད། །ང་དང་འདྲ་བ་ཡོད་མ་ཡིན། །ང་ནི་གཅིག་པུ་རྫོགས་སངས་རྒྱས། །བསིལ་གྱུར་ཟག་པ་མེད་པ་ཡིན། །ཞེས་གསུངས་པས། ཁྱོད་ནི་སངས་རྒྱས་ལགས་སོ་ཞེས་སངས་རྒྱས་སུ་མཚན་གསོལ་ཏོ། །དེ་ནས་རིམ་གྱིས་ཆུ་སྟོད་ཅན་གྱི་ཆོས་བདུན་ལ་ཝཱ་རཱ་ཎ་སཱིར་བྱོན། ཆོས་བརྒྱད་ལ་རྒྱལ་སྲས་སེམས་བསྐྱེད་མ་ཐག་ཏུ་ཆོས་འཁོར་བསྐོར་བ་ཞེས་པས་གསེར་གྱི་འཁོར་ལོ་ཕྱེ་བས་སྟོང་པ་ཕུལ་ཏེ་གསོལ་བ་བཏབ་པས་ཐོ་རངས་ཀཽཎྜི་ནྱ་སོགས་ལྔ་སྡེ་ལ་བདེན་བཞིའི་ཆོས་བསྟན་པས་དགྲ་བཅོམ། དེ་དང་དུས་གཅིག་ཏུ་བྱམས་པ་སོགས་རྒྱལ་སྲས་རྣམས་ལ་དོན་དམ་པའི་ཚུལ་ལ་འཇུག་པའི་ཐེག་པ་ཆེན་པོའི་ཆོས་བསྟན་པས། དེ་དག་གིས་དེ་བཞིན་གཤེགས་པ་ཞེས་མཚན་གསོལ་ཏོ། །དེ་ནས་གྲགས་པ་སོགས་ཉེ་བའི་ལྔ་སྡེ་དང་། དྲག་པོ་སོགས་ལྔ་བཅུ་སྡེ་དང་། ཀཱ་ཏྱའི་བུ་འཁོར་ལྔ་བརྒྱ་དང་བཅས་པ་དང་། སླར་ཡང་མག་ནར་བྱོན་ནས་འཆར་ཀ་སོགས་བཟང་སྡེའི་ཚོགས་དྲུག་ཅུ་རྣམས་ལ་ཆོས་བསྟན་པས་དགྲ་བཅོམ་སྟེ་ལྗོངས་རྒྱུ་བར་བཏང་། ལྟེང་རྒྱས་འོད་སྲུང་སོགས་རལ་པ་ཅན་སྟོང་རབ་ཏུ་བྱུང་སྟེ་རི་གཡར་བཞུགས་པ་ན། དྲང་སྲོང་སྒྲོན་མེས་ཐམས་ཅད་མཁྱེན་པ་ཞེས་མཚན་གསོལ་ཏོ། །རྒྱལ་པོ་གཟུགས་ཅན་སྙིང་པོས་འོད་མའི་ཚལ་བྱ་ཀ་ལནྡ་ཀ་གནས་པའི་ཀུན་དགའ་ར་བ་ཕུལ་བ་བཞེས། ལུས་འཕགས་ཀྱི་རིའི་དབང་པོའི་བྲག་ཏུ་གྲོ་ལྔའི་ཕུག་ཏུ་མེའི་ཁམས་ལ་སྙོམས་པར་ཞུགས། བརྒྱ་བྱིན་སྟན་དེ་ཉིད་ལ་ཤི་འཕོས་ནས་སྟན་དེ་ཉིད་ལ་སྐྱེ་བར་མཛད། སྒྲིབ་པ་རྣམ་སེལ་གྱི་སྤྲུལ་པ་ཤཱ་རིའི་བུ་དང་། མཽ་གལ་གྱི་བུ་འཁོར་ཉིས་བརྒྱ་ལྔ་བཅུ་དང་བཅས་པ་རབ་ཏུ་བྱུང་། དེ་དག་དང་འོད་སྲུང་འཁོར་དང་བཅས་པ་ལ་དགེ་སློང་སྟོང་ཉིས་བརྒྱ་ལྔ་བཅུར་གྲགས། འོད་སྲུང་ཆེན་པོ

དང་། གསུམ་པོ་ཆེ་དང་། བལྷ་ན་སྟུག་སོགས་རབ་ཏུ་ཕྱུང་། སོ་བརྒྱད་པ་ལ་མགོན་མེད་ཟས་སྦྱིན་གྱིས་མཉན་ཡོད་དུ་སྤྱན་དྲངས་ཏེ་རྒྱལ་བྱེད་ཚལ་ཕུལ་བ་བཞེས། གསལ་རྒྱལ་གཞོན་ནུ་དཔེའི་མདོས་བཏུལ། ཞེ་གཅིག་པ་ལ་ནག་པོ་འཆར་ཀས་སྤྱན་དྲངས་ནས་སེར་སྐྱའི་གཞིར་གཤེགས་ཏེ་ཡབ་སྲས་མཇལ། ཉུ་གྲོ་དྷའི་ཀུན་དགའ་ར་བ་བཞེས། ཕུ་བོ་གསུམ་དང་ཡབ་བདེན་པ་ལ་བཀོད། ཀུན་དགའ་བོ། གཙུང་མཛེས་དགའ་བོ། སྒྲ་གཅན་འཛིན། ཉེ་བ་འཁོར། བཟང་ལྡན། མ་འགགས་པ། ནམ་གྲུ། ལྷ་སྦྱིན། ལེགས་སྐར། དྲུག་སྡེ་སོགས་རབ་ཏུ་བྱུང་། སླར་ཡང་མཉན་ཡོད་དུ་གཤེགས་ཏེ་རབ་འབྱོར། སྐུལ་བྱེད། གསེར་སྐྱའི་རྒྱལ་པོ་ཀ་པི་ན་སོགས་རབ་ཏུ་བྱུང་། དེ་ནས་ཡངས་པ་ཅན་གྱི་སྒྲ་གཅན་དུ་སྐྱེ་རྒུའི་བདག་མོ་སོགས་ཤཱཀྱ་མོ་ལྔ་བརྒྱ་དང་གྲགས་འཛིན་མ་སོགས་རབ་ཏུ་བྱུང་སྟེ་འཁོར་རྣམ་བཞི་དང་ལྡན། དམག་དཔོན་སེང་གེ་དང་ལི་ཙ་བི་རྣམས་ཀྱིས་སྤྲེའུ་རྫིང་གི་ཁང་པ་བརྩེགས་པ་ཕུལ་བ་བཞེས། དེ་ནས་བསྐུ་ལ་དང་། གྲོང་ཁྱེར་སློ་མ་ཅན་དུ་བྱམས་མའི་བུ་གང་པོ་སོགས་རབ་ཏུ་བྱུང་། ཞེ་ལྔ་པ་ལ་བྱ་རྒོད་ཕུང་པོའི་རི་ར་དེ་བཞིན་གཤེགས་པའི་སྙིང་པོའི་མདོ་གསུངས། ང་གཅིག་པ་ལ་བྱ་རྒོད་ཕུང་པོའི་རི་ལ་ཤེར་ཕྱིན་དང་དེ་བཞིན་གཤེགས་པའི་སྙིང་རྗེ་ཆེན་པོ་བསྟན་པ་གསུངས། ལོ་དེའི་མཆུའི་ཟླ་བའི་ཚེས་གཅིག་ནས་ཉའི་བར་ལ་མཉན་ཡོད་དུ་ཆོ་འཕྲུལ་ཆེན་པོ་བསྟན་པས་མུ་སྟེགས་སྟོན་པ་དྲུག་བཏུལ། དེ་ནས་སུམ་ཅུ་རྩ་གསུམ་དུ་གཤེགས་ཏེ་ཡུམ་བདེན་པ་ལ་བཀོད། སུམ་ཅུ་རྩ་གསུམ་ནས་བརྩམས་ཏེ་འདོད་གཟུགས་ཀྱི་ལྷ་རྣམས་དང་ལྷན་ཅིག་ལྷ་གནས་གོང་མ་གོང་མར་བྱོན་ནས་འོག་མིན་དུ་དམ་ཚིག་གསུམ་བཀོད་པའི་རྒྱུད་གསུངས། དབྱུ་གུ་ཟླ་བའི་ཉེར་གཉིས་ལ་གྲོང་ཁྱེར་གསལ་ལྡན་དུ་ལྷ་ལས་བབས། ལྷ་སྦྱིན་གྱིས་དགེ་འདུན་འཁོར་ལོའི་དབྱེན་བྱས་པ་

མཆོག་ཟུང་གིས་བཟླུམས། ཀཽཾ་ཤ་སྒྲིར་གདེངས་ཅན་གྱི་ཀུན་དགའ་ར་བར་རྒྱལ་པོ་ཤར་པ་ཡང་དག་པའི་ལམ་ལ་བཀོད། ནམ་མཁའ་ལས་པོ་ཏཱ་ལར་གཤེགས་ཏེ་སྤྱན་རས་གཟིགས་ཀྱིས་དོན་ཞགས་ཀྱི་ཆོ་ག་སོགས་ཞུས། དཔལ་ཡོན་ཏན་འབྱུང་བའི་གྲོང་ཁྱེར་དུ་ཕྱག་ན་རྡོ་རྗེ་ལ་དབང་བསྐུར་བས་དེས་ཕྱག་རྡོར་དབང་བསྐུར་བའི་རྒྱུད་བཤད། འཕགས་རྒྱལ་དུ་རབ་སྣང་དད་པར་མཛད་ཅིང་གཙེར་བུ་པ་བདེན་སླ་བྱང་ཆུབ་ཏུ་ལུང་བསྟན། ཡངས་པ་ཅན་དུ་ལི་ཙྪ་བི་དྲི་མ་མེད་པར་གྲགས་པ་ལ་བསྐུལ་བས་དེས་མི་འཁྲུངས་པའི་ཞིང་ལག་པར་བླངས་ཏེ་ཞིང་འདིར་བཙུག །རི་དགུ་པ་ལ་རྒྱལ་པོའི་ཁབ་ཏུ་གླང་པོ་ཆེ་ནོར་སྐྱོང་བཏུལ། རྒྱལ་པོ་མ་སྐྱེས་དགྲས་སྟོན་པ་འཁོར་དང་བཅས་པ་ལ་སུ་གང་གིས་ཀྱང་བསྙེན་བཀུར་མ་བྱེད་ཅེས་ཁྲིམས་བཅས་པས། དགེ་སློང་ལྷ་སྟོང་དང་ལྡན་ཅིག་ཏུ་གྲོ་ཏྲའི་ཕུག་ཏུ་བསོད་སྙོམས་གཅིག་གིས་དབྱར་གནས་མཛད་དེ། དེར་སྤྲུལ་པ་བཞག་ནས་སྟོན་པ་ཉིད་རྒྱལ་བ་འཇིག་སྲེད་རྒྱལ་པོའི་ཞིང་དུ་གཤེགས་ཏེ་ཕྱོགས་བཅུའི་སངས་རྒྱས་དང་བགྲོ་བ་མཛད། མཐར་མ་སྐྱེས་དགྲ་གཞི་མེད་པའི་དད་པ་ལ་བཞག །དོན་དྲུག་པ་ལ་བྱ་རྒོད་ཕུང་པོའི་རིར་དམ་ཆོས་པདྨ་དཀར་པོ་གསུངས། དེ་ནས་ལྕང་ལོ་ཅན་དུ་ཕྱག་ན་རྡོ་རྗེ་ལ་བདེ་ཆེན་རལ་གཅིག་གི་རྒྱུད་གསུངས། བརྒྱད་ཅུ་པ་ལ་ཡངས་པ་ཅན་དུ་བདུད་སྡིག་ཅན་གྱིས་མྱ་ངན་ལས་འདའ་བར་གསོལ་ཞིང་། མགར་བའི་བུ་ཙུནྡས་མྱ་ངན་ལས་མི་འདའ་བར་གསོལ་བ་བཏབ་པས་སྐུ་ཚེའི་འདུ་བྱེད་སྤངས་ཤིང་འཚོ་བའི་འདུ་བྱེད་བྱིན་གྱིས་བརླབས་ཏེ་ཟླ་བ་གསུམ་ན་མྱ་ངན་ལས་འདའ་བར་ལུང་བསྟན་ཏོ། །

དེ་ནས་འཕགས་པའི་ཡུལ་གྱི་ལྷོ་ཕྱོགས་སྟོན་གྱི་དྲང་སྲོང་གིས་འབྲས་སོ་བའི་ཆར་ཕབ་པས་འབྲས་སྤུངས་སུ་གྲགས་པ་ན། མཆོའི་དབུས་སུ་ལྷས་བརྩིགས་པའི་

ཤྲཱི་ཧྣཱ་ཙྪ་ཀ་ཊ་ཀ་སྟེ་དཔལ་སོ་བའི་ཕུང་པོའམ་འབྲས་སྤུངས་ཀྱི་མཆོད་རྟེན་ཕྱེད་མཚོ་ནང་དུ་ནུབ་པ། ནང་གི་དཔངས་སུ་དཔག་ཚད་དྲུག་དང་རྒྱང་གྲགས་གཅིག་ཡོད་པ། བུམ་པའི་ཕྱི་རོལ་གྱི་ཤར་དུ་ཁྱབ་འཇུག་དང་། ལྷོར་སྨིན་དྲུག་གི་བུ་དང་། ནུབ་ཏུ་ཚངས་པ་དང་། བྱང་དུ་དབང་ཕྱུག་གིས་བཙུགས་པའི་ཀ་བ་བདུན་བདུན་ཡོད་པས་རྒྱུ་སྐར་གྱི་དཀྱིལ་འཁོར་མཚོན་པ། དེའི་ཕྱི་རོལ་དུ་ར་བ་རིམ་གསུམ་སྒོ་གསུམ་རིམ་དང་ལྡན་པ་དེར་བཅོམ་ལྡན་འདས་སངས་རྒྱས་ཀྱི་མཐུས་གཤེགས་ཏེ། རྡོ་རྗེ་སེང་གེའི་ཁྲི་ལ་ཞལ་ཤར་དུ་མངོན་པར་ཕྱོགས་ནས་བཞུགས་པ་ལ། བྱང་ཤམྦྷ་ལའི་རྒྱལ་པོ་བཀོད་མཐར་བྱེད་ཀྱི་སྤྲུལ་པ་ཉི་མའི་འོད་ཀྱི་བཙུན་མོ་རྣམ་པར་རྒྱལ་མའི་སྲས། ཕྱག་ན་རྡོ་རྗེའི་སྤྲུལ་པ་རྡོ་རྗེ་ཟླ་བ་དྲི་མ་མེད་པའི་འོད་དང་ལྡན་པས་ཟླ་བ་བཟང་པོ་ཞེས་པ་སེང་གེའི་ཁྲི་ལ་བཞུགས་ཏེ། རྒྱལ་སྲིད་བསྐྱངས་ནས་ལོ་དགུ་བཅུ་རྩ་དགུ་ལོན་པ་ཆོས་ཀྱི་འཁོར་ལོས་བསྒྱུར་བ་དེ། ནོར་བུ་རིན་པོ་ཆེའི་ཅོད་པན་བཅིངས་པའི་སྤྲུལ་པའི་རྒྱལ་པོ་དགུ་བཅུ་རྩ་དྲུག་པོས་བསྐོར་བ། ལྷ་དང་ལྷ་མ་ཡིན་དང་། མཁའ་འགྲོ་དང་མཁའ་འགྲོ་མ་ལ་སོགས་པའི་འཁོར་དཔག་ཏུ་མེད་པ་དང་བཅས་པ་རྫུ་འཕྲུལ་གྱིས་འོངས་ཏེ། བཅོམ་ལྡན་འདས་ལ་བསྐོར་བ་དང་མཎྜལ་སྟོན་དུ་འགྲོ་བས་ཞབས་ཀྱི་པདྨོ་ཟུང་ལ་རིན་པོ་ཆེའི་མེ་ཏོག་གིས་མཆོད་ཅིང་ཡང་དང་ཡང་དུ་ཕྱག་བཙལ། འཇིག་རྟེན་དང་འཇིག་རྟེན་ལས་འདས་པའི་དངོས་གྲུབ་སྒྲུབ་པའི་དོན་དུ་གསོལ་བ་བཏབ་ནས་ཐལ་མོ་སྦྱར་ཏེ་སྤྱན་སྔར་འཁོད་པ་ལ། དཔྱིད་འབྲིང་ནག་པ་ཟླ་བའི་ཉའི་ཉིན་ཤར་དུ་ཟླ་བ། ལྷོར་དུས་མེ། ནུབ་ཏུ་ཉི་མ། བྱང་དུ་སྒྲ་གཅན་ཡོད་པ་སྲིད་གསུམ་རྣམ་པར་རྒྱལ་བའི་དུས་སུ། འོག་ཏུ་ཆོས་དབྱིངས་གསུང་གི་དབང་ཕྱུག་གི་དཀྱིལ་འཁོར་བདེན་དོན་རྣམ་པ་བཅུ་གཉིས་དང་། དེའི་སྟེང་དུ་དཔལ་ལྡན་རྒྱུ་སྐར་གྱི་དཀྱིལ་འཁོར་དེ་ཉིད

རྣམ་པ་བཅུ་དྲུག་གི་བདག་ཉིད་སྦྱོར་ཏེ། བདེ་བ་ཆེན་པོའི་གནས་རྡོ་རྗེ་དབྱིངས་ཀྱི་དཀྱིལ་འཁོར་ཆེན་པོར་སངས་རྒྱས་དང་། བྱང་ཆུབ་སེམས་དཔའ་དང་། ཁྲོ་བོ་དང་། མཁའ་འགྲོ་དང་མཁའ་འགྲོ་མ་ཞིང་གི་རྒྱལ་སྐྱེད་དང་མཉམ་པའི་འཁོར་གྱིས་བསྐོར་ནས་འཇིག་རྟེན་དང་འཇིག་རྟེན་ལས་འདས་པའི་དབང་བསྐུར་ཏེ་འཁོར་རྣམས་སངས་རྒྱས་ཉིད་དུ་ལུང་བསྟན་པ་ན། ཟླ་བ་བཟང་པོས་ཕྱག་བྱས་ནས་པུས་མོ་གཡས་པའི་ལྷ་ང་ས་ལ་བཙུགས་ཏེ་དཔྲལ་བར་ཐལ་མོ་སྦྱར་ནས། རྒྱུད་ཐམས་ཅད་ཀྱི་རྡོ་རྗེའི་ཚིག་མ་ལུས་པར་གསལ་བ་སངས་རྒྱས་རིན་པོ་ཆེའི་ཟ་མ་ཏོག་ཁ་འབྱེད་པ་བསྟན་དུ་གསོལ་ཞེས་གསོལ་བ་བཏབ་པས། ཤཱཀྱ་ལ་ན་གནས་པ་རྣམས་ཀྱིས་སེམས་རྣམ་པར་དག་པ་སྐལ་བ་དང་ལྡན་པར་གཟིགས་ནས། རྡོ་རྗེའི་ཚིག་ཁ་མ་ཕྱེ་བ་མེད་པས་རབ་ཏུ་གསལ་བར་བྱེད་པ་རྩ་བའི་རྒྱུད་མཆོག་གི་དང་པོའི་སངས་རྒྱས་སྟོང་ཕྲག་བཅུ་གཉིས་པ་ཡང་དག་པར་བསྟན་ཏོ། །དེ་བཞིན་དུ་ཕྱག་རྡོར་གྱིས་ཞུས་པས་དཔལ་འདུས་པའི་རྒྱུད་སྟོང་ཕྲག་ཉི་ཤུ་ལྔ་པ་དང་། སྒྱུ་འཕྲུལ་དྲ་བ་སྟོང་ཕྲག་བཅུ་དྲུག་པ་དང་། གདན་བཞི་རྩ་བའི་རྒྱུད་སྟོང་ཕྲག་བཅུ་གཉིས་པ་དང་། སངས་རྒྱས་ཐོད་པ་རྩ་བའི་རྒྱུད་སྟོང་ཕྲག་བཅུ་གཉིས་པ་དང་། མཧཱ་མཱ་ཡཱ་རྩ་བའི་རྒྱུད་སྟོང་ཕྲག་བཅུ་དྲུག་པ་དང་། སྣ་ཚོགས་གཟུགས་ཅན་མས་ཞུས་པས་རྣལ་འབྱོར་རྗེས་སུ་རིག་པའི་རྒྱུད་སྟོང་ཕྲག་སུམ་ཅུ་རྩ་དྲུག་པ་དང་། རྡོ་རྗེ་ཕག་མོས་ཞུས་པས་བདེ་མཆོག་མངོན་པར་བརྗོད་པ་འབུམ་པ་དང་། རྡོ་རྗེ་སྙིང་པོས་ཞུས་པས་ཀྱེ་རྡོ་རྗེ་འབུམ་ཕྲག་ལྔ་པ་དང་། མཱ་མ་ཀཱིས་ཞུས་པས་རྡོ་རྗེ་བདུད་རྩིའི་རྒྱུད་སྟོང་ཕྲག་བཅུ་གཉིས་པ་ལ་སོགས་པ་རྣལ་འབྱོར་དང་རྣལ་འབྱོར་མའི་རྒྱུད་སྡེ་མཐའ་དག་བསྟན་ཏོ། །དེ་ནས་ཡངས་པ་ཅན་དུ་ཁམས་གསུམ་ལས་འདས་པའི་གཞལ་མེད་ཁང་ཆེན་པོར་མདོ་སྡེ་དགོངས་པ་ངེས་འགྲེལ་གསུངས། དེ་ནས་རྒྱ་མཚོ

ཆེན་པོར་གཤེགས་ཏེ་འཇམ་བུའི་གླིང་ལས་ཡོགས་སུ་གྱུར་པ་ཤར་ལྷོའི་ཕྱོགས་ཀྱི་གླིང་ཕྲན་སྲོན་སྲིན་པོས་བཟུང་བས་ལངྐའི་ཡུལ་ལམ། ཕྱིས་དེད་དཔོན་སེང་གེས་བཟུང་བས་སིངྐ་ལའི་གླིང་དུ་གྲགས་པ། ས་པདྨ་འདབ་བཞིའི་རྣམ་པའི་དབུས་སུ་རི་མ་ལ་ཡ་ཞེས་པ་དབྱིབས་ཟླུམ་པོ་བང་རིམ་དྲུག་དང་ལྡན་པའི་རྩེ་མོར། ལངྐའི་བདག་པོ་སྒྲ་སྒྲོགས་ཀྱི་བུ་མགྲིན་བཅུས་སྤྱན་དྲངས་ནས། བློ་གྲོས་ཆེན་པོས་ཞུས་པས་ལངྐར་གཤེགས་པའི་མདོ་གསུངས་ཤིང་། གནས་དེར་ལི་ཙྪ་བི་དྲི་མ་མེད་པར་གྲགས་པ་སོགས་རིག་འཛིན་གྱི་འཁོར་རྣམས་ལ་ཡང་རྒྱུད་སྡེ་མང་དུ་གསུངས་ནས། གསང་སྔགས་ཀྱི་རྒྱུད་མཐའ་དག་ཕྱག་ན་རྡོ་རྗེ་ལ་གཏད་དེ་རྡོ་རྗེ་ཆོས་སུ་མིང་བཏགས་སོ། །སླར་ཡངས་པ་ཅན་དུ་བྱོན་ཏེ་ཡངས་པ་ཅན་ལ་གཟིགས་པའི་ཐ་མ་འདི་ཡིན་ནོ་ཞེས་གསུངས་ནས། གྲུད་ཀྱི་ཡུལ་རྩྭ་ཅན་དུ་གཤེགས་ཏེ་ས་ལ་ཟུང་གི་ཚལ་དུ་ཀུན་དགའ་བོས་བཤམས་པའི་གཟིམས་ཁྲི་ལ་མནལ་བར་མཛད། ས་ག་ཟླ་བའི་ཚེས་བཅོ་ལྔའི་ཉིན་ཏྭ་ལའི་གྲོང་ན་གནས་པའི་རྒྱལ་སྲས་འོད་སྲུང་སོགས་ལ་མྱ་ངན་ལས་འདས་པའི་མདོ་གསུངས་ཏེ། མགར་བའི་བུ་ཙུནྡས་ཕུལ་བའི་བཤོས་བསོད་སྙོམས་ཀྱི་ཐ་མར་བཞེས། འཇམ་དཔལ་ཆོས་སྟོན་པ་པོར་བསྐོས་ནས་གཟིམས། དྲི་ཟའི་རྒྱལ་པོ་རབ་དགའ་བདེན་པ་ལ་བཀོད། ཀུན་ཏུ་རྒྱུ་རབ་བཟང་རབ་ཏུ་བྱུང་སྟེ་དགྲ་བཅོམ། དེ་ནས་སེང་གེའི་ཁྲི་ལས་བཞེངས་ཏེ་ཏྭ་ལ་བདུན་ཙམ་དུ་ནམ་མཁའ་ལ་འཕགས་ནས་ཁྱེད་རྣམས་ངའི་སྐུ་གསེར་བཙོ་མ་ལྟ་བུ་ལ་ལྟོས་ཤིག །ང་ནི་མྱ་ངན་ལས་འདའོ། །སངས་རྒྱས་མཐོང་བ་ནི་རྙེད་པར་དཀའ་བ་ཡིན་ནོ་ཞེས་གསུངས་ནས་ན་བཟའ་བསལ་ཏེ་སྐུ་གསལ་བར་བསྟན་ནས་སླར་གཟིམས་ཁྲི་ལ་གློ་གཡས་པ་ཕབ། དབུ་བྱང་ཕྱོགས་སུ་བསྟན། ཞབས་ལྷོ་ཕྱོགས་སུ་བརྐྱངས་ནས་སེང་གེའི་སྟབས་ཀྱིས་གཟིམས་ཏེ། དགེ་

སློང་རྣམས་ལ་འདུ་ཤེས་བཅུ་བསྟན་པའི་མདོ་གསུངས་ནས། ང་ནི་རྟག་ཏུ་ཞི་བའི་སྣང་བ་གནས་པས་མྱ་ངན་ལས་འདས་པ་ཆེན་པོ་ཞེས་བྱའོ་ཞེས་བཀའ་བསྩལ་ནས་མཚན་ཕྱེད་ན་མྱ་ངན་ལས་འདའ་བར་མཛད་དོ། །དེ་ནས་ཞག་བདུན་ཕྲག་དང་པོ་ལ་སྐུ་གདུང་མ་བསྒྲུབ་པར་མཆོད། གཉིས་པ་ལ་གྲོང་རྣམས་ཀྱིས་དཔག་ཚད་བཅུ་གཉིས་ཀྱིས་གང་བའི་མཆོད་པས་མཆོད་ཅིང་། ལྕུགས་སྒྲོམ་དུ་བཞུགས་སུ་གསོལ་ནས་གྲོང་གྱིས་བཏེགས་བཞིན་པར་ནམ་མཁའ་ལ་འཕགས་ཏེ་རྩྭ་ཅན་གྱི་གྲོང་ཁྱེར་ལ་ཡན་བདུན་དུ་བསྐོར། གསུམ་པ་ལ་གྲོང་གྱིས་དབུ་རྒྱན་བཏགས་པའི་མཆོད་རྟེན་གྱི་དྲུང་དུ་སྤོས་ཤིང་བརྩེགས་པའི་སྟེང་དུ་བཞུགས་ཏེ་འོད་སྲུང་ཆེན་པོས་ཀྱང་མཛལ་ཐུགས་ཀ་ནས་མཆེད་པའི་མེས་སྤོས་ཤིང་བསྲེགས་ཏེ་ཞག་བདུན་དུ་འབར། བཞི་པ་ལ་ཕུར་སྒྲོམ་ཁ་ཕྱེ་བས་ཚེམས་མཆེ་བ་གཉིས་བརྒྱ་བྱིན་དང་ཡཀྵའི་བདག་པོས་སྤྱན་དྲངས། ཚེམས་མཆེ་བ་འོག་མ་གཉིས་མ་གཏོགས་རིང་བསྲེལ་ཡུངས་འབྲུ་ལྟ་བུ་འབབ་ཞིག་ཏུ་གྱུར་པ། གྲོང་གྱིས་བཟོས་པའི་གསེར་སྒྲོམ་ཁལ་ཕྱེད་ཤོང་བ་བརྒྱད་དུ་བླུགས་པས་མི་ལྷག་མི་ཆད་པར་གང་བ་རྩྭ་ཅན་གྱི་གྲོང་དུ་སྤྱན་དྲངས་ནས་བཞི་མདོར་མཆོད། སྟོན་གྱི་ཟླ་བའི་ཉའི་ཉིན་སྐུ་གདུང་གི་ཆེད་དུ་གཡུལ་འགྱེད་པར་བརྩམས་པ་ན་འོད་སྲུང་ཆེན་པོ་དང་། འཇམ་དཔལ་གྱི་སྤྲུལ་པ་བྲམ་ཟེ་བྲེ་མཉམ་གྱིས་ཆ་བརྒྱད་དུ་བགོས་ཏེ། རྩྭ་ཅན་གྱི་གྲོང་། སྡིག་ཅན་གྱི་གྲོང་། རྒྱལ་རིགས་བུ་ལུ་ཀ །སིཧླ་གླིང་གི་རྒྱལ་པོ་ཀྲོ་ཊྱ། ཁྱབ་འཇུག་གླིང་གི་བྲམ་ཟེ། སེར་སྐྱའི་ཤཱཀྱ། ཡངས་པ་ཅན་གྱི་ལི་ཙྪ་བི། རྒྱལ་པོ་མ་སྐྱེས་དགྲ་རྣམས་ལ་བྱིན་པས་སོ་སོའི་ཡུལ་དུ་མཆོད་རྟེན་བརྩིགས་ཏེ་སྐུ་གདུང་གི་མཆོད་རྟེན་བརྒྱད་དུ་གྲགས་སོ། །ཚེམས་གཉིས་ནི་ཚོག་འཛིན་དང་། ཀ་ལིངྐའི་རྒྱལ་པོ་ལ་བྱིན་ནོ། །གྲོང་རྣམས་ཀྱིས་གསེར་སྒྲོམ་དེ་རྣམས་བྲམ་ཟེ་བྲེ་མཉམ་ལ་བྱིན་པས། དེས་དྲོ་ཙའི་རི་ལ

མཆོད་རྟེན་བརྩིགས་ཏེ། རི་དེ་ནི་ཡོངས་སྤྱོད་ཀྱི་སའི་རི་དྲུག་གི་ཡ་གྱལ་ཡིན་པར་སེམས་སོ། །དཔག་བསམ་སླེ་མ་ལས་སངས་རྒྱས་ཀྱིས་གསུངས་པའི་ལེའུ་སྟེ་དང་པོའོ།། །།

༄ ད་ནི་ས་བཅུའི་བྱང་ཆུབ་སེམས་དཔའ་རྣམས་ཀྱིས་བཀའ་བསྡུས་ཏེ་འགྲེལ་པས་བཀྲལ་བ་ཇི་ལྟ་བུ་ཞེ་ན། སྤྱིར་བཀའི་བསྡུ་བ་ནི། དེ་ནས་དགུང་ཟླ་འབྲིང་པོའི་ཉ་ལ་ལུས་འཕགས་རིའི་ཉ་གྲོ་དྷའི་ཕུག་ཏུ་མ་སྐྱེས་དགྲས་སྦྱིན་བདག་བྱས་ཏེ། འོད་སྲུང་ལ་སོགས་པའི་དགྲ་བཅོམ་པ་ལྔ་བརྒྱ་དགུར་གནས་ནས། ཀུན་དགའ་བོས་མདོ་སྡེ། ཉེ་བ་འཁོར་གྱིས་འདུལ་བ། འོད་སྲུང་ཆེན་པོས་མ་མོ་བསྡུས་སོ། །ཡང་རྒྱལ་པོའི་ཁབ་ཀྱི་ལྷོ་ཕྱོགས་བི་མ་ལ་སམྦྷ་ཝའི་རི་ལ་ཕྱག་ན་རྡོ་རྗེ། བྱམས་པ། ཀུན་ཏུ་བཟང་པོ། ཀུན་དགའ་བོ་ལ་སོགས་པ་བྱང་ཆུབ་སེམས་དཔའ་འབུམ་ཕྲག་དུ་མ་འདུས་ཏེ་ཐེག་པ་ཆེན་པོའི་སྡེ་སྣོད་མཐའ་དག་བསྡུས་ཤིང་། དེ་བཞིན་གཤེགས་པའི་ངེས་པས་སྡེ་སྣོད་གསུམ་མ་ག་དྷའི་སྐད་དང་། མདོ་སྡེ་ནི་སེནྡྷུའི་སྐད་དང་། ཕ་རོལ་ཏུ་ཕྱིན་པ་ནི་སཾསྐྲི་ཏའི་སྐད་རྣམས་ཀྱིས་གླེགས་བམ་དུ་བྲིས་ཏེ་བྱམས་པས་ཀྱང་ཆོས་ལྔ་མཛད་དོ། །མདོར་ན་སྟོན་པར་བྱེད་པ་པོ་རྣམས་ཀྱིས་མཐོ་རིས་དང་། སའོག་དང་། འཛམ་བུའི་གླིང་ཆེན་པོའི་ས་དུམ་བུ་བཅུ་གཉིས་ཀྱི་གླིང་དང་གླིང་ཕྲན་དང་ཡོངས་སྤྱོད་ཀྱི་ས་ལ་སོགས་པ་མིའི་ཡུལ་རྣམས་སུ་ཉན་ཐོས་དང་། རང་སངས་རྒྱས་ཀྱི་ཐེག་པ་དང་། ཐེག་པ་ཆེན་པོ་ཕ་རོལ་ཏུ་ཕྱིན་པ་དང་། ཐེག་པ་ཆེན་པོ་སྔགས་ཀྱི་སྡེ་སྣོད་རྣམས་ཡུལ་སྐུ་ཚོགས་པའི་སྐད་ཀྱིས་གླེགས་བམ་དུ་བྲིས་ཏེ་རྒྱ་ཆེར་བསྟན་ཏོ། །

བྱེ་བྲག་ཏུ་རྡོ་རྗེ་ཐེག་པ་ནི་ཕྱག་ན་རྡོ་རྗེ་ཉིད་ཀྱིས་བསྡུས་ཏེ་སཾསྐྲི་ཏ་ལེགས་པར་སྦྱར་བ་དང་། པྲ་ཀྲི་ཏ་ཐ་མལ་པ་དང་། ཨ་པ་བྷྲཾ་ཤ་ཟུར་ཆག་པ་དང་། གླ་གློའི་སྐད་ལ

སོགས་པས་གླེགས་བམ་དུ་བྲིས་ཏེ་བསྟན་ནས་བདེ་མཆོག་སྟོད་འགྲེལ་ཡང་མཛད། དེ་ལྟར་ཉན་རང་ལ་གསང་བར་བྱ་བ་ནི་རྡོ་རྗེ་ཐེག་པ་ཡིན་ལ། དེའི་སྣོད་པ་པོ་ཡིན་པས་གསང་བའི་བདག་པོར་གྲགས་ཤིང་། རྣམ་པ་གཅིག་ཏུ་ན། རོ་ལྟོན་ན་གནས་པའི་གནོད་སྦྱིན་ཆེན་པོ་ལ་གསང་བ་ཞེས་བྱ་ལ། དེ་དག་ལས་སེམས་ཅན་རྣམས་ལ་རྣམ་པར་ཐོ་འཚམ་ཞིང་བགེགས་བྱེད་པ་རྣམས་གསོད་པར་བྱེད་པས་ཀྱང་གསང་བ་པའི་བདག་པོ་ཞེས་ཏེ་རི་དྭགས་ཀྱི་བདག་པོ་སེང་གེ་བཞིན་ནོ། །དེས་རོ་ལྟོན་གྱི་གནས་སུ་ཡང་རང་གི་སྲས་དཔུང་བཟངས་ཀྱིས་ཞུས་པས། དེས་ཞུས་པའི་རྒྱུད་དང་། གསང་བ་སྤྱི་རྒྱུད་དང་། ལེགས་གྲུབ་སོགས་མང་དུ་གསུངས་ཤིང་། ཡེ་ཤེས་ཐིག་ལེའི་རྒྱུད་ལས་ལུང་བསྟན་པ་བཞིན་ཨུ་རྒྱན་དུ་ཕྱག་ན་རྡོ་རྗེའི་སྤྲུལ་པ་ཨིནྡྲ་བྷཱུ་ཏིས་ཀྱང་རྒྱུད་རྣམས་གླེགས་བམ་དུ་བྲིས་ནས་རྒྱ་ཆེར་སྤེལ་ལ། ཡུལ་དེར་ཕྱག་རྡོར་གྱི་སྤྲུལ་པ་དྲང་སྲོང་འགྲོ་བ་དབུགས་འབྱིན་གྱིས་ཀྱང་དར་བར་མཛད་དོ། །སྟོན་པ་མྱ་ངན་ལས་འདས་ནས་ལོ་ཉི་ཤུ་རྩ་བརྒྱད་ན་རི་མ་ལ་ཡའི་རྩེ་མོར་ཕྱག་ན་རྡོ་རྗེ་དང་རིག་འཛིན་རྣམས་ཀྱིས་གསང་སྔགས་བསྡུས་ཏེ་མདོ་དགོངས་འདུས་སོགས་བགྲོས་སོ། །དེའི་ཚེ་རྒྱ་གར་ཤར་ཕྱོགས་སུ་ཕྱག་ན་རྡོ་རྗེའི་སྤྲུལ་པ་རྒྱལ་པོ་རབ་གསལ་ཟླ་བ་བྱུང་། དེ་ལ་ཕྱག་ན་རྡོ་རྗེས་རྡོ་རྗེ་དབྱིངས་ཀྱི་དཀྱིལ་འཁོར་ཆེན་པོར་དབང་བསྐུར་ཏེ་རྒྱུད་སྡེ་རྣམས་གཏད། དེས་ཀྱང་དེ་ཉིད་འདུས་པ་སོགས་རྣལ་འབྱོར་གྱི་རྒྱུད་རྣམས་རྒྱ་ཆེར་སྤེལ་ལོ། །

ཁྱད་པར་དུ་རྒྱལ་པོ་ཟླ་བ་བཟང་པོ་ནི་རྒྱུད་སྡེ་རྒྱ་མཚོ་ཐོས་མ་ཐག་བྱང་ཤམྦྷ་ལར་བྱོན་ཏེ་མཆོག་གི་དང་པོའི་སངས་རྒྱས་ལ་སོགས་པ་རྒྱུད་མཐའ་དག་བསྡུས་ཤིང་། ཡུལ་དགུ་བཅུ་རྩ་དྲུག་པོ་སོ་སོའི་སྐད་ཀྱིས་གླེགས་བམ་དུ་བྲིས་ཏེ། རྩ་བའི་རྒྱུད་མཆོག་གི་དང་པོའི་སངས་རྒྱས་ཀྱི་རྒྱས་འགྲེལ་སྟོང་ཕྲག་དྲུག་ཅུ་པ་མཛད་ནས། གྲོང་བྱེ་བ

ཕྲག་དགུ་བཅུ་རྩ་དྲུག་ན་གནས་པའི་སྐལ་བ་དང་ལྡན་པ་རྣམས་ལ་དབང་བསྐུར་ཏེ་ལེགས་པར་བསྟན་པས། དེ་དག་གིས་ཀྱང་མཉན་ཅིང་བཀླགས་ཏེ་རང་གི་སེམས་ལ་བཟུང་ནས་གཞན་དག་ལ་ཡང་རྒྱ་ཆེར་རབ་ཏུ་བསྟན་ཏོ། །རྒྱུད་བསྟན་པའི་ལོ་གཉིས་པ་ལ་ཀ་ལཱ་པའི་གྲོང་གི་ལྷོ་ཕྱོགས་མ་ལ་ཡའི་ཚལ་གྱི་དབུས་སུ་རིན་པོ་ཆེ་སྣ་ལྔ་ལས་གྲུབ་པའི་དཀྱིལ་འཁོར་གྱི་ཁང་པ་ཤིན་ཏུ་ཆེ་ཞིང་ཡངས་པའི་ནང་དུ། རིན་པོ་ཆེ་ལྔའི་རང་བཞིན་གྱི་དཔལ་དུས་ཀྱི་འཁོར་ལོའི་སྐུ་གསུང་ཐུགས་ཡོངས་སུ་རྫོགས་པའི་དཀྱིལ་འཁོར་གྲུ་བཞི་པ། ཁང་པ་བརྩེགས་ལྔ་པ། སྒོ་དང་རྟ་བབས་བཅུ་གཉིས་པ། སྟེགས་བུ་དང་། རིན་པོ་ཆེའི་སྣམ་བུ་དང་། དོ་ཤལ་དང་དོ་ཤལ་ཕྱེད་པ་དང་། བ་ཀུ་ལཱི་དང་། ཀྲ་མ་ཤཱིརྵ་མཛེས་པ། སྐུའི་དཀྱིལ་འཁོར་གྱི་ནང་གི་རྒྱུར་འདོམ་བརྒྱ་པ། ཕྱི་རོལ་དུ་ས་ཆུ་མེ་རླུང་གི་ཁོར་ཡུག་བཞི་དང་རྡོ་རྗེའི་ཕྲེང་བས་བསྐོར་བ། རྡོ་རྗེའི་ཕྲེང་བ་ཕན་ཚུན་གྱི་རྒྱུར་འདོམ་བཞི་བརྒྱ་པ་སྟེ། དེ་ཉིད་བཅུ་དྲུག་རྣམ་པར་དག་པ་ལྷ་དྲུག་བརྒྱ་དང་སུམ་ཅུ་རྩ་དྲུག་གི་བདག་ཉིད་ཀྱི་དཀྱིལ་འཁོར་བཞེངས་ཤིང་རྫུ་འཕྲུལ་བསྟན་ནས། སྲས་སའི་སྙིང་པོའི་སྤྲུལ་པ་ལྷ་དབང་སེང་གེའི་ཁྲི་ལ་ཆོས་སྟོན་པ་པོར་དབང་བསྐུར་ཏེ་ལོངས་སྤྱོད་རྫོགས་པའི་སྐུ་ཕྱག་ན་རྡོ་རྗེ་ཉིད་དུ་གཤེགས་སོ། །རྡོ་རྗེ་སྙིང་པོས་ཀྱང་ཀྱེ་རྡོ་རྗེའི་འགྲེལ་པ་མཛད་དེ་རྒྱལ་སྲས་རྣམས་ལ་བསྟན་ཞིང་། ལྷ་དབང་གིས་ཀྱང་ལོ་བརྒྱའི་བར་དུ་རྩ་བའི་རྒྱུད་འགྲེལ་པ་དང་བཅས་པ་སྟོན་པར་མཛད་དེ། དེ་ནས་ལྷ་དབང་གི་སྲས་གཤེན་རྗེ་མཐར་བྱེད་ཀྱི་སྤྲུལ་པ་གཟི་བརྗིད་ཅན་དང་། དེའི་སྲས་སྒྲིབ་པ་རྣམ་སེལ་གྱི་སྤྲུལ་པ་ཟླ་བས་བྱིན་དང་། དེའི་སྲས་ཁྲོ་བོ་རྨུགས་བྱེད་ཀྱི་སྤྲུལ་པ་ལྷའི་དབང་ཕྱུག་དང་། དེའི་སྲས་རྟ་མགྲིན་སྤྲུལ་པ་སྣ་ཚོགས་གཟུགས་དང་། དེའི་སྲས་ནམ་མཁའི་སྙིང་པོའི་སྤྲུལ་པ་ལྷའི་དབང་ལྡན་རྣམས་ཀྱིས་ཀྱང་། སེང་གེའི་ཁྲི་དེ་ལ་

བཞུགས་ནས་ལོ་བརྒྱ་བརྒྱར་རྩ་བའི་རྒྱུད་བསྟན་ཏེ་རང་རང་གི་སྲས་རྒྱལ་སར་བཞག་ནས་ལོངས་སྤྱོད་རྫོགས་པའི་སྐུ་ཉིད་དུ་གཤེགས་སོ། །

ལྷའི་དབང་ལྡན་གྱི་བཙུན་མོ་སྣ་ཚོགས་ཡུམ་ལ་སྲས་བཅོམ་ལྡན་འདས་འཇམ་དཔལ་གྱི་སྤྲུལ་པའི་སྐུ་གྲགས་པ་འཁྲུངས་ཏེ། དེ་ནར་སོན་པ་ན་ཡབ་ཀྱིས་རྒྱལ་སར་བསྐོས། བཙུན་མོ་ལྷ་མོ་སྒྲོལ་མ་ཁབ་ཏུ་བཞེས་པ་ལ་སྲས་འཕགས་པ་སྤྱན་རས་གཟིགས་ཀྱི་སྤྲུལ་པའི་སྐུ་པདྨ་དཀར་པོ་འཁྲུངས། མིའི་དབང་པོ་གྲགས་པ་བྱང་ཆུབ་སེམས་དཔའི་སེང་གེའི་ཁྲི་དེ་ལ་བཞུགས་ཏེ། ལོ་བརྒྱའི་བར་དུ་རྩ་བའི་རྒྱུད་འགྲེལ་པ་དང་བཅས་པ་སྣོད་དང་ལྡན་པ་རྣམས་ལ་བསྟན་ནས། དེ་བཞིན་གཤེགས་པས་ལུང་བསྟན་པའི་སྟོབས་ཀྱིས་ཀ་ལཱ་པའི་གྲོང་ན་གནས་པའི་ཚངས་པའི་དྲང་སྲོང་བྱེ་བ་ཕྲག་ཕྱེད་དང་བཞི་ཡོངས་སུ་སྨིན་པས་ཡང་དག་པའི་ལམ་འཐོབ་པར་མངོན་པར་མཁྱེན་པས་གཟིགས་ཏེ། ཟླ་གྲོགས་མ་ལཱ་ཡའི་ཚལ་གྱི་དབུས་ཀྱི་དཀྱིལ་འཁོར་ཁང་པའི་ཤར་སྒོའི་མཐར་ནོར་བུ་རིན་པོ་ཆེའི་སྒོ་འཁྱམས་ཆེན་པོར་རིན་པོ་ཆེ་སེང་གེའི་ཁྲི་ཆེན་པོ་ལ་བཞུགས་ནས། སྒྲོའི་ཟླ་བའི་ཉ་ལ། ཚངས་པའི་དྲང་སྲོང་གི་གཙོ་བོ་ཉི་མའི་ཤིང་རྟ་ལ་སོགས་པ་དྲང་སྲོང་བྱེ་བ་ཕྲག་ཕྱེད་དང་བཞི་པོ་ཐམས་ཅད་བོས་ནས་བཀའ་སྩལ་པ། ཀྱེ་ཉི་མའི་ཤིང་རྟ་ལ་སོགས་པ་ཚངས་པའི་དྲང་སྲོང་རྣམས། བདག་གི་ཚིག་ཐམས་ཅད་མཁྱེན་པའི་ཕུན་སུམ་ཚོགས་པ་ཐོབ་པར་བྱེད་པ་ཉོན་ཅིག །ཟླ་བ་ཕྱི་མ་ནག་པའི་ཉ་ལ་རིག་བྱེད་ཀྱི་གཞུང་གི་ངེས་པ་སྤྱོང་བར་བྱེད་པ་ཁྱེད་རྣམས་ལ་རྡོ་རྗེ་ཐེག་པའི་བསྟན་པ་སྨིན་པར་བྱའོ། །དེ་བས་ན་ཁྱེད་ཀྱི་ཡུལ་སྣ་ཚོགས་པའི་དབང་གིས་བྲམ་ཟེའི་རིགས་ཀྱི་སྤྱོད་པ་ཐ་དད་པ་རྣམས་བདག་ལ་སྟོན་ཅིག་ཅེས་བཀའ་སྩལ་པས། དེ་དག་ཕན་ཚུན་དུ་བརྟགས་པ་ན། འགའ་ཞིག་ཐོད་པར་ཟ་བ་དང་། འགའ་ཞིག་བ་ལང་དང་མ་ཧེའི་ཤ་ཟ

བ་དང་། །ཁ་ཅིག་ཆང་འཐུང་བ་དང་། ལ་ལ་མ་དང་སྲིང་མོ་ཆུང་མར་འཛིན་པ་སོགས་ཡུལ་གྱི་ཐ་སྙད་སྣ་ཚོགས་པའི་དབང་གིས་ཕན་ཚུན་སྤྱོད་པ་མི་མཐུན་པར་ཤེས་ནས་ས་ལ་འགྱེལ་བར་གྱུར་ཏོ། །དེ་ལྟར་གྱུར་པ་མིའི་དབང་པོ་གྲགས་པས་གཟིགས་ནས། སླར་ཡང་བཀའ་སྩལ་པ། བདག་གིས་བཅོམ་ལྡན་འདས་དུས་ཀྱི་འཁོར་ལོའི་དཀྱིལ་འཁོར་གྱི་ཁང་པ་འདིར་ཁྱེད་རྣམས་གཞུག་པར་བྱ་ཞིང་འཇིག་རྟེན་དང་འཇིག་རྟེན་ལས་འདས་པའི་དབང་སྦྱིན་པར་བྱའོ། །གཞན་ཡང་བདག་གི་བཀས་ཁྱེད་རྣམས་ཀྱིས་རྡོ་རྗེའི་རིགས་དང་ལྷན་ཅིག་ཏུ་བཟའ་བ་དང་བཏུང་བ་དང་བག་མ་བླང་བའི་འབྲེལ་བ་རྣམས་ཀྱང་བྱའོ། །ཅི་སྟེ་ཁྱེད་རྣམས་ངའི་བཀའ་བཞིན་མི་བྱེད་པ་དེ་ལྟན་བདག་གི་གྲོང་བྱེ་བ་ཕྲག་དགུ་བཅུ་རྩ་དྲུག་པོར་ལ་གང་དང་གང་དུ་ཁྱེད་ཅག་མོས་པ་དེ་དང་དེར་ཁྱེད་རྣམས་སོང་ཞིག །རྣམ་པ་གཞན་དུ་ན་ལོ་བརྒྱད་བརྒྱ་འདས་པའི་རྗེས་ལ་ཁྱེད་ཀྱི་རིགས་ཀྱི་བུ་དང་ཚ་བོ་ལ་སོགས་པས་ཀླ་ཀློའི་ཆོས་དར་བར་བྱས་ནས་ཤམྦྷ་ལ་ལ་སོགས་པ་ཡུལ་ཆེན་པོ་དགུ་བཅུ་རྩ་དྲུག་ཏུ་ཀླ་ཀློའི་ཆོས་སྟོན་པར་བྱེད་པར་འགྱུར་རོ།། ཀླ་ཀློའི་ལྷ་བི་ཧྞི་མི་ལླའི་སྔགས་ཀྱིས་བཏབ་པའི་གྲི་གུག་གིས་ཕྱུགས་རྣམས་ཀྱི་མགྲིན་པ་བཅད་དེ་བཤད་པའི་ཤ་ཟ་ཞིང་ལས་ཀྱིས་ཤི་བའི་ཤ་མི་ཟ་བར་འགྱུར་རོ། །ཚངས་པས། མཆོད་སྦྱིན་དོན་དུ་ཕྱུགས་དག་སྲོགས། །ཞེས་པའི་གཞུང་གི་ཚིག་ལ་བརྟེན་ནས་ཀླ་ཀློའི་ཆོས་དེ་ཉིད་ལ་ཚད་མར་གྱུར་པས་ཀླ་ཀློའི་ཆོས་དང་རིག་བྱེད་ཀྱི་ཆོས་ལ་སྲོག་གཅོད་པ་ཉིད་དུ་ཁྱད་པར་མེད་དོ། །བདུད་ཀྱི་མཐུས་ཀླ་ཀློ་དེ་རྣམས་ཀྱི་གཟི་བརྗིད་རྒྱས་ཤིང་བདུད་ཀྱི་ལྷ་ཀླ་ཀློའི་གྲོགས་སུ་ཡུལ་རྣམས་སུ་འཇུག་པ་ཁྱེད་ཀྱི་བུ་དང་ཚ་བོ་ལ་སོགས་པ་རྣམས་ཀྱིས་མཐོང་ནས་དེ་རྣམས་ཀྱང་ཀླ་ཀློར་འགྱུར་རོ། །དེ་ལས་གྲོང་བྱེ་བ་ཕྲག་དགུ་རྩ་དྲུག་ན་གནས་པའི་མི་ཐམས་ཅད་ཀྱང་ཀླ་ཀློར་འགྱུར་རོ། །ལྷ་དང་ཕ

མེས་ཚེམ་བུས་ནས། །ཤ་ཟོས་སྐྱོན་གྱི་ཆ་ཡོད་མིན། །ཞེས་པ་དང་། གང་ཞིག་གདུག་ལ་གདུག་སྤྱོད་པ། །དེ་ལ་སྐྱོན་ནི་མ་མཐོང་ངོ་། །ཞེས་བྲམ་ཟེས་སླས་པ་བརྟེན་ནས། ཀླ་ཀློའི་ཆོས་དང་འདྲ་བར་རིག་བྱེད་དང་རྒྱལ་རིགས་ཀྱི་ཆོས་ལ་ཡང་ལྷ་དང་ཕ་མེས་ཀྱི་ཆེད་དུ་སྲོག་གཅོད་པ་ཡིན་པས། རིག་བྱེད་ཀྱི་ཆོས་ཐམས་ཅད་ཚད་མར་བྱས་ནས་ཀླ་ཀློའི་ཆོས་ཡོངས་སུ་འཛིན་པར་འགྱུར་ཏེ། རྒྱུ་དེས་ན་མ་འོངས་པ་ན་ཀླ་ཀློའི་ཆོས་མི་འཇུག་པར་བྱ་བའི་ཕྱིར། ངའི་བཀའ་སྩལ་ཁྱེད་རྣམས་ལ་བྱིན་པ་ཡིན་ནོ། །དེ་བས་ན་ཁྱེད་རྣམས་ཀྱིས་ངའི་བཀའ་བཞིན་སྲུངས་ཤིག །ཅེས་བཀའ་སྩལ་པ་དང་། མིའི་དབང་པོ་གྲགས་པའི་གསུང་ཆད་པ་དང་བཅས་པའི་བཀའ་འདི་ཚངས་པའི་དྲང་སྲོང་རྣམས་ལ་མགོ་བོར་ཐོག་ལྷུང་བ་བཞིན་དུ་གྱུར་ནས་སྡུག་བསྔལ་ཏེ་གུད་དུ་སོང་ནས་གྲོས་བགྲོས་པ་ན་ཐམས་ཅད་མཐུན་པར་དྲང་སྲོང་རྣམས་ཀྱི་གཙོ་བོ་ཉི་མའི་ཤིང་རྟ་ལ་སླས་པ། ཀྱེ་ཉི་མའི་ཤིང་རྟ་ཁྱོད་ཀྱིས་མིའི་དབང་པོ་གྲགས་པ་ལ། བདག་ཅག་ནི་རིག་བྱེད་ལས་བཤད་པའི་རིགས་ཀྱི་ཆོས་དོར་ནས། རྡོ་རྗེ་ཐེག་པ་ལ་འཇུག་པ་བས་འཕགས་པའི་ཡུལ་དུ་འགྲོ་བ་མཆོག་གོ་ཞེས་ཞུ་བ་མཛོད་ཅིག་ཅེས་སོ། །དེ་ནས་ཉི་མའི་ཤིང་རྟ་མིའི་དབང་པོ་གྲགས་པའི་དྲུང་དུ་ཕྱིན་ཏེ་ཚངས་པའི་དྲང་སྲོང་དེ་རྣམས་ཀྱི་ཚིག་བཞིན་གསོལ་བ། ཀྱེ་རྒྱལ་པོ་ཆེན་པོ། མཆོག་གི་རྒྱལ་པོ། དབང་ཕྱུག་དམ་པ། སྐྱེས་བུ་ཆེན་པོའི་མཚན་སུམ་ཅུ་རྩ་གཉིས་དང་དཔེ་བྱད་བརྒྱད་ཅུའི་ཡན་ལག་ཡོངས་སུ་རྫོགས་པ། དཔལ་ལྡན་ཤཱཀྱའི་རིགས་ཀྱི་ཐིག་ལེ། མཆོག་གི་ཐུགས་རྗེ་ཅན། རང་རང་གི་ཆོས་ལ་ཞུགས་པ་རྣམས་ལ་ཐུགས་རྗེ་མཛོད་ཅིག །ཅི་སྟེ་བདག་ཅག་གིས་གདོན་མི་ཟ་བར་ཁྱོད་ཀྱི་བཀའ་བཞིན་བྱ་བ་ཡིན་པ་དེ་ལྟ་ན་བདག་ཅག་རྡོ་རྗེའི་རིགས་ཀྱི་དབང་བསྐུར་ལ་འཇུག་པར་མི་བགྱི་སྟེ། ཁྱོད་ཀྱི་བཀས་ཆུ་བོ་ཤཱི་ཏའི་ལྷོ་བོད་ཁ་བ་ཅན་དང

ལངྐའི་གླིང་གི་བར་འཕགས་པའི་ཡུལ་དུ་འགྲོ་བ་མཆོག་གོ་ཞེས་གསོལ་བ་དང་། མིའི་དབང་པོ་གྲགས་པས་བཀའ་སྩལ་པ། ཁྱེད་རྣམས་ཤཀྱ་ཡའི་ཡུལ་ནས་མྱུར་དུ་ཕྱུང་ལ་སོང་ཞིག །གང་གིས་རྒྱ་བོ་ཤཱི་ཏའི་བྱང་ཕྱོགས་གྲོང་བྱེ་བ་ཕྲག་དགུ་བཅུ་རྩ་དྲུག་ན་གནས་པའི་སེམས་ཅན་ཐམས་ཅད་སྲོག་གཅོད་པ་ལ་སོགས་པ་མི་དགེ་བའི་ལམ་ཡོངས་སུ་སྤྱངས་ནས། བཅོམ་ལྡན་འདས་དུས་ཀྱི་འཁོར་ལོའི་བྱིན་བརླབས་ཀྱིས་ཡང་དག་པའི་ཡེ་ཤེས་ཀྱི་ལམ་ཐོབ་པར་འགྱུར་རོ། །ཞེས་བཀའ་སྩལ་པ་དང་། ཚངས་པའི་དྲང་སྲོང་དེ་དག་རང་རང་བུ་དང་ཆུང་མ་དང་གཉེན་བཤེས་གཡོག་དང་བཅས་པ་ཀ་ལཱ་པའི་གྲོང་ནས་ཐོན་ཏེ་ཉིན་ལམ་བཅུ་པ་ལ་ནགས་ཚལ་ཆེན་པོ་ཞིག་གི་ཁྲོད་དུ་ཞུགས་སོ།།

དེར་ཞུགས་པ་མིའི་དབང་པོ་གྲགས་པས་མངོན་པར་མཁྱེན་པས་གཟིགས་ཏེ། གལ་ཏེ་དྲང་སྲོང་འདི་རྣམས་འཕགས་པའི་ཡུལ་དུ་སོང་ན་ཤཀྱ་ལ་ན་གནས་པའི་རྒྱལ་རིགས་ལ་སོགས་པའི་སྐྱེ་བོ་རྣམས། རྡོ་རྗེ་ཐེག་པ་ཡང་དག་པའི་ཡེ་ཤེས་ཀྱི་ལམ་མ་ཡིན་པའི་རྒྱུ་དེས་དྲང་སྲོང་ཐར་པ་དོན་དུ་གཉེར་བ་འདི་རྣམས་ཐམས་ཅད་མིའི་དབང་པོ་གྲགས་པའི་འཇིགས་པས་རང་གི་ཡུལ་བོར་ནས། འཕགས་པའི་ཡུལ་དུ་སོང་ངོ་ཞེས་སེམས་པར་བྱེད་པས་སྐལ་བ་ངན་པར་གྱུར་ཏེ་ཆོས་ཀྱི་སྣོད་དུ་མི་འགྱུར་བར་དགོངས་སོ། །དེ་ལྟར་སེམས་ཅན་ཐམས་ཅད་ཀྱི་བསམ་པ་མཁྱེན་ནས། མིའི་དབང་པོ་གྲགས་པ་ཉིད་ཁྱབ་འཇུག་དང་ཚངས་པ་དང་དྲག་པོའི་རིགས་ཐམས་ཅད་རྨོངས་པར་བྱེད་པ་ཞེས་པའི་ཏིང་ངེ་འཛིན་ལ་སྙོམས་པར་བཞུགས་སོ། །ཏིང་ངེ་འཛིན་དེ་དང་ལྷའི་བྱིན་བརླབས་ཀྱི་སྟོབས་ཀྱིས་དྲང་སྲོང་དེ་རྣམས་ནགས་ཚལ་དེ་ཉིད་དུ་རྨོངས་པར་གྱུར་པ་དང་། ནགས་ཚལ་དེ་ན་གནས་པའི་རི་ཁྲོད་པ་མི་མ་ཡིན་རྣམས་ཀྱིས་དྲང་སྲོང་དེ་དག་བཅིངས་ནས། སླར་ཡང་དཀྱིལ་འཁོར་གྱི་ཁང་པའི་ཤར་སྒོའི་ཁྱམས་དེ་ཉིད་དུ་ཁྱེར་

འོངས་ཏེ། མིའི་དབང་པོ་གྲགས་པ་ཏིང་ངེ་འཛིན་དེ་ལས་བཞེངས་པའི་ཞབས་ཀྱི་དྲུང་དུ་དོར་བ་དང་། དེ་རྣམས་སྨྱོངས་པ་དེ་ལས་གཅིག་ཅར་རབ་ཏུ་སད་དེ་དྲན་པ་རྙེད་ནས་མིའི་དབང་པོ་གྲགས་པ་དང་། དཀྱིལ་འཁོར་གྱི་ཁང་པ་དེ་ཉིད་དང་། མ་ལ་ཡའི་སྐྱེད་མོས་ཚལ་མཐོང་བ་དང་། ཡ་མཚན་ཐོབ་ནས་ཨེ་མའོ་འདི་ནི་ངོ་མཚར་ཆེ་སྟེ། བདག་ཅག་རབ་ཏུ་མ་སད་པར་ནགས་ཚལ་ཆེན་པོ་ནས་དཀྱིལ་འཁོར་གྱི་ཁང་པ་ཆེན་པོ་འདིར་སུ་ཞིག་གིས་ཁྱེར་ཏེ་འོངས་ཞེས་ཚིག་སྨྲས་སོ། །ཚིག་དེ་རྒྱལ་པོ་གྲགས་པའི་བློན་པོ་བྱང་ཆུབ་སེམས་དཔའ་དོན་འདོད་བློའི་སྤྲུལ་པའི་སྐུ་རྒྱ་མཚོའི་བློ་གྲོས་ཀྱིས་ཐོས་ནས་སྨྲས་པ། ཀྱེ་ཉི་མའི་ཤིང་རྟ་ལ་སོགས་པ་དྲང་སྲོང་རྣམས་འདི་ལ་ཡ་མཚན་པར་མ་བྱེད་ཅིག །མིའི་བདག་པོ་གྲགས་པ་འདི་ནི་ཕྱུགས་རེ་བ་མ་ཡིན་གྱི། ཁྱེད་རྣམས་རྗེས་སུ་བཟུང་བའི་དོན་དུ་སངས་རྒྱས་ཀྱི་བྱིན་བརླབས་ཀྱིས་བྱུང་བའི་བྱང་ཆུབ་སེམས་དཔའ་ཆེན་པོ་འཇམ་དཔལ་ཡིན་ནོ། །དེའི་ཕྱིར་ཞབས་ཀྱི་པདྨོ་ལ་སྐྱབས་སུ་སོང་ལ། རྒྱུད་ཀྱི་རྒྱལ་པོ་དང་པོའི་སངས་རྒྱས་སུ་འཇིག་རྟེན་དང་འཇིག་རྟེན་ལས་འདས་པའི་དངོས་གྲུབ་སྒྲུབ་པའི་ལམ་དབང་བསྐུར་བར་གསོལ་བ་ཐོབ་ཅིག །ཅེས་སྨྲས་པ་དང་། སངས་རྒྱས་ཀྱི་བྱིན་གྱིས་བརླབས་ཀྱི་དྲང་སྲོང་རྣམས་ཀྱིས་སྨྲས་པ། ལེགས་སོ་ལེགས་སོ། །བློན་པོ་ཆེན་པོ་རྒྱ་མཚོའི་བློ་གྲོས་ཁྱེད་ཀྱི་ཚིག་གིས་བདག་ཅག་གི་སེམས་རབ་ཏུ་སད་པར་གྱུར་པས། ད་ནི་དཀོན་མཆོག་གསུམ་ལ་སྐྱབས་སུ་སོང་སྟེ། སེམས་ཅན་མཐའ་དག་གི་དོན་དུ་སྐྱེ་བ་འདི་ཉིད་ལ་ཡང་དག་པར་རྫོགས་པའི་སངས་རྒྱས་ཐོབ་པར་བྱ་བའི་སླད་དུ་དེ་ལྟ་བུའི་གསོལ་བ་གདབ་པར་བགྱིའོ་ཞེས་སྨྲས་ཏེ། དྲང་སྲོང་དེ་རྣམས་ཀྱིས་ཚངས་པའི་རིགས་ཀྱི་སྟོན་པ་ཉི་མའི་ཤིང་རྟ་ལ་བོས་ཏེ་ཀྱེ་ཉི་མའི་ཤིང་རྟ་ཁྱོད་ནི་རིག་བྱེད་ལ་སོགས་པའི་བསྟན་བཅོས་ཀྱི་གླེགས་བམ་གཅིག་པུ། འཇིག་རྟེན་

དང་འཇིག་རྟེན་ལས་འདས་པའི་གཞལ་བྱ་འཛིན་པའི་ཐུགས་ཅན་ཡིན་པས་བདག་ཅག་གི་གསོལ་བ་འདེབས་པའི་ཚིག་གིས་མིའི་དབང་པོ་གྲགས་པ་ལ་གསོལ་བ་གདབ་པར་མཛོད་ཅིག །བདག་ཅག་གིས་ཀྱང་གསོལ་བ་གདབ་པར་བགྱིའོ་ཞེས་སྨྲས་སོ། །དེ་ནས་ཉི་མའི་ཤིང་རྟས་ཚངས་པའི་དྲང་སྲོང་རྣམས་དང་ཐབས་གཅིག་ཏུ་མིའི་དབང་པོ་གྲགས་པའི་ཞབས་ཀྱི་དྲུང་དུ་ཕྱག་བྱས་ཏེ། རིན་པོ་ཆེ་དང་གསེར་གྱི་མེ་ཏོག་རྣམས་ཀྱིས་མཎྜལ་ཕུལ་ནས་རིན་པོ་ཆེའི་མེ་ཏོག་གིས་སྐྱིམ་པ་གང་བ་གཏོར་ཏེ། ཕུས་མོ་གཡས་པའི་ལྷ་ང་ས་ལ་བཙུགས་ཤིང་ཐལ་མོ་སྦྱར་བ་དཔྲལ་བར་བཀོད་དེ། དེ་བཞིན་གཤེགས་པ་ཐམས་ཅད་ཀྱི་ཤེས་རབ་ཀྱི་སྐུ་མིའི་དབང་པོ་བཅོམ་ལྡན་འདས་གང་དུ་མཚམས་མེད་པ་ལྔ་བྱེད་པ་པོ་རྣམས་ཀྱང་སྐྱེ་བ་འདི་ཉིད་ལ་སངས་རྒྱས་ཉིད་ཐོབ་པར་ལུང་སྟོན་ཅིང་། བཅོམ་ལྡན་འདས་རྡོ་རྗེ་འཛིན་པའི་མཆོག་ཏུ་མི་འགྱུར་བའི་བདེ་བས་ཡང་དག་པར་བསྡུས་པའི་ཕྱག་རྒྱ་ཆེན་པོ་ཐོབ་པར་ལུང་སྟོན་པ་རྒྱུད་ཀྱི་རྒྱལ་པོ་དང་པོའི་སངས་རྒྱས་བསྟན་དུ་གསོལ། འདིར་དེ་བཞིན་གཤེགས་པས་རྒྱལ་པོ་ཟླ་བ་བཟང་པོ་ལ་བསྟན་པའི་དང་པོའི་སངས་རྒྱས་སྟོང་ཕྲག་བཅུ་གཉིས་པ་གང་ཡིན་པ་དེ་ཉིད། གཞུང་ཉུང་དུས་མཆོག་གི་དང་པོའི་སངས་རྒྱས་ལས་བསྡུས་པའི་རྒྱུད་ཀྱི་རྒྱལ་པོ་ཡང་དག་པར་བསྡུ་བར་མཛད་ནས་ཚངས་པའི་དྲང་སྲོང་རྣམས་ལ་སྟོན་པས་བསྟན་དུ་གསོལ། ཞེས་གསོལ་བ་བཏབ་པ་དང་། མིའི་དབང་པོ་གྲགས་པས་བཀའ་སྩལ་པ། ཉི་མའི་ཤིང་རྟ་ཁྱོད་ཚངས་པའི་དྲང་སྲོང་གི་རིགས་ལ་སོགས་པ་སེམས་ཅན་ཐམས་ཅད་ཀྱིས་ཡང་དག་པར་རྫོགས་པའི་སངས་རྒྱས་ཀྱི་ལམ་ཐོབ་པར་བྱ་བའི་ཆེད་དུ། རྒྱུད་ཀྱི་རྒྱལ་པོ་མཆོག་གི་དང་པོའི་སངས་རྒྱས་དམ་པའི་དངོས་པོ་ཉན་པར་འདོད་ཅིང་ཡང་དག་པར་བརྩོན་པ་གང་ཡིན་པ་དེ་ནི་ལེགས་སོ་ལེགས་སོ། ཁྱོད་ཀྱི་འདི་ལེགས་པ་དེ་

བས་ན་རྒྱུད་ཀྱི་རྒྱལ་པོ་མཆོག་གི་དང་པོའི་སངས་རྒྱས་ཀྱི་སྙིང་པོ་འཇིག་རྟེན་དང་འཇིག་རྟེན་ལས་འདས་པའི་དངོས་གྲུབ་སྒྲུབ་པར་བྱེད་པ་དུས་ཀྱི་འཁོར་ལོ་རྡོ་རྗེའི་རྣལ་འབྱོར་ཁྱོད་ཀྱིས་དྲིས་པ་དེ་ཐམས་ཅད་བདག་གིས་བསྟན་པར་བྱའོ། །ཞེས་ཞལ་གྱིས་བཞེས་ནས་ནག་པ་ཟླ་བའི་ཉ་ལ་དྲང་སྲོང་དེ་དག་དང་གྲོང་ཁྱེ་བ་དགུ་བཅུ་རྩ་དྲུག་གི་བདག་པོ་ལྷ་དང་ལྷ་མིན་དང་ཀླུའི་སྤྲུལ་པ་རིན་པོ་ཆེའི་ཅོད་པན་བཅིངས་པའི་རྒྱལ་པོ་དགུ་བཅུ་རྩ་དྲུག་སོགས་ཤམྦྷ་ལའི་རྒྱལ་རིགས་དང་། རྗེ་རིགས་དང་། བྲམ་ཟེ་དང་། དམངས་རིགས་ཀྱི་སྐྱེ་བོ་མཐའ་དག་དཀྱིལ་འཁོར་གྱི་ཁང་པ་དེར་དཀྱིལ་འཁོར་ཆེན་པོར་བཅུག་ནས། འཇིག་རྟེན་དང་འཇིག་རྟེན་ལས་འདས་པའི་དབང་མ་ལུས་པ་བསྐུར་ཏེ། ཀལྐི་ཞེས་པ་རིགས་གཙང་སྣ་འདྲེས་པ་ཡིན་ལ། མིའི་དབང་པོ་གྲགས་པས་རིགས་བཞི་མཐའ་དག་རྡོ་རྗེའི་རིགས་གཅིག་ཏུ་མཛད་པས་རིགས་ལྡན་ཞེས་མཚན་གསོལ་ཏེ། སྲས་བརྒྱུད་རྣམས་ལའང་དེ་ལྟར་གྲགས་སོ། །དེ་ནས་དཀྱིལ་འཁོར་ཁང་པའི་ཤར་སྒོའི་མཐའི་འཁྲམས་སུ་རིགས་ལྡན་གྲགས་པ་རིན་པོ་ཆེ་སེང་གེའི་ཁྲི་ལ་བཞུགས་པའི་དྲུང་དུ་ཉི་མའི་ཤིང་རྟ་སོགས་དབང་གི་སྨིན་པར་མཛད་པའི་སློབ་མ་རྣམས་འདུས་ནས། རིགས་ལྡན་གྲགས་པའི་ཞབས་ཀྱི་པདྨོ་ལ་ཕྱག་བྱས་ཏེ། ཉི་མའི་ཤིང་རྟས་གསོལ་བ་བཏབ་པ་དང་། རིགས་ལྡན་གྲགས་པས་བཀའ་སྩལ་པ། དཔལ་མཆོག་གི་དང་པོའི་སངས་རྒྱས་སྟོང་ཕྲག་བཅུ་གཉིས་པ་དེ་ཉིད་དེ་བཞིན་གཤེགས་པས་ལུང་བསྟན་པ་བཞིན། དེའི་བྱིན་བརླབས་ཀྱི་སྟོབས་ཀྱིས་བདག་གིས་ཕྲེང་བ་འཛིན་པའི་སྡེབ་སྦྱོར་གྱིས་ཡང་དག་པར་བསྡུས་པའི་རྒྱུད་ཀྱི་རྒྱལ་པོ་དུས་ཀྱི་འཁོར་ལོ་བཤད་ཀྱིས་རྩེ་གཅིག་པའི་ཡིད་ཀྱིས་ཉོན་ཅིག །ཅེས་བཀའ་བསྩལ་ཏེ། ཐམས་ཅད་མཁྱེན་པ་ཡེ་ཤེས་སྐུ་དང་ཉིན་མོར་བྱེད་པའི་སྐུ་སྟེ་པདྨའི་འདབ་མ་རྒྱས་པའི་སྤྱན། །ཞེས་སོགས་ཁམས་ལེ་ལ་བློ་

ཀ་བརྒྱ་རེ་དགུ་དང་། ནང་ལེ་ལ་བརྒྱ་དོན་གསུམ་གསུངས་པ་དང་། ཉི་མའི་ཤིང་རྟས། ཁྱོད་ནི་མ་དང་ཁྱོད་ནི་ཕ་སྟེ་ཁྱོད་ནི་འགྲོ་བའི་བླ་མ་ཁྱོད་ནི་གཉེན་དང་གྲོགས་བཟང་ཡང་། ཁྱོད་ནི་མགོན་པོ་ཁྱོད་ནི་བྱེད་པོ་ཕན་དང་སྡིག་འཕྲོག་ཁྱོད་ནི་གོང་འཕང་ཕུན་སུམ་ཚོགས་པ་ཡང་། ཁྱོད་ནི་འབའ་ཞིག་གནས་དང་ཁྱོད་ནི་ཡོན་ཏན་མཆོག་གི་གནས་ཏེ་སྐྱོན་རྣམས་བཅོམ་པ་ཁྱོད་ཉིད་དོ། ཁྱོད་ནི་དམན་པ་རྣམས་ཀྱི་མགོན་དང་ཡིད་བཞིན་ནོར་བུ་རྒྱལ་བའི་དབང་པོ་ཁྱོད་ལ་བདག་སྐྱབས་མཆི། །ཞེས་འཇམ་དཔལ་ལ་བསྟོད་ཅིང་ཞབས་ཟུང་སྤྱི་བོར་བླངས་ནས་སླར་ཡང་རང་གི་སྟན་ལ་འཁོད་པ་ན། དབང་ལེ་ལ་ཉིས་བརྒྱ་དང་གསུམ། སྒྲུབ་ལེ་ཉིས་བརྒྱ་སོ་བཞི། ཡེ་ལེ་ལ་ཉིས་བརྒྱ་ང་གཅིག་སྟེ། རྩ་རྒྱུད་ལས་ཕྱུང་བའི་ཤློ་ཀ་སྟོང་སུམ་ཅུ་དང་། གཞན་ཡང་ཁམས་ལེར། རབ་མཆོག་ས་གཞི་དག་ལ། ཞེས་སོགས་ཤློ་ཀ་གཅིག་དང་། སླར་ཡང་། གང་ཞིག་མི་ཡི་འཇིག་རྟེན་དག་ན་དཔལ་ལྡན་བླ་མ་ཧཱུྃ་ཧཱུྃ་འཛིན་པ་སྡིག་བྲལ་དེ་བདག་སྟེ། །ཞེས་སོགས་སློབ་དཔོན་མཉེས་པར་བྱ་བ་དང་། རྒྱུད་ཇི་ལྟར་བསྡུས་པ་དང་། དེའི་དགེ་བ་བསྔོ་བ་དང་། རིགས་ལྡན་གྲགས་པ་བདག་ལ་ཇི་ལྟར་ལྟ་བའི་ཚུལ་ཨུཏྤ་ལའི་དཔེས་སྟོན་པ་རྣམས་མཛད་ཅིང་། དུས་ཀྱི་འཁོར་ལོའི་རྒྱུད་ཕྱི་མ་རྒྱུད་ཀྱི་སྙིང་པོ་ཡང་བསྡུ་བར་མཛད་ལ། རང་དང་གཞན་གྱི་ལྟ་བ་མདོར་བསྟན་པ་ཡང་མཛད་དེ་ལེགས་པར་གནང་བས། ཉི་མའི་ཤིང་རྟ་སོགས་ཚངས་པའི་དྲང་སྲོང་རྣམས་ཟླ་བ་ཕྱི་མ་ས་གསུམ་ན་བའི་ཐོ་རངས་ཕྱག་རྒྱ་ཆེན་པོའི་དངོས་གྲུབ་གཉིས་སུ་མེད་པའི་ཡེ་ཤེས་ཀྱི་སྐུ་གྲུབ་བོ། །དེ་ནས་སྲས་པདྨ་དཀར་པོ་ལ་རྒྱུད་གཏད་དེ་རྒྱལ་སར་བསྐོས་ནས་ཐོག་མར་བསྡུས་པའི་རྒྱུད་གླེགས་བམ་དུ་འབྲི་བ་དང་། རྒྱས་འགྲེལ་རྩོམ་ལ་སྟུགས་པ་རྣམས་ལ་བསྟན་ཏེ་རྒྱས་པར་གྱིས་ཤིག་ཅེས་རྗེས་སུ་གནང་བ་སྩལ། གཞན་ཡང་སྔོན་ན་བྱང་ཆུབ་

སེམས་དཔའ་གང་དག་ཅེས་སོགས་དཀྱིལ་འཁོར་གསུམ་གྱི་ལྷ་རྣམས་ལ་འདེག་རྟེན་སྒྲུངས་ཤིག་ཅེས་ཞེས་པ་བརྗོད་དེ་རིགས་ལྡན་གྲགས་པ་རང་ཉིད་ཡོངས་སྤྱོད་རྫོགས་པའི་སྐུ་ཉིད་ལ་ཐིམ་མོ། །

དེ་ནས་རིགས་ལྡན་པདྨ་དཀར་པོས་རྒྱས་འགྲེལ་སྟོང་ཕྲག་བཅུ་གཉིས་པ་དྲི་མ་མེད་པའི་འོད་དང་། དོན་དམ་པའི་བསྙེན་པ་མཛད་ནས་རྒྱ་ཆེར་སྤེལ་ཏེ་ལོ་བརྒྱ་རྫོགས་པ་ན། རང་གི་སྲས་ཁྲི་བོ་གཟིན་རྗེ་མཐར་བྱེད་ཀྱི་སྤྲུལ་པ་བཟང་པོ་རྒྱལ་སར་བཞག་ནས་གཤེགས་སོ། །དེས་ལོ་བརྒྱར་ཆོས་བསྟན་ཅིང་དེ་བཞིན་དུ་སྲས་བརྒྱུད། ས་སྙིང་གི་སྤྲུལ་པ་རྣམ་རྒྱལ་དང་། ཕྱག་ན་རྡོ་རྗེའི་སྤྲུལ་པ་བཞེས་གཉེན་བཟང་པོ། སྒྲིབ་སེལ་གྱི་སྤྲུལ་པ་ཕྱག་དམར་དང་། ཁེངས་བྱེད་ཀྱི་སྤྲུལ་པ་ཁྱབ་འཇུག་སྦས་པ་དང་། ནམ་སྙིང་གི་སྤྲུལ་པ་ཉི་མ་གྲགས་དང་། བགེགས་དགྲའི་སྤྲུལ་པ་ཤིན་ཏུ་བཟང་དང་། ཕྱག་རྡོར་གྱི་སྤྲུལ་པ་རྒྱ་མཚོ་རྣམ་རྒྱལ་དང་། གཤིན་རྗེ་མཐར་བྱེད་ཀྱི་སྤྲུལ་པ་རྒྱལ་དཀའ་དང་། ས་སྙིང་གི་སྤྲུལ་པ་ཉི་མ་དང་། ཕྱག་ན་བྱེད་ཀྱི་སྤྲུལ་པ་སྣ་ཚོགས་གཟུགས་དང་། སྒྲིབ་སེལ་གྱི་སྤྲུལ་པ་ཟླ་བའི་འོད་དང་། ཁེངས་བྱེད་ཀྱི་སྤྲུལ་པ་མཐའ་ཡས་དང་། ནམ་སྙིང་གི་སྤྲུལ་པ་ས་སྐྱོང་དང་། བགེགས་དགྲའི་སྤྲུལ་པ་དཔལ་སྐྱོང་དང་། ཕྱག་རྡོར་གྱི་སྤྲུལ་པ་སེང་གེ་དང་། གཤིན་རྗེ་གཤེད་ཀྱི་སྤྲུལ་པ་རྣམ་པར་གནོན་པ་དང་། ས་སྙིང་གི་སྤྲུལ་པ་སྟོབས་པོ་ཆེ་དང་། ཕྱག་ན་བྱེད་ཀྱི་སྤྲུལ་པ་མ་འགགས་པ་དང་། སྒྲིབ་སེལ་གྱི་སྤྲུལ་པ་མིའི་སེང་གེ་དང་། ནམ་སྙིང་གི་སྤྲུལ་པ་དབང་ཕྱུག་ཆེན་པོ་དང་། ཕྱག་རྡོར་གྱི་སྤྲུལ་པ་མཐའ་ཡས་རྣམ་རྒྱལ་དང་། དེའི་སྲས་འཇམ་དཔལ་གྱི་སྤྲུལ་པ་རིགས་ལྡན་དྲག་པོ་འཁོར་ལོ་ཅན་ལྷའི་དབང་པོ་འབྱུང་སྟེ། དེ་དག་ལས་གཟི་བརྗིད་ཅན་དང་མ་ག་དྷའི་གྲོང་ཁྱེར་སྐྱེ་བོའི་བུར་སྟོབས་ཀྱི་འཁོར་ལོས་བསྒྱུར་བ་ཆོས་རྒྱལ་མྱ་ངན་མེད་བྱུང་

པ་དུས་མཉམ། སྣ་ཚོགས་གཟུགས་དང་སློབ་དཔོན་ཀླུ་སྒྲུབ་བྱོན་པ་དུས་མཉམ། དེའི་སྐུ་ཚེའི་རིང་ལ་རིགས་ལྡན་རྣམ་རྒྱལ་ཡན་རྫོགས། རྣམ་རྒྱལ་རྒྱལ་སར་བསྐོས་པ་དང་། འཕགས་པ་ཐོགས་མེད་བྱོན་པ་དུས་མཉམ། རིགས་ལྡན་ཁྱབ་འཇུག་སྦས་པས་ཁ་ཆེའི་ཡུལ་དུ་བྱོན་ནས་ཛ་འཕྲུལ་སྣ་ཚོགས་པ་བསྟན་ཏེ་རྗེ་རིང་བཙུགས་ཤིང་སློབ་མ་འགའ་ལ་ཕག་མོའི་སྒྲུབ་ཐབས་ཀྱང་གནང་། རིགས་ལྡན་འདི་རྒྱལ་སར་བསྐོས་ནས་ལོ་ལྔ་བཅུ་རྩ་གཅིག་ན། ལྷ་མིན་དང་ཀླུའི་རིགས་ལས་སྐྱེས་པའི་ཀླ་ཀློ་སྟག་གཟིག་གི་རྒྱལ་པོའམ་སྟོན་པ་ཨཛོ་བྱུང་ནས། དེས་རཧྨ་ཎའི་འཇུག་པ་ལྷ་མ་ཡིན་གྱི་ཆོས་བརྩམས་པ་མི་དགེ་བའི་བསམ་པས་སྐྱེ་བོ་རྣམས་ལ་སྟོན་པར་བྱེད་དེ། ཀླ་ཀློའི་ལོ་སྟོང་བརྒྱད་བརྒྱ་འབྱུང་བའི་ཐོག་མའོ། །དེ་ནས་རིམ་གྱིས་ཀླ་ཀློའི་སྟོན་པ་ཨ་ནོ་ཧྲ་དང་། ཕག་ལྡན་དང་། བྱེ་བ་དང་། དབང་པོ་དང་། གོས་དཀར་ཅན་རྣམས་བྱུང་། རིགས་ལྡན་རྒྱ་མཚོ་རྣམ་རྒྱལ་རྒྱལ་སར་བསྐོས་པའི་ཚེ། འཕགས་པའི་ཡུལ་གྱི་ནུབ་ཕྱོགས་ཀྱི་ཆ་ཤས་མ་ཁའི་ཡུལ་ལམ། ཏུ་རུཥྐ་སྟེ་སོག་པོའི་ཡུལ་ཧྲི་ཊེ་ཞེས་པ་གྲོང་བྱེ་བས་བརྒྱན་པར། མ་ག་ད་ལ་སོགས་པའི་གྲོང་ཁྱེར་དུ་ཀླ་ཀློའི་སྟོན་པའམ་ཛེ་བོ་མ་དྷུ་མ་ཏེ་ཞེས་པ། མངར་ལྡན་ནམ་སྦྲང་རྩིའི་བློ་གྲོས་བྱུང་སྟེ། དེ་ནི་བུ་སྨད་དང་བཅས་པ་གོས་དཀར་པོ་འབའ་ཞིག་གྱོན་པ། རལ་པའི་དོ་གེར་ཅན། ཟ་མོ་དང་། རྟ་དང་། བ་ལང་བསད་ནས་ཁྲག་དང་བཅས་པའི་ཤ་ཙུང་ཟད་བཙོས་ཟས་གཞན་དང་མ་འདྲེས་པ་དང་། བ་ལང་གི་ཤ་དང་སྔོ་ང་དང་ཆུ་དང་མར་དང་ཚ་བ་གསུམ་མཉམ་དུ་བཙོས་པ་དང་། འབྲས་དང་ལོ་མ་བསྲེས་ནས་བཙོས་པ་ཤིང་ཐོག་དང་བཅས་པའི་ཟས་དང་། བྱ་གག་ལ་སོགས་པའི་སྒོ་ངའི་ཁུ་བ་ལས་བྱས་པའི་བཏུང་བ་ལ་ཉིན་ཕྱེད་ནས་མཚན་ཕྱེད་ཀྱི་བར་ལ་ལོངས་སྤྱོད་ཅིང་། ཀླ་ཀློའི་ལྷ་བི་ཤི་མི་ལླའི་སྔགས་ཀྱིས་བཏབ་པའི་སོག་པོའི་གྲི་སྒྲུར་གྱིས་ཕྱུགས་ཀྱི་མགྲིན་

པ་བཅད་པའི་ཤ་ཟོས་པས་མཆོག་ཐོབ་པར་འདོད་པ། གཞན་ཡང་རཱ་ཛ་ཧ་འཛིག་རྟེན་གྱི་བྱེད་པ་པོ་ཡིན་པས་དེ་མཉེས་ན་མཐོ་རིས་སུ་འགྲོ་ཞིང་མ་མཉེས་ན་དམྱལ་བར་འགྲོའོ་ཞེས་ལྷ་དང་ཕ་མེས་མཆོད་པའི་དོན་དུ་ཕྱུགས་ཀྱི་སྲོག་བཅད་ནས་ཤ་ཁྲག་འཕྱེད་པར་བྱེད། བདུད་ཀྱི་ལྷ་དངོས་སུ་མཐོང་ཞིང་དེས་གྲོགས་བྱས་པས་གཟི་བརྗིད་དང་དཔུང་རྒྱས་ནས། སངས་རྒྱས་པའི་ལྷ་ཁང་དྲུག་ཅུ་རྩ་བརྒྱད་བཤིག་པ་སོགས་བསྟན་པ་ལ་གནོད་པ་ཆེན་པོ་བྱས་ཏེ་གྲགས་པ་ཤིན་ཏུ་ཆེ་བས་འདི་ཀླ་ཀློའི་ཐོག་མའོ་ཞེས་ས་ཐམས་ཅད་དུ་གྲགས་སོ། །དེ་ནས་མཆེད་ནས་ཀླ་ཀློའི་རྒྱལ་པོའམ་སྟོན་པ་འཇོམས་བྱེད་ཅེས་པ་སོགས་གདུག་པ་ཅན་མང་དུ་འཕེལ་ཏེ་མུ་སྟེགས་ཅན་ཕལ་ཆེ་བ་ཡང་ཀླ་ཀློར་གྱུར་ཏོ། །རིགས་ལྡན་རྒྱལ་བཀའ་རྒྱལ་སར་བྱོན་ནས་ལོ་བརྒྱད་ཅུ་རྩ་གཉིས་འདས་པ་ན་ཇི་ལྟར་བསྡུས་རྒྱུད་ལས་ལུང་བསྟན་པ་བཞིན་དུ་གདུག་པའི་མུ་སྟེགས་པ་རྣམས་ཀྱིས་བྱས་ནས་སྐར་རྩིས་ཀྱི་གྲུབ་པའི་མཐའ་རྣམས་སྦྲས་ཏེ་གཞན་དག་གིས་མི་ཤེས་པར་བྱ་བའི་དོན་དུ་བྱེད་པའི་རྩིས་བརྩམས་པས་དུས་ཀྱི་དབང་གིས་རང་ཉིད་ཀྱི་ཟླ་དང་ཚ་བོ་ལ་སོགས་པས་ཀྱང་གྲུབ་མཐའི་རྩིས་མི་ཤེས་ཤིང་ནུབ་ནས་འཕགས་པའི་ཡུལ་གྱི་ས་མཐའ་དག་ཏུ་ཚངས་པ་བ་དང་། ཉི་མ་བ་དང་། གཅེར་བུ་པ་དང་། སྐྲ་ཅན་རྣམས་ཀྱིས་གྲུབ་མཐའི་རྩིས་རྣམས་ཉམས་སོ། །སད་ན་ལེགས་ཀྱི་སྐབས་སུ་ནུབ་ཕྱོགས་ན་དམག་ལ་མངའ་བ་ཏ་ཞིག་གི་རྒྱལ་པོ་ལ་མེར་མུ་ལེ་ཊབ་ཅེས་པ་ཡོད། དེས་བོད་ཀྱི་རྒྱལ་པོ་ལ་དམག་གསུམ་འབུམ་མན་ཆད་སྦྱོར་རོ། །ཞེས་རྒྱལ་ཆེན་བང་སོའི་རྫོ་རིང་ལས་བྱུང་ལ། ཏཱ་ཡི་ཞེས་པ། ཏ་ཞིག །དེ་ཡང་སྟག་གཟིག་ཅེས་གྲག་གོ །དེ་ནས་པཎ་ཆེན་ཤཱཀྱ་ཤྲཱིའི་དུས་སུ་མ་ག་དྷཱ་ཏུ་རུཥྐས་བཅོམ་མོ། །

ད་ནི་མ་འོངས་པ་ན་འཕགས་ཡུལ་དང་བོད་ལ་སོགས་པའི་ཡུལ་རྣམས་ཀླ་ཀློས

གང་སྟེ། བྱེད་པའི་བློ་གྲོས་ཞེས་པའི་ཀླ་ཀློའི་རྒྱལ་པོ་འབྱུང་ལ། དེའི་རྒྱལ་ཕྲན་དགུ་བཅུ་རྩ་དྲུག་དང་། དམག་དཔོན་ཟླ་བ་ཆེན་པོའི་བུ་དང་། དམག་དཔོན་དབང་པོའི་མགོན་པོ་ཞེས་པ་སོགས་ཡན་ལག་བཞིའི་དཔུང་སྟོབས་དང་ལྡན་པ་འབྱུང་ངོ་། །དེའི་ཚེ་རིགས་ལྡན་དྲག་པོ་སེང་གེའི་ཁྲི་ལ་དབང་བསྐུར་ནས་ལོ་ལྔ་བཅུ་ལྷག་བཞེས་པ་དེས། ཀླ་ཀློ་རྣམས་ཐབས་ལ་མཁས་པས་གཞོམ་པའི་ཆེད་དུ་རང་ཉིད་ཉི་མ་ལྷ་བུའི་གཟི་བརྗིད་འབར་ཞིང་རབ་ཏུ་ཁྲོས་འཁྲུགས་འཇིགས་སུ་རུང་བའི་ཚུལ་གྱིས་རྡོའི་རྟ་ལ་བཅིབས་ཤིང་རབ་ཏུ་སྲ་བའི་གོ་བགོས་ཏེ་ཕྱུག་ན་མདུང་ཐུང་བསྣམས་ནས་དགྲ་མཐའ་དག་ལ་བསྟན་པས་ཕྱི་མར་འཐག་པའི་ཚུལ་མཛད། རྒྱལ་ཕྲན་དགུ་བཅུ་རྩ་དྲུག་དང་དམག་དཔོན་ཧ་ནུ་མན་དང་། དམག་དཔོན་གཉིས་པ་དྲག་པོ་ཞེས་པ་སོགས་རླུང་གི་ཤུགས་ཅན་གྱི་རྡོའི་རྟ་ཁ་དོག་སྣ་ཚོགས་པ་ལ་བཞོན་པའི་རྟ་པ་བྱེ་བ་དགུ་དང་། ཆང་གིས་དྲེགས་པའི་གླང་པོ་ཆེ་འབུམ་ཕྲག་བཞི་དང་། གསེར་གྱིས་བརྒྱན་པའི་ཤིང་རྟ་འབུམ་ཕྲག་ལྔ་དང་། དཔའ་བོ་དཔུང་བུ་ཆུང་གི་ཚོགས་མིག་གིས་མཐོང་ཚད་དྲུག་དང་། ཚངས་པ་དང་། དབང་ཕྱུག་དང་། ཁྱབ་འཇུག་དང་། གདོང་དྲུག་དང་། ཚོགས་བདག་ལ་སོགས་པ་ལྷ་ཆེན་པོ་བཅུ་གཉིས་པོ་དཔུང་དང་བཅས་པས་ཀུན་འཁོར་དུ་བསྐོར་བ། ཤམྦྷ་ལ་ནས་ཆུ་བོ་ཤཱི་ཏའི་ལྷོ་ཕྱོགས་སུ་བྱོན་ནས་ཀླ་ཀློའི་དཔུང་རྣམས་དང་གཡུལ་སྤྲོད་པར་མཛད་དེ། དཔའ་བོ་རྣམས་ཀྱིས་ནི་ཀླ་ཀློའི་དཔུང་བུ་ཆུང་གི་ཚོགས་དང་། གླང་པོས་གླང་པོ་དང་། རྡོའི་རྟས་རྟ་དང་། ཤིང་རྟས་ཤིང་རྟ་དང་། མི་དབང་དགུ་བཅུ་རྩ་དྲུག་པོས་དེའི་རྒྱལ་ཕྲན་དང་། དམག་དཔོན་ཧ་ནུ་མན་གྱིས་ཟླ་བ་ཆེན་པོའི་བུ་དང་། དམག་དཔོན་དྲག་པོས་དབང་པོའི་མགོན་པོ་དང་། རིགས་ལྡན་དྲག་པོ་ཉིད་ཀྱིས་བྱེད་པའི་བློ་གྲོས་རྣམས་ལ་སོ་སོར་མཚོན་རྣོན་པོས་བསྣུན་ཏེ་དེ་དག་རྩ་བ་མེད་པར་ཐམ་

པར་བྱེད་དོ། །འདིར་སྲོག་ལ་གནོད་པ་ནི་འགའ་ཡང་མེད་དེ་གཡུལ་གྱི་རྫུ་འཕྲུལ་འདིས་དེ་དག་གི་སེམས་ཞུམ་པར་གྱུར་ནས་སངས་རྒྱས་ཀྱི་ཆོས་འགོད་པར་མཛད་པ་ཉིད་དོ། །དེ་ནས་རིགས་ལྡན་དྲག་པོ་དཔུང་དང་བཅས་པ་སླར་ཤམྦྷ་ལར་ལོག་སྟེ། ས་དུམ་བུ་འདིའི་སྐྱེ་བོ་ཕལ་མོ་ཆེ་རྣམས་འཇིག་རྟེན་དང་འཇིག་རྟེན་ལས་འདས་པའི་དངོས་གྲུབ་ཀྱི་ལམ་ལ་འགོད་པར་མཛད་དོ། །དེའི་ཚེ་ལྷོའི་དུམ་བུ་དབུས་མ་འདིར་རྫོགས་ལྡན་གྱི་དུས་འཇུག་སྟེ། མི་རྣམས་ཀྱིས་ཆོས་དང་འདོད་པ་དང་ནོར་དང་ཐར་པ་སྟེ་སྡེ་བཞི་པོ་རྫོགས་པར་ཐོབ་ཅིང་ཚེ་ལོ་རིམ་གྱིས་སྟོང་བརྒྱད་བརྒྱ་པར་འཕེལ་ལོ། །སྔར་ཆུ་ལ་སོགས་པ་མེད་པའི་ས་ཕྱོགས་སུའང་འབྲུ་རྣམས་སྐྱེས་ཏེ་འཕེལ་ལ། ཤིང་རྣམས་ཀྱང་འབྲས་བུས་གཏམས་པ་ལ་སོགས་པ་ས་གཞི་མཐའ་དག་ལྷའི་དཔལ་དང་ལོངས་སྤྱོད་ལྟ་བུས་གང་བར་འགྱུར་རོ། །རིགས་ལྡན་འདི་ལ་སྲས་ཟུང་འབྱུང་སྟེ་འཇམ་དཔལ་གྱི་སྤྲུལ་པ་ལྷའི་དབང་པོ་དང་། འཇིག་རྟེན་དབང་ཕྱུག་གི་སྤྲུལ་པ་ཚངས་པ་གཉིས་སོ། །ལྷ་དབང་ནི་ལྷོ་གླིང་ནུབ་མར་བྱོན་ནས་དེའི་རིགས་བརྒྱུད་ཀྱིས་དེ་ན་གནས་པའི་ཀླ་ཀློ་རྣམས་བཏུལ་ཏེ་སངས་རྒྱས་ཀྱི་ཆོས་ལ་འགོད་པར་མཛད་ལ། དེ་ནས་རིམ་གྱིས་དུམ་བུ་བཅུ་པོ་རྣམས་སུ་ཡང་དེའི་རིགས་བརྒྱུད་ལས་བྱུང་བའི་རྒྱལ་པོ་རྣམས་ཀྱིས་རིམ་པ་བཞིན་དུ་ཀླ་ཀློ་འཇོམས་པར་མཛད་དོ། །རིགས་ལྡན་དྲག་པོས་རྒྱལ་སར་ལོ་བརྒྱ་རྫོགས་པ་ན་སྲས་ཚངས་པ་རྒྱལ་སར་བསྐོས་ཏེ་རང་ཉིད་བདེ་བ་ཆེན་པོའི་གནས་སུ་གཤེགས་པར་མཛད་དོ། །དཔག་བསམ་སྙེ་མ་ལས་ས་བཅུའི་བྱང་ཆུབ་སེམས་དཔས་བཀའ་བསྡུས་ཤིང་འགྲེལ་པས་བཀྲལ་བའི་ལེའུ་སྟེ་གཉིས་པའོ།། ||

༄༅ ད་ནི་འཕགས་པའི་ཡུལ་གྱི་པཎ་གྲུབ་རྣམས་ཀྱིས་ཐུགས་ཉམས་སུ་བཞེས་ཞིང་འབེལ་གཏམ་གྱིས་གཏན་ལ་ཕབ་པ་ཇི་ལྟ་བུ་ཞེ་ན། དུས་ཀྱི་འཁོར་ལོ་ནི་འཕགས

ཡུལ་དུ་སྔ་མོ་ཞིག་ནས་ཕེབས་པར་གནང་སྟེ། གྲུབ་ཆེན་རྡོ་རྗེ་དྲིལ་བུ་པའི་བདེ་མཆོག་ལྷན་སྐྱེས་ཀྱི་སྒྲུབ་ཐབས་སུ་དྲི་མེད་འོད་ཀྱི་མཆོད་བརྗོད་ཤླཽ་ཀ་གཉིས་པ་འབྱུང་ཞིང་། བིརྺ་པས་གཤིན་རྗེ་གཤེད་ཀྱི་སྒྲུབ་འཁོར་གསལ་བྱེད་དུས་འཁོར་ལ་བརྟེན་ནས་མཛད་པར་གཞུང་དེ་ཉིད་ན་སྣང་བ་དང་། སློབ་དཔོན་ཙཻ་ལུ་པས་རིན་ཆེན་རི་བོའི་གཙུག་ལག་ཁང་ནས་བྱང་ཆུབ་སེམས་དཔའི་འགྲེལ་པ་ཡོད་པའི་ཁུངས་སྣེད་པའི་ཕྱིར་རོ། །སླད་ཀྱིས་རྒྱལ་པོ་པཱ་ལ་བདུན་བརྒྱུད་ཀྱི་རིང་ལ་ཐེག་པ་ཆེན་པོའི་ཆོས་དར་ཞིང་། ཁྱད་པར་དུ་རྡོ་རྗེ་ཐེག་པ་དར་བ་ལས་སློབ་དཔོན་ཙཻ་ལུ་པ་དང་། དུས་འཁོར་ཞབས་ཀྱིས་ཤམྦྷ་ལ་ནས་དུས་ཀྱི་འཁོར་ལོ་སྤྱན་དྲངས་ནས་འཕགས་ཡུལ་དུ་ཤིན་ཏུ་དར་བར་འགྱུར་རོ། །དེ་ཡང་པཱ་ལ་བདུན་ནི་མ་ག་དྷའི་བ་ལང་རྫི་ཞིག་གིས་རྒྱལ་པོ་ཐོབ་པར་འདོད་དེ། ཀུ་རུ་ཀུལླེ་བསྒྲུབས་པས་གྲུབ་ནས་རྒྱ་གར་ཤར་ཕྱོགས་སུ་སོང་ཞིག་ཅེས་ལུང་བསྟན། དེར་ཕྱིན་པས་དེ་ན་བཙུན་པོ་ཀླུ་མོ་ཞིག་གིས་ནུབ་རེ་བཞིན་རྒྱལ་པོ་གསོད་ཅིང་། རྒྱལ་པོ་མེད་ན་བཀྲ་མི་ཤིས་པས་བློན་པོ་རྣམས་ཀྱིས་ནངས་རེ་བཞིན་མི་རྣམས་རེ་མོས་སུ་བྱས་ཏེ་རྒྱལ་སར་བསྐོའོ། །དེར་མ་སྨད་གཉིས་ཀྱི་བུ་ལ་རེ་མོས་བབ་ནས་གཉེ་ག་དུབ་ལ་དྲིས་པས། བུ་འདི་ལ་སང་རྒྱལ་པོའི་རེས་བབ་པོ་ཟེར་བས་དེའི་ཚབ་ཏུ་ཕྱིན་ཏེ་རྒྱལ་པོར་དབང་བསྐུར་བའི་ནུབ་མོ་བཙུན་མོ་དེ་བྱུང་བ་ལ། ཡི་དམ་གྱི་ང་རྒྱལ་གྱིས་དབྱུག་པ་བསྣུན་པས་དེ་ཤིའོ། །ནངས་པར་བློན་པོ་རྣམས་ཀྱིས་རྒྱལ་པོའི་སྤུར་བསྲེག་པའི་ཆེད་དུ་འོངས་པ་ན་རྒྱལ་པོ་མ་ཤི་བས་ཐམས་ཅད་ཡ་མཚན་སྐྱེས་ནས་ཀུན་འདུད་ཅིང་ཆབ་སྲིད་འཕེལ་ཏེ། གོ་པཱ་ལ་ཞེས་བ་ཡང་སྐྱོང་ཞེས་གྲགས་སོ། །

དེ་ལ་བཙུན་མོ་ལྔ་བརྒྱ་ཡོད་པ་ལས་བཙུན་མོ་དབང་ཆུང་བ་ཞིག་གིས་དབང་དུ་བྱ་བའི་སྨན་གྲུབ་པ་རྒྱལ་པོ་ལ་མ་ཐེངས་པར་ཆུ་ནང་དུ་ལྷུང་ནས། རྒྱ་མཚོར་སོང་བ་ཀླུའི་རྒྱལ

པོ་རྒྱ་མཚོས་ཐོས་པས་དེ་དབང་དུ་གྱུར་ཏེ། རྒྱལ་པོའི་ཆ་བྱད་དུ་བརྫུས་ནས་བཙུན་མོ་དང་འདུས་པས་སྲས་དེ་བ་པཱ་ལ་ལྷ་སྐྱོང་བྱུང་། རྒྱལ་པོ་ཁྲོས་ཏེ་ཆད་པ་བཅད་པར་བརྩམས་པ་ན་སོར་གདུབ་བསྟན་པས་ཀླུའི་ཡི་གེ་བྱུང་སྟེ་བཙུན་མོ་ལ་ངའི་བུ་བྱུང་བ་རྒྱལ་སྲིད་དུ་ཞོག་ཅིག་ཅེས་བྲིས་པ་མཐོང་བས་བསྐྱེད་བསྲིངས་ཏེ་རྒྱལ་སར་བསྐོས། རྒྱལ་པོ་དེ་བ་པཱ་ལས་གཙུག་ལག་ཁང་བརྩིགས་པར་འདོད་ནས་ལྷས་མཁན་ལ་དྲིས་པས། དགེ་སྦྱོང་དང་བྲམ་ཟེའི་རས་ལ་སྡོང་བུ་བྱས་ཏེ་རྒྱལ་པོ་དང་ཚོང་དཔོན་གྱི་ཁྱིམ་ནས་མར་བླངས་ཤིང་དཀའ་ཐུབ་པའི་གནས་ནས་སྡོང་བུ་བླངས་ཏེ་མར་མེ་སྦར་བ་ཡི་དམ་གྱི་མདུན་དུ་བཞག་སྟེ། གསོལ་བ་བཏབ་ན་ཆོས་སྐྱོང་གི་སྤྲུལ་པས་སྡོང་བུ་བསྐྱུར་བར་འགྱུར་བས་དེར་བརྩིགས་ཤིག་ཟེར་ནས། དེ་ལྟར་བྱས་པས་བྱ་རོག་གཅིག་བྱུང་ནས་སྡོང་བུ་མཚོར་བསྐྱུར་བས་ཡི་ཆད་པ་ན། མཚན་མོ་ཀླུའི་རྒྱལ་པོ་སྤྲུལ་མགོ་ལྔ་པ་བྱུང་སྟེ། ང་ཁྱོད་ཀྱི་ཕ་ཡིན་པས་མཚོ་བསྐམས་ལ་རྩིག་ཏུ་གཞུག་གོ །ཞག་བདུན་བདུན་ན་མཆོད་པ་ཆེན་པོ་གྱིས་ཤིག་ཟེར་བ་དང་། དེ་བཞིན་བྱས་པས་ཞག་ཉེར་གཅིག་ན་མཚོ་བསྐམས་ཏེ། དེར་ཨོ་ཏནྟ་པུ་རིའི་གཙུག་ལག་ཁང་དཔལ་བསམ་ཡས་ལྷུན་གྱིས་གྲུབ་པའི་དཔེ་ཕྱི་དེ་བཞེངས་སོ། །དེ་ལ་སྲས་མ་ཧི་པཱ་ལ་ས་སྐྱོང་ཞེས་པ་བྱུང་བ་རྒྱལ་པོར་བསྐོས་ཏེ་ཆབ་སྲིད་སྐྱོང་བ་ན་རྒྱ་གར་ཤར་ཕྱོགས་དེར་མུ་སྟེགས་པ་ཤིན་ཏུ་དར་བས་སྒྲོལ་མ་གྲུབ་པའི་རྣལ་འབྱོར་པ་ཞིག་གིས་མུ་སྟེགས་ཀྱི་རྟེན་རྣམས་བཤིག་པར་འདོད་ནས། སྒྲོལ་མ་ལ་གསོལ་བ་བཏབ་པས་རྒྱལ་པོ་མ་ཧི་པཱ་ལ་ལ་ཞུས་ཞེས་ལུང་བསྟན། རྒྱལ་པོ་ལ་ཞུས་པས་ཧཌྷ་ལའི་དམག་ཐམས་ཅད་བསྡུས་ནས་འགྲོ་བའི་ལམ་དུ་མི་ནག་པོ་གཅིག་འདུག་པ་ན་རེ། ང་མགོན་པོ་མཧཱ་ཀཱ་ལ་ཡིན། བྱེ་མའི་ཕུང་པོ་འདིའི་འོག་ན་སངས་རྒྱས་འོད་སྲུང་གི་གཙུག་ལག་ཁང་ཞིག་ཡོད་པས་འདི་གསོལ། མུ་

སྔགས་ཀྱི་རྟེན་བཞེག་པའི་དུས་སུ་དམག་ཐམས་ཅད་ཀྱིས་ཁྲིམས་སུ་བཅའ་བ་གྱིས་ལ་རོལ་མོ་དུས་གཅིག་ཏུ་ཁྲོལ་ཞིག་དང་གྲོགས་བྱའོ་ཟེར་ཏེ་མི་སྣང་བར་སོང་། དེར་བྱེ་མ་བསལ་བས་གཙུག་ལག་ཁང་ཞིག་བྱུང་བ། ཧེ་ཀ་ཏུ་ཀ་ཞེས་པ་ཚ་བ་གསུམ་གྱི་གཙུག་ལག་ཁང་ཞེས་པའམ། སོ་མ་བུ་རི་ཟླ་བའི་གྲོང་གི་གཙུག་ལག་ཁང་ཞེས་གྲགས་སོ། །དེ་ནས་རོལ་མོའི་སྒྲ་ཁྲོལ་ཞིང་མུ་སྟེགས་པའི་རྟེན་གྱི་མཐའ་ལ་བསྐོར་བས་དེ་རྣམས་རང་ཞིག་ལ་སོང་སྟེ་མུ་སྟེགས་པའི་ལུགས་རྣམས་ཉམས། སངས་རྒྱས་ཀྱི་བསྟན་པ་ཕྱོགས་ཐམས་ཅད་དུ་རྒྱས། རྒྱལ་པོའི་ཆབ་སྲིད་ཀྱང་འཕེལ་ཏེ་ཤར་ཕྱོགས་བ་རེནྡྲའི་ས་ཐམས་ཅད་ཆབ་འོག་ཏུ་འདུས་པས་དེ་རྒྱལ་པོ་དེ་བ་པཱ་ལ་བས་ཀྱང་མངའ་ཐང་ཆེའོ། །དེའི་ཚེ་ཤྲཱི་ནཱ་ལེནྡྲ་ན་མཆོག་གི་དངོས་གྲུབ་བརྙེས་པའི་སློབ་དཔོན་ཀམྦ་ལ་སྟེ་ལྭ་བ་པ་ཞེས་པ་ཤེར་ཕྱིན་དགུ་པ་མཛད་པ་པོ་དེ་རྒྱལ་པོར་སྐྱེ་བ་བཞེས་ན་སངས་རྒྱས་ཀྱི་བསྟན་པ་ལ་ཕན་ཆེ་བར་མངོན་ཤེས་ཀྱིས་གཟིགས་ཏེ། རྒྱལ་པོ་ས་སྐྱོང་གི་བཙུན་མོའི་རྨི་ལམ་དུ་དགེ་སློང་ཆོས་གོས་དམར་སེར་ཅན་ལྷུང་བཟེད་དང་གསིལ་བྱེད་ཐོགས་པ་ཞིག་གནས་གཡར་ཟེར་བ་ལ་ཁས་བླངས་པས། སློབ་དཔོན་ལྭ་བ་པ་འཕོས་ཏེ་དེའི་སྲས་སུ་སྐུ་སྐྱེ་བ་བཞེས་པ། རྒྱལ་པོ་ཧཱུྃ་པཱ་ལ་ཞེས་པར་གྱུར་ནས་མངའ་ཐང་ཤིན་ཏུ་ཆེ་བས་ཡུལ་དབུས་མ་ག་དྷ་ཡང་ཆབ་འོག་ཏུ་འདུས་སོ། །རྒྱལ་པོ་དེས་རྡོ་རྗེ་གདན་གྱི་བྱང་ཆུབ་གནྡྷའི་ལྷོ་འགྲམ་ན་བྲག་དེའུ་ཞིག་ཡོད་པའི་སྟེང་དུ་བི་ཀྲ་མ་ཤཱི་ལ་རྣམ་པར་གནོན་པའི་ཚུལ་ཁྲིམས་ཀྱི་གཙུག་ལག་ཁང་བཞེངས་ཏེ་བོད་རྣམས་ནི་བྲི་ཀ་མ་ལ་ཤཱི་ལ་ཟེར་ཏེ་མ་དག་གོ །དེ་བཞིན་དུ་ནཱ་ལེནྡྲ་ཡང་སྔོན་ཤཱ་རིའི་བུའི་འཁྲུངས་ས་དེ་ཡིན་ལ། དེར་རྒྱལ་པོས་གཙུག་ལག་ཁང་བརྩིགས་པ་ནཱ་ལེནྡྲའི་གཙུག་ལག་ཁང་ཞེས་གྲགས་ཏེ། དེར་རྡོ་རྗེ་ཐེག་པ་དར་བས་ཤྲཱི་ནཱ་ལེནྡྲ་དཔལ་རྒྱུན་སྟེར་ཞེས་པ་ཡིན་པ་ལ་བོད་རྣམས་ནི་ནཱ་ལེནྡྲ

ཞེས་ཟེར་རོ། །རྒྱལ་པོ་དྷརྨ་པཱ་ལའི་དུས་སུ་བོད་ཀྱི་རྒྱལ་པོ་ནི་སད་ན་ལེགས་འཇིང་ཡོན་ཁྲི་ལྡེ་སྲོང་བཙན་ཡོད་པར་རྒྱལ་ཆེན་བང་སོའི་རྡོ་རིང་ཡི་གེ་ལས་བྱུང་། དྷརྨ་པཱ་ལས་སྦྱིན་བདག་བྱས་ཏེ་སློབ་དཔོན་སེང་གེ་བཟང་པོས་སོ་མ་ཕུ་རིར་བརྒྱད་སྟོང་འགྲེལ་ཆེན་མཛད། དེ་ནས་ཇོ་བོ་རྗེ་ཇོ་རྗེ་གདན་ན་བཞུགས་དུས་ནེ་ཡ་པཱ་ལ་ཡོད་ལ། དེའི་སྲས་མཧཱ་པཱ་ལ་རྒྱལ་པོར་བསྐོས་པའི་ཚེ་དེས་ཇོ་བོ་བི་ཀྲ་མ་ཤཱི་ལར་སྤྱན་དྲངས་ཞེས་ལམ་ཡིག་ལས་འབྱུང་ཞིང་། དེ་རྗེས་རྒྱལ་པོ་ཤིང་སྟན་ཅན་རཱ་མ་པཱ་ལ་བྱུང་ངོ་། །

དེ་དག་ལས་རྒྱལ་པོ་དེ་བ་པཱ་ལའི་དུས་སུ་སློབ་དཔོན་ཙི་ལུ་པ་བྱོན་ཏེ། དེ་ནི་རྒྱ་གར་ཤར་ཕྱོགས་ན་བྷངྒ་ལ། བ་རེནྡྲ། ཨོཌྜི་ས། ཀཱ་མ་རཱུ་པ་བཞི་དང་། ཡུལ་དབུས་ན་མ་ག་དྷ་སྟེ་ཡུལ་ཆེན་པོ་ལྔ་ཡོད་པ་ལ་ཤར་ཕྱོགས་པཉྩ་གཽ་ཊ་ཞེས་གྲགས་པའི་ཨོཌྜི་སར་རྣལ་འབྱོར་པ་ཞིག་གི་སྲས་སུ་འཁྲུངས། བྱིས་པའི་དུས་ནས་རབ་ཏུ་བྱུང་བས་ཙི་ལུ་པ་ཞེས་བྱ་ལ། སྡེ་སྣོད་མཐའ་དག་ལ་སྦྱངས་ཤིང་རིག་པའི་གནས་ལྔ་ལ་མཁས་པས་ཙི་ལུ་པཎྜི་ཏར་གྲགས། སྔགས་ཀྱི་སྡེ་སྣོད་རྒྱ་གར་ཤར་ནུབ་ན་བཞུགས་པ་ཐམས་ཅད་གསན་ནས། རྒྱལ་པོ་དྷརྨ་པཱ་ལའི་སྐབས་སུ་ལུང་ལ་ཡིད་ཆེས་པའི་ཕྱིར། རཏྣ་གི་རི་བི་ཧཱ་ར་རིན་ཆེན་རི་བོའི་གཙུག་ལག་ཁང་དང་། བི་ཀྲ་མ་ཤཱི་ལ་དང་། ན་ལེནྡྲ་རྣམས་སུ་སྡེ་སྣོད་ཀྱི་པོ་ཏི་མཐའ་དག་གཟིགས་ཤིང་། ཁྱད་པར་དུ་ཏུ་རུཥྐའི་གནོད་པ་མི་འབྱུང་བ་རིན་ཆེན་རི་བོར་སྔགས་ཀྱི་པོ་ཏི་མཐའ་དག་གཟིགས་པས་སྤྱིར་ཚེ་གཅིག་གིས་སངས་རྒྱས་འགྲུབ་པ་ལ་སྔགས་ཀྱི་ཐེག་པ་དགོས་ཤིང་། དེའི་སྒྲས་དོན་རྣམས་གསལ་བར་བྱེད་པ་ལ་བྱང་ཆུབ་སེམས་དཔའི་འགྲེལ་པ་དགོས་ལ། དེ་ཤམྦྷ་ལ་ན་སྤྲུལ་པའི་རྒྱལ་པོས་སྟོན་པ་ཡོད་ཅེས་འདུག་པ་དང་། ཡི་དམ་གྱི་ལྷས་ཀྱང་ལུང་བསྟན་པ་ལ་བརྟེན་ནས་ནོར་བུ་ལེན་པའི་ཚོང་པ་དང་འགྲོགས་ཏེ། རྒྱ་མཚོ་ལ་གཟིངས་བཏང་ནས་ཕྱིན

པས་གླིང་ཕྲན་ཞིག་ཏུ་སླེབས་པ་ན། ཚོང་པ་རྣམས་ཟླ་བ་དྲུག་ན་གླིང་དེར་སླེབས་པའི་དུས་བྱས་ཏེ། ཚན་ཚན་དུ་ཕྱེས་ནས་ནོར་བུའི་གླིང་སོ་སོར་སོང་ཞིང་སློབ་དཔོན་གྱིས་ཤཱཀྱ་ཡའི་ཡམ་ཡིག་བཟུང་སྟེ་རི་ཆེན་པོ་ཞིག་ལ་འཛེགས་ནས་ཕྱིན་པས། རི་དེའི་རྩེར་དགེ་སློང་ཤིན་ཏུ་གཟུངས་བཟང་བ་ཞིག་དང་འཕྲད་པས། དེ་ན་རེ་ཁྱོད་གར་འགྲོ་ཟེར་བ་ལ། ཤཱཀྱ་ཡར་བྱང་ཆུབ་སེམས་དཔའི་ཆོས་སྐོར་ཆོལ་དུ་འགྲོ་བྱས་པས། དེར་ནི་ཤིན་ཏུ་བགྲོད་དཀའ་སྟེ་ཤེས་པ་བྱུང་ན་འདིར་ཡང་ཉན་པས་ཆོག་མོད་ཟེར་བ་དང་། རྣ་བ་རྣམས་དེ་འཛམ་དཔལ་གྱི་སྤྲུལ་པར་ཤེས་གསུང་། ཁ་ཅིག་རིགས་ལྡན་པདྨ་དཀར་པོའི་སྤྲུལ་པར་ཤེས་གསུང་སྟེ། དེ་ལ་ཕྱག་བྱས། མཎྜལ་ཕུལ། གསོལ་བ་བཏབ་པས་དབང་རྒྱུད་འགྲེལ་མན་ངག་མཐའ་དག་གནང་ཞིང་། ཞག་རེ་ལ་ཤློ་ཀ་སྟོང་ཟིན་པར་གྱུར་པས་ཀྱང་བཟུང་ཞིང་། སྤྲུལ་པ་དེས་མེ་ཏོག་སྤྱི་བོར་བཞག་ནས་བྱང་ཆུབ་སེམས་དཔའི་སྐོར་མ་ལུས་པ་ཁོང་དུ་ཆུད་པར་གྱུར་ཅིག་ཅེས་བྱིན་གྱིས་བརླབས་པས་ཆུ་སྣོད་གཅིག་ནས་གཅིག་ཏུ་བྱོ་བ་ལྟར་ཐུགས་སུ་ཆུད་པ་དང་། སྤྲུལ་པ་དེ་མི་སྣང་བར་གྱུར་ཏོ།།

དེ་ནས་སླར་ལོག་པ་ན་ཚོང་པ་རྣམས་དང་ཡང་འཛོམ་ནས་གཟིངས་ལ་ཞུགས་ནས་འོངས་ཏེ་ནཱ་ལེནྡྲར་བྱོན། ཀ་ཏ་ཀའི་རྒྱལ་པོའི་སར་བཞུགས་པས་སློབ་མ་གསུམ་བྱུང་། དེ་རྣམས་ཀྱིས་རྒྱུད་འགྲེལ་རྣམས་གླེགས་བམ་ལ་འབྲི་བར་ཞུས་པས་བྲིས་སོ། །སློབ་མ་གཅིག་ཐ་མལ་པ་ཞིག་བྱུང་། གཅིག་རྒྱལ་བའི་འབྱུང་གནས་སྦས་པ་ཞེས་པ་གྲུབ་པ་བརྙེས་པ་ཞིག་བྱུང་། གཅིག་པཎྜི་ཨཱ་ཙཱརྱ་སྟེ། དེ་ནི་ལྷོ་ཕྱོགས་རྒྱ་མཚོའི་གླིང་ཕྲན་ཞིག་ཏུ་བྲམ་ཟེའི་རིགས་སུ་སྐྱེ་འཁྲུངས། ཐཀྐ་ལར་བྱོན་ཏེ་བསོད་སྙོམས་མཛད་པས་པི་ཎྜ་ཨཱ་ཙཱརྱ་འམ། པིཎྜ་ཨཱ་ཙཱརྱ་སློབ་དཔོན་བསོད་སྙོམས་པ་ཞེས་པ་མཁས་པ་ཆེན་པོ་ཞིག་བྱུང་སྟེ། དེས་སེམས་འགྲེལ་མ་ལུས་པ་ཐུགས་སུ་ཆུད་ཅིང་ཐུགས་ཉམས་སུ་བཞེས་སོ།།

དེ་ནས་ཡུལ་དེར་རྒྱལ་པོ་གཞན་གྱི་དམག་བྱུང་བས་རྒྱུད་འགྲེལ་གྱི་དཔེ་ཐམས་ཅད་དོང་དུ་སྦས་ཏེ་བྲོས། དམག་གིས་ནས་བལྟས་པས་མ་ཚང་ནས་སློབ་མ་རྣམས་ཀྱིས་སླར་ཡང་ཙི་ལུ་པ་རྟོགས་ལ་འདྲི་བར་ཞུས་པས། མཁའ་འགྲོ་མས་སྦས་པས་བྲིར་མི་རུང་གསུང་ནས་མ་གནང་བར་ཙི་ལུ་པ་མེ་ཏོག་ཁྱིམ་ཞེས་པ་རྒྱ་གར་ཤར་ཕྱོགས་ཀྱི་བསྟི་གནས་སུ་གཤེགས་སོ། །དེ་ནས་སྟོན་དུས་མ་ཚང་བ་ལ་ཁ་ཅིག་བདེ་དགྱེས་གཉིས་ཀྱི་འགྲེལ་པའི་སྐད་མ་ཚང་བ་ཡིན་ཟེར་ཏེ། རྡོ་རྗེ་སྙིང་འགྲེལ་དུ་བདེ་མཆོག་གི་འགྲེལ་པ་དེ་ཚིགས་སུ་བཅད་པ་ཕྱེད་དང་བཅུ་གསུམ་གྱི་འགྲེལ་པ་ཡིན་པར་བཤད་ཅིང་། བདེ་མཆོག་སྟོད་འགྲེལ་དེ་ཉིད་དུའང་། གཙོ་བོར་རྩ་བའི་རྒྱུད་དམ་བྱང་ཆུབ་སེམས་དཔའ་རྣམས་ཀྱིས་མཛད་པའི་འགྲེལ་བཤད་ཀྱིས་མཐའ་དྲུག་གི་དོན་འདི་ཐམས་ཅད་ཡུལ་གཞན་ལྷོ་དང་བྱང་དུ་སོང་སྟེ་ཤེས་པར་བྱའོ་ཞེས་གསུངས་ལ། རྡོ་རྗེ་སྙིང་འགྲེལ་དུའང་འདི་ལས་ཀྱིས་སྤྱོད་པའི་ལེའུ་ལ་སོགས་པ་ནི་རྒྱ་ཆེར་རྟོགས་པར་བྱའོ་ཞེས་གསུངས་པས། འགྲེལ་པ་གཉིས་ད་ལྟ་བོད་དུ་འགྱུར་བའི་ཚད་འདི་ཁོན་བྱང་ཆུབ་སེམས་དཔས་རྗེས་སུ་གནང་ངོ་ཞེས་བྱ་བར་རིགས་སོ། །དེས་ན་མ་ཚང་བ་ནི་རྩ་རྒྱུད་རྩ་འགྲེལ་ཡིན་པར་མངོན་ཏེ། རྩ་རྒྱུད་ཀྱི་དུམ་བུ་ཐར་ལོས་བསྒྱུར་བ་དང་ཟླ་བ་བཟང་པོས་མཛད་པའི་འགྲེལ་པའི་དུམ་བུ་ཕན་གནོད་སུམ་ཅུ་རྩ་གཉིས་པའི་རྒྱ་དཔེ་པཎ་ཆེན་ཧཱུྃ་མེ་ཤྲཱིས་བསྣམས་པ་བུ་སྟོན་རིན་པོ་ཆེས་བསྒྱུར་བ་དག །དེའི་དུས་ཀྱི་དཔེ་འཕྱུར་བ་ཡིན་པར་སྣང་ངོ་། །དེ་ལྟ་བུའི་སློབ་དཔོན་དཔོན་སློབ་གཉིས་ལ་ཙི་ལུ་པ་ཆེ་ཆུང་ངམ། པིནྡ་བ་ཆེ་ཆུང་ཞེས་གྲགས་པས་བསོད་སྙོམས་པ་བླ་མར་བྱས་ཏེ་ཙི་ལུ་པ་སློབ་མར་བྱས་པ་ལ་ཡང་འགལ་བ་མེད་དོ། །བསོད་སྙོམས་པས་དུས་འཁོར་གྱི་སྒྲུབ་ཐབས་སྙིང་པོ་རྒྱན་མཛད་ལ། བསོད་སྙོམས་པའི་སློབ་མ་ལྷོ་ཕྱོགས་ཀྱི་བྲམ་ཟེ་དགེ་སློང་དུ་རི་ཀ་པ་ཞེས

པས་ཀྱང་དབང་རབ་བྱེད་ཀྱི་འགྲེལ་པ་རྡོ་རྗེའི་ཚིག་འབྱེད་པ་མཛད་དོ། །

རིགས་ལྡན་གྱིས་རྗེས་སུ་བཟུང་བས་འཕགས་པའི་ཡུལ་ཀུན་ཏུ་བྱང་ཆུབ་སེམས་དཔའི་ཆོས་སྐོར་དར་བར་མཛད་པ་སློབ་དཔོན་དུས་འཁོར་ཞབས་ཆེན་པོ་ནི། རྒྱ་གར་ཤར་ཕྱོགས་པ་རེ་ཀྲར། ཡབ་གཤེན་རྗེ་གཤེད་ནག་པོའི་རྣལ་འབྱོར་པ་བྲམ་ཟེ་བདེ་བྱེད་དང་། ཡུམ་ཡེ་ཤེས་ཀྱི་མཁའ་འགྲོ་མ་པདྨ་ཅན་གཉིས་ཀྱིས་གཤེན་རྗེ་གཤེད་ཀྱི་རྒྱུད་ལས་ཇི་ལྟར་འབྱུང་བ་བཞིན་རིགས་ཀྱི་སྲས་བསྒྲུབ་པའི་ཆོ་ག་བྱས་པས། ཡབ་ཀྱི་རྨི་ལམ་དུ་ཡུམ་གྱི་ལྟོ་བར་འཕགས་པ་འཇམ་དཔལ་བཞུགས་པ་རྨིས། བཀྲ་ཤིས་པའི་དགེ་མཚན་དང་བཅས་ཏེ་འཁྲུངས། འཕགས་པ་འཇམ་དཔལ་གྱིས་བྱིན་གྱིས་བརླབས་པས་བློ་རྣོ་བ་དབང་པོ་གསལ་བ་ཞིག་བྱུང་། ཆུང་ངུ་ལ་རབ་ཏུ་བྱུང་སྟེ་རིག་པའི་གནས་མ་ལུས་པ་ཐོགས་མེད་པར་མཁྱེན་ནས་པཎྜི་ཏར་གྱུར་པས་འདི་ལ་ཡང་ཙི་ལུ་པ་ཟེར། པིཎྜ་ཨ་ཙརྱ་ལས་དུས་ཀྱི་འཁོར་ལོ་གསན། དེས་ཀྱང་ཐུགས་མ་ཚིམ་པར་སྔོན་གྱི་སྨོན་ལམ་སད་པའི་མཐུས། ཅི་ནས་ཀྱང་ཤམྦྷ་ལར་འགྲོ་སྙམ་པའི་འདུན་པ་དྲག་པོ་སྐྱེས་ཏེ་ཐུགས་དམ་གྱི་ལྷ་སྒྲོལ་མ་ལ་དངོས་སུ་ཅི་འདོད་ཞུར་ཡོང་བས། དེས་ཤམྦྷ་ལ་ནས་རྒྱུད་སྡེ་མང་པོ་དང་སེམས་འགྲེལ་རྣམས་སྤྱན་དྲངས་ཤིག །སེམས་ཅན་ལ་ཕན་ཐོགས་པར་འགྱུར་རོ་ཞེས་ལུང་བསྟན། འཛམ་བུའི་གླིང་ཉིད་ལས་བྱང་དུ་ཕྱིན་ན་མུ་ངམ་གྱི་ཐང་ལ་ཟླ་བ་བཞི་བགྲོད་དགོས་ཤིང་སྲོག་གི་བར་ཆད་དུ་འགྲོ་བས་ཕྱིའི་རྒྱ་མཚོ་ལ་ཚོང་པ་དང་ལྷན་ཅིག་གཟིངས་ལ་བྱོན་ཏེ་ཚོང་པ་རྣམས་ནོར་བུའི་གླིང་དུ་སོང་སློབ་དཔོན་གྱིས་བྱང་ཕྱོགས་སུ་བྱོན། རྒྱ་མཚོའི་གླིང་གི་རི་ཞིག་ལ་འཛེགས་ཏེ་བྱོན་པས། ཁ་ཅིག་རིགས་ལྡན་དཔལ་སྐྱོང་ཞེས་ཟེར། ཁ་ཅིག་པད་དཀར་ཞེས་ཟེར་ཏེ་རིགས་ལྡན་གྱི་རྣམ་འཕྲུལ་མི་དཀར་པོ་གཅིག་བྱུང་ནས། ཁྱོད་གང་ནས་འོངས་གང་དུ

འགྲོ་ཅི་ལ་འོངས་གསུངས་པ་ལ། ང་རྒྱ་གར་གྱི་ཤར་ཕྱོགས་ནས་འོངས། བྱང་ཤམྦྷ་ལར་རིགས་ལྡན་ལ་དུས་ཀྱི་འཁོར་ལོའི་ཆོས་ཞུར་འགྲོ་བྱས་པས། ཡུལ་དེར་འཕགས་པ་མིན་པ་གཞན་སུས་ཀྱང་མི་ཐར་བས་ཁྱོད་ཀྱི་བགྲོད་པ་འདི་ལྟ་བུས་བགྲོད་པར་མི་ནུས། འདིར་ཤེས་པ་བྱུང་ན་ཉན་པར་བྱེད་དམ་གསུང་བ་དང་། དེ་རིགས་ལྡན་གྱི་རྣམ་འཕྲུལ་དུ་མཁྱེན་ནས་ཕྱག་དང་བསྐོར་བ་མང་དུ་བྱས། མཎྜལ་ཕུལ་ནས་བདག་རྗེས་སུ་བཟུང་དུ་གསོལ་ཞེས་ཞུས་པས། འཕགས་པའི་ཡུལ་གྱི་འགྲོ་བ་རྣམས་ཀྱི་ཆེད་དུ་ཁྱོད་ཉིད་ལ་དུས་ཀྱི་འཁོར་ལོ་བསྟན་པའི་ཕྱིར་ངས་འདིར་འོངས་པ་ཡིན་གྱིས་ཉོན་ཅིག་གསུང་ནས། དེར་ཆོས་ཀྱི་དབྱིངས་རྣམ་པ་ཐམས་ཅད་པའི་དཀྱིལ་འཁོར་མངོན་སུམ་དུ་སྣང་བར་དབང་རྫོགས་པར་བསྐུར། ཆོས་ཆེར་མྱུར་བའི་ཟབ་ལམ་རྣལ་འབྱོར་ཡན་ལག་དྲུག་པའི་གདམས་པ་སྩལ། རི་དེའི་འདབས་རྒྱ་མཚོའི་འགྲམ་དུ་ཞག་བདུན་བསྒོམས་པས་གྲུབ་པ་བརྙེས་ཏེ་རྫུ་འཕྲུལ་གྱིས་ནམ་མཁའ་ལ་བྱོན་ནས་ཤམྦྷ་ལའི་མ་ལ་ཡའི་ཚལ་གྱི་དུས་ཀྱི་འཁོར་ལོའི་དཀྱིལ་འཁོར་ཁང་པར་རིགས་ལྡན་དངོས་ཀྱི་ཞབས་ལ་གཏུགས་པས་དེ་ཉིད་ཀྱིས་དབང་རྣམས་རྫོགས་པར་བསྐུར། རྒྱུད་འགྲེལ་མན་ངག་རྣམས་བསྟན་ནས་བསྡུས་པའི་རྒྱུད། རྒྱུད་ཕྱི་མ། འགྲེལ་ཆེན་དྲི་མ་མེད་པའི་འོད། རྩ་རྒྱུད་དབང་མདོར་བསྟན། རང་དང་གཞན་གྱི་ལྟ་བ་མདོར་བསྟན་པ་རྣལ་འབྱོར་གསུམ་གྱི་སྙིང་པོ་གསལ་བ། དོན་དམ་བསྙེན་པ། བདེ་མཆོག་སྟོད་འགྲེལ། རྡོ་རྗེ་སྙིང་འགྲེལ་ཏེ་བྱང་ཆུབ་སེམས་དཔའི་ཆོས་སྐོར་རྣམས་ཀྱི་དཔེ་ཐམས་ཅད་ཀྱང་གནང་སྟེ། རྒྱ་གར་ཤར་ཕྱོགས་མེ་ཏོག་ཁྱིམ་དུ་བྱོན། དེ་ནས་ཀྱང་ཡུལ་དབུས་མ་ག་དྷར་བྱོན་ནས་ཆོས་བསྟན་པས། དུས་འཁོར་ཞབས་པ་ཆེན་པོ་ཞེས་ཀུན་ཏུ་གྲགས་ལ། སེམས་འགྲེལ་སྐོར་འཕགས་པའི་ཡུལ་ཤར་ནུབ་ཀུན་ཏུ་དར་བར་མཛད་དེ་སྒྲ་ལུས་མ་སྦྱངས

པར་མཆོག་གི་དངོས་གྲུབ་བརྙེས་སོ། །རྒྱ་ལོའི་གསུང་ལས་སློབ་དཔོན་འདི་ཀླུའི་བྱང་ཆུབ་ཀྱི་སློབ་མ་ཡིན་ཞེས་ཀྱང་འབྱུང་ངོ་། །དབང་མདོར་བསྟན་ནི་རྩ་བའི་རྒྱུད་ཀྱི་ལེའུ་དང་པོ་ན་ལེའུ་འོག་མ་རྣམས་ཀྱིས་མདོར་བསྟན་རེ་ཡོད་པའི་དབང་གི་མདོར་བསྟན་ཟུར་དུ་ཕྱུང་བ་སྟེ་རྩ་རྒྱུད་ཀྱི་དུམ་བུའོ། །དབང་རབ་བྱེད་ནི་བསྡུས་རྒྱུད་ལས་ཕྱུང་བ་ཡིན་པས་དེ་ཉིད་དུ་རྫོགས་སོ། །སློབ་དཔོན་འདི་ལ་སློབ་མའི་མཆོག་ཀྱང་དུས་ཞབས་པ་ཆུང་བ་ཨ་བ་དྷཱུ་ཏི་པ། ནཱ་རོ་པ། སཱ་དྷུ་པུ་ཏྲ། དུས་འཁོར་ཞབས་ཆུང་བ་ཤྲཱི་བྷ་དྲ་བོ་དྷི། དུས་འཁོར་ཞབས་ཆུང་བ་ནཱ་ལེནྡྲ་པ། རཏྣ་ཀཱ་ར་གུཔྟ། ཐར་པའི་འབྱུང་གནས་སྦས་པ། འདུལ་བའི་འབྱུང་གནས་བློ་གྲོས། སེང་གེ་རྒྱལ་མཚན། མཐའ་ཡས་རྣམ་རྒྱལ་རྣམས་བྱུང་ངོ་། །

ཨ་བ་དྷཱུ་ཏི་པ་ནི། རྒྱ་གར་ན་དགེ་སློང་བློ་ཤིན་ཏུ་རྟུལ་བ་ཞིག་གིས་ལྷ་མོ་ཀུ་རུ་ཀུལླེའི་ཤེས་རབ་སྒྲུབ་པ་བྱས་པས་ལྷ་མོས་རྨི་ལམ་དུ་བསྟན་པ། བྱི་རུ་ལ་ཀུ་རུ་ཀུལླེའི་སྐུ་བཟོས། དུར་ཁྲོད་ནས་བུད་མེད་དབང་པོ་ཚང་བའི་རོ་གཅིག་ལོངས་ལ། དེའི་ཁར་ལྷ་མོའི་སྐུ་དེ་བཙུག་ནས་ཁ་སྒྲུབ་པའི་རྒྱབ་ཏུ་སྐྱིལ་ཀྲུང་གིས་འདུག་ལ་ཞག་བདུན་སྒྲུབས་ཤིག་དངོས་གྲུབ་ཐོབ་པར་འགྱུར་རོ། །ཞེས་པའི་ལུང་བསྟན་ལྟར་བསྒྲུབས་པས་ཞག་བདུན་སོང་བ་ན་རོ་དེ་སྟེང་དུ་ཁ་ལོག་སྟེ། ཁྱོད་ཤེས་རབ་ཇི་ཙམ་འདོད་ཟེར་བས་མིག་གིས་མཐོང་ཚད་ཟིན་པར་འདོད་བྱས་ཀྱང་འོང་བ་ཡིན་པ་ལ། བློ་རྟུལ་བས་ལྕུམ་ནས་ངས་བྲིས་ཟིན་ཚད་བློ་ལ་ཟིན་པར་འདོད་བྱས་པས་དེ་ལྟར་བྱུང་། བསོད་སྙོམས་མཛད་པས་པི་ཎྜ་ཨཱ་ཙཱརྻ་ཞེས་གྲགས་ཤིང་། ཕྱིས་ཡུལ་དབུས་སུ་ངག་གི་དབང་ཕྱུག་གྲགས་པ་ཞེས་ཟེར་ཏེ། རྡོ་བོ་ཁ་སརྤ་ཎའི་གཙུག་ལག་ཁང་དུ་བཞུགས། དེས་དཔལ་གཞོང་ཞིག་ཏུ་ལུད་པ་བསྐུར་བ་ཐམས་ཅད་ལོངས་སྤྱོད་དུ་གྱུར་པས་སྦྱིན་པ་ཕྱོགས

མེད་དུ་གཏོང་ཞིང་ཕྱོགས་བཞིར་པཎ་ཆུང་གསུམ་གསུམ་ལ་ཆོས་གསུང་བ་ཞིག་གོ །དེས་དཔལ་དུས་ཞབས་པ་ཆེན་པོའི་ཞབས་ལ་གཏུགས་ཏེ་རྒྱུད་ཇི་ཙམ་མཁྱེན་དྲིས་པས་ལན་སྨྲ་བའི་རྒྱུད་ཀྱི་མཚན་ཙམ་ཡང་འཛིན་པར་མ་ནུས་སྐད། དེ་ནས་ཆོས་འདིའི་དབང་རྒྱུད་གདམས་པ་དང་བཅས་པ་གནང་། སྒྲུབ་པ་མཛད་པས་མཆོག་གི་དངོས་གྲུབ་དེ་ཉིད་དུ་ཐོབ་སྟེ་མཚན་ཡང་ཨ་བ་དྷཱུ་ཏཱི་པ་ཞེས་ཟེར་ལ་དུས་འཁོར་ཞབས་པ་ཞེས་སུ་ཡང་གྲགས་སོ། །འདིས་བཀའ་འགྲེལ་པདྨ་ཅན་དང་། སྦས་པ་མིག་འབྱེད་རྒྱ་འགྲེལ་དང་། དཔལ་ལྡན་རྒྱ་སྐར་གྱི་དཀྱིལ་འཁོར་གྱི་ཆོ་ག་སོགས་བསྟན་བཅོས་མང་དུ་མཛད་དོ། །དེ་ལ་སློབ་མ་མང་དུ་བྱུང་ཡང་ཐལ་ཆེར་རྣལ་འབྱོར་པར་གྱུར་ནས་བཤད་པའི་སྒྲོལ་འཛིན་པ་ནི་དུས་ཞབས་པ་ཆུང་བ་དགེ་བསྙེན་པོ་ཧྲི་དང་། དེའི་སྲས་ནཱ་ལེནྡྲ་པ་ཉིད་དོ། །ལྷོ་ཕྱོགས་རྒྱ་མཚོའི་གླིང་དུའང་འདིས་དུས་འཁོར་དར་བར་མཛད་ཅེས་གྲག་གོ །

དཔལ་ནཱ་རོ་པ་ནི། འཛམ་བུའི་གླིང་མཐའ་དག་ཏུ་ཉི་ཟླ་ལྟར་གྲགས་པའི་མཁས་པ་ཆེན་པོ། ནཱ་ལེནྡྲའི་མཁས་པ་སྒོ་དྲུག་གི་ཡ་གྱལ་བྱང་སྒོ་བསྲུང་བའི་པཎྜི་ཏ་མཚན་ཡ་ཤོ་བྷ་དྲ་སྙན་གྲགས་བཟང་པོ་ཞེས་བྱ་བ། ཕྱི་ནང་གི་པཎྜི་ཏ་སུས་ཀྱང་རྩོད་པར་མི་ནུས་པས་ཡོངས་སུ་གྲགས་པའི་མཚན་ནཱ་རོ་པ་ཞེས་ཏེ་བོད་སྐད་དུ་རྩོད་མེད་ཅེས་སོ། །དེས་པུཥྤ་ཧ་རིའམ་པུལླ་ཧ་རི་མེ་ཏོག་མདངས་འཕྲོག་གི་དགོན་པར་དཔལ་དུས་ཞབས་པ་ཆེན་པོ་ལས་དབང་རྒྱུད་མན་ངག་མཐའ་དག་མནོས་ནས། དབང་མདོར་བསྟན་དང་བརྟག་གཉིས་ལ་འགྲེལ་པ་མཛད་དེ། འདི་ལ་ཁ་ཆེའི་འགྲེལ་པ་ཞེས་ཉི་མ་དཔལ་ཡེ་ཤེས་ཀྱིས་ཁུངས་སུ་མཛད་དོ། །ཇོ་བོ་རྗེས་ཀྱང་དུས་ཞབས་པའམ། ནཱ་རོ་པ་ལ་གསན་པར་སྣང་སྟེ། བྱང་ཆུབ་ལམ་སྒྲོན་དུ་དང་པོའི་སངས་རྒྱས་ཀྱི་རྒྱུད

ཁྲུངས་སུ་མཛད་པ་དང་། ཨ་ཏི་ཤའི་སྐྱོར་དྲུག་ཅེས་པ་བྱུང་བས་སོ། །འོན་ཀྱང་ཇོ་བོས་མཆིམས་ཕུར་ས་ར་ཧའི་དོ་ཧ་གསུངས་པ་ཡང་འབྲོམ་གྱིས་བཀག་པས་གསང་སྔགས་ཟབ་མོ་རྣམས་ནི་གསུངས་པ་ཉིད་དོ། །རྗེ་བཙུན་མི་ལའི་གསུང་ལས། ཨ་ཏི་ཤ་ལ་གསང་སྔགས་གསུང་དུ་བཅུག་ན་བོད་གྲུབ་ཐོབ་ཀྱིས་འགེངས་པ་ཡིན་པ་ལ་དེ་བཀག་པས་ནོངས་ཤེས་འབྱུང་ངོ་། །བལ་པོ་ཕམ་མཐིང་བའི་མཆེད་མཻ་ཏྲི་པས་ཀྱང་ནཱ་རོ་པ་ལ་ལོ་ལྔ་བསྟེན་ནས་ལེགས་པར་གསན་པས་དུས་འཁོར་བར་གྲགས་སོ། །

སཱ་དྷུ་པུ་ཏྲ་ནི། ལེགས་པའི་བུའམ་ཚོང་པའི་བུ་ཞེས་ཏེ། མཚན་དངོས་ནི་ཤྲཱི་དྷ་ར་ཞེས་པ་དཔལ་འཛིན་ནོ། །དེ་ཡང་འདིའི་བླ་མ་ཨ་ནུ་བ་མ་རཀྵི་ཏ་དཔེ་མེད་འཚོ་ཞེས་པ་ཕྱི་ནང་གི་རིག་པ་ལ་བསླབ་པ་གོམས་པའི་ཐུགས་ཅན། དཔལ་ཁ་སརྦ་ཎའི་དྲུང་དུ་ལོ་བཅུ་གཉིས་སུ་བཞུགས་ནས་དམིགས་པ་དང་རྟོག་པ་མེད་པའི་དེ་ཁོ་ན་ཉིད་ཀྱི་མན་ངག་བསྒོམས་པས་རྟོགས་པའི་ཁྱད་པར་ཅི་ཡང་མ་ཐོབ་ནས་ཡིད་ཞུམ་པ་ན་ཇོ་རྗེ་རྣལ་འབྱོར་མས་བུ་བི་ཀྲ་མ་པུ་རིར་སོང་ཞིག །དེར་ཁྱོད་ལ་རྟོགས་པ་འབྱུང་བར་འགྱུར་རོ་ཞེས་ལུང་བསྟན་པའི་སྤྱི་བོར་བཞག་ནས་སློབ་མ་པཎྜི་ཏ་ཆེན་པོ་ལེགས་པའི་བུ་དཔལ་འཛིན་དང་ལྷན་ཅིག་བུ་ཀྲ་མ་པུ་རིར་བྱོན་ཏེ་དུས་མཆོད་ཅིག་གི་ཚེ་ཐུགས་དམ་གྱི་རིམ་པ་ལ་བཞུགས་པ་ལས་ནམ་ཕྱེད་ཀྱི་དུས་སུ་བཅོམ་ལྡན་འདས་ཨ་བ་དྷཱུ་ཏཱིའི་ཆ་བྱད་ཅན་བྱོན་ནས་བུ་དེ་ཁོ་ན་ཉིད་ནི་འདི་ཡིན་ནོ་ཞེས་མངོན་སུམ་དུ་གདམས་པ་སྩལ། དེ་ཐོས་མ་ཐག་ཏིང་ངེ་འཛིན་ལ་སྙོམས་པར་ཞུགས་སོ། །བཅོམ་ལྡན་འདས་དེ་ནི་མི་སྣང་བར་གྱུར་ནས་མཚན་མོ་འདས་པའི་ཚེ་ཏིང་ངེ་འཛིན་དེ་ལས་བཞེངས་ཏེ། དཔལ་ལྡན་བླ་མ་བདག་ཉིད་ཆེན་པོ་དེས་ཀྱང་རྣམ་པ་ཐམས་ཅད་དུ་དེར་དགའ་བ་མཛད་ཅིང་སྐལ་བ་དང་ལྡན་པའི་དཔལ་ལྡན་དཔལ་འཛིན་ལ་རང་གི་རྟོགས་པ་ཉེ་བར་བསྟན་ཏོ། །

དཔལ་ལྡན་བླ་མ་མཆོག་ཏུ་ཐུགས་རྗེ་ཅན་དེས་ཀྱང་རྣམ་པ་ཐམས་ཅད་དུ་སྟོད་དང་ལྡན་པར་རྟོགས་ནས། པཎྜི་ཏ་ཆེན་པོ་འོད་བྱེད་ལྷ་ལ་བཀའ་དྲིན་དུ་མཛད་དོ། །དེས་ཀྱང་པཎྜི་ཏ་ཆེན་པོ་རྒྱལ་པོའི་བླ་མ་སླིགས་མའི་དུས་ཀྱི་ཐམས་ཅད་མཁྱེན་པ་ཆོས་ཀྱི་འབྱུང་གནས་ཞི་བ་ལ་བཤད་དོ། །ཁ་ན་མ་ཐོ་བ་མེད་པའི་ཐུགས་རྗེ་ལ་སོགས་པའི་ཡོན་ཏན་བརྗོད་དུ་མེད་པའི་རིན་པོ་ཆེའི་འབྱུང་གནས་དཔལ་ལྡན་བླ་མ་དེ་ལས་ཀྱང་། དཔལ་ལྡན་བླ་མའི་ཞབས་བསྟེན་པ་ལ་མཁས་པ་ཉི་མ་དཔལ་བདག་གིས་དེ་ཁོ་ན་ཉིད་ཡང་དག་པར་ཐོབ་པོ་ཞེས་པ་བླ་མའི་བརྒྱུད་པའོ་ཞེས་ཉི་མ་དཔལ་ཡེ་ཤེས་ཀྱི་བརྗེད་བྱང་དུ་བྱུང་ལ། མདོར་ན་སཱ་ཧཱུ་ཕུ་ཏྲ་འདིས་ནི་དཔེ་མེད་འཚོ་དང་། དུས་འཁོར་ཞབས་གཉིས་ག་ལས་དབང་རྒྱུད་མན་ངག་གསན་ནས་གྲུབ་པ་བརྙེས་ཏེ། དུས་ཀྱི་འཁོར་ལོའི་སྒྲུབ་ཐབས་དང་དཀྱིལ་འཁོར་ཆོ་ག་གཉིས་ཆོས་འབྱུང་ཞི་བའི་ཆེད་དུ་མཛད། དབང་མདོར་བསྟན་གྱི་དཀའ་འགྲེལ་ཡང་མཛད་དོ། །དཔེ་མེད་འཚོས་ཀྱང་སྦྱོར་དྲུག་གི་མན་ངག་དང་། མཚན་བརྗོད་འགྲེལ་པ་བདུད་རྩི་ཐིགས་པ་མཛད། །ཆོས་འབྱུང་ཞི་བས་མཆོད་པའི་ཆོ་ག་མཛད། །ཉི་མ་དཔལ་ཡེ་ཤེས་ཀྱིས་མཚན་བརྗོད་ཀྱི་འགྲེལ་པ་བདུད་རྩིའི་ཐིགས་པ་དང་། དཔེ་མེད་འཚོའི་སྦྱོར་དྲུག་གི་འགྲེལ་པ་ཡོན་ཏན་འགོངས་པ་ཞེས་པའི་བརྗེད་བྱང་གཉིས་མཛད་ཅིང་། དེས་ཀྱང་དངོས་གྲུབ་བརྙེས་པའི་པཎྜི་ཏ་རཏྣ་རཀྵི་ཏ་རིན་ཆེན་འཚོ་ལ་གནང་སྟེ། དེ་ནི་རྒྱ་གར་ཤར་ཕྱོགས་སུ་སྐུ་འཁྲུངས། མ་ག་དྷར་པཎ་ཆེན་མང་དུ་བསྟེན་པས་ཡོངས་སུ་རྫོགས་པའི་པཎྜི་ཏར་གྱུར་ནས། ཤར་ཕྱོགས་བ་རེནྡྲའི་ཡུལ་གྱི་ཛ་གད་ད་ལའི་གཙུག་ལག་ཁང་དུ་བཞུགས་ཏེ་རྒྱལ་པོའི་བླ་མ་མཛད་ཅིང་རྒྱལ་བའི་བསྟན་པ་གསལ་བར་མཛད། འཁོར་ལོ་སྡོམ་པའི་ཞལ་གཟིགས། ཏུ་རུཥྐའི་དམག་ལ་བྲོས་ནས་བལ་ཡུལ་དུ་བཞུགས། རྒྱ་གར་ཤར་ནུབ་ཐམས་ཅད་དུ

འགྲན་ཟླ་དང་བྲལ་བ་དེ་དགུང་ལོ་བརྒྱད་ཅུ་ལྷག་ཙམ་བཞེས་ནས་གཤེགས་སོ། །དེས་ཤར་ཕྱོགས་ཛ་གད་ད་ལའི་པཎྜི་ཏ་བི་བྷུ་ཏི་ཙནྡྲ་རྣལ་འབྱོར་ཟླ་བ་ལ་གནང་ངོ་། །ཡང་། ཧྲསྨཱ་ཀ་ར་ཤཱནྟི་ཆོས་འབྱུང་ཞི་བ། དེ་ལ་པཎ་ཆེན་བི་བྷཱུ་ཏ་དེ་བ་རྣམ་གྲགས་ལྷ། པཎ་ཆེན་ཧྲསྨ་དྷཱ་ཤ་ཆོས་འབབས། བི་བྷུ་ཏི་ཙནྡྲོ། །ཡང་། རཏྣ་རཀྵི་ཏ། མི་དབང་བློ། ཕྱོགས་གྲོལ། ཤཱཀྱ་འཚོ། རྗེ་ལེགས་སྐྱེས། སངས་རྒྱས་དབྱངས། མཉྫུ་པཎྜི་ཏ་ནགས་ཀྱི་རིན་ཆེན་རྣམས་རིམ་པར་བརྒྱུད་དེ་སྦྱོར་དྲུག་མན་ངག་ཡོངས་སུ་རྫོགས་པ་བྱུང་ངོ་།། པཎ་ཆེན་ནགས་ཀྱི་རིན་ཆེན་ནི། འོད་བྱེད་ལྷའི་སློབ་མ་ཉི་མ་དཔལ་ཡེ་ཤེས། དེའི་སློབ་མ་ཆོས་འབྱུང་ཞི་བ། དེའི་སློབ་མ་རཏྣ་རཀྵི་ཏ་ཡིན་ཞེས་གསུང་ངོ་། །

རཏྣ་ཀ་ར་གུཔྟ་ནི། སྟོན་དགེ་བསྙེན་གཞོན་ནུའི་དུས་ནས་རིག་པའི་གནས་དུ་མ་ལ་མཁས་ཤིང་། ཁྱད་པར་དུ་སྒྲ་ཚད་ལ་མཁས་པ་ཡིན་པས། པཎྜི་ཏ་མང་པོས་བསྐོར་ནས་ཆོས་འཆད་ཅིང་ཡུལ་ཀུན་ཏུ་བགྲོད་པར་བྱེད་པ་ལས། མ་གྷ་ར་འོངས་པ་ན་བློན་པོ་དབང་ཆེ་བ་ཞིག་ན་རེ། ཁྱེད་དགེ་བསྙེན་ཁྲི་མཐོན་པོའི་སྟེང་དུ་འདུག་ནས་པཎྜི་ཏ་རབ་ཏུ་བྱུང་བ་མང་པོའི་ཕྱག་ལེན་པ་འདི་སངས་རྒྱས་ཀྱི་བསྟན་པ་ལ་མི་མཛེས་པས་རབ་ཏུ་བྱུང་བ་གྱིས་ཟེར་བས། ངའི་མ་རྒན་མོ་ཞིག་གསོ་བའི་ཆེད་དུ་རབ་ཏུ་མི་འབྱིན་ཐུབ་པས། མའི་འཚོ་བ་ངས་སྦྱིན་གྱིས་ཟེར་ནས་གསེར་སྲང་སུམ་ཅུ་བྱིན་ནོ། །པཎྜི་ཏས་བསྙེན་པར་རྫོགས་ཏེ་མཚན་ཡང་རཏྣ་ཀ་ར་གུཔྟ་ཞེས་རིན་ཆེན་འབྱུང་གནས་སྦས་པར་བཏགས་ལ། དུས་ཞབས་པ་ཆེན་པོ་དང་། ཛེ་ཏཱ་རི་དང་ནཱ་རོ་པ་སོགས་བསྟེན་ནས་དུས་འཁོར་སོགས་ལ་ཤིན་ཏུ་མཁས་པར་གྱུར། འཁོར་ལྔ་བརྒྱ་དང་བཅས་པའི་སྦྱིན་བདག་བློན་པོ་ངས་བྱས་ནས་རྡོ་རྗེ་གདན་དུ་བཞུགས་སོ། །ནམ་ཞིག་ན་ལྷོ་ཕྱོགས་པོ་ཏཱ་ལར་སྤྱན་རས་གཟིགས་མཇལ་བའི་ཆེད་དུ་བགྲོད་པར་ཆས་པ་ན། སོ་རི་ཞེས

པའི་ཡུལ་ཞིག་གི་རྒྱལ་པོའི་རྨི་ལམ་དུ་རྡོ་རྗེ་གདན་གྱི་བྱང་ཆུབ་ཆེན་པོའི་ཞལ་ནས་ངའི་བསྟན་པ་ལྷོ་ཕྱོགས་སུ་མ་བཏང་བར་ཁྱེད་ཀྱིས་ཟུངས་ཤིག་གསུང་བ་རྨིས་ཏེ་ཅིའི་ལྟས་ཡིན་མ་ཤེས་པར་ཡོང་བའི་ཚེ། པཎྜི་ཏ་འཁོར་བཅས་ཡུལ་དེར་ཕེབས་ནས་བདག་ལྷོ་ཕྱོགས་སུ་སྐྱེལ་བར་ཞུ་ཟེར་བ་དང་། ཁྱེད་གང་ནས་འོངས། གང་དུ་འགྲོ་དྲིས་པས། ང་ནི་པཎྜི་ཏ་རིན་ཆེན་འབྱུང་གནས་སྦས་པ་བྱ་བ་རྡོ་རྗེ་གདན་པ་མངོན་ཤེས་ཅན་དུ་གྲགས་པ་དེ་ཡིན། པོ་ཏཱ་ལར་འགྲོ་ཞེས་གསུང་བ་དང་། རྒྱལ་པོས་རྨི་ལམ་གྱི་དོན་འདི་ཡིན་པར་འདུག་སྙམ་དུ་ཤེས་ནས་སྐྱེལ་བའི་གྲོགས་བཤམས་ཤིང་མ་བསྐྱལ་བར་འགོར་བར་བྱས་པས། མི་སྐྱེལ་བར་ཤེས་ནས་པཎྜི་ཏ་རང་ཉིད་འགྲོ་བར་བརྩམས་པ་དང་། རྒྱལ་པོ་འཁོར་དང་བཅས་པས་རང་གི་སྙིང་གར་གྲི་བཙུགས་ཏེ་འདིར་བཞུགས་པར་ཞུ། གལ་ཏེ་མི་བཞུགས་ན་བདག་ཅག་ཐམས་ཅད་འདིར་ལྟེབ་པོ་ཞེས་སྨྲས་པ་དང་པཎྜི་ཏ་ཡང་ཐུགས་བརྩེ་བས་བཞུམས་ཏེ། དེར་བཞུགས་ནས་རྒྱལ་པོས་གཙུག་ལག་ཁང་མང་དུ་ཕུལ་བ་རྣམས་སུ་འཁོར་མང་པོ་ལ་ཆོས་བསྟན་པས་སོ་རི་བ་ཞེས་གྲགས་སོ། །ཐར་པའི་འབྱུང་གནས་སྦས་པ་ནི། ས་ར་ཧའི་དོ་ཧ་མཛོད་ཀྱི་གླུ་ལ། རྣལ་འབྱོར་ཡན་ལག་དྲུག་དང་མཐུན་པའི་འགྲེལ་པ་མཛད་པ་པོའོ། །

སེང་གེ་རྒྱལ་མཚན་ནི། ཤཱཀྱ་སེང་གེ་རྒྱལ་མཚན་ཞེས་གྲགས་ལ། དེ་ནས་རིམ་པ་བཞིན་ཉི་མའི་འོད། གོཾ་ཧཾ་ཤྲཱི། རྗེ་གཙང་བྱེད། རིན་ཆེན་བཀྲ་ཤིས། རྒྱལ་བའི་རྒྱན། བློ་ལྡན་རྗེ། ཤཱཀྱ་འཚོ། ལེགས་སྐྱེས་ཞབས། སངས་རྒྱས་དབྱངས། པཎྜི་ཏ་ནགས་ཀྱི་རིན་ཆེན་གྱི་བར་དུ་དབང་གི་ཆུ་བོ་མ་ནུབ་པར་བྱུང་ངོ་། །

དུས་འཁོར་ཞབས་ཤྲཱི་བྷ་དྲ་བོ་དྷི་ནི། རྒྱ་གར་ཤར་ཕྱོགས་མཛྷ་ར་དེ་ཁར་སྐྱེ་འཁྲུངས། རིག་པའི་གནས་མཐའ་དག་ལ་མཁས་པ། ཧེན་དགེ་བསྙེན། མཚན་ཤྲཱི་བྷ

དྲ་བོ་དྷི་ཞེས་བྱ་བ། བོད་རྣམས་དགེ་བསྙེན་བྱང་ཆུབ་ཅེས་ཟེར་རོ། །དེས་སྲས་ཤེས་རབ་ཅན་ཞིག་ཀྱང་བསྐྲུན་ནས་རྒྱལ་བའི་གཙུག་ལག་ཕལ་མོ་ཆེ་དག་ཤེས་ཀྱང་དུས་ཀྱི་འཁོར་ལོ་མི་མཐོང་བས་ད་བཙལ་བའི་ཆེད་དུ་དུས་འཁོར་ཞབས་ཆེན་པོའི་ཞབས་ལ་གཏུགས་ཏེ་དབང་རྒྱུད་འགྲེལ་མན་ངག་དང་བཅས་པ་གསན། ཧཱུྃ་སའི་ནགས་ཁྲོད་དུ་བསྒོམས་པས་རྣམ་ཀུན་མཆོག་ལྡན་གྱི་སྒྲོག་གཟུགས་མངོན་དུ་གྱུར། སྒྲོལ་མ་དང་རྣམ་པར་སྣང་མཛད་གངས་ཆེན་མཚོའི་ཞལ་གཟིགས་ཏེ་ཆོས་གསུངས་པའང་གསན། དུས་འཁོར་ཞབས་ཆེན་པོ་དང་ཁྱད་པར་མེད་པའི་ཡོན་ཏན་དང་ལྡན། གྱི་ཇོ་ལོ་ཙཱ་བ་ཟླ་བ་འོད་ཟེར་གྱིས་བོད་དུ་གདན་དྲངས་ཏེ། དེ་ལ་དབང་རྒྱུད་འགྲེལ་དང་མན་ངག་གནང་། སླར་རྒྱ་གར་དུ་ཐེགས་ཏེ་སློབ་མའི་ཚོགས་རྣམས་ཟུང་འཇུག་གི་ལམ་ལ་བཀོད་ཅིང་། རྣལ་འབྱོར་ཡན་ལག་དྲུག་པའི་མན་ངག་དུས་ཞབས་སྙན་རྒྱུད་ཅེས་པ་མཛད། རྒྱ་གར་ཤར་ནུབ་ཀུན་ཏུ་དུས་འཁོར་ཞབས་པ་ཞེས་གྲགས་ལ། མཐར་དངོས་གྲུབ་བརྙེས་ཏེ་དབང་ཕྱུག་གི་ཡོན་ཏན་བརྒྱད་གྲུབ་བོ། །

ནཱ་ལེནྡྲ་པ་ནི། དགེ་བསྙེན་བོ་དྷིའི་སྲས་སྐྱེས་སྟོབས་ཀྱི་མཁྱེན་རབ་ཅན་དེ་ཡིན་ཏེ་མཚན་བོ་དྷི་བྷ་དྲར་བཏགས། པཎྜིཏ་ཆེན་པོ་ཟླ་མེད་པར་གྱུར་ནས་མ་ག་དྷར་དུས་འཁོར་ཞབས་ཆེན་པོ་ལ་དུས་འཁོར་གསན་པའི་ཡོན་དུ་གསེར་གྱི་མཎྜལ་དགོས་པར་དགོངས་ནས། བོད་ན་གསེར་ས་ལ་བརྔོས་པས་འོང་བ་ཡིན་ཟེར་བས་ཚོལ་བའི་ཕྱིར་བོད་དུ་བྱོན། མང་ཡུལ་སྐྱི་རོང་དུ་ཕེབས་པ་དང་བཟོ་སྦྱི་བ་ཞིག་གིས་ཡོན་བདག་བྱས་པས་གསེར་སྲང་གང་རྙེད། དེ་ནས་དིང་རིར་བྱོན་པའི་ལམ་དུ་པཎྜིཏ་བོང་བུ་ལ་ཞོན་པ་ཞིག་དང་ཕྲད་པ་ལ་འདི་ལྟར་བྱེད་པ་ཡིན་དྲིས་པས་བོད་ལོངས་སྤྱོད་དབུལ་བས་འདི་ལྟར་གྱུར་པ་ཡིན་ཟེར་བས་ཐུགས་སྐྱོ་སྟེ་རྒྱ་གར་དུ་ལོག་ནས་དུས་འཁོར་ཞབས་ཆེ་བ

ལ་གསེར་དེ་ཕུལ་བས་ཤིན་ཏུ་མཉེས། ནཱ་རོ་པ་དང་ལྷན་ཅིག་དབང་རྒྱུད་འགྲེལ་མན་ངག་དང་བཅས་པ་ཡོངས་སུ་རྫོགས་པར་གསན། བསྒོམས་པས་སྐད་ཅིག་ལ་རྟགས་བཅུ་ཡོན་ཏན་བརྒྱད་མཐར་ཕྱིན། ལུས་ཀྱི་དཀྱིལ་འཁོར་ཐམས་ཅད་བདེ་བས་གང་། དངོས་གྲུབ་གནས་དེ་ཉིད་དུ་བརྙེས་སོ། །ཡབ་དང་ཡབ་ཀྱི་མཆེད་པོ་ཨ་བ་དྷཱུ་ཏཱི་པ་ལའང་གསན། དེ་ལྟ་བུའི་ཡབ་སྲས་གཉིས་ལ་བཞེད་པ་མི་མཐུན་པའང་ཡོད་པར་གྲགས་ལ། དུས་ཀྱི་འཁོར་ལོ་མ་ག་དྷར་དར་ན་ཕྱོགས་ཀུན་ཏུ་དར་བར་འགྱུར་སྙམ་དུ་དགོངས་ཏེ། མ་ག་དྷའི་རྒྱལ་པོ་ཤིང་སྟན་ཅན་ར་མ་པཱ་ལས་བྱེད་ཅིང་། སེནྡྷ་བས་ཨོ་ཏནྟ་པུ་རིའི་གཙུག་ལག་ཁང་འཛིན་པའི་དུས་སུ་ཤྲཱི་ནཱ་ལེནྡྲ་ཕྱིན་ནས། གཙུག་ལག་ཁང་གི་སྒོ་ཁང་དུ་རྣམ་བཅུ་དབང་ལྡན་གྱི་ཡི་གེ་བྲིས། དེའི་གཤམ་དུ་གང་གིས་མཆོག་གི་དང་པོའི་སངས་རྒྱས་མི་ཤེས་པ་དེས་དུས་ཀྱི་འཁོར་ལོ་མི་ཤེས་སོ། །གང་གིས་དུས་ཀྱི་འཁོར་ལོ་མི་ཤེས་པ་དེས་མཚན་ཡང་དག་པར་བརྗོད་པ་མི་ཤེས་སོ། །གང་གིས་མཚན་ཡང་དག་པར་བརྗོད་པ་མི་ཤེས་པ་དེས་རྡོ་རྗེ་འཛིན་པའི་ཡེ་ཤེས་ཀྱི་སྐུ་མི་ཤེས་སོ། །གང་གིས་རྡོ་རྗེ་འཛིན་པའི་ཡེ་ཤེས་ཀྱི་སྐུ་མི་ཤེས་པ་དེས་སྔགས་ཀྱི་ཐེག་པ་མི་ཤེས་སོ།། གང་གིས་སྔགས་ཀྱི་ཐེག་པ་མི་ཤེས་པ་དེ་ཐམས་ཅད་ནི་འཁོར་བ་པ་སྟེ། བཅོམ་ལྡན་འདས་རྡོ་རྗེ་འཛིན་པའི་ལམ་དང་བྲལ་བའོ། །དེ་ལྟ་བས་ན་མཆོག་གི་དང་པོའི་སངས་རྒྱས་ནི་བླ་མ་དམ་པ་རྣམས་ཀྱིས་བསྟན་པར་བྱ་ཞིང་། ཐར་པ་དོན་དུ་གཉེར་བའི་སློབ་མ་དམ་པ་རྣམས་ཀྱིས་མཉན་པར་བྱའོ། །ཞེས་བྲིས་པས་པཎྜི་ཏ་ལྔ་བརྒྱ་ཙམ་བཞུགས་པ་མ་རངས་པར་བརྩད་པ་ན་ཆོས་ཀྱི་རང་བཞིན་ཟབ་ཅིང་རྒྱ་ཆེ་བ་དག་གིས་ཐམས་ཅད་བཏུལ་བས་དེ་རྣམས་རང་རང་གི་ཁྲི་བོར་ནས་ཞབས་ལ་བཏུད་དེ་སློབ་མར་གྱུར་ཏོ། །དེ་རྣམས་ཀྱི་ནང་ནས་གྲགས་པ་ནི་ཨ་བྷ་ཡཱ་ཀ་ར་གུཔྟ་དང་། ཙ་མི་པཎྜི་ཏ

དང་། ཨ་ཧྲི་ཡུཀྟ་དང་། མཉྫུ་གྷོ་ཥི་དང་། ཁ་ཆེ་ཟླ་བ་མགོན་པོ་དང་། པཎྜི་ཏ་རི་བོ་པ་དང་། ཨ་ཙ་ལ་གརྦྷ་དང་། དཱ་ན་ཤཱི་དང་། ཕུ་ཊྲ་ཆེན་པོ་དང་། ཁ་ཆེ་གཉྫི་ར་དང་། ཤཱཀྱ་གུཔྟ་དང་། གུཎ་རཀྵི་ཏ་ལ་སོགས་པ་མཁས་པ་མང་དུ་བྱུང་ཞིང་། རྒྱལ་རིགས་དང་། རྗེ་རིགས་དང་། ཚོང་པ་ལ་སོགས་པ་རྣམས་ཀྱང་དད་ནས་དཔེ་འདྲི་ཞིང་བག་ཆགས་འཇོག་པ་མང་དུ་བྱུང་སྟེ་ཤིན་ཏུ་དར་བར་གྱུར་ཏོ། །ནཱ་ལེནྡྲ་བཞུགས་པས། ཟ་ཤ་ལ་སྟོང་པོ་གྲགས་ཤིང་དེར་དུས་འཁོར་གྱི་ལྷ་ཁང་ཡང་བཞེངས། དུས་འཁོར་ཞབས་ཆེན་པོ་དང་ཡོན་ཏན་མཉམ་ཞིང་རྒྱ་གར་ཤར་ནུབ་ཀུན་ཏུ་དུས་འཁོར་ཞབས་ཆུང་བ་ཞེས་སྙན་པར་གྲགས་སོ། །

ཨ་བྷ་ཡཱ་ཀ་ར་གུཔྟ་འཇིགས་མེད་འབྱུང་གནས་སྦས་པ་ནི། བོད་ཁ་བ་ཅན་འདིར་བསྟན་པ་ཕྱི་དར་གྱི་མགོ་ཚུགས་ནས་ལོ་ཉི་ཤུ་ཙ་ལྷག་པ་ན། རྒྱལ་བ་བྱིན་པ་བཞིན་རྒྱ་གར་ལྷོ་ཕྱོགས་ཨུ་ཊ་ཡི་ཤར། བྲམ་ཟེ་ཀྵཏྲ་ཀ་ར་ཋ་ཞེས་པ་རིག་བྱེད་ལ་མཁས་ཤིང་འབྱོར་པ་ཕུན་སུམ་ཚོགས་པ་ཞིག་གི་སྲས་སུ་འཁྲུངས། སྐྱེས་སྟོབས་ཀྱི་ཤེས་རབ་ཆེ་བས་སྒྲ་ཚད་བཟོ་གསོ་བ་ལ་མཁས་པར་ལོབས་ཏེ། ཡུལ་དེའི་ཨཱ་མྲའི་ཚལ་དུ་སྒོ་བསྡམས་ནས་སྒྲའི་པོ་ཏི་གཅིག་བལྟ་བའི་སྐབས་སུ། རྗེ་བཙུན་རྡོ་རྗེ་རྣལ་འབྱོར་མ་བུད་མེད་གཞོན་ནུ་མཛེས་མ་ཞིག་ཏུ་སྤྲུལ་ནས་བྱུང་བ་ལ་ཁྱོད་སུ་ཡིན་ཅི་ལ་འོངས་བྱས་པས། དེ་ན་རེ། ང་གདོལ་པ་མོ་ཡིན། ཁྱོད་དང་དགའ་མགུར་སྤྱོད་པའི་ཆེད་དུ་འདིར་འོངས་ཟེར་བ་དང་། བདག་བྲམ་ཟེ་ཡིན་ན་ཁྱོད་དང་རེག་པར་ཡང་མི་རུང་ངོ་ཞེས་སྨྲས་པས། ཁྱོད་ཀྱིས་སྐྱེ་བ་མང་པོར་ང་ལ་བསྙེན་བཀུར་བྱས་པས་འདིར་འོངས་པ་ཡིན། ངའི་ཁ་ལ་ཉན་ན་ཡུལ་འདིར་མ་འདུག་པར་སངས་རྒྱས་པ་གྱིས་ལ་དབང་བསྐུར་ཞུས། མ་ག་དྷར་སོང་ཞིག་ཟེར་ནས་མི་སྣང་བར་གྱུར་ཏོ། །དེ་མི་མ་ཡིན་

པར་རིག་སྔེ་ཡུལ་དེའི་ནང་པའི་པཎྜི་ཏ་གཅིག་ལ་འདི་ལྟར་བྱུང་ཞེས་སྨྲས་པས། རྗེ་བཙུན་རྡོ་རྗེ་རྣལ་འབྱོར་མས་ལུང་བསྟན་པར་འདུག་པས་སྐལ་བ་བཟང་པོ་ཡིན། དེའི་བཀའ་བཞིན་གྱིས་ཟེར་བས་འཁོར་དང་ལོངས་སྤྱོད་སྤངས་ཏེ་རྒྱ་གར་ཤར་ཕྱོགས་བྷང་ག་ལར་བྱོན་ནས་དགེ་ཚུལ་མཛད། དེ་ན་གྲུབ་ཐོབ་མང་དུ་བཞུགས་པ་ལ་དབང་རྒྱུད་སྡེ་རྒྱ་མཚོ་ལྟ་བུ་གསན། བི་ཀྲ་མ་ཤུ་རིར་བསྒོམ་ཞིང་བཞུགས་པས་ཡང་བུད་མེད་མཛེས་མ་ཞིག་ཤ་ཁྲག་དམར་ཚར་རེ་བ་ཁྱེར་ཏེ་བྱུང་ནས་བདག་གདོལ་པ་མོ་ཡིན། འདི་ལ་ལོངས་སྤྱོད་ཅིག་ཟེར་བས། བདག་རབ་ཏུ་བྱུང་ནས་དེ་ལྟ་བུ་བྱར་ག་ལ་རུང་བྱས་པས། ཁྱོད་འདིར་མ་འདུག་པར་མ་གྷ་ར་སོང་ཞིག་ཟེར་ཏེ་མི་སྣང་བར་གྱུར་ཏོ།།

དེ་ནས་མ་གྷ་ར་བྱོན་ཏེ་ཨ་ནུ་པ་མ་ཤྲཱི་ལ་སོགས་པ་བི་ཀྲ་མ་ཤྲཱི་ལའི་པཎྜི་ཏ་མང་པོ་ལ་རིག་པའི་གནས་ལྔ་དང་གསང་སྔགས་མང་དུ་གསན། དེ་ནས་སོ་རིར་བྱོན་ཏེ་མཁན་པོ་རཏྣ་ཀ་ར་གུཔྟ་ལས་གཞི་ཐམས་ཅད་ཡོད་པར་སྨྲ་བའི་སྡེ་ལས་བསྙེན་པར་རྫོགས། དེའི་དྲུང་དུ་སྡེ་སྣོད་གསུམ་དང་ཁྱད་པར་རྒྱུད་སྡེ་མང་དུ་གསན། སོ་རིར་དུར་ཁྲོད་ཀྱི་དགོན་པ་ཨེ་ཏི་རི་ཞེས་པར་སྒོ་གསུམ་རིམ་བསྡམས་པའི་མུན་ཁང་དུ་སྒོམ་ཞིང་བཞུགས་པའི་ཚེ། ཆོས་བརྒྱད་ཀྱི་ནུབ་མོ་བླ་མའི་གཡོག་མོ་ཡིན་ཟེར་བའི་བུ་མོ་ཞིག་ཚོགས་ཀྱི་ཡོ་བྱད་ཐོགས་ཏེ། བླ་མ་རཏྣ་ཀ་ར་གུཔྟས་ཚོགས་ཀྱི་འཁོར་ལོ་བསྐོར་བའི་སྐལ་བ་ཁྱོད་ལ་སྐྱེལ་དུ་བཏང་བ་ཡིན་པས་འདི་ཟོ་ཞིག་ཟེར་རོ། །ང་དགེ་སློང་ཡིན་པས་ལོངས་སྤྱོད་དུ་མི་རུང་ངོ་བྱས་པས་ལན་གསུམ་གྱི་བར་དུ་ཟོ་ཟེར་ཡང་ལོངས་མ་སྤྱོད་པས། ཁྱོད་ཀྱིས་སྐྱེ་བ་མང་པོར་ང་ལ་མཆོད་པ་བྱས་པས་ངས་དངོས་གྲུབ་ལན་གསུམ་དུ་སྐྱེལ་དུ་འོངས་པ་ཡིན་ཏེ། ཁྱོད་མི་འདོད་པར་འདུག་ཟེར་ཏེ་ཚོགས་དང་བུད་མེད་མི་སྣང་བར་གྱུར་ཏོ། །སྒོ་གསུམ་རིམ་བཅད་པ་ཡང་དེ་ཁོ་ན་བཞིན་འདུག་པས་བླ་མའི་

བྱང་དུ་ཕྱིན་ནས། མདང་ཚོགས་སྐྱིལ་དུ་བཏང་ངམ་ཞུས་པས། ཁྱེད་དེ་ལ་རྫོག་པ་ཆེ་བར་འདུག་པས་མ་བཏང་། ཡི་དམ་གྱིས་དངོས་གྲུབ་སྐྱིལ་དུ་བྱོན་པར་འདུག་སྟེ་མ་ཤེས་པར་འདུག་གསུང་ངོ་། །དེ་ནས་འགྱོད་དེ་དུར་ཁྲོད་གཅིག་ཏུ་ཡི་དམ་གྱིས་དངོས་སུ་ལུང་མི་སྟོན་ན་ཤི་ཡང་བླའོ་ཞེས་ཟས་བཅད་དེ་ས་སྟེ་བཙུགས་པས། ཞག་བདུན་ན་རྨི་ལམ་དུ་བུད་མེད་རྒྱན་མོའི་ཆ་བྱད་ཅན་ཞིག་བྱུང་པས་མཐར་རྡོ་རྗེ་བཙུན་མོ་དངོས་སུ་བསྟན་ཏེ། བུ་ཁྱོད་སྐྱེ་བ་འདི་ལ་མཆོག་གི་དངོས་གྲུབ་ཐོབ་པའི་སྐལ་བ་མེད་པས་ངས་བྱིན་གྱིས་བརླབས་ཀྱིས་བསྟན་བཅོས་མང་དུ་རྩོམས་ཤིག །བར་དོར་མཆོག་གི་དངོས་གྲུབ་ཐོབ་པར་འགྱུར་རོ་ཞེས་ལུང་བསྟན། དེ་ནས་བི་ཀྲ་མ་ཤཱི་ལའི་གཙུག་ལག་ཁང་དུ་བྱོན་ནས་སྡེ་སྣོད་ཀྱི་བཤད་པ་མང་དུ་མཛད་ཅིང་བཞུགས་པའི་སྐབས་སུ། དུས་འཁོར་ཞབས་ཆུང་བས་དུས་ཀྱི་འཁོར་ལོའི་སེང་གེའི་སྒྲ་བསྒྲགས་པས་མཁས་པ་ཐམས་ཅད་ཀྱིས་ཕྱག་བྱས་ཏེ་བསྟེན་པའི་སྐབས་སུ་དེ་ལས་སེམས་འགྲེལ་ཡན་ལག་དང་བཅས་པ་གསན། དེ་ནས་བི་ཀྲ་མ་ཤཱི་ལའི་མཁན་པོ་མཛད་དེ་ཐམས་ཅད་མཁྱེན་པ་སངས་རྒྱས་ལྟ་བུར་བཞུགས་པས་མཚན་བརྗོད་པར་མི་ནུས། བི་ཀྲ་མ་ཤཱི་ལ་པཎྜི་ཏ་ཞེས་ཟེར་ཏེ་རྣམ་གཉན་ཚུལ་ཁྲིམས་ཀྱི་མཁས་པ་ཞེས་འཛམ་བུའི་གླིང་ཀུན་ཏུ་གྲགས། བསིལ་བ་ཚལ་དུ་བྱོན་ནས་བསམ་གཏན་ལ་བཞུགས་པའི་ཚེ། དུར་ཁྲོད་དེ་རོ་མང་པོས་གང་བ་ལས་རོ་རྣམས་ཀྱི་གསེབ་ནས་མི་གཅིས་པ་ཞིག་ཡོད་པ་བསོས་པས་དྲིན་ལན་དུ་བསྟེན་བཀུར་ཆེན་པོ་ཡང་བྱས་ཏེ་བྱང་ཆུབ་སེམས་དཔའ་ནུས་པ་དང་ལྡན་པར་གྲགས་སོ། །འཕགས་པ་ཛམྦྷ་ལའི་ཞལ་གཟིགས། རྒྱལ་པོ་རཱ་མ་པཱ་ལས་གྲོང་ཁྱེར་གཅིག་ཕུལ་ནས་གཙུག་ལག་ཁང་བཞེངས་པ་ལ་པཎྜི་ཏའི་གཙུག་ལག་ཁང་དུ་གྲགས་ཏེ་དགེ་འདུན་བརྒྱ་ཉི་ཤུ་ཙམ་གྱི་འཚོ་བ་སྦྱོར་བ་ཡོད། ཡང་རྒྱལ་པོའི་བཙུན་མོས་སོ་ཕག་གི་སྦྱིལ་པོ

བརྩིགས་ནས་ཕུལ་བར་བཞུགས་པས། མཚན་སོ་ཕག་གི་གྲོང་པར་ཡང་གྲགས། རྡོ་རྗེ་རྣལ་འབྱོར་མའི་རྗེས་སུ་གནང་བ་ལ་བརྟེན་ནས་གཞུང་ཀློ་ཀ་འབུམ་ཕྲག་གཅིག་བརྩམས་པ་ལས་འདུལ་བ་ལ་དགེ་སློང་གི་རིག་བྱེད་ཀྱི་འགྲེལ་པ་འདུལ་བ་སྣང་བ། མངོན་པ་ལ་སྙོད་དང་སེམས་ཅན་གྱི་འཇིག་རྟེན་བསྡུས་པ། དབུ་མ་ལ་དབུ་མའི་སྙེ་མ། ཕར་ཕྱིན་ལ་བརྒྱད་སྟོང་པའི་འགྲེལ་པ་གནད་ཀྱི་ཟླ་འོད། ཕར་ཕྱིན་སྤྱིའི་དགོངས་འགྲེལ་ཐུབ་པ་དགོངས་རྒྱན། གསང་སྔགས་ཀྱི་དགོངས་འགྲེལ་ལ་སམྦུ་ཊའི་འགྲེལ་པ་མན་ངག་སྙེ་མ། སངས་རྒྱས་ཐོད་པའི་འགྲེལ་པ་མི་འཇིགས་པའི་གཞུང་འགྲེལ། དུས་འཁོར་ལ་འཇུག་པ། རྒྱུད་འགྲེལ་གྱི་བརྒལ་ལན། དུས་འཁོར་གསལ་བ་ཞེས་པའི་འགྲེལ་པ། སྡོམ་གྱི་ཚིག །གསང་འདུས་རིམ་ལྔའི་འགྲེལ་པ་རིམ་པའི་ཟླ་འོད། བདེ་མཆོག་ལྷན་སྐྱེས་ཀྱི་སྒྲུབ་ཐབས་རང་བྱིན་གྱིས་བརླབས་པ་དང་། རྡོ་རྗེ་སེམས་དཔའ་སེར་པོ་དང་། ཡེ་ཤེས་མཁའ་འགྲོ་མའི་སྒྲུབ་ཐབས་དང་། ལྷུ་ཧི་པའི་མངོན་རྟོགས་ཏེ་སྒྲུབ་ཐབས་གྲགས་པ་ཅན་བཞི། རྣལ་འབྱོར་དང་རྣལ་འབྱོར་མའི་རྒྱུད་སྡེ་གཉིས་ཀྱི་དཀྱིལ་འཁོར་ཐམས་ཅད་ཀྱི་ཆོ་ག་ཕྱོགས་གཅིག་ཏུ་འདྲིལ་བ་རྡོ་རྗེ་ཕྲེང་བ། དེ་དག་གི་མངོན་པར་རྟོགས་པ་རྫོགས་པའི་རྣལ་འབྱོར་གྱི་ཕྲེང་བ་དང་། སྦྱིན་སྲེག་གི་ཆོ་ག་འོད་ཀྱི་སྙེ་མ་གཉིས་དེའི་ཆ་ལག་ཏུ་མཛད། གཞན་ཡང་རྒྱུད་སྡེ་དུ་མའི་བརྒལ་ལན་དང་། རབ་གནས་དང་བྱང་ཆུབ་གཞུང་ལམ་ལ་སོགས་པ་ལས་དང་པོ་པའི་བྱ་བའི་རིམ་པ་སྟོན་པའི་གཞུང་ཆེ་ཆུང་སོགས་དང་། འཇམ་དཔལ་ལ་སོགས་པའི་སྒྲུབ་ཐབས་མང་པོ་རྣམས་གཅིག་ཏུ་སྡོམ་པ་སྒྲུབ་ཐབས་བསྡུས་པའམ། སྒྲུབ་ཐབས་རྒྱ་མཚོར་གྲགས་པ་མཛད། མི་འཇིགས་པའི་གཞུང་འགྲེལ་ནི། རྒྱལ་པོ་ར་མ་པཱ་ལས་རྒྱལ་སྲིད་བཟུང་ནས་ལོ་ཉེར་ལྔ་ལོན་པ་ན་མཛད་པ་ཡིན་ཏེ། རྣམ་གནོན་ཚུལ་མཁས་

འཇིགས་མེད་ཀྱིས། །གནད་ལ་རེག་པའི་ཚིག་འདི་ནི། །དགའ་བ་སྐྱོང་གི་རྒྱལ་སྲིད་ལོ།། ཉི་ཤུ་རྩ་ལྔ་པ་ལ་བྱུས། །ཞེས་འབྱུང་བས་སོ། །མན་ངག་སྙེ་མ་ནི། སྒོ་ཀ་རྐང་པ་གསུམ་གོང་དང་འདྲ་བ་ལས། སུམ་ཅུ་རྩ་བདུན་པ་ལ་བྱུས། །ཞེས་འབྱུང་ངོ་། །དུས་འཁོར་ལ་འཇུག་པ་ནི། འདས་ལོ་མེ་རོ་ཆུ་གཏེར་བྱུང་བས་དེའི་ཚེ་མཛད་ལ་རཏྣ་རཀྵི་ཏ་ནི་རྩ་ཞེ་ལྔ་བསྲེ་དགོས་ཞེས་སོ། །དགུང་ལོ་བརྒྱ་ཉི་ཤུ་རྩ་གཅིག་གི་བར་དུ་ཐུབ་པའི་བསྟན་པ་རྒྱས་པར་སྤེལ་ཞིང་འགྲོ་བའི་དོན་མཛད་ནས་འོད་གསལ་ཆོས་ཀྱི་དབྱིངས་སུ་སྙོམས་པར་ཞུགས་ཏེ་བར་དོར་གཉིས་སུ་མེད་པའི་ཡེ་ཤེས་ཀྱི་སྐུ་གྲུབ་བོ། །སློབ་མའི་ཐུ་བོ་ཤུ་བྷ་ཀ་ར་གུཔྟ་དགེ་བའི་འབྱུང་གནས་སྦས་པ་དང་། ཝཱ་གི་ཤྭ་ར་གུཔྟ་ངག་གི་དབང་ཕྱུག་སྦས་པ་དང་། བི་ཁྱཱ་ཏ་དེ་བ་རྣམ་པར་གྲགས་པའི་ལྷ་དང་། ནིཥྐཿལངྐ་དེ་བ་ཀློག་པ་མེད་པའི་ལྷ་དང་། པྲ་བྷཱ་ཀ་ར་གུཔྟ་འོད་བྱེད་སྦས་པ་དང་། ནཱ་ཡ་ཀ་པཱ་ད་འདྲེན་པའི་ཞབས་ལ་སོགས་པའི་མཁས་གྲུབ་ཀྱི་སློབ་མ་རྒྱ་གར་ན་བསམ་གྱིས་མི་ཁྱབ་པ་ཡོད་ལ། བོད་ཀྱི་སློབ་མ་ལ་ཆེ་བར་གྲགས་པ་ལོ་ཙཱ་བ་གྲགས་པ་རྣམ་གསུམ་བྱུང་སྟེ། ཙ་མི་སངས་རྒྱས་གྲགས་པ། ཁྱེའུ་གད་འཁོར་ལོ་གྲགས། སྤྱང་ཞི་གསལ་བ་གྲགས་པའོ། །གཞན་ཡང་རྒྭ་ལོ་ཙཱ་བ་གཞོན་ནུ་དཔལ། རོང་གླིང་ལོ་ཙཱ་བ་རྡོ་རྗེ་དབང་ཕྱུག །ལྡེ་རི་ཆོས་གྲགས། ཏྲེ་བོ་ལོ་ཙཱ་བ་ཤེས་རབ་དཔལ། གཉན་ལོ་ཙཱ་བ་དར་མ་གྲགས། ཤེའུ་ལོ་ཙཱ་བ་ལ་སོགས་པ་དུ་མ་ཡོད་དོ། །དགེ་བའི་འབྱུང་གནས་སྦས་པའི་སློབ་མ་གྲུབ་ཐོབ་ལེགས་སྐྱིད་ཞབས། དེས་རཏྣ་རཀྵི་ཏ། དེས་བི་ཀྲ་མ་ཤཱི་ལའི་མཁན་པོ་ཛེ་ན་རཀྵི་ཏ་དང་། ཛགྡ་ལའི་པཎྜི་ཏ་མ་ཧེ་ཀ་ཤྲཱི་ཀྵ་ན་ལ་གནང་ངོ་། །ཡང་དགེ་བའི་འབྱུང་གནས་སྦས་པས་མ་ག་དྷའི་པཎྜི་ཏ་མུ་ནཱིནྡྲ་ཤྲཱི་བྷ་དྲ་ཐུབ་དབང་དཔལ་བཟང་པོ། དེས་པཎྜི་ཏ་རཱ་ཧུ་ལ་ཤྲཱི་བྷ་དྲ་སྒྲ་གཅན་འཛིན་དཔལ་བཟང་པོ་ལ་གནང་སྟེ། དེ་ནི་ཛགྡ་ལར་སྐུ་འཁྲུངས། མ་ག

ཧྥར་བསྟེན་རྫོགས་དང་གསན་པ་མཛད། ནཱ་ལེནྡྲའི་མཁན་པོར་བཞུགས། མ་ག་དྷའི་རྒྱལ་པོ་བྷཱ་སེ་ནའི་བླ་མ་ཡིན། རྒྱ་གར་ཤར་ནུབ་ཀུན་ཏུ་མཁས་པར་གྲགས་ཤིང་གྲུབ་པ་བརྙེས། པཎྜིཏའི་སློབ་མ་མང་དུ་ཐོན། དགུང་ལོ་གོ་གསུམ་པ་ལ་གཤེགས་སོ། །

བི་ཁྲཱུ་ཏ་དེ་བ་ནི། ཆོས་འབྱུང་ཞི་བ་དང་ཨ་བྷ་ཡ་བསྟེན་ནས་དུས་འཁོར་ལ་ཤིན་ཏུ་མཁས། གྲུབ་པ་བརྙེས་ནས་རྡོ་རྗེ་གདན་གྱི་མཁན་པོ་མཛད་དོ། །དེའི་སློབ་མ་པཎ་ཆེན་ཤཱཀྱ་ཤྲཱི་ནི། ཁ་ཆེའི་གྲོང་ཁྱེར་གྲིབ་བརྟན་ཞེས་པ་གྲོང་འབུམ་ཕྲག་སུམ་ཅུ་རྩ་བཞི་ཡོད་པའི་གྲོང་བྲ་ཛ་ར་པུ་ར་ཞེས་པར། ཡབ་ཆོས་དཔོན་སྲིད་བརྟན་དང་། ཡུམ་སུཀྵྨཱ་ཀའི་སྲས་སུ་མེ་མོ་ལུག་ལ་འཁྲུངས། མཚན་ཛ་ཤེ་དྷ་ར་གྲགས་འཛིན་དུ་བཏགས། དགུང་ལོ་བཅུ་པ་ལ་བྲམ་ཟེ་ལཀྵྨཱི་ཀ་ར་ལ་སྒྲ་སྙན་གསོ་དཔྱད་བསླབས། རཏྣ་ཤྲཱི་དང་། ལ་ལི་ཏ་ཙྲི་ད་ལ་སྒྲ་ཚད་སྡེ་སྣོད་གསུམ་གསང་སྔགས་ཕྱི་ནང་གསན། ཐོལ་བ་མང་པོ་ཚར་བཅད་པས་རྒྱལ་པོས་དབུ་ལ་ཅོད་པན་བཅིངས་ཏེ་བསྟགས་པ་བརྗོད། ཉེར་གསུམ་པ་ལ་མཁན་པོ་སུ་ཁ་ཤྲཱི་བྷ་ར་ལས་རབ་ཏུ་བྱུང་། མཚན་ཤཱཀྱ་ཤྲཱི་བྷ་དྲ་ཞེས་བཏགས། དེའི་ཚེ་མནལ་ལམ་དུ་བྱང་ཆུབ་ཀྱི་ཤིང་སྡུངས་ཀྱིས་བྱུང་བ་དང་། དགའ་ལྡན་ནས་བྱམས་པའི་ཕྱག་བཀྲུང་བ་སྤྱི་བོར་བཞག་ནས། བུ་ཁྱོད་ཤར་ཕྱོགས་སུ་སོང་ལ་རིག་པ་ཚར་བར་གྱིས་ཞེས་ལུང་བསྟན། གྲོགས་གཅིག་གི་འཚོ་བ་ལ་བརྟེན་དགོངས་པ་ན། སློབ་མས་ཁྱོད་སངས་རྒྱས་ཀྱི་བསྟན་པ་མི་འཛིན་ནམ་གསུང་བ་རྨེས་པས། དེ་ཕྱིན་ཆད་བསོད་སྙོམས་ཁོ་ན་མཛད། ཐུབ་པ་བྱམས་པ་སྒྲོལ་མ་གསུམ་གྱི་ཞལ་གཟིགས་ཚེ་ཉིན་ཞག་ཕྲུགས་གཅིག་ལ་སེམས་བསྐྱེད་ཀྱིས་ཟིན་པའི་ཆོས་སྤྱོད་བཅུ་ཚང་བ་དང་། ནོར་རྫས་བདག་ཏུ་མི་འཛིན་པ་དང་། གནོད་ལན་དུ་ཕན་འདོགས་པ་དང་། བདེ་སྡུག་ཅི་བྱུང་ཡང་སྟོང་པ་ཉིད་བསྒོམས་པ་སྟེ་དམ་བཅའ་བཞི་མཛད། ཛ་

ཡ་ཕུ་རིར་སྒྲིན་ཕུང་གི་གསེབ་ནས་བྱམས་པས་ཤེར་ཕྱིན་གསུངས་པ་གསན། ཞི་འབྱུང་དབྱངས་སྐན་སོགས་པ་པཎ་ཆེན་གསུམ་ལ་མང་དུ་གསན་ཏེ་གཞུང་འབུམ་ཕྲག་དུ་མ་ཐུགས་སུ་ཆུད་ནས་ཏིལ་མར་གྱི་ནང་དུ་མནལ་སྦྱངས་ཏེ་ཁ་ཏོན་མཛད། མཚོན་ཆ་འཁོར་ལོ་ཞེས་པའི་མཆོད་རྟེན་ཆེན་པོ་ཞིག་ལ་སྲུས་ཀྱང་གདུགས་མ་ཁེལ་བ་ལ་སྒྲོལ་མ་དང་ཁྲོ་གཉེར་ཅན་ལ་གསོལ་བ་བཏབ་པས། བྱ་རོག་གི་གཟུགས་ཀྱིས་གདུགས་ནམ་མཁའ་ལ་ཁྱེར་ཏེ་བཀལ། དེ་ནས་རི་བོ་དགུ་བརྒལ་ནས་མ་ག་དྷར་ཕྱིན། ལམ་དུ་བྱང་ཆུབ་ཆེན་པོའི་ཞལ་གཟིགས་ཏེ་སྨོ་དྲུག་པའི་གཟུངས་སྐུལ། སུམ་ཅུ་པ་ལ་མཁན་པོ་ཤཱནྟ་ཀ་ར་གུཔྟ་དང་། ལས་ཀྱི་སློབ་དཔོན་ད་ཤ་བ་ལ་ཤྲཱི་སྟོབས་བཅུ་དཔལ་དང་། གསང་སྟོན་དཱ་ན་ཀ་ར་སྦྱིན་མཛད་དང་དད་པའི་དགེ་འདུན་བཅོ་བརྒྱད་དང་བཅས་པའི་དབུས་སུ་བསྙེན་པར་རྫོགས། ཉི་མ་སྦས་པ། ཙནྡྲ་གུཔྟ། རྡོ་རྗེ་གདན་པ་བེ་ཁྱཱ་ཏ་དེ་བ། བེ་ན་ཡ་ཤྲཱི། ཉི་མ་དཔལ་ཡེ་ཤེས། འཇིགས་མེད་གྲགས་པ་རྣམས་ལ་སྡེ་སྣོད་དང་དུས་འཁོར་སོགས་རྒྱུད་སྡེ་མང་དུ་གསན། ཞྭ་རཱ་ཙ་སྤྲིར་དེ་བ་ཕུཏྲ་ལ་དབང་བསྐུར་ཞུ་དུས་དུས་འཁོར་དང་བདེ་མཆོག་ཞལ་གཟིགས། བསོད་སྙོམས་ལ་ཕྱིན་པ་ན་མཏྲཱ་བོ་དྷི་ནམ་མཁའ་ལ་འཕགས་ནས་འདུག་པ་གཟིགས་པ་ལ་ཕྱག་བྱ་སྐམ་པ་ན་ཕྱི་འགྲོས་སུ་གཤེགས་ཏེ་དེའི་རྗེས་བཞིན་དུ་ཞུགས་པས་རྡོ་རྗེ་གདན་གྱི་གནྡྷོ་ལའི་ནང་དུ་ཇོ་བོའི་དྲུང་དུ་ཐེབས། རྒྱལ་པོའི་ཁབ་ཀྱི་ཕོ་བྲང་ཛ་ཡ་ན་ག་རར་བྱམས་པ་ལ་ལྷས་མཆོད་པ་ཕུལ་བ་གཟིགས་ཏེ་ཟབ་མོའི་ཆོས་བདུན་གསན། འབྲོག་པས་འོ་མ་ཕུལ་བའི་སྣངས་པ་ལ་བཀྲ་ཤིས་པའི་རྟགས་བརྒྱད་ཤར། བི་ཀྲ་མ་ཤཱི་ལར་དབང་ཞུས་དུས་ཐུམ་ཆུ་བདུད་རྩིར་གྱུར་པ་ཉིན་ཕྱེད་ཀྱི་བར་དུ་རྒྱུན་མི་ཆད་པར་ལུད་ཅིང་བབ། མ་ག་དྷའི་རྒྱལ་པོས་རི་བྱ་རྐང་གི་གྲུབ་ཐོབ་དང་སེཧྣ་གླིང་གི་དགྲ་བཅོམ་པ་རྣམས་ལ་བསྙེན་བཀུར་

བྱས་པས། དེ་རྣམས་ཀྱིས་མ་བྱོན་པའི་སངས་རྒྱས་རབ་གསལ་གྱི་སྤྲུལ་པ་ཤཱཀྱ་ཤྲཱི་དེ་དེ་ལས་ཡུལ་བཟང་བས་དེ་ལ་བསྙེན་བཀུར་ཅིག་ཅེས་ལུང་བསྟན་པས་རྒྱལ་པོས་ཀྱང་བླ་མར་བཟུང་། པི་ཀྲ་མ་ཤི་ལ་དང་། ན་ལེནྡྲའི་མཁན་པོ་མཛད་དེ་དགེ་འདུན་སྟོང་ཕྲག་མང་པོ་ལ་ཆོས་གསུངས། ན་ལེནྡྲར་ཕྱོགས་བཞིའི་མུ་སྟེགས་ཀྱི་སྟོན་པ་ཚར་བཅད་པས་དེ་རྣམས་སྤྱིན་བདག་རྒྱལ་པོ་དང་བཅས་པ་བསྟན་པ་ལ་བཙུག །རྒྱལ་པོ་དེས་ནོར་མང་པོ་ཕུལ་བ་ལས་རྟེན་གསུམ་བཞེངས། གཞུང་རྩོམ་པ་དང་དྲི་བ་དགྲུའི་ལན་དུས་གཅིག་ཏུ་འདེབས། ཉི་མ་ལྟར་གྲགས་པ་ཤཱཀྱ་ཤྲཱི་ཞེས་འཕགས་པའི་ཡུལ་ཀུན་ཏུ་གྲགས། ཨོ་ཏནྟ་པུ་རིའི་གཙུག་ལག་ཁང་གི་སྡེ་པ་བཞིའི་དགེ་འདུན་ཁྲི་ཉིས་སྟོང་གིས་བསུས་ཏེ་གཙོ་བོར་ཁུར་ནས་ཞབས་ལ་གཏུགས། འདམ་བུའི་ཚལ་དུ་རི་མོའི་བུད་མེད་ཀྱིས་བསོད་སྙོམས་ཕུལ་བ་བཞེས། ཁ་སརྦ་ཎིའི་གཙུག་ལག་ཁང་དུ་བཞུགས་དུས་ཨོ་ཤྲཱི་དགེ་བའི་ནགས་འདབས་ན་སངས་རྒྱས་འཁོར་དང་བཅས་པ་ལ་གླུས་བསོད་སྙོམས་འདྲེན་པ་གཟིགས། གནས་གསེར་གྱི་ཏོག་ཅན་དུ་བཞུགས་པའི་ཚེ་རྒྱ་ནག་རྒྱལ་པོའི་གདན་འདྲེན་པ་བྱུང་པས་དཀར་ཞིང་མཛེས་པའི་དགེ་སློང་ཞིག་གིས་ད་རེས་དུས་ལ་མ་བབ། མ་འོངས་པའི་དུས་སུ་བྱང་ཕྱོགས་སུ་སོང་ཞིག་ཅེས་ལུང་བསྟན་ཏེ་ཐུགས་རྗེ་ཆེན་པོ་ཡིན་པར་འདུག་གསུང་། ཐུབ་པའི་དབང་པོས། ཚོགས་གཉིས་དབྱེར་མེད་ལམ་གྱི་མཆོག །སྟོང་ཉིད་སྙིང་རྗེའི་སྙིང་པོ་ཅན། །ཞེས་སོགས་ཆོས་གསུངས་པ་དང་། དེ་མི་བརྗེད་པའི་ཐོ་ཡིག་རང་གི་ལྤགས་པ་ལ་རང་གི་ཁྲག་གིས་བྲིས། རྡོ་རྗེ་གདན་དུ་དོན་ཞགས་ལྷ་ལྔའི་ཞལ་གཟིགས། དེར་ལྷ་ལས་བབས་པའི་དུས་མཆོད་ཀྱི་ཚེ་སྤྱོས་ཀྱི་དུད་སྤྲིན་བར་སྣང་ལ་འཁྲིགས་པའི་སྦྲ་ལས་སྦྱོར་བ་ཡན་ལག་དྲུག་པ་གསན། སྐབས་ཤིག་ཏུ་སྒྲོལ་མའི་ཕྱག་གཡས་ཀྱི་མཐིལ་ན་གསེར་དང་དངུལ་དང་བཻ་ཌཱུརྻའི་ཡི་གེ་ཧཱུྃ་གསུམ་

འདུག་པ་གནང་ནས། རྒྱལ་པོའི་འཁོར་དང་ལོངས་སྤྱོད་ལས་འདི་དགའ་བ་ཡིན་གསུང་། དེ་ནས་རྒྱལ་པོ་ལ་སྨྲུན་ནས་ཡུལ་གཞན་དུ་འབྱོན་པར་བརྩམས་པའི་ཚེ། སྲོད་ཀྱི་དུས་སུ་སློབ་མས་ཁྱོད་ཤར་ཕྱོགས་སུ་སོང་ཞིག་གསུང་མ་ཐག་མི་རྣམས་ལ་མྱུར་དུ་འདེང་ཞེས་གསུངས་ནས་སྐྱེས་བུ་དཀར་པོ་ཞིག་གི་འོད་ཀྱིས་ལམ་སྣ་དྲངས། མདྷཱ་ཀཱ་ལས་མར་མེ་བཏེག་པ་བ་བསངས་ཀྱིས་ལམ་མཚོན་པ་བྱས་ཏེ་ཚོགས་མེད་པར་ཛ་གནྡྷ་ལར་ཕེབས། དེའི་ཕོ་རངས་ཏུ་རུཥྐཱིཿདམག་གིས་མ་ག་དྷར་སླེབ་སྟེ་བཅོམ། གནས་དེར་རིག་པ་འཛིན་པའི་ལྷ་མོ་ཏོག་ཅན། ཉེ་བའི་ཏོག་ཅན། གསེར་ཕྲེང་ཅན། ཤིང་ལོའི་གོས་ཅན་བཞིས་ལྷུང་བཟེད་དུ་བསོད་སྙོམས་ཕུལ། ཡང་ཕོ་རངས་ཞིག་ལྷའི་ཇོ་བོ་ཆེའི་སྒྲ་གསན་པའི་རྐྱེན་གྱིས་དགའ་ལྡན་གྱི་གནས་གཟིགས་བྱམས་པ་ལ་ཆོས་བཞི་གསན། དེ་མ་ཐག་བདེ་དགྱེས་དང་དུས་འཁོར་གྱི་རྟེན་དང་བརྟེན་པའི་དཀྱིལ་འཁོར་མཐའ་དག་གཟིགས་ཏེ་འོད་དུ་ཕེབས་སོ། །

གྲུབ་ཐོབ་ནཱཀྵ་ལཀྐ་ནི། བསོད་སྙོམས་ཀྱི་ན་ལ་བརྟེན་ནས་སའི་སྟན་ལ་གསུང་བཅད་མཛད་དེ་ལོ་དུ་མར་རྩེ་གཅིག་ཏུ་བསྒྲུབས་པས་གྲུབ་པ་བརྙེས། ནམ་མཁའ་ལ་བཞུགས་པ་སོགས་རྫུ་འཕྲུལ་མང་དུ་སྟོན། རྡོ་རྗེ་གདན་གྱི་མཁན་པོ་མཛད། དགུང་ལོ་བརྒྱ་དང་སུམ་ཅུའི་བར་དུ་འགྲོ་བའི་དོན་མཛད་དོ། །དེས་པཎྜི་ཏ་རེ་ཝེནྡྲ་དེ་བ་ཉི་མའི་དབང་པོའི་ལྷ་ལ་གནང་སྟེ། དེ་ནི་བལ་པོར་སྐུ་འཁྲུངས། མ་ག་དྷར་སློབ་སྦྱོང་མཛད། རྡོ་རྗེ་གདན་དུ་ཆོས་དཔོན་གྲུབ་ཐོབ་བཞི་བསྟུད་མར་བྱུང་བའི་ཕྱི་མ་ཡིན། ལོ་བཅུ་གཅིག་ཏུ་དེའི་ཆོས་དཔོན་མཛད། ཏུ་རུཥྐའི་དམག་གི་རྐྱེན་གྱིས་བལ་ཡུལ་དུ་བྱོན། ཧྣམ་ཧྣ་ཏུ་བི་ཧ་རར་བཞུགས། ཡཾ་བུར་རིམས་ནད་ཞི་བ་སོགས་ལས་ཆེན་ཐམས་ཅད་ཚོགས་མེད་པར་གྲུབ། མངོན་པར་མཁྱེན་པ་ཐོགས་པ་མེད་པས་ལུང་བསྟན་མང་དུ

མཛད། དགུང་ལོ་གྱ་བདུན་པ་ལ་གཤེགས་སོ། །

བི་ཁྱཱ་ཏ་དེ་བ་དང་། ཤཱ་གཱི་ཤ་ར་གུཔྟའི་སློབ་མ་བཛྲ་ཤྲཱི་ཛྙཱ་ན་ནི་ཡབ་ཁ་ཆེ། ཡུམ་བལ་མོ། ལྕགས་ཕོ་སྤྲེའུ་ལ་འཁྲུངས། སྐུ་ཤིན་ཏུ་མཛེས་ཤིང་ཕལ་ཆེན་སྡེ་པ་མཁས་གྲུབ་ཟླ་བ་ལྷར་གྲགས་པའོ། །

ཙ་མི་ནི་མི་ཉག་འགའི་ཡུལ་དུ་འཁྲུངས། གཞོན་ནུ་ནས་རྒྱ་གར་དུ་ཐེགས་ཏེ་དུས་ཞབས་པ་དང་། ཨ་བྷ་ཡ་སོགས་པཎ་གྲུབ་མང་པོ་བསྟེན་ནས་རང་དང་གཞན་གྱི་གྲུབ་པའི་མཐའ་རྒྱ་མཚོ་ལྟ་བུ་ལ་མངའ་བརྙེས་པས་རྒྱ་གར་ཤར་ནུབ་ཐམས་ཅད་དུ་མཁས་པར་གྲགས་ཤིང་། འགྲན་ཟླ་མ་མཆིས་པར་ཀུན་གྱིས་ཚད་མར་འཛིན། པཎྜི་ཏ་ཐམས་ཅད་ཀྱིས་དྲི་གཙུག་དང་། འཕེལ་བའི་གཏམ་གྱི་དཔང་པོ་དང་། མན་ངག་ལེན་པའི་གནས་སུ་བྱེད། བསྙེན་པར་རྫོགས་པའི་མཚན་སངས་རྒྱས་གྲགས་སུ་བཏགས། རྒྱུད་སྡེ་མཐའ་དག་གི་མཛོད་འཛིན་པ། མཆོག་གི་དངོས་གྲུབ་བརྙེས་ཤིང་ཚེའི་རིག་འཛིན་གྲུབ་པས། ཨ་བྷ་ཡ་ལས་ཀྱང་རྟོགས་པ་མཐོ་བར་གྲགས་པ། རྡོ་རྗེ་གདན་དང་། ན་ལེནྡྲའི་མཁན་པོ་མཛད་དེ། བོད་ཀྱི་སློབ་མ་རྣམས་ལ་ལྷག་པར་ཡང་ཐུགས་བརྩེ་བས། དུས་འཁོར་འགྲེལ་ཆེན་ལ་འགྱུར་མཛད་ནས་འཕྲིད་པར་མཛད་དོ། །

མཉྫུ་ཀཱིརྟི་ནི། ན་རོ་པ་དང་། དུས་ཞབས་པ་ཆུང་བ་ཡབ་སྲས་བསྟེན་ཏེ་ལེགས་པར་སྦྱངས་པས། མཁས་ཤིང་གྲུབ་པ་མཉྫུ་ཤྲཱི་ཀཱིརྟི་ཞེས་སུའང་གྲགས། མཉྫུ་ཏ་ར་ཞེས་པའི་གནས་སུ་བཞུགས་སོ། །དེའི་སློབ་མ་ས་མནྟ་ཤྲཱི་ཛྙཱ་ན་ནི། བལ་པོ་ཡེ་རང་གི་རོལ་པའི་གྲོང་ཁྱེར་དུ་སྐུ་འཁྲུངས། དུས་ཞབས་པ་ཆུང་བའི་སློབ་མ་མཁས་པ་ལྷ་ལ་གསན་ཅིང་། ཁྱད་པར་མཉྫུ་ཀཱིརྟིའི་རྗེས་སུ་འབྲང་ངོ་། །

ཨ་ཙ་ལ་གརྦྷ་ནི། མདོར་བསྡུས་དང་པོའི་བཤད་སྦྱར་མི་གཡོ་བའི་སྙིང་པོ་སྣང་

བ་མཛད་པ་པོའོ། །

ངྷ་ན་ཤྲཱི་ནི། དྷ་བྱང་ཆུབ་སེམས་དཔའ་ཞེས་པ་ཛ་བོ་རྗེའི་དཔོན་པོ་ཡིན་ལ། དུས་འཁོར་བ་ཆོས་ཤེས་ནི། འདི་རྒྱ་གར་ནུབ་ཕྱོགས་པ་ཡིན་ཞེའོ། །

ཤཱཀྱ་ཤྲཱི་ནི། ཤཱཀྱ་ཀ་ར་ཤྲཱི་ཡིན་པ་འདྲ་ལ་དེ་ལྟ་ན་ནི་པ་ཚབ་ལོ་ཙཱ་བ་ཚུལ་ཁྲིམས་རྒྱལ་མཚན་གྱིས་མདོ་དྲན་པ་ཉེར་བཞག་གི་མཇུག་བོད་དུ་མ་འགྱུར་བའི་དཔེ་རྒྱ་གར་ཤར་ནུབ་ཐམས་ཅད་དུ་བཙལ་བའི་ཚེ། པཎྜི་ཏ་ཐམས་ཅད་ཀྱི་གཙོ་བོར་གྱུར་པ། བཀའ་བསྟན་བཅོས་ཀྱི་གླེགས་བམ་ཕལ་མོ་ཆེ་ཕྱག་ན་ཡོད་པ། མདོ་ཕྱི་འགྱུར་གྱི་ལོ་ཙཱ་བའི་སློབ་དཔོན་མཛད་ཅིང་། དགའ་ལྡན་དུ་བྱམས་པའི་དྲུང་དུ་འགྲོན་པར་ཞལ་གྱིས་བཞེས་པ་དེའོ། །གུ་ཎ་རཀྵི་ཏ་ནི། བི་ཀྲ་མ་ཤཱི་ལའི་པཎྜི་ཏ་ཡིན་ལ་བཻ་རོ་ཙ་ན་བཛྲའི་བླ་མའོ། །

པཎ་ཆེན་ཟླ་བ་མགོན་པོ་ནི། ཁ་ཆེའི་ཡུལ་གྱི་བྲམ་ཟེ་ལས་དྲུག་ལ་མཁས་པ་ཞིག་གི་སྲས་སུ་འཁྲུངས་ཏེ། དབུགས་ཐེངས་རེ་ལ་ཤློ་ཀ་རེ་རེ་ཟིན་ཅིང་། ཤློ་ཀ་བཅུ་དྲུག་ལན་རེས་འཛིན་ནུས། དེས་ལོ་བཅུ་གཉིས་ཀྱི་བར་ལ་ཡབ་ལས་མུ་སྟེགས་ཀྱི་རིག་བྱེད་མ་ལུས་པར་ཤེས་ནས། བླ་མ་སངས་རྒྱས་པ་ཡིན་པས་དེས་ཁ་ཆེའི་པཎྜི་ཏ་ཆེན་པོ་བྲམ་ཟེ་ཞབས་བཟང་པོ། མིང་གཞན་སུ་ཛ་ཀི་ཏུ་ཞེས་པའི་དྲུང་དུ་བཏང་སྟེ་ཆོས་ཉན་དུ་བཅུག་པ་ན། པཎྜི་ཏ་དེའི་སྲས་མོ་ཞིག་བླ་མ་ཟླ་མགོན་གཟུགས་ཤིན་ཏུ་མཛེས་པ་ལ་ཆགས་ནས། ཡབ་ལ་འདི་ངའི་ཁྱིམ་ཐབ་བྱེད་ན་ཆོས་གསུང་བར་ཞུ་ཞུས་པས། ཆོས་ཕྱིར་དེ་ལྟར་བྱས་ནས་ཆོས་བསླབས་པས། དེ་ལ་སློབ་མའི་ཐུ་བོ་སོ་ན་ས་ཧེ་དང་། ལཀྵྨཱི་ཀ་ར་དང་། ཛྙཱ་ན་ཤྲཱི་དང་། ཙནྡྲ་རཱ་ཧུ་ལ་དང་། སོ་མ་ནཱ་ཐ་ཞེས་པ་ཟླ་བ་མགོན་པོ་རྣམས་རིག་པའི་གནས་ལྔ་ལ་མཁས་པའི་པཎྜི་ཏར་གྱུར། ཁྱད་པར་ཟླ་མགོན་གསང་འདུས

འཕགས་སྐོར་དང་དབུ་མ་ལ་མཁས། དེའི་ཚེ་པཎྜི་ཏ་འདུལ་བ་འབྱུང་གནས་བློ་གྲོས་ཀྱིས་ཞབས་བཟང་པོ་ལ་དབང་མདོར་བསྟན་དང་། དབང་གི་རབ་བྱེད་ཀྱི་དཔེ་སྐྱེས་སུ་བསྐུར་བས། དེ་སྤྱི་བོར་བཞག་ནས་སློན་ལམ་བཏབ་པ་དང་། སློབ་མ་རྣམས་ཀྱིས་ཆོས་དེ་ཅི་ལགས། བདག་ཅག་རྣམས་ལ་ཡང་ཞུ་ཞུས་པས། རྒྱུད་ཟབ་མོ་ཞིག་འདུག་སྙེ་ངས་མ་ཐོས་པས་བཤད་མི་རུང་གསུང་ནས་དཔེ་གནང་། དེ་ལ་བླ་མགོན་གྱིས་གཟིགས་པས་ལྷག་པར་ཡང་གུས་པ་སྐྱེས་ཏེ། དེར་ཆོས་གསན་འཕྲོ་བཅད་ནས། མ་ག་དྷར་ཆོས་དེ་རྩད་གཅོད་དུ་བྱོན་པས། དུས་འཁོར་ཞབས་ཆུང་བ་ཡབ་སྲས་དང་མཇལ། དབང་གདམས་ངག །རྒྱུད་འགྲེལ་སོགས་བྱང་ཆུབ་སེམས་དཔའི་ཆོས་སྐོར་མཐའ་དག་མ་ལུས་པར་གསན། ཆོས་མངོན་པ་སོགས་ཀྱང་གསན། གདམས་ངག་ལ་མངའ་བརྙེས་ཏེ་ཡུལ་སྣང་གང་གཟིགས་ཡེ་ཤེས་ཀྱི་རོལ་པ་ཁོ་ནར་འཆར། རླུང་ཞི་བ་ཅན་གྲུབ། ཟག་པ་མི་མངའ། བྱང་སེམས་འཛག་མེད་དུ་འཆིངས་པའི་ཡོན་ཏན་དང་ལྡན། བྱིན་བརླབས་ཤིན་ཏུ་ཆེ་སྟེ། འགྲོ་བ་གཟིགས་སོ་ཅོག་ལ་ཏིང་ངེ་འཛིན་ངང་གིས་སྐྱེ། འཇམ་དཔལ་དངོས་སུ་གྲགས་སོ། །དེ་ནས་ཁ་ཆེར་བྱོན་ཏེ། ཁ་ཆེ་རིན་ཆེན་རྡོ་རྗེ་དང་རྗོད་པ་བྱས་ནས། སེམས་ཙམ་གྱི་ལྟ་བ་སུན་ཕྱུང་བས་དེ་ཕམ་པ་དང་། ང་ལ་སློབ་མ་མ་དད་པར་འོང་བས་གཞན་དུ་བྱོན་ཅིག་གསུང་། དེའི་ཚེ་རིགས་ལྡན་པདྨ་དཀར་པོ་བྱོན་ནས། ཁྱོད་བོད་དུ་སོངས་ཤིག་ངེས་དོན་གྱི་བསྟན་པ་རྒྱས་པར་འགྱུར་རོ། །ཞེས་ལུང་བསྟན་པ་ལ་བརྟེན་ནས་བོད་དུ་བྱོན་ཏོ། །དཔག་བསམ་སྙེ་མ་ལས། གྲུབ་ཆེན་རྣམས་ཀྱིས་ཐུགས་ཉམས་སུ་བཞེས་ཤིང་པཎ་ཆེན་རྣམས་ཀྱིས་འཛེལ་གདམ་གྱིས་གཏན་ལ་ཕབ་པའི་ལེའུ་སྟེ་གསུམ་པའོ།། །།

༄། ད་ནི་བོད་དུ་ལོ་ཙཱ་བས་ཇི་ལྟར་བསྒྱུར་ཞེ་ན། དེང་སང་བོད་ཕལ་ཆེ་བ་རྣམས

འདོད་པའི་མི་མཁའ་རྒྱ་མཚོ་ལ་འདས་ལོ་བསྲེ་བའི་ཐོག་མའི་རབ་བྱུང་མེ་མོ་ཡོས་ལ། གྱི་ཧོ་ལོ་ཙཱ་བ་ཟླ་བ་འོད་ཟེར་གྱིས། དུས་འཁོར་ཞབས་གཉིས་པ་ཤྲཱི་བྷ་དྲ་བོ་དྷི་སྤྱན་དྲངས། ཕུ་ཐངས་ཀྱི་ཞང་སྟོན་གསལ་བ་ཤེས་རབ་ཀྱིས་ཡོན་བདག་བྱས་ཏེ། རྒྱུད་འགྲེལ་གྱི་ཧོ་འགྱུར་དང་། བསོད་སྙོམས་པས་མཛད་པའི་སྙིང་པོ་རྒྱན་བསྒྱུར། ལོ་པཎ་གཉིས་ཀས་སློབ་མ་ལོ་ཆུང་རྣམས་ལ་རྒྱུད་འགྲེལ་དུམ་བུར་བགོས་ནས་བསྒྱུར་དུ་བཅུག་པས་འགྱུར་མངས་སུ་གྲགས་པ་བྱུང་། དེ་ནས་མེ་མོ་བྱ་ལོ་ལ་ལྷ་བཙུན་པ་བྱང་ཆུབ་འོད་ཀྱི་བཀའ་ལུང་གིས། པཎྜི་ཏ་དཱ་ན་ཤྲཱི་སྤྱན་དྲངས། རྨ་དགེ་བའི་བློ་གྲོས་ཀྱིས་འགྱུར་བཅོས། དེ་ནས་མང་འོར་བྱང་ཆུབ་ཤེས་རབ། བློ་གྲོས་སྙིང་པོ། བསོད་ནམས་ཡེ་ཤེས་ཀྱི་འགྱུར་བྱུང་། དེ་ནས་མེ་རོ་ཆུ་གཏེར་འགོད་པ་ན་ཞང་སྨྲ་ཆུང་བས་སྦྱིན་བདག་བྱས་འབྲོ་འགྱུར་བྱུང་ཞེས་དུས་འཁོར་བ་ཆོས་ཀྱི་ཤེས་རབ་གསུང་། འདིའི་གོང་རོལ་དུ་འགོས་ཁུག་པ་ལྷས་བཙས་ཀྱིས་ཀྱང་འགྱུར་མཛད་དོ། །དེ་ནས་ལྕེ་དོལ་སྒང་པས་སྦྱིན་བདག་བྱས་ཏེ། འ་ཞ་རྒྱ་གར་བརྩེགས་ཀྱིས་འབྲོ་འགྱུར་ལ་བཅོས། དེ་ནས་གཉན་ལོ་ཙཱ་བ་དར་མ་གྲགས་ཀྱིས་རྒྱུད་འགྲེལ་དང་རྒྱུད་ཕྱི་མ་བསྒྱུར། རྒྱ་གར་དུ་ནཱ་ལེནྡྲ་ལྷོ་རི་ཆོས་གྲགས་ཀྱིས་བསྡུས་རྒྱུད་དང་། ཙ་མས་འགྲེལ་ཆེན་བསྒྱུར། དེ་ནས་རོང་གླིང་ལོ་ཙཱ་བ་དོ་རྗེ་དབང་ཕྱུག །སྙེང་པ་ལོ་ཙཱ་བག་རོད་ཚུལ་ཁྲིམས་འབྱུང་གནས། རྭ་ཆོས་རབ། ཆག་ཆོས་རྗེ་དཔལ། ཤོང་སྟོན་རྡོ་རྗེ་རྒྱལ་མཚན། ཡར་ཀླུངས་ཤུར་ཀེ་གྲགས་པ་རྒྱལ་མཚན། སྤང་བློ་གྲོས་བརྟན་པ། སྤང་གི་སློབ་མ་མ་ཏི་རྣམ་གཉིས་ལ་སོགས་པ་སྟེ། གླེགས་བམ་གཅིག་ལ་དུས་ཀྱི་འཁོར་ལོ་ཁོ་ན་སྒྱུར་བྱེད་མང་ངོ་། །རྒྱུད་ཕྱི་མ་ལ་ཤེའུ་ལོ་ཙཱ་བའི་འགྱུར་དང་། ཕྱིས་ཀླུབས་ལོ་ཙཱ་བ་བློ་གྲོས་དཔལ་གྱི་འགྱུར་ཏེ། དེས་ཚིགས་སུ་བཅད་པ་བཅུ་གཅིག་ཆད་པ་བསབས་སོ། །དབང་མདོར་བསྟན་ལ་འབྲོ། རྭ། མན་

ལུང་པ། ལོ་གྲགས་པ། སྤྱང་ལོ། སྒྲ་ཚད་པ་རིན་རྒྱལ་རྣམས་ཀྱི་འགྱུར། ཕུ་རྟངས་ལོ་ཆུང་གིས་བསྒྱུར་བ་ལ་མཚན་དབང་ཉེར་བསྟན་ཞེས་སོ། །རྡོ་རྗེ་སྙིང་འགྲེལ་ནི། ཅོག་གྲུ་ཧིང་འཛིན་བཟང་པོ། གཉེར་ཅོར་ཤེས་རབ་གྲགས། ཁྱུང་པོ་ཆོས་བརྩོན། ལོ་གྲགས་པ། སྤྱང་རྣམས་ཀྱིས་བསྒྱུར་རོ། །བདེ་མཆོག་ཕྱག་རྡོར་སྟོད་འགྲེལ་ནི། ཅོག་གྲུའི་འགྱུར་ལས་ཤོང་བློ་བརྟན་གྱིས་བཅོས་པ་དང་། །ཁུ་དངོས་གྲུབ་ཀྱི་འགྱུར་ཡང་ཡོད་དོ། །ལྷ་འདོད་མདོར་བསྟན་ནི། ཀུན་སྤྱངས་ཆོས་གྲགས་དཔལ་བཟང་པོའི་འགྱུར། དོན་དམ་བསྙེན་པ་དང་། དཀའ་འགྲེལ་པདྨ་ཅན་གཉིས་བླ་མགོན་གྱི་རང་འགྱུར། དུས་ཞབས་པ་ཆེན་པོས་མཛད་པའི་སྒྲུབ་ཐབས་ཡན་ལག་བཞི་པ་དང་། དེས་མཛད་པའི་དུས་འཁོར་གྱི་མན་ངག་གི་རྗེ་འགྱུར། དྷ་རི་ཀ་པའི་དབང་རབ་བྱེད་ཀྱི་འགྲེལ་པ། སྒྲུབ་ཐབས་ཀྱི་ཚིག་རིམ་པར་ཕྱེ་བ། དཔལ་ལྡན་རྒྱ་སྐར་གྱི་དཀྱིལ་འཁོར་ཆོ་ག་ཡན་ལག་བཅུ་གཅིག་པ། དུས་ཞབས་པའི་དབང་མདོར་བསྟན་གྱི་འགྲེལ་པ། དུས་ཞབས་སྔན་རྒྱུད་རྣམས་འབྲོ་འགྱུར། སཱ་དྷུ་པུ་ཏྲས་མཛད་པའི་སྒྲུབ་དཀྱིལ་རྣ་འགྱུར། འདི་པཎ་ཆེན་ནགས་ཀྱི་རིན་ཆེན་དང་ཆོས་འཁོར་ལོ་ཙྪ་བས་བསྒྱུར་བ་ལ་ཆོས་འབྱུང་ཞི་བས་མཛད་ཅེས་བྱུང་། རོལ་པའི་རྡོ་རྗེའི་ལྷན་སྐྱེས་སྒྲུབ་ཐབས་དང་། ས་མནྟ་ཤྲཱིའི་སྦྱིན་སྲེག་ཆོ་ག་རྣ་འགྱུར། དུས་ཞབས་པ་ཆུང་བས་མཛད་པའི་དཀྱིལ་ཆོག་ཡིད་འོང་ཕྲེང་བ། ལ་ཆེངས་ཡོན་ཏན་འབར་གྱི་འགྱུར། དུས་ཞབས་པའི་ལྷན་སྐྱེས་སྒྲུབ་ཐབས་ཁྲོ་ལོའི་འགྱུར། དབང་མདོར་བསྟན་གྱི་འགྲེལ་པ་ནཱ་རོ་པས་མཛད་པ་ལོ་གྲགས་པ་དང་། སྒྲ་ཚད་པ་དང་། སྤྱང་གི་འགྱུར། དེའི་བཀའ་འགྲེལ་ཤླཽ་ཀ་སུམ་བརྒྱ་དྲུག་ཅུ་པ་བུ་འགྱུར། དེའི་དཀའ་འགྲེལ་སཱ་དྷུ་པུ་ཏྲས་མཛད་པ་འགོས་གཞོན་ནུ་དཔལ་གྱི་འགྱུར། དུས་ཞབས་པའི་སྦྱོར་དྲུག་མན་ངག །ཤ་བ་རིའི་གཞུང་ཆུང་། དུས་ཞབས་པའི་ཉི་ཟླ་སྒྲུབ

པ། ཡེ་ཤེས་སྒྱུན་སྒྲུབ། བི་རྨུ་ཧི་ཙནྡྲ་ཉིད་ཀྱིས་མཛད་པའི་ནང་གི་སྐོ་མ་རྣམས་དེ་ཉིད་ཀྱི་རང་འགྱུར། སྤྲས་པ་མིག་འབྱེད་རྩ་འགྲེལ་ཟླ་བ་གྲགས་པའི་འགྱུར། བཤད་སྦྱར་མི་གཡོ་སྙིང་པོའི་སྣང་བ་སྦྱང་འགྱུར། ཨ་ནྡྷ་ཡའི་སྡོམ་ཚིག་ཁྲིའུ་གང་འགྱུར། དུས་འཁོར་ལ་འཇུག་པ་དང་། ཉི་མ་དཔལ་གྱི་མཚན་བརྗོད་འགྲེལ་པ་བདུད་རྩི་ཐིགས་པ་ཆག་འགྱུར། དཔེ་མེད་འཚོའི་མཚན་བརྗོད་འགྲེལ་པ་བདུད་རྩི་ཐིགས་པ། སྒྲོན་གསལ་ཤོང་འགྱུར། འཇམ་དབྱངས་གྲགས་པའི་མཚན་བརྗོད་རྣམ་བཤད་དང་། དུས་འཁོར་བའི་དེའི་ཕན་ཡོན་འགྲེལ་པ་སྦྲུལ་རྡོ་རྗེ་རྒྱལ་པོའི་འགྱུར། ཕྱག་རྡོར་གྱི་སྦྱོར་དྲུག་ཅིག་གྲུའི་འགྱུར། དཔེ་མེད་འཚོའི་སྦྱོར་དྲུག་གཉལ་བ་མི་མཉམ་བཟང་པོའི་འགྱུར། དེའི་འགྲེལ་པ་བརྗེད་བྱང་ཉི་མ་དཔལ་གྱིས་མཛད་པ་བི་རྨུ་ཧིའི་རང་འགྱུར་དང་སྦྱང་འགྱུར། ཙ་མིའི་སྦྱོར་ཕྲེང་དགེ་ཚུལ་ཤེས་རབ་དཔལ་གྱི་འགྱུར། བསྟོད་པ་རྒྱུན་ཆགས་ཀ་ལིནྡྲའི་རྒྱལ་པོའི་བླ་མ་སུ་ནྡྷ་ཀཱིརྟིས་མཛད་པ་འདན་མ་ཚུལ་ཁྲིམས་སེང་གེའི་འགྱུར། རྣལ་འབྱོར་མའི་དབྱུ་གུ་དྲུག་ཅུ་རྩ་བཞིའི་གཏོར་ཚིག་ལོ་གྲགས་པའི་འགྱུར། མཧཱལ་གྱི་ཚོ་ག་ཉི་མ་རྒྱལ་མཚན་གྱི་འགྱུར། གཞན་ཡང་རྣལ་འབྱོར་གསུམ་གྱི་སྙིང་པོ་གསལ་བ་དང་། ཤཱཀྱ་ཤྲཱིའི་རྡོ་རྗེ་ཚིག་གི་སྙིང་པོ་བསྡུས་པ་དང་། ལྷོ་བསྡུས་གཟའ་ལྷོ་ཉི་ཟླ་འཛིན་པའི་རྩིས་ཡིག་སོགས་བྱུང་ངོ་། །འདི་དག་ནི་རྩ་བའི་རྒྱུད་ལས། ཡུལ་གྱི་སྒྲ་ཡིས་དོན་རྙེད་པ། །དེ་ལ་བསྟན་བཅོས་སྒྲ་ཡིས་ཏེ། །ཞེས་དང་། དྲི་མེད་འོད་ལས། བོད་ཀྱི་ཡུལ་དུ་ཐེག་པ་གསུམ་བོད་ཀྱི་སྐད་ཀྱིས་བྲིས་ཏེ་ཞེས་གསུངས་པའི་དོན་ཏོ། །དཔག་བསམ་སྐྱེ་མ་ལས་ལོ་ཙཱ་བས་བོད་སྐད་དུ་བསྒྱུར་བའི་ལེའུ་སྟེ་བཞི་པའོ།། །།

༄། ད་ནི་བླ་མ་དམ་པ་གཅིག་ནས་གཅིག་ཏུ་བརྒྱུད་པ་བར་མ་ཆད་པ་ཧེ་ལྷ་བུ་ཞེ་ན། གྱི་ཇོ་ལུགས་དང་། འབྲོ་ལུགས་དང་། རྭ་ལུགས་དང་། ཙ་མི་ལུགས་དང་།

ཤཱཀྱ་ཤྲཱིའི་ལུགས་དང་། ཆག་ལུགས་དང་། ཤ་ཝ་རི་དབང་ཕྱུག་གི་མན་ངག་ལུགས་ཁྱད་པར་དུ་བཤད་པའོ། །དང་པོ་ནི། གྱི་ཇོ་ལོ་ཙཱ་བ་ཟླ་བའི་འོད་ཟེར་གྱིས་ལོ་རྒྱུང་རྣམས་ལ་དབང་བཤད་མན་ངག་ལེགས་པར་གནང་བ་ལས། ཁྲོ་མོ་ལོ་ཙཱ་བ་པདྨ་འོད་ཟེར་གྱིས། གྱི་ཇོའི་གསུང་ཇི་ལྟ་བའི་སྦྱོར་དྲུག་གི་ཡི་གེ་མཛད་དེ། ཕྱུག་སྟོན་བེ་ཧྲཱུྃ་ལ་གནང་། དེ་ནས་ལྷོ་པ་ཆོས་ལྡན། ངོལ་པོ་ཡེ་ཤེས་མགོན་པོ། ཀུན་སྤངས་ཆེན་པོ། ཀུན་མཁྱེན་འཕགས་འོད། བུ་སྟོན་རིན་པོ་ཆེ། རྗེ་བཙུན་དཔལ་ཆེན་པོ། ཆོས་རྗེ་རིན་པོ་ཆེ་ཡེ་ཤེས་དཔལ་བཟང་པོ་ཡབ་སྲས་ལས་བདག་གིས་ཐོབ་བོ། །སྙིང་པོ་རྒྱན་གྱི་བརྒྱུད་པའང་འདི་ཉིད་དོ། །

གཉིས་པ་འབྲོ་ལུགས་ནི། །ཁ་ཆེ་ཟླ་མགོན་བོད་དུ་ཐོག་མར་ཕེབས་དུས། སྐྱི་ཤོད་སྨད་དུ་ཁ་རག་གི་གཉོས་ལོ་ཙཱ་བ་ལ་བབས་ཏེ། དྲི་མེད་འོད་བསྒྱུར་བ། གསེར་སྲང་བརྒྱ་འབུལ་བར་ཆད་པ་ལ། ཕྱེད་ཙམ་བསྒྱུར་བ་དང་། གསེར་སྲང་ལྔ་བཅུ་བསླང་གསུངས་པ་ལ་མ་ཕུལ་བས་མ་མཉེས་ཏེ། འགྱུར་བྱེད་འཕྲོའི་དཔེ་བསྣམས་ནས་འཕན་ཡུལ་གྲབ་ཏུ་བྱོན། མཛེ་བྱུང་པ་མང་པོ་བསོས། དེར་འབྲོ་ལོ་ཙཱ་བ་དགེ་སློང་ཤེས་རབ་གྲགས་ཀྱིས། གསེར་སྲང་བརྒྱ་གོས་དར་གླ་རྩིའི་ལྟང་ཚེ་མང་དུ་ཕུལ་ནས་ནན་གྱིས་ཞུས་པས། དབང་བསྐུར་ཞིང་རྒྱུད་འགྲེལ་ཚར་གཅིག་གསུངས། སོར་བསམ་གྱི་ཁྲིད་གནང་། དེ་ནས་ཞང་ཟ་རྒྱང་བས་གདན་དྲངས་གསེར་སྲང་བརྒྱས་མགོ་བྱས་འབུལ་བ་མང་དུ་བྱས་ནས་རྒྱུད་འགྲེལ་བསྒྱུར་བར་ཞུས་པས། འབྲོས་ལོ་ཙཱ་བ་བྱས་ཏེ། མཆོག་མི་འགྱུར་གི་ལེའུ་མ་གཏོགས་རྒྱུད་འགྲེལ་རྫོགས་པར་བསྒྱུར། ཞང་ལ་དབང་བསྐུར་རྒྱུད་འགྲེལ་ཚར་གཅིག་དང་སོར་བསམ་གྱི་ཁྲིད་གནང་། མཆོག་མི་འགྱུར་ནི་བསྒྱུར་དུ་མ་བཞེད་དོ། །གཉོས་ཀྱི་ཞང་ལ་ཁྲིད་ཀྱིས་ངའི་བླ་མ་ཕྲོགས་པ་ཡིན་པས། གདུང་སེབ

ཏུ་ཡུལ་དཀར་གཙང་ངེ་བ་ཞིག་བྱ་ཡི་ཟེར་བ་ལ། ཁོ་བོ་ནི་ཁྲི་བོ་བརྒྱ་ཡིས་བསྐོགས་ཀྱང་མི་འཇིགས། ལྷ་མོ་རྒྱ་ཡིས་འཛུམ་བསྟན་ཀྱང་མི་ཆགས་ཞེས་སྤྲིངས་ཏེ་བླ་མའི་ཞབས་ཏོག་མཛད་དོ། །དེ་ནས་ཡར་རྒྱབ་བཟང་ཡུལ་གྱི་ལྕེ་དོལ་སྣང་ཟླ་བ་གྲགས་པ་ཡབ་སྲས་ཀྱིས་གསེར་སྲང་གསུམ་དང་ཞེར་གཅིག་གིས་སྣ་དྲངས་པའི་ན་བཟའ་ཆ་ཚང་ཕུལ་ནས་མཇལ་ཏེ། བཟང་ཡུལ་དུ་གདན་དྲངས་ལོ་གཅིག་ཏུ་བསྙེན་བཀུར་ནས། ལོ་ཙཱ་བ་འ་ཞ་རྒྱ་གར་བརྩེགས་ཀྱིས་བྱས་ཏེ་རྒྱུད་འགྲེལ་འ་ཞ་འགྱུར་ཚར་གཅིག་སོར་བསམ་གྱི་ཁྲིད་དང་བཅས་པ་ཞུས། ཡོན་དུ་གསེར་སྲང་སུམ་ཅུས་མགོ་བྱས་སྲང་དྲུག་ཅུ་ཕུལ། དེ་ནས་གཡོར་པོ་བྱང་ཐང་གི་འགར་སྟོན་གྱིས་གདན་དྲངས། འདིས་ཕྲིན་ནས་བླ་མའི་ཆེད་དུ་དཔེ་ཆ་བླངས་པས་ཁ་བས་སོར་མོ་བྲུལ། དེ་ནས་གཉོས་སྟོན་ཡེ་ཤེས་མཆོག་གིས་གདན་དྲངས་གསེར་སྲང་བཅོ་བརྒྱད་ཕུལ། དེ་ནས་གྲ་པ་མངོན་ཤེས་ཀྱིས་གདན་དྲངས་ལོ་གསུམ་དུ་ཆོས་སྟོན་གསོལ། དེའི་བར་དུ་ཉིན་རེ་བཞིན་ཛ་འདྲེན། ནམ་མཇལ་རེས་ཕྲུག་རྟེན་འབུལ་བ་མ་ཆད་པར་བྱས། དེ་ནས་སྟོན་པ་རྡོ་རྗེ་རྒྱན་གྱིས་སྐར་ཆུང་དུ་གདན་དྲངས། དེ་རྣམས་སུ་རྒྱུད་འགྲེལ་ཚར་རེ་རེ་གསུངས། གཞན་ཡང་སྟག་ཚལ་སློན་འགྲོའི་འཛམ་སློམ་གྱིས་འབུལ་བ་ཆེར་བྱས་པས་སོར་བསམ་གྱི་ཁྲིད་གནང་། དེ་ནས་རྒྱ་གར་དུ་ཐེག་པའི་ཆོ་ཇོ་བཙུན་རིན་ཆེན་ཚུལ་ཁྲིམས་ཀྱིས་གསེར་སྲང་དྲུག་ཕུལ། བལ་ཡུལ་གྱི་བར་དུ་ཞབས་ཏོག་བྱས་ཤིང་། གསེར་མང་བའི་གྲགས་པས་ཇག་པ་མང་པོ་བྱུང་བ་ལ་སྲོག་དང་བསྡོས་ནས་པཎ་ཆེན་གྱི་སྐུ་སྲུང་བྱས་པས་ཤིན་ཏུ་མཉེས་ཏེ། སོར་བསམ་གྱི་གདམས་པ་གནང་བས་མཁའ་སྤྱོད་དུ་གཤེགས་སོ། །མང་ཡུལ་གྱི་མཚན་ལྡན་མ་སྤྲི་ཐར་རྒྱན་གྱིས་རང་ལུས་ཕུལ་ཏེ་ཞུས་པས་སོར་བསམ་ལས་མ་གནང་ཡང་གྲུབ་པ་བརྙེས། དེ་ནས་པཎ་ཆེན་གྱིས་མ་ག་དྷར་བྱོན་ཏེ་རྡོ་རྗེ་གདན་དུ་བླ་མའི

མཆོད་པ་ལ་གསེར་མང་པོ་ཕུལ། ཆོས་འཁོར་ཟླ་མེད་པ་བཙུགས། མཆེད་པོ་འདུལ་བའི་འབྱུང་གནས་བློ་གྲོས་དང་། སེང་གེ་རྒྱལ་མཚན་ལ་ཡང་རྒྱུད་ཀྱི་དཀའ་གནད་དང་གདམས་ངག་ལ་སྒྲོ་འདོགས་བཅད་ནས་སླར་ཡང་བོད་དུ་བྱོན། འབྲོ་ལོས་ཕར་གྱི་འགྱུར་དེ་དག་པར་བཅོས། སློམ་པ་དཀོན་མཆོག་སྲུངས་ཀྱིས་ལུས་ཕུལ་ནས་ཞབས་ཏོག་གོ་རེ་ལོང་མཛད་པ་ལ་དབང་གཞུང་གདམས་ངག་རྫོགས་པར་གནང་། དེའི་ཚེ་སློམ་པས་མཆོག་མི་འགྱུར་གྱི་ལེའུ་ཞུས་པས། འདི་ཤིན་ཏུ་ཟབ་པས་གཞན་གྱི་བློར་མི་ཤོང་གསུང་ནས་མ་གནང་། ནན་གྱིས་ཞུས་པས། འོ་ན་འདི་ལ་ལོ་ཙཱ་བ་མི་དགོས་གསུང་ནས་རང་འགྱུར་མཛད་པས་འགྱུར་ཤིན་ཏུ་བཟང་བ་ཞིག་བྱུང་སྟེ་དགྱེས་བཞིན་དུ་ལེགས་པར་གནང་། སྒྲོ་སྟོན་ལ་ཡང་སོར་བསམ་གྱི་ཁྲིད་གནང་། སློབ་མའི་ཚོགས་ཆེན་པོ་ལ་གསང་འདུས་སྒྲོན་གསལ་དང་། དབུ་མ་རྩ་ཤེར་གསུངས། ལར་འབུལ་ནོད་སྟོབས་ཆེ་བར་བྱུང་ཡང་སྦྱོར་དྲུག་ལ་བཀའ་དམ་པས་ཀུན་ལ་མ་གནང་སྟེ། ཆོས་ཚོང་པ་ལས་ནོར་ཚོང་པ་དགའ་ཞེས་གསུང་ཞིང་། སྦས་པའི་རྣལ་འབྱོར་གྱི་ཚུལ་གྱིས་ཚོང་འདྲ་མཛད་ཅིང་གོང་པོའི་བར་ཞབས་ཀྱིས་བཅགས། ཡང་རྒྱ་གར་དུ་བྱོན་ནས་ཕྱི་ཞིག་ན་བོད་དུ་ཕེབས་ཏེ། སྣར་ཐང་སོགས་སུ་བཞུགས། སྒྲོ་སྟོན་ལ་ཆོས་གནང་སྟེ་སྒྲོ་འདོགས་བཅད། ཡུ་མོས་ཀྱང་ཆོས་འབྲེལ་ཐོབ། བོད་དུ་སྦྱོར་དྲུག་གི་གདམས་ངག་རྫོགས་པར་གནང་བ་གཉིས་ཁོ་ན་སྟེ། དེ་ཡང་གཅིག་ནི་བླ་མ་གྲུབ་སློམ་ཡིན་ལ། གཅིག་ནི་མང་ཡུལ་གྱི་བཙུན་པ་ཞིག་གིས་ཞབས་ཏོག་ཡུན་རིང་དུ་བྱས་པ་ལ་མན་ངག་རྫོགས་པར་གནང་། ངེས་ཀྱང་གཞན་ལ་མ་བསྟན་པར་ཡེར་ངག་རྐྱེ་གཅིག་ཏུ་བསྒོམས་པས་ཡན་ལག་དྲུག་མཐར་ཕྱིན་ཏེ་ལུས་མ་སྤངས་པར་འོད་ཀྱི་གོང་བུ་གཅིག་ཏུ་གྱུར་ནས་ཡེ་ཤེས་ཀྱི་སྐུ་གྲུབ་པོ། །པཎ་ཆེན་བོད་སྐད་ལ་ཤིན་ཏུ་བྱང་པས། དོན་དམ་བསྙེན

པའི་འགྱུར་མཛད་པའང་ཤིན་ཏུ་བཟང་ལ། མངའ་རིས་སུ་ཕྱིར་བྱོན་དུས་འགྲེལ་ཆེན་ལ་ཡང་རང་འགྱུར་མཛད་པས་འབྲོ་འགྱུར་ལས་ཆེས་བཟང་ཞེས་གྲག་གོ །སླར་ཁ་ཆེར་བྱོན་ཏེ་གཉིས་སུ་མེད་པའི་ཡེ་ཤེས་ཀྱི་སྒྲུ་བརྙེས་སོ། །ལྟེ་བཟང་ཡུལ་བས་དུས་ཕྱིས་གཞན་ལོ་ལ་ཡང་དུས་འཁོར་གསན་ནས། དོལ་པ་མགོ་ཉི་མ་ལ་གནང་། དེས་གླུབས་དགེ་འདུན་གྲགས། དེས་གླུབས་ཇོ་སྲས་སྐྱེང་ལམ་པ། དེས་གཉལ་སྟོད་ཀྱི་གླུན་བང་སོ་བ་ཆོས་ཀྱི་དབང་ཕྱུག་ལ་བཤད་པ་སོགས་བྱུང་ངོ་། །ཡང་གླུབས་ཇོ་སྲས། ཤེ་སྟོན། ཤེས་རབ་སྤྱན་ལྡན། སྟག་ལུང་པ་མདྷ་ལ་གུ་རུ་སོགས་བྱུང་ངོ་། །འབྲོ་ལོ་ཙཱ་བས་ཀྱང་དགེ་བཤེས་རྒྱ་གླིང་པ། དེས་གཉལ་སྟོད་ཀྱི་བྱ་ལོ་ཙཱ་བ་ཟླ་བ་འོད་ཟེར། དེས་དུས་འཁོར་ལ་དགའ་བ། དེས་དུས་འཁོར་བ་ཆོས་ཀྱི་ཤེས་རབ་ལ་བཤད་པ་སོགས་བྱུང་ངོ་།།

པཎ་ཆེན་དེའི་གདངས་ཅན་གྱི་སྲས་གཅིག་པུ་ལྷ་རྗེ་སྒོམ་པ་དཀོན་མཆོག་སྲུངས་ནི། འཕན་ཡུལ་གྲབ་ཏུ་སྐུ་འཁྲུངས་རྗེན་དགེ་བསྙེན་སྨན་དཔྱད་ལ་བྱང་བས་འགྲོ་དོན་ཆེ། མདོན་པ། ས་སྐྱེ། གསང་འདུས་འཕགས་སྐོར། གཤེད་སྐོར། བདེ་དགྱེས་སོགས་གསང་སྔགས་ཕལ་མོ་ཆེ་མཁས་པར་མཁྱེན། བསྙེན་སྒྲུབ་ཞལ་དུ་ཕྱིན་པས་གྲུབ་སྒོམ་དུ་གྲགས་ཤིང་། ཐུན་མོང་གི་དངོས་གྲུབ་མངའ་བརྙེས་པ་དེས། པཎ་ཆེན་ཟླ་མགོན་བོད་དུ་འབྱོན་ཐེངས་བར་པའི་རིས་ལ་མཇལ་བས་ཤིན་ཏུ་དད་དེ། ཡོ་བྱད་ཐམས་ཅད་བསྡུས་པས་གསེར་སྲང་དྲུག་བྱུང་བ་ཕུལ། དར་ཡུག་གཅིག་སྐེ་ལ་བཏགས་ཏེ་ལུས་ཕུལ་ནས་ཞབས་ཏོག་མཐོ་བར་མཛད། མཁྱེན་པ་ཆེ་ཞིང་ཅི་གསུང་བཀའ་བཞིན་བསྒྲུབས་པས་དགྱེས་ཏེ། དབང་རྒྱུད་འགྲེལ་མན་ངག་མ་ལུས་པ་དང་། གཞན་ཕན་གྱི་བཀའ་གཏད་རྗེས་གནང་དང་བཅས་པ་སྩལ། པཎ་ཆེན་རྒྱ་གར་ལ་འབྱོན་པའི་ཕྱུགས་ཕྱི་ཐོགས་ནའང་མ་ཁྲིད་པར་འཕན་ཡུལ་གྲབ་ཉིད་དུ་རྩེ་གཅིག་ཏུ་སྒོམ་དུ་བཙུག་པས

ཐུགས་དམ་གྱི་ལྷ་མང་པོའི་ཞལ་གཟིགས། ཡེ་ཤེས་ཀྱི་ནང་རྟགས་མཐར་ཕྱིན། མཐོང་ཤེས་ལྔ་ཐོབ། རླུང་གཙུག་ཏོར་དུ་འཆིང་ནུས། རྒྱུད་འགྲེལ་འགྲོ་འགྱུར་གྱི་སྟེང་ནས་བཤད་པས་འགྲོ་ཡང་བཀའ་དྲིན་ཆེ་ཞེས་བརྒྱུད་པ་ལ་འཛུད་པར་མཛད་ལ་འགྲོ་ལུགས་ཞེས་གྲགས་སོ། །བླ་མ་དེས་གཞན་ལ་གཞུང་བཤད་ཆེར་མ་མཛད། ཆོས་རྣམས་སྒྲོ་སྟོན་ལ་གནང་ནས། ངོ་མཚར་བའི་ལྟས་དུ་མ་དང་བཅས་ཏེ་མྱ་ངན་ལས་འདས་སོ། །ཕྱི་རྟེན་རིང་བསྲེལ་མང་པོ་འབྱུང་བ་ཞིག་འཕན་ཡུལ་རག་མའི་ནང་ན་དེང་སང་ཡང་ཡོད་ཅེས་གྲགས་སོ། །

དེ་ཉིད་ཀྱི་ཐུགས་སྲས་སྒྲོ་སྟོན་ནི། འབྲུངས་ས་འཕན་ཡུལ་སྒྲོ་རིས། གདུང་སྒྲོ། མཚན་གནམ་ལ་རྩེགས། རྟེན་དགེ་བསྙེན་ན་བཟའ་དཀར་པོ་ཅན། དགུང་ལོ་ཉི་ཤུ་རྩ་དྲུག་པ་ལ་གཡུ་སྙིང་ཕུལ་གང་རྒྱུགས་སུ་བསྣམས་ནས་ལེང་ཤཱཀྱ་བརྩོན་འགྲུས། འབྲོག་མི་ཤཱཀྱ་ཡེ་ཤེས། འགོས་ཁུག་པ་ལྷས་བཙས་ཏེ་ལོ་ཙཱ་བ་གསུམ་གྱི་སློབ་མ་དགེ་བཤེས་ལོ་རོ་བ་ཞེས་པའི་དྲུང་དུ་ཡོལ་དབུས་སྟེར་བྱོན་ཏེ་དགུང་ལོ་ལྔ་བཅུ་རྩ་བརྒྱད་ཀྱི་བར་དུ། ཕར་ཚད་མཐོང་སུམ། བྱ་སྤྱོད་རྣལ་གསུམ། བདེ་དགྱེས་གསང་གསུམ། སྤྱི་ཐོད་གདན་གསུམ་སོགས་ལ་སློབ་གཉེར་མཛད་དོ། །ལོ་རོ་བའི་ཞལ་ནས་མཆིམས་བྱ་བའི་སྟུགས་པ་ཆེན་པོ་ཞིག་ཡོད་པ་ལ། འདི་ན་ཞིང་ཅན་རྡོ་རྗེ་འཛིན་པ་དང་འདྲ། ངབ་ལང་དང་འདྲ། ད་ང་ཡང་ལོ་ཙཱ་བ་གསུམ་ལ་ཐུག་པས་རྡོ་རྗེ་འཛིན་པ་དང་འདྲ། དུས་འཁོར་ཤེས་པ་གཅིག་བྱུང་ན་ད་དུང་ང་བ་ལང་དང་འདྲ་བར་འདུག་གསུངས་པས། བླ་མ་གནམ་རྩེགས་དུས་འཁོར་ཤེས་པ་ཞིག་བྱུང་ན་སྙམ་དུ་སེམས་ཤེང་། དགེ་བཤེས་དེ་ལ་ཐིག་ལེ་སྐོར་གསན་པའི་སྐབས་སུ། རྒྱ་གར་ནས་པཎྜི་ཏ་སོ་མ་ནཱ་ཐ་ཞེས་པ་དུས་འཁོར་མཁྱེན་པ་ཞིག་འབྱོན་འདུག་ཅེས་གསན་ནས། བླ་མ་ལ་ཞུས་པས། ཁྱོད་མཛལ

འདོད་ཆེ་བར་འདུག་པས་ཆོས་གྲོལ་མ་ཐག་སྟོན་ལ་སོངས། ང་ཕྱི་ལ་ཡོང་གི་གསུངས་པས་བྱོན་ཏེ་པཎ་ཆེན་ལ་གསེར་སྲང་བཅུ་གཉིས་ཕུལ་ནས་མཇལ་ཏེ། སློད་མར་ཞིང་གཟིང་མ་ཅན་བཙོངས་ཏེ་རྟ་ནག་བཟང་པོ་ཞིག་ཕུལ། ཀོང་པོ་ཚུན་ཕྲུགས་ཕྱིར་འབྲིངས་ཞབས་ཏོག་ཡུན་རིང་དུ་བྱས་པས་དབང་དང་སོར་བསམ་གནང་སྟེ་ཉམས་རྟོགས་ཁྱད་པར་ཅན་འཁྲུངས། ཆོས་གཞན་མ་ཐོབ་པ་དང་། པཎ་ཆེན་དང་བླ་མ་སྒོམ་པ་གཉིས་འགོལ་དུས་ཞུས་གཏུག་མཛད་ཅིང་གཞན་བྱུང་པ་དང་འཁྲོ་གཅོད་པ་གཟིགས་ནས། གདམས་ངག་ཐམས་ཅད་བླ་མ་སྒོམ་པ་ལ་གནང་ཡོད་དགོངས་ཏེ་སྒོམ་པ་ལ་གསེར་ཕུལ་ནས་ཞུས་པས། བཀའ་རྒྱ་ཡོད་གསུང་ནས་མ་གནང་། དེ་ན་པཎ་ཆེན་རྒྱ་གར་ལ་གཤེགས་པའི་ཤུལ་དུ། འཕན་ཡུལ་ཡུར་མའི་མདའི་རྟེར་བཟངས་སུ་ལོ་གསུམ། ཡེར་པར་ལོ་གསུམ། བླ་མ་སྒོམ་པ་གོ་བཏེག་མཛད་ནས། སེམས་འགྲེལ་སྐོར་གསུམ་མན་ངག་ཕྲན་དང་བཅས་པ་ཡོངས་སུ་རྫོགས་པ་དང་། གསང་འདུས་འཕགས་སྐོར་སོགས་བུམ་པ་གང་བྱོའི་ཚུལ་དུ་ཞུས། དེ་རྗེས་བླ་མ་མྱ་ངན་འདས་པའི་སྐུ་མདུང་མཛད། རྟེར་བཟངས་ཉིད་དུ་ཐུགས་དམ་ལས་མི་གཡེལ་བར་བཞུགས་པ་ན། ཕྱིས་པཎ་ཆེན་བོད་དུ་ཕེབས་དུས་སློབ་མ་རྣམས་ཀྱི་ལྷ་རྗེ་སྒོམ་པས་གདམས་ངག་ཐམས་ཅད་སྒྲོ་ལ་བྱིན་ནས་ཁོང་རང་གཤེགས་སོ་ཞེས་ཞུས་པས། སྒྲོ་སྟོན་གྱིས་པཎ་ཆེན་མཇལ་དུ་འོངས་པའི་དུས་སུ། ངས་ཆོས་གང་འདོད་སྦྱིན་ནོ་གསུངས་པ་ལ། གཞོན་དུས་སུ་ནི་གནང་དུ་མ་བཞེད་ད་རྒས་པས་མི་ཉུ་བྱས་པས། ཁྱོད་དཀོན་མཆོག་སྲུངས་ཀྱི་ཆོས་ཀྱིས་ངོམས་འདུག་སྟེ། དེ་ང་ལས་མ་བྱུང་ན་སུ་ལས་བྱུང་གསུང་ནས་ཕྱག་བཞུགས། བླ་མ་ཆེན་པོའི་བཀའ་དྲིན་ལགས་ཞུས་པས། གང་གང་བྱིན་གསུང་། འདི་དང་འདི་རྣམས་གནང་ལགས་ཞུས་པས། དེ་ལས་ང་ལ་ཡང་མེད་ཐམས་ཅད

རྫོགས་པར་བྱེད་འདུག་དེ་གཞན་ལ་སྟེར་རི་མཐའ་སྐྱོལ་གསུང་ནས་མགུལ་ལ་ཕྲེང་བ་བཙུག །དེར་བླ་མས་ནི་རྫོགས་པར་མ་གནང་བླ་མ་སྒོམ་པ་ལ་ཞུས་པ་ལགས་མོད། ཞུས་པས་ཕྲེང་བ་ཕུད་དེ་ངན་པ་འདི་གསུང་ནས་དབུ་ལ་བྱེ་མ་སྤར་གང་རྒྱབ། རེ་ཞིག་ན་ད་འོན་ཁྱེད་ཀྱིས་གཞན་ལ་སྟོན་ལ་མགོ་ལུས་ཚང་བར་བྱེད་ཅིག་ཅེས་རྗེས་སུ་གནང་བ་ཡང་ཐོབ། སྒྲོ་སྟོན་གྱིས་རང་གི་ཡོ་བྱད་ཡོད་དོ་ཅོག་ཕུལ་བས་པཎ་ཆེན་མཉེས་ཏེ། དབང་རྣམས་རྫོགས་པར་བསྐུར། རྒྱུད་འགྲེལ་གྱི་དཀའ་གནད་རྣམས་དྲི་གཏུགས་མཛད་ཅིང་གསན། དེ་ལྟར་པཎ་ཆེན་དང་བླ་མ་སྒོམ་པ་ལས་སེམས་འགྲེལ་སྐོར་གསུམ། གསུང་གདམས་ངག་ཆ་ལག་དང་བཅས་པ་མ་ལུས་པར་གསན་ནས། ཆོས་ཕྲན་བག་རེ་གསུང་ཞིང་ཐམས་ཅད་ལ་སོར་བསམ་གནང་ནས་སྒོམ་པ་ཁོ་ན་ལ་བརྩོན་དེ། གཞུང་བཤད་མི་མཛད་པ་ལས། དགུང་ལོ་བདུན་ཅུ་རྩ་གཉིས་བཞེས་པ་ན་གྲུབ་ཆེན་ཡུ་མོ་ལ་ཆོས་སྐོར་རྫོགས་པར་གནང་སྟེ། དགུང་ལོ་བརྒྱད་ཅུ་ལ་ཆོས་ཀྱི་དབྱིངས་སུ་སྙོམས་པར་ཞུགས་སོ། །འདིའི་ཕྱི་རྟེན་སྒྲོ་རིས་གནས་སྣང་ནས་བཞུགས་པ་ཞིག་པའི་ས་འབུར་ཙམ་ལ་རིང་བསྲེལ་དུ་མ་རྙེད་ཅིང་ཚ་ཚའི་ནང་བཞུགས་གཟུངས་ཀྱི་ཤམ་བུར་བླ་མ་གནམ་ལ་རྩེགས་ཀྱི་ཐུགས་དགོངས་རྫོགས་པར་གྱུར་ཅིག་ཅེས་པ་ཡོད་པ། ཕྱིས་ཀུན་སྤྱངས་ཆོས་གྲགས་དཔལ་བཟང་པོས་མཇལ་བས་རིང་བསྲེལ་བརྒྱ་ཕྲག་མང་པོ་རྙེད། །ཁང་བུ་བརྩེགས་པའི་མཆོད་རྟེན་བསོས་ཏེ་བཞུགས་སོ། །

བླ་མ་དེའི་ཐུགས་ཀྱི་སྲས་གཅིག་པུ་གྲུབ་ཆེན་ཡུ་མོ་ནི། གངས་ཏེ་སེའི་རྩ་རར་ཡབ་རྫམ་ཁྲོ་བོ་ཞེས་པ་ལ། སྲས་ཤཱཀྱ་རྒྱལ་མཚན། རྡོར་བྱང་། ཚུལ་ཤེ། གྲུབ་ཆེན་སྟེ་བཞི་འཁྲུངས་སོ། །འདི་ཉིད་ཀྱིས་རིམ་གྱིས་ལ་སྟོད་ལྷོར་བྱོན་ནས་དགུང་ལོ་བཅུ་པ་ལ་ལྷོ་འཆེར་གྱི་གནས་སུ་མཁན་པོ་སྟག་ལོ་ཙཱ་བ་གཞོན་བརྩོན་ལས་རབ་ཏུ་བྱུང་སྟེ། མཚན་

འདོགས་པའི་ཚེ་གདུང་རུས་རྫམ་དུ་འདུག་དད་པ་ཤིན་ཏུ་ཆེ་བ་གཅིག་འདུག་པས། རྫམ་བཙུན་དད་པ་རྒྱལ་པོ་ཞེས་པར་འདོགས་སོ་ཞེས་མཚན་དེ་ལྟར་བཏགས། མཁན་པོ་ལ་ཆོས་གསན་ཞིང་ལོ་གཉིས་བཞུགས། དེ་ནས་དོན་མོ་རིར་སེ་སྟོན་སྒྲ་གཅན་འཛིན་དང་། དགེ་གནས་སུ་བ་རེག་ཐོས་པ་དགའི་དྲུང་དུ། མངོན་པ་དང་ཕར་ཕྱིན་གསན། མི་རྣམས་དབུ་བ་ཡུ་མོའི་མགོ་འདྲ་ཞེས་གླེང་བས་རང་ཉིད་ཀྱིས་ཡུ་མོ་ཞེས་མཚན་བླ་དྭགས་སུ་བཏགས་སོ། །རྨ་དགེ་མཐོང་དང་། སྐེགས་ལ་དབུ་ཚད་དང་། སོག་འདུལ་བ་འཛིན་པ་ལ་འདུལ་བ་དང་སྤྱོད་ཕྱོགས་གསན། མདོ་རྒྱ་ལ་ཞལ་ཧོན་མཛད། ཀྱི་རྡོར་སོགས་སྔགས་སྐོར་ཡང་གསན། དེར་གྲོགས་ཤིག་གིས་དགུན་ཙེ་བྱེད་འདྲི་བ་ལ་མཚམས་བྱས་སྔགས་ཀྱི་དཔེ་འདྲ་འབྲི་གསུངས་པས། འོ་ན་བྱིན་ལག་ཚང་ན་རྡོ་རྗེ་སྙིང་འགྲེལ་འདུག་ཟེར་བས་དེ་འབྲིའམ་ཞེས་ཟེར་མ་ཐག །སྟོན་གྱི་བག་ཆགས་སད་ནས་དད་པས་སྤུ་ཟིང་དུ་གྱུར་ཏེ། དཔེ་དེ་གཡར་ནས་འབྲི་ཞིར་གཟིགས་པས་ཤིན་ཏུ་དད་དེ་སུས་ཤེས་དྲིས་པས། སོ་མ་ནཱ་ཐས་ཤེས་ཟེར་བ་ལ། དེ་སྟོན་གྱི་མི་ཞིག་ཡིན་སྙམ་ནས། དབུས་སུ་ཁམས་པ་ལྡེའུ་པ་ལ་སྤྱོད་ཕྱོགས་གསན་ཅིང་བཞུགས་པའི་དུས་སུ། པཎ་ཆེན་ཟླ་མགོན་སྐར་ཚུད་ན་བཞུགས་ཟེར་བ་གསན་ཏེ། རྡོ་རྗེ་སྙིང་འགྲེལ་ཤེས་སམ་བྱས་པས། དེ་ལོས་མཁྱེན་དེར་མ་ཟད། སྦྱོར་གསང་སྔགས་ཙམ་ལ་མཁས། ཁྱད་པར་དུ་དཔལ་དུས་ཀྱི་འཁོར་ལོའི་འགྲེལ་པ་ཆེན་མོ་ཡང་མཁྱེན་ཟེར། ཞུས་ན་གནང་ངམ་དྲིས་པས། སྦྱོར་བཀའ་དོག་སྟེ་ད་ལྟ་བལ་ཡུལ་དུ་གཤེགས་པའི་ཞབས་ཏོག་པ་མེད་པས་འགྲོ་ནུས་ན་གནང་འོང་ཟེར། སུམ་པ་རྡོ་རྗེ་གཞོན་ནུས་ཞུ་སྣ་བྱས་ནས། པཎ་ཆེན་དང་། བླ་མ་གནམ་བརྩེགས་གཉིས། ཀྱི་རྡོར་རྒྱ་སྔགས་དང་དེ་བཞིན་གཤེགས་པའི་ཡི་གེ་བརྒྱ་པ་ལ་ཞུ་ཏིག་མཛད་པའི་སྐབས་སུ་མཇལ་ཏེ་ཆོས་འབྲེལ་ཞུས་

པས། སྤྱགས་གཉིས་པོ་ལ་བཤད་པ་མཛད་ནས་གསུངས། ཚང་དཀར་ཡོལ་གང་གནང་། པཎ་ཆེན་གྱིས་གསེར་ཐིག་པོ་དང་། གླུ་རྩེའི་རྒྱལ་པ་མང་པོ་བསྟན་ནས། འདི་རྣམས་ཁྱེད་ཀྱིས་བལ་ཡུལ་ཐུག་ཁུར་ནུས་ཤིང་མགོ་ཐོན་ན། སང་རེས་ང་བོད་དུ་འོང་དུས་ཆོས་སྦྱིན་ནོ་གསུངས་པས། སློམ་པ་ཚུལ་གྲགས་ལ་དཔེ་ཆ་བཅོལ་བ་ལེན་དུ་བྱོན་པས། ཁྱེད་གར་འགྲོ་ཟེར་བ་ལ་སྔར་གྱི་ལོ་རྒྱུས་བསྙད་པས། པཎྜི་ཏ་ལ་ཆོས་མི་ཁུགས། སྔར་ཡང་མང་པོས་མ་ཁུགས་པ་ཡིན། དེ་བས་པཎྜི་ཏའི་ཆོས་མ་ལུས་པ་མཁྱེན་པ་ངེད་ཀྱི་བླ་མ་རྡོར་བཟངས་ན་བཞུགས་བྱས་པས། བློ་འགྱུར་ཏེ་སྟོན་པ་རྒྱལ་བ་འོད། སློམ་པ་དབང་བ་སོང་། སློམ་པ་ཚུལ་ཁྲིམས་གྲགས་རྣམས་ཀྱིས་ཞུ་སྣ་བྱས། སྒྲོ་སྟོན་ལ་ཞུ་རྟེན་གསེར་ཞོ་འགའ་ཞིག་དང་། དུང་ཆོས་ལེགས་པ་གཅིག །ཀ་པ་ལི་གཅིག་ཕུལ་བས། ཁྱེད་ཀྱི་འདི་ཚོ་ལ་ཉེ་བཟང་། སོག་འདུལ་བ་འཛིན་པ་དེ་བཙུན་པ་ཟས་ཟ་མི་ཤེས་གོས་གོན་མི་ཤེས་པ་ཐམས་ཅད་ལ་ཞལ་འཚོལ་ཕ་ལྟར་བྱེད་པ་ཡིན་ཟེར། དེའི་ཐུགས་ཟིན་ཁྱེད་ཡིན་པར་འདུག་པས། ཡོན་ཏན་ཞིག་ཡོད་པ་ཡིན་ཏེ་འོང་གསུང་ནས་ཆོས་གནང་བར་ཞལ་གྱིས་བཞེས། བླ་མ་དགུང་ལོ་བདུན་ཅུ་རྩ་གཉིས་པ་ལ་ཞལ་མཇལ་ཏེ། ལོ་བཞི་བར་མེད་དུ་བསྟེན་ནས་འགྲེལ་པ་སྐོར་གསུམ་གྱི་གཞུང་མན་ངག་ཆ་ལག་དང་བཅས་པ་དང་། མཚན་བརྗོད་མན་ངག་གི་བཤད་པ་དང་། གསང་འདུས་སྒྲོན་གསལ་ལ་སོགས་པ་གསན་པའི་དུས་སུ། བླ་མ་བག་ཙམ་བསྙུང་བ་ན། གཙང་སྟོན་འདི་ལ་ཆོས་མ་ཕོགས་ཀྱི་བར་དུ་ངམ་བསད་ཅེས་མཁའ་འགྲོ་མ་ལ་གསོལ་བ་བཏབ་ནས་གདམས་པ་ཐམས་ཅད་རྫོགས་པར་གནང་ངོ་། །མཐར་ཡང་དབང་བཞི་པ་གནང་། བདག་པོ་ཆེན་པོའི་དབང་བསྐུར་མཛད་ནས་འདིས་རྒྱུད་ཀྱི་བཀའ་གནད་གྲོལ་བ་ཡིན། སྐལ་ལྡན་མ་གཏོགས་པ་ལ་མ་བཤད་གསུང་སྐེ། རྡོ་རྗེ་

ལག་ཏུ་གཏད། རྒྱུད་འདི་ཁྲིད་དང་བདག་པོའི་དབང་མ་ཐོབ་པ་ལ་མི་འཆད་པ་ཡིན། དཔེ་ཙམ་གྱིས་མི་ཁྲོལ་བས་ལན་གསུམ་ཡན་ཆད་ཐོས་ནས་ཚིག་ཟིན་ཅིང་དོན་གོ་བས་བླ་མ་ལ་ཚུར་བཟླས་ཞིང་གཏན་ལ་དབབ་དགོས་པ་ཡིན་གསུང་། དགུང་ལོ་ལྔ་བཅུ་པ་ལ་འུ་ཡུག་ཏུ་བྱོན་ནས་ནུབ་མའི་མདའ་རྒྱལ་ཁབ་ཅེས་པར་གཞི་ཕབ་སྟེ། ཕུར་དབེན་གནས་ཀྱང་མཛད། གག་ཚངས་ཀྱི་ཕུའི་བྲག་ཏུའང་ཐུགས་དམ་ཡུན་རིང་དུ་མཛད་པས་གྲུབ་པ་ཐོབ་སྟེ། དབང་རྒྱུད་བཤད་མན་ངག་མང་དུ་གསུངས། གསལ་སྒྲོན་བཞི་དང་གཅེས་བསྡུས་ལ་སོགས་པའི་གདམས་པའི་བསྟན་བཅོས་ཀྱང་མང་དུ་མཛད་ནས་དགུང་ལོ་བརྒྱད་ཅུའི་བར་དུ་བཞུགས་ཏེ། བསྟན་པ་ལ་བྱ་བ་རྒྱ་ཆེར་མཛད་པ་ཡིན་ནོ།།

སློབ་མ་ཡང་སྲས་མཆོག་ཧྨེ་ཤྭ་ར། ཞ་བྲག་དཀར་བ། གཉལ་པ་གྲོ། གཉོས་ཀྱི་ཁུང་བ། གྲུབ་ཐོབ་ཧྨ་བོ་ཧེ། མཁས་པ་ཏེ་བོ་མགོན་པོ། སེ་ཆོས་ཀྱི་མདའ་བདག་ལ་སོགས་པ་མང་དུ་བྱོན་ཏེ། ཞ་བྲག་དཀར་བ་དང་། གཉལ་པ་གྲོས་ཆེན་པོ་གཉིས་ཀྱིས་བཀའ་གདམས་ལ་འདག་འབྱར་ཡུན་རིང་དུ་བྱས་པས། རྟོགས་པའི་ཁྱད་པར་ཅི་ཡང་མ་བྱུང་བ་ལས། ཕྱིས་བླ་མ་ཡུ་མོའི་དྲུང་དུ་འོངས་ནས་གདམས་ངག་བསྒོམས་པའི་ཞག་དང་པོ་ལ་རྟགས་རྣམས་རྫོགས་ཏེ། ལམ་གྱི་མཆོག་ཏུ་ངེས་པ་རྙེད། བསྒོམས་པས་མངོན་པར་ཤེས་པ་རྒྱ་ཆེན་པོ་དང་ལྡན་ནོ། །བླ་མ་ཡུ་མོས་སྐྱ་ཀའི་གཟུགས་སུ་བསྒྱུར་ཏེ། ཞ་བྲག་དཀར་བ་བྲག་ཐོག་གཅིག་ན་ཉིན་མོའི་རྣལ་འབྱོར་སྒོམ་པའི་སར་བྱོན་ནས། ཁྱི་ལུས་ཀྱི་ཕུང་པོ་ལ་མཆུ་བདར་ཏེ་སྐད་ཕྱུང་བ་དང་། དེས་ངོ་ཤེས་ཏེ་བླ་མ་རིན་པོ་ཆེ་བདག་ལ་དེ་འདྲའི་ཀུལ་ཀ་མི་མཛད་པར་ཞུ་ཟེར་ནས་ཕྱག་ཕུལ་བས། བླ་མ་མཉེས་ནས་སྒྱུ་འཕྲུལ་སྐྱའི་བགོད་པ་མཐའ་ཡས་པ་བསྟན་ཏོ། ཁྱད་པར་དུ་ཞ་བྲག་དཀར་བ་ནི། རྫོགས་རིམ་གྱི་ལྷ་གྲུབ་པས་སྤྲུལ་བསྒྱུར་ནུས་པ་སྟེ། དཔལ་ཆེན་རྒྭ་ལོས

གནམ་རྩེ་ལྡིང་གི་ཕུའི་དང་ཚང་བྲག་ཕུག་ནས་བྱ་རོག་གི་གཟུགས་ཀྱིས་ཕྱིན་ནས། ཕྱ་བྲག་དཀར་བའི་ཉེ་ལོགས་ན་ཤ་འདུག་པ་ལ་འཕེན་པ་དང་། དེས་ངོ་ཤེས་ནས། རྒྱ་ཆུང་བ་ཁྱོད་དེ་འདྲས་ཅི་བྱ་ཚུར་ཤོག་ལ་ཤ་ཟོ་ཟེར་ཏེ། དཔལ་ཆེན་པོ་དང་ཕན་ཚུན་སྣག་རྣམ་པར་རྩེ་བའི་སྒྱུ་མའི་བཀོད་པ་ཅི་ཡང་སྟོན་རེས་བྱས་སོ། །

གཉིས་ཀྱི་ཁྱད་པ་ནི། ར་སྒྲེང་དུ་ལོ་བདུན་ཙུའི་བར་དུ་བཀའ་གདམས་པ་ལ་སྦྱངས་པས་ཡོན་ཏན་མ་སྐྱེས་པ་ལས། བུ་ཡུག་ཏུ་ཡུ་མོ་དང་མཇལ་མན་ངག་བསྒོམས་མ་ཐག་རླུང་དབུ་མར་ཚུད་ཞི་བ་ཅན་གྲུབ་ཅིང་འཛིན་པའི་ཡོན་ཏན་ཐོབ་བོ། །དེས་ངོར་རྗེ་སྟོན་པ། དེས་དོལ་པ་འགར་སྟོན་དབང་ཕྱུག་གྲུབ་སོགས་ལ་རིམ་པར་བརྒྱུད་པ་བྱུང་ངོ་། །ཧྲེ་བོ་རྡོ་རྗེ་མགོན་པོ་ནི། ཡུ་མོ་ལ་གཞུང་གདམས་པ་མཐའ་དག་ཞུས་ཤིང་། རྣ་ཆོས་རབ་ལ་ཡང་གསན་ནས་བཤད་པའི་གྲྭ་ཡུན་རིང་དུ་བཙུགས་པའི། གླན་བང་སོབ་ཆོས་དབང་དང་། ལྡུམ་ར་སྒང་པ་གཉན་རྡོ་རྗེ་སེང་གེ་སོགས་སློབ་མ་མང་དུ་ཐོན། གཉན་ལ་སྐོ་མདོ་ཐམས་ཅད་མཁྱེན་པས་གསན་ཏོ། །ཡུ་མོའི་སྐུ་སྲས་དྷརྨེ་ཤྭ་ར་ནི། ཡབ་དགུང་ལོ་ལྔ་བཅུ་རྩ་ལྔ་པའི་ཚེ་འུ་ཡུག་རྒྱལ་ཁབ་ཏུ་འཁྲུངས། སྐྱེས་སྟོབས་ཀྱིས་ཐུགས་རབ་ཤིན་ཏུ་ཆེ་ཞིང་། མཚན་ཆོས་ཀྱི་དབང་ཕྱུག་ཏུ་བཏགས། ཆོས་འདི་སྟོན་གྱི་བག་ཆགས་སད་དེ། ཡབ་ལ་ལེགས་པར་གསན་ནས། དགུང་ལོ་བཅུ་གཉིས་པ་ལ་དབང་མདོར་བསྟན་གསུངས། བཅུ་དྲུག་པ་ལ་མི་ཆེན་མང་པོ་ལ་སེམས་འགྲེལ་གསུམ་ག་གསུངས། བཅུ་བདུན་པ་ནས་ལོ་ར་ལ་རྒྱུད་འགྲེལ་དུས་ཆོས་སུ་གནང་། ཉེར་ལྔ་ཚུན་ལ་ཡབ་ཀྱི་ཡོན་ཏན་བུམ་པ་གང་བྱོའི་ཚུལ་དུ་མཁྱེན། སྤྱིར་ཡབ་ཀྱི་ཞལ་སློབ་དགེ་བཤེས་ཆེ་དགུ་དག་ལ་གཏུགས་ནས། སྤྱོད་ཕྱོགས་དབུ་ཚད། ལམ་རིམ། རྒྱུད་སྡེ་མང་པོ་དགུང་ལོ་སུམ་ཙུའི་བར་དུ་གསན་ཅིང་སྦྱངས། དཔྱལ་ཀུན་དགའ་རྡོ་རྗེ། ས་ཆེན།

རྒྱ་གླིང་པ་སོགས་མཁས་པ་མང་པོ་རྩོད་པས་ཟིལ་གྱིས་མནན་ཏེ་མཁས་པའི་གྲགས་པས་ས་སྟེང་ཐམས་ཅད་ཁྱབ། གཙང་གཡས་རུ་ཤངས་རྩེ་གདོང་གི་ཤར་ཕྱོགས་སློན་མཁར་གྱི་གྲོང་ཆུང་དགོན་པར་ཕལ་ཆེར་བཞུགས་ནས་སྤྱོད་ཕྱོགས་དང་། ཚད་མ་དང་། འཕགས་སྐོར་སོགས་ཀྱང་གསུང་ཞིང་གཙོ་བོར་ཆོས་འདིའི་སྒོ་ནས་བསྟན་པའི་སྒྲོན་མེ་འབར་བར་མཛད་དོ། །འདིའི་སློབ་མ་ཁང་གསར་པ་ནམ་མཁའ་འོད་ནི། འགོས་དབང་བཙན་ལ་རིགས་ཚོགས་གསན་པས། སྡེ་སྣོད་མཐའ་དག་ལ་མཁས་པ། ཁྲས་མཆོག་ཧྨེ་ཤྭ་ར་ལས་སེམས་འགྲེལ་སྐོར་གསུམ་གྱི་གཞུང་གདམས་ངག་མ་ལུས་པར་གསན་ཏེ། རྒྱུད་འགྲེལ་ཆེན་མོའི་བཤད་པ་བྱང་བ། ཡན་ལག་དྲུག་གི་ཉམས་རྟོགས་ཁྱད་པར་ཅན་འཁྲུངས་པ་ཞིག་གོ །

བླ་མ་ཧྨེ་ཤྭ་ར་ལས་ཁྲས་ལྕམ་སྲིང་གཉིས་ཀྱི་དང་པོ་མ་ཅིག་སྤྲུལ་སྐུ་རྫོ་འབུམ་ནི། བྱད་གཟུགས་མཛེས་པ། ཌཱ་ཀིའི་མཚན་དང་ལྡན་ཞིང་གཞོན་དུས་སྤྱོད་པ་སྣ་ཚོགས་མཛད། སྐྱེས་སྟོབས་ཆེ་བས་ཡབ་ལ་ཆོས་རྣམས་གསན་ཅིང་མཁྱེན། ཡབ་གྲོངས་དུས་ཡུམ་གྱིས་བསྐུལ་བས་མཐུ་བསྒྲུབས་ཏེ་དགྲ་མང་པོ་བསྒྲལ་པར་བྱས། ཚེ་བདག་གི་ཞལ་གཟིགས། ནུས་མཐུའི་ཕ་རོལ་ཏུ་སོན། དེ་དུས་བྱང་ཆུབ་ཀྱི་ལམ་སྣ་ཞིག་མ་ཟིན་ན་ཅིས་ཀྱང་མི་ཕན་ཞེས་ངེས་འབྱུང་བཅོས་མིན་དུ་འཁྲུངས་ཏེ། སྔར་ཡབ་ལས་གསན་པའི་རྡོ་རྗེའི་རྣལ་འབྱོར་རྩེ་གཅིག་ཏུ་བསྒོམས་པས་དེ་མ་ཐག་ཏུ་རླུང་དབུ་མར་ཚུད་དེ་མངོན་ཤེས་ལྔ་ཐོབ། བྲག་རི་ལ་ཡང་ཐོགས་པ་མེད་པར་རྒྱུ་ཞིང་། ཁམ་ཟས་ལ་མི་ལྟོས། ཚེ་དེ་ཉིད་ལ་རང་བཞིན་གྱིས་གྲུབ་པའི་རྣལ་འབྱོར་མ་རྣམས་དང་སྐལ་བ་མཉམ་པའི་འཕགས་མར་གྱུར་ཏེ། ཁོ་མོ་ཨོ་རྒྱན་དུ་འགྲོ་ཞེས་སྒྲ་འོད་དང་། ས་གཡོ་བ་ལ་སོགས་པའི་ལྟས་དང་བཅས་ཏེ་མཁའ་སྤྱོད་དུ་གཤེགས། ལྕམ་ལྷཱི་ཀ་རའི་

སྤྲུལ་པར་གྲགས་སོ། །

གཉིས་པ་སྲས་གྲུབ་ཐོབ་སེ་མོ་ཆེ་བ་ནི། ལྷགས་མི་བདེ་ཡང་ཆུང་དུའི་དུས་ནས་ཀློག་མ་བསླབ་པར་མཁྱེན། ཡབ་ལ་དབང་རྒྱུད་བཤད་གདམས་ངག་དང་བཅས་པ་ཐོབ་ཅིང་། སྤྲུལ་སྐུ་རྡོ་འབུམ་ལས་ཀྱང་འགྲེལ་ཆུང་པདྨ་ཅན་དང་། སྒྲུབ་ཐབས་མན་ངག་ཕྲན་མང་པོ་ཐོབ། སླར་ཡང་མཁས་པ་ནམ་མཁའ་འོད་ལས་རྒྱུད་འགྲེལ་གྱི་ཟབ་བཤད་དང་། ཡུ་མོའི་བསྟན་བཅོས་འགའ་ཞིག་དང་། ཡབ་ཀྱིས་མཛད་པའི་རོ་བཅུད་སྟོང་ཐུན་ལ་སོགས་པ་དང་། འབྲོ་ལུགས་ཀྱི་གསུང་སྒྲོས་འོད་ཟེར་ཕྲེང་བ་དང་། རོ་བཙུན་ཁྱུང་གིས་མཛད་པའི་དྲི་མེད་རྒྱན་རྣམས་གསན་ཅིང་། དེ་དག་ཀྱང་ལན་རེ་ལ་ཐུགས་སུ་ཆུད་ལ། མི་བརྗེད་པའི་གཟུངས་ཐོབ། རབ་ཏུ་བྱུང་པའི་མཚན་ནམ་མཁའ་རྒྱ་མཚན་ཞེས་བཏགས། བླ་མ་གྱི་རེ་བ་དང་རྩེ་གདོང་པ་སོགས་ལ་ཆོས་དྲུག་ཕྱག་ཆེན་བདེ་མཆོག་སོགས་གསན། རྡོ་རྗེའི་རྣལ་འབྱོར་ལ་ཐུགས་དམ་སྙིང་པོར་མཛད་པས་གང་སྣང་སྟོང་གཟུགས་ཁོ་ནར་ཤར་ལ། མངོན་པར་མཁྱེན་པ་ཐོགས་མེད་དུ་མངའ། གཞན་གྱི་སེམས་ཤེས་པའི་མངོན་ཤེས་འཛེམ་མེད་དུ་གསུངས་པས་འགའ་ཞིག་མོས་ཀྱང་ཕལ་ཆེར་སྐྲག་ཅིང་བག་ཚ་བར་གྱུར་པས། བླ་མ་རྩེ་གདོང་པས་བཀའ་རྒྱ་བཏབ་ནས་ཕྱིས་སྨོད་ལྡན་རེ་རེ་ཙམ་ལས་གནང་དུ་མི་བཞེད། གཙང་གི་འོ་ལུང་སེ་མོ་ཆེར་བཞུགས་པས་གྲུབ་ཐོབ་སེ་མོ་ཆེ་བར་གྲགས། ལྷུམ་རྗེ་བུམ་མཁའ་སྐྱོད་ལ་གཤེགས་པའི་དུས་མཆོད་ཀྱི་སྐབས་སུ། ཟླ་བ་ཕྱེད་ཀྱི་བར་དུ་མི་གཡོ་བར་ཏིང་ངེ་འཛིན་གྱི་སྒོ་མང་པོ་ལ་མཉམ་པར་བཞག་སྟེ། དེ་ལས་བཞེངས་ནས་འདི་སྐད་གསུངས་པ། བདག་གིས་ཕག་གི་ལོ་གསར་ལ། །འོད་གསལ་ཆེན་པོར་མཉམ་གཞག་དུས། །སྟོན་གྱི་སྐྱེ་བ་དྲན་ཞིང་གསལ། །དཔེར་ན་གཉིད་སད་རྨི་ལམ་བཞིན། །སྟོན་འདས་དུས་ན་འཇིག་

རྟེན་ཁམས། །འོད་ཟེར་ཀུན་ནས་འགྲོ་ཞེས་པར། །བསྐལ་པ་ཆེན་པོ་བཟང་ལྡན་ལ། །བཅོམ་ལྡན་བདེ་གཤེགས་རྫོགས་སངས་རྒྱས། །དྲི་མེད་སྒྲོན་མ་ཞེས་པ་བྱོན། །རྒྱལ་སྲས་ཟླ་བ་དྲི་མེད་དང་། །ཉི་མའི་སྙིང་པོ་ཞེས་པ་བྱུང་། །བདག་ནི་འཛམ་གླིང་ས་ཡི་བདག །འཁོར་ལོས་བསྒྱུར་བ་སྟོབས་པོ་ཆེ། །གཙུག་གི་ནོར་བུ་ཞེས་བྱར་སྐྱེས། །ལྷ་མཛེས་འོད་མཛེས་ཉི་མཛེས་གསུམ། །བཙུན་མོའི་མཆོག་ཡིན་གཞན་ཉིས་བརྒྱ། །དཔལ་འབར་ཟླ་འོད་སྙིང་རྗེ་སོགས། །སྲས་ནི་གཞོན་ནུ་སུམ་བརྒྱ་ཡོད། །བློ་གྲོས་སྙིང་པོ་ལ་སོགས་པའི། །བློན་པོ་དམ་པ་ཉི་ཁྲི་ཡོད། །རྒྱལ་ཕྲན་འབངས་བཅས་བརྒྱད་ཁྲི་ཡོད། །ཕོ་བྲང་འཚོ་བ་བཟང་པོ་ཞེས། །མཆུ་ཞེང་དཔག་ཚད་བཞི་བཅུ་པ། །དེ་ན་རྒྱལ་སྲིད་འདོད་ཡོན་ལ། །ཀུན་ནས་སྤྱོད་ཅིང་གནས་པ་ན། །སེམས་དཔའ་གཉིས་པོ་དེར་བྱོན་ནས། །སངས་རྒྱས་འཁོར་བཅས་མཆོད་པ་དང་། །ཆོས་ནི་ཉན་པར་བསྐུལ་གྱུར་ཀྱང་། །བདག་ནི་རྒྱལ་པོའི་རིགས་པ་ཡིས། །སེམས་དཔའ་གཉིས་ཀྱི་བཀའ་བཅག་ཅིང་། །བརྙས་ཏེ་དུས་སུ་མ་ཉན་ཏོ། །ཕྱི་ཞིག་རྒྱལ་པོ་འགྱོད་གྱུར་ནས། །སེམས་དཔའ་གཉིས་ལ་མདོངས་གསོལ་ཏེ། །སངས་རྒྱས་འཁོར་བཅས་རྟག་མཆོད་ཅིང་། །དམ་པའི་ཆོས་ཀྱང་ཉན་ཅིང་བསྒོམས། །དེ་ནས་བདག་ནི་ཆེ་འཕོས་ཏེ། །བྱང་ཆུབ་སེམས་དཔའི་ངག་བཅག་ཅིང་། །བརྙས་པའི་སྡིག་པས་ལྷུང་གྱུར་ཏེ། །ཕུག་རོན་སྐྱེ་བ་བརྒྱ་བླངས་ཤིང་། །དེ་ནས་བྱ་རྒོད་ལུས་ཉི་ཤུ། །ཁྱིའུ་སུམ་ཅུ་སྐྱ་ཀ་བཅུ། །ནེ་ཙོ་བཞི་བཅུ་ཁྲུང་ཁྲུང་གི །སྐྱེ་བ་ལྔ་བཅུ་ལྔ་ཡུལ་དུ། །ཤང་ཤང་ཏེའུའི་ལུས་བཅུ་གསུམ། །དེ་ནས་ཕུ་ཤུད་ལུས་དྲུག་ཅུ། །ཆུ་བྱ་ལྔ་བཅུ་རྨ་བྱ་བཅུ། །སྤྲང་བུ་ཉི་ཤུ་སྦྲུར་བཅུ་གསུམ། །དེ་ནས་མིར་སྐྱེས་དམུས་ལོང་ལ། །ཚེ་ལོ་དྲུག་ཅུར་སྡུག་བསྔལ་མྱོང་། །དེ་ནས་རིགས་ངན་ལྐུགས་ཤིང་དབུལ། །ནད་ཀྱི་ལོ་ནི་ལྔ་བཅུར་གཙེས། །སླར་ཡང་གྲོག་མའི་སྐྱེ་བ་གསུམ། །ར

ལྷ་ཁྲི་གསུམ་ཧྲ་ལྷ་དང་། །མཐའ་མར་ལུག་ནི་དཀར་པོར་སྐྱེས། །རྫི་བོས་འུར་རྡོ་འཕངས་པས་ཤི །རོ་དེ་རྣལ་འབྱོར་པ་བཞིས་འཁྱེར། །བྲག་ཕུག་དབེན་པར་ཚོགས་འཁོར་བྱས། །དེ་ཡིས་མིར་སྐྱེས་བདག་རང་ཡིན། །ངན་འགྲོ་ཟད་མོད་སྡིག་ལྷག་གིས།། མིག་མི་གསལ་ཞིང་ལྐུ་མི་བདེ། །རྣ་བ་འོན་པ་འདི་ལགས་སོ། །རྫོགས་སངས་རྒྱས་ལ་བསྙེན་བཀུར་ཞིང་། །ཐེག་པ་ཆེན་པོའི་ཆོས་ཐོས་པས། །ད་ལྟ་དམ་པའི་རིགས་སུ་སྐྱེས།། བླ་མ་གྲུབ་ཐོབ་མཆོག་དང་མཇལ། །ཟབ་ལམ་རྣལ་འབྱོར་ཡན་ལག་དྲུག །ཉམས་སུ་ལེན་འདི་བྱུང་བ་ཡིན། །ཁྱད་པར་མ་ཅིག་འདས་མཆོད་དུས། །ཕྱག་རྒྱ་ཆེན་པོའི་རང་ཉམས་ལ། །ཡེ་ཤེས་མཁའ་འགྲོ་རྣམ་ལྔ་བྱོན། །དེ་རྗེས་བདེ་མཆོག་དཀྱིལ་འཁོར་མཐོང་། །མི་བསྐྱོད་སྣང་བ་མཐའ་ཡས་དང་། །འཇམ་དཔལ་སྒྲོལ་མ་སྤྱན་རས་གཟིགས། །ཕྱག་ན་རྡོ་རྗེ་སྟོབས་པོ་ཆེ། །མི་གཡོ་བ་དང་བྱམས་པ་མགོན། །དེ་རྣམས་ཀྱི་ནི་སྐུ་མཐོང་གསལ། །དེ་རྗེས་དམ་པའི་སངས་རྒྱས་ཀྱི། །བརྒྱུད་པའི་བླ་མ་རྣམས་བྱོན་ཏེ། །ཕྱག་ན་ཡིད་བཞིན་ནོར་བུ་བསྣམས། །ཞལ་ནས་གདམས་པའི་བདུད་རྩི་སྩལ། །ཁྱོད་ནི་སྐྱེ་འདིའི་འོག་རོལ་ཏུ། །རབ་ཏུ་དགའ་བའི་ས་ཐོབ་ནས། །གཙང་མའི་གནས་སུ་ཉེར་འགྲོ་ཞིང་། །སེམས་ཅན་ཐར་འབུམ་མང་པོ་ཡི། །དོན་ཡང་འགྲུབ་པར་འགྱུར་ཅེས་གསུང་། །ཞེས་སོགས་མང་དུ་གསུངས་ཤིང་། ད་ནི་ཁོ་བོ་སྐྱེ་བ་བཅུ་དྲུག་ན་སངས་རྒྱས་ནས་སེམས་ཅན་ཐམས་ཅད་སྒྲོལ་བར་བྱེད་དེ། སྐྱེ་བ་དང་པོ་མི་གདུང་བའི་ལྷ། གཉིས་པ་འཁོར་ལོ་བསྒྱུར་བའི་རྒྱལ་པོ་གདུགས་ཀྱི་ནོར་བུ། གསུམ་པ་རྒྱལ་པོ་དབང་བསྒྱུར་ཆེན་པོ། བཞི་པ་རྒྱལ་པོ་དོན་ཡོད་ནོར་བུ། ལྔ་པ་རྒྱལ་པོ་འཁོར་ལོ་ནོར་བུ། དྲུག་པ་རྒྱལ་པོ་རྡོ་རྗེ་འཆང་། བདུན་པ་རྨ་བྱའི་རྒྱལ་པོ་གསེར་དུ་སྣང་བ། བརྒྱད་པ་ནམ་མཁའ་ལྡིང་གི་རྒྱལ་པོ། དགུ་པ་རྒྱལ་པོ་ལག་ན་པདྨ། བཅུ་པ་རྒྱལ་པོ་དགེ་བ་

བཀོད་པ། བཅུ་གཅིག་པ་རྒྱལ་པོ་རིན་པོ་ཆེའི་ཕྱུག་རྒྱ། བཅུ་གཉིས་པ་རྒྱལ་པོ་ཕོ་བྲང་རལ་གྲི་ཅན། བཅུ་གསུམ་པ་རྒྱལ་པོ་གྲགས་པ་མཐའ་ཡས། བཅུ་བཞི་པ་ལྷའི་བུ་དབང་བསྒྱུར་རྒྱལ་པོ། བཅོ་ལྔ་པ་འཁོར་ལོ་སྒྱུར་བའི་རྒྱལ་པོ་པདྨ་ཅན། བཅུ་དྲུག་པ་རྒྱལ་པོ་པདྨའི་ནོར་བུ་རྣམས་སུ་སྐྱེས་ནས་ས་བཅུ་བགྲོད་པས་སྨོན་ལམ་རྫོགས་ཤིང་། སེམས་ཅན་ཐམས་ཅད་སྨིན་པར་བྱས་ཏེ་སངས་རྒྱས་ཀྱི་ཞིང་ཡོངས་སུ་སྦྱང་བ་མཐར་ཕྱུག་ནས། འཇིག་རྟེན་གྱི་ཁམས་པདྨ་ཅན་ཞེས་བྱ་བ་བཻ་ཌཱུརྱ་ལས་གྲུབ་པའི་ས་གཞི་ལག་མཐིལ་ལྟར་མཉམ་པ། ངམ་གྲོང་དང་ལུང་ཁུང་མེད་པ། གསེར་གྱི་བྱེ་མ་བདལ་བ། དེར་སྐྱེས་པའི་སེམས་ཅན་ཐམས་ཅད་ཀྱང་དུག་གསུམ་མེད་ཅིང་ལོངས་སྤྱོད་ལྡན་གྱིས་གྲུབ་པ། བུད་མེད་དང་ཉན་རང་མེད་པ། ཐེག་པ་དམན་པའི་སྒྲ་ཡང་མི་གྲག་པ། དེར་སྐྱེས་པའི་བྱང་ཆུབ་སེམས་དཔའ་ཐམས་ཅད་ཀྱང་སྐྱེ་བ་གཅིག་གིས་ཐོགས་པ་ཤ་སྟག་གོ །དེར་བདག་དེ་བཞིན་གཤེགས་པ་དགྲ་བཅོམ་པ་ཡང་དག་པར་རྫོགས་པའི་སངས་རྒྱས་པདྨའི་ནོར་བུ་ཞེས་བྱ་བར་འཚང་རྒྱ་སྟེ། འཁོར་བྱང་ཆུབ་སེམས་དཔའ་འབའ་ཞིག་ལ་ཐེག་པ་ཆེན་པོའི་ཆོས་སྟོན་ཏོ། །སྟོན་པ་དེའི་ཕྱུག་ཞབས་ཀྱི་སོར་མོ་རེ་རེ་ལས་པདྨ་རེ་རེ་འབྱུང་ལ་དེ་རེ་རེ་ལས་ཀྱང་པདྨ་བྱེ་བ་ཕྲག་ཐེར་འབུམ་འབྱུང་ཞིང་། དེ་རེ་རེའི་ནང་ནས་སངས་རྒྱས་སྤྲུལ་པའི་སྐུ་བྱེ་བ་ཕྲག་ཐེར་འབུམ་བྱུང་ནས་སེམས་ཅན་དཔག་ཏུ་མེད་པ་ལ་ཐེག་པ་ཆེན་པོའི་ཆོས་བསྟན་ཏེ་གྲོལ་བར་མཛད་དོ། །ཞེས་རང་གཞན་གྱི་སྐྱེ་བ་འདས་མ་འོངས་མང་པོ་ལུང་བསྟན། ཕོ་བ་ལུང་ཕྱུག་ཏུ་བསྟུང་བ་མི་མངའ་བར་དབྱུ་གུ་ཟླ་བའི་ཆོས་བརྒྱུད་ལ་སྐུ་གདུང་རིང་བསྲེལ་གྱི་ཕུང་པོ་ཅན་བཞག་སྟེ་ཆོས་ཀྱི་སྐར་ཐིམ་མོ། །བླ་མ་འདི་ལ་སློབ་མ་མང་ཡང་མཆོག་ཏུ་གྱུར་པ་ནི། ཁྲི་ཕུ་ལོ་ཙྪ་བ། དགེ་བཤེས་རྨ་བྱ་བ། ཆོས་རྗེ་འཛམ་གསར་བ། བོ་དོང་རིན་རྩེ། ལྷོ་པ་ཆོས

ལྷན་དང་ལྷོ་ལས།

བླ་མ་ཁྲོ་ཕུ་ལོ་ཙྪ་བ་བྱམས་པ་དཔལ་ནི། སྔར་པཎ་གྲུབ་མང་དུ་བསྟེན་པས་ཆོས་ཀྱི་མངའ་བདག་ཏུ་གྱུར་ནས། ཆོས་འདི་ལ་ལྷག་པར་མོས་པས། སེ་མོ་ཆེ་བ་སྟོན་མཁར་གནས་སུ་གདན་དྲངས་ཏེ། སྐོར་དྲུག་གི་ཁྲིད་ཕྲན་དང་བཅས་པ་གསན། ལོ་ཙྪ་བའི་སྐུ་ཆེའི་ཚད་དང་ཁྲོ་ཕུའི་དར་རྒྱུད་ལ་སོགས་པ་ལུང་བསྟན་པས་མཆོག་ཏུ་གུས་ཤིང་བསྟགས་པ་ཆེ་བར་མཛད་དོ།

ཆོས་རྗེ་འཇམ་གསར་བ་ནི་ཡུལ་ཉང་རོའི་སྐྱུར་པོར། ཡབ་སློབ་དཔོན་དཔལ་ཆེན་ཞེས་པ་ལ་སྲས་གཉིས་འཁྲུངས་པའི་ཆུང་ཤོས་ཡིན། མཚན་ཇོ་སྲས་བློ་བདེ་ཞེས་པ་མིག་འཁྲུལ་དང་ལུགས་ཀྱི་བསྟན་བཅོས་མཐའ་དག་ལ་མཁས་ཤིང་། སྐྱེས་སྟོབས་ཕུལ་དུ་བྱུང་བས་བྱིས་པའི་དུས་ནས། གཙང་ནག་པའི་འགྲེལ་པ་ལ་ཐུན་ཉན་བྱས་ཏེ་ཕར་ཕྱིན་ལ་སློབ་གཉེར་བྱས། ཡབ་དང་མཆེད་འདས་པ་ལ་བརྟེན་ནས་འཁོར་བ་ལས་ཡིད་བྱུང་སྟེ། རྒྱ་མིག་ལུང་དུ་སངས་རྒྱས་ལམ་པའི་དྲུང་དུ་རབ་ཏུ་བྱུང་། མཚན་ཤེས་རབ་འོད་ཟེར་དུ་བཏགས། ཆོས་དུས་སུ་སློབ་དཔོན་བསེ་དམར་བ་ལ་ཕར་ཕྱིན་གསན་ཅིང་། ཆོས་བར་ལ་མཁན་པོ་ལ་བསླབ་བྱ་དང་། བདེ་མཆོག་ཕག་མོ། ཕྱག་ཆེན་གསན། དཀའ་ཐུབ་ལ་རྒྱུན་དུ་གནས་པས་ལུས་སྦྲངས། སྐབས་དེར་ཤིག་ནད་དྲག་པོ་བྱུང་བ་ལ་བཟློག་སྒོམ་མཛད་ཅིང་སྐུ་ལུས་སྦྱིན་པར་བཏང་བས་ཟླུག་རྡུ་ལ་བརྟེན་ནས་ཐུགས་དམ་འཁྲུངས། དེ་ནས་ཡང་མཛེ་ནད་དྲག་པོས་མཉེལ་བ་ན་སློབ་དཔོན་ལ་ཕྱག་རྫོར་མདོ་ལུགས་ཞུས་ཏེ། མཚམས་དམ་པར་བཅད་ནས་ཐོ་རེངས་ཡུད་ཙམ་རེ་མ་གཏོགས་མནལ་ཡེ་མ་ལོག་པར་བཟླས་པ་མཛད་པས་བསྐྱེད་རིམ་བརྟན་པར་བྱུང་སྟེ། མཐོང་བ་ཙམ་གྱིས་དོན་བགེགས་ཐམས་ཅད་དངངས་ནས་འགྲོ་སྣམ་པ་བྱུང་། ལོ་

གཅིག་དང་ཟླ་བ་དྲུག་ན་ཡི་དམ་གྱི་ཞལ་གཟིགས་ཏེ། བསྟུངས་རྒྱ་ནས་གྲོལ་ཞིང་། གཞན་ལ་འདྲི་གདོན་གནོད་པ་ན། ཐུགས་གཏད་པ་ཙམ་གྱིས་འཕྲུལ་དུ་འགྲོ་བ་བྱུང་། དེ་ནས་ཕར་ཕྱིན་གྱི་ཚིག་དོན་གསུང་སྒྲོས་ཐམས་ཅད་མ་བསླེལ་བར་བཏོན་པས་སློབ་དཔོན་ལས་ཀྱང་མཁས་ཞེས་གྲགས། ཞང་འབྲི་མཚམས་པ་ལ་མདོན་པ་བྱུང་བར་བསླུབས། དེ་ནས་གསང་ཕུར་བྲོན་ཏེ། གཉལ་ཞིག་ལ་དབུ་ཚད་ཕར་ཕྱིན་རྣམས་གསན། ཆོས་བར་ལ་པཎྜི་ཏ་དཱ་ན་ཤཱི་ལ་ལ་བདེ་མཆོག་དང་གཤེད་དམར་གྱི་དབང་དང་སྔགས་ཆོས་མང་དུ་གསན། པཎྜི་ཏས་ཀྱང་རྗེ་འདི་ལ་ཕར་ཕྱིན་གསན། དེ་ནས་ས་སྐྱ་པ་རྣམས་དང་བགྲོ་གླེང་མཛད་པས་ཐམས་ཅད་ལས་རྒྱལ་ཡང་ཐུགས་མ་ཆོམ་སྟེ། ལན་ཅིག་གཉལ་ཞིག་ལ་རྣམ་ངེས་ཀྱི་ཆོས་ཐོན་པའི་རྗེས་སུ་ཁྲིད་དེ་ལྟར་བཤད་པ་ལགས་སམ་ཞུས་པས། ཐུགས་རྒྱལ་བཞེངས་ཏེ། འདི་མ་སྐྱོང་ན་གཉལ་ཞིག་མིན་གསུངས་ནས་དམ་བཅའ་ཁས་བླངས། རྗེ་འདིས་འདི་མ་ཁེགས་ན་གཙང་སྟོན་མིན་ཞུས་ཏེ། ཕྱོགས་ཆོས་དཔེ་ལ་འགྲོ་མི་འགྲོ་ལ་ཉི་མ་གསུམ་དུ་མུན་སྲོས་སྲོས་ཀྱི་བར་དུ་བགྲོ་གླེང་མཛད་པས་རྗེ་འདི་རྒྱལ། གཉལ་ཞིག་གིས་དེའི་ནུབ་མོ་ཛ་བཟང་པོ་ཞོ་ཉེ་ཤུའི་མང་བསྐོལ་བྱས། དར་ཡུག་གཅིག་བཏང་སྟེ། འདི་ལ་ང་འཛམ་དཔལ་དང་མཉམ་པ་ཡིན་སྙམ་པ་ཡོད་དེ། ང་བས་ཀྱང་ཁྱེད་ཤེས་རབ་ཆེ་བར་འདུག་པས་འཛམ་དཔལ་རང་དུ་གདའོ། །གསུངས་པས་འཛམ་དཔལ་གསར་མར་མཚན་གྲགས་ཏེ། སྙན་པའི་བ་དན་གྱིས་ཀུན་ཏུ་ཁྱབ། གཉལ་ཞིག་བུ་དགུའི་ཡ་གྱལ་དུ་གྲགས། དེར་ཚད་མ་རྡོ་རྗེ་ཕྲེང་བ་མཛད་ནས་གཙང་དུ་བྱོན་པ་དང་། སློབ་དཔོན་བསེ་དམར་བ་གྲོངས་འདུག་པས་ཐུགས་སྐྱོ་སྟེ། ཡུལ་ཞིང་རྣམས་ཕག་ཏུ་བཙོངས་ནས་སློབ་དཔོན་གྱི་དགོངས་རྫོགས་ལ་བཏང་། ས་ལམ་གྱི་རྣམ་གཞག་མེ་ཏོག་ཕྲེང་བ་མཛད། ཐར་པ་གླིང་

དུ་ཕྱིན་ནས་དཔྱལ་ཆོས་བཟངས་ལས་ལོ་ཙྪ་བསླབས། དེ་ནས་འདོལ་ཆུང་དང༌། རྒྱང་འདུར་དུ་བཞུགས་ནས་གྲྭ་པ་ཕྱེད་དང་ཉིས་བརྒྱ་ལ་ཕར་ཚད་ཀྱི་ཊཱི་ཀྐཱ་མཛད་ནས་གསུངས། ཁྲོ་ཕུ་ལོ་ཙྪ་བ་དང༌། དཔྱལ་ཀུན་དགའ་སྙིང་པོ་དང༌། སྣར་ཐང་པ་གྲོ་ཆེན་པོ་དང༌། ཞང་ཆོས་བླ་དང་བྱ་མོ་ཁྱུང་པ་རྣམས་ལའང་དབང་རྒྱུད་གདམས་ངག་མང་པོ་དང་ས་སྤྱི་སོགས་གསན། ཁ་ཆེ་པཎྜི་ཏ་ཤཱཀྱ་ཤྲཱི་ལ་དབང་དང་གདམས་པ་མང་པོ་གསན་ཞིང༌། ལོ་ཙྪ་མཛད་དེ། ཨུ་རྒྱན་སྒྲོལ་མའི་སྒྲུབ་ཐབས་སོགས་བསྒྱུར། ཀོ་བྲག་པ་ལ་ལམ་འབྲས་གསན་པས་ཐུགས་སྣང་འགྱུར་ཏེ། སྐུ་མཚམས་དམ་པོ་ལ་བཞུགས་དུས་རྡོ་རྗེ་ལུས་ཀྱི་རྩ་གནས་མངོན་སུམ་དུ་གཟིགས། འཇམ་དཔལ་ངག་གི་དབང་ཕྱུག་མཇལ་བ་ལ། བདག་གི་བླ་མ་དང་གདམས་ངག་སྒོམ་པ་གང་ལེགས་ཞུས་པས། སེ་མོ་ཆེ་བ་ལ་དུས་འཁོར་དང་སྦྱོར་དྲུག་ཞུས་ནས་ལམ་མྱུར་དུ་བགྲོད་པར་འགྱུར་ཞེས་ལུང་བསྟན་ཐོབ་སྟེ། སེ་མོ་ཆེ་བ་དེ་གཡས་རུ་གྲོང་ཆུང་ན་སྤྲུལ་སྐུ་རྗེ་འབུམ་མཁའ་སྤྱོད་དུ་ཕྱིན་པའི་ཆོས་འཁོར་མཛད་པའི་སྐབས་སུ་དེར་འཕྱིན་པར་བརྩམས་པ་ན། གནོད་སྦྱིན་ཆེན་པོ་བདུན་གྱིས་གཙོས་པའི་སྣང་སྲིད་ཀྱི་ལྷ་འདྲེ་མང་པོས་མི་འོད་དང་འཇིགས་པའི་གཟུགས་སྟོན་པ་དང་སྒྲ་དྲག་པོ་སྒྲོག་པ་དང༌། རྡོ་ཆར་འབེབས་པ་སོགས་ཆོ་འཕྲུལ་མང་པོ་བསྟན་པས། དངོས་གྲུབ་སྟེར་བའི་ཡི་དམ་ལྷ། །གནོད་པར་སེམས་པའི་འདྲེ་གདོན་གཉིས། །མི་བདག་ལ་རོ་མཉམ་ཁྱད་པར་མེད། །ལྷ་འདྲེ་གང་དགའ་མ་དགར་ཤོག །གཉེན་པོ་ཐོས་བསམ་སྒོམ་གསུམ་དང༌། །སྤང་བྱ་ཉོན་མོངས་རྣམ་རྟོག་རྣམས། །མི་བདག་ལ་རོ་མཉམ་ཁྱད་པར་མེད། །ཉམས་བཟང་ངན་གང་དགའ་མ་དགར་ཤོག །འཁོར་བརྒྱ་དང་སྟོང་གིས་བསྐོར་བ་དང༌། །རང་གཅིག་པུ་གང་བདེར་ཉལ་བ་གཉིས། །མི་བདག་ལ་རོ་མཉམ་ཁྱད་པར་མེད། །འཁོར་མང་ཉུང་གང་དགའ

མ་དགར་ཤོག །ཚེ་རིང་ནད་མེད་ཕུན་ཚོགས་དང་། །དུས་དང་ལྷ་ཉིད་དུ་འཆི་བ་གཉིས།། མི་བདག་ལ་རོ་མཉམ་ཁྱད་པར་མེད། །ཚེ་རིང་ཐུང་གང་དགའ་མ་དགར་ཤོག །ཅེས་སོགས་ཆོས་བརྒྱད་རོ་སྙོམས་པའི་མགུར་གསུངས་པས་ཞི། གཙང་གཞུང་ལ་ཡར་བྱོན་ཙ་ན། ནམ་མཁའ་ཐམས་ཅད་སངས་རྒྱས་བྱང་སེམས་ཀྱིས་གང་བའི་སྣང་བ་བྱུང་། སེ་མོ་ཆེ་བ་དང་མཇལ་མ་ཐག་བླ་མ་དེ་ཉིད་ཕྱག་ན་རྡོ་རྗེ་དངོས་སུ་གཟིགས་ཏེ་སྣང་བ་འགྱུར་བའི་མོས་གུས་ཚུད་འབུལ་ནོད་རྒྱ་ཆེན་པོ་མཛད་དེ། སྦྱོར་དྲུག་ཞུས་པས་སྟོན་འགྲོའི་ཁྲིད་ཚར་བ་དང་མཆོག་དབང་གོང་མ་བསྐུར་ནས་སོར་བསམ་གནང་སྟེ་བསྒོམས་པས། སྔར་གྱི་ཆོས་ཀྱི་གོ་བ་ཚོ་སྤྲུན་སྙིགས་བཞིན་དུ་བྱུད། ཞག་གཅིག་ན་བསམ་གཏན་གྱི་དྲོད་དང་རྟགས་རྣམས་བྱུང་སྟེ་ཡིད་ཆེས་གསུངས་ཐོབ་ནས། སླར་ཡང་རྐྱང་འདུར་དུ་བྱོན་དབྱར་ཆོས་གྲོལ་ནས། བོ་དོང་རིན་རྩེ་སོགས་སློབ་མ་བཅུ་དང་ལྷན་ཅིག་དུས་འཁོར་གསན་དུ་བྱོན་ཏེ། ཞག་བཅུ་གསུམ་ལ་དབང་རྫོགས་པར་ཐོབ་ནས། ཟླ་བ་བཞིའི་བར་དུ་རྒྱུད་འགྲེལ་མན་ངག་དང་བཅས་པ་མ་ལུས་པར་མནོས། དེ་ནས་རྐྱང་འདུར་དུ། ཐུབ་པའི་དབང་པོ་འཁོར་དང་བཅས་པ་ཞལ་གཟིགས་པ་ལ། ཡན་ལག་བདུན་པ་ཞིག་ཕུལ། སངས་རྒྱ་བའི་རྒྱུ་ལམ་འབྲས་བུ་ཐམས་ཅད་བླ་མ་སངས་རྒྱས་ཀྱི་དྲུང་དུ་སྒྲོ་འདོགས་བཅད་ཟིན་པས་ཆོས་ནི་ཞུས་གསུང་། རྡོ་རྗེ་ཐེག་པ་མཆོག་གི་ལམ་ཞུགས་ཀྱང་། །ལས་དང་ཡེ་ཤེས་ཕྱག་རྒྱ་རྩ་རླུང་དང་། །ཕྲ་མོ་ཐིག་ལེ་ལ་སོགས་བསྒོམ་པ་ཡང་། །ཐུན་མོང་དངོས་གྲུབ་འགྲུབ་ཀྱིས་མཆོག་མིན་གསུངས། །པཎ་ཆེན་རྣམས་དང་གྲུབ་ཆེན་གྲངས་མེད་དང་། །བོད་ཡུལ་གསང་སྔགས་སྤྱོད་པ་འབུམ་གྱིས་ཀྱང་། །སངས་རྒྱས་རྣམས་ཀྱི་རྡོ་རྗེའི་ཉེ་ལམ་མཆོག །རྒྱུད་ཀུན་ལ་སྦས་བལྟས་པས་རྙེད་མ་ཡིན། །བླ་མེད་རྒྱུད་བསྟན་རྡོ་རྗེ་རྩེ་བསྟན་གྱི། །རྒྱལ་པོའི་ཕོ་བྲང་

མཐའ་དྲུག་ཚུལ་བཞིའི་སྒོ། །ལེགས་བསྡམས་རྡོ་རྗེ་ཚིག་གི་སྒོ་ལྕགས་བཅུག །གསང་འཛིན་ཆེན་པོ་རྣམས་ཀྱིས་ལྡེ་མིག་སྦྲས། །རིགས་གསུམ་མགོན་དང་དེ་རྣམས་རྗེས་འབྲངས་པའི། །འགྲེལ་པ་རྡོ་རྗེའི་སྒོ་འབྱེད་ལྡེ་མིག་གིས། །དུས་འཁོར་རིན་ཆེན་བང་མཛོད་སྒོ་གླེགས་ཕྱེ། །རྒྱུད་ཀུན་དགོངས་པ་སྦྱོར་དྲུག་ཉིད་ཡིན་པར། །སྐལ་ལྡན་བླ་མ་རྣམས་ཀྱིས་རྟོགས་པར་གྱུར། །དངོས་གྲུབ་ཀུན་འབྱུང་རིན་ཆེན་སྣ་ཚོགས་དང་། །སྦྱོར་དྲུག་ཡིད་བཞིན་ནོར་བུ་དངོས་སུ་གནང་། །རྟོད་ལྡན་ཤིན་ཏུ་མྱུར་བར་སངས་རྒྱ་བའི།།

ཟབ་ལམ་འདི་ནི་བླ་མའི་མན་ངག་དང་། །རྒྱལ་སྲས་འཕགས་པ་རྣམས་ཀྱི་རྒྱུད་འགྲེལ་ལས། །བསོད་ནམས་ཤེས་རབ་སྟོབས་ཀྱིས་ཁོ་བོས་རྙེད། །ཡིད་བཞིན་ནོར་བུ་གོས་རུལ་གྱིས་བསྟུམས་ནས། །གཏེར་དུ་སྦས་ཏེ་འཛམ་གླིང་འདི་ཉིད་ན། །ང་ཉིད་ནོར་ཆེ་སྨྲས་ཀྱང་སུ་ཡིད་ཆེས། །གང་ཞིག་ལ་ཡང་ཕན་འདོགས་ནུས་པར་འགྱུར། །དེ་བས་བདག་རང་འཆི་མེད་འཚོ་སླ་བའི། །གནས་དེར་སྒྲུབ་པའི་རྒྱལ་མཚན་རྩེར་བཏགས་ནས། །རྩེ་གཅིག་མི་རྟོག་སེམས་ཀྱིས་གསོལ་བཏབ་ན། །རང་གཞན་དགོས་འདོད་འབྱུང་བར་ཐེ་ཚོམ་མེད། །དེ་ཕྱིར་ཁོ་བོ་དབེན་པར་སྡོད་ལ་དགའ། །འཆི་མེད་བདུད་རྩི་རྙེད་ནས་ཟས་ངན་སྤོང་། །ནོར་བུ་རིན་ཆེན་རྙེད་ནས་གསེར་ཡང་འདོར། །མཆོག་ཐོབ་དམན་པ་འདོར་བ་ཇི་ལྟར་འཁྲུལ། །སྔོན་ཆད་གདམས་ངག་བརྒྱ་ཕྲག་དུ་མ་བསླབས།།

འོན་ཀྱང་ད་དུང་གཞན་དག་ཚོལ་བར་འདོད། །ད་ནི་སངས་རྒྱས་ཐམས་ཅད་བྱོན་ལགས་ཀྱང་། །མྱུར་དུ་འཚང་རྒྱའི་ལམ་གཞན་ཞུ་བསམ་མེད། ཁོ་བོ་ཡོན་ཏན་གྱི་ཁྱད་པར་འགའ་ཞིག་མ་རྙེད་ཀྱི་བར་དུ་མགོ་ལ་མེ་ཤོར་བ་གསོད་པ་ལ་བརྩོན་པ་ལྟར་འབད་ནས་བསྒོམ་པའི་ཆེད་དུ་དབེན་པར་མཆིས་པ་ལ་མི་མཉེས་པ་མ་དད་ན་བཟོད་པར་འཚལ་ཞེས་སོགས་སྙིང་ཡིག་པཻ་ཊུཊའི་ཕྲེང་བ་ཞེས་པ་དང་། རྣལ་འབྱོར་བདག་གི་དགའ

སྐྱིད་ཚིག་འགའ་བཤད། །སྔོན་ཡང་བསྟན་འདིར་མི་ལུས་ལན་འགའ་ཐོབ། །ཁ་ཆེའི་ཡུལ་དུ་རྒྱལ་བུ་དཔལ་མིང་ཅན། །ཟ་ཧོར་ཡུལ་དུ་བྲམ་ཟེ་དགའ་བའི་བློ། །ཀོ་ས་ལ་རུ་ཁྱིམ་བདག་གྲགས་པའི་མིང་། །སུམ་ཅུ་གསུམ་དུ་ནོར་བུ་དྲི་མ་མེད། །དེ་ནས་འཕོས་ནས་ད་ལྟ་འདིར་སྐྱེས་སོ། །ཡོངས་སྐྱོང་རྒྱ་ཆེན་མངའ་རིས་ཕྱུན་ཚོགས་ཀྱང་། །མཁས་པས་སྒྱུ་མ་བརྟན་དུ་ཤེས་པ་ལྟར། །མ་ཆགས་སྤངས་ནས་དད་པས་རབ་ཏུ་བྱུང་། །ཁྱིམ་པའི་དུས་ནས་ཆོས་སྤྱོད་ལས་ལ་བརྩོན། །སྐྱེ་འཆིས་འཇིགས་པས་མཚན་ལྡན་བླ་མ་བཙལ། །དམ་པ་རྣེད་ཆེ་རྩེ་གཅིག་གསོལ་བ་བཏབ། །བྱང་ཆུབ་འདོད་མིན་ཡིད་ལ་གཞན་མ་བསམ། །དམ་པའི་ཆོས་ཕྱིར་ལུས་སྲོག་ཐེད་ལ་བོར། །འབོལ་བའི་སྟན་སྤངས་སྲིན་མའི་གདན་ལ་འདུག །ཆོས་བརྒྱུད་དཔའ་བཞིད་བཟང་པོའི་གོས་སྤངས་ནས། །ཕྱུར་དར་ཁྲིད་པ་དམན་པའི་གོས་ལ་བརྟེན། །དེ་ཚེ་དད་པས་སྡུག་བསྔལ་ལམ་དུ་ཁྱེར། །ལས་ངན་དབང་གིས་ལུས་ལ་ཞིག་ནད་བྱུང་། །སྙིང་རྗེ་བཟློག་སྒོམ་བདག་ལུས་སྦྱིན་པར་བཏང་། །ཆོས་ཉིད་རྟོགས་པས་ནད་ཀྱང་རང་སར་གྲོལ། །བྲམས་པའི་དབང་གིས་གནོད་བྱེད་ཕ་མར་ཤེས། །མཛེ་ནད་འབྱུང་པོའི་གདོན་གྱིས་བཏབ་པའི་ཚེ།། སོ་དང་སེན་མོའི་མདོག་ཤོར་སྨིན་མ་བྱི། །ལོ་གཅིག་ཟླ་དྲུག་འདོད་ལྷའི་བསྙེན་པ་བསྐྱལ། །དེ་ཚེ་གདོན་གྲོལ་རྐྱེན་ངན་དཔལ་དུ་ཤར། །སྤྲོས་བྲལ་རྣམ་དག་གདོད་ནས་གནས་པའི་དོན། །ཁྲིད་དང་ངོ་སྤྲོད་གདམས་ངག་མ་བསྟན་པར། །ལོ་བརྒྱད་བྱིས་པའི་དུས་ནས་གསལ་བར་མཐོང་། །གནས་ལུགས་དོན་གྱི་སྒྲོ་འདོགས་ལེགས་པར་བཅད།། ཆུ་འཕྲང་རྗེ་འཆའ་བདུད་རྩེའི་བཙུད་ལེན་ལ། །ལོ་བརྒྱད་བར་དུ་དཀའ་སྤྱད་སྣ་ཚོགས་བྱས། །བྱང་ཆུབ་འདོད་པས་ལུས་སྲོག་ཐེད་ལ་བོར། །ཟབ་མོའི་གདམས་པས་བདེ་སྡུག་ལམ་དུ་ཁྱེར། །ས་གཞིའི་ཁྲི་སྟེང་ནམ་མཁའི་བླ་རེས་བརྒྱན། །ཁྱིན་པའི་སྟན

གཏིང་ལག་ངར་སྤྲས་སུ་བཙུག །འདོད་ཡོན་ཀུན་སྤངས་སྤྲང་པོའི་ཆ་བཟུང་སྟེ། །ཡང་ཚོའི་གཟི་འོད་དཀའ་སྤྱད་དྲག་པོས་བཅོམ། །ཕ་ཡུལ་ཉེ་དུང་བདེ་སྐྱིད་བློས་སྤངས་ཏེ། །བྱང་ཆུབ་བསྒྲུབ་ཕྱིར་བཀྲེས་སྐོམ་སྣ་ཚོགས་མྱོང་། །སྡུག་བསྔལ་བཤད་ན་དགྲ་ཡང་མཆི་མ་འཆོར། །གཞོན་པའི་མེ་ཏོག་རྒས་པའི་སད་ཀྱིས་བཅོམ། །སྲོད་ཀྱི་ཐུན་ལ་འདོད་ལྷའི་བསྙེན་པ་བསྐྱལ། །ནམ་ཕྱེད་ཐུན་ལ་འོད་གསལ་ངང་ལ་ཉལ། །ཐོ་རངས་ཉམས་ལེན་སྲོག་རྩོལ་ཐབས་ལམ་བསྒོམ། །བགྲོད་དཀའི་ལམ་ཆེན་ཁོ་བོས་ཚེ་འདིར་བཅད། །སྔ་དྲོ་ཁ་ཏོན་འདོན་དང་གསོལ་བ་གདབ། །ཉིན་ཕྱེད་སྡེ་སྣོད་རྒྱུད་སྡེ་ཀུན་ལ་བལྟས། །ཕྱི་དྲོ་ཕྱག་དང་གཏོར་མ་ལ་སོགས་བྱས། །འཁོར་བའི་གནས་འདིར་ཁོ་བོས་ནོམ་པ་སྤྱད། །སྔོན་འགྲོ་སྐྱབས་འགྲོ་སེམས་བསྐྱེད་མཎྜལ་ཕུལ། །དངོས་གཞི་སེམས་དཔའ་གསུམ་གྱི་ཉམས་ལེན་བྱས། །རྗེས་ལ་དམིགས་མེད་ཟབ་དང་རྒྱ་ཆེར་བསྔོས། །ཚེ་ཐུང་འདི་ལ་སྟོང་ལོག་མ་བྱས་སོ། །ཆོས་པའི་སོ་ནམ་ཡིན་པས་ཐོས་བསམ་བྱས། །ཆོས་ཀྱི་རྩ་བ་ཡིན་པས་གནས་ལུགས་སྒོམས། །ཆོས་ལ་འབྲས་བུ་དགོས་པས་སྨོན་ལམ་བཏབ། །སྒོ་གསུམ་ཐ་མལ་ནམ་ཡང་མ་བཞག་གོ །ཐོག་མར་འཆི་བས་འཇིགས་པས་བླ་མ་བཙལ། །བར་དུ་འཆི་བྲོད་དགོས་པས་ཉམས་ལེན་བྱས། །ཐ་མར་འཆི་རྒྱུ་མེད་པས་ཉལ་ནས་བསྡད། །མི་རྒན་ང་ཡི་ཉམས་ལེན་རྣམ་ཐར་ཡིན། །བདག་ལ་བསྒོམས་དང་མ་བསྒོམས་ཁྱད་མེད་ཅིང་། །བདེ་སྡུག་སྐྱེ་འཆིའི་འདུ་ཤེས་ཟད་གྱུར་ཀྱང་། །གཞན་རྣམས་བློ་སྣ་བཏུད་ཕྱིར་དབེན་པར་འགྲོ། །བདག་ལ་སེམས་ལ་བསླབ་པ་མཛད་པར་ཞུ། །ཞེས་སོགས་བསླབ་བྱ་ཞལ་ཐེམས་ཡི་གེ་རྒྱང་འདུར་དང་འབོབ་ཆུང་གི་ཀ་བ་སྦྲུར་ནས། དཔོན་སློབ་གཉིས་ནམ་ལ་བཞུད་དེ། རྒྱ་ནག་རི་བོ་རྩེ་ལྔར་ཐེགས་ནས་ཐུགས་དམ་ལ་རྩེ་གཅིག་ཏུ་བཞུགས། སློབ་མ་རྣམས་ཀྱིས་ཕྱོགས་ཀུན་ཏུ་ཆོལ་དུ་ཕྱིན

པས་ལོ་མང་རབ་ན་རྙེད་དེ། སློབ་མ་དབུ་ཆེ་དང་དཔོན་ཆེ་བས། གདན་འདྲེན་ཧ་པ་མང་པོ་རྒྱ་ནག་ལ་བརྫངས་ཏེ། རི་བོ་རྩེ་ལྔར་ཕྱིན། ཁྱེད་བོད་ཡུལ་དུ་མི་འགྲོན་ན། ངེད་རྣམས་དུས་གཅིག་ལ་ལྕེབ་པའི་མནའ་ཞུས་བས། ཐུགས་རྗེས་དགོངས་ནས་བོད་དུ་ཕྱིན། ལམ་རྣམས་སུ་འང་འགྲོ་བ་དཔག་ཏུ་མེད་པའི་དོན་མཛད། སླར་རྒྱུད་འདུར་དུ་ཐེབས་པ་ན། དབུས་གཙང་ཁམས་གསུམ་གྱི་བུ་སློབ་དཔག་ཏུ་མེད་པ་འདུས་ཏེ། ཀློག་པ་བ་རྣམས་ལ་དུས་འཁོར་གཙོ་བོར་གྱུར་པའི་གཞུང་བཤད་དང་། སྒོང་བ་པ་རྣམས་ལ་སྦྱོར་དྲུག་གི་གདམས་པ་ལོ་དྲུག་གི་བར་དུ་གནང་བའི་མཐར། དུས་འཁོར་ད་རེས་ལས་མི་བཤད་པས། སུ་ཉན་འདོད་པ་ཤོག་གསུངས་པའི་སྐད་ཕྱོགས་ཀུན་ལ་བཏང་བས། ཚོགས་པ་རྒྱ་མཚོ་ལྟ་བུ་འདུས་པ་ལ་དབང་རྒྱུད་འགྲེལ་མན་ངག་དང་བཅས་པ་རྒྱས་པར་གནང་སྟེ་རྫོགས་མ་ཐག །ད་འདི་ནས་བདེ་བ་ཅན་དུ་སྐྱེས་ནས་སངས་རྒྱས་ཀྱི་ཞིང་སྦྱོང་ཞིང་སེམས་ཅན་སྨིན་པར་བྱེད་གསུང་ཞིང་། ས་ག་ཟླ་བའི་ཚེས་བཅུ་བཞིའི་ཐོ་རངས་འཇའ་འོད་དང་མེ་ཏོག་གི་ཆར་འབབ་པ་སོགས་ཆོ་འཕྲུལ་སྣ་ཚོགས་དང་བཅས་པས་མྱ་ངན་ལས་འདའ་བའི་ཚུལ་བསྟན་ཏེ། གདུང་ལ་འཇམ་དཔལ་དང་། ཕྱག་རྡོར་དང་། དུས་འཁོར་གྱི་སྐུ་དང་རིང་བསྲེལ་ཡུངས་འབྲུ་ལྟ་བུ་མང་དུ་བྱོན་ནོ། །

རྗེ་འདིའི་སྲས་ཀྱི་ཐུ་བོ་ནི་རྗེ་བཙུན་ཀྭ་ལོ་དང་། ཀུན་མཁྱེན་ཆོས་སྐུ་འོད་ཟེར་གཉིས་ཡིན་ལ། ཆོས་སྐུ་བ་ནི་ཡུལ་མྱང་སྟོད་ཀྱི་གནས་ཨུཏྤ་ལ་ཁ་ཕྱེ་བ་ལྟ་བུའི་གསེར་སྡིངས་སུ། གདུང་སུམ་པ། ཡབ་གྲུབ་ཐོབ་ཀྱི་རྒྱལ་པོ་གསེར་སྡིངས་པ་གཞོན་ནུ་འོད་དང་། ཡུམ་མགར་བཙུན་མ་ཤེས་རབ་རྒྱན་གྱི་སྲས་སུ་སྐུའི་སྐྱེ་བ་བཟུང་། གཡའ་མ་རིའི་གཙུག་ལག་ཁང་གི་འདབ་ཏུ་ཡུམ་གྱི་མིང་པོ་མགར་གྲགས་པ་དབང་ཕྱུག་ལ། སྦྲུམ་མ་སྐྱོང་དུ་བཅུག་ནས། ཤིང་པོ་ཁྲི་ལོའི་སྟོན་འབྲིང་ཉི་མ་སྔ་གཅིག་གྱིས་བཟུང་བ་དང་དུས

མཆུངས་པར་སྐྱུ་བལྟམས། ཡུམ་གྱིས་མཚན་བདག་མེད་རྡོ་རྗེར་བཏགས། ཡུམ་གྱི་ལད་མོ་བྱས་པས་ཡི་གེ་འབྲི་ཀློག་དང་། ཆོས་སྤྱོད་ཀྱི་ཁ་དོན་རྣམས་ཚེགས་མེད་པར་མཁྱེན། དེ་ནས་གསེར་སྡིངས་སུ་བླ་མ་དགེ་འདུན་ལ་བསྙེན་བཀུར་ཏེ། བཟོད་པ་གསོལ་ནས་གསེར་སྡིངས་པ་ཆེན་པོའི་དྲུང་དུ་ཞང་པོ་དང་ལྷན་ཅིག་ཆོས་ཉན་པ་ན། ཤིན་ཏུ་གཞོན་པས་རྩེ་ཐབས་འབའ་ཞིག་གིས་དུས་འདའ་བ་གཟིགས་ཏེ། བདག་མེད་རྡོ་རྗེ་ཁྱོད་ཀྱི་རྩེད་མགོ་དང་། ངའི་ཆོས་མགོ་འཛུགས་པ་དུས་མཉམ་དུ་བྱེད་པས། ང་དང་ཆོས་ལ་མ་གུས་པ་ཞིག་གམ། ཞེས་བཀའ་སྐྱོན་པས་ཆོས་རྣ་བས་ཉན་ཅིང་རྩེ་ཐབས་རྐང་ལག་གིས་བྱེད་པ་ལ་འགལ་བ་ཅི་མཆི། ཆོས་གསུངས་པ་རྣམས་འདི་དང་འདིའོ་ཞེས་ལྷག་ཆད་མེད་པར་སྐྱར་བས། ཀུན་གྱིས་འདི་ནི་སྤྲུལ་པ་ཞིག་གོ་ཞེས་ཡ་མཚན་དུ་སྒྲོག་ཅིང་སྔོན་གྱི་གནས་རྗེས་སུ་དྲན་པའི་ཚུལ་བརྗོད་པས་པཎ་ཆེན་ཤཱཀྱ་ཤྲཱིའི་སྤྲུལ་པར་ཀུན་གྱིས་ཤེས་སོ། །བླ་མ་ཡང་དགྱེས་ཏེ་ཡབ་ཏུ་ཞལ་གྱིས་བཞེས་ནས། དེ་ཕྱིན་གྱི་བསྟན་བཅོས་རྣམས་ཀྱི་སྤྱིར་བྱང་དུ་རྣལ་འབྱོར་གྱི་དབང་ཕྱུག་ཆེན་པོ་ཞེས་མཛད་དོ། །བཅུ་གསུམ་པ་ལ་གནས་སྙིང་པ་ཆོས་ཀྱི་རིན་ཆེན་གྱིས་མཁན་པོ། གླང་པ་ཕང་ཐང་པ་ཤཱཀྱ་དར་གྱིས་སློབ་དཔོན་མཛད་ནས་རབ་ཏུ་བྱུང་། མཚན་ཡང་ཆོས་ཀྱི་འོད་ཟེར་དུ་བཏགས། ཡབ་གསེར་སྡིངས་པ་ཆེན་པོའི་དྲུང་དུ་སྨིན་འཇུག་གི་སྡོམ་པ་དང་། ཐོག་མར་དཔལ་འཁོར་ལོ་སྡོམ་པའི་དཀྱིལ་འཁོར་དུ་དབང་བསྐུར་བ་ཐོབ། གདམས་པ་མང་པོ་ཞིག་གསན་པའི་སྐབས་སུ། རྡོ་རྗེ་འཆང་ཆེན་བྱིན་བརླབས་ཀྱིས། །བྱང་ཆུབ་སེམས་ལ་བརྟན་པ་ཐོབ། །སྙིང་སེམས་སྲིད་པ་རྟུལ་པོར་སོང་། །འགྲོ་བ་སེམས་ཀྱི་དེ་ཉིད་མཐོང་། །ཐམས་ཅད་རྩོལ་མེད་ལྷུན་གྲུབ་རྫོགས། །ཞེས་ཞུས་པས། འོ་དེ་ཙུག་འོང་བ་ཡིན། ངས་ཇི་ལྟར་ངོ་སྤྲོད་པ་བཞིན་དུ་ཁྱོད་ལ་དཔར་བཏབ་པ་བཞིན་

རྩོལ་མེད་དུ་འབྱུང་བ་འདི་རང་གྲོད་གསུངས་ནས། འདུས་པ་དང་། དགྱེས་རྡོར་གྱི་དབང་། རིམ་ལྔ། ཆོས་དྲུག །ལམ་འབྲས་སོགས་གནང་བ་ནི། གནས་པ་རྩ་ཡི་དེ་ཉིད་ཤེས། །གཡོ་བ་རླུང་ལ་རང་དབང་ཐོབ། །བགོད་པ་བྱང་ཆུབ་སེམས་ཀྱིས་བརྒྱན། །ལུས་ངག་སེམས་ནི་བདེ་གསལ་སྟོང་། །རྒྱུ་ལམ་འབྲས་བུའི་བཞུགས་ཚུལ་ཤེས། །ཞེས་ཞུས་པས། འོ་ཅག་ཕ་བུ་ལ་དེ་ཙམ་རེ་སྐྱེ་རེ་སར་བྱུང་། ངས་སྙིང་པོའི་ལྡེ་མིག་གདད་ཟིན་གྱིས། གཞོན་དུས་བཤེས་གཉེན་ཕྱོགས་མེད་གྲངས་མེད་བསྟེན་ལ། ཐེག་པ་མཐའ་དག་གི་ལུང་ནོད་ཅིག །སྡེ་སྣོད་དང་རྒྱུད་སྡེ་ཐམས་ཅད་ཀྱི་སྒོ་ཕྱེ་ལ། འདོད་རྒྱུ་འབྱུང་བའི་ནོར་བུ་རྣམས་གདུལ་བྱའི་སེམས་ཅན་རིས་མེད་པ་ལ་རང་རང་གི་སྐལ་བ་དང་འཚམ་པར་བྲིམས་ཤིག །སྙིང་པོ་བསྡུས་པའི་ལྡེ་མིག་གིས། །སྒོ་ལྕགས་བཙན་ཡང་ཕྱེད་དེ་མཆི། །ཐོག་མར་ངེས་ཤེས་སྐྱེས་ན་ཡང་། །ད་དུང་རྒྱུ་མཚན་ཕྱེ་ནས་སོམས།། དེ་ལྟར་བྱས་ན་ཐུབ་བསྟན་དང་། །སེམས་ཅན་ཀུན་ལ་ཕན་པ་བྱས། །ང་ཡིས་འབད་པའང་དོན་དང་བཅས། །དེ་རིང་ཁོ་བོའི་བསམ་པ་རྫོགས། །ཞེས་གསུང་། དགུང་ལོ་བཅོ་ལྔ་པ་ནས་ལོ་བཅུའི་བར་དུ་གསན་སྦྱོང་མཛད་པས་ཐུམ་པ་གང་གྱིའི་ཚུལ་དུ་མཁྱེན། དེ་ནས་ཡབ་ཀྱི་ཞལ་ནས། ཆོས་རྗེ་འཛམ་གསར་བ་དང་སྐྱི་བ་སྟ་མ་ནས་ལས་འབྲེལ་ཡོད་པས་དེའི་དྲུང་དུ་སོང་ཞིག་ཅེས་བརྫངས་ཏེ། འཛམ་གསར་བ་གྲུ་ཁང་ན་བཞུགས་པའི་དྲུང་དུ་བྱོན་ནས། གཤེད་དམར་གྱི་དབང་གསན་པའི་ཚེ་བླ་མ་གཤིན་རྗེ་གཤེད་དུ་གཟིགས། གཞན་ཡང་དབང་ཁྲིད་བསླབས། ཕར་ཚད་སོགས་གཞུང་གདམས་ངག་མང་དུ་གསན། ཆོས་རྗེའི་ཞལ་ནས། གཞན་བློ་ཐུམ་ནང་ནམ་མཁའ་ཙམ། །འདི་བློ་ཕྱི་རོལ་ནམ་མཁའ་འདྲ། །དེ་ཕྱིར་འདི་བློ་མཚུངས་མེད་དོ། །མ་འོངས་འབྱུང་བ་ཤིན་ཏུ་དཀོན། །ཞེས་ཚོགས་སུ་བསྔགས་པར་མཛད་དོ། །གྲུབ་ཐོབ་སེ་མོ་ཆེ་

བ་ལ་དུས་འཁོར་གསན་དུ་ཕྱིན་པས། ཆོས་འདི་ལ་ངས་དམ་དུ་བྱས་པ་ཡིན་ཅིང་། གདམས་ངག་དང་རྒྱུད་རྫོགས་པར་ཞུ་བ་ལ་བླ་མ་ལོ་མང་དུ་བསྟེན་དགོས་པ་ཡིན་ཏེ། ང་བས་འཇམ་གསར་བ་རྒྱུད་མཐོ་བར་འདུག །ཁོང་འཇམ་དཔལ་དངོས་སུ་མཐོང་བས་ངས་ཐམས་ཅད་དུས་གཅིག་ལ་ཕྱིན་ནས། ཆོས་འདིའི་བདག་པོ་ཁོང་ལ་གཏད་པ་ཡིན་པས། ཁྱོད་རང་ཡང་ཆོས་འདི་འདོད་ན་ཁོང་ལ་ཞུས། ཁྱེད་གཉིས་སྐྱེ་བ་མང་པོའི་དཔོན་སློབ་ཡིན་གསུངས་ནས་ཆོས་འབྲེལ་དང་ཕྱིན་བརླབས་གནང་། དེ་ནས་གྲུ་ཁང་དུ་འཇམ་གསར་བ་ལ་དུས་འཁོར་གྱི་དབང་གསན་པའི་ཚེ། བླ་མ་རྡོ་རྗེ་ཤུགས་དངོས་སུ་གཟིགས། འདི་ལྟར་གདའ་ཞུས་པས། རྡོ་རྗེ་ཤུགས་དངོས་ཡིན་སྙམ་པའི་དཔའ་ཡོད་པ་ཡིན། འོ་སློལ་དཔོན་སློབ་ལ་གེགས་ཀྱིས་མི་ཚུགས་གསུང་། ཡེ་ཤེས་ཞབ་དུས་སོ་སྒྲི་ཧའི་སྐད་མང་པོ་བྱུང་བས་ཁ་ཆེ་པཎ་ཆེན་གསང་འདུས་ལ་མཁས་པའི་བག་ཆགས་སད་པར་འདུག་གསུང་། དཀྱིལ་འཁོར་དུ་ཞུགས་པའི་ཚེ་ཡེ་ཤེས་ཀྱི་དཀྱིལ་འཁོར་མངོན་སུམ་དུ་གཟིགས། དབང་བཞི་པའི་སྐབས་སུ་ང་བཞིན་དུ་ལུས་གནད་འཆོས་ལ་མི་རྟོག་པར་ཞོག་གསུངས་པ་ཙམ་གྱིས་འགྱུ་བ་ཕྲ་རགས་ཆད་དེ་བདེ་སྟོང་ཆེན་པོའི་ཏིང་ངེ་འཛིན་མངོན་དུ་འགྱུར། ཕྱིས་སྒོམ་ཁང་དུ་བསྒོམས་པས་ཉམས་རྟོགས་ཅུར་ལངས་ཏེ། ཆོས་རྗེའི་གསུང་གིས་གསལ་བ་རབ་ཀྱི་མཐར་ཕྱིན་གདའ། གཞན་མའི་སྒོམ་ཆེན་གྱི་སྒོམ་ཁྲན་ལ་འོ་སློལ་གྱི་གདམས་ངག་འདི་ཡོད་ན་ལུང་པ་གྲུབ་ཐོབ་ཀྱིས་གང་དུ་ཡོད་དེ་གསུང་། ཆོས་རྗེ་དེ་ཐུབ་པ་དང་འཇམ་དཔལ་སོགས་སུ་གཟིགས་པས། ངས་ལྷ་གང་བསྒོམས་པ་ལྟར་ཁྱེད་ཀྱིས་མཐོང་བར་འདུག་པ་གཞན་ལ་མ་གླེང་གསུང་། ཕྱིས་རྒྱ་ནག་ནས་ཕེབས་ནས་ཀུང་རྒྱུད་འབྲེལ་མན་ངག་དང་བཅས་པ་མང་དུ་གསན། དང་པོ་མཇལ་བ་ནས་སངས་རྒྱས་ཀྱི་འདུ་ཤེས་ལས་ཐ་མལ་དུ་ནམ་དུའང་མ

མཐོང་གསུང་། མཚན་གསན་པ་ཙམ་ཡའང་སྤྱན་ཆབ་འཁྱིན། གྲང་པོ་ལུང་དུ་འཛམ་རྒྱལ་བ་ལ་བསྟུང་གནས་ཀྱི་ལུས་ཞུས་པས་སྤྱན་རས་གཟིགས་ཀྱི་ཕྱག་གིས་དབུ་ལ་ཐུལ་བའི་སྣང་བ་བྱུང་། ཁྲི་ཕུར་བཟང་རིངས་ལ་མངོན་པ་དང་། སྟག་ཐོག་ཏུས་སྐྱ་པཎྜི་ཏ་ལ་སྒྲ་ཚད་སྙན་ངག་སྡེབ་སྦྱོར་བདེ་དགྱེས་སོགས་ཆོས་མང་པོ་དང་། པཎ་ཆེན་བི་བྷཱུ་ཏི་ཙནྡྲ་ལ་ཁྲེང་བ་སྐོར་གསུམ། བདེ་མཆོག །སྦྱོར་དྲུག །ཁ་ཆེ་སཧྰ་ཤྲཱི་ལ་ཁྲེང་བའི་དབང་དང་ཀ་ཙན་གྱི་སྒྲ་མདོ། དཔྱལ་ཆོས་བཟང་ལ་དཔྱལ་པའི་ཆོས་སྐོར། དཔྱལ་པདྨོ་ཙན་ལ་སྦྱོར་དྲུག་རྣམས་གསན། ཉེར་ལྡེ་པ་ལ་སྤར་གྱི་མཁན་སློབ་དགེ་འདུན་དང་བཅས་པ་ལས་བསྙེན་པར་རྫོགས། སྲིའུ་ཆུང་པ་ལྷེ་མདོ་སྡེ་སེང་གེ་ལ་ཡོ་ག་སོགས་ཆོས་སྐོར་མང་པོ་གསན། སོ་བརྒྱད་པ་ལ་མང་མཁར་དྲིལ་ཆེན་དུ། ས་སྐྱ་པཎྜི་ཏ་ལ་དགྱེས་རྡོར་གྱི་དབང་སེམས་བསྐྱེད་རིགས་གཏེར་གསན། ཁོང་རང་ཡུལ་དུ་ཐེགས་པའི་སྐྱེལ་གཏུང་གཞུ་ཀུན་དགའ་ར་བའི་བར་དུ་མཛད། ལྷ་སར་ཇོ་བོའི་དྲུང་དུ་མཆོད་པའི་སྤྲིན་གཏིབས་ཏེ་གསོལ་བ་བཏབ་པས་ཇོ་བོའི་སྐུ་ལས་འོད་ཟེར་འཕྲོ་བ་བྱུང་། བདག་གིས་ཚོགས་བསྒྲུངས་ཆོས་བཤད་དང་། །དབེན་པར་ཚོགས་སྤྱངས་སྒོམ་པ་གཉིས། །ཚེ་འདིར་དགེ་སྦྱོར་གང་ཆེ་ལགས། །སྒོམ་པའི་གནས་མཆོག་གང་ཞིག་ལེགས། །ཞེས་ཞུས་པས། ཇོ་བོ་ཉིད་སྟོན་པ་དངོས་སུ་གསལ་བའི་གསུང་སྐད་པོས། ཁྱོད་ཀྱིས་དང་པོར་བརྩམས་པ་ནས། །བརྩོན་པས་བསྒྲུབས་པས་ལུས་འདི་ཡིས། །སངས་རྒྱས་མཆོག་ཐོབ་འགྱུར་བ་ལ། །བརྩོན་པ་དོར་བ་མ་ལེགས་སོ། །འོན་ཀྱང་ང་ཡི་ཐེག་ཆེན་ཆོས། །སྟོན་པར་འདོད་ན་འདི་རྣམས་བསྒྲུབས། །ལྷག་པའི་ལྷ་ནི་གྲུབ་པའི་ཕྱིར། །སྤྲིན་སྲིག་ལན་བརྒྱ་རྩ་བརྒྱད་ཀྱིས། །སྐུ་གཟུགས་འཇམ་དཔལ་རྩ་རྒྱུད་བཞིན། །སྐྱེ་བོ་མང་པོའི་ཚོགས་སར་བཞེངས། །གསང་སྔགས་གཞུང་གདམས་མ་ལུས་པ། །བཤེས

གཉེན་བཟང་ལ་ལུང་ཐོབ་བྱོས། །ཀྲ་ནད་དབུལ་བས་སྡུག་བསྔལ་བའི། །མི་རྣམས་ཀྱི་ནི་མགོན་སྐྱབས་གྱིས། །དེ་ལྟར་ཁྱོད་ཀྱིས་བསྐྱབས་གྱུར་ན། །ཡོན་ཏན་གེགས་ཀྱི་ལས་སྒྲིབ་སེལ། །རྟེན་འབྲེལ་འགྲིག་ནས་ཚེ་འདི་ལ། །ཡོན་ཏན་རྒྱ་ཆེན་སྐྱེ་འགྱུར་ཏེ།། འཇིག་རྟེན་གསུམ་གྱི་མགོན་པོ་དང་། །འགྲོ་བའི་ཡིད་བཞིན་ནོར་བུར་འགྱུར། །བྲག་གནས་རྡོ་རྗེའི་རྩེ་འདུས་བརྒྱན། །མཐོ་བའི་དགོན་པར་སྐྱེ་བོ་རྣམས། །བྱང་ཆུབ་སེམས་མཆོག་ལ་བཀོད་ན། །སྡིག་སྤྱོད་རྒྱལ་པོས་གནོད་མི་འགྱུར། །བློ་ལྡན་གོང་ནས་གོང་དུ་འགྲོ། །ཞེས་ལུང་བསྟན་ཐོབ། དེར་ཆོས་རྒྱལ་རིགས་ལྡན་སོགས་བཀའ་བརྒྱུད་ཀྱི་བླ་མ་རྣམས་ཀུན་བྱོན་ནས་ཐུགས་དམ་དབུ་ཐོག་ཏུ་བཞག་སྟེ། དུས་ཀྱི་འཁོར་ལོའི་ཆོས་སྐོར་གྱིས་འགྲོ་བ་ལ་ཕན་ཐོགས་པར་ལུང་བསྟན། དེ་ནས་གསེར་སྡིངས་སུ་ཞི་བའི་སྦྱིན་སྲེག་བརྒྱ་རྩ་མཛད། གོ་དགུ་པ་ལ་ཧོར་དམག་བོད་དུ་ལྷགས་དུས་སེམས་ཅན་མང་པོའི་སྲོག་བསྐྱབས། བཟང་ལྡན་གྲུབ་གླིང་གི་དགོན་པ་བཏབ། འགྲོ་མགོན་འཕགས་པ་དང་མཆིམས་ཆེན་པོ་ནས། རྗ་ཆུང་མ་ལ་ཆུ་རྗེའི་དཀའ་ཐུབ་ཞུས་པ་ཡན་ལ་བླ་མ་གྲངས་མེད་པ་བསྟེན། བོད་དུ་འགྱུར་རོ་འཚལ་གྱི་ཆོས་ཧེ་སྟེད་པ་གསན་ཞིང་ལན་རེ་གཟིགས་པ་ཙམ་གྱིས་མཁྱེན་པས་ཀུན་མཁྱེན་དུ་གྲགས་ལ། ཉེན་མཚན་གྱི་སྣང་བ་མཐའ་དག་འོད་གསལ་ཁོ་ནར་འཆར་བས། འགྲོ་མགོན་འཕགས་པས་ཆོས་སྐུ་འོད་ཟེར་དུ་མཚན་གསོལ། འདོལ་ཆུང་ཆོས་འཁོར་ཆེན་མོའི་དུས། སྡེ་སྣོད་འཛིན་པ་རྒྱ་མཚོའི་དབུས་སུ་སྨྲ་བའི་སེང་གེར་གྱུར་ཅིང་སྙན་པས་ས་ཐམས་ཅད་ཁྱབ། རྣམ་རྒྱལ་འཁོར་ཆེན་བདེ་དགྱེས་འདུས་པ་དུས་འཁོར་སོགས་ཐུགས་དམ་གྱི་ལྷ་དཔག་ཏུ་མེད་པའི་ཞལ་གཟིགས། ཕར་ཕྱིན་སྤྱོད་འཇུག་གསུངས་ཏེ། གང་འདིར་སྟོན་པ་ཆོས་ཀྱི་ཆར་འབེབས་ཀྱི། །གང་དག་ཉན་པར་འདོད་པ་འདིར་ཤོག་ཅིག །ཅེས་གསུངས་པ་ན།

སྐུའི་སྒོ་ཐམས་ཅད་ནས་འོད་ཟེར་སྣ་ཚོགས་འཕྲོ་ཅིང་བསྟོད། གཞན་གྱིས་བལྟས་ནས་གཏི་མུག་གི་བག་ཞད་ཆེ་བ་ཞིག་འདུག་ནའང་ཁོ་བོ་ལ་དགེ་སྦྱོར་གྱི་བོགས་སུ་འགྱུར་བ་ཞིག་གདའ་གསུང་ནས་མནལ་བར་མཛད། ཁོ་བོ་རྨི་ལམ་རང་རྒྱུད་པ། །རྨི་བ་ཡོང་ཡེ་མ་དྲན་ཞིང་། །བཤད་ཉན་སྒོམ་ལ་སྒྲིབ་པ་ལྟོས། །སྒྲིབ་པ་ནམ་ཡང་འབྱུང་མ་ལགས། །ཞེས་གསུང་། མཉམ་རྗེས་ཀྱི་དབྱེ་བ་མེད་པར་མཉམ་གཞག་འབའ་ཞིག་གིས་དུས་གདའ། མྱང་ཆུ་ལ་མ་བྱིང་བར་ཞབས་ཆུ་ལ་རེག་ཙམ་མཛད་དེ་བྱོན། གསེར་སྡིངས་སུ་གཙུག་ལག་ཁང་བརྩིགས་པའི་ཚེ་ས་སྐམ་པོ་ལས་ཆུ་རྡོལ། བསམས་ན་ཤེས་པ་ཙམ་ལས་འདས་པའི་མངོན་པར་མཁྱེན་པ་ཐོགས་མེད་དུ་མངའ། རང་ཉིད་ཀྱིས་གསན་པའི་ཆོས་རྣམས་སློབ་མའི་ཚོགས་ལ་སོ་སོར་གཏད། སློབ་དཔོན་འོད་ཟེར་མགོན་གདན་སར་བསྐོས་ཏེ་དབེན་གནས་བྱ་བཏང་དུ་ཐེགས་ནས། དོན་དགུ་པ་ཆུ་ཕོ་འབྲུག་ལོ་ཧོར་ཟླ་གསུམ་པའི་ཉེར་དགུ་ལ་ནམ་མཁར་ཟླ་བ་ལྟ་བུ་ལ་ཚོམ་བུ་སོ་གཉིས་འོད་ལྟས་བསྐོར་བ་ཐལ་བྱུང་དུ་གཤེན་ལ་འགྲོ་བ་དང་། ལྷའི་སྤོས་དང་རོལ་མོའི་སྒྲ་དང་བཅས་ཏེ་སྐུའི་བཀོད་པ་བསྡུས་སོ། །སྐུ་གདུང་ཞུ་བས་ཐུགས་ལྗགས་རང་བྱོན་ཏེ་ཐུགས་དགེ་སྡིངས་དང་། ལྗགས་གསེར་ལྡིངས་ཀྱི་གདུང་ཁང་ན་བཞུགས་ཤིང་། གདུང་ཕལ་ཆེ་བ་བྱ་བཏང་གི་ཕྱི་རྟེན་མཆོད་རྟེན་ན་བཞུགས། ཀུན་སྤྱངས་ཆེན་པོས་ཀྱང་དགེ་སྡིངས་སུ་ནང་རྟེན་སྟོན་པའི་གསེར་སྐུ་དང་། ཕྱི་རྟེན་རྣམ་རྒྱལ་མཆོད་རྟེན་བཞེངས་སོ། །

བདག་ཉིད་ཆེན་པོ་དེའི་སྲས་ཀྱི་ཐུ་བོ་ཞང་ཀུན་སྤྱངས་ཆེན་པོ་ནི། ཡུལ་གཡས་རུ་བྱང་གི་ངབ་ཕྱུར་སྤྱང་སྣང་དུ། ཡབ་འབྲོ་རྗེ་དབང་ཕྱུག །ཡུམ་གཉག་མོ་ལྕམ་མེའི་སྲས་སུ་ཆུ་མོ་ཡོས་ལ་སྐུ་འཁྲུངས། དགུང་ལོ་ལྔ་པ་ལ་གཉག་ཚར་ས་སྐྱ་པཎྜིཏ

སེམས་བསྐྱེད་གསུངས་པ་ལ་མའི་པང་ནས་གསན། བདུན་པ་ལ་འཁྲིག་དཔོན་རྫོང་པའི་དྲུང་དུ་དགེ་བསྙེན་མནོས། དགུ་པ་ལ་འཁྲིག་ཞང་གིས་མཁན་པོ། རྫོང་པས་སློབ་དཔོན་མཛད་ནས་རབ་ཏུ་བྱུང་། མཚན་ཐུགས་རྗེ་བརྩོན་འགྲུས་སུ་བཏགས། ཉི་ཤུ་པ་ལ་གཡས་རུ་ཕྱི་འབྲུམ་དགོན་གསར་དུ་ལྷ་བཙུན་བསོད་ནམས་སྙིང་པོས་མཁན་པོ། མདོག་ལྡོང་པ་ཤཱཀྱ་བྱང་ཆུབ་ཀྱིས་ལས་སློབ། བསོད་བློ་བས་གསང་སྟོན་མཛད་ནས་དད་པའི་དགེ་སློང་ལྔ་བཅུའི་དབུས་སུ་བསྙེན་པར་རྫོགས། ཀུན་མཁྱེན་ཆོས་སྐུ་འོད་ཟེར། འགྲོ་མགོན་འཕགས་པ། སངས་རྒྱས་འབུམ། ཤངས་པ་དཀོན་བརྩེགས། ལྷ་བཙུན་དགོན་གསར་པ། རྡོ་འཛམ་དབྱངས་པ། རིགས་པའི་སེང་གེ །མདོག་ལྡོང་པ། མཁན་ཆེན་མཆིམས། མཁས་པ་གཞན་སྟོན་ལ་སོགས་པ་བླ་མ་དམ་པ་རྣམས་བསྟེན། མདོ་མངས། བྱམས་པ་དང་འབྲེལ་བའི་ཆོས་སྡེ་ཉི་ཤུ། མངོན་པ་གོང་འོག །ཚད་མ་སྡེ་བདུན། རིགས་གཏེར། ཀ་ལཱ་པ། སྙན་ངག་མཆོན་ཆ། འདུལ་བ་མདོ་རྩ། ལུང་སྡེ་བཞི། འབུམ། ཉི་ཁྲི། བརྒྱད་སྟོང་པ། སྡུད་པ། དེ་དག་གི་རྒྱ་འགྲེལ། སྤྱོད་འཇུག །བསླབ་བཏུས་རྣམས་གསན་ཞིང་མཁས་པར་སྦྱངས། ཁྲོ་ཕུ་བ་ལ། བདེ་ཆེན་རལ་གཅིག་སོགས་ཁྲོ་ཕུ་བའི་ཆོས་རྣམས་གསན། མ་འོངས་པ་ན་རྗེ་ནང་དུ་ཡུན་རིང་དུ་བཞུགས་ན་བསྟན་པ་ལ་ཕན་ཞེས་ལུང་བསྟན། འགྲོ་མགོན་ཕྱག་ན་གཤེགས་པའི་ཆོས་འཁོར་གྱི་ཚེ་ལུང་རིགས་སྨྲ་བའི་མཆོག་ཏུ་གྲགས། དེའི་དུས་ན་རྟོག་གེ་ལ་རྒྱུ་མིག་པ་སེང་གེ་དཔལ་མཁས་པར་གྲགས་པས། ཁོང་གིས་དཔལ་ཆོས་ཀྱི་གྲགས་པ་ལ་ལན་མེད་ཀྱི་ཐལ་འགྱུར་བཅུ་གསུམ་ཡོད་ཅེས་གསན་པས། ཁོང་སྣར་ཐང་ན་བཞུགས་པའི་དྲུང་དུ་བྱོན་ནས། ཁོང་གི་གྲུབ་མཐའ་ལ་ཞག་མང་པོའི་བར་དུ་རྩོད་ནས། དཔལ་ཆོས་ཀྱི་གྲགས་པའི་ལན་དུ་ངས་ཀྱང་ཁྱེད་ལ་ལན་མེད་ཀྱི་ཐལ་འགྱུར་འདི་རྣམས་སོང་བ་ཡིན་

ནོ། །ཞེས་ གྲངས་ འཛིན་ ཅེང་། ཕྱག་ ལ་ རི་ མོ་ མཛད། འཇམ་ སློག་ ལ་སོགས་ པའི་ མཁས་པ་ཆེན་པོ་རྣམས་ལུང་རིགས་ཀྱིས་བཏུལ། རྒྱ་མིག་གི་ཆོས་འཁོར་སྣ་མ་ལ་ཕར་འབྲི་བ་དང་། ཕྱི་མ་ལ་ལན་འདེབས་པ་ལ་འགྲན་ཟླ་དང་བྲལ་བར་གྱུར་ཏོ། །དོན་མོ་རི་དང་འདར་ཆོས་སྡིངས་སུ་ཕར་མདོན་དབུ་ཚད་ཀྱི་འཆད་ཉན་དང་འཕྱོག་པོ་ཆེའི་གདན་ས་ལོ་མང་དུ་མཛད། དེའི་ཚེ་རྒྱང་འདུར་དུ་ཆོས་བར་ལ་བྱོན་ནས་ཀུན་མཁྱེན་ཆོས་སྐུ་འོད་ཟེར་བ་ལ། སྦྱོར་དྲུག་རིགས་མི་འདྲ་བ་མང་པོ་གསན་དུས། རྣམ་པ་ཐམས་ཅད་པའི་སྐུ་རགས་པ་བསམ་གྱིས་མི་ཁྱབ་པ་དང་། ཕྲ་བ་སེན་མོའི་སྟེང་ན་བཞུགས་པ་ཛམྦུའི་གླིང་དུ་མི་ཤོང་སྙམ་པ་དང་། ནང་གི་དབང་པོ་དྲུག་ཏིང་ངེ་འཛིན་གྱི་ཡུལ་དྲུག་ལ་འབྱམས་ནས་འགྲོ་བ་བྱུང་། དེ་ནས་དུས་འཁོར་རྒྱུད་འགྲེལ། གསང་འདུས་འཕགས་སྐོར། བདེ་ མཆོག་ རྩ་ སྡོམ། ཀྱེ་ རྡོར་ ས་ ལུགས། རྫོག་ ལུགས། གདན་ བཞི། ম྄་ཡ་། ཡོ་ག །བྱ་ སྤྱོད་ ཀྱི་ དབང་ རྗེས་ གནང་ རྒྱུད་ འགྲེལ་ གཞུང་ བཤད་ མན་ ངག་ དང་། ལམ་འབྲས། རིམ་ལྔ། ན་ རོ་ ནི་ གུ་ གྲུབ་ སྙིང་ སོགས་ ཆོས་ རྣམས་ བུམ་ པ་ གང་ བྱོར་ གསན། གསང་ མཚན་ མི་ བསྐྱོད་ རྡོ་ རྗེར་ བཏགས། དེ་ནས་ རྒྱང་ འདུར་ དུ་ འཇམ་ གསར་ བའི་ གདན་ སར་ བཞུགས་ ནས་ ཆོས་ རྗེའི་ ཆོས་ དུང་ བཏང་ སྟེ་ འཆད་ རྩོད་ རྩོམ་ གསུམ་ གྱིས་ བསྟན་ པ་ རྒྱས་ པར་ མཛད། དོལ་པོ་བ་ཡེ་ཤེས་མགོན་པོ་ལ་སྒྲོག་རྩོལ་གསན་ཏེ། རྒྱང་འདུར་དུ་འདག་འབྱར་མཛད་ནས་སྦྱོར་དྲུག་བསྒོམས་པས་ཉམས་སྣང་འུར་ལངས་ཤིང་མངོན་ཤེས་ལྷ་གྲུབ། གེགས་ཀྱི་རྣམ་པ་མང་དུ་བྱུང་སྟེ། བདེ་བ་ཅན་དུ་གདན་འདྲེན་པ་ཡིན་ཟེར་ནས་བསུ་བའི་བཀོད་པ་བསམ་གྱིས་མི་ཁྱབ་པ་བྱུང་། དེའི་དུས་སུ་བུད་མེད་གཅིག་གིས་ལྷེ་མིག་གཅིག་ཁྱེར་བྱུང་ནས། སྒོ་ཞིག་ལ་སྒོ་ལྕུགས་རྒྱབ་འདུག་པ་དེ་ལ་བཀལ་སོང་། དེ་སྒོ་ཕྱེ་ཅིག་པའི་བརྡར་དགོངས་ནས་སྒོ་ཕྱེ་སྟེ། དེ་ནས་ལུས་སྦྱོངས་ཀྱི་

མན་ངག་བྱུང་བ་བཞིན་མཛད་པས། ཀླུང་ལྷ་སྟོབས་སུ་གྱུར་ཏེ། རེས་ཕྱུག་ཡ་རེ་ལ་མི་བདུན་བདུན་གྱིས་བཟུང་བ་ཕྱོགས་གཅིག་ཏུ་འཕངས་ཀྱང་གནོད་པ་མི་འབྱུང་། རེས་མི་མང་པོས་དགྲུལ་བསྐྱོད་མི་ནུས། རེས་བསིལ་བས་མི་རྣམས་འདར་ཞིང་འཁྱག །རེས་ཚ་གདུང་གིས་ལྡུང་པ་འགེངས་པ་བྱུང་ཞིང་། དེ་ཐམས་ཅད་ཀུན་མཁྱེན་ཆོས་སྐུ་འོད་ཟེར་གྱིས་དགེ་སྟེངས་ནས་གཟིགས་ཏེ་བྱོན་པ་ན། རྗེ་འདིས་ཀྱང་མཁྱེན་ནས་སློབ་མ་རྣམས་ལ་བླ་མ་མཇལ་བར་འདུག་གིས་གསོལ་བ་ཐོབ་གསུང་། སང་བླ་མ་བྱོན་ཏེ་ད་རེས་ཁྱེད་སྐུ་གཤེགས་ན་སྐུ་བཞི་ལ་འཁྱེར་བར་འདུག་སྐྱེ་གདུལ་བྱ་མང་པོའི་དོན་དུ་བཞུགས་དགོས་སོ་གསུང་ནས་སྤྲོག་གེགས་དེ་བསལ་བས། བདེ་བ་ཅན་དུ་བསུ་བ་དེ་རྣམས་ད་རེས་གདན་མི་འདྲོངས་པར་འདུག་ཟེར་ནས་གྱིས་པའི་སྣང་བ་བྱུང་། དུས་འཁོར་བ་ཤར་པ་ཡེ་ཤེས་རིན་ཆེན་པ་དང་རྣལ་འབྱོར་སེང་འབུམ་སོགས་བོད་ན་སྦྱོར་དྲུག་མི་འདྲ་བ་ཡོད་ཟེར་ཚད་ལ་ཡང་གསན་པ་མཛད། མང་མཁར་གནས་གསར་དུ་བླ་མ་འཇམ་དཔལ་བ་ལ། མདོ་སྒྲུབ་སེམས་གསུམ་གསན་པས། མནལ་ལམ་དུ་མཁར་བདུན་རིམ་སྐས་བདུན་བརྩུགས་པ་ལ་འཛེགས་པས་རྩེ་མོར་ཕྱིན་ཏེ། ཏིང་ངེ་འཛིན་གྱི་སྣང་བ་རྒྱ་ཆེན་གཟིགས། ཉིད་ཕྱུག་པ་སངས་རྒྱས་འབུམ་ལ་རྫོགས་ཆེན་གསན། དེ་ནས་འཆད་ཉན་གྱི་སྤྲོས་པ་བཅད་དེ་ཁ་རག་ཏུ་བྱོན་ནས་དབྱར་བཞུགས་མཛད། དེ་ནས་རི་ཁྲོད་རྣམས་སུ་སྦྱོར་དྲུག་དང་དམར་ཁྲིད་བསྐྱངས་པས་ཀུན་སྤྱངས་པ་ཆེན་པོར་གྲགས། སེ་མཁར་ཆུང་གི་གཙུག་ལག་ཁང་བསོས་ཤིང་འབྲོག་མིའི་སྐྱ་འབུམ་ལ་གསེར་གསོལ་བས། མི་མ་ཡིན་རྣམས་ཀྱིས་སེ་མཁར་ཆུང་བ་དེ་ད་ཡང་འདིར་བྱུང་ཞེས་སྒྲོག་པ་གསན། དེར་ཇོ་མོ་ནགས་རྒྱལ་མ་བྱུང་སྟེ། ཁྱེད་ལ་གནས་ལེགས་པ་ཞིག་འབུལ་ཞེས་ཞུ་བ་ལ་ལོ་གསུམ་ན་འབྱོན་པར་ཞལ་གྱིས་བཞེས། སྦྱོར་དྲུག་རྫོགས་པར་

སྟོན་པ་བཀའ་གཉན་པར་བྱུང་བས་ལྷ་སར་བྱོན་ནས། ཇོ་བོ་རྣམ་གཉིས་ཁྱད་པར་དུ་བཙུ་གཅིག་ཞལ་གྱི་དྲུང་དུ་ཉིན་མཚན་དུ་གསོལ་བ་དྲག་ཏུ་བཏབ་པས། ཁྲིད་ཡིག་བྲི་བ་དང་། ཁྲིད་རྫོགས་པར་བསྟན་པས་འགྲོ་ཕན་རྒྱ་ཆེན་པོ་འབྱུང་བའི་གནང་བ་ཐོབ། དེ་ནས་ལྷུན་པོ་རྩེ་སོགས་གཡས་རུ་རི་ཁྲོད་དུ་སྒྲུབ་པ་མཛད། དེ་ནས་ཇོ་མོ་ནང་དུ་ཕེབས་མ་ཐག་གདུལ་བྱ་ཞུར་ཏེ། གཙོ་བོར་དུས་འཁོར་རྒྱུད་འགྲེལ་གྱི་དུས་ཆོས་གསུང་ཞིང་སློབ་མ་བརྒྱ་སྟོང་མང་པོ་ལ་སྦྱོར་དྲུག་གི་ཁྲིད་ཚན་ལྔ་དྲུག་དུས་མཉམ་དུ་གནང་། ཁྱད་པར་དུ་མཁའ་སྤྱོད་བདེ་ལྡན་དུ་བྱོན་པའི་ཚེ། ཆོས་རྒྱལ་རིགས་ལྡན་སོགས་བཀའ་བརྒྱུད་ཀྱི་བླ་མ་རྣམས་བྱོན་ནས་བྱིན་བརླབས་དང་ལུང་བསྟན་མཛད། སེ་མཁར་ཆུང་དུ་ཐོག་མ་དང་། སེང་གེ་རྫོང་དུ་བར་དང་། གནས་དེར་མཐའ་མར་དགེ་བའི་མཚན་མ་ཐོབ་ནས་དུས་ཀྱི་འཁོར་ལོའི་རྒྱུད་ཀྱི་སྙིང་པོ་རྩ་འགྲེལ་དང་། ཐོག་མཐའ་བར་དགེའི་ཁྲིད་ཡིག་མཛད། དགེ་བའི་བཤེས་གཉེན་དཔག་ཏུ་མེད་པ་འདུས་པ་ལ་དུས་ཀྱི་འཁོར་ལོ་གཙོ་བོར་གྱུར་པའི་གསང་སྔགས་གསར་རྙིང་གི་དབང་བསྐུར། རྒྱུད་འགྲེལ་གྱི་བཤད་པ། མན་ངག་གི་ཁྲིད་རིམ་རྣམས་རྒྱ་ཆེར་སྩལ། ས་སྐྱ་དཔོན་སློབ་སོགས་སྐྱེ་བོའི་ཚོགས་མང་པོ་ལ་འདང་སོ་སོའི་སྐལ་བ་དང་འཚམ་པར་ཆོས་ཀྱིས་ཚིམ་པར་མཛད་པས་ཇོ་ནང་པ་ཆེན་པོ་ཞེས་ཕྱོགས་ཀུན་ཏུ་གྲགས་པར་གྱུར། ཆུ་ཕོ་བྱི་བ་ལོ་ལ་མར་མེ་འཆི་ཁར་གསལ་བྱ་བ་ཡིན་གསུང་སྐུ་ཁམས་བཟང་བའི་ངང་ནས་སློབ་མ་རྣམས་ལ་ཆོས་རྣམས་རྫོགས་པར་གཏད། དེ་ནས་དཀྱུན་སྨད་སྐུ་ཚེའི་འདུ་བྱེད་བཏང་ཡང་། བྱང་སེམས་རྒྱལ་བ་ཡེ་ཤེས་པ་གདན་ས་ལ་བསྐོ་བའི་ཆེད་དུ། སྒྲོག་རྩེལ་ལ་བརྟེན་ནས་འཚོ་བའི་འདུ་བྱེད་བྱིན་གྱིས་བརླབས་ཏེ། ཟླ་བ་ཕྱེད་ཙམ་ན་བྱང་སེམས་པ་ལ་མགྱུར་ཚམ་བྱུང་ཡོད་པ་ལ་ཕན་ན་མྱུར་དུ་ཤོག་གསུང་བས་བྱོན་པ་ན། ངད་ལོ་མེ་ཏོག་ཁྲ་ཆིལ་བའི

དུས་ལ་འཆི་རྟེས་ཡིན་པ་ལ་མདང་ཞག་གློ་བུར་དུ་རྫ་བསྐུས་པ་གཅིག་བྱུང་། དེད་འཆི་དུས་ཁྱེད་དང་འཕྲད་དགོས་པ་ལ་མ་སླེབས་པས། ང་དུས་ཀྱི་འཁོར་ལོའི་རྣལ་འབྱོར་པ་ཡིན། ཁྱེད་ཀྱིས་བརྟུངས་ན་ངས་བསྲིངས་པ་ཆོག་སྙམ་སྟེ་རླུང་སྦྱོར་འགའ་བྱས་པས་རྩ་སོར་ཆུད་དེ་འཆི་བ་བླུས་བདོག་གསུང་། སྐུ་ཁམས་བཟང་ཞིང་ཕྱག་རྩ་བདེ་ན་གཤེགས་པའི་རྟགས་ཅི་ལགས་ཞུས་པས། རླུང་སེམས་ལ་དབང་ཐོབ་པ་འགྲོ་བ་ལ་རྟགས་ཅི་དགོས། ད་ཞག་ངས་བར་དོར་ཕྱིན་ནས་འཇིག་རྟེན་གྱི་ཁམས་མང་པོའི་བར་དོའི་སེམས་ཅན་ཚད་མེད་པ་བསྒྲལ། སངས་རྒྱས་ཀྱི་ཞིང་མང་པོ་བལྟས་ཤིང་། བདེ་བ་ཅན་དང་། དགའ་ལྡན་དང་། ཤམྦྷ་ལར་ཡང་ཕྱིན། བདེ་བ་ཅན་ན་རིན་པོ་ཆེའི་པདྨོ་ཁ་བྱེ་བ་སོགས་སྐྱེ་སྒོ་མང་པོ་གདའ་ཡང་། མཚན་ཉིད་ཀྱི་དུས་ནས་བྱམས་པའི་དྲུང་དུ་སྒྲོ་འདོགས་བཅད་སྙམ་ནས་འདུན་པ་དྲག་པོས་རྟེན་འབྲེལ་བསྒྲིགས་ཤིང་། ཁྲི་ཕུབ་དང་དཔོན་སློབ་ཐམས་ཅད་རྟེན་འབྲེལ་འགྲིག་པ་ཞིག་བྱུང་བས། ང་འདི་ནས་བར་དོ་རིགས་མཐུན་དུ་བྱས་ནས་སེམས་ཅན་དཔག་ཏུ་མེད་པ་བསྒྲལ། དེ་ནས་དགའ་ལྡན་དུ་འགྲོ་གསུང་ནས་བྱང་སེམས་པ་གདན་སར་བསྐོས། བྱང་སེམས་སྐུ་ཁམས་འཁྲུགས་པ་ན། ང་འགྲོ་བའི་ཆོས་ཡིན་ཏེ། ང་སོང་ན་དེའི་རྐྱེན་གྱིས་ཁྱེད་ཀྱང་གྲོངས་བར་འདུག་པས། ཁམས་སོས་ཀྱི་བར་དུ་ངས་བསྟད་དོ། །གསུང་ནས་ཞག་ཉི་ཤུ་ལྷག་ཏུ་ཉིན་རེ་བཞིན་ཆོས་ཟབ་མོའི་འབེལ་གཏམ་མཛད། དོན་གཅིག་པ་ཆུ་གླང་དཔྱིད་འབྲིང་ཉི་ཤུ་ལྔའི་ཐོ་རངས་བྱང་སེམས་པ་ལ་རྡོ་རྗེ་སློབ་དཔོན་དུ་དབང་བསྐུར་བའི་ཆོ་གས་རྡོ་རྗེ་དྲིལ་བུ་གནང་ནས། ཁྱེད་ཀྱི་ཁམས་ནི་སོར་ཆུད་འདུག །ད་ང་འགྲོ་བ་ཡིན། རོ་འདི་ཤི་མ་ཐག་བསྲེགས་ཀྱང་ཆོག །ང་རོའི་ནང་དུ་འོང་གསལ་བསྒོམས་ཤིང་སྡོད་བྱ་བའི་ལུགས་མིན། ཀུན་སྤྱངས་ཀྱི་བྱ་བ་མཐར་ཕྱིན། དགའ་སྤྲོ་དང་བཅས་པས་གསོལ་བ

ཐོབ་གསུང་སྟེ་མྱུ་ངན་ལས་འདས་སོ། །དེ་ནས་ཞག་བདུན་ན་སྐུ་གདུང་ཞུ་བས་དུས་འཁོར་ལ་སོགས་པའི་རྟེན་མང་པོ་དང་། རིང་བསྲེལ་ཡུངས་འབྲུ་ལྟ་བུའི་ཕུང་པོར་གྱུར། དགེ་འདུན་ཁྲི་ཕྲག་གཅིག་འདུས་ཏེ་སྐྲུབ་པ་བྱས། སྐྱིད་ཕུག་ཏུ་སྐུ་འབུམ་དང་། དགའ་ལྡན་དུ་སྐུ་འབུམ་ཆེ་བ་དང་སྐུ་གདུང་རིན་པོ་ཆེ་བཞེངས་སོ། །རྗེ་འདི་ལ་སློབ་མའི་ཚོགས་རྒྱ་མཚོ་ལྟ་བུ་ལས་ཡོངས་སུ་གྲགས་པ་ནི། ཁྲོ་ཕུ་རིན་པོ་ཆེ་བསོད་ནམས་སེང་གེ་འཇམ་དབྱངས་བཞི་ཐོག་པ། ཀུན་སྤྱངས་གྲགས་རྒྱལ་བ། འཇམ་དབྱངས་འཁོན་སྟོན་ཐུགས་རྗེ་རིན་ཆེན་སོགས་ས་སྐྱ་པའི་ཆེན་པོ་རྣམས་དང་། བྱང་སེམས་རྒྱལ་བ་ཡེ་ཤེས། ལ་སྟོད་པ་དབང་རྒྱལ། མུན་མེ་བྲག་ཁ་བ། སྟོན་པ་ཀུན་རྒྱལ་རྣམས་ལ་ཀུན་སྤྱངས་བུ་བཞིར་གྲགས་པ་དང་། ཤེས་རབ་འབུམ། ཀུན་མཁྱེན་འཕགས་འོད། མཁས་བཙུན་ཡོན་ཏན་རྒྱ་མཚོ། བུ་ཆེན་རིན་ཆེན་དཔལ་བཟང་རྣམས་ལས།

ལ་སྟོད་པ་དབང་ཕྱུག་རྒྱལ་མཚན་ནི། བསྒོམས་པས་འཛིན་པའི་ཡན་ལག་མན་ཆད་གྲུབ། བར་དགེ་དང་མཐར་དགེ་ལ་བླ་མའི་ཞལ་ཤེས་ཁོན་ལས་འབྱུང་བའི་ཁྲིད་ཡིག་ཁྱད་པར་ཅན་མཛད། མང་པོའི་ཐོགས་འདོན་དང་གེགས་སེལ་བ་ལ་ཤིན་ཏུ་མཁས། དེའི་མན་ངག་གི་ཡིག་འཛིན་ཀྱང་མང་དུ་མཛད། གྲུབ་ཐོབ་ཀྱི་སློབ་མ་ཡང་མང་དུ་བྱུང་བ་ལས། མཁན་ཆེན་རིན་ཚུལ་བ། ཆོས་ཀྱི་རྒྱལ་མཚན། འབྲུལ་ཞིག་པ། བདག་གི་བླ་མ་དུས་འཁོར་ཞབས་པ་སྟེ་ལ་སྟོད་ལུགས་ཀྱི་བརྒྱུད་པའོ། །

མུན་མེ་བྲག་ཁ་བ་གྲགས་པ་སེང་གེ་ནི། གཡས་རུ་བྱང་གི་རྒྱལ་སྡེ་ཐང་མཁར་དུ་བརྒྱ་དཔོན་འོད་ལྡན་གྱི་སྲས་སུ། ཤིང་མོ་ཡོས་ལ་འཁྲུངས། གདུང་རུས་སྣན། ཁྲོ་ཕུ་རིན་པོ་ཆེ་ལས་རབ་ཏུ་བྱུང་། མཁན་པོ་དེ་ཉིད་དང་། ལས་སློབ་དབུ་མ་བ་ཤེར་འབུམ། གསང་སྟོན་བུ་སྟོན་སེང་གེ་འོད་ཀྱིས་མཛད་དེ་བསྙེན་པར་རྫོགས། ས་སྐྱར་ཕྱུ

ཟུ་བ་སེང་གེ་དཔལ་ལས་སྡེ་སྣོད་མང་དུ་གསན་ཅིང་སྦྱངས། ཀུན་སྤངས་ཆེན་པོ་དང་། བྱང་སེམས་རྒྱལ་ཡེ་ལ་སྦྱོར་དྲུག་གི་ཁྲིད་དབང་དང་བཅས་པ་གསན། རྒྱུད་གསུང་བར་ཞུས་པས་རྫོང་དུ་སོང་བས་གསུང་བ་བཞིན་བྱོན་ཏེ། རྒྱ་ལོའི་ཐུགས་སྐྱེ་མེད་གྲུབ་པ་ལ་རྒྱུད་འགྲེལ་ཆ་ལག་དང་བཅས་པ་གསན་ནས། གཡའ་ལུང་གི་རི་ཁྲོད་དུ་སྒྲུབ་པ་གཙོ་བོར་མཛད། འདི་ལ་རྒྱུད་འགྲེལ་གྱི་བཤད་པ་དང་། ཁྲིད་ཀྱིས་སློབ་མ་མང་པོ་རྗེས་སུ་བཟུང་། ཕྱིས་ལོ་སྤྱི་བ་དཀོན་བཟངས་ཀྱིས་སྦྱིན་བདག་བྱས་ནས། མུན་མེ་བྲག་ཁར་ཐེབས་ཏེ། བྲག་རྩེ་ན་སྤྲེའུ་ཞིག་ཡོད་པའི་སྒོ་བརྒྱིགས་ནས། དཀྱུས་གཅིག་ལ་དུས་འཁོར་གྱི་བསྙེན་པ་བྱེ་བ་དང་། སྦྱིན་སྲེག་འབུམ་ཕྲག་བཅུ་མཛད་པས་མེ་ལྷ་རིན་པོ་ཆེའི་རྣམ་པར་འབར་བ་སོགས་མཚན་མ་ཁྱད་པར་ཅན་བྱུང་། ཞག་རེ་ལ་ལུས་སྦྱོང་ལན་དྲུག་རེ་མཛད། སྦྱོར་དྲུག །དམར་ཁྲིད། གཅོད། གཟེར་ལྔ་རྣམས་ལ་ཁྲིད་ཆེན་བཞིར་མིང་བཏགས་ནས་གཙོ་བོར་སྐྱོང་། དབྱར་མཚམས་དུས་རྒྱུན་གཅོད་ལ་བཞུགས། མངོན་པར་ཤེས་པ་མངའ་བས་ས་སྐྱ་པའི་བདེ་དོག་ཐམས་ཅད་ལུང་བསྟན་པ་བཞིན་བབས། ཕྱག་ཏུ་ཡོ་བྱད་བྱུང་ཚད་རྗེ་མོ་ནང་། རོང་། ཁྲོ་ཕུ་རྣམས་སུ་འབུལ། ཁྲིད་ཡིག་ངོ་སྤྲོད་དང་བཅས་པ་མཛད། གྱ་དགུ་པ་ཆུ་མོ་ལུག་གི་ལོ་ལ་གཤེགས་ཏེ་གདུང་སྦྱངས་པས་རིང་བསྲེལ་གྱི་ཕུང་པོར་གྱུར་ཏོ། །དེས་བང་མོ་ཞུ་བ་གཞོན་ནུ་དཔལ་ལ་ཁྲིད་སྐོར་མཐའ་དག་གནང་ཞིང་། དེ་གཉིས་ཀ་ལ་དཔལ་ལྡན་བླ་མ་དམ་པས་དབང་དང་ཁྲིད་གསན་ནོ། །

སྟོན་པ་ཀུན་རྒྱལ་བ་ནི་ཧོར་རྒྱལ་པོའི་བུ་གྲུར་ཆེ་ཡིན་པ། ཆོས་རྒྱལ་འཕགས་པས་དབང་ཡོན་ལ་འདི་ཕྱུལ་གསུང་ནས་བཞེས། རབ་ཏུ་ཕྱུང་ནས་ཕྱུགས་ཕྱིར་ཁྲིད་དེ་སྡེ་སྣོད་ཀྱི་སློབ་གཉེར་ལ་བཙུག །ཆོས་དང་གདམས་པ་མང་དུ་གནང་། འཕགས་པ་ཞི

བར་གཤེགས་པ་དང་། ཀུན་སྤངས་ཆེན་པོའི་ཞབས་ལ་གཏུགས་ཟབ་ལམ་ཞུས་ཏེ་བསྒོམས་པས་ཏིང་ངེ་འཛིན་ཕུལ་དུ་བྱུང་བ་འཁྲུངས། རས་རིན་ཆེན་གླིང་དུ་ཤ་ཟ་རི་ལ་བསམ་གཏན་གྱི་ཁྲིད་དང་། སྟོང་གཟུགས་ཀྱི་སྤྱན་རས་གཟིགས་ལ་གེགས་སེལ་གསན་པས་མན་ངག་ལ་མངའ་བརྙེས། རླུང་སེམས་ལ་དབང་ཐོབ། སྦྱོར་དྲུག་ཀུང་སྲོན་ལུགས་ཞེས་གཞན་དང་ཐུང་ཟད་མི་འདྲ་བས་གཞན་དོན་མཛད་དེ་མཁའ་སྤྱོད་དུ་གཤེགས་སོ། །དེའི་སློབ་མ་སྲོན་པ་ཆོས་དཔལ་བཟང་པོ་ནི། ཤ་བ་སྣན་དཀར་སེང་གེ་རྫོང་དུ་བསྒོམས་པས་སོར་བསམས་འཁྲུངས། སྲོག་རྩོལ་བཙན་ཐབས་མ་གཙོ་བོར་བཏོན་པས་སྲོག་ཐུར་འདྲེས་རྩ་དྲལ་ཏེ། འཛིན་པའི་ཡན་ལག་གྲུབ་ནས། ཁྲིད་འདིའི་སྒོ་ནས་གཞན་ཕན་རྒྱ་ཆེ་བ་མཛད། རི་བོ་རྩེ་ལྔར་མཁའ་སྤྱོད་དུ་གཤེགས་སོ། །

དེ་ལ་མཁན་ཆེན་བསོད་གྲགས་པས་གསན་ཏེ། དེ་ནི་སྐེ་མོ་ཕུ་གསུམ་དུ་ཀུ་མོ་བྲ་ལ་འཁྲུངས། བཅུ་དགུ་པ་ལ་མཁན་པོ་དཀོན་མཆོག་སྐྱབས་ལས་རབ་ཏུ་བྱུང་། ཉི་ཤུ་པ་ལ་མཁན་པོ་བདེ་བ་དཔལ་བཟང་པོ། ལས་སློབ་བཀའ་བཞི་པ་གྲགས་པ་གཞོན་ནུ། གསང་སྟོན་གཞོན་ནུ་དར་གྱིས་མཛད་དེ་བསྙེན་པར་རྫོགས། མཁན་སློབ་ལས་ཕར་མདོན་འདུལ་བ་སྤྱོད་འཇུག་སོགས་མང་དུ་གསན། ཁྱད་པར་དུ་རོང་པ་ཤེར་སེང་ལ་དུས་འཁོར་གྱི་དབང་། སྲོན་པ་ཆོས་དཔལ་བཟང་པོ་ལ་སྦྱོར་དྲུག་གི་ཁྲིད། མཁན་ཆེན་རྒྱལ་མཚན་དཔལ་ལ་སེམས་འགྲེལ་གསུམ་དབང་མདོར་བསྟན་སྦྱོར་དྲུག་ཕྲན་དང་བཅས་པ་གསན། མཁན་ཆེན་བཀའ་བཞི་པ་ལས་ཐུགས་བསྐྱེད་ཅིང་བློ་སྦྱོང་གསན་པས་ཁྱེས་མཚན་ནས་བརྗོད་པའི་ཚེ་སྤྱན་ཆབ་འཁྲིན། ངའི་སེམས་བཟང་པོ་འདི་ཁོང་གི་བཀའ་དྲིན་ཡིན་གསུང་། ཀུན་གྱིས་ཀུང་བྱང་ཆུབ་སེམས་དཔའ་ཞེས་གསོལ། ཞེ་གསུམ་པ་ལ་ཆོས་ལུང་ཚོགས་པའི་མཁན་པོ་མཛད་དེ་བསླབ་པ་གསུམ་གྱི་

བསྟན་པ་རྒྱས་པར་སྤེལ། བླ་མ་གྲགས་པ་དཔལ་ལ་བསྙེན་སྒྲུབ། ཀུན་མཁྱེན་ཆེན་པོ་ལ་དུས་འཁོར་གྱི་དབང་རྒྱུད་བཤད་མན་ངག་དང་བཅས་པ་གསན། །ཁང་པའི་ཀ་བ་འཁྱིལ་ཡང་ཐོག་མི་ལྡུང་བ་དང་ཞལ་ཆབ་བཏབ་པ་ཙམ་གྱིས་ལྷུགས་བྱེ་བ་སོགས་བྱིན་བརླབས་ཀྱི་རྣམ་འཕྲུལ་མང་པོ་བསྟན། བདུན་ཅུ་པ་ལ་མཁན་པོ་བསོད་བཟང་པ་གདན་སར་བསྐོས་ཏེ་ཆོས་ལུང་ཉིད་དུ་ཐུགས་དམ་རྩེ་གཅིག་ཏུ་བཞུགས་པས་སྤྱན་རས་གཟིགས་དང་སྒྲོལ་མ་ཞལ་གཟིགས། ལྷ་ཀླུ་གནོད་སྦྱིན་གྱི་ཁྲིམ་ཆེན་པོ་ལ་སེམས་བསྐྱེད་གནང་། གྱ་གཅིག་པ་ཆུ་མོ་སྦྲུལ་ལ་མེ་ཏོག་གི་ཆར་དང་བཅས་ཏེ་བདེ་བར་གཤེགས་སོ། །དེ་གཉིས་ག་ལ་དཔལ་ལྡན་བླ་མ་དམ་པས་གསན་ཏོ། །

ཀུན་མཁྱེན་འཕགས་འོད་ནི་མྱང་སྟོད་ཐུ་གུ་དང་ཉེ་བའི་ལ་བེར། ཡབ་རྗེ་བོ་རྡོ་རྗེ། ཡུམ་རྗེ་མོ་རྒྱལ་མཚན་འབུམ་ལ་སྲས་བརྒྱད་ཡོད་པའི་ཐ་ཆུང་ས་ཕོ་འབྲུག་ལ་འཁྲུངས། བྱིས་པའི་དུས་སུ་ནམ་མཁའ་ལ་སངས་རྒྱས་བྱང་སེམས་མང་པོ་གཟིགས། རླུང་དབུ་མར་ཆུད་པར་འདུག་གསུང་། བཅོ་ལྔ་པ་ལ་ཡབ་དང་མཆེད་ཐམས་ཅད་འདས་ནས། ཀུན་མཁྱེན་ཆོས་སྐུ་འོད་ཟེར་ལས་རབ་ཏུ་བྱུང་། མཚན་འཕགས་པ་འོད་དུ་བཏགས། བརྟག་གཉིས་དང་ཕར་ཕྱིན་སྦྱངས་ཤིང་། ཡི་གེ་ལྷ་བྲིས་ཀྱང་མཁས་པར་མཁྱེན། ཉི་ཤུ་པ་ནས་ཉེར་ལྔའི་བར་ལ་ཆོས་སྐུ་བ་ལས་དུས་འཁོར་འགྲེལ་ལུགས་ཀྱི་དབང་བརྒྱུད་བཤད་ཁྲིད་དང་བཅས་པ། གསང་འདུས། བདེ་དགྱེས། སྦྱུ་ཐོད་གདན་བཞི། མཉམ་སྦྱོར། ཡོ་ག་ལ་སོགས་པ་ཟབ་ཆོས་རབ་འབྱམས་གསན། ཆོས་ཀྱི་གཏད་སར་དགོངས་ནས་ཞབ་ཏུ་གནང་། ཉེར་ལྔའི་མཇུག་ལ་སྣར་ཐང་དུ་མཁན་པོ་སྐྱོ་སྟོན་སློན་ཚུལ། ལས་སློབ་རིན་བཟང་། གསང་སྟོན་སངས་རྒྱས་རྒྱལ་པོ་རྣམས་ལས་བསྙེན་པར་རྫོགས་ཤིང་འདུལ་བ་གསན། མུ་གེ་བྱུང་དུས་ལྷེ་ཆུང་གི་བདུད་རྩིའི་བཅུད་ལེན་ཁོ་

ནས་སྐུ་འཚོ། མཛེ་པོ་ལྷས་པ། གྲང་པོ་ལུང་པ་དགོན་གཉེན། ཐུགས་ཤེ །ལྕེ་བློ་ལྡན་སེང་གེ་རྣམས་ལས་ཆོས་མང་དུ་གསན། དབེན་གནས་བྱ་བཏང་དུ་སྐུ་མཚམས་ལ་བཞུགས་པའི་ཚེ། ཀུན་སྤངས་ཆེན་པོས་འདིར་རྒྱུད་འགྲེལ་ཞིག་དང་དུས་འཁོར་གྱི་ཐང་ག་ཞིག་འབྲི་བ་ལ་ཤོག་གསུང་བས་རྗེ་མོ་ནང་དུ་བྱོན་པ་དང་། རྒྱུད་ཀྱི་སྙིང་པོ་གསུང་བའི་དབུ་ཚུགས་འདུག་པས་སྔོན་ལ་ཉོན་ཅིག་གསུང་། ཐུགས་ལ་བཏགས་པ་ཡིན་སྙམ་ཏེ་ཉན་པ་དང་དེའི་འཕྲོ་ཅུང་མ་ཚར་བ་ལ་ཁྱེད་ཡི་གེ་འབྲི་བ་ཁོ་ན་ལ་བོས་པ་མིན་ད་རེས་ཁྱེད་འདི་ལ་ཞུགས་ཤིག་གསུངས་པས་ཁྲིད་ལ་ཞུགས། བཀའི་འཕྲོ་ལ་རྒྱུན་འཐུད་ནས་ལོ་གསུམ་ལ་ཁྲིད་རྫོགས་པར་མཛད། ཁྱེད་རང་འདོད་ཅིང་མི་བདེ་བ་བྱུང་ན་ཞུ་བ་སུ་བྱུང་གི་ཟླ་ལ་ཤོག་གསུང་ནས་སྟ་ཕྱིར་ཁྲིད་ཚར་བ་ལན་བདུན་ཞུས། ཕྱག་ལེན་ཐམས་ཅད་ལེགས་པར་སྦྱངས། གསུང་སྒྲོས་རྣམས་ཟིན་བྲིས་སུ་མཛད། འཕྲུལ་འཁོར་དགོས་པ་རྣམས་དཔེ་ཆུང་དུ་བྲིས་ཏེ་ལེགས་པར་གཏན་ལ་ཕབ་ནས་བླ་མ་ཉིད་ལ་བཞུགས་པའི་སྦྱོར་དྲུག་གི་སྐོར་ཐམས་ཅད་མ་ལུས་པར་གསན། དེའི་དུས་སུ་ད་དུང་བདག་དུས་འཁོར་འདི་ལ་སློབ་གཉེར་གཅིག་བྱེད། སྒྲ་ཚད་པ་མཁས་པར་གྲགས་ཆེ་བས་དེར་འགྲོ་བར་ཞུ་ཞུས་པས། དེ་ཀུན་ཤེས་རབ་ཆེ་ཡང་ཤེས་རབ་ཀྱི་རྩལ་གྱིས་བཤད་པ་ཡིན་བརྒྱུད་པའི་མན་ངག་དང་མི་ལྡན། རྣ་འབྲོ་གཉི་གའི་མན་ངག་གཏུགས་ས་ཡིན་པས་རིང་དུ་རྒྱུག་ཅིགས་གསུངས་པས་བླ་མ་ཤེས་རབ་སེང་གེའི་དྲུང་དུ་བྱོན་ཏེ། དབང་ཞུས་ནས་རྒྱུད་འགྲེལ་ལ་སྦྱངས་པ་མཛད། དཀར་གནད་ལ་བཤད་པ་ཟབ་པ་བྱུང་ཅན་འཕྲུལ་དུ་གླེགས་ཤིང་ལ་ཡི་གེར་བྲིས། དེའི་འཕྲོ་རྣམས་ཆོས་ཐོན་པའི་རྗེས་སུ་ཞུས། དེ་ནས་ཡི་གེར་བཏབ་ནས་ཆོས་ཐོག་ཕྱི་མ་ལ་དེ་རྣམས་མཐུན་མི་མཐུན་བལྟས་ཤིང་མཐུན་པ་བྲིས། དཔེ་ཆུང་དགོས་པ་ཐམས་ཅད་ཞིབ་པར་བཀོད།

ཕྱག་ལེན་དཀར་འགག་ཐམས་ཅད་དང་། ཐ་ན་རྡོར་དྲིལ་འཛོག་ལུགས་དང་ཕྲེང་བ་ཁྲེར་ལུགས་རྩུན་ཚད་ལ་དྲི་གཏུག་ཞིབ་པར་མཛད་ནས། བླ་མའི་གསུང་གིས་ཁྱོད་འཕགས་སྐྱོད་ཡག་མ་བྱ་བ་རྩ་བ་ལྷུམ་བུ་བཞིན་མ་བཅད་པར་ཡེ་མི་ཉན་པའི་མི་ཡིན་གྱིས། དྲིས་ཤིག་གསུངས་ནས་ལན་ལེགས་པར་བཏབ། ཆོས་རྗེ་རུས་ཐུག་པ་ཞིག་བསླབ་ན་དྲི་བ་དེ་ལྟ་བུ་དགོས་པ་ཡིན། གཞན་ང་རང་ལས་མཁས་པ་ག་ངའི་རྩར་ཡོང་གི་འདུག །དྲི་བ་དེ་ལྟ་བུ་བྱེད་པ་རང་མ་བྱུང་གསུང་ནས་མཉེས་ཚོར་ཆེན་པོ་ཡང་མཛད། ཤམ་འབར། ཁྲོ་དགོན། ཤ་ར་དགོན། གནམ་རྩེ་ལྡིང་། གནས་མོ་ཆེ་ལ་སོགས་གང་དུ་བཞུགས་པར་ཕྱག་ཕྱིར་འབྲངས་ནས་རྒྱུད་འགྲེལ་མན་ངག་དང་བཅས་པའི་དོན་ལ་ཞུ་གཏུག་མཛད། ཁྲིད་ཞུས་པས་ཉམས་རྟོགས་ལ་བོགས་ཐོན། གཞན་ཡང་དབང་མདོར་བསྟན། སྦྲོམ་ལྡེ། མན་ལུངས་པའི་སྦྱོར་དྲུག་སོགས་གསན། ཀུན་སྤྱངས་པ་གཟིགས་རྗེས་ཇོ་མོ་ནང་དུ་བྱོན་པས། བྱང་སེམས་རྒྱ་ཡེ་ཤེས་དཔོན་པོ་རྣམས་སྤྲད་ནས་དུས་འཁོར་གྱི་སློབ་གཉེར་ཁྲིད་དུ་བཙུག །དེར་དུས་འཁོར་ལ་མཁས་པའི་དགེ་བཤེས་མང་དུ་ཐོན། བྱང་སེམས་པ་ལའང་དུས་འཁོར་གྱི་དབང་རྒྱུད་སྙིང་། མཚན་བརྗོད་འགྲེལ་པ་སོགས་མང་དུ་གསན། གཞན་ཡང་གྲགས་ཆེན་པ། གྲགས་དཔལ་བ། བསོད་མགོན་པ། སྣར་ཆོས་འཕགས་རྒྱལ་མཚན་རྣམས་ལའང་ཆོས་མང་དུ་གསན། སྟོད་ཕྱོགས་ཀྱི་དགེ་བཤེས་རྣམས་ལ་ཉིན་རངས་བཤད་པ་དང་། མཚན་རངས་དབང་མཛད་ཀྱང་། འཇིག་རྟེན་བློས་བཏང་ནས་སྒྲུབ་པ་མཐར་འདོན་པ་དང་། པོ་ཏི་ཁང་བཙུགས་ནས་སློབ་གཉེར་རྗེ་རུས་ཐུག་པ་བྱེད་པ་མང་པོ་མ་བྱུང་བས་ཐུགས་ཕྱུང་སྟེ། མྱང་སྟོད་སྐྱིལ་མཁར་ལྷེ་གུད་ཀྱི་ཕུར་སྤྱིའུ་ཚུང་གཅིག་པ་ཞིག་ཏུ་སྐུ་མཚམས་དམ་པོ་ལ་བཞུགས་སོ། །དེའི་ཚེ་དེ་ལ་བུ་སྟོན་ཐམས་ཅད་མཁྱེན་པས་གསན་ཏེ་དེའི་རྣམ་པར

ཐར་པ་ནི་རྣ་བའི་སྐབས་སུ་བརྗོད་པར་འགྱུར་རོ། །

བླ་ཆེན་རིན་ཆེན་དཔལ་བཟང་པོ་ནི། གཡའ་ལུང་དཔེ་ལྷར་བྱེ་བ་ལ་འཁྲུངས། གདུང་ཁྱུར། གཞོན་ནུ་ལ་ཆོས་རྒྱལ་འཕགས་པ་ལ་ཐུགས་བསྐྱེད་གསན། སྐྱེ་བོ་ལྷས་པའི་མཁན་པོ་ཤེས་རབ་རྒྱལ་མཚན་ལས་རབ་ཏུ་བྱུང་། མཁན་པོ་དེ་ཉིད་དང་། ལས་སློབ་བསོད་ནམས་འབུམ། གསང་སྟོན་ཐུབ་པས་མཛད་དེ་བསྙེན་པར་རྫོགས། བྲག་རམ་དུ་དབུས་པ་ཤེས་རབ་འབུམ་ལ་ཕར་ཚད་དབུ་མ་རིགས་གཏེར་རྣམས་གསན། སྐྱེ་བོ་ལྷས་སུ་འཆད་ཉན་མཛད། ཇོ་མོ་ནང་དུ་ཀུན་སྤངས་ཆེན་པོ་ལ་སྦྱོར་དྲུག་གསན་ཏེ་སང་དངོས་གཞི་ལ་འཇུག་པའི་ཞུབ་མོ་གནས་པོ་དང་གསུང་གླེང་མཛད་ཅིང་། ཕར་ཕྱིན་དང་སྦྱོར་དྲུག་ས་མཚམས་དང་སྒོམ་ཚུལ་འདྲ་བར་འདུག་གསུངས་པས། སང་ཆོས་ལ་བྱོན་དུས་ཁྲིད་གཉིས་ཕར་ཕྱིན་དང་སྦྱོར་དྲུག་མཚམས་སྦྱོར་བ་ལས་བསྒོམས་ན་རང་ཁེ་ཆེ་བ་ཡིན་ཏེ་གསུང་དུ་བྱུང་། བསྒོམས་པས་རྟགས་རྣམས་རྫོགས་པར་འཁྲུངས། དེ་ནས་སྒྲོ་སྨྱོན་ཅན་གྱི་གདན་སར་བཞུགས། ལྷག་པའི་ཚུལ་ཁྲིམས་གཙང་། བྱང་ཆུབ་ཀྱི་ཐུགས་འཁྲུངས། ཡི་དམ་གྱི་བསྙེན་རིམ་བརྟན། བླ་མ་དོན་ཡོད་རྒྱལ་མཚན་དཔལ་བཟང་པོ་སོགས་མི་ཆེན་པོ་མང་པོའི་བླ་མ་མཛད། ཕག་ལོ་ཧོར་ཟླ་བཞི་པའི་ཉེར་གཉིས་ལ་གཤེགས་སོ། །དེ་ལ་དཔལ་ལྡན་བླ་མ་དམ་པས་གསན་ཏོ། །

ཀུན་སྤངས་ཆེན་པོའི་ཐུགས་སྲས་ཀྱི་མཆོག་བྱང་སེམས་རྒྱལ་བ་ཡེ་ཤེས་ནི། ཡུལ་ཁམས་ཀྱི་རྟའི་རྗེ་མདོར། ཡབ་ཡོན་ཏན་ཤེས་རབ། ཡུམ་བཟང་མོ་ཞེས་པའི་སྲས་སུ་མེ་མོ་སྦྲུལ་ལ་འཁྲུངས། ཆུང་ངུའི་དུས་སུ་ཆོས་རྗེ་ཀརྨ་པ་ཤེས་ཕ་དེ་མི་འདོད་བཞིན་དུ་བླངས་ནས། བློ་གྲོས་སེང་གེ་དང་། མདོག་ཤཱཀྱ་བྱང་ཆུབ་ལས་རབ་ཏུ་བྱུང་།

ཀརྨ་པ་ཤི་ལ་ཀརྨ་པའི་ཆོས་སྐོར་མཐའ་དག་གསན། དེ་ནས་དབུས་སུ་ཕེབས་ནས་མཚུར་ཕུར་ཀརྨ་པའི་གསོལ་ཀ་བ་ཡང་མཛད། ཀརྨ་པས་རི་ཁྲོད་འགྲིམ་ཞིང་ཚེ་གཅིག་ཏུ་སྒོམས་ཤིག་དོན་གཉིས་འགྲུབ་བོ་ཞེས་ལུང་བསྟན། དེ་ནས་གསང་ཕུར་འོད་ཟེར་མགོན་པོ་དང་། ཐུལ་ཕུ་བ་བསོད་ནམས་རིན་ཆེན་ལས་བསྙེན་པར་རྫོགས་ཤིང་། མདོ་རྒྱ། ཕར་ཕྱིན། སྤྱོད་འཇུག་རྣམས་གསན། གཡའ་ལུང་པ་ལས་བྱམས་པའི་ཆོས་ལྔ། མངོན་པ། ལམ་རིམ་གསན། ཆོས་རྒྱལ་འཕགས་པ་ལས་སེམས་བསྐྱེད། བདེ་མཆོག་མཱ་ཡཱ་སོགས་གསན། འཇམ་དབྱངས་བཞི་ཐོག་པ་ལས་དུས་འཁོར་རྒྱུད་འགྲེལ། འཕགས་སྐོར། བདེ་དགྱེས། འཇིགས་བྱེད། རིགས་ཚོགས་རྣམས་གསན། དུས་འཁོར་བ་ཡེ་ཤེས་རིན་ཆེན་ལ་དུས་འཁོར་རྒྱུད་འགྲེལ་གསན། །ཁ་ཆེ་པཎྜི་ཏ་བི་མ་ལ་ཤྲཱི། གྲུབ་པ་དཔལ། གྲགས་ཆེན་པ་སོགས་བླ་མ་མང་པོ་ལས་སྡེ་སྣོད་རྒྱུད་སྡེའི་བཀའ་ལུང་ཕལ་ཆེ་བ་གསན། ཁྱད་པར་ཇོ་ནང་དུ་ཀུན་སྤངས་ཆེན་པོ་གཙོ་བོར་བསྟེན་པས། དུས་འཁོར་སོགས་ཆོས་རྣམས་བུམ་པ་གང་བྱོའི་ཚུལ་དུ་གནང་། མངོན་ཤེས་ལྔ་གྲུབ། ང་བདུན་པ་ལ་ཇོ་མོ་ནང་གི་གདན་སར་བཞུགས་ནས་ཆོས་འདི་གཙོ་བོར་བཏོན་པའི་ཕྲིན་ལས་རྒྱས་པར་མཛད། དགའ་ལྡན་པ་ཀུན་བསོད་ལ་སོགས་པ་དགེ་བའི་བཤེས་གཉེན་ཆེན་པོ་མང་པོ་དང་། དཔོན་ཆེན་བྱང་རྡོར་ལ་སོགས་པའི་མི་ཆེན་པོ་རྣམས་ཀྱིས་ཀྱང་ཞབས་ལ་གཏུགས། མདོ་སྡེ་ལུང་སྦྱོར་ཆེ་ཆུང་། རྒྱུད་སྡེ་ལུང་སྦྱོར་ཆེ་ཆུང་རྡོ་རྗེ་ཐེག་པའི་བཅུད་ལེན་སོགས་བསྟན་བཅོས་ཡང་མང་དུ་མཛད། མཐར་གཙང་པོ་བརྒལ་ཏེ་ཆོས་དབྱིངས་ཕུག་མོའི་གནས་སུ་ཚེ་གཅིག་ཏུ་སྒྲུབ་པ་ལ་བཞུགས། རེ་བཞི་པ་ལྕགས་ཕོ་སྤྲེའུ་ལ་མཁས་བཙུན་པ་གདན་ས་བསྐོས་ནས། དཔྱིད་ཟླ་ར་བའི་ཚེས་བཅུ་ལ་གཤེགས། སྟེང་ཕྱོགས་འོག་མིན་གྱི་ལྷ་གནས་ན་བཞུགས་སོ་ཞེས་ཀརྨ་པ་རང་བྱུང་རྡོ

ཧེ་གསུང་ངོ་། །ཧེ་འདི་ཉིད་ལ་རྒྱུད་འཆད་པ་ལ་མཁས་པ་དང་། སྦྱོར་དྲུག་ལ་མྱོང་རྟོགས་ཐོབ་པའི་སློབ་མ་གྲངས་མེད་ཅིང་ཕྱིར་མི་ལྡོག་པའི་ས་ཐོབ་པ་ཡང་བརྒྱ་ཕྲག་མང་དུ་བྱུང་བ་ལས། མཆོག་ཏུ་གྱུར་པ་ནི། སྟག་ལུང་པ་རཏྣ་ཀ་ར། ཤ་གྲགས་སེང་བ། གྲུབ་ཐོབ་དར་ཡུལ་བ། མཁས་བཙུན་ཡོན་ཏན་རྒྱ་མཚོ་དང་བཞི་ལས། སྟག་ལུང་པ་རཏྣ་ཀ་ར་ནི། ཇོ་མོ་ནང་དུ་བྱོན་ནས་བྱང་སེམས་པ་ལ་སྦྱོར་དྲུག་དང་རྒྱུད་འགྲེལ་རྫོགས་པར་གསན་པས། ཏིང་ངེ་འཛིན་གྱི་སྒོ་དཔག་མེད་བྱེ། སློབ་མ་མང་པོ་སྦྱོར་དྲུག་གིས་ཁྲིད་པར་མཛད་དོ། །

ཞྭ་དམར་ཅོད་པན་འཛིན་པ་ཤ་གྲགས་སེང་བ་ནི། སྤོམ་པོར་གྱི་སའི་ཆར། ཕ་ཚན་ཤ་འབུ་གཉིས་ལས་ཤ །གདུང་དབྲད་གྱུ། ཡབ་སྟག་ཀུང་། ཡུམ་ཨ་རྒོད་ཀྱི་སྲས་སུ་ཆུ་མོ་ལུག་ལ་འཁྲུངས། ཁེང་ཡེ་ཤེས་སེང་གེ་ལས་རབ་ཏུ་བྱུང་ཞིང་གདམས་པ་མང་པོ་མནོས། ཁམས་ནས་དབུས་སུ་ཕེབས་ཏེ་གསང་ཕུར་འཇམ་དབྱངས་ཤཱཀ་གཞོན་དང་། བློ་གྲོས་མཚུངས་མེད་ལས་མཚན་ཉིད་ཀྱི་སྡེ་སྣོད་ལེགས་པར་སྦྱངས། ཆོས་རྗེ་རང་བྱུང་རྡོ་རྗེ་ལ་ཆོས་དྲུག་ཞུས་པས་ཉམས་རྟོགས་ཀྱི་རྩལ་ཐོན། ཨོ་རྒྱན་དུ་འབྱོན་པར་དགོངས་ཏེ་གཙང་ཕྱོགས་ལ་བྱོན། ཇོ་མོ་ནང་དུ་བྱང་སེམས་པ་དང་མཇལ། ང་ཀརྨ་པའི་གྲྭ་པ་ཡིན། མིང་གྲགས་པ་སེང་གེ་ཟེར། ད་ཨོ་རྒྱན་དུ་འགྲོ་བ་ལགས་ཞུས་པས། རྒྱ་གར་གྱི་བསྟན་པ་ནུབ། དུ་རུཥྐའི་བར་ཆད་འོང་བས་མ་འབྱོན་གསུང་། དད་པ་ཆེར་སྐྱེས་ཏེ་དུས་འཁོར་གྱི་དབང་དང་། སོར་བསྡུད་ཞུས་ནས་བསྒོམས་པས་རྟགས་རྣམས་རྫོགས་པར་བྱུང་བ་སོགས་ཞུས་པས། རྗེས་དྲན་ལ་སླེབས་ནས་གདའ། གཅིག་ཅར་བའི་རིམ་སུ་འདུག་གསུང་། དེ་ནས་བྱང་སེམས་པ་ཆོས་དབྱིངས་ཕྱུག་མོའི་བྲག་ཏུ་བཞུད་པའི་ཕྱུགས་ཕྱིར་བྱོན། ལོ་གཅིག་བཞུགས་པས་སྦྱོར་དྲུག་གི་ཁྲིད་རྫོགས་

པར་གནང་ཞིང་། རྒྱ་གཞུང་མང་པོའི་ལུང་དང་། གཞན་ལ་སྟོན་ཅིག་པའི་བཀའ་གཏད་ཀྱང་ཐོབ། སྒྲོལ་མས་ཀྱང་ཨོ་རྒྱན་དུ་མི་བགྲོད་པའི་ལུང་བསྟན་བྱུང་བས། འགྲོན་པའི་སྤྲོས་པ་བཅད། དེ་ནས་མི་ལའི་རྫོང་དྲུག་ལ་ཐེགས་པའི་ལམ་དུ་སྤྱང་ལོ་ལ་དོན་དམ་བསྙེན་པ་གསན། ས་སྐྱའི་གོང་གི་འདྲི་ལྕུམ་བྱ་བའི་རི་ཁྲོད་གཅིག་ན་ཁམས་པ་སྦྱོར་དྲུག་པ་ལས་རྒྱ་མཛད་པས་སྐུ་མདངས་ཤིན་ཏུ་ལེགས་པ་ཞིག་ལ་རྩ་རླུང་གི་གདམས་པ་ཁ་ཡར་གསན། དེ་ནས་བདེ་ཆེན་དུ་ཆོས་རྗེ་རང་བྱུང་པ་ལ་ནང་བརྟག་རྒྱུད་གསུམ་སོགས་ཆོས་མང་དུ་གསན། མཚུར་ཕུར་གནས་ནང་བཏབ་ནས་འགྲོ་དོན་ཡུན་རིང་དུ་མཛད་ཅིང་། ཆོས་དྲུག་དང་སྦྱོར་དྲུག་ལ་རྟགས་ཐོན་པའི་སློབ་མ་མང་དུ་ཐོན་ཏེ། རི་བདུན་པ་ས་གླང་དཔྱིད་ཐའི་ཆོས་བཅུ་དགུ་ལ་གཤེགས་སོ། །སློབ་མ་མང་ཡང་བུ་ཆེན་བཞིར་གྲགས་པ་ནི། རྟོགས་ལྡན་མགོན་རྒྱལ་བ། འཛམ་དབྱངས་ཆོས་རྡོར་བ། གཡག་སྡེ་པཎ་ཆེན། མཁས་གྲུབ་དར་མ་རྒྱལ་མཚན་པ་དང་བཞི་ལས། ཁྱད་པར་དར་རྒྱལ་བ་ཐུགས་སྲས་ཀྱི་གཙོ་བོར་དགོངས་ཏེ་ཆོས་རྣམས་ཐུམ་པ་གང་བྲེའི་ཚུལ་དུ་གནང་། གནས་ནང་གི་གདན་སར་བསྐོས། དེས་ཀྱང་རི་ཁྲོད་ཁོ་ན་འགྲིམ་ཞིང་ཐུགས་དམ་རྩེ་གཅིག་ཏུ་མཛད་པས་རི་ཁྲོད་པར་གྲགས། དེ་ལ་དཔལ་མཁའ་སྤྱོད་དབང་པོས་གསན་ནོ། །གྲུབ་ཐོབ་དར་ཡུལ་བ་ནི། དར་ཡུལ་བྱེ་མར་འཁྲུངས། བྱང་སེམས་པ་ལས་གདམས་པ་མནོས་ཏེ་རྒྱ་ནག་རི་བོ་རྩེ་ལྔར་བསྒོམས་པས་གྲུབ་པ་བརྙེས་ནས་བྱང་ཕྱོགས་སུ་བསྟན་པ་སྤེལ་ལོ། །

མཁས་བཙུན་ཡོན་ཏན་རྒྱ་མཚོ་ནི། གཙང་མདོག་གི་དབེན་པར་སྦུགས་པའི་དགོན་མཁར་རྙིང་དུ། ཡབ་ཀུན་དགའ་དཔལ་དང་། ཡུམ་མགོན་སྐྱིད་ཀྱི་སྲས་སུ་ལྕགས་སྤྲེལ་ལ་འཁྲུངས། གདུང་ལྡིང་། མཆེད་ལྔའི་ཐ་ཆུང་། བཅུ་གསུམ་པ་ལ་ཤར་པ

ཡེ་ཤེས་རྒྱལ་མཚན་ལ་དགེ་བསྙེན་མནོས། མཚན་ཡང་ཐུགས་རྗེ་དཔལ་དུ་བཏགས། བཅོ་ལྔ་པ་མདར་དུ་མདར་བྱང་སྐྱབས་ཀྱི་གྲྭ་སར་བྱོན། སྤྱང་སྟོན་རྡོ་རྗེ་རྒྱལ་མཚན་གྱིས་མཁན་པོ། ཡོན་ཏན་དཔལ་གྱིས་སློབ་དཔོན་མཛད་དེ་རབ་ཏུ་བྱུང་། མཚན་ཐུགས་རྗེ་རྒྱལ་མཚན་དུ་བཏགས། མངོན་པ་ཀུན་ལས་བཏུས། རྣམ་ངེས། རིགས་གཏེར་རྣམས་མཁས་པར་སྦྱངས། དེ་ནས་ས་སྐྱར་བྱོན་ཏེ་འཇམ་དབྱངས་བཞི་ཐོག་པ་ལ་གཏུགས། ཁོང་གིས་བུ་སྟོན་ཀུན་བཟང་དཔལ་ལ་སྤྲད། ཕར་ཕྱིན་འཇམ་གསར་ལུགས་སློབ་ཏུ་བཙུག་པས་འཕྲུལ་དུ་མཁྱེན། བཞི་ཐོག་པ་མཉེས་ཏེ། དེ་རིང་ཆོས་ཁྲི་ཁར་འབུལ་བ་གང་བྱུང་ཡང་ཁྱེད་ལ་སྐྱེར་བས་ངའི་ཆོས་ཁྲིའི་སྟེང་དུ་སྡོད། འབུལ་བ་ཆེ་ཆུང་ཁྱེད་རང་གི་བསོད་ནམས་ལ་རག་ལས་སོ་གསུངས་པ་ལ། དེར་ཁམས་པ་གཅིག་གིས་དབུ་ཞྭ། གསོལ་ཞལ་སྟེར། བེར་ཐུལ། ཛ་སྟུམ། གོས་ཕྱི་ནང་། པར་ཐང་ཁྲ་བོ། མཛོ་སོགས་འབུལ་བ་བྱུང་བས་སྐུ་བསོད་ཆེ་བར་གྲགས་སོ། །བཞི་ཐོག་པའི་དྲུང་དུ་ཕྱི་ནང་གི་རྒྱུད་སྡེ་མང་དུ་གསན། དུས་འཁོར་བ་ཡེ་ཤེས་རིན་ཆེན་རྒྱ་ཡུལ་ལ་འབྱོན་པའི་ཕྱུགས་ཕྱིར་བྱོན་ཏེ། ལོ་ངོ་བཞི་ལ་ས་སྐྱར་ཐེབས། བཞི་ཐོག་པ་ལ་དུས་འཁོར་རྒྱུད་འགྲེལ་དབང་དང་བཅས་པ་དང་། བརྟག་གཉིས་ཁྲིད་དང་བཅས་པ་གསན། གྲུབ་པ་དཔལ་བཟང་པོ་ལས་ཀྱང་ཕྱག་ལེན་རྣམས་བསླབས། དེ་ནས་སུམ་ཅུ་པ་ལ་ཇོ་མོ་ནང་དུ་ཀུན་སྤངས་ཆེན་པོའི་ཞབས་ལ་གཏུགས་ཏེ། སྦྱོར་དྲུག་གི་ཆོས་ཚན་བརྒྱ་ལྷག་པ་གསན། རྒྱུད་འགྲེལ་སོགས་ཀུན་སྤངས་པ་དང་། བྱང་སེམས་པ་ལ་མངའ་བའི་ཆོས་རྣམས་བུམ་པ་གང་བྱོའི་ཚུལ་དུ་མཁྱེན། མང་དུ་གསན་པས་ཡོན་ཏན་རྒྱ་མཚོར་བཏགས། སོ་བདུན་པ་ལ་བླ་བྲང་བཞི་ཐོག་ཏུ་འཇམ་དབྱངས་ཆེན་པོས་མཁན་པོ། ཞང་ཀུན་སྤངས་ཆེན་པོས་ལས་སློབ། ཤར་པ་ཡེ་ཤེས་རྒྱལ་མཚན་པས་གསང་སྟེ་སྟོན་

པ་མཛད་ནས་བསྙེན་པར་རྫོགས། རེ་གཅིག་པ་ལ་ཇོ་ནང་གི་གདན་ས་མཛད་དེ། སྟེ་སྟོང་འཛིན་པའི་ཚོགས་ཆེན་པོ་ལ། དུས་ཀྱི་འཁོར་ལོའི་དབང་རྒྱུད་འགྲེལ་མན་ངག་གནང་བ་སོགས་ཕྲིན་ལས་རྒྱ་ཆེར་བསྐྱངས། མངོན་པར་ཤེས་པ་སོགས་མངོན་པར་རྟོགས་པའི་ཡོན་ཏན་མང་པོ་མངའ། རེ་བདུན་པ་ལ་ཀུན་མཁྱེན་ཆེན་པོ་གདན་སར་བསྐོས་ཏེ། སྤྱིར་ལོ་སུམ་ཅུ་རྩ་བརྒྱད་ཀྱི་བར་དུ་ཇོ་མོ་ནང་ཉིད་དུ་བཞུགས་ནས། རེ་བརྒྱད་པ་མེ་མོ་ཡོས་ཐ་སྐར་ཟླ་བའི་ཚེས་བརྒྱད་ལ་མ་ཉེལ་བ་མེད་པར་ས་གཡོ་བ་དང་། མི་ཏོག་གི་ཆར་འབབ་པ་སོགས་ངོ་མཚར་བའི་ལྟས་དང་བཅས་ཏེ་བདེ་བར་གཤེགས། གདུང་ཞུགས་ལ་གཞེན་དུས་འོད་ཀྱི་གོང་བུ་རྫ་མ་ཙམ་པ་མང་པོ་ཐོན་ཏེ་ནམ་མཁའ་ལ་འགྲོ་བ་བྱུང་། རིང་བསྲེལ་རྣམས་སྐུ་འདྲ་དང་། ཕྱི་རྟེན་རྣམ་རྒྱལ་མཆོད་རྟེན་དུ་བཞུགས་སོ། །

དེའི་སྲས་ཀྱི་ཐུ་བོ་ཀུན་མཁྱེན་ཆེན་པོ་ནི། ཧོལ་པོ་བན་ཚང་དུ་ཡབ་ནམ་སྟོན་ཡེ་ཤེས་དབང་ཕྱུག །ཡུམ་ཇོ་གཅམ་ཚུལ་ཁྲིམས་རྒྱན་གྱི་སྲས་སུ་ཆུ་ཕོ་འབྲུག་ལ་འཁྲུངས། གདུང་རུས་ནམ། བླ་མ་སྐྱི་སྟེངས་པ་ལ་འཇམ་དཔལ་དབང་མོ་ཆེ་ཞུས། མཚན་ཤེས་རབ་མགོན་དུ་བཏགས། བཅུ་པ་ལ་མཁན་ཆེན་བྱང་ཆུབ་སེང་གེ་ལ་ཡང་དག་སོགས་རྙིང་མའི་སྐོར་གསན། བཅུ་གསུམ་པ་ལ་སྐྱི་སྟེངས་སུ་མཁན་པོ་ཚུལ་ཁྲིམས་སྙིང་པོ་དང་སློབ་དཔོན་ཟླ་ཕུག་པ་ལས་རབ་ཏུ་བྱུང་། མཚན་ཤེས་རབ་རྒྱལ་མཚན་དཔལ་བཟང་པོར་བཏགས། དེ་དུས་སྐྱི་སྟོན་འཇམ་དབྱངས་གྲགས་པ་རྒྱལ་མཚན་སྐྱི་སྟེངས་སུ་བྱོན་པ་ལ། ཇོ་རྗེ་ཕྲེང་བའི་གར་ཐིག་བསླབས་པ་ཚོགས་མེད་པར་མཁྱེན་པས་མཁས་པ་ཆེན་པོ་ཞིག་འོང་བར་འདུག་གསུང་ནས་ཤིན་ཏུ་དགྱེས། སྐྱི་སྟོན་པ་ཡ་ཚེ་རྒྱལ་པོའི་བླ་མ་ལ་བྱོན་ནས་སྨར་གློ་བོར་ཕེབས་པ་གསན་པས། བཅོ་བརྒྱད་པ

ལ་རང་གཅིག་ཕྱུར་དར་ལུག་འགའ་ཞིག་དང་ཟངས་ཆེ་བ་གཅིག་བསྣམས་ནས་གློ་བོར་ཕྱིན། སྐྱེ་སྟོན་པ་ལ་ཚད་མ་བསྡུས་པ་གསན། སྐྱེ་སྟོན་པ་ས་སྐྱར་ཐེགས་རྗེས་ཞར་བཟང་བ་དང་གཞོན་བཟང་པ་བསྟེན་ནས་ལོ་གཉིས་སུ་རྣམ་རས་ལ་སྦྱངས། དེ་ནས་ས་སྐྱར་ཕྱིན་ཏེ་སྐྱེ་སྟོན་པའི་དྲུང་དུ་ཕར་ཚད་མདོན་གསུམ་སྤྱོད་འཇུག་རྡོ་རྗེ་ཕྲེང་བ་རྣམས་ཀྱི་སློབ་གཉེར་དུས་གཅིག་ལ་མཛད། སྐྱེ་སྟོན་ཤཱཀ་འབུམ། བདག་ཉིད་བཟང་པོ་དཔལ། ཏིར་ཐྲི་ཀུན་གློ། ནམ་ལེགས་པ། ཤར་པ་སེང་གེ་དཔལ་རྣམས་ལ་ཕར་ཚད་མདོན་གསུམ་རྣམ་འགྲེལ་རིགས་གཏེར་བརྟག་གཉིས་རྣམས་གསན། ཁྱད་པར་དུ་ཀུན་སྤངས་གྲགས་རྒྱལ་བ་ལ་དུས་འཁོར་གྱི་དབང་སྒྲུབ་སྐོར་གསན། ཉེར་གསུམ་པ་ལ་ས་སྐྱར་ཕར་ཚད་མདོན་གསུམ་གྱི་བཤད་སྟོན་མཛད། དཔྱིད་ཆོས་ཟླ་བ་གཉིས་ལ་ཚོགས་ཆེན་མོའི་ཤར་སྐོར་སྟེང་ནས། སྔ་དྲོ་ཕར་མདོན་གཉིས། ཕྱི་དྲོ་རྣམ་ངེས་བསྡུས་པ་གཉིས་གསུངས། གཙང་གི་ཆོས་གྲྭ་ཕལ་མོ་ཆེར་གྲྭ་བསྐོར་ཡང་མཛད། ཉེར་བཞི་པ་ལ་ཆོང་འདུས་མགུར་མོར་ཆོས་ལུང་མཁན་ཆེན་བསོད་གྲགས་པས་མཁན་པོ། མཆོག་སྤྲིན་དཔལ་གྱིས་ལས་སློབ། མཁན་ཆེན་བསོད་བཟང་པས་གསང་སྟོན་མཛད་ནས་རྫོ་གདན་ཚོགས་པའི་དབུས་སུ་བསྙེན་པར་རྫོགས། མཁན་པོ་ལ་མདོ་རྩ་དང་། ལས་སློབ་ལ་སོ་ཐར་གསན། བསད་ཤ་མི་གསོལ་བའི་གཡར་དམ་མཛད། སླར་ཡང་ས་སྐྱར་སྐྱེ་སྟོན་པའི་དྲུང་དུ་མདོན་པ་མཛོད་ལ་སྦྱངས་ཤིང་། ཕྲེང་བ་གཉིས་མ་དང་ཉེར་བརྒྱད་མ། དུས་འཁོར་བདེ་དགྱེས་གསང་གསུམ། སྒྲུ་ཐོད་གདན་གསུམ། དམར་ནག་འཇིགས་གསུམ། དཔལ་རྩེ་དབྱིངས་གསུམ་ལ་སོགས་པའི་དབང་རྗེས་གནང་ཉིས་བརྒྱ་བཅུ་བཞི་རྣམས་དཀྲུས་ཐོག་གཅིག་ལ་གསན། དུས་འཁོར་རྡ་ལུགས་སོགས་རྒྱུད་སྡེ་མང་པོའི་བཤད་པ། ཚད་མ་སྡེ་བདུན། བྱམས་པའི་ཆོས་ལྔ། པྲ་ཀ་ར་ཎ་སྡེ་བརྒྱད་

སོགས་གཞུང་ལུགས་མང་པོ། ལུང་སྡེ་བཞི། ཤེར་ཕྱིན་རྒྱས་འབྲིང་བསྡུས་གསུམ། མདོ་མངས། ཕལ་དཀོན། རྒྱུད་འབུམ་སོགས་མདོ་རྒྱུད་བསྟན་བཅོས་མན་ངག་མཐའ་ཡས་པ་གསན། དེ་ནས་ལྷ་སར་ཇོ་ཤཱཀ་རྣམ་གཉིས་མཇལ། ཁྱད་པར་སྤྱན་རས་གཟིགས་ཀྱི་དྲུང་དུ་སེམས་འགྲེལ་སྐོར་གསུམ་ཆ་ལག་དང་བཅས་པའི་ཚིག་དོན་མ་ལུས་པ་ཐུགས་སུ་ཆུད་ནས་གཞན་ལ་སྟོན་ནུས་པའི་གསོལ་བ་དྲག་ཏུ་བཏབ། བྱིན་གྱིས་བརླབས་པའི་མཚན་མ་ཐོབ། བསམ་ཡས་ཀྱང་མཇལ་ཞིང་སྐྱི་སྨད་བན་གྱི་གྲྭ་ས་ཕལ་མོ་ཆེར་གྲྭ་བསྐོར་ལ་བྱོན། འཇམ་དབྱངས་ཤཱཀ་གཞོན། བཙན་དགོན་པ་བ། དཔེན་དགེ་བ་སོགས་མཁས་པར་གྲགས་པ་རྣམས་རིགས་པས་བཏུལ། མཁན་ཆེན་བསོད་གྲགས་པ་ལ་བློ་སྦྱོང་ཞུས་པས་བྱང་ཆུབ་ཀྱི་ཐུགས་འཁྲུངས། འཁྲུངས་ཡུལ་དུ་བྱོན་ནས་ཡབ་དང་མཇལ། ལ་སྟོད་མངའ་རིས་ཀྱི་དགེ་བཤེས་རྣམས་རིགས་པས་བཏུལ་བས་མངའ་རིས་དབུས་གཙང་ཐམས་ཅད་དུ་མཁས་པའི་གྲགས་པས་ཁྱབ། ཁབ་གུང་ཐང་དུ་ཤ་ར་བ་ཀུན་བསོད་ལ་བདེ་མཆོག་གསན། དེ་ནས་ས་སྐྱར་ཕེབས་ཏེ་དུས་ཆོས་སུ་བཀའ་ཆེན་བཞི་སོགས་ཀྱི་པོ་ཏི་ལྔ་དྲུག་རེ་སྤྲེལ་ནས་གསུངས། དུང་ལུང་དགའ་ལྡན་དུ་ཀྱེ་རྡོར་གྱི་སྒྲུབ་མཆོད་མཛད་པས་བུམ་ཆུ་ཁོལ། ཡི་དམ་གྱི་ལྷ་མང་པོའི་ཞལ་གཟིགས། ཇོ་མོ་ནང་དུ་བུ་ཁྲི་རིན་སེང་བའི་དར་འགྱེད་སྐྱིལ་དུ་བྱོན་པས་སྒྲུབ་པ་རྣམས་ཀྱི་སྒྲུབ་ཚུགས་ལ་དད་པ་སྐྱེས་ཏེ་ད་གཟོད་འདིར་འོངས་ནས་སྒོམ་ཆིག་དྲིལ་ཞིག་བྱ་དགོས་དགོངས་པ་བྱུང་། བླ་མ་སེང་གེ་དཔལ་བས་བསྐུལ་བས་རྣམ་འགྲེལ་གྱི་ཊཱིཀྐ་མཛད། སེང་གེ་དཔལ་བ་དབུས་ཕྱོགས་ཀྱི་ཆོས་གྲྭ་ཐམས་ཅད་དུ་འཕྱོན་པ་ཕྱུགས་ཕྱིར་བྱོན། མཚུར་ཕུ་ཀརྨ་པ་རང་བྱུང་རྡོ་རྗེའི་དྲུང་དུ་རང་སྟོང་གི་ལྟ་བ་བཟུང་ནས་འཕེལ་གདམ་མཛད་པས། མ་འོངས་པ་ན་གཞན་སྟོང་དུ་འགྱུར་ཞེས་ལུང་བསྟན། སེང་

གེ་དཔལ་བ་གོང་དུ་བཤད་པའི་ཕྱུགས་ཕྱིར་འབྱོན་དགོས་གསུངས་པ་ལ་ཞུ་བ་ནན་གྱིས་ཕུལ་ནས། སོ་གཅིག་པ་ལ་ཇོ་མོ་ནང་དུ་མཁས་བཙུན་ཡོན་ཏན་རྒྱ་མཚོའི་ཞབས་ལ་གཏུགས་ཏེ་དུས་ཀྱི་འཁོར་ལོའི་དབང་དང་ཁྲིད་གསན་ནས་ཐུགས་ཉམས་སུ་བཞེས་པས་ཉམས་རྟོགས་ཀྱི་གློང་བརྡོལ། རྒྱུད་བཤད་སོགས་ཆོས་སྐོར་མ་ལུས་པ་གསན། དེ་ནས་གསང་ཐབས་སུ་ཀུན་སྤྱངས་ཆོས་གྲགས་དཔལ་བཟང་པོ་ལ་དུས་འཁོར་རྒྱུད་འགྲེལ། ཇོ་རྗེ་ཕྲེང་བའི་དབང་ཕྱག་ལེན། བྱམས་པའི་ཆོས་ལྔ་སོགས་གསུངས། དེ་ནས་ཀུན་སྤྱངས་པས་ཞུ་བ་པོ་མཛད་ནས་མཁས་བཙུན་པ་ལ་དུས་འཁོར་གྱི་དབང་གསན་དུས། ཐེགས་འདེབས་པ་ལ་ཀུན་སྤྱངས་མཆོག་མཁས་པར་བྱུང་པས་མཁས་བཙུན་པ་ཤིན་ཏུ་དགྱེས་ཏེ། རྗེ་འདི་ལ་ཁྱེད་ཀྱིས་དང་འདུན་ཅན་རྣམས་ལ་རྒྱུད་འགྲེལ་ཚར་གཅིག་གསུང་བར་ཞུ་གསུངས་པས། བདེ་བ་ཅན་གྱི་བླ་གཡེར་དབུས་སུ་དཀྱིལ་འཁོར་ཡོངས་རྫོགས་དང་ཕྱོགས་མཚམས་སུ་ཐབ་ཐིབ་རྣམས་བཏབ། འཇིམ་པས་དཀྱིལ་འཁོར་དང་ཐབ་བསྒྲུར། ཕྱི་འཇིག་རྟེན་དང་ནང་རྩ་ཐིག་ རླུང་གསུམ་གྱི་བཀོད་པ་རྣམས་བཟོས། སློབ་མ་ཉིས་བརྒྱ་ཙམ་ལ་རྒྱས་པར་གསུངས་པས། མཁས་བཙུན་པས་བེར་ཐུལ་སོགས་གནང་སྦྱིན་ཆེན་པོ་མཛད་ནས་ཚོགས་མཆོད་ཡང་གནང་བར་ཞུ་གསུངས་པས། བཀའ་བཞིན་སྐྱེས་རབས་སྤྱོད་འཇུག་བསླབ་བཏུས་རྣམས་གསུངས། དེ་ནས་མཁས་བཙུན་པས་བདེ་དགྱེས་གསང་འདུས་སོགས་ཀྱི་དབང་རྒྱུད་མན་ངག་ཐམས་པ་གང་བྱོའི་ཚུལ་དུ་རྫོགས་པར་གནང་། དེ་ནས་མཁའ་སྤྱོད་བདེ་ལྡན་དུ་ཐུགས་དམ་ལ་རྩེ་གཅིག་ཏུ་བཞུགས་པས། མངོན་པར་མཁྱེན་པ་ཐོགས་མེད་དུ་མངའ་བ་དང་། སྲོག་ཐུར་འདྲེས་པའི་བདེ་ཉམས་འུར་ལངས་པ་སོགས་གྲུབ་པའི་མཚན་མ་བརྟན་པོ་བརྙེས། སོ་ལྔ་པ་ལ་བླ་མའི་བཀས་ཇོ་མོ་ནང་གི་གདན་ས་མཛད། ཀུན་མཁྱེན་ཆེན་པོ

ཞེས་མཚན་དོན་དང་མཐུན་པར་ཀུན་གྱིས་གསོལ། གོ་དགུ་པ་ལ་བཟང་ལྡན་འོག་མར་མཆོད་རྟེན་གྱི་ས་ཆོག་མཛད་པས་ས་གསོས་ཤིང་མེ་ཏོག་ཆར་བབ། དེ་ནས་སྐུ་འབུམ་འཛམ་གླིང་རྒྱན་མཐོང་གྲོལ་ཆེན་མོ་དཔལ་ཡོན་ཅན་ལྷ་ཁང་བརྒྱ་རྩ་བརྒྱད་པ། རྒྱ་དཔངས་མཉམ་པར་ཁྲུ་ཞེས་བརྒྱ་བཅོ་ལྔ་པ། རྒྱན་བཀོད་པ་ཕུན་སུམ་ཚོགས་པ། གདུགས་ཀྱི་ལྷ་ཁང་ན་རིན་པོ་ཆེ་སྣ་ཚོགས་ལས་གྲུབ་པའི་དུས་འཁོར་ཡོངས་རྫོགས་ཀྱི་དཀྱིལ་འཁོར་བློས་བསླངས་བཞུགས་པ་ལོ་ཕྱེད་དང་བཞི་ལ་གྲུབ་སྟེ། རབ་གནས་མཛད་དུས་འདབ་མ་ཡུ་བ་དང་བཅས་པའི་མེ་ཏོག་གི་ཆར་ཁ་བ་བབ་པ་ཙམ་བབས། ལྷུན་པོ་བཞེངས་པས་རྒྱ་མཚོ་རྫོལ་བ་སྙམ། །ཞེས་གསུངས་ཏེ་ཆོས་ཀྱི་གསང་མཛོད་རྫོལ། རྣམ་གཉིས་འགྱུར་ལ་ཞུས་ཆེན་དང་མཆན་བུ་མཛད། མཁན་ཆེན་བསོད་གྲགས་པས་གཙོ་མཛད་རྗེ་གདན་ཚོགས་པ་ལ་གཞལ་ཡས་ཁང་དུ་དུས་འཁོར་གྱི་དབང་མོ་ཆེ་མཛད། དེ་ལྟར་ལོ་བཅུ་གསུམ་གྱི་བར་དུ་ཇོ་མོ་ནང་ཉིད་དུ། ལོ་རེ་བཞིན་མཁས་པ་མང་པོ་ལ་དུས་འཁོར་རྒྱུད་འགྲེལ་དང་བྲམས་ཆོས་རྣམས་དུས་ཆོས་སུ་གསུང་ཞིང་སྟོན་དཔྱིད་སྟོན་དྲུག་གི་དུས་ཁྲིད་དང་ཚོགས་ཆོས། དབྱར་དགུན་སྐུ་མཚམས་དམ་པོ་རྣམས་དུས་ལས་མ་ཡོལ་བར་ཆག་མེད་དུ་མཛད་ནས། སྟག་ལོ་ལ་ལོ་ཉ་བ་བློ་གྲོས་དཔལ་གདན་སར་བསྐོས། གཟིམས་ཁང་བདེ་བ་ཅན་དུ་བཞུགས་ནས་རི་ཆོས་ངེས་དོན་རྒྱ་མཚོ། མངོན་རྟོགས་རྒྱན་དང་རྒྱུད་བླའི་ཊཱིཀྐ་སོགས་མཛད། གོང་མ་ཐོ་གན་ཐེ་མུར་གྱིས་གདན་འདྲེན་དུ་མངགས་པའི་གསེར་ཡིག་པ་བྱུང་དུས། གསང་དམ་པོས་ན་ཐུང་དུ་ལོ་གཉིས་སྨྲུགས་པའི་ཆ་ལུགས་མཛད་ནས་རྟ་མགྲིན་གྱི་ཐུགས་དམ་ལ་རྩེ་གཅིག་ཏུ་བཞུགས་པར་གསེར་ཡིག་པ་བཟློག་ས། ས་སྐྱ། ངམ་རིངས། བཟང་ལྡན། ཆུ་བཟངས་རྣམས་སུ་སྡེ་ཕྱིར་དགེ་འདུན་གྱི་ཚོགས་ཆེན་པོ་ལ་དུས་འཁོར་ལ་སོགས

པའི་ཆོས་ཀྱི་འཁོར་ལོ་བླ་མེད་པ་བསྐོར། དགའ་ལྡན་ལྷ་ཁང་དུ་དབུ་མ་བསྟོད་ཚོགས་གསུངས་དུས་མེ་ཏོག་གི་ཆར་ཆེན་པོ་བབ། རིན་ཆེན་སྤྱིངས་དང་ལྷ་རྩེར་སྐུ་མཚམས་དམ་པོ་མཛད། རྡོ་མོ་ནང་དུ་དུས་འཁོར་གྱི་དར་དཀྱིལ་ཆེན་མོ་འབྲུལ་སངས་གྲུབ། རྟ་ལོ་ལ་ལོ་ཙྪ་བ་སྐྱུ་གཤེགས་རྗེས་ཆོས་རྗེ་ཕྱོགས་རྒྱལ་བ་གདན་སར་བསྐོས། གཙང་ཆོ་གསུམ་པོར་ལོ་གསུམ་དུ་ཆག་པས་ལོ་ཏོག་བཅོམ་པ་ལ་བཀའ་ཤོག་བསྒྲགས་པ་ཙམ་གྱིས་གནོད་པ་ཞི། སྟར་ཐང་དུ་དགེ་འདུན་གྱི་ཚོགས་ཆེན་པོ་ལ་རྒྱུད་འགྲེལ་དང་རྒྱས་འབྲིང་བསྡུས་གསུམ་སོགས་ཆོས་མང་དུ་གསུངས། བདུན་ཅུ་པ་ལ་གནུབས་ཆོས་ལུང་དུ་ཕེབས་ཏེ་དཔལ་ལྡན་བླ་མ་བསོད་ནམས་རྒྱལ་མཚན་དང་མཇལ། བཀའ་བསྡུ་བཞི་པ་རྩ་འགྲེལ་གནང་། དཔལ་ལྡན་བླ་མ་ལ་རྡོ་མོ་ནང་དུ་གདན་ས་བ་གཅིག་བསྐོ་བར་ཞུས་པས་དཀོན་མཆོག་རྒྱལ་མཚན་བསྐོས། རྔ་ཡོའི་དཔོན་པོ་ཀུན་དགའ་འཕེལ་སོགས་ལ་དབང་ཁྲིད་གནང་། དུ་དབེན་ཤྲཱི་ཧྲཱུཾ་ཀཱིརྟིས་གོང་མའི་ལུང་དང་གནང་སྦྱིན་བཟང་པོ་ཕུལ། དེ་ནས་ཁུ་ལུང་མདའི་གནས། བདེ་གནས། ཛུར་མིག །ཁྱེ་མ། ཙ་དབྱེ། ཚ་མིག །དགེ་འདུན་སྒང་། གཞུ་ཀུན་ར། གནམ་ཁྲ་ཚང་། དབུ་རི། གནམ་རྩེ་ལྡང་། སྟོད་ལུངས་རྣམ་རྒྱལ། དཀྱིལ་འཁོར་གདིངས། དབེན་ཚ་ལྷག་རྣམས་ལས་རིམ་གྱིས་བརྒྱུད་དེ་ལྷ་སར་ཕེབས། གནས་སོ་སོར་བླ་མ་དགེ་བའི་བཤེས་གཉེན་རྣམས་ཀྱིས་བསུ་བ་དང་བསྙེན་བཀུར་མཐོན་པོ་མཛད་པ་ལ། དུས་འཁོར་གྱི་དབང་རྒྱུད་མན་ངག་དང་བཅས་པ་གནང་། སྐྱེ་བོའི་ཚོགས་སྟོང་ཕྲག་མང་པོ་སེམས་བསྐྱེད་སོགས་ཐེག་པ་ཆེན་པོའི་ཆོས་ཀྱི་ཆེམ་པར་མཛད། ལྷ་སར་ཟླ་བ་བདུན་གྱི་བར་དུ་བཞུགས་ཏེ། རྗེ་བོའི་དྲུང་དུ་མཆོད་པའི་སྤྲིན་རྒྱ་མཚོས་མཆོད་ནས་བསྟན་པ་དང་སེམས་ཅན་ཁོ་ནའི་ཆེད་དུ་སྨོན་ལམ་འདེབས་ཤིང་དབུས་ཕྱོགས་ཀྱི་མཁས་པ་ཕལ་མོ་

ཆེ་འདུས་པ་ལ། དུས་ཀྱི་འཁོར་ལོའི་དབང་རྒྱུད་འགྲེལ་མན་ངག །ངེས་དོན་གྱི་མདོ་བསྟན་བཅོས་མང་པོ་གནང་། བསྒོར་ལམ་རྣམས་ཀུང་ཁྲིད་པའི་ཉམས་འུར་གྱི་གར་གྱིས་བཀང་། ཚལ་དང་གུང་ཐང་རྣམས་སུ་ཡང་ཐེགས། ཚལ་པ་ཁྲི་དཔོན་དང་གཞོན་རྒྱལ་དུ་དབེན་ཤ་སོགས་དཔོན་སྐུ་མང་པོ་ཡང་དག་པའི་ལམ་ལ་བཀོད། སྐྱེ་བོའི་ཚོགས་འབུམ་ཕྲག་མང་པོས་སེམས་བསྐྱེད་དེ་བྱང་ཆུབ་ཏུ་སྨིན་པར་མཛད། ལྷ་རྣམས་ཀྱིས་མེ་ཏོག་གི་ཆར་འབེབས་པ་སོགས་ངོ་མཚར་བའི་ལྟས་མང་པོ་བྱུང་། ཆོས་ལུང་ནས་བརྒམས་ཏེ་འདི་ཡན་ལ། སོར་བསམ་གྱི་ཁྲིད་ཐོབ་པས་ཉམས་རྟོགས་བཟང་པོ་དང་ལྡན་པ་ཤ་སྟག་སྟོང་ཉིས་བརྒྱ་བྱུང་། དེ་ནས་གཙང་ནས་གདན་འདྲེན་དང་། རྒྱང་མཁར་རྩེ་ནས་དཔོན་འཕགས་པ་དཔོན་གཡོག་དང་། ཡར་འབྲོག་ཁྲི་དཔོན་རྡོར་རྒྱལ་གདན་འདྲེན་ལ་ཕེབས་པས་བྱེ་བ་ལོ་ཟླ་བ་གཉིས་པའི་ཚེས་གཅིག་ལ། ཕྱོགས་རིས་ཀྱི་མཇལ་མི་མང་པོ་རྣམས། ར་མོ་ཆེ་ནས་ཞང་ཐན་ཐག་གདོང་གི་བར་ཕྲེང་མ་ཆད་པར་བསྒྲིགས་པ་ལ། འདོ་ལིའི་སྟེང་ནས་ཁྲིན་བརླབས་ཆེམ་པར་གནང་། དེ་ནས་རྒྱལ་སྟེ་སྐར་ཆུང་གསང་བ་ལ་སྣེ་ཐང་། རྣམ་རྒྱལ་སྒང་། འུ་ཤང་རྡོ། གྱེ་རེ། ཆུ་ཤུལ་གནས། རབ་བཙུན། གན་པ་གནས་གསར། གྲ་མ་ལུང་། དཔལ་སྟོ། ཡར་སྲིབ། ཉན་པོ། སྣ་དཀར་རྩེ། ཁབོ་གང་བཟངས་ཀྱི་མགུལ། ར་ལུང་། ཉིང་རོའི་སྨན་ཆུ་ཁ། གནས་སྙིང་། ལྷུང་ར། གནས་དཀར་པོ། གསེར་སྡིངས། ཞ་ལུ། མགུར་མོ། སྣར་ཐང་། ཁྲོ་ཕུ། བོ་དོང་ཨེ་ལ་སོགས་པ་རྣམས་སུ། བླ་མ་དགེ་བའི་བཤེས་གཉེན་དང་། མི་ཆེན་པོ་རྣམས་ལ་དུས་འཁོར་གྱི་དབང་ཁྲིད་གནང་། སྐྱེ་བོ་སྟོང་ཕྲག་མང་པོ་ཐེག་པ་ཆེན་པོ་ལ་བཀོད་ནས་ཛོ་མོ་ནང་དུ་ཕེབས། སྐུ་འབུམ་ཆེན་མོའི་བཟོ་གནས་ཕྲ་མོ་རྣམས་ལེགས་པར་གྲུབ་སྟེ། མཐོང་གྲོལ་གྱི་སྐུ་འབུམ་ཆེན་མོ་ལ། །ཉི་གདན་གྱི་སྟེང་ནས་བསྐོར་བ་བྱེད། །

ཟླ་གདན་གྱི་སྟེང་ནས་མེ་ཏོག་འབུལ། །ཁྲིམས་ཁྲིའི་ནང་དུ་གསུང་རབ་བལྟ། །སོ་སོའི་སྒོ་ནས་ཕྱག་མཆོད་བྱེད། །ཨེ་མ་སྐལ་ལྡན་ཀུན་དགའ་བར་གྱུར། །ཞེས་གསུང་ཞིང་ཐུགས་སྤྲོ་བས་བསྐོར་བ་མང་དུ་མཛད། ཕྱོགས་རིས་ནས་འདུས་པའི་བུ་སློབ་མང་པོ་ལ་རྒྱུད་འགྲེལ་མན་ངག་དང་བཅས་པ་གསུངས། སློབ་མའི་ཐུ་བོ་རྣམས་ལ་ཡང་ཆོས་ཀྱི་ལྷག་མ་མ་ལུས་པར་སྤྲུལ། ལོ་མཚམས་པ་རྣམས་ལ་བུག་སྒོ་སོ་སོར་ཡུད་ཀྱིས་ཕེབས་ནས། གེགས་སེལ་དང་གདམས་པ་གནང་སྟེ་བདེན་པ་མཐོང་བར་མཛད། ཕལ་ཆེ་བས་ནི་འཕྲུལ་དུ་གྲུབ་པའི་མཚན་མ་བསྟན་པས་ཆོས་རྗེ་ཡང་མཉེས། བདུན་ཚུ་པ་ལུགས་མོ་གླང་གི་ལོ་ཧོར་ཟླ་བཅུ་གཅིག་པའི་ཆོས་ལྔའི་ཉིན་ཁྲིད་གསར་པ་རྣམས་ལ། བླ་མའི་རྣལ་འབྱོར་རྒྱས་པ་གཅིག་གནང་ནས་འདི་ལ་རྟེན་འབྲེལ་ཐམས་ཅད་བསྒྲིག་དགོས། གལ་པོ་ཆེ་ཡིན་པས་སྒོམས་ཤིག །དེ་ནས་གདན་ས་བས་གནང་ངོ་གསུང་། ཚོགས་པ་ལ་ངེས་དོན་རྒྱ་མཚོའི་ཆོས་འཁྲོ་རེ་ཉིན་ཆེས་ཐུགས་གསལ་ཞིང་། གཟི་མདངས་ཆེ་བའི་རྣམ་པས་ལྷག་པར་གསུང་ཆེ་བར་གསུངས་ཏེ། ངུ་ཅག་གི་ཆོས་བཤད་མཚམས་དེ་ཀ་ལ་བྱེད་པ་ཡིན་ནོ་གསུངས་ནས་ཆོས་འཁོར་བཞག །ཚེས་དྲུག་གི་ནམ་ལངས་མ་ཐག་འོད་གསལ་ལ་མཉམ་པར་བཞག་ནས་དགོང་མོ་མྱ་ངན་ལས་འདས་ཏེ། མཁའ་ཁྱབ་མཁའི་རྡོ་རྗེ་ཅན་ཡིན་མོད་ནའང་། སྤྲུལ་པའི་སྐུ་ནི་ཞིང་བདེ་བ་ཅན་དུ་འབྱོན་པར་ཞལ་གྱིས་མཆེས་སོ། །ཞག་བདུན་གྱི་བར་དུ་གཟི་མདངས་ཧེ་ཆེར་སོང་ཞིང་ཞལ་འཛུམ་སྟོན། གསང་བ་སྤྱུབས་སུ་ནུབ། དབུའི་གཙུག་ཏོར་འཕགས་པ་ལ་ཟླ་བ་བདུད་རྩི་ལུད། ཕྱི་ནང་རྟེན་འབྲེལ་གནད་གཅིག་པས་གཙང་པོ་གྱེན་ལ་ལོག་སྟེ་གྲམ་པའི་མཐིལ་གྱི་རྡོ་མཐོང་བ་བྱུང་། གདུང་ཞུགས་ལ་གཞིན་པས་རིང་བསྲེལ་ཡུངས་འབྲུ་ལྟ་བུའི་ཕུང་པོར་གྱུར་ཅིང་སྤྱན་རས་གཟིགས་ཀྱི་སྐུ་བྱོན། བདེ་བ་ཅན་དུ་ཆེ

དཔག་མེད་ཇོ་བོའི་སྐུ་ཚད་མ་དང་། སྐུ་འབུམ་ཆེན་མོར་སྐུ་འདྲ་མཐོང་བ་དོན་ལྡན་བཞེངས་པའི་ནང་དུ་རིང་བསྲེལ་ཕལ་ཆེ་བ་བཞུགས་སོ། །

བདག་ཉིད་ཆེན་པོ་རིགས་ལྡན་སྤྲུལ་པའི་སྐུ་འདིའི་སློབ་མའི་གཙོ་བོ་ནི། ཀུན་སྤངས་ཆོས་གྲགས་དཔལ་བཟང་པོ། ས་བཟང་མ་ཏི་པཎ་ཆེན། ལོ་ཙཱ་བ་བློ་གྲོས་དཔལ། ཆོས་རྗེ་ཕྱོགས་ལས་རྣམ་རྒྱལ། དཀོན་མཆོག་རྒྱལ་མཚན། ཆོས་དཔལ་མགོན་པོ། ཆོས་རྗེ་རིན་ཚུལ་བ། ཞང་སྟོན་རྒྱ་བོ་བསོད་ནམས་གྲགས་པ། གཡག་སྡེ་པཎ་ཆེན། ལ་དོང་སྨན་ཆུ་ཁ་བ་བློ་གྲོས་རྒྱལ་མཚན། ལོ་ཆེན་བྱང་རྩེ། སེ་སྡིངས་པ་བློ་གྲོས་དཔལ། བསྟན་པའི་རྒྱལ་མཚན། ཆོས་གྲགས་གསར་མ། ཉ་དབོན་ཀུན་དགའ། བླ་བྲང་པ་བཟང་པོ་དཔལ། ཐང་ཆེན་པ་ཀུན་དགའ་འབུམ། ས་སྐྱ་མཁན་པོ་ནམ་ཡེ་བ། ཤངས་པ་ཇོ་རྗེ། གནས་དྲུག་པ་བློ་གྲོས་མཚུངས་མེད། འཇམ་སྟོན། འཇམ་སྐྱེག །མཁས་པ་རིན་ཆེན་མཆོག །ཁམས་པ་ངག་དབང་། སྣར་ཐང་པ་མཆིམས་བློ་བཟང་གྲགས་པ། ཆོས་ལུང་མཁན་པོ་བསོད་ནམས་བཟང་པོ་དང་གྲགས་པ་རྒྱལ་མཚན། བྱང་ཆུབ་སེམས་དཔའ་དགེ་བའི་བློ་གྲོས། རི་སྟོན་བློ་ཆེན་འོད། མཁན་ཆེན་དོན་གྲུབ་དཔལ་དང་ཡོན་ཏན་རྒྱལ་མཚན། ཆོས་ལུང་མཁན་ཆེན་གྲགས་ཚུལ་བ་དང་གྲགས་པ་དཔལ། མཁན་ཆེན་བྱང་ཆུབ་འོད་ཟེར། གནུབས་གནས་གསར་བ་སེང་གེ་དཔལ། ལོ་པ་གཞོན་ནུ་སངས་རྒྱས། སྣེ་ཐང་པ་བཀྲས་སེང་། གྲ་དགོན་པ་ཀུན་དགའ་རྒྱལ་མཚན། ཆོས་འཁོར་གླིང་པ་བྱམས་པ་པ། བདེ་བ་ཅན་པ་འཇམ་རིན། ཚ་མིག་པ་ཡོན་ཏན་སེང་གེ །གསང་ཕུ་བ་བློ་གྲོས་སེང་གེ །ཚལ་པ་སངས་རྒྱས་རྒྱལ་མཚན། ཁྲ་ཕུ་བ་ནམ་མཁའ་བཟང་པོ། ཨེ་པ་ནམ་མཁའ་གྲགས། མྱང་སྟོད་སྒོ་མོ་བ་སངས་རྒྱས་དཔལ། ངམ་རིངས་པ་བརྩོན་རྒྱལ། སྤང་འདབ་རིན་པོ་ཆེ། རི་ཁྲོད་པ་དབང་རིན།

མཛོད་མ་བ་སྟོན་རིན། དུས་འཁོར་བ་དགེ་འདུན་དཔལ། བླ་མ་རྩེ་མོ་བ། བདེ་ལྷུང་བ། མཁན་པོ་ལྷ་བཙུན། སློབ་དཔོན་དར་དབང་། གསང་ཕུབ་གྲགས་བཟང་། སློབ་དཔོན་བསོད་ནམས་དཔལ། སོ་སྟོད་པ་ཇོར་རྒྱལ། ཧ་ནག་པ་ཉི་རྒྱལ། བླ་མ་རྒྱལ་འབྱུང་། སྒོ་ཐང་པ་ཇོར་རྒྱལ། ཤེས་ཇོར་བ། མཁན་ཆེན་བཀྲས་ཚུལ་བ། བྲག་རམ་པ་བསོད་ནམས་སེང་གེ །ནགས་ཕུག་པ། དཔལ་རྒྱལ། བཅོམ་ལྡན་རྡོ་རྗེ་སྙིང་པོ་སོགས་དུས་ཀྱི་འཁོར་ལོ་ལ་མཁས་ཤིང་ཡོངས་སུ་གྲགས་པའི་སློབ་མ་མང་དུ་བྱུང་ལ། ཏེ་ཤྲི་ཀུན་དགའ་རྒྱལ་མཚན། ཆོས་ཀྱི་རྒྱལ་མཚན། བློ་གྲོས་རྒྱལ་མཚན། བཞི་ཐོག་པ་ལ་སོགས་པ་ས་སྐྱའི་གདུང་བརྒྱུད་པ་རྣམས་དང་། རྟོགས་ལྡན་དར་རྒྱལ་བ། གྲུབ་ཐོབ་དབུས་པ། བླ་མ་མཁའ་སྤྱོད་པ། སྒོམ་ཁང་པ་ཆོས་ཀྱི་རྒྱལ་མཚན་ལ་སོགས་པའི་རྣལ་འབྱོར་གྱི་དབང་ཕྱུག་མང་དུ་བྱོན་ནོ། །

ཀུན་སྤངས་ཆོས་གྲགས་དཔལ་བཟང་པོ་ནི། འཇམ་དབྱངས་འཕོན་སྟོན་པ་ལ་དུས་འཁོར་འགྲེལ་ལུགས་ཀྱི་དབང་དང་རྒྱུད་ཀྱི་ལུང་ཞུས། མཁས་བཙུན་ཡོན་ཏན་རྒྱ་མཚོ་ལོ་ལྔའི་བར་དུ་འབྲལ་མེད་དུ་བསྟེན་ནས། དབང་དང་སེམས་འགྲེལ་སྐོར་གསུམ་མན་ངག་དང་བཅས་པ་གསན། ཕྱུང་ལོ་ལ་སྒྲ་སྙན་སྡེབ་སྦྱོར་མངོན་བརྗོད་སོགས་ཐ་སྙད་ཀྱི་གཙུག་ལག་མང་པོ་དང་བཀའ་བསྟན་བཅོས་མང་པོ་གསན་རྗེས། དབང་གི་རྒྱུད་འགྲེལ་རྒྱ་དཔེའི་སྟེང་ནས་གསུངས། རྗེ་འདིས་ཤོང་འགྱུར་བགྲམ་ནས་འགྱུར་མི་བཅོས་སུ་མི་རུང་བ་རྣམས་ལ་ཞུ་ཆེན་ཞུ་ཞིང་བོད་དཔེ་ལ་མཆན་དུ་ཡང་བཏབ། སྐལ་བ་པོ་མཛད་ནས་དབང་གིས་རྡོ་རྗེ་སྙིང་འགྲེལ་དང་། ནཱ་རོ་འགྲེལ་ཆེན་གཉིས་དང་། དཔེ་མེད་འཚོའི་སྦྱོར་དྲུག་རྩ་འགྲེལ་གྱི་འགྱུར་བཅོས་གྲུབ་ཅིང་གསན། ཀུན་མཁྱེན་ཆེན་པོ་ལ་དབང་མན་ངག་རྒྱུད་བཤད་ཚར་བཞི། གཞན་ཡང་ཆོས་མང་དུ

གསན་པས། ငེས་པའི་དོན་གྱི་བཀའ་དང་བསྟན་བཅོས་ཀྱི་དོན་ཚུལ་བཞིན་དུ་རྟོགས་པ་ནི་འདི་ཉིད་ཀྱི་བཀའ་དྲིན་ཁོ་ན་ཡིན་གསུང་། བུ་སྟོན་རིན་པོ་ཆེ་ལ་ཡང་གསན་པ་རྒྱ་ཆེར་མཛད། ལོ་ཙཱ་ཡང་མཁས་པར་མཁྱེན་པས། འཇམ་དཔལ་ལྷ་འདོད་མདོར་བསྟན་བཞི་འགྱུར་ཡང་མཛད་དོ། །

ས་བཟངས་མ་ཏི་པཎ་ཆེན་ནི། མཚན་བློ་གྲོས་རྒྱལ་མཚན་དཔལ་བཟང་པོ་ཞེས་པ་མཁས་གྲུབ་ཆེན་པོ་ཞིག་གོ །འདི་ལས་ས་བཟངས་འཕགས་པ་གཞོན་ནུ་བློ་གྲོས་དང་། རིན་རྒྱལ་བ་སོགས་སློབ་མ་མང་དུ་བྱུང་པ་ལས། རིན་རྒྱལ་བ་ནས་ཆོས་ཀྱི་རྒྱལ་མཚན། འབྲུལ་ཞིག་པ། བདག་གི་བླ་མ་དུས་ཞབས་པའོ། །ལོ་ཙཱ་བ་བློ་གྲོས་དཔལ་ནི། ལྕགས་ཕོ་བྱི་བ་ལ་སྐུ་འཁྲུངས། ཀུན་མཁྱེན་ཆེན་པོ། སྤང་ལོ་ཙཱ་བ། བུ་སྟོན་རིན་པོ་ཆེ་སོགས་མཁས་པ་མང་དུ་བསྟེན་ནས། རིག་པའི་གནས་ཇི་སྙེད་པ་དང་སྡེ་སྣོད་མཐའ་དག་ལ་ལེགས་པར་སྦྱངས། ཁྱད་པར་དུས་འཁོར་ལ་མཆོག་ཏུ་མཁས་པར་གྱུར་ནས། སོ་ལྔ་པ་ཁྱི་ལོ་ལ་མ་ཏི་པཎ་ཆེན་དང་རྣམ་པ་གཉིས་ལ་ཀུན་མཁྱེན་ཆེན་པོས་བཀའ་གནང་ནས། རྒྱུད་འགྲེལ་ཇོ་ནང་འགྱུར་ལ་བུ་མཆན་འགྱུར་བཅོས་ཡོད་པ་རྣམས་ཇི་ལྟ་བ་བཞིན་དུ་བྲིས། སྤང་ལོའི་འགྱུར་བཅོས་ལ་ཡང་བརྟེན་ནས་འགྱུར་བཅོས་དག་པར་བཅོས། སོ་དགུ་པ་ས་ཕོ་སྟག་ལ་ཇོ་མོ་ནང་གི་གདན་སར་བཞུགས་ཏེ་གཞན་ཕན་རྒྱ་ཆེ་བར་མཛད་ཅིང་། བསྟན་བཅོས་ཀྱང་མང་དུ་བརྩམས། ལོ་བཅུ་བདུན་གྱི་བར་དུ་གདན་ས་བསྐྱངས་ནས་ང་ལྔ་པ་ཤིང་ཕོ་རྟ་ལ་ཞི་བར་གཤེགས་སོ། །

ཞང་སྟོན་རྒྱ་བོ་ནི་མཚན་བསོད་ནམས་གྲགས་པ། ཀུན་མཁྱེན་ཆེན་པོ་ལ་དབང་རྒྱུད་བཤད་མན་ངག་མཐའ་དག་མནོས། ཡོངས་སུ་རྫོགས་པའི་མཁས་གྲུབ་ཆེན་པོར་གྱུར་ནས། ཡར་འབྲོག་དོའི་ཁ་བ་ལུང་དུ་བཞུགས་ཏེ་གཞན་ཕན་རྒྱ་ཆེན་པོ་

མཛད་དོ། །དེ་ལ་བཀའ་བཞི་པ་ཆོས་ཀྱི་རྒྱལ་མཚན། འཁྲུལ་ཞིག་པ། བདག་གི་བླ་མ་དུས་ཞབས་པ་སྟེ། དབང་ཁྲིད་ཀྱི་བརྒྱུད་པའོ། །ཐང་ཆེན་པ་ཀུན་དགའ་འབུམ་ནི། བུ་དོལ་གཉིས་ག་ལས་དུས་འཁོར་ཆ་ལག་དང་བཅས་པ་གསན། ཁྱད་པར་ཀུན་མཁྱེན་ཆེན་པོ་ལ་རྩ་བའི་བླ་མ་མཆོག་ཏུ་འཛིན་ཞིང་འབུལ་མོ་ཆེ་ཡང་མཛད། ཚལ་དབུས་གླིང་དུ་ཕྲིན་ལས་བསྐྱངས། ཏ་སི་ཆེན་པོའི་བཀས་རང་གི་གྲྭ་སར་བྱོན་ཏེ་ལྷ་རི་དགོན་པར་བཞུགས་ནས་བསྟན་པ་ལ་ཕན་པར་མཛད་དོ། །

ཉ་དབོན་པོ་ཀུན་དགའ་དཔལ་ནི། ཉ་སྟོན་དར་རིན་གྱི་དབོན་པོ་ཡིན་ཏེ་གདོན་གྱིས་མཉེལ་བ་ལ་ཀུན་མཁྱེན་ཆེན་པོའི་དྲུང་དུ་བྱིན་བརླབས་ཞུས་མ་ཐག་ནད་ལས་གྲོལ། ཀུན་མཁྱེན་ཆེན་པོའི་ཞལ་ནས་ལོ་སྐྲུབ་ལོ་གསུམ་གྱིས་དང་སྤྱན་རས་གཟིགས་དང་མངོན་སུམ་དུ་མཇལ་ནས་མདོ་རྒྱུད་ཀྱི་དགོངས་པ་ཕྱིན་ཅི་མ་ལོག་པའི་དོན་ཐམས་ཅད་ཤེས་པ་ངས་ཁག་ཐེག །ངས་ཀྱང་མདོ་རྒྱུད་ཀྱི་ཚིག་དོན་མ་ཤེས་པ་ཐམས་ཅད་བླ་མ་དཀོན་མཆོག་དང་ཐུགས་རྗེ་ཆེན་པོ་ལ་གསོལ་བ་བཏབ་པས་རྒྱལ་བའི་དགོངས་པ་ཕྱིན་ཅི་མ་ལོག་པ་ཤེས་པ་ཡིན། མ་ཤེས་པ་ཐན་ཐུན་བྱུང་ཡང་ཐུགས་རྗེ་ཆེན་པོ་ལ་ཞུས་པས་ཆོག་པ་ཡིན་གསུང་བས། བཀའ་བཞིན་བསྒྲུབས་པས་ཡི་དམ་གྱིས་ཞལ་གཟིགས། དུས་ཀྱི་འཁོར་ལོ་སོགས་བཀའ་དང་བསྟན་བཅོས་རྒྱ་མཚོའི་ཕ་རོལ་ཏུ་སོན། འཆད་ཉན་ཡུན་རིང་དུ་མཛད་པས་སློབ་མ་མཁས་པ་མང་དུ་ཐོན་པ་ཉིད་དོ། །

མཁས་པ་རིན་ཆེན་མཆོག་ནི། དེ་བཞིན་དུ་ལོ་གསུམ་བསྒྲུབས་པས་ཐུགས་རྗེ་ཆེན་པོའི་ཞལ་གཟིགས་ཏེ་སྡེ་སྣོད་རབ་འབྱམས་མཁྱེན་ནས་བསྟན་པ་གསལ་བར་མཛད་པ་ཉིད་དོ། །ཁམས་པ་ངག་དབང་ནི། ཀུན་མཁྱེན་ཆེན་པོའི་ཞབས

ལ་ཐུག་ནས་ཟབ་ཆོས་རྣམས་གསན། བདག་འཇམ་དབྱངས་དང་མཇལ་བ་ཞིག་དྲུང་ནས་མཁྱེན་ཞུས་པས། སློབ་མའི་སྨི་ལམ་དུ་བླ་མས་རྡོར་དྲིལ་མགོ་ཐོག་ཏུ་བཞག་ནས་ལག་ཏུ་གཏད་པ་དང་། ཐུགས་ཀྱི་རྗེས་གནང་མཛད་པ་སྨིས་ན། བླ་མ་དེ་བྱང་ཆུབ་སེམས་དཔའི་རྣམ་འཕྲུལ་ཡིན་ཞིང་སློབ་མ་ཡང་སྣོད་དང་ལྡན་པ་ཡིན། ཁྱེད་རང་མོས་གུས་བྱས་ཤིང་སྒྲུབ་པ་ལོ་གསུམ་བྱས་ན་དོན་དེ་འགྲུབ་པ་ཡིན། གཞན་དོན་རྒྱ་ཆེན་པོ་བྱེད་པའི་བླ་མ་ཞིག་འཚལ་གསུང་བས། བཀའ་བཞིན་ས་སྐྱ་ཟུར་ཁང་དུ་མཚམས་དམ་པོ་བྱས་པའི་སྐབས་ཤིག་ཏུ་སྨི་ལམ་ན་ཀུན་མཁྱེན་ཆེན་པོ་ཚོགས་ཀྱི་འཁོར་ལོ་མཛད་པའི་དྲུང་དུ་ཕྱིན་པས། ཕྱག་གིས་རྡོར་དྲིལ་མགོ་ཐོག་ཏུ་བཞག །ཨ་ར་པ་ཙ་ནའི་རྗེས་གནང་མཛད་པ་སྨིས། མཧཱ་ཀཱ་ལ་ལ་གཏོར་མ་མ་བརྗེད་པར་ཐོངས་ཟེར་བའི་སྒྲ་གཅིག་ཀྱང་བྱུང་བ་དང་། ཕྱིར་གྱི་ལུང་བསྟན་དྲན་ནས་བླ་མ་ལ་སངས་རྒྱས་དངོས་ཀྱི་འདུ་ཤེས་ཀྱིས་གསོལ་བ་དྲག་ཏུ་བཏབ་པས། སྒོ་གསུམ་ལ་ཡེ་ཤེས་ཕེབས་པའི་རྣམ་འགྱུར་མང་པོ་བྱུང་བ་ལ་གྲོགས་རྣམས་ཀྱིས་སྨྱོ་འདུག་ཟེར་བ་ཡང་བྱུང་། འཇམ་དཔལ་གྱི་ཞལ་མཐོང་། དུས་འཁོར་དང་ངེས་དོན་གྱི་བསྟན་བཅོས་མཐའ་དག་ལ་མཁས་ཤིང་འགྲོ་ཕན་ཆེ་བར་བྱུང་ངོ་། །ཤངས་པ་རྡོ་རྗེ་པ་ནི། ཀུན་མཁྱེན་ཆེན་པོའི་ཞབས་ལ་བཏུགས་ཏེ། དུས་འཁོར་དང་ངེས་དོན་གྱི་བསྟན་བཅོས་ལ་མཁས་ཤིང་། ཐུགས་དམ་ཉམས་རྟོགས་ཤིན་ཏུ་མཐོ། ཤངས་སུ་དགོན་པ་བཏབ་ནས་ཀུན་མཁྱེན་ཆེན་པོ་རབ་གནས་ལ་གདན་དྲངས་པས། མིང་དུས་འཁོར་བདེ་ཆེན་གླིང་དུ་བཏགས། འགྲོ་ཕན་ཡང་ཆེ་བར་བྱུང་ངོ་། །གྲུབ་ཐོབ་དབུས་པ་ནི། ཇོ་མོ་ནང་ཉིད་དུ་འདག་འབྱར་ལ་རྩེ་གཅིག་ཏུ་བཞུགས་པ་ལས། སྐབས་འགར་ཕུག་སྒོ་ལས་དོག་པ་མེད་པར་ཐོན་ཏེ་ནམ་མཁའ་ལ་འཕགས་ནས་སྐུ་འབུམ་ཆེན་མོ་ལ་བསྐོར་བ་བྱེད་པ་དང་། ཇི་ཙམ

གསོལ་ཀྱང་ཡོག་ཅིང་ཟག་པ་མི་འབྱུང་ལ་གྲུབ་པའི་མཚན་མ་མང་དུ་སྟོན་པ་ཞིག་གོ །
བླ་མ་མཁའ་སྤྱོད་པ་ནི། འདག་འབྲུར་ཁོན་ལ་བཞུགས་པ་ལས། ནམ་ཞིག་མེད་པར་ཤེས་ནས་བུག་སྒོ་བཤིག་པས་ན་བཟའ་ཙམ་ལུས་པ་ཞིག་བྱུང་ངོ་། །ཡང་ཁམས་པ་ཐུགས་བརྩོན་ཞེས་པ་ས་སྐྱ་པའི་དགེ་བཤེས་ཕར་ཚད་མངོན་གསུམ་ལ་མཁས་པ་ཞིག་གིས། དབུས་ཕྱོགས་སུ་གྲྭ་བསྐོར་ལ་ཕྱིན་པའི་ལམ་ཞོར་ལ། ཇོ་མོ་ནང་དུ་ཕྱིན་ལོ་རྩ་བ་དང་མཇལ་ནས་ཆོས་འབྲེལ་ཞུས། ཀུན་མཁྱེན་ཆེན་པོ་དང་མཇལ་དོགས་ནས་སྐུ་འབུམ་ཆེན་མོའི་བསྐོར་ལོག་ལ་ཕྱིན་པས་ག་ཐུག་གིས་མཇལ་ནས་རང་དབང་མེད་པར་ཕྱག་འབུལ་དགོས་བྱུང་། དུས་ཕྱིས་མཚུར་ཕུ་གནས་ནང་དུ། ཞྭ་དམར་ཅོད་པན་འཛིན་པ་ཤ་གྲགས་སེང་བའི་དྲུང་དུ། དྲུང་ནས་མངོན་ཤེས་ཐོགས་པ་མེད་པ་མངའ་བ་ལགས་པས། ཀུན་མཁྱེན་ཇོ་ནང་པ་འདི་བདུད་གང་གི་སྤྲུལ་པ་ལགས་ཞུས་པས། དབུ་ཧྲིལ་གྱིས་གཏུམས་ནས་ཁྱོད་ཀྱིས་ལབས་ཚར་རམ་གསུང་། དེ་ཅི་ལབས་ཞུས་པས། ཁྱོད་དེ་འདྲ་མ་ཟེར། དེ་ནི་རིགས་ལྡན་གྱི་སྤྲུལ་པ་ཡིན། འདིའི་རྒྱུ་མཚན་མང་དུ་སྨྲས་ན་སྒོམ་ཆེན་པའི་ཟློག་ཡིན་ཟེར་དུ་འོང་། ངའི་ངག་ལ་ཉན་ན། ཀུན་མཁྱེན་པ་ཉིད་ལ་ཚེར་བ་མ་བྱེད་པར་བཤགས་པ་གྱིས་ཁོང་གིས་རྗེས་སུ་འཛིན་པར་འདུག་གསུངས་པས། དེ་མ་ཐག་ཀུན་མཁྱེན་ཆེན་པོ་ཆུ་བཟངས་ན་བཞུགས་འདུག་པའི་དྲུང་དུ་ཕྱིན། གསེར་གྱི་མཎྜལ་ཕུལ། བཤགས་པ་བྱས། ཞབས་བཀྲུས་པའི་ཁུ་བ་འཐུངས་ནས་ཁྲིད་ཞུས་པས་ཉམས་རྟོགས་བཟང་པོ་སྐྱེས་སོ། །

གཡག་སྡེ་པཎ་ཆེན་ནི། གཡག་སྡེ་བྱེ་མར་ཡབ་དཀོན་མཆོག་དཔལ་དང་ཡུམ་སྐྱ་རྒྱལ་ཆོས་སྐྱིད་ཀྱི་སྲས་སུ་ས་མོ་ཕག་ལ་འཁྲུངས། མཁན་ཆེན་འོད་འབྱུང་ལས་བསྙེན་པར་རྫོགས། བློ་གྲོས་མཚུངས་མེད་ལ་ཕར་ཚད་སོགས་གསན། ཀརྨ་པ་རང

བྱུང་རྡོ་རྗེ། ཤ་གྲགས་སེང་བ། ལ་སྟོད་པ་དབང་རྒྱལ་རྣམས་ལ་སྦྱོར་དྲུག །ཀུན་སྤངས་ཆོས་གྲགས་དཔལ་བཟང་པོ་ལ་རྒྱུད་འགྲེལ་གྱི་བཤད་པ། གཡུང་སྟོན་པ་ལ་ཙྪ་མི་ལུགས་ཀྱི་རྒྱུད་འགྲེལ་གྱི་ལུང་དབང་དང་བཅས་པ། བུ་སྟོན་པ་ལ་ཡོངས་རྫོགས་ཀྱི་དབང་རྒྱུད་བཤད། ཀུན་མཁྱེན་ཆེན་པོ་ལ་རྒྱུད་བཤད་མཆོག་དབང་། སྦྱོར་དྲུག་གི་ཁྲིད། ངེས་དོན་རྒྱ་མཚོ་སོགས་གསན། སྤྱིར་ཟླ་མ་བརྒྱ་དང་རྩ་བརྒྱུད་བསྙེན། སྐུ་ཚེའི་སྟོད་ཡོ་བྱད་སྦྲབ་པ་ལ་སྐྱེས་མཆོག་བསམ་གཏན་དཔལ་བས་ལོངས་སྤྱོད་ཀྱི་རྟེན་འབྲེལ་བསྒྲིགས་པས་ལེགས་པར་འགྲིག་སྟེ། ན་ཞིང་བར་ངའི་ཁམས་སྒྱུ་མ་མ་རྙེད། ད་ནི་སྒྱུ་མས་ངའི་ཁ་མི་རྙེད་པར་འདུག་གསུངས། དེ་ནས་ཨེ་ཝཾ་གྱི་དགོན་པ་བཏབ་ནས་མངོན་པར་ཤེས་པ་དང་ལྡན་པས་གཞན་དོན་རྒྱ་ཆེར་མཛད། བརྒྱད་ཅུ་པ་ས་ཕོ་རྟའི་ལོ་ལ་ཞི་བར་གཤེགས་སོ། །སློབ་མ་ཡང་མཁས་ཤིང་ཟབ་མོའི་ཐུགས་དམ་ལ་མངའ་བརྙེས་པ། རི་ཁྲོད་པ་མགོན་པོ་ཡེ་ཤེས་དང་། འཇམ་དབྱངས་ཆོས་མགོན་པ་དང་། མཁས་གྲུབ་བྱང་ཆུབ་རྒྱལ་མཚན་དང་། མཁན་ཆེན་སངས་རྒྱས་བློ་གྲོས་ལ་སོགས་པ་མང་དུ་བྱོན་ནོ། །རི་ཁྲོད་པ་མགོན་པོ་ཡེ་ཤེས་ཀྱིས་པཎ་ཆེན་གཤེགས་རྗེས། ལོ་ཤས་ཨེ་ཝཾ་གྱི་གདན་སར་བཞུགས་ནས་ཕ་སྐུའི་དགོན་པ་བཏབ་སྟེ་གཞན་ཕན་རྒྱ་ཆེ་བར་མཛད་དོ། །འཇམ་དབྱངས་ཆོས་མགོན་པ་ནི། ཀུན་མཁྱེན་ཆེན་པོ། བུ་སྟོན་རིན་པོ་ཆེ། གཡག་སྡེ་པཎ་ཆེན། ཁྱད་པར་དུ་ཆོས་རྗེ་ཕྱོགས་རྒྱལ་བ་ལས་དབང་རྒྱུད་འགྲེལ་གྱི་བཤད་པ་ལན་མང་པོ་མན་ངག་ཁྲིད་དང་བཅས་པ་ཡོངས་སུ་རྫོགས་པར་གསན་པས་མཁས་པར་གྱུར་ནས་ཨེ་ཝཾ་གྱི་གདན་སར་བཞུགས་ཏེ། མངོན་དཀྱིལ་རྩིས་ཀྱི་བསྟན་བཅོས་སོགས་མཛད། རྒྱུད་འགྲེལ་གྱི་བཤད་པ། མངོན་དཀྱིལ་གྱི་ལག་ལེན། སྦྱོར་དྲུག་གི་དུས་ཁྲིད་ལེགས་པར་གསུང་ཞིང་གཞན་ཕན་མཛད་དོ། །

དེའི་གདན་ས་པ་འཇམ་དབྱངས་རིན་ཆེན་རྒྱལ་མཚན་ནི། ཞང་སྟོན་རྒྱ་བོ། ཆོས་མགོན་པ། རྟོགས་ལྡན་སྟོན་ལམ་རྣམས་ལས་དབང་རྒྱུད་བཤད་མན་ངག་མནོས། སྡེ་སྣོད་སྤྱི་དང་ཁྱད་པར་དུས་འཁོར་ལ་མཆོག་ཏུ་མཁས་པ། མངོན་པར་མཁྱེན་པ་མངའ་ཞིང་། དུས་སྦྱོར་རེར་རླུང་ཐུམ་པ་ཅན་འཆིང་ནུས་པ། གྲུབ་པ་བརྙེས་པ་ཞིག་གོ །དེ་ལ་བདག་གི་བླ་མ་དུས་འཁོར་བ་ཆེན་པོ་འཕགས་པ་རིན་པོ་ཆེས་རྒྱུད་འགྲེལ་གྱི་བཤད་པ་ཡོངས་སུ་རྫོགས་པ་ཕྲན་དང་བཅས་པ་གསན་ཏོ། །མཁས་གྲུབ་བྱང་ཆུབ་རྒྱལ་མཚན་པ་ནི། ཆོས་འཁོར་གླིང་དུ་ཡུན་རིང་དུ་བཞུགས་ནས་འགྲོ་ཕན་མཛད་ཅིང་། ཕྱི་ཞིག་ན་ཆུ་མིག་དགོན་གསར་དུ་བཞུགས་ནས་དབང་རྒྱུད་བཤད་མན་ངག་གི་སྒོ་ནས་ཕྲིན་ལས་རྒྱས་པར་བྱུང་ངོ་། །དེའི་སློབ་མ་འཇམ་དབྱངས་ནམ་མཁའ་གྲགས་ནི། དུས་ཀྱི་འཁོར་ལོའི་མཁས་གྲུབ་ཆེན་པོ་ཞིག་གོ །དེ་ལ་བདག་གི་བླ་མ་དུས་འཁོར་བ་ཆེན་པོས་དབང་ཡོངས་སུ་རྫོགས་པ་ཆོས་མགོན་པའི་ལུགས་མནོས་སོ། །སངས་རྒྱས་བློ་གྲོས་པ་ནི། ཚོགས་ཆེན་མོའི་མཁན་པོ་མཛད། དེ་རྗེས་སསྐྱོང་སྨད་མང་པོར་བཞུགས་ནས་ཁྲིད་ཀྱིས་གཞན་དོན་ཆེ་བར་མཛད་ཅིང་། ཕྱིས་ཡོལ་རིན་ཆེན་གླིང་བཏབ་ནས་འགྲོ་དོན་བསྐྱངས་སོ། །

ཆོས་མགོན་པས་རྩེ་ཐང་དུ་སྡེ་སྣོད་འཛིན་པ་མང་པོ་ལ་རྒྱུད་འགྲེལ་གསུངས་པའི་གསན་པ་པོའི་མཆོག་མཁན་ཆེན་རྒྱལ་བཟངས་པ་ནི། ལུགས་སྟག་ལ་འཁྲུངས། ཆོས་མགོན་པ་ལ་དབང་རྒྱུད་བཤད་དང་། མཁན་ཆེན་བསངས་བློ་བ་ལ་སྦྱོར་དྲུག་གསན། སྤྱན་རས་གཟིགས་ཀྱིས་གོ་སླའོ་ཞེས་གསུངས་པ་འདི་ཐམས་ཅད་ཁོ་བོ་ལུང་བསྟན་པར་འདུག་གསུང་། ཐུགས་དམ་དུས་འཁོར་ཉིད་ལ་མཛད། བཤད་པ་དང་ཁྲིད་ཀྱིས་གཞན་ཕན་ཆེར་མཛད་ནས་དོན་དྲུག་པ་ཤིང་སྤྲུལ་ལ་གཤེགས་སོ། །ཆོས་མགོན་

པའི་སློབ་མ་རྐྱང་ཆེན་པ་ཤཱཀྱ་ཤྲཱི་ནི། གཙོ་བོར་ཆོས་མགོན་པ་ལས་རྒྱུད་འགྲེལ་བྱང་བར་བསླབས། མཁན་ཆེན་རྒྱལ་བཟངས་པ་དང་། ཚུལ་མིན་པ་ལས་ཀྱང་གསན། བུ་རིན་པོ་ཆེའི་དངོས་སློབ་བླ་མ་དཔང་རིན་པ་རྒྱལ་ལྷ་ཁང་ན་བཞུགས་པ་ལ་བུ་ལུགས་རྣམས་གསན། མནལ་ལམ་དུ་སྐྱས་རིང་པོ་ཞིག་ལ་འཛེགས་ཏེ་མཆོད་རྟེན་གྱི་བུམ་པའི་ནང་དུ་ཕྱིན་པ་ན། དུས་ཀྱི་འཁོར་ལོའི་དཀྱིལ་འཁོར་ཤིན་ཏུ་བཀྲ་བ་ཞིག་གི་འགྲམ་ན། ཀུན་མཁྱེན་ཆེན་པོ་བཞུགས་པ་དང་མཇལ་ཏེ་བྱིན་གྱིས་བརླབས་པའི་སྣང་བ་བྱུང་བས་ཆོས་མང་པོ་ལ་ངེས་པ་སྙེད་གསུང་། བརྒྱད་ཅུ་པ་ས་ཕོ་འབྲུག་ལ་བདེ་བ་ཅན་དུ་གཤེགས་སོ། །དེ་ལ་ཐམས་ཅད་མཁྱེན་པ་འགོས་ལོ་ཙྪ་བས་གསན་ཏོ། །

ཆོས་རྗེ་ཕྱོགས་ལས་རྣམ་རྒྱལ་བ་ནི། མཚན་གཞན་ཆོས་ཀྱི་རྒྱལ་པོ་ཞེས་པ་འཁྲུངས་ཡུལ་མངའ་རིས་པ། མེ་ཕོ་རྟ་ལ་འཁྲུངས། གཞོན་པའི་དུས་ནས་དབུས་སུ་ཕྱིན་ནས་ཆོས་འཁོར་གླིང་དུ་ཕར་ཚད་ལ་སོགས་པའི་མཚན་ཉིད་ཀྱི་སྡེ་སྣོད་ལ་སྦྱངས་པས་མཁས་པ་ཆེན་པོ་གྱུར་ཏེ། དབུས་གཙང་གཉིས་ཀར་གྲྭ་བསྐོར་ཡང་མཛད། གྲྭ་བསྐོར་གྱི་ནང་ལ་ཀུན་མཁྱེན་ཆེན་པོ་དང་མཇལ་བས་ཤིན་ཏུ་དད་པས་ཇོ་ནང་ཉིད་དུ་ཕྱུགས་ཕབ་སྟེ། ཀུན་མཁྱེན་ཆེན་པོའི་དྲུང་དུ་དུས་ཀྱི་འཁོར་ལོའི་དབང་རྒྱུད་བཤད་མན་ངག་དང་བཅས་པ་པ་དང་ཆོས་གཞན་ཡང་མང་དུ་གསན། མན་ངག་ཐུགས་ཉམས་སུ་བཞེས་པས་ཏིང་ངེ་འཛིན་བཟང་པོ་འཁྲུངས་ཏེ། བླ་མ་ལ་ཡིད་ཆེས་པས་རང་གི་བླ་མ་ཐམས་ཅད་ཀྱི་གཙོ་བོར་འཛིན། ཀུན་མཁྱེན་ཆེན་པོའི་སློབ་མ་བྱང་བ་ཏ་དབེན་པས་ཀུན་མཁྱེན་ཆེན་པོ་དཔོན་སློབ་ལ་ཞལ་ཏ་ཞུས་ཏེ་ངམ་རིངས་ཀྱི་ཆོས་སྡེ་བཏབ། དེར་ཀུན་མཁྱེན་ཆེན་པོ་ཉིད་ཀྱིས་ཐོགས་ཤིག་བཞུགས། དེ་ནས་རྗེ་འདི་ལ་གཏད་ནས་ཇོ་མོ་ནང་ཉིད་དུ་ཕེབས། རྗེ་འདིས་ཀྱང་ཕར་ཚད་གཙོ་བོར་བཏོན་པའི་སྡེ་སྣོད་ཀྱི་

བཤད་པ་ཡུན་རིང་དུ་མཛད། སློབ་མ་བློ་གསལ་བ་ཡང་མང་དུ་འདུས། ཕྱིས་བསྟན་པའི་རྒྱལ་མཚན་བ་ལ་གདན་ས་གཏད་ནས་ཞེ་དགུ་པ་ལ་ཇོ་མོ་ནང་གི་གདན་ས་མཛད། ལོ་ལྔ་ན་གདན་ས་དེ་ཡང་གཏད་ནས་དབུས་སུ་ཕེབས། ཚལ་དབུས་གླིང་དུ་དུས་ཀྱི་འཁོར་ལོའི་དབང་རྒྱུད་བཤད་མན་ངག་གི་ཁྲིད་རྣམས་སློབ་མའི་སྡེ་ཆེན་པོ་ལ་གསུངས། དེ་ནས་ཡར་ཀླུངས་ཕྱོགས་ལ་ཕེབས། རྫོང་ལོ་ཆེན་བྱང་རྩེ་ལ་མཆོག་དབང་གོང་མ་གནང་། ཁྲ་འབྲུག་ལ་སོགས་པར་བཞུགས་ཏེ་གདུལ་བྱ་དཔག་ཏུ་མེད་པ་ལེགས་པའི་ལམ་ལ་བཀོད། དེ་ནས་གཙང་ལ་ཐེགས་ཏེ་སེ་མཁར་ཆུང་དུ་བཞུགས། བསྟན་བཅོས་ཀྱང་མང་དུ་མཛད། བརྒྱད་ཅུ་རྩ་གཅིག་པ་མེ་ཕོ་སྟག་ལ་གཤེགས་སོ། ། བདག་ཉིད་ཆེན་པོ་འདི་ལ། འཇམ་དབྱངས་ཆོས་མགོན་པ། རྟོགས་ལྡན་སྔོ་ཉལ་མ་ཡེ་ཤེས་རྒྱལ་མཚན། ཚལ་མིན་པ་བསོད་ནམས་བཟང་པོ། ལྷ་ཁང་སྟེངས་པ་སངས་རྒྱས་རིན་ཆེན། སྨན་ཆུ་བ་སངས་རྒྱས་བློ་གྲོས། ཤེས་རབ་རྡོ་རྗེ་སོགས་དུས་ཀྱི་འཁོར་ལོའི་མཁས་གྲུབ་ཀྱི་སློབ་མ་མང་དུ་བྱུང་སྟེ། དེ་དག་ལས་ཆོས་མགོན་པ་ནི་བཤད་ཟིན་ལ། སྔོ་ཉལ་མ་ནི། ཚལ་དབུས་གླིང་དུ་བཞུགས་ནས་ཆོས་འདི་དར་བར་མཛད་དོ། །

ཚལ་མིན་པ་ནི། དགེར་ཕུ་སྐྱི་མོ་ལུང་དུ། ཡབ་ལྷོང་ཐར་བཟངས་དང་ཡུམ་དཀོན་མཆོག་དཔལ་མོའི་སྲས་སུ་ལྕགས་སྤྲེལ་ལ་འཁྲུངས། ལོ་ལྔ་པ་ལ་གཉག་ཆེན་པ་ལས་དགེ་བསྙེན་མནོས། བཅུ་གཅིག་པ་ལ་མཁན་ཆེན་དོན་གྲུབ་དཔལ་བ་ལས་རབ་ཏུ་བྱུང་། བཅོ་བརྒྱད་པ་ལ་མཁན་པོ་ཡོན་ཏན་རྒྱལ་མཚན་ལས་བསྙེན་པར་རྫོགས། ཆོས་རྗེ་ཕྱོགས་རྒྱལ་བ། མ་ཏི་པཎ་ཆེན། ཉ་དབོན་ཀུན་དགའ་རྣམས་ལ། དུས་འཁོར་གྱི་དབང་རྒྱུད་བཤད་མན་ངག་དང་བཅས་པ་གསན། བཞི་བཅུ་པ་ལ་དགེ་འདུན་སྒང་པའི་མཁན་པོ་མཛད་དེ་ལོ་ཉི་ཤུའི་བར་བསྐྱངས། རེ་གསུམ་པ་ལ་ཀརྨ་པ་དེ་བཞིན་

གཤེགས་པས་ཚལ་མིན་དགོན་པ་ཕྱུལ་བས་དེར་བཞུགས་ཏེ་ཁྲིད་བཤད་དབང་གསུམ་གྱི་གདུལ་བྱ་ཡུན་རིང་དུ་བསྐྱངས། དབང་སྒྲུབ་ཀྱི་ཡིག་ཆ་ཡང་མཛད། ཆེན་པོ་ཀུན་གྱི་ཡང་བླ་མར་གྱུར་ཏེ། ཆོས་རྗེ་དེ་བཞིན་གཤེགས་པ་དང་མཐོང་བ་དོན་ལྡན་གཉིས་གས་ཞབས་ལ་གཏུགས། གྱུ་བརྒྱད་པ་ལ་ཉི་ཟླའི་གྲོངས་ལྟས་དྲག་པོ་བྱུང་བ་ན། སྲོག་རྩོལ་གྱིས་ཞག་གསུམ་ན་བཟློགས་ཏེ། ཀན་པོ་མྱུར་དུ་འཆི་བའི་ལྟས་ཤར་བ། །རིམ་གྲོ་མན་ངག་ཟབ་མོས་རེ་ཞིག་བཟློགས། །ལོ་གསུམ་འཚོ་བའི་རྟགས་དང་རྟེན་འབྲེལ་འཛོམ།། ཞེས་གསུངས། དགུ་བཅུ་པ་ལ་ཕར་ཕྱིན་ཊཱི་ཀཱ་མཛད། གོ་གཉིས་པ་ལ་སེམས་འགྲེལ་གསུམ་ལ་གཟབ་བཤད་མཛད། གོ་གསུམ་པ་ཆུ་མོ་གླང་ལ་གཤེགས་སོ། །དེའི་སློབ་མའི་ཐུ་བོ་གསུམ་ལས། བཀའ་བཅུ་པ་པདྨ་བཟང་པོས་རྒྱུད་འགྲེལ་གྱི་བཤད་པ་ལན་མང་དུ་གསུངས་ཤིང་ཊཱི་ཀ་ཆེན་ཡང་མཛད་དོ། །ཆོས་རྗེ་ཆོས་བཟངས་ཉི་མས། གཡའ་སྣང་རི་ཁྲོད་བཏབ། དུས་འཁོར་གྱི་བཤད་སྒྲུབ་གཉི་གའི་གྲྭ་བཙུགས་ཏེ་སྦྱོར་དྲུག་ལ་རྩེ་གཅིག་ཏུ་བྱེད་པའི་སྒྲུབ་པོ་མང་དུ་བྱུང་ངོ་། །འཕགས་ཆེན་བསོད་ནམས་དད་ཀྱིས་བསྟུང་གནས་ཀྱི་སྡེ་བཙུགས་ཤིང་སྦྱོར་དྲུག་གི་ཁྲིད་ལས་རྒྱས་པར་མཛད་དོ། །

ལྷ་ཁང་སྟེངས་པ་སངས་རྒྱས་རིན་ཆེན་ནི། མཁས་གྲུབ་ཆོས་དཔལ་བའི་སྲས་སུ་སྙེའུ་མཁར་དུ་ས་མོ་ཡོས་ལ་འཁྲུངས། བྱིས་པའི་དུས་ནས་ཐེག་པ་ཆེན་པོའི་རིགས་ལ་གནས་པས་གཞན་དང་ཁ་འཐབ་ཙམ་ཡང་མཛད་མ་མྱོང་། སྐུ་ན་ཕྲ་བ་ཉིད་ནས་ཡབ་མེས་ཀྱི་ཆོས་བརྟག་གཉིས་རྫོགས་ལུགས། ཕུར་པ་རྟ་མགྲིན། བླ་མ་སོགས་བཀའ་གཏེར་གྱི་ཆོས་མང་པོ་གསན། དེ་ནས་རྩེ་ཐང་དུ་ཆེན་པོ་ཆོས་སེང་བ་དང་སློབ་དཔོན་འོད་ཟེར་དཔལ་བ་ལ་ཕར་ཚད། ལོ་ཆེན་བྱང་རྩེ་ལ་རྒྱུད་བཤད་ཚར་ཕྱེད་དང་གཉིས། ལོ་རྩྭ་བ་ནམ་མཁའ་བཟང་པོ་ལ་ཚར་གཉིས། ཆོས་རྗེ་ཕྱོགས་པ་ལ་དབང་

ཡོངས་སུ་རྫོགས་པ། རྒྱུད་བཤད་ཆར་གཉིས། སྦྱོར་དྲུག་དང་བསྙེན་སྒྲུབ་རྟོགས་ལྡན་སྒོ་ཉལ་མ་ལ་རྒྱུད་འགྲེལ་ཕྱོགས་མཚན། ཆོས་འཁོར་གླིང་པ་འཇམ་དཀར་ལ་དོན་དམ་བསྙེན་པ་དང་ལྷ་འདོད་མདོར་བསྟན། ཞང་སྟོན་རྒྱ་བོ་ལ་རྒྱུད་འགྲེལ་ཀུན་མཁྱེན་ཆེན་པོའི་མཚན་དང་བཅས་པ། རི་སྟོན་བློ་ཆེན་འོད་ལ་རྒྱུད་འགྲེལ་ལོ་གྲགས་པའི་འགྱུར་དང་། ནཱ་རོ་པའི་དབང་མདོར་བསྟན་གྱི་འགྲེལ་པ་གསན། ཀུན་མཁྱེན་ཆེན་པོ་ལྷ་སར་ཕེབས་དུས་བསྙེན་པར་རྫོགས། ཆོས་ཁྲན་འགའ་ཡང་གསན། དེ་རྣམས་ལས་ཕྱོགས་ལས་རྣམ་རྒྱལ་བའི་ལུགས་ཉིད་གཙོ་བོར་མཛད། དེ་ནས་སྒྲུབ་པ་ལ་ཞུགས་ཏེ་ཡན་ལག་དྲུག་གི་རྣལ་འབྱོར་ལྷུར་བླངས་པའི་ཚེ་སྐུ་ལུས་མེས་བསྲེགས་པ་འདྲ་བའི་བསྟུན་གྱིས་ལོ་དགུར་བསྟུང་ཡང་ཐུགས་དམ་མ་ཆག །དེ་ནས་བསྟུན་ལས་གྲོལ་ཞིང་གྲུབ་པ་བརྙེས་ནས་རྒྱུད་འགྲེལ་གྱི་བཤད་པ་ཡང་གནང་། རྒྱུན་ལྡན་དུ་སྐྱེ་སེར་ཕོ་མོ་ལ་སོགས་པའི་གདུལ་བྱ་མང་པོ་ལ་སྦྱོར་དྲུག་གི་ཁྲིད་བཏབ་སྟེ། གཞན་གྱི་དོན་ཡུན་རིང་དུ་མཛད་ནས། གྱ་དྲུག་པ་ཤིང་ཕོ་འབྲུག་ལ་སྐུའི་སྐྱེ་བ་སྟ་མའི་གནས་དགའ་ལྡན་དུ་བྱོན་ཏོ།།

དེའི་སློབ་མའི་ཐུ་བོ་ཐམས་ཅད་མཁྱེན་པ་འགོས་ལོ་ཙཱ་བ་ཆེན་པོ་གཞོན་ནུ་དཔལ་ནི། ཡུལ་རྒྱ་སྨན་ལྷ་ཁང་གི་མདའ་ངམ་པ་རའི་གྲོང་ནག་མོ་དབུས་ཁྱིམ་དུ། ཡབ་འགོས་སྟོན་འབྱུང་གནས་རྡོ་རྗེ་དང་ཡུམ་སྲི་ཐར་སྐྱིད་ལ་སྲས་ལྔ་འཁྲུངས་པའི་གསུམ་པ་ཡིན། ཆུ་ཕོ་སྤྲེའུ་ལ་འཁྲུངས། དགུང་ལོ་དགུ་ལ་སྤྱན་གཡས་མཁན་ཆེན་སངས་རྒྱས་བསྟན་པ་ལས་རབ་ཏུ་བྱུང་། སློབ་དཔོན་ཤེས་རབ་དར་ལས་སྤྱོད་འཇུག་གསན། ཁོང་གི་ཞལ་ནས་བཀའ་བཞི་དུས་འཁོར་དང་བཅས་པ་ཞིག་ཅི་ནས་ཀྱང་སློབས་གསུང་བས་དུས་འཁོར་སློབ་པ་ལ་ཁྱད་ཆེ་བར་བྱུང་གསུང་། བཅུ་གཉིས་པ་ལ

རྩེད་ཐང་དུ་ཁྲོན་ཧེ་བསམ་བཟངས་པ་ལས་རྣམ་འགྲེལ་དང་། སྟོན་ཤཱཀ་པ་ལས་ཕར་ཕྱིན་རྒྱུད་བླ་གསན། རྒྱུད་བླ་ཐུགས་ལ་ཟིན་པ་དང་མཁྱེན་པ་དུས་མཉམ་དུ་བྱུང་། ཐང་སག་ཏུ་ཡེ་རྒྱལ་བ་ལ་རྩ་འཇུག་ཚིག་གསལ་བཞི་བརྒྱ་པ་གསན་པས་བློ་བ་ཤར་བའི་མཚན་མ་བརྙེས། ཉེར་གཉིས་པ་ལ་སྐྱོར་མོ་ལུང་དུ་བསམ་གཏན་དོན་གྲུབ་པ་ལ་འདུལ་མདོན་གསན། དེའི་ཚེ་ར་ཚག་ཇོ་མོ་མཛལ་ཏེ་གསོལ་བ་མང་དུ་བཏབ། ཐང་སག་ཏུ་ཡེ་རྒྱལ་བ་ལ་ན་བཟའ་འབུལ་དུ་ཐེགས་པས་ཁ་བ་བབ་སྟེ་ཡབ་ཀྱི་ལ་ཐོག་ཏུ་ནུབ་གཅིག་བཞུགས་པའི་ཚེ། རྡོ་རྗེ་རྣལ་འབྱོར་མ་དངོས་སུ་གཟིགས། ར་ཚག་ཇོ་མོས་བྱིན་གྱིས་བརླབས་པར་འདུག་གསུངས། ཆོས་རྗེ་དེ་བཞིན་གཤེགས་པ་རྩེད་ཐང་དུ་ཕེབས་པ་ལ་ཐུགས་བསྐྱེད་དང་ཆོས་དྲུག་གསན། ཞི་བྱེད་ཀྱི་དཔེ་ཞིག་ཕྱག་ཏུ་བྱུང་དུས། བྱང་ཕྱོགས་ཀྱི་ནམ་མཁའ་ལ་འཛམ་དབྱངས་སྤྲིན་གསེབ་ཏུ་བཞུགས་པ་གཟིགས། གུང་སྣང་བ་ལ་བདེ་མཆོག་ལུས་དཀྱིལ་གྱི་དབང་ཞུས་ནས། འོན་གྱི་བཀྲ་ཤིས་དོ་ཁར་རྗེ་རིན་པོ་ཆེ་བློ་བཟངས་གྲགས་པ་ལ་ནཱ་རོ་ཆོས་དྲུག །ལམ་རིམ་དབུ་མ་གསན། རྒྱང་ཆེན་པ་ཤཱཀྱ་ཤྲཱི་ལ་དུས་འཁོར་རྒྱུད་འགྲེལ་གསན་ཅིང་རྒྱང་ཆེན་པ་དང་ལྷན་ཅིག་ལྷ་ཁང་སྟེངས་སུ་སངས་རིན་པ་ལ་དུས་འཁོར་གྱི་དབང་ཞུས། ཕྱིས་རྒྱུད་བཤད་མན་ངག་དང་བཅས་པ་ཡོངས་སུ་རྫོགས་པར་གསན། གནས་དེར་ཞང་བློན་གྱིས་ཞལ་དངོས་སུ་བསྟན། མལ་གྲོ་རྒྱ་སྟེངས་ཀྱི་སྤྱན་སྔ་རིན་ཆེན་འཕེལ་ལ་བཀའ་གདམས་ཀྱི་ཆོས་སྐོར་མང་དུ་གསན། ཉེར་ལྔ་པ་ལ་ཤངས་རི་བོ་དགེ་འཕེལ་དུ་ཤངས་པ་ཀུན་མཁྱེན་པ་ལ་ཟླ་བ་ལྔའི་བར་དུ་ཐུགས་བསྐྱེད་དང་དུས་འཁོར་གྱི་དབང་རྒྱུད་འགྲེལ་བུ་ལུགས་ཀྱི་བཤད་པ། དཔལ་ལྡན་བླ་མའི་ཊཱི་ཀ་ཆེན། འཁོར་ལོ་སྡོམ་ཆེན་དང་གཤེད་དམར་ལ་སོགས་པའི་དབང་རྗེས་གནང་སུམ་ཅུ་ལྷག་གསན། ཀུན་མཁྱེན་པའི་གསུང་ནས་ཁྱེད་

ཀྱིས་དུས་འཁོར་ལེགས་པར་ཞོད། ཐོག་མར་རྩིས་བཞིན་བསླབས་ལ་དེ་རྗེས་རྒྱུད་འགྲེལ་ལ་སྦྱོར་ཞེས་བཀའ་གནང་། ཉེར་བདུན་པ་ལ་སྣར་ཐང་དུ་ལོ་ཙྪ་བ་སངྒྷ་ཤྲཱི་ལ་ཀ་ལྔ་པ་དང་། མཁན་ཆེན་གྲུབ་ཤེ་བ་ལ་བསླབ་བཏུས་སྐྱེས་རབས་ཆེད་དུ་བརྗོད་པའི་ཚོམས་དང་མདོ་སྡེ་རྒྱན་གསན། བསྟན་འགྱུར་གྱི་གཟིགས་རྟོག་ཀྱང་གྲུབ། ཁྱད་པར་བྱང་ཆེན་དུ་དུས་འཁོར་རྒྱུད་འགྲེལ་ལ་ལེགས་པར་སྦྱངས་པས་ཐུགས་ཀྱི་དཔྱད་པ་མཐར་ཕྱིན། གྲུབ་ཆེན་བསོད་བློ་བ་ལ་མདོ་སྡེ་རྒྱན། འབྱེད་གཉིས་གསན། ཉེར་བརྒྱད་པ་ལ་ཏ་ནག་ཏུ་ཆོས་རྗེ་སྒྲོལ་མ་པ་ལས་སྒྱུ་འཕྲུལ་སོགས་རྙིང་མའི་སྔོར་པོ་ཏི་ལྔ་བཅུ་ཙམ་གསན་ཅིང་སྦྱངས། དེ་དུས་མནལ་ལམ་དུ་ཇོ་མོ་ནང་གསལ་བར་གཟིགས་པ་ཕྱིས་མཇལ་དུ་ཐེགས་པས་དེ་ཉིད་ཇི་ལྟ་བ་བཞིན་དུ་འདུག་གསུངས། ཆོས་རྗེ་རོང་སྟོན་ཆེན་པོ་ལ་སྡུ་ཕྱིར་ཕར་ཕྱིན་རྩ་འཇུག་རྣམས་ངེས་རིམ་ལྔ་སོགས་གསན། རབ་བརྟན་གླིང་དུ་མཁན་ཆེན་རྒྱལ་བཟངས་པ་ལ་སྦྱོར་དྲུག་དང་། སྟེ་ཞིང་དུ་བྱང་ཆུབ་དཔལ་བ་ལ་རྟོག་ཆོས་སོགས་མང་དུ་གསན། སོ་བཞི་པ་ལ་སྟག་རྩེ་བས་རྒྱ་དུར་གྱི་མཁན་སར་བཞུགས་པར་གསོལ་བས་ལོ་དྲུག་བཞུགས། དེའི་ཚེ་སློབ་དཔོན་ནམ་ལེགས་པ་ལ་དུས་འཁོར་རྒྱུད་འགྲེལ་གནང་། སོ་དགུ་པ་ལ་བཟད་པ་བློ་རྒྱམ་ལ་མངོན་པ་གསན། རྒྱ་དུར་བསྐྱུར་ནས་ལྷ་པ་རིན་པོ་ཆེ་རྡོ་རྗེ་བླ་མ་ལ་ཡེ་ཤེས་ཞབས་ལུགས། སྤྱན་སྔ་ཉེར་གཉིས་པ་ལ་དོ་ཧ་དང་ཕྱག་ཆེན་གསན། བཞི་བཅུ་པ་ལ་གྲར་སེམས་དཔའ་ཆེན་པོ་ལ་སྒྲོན་གསལ་དང་། གོང་དཀར་དུ་ཞ་ལུ་བ་གྲགས་པ་རྒྱལ་མཚན་ལ་ཡོ་ག་རབ་འབྱམས་ཕྱིས་སྣེ་གདོང་རྩེར་གྲུབ་པ་སྡེ་བདུན་གསན། ཡོངས་རྫོགས་ཀྱི་པཎྜི་ཏ་ཆེན་པོར་གྱུར་ནས་རྩེད་ཐང་དུ་ཆོས་རྗེ་ནམ་པ་སོགས་སྡེ་སྣོད་འཛིན་པ་མང་པོ་ལ་དུས་འཁོར་རྒྱུད་འགྲེལ་གསུངས། ཞེ་གཉིས་པ་ལ། པཎ་ཆེན་ནགས་ཀྱི་རིན་ཆེན་རྩེད་ཐང་དུ་ཕེབས་པ

ལ་བརྟག་ཅིང་དཔྱད་པས་མཁྱེན་པའི་གཏིང་མི་མངོན་པར་དགོངས་ནས་ལྕུ་ཧེ་པའི་དབང་གསན། ཞི་བཞི་པ་ལ་བསམ་གཏན་གླིང་དུ་ཐུགས་དམ་ལ་བཞུགས་པས་སློངས་ཆེ་བར་བྱུང་སྟེ་བསྟུན་དྲག་པོས་བཏབ་པ་ན་ཆོས་བརྒྱད་མགོ་སྙོམས་ཤིང་ཐུགས་ལས་བྱོན་པའི་མན་ངག་ཉམས་སུ་བཞེས་པས་ཁྲིག་ཟེར་བའི་སྒྲ་བྱུང་མ་ཐག་བསྟུན་དྭངས། སླར་ཡང་པཎ་ཆེན་ལ་སྦྱོར་དྲུག་གི་ཁྲིད་དང་མི་གཡོ་བའི་དབང་གསན། མཆིམས་ཕུར་དབང་མདོར་བསྟན་གྱི་དཀའ་འགྲེལ་སོགས་འགྱུར་མང་པོ་མཛད། འགོས་ལོ་ཙཱ་བ་ཞེས་མཚན་གསོལ། རྡོ་རྗེ་ཕྲེང་བའི་དབང་། བདེ་དགྱེས། མི་གཡོ་བ། གྲྭ་ལྔ་རྣམས་ཀྱི་དབང་། དབང་མདོར་བསྟན། དཔེ་མེད་འཚོའི་སྦྱོར་དྲུག་རྩ་འགྲེལ། མཚན་བརྗོད་དཔྱིད་ཐིག་འགྲེལ་པ། མན་སྙེ། མི་གཡོ་བླ་མེད་ཀྱི་རྒྱུད་རྣམས་གསན། དེའི་ཚེ་རྗེ་འདི་སྦྱོར་རིག་པའི་གནས་ཇི་སྙེད་པ་ལ་མཁས། ཁྱད་པར་རྒྱལ་བའི་གསུང་རབ་མཐའ་དག་གི་ཚིག་དོན་དྲང་ངེས་མ་ལུས་པ་དཔྱིས་ཕྱིན་དུ་མཁྱེན་ཅིང་སྨྲ་བའི་སྤོབས་པ་མཆོག་ཏུ་དགེ་བས། པཎ་ཆེན་གྱི་ཞལ་ནས་པཎྜི་ཏ་མིའི་ཉི་མའི་ཤེས་རབ་ལྟ་བུ་མ་མཐོང་། མིའི་ཉི་མ་ནི་གཤེགས། ད་ནི་འཛམ་བུའི་གླིང་ན་ཀུ་མ་ར་ཤྲཱི་ལས་མཁས་པ་མི་སྣང་གསུང་སྟེ་མཆོག་ཏུ་བསྔགས་པར་མཛད་དོ། །ས་ཕོ་རྟའི་ལོ་ལ་ཆོས་རྒྱལ་གྲགས་པ་འབྱུང་གནས་པས་སྦྱིན་བདག་མཛད་དེ་བཙན་ཐང་དུ་དམར་སྟོན་རྒྱལ་མཚན་འོད་ཟེར་བ་ལ་རྗེ་འདི་ཉིད་སོགས་སྡེ་སྣོད་འཛིན་པ་མང་པོས་ཀྱི་ཡ་ས་མུཏྟ་སོགས་དབང་རྗེས་གནང་རྒྱ་མཚོ་ལྟ་བུ་གསན། འོན་ཆོས་སྡིངས་སུ་རྒོད་ཕྲུག་ཆོས་རྗེ་ལ་ཕག་མོ་གཞུང་དྲུག་གསན་ནས་དགེས་ཕྱོགས་སུ་ཐེགས་ཀུ་རབ་པ་དང་འབྲུམ་མདའ་བས་བསྙེན་བཀུར་ཏེ་སྨྲོན་ཕྱུག་ཏུ་ཐུགས་དམ་མཛད་ཅིང་ཤེར་ཕྱིན་དགུ་པ་སོགས་ཀྱི་འགྱུར་མཛད། དེ་ནས་ཙ་རིར་ཐེགས་ཏེ་སྟོང་པོ་མཁར་དང་ཟིལ་ཆེན་དང་སྐྱི་གོ་ཚལ་དང་། གཡག་ཕྲུག་རྣམས

སུ་ཟླ་བ་དྲུག་ཐུགས་དམ་མཛད། སླར་དྭགས་པོར་ཕེབས་ཏེ་སྤྲུལ་སྐུ་ཆོས་དཔལ་ཡེ་ཤེས་པ་ལ་ཆོས་དྲུག་གསན། སྒམ་པོར་ཐེགས་དུས་སྐུ་འདྲ་རིན་པོ་ཆེ་དེ་སྒམ་པོ་པ་དངོས་སུ་མཇལ་ཞིང་། དེའུ་ཤར་མར་ཆོས་ཉིད་ཀྱི་བདེན་པ་གཟིགས་ཏེ་དེར་ང་ལ་གོ་བ་སྐྱེས་པ་ཡིན་གསུང་། དྭགས་པོ་ལ་བར་དུ་རི་མི་འབབས་པ་བསོད་ནམས་རིན་ཆེན་ལ་ཕྱག་ཆེན་སྤྱོད་ཡུལ་དོ་ཧ་གསན། ཞི་དགུ་པ་ལ་ཡར་ཀླུངས་སུ་ཕེབས། རྔོད་ཕྲུག་པ་ལ་ཨོ་རྒྱན་བསྙེན་སྒྲུབ་གསན། གཞན་ལ་བསྟན་ན་ཕན་པ་རྒྱ་ཆེན་པོ་འབྱུང་ཞེས་ལུང་བསྟན། ལྔ་བཅུ་པ་ལ་ཡིད་བཟངས་རྩེར་བཞུགས་ཏེ་དམར་སྟོན་པ་དང་། ཆོས་རྗེ་ནམ་པ་དང་། དཔལ་ཀུན་བཟངས་རྩེ་པ་ལ་སྦྱོར་དྲུག་གནང་། དེའི་ཕྱི་ལོ་ཆུ་ཕོ་ཁྱིའི་ནག་ཟླ་ལ། ཆོས་རྒྱལ་གྲགས་པ་འབྱུང་གནས་ཀྱི་བཀས་དཔོན་སློབ་རྣམས་ལ་ཕོག་དང་ཆོས་ཇ་གནང་ནས་སློབ་དཔོན་རིན་པོ་ཆེ་ཡེ་ཤེས་རྒྱ་མཚོས་གཙོས་པའི་སྡེ་སྣོད་འཛིན་པའི་དཔེ་འགྲིམས་དགུ་བཅུ་ལྷག་ལ་རྒྱུད་འགྲེལ་གྱི་བཤད་པ་རྒྱས་པར་གནང་། ཡེ་ཤེས་རྒྱ་མཚོ་བས་ཞུས་ནས་རྒྱུད་གསུམ་གསང་བ་རྣམ་ཕྱེ་མཛད། ཆུ་མོ་ཕག་ལ་རྩིས་ལ་འཕྲུལ་སེལ་ཡང་མཛད། སྐྱུམ་འཆད་པ་སྟེངས་སུ་སྒྲོན་གསལ་ལ་འགྱུར་བཅོས་མཛད་ནས་རྗེ་ནམ་པ་སོགས་ལ་གསུངས། འཇུ་ལྷ་ཁང་སྟེངས་སུ་ཡང་། གདན་ས་བ་སངས་རྒྱས་རྒྱལ་མཚན། བླ་མ་བཀྲས་བསོད་པ། སྟོན་ཉི་སོགས་ལ་རྒྱུད་འགྲེལ་གསུངས། བཀྲ་ས་བསོད་པས་ཞུས་ནས་བསྐྱེད་རིམ་ཡན་ལག་བཞི་པ་མཛད། ང་བདུན་པ་ལ་ལྷུང་ཕོ་བྲང་དུ་ཆོས་རྗེ་ལོ་ཆེན་ལ་རྒྱུད་འགྲེལ་གསུངས། དེའི་ཕྱི་ལོ་ལ་ཆོས་རྗེ་ནམ་པ་དང་ལོ་ཆེན་ལ་སྒྲོན་གསལ་ངེས་དོན་གྱི་བཤད་པ་རྩལ་དུ་བཏོན་ནས་གསུངས། སྤྲུལ་ལོ་ལ་དཔལ་ཀུན་བཟངས་རྩེ་པས་ཞུས་ཏེ་ལྷ་ཁང་སྟེང་དུ་སྡེ་སྣོད་འཛིན་པ་མང་པོ་ལ་རྒྱུད་འགྲེལ་གསུངས། རྟ་ལོ་ལ་རྗེའི་མཐོང་སྨོན་དགོན་པར་ཆེན་པོ་དཔལ་འབྱོར་པ་སོགས

སྡེ་སྣོད་འཛིན་པ་མང་པོ་ལ་རྒྱུད་འགྲེལ་གསུངས། ལུག་ལོ་ལ་ཆོས་སྡིངས་གཡུ་ལོ་བཀོད་པར་སྐུ་མཚམས་མཛད། རེ་གཅིག་པ་ལ་པཎ་ཆེན་གདན་འདྲེན་པ་ལ་ཐེགས་ཏེ། ཧུར་མིག་གི་སློབ་མ་ལ་གསོལ་བ་བཏབ་པས། མནལ་ལམ་དུ་སློབ་མའི་ཨུཌྜ་ཡའི་སྟོང་པོའི་འོག་ལ་དཔོན་སློབ་རྣམས་བྱོན་པའི་མཚན་མ་བྱུང་། ལམ་རྣམས་སུའང་སྡེ་སྣོད་འཛིན་པ་མང་པོ་ལ་ཆོས་གསུངས། ཆོས་རྗེ་ཉིད་ལ་སྟོད་དུ་བཞུགས་ནས་སློབ་མ་རྣམས་བལ་པོར་པཎ་ཆེན་གདན་འདྲེན་དུ་བརྫངས། པཎ་ཆེན་དེང་རེ་སྟེ་དམར་དུ་ཕེབས་པ་ལ་མཇལ་ཏེ་སྣ་ལེན་བཟང་པོ་བཤམས། པཎ་ཆེན་གྱིས་མཛད་པའི་ཤ་ཝ་རིའི་བསྟོད་པ་བསྒྱུར། པཎ་ཆེན་ཆོས་གསུང་བ་དང་དབང་བསྒྱུར་བའི་ལོ་ཙཱ་ཡང་མཛད། སི་ཏུ་རྣམ་རྒྱལ་གྲགས་པས་དུས་འཁོར་སྐོར་གྱི་དྲི་བ་མང་དུ་མཛད་པ་ལ་ཐེ་ཚོམ་རྩ་བ་ནས་གསལ་བས་མཆོག་ཏུ་གུས་པར་འཛིན། སེང་གེ་རྩེ་ནས་ཕེབས་པའི་ཉིན་ཕྱི་བས་ཐོག་ཉིད་དུ་ལྷེ་རྩེ་ཀན་སྦྱར་གྱི་འགྱུར་མཛད། རི་ལྷར་ཕེབས་དུས་བཅུ་གསུམ་མའི་མཆོད་ཆོག་དང་ཙཀྲ་ཏིའི་བསྟོད་པའི་འགྱུར་མཛད། རིམ་གྱིས་སྣེ་གདོང་རྩེར་ཕེབས། པཎ་ཆེན་ལ་སྣང་བའི་ཕྲེང་བ་དང་དྲིལ་བུ་རིམ་ལྔ་གསན། གླང་ཐང་སྒྲོན་སྨ་ཀུན་རྫོང་བ་ལ་སྒྲོན་གསལ་སྣང་། རེ་བཞི་པ་ལ་པཎ་ཆེན་བལ་པོར་ཐེགས་རྗེས་སྐྱུམ་འཆད་པ་སྟེངས་སུ་དཔལ་ཀུན་བཟངས་རྩེ་པ་སོགས་ལ་སྒྲོན་གསལ་གསུངས། དེ་ནས་སྨིན་རིར་ཆོས་རྗེ་བསྟན་པ་བས་གདན་དྲངས་སྨིན་རི་བའི་དགེ་བཤེས་མང་པོ་དང་ཁྲིད་ཐོབ་བརྒྱ་ལྷག་ལ་རྒྱུད་འགྲེལ་གསུངས། རེ་ལྔ་པ་ལ་སྨན་གཅིག་པ་ཤེས་རབ་བཟང་པོ་ལ་ཞི་བྱེད་གསན། དེ་རྗེས་ཆོས་རྗེ་སྨན་གཅིག་པ་དཔོན་སློབ་ལ་ཞི་ཁྲིའི་དབང་སོགས་གནང་། དེ་ནས་ཡར་གླུངས་སུ་ཕེབས་ནས་ཞི་བྱེད་ཀྱི་ཐུགས་དམ་སྐུ་མཚམས་མཛད། དེ་ནས་ཞལ་སྔ་བ་ཀུན་རྒྱལ་བ་ལ་ཕུར་པའི་དབང་གནང་། རྡོར་

བཟང་པ་སོགས་དགེ་བཤེས་མང་པོ་ལ། སྒྲོན་གསལ་བརྟག་གཉིས་སྒྱུ་འཕྲུལ་སོགས་གནང་། རྒྱལ་དབང་ཆོས་རྗེ་ཀུན་དགའ་དཔལ་འབྱོར་བ་དང་། དཔལ་ཀུན་བཟངས་རྩེ་པ་ལ་རྒྱུད་འགྲེལ་གནང་། དོན་གཅིག་པ་ལ། སྟག་ལུང་པར་གདན་དྲངས་ཏེ། འཕན་ཡུལ་གྱི་དེའུ་གོང་དུ་ཕེབས་པའི་ཉིན་མདུན་གྱི་བྲག་ལོགས་ལ་ཤཱཀྱ་ཐུབ་པའི་སྐུ་སྐུ་ཆོས་སེར་པོ་མནབས་པ་གཟིགས། ཆོས་རྗེ་ངག་གི་དབང་ཕྱུག་ལ་དུས་འཁོར་སོགས་གནང་། རོང་པོ་ཆེན་པོ། གོང་པོ་ཐང་མགོན་པ། འབའ་རོམ་པ་སོགས་དགེ་བཤེས་མང་པོ་ལ་ཆོས་གསུངས། ར་སྒྲེང་དུ་ཐེགས་པས་འཇམ་རྡོར་གྱི་སྐུ་དེ་ཡེ་ཤེས་ཀྱི་སྐུ་དངོས་སུ་གཟིགས། དོན་གསུམ་པ་ལ་ལྷོང་ཕུ་བཀྲ་ཤིས་དགོན་པར་ལོ་གཅིག་བར་དུ་སྐུ་མཚམས་ལ་བཞུགས་པས་ད་ལྟར་གྱི་སྣང་བ་འདི་ཐམས་ཅད་འོད་གསལ་འབའ་ཞིག་ཏུ་འཆར་བར་འདུག་གསུངས། སྟག་ལུང་པས་ཞུས་ཏེ་དུས་འཁོར་དཀའ་འགྲེལ། འཕྲུལ་འཁོར་བཅུ་གཅིག་གི་ནང་བཤད། རེད་མདའ་བའི་རྩོད་ལན་རྣམས་མཛད། དོན་བདུན་པ་ལ་ཡིད་བཟང་རྩེར་སྐུ་མཚམས་དམ་པོ་ལ་བཞུགས་པའི་ཁོངས་སུ་མཆོད་རྟེན་ཆེན་མོ་གྲུབ་ནས། ཚོང་འདུས་ཡངས་པ་ཅན་དུ་ཕེབས་ཏེ། ཆོས་ཀྱི་རྗེ་སྤྱན་སྔ་རིན་པོ་ཆེ་ལ་སེམས་འགྲེལ་སྐོར་ཕྲན་དང་བཅས་པ་གནང་། སློན་ཐང་དུ་སྐུ་མཚམས་དམ་པོ་ལ་བཞུགས་པའི་ཁོང་ནས་ཆོས་མང་དུ་གནང་། གོ་ལུང་པར་འབྲུངས་པ་སོགས་སྔོན་གྱི་གནས་རྗེས་སུ་དྲན་པ་དང་། ལྷའི་མིག་དང་། གཞན་གྱི་སེམས་ཤེས་པ་སོགས་མངོན་པར་མཁྱེན་པ་མངའ། རྒྱུད་བླའི་འགྲེལ་བཤད་ཆེན་མོ་མཛད་པ་ན། ས་གཡོ་བ་དང་རྗེ་བཙུན་གྱིས་བྱིན་གྱིས་བརླབས་པའི་མཚན་མ་བྱུང་། གྱ་གསུམ་པ་ལ་མངོན་དགའ་ཆོས་རྫོང་དུ་ཕེབས་ཆོས་རྣམས་ལྷུག་པར་སྩོལ་བཞིན་པའི་ངང་ནས་མེ་ཕོ་སྤྲེའུ་ལ་ཚོང་འདུས་ཡངས་པ་ཅན་དུ་ཐེགས་ཏེ། སྤྲུལ་སྐུ་རིན་པོ་ཆེ་ཞྭ་དམར་ཅོད་པན་འཛིན་པ་

བཞི་པ་ཕེབས་པ་ལ་དཔལ་མཁའ་སྤྱོད་པའི་ལུགས་ཀྱི་རིམ་ལྔ། ཕྱག་ཆེན། ལྷུང་སེམས། གཉིས་མེད་སྦྱོར་དྲུག་བེར་ནག་ཅན་གསན་ཅིང་། ཁྱིས་མཁའ་འགྲོ་རྒྱ་མཚོའི་དབང་རྒྱུད་འགྲེལ་ཕག་མོ་སྙིང་ཐིག་རྣམས་གསན། སྤྱིར་བླ་མ་དྲུག་ཅུ་རྩ་དྲུག་མངའ། སྤྲུལ་སྐུ་རིན་པོ་ཆེ་ལ་ཤ་ཝ་རིའི་སྦྱོར་དྲུག་རྒྱུད་གསུམ་གསང་བ་གནང་། བསྙེན་པར་རྫོགས་པའི་མཁན་པོ་མཛད། དེ་ནས་མདོན་དགའ་ཆོས་རྫོང་དུ་སྤྲུལ་སྐུ་རིན་པོ་ཆེ་ལ་སེམས་འགྲེལ་སྐོར་སོགས་ཆོས་རྣམས་བུམ་པ་གང་བྱོའི་ཚུལ་དུ་གནང་། སྦྱོར་དྲུག་གི་ཁྲིད་ཡིག་དང་ཕར་ཕྱིན་ཊཱི་ཀ་ཆེན་མཛད། ཀྱི་བདུན་པ་ལ་ཡང་དགོན་ཕོ་བྲང་དུ་བཞུགས་ཏེ་ཆོས་རྗེ་ལོ་ཆེན་ལ་རྡོ་རྗེ་སྙིང་འགྲེལ་གྱི་བཤད་པ་གནང་། དགུ་བཅུ་པ་མེ་མོ་གླང་གི་ལོ་ཟླ་བ་བཅུ་གཅིག་པའི་ཉེར་བརྒྱད་ལ་སྐུའི་བཀོད་པ་བསྡུས་སོ། །དཔལ་ལྡན་བླ་མ་མཆོག་འདིས་དུས་ཀྱི་འཁོར་ལོའི་དཀའ་བའི་གནད་རྣམས་ལེགས་པར་དགྲོལ་ཞིང་། འཇིག་རྟེན་ལས་འདས་པའི་དབང་བཞི་པ་སྦྱོར་བ་ཡན་ལག་དྲུག་གི་གསང་མཛོད་ལ་ངེས་པའི་སྤོབས་པ་ཐོབ་པར་མཛད་པས་བདག་ལ་བཀའ་དྲིན་ལྷག་པར་ཆེའོ། །བདག་ཉིད་ཆེན་པོ་འདིའི་སློབ་མའི་མཆོག་ནི། དམར་སྟོན་རྒྱལ་མཚན་འོད་ཟེར། སློབ་དཔོན་རིན་པོ་ཆེ་ཡེ་ཤེས་རྒྱ་མཚོ། སྟག་ལུང་རིན་པོ་ཆེ་ངག་གི་དབང་ཕྱུག །སྤྲུལ་སྐུ་རིན་པོ་ཆེ་ཞྭ་དམར་ཅོད་པན་འཛིན་པ། ཆོས་རྗེ་རིན་པོ་ཆེ་ནམ་མཁའ་བློ་གྲོས། སྤྱན་སྔ་རིན་པོ་ཆེ་ངག་གི་དབང་ཕྱུག །ཆེན་པོ་དཔལ་འབྱོར་རྒྱ་མཚོ། ལོ་ཆེན་བསོད་ནམས་རྒྱ་མཚོ། རྒྱལ་དབང་ཆོས་རྗེ་ཀུན་དགའ་དཔལ་འབྱོར། ཆོས་རྗེ་བསྟན་པ་རྒྱལ་མཚན། གླང་ཐང་སྤྱན་སྔ་བ་ཀུན་དགའ་རྡོ་རྗེ། དཔལ་ཀུན་བཟང་རྩེ་པ་ཆེན་པོ། རྒྱལ་སྲས་གཞོན་ནུ་དབང་ཕྱུག །ལྷུན་སྡེ་རབ་འབྱམས་པ། ཆོས་རྗེ་ལྷ་ལུང་པ་ནམ་མཁའ་རྒྱལ་མཚན། བཀའ་བཅུ་པ་གྲགས་པ་མཐའ་ཡས་སོགས་སྡེ་སྣོད་འཛིན་པ་ཆེན་པོ། ཁྲིད་

པར་དུས་ཀྱི་འཁོར་ལོ་ལ་མཁས་པ་མང་དུ་བྱོན་པ་ལས།

ཆོས་རྗེ་དམར་སྟོན་པ་ནི། དམར་ཁམས་པ་གྲགས་བཟང་དང་། ངོར་པ་ཀུན་དགའ་བཟང་པོ་སོགས་བླ་མ་དམ་པ་མང་དུ་བསྟེན་ནས་བཀའ་ཆེན་བཞི་སོགས་སྡེ་སྣོད་མཐའ་དག་ལ་ཐུགས་སྦྱངས། གསང་སྔགས་རྒྱ་མཚོའི་ཕ་རོལ་ཏུ་སོན། ཆོས་རྒྱལ་གྲགས་པ་འབྱུང་གནས་པའི་གཙུག་རྒྱན་དུ་བཞུགས་ནས་ས་ཕོ་རྟ་ལ་བཙན་ཐང་དུ་དབུས་ཕྱོགས་ཀྱི་སྡེ་སྣོད་འཛིན་པ་ཕལ་མོ་ཆེ་ལ་བོད་དུ་བྱུང་ངོ་འཚལ་གྱི་དབང་དང་། རྒྱུད་བཤད་སྒྲུབ་སྐོར་དང་བཅས་པ་གནང་བས་བཙན་ཐང་དབང་མངས་སུ་གྲགས། ཡོན་དུ་གསེར་གྱི་ཞུང་པོ་ཆེན་པོ་བྱུང་བས་གཅིག་ཀྱང་མ་གོད་པར་དམར་ཁམས་པ་དང་ངོར་ཆེན་པ་ལ་ཕུལ་ནས། རྗེ་འདིའི་ཞབས་ལ་གཏུགས་ཏེ་གངས་ཆེན་ན་མཆོག་གི་བླ་མ་ཁྲིད་ཉིད་ལས་ལྷག་པ་མ་རྙེད་པས་ཚེ་གཅིག་ལ་སངས་རྒྱ་བའི་མན་ངག་སྦྱོར་བ་ཡན་ལག་དྲུག་རྫོགས་པ་ཞིག་ཞུ་ཞེས་གསུང་བ་ལ་མན་ངག་མཐའ་དག་རྫོགས་པར་གནང་། གསན་མ་ཐག་ཁམས་སུ་བྱོན་ཏེ་བུག་སྒོ་འདག་སྦྱར་ཅན་ཞིག་ཏུ་རི་ཁྲོད་འཚོའི་བར་དུ་སྒྲུབ་པ་སྙིང་པོར་མཛད་པ་ལ་ཐུགས་ཐག་བཅད་ནས་གཞན་ལ་ཆོས་གསུང་བ་སོགས་ཡེ་མ་གནང་བར་ཐུགས་དམ་ལ་རྩེ་གཅིག་ཏུ་བཞུགས་སོ། །

སྟག་ལུང་པ་ནི། ས་ཕོ་ཁྲི་ལ་འཁྲུངས། བླ་མ་མང་དུ་བསྟེན་ནས་མདོ་སྔགས་ཀྱི་གཞུང་ལུགས་རྒྱ་མཚོ་ལྟ་བུ་གསན། སྒྲུབ་རྒྱུད་ཀྱི་གདམས་པས་ཕྱུག །ཁྱད་པར་དུ་འགོས་ལོ་ཙྪ་བ་གདན་དྲངས་ཏེ། སྦྱོར་དྲུག་གི་ཁྲིད། རྒྱུད་འགྲེལ་གྱི་བཤད་པ་སོགས་སེམས་འགྲེལ་གྱི་སྐོར་ཐྲན་དང་བཅས་པ། འཕགས་སྐོར། ཡེ་ཤེས་ཞབས་ལུགས། མཚན་བརྗོད། རྣམ་སྣང་མངོན་བྱང་། ཞི་བྱེད། སྤྱོད་ཡུལ། རྒྱུད་བླ་མ་རྣམས་གསན། རྒྱལ་བའི་གསུང་རབ་མཐའ་དག་ལ་མཆོག་ཏུ་མཁས་ཤིང་གྲུབ་པའི་

དབང་ཕྱུག་ཏུ་གྱུར། ཕྱོགས་ཀུན་ཏུ་སྙན་པར་གྲགས། ལྗོང་གི་རྒྱལ་ཁམས་ཡན་ཕྱིན་ལས་ཀྱིས་ཁྱབ། སྤྱི་སྤྱོད་འཛིན་པ་ཕལ་མོ་ཆེ་ཞབས་དྲུང་དུ་ལྷགས་པ་ན་མཁྱེན་པའི་གཏིང་མི་དཔོགས་པར་ཞུམ། དགུང་ལོ་དོན་དགུའི་བར་དུ་བསྟན་པ་དང་འགྲོ་བ་ལ་ཕན་པ་ཆེ་བར་མཛད་དོ། །ཆོས་རྗེ་རིན་པོ་ཆེ་ནམ་མཁའ་བློ་གྲོས་ནི། ཡུལ་ཡར་ཀླུངས་དགེ་ར་སར་ཡབ་རྡོ་རྗེ་པདྨ་རྒྱལ་པོ་དང་ཡུམ་ལྷ་མོ་སྐྱིད་ཀྱི་སྲས་སུ་ཆུ་མོ་ལུག་ལ་འཁྲུངས། གཡེ་བའི་རྐྱེན་མས་གདན་དྲངས་ཆོ་ཉེ་ཞུར་གྱི་སྟེང་དུ་སྤྱན་རས་གཟིགས་བཞུགས་པ་ཞལ་གཟིགས། དགུང་ལོ་དགུ་པ་ལ་རྩེད་ཐང་དུ་ཆེན་པོ་ཚུལ་བློ་བ་ལས་རབ་ཏུ་བྱུང་། སྟོན་ཤཱཀ་པ་དང་བློ་རྒྱལ་བ་ལས་ཕར་ཚད་ལ་སྦྱངས། བཙུ་པ་ལ་ཀརྨ་པ་དེ་བཞིན་གཤེགས་པ་ལ་ཆོས་དྲུག་གསན། འབྲས་སྤུངས་སུ་ཆོས་རྗེ་བཀྲ་ཤིས་དཔལ་ལྡན་པ་དང་། རབ་མཆོག་པ་ལས་བཀའ་བཞི་དང་དབུ་མ་གསན་ཅིང་སྦྱངས། རྒྱལ་ཚབ་དར་མ་རིན་ཆེན་དང་བཟང་སྐྱོང་བ་དང་ཤར་པ་ཡེ་རྒྱལ་བ་ལ་ཆོས་མང་དུ་གསན། གཙང་ཕྱོགས་སུ་རྫོ་མོ་ནང་གི་བར་དུ་བྱོན་ནས་ཀུན་མཁྱེན་ཆེན་པོའི་སློབ་མ་སྒྲུབ་པ་མོ་འོད་གསལ་འབུམ་དང་བུ་ལུ་གཉིས་ལ་ཆོས་འབྲེལ་གསན། སྣར་ཐང་དུ་གྲུབ་ཆེན་བསོད་བློ་བ་དང་། ཆོས་རྗེ་ཨ་མོ་བ་ལ་ཆོས་འབྲེལ་གསན། ཉེར་དགུ་པ་ལ་སྔ་མོ་ཆོས་རྫོང་དུ་མཚན་སྒྲོག་པའི་མཁན་པོ་ལེགས་རིན་པ། དགེ་བློ་བ། དཔལ་རིན་པ་རྣམས་ལ་མཁན་སློབ་ཞུས་ཏེ་བསྙེན་པར་རྫོགས། རྩེད་ཐང་དུ་འགོས་ལོ་ཙཱ་བ་ལ་དུས་འཁོར་རྒྱུད་འགྲེལ་དང་ཕར་ཕྱིན་གསན། རྒྱལ་བཟངས་སུ་རྒྱུད་འབུམ་ཞུས་དག་གི་ཕྱོགས་ཕྱིར་ཐེགས་ཏེ་རྒྱུད་འགྲེལ་སྐུར་ཆོས་སུ་གནང་། ལྷ་ཁང་སྟེངས་སུ་ཡང་གདན་ས་བ་དང་ལྷན་ཅིག་རྒྱུད་འགྲེལ་དང་རྒྱུད་བླ་གསན། རྩེད་ཐང་དུ་ཆེན་པོ་བློ་རྒྱལ་བའི་འཆད་ཉན་པ་མཛད་དེ་དགེ་བཤེས་མང་དུ་ཐོན། དེ་དུས་གཙང་ཕྱོགས་སུ་ཆོས་བར་ལ་ཐེགས་

པའི་ཆོ་འཕྲུལ་བཀའ་བཞི་པ་སངས་རྒྱས་རྒྱལ་མཚན་ལ་རྡོ་རྗེ་ཕྲེང་བ་དང་མི་ཏྲི་བརྒྱ་རྩའི་དབང་གསན། སོ་དྲུག་པ་ལ་དམར་སྟོན་རྒྱལ་མཚན་འོད་ཟེར་ལ་ཀྱཻ་ཡ་ས་མུཏྟི་སོགས་དབང་རྗེས་གནང་བརྒྱ་ལྷག་དང་། བདེ་དགྱེས་ཀྱི་རྒྱུད་ལམ་འབྲས་ལམ་སྐོར། པཎ་ཆེན་ནགས་ཀྱི་རིན་ཆེན་ལ་མི་གཡོ་བླ་མེད་ཀྱི་དབང་། པཎྜིཏ་ཤཱ་རི་བུ་ཏྲ་ལ་མཚན་བརྗོད། ཆོས་རྒྱལ་གྲགས་པ་འབྱུང་གནས་ལ་ཁམས་གསུམ་རྣམ་རྒྱལ་སོགས་ཀྱི་དབང་། བྱང་ཆུབ་དཔལ་བ་ལ་རྫོག་ཆོས། སློབ་དཔོན་ཡེ་ཤེས་རྒྱ་མཚོ་བ་ལ་དུས་འཁོར་དང་དཔལ་མཆོག་གི་དབང་། མཁན་ཆེན་བསོད་ནམས་མཆོག་གྲུབ་པ་ལ་དབང་རྗེས་གནང་ལུང་མང་པོ། ཡར་འབྲོག་ཏུ་སྐྱེས་མཆོག་སྨོན་ལམ་པ་ལ་བདེ་མཆོག་སོགས་མང་དུ་གསན། འགོས་ལོ་ཙྪ་བ་ལ་ཕར་ཚད་གསན་ཅིང་སྦྱོར་དྲུག་གི་གདམས་པ་མཉམས་པས་རྟོགས་པ་འཁྲུངས། རྩེད་ཐང་སྒྲུབ་མཆོད་ཆེན་མོ་ཐོག་མར་འཛུགས་པའི་སྒྲུབ་ལས་དང་། དུས་འཁོར་སྒྲུབ་མཆོད་ཀྱང་མཛད། སྤྱན་སྔ་རིན་པོ་ཆེ་ཡུམ་གྱི་ལྟུམས་སུ་ཞུགས་པའི་ཆོ་གོང་མས་བཀའ་གནང་སྟེ་ལྷ་སར་སྨོན་ལམ་འདེབས་པ་ལ་ཐེགས། རྩེད་ཐང་གི་འཆད་ཉན་ཆེན་པོ་བསོད་ཡེས་པ་ལ་གཏད་ནས་འོན་བུ་བླ་མཁར་སོགས་དབེན་གནས་རྣམས་སུ་ཐུགས་དམ་ལ་རྩེ་གཅིག་ཏུ་བཞུགས། ལྷག་རྣ་མཁན་ཆེན་ཤཱཀྱ་གྲགས་པ་ལ་སེམས་ཁྲིད། སྦྱོར་དྲུག ཕྱག་ཆེན། ཆོས་དྲུག་སོགས་གསན། ཞལ་སྔ་ནས་ཀུན་རྒྱལ་བ་ལ་དབང་མང་པོ་དང་གྲུབ་སྙིང་གསན། དགའ་ལྡན་དགོན་པར་སྐུ་མཚམས་ལ་བཞུགས་པས་བར་དོ་ལ་བོགས་ཐོན། ཞི་ལྡེ་པ་ལ་འོན་བུ་བླ་མཁར་དུ་བླ་སྒྲུབ་མཛད་ནས་ལྷང་ཕོ་བྲང་དུ་འགོས་ལོ་ཙྪ་བས་ཆོས་ཀྱི་གསང་མཛོད་བརྟོལ་ཏེ་འཕགས་སྐོར་ཡེ་ཤེས་ཞབས་ལུགས། མདོ་རྒྱུ་སེམས་ཕྱོགས་སོགས་ཆོས་རྣམས་གཏད། འོལ་ཁར་ཆོས་རྗེ་ཆོས་གྲགས་པ་ལ་རྒྱུད་འབུམ་གསན། ཞི་བརྒྱུད་པ་ལ་གོང

པོར་ཐེགས་ཏེ། སྤྲུལ་སྐུ་ཆོས་དཔལ་ཡེ་ཤེས་དང་མཁན་ཆེན་ལྷག་རྩུབ་ལ་བསྙེན་སྒྲུབ་སོགས་ཟབ་ཆོས་མང་པོ་གསན། དེ་ནས་ཙ་རིར་སྟོང་པོ་མཁར་དུ་ཟླ་སྒྲུབ་མཛད། ཀླུ་རྒྱལ་དབང་པོ་ལྷ་ལྷག་གིས་སློབ་བུ་བརྒྱ་འབུལ་བར་ཁས་བླངས། ཞིང་སྐྱོང་དམ་ལ་བཏགས། ལྔ་བཅུ་པ་ལ་འོན་གྱི་དཔལ་རིར་ཕེབས་ཏེ་འགོས་ལོ་ཙཱ་བ་ལ་གང་སྣང་སྟོང་གཟུགས་ཁོ་ནར་འཆར་ཞིང་བརྟན་པའི་རྟོགས་པ་ཕུལ་བདེ་དྲོད་རང་འབར། དེ་ནས་སྐྱུམ་འཆད་བསྒྲིངས་སུ་འདུལ་བ་དང་སྦྱོར་དྲུག་སོགས་ཆོས་མང་དུ་གསུངས། དེའི་གཞི་བདག་གིས་སེམས་བསྐྱེད་ཞུས་པས་ཡུལ་མི་རྣམས་མཆོག་ཏུ་གུས་པར་གྱུར། ནམ་མཁའི་བྱ་ལའང་སྒོམ་ཐེབས་པའི་གྲགས་པ་བྱུང་། ར་ཁྲིད་ལུག་ཁྲིད་ཐུབ་པའི་སློབ་མ་ཞིག་བྱུང་ན་ངོ་སྤྲོད་འདེབས་པ་ལ་གནས་འགྱུ་ལ་ཁྱད་མེད་གསུང་། རེ་གཉིས་པ་ལ་སྤྱན་སྔ་རིན་པོ་ཆེའི་བླ་མ་མཛད། རེ་བཞི་པ་ལ་ལྷ་སར་ཐེགས་ནས་སྨོན་ལམ་བཏབ་སྐྱེ་གུང་ཐང་། དོལ་གྱི་གངས་ཁྲོད། ཞུ་ལའི་རྫ་རྣམས་སུ་སྦྱོར་དྲུག་སོགས་ཆོས་མང་དུ་གསུངས། ས་ཕོ་བྱི་བ་ལ་རྗེ་ཉིད་ཀྱིས་ལས་དཔོན་མཛད་དེ། རྩེད་ཐང་དུ་མཆོད་རྟེན་ཆེན་མོ་བཞེངས། ཡང་དབེན་དུ་ཡང་རྣམ་རྒྱལ་མཆོད་རྟེན་བཞེངས། དོན་གསུམ་པ་ལ་གཡའ་བཟངས་སུ་སྦྱོར་དྲུག་སོགས་ཁྲིད་མང་དུ་བསྐྱལ། སྤྲུལ་སྐུ་རིན་པོ་ཆེ་བསྙེན་པར་རྫོགས་པའི་སློབ་དཔོན་མཛད། དོན་ལྔ་པ་མེ་མོ་བྱའི་ལོ་ཧོར་ཟླ་བཞི་པའི་ཉི་ཤུ་བརྒྱད་ལ་གྲ་བྱམས་པ་གླིང་དུ་འཇའ་འོད་དང་མེ་ཏོག་གི་ཆར་དང་། པི་ཝང་གི་སྒྲ་དང་བཅས་ཏེ་སྐུའི་བཀོད་པ་བསྡུས་པའི་ཚེ་དབུའི་གཙུག་ཏོར་འཕགས་པ་ལས་འོ་མ་ལྟ་བུའི་བྱང་ཆུབ་ཀྱི་སེམས་ཕྱུར་བ་བྱུང་ངོ་། །དམ་པ་འདི་ལ་བདག་གིས་འཁོར་ལོ་སྡོམ་ཆེན་གྱི་དབང་། ཤ་ཝ་རི་དང་དཔེ་མེད་འཚོའི་སྦྱོར་དྲུག །ཡུ་མོའི་གསལ་སྒྲོན། དུས་འཁོར་དཀའ་འགྲེལ་རྣམས་མནོས་སོ། །

ཆོས་ཀྱི་རྗེ་སྤྱན་སྔ་རིན་པོ་ཆེ་ནི། ཡབ་ཆོས་རྒྱལ་གྲགས་པ་འབྱུང་གནས་དང་ཡུམ་སྐྱོ་བཟའ་དབང་འཛོམ་མའི་སྲས་སུ་ས་མོ་ལུག་ལ་བལྟམས། ཇོ་གདན་ཉི་མ་པ་ལ་གཤེད་དམར་གྱི་དབང་ལན་མང་པོ་དང་། དམར་སྟོན་པ་ལ་གཉན་མགོན་གྱི་རྗེས་གནང་ཞུས། ཆོས་སྐྱོང་འདིས་ཕྲིན་ལས་སྒྲུབ་པར་འདུག་ཅེས་ལུང་བསྟན། དགུང་ལོ་བཞི་པ་ལ་རྒོད་ཕྲུག་ཆོས་རྗེ་ལ་དགེ་བསྙེན་མནོས་ཤིང་རབ་ཏུ་བྱུང་། མཚན་དག་གི་དབང་ཕྱུག་གྲགས་པ་ཕྱོགས་ཐམས་ཅད་ལས་རྣམ་པར་རྒྱལ་བའི་ལྷ་ཞེས་གསོལ། རྒྱལ་བཟངས་སློན་མཁར་དུ་ཡབ་སྲས་མཇལ། ཡབ་ཀྱི་དྲུང་དུ་ཡེ་ཤེས་མགོན་པོའི་དབང་སོགས་གསན། སློབ་དཔོན་མངའ་རིས་བཀའ་བཅུ་པ་ལས་ཕར་ཚད་འདུལ་མངོན་ལ་སྦྱངས་པས། སྐྱེས་སྟོབས་ཀྱིས་ཐོགས་མེད་པར་མཁྱེན། པཎ་ཆེན་ནགས་ཀྱི་རིན་ཆེན་ལ་དྲིལ་བུ་རིམ་ལྔ་གསན། བཅུ་བཞི་པ་ལ་རྩེད་ཐང་གི་གདན་སར་བཞུགས་ཏེ། སྡེ་སྣོད་འཛིན་པ་རྒྱ་མཚོ་ལྷ་བུ་ལ། བཀའ་ཆེན་བཞི་རྒྱས་པར་གསུངས་པས་འདུས་པ་ཐམས་ཅད་ངོ་མཚར་དུ་འཛིན། བཅུ་དྲུག་པ་ལ་དཔལ་ཀུན་ཏུ་བཟང་པོའི་ནགས་ཁྲོད་དུ་འཇིགས་པ་མེད་པ་སེང་གེའི་ཁྲི་ལ་ལྷ་དང་བཅས་པ་ཡོངས་ཀྱིས་བཞུགས་སུ་གསོལ་ཏེ། བཀའ་བརྒྱུད་ཀྱི་བླ་ཁབ་ཀྱིས་ཕྱོགས་ཀུན་ཏུ་ཁྱབ་པར་མཛད། ཉེར་ལྔ་པ་ལ་སློབ་དཔོན་ཡེ་ཤེས་རྒྱ་མཚོ་བ་ལ། དུས་འཁོར་ཡོ་ག་སོགས་ཀྱི་དབང་མནོས། དཔལ་ཀུན་བཟང་རྩེ་པས་ཕྱག་ལེན་རྣམས་ཕུལ། ཉེར་དྲུག་པ་ལ་ཆོས་རྗེ་ནམ་པ་ལ་སྦྱོར་དྲུག་རྒྱུད་འགྲེལ་རྡོ་རྗེ་ཕྲེང་བ་མི་ཏྲི་བརྒྱ་རྩ་སོགས་དབང་རྗེས་གནང་། གཞུང་ཁྲིད་མན་ངག་རྗེ་དེ་ཉིད་ལ་མངའ་བ་ཕལ་ཆེ་བ་གསན། སོ་གཅིག་པ་ལ་ཐམས་ཅད་མཁྱེན་པ་འགོས་ལོ་ཙཱ་བ་ལ་སེམས་འགྲེལ་སྐོར་ཕྲན་དང་བཅས་པ་སོགས་གསང་སྔགས་གསར་རྙིང་གི་དབང་ཁྲིད་གཞུང་བཤད་མང་པོ་དང་། སྡེ་སྣོད་ཀྱི་བཤད་པ་མང་དུ་གསན། སྒྲ་སྙན

རྩེས་སོགས་རིག་པའི་གནས་ཕྲ་མོ་རྣམས་ལ་ཡང་རབ་ཏུ་བྱང་བར་གྱུར། སོ་བཞི་པ་ལ་འགོས་ལོ་ཙཱ་བ། ཆོས་རྗེ་ནམ་པ། མཁན་ཆེན་འགྲོ་བཟངས་རྣམས་ལ་མཁན་སློབ་ཞུས་ཏེ་བསྙེན་པར་རྫོགས། འགྲོ་བཟངས་པ་ལ་ལུང་སྡེ་བཞི་གསན། སོ་བརྒྱད་པ་ལ་ཞྭ་དམར་ཅོད་པན་འཛིན་པ་ལ་ཀརྨ་པའི་ཆོས་སྐོར་མཐའ་དག་གསན། མངོན་པར་རྟོགས་པའི་ཡོན་ཏན་དང་ལྡན། ཡེ་ཤེས་ཀྱི་མགོན་པོ་རྣམས་ཀྱིས་བཀའ་བཞིན་སྒྲུབ། ཞེ་གཉིས་པ་ལ་སྣེ་གདོང་རྩེར་ཕེབས་ཏེ་ཁྲིམས་གཉིས་ཀྱི་སྒོ་ནས་བསྟན་པ་གསལ་བར་མཛད་ནས། ང་གསུམ་པ་ལ་ལུགས་མོ་ཕག་གི་ཟླ་བ་དྲུག་པའི་ཚེས་གཉིས་ལ་མི་རྟོག་གི་ཆར་དང་བཅས་ཏེ་དགའ་ལྡན་དུ་གཤེགས་སོ། །

རྒྱལ་དབང་ཆོས་རྗེ་ཀུན་དགའ་དཔལ་འབྱོར་ནི། གཙང་པ་རྒྱ་རས་ཀྱི་སྐུ་སྐྱེར་གྲགས། འབྲུག་དང་ར་ལུང་དུ་བཞུགས་ནས་སྒྲུབ་བརྒྱུད་ཀྱི་བདག་པོ་མཛད། སྣེ་གདོང་རྩེར་པཎ་ཆེན་ནགས་ཀྱི་རིན་ཆེན་ལ་སྦྱོར་དྲུག་དང་། ཡིད་བཟང་རྩེར་འགོས་ལོ་ཙཱ་བ་ལ་རྒྱུད་འགྲེལ་གསན་ཅིང་སྦྱངས། སླད་དུ་སྣམ་པོའི་གདན་སར་བཞུགས་པའི་ཚེ། འོན་སྨོན་ཐང་དུ་ཕེབས་ཏེ་འགོས་ལོ་ཙཱ་བ་ལ་དབང་མདོར་བསྟན། སྦྲོན་གསལ། རྒྱུད་ཟླ་རྣམས་གསན། སྟོད་སྨད་ཐམས་ཅད་དུ་བྱོན་ཏེ་འགྲོ་ཕན་རྒྱ་ཆེ་བར་མཛད་དོ། །

དཔལ་ཀུན་བཟངས་རྩེ་པ་ནི། སྟག་ཚང་རིན་ཆེན་རྣམ་རྒྱལ་གྱི་སྲས་སུ་མེ་མོ་བྱ་ལ་འཁྲུངས། གདུང་ཟེན། སྐྱེས་སྟོབས་ཀྱི་ཐུགས་རབ་ཆེ་ཞིང་སྐུ་མཆོག་ཏུ་མཛེས། ཡབ་དང་ལྷ་ཁང་སྟེངས་པ་སངས་རིན་པ་ལ་རྙིང་མའི་དབང་མང་པོ་གསན། དགུང་ལོ་དགུ་ལ་དབང་གྲགས་པ་རྒྱལ་མཚན་གྱི་ཞབས་ལ་གཏུགས། སློབ་དཔོན་ཐང་ཆེན་པ་ཚུལ་ཁྲིམས་རྒྱལ་མཚན་ལས་དགེ་བསྙེན་མནོས། མཚན་བསོད་ནམས་རྒྱལ་མཚན་དཔལ་བཟང་པོར་གསོལ། བཅུ་དྲུག་པ་ལ་རྩེད་ཐང་དུ་གོང་མ་གྲགས་པ་འབྱུང་

གནས་པའི་གཟིམས་དཔོན་མཛད། བཅུ་དགུ་པ་ལ་གོང་མས་སྡེ་གདོང་ཀ་བཞི་པར་བསྐོས། དེའི་ཚེ་དམར་སྟོན་རྒྱལ་མཚན་འོད་ཟེར་ལ་ཀྱི་ཡ་ས་མུ་ཊྚ་སོགས་དབང་རྒྱ་མཚོ་དང་། ཞ་ལུ་བ་གྲགས་པ་རྒྱལ་མཚན་ལ་དུས་འཁོར་ཡོ་ག་རབ་འབྱམས་སོགས་དབང་མང་པོ་དང་། པཎ་ཆེན་ནགས་ཀྱི་རིན་ཆེན་ལ་དུས་འཁོར་གྱི་དབང་དང་སྦྱོར་དྲུག་གི་ཁྲིད་རྡོ་རྗེ་ཕྲེང་བ་སོགས་དང་། བླ་བྲང་བ་ཉི་མ་རྒྱལ་མཚན་དང་བསོད་ནམས་དཔལ་འབྱོར་ལ་གཤེད་དམར་གསང་འདུས་རྡོ་རྗེ་ཕྲེང་བ་སོགས་དང་། རྗེ་འགོས་ལོ་ཙཱ་བ་ལ་སྦྱོར་དྲུག་གི་ཁྲིད་སེམས་འགྲེལ་སྐོར་ཕྲན་དང་བཅས་པ་དང་། བྱང་ཆུབ་དཔལ་བ་ལ་རྫོག་ཆོས་དང་། རྒོད་ཕྲུག་པ། སྒོ་མོ་བ་བཟང་པོ་དཔལ། མཁན་ཆེན་བྱང་བཟངས་པ། རྒྱལ་བ་ཕྱུག་ན་རྣམས་ལ་ཡང་ཆོས་མང་དུ་གསན། སོ་གཅིག་པ་ལ་ཀ་བཞི་བཞག་སྟེ་ཀུན་བཟང་རྩེར་བཞུགས་ནས་རྡོ་རྗེ་ཕྲེང་བ་དང་ཡོ་ག་རབ་འབྱམས་ཀྱི་དབང་དང་བཤད་པ་ཕྱག་ཁྲིད་ཀྱི་དུས་ཆོས་བཙུགས་པས་ཕྱག་ལེན་མཁས་པ་མང་དུ་ཐོན། འོལ་ཁར་ཆོས་རྗེ་ཆོས་གྲགས་པ་ལ་དུས་འཁོར་རྒྱུད་འགྲེལ་གསན། སྡེ་གདོང་བཟང་ལྷོག་ཏུ་ཡང་བཞུགས་ཏེ་ཆོས་རྗེ་ནམ་པ་ལ་མི་ཏྲ་བརྒྱ་རྩ་སོགས་དབང་མན་ངག་མང་པོ་དང་། ཡེ་ཤེས་རྒྱ་མཚོ་བ་ལ་དུས་འཁོར་གྱི་དབང་། བཀའ་འགྱུར་བ་ལ་ལུང་སྡེ་བཞི་ཕལ་དཀོན་མདོ་མངས་ཤེར་ཕྱིན་གྱི་ལུང་། ཆོས་ཉི་པ་ལ་གསང་འདུས་གཉིས་མེད་རྣམ་རྒྱལ། ཞལ་སྔ་ནས་ལ་དབང་རྒྱུད་བཤད་མང་པོ་དང་། ཨོ་རྒྱན་བསྙེན་སྒྲུབ་སོགས་ཁྲིད་མང་པོ་དང་བཀའ་རྒྱུད་བཀའ་འབུམ། བྱམས་པ་གླིང་པ་ལ་ཚད་མ་དང་སྙན་ངག་མེ་ལོང་། ལྷག་རྡུ་པ་ལ་སེམས་ཁྲིད་ཕྱག་ཆེན་ཆོས་དྲུག་རྫོགས་ཆེན་ཨ་རོ་སྙིང་ཐིག་སོགས་ཁྲིད་དང་། དཔལ་མཁའ་སྤྱོད་པའི་བཀའ་འབུམ་གསན། གོང་མ་ཀུན་དགའ་ལེགས་པའི་བླ་མ་མཛད་དེ་དབང་མན་ངག་དཀྱིལ་འཁོར་གྱི་ཆོ་གའི་ཕྱག་ཁྲིད་

མང་དུ་བསྒྱུར། ཞེ་གསུམ་པ་ལ་ཙ་རི་ར་ཐེགས་ཏེ་ཚོགས་འཁོར་མཛད་པས་མཚན་ལྡན་ཐོད་པའི་སྟེང་དུ་རྡོ་རྗེ་རྣལ་འབྱོར་མ་ཨེ་ཡིག་གི་རྣམ་པར་གཟིགས། སྨྲམ་པོ་མཇལ་ནས་སླར་ཚོང་འདུས་ཡངས་པ་ཅན་དུ་ཐེབས། སྤྱན་སྔ་རིན་པོ་ཆེ་ལ་རྒྱུད་སྡེ་བཞིའི་དཀྱིལ་འཁོར་གྱི་ཆོ་ག་ཕལ་མོ་ཆེའི་ཕྱག་ཁྲིད་ཕུལ། སློབ་དཔོན་ཡེ་ཤེས་རྒྱ་མཚོ་བ། ཆོས་རྗེ་ནམ་པ། ཐམས་ཅད་མཁྱེན་པ་འགོས་ལོ་ཙྪ་བ། ཞྭ་དམར་ཅོད་པན་འཛིན་པ་རྣམས་སྤྱན་སྔ་རིན་པོ་ཆེའི་བླ་མར་སྤྱན་དྲངས་པ་ལ་ཆོས་མང་པོ་གསན། དྲུག་ཅུ་པ་ལ་ཐམས་ཅད་མཁྱེན་པ་འགོས་ལོ་ཙྪ་བ། ཆོས་རྗེ་ནམ་པ། མཁན་ཆེན་འགྲོ་བཟང་སྙིང་པོ་རྣམས་ལ་མཁན་སློབ་ཞུས་ནས་བསྙེན་པར་རྫོགས། རེ་ལྔ་པ་ལ་སྣེ་གདོང་རྩེར་བྱོན་ནས་མགོན་ཁང་སྟེངས་སུ་བཞུགས། གསང་སྔགས་རྒྱ་མཚོའི་ཕ་རོལ་ཏུ་སོན། ཐུགས་དམ་རྟགས་པ་མངོན་དུ་གྱུར། གང་དང་གང་དུ་བཞུགས་པ་དེ་དང་དེར་མངོན་པར་དབང་བསྐུར་བ་རྒྱ་མཚོ་ལྟ་བུ་དང་ཟབ་རྒྱས་ཀྱི་ཆོས་ལྷུག་པར་བསྒྱུར་བས་སྡེ་སྣོད་འཛིན་པ་མང་པོ་དབང་གི་ཆུ་བོས་སྨིན་པ་དང་གྲོལ་བར་མཛད། རེ་བདུན་པ་ལ་ཆོས་རྗེ་རྡོ་རྗེ་གདན་པ་ཀུན་དགའ་རྣམ་རྒྱལ་བས་གདན་དྲངས་པ་ལ་སྤྱོད་རྒྱུད་དཀྱིལ་འཁོར་བཅུ་གཉིས་དང་། ཀྲི་ཡ་ས་མུཙྪ་དང་། མདོ་དབང་ཆེན་མོ། སྤྱི་འཕྲུལ་ཞི་ཁྲོ་སོགས་གསར་རྙིང་གི་དབང་མང་པོ་དང་། དཔལ་ལྡན་བླ་མའི་དུས་འཁོར་ཊཱི་ཀ་ཆེན་དང་མདོ་སྒྱུ་སེམས་གསུམ་གྱི་རྒྱུད་བཤད་དང་ཁྲིད་སོགས་གནང་། རྗེ་བཙུན་མ་སྒྲོལ་མ་རྡོ་རྗེ་དང་བཅས་པའི་སྐྱབས་སྦྱིན་གྱི་ཕྱག་རྒྱ་ཅན་སོགས་ཡི་དམ་གྱི་ལྷ་མང་པོའི་ཞལ་གཟིགས། རྗེ་ཀརྨ་པ་ཆོས་གྲགས་རྒྱ་མཚོ་ལ་ཡང་ཆོས་མང་དུ་གསན། དཔལ་ཡེ་ཤེས་དབང་པོའི་སྡེ་ལ་ཆོས་རྣམས་གཏད་དེ། དོན་གཅིག་པ་མེ་མོ་ལུག་གི་ཟླ་བ་བཞི་པའི་ཚེས་བཅོ་བརྒྱད་ལ་སྐུའི་བཀོད་པ་བསྡུས་སོ། །དམ་པ་འདི་ལ་བདག་གིས་འཇམ་

དཔལ་གྱི་ལྷ་འདོད་མདོར་བསྟན་དང་དབང་མདོར་བསྟན་གྱི་དཀའ་འགྲེལ་སྣ་ཚོ་པུ་ཏྲས་མཛད་པ་སོགས་དང་། པཎ་ཆེན་ནགས་ཀྱི་རིན་ཆེན་ནས་བརྒྱུད་པའི་དུས་ཀྱི་འཁོར་ལོའི་དབང་མནོས་སོ། །རྒྱལ་སྲས་གཞོན་དབང་པས་ཡིད་བཟང་རྩེར་བཞུགས་ཏེ། རྒྱུད་བཤད་དང་ཁྲིད་ཀྱིས་གཞན་དོན་ཆེར་མཛད། རྩེད་ཐང་བསམ་གཏན་གླིང་དུ་སྒྲུབ་གྲྭ་ཡང་བཙུགས་སོ། །ཆོས་རྗེ་ལྷ་ལུང་པས་ལྷ་ལུང་དུ་དབང་རྒྱུད་བཤད་ཁྲིད་ཀྱིས་གདུལ་བྱ་མང་པོ་རྗེས་སུ་བཟུང་ངོ་། །

ཡང་མཁན་ཆེན་རྒྱལ་བཟངས་པའི་སློབ་མ་སྤྱང་ལུང་ཆོས་སྡིངས་པ་ནི། འཕན་ཡུལ་དམར་ཞོགས་སུ་ཡབ་དམར་དགེ་བསྙེན་མགོན་པོ། ཡུམ་རྡོ་རྗེ་བུ་འདྲེན་གྱི་སྲས་སུ་ཚུ་ཕོ་བྱི་བ་ལ་འཁྲུངས། དམར་སྟོན་རྒྱམ་རིན་པའི་གཅེན་པོ་ཡིན། སེང་གེ་དཔལ་བ་ལས་དགེ་བསྙེན་མནོས། མཚན་གཞོན་ནུ་བློ་གྲོས་སུ་བཏགས། བྱང་ཆུབ་ཏུ་ཐུགས་བསྐྱེད་རྡོར་དབྱིངས་ཀྱི་དབང་གསན། དཔལ་ལྡན་བླ་མ་དམ་པ་བསོད་ནམས་རྒྱལ་མཚན་དཔལ་བཟང་པོའི་ཞལ་སློབ་སྤྱང་ལུང་པ་བསོད་ནམས་སེང་གེ་ལས་དགེ་ཚུལ་ཐོབ། མཆོག་དབང་ཞུས་ནས་སྦྱོར་དྲུག་སྲོག་ལུགས་གསན་ཅིང་། ཕྱིས་མཁན་ཆེན་ཡོན་ཏན་བློ་གྲོས་ལ་ཡང་སྦྱོར་དྲུག་གསན་པས་ཉམས་རྟོགས་འཁྲུངས། གྲོ་ས་མཁན་ཆེན་ཀུན་རྒྱལ་བས་མཁན་པོ། དམར་སྟོན་དཔལ་རིན་པས་ལས་ཀྱི་སློབ་དཔོན། ཤཱཀྱ་རིན་ཆེན་གྱིས་གསང་སྟེ་སྟོན་པ་མཛད་ནས་བསྙེན་པར་རྫོགས། རྩེད་ཐང་དུ་ཐེབས་ཏེ་མཁན་ཆེན་རྒྱལ་བཟངས་པ་ལས་དུས་འཁོར་གྱི་དབང་རྒྱུད་འགྲེལ་ཁྲིད་དང་བཅས་པ་གསན། བླ་མ་དེ་རྣམས་དང་། བྱང་ངམ་རིངས་པ་བླ་མགོན་ཤེས་རབ་པ། བླ་བྲང་པ་ཉི་མ་རྒྱལ་མཚན། རེད་མདའ་བ། ལོ་ཙཱ་བ་སྐྱབས་མཆོག་དཔལ། མཁས་བཙུན་གཞོན་ནུ་འོད། ཐེག་ཆེན་ཆོས་ཀྱི་རྒྱལ་པོ། སྤྱན་སྔ་ཉེར་གཉིས་པ། གཉག་ཕུ་བ།

རྗེ་ཙོང་ཁ་པ། ཤར་པ་ཡེ་ཤེས་རྒྱལ་མཚན་སོགས་མཁས་བཙུན་མང་པོ་བསྟེན་ནས་མདོ་སྔགས་ཀྱི་གཞུང་ལུགས་ཕལ་མོ་ཆེ་ལ་སྦྱངས་ཤིང་། སྦྱོར་དྲུག་གི་རྟོགས་པ་མངོན་དུ་གྱུར་པས་གཞོན་ནུ་ཉིད་ནས་རྟོགས་ལྡན་བཀའ་བཞི་པ་ཞེས་གྲགས། དགུང་ལོ་བཅུ་གསུམ་ནས་སྐུ་རྡོ་རྗེའི་སྐྱིལ་ཀྲུང་། གསུང་རྡོ་རྗེའི་བཟླས་པ། ཐུགས་ཟུང་འཇུག་ཕྱག་རྒྱ་ཆེན་པོ་ལས་མི་གཡེལ་བར་རྒྱུན་དུ་བཞུགས། ལྷ་སྣང་ས་གྲུབ་པས་སྤྱན་འབྱེད་འཇོམ་མི་མངའ། སྟོང་གཟུགས་ཀྱི་ཤ་ཟ་རི་ཞལ་གཟིགས། སྔོན་གྱི་གནས་རྗེས་སུ་དྲན་པ་དང་། གཞན་གྱི་སེམས་ཤེས་པ་ལ་སོགས་པའི་མངོན་པར་ཤེས་པ་མངའ་སྤྱང་རི་ཁྲོད་དུ་བཞུགས་ནས་ཁྲིད་འདིའི་སྒོ་ནས་འགྲོ་བ་བགྲང་བ་ལས་འདས་པ་གྲོལ་བར་མཛད་དེ། དགུང་ལོ་བརྒྱ་དང་ལྔ་བཞེས་པ་མེ་ཕོ་སྤྲེའུའི་ལོ་ལ་ཆོས་ཀྱི་དབྱིངས་སུ་གཤེགས་སོ།། དེ་ལ་ལྷུན་སྟེ་རབ་འབྱམས་པས་གསན་ཏེ་ཁྲིད་ཀྱི་ཕྲིན་ལས་བསྐྱངས་སོ། །ཡང་ཆོས་རྗེ་ཕྱོགས་པས་མཁས་གྲུབ་ནམ་མཁའ་རྒྱལ་མཚན་ལ་དབང་རྒྱུད་བཤད་མན་ངག་དང་བཅས་པ་གནང་། དེས་སྟག་པ་ཆོས་ཀྱི་རྡོ་རྗེ་ལ་གནང་། དེ་ནི་སྟེ་སྟོད་སྤྱི་དང་ཁྱད་པར་དུས་འཁོར་ལ་ཤིན་ཏུ་མཁས་ཤིང་། མངོན་ཤེས་དང་ལྡན། སྒྲོག་ཐུར་འདྲེས་པས་རླུང་ལ་དབང་ཐོབ་པའི་མཁས་གྲུབ་ཞིག་གོ །དེས་སྐྱངས་ལུང་པ་སངས་རྒྱས་དཔལ། དེས་བདག་གི་བླ་མ་རྗེ་དུས་འཁོར་ཞབས་པ་ལ་དབང་རྫོགས་པ། རྒྱུད་འགྲེལ། དབང་མདོར་བསྟན། སེམས་འགྲེལ་གཞན་གཉིས། སྦྱོར་དྲུག་གི་ཁྲིད་ལེགས་པར་གནང་ངོ་།།

སྨན་ཆུ་པ་བློ་གྲོས་རྒྱལ་མཚན་ནི། ཀུན་མཁྱེན་ཆེན་པོ་ལ་དུས་ཀྱི་འཁོར་ལོའི་དབང་རྒྱུད་བཤད་མན་ངག་དང་བཅས་པ་གསན་ནས། ལ་དོང་སྨན་ཆུ་བ་དང་། བྱང་འབབ་རོང་རྫ་དེའུ་རིན་ཆེན་སྤྱངས་པར་ཐུགས་དམ་རྩེ་གཅིག་ཏུ་མཛད་ཅིང་བཤད་སྒྲུབ་ཀྱི་ཕྲིན་ལས་ཡུན་རིང་དུ་བསྐྱངས། ཁྲིད་ཡིག་ངོ་སྤྲོད་དང་བཅས་པའང་མཛད།

མར་མེ་རོང་པ་ལ་སོགས་པའི་གྲུབ་ཐོབ་ཀྱི་སློབ་མ་མང་དུ་བྱུང་ངོ་། །དེའི་དཔོན་པོ་སངས་རྒྱས་བློ་གྲོས་པ་ནི། །ཡུ་བོས་ཆོས་རྗེ་ཕྱོགས་རྒྱལ་བའི་དྲུང་དུ་བཏང་། ཐོག་མར་སྡེ་སྣོད་གསུམ་ལ་སྦྱངས། ཁྱད་པར་དུ་སེམས་འགྲེལ་སྐོར་ལ་མཁས་པར་གྱུར་ནས། ཕྱོགས་རྒྱལ་བས་ལོ་བཅུ་གཉིས་ཀྱི་བར་དུ་འདག་འབུར་ལ་བཞུག་སྟེ་རྩེ་གཅིག་ཏུ་སྒོམ་དུ་བཅུག་པས་གྲུབ་པ་བརྙེས་ནས། ལ་དོང་སྨན་ཆུ་བ་ཉིད་དུ་བཞུགས་ནས་ཞཔད་སྒྲུབ་ཀྱི་ཕྲིན་ལས་བསྐྱངས་སོ། །

དེའི་སློབ་མ་འབྲུལ་ཞིག་གཞོན་ནུ་འོད་ནི། ཡུལ་གཡེ་རོང་རླུང་འགར་གྱི་སྐམ་ལུང་ཞེས་པར། མེས་པོ་འགར་པདྨ་བཟང་པོ། ཡབ་གྲགས་པ་བཟང་པོ། ཡུམ་བདེ་ཆེན་སྐྱིད་ཀྱི་སྲས་སུ་ས་ཕོ་སྤྲེའུ་ལ་འཁྲུངས། མེས་པོས་སྨི་རིའི་གཞི་བདག་ལ་མནའ་ཟློས་པས། ཡུམ་མ་གདོགས་ཉེ་དུ་ཐམས་ཅད་འདས། དགུང་ལོ་ལྔ་པ་ལ་བླ་མ་ཚུལ་འོད་པ་ལས་དགེ་བསྙེན་མནོས། བརྒྱད་པ་ལ་ཁྲབ་ལ་ཀར་མཁན་ཆེན་སངས་རྒྱས་བཟང་པོ་དང་། མཚུངས་མེད་གཞོན་ནུ་གྲགས་པ་ལས་རབ་ཏུ་བྱུང་། མཚན་གཞོན་ནུ་འོད་དུ་བཏགས། མཁན་པོ་དང་སློབ་དཔོན་གཞོན་སེང་བའི་དྲུང་དུ་འདུལ་མཛོད་ལ་སྦྱངས། བཅོ་བརྒྱད་པ་ལ་མཁན་སློབ་དེ་གསུམ་དང་དགེ་འདུན་ལས་བསྙེན་པར་རྫོགས། དབུས་གཡོར་གྱི་འདུལ་མཛོད་ཀྱི་གྲྭ་ས་རྣམས་སུ་གྲྭ་བསྐོར་ཡང་མཛད། ཁྲབ་ལ་ཀར་འཆད་ཉན་མཛད་དུས་ཆགས་སྡང་ལ་ཐུགས་སྐྱོ་ནས། མཚུངས་མེད་པའི་དྲུང་དུ་བློ་སྦྱོང་གསན་པས་བྱང་ཆུབ་ཀྱི་སེམས་བཅོས་མ་མ་ཡིན་པ་འཁྲུངས། སྙིང་རྗེའི་གཞན་དབང་གིས་རྒྱུན་དུ་སྤྱན་ཆབ་འཁྲེན་པས། མཚུངས་མེད་པའི་ཞལ་ནས་ཁྱེད་ཀྱི་དབུ་འདི་ཆུ་ལས་བྱས་པ་འདྲ་ཞེས་གསུངས། དེ་ནས་གཙོད་སྐོར་གསན་ཏེ་གཉན་ཁྲོད་འབབ་ཞིག་བརྟེན་ནས་དུར་ཁྲོད་གཅིག་ཏུ་བཞུགས་པའི་ཐུགས་ཉམས་ལ། བློ་གཉིས

ན་མི་དཀར་དམར་འཛིགས་སུ་རུང་བ་དབྱུག་པ་ཐོགས་པ་རེ་བྱུང་ནས། ཁྱེད་ཀྱིས་ངེད་གཉིས་མ་བཅོམ་ན་མི་འོང་ཟེར་བས། རོ་རྒྱང་གི་བགྲོད་པ་འཛོམས་དགོས་པའི་བརྡར་གོ་གསུང་། དེ་ནས་མཚུངས་མེད་པའི་དྲུང་དུ་ཟབ་ལམ་གྱི་ཁྲིད་དཔལ་ལྡན་བླ་མའི་ལུགས་གསན་པས། རབ་ཀྱིས་དང་པོ་རྟོགས་པ་སྐྱེ། ཞེས་པ་ལྟར་རྟགས་བཅུ་རྫོགས་ཤིང་སྐུ་དང་ཞིང་ཁམས་མཐའ་ཡས་པ་གཟིགས། འཕར་གཡོ་འདར་སྤྲུག་ལ་སོགས་པ་རྗོ་རྗེའི་ཉམས་ཅི་ཡང་རྗོལ། གཞན་ཡང་རྒྱུད་བླ་རྩ་འགྲེལ་སོགས་མང་དུ་གསན། ཉེར་ལྔ་པ་ལ་བསམ་ཡས་སུ་འོང་གསལ་དཔལ་གྱི་དགོན་པར་ཐེགས་ཏེ། བཀའ་བཞི་པ་ཆོས་ཀྱི་རྒྱལ་མཚན་པ་ལ། དུས་འཁོར་གྱི་དབང་ཁྲིད། ཕར་ཕྱིན་རྒྱུད་བླ་རྣམས་གསན། བུ་ལུགས་ཀྱི་ཁྲིད་སྤྱི་ཕྱིར་ཚར་སུམ་ཅུ་ལྷག་པ་གསན་ནོ། །དེ་ནས་ཁྲབ་ལ་ཀར་འདག་འབྱར་ལ་ལོ་གསུམ་བཞུགས་པས་སྐུ་ལུས་ཀྱི་རྩ་གནས་གཟིགས་དེར་ལ་ཀ་བ་ནང་མ་མཐུན་པས་ཐུགས་སྐྱོ་སྐྱེ་སྐྱི་ཤོད་དུ་ཐེགས་ནས། ལ་དོང་སྨན་ཆུ་ཁའི་དགོན་པར་སངས་རྒྱས་བློ་གྲོས་པ་ལ་སྦྱོར་དྲུག་ཁྲན་དང་བཅས་པ་གསན། སླར་ཡང་བསམ་ཡས་སུ་ཆོས་ཀྱི་རྒྱལ་མཚན་པ་ལས་བསྙེན་སྒྲུབ། སྤྲོས་མེད། ཤངས་ཆོས་རྫོགས་པ། དམར་ཁྲིད་རྣམས་ཟླ་བ་བཅོ་བརྒྱད་ཀྱི་བར་དུ་མཚམས་ཁོངས་ནས་གསན། མཆོད་རྟེན་དཀར་པོ་བ་སངས་རྒྱས་སྐྱབས་ལ་གཤེད་སྐོར་གསན། ཞབས་ཀྱི་བྱིན་པའི་ནང་དུ་རླུང་འཛིན་པའི་ཐུགས་ཉམས་བྱུང་པའི་ཐོ་རངས་ཞབས་གཉིས་ནག་ཧྲུལ་སོང་སྐྲ་གཅིག་ཅར་གྲུམ། དཔོན་ཚལ་པ་ན་རེ། འདི་གླུ་གདོལ་པ་ནག་པོས་ཟིན་པས་བཅོས་སུ་མེད་ཟེར། དེ་ནས་འདོ་ལི་ལ་བཏེག་ནས་ཁྲབ་ལ་ཀར་བྱོན། སྐུ་མཚམས་བསྡམས་ཏེ་མཉམ་པར་བཞག་པས། ཟླ་བ་བཞི་ན་བེ་བུམ་ཆུང་དུ་ཞིག་གདུང་མཚམས་ན་ཡོད་པ་ལེན་པའི་ཐུགས་ཉམས་ཀྱིས་དར་བཞེངས་པས་བསྣུང་ལས་གྲོལ་ཏེ། བསྣུང་ཟུག་ཐུགས་དམ་གྱི་བོགས

ཤུ་ཐོན་པ་འདི་བླ་མའི་བཀའ་དྲིན་ཡིན་གསུང་ནས། ཆོས་ཀྱི་རྒྱལ་མཚན་པ་ཁྲབ་ལ་ཀར་གདན་དྲངས་ཏེ་གསེར་སྲང་བཞི་བཅུ་ཕུལ་བས་ཤིན་ཏུ་མཉེས། ད་རེས་དབང་རྗེས་གནང་བཞི་བརྒྱ་ལྷག་དང་། བུ་རིན་པོ་ཆེ་དང་ཀུན་མཁྱེན་ཆེན་པོའི་གསན་ཡིག་ན་གང་བཞུགས་ཀྱི་དུས་འཁོར་སྐོར་མཐའ་དག་དང་། ལམ་འབྲས་ལམ་སྐོར་དགུ་དང་བཅས་པ། ཡང་དགོན་པའི་རི་ཆོས་སྐོར་གསན། སྤྱ་ཕྱིར་སྐུ་མཚམས་འདག་འབྱུར་ལོ་བཅུ་གཅིག་མཛད། རྡོ་རྗེ་འཇིགས་བྱེད་ཀྱི་ཞལ་གཟིགས། སློན་རིའི་གཞི་བདག་གིས་ཀུང་དྲུང་དུ་འོངས་ནས་དགེ་བསྙེན་མནོས་ཏེ་གདན་དྲངས་པས། ཞི་ལྷ་པ་ལ་སློན་རིའི་ཕུག་ཏུ་ཕེབས། སྒྲུབ་སྡེ་ཡང་བཏབ། སློབ་མའི་ཚོགས་མང་དུ་འདུས་ཏེ་འདག་འབྱུར་ལ་རྟེ་གཅིག་ཏུ་གནས་པའི་ལོ་མཚམས་པ་བརྒྱད་ཅུ་ལྷག་ཙམ་འཁོར་མར་བྱུང་། གཡེ་གཉལ་ཡར་ཀླུངས་རྣམས་སུ་འང་ཐེགས་ཏེ་ཁྲིད་ཀྱིས་འགྲོ་དོན་རྒྱ་ཆེན་པོ་མཛད། ཁྱད་པར་དུ་ཆེ་ས་དགོན་གསར་བས་སྤྱིན་བདག་མཛད་དེ་ཁྲ་འབྲུག་ཏུ་ཆོས་ཀྱི་འཁོར་ལོ་བསྐོར་ཞིང་སློབ་མའི་ཚོགས་ཁྲམས་ཁྲ་གང་བ་ལ་སོར་བསམ་གྱི་ཁྲིད་ཐབས་ཅིག་ཏུ་གནང་བ་ན་ཕལ་ཆེར་ཉམས་རྟོགས་མངོན་དུ་གྱུར། རྡོ་རྗེའི་ཚིག་གྲུབ་པས་ཡོན་བདག་ཅིག་འཆི་བའི་མགོར་ཕྱུག་རེག་སྟེ། ཨོཾ་ཐེ་གོང་གོང་ཞེས་གསུངས་པས་ཐེག་སྒྲ་དང་བཅས་ཏེ་གོང་དུ་འཕོས། ལྷ་སྣངས་གྲུབ་པས་སྤྱན་ལ་འབྱེད་འཛུམ་མི་མངའ་ཞིང་མངོན་པར་མཁྱེན་པ་མངའ། ཆོས་བརྒྱུད་མགོ་སྨོམས་པས་འཁྲུལ་ཞིག་པར་གྲགས། གསང་ཆབ་ལ་གླུ་རྟེའི་དྲི་བྲོ་ཞིང་གཞན་གྱི་ནད་ཐམས་ཅད་སེལ་བའི་སྨན་གཅིག་པོ་མཛད། ཚེམས་བྱོན་པ་རྣམས་མུ་ཏིག་ཏུ་གྱུར། ལན་ཅིག་ཆོས་གྲྭར་ཐོག་བབས་པ་ལ་རྣལ་འབྱོར་མའི་ཞབས་དྲན་པར་བྱོས་ཤིག་གསུངས་མ་ཐག །གྲྭ་པ་རྣམས་ལ་དངངས་པ་ཙམ་ཡང་མེད་པར་ཐོག་དེ་སྐྱ་དྲུང་དེ་ནས་ཤར་ཕྱོགས་ཀྱི་ཟ་ཆུའི་བྲུག་པ་ལ་དམར

ཧྲིལ་ལི་ལི་སོང་སྟེ་ལུང་པ་གཞན་ཞིག་ཏུ་སོང་བ་བྱུང་། དོན་དྲུག་པ་ཆུ་མོ་ཕག་གི་མཆུའི་ཟླ་བའི་ཉེར་གཉིས་ལ་ཆོས་ཀྱི་དབྱིངས་སུ་གཤེགས་སོ། །སློབ་མའི་མཆོག་ཀུང་རྒྱལ་ཚབ་བློ་གྲོས་དབང་ཕྱུག །ཆོས་རྗེ་བསྟན་པ་བ། རྗེ་དུས་འཁོར་ཞབས་ལ་སོགས་མང་དུ་བྱུང་བ་ལས། རྒྱལ་ཚབ་བ་ནི། ཆོས་ལུང་མཁན་ཆེན་རིན་རྒྱལ་བ་དང་། ཆུ་མིག་དགོན་སར་བ་སློབ་དཔོན་བྱང་རྒྱལ་བ་ལ་གཏུགས་ཏེ་མཁས་པ་ཆེན་པོར་གྱུར་ནས། ལྷ་ལུང་བྱང་སེམས་པའི་ཕྱུགས་ཕྱིར་སླེན་རེར་བྱོན། ཉིན་ཞིག་འཕྲུལ་ཞིག་པས། མཏྣ་ཀ་ལ་ང་ཡིན་པས། །ང་ཡི་བཀའ་ལས་མ་འདའ་ཞིག །ཅེས་གསུང་དྲག་པོ་གཞན་ལ་གནང་བ་གཟིགས་མ་ཐག་སྒོ་གསུམ་ལ་ཡེ་ཤེས་ཕེབས། རྗེ་དེ་ཕྱག་དྲུག་པ་དངོས་སུ་གཟིགས། དེ་ནས་སངས་རྒྱས་དངོས་ཀྱི་འདུ་ཤེས་ཀྱིས་ལེགས་པར་བསྟེན་ནས་ཟབ་ལམ་གྱི་ཁྲིད་སོགས་གདམས་པ་མཐའ་དག་ནོད་དེ་བསྒོམས་པས་མངོན་པར་རྟོགས་པའི་ཡོན་ཏན་དང་ལྡན། འཕྲུལ་ཞིག་པ་ཉིད་ཀྱི་གདན་སར་བསྐོས་པས་རྒྱལ་ཚབ་པར་གྲགས། ཕྱིས་པཎ་ཆེན་ནགས་ཀྱི་རིན་ཆེན་ལ་ཡང་སྦྱོར་དྲུག་གསན། ཡར་ཀླུངས་ལྷ་ལུང་དུའང་འགྲོ་དོན་རྒྱ་ཆེར་མཛད་དོ། །ཆོས་རྗེ་བསྟན་པ་བ་ནི། ཡར་ཀླུངས་སྤྱིལ་སྐྱུའི་བརྒྱུད་དུ་འཁྲུངས། ཞུ་བོ་སངས་རྒྱས་དཔོན་དུ་གྲགས་པ་དེས་ཁོང་རང་གི་བཀའ་འབུམ་དབུ་ལ་བཞག་ནས་བྱིན་གྱིས་བརླབས། གཡེ་ཏེའུ་རར་རྩེ་མོ་བ་ལས་རབ་ཏུ་བྱུང་མཚན་བསྟན་པ་རྒྱལ་མཚན་དུ་བཏགས། འཕྲུལ་ཞིག་པ་དང་། སྐྱ་ཞང་ཆོས་རྗེ་དང་། ཡོན་བཀྲས་པ་དང་། ཐམས་ཅད་མཁྱེན་པ་འགོས་ལོ་ཙཱ་བ་རྣམས་བསྟེན་ནས། དབང་རྒྱུད་བཤད་མན་ངག་མཐའ་དག་མཉོས་ཏེ་གྲུབ་པ་བརྙེས་ནས་རྒྱུད་འགྲེལ་དཔར་དུ་བཞེངས། སླེན་རི། ལྷར་དགའ། ལྷ་ལུང་དུ་དབང་ཁྲིད་ཀྱིས་གཞན་ཕན་མཛད་དོ།།

རྗེ་དུས་འཁོར་ཞབས་པ་ནི། ཡར་ཀླུངས་ལྷ་ལུང་དུ་ཡབ་འབྲུག་སྒྲ་དཔོན

པོ་དང་། ཡུམ་སྟོན་མ་བདེ་བའི་སྲས་སུ་མེ་མོ་ཕག་ལ་འཁྲུངས། གདུང་རྡོ་རྗེ། དགུང་ལོ་བདུན་ལ་སྣན་ཆར་དགོན་པར་ཆེན་པོ་ཚུལ་བློ་བ་ལས་དགེ་བསྙེན་མནོས་ཏེ་མཚན་བློ་བྲལ་རྒྱལ་མཚན་དུ་བཏགས། སྨིན་རིར་འཁྲུལ་ཞིག་པའི་དྲུང་དུ་བློ་སྦྱོང་གསན། རྩེད་ཐང་དུ་དྭགས་པོ་འོད་ཟེར་སེང་གེ་དང་། འཇམ་དབྱངས་ནམ་མཁའ་གྲགས་ལས་རབ་ཏུ་བྱུང་། རྣམ་འགྲེལ་ལ་སྦྱངས་ཏེ་བཅུ་དྲུག་པ་ལ་བཤད་སྟོན་མཛད། འཇམ་དབྱངས་ནམ་མཁའ་གྲགས་ལ་དུས་འཁོར་གྱི་དབང་གསན། འཁྲུལ་ཞིག་པ་ལ་སྦྱོར་དྲུག་གསན་པས་རྡོ་རྗེ་གསུམ་གྱི་ཉམས་དང་མཚན་མ་བཅུ་རྫོགས་པར་གྲུབ། ཉེར་གསུམ་པ་ལ་སྨིན་རིར་མགོན་པོ་ཕྱག་དྲུག་པ་ལ་བསྙེན་པ་མཛད་པས་མཚན་མ་བརྟན་པོ་རྙེད། མགོན་པོ་ལ་ཚལ་མིན་པ་དང་། རིན་རྒྱལ་བ་དང་། ཁྲུང་ཆེན་པ་གསུམ་པོ་གང་གི་དྲུང་དུ་ཕྱིན་ན་དུས་འཁོར་གྱི་རྒྱུད་ཉན་པ་ལ་བཟང་ཞེས་ལུང་སྟོན་པར་གསོལ་བས། རིན་རྒྱལ་བ་བཟང་བའི་ལུང་བསྟན་ཐོབ། མནལ་ལམ་ལ་སྔར་གཟིགས་མ་མྱོང་བའི་ལུང་པ་ཞིག་ཏུ་འཕུར་ནས་བྱོན་པས། རིའི་ངོས་ཀྱི་ཕུག་པ་ཞིག་ན་ཡིད་བཞིན་གྱི་ནོར་བུ་རིན་པོ་ཆེ་འོད་ཟེར་གྱི་ཕུང་པོ་དྲ་བར་འཁྲིལ་བས་ཕྱོགས་ཐམས་ཅད་རྒྱས་པར་འགེངས་པ་ཡིད་འཕྲོག་པ་ཞིག་འདུག་པ་ཕྱག་ཏུ་ལོན་ཏེ། སླར་ཡང་ནམ་མཁའ་ལ་འཕུར་བས་ཕྱག་གི་ནོར་བུའི་འོད་ཀྱིས་གནམ་ས་ཐམས་ཅད་ཁྱབ་པ་ཞིག་རྨིས་ཏེ། མནལ་སད་པའི་སྐབས་སུ་ཡང་ཐུགས་ལ་དགའ་བ་ཁྱད་པར་ཅན་འཆར་བ་ཞིག་བྱུང་གསུང་། ཉེར་བཞི་པ་ལ་ལྷ་སར་ཇོ་བོ་ལ་ཕྱིན་བསྐྱབས་ནན་ཏན་དུ་ཞུས་ནས་ཨེ་ཝཾ་དུ་བྱོན་ཏེ་འཇམ་དབྱངས་རིན་རྒྱལ་བ་ལ་རྩིས་དང་སྒྲུབ་དཀྱིལ་གྱི་མཛུབ་ཁྲིད་ལེགས་པར་གསན། དེ་ནས་དཔོན་སློབ་རྣམས་མལ་གྲོའི་དགོན་པ་ཞིག་ཏུ་ཐེགས་ནས་སློབ་མ་ཉི་ཤུ་རྩ་ལྔ་དང་སྐབས་ཅིག་ཏུ་རྒྱུད་འགྲེལ་གྱི་བཤད་པ་གསན་ཅིང་དྲི་གཏུག་གི་སྒོ་ནས་ཀུང་དཀའ་

བའི་གནད་མཐའ་དག་བཀྲལ། མལ་གྲོ་ལུང་པ་དེ་སྟར་མནལ་ལམ་དུ་བྱུང་བའི་ལུང་བའི་བཀོད་པ་དེ་ཇི་བཞིན་དུ་སྣང་ཞིང་། དགོན་པའི་ས་ཆ་དེ་ནོར་བུ་ལོན་པའི་རིའི་ངོས་དེ་ཀར་འདུག་པས། ཡིད་བཞིན་གྱི་ནོར་བུ་ལོན་པ་དེ་རྒྱུད་འགྲེལ་ཐོབ་པ་ལ་ལྟ་བར་འདུག་གསུང་། དེ་ནས་སློབ་རིར་ཕེབས་དུས་འཁྲུལ་ཞིག་པས་དུས་འཁོར་གྱི་གླེགས་བམ་གཏད་དེ་བླ་མ་དུས་འཁོར་བ་ཞེས་སུ་མཚན་གསོལ། སྦྱོར་དྲུག་གི་མན་ངག་མ་ལུས་པ་དང་ཀུན་མཁྱེན་ཆེན་པོའི་བཀའ་འབུམ་གནང་། རྒྱལ་ཚབ་པ་ལ་ཡང་རྒྱུད་བླ་དང་རྒྱུད་འབུམ་གྱི་ལུང་གསན། དུས་འཁོར་གྱི་རྒྱུད་ལ་ཞལ་འདོན་ཁོར་མོར་མཛད། ཉེར་བདུན་པ་ལ་གསང་ཕུར་ཆོས་རྗེ་དཔལ་སེང་བའི་དྲུང་དུ་ཕར་ཕྱིན་དང་དབུ་མ་ལ་སྦྱངས། ཉེར་དགུ་པ་ལ་སྐྱེ་མོ་རུ་དགོན་གསར་དུ་སྐུ་ཞང་ཆོས་རྗེ་རིན་ཆེན་བཀྲ་ཤིས་པ་ལ་དུས་གསང་བདེ་དགྱེས་མཱ་ཡཱ་གདན་བཞི་གཤེད་གསར་ཇོར་དབྱིངས་སོགས་ཀྱི་དབང་སྒྲུབ་སྐོར། དབང་མདོར་བསྟན། སྦྱོར་དྲུག །རིམ་ལྔ། སྤྲོས་མེད་སོགས་གསན། ཆོས་རྗེ་ཡོན་བཀྲས་པ་ལ་རྒྱུད་འགྲེལ་གྱི་བཤད་པ་ཚར་གསུམ་དྲི་གཏུག་དང་བཅས་པའི་སྒོ་ནས་རྒྱས་པར་གསན་ཅིང་མཁས་པར་སྦྱངས། སོ་གཅིག་པ་ལ་སྐུ་ཞང་ཆོས་རྗེས་མཁན་པོ། ཡོན་བཀྲས་པས་ལས་སློབ། བཀྲས་རིན་པས་གསང་སྟོན་མཛད་དེ་བསྙེན་པར་རྫོགས། མཚན་འཕགས་པ་རིན་ཆེན་དུ་བཏགས། སོ་གཉིས་པ་ལ་ཤངས་སྐྱངས་ལུངས་སུ་སངས་རྒྱས་དཔལ་བ་ལ་བུ་དོལ་གཉི་གའི་ལུགས་ཀྱི་དབང་དང་རྒྱུད་འགྲེལ་གྱི་ཟབ་བཤད་གསན། རྡོ་རྗེ་སློབ་དཔོན་བདག་པོའི་དབང་གི་སྐབས་སུ། ཆོས་རྗེ་དེ་ཉིད་ཀྱི་བཞུགས་ཁྲི་ལ་བཞུགས་སུ་བཅུག་ནས་བཀའ་མི་ནུབ་པའི་བཀའ་གཏད་དང་བཅས་ཏེ་གནང་། དེ་ནས་སློབ་རིར་ལོ་གསུམ་ཕྱོགས་གསུམ་གྱི་སྐུ་མཚམས་བཅད་དེ་འཁྲུལ་ཞིག་པ་ལ་ཨོ་རྒྱན་བསྙེན་སྒྲུབ། ལམ་འབྲས། ནི་གུ །ཡང་དགོན་པའི་རི་

ཆོས། གཙོད་ཡུལ། དམར་ཁྲིད་སོགས་གསན། ཐུགས་དམ་གྱི་རྩལ་ཐོན། བདག་ལས་གཞན་གཅེས་ཀྱི་ཐུགས་བཅོས་མེད་འཁྲུངས། དེར་ལོ་ལྔར་གྱི་ནག་ཉ་སྒྲུབ་མཆོད་བཙུགས། ཀོང་པོར་བྱོན་ཏེ་ཞྭ་དམར་ཅོད་པན་འཛིན་པ་ཆོས་དཔལ་ཡེ་ཤེས་པ་ལ་ཕྱག་ཆེན་དང་། ཀུ་ཅོར་རྟོགས་ལྡན་པ་ལ་གྲུབ་ཆེན་བརྒྱད་ཅུའི་གླུ་གསན། སྒམ་པོར་དགེ་བཤེས་མང་པོ་ལ་རྒྱུད་འགྲེལ་གསུངས། སླར་སླིན་རེར་ཕེབས་ནས་འཁྲུལ་ཞིག་པའི་གདུང་ལ་མཆོད་པ་འབུལ་ཞིང་གདུང་བའི་གསོལ་འདེབས་མཛད། གཉལ་དུ་བྱོན་ཏེ་ཕོ་བྲང་ཡང་རྩེར་ཁྲི་དཔོན་བཀྲ་ཤིས་དཔལ་བཟང་པོ་ཡབ་སྲས་ལ་དུས་འཁོར་གྱི་དབང་གནང་། ཞི་གཉིས་པ་ལ་གཙང་ཕྱོགས་ལ་ཐེགས་ཏེ། དཔལ་འཁོར་བདེ་ཆེན་དུ་ཆོས་རྗེ་དཀོན་མཆོག་བཟང་པོ་ལ་བྱམས་ཆོས་ལྔ་གསན། ཁྲོ་ཕུའི་བྱམས་ཆེན་མཇལ་ནས་ས་སྐྱར་བྱོན་ཏེ། ཆོས་རྗེ་ངོར་པའི་གཙུང་པོ་གཞོན་ནུ་པ་ལ་ལམ་འབྲས་ལམ་སྐོར་དང་བཅས་པ། ངོར་པ་ཉིད་ལ་ནཱ་རོ་མཁའ་སྤྱོད་དང་ལམ་དུས་ཀྱི་དབང་། མུས་ཆེན་དཀོན་མཆོག་རྒྱལ་མཚན་ལ་བདེ་མཆོག་ཉུང་ངུའི་རྒྱུད་དང་གུར་བརྟག་སཾ་གསུམ་གྱི་བཤད་པ་དང་ས་སྐྱ་པའི་བཀའ་འབུམ་གསན། ལ་སྟོད་བྱང་དུ་བདག་པོ་རྣམ་རྒྱལ་གྲགས་པ་ལ་འཁོར་ལོ་སྡོམ་ཆེན་གྱི་དབང་གསན། བདག་པོས་བཀའ་གནང་ནས་དགེ་བཤེས་མང་བ་ཞིག་ལ་རྒྱུད་འགྲེལ་ཚར་གཅིག་གསུངས། ཇོ་མོ་ནང་མཇལ་དུས་མཐོང་གྲོལ་ཆེན་མོའི་གདུགས་གཡས་བསྐོར་དུ་འཁོར་བའི་ཉམས་ཤར་མ་ཐག་ནམ་མཁའ་ཐམས་ཅད་སངས་རྒྱས་བྱང་སེམས་ཀྱི་སྐུའི་སྣང་བས་གང་། ཐུགས་ཉམས་འུར་ལངས་ཏེ་ཏིང་ངེ་འཛིན་གྱི་སྒོ་མཐའ་ཡས་པ་འཁྲུངས། དེ་ནས་སྐྱངས་ལུངས་སུ་ཆོས་རྗེ་སངས་རྒྱས་དཔལ་བ་ལ་རྡོ་རྗེ་ཕྲེང་བ་ལ་སོགས་པའི་དབང་རྗེས་གནང་བཞི་བརྒྱ་ལྷག་དང་། རྒྱུད་སྡེ་དུ་མའི་བཤད་པ་དང་སྒྲུབ་སྐོར། ཤངས་ཆོས་སྐྱོར་དྲུག་རིགས་མི་འདྲ་བའི་ཁྲིད

རིམ་དུ་མ་གསན། ཕག་མོ་གཞུང་དྲུག་མའི་དབང་ཁྲིད་གསན་པའི་ཚེ། རྗེ་སྐུངས་ལུངས་པའི་དྲུང་ན་ཀ་པཱ་ལ་བདུད་རྩིས་གང་བ་ན་རྗེ་བཙུན་ཞལ་གཉིས་མ་སྐུ་མཐེ་བོང་ཙམ་ཞིག་འདུག་པ་གཟིགས་མ་ཐག །ཐོད་པའི་བདུད་རྩི་དེ་རོར་ལེན་མཛད་ནས་གསོལ་བས་སྐུ་ལུས་ལ་བདེ་བ་ཁྱད་པར་ཅན་སྐྱེས། ཆོས་རྗེས་བཀའ་གནང་ནས་བླ་མ་ཤཱཾ་བྷ་ལ་པ་སོགས་སྐུངས་ལུངས་པའི་དགེ་འདུན་རྣམས་ལ་རྒྱུད་འགྲེལ་གསུངས། ཐང་པ་ཆོས་མཛད་པ་ལའང་རྒྱུད་བཤད་གནང་། ཞི་དྲུག་པ་ལ་ཡུ་མོའི་དབེན་གནས་མཇལ་ནས། བྱང་ཆུབ་གླིང་དུ་ཆོས་རྗེ་པདྨ་བཟང་པོ་ལ་འཇམ་དབྱངས་དང་མི་གཡོ་བ་གསན། ཁོང་དུས་འཁོར་གྱི་ཊཱི་ཀྐ་རྩོམ་པའི་སྐབས་ཀྱི་འབེལ་གཏམ་ཉིན་མཚན་ཁོར་མོར་མཛད། དེ་ནས་ཙ་རི་མཇལ་བས་ཀཱ་གི་འདུ་བའི་མཚན་མ་མང་དུ་གཟིགས། སྤུ་ཕྱིར་མཚན་ལྡན་ཐོད་པའི་དྲུང་དུ་རྣལ་འབྱོར་མའི་ཚོ་ག་དང་འབྲེལ་བའི་ཚོགས་འཁོར་སྟོང་ཕྲག་གཅིག་མཛད། གཉལ་སྨད་གསལ་རྗེ་གངས་སུ་མཚམས་དམ་པོའི་ཐུགས་དམ་ལོ་གཅིག་གནང་། དེ་ནས་བྱར་སྨད་བྲག་ཆུ་དགོན་པར་བསམ་གཏན་ཁང་བུ་ཆུང་ངུ་ཕུག་སྒོ་ཅན་དུ། ཐུན་འཇུག་གི་སྦྱོར་བ་བཅད་དེ། རྡོ་རྗེ་སྐྱིལ་ཀྲུང་ལས་མི་གཡོ་བར་གསུང་བཅད་ཁོ་ན་མཛད་དེ། ལྟོས་མེད་བཞི་ལ་བརྟེན་ནས་ལོ་གསུམ་ཕྱོགས་གསུམ་གྱི་བར་དུ་རྡོ་རྗེའི་རྣལ་འབྱོར་བསྒོམས་པས་མཉམ་རྗེས་འདྲེས་པའི་རྟོག་པ་འཁྲུངས། ང་གཅིག་ལ་ལྷ་སར་བཅུ་གཅིག་ཞལ་གྱི་དྲུང་དུ་བསྙུང་གནས་སྟོང་ཕྲག་གཉིས་ཀྱི་དམ་བཅའ་ཕུལ་ནས། ས་ག་ནས་བརྩམས་ཏེ་བསྙུང་གནས་ཆུན་དྲིལ་བརྒྱ་རྩ་རེ་ལོ་རེ་བཞིན་མཛད། གོང་པོར་ཀརྨ་པ་མཇལ་བ་ལ་ཐེགས་ཏེ་བླ་མའི་རྣལ་འབྱོར་གསན། གུ་ཤྲི་དཔལ་འབྱོར་དོན་གྲུབ་པ་ལ་ན་རོ་ཆོས་དྲུག་དང་ཀླུང་སེམས་གཉིས་མེད་གསན། གཙོ་བོར་ཀོ་རོ་བྲག་ཏུ་ཐུགས་དམ་ཉིད་ལ་བཞུགས། ང་དྲུག་པ་ལ་གྲོངས་ལྷས་མང་དུ

བྱུང་བས་བདག་ཏུ་འཛིན་པའི་འཁྲི་བ་བཅད། གཙོ་བོར་སེམས་ཅན་རྣམས་སྡུག་བསྔལ་བ་ལ་མི་བཟོད་པའི་ཐུགས་རྗེས་གཏོང་ལེན་ཁོ་ན་མཛད་པས། མནལ་ལམ་དུ་ཆོས་རྗེ་སངས་རྒྱས་དཔལ་བ་བྱོན་ནས་ཆོ་དཔག་མེད་ཀྱི་ཁྲིད་མཛད་པའི་དུས་ཀྱི་ཚེའི་བདུད་རྩི་དེ་འདི་ཡིན་ནོ། །འདི་གཞན་ལ་མ་བྱིན་པར་འཕུང་ཞིག་གསུང་ནས་ཀ་པྣ་ལ་བདུད་རྩིས་གང་བ་གནང་བ་བཞེས་པས་ལྟས་རྣམས་བཟློག །ཚེ་བསྒྲིང་བ་ལ་ཡང་བློ་སྦྱོང་རང་ཟབ་པར་འདུག་གསུང་། ང་བརྒྱད་པ་ལ་སླེན་རེར་བཞུགས་ཏེ། སྐུ་མཚམས་དམ་པོ་བྱུག་སློ་ཅན་མཛད་ནས་ཐུགས་དམ་ཁོ་ན་ལ་གཙོ་བོར་བཞུགས་ཤིང་། སྐབས་འགར་དུས་ཆོས་ཀྱི་སྦྱོར་དྲུག་དང་། བསྙེན་སྒྲུབ། ནེ་གུ། ལམ་འབྲས་སྦྱོར་མེད། དམར་ཁྲིད། གཅོད་ཡུལ། བློ་སྦྱོང་ལ་སོགས་པའི་ཁྲིད་དང་། དུས་འཁོར། མཁའ་འགྲོ་རྒྱ་མཚོ། མི་ཏྲི་བརྒྱ་རྩ་ལ་སོགས་པའི་དབང་དང་། དབང་མདོར་བསྟན་ལ་སོགས་པའི་རྒྱུད་བཤད་བག་རེ་གནང་། སྟ་ཕྱིར་གཉལ་དུ་ཐེགས་ནས་སྒྲུབ་པའི་མར་ཁལ་ཁྲི་དྲུག་སྟོང་གི་དཀར་མེ་དང་། གསེར་ཞོ་སུམ་བརྒྱ་ལྷག་པའི་གསེར་ཆབ་དང་བཅས་པས་ལྷ་སར་ཇོ་བོ་ལ་མཆོད་དེ། རྫོགས་པའི་སངས་རྒྱས་གང་བཞུགས་དང་། །གང་དག་འདས་དང་མ་བྱོན་པ། །དེ་དག་རྗེས་སུ་བདག་སློབ་ཅིང་། །བྱང་ཆུབ་སྤྱད་པ་སྤྱོད་གྱུར་ཅིག །ཅེས་པའི་སྨོན་ལམ་སྟོང་ཕྲག་མང་པོ་མཛད། ཡར་གླུངས་སུ། ཀརྨ་པ་ལ་སྐུ་གསུམ་ངོ་སྤྲོད་དང་། ཉ་དམར་ཅོད་པན་འཛིན་པ་ལ་ཕྱག་ཆེན་གསན། རབ་འབྱམས་པ་རིན་རྒྱལ་ལ་བྱང་ཆུབ་སེམས་དཔའི་འགྲེལ་པ་ལ་སྙིད་མཁར་བརྩུགས་ནས་གསུང་རབ་གཞན་ལ་གཟིགས་ན་བསྟན་པ་ཡོངས་སུ་རྫོགས་པའི་བདག་པོར་འགྱུར་ངེས་པས་དེ་ཁོ་ན་ལྟར་མཛད་དགོས། གཞན་ཕྱོགས་རིས་སུ་ཆད་པའི་མཁས་པར་རློམ་པ་ཞིག་ལས་མི་འོང་། རྗོ་རྗེའི་རྣལ་འབྱོར་གྱི་མྱོང་རྟོགས་བཟང་པོ་ཞིག་བྱུང་ན་གྲུབ་མཐའ་འདྲ

བློས་བྱས་པ་ཡིན་པས་རང་ཞིག་ལ་འགྲོ། གྲུབ་མཐའ་ལ་ཕྱོགས་འཛིན་མ་མཛད་ཅེས་གསུང་། ངའི་སྟུང་གནས་འདིས་ཟས་ཀྱི་རྣམ་གཡེང་མེད་པ་དང་། ངག་བཅད་ཀྱི་ཡེངས་མ་ལམ་ལ་མི་འགྲོ་བར་དགེ་སྦྱོར་ཤིན་ཏུ་འཕེལ་བའི་མཚམས་གཅོད་ཆེན་པོར་བྱུང་གསུང་ཞིང་། བསྟུང་གནས་མ་ཡིན་པའི་སྐབས་སུ་འང་ཕལ་ཆེར་གསུང་བཅད་མཛད། ཉིན་ཞག་ཕྲུགས་གཅིག་ལ་ཐུགས་དམ་གྱི་ཁྲིགས་ཆུ་བོའི་མཉེར་མ་ལྟ་བུའི་དུས་འདའ། དེ་ལྟ་བུའི་མཚན་ཉིད་ཡོངས་སུ་རྫོགས་པའི་དཔལ་ལྡན་བླ་མ་དམ་པ་དེ་ནི་དགོངས་པ་ཡོངས་སུ་རྫོགས་ནས་ཀྱི་ལྔ་པ་ལྕགས་མོ་ཕག་ལ་མཉེལ་གཞི་ནི་ནམ་ཡང་མི་མངའ་བའི་ངང་ནས་ཕྱུག་པད་བསྐོར་དང་བཅས་ཏེ། ཉམས་བསམ་དགའ་ལ་བློ་བསམ་བདེ། །ཐར་པའི་བཙན་ས་ཟིན་པ་ཡིན། །བདེ་ཆེན་གྱི་ཐང་ལ་འགྲོ་བ་ཡིན། །བྱང་ཆུབ་ཀྱི་ལམ་ལ་ཞུགས་པ་ཡིན། །འགྲོ་བའི་འདྲེན་པ་བྱེད་པ་ཡིན། །མི་ཁོ་བོའི་འདུན་མ་རྗེ་ལ་སོང་། །ཞེས་གསུང་ཞིང་བདེ་བ་ཅན་དུ་གཤེགས་ཏེ་སྐུ་གདུང་ལས་ཀྱང་ལྷ་སྐུ་དང་རིང་བསྲེལ་མང་དུ་བྱོན་ནོ། །

བདག་གིས་ལོ་བཅུ་བདུན་པ་ལ་རྗེ་འདིའི་ཞབས་ཀྱི་པདྨོར་གཏུགས་ཏེ་ལོ་སུམ་ཅུའི་བར་དུ་གུས་པས་བསྟེན་ནས། དུས་ཀྱི་འཁོར་ལོའི་དབང་རྒྱུད་བཤད་མན་ངག་དང་བཅས་པ་ལེགས་པར་མནོས་སོ། །

ཆོས་རྗེ་རིན་ཚུལ་བ་ནི། ཡུལ་ཚ་རག་དབུས་སྡེའི་ཁང་གསར་དུ། ཡབ་དཔོན་དོན་ཡོད་བཟང་པོ་དང་ཡུམ་བྱང་ཆུབ་ལྡན་གྱི་སྲས་སུ་ཡོས་ལོ་ལ་འཁྲུངས། མཚན་གཞོན་ནུ་བཟང་པོར་བཏགས། བཅུ་གསུམ་པ་ལ་རྒྱ་བཟངས་དགོན་པར་མཁན་ཆེན་སེང་གེ་རིན་ཆེན་དང་སློབ་དཔོན་རིན་བསམ་པ་ལས་རབ་ཏུ་བྱུང་སྟེ་མཚན་རིན་ཆེན་ཚུལ་ཁྲིམས་སུ་བཏགས། ལྷུན་གྲུབ་སྒང་དུ་བླ་མ་སེང་གེ་དཔལ་ལ་གུར་

བརྟག་སཾ་གསུམ་གསན། སློབ་དཔོན་རིན་བཀྲས་པ་ལས་ཕར་ཕྱིན་བྱང་བར་བསླབས། བཅོ་བརྒྱད་པ་ལ་མཁན་ཆེན་སངས་རྒྱས་གཞོན་ནུ་བ། ལས་སློབ་དར་མ་བཟང་པོ། གསང་སྟེ་བ་རིན་བཀྲས་པས་མཛད་དེ་བསྙེན་པར་རྫོགས། བུ་སྟོན་རིན་པོ་ཆེའི་དྲུང་དུ་ཕར་མངོན། སྤྱོད་འཇུག །ཡོ་ག་རབ་འབྱམས་གསན། དེ་ནས་ཡར་ཀླུངས་ལྷུང་མོར་ཆོས་དཔལ་མགོན་པོའི་དྲུང་དུ་དུས་འཁོར་གྱི་དབང་དང་སྦྱོར་དྲུག་གསན་ཏེ་བསྒོམས་པས་ལུས་ངག་གི་ཉམས་རྫོལ། མྱང་སྟོད་དུ་ལ་སྟོད་པ་དབང་རྒྱལ་ལ་སྦྱོར་དྲུག་རྫོགས་པར་གསན་པས་རྟོགས་པ་འཕྲུངས་ཤིང་མངོན་ཤེས་དང་ལྡན། ཤངས་སུ་བླ་མ་རིན་སེང་བ་ལ་ལམ་འབྲས་གསན། དེ་ནས་བཟང་ལྡན་དུ་ཀུན་མཁྱེན་ཆེན་པོ་རྒྱུད་འགྲེལ་གསུང་བའི་དྲུང་དུ་བྱོན་པས། ཨེ་ཝཾ་གཟུངས་སྒྲུབ་ཀྱི་སྐབས་སུ་ཕེབས། དེ་ཉིན་རང་ནས་བཤད་པའི་འཕྲོ་ལ་ཞུགས་ཆོག་པ་བྱུང་། དབང་རྒྱུད་བཤད་མན་ངག་ཕྲན་དང་བཅས་པ་ཡོངས་སུ་རྫོགས་པ། བྱམས་པའི་ཆོས་སྡེ་ཉི་ཤུ་སོགས་མང་དུ་གསན་ཅིང་དཔྱིས་ཕྱིན་པར་མཁྱེན། ལོ་ཙཱ་བ་བློ་གྲོས་དཔལ་བ་ལ་སེམས་འགྲེལ་གཉིས་སོགས་མང་དུ་གསན། དེར་གཅིག་ཤེས་ཀུན་གྲོལ་གྱི་གནད་གོ་བས། འཇམ་གསར་བའི་གསུང་ལས། ད་ནི་རྫོགས་པའི་སངས་རྒྱས་བྱོན་གྱུར་ཀྱང་། །མྱུར་དུ་སངས་རྒྱས་ལམ་ནི་ཞུ་བསམ་མེད། །གསུང་བ་དེ་བདེན་པར་འདུག་གསུང་། སྒྲུབ་པ་ལ་རྩེ་གཅིག་ཏུ་གཞོལ་ནས་གྲུབ་ཆེན་མན་ལུངས་པ་ལྷ་བུ་ཞིག་མཛད་དགོངས་པ་ན། ཀུན་མཁྱེན་ཆེན་པོས་ངེས་དོན་གྱི་ཆོས་སྟོན་པ་ལ་གཙོ་བོར་འདོན་པ་ཞུ་གསུང་བ་ལ་བརྟེན་ནས། སློབ་མ་མཐའ་དམན་རིས་མེད་པ་ཁྲིད་ཀྱི་མྱོང་རྟོགས་ལ་སྦྱོར་བར་མཛད། གཉལ་ཕྱོགས་སུ་ཡང་འགྲོ་དོན་མང་དུ་མཛད། ཕྱིས་ཡར་ཀླུངས་ལྷུང་མོ་ན་བཞུགས་དུས། གཡའ་བཟངས་ཁྲི་དཔོན་ཚུལ་འབུམ་འོད་མཆོག་ཏུ་གུས་པར་ཡོད་པ་དེ་འདས་པའི་གདམ

གསན་པས། ཁོང་ལ་རེས་ང་མ་གཏོགས་མེད་གསུང་ནས་དེ་མ་ཐག་ཐུགས་དམ་ཟབ་མོས་རྗེས་སུ་བཟུང་བས་ཐོ་རངས་ཤིག་ནམ་མཁའ་ལས། ཨེ་མ་སངས་རྒྱས་ཨེ་སངས་རྒྱས། །ཞེས་སོགས་ཆེད་དུ་བརྗོད་པའི་སྒྲ་སྒྲགས་པ་གསན། དེ་ནས་མཁན་ཆེན་བསོད་ནམས་འོད་ཟེར་བས་སྟོད་ལུང་གཏེར་མཛོད་དུ་གདན་དྲངས་ནས་བྱེ་རྫིང་ཚོགས་པའི་མཁན་པོར་བསྐོས། གཞོན་རྒྱལ་དུ་ཕྱེན་ཤ་བས་སྦྱིན་བདག་གི་རྟ་བ་བྱུས་ཏེ་ཡོ་བྱད་མཐའ་དག་གིས་བསྡབས། ཚོགས་པ་དང་སྦྱིན་བདག་རྣམས་ལ་ཟབ་ལམ་གྱི་ཁྲིད་སྩལ། ལོ་གཅིག་ཚོགས་བསྐྱངས་ནས་མཁན་ཆེན་བསོད་ཤེ་བ་གདན་སར་བསྐོས་ཏེ། ད་ར་ཁ་ཆེ་བ་སངས་རྒྱས་འོད་ཟེར་གྱིས་དཀྱིལ་འཁོར་སྡིངས་ཀྱི་དབེན་གནས་བཏབ་ནས་ཞུལ་བར་གཙོ་བོར་བཞུགས། ཕྱིས་ད་ར་ཁ་ཆེ་བ་གོང་དུ་བཞུགས་དུས། ཁོང་འོངས་པ་མཁྱེན་ནས་རྟ་རིག་འབུམ་གཏེར་བཟླས་པས་དགའ་ལྡན་དུ་སྐྱེས་པའི་མཚན་མ་བྱུང་། ཀུན་མཁྱེན་ཆེན་པོ་སུ་ལ་ཡང་ཕྱག་ལེན་མི་མཛད་པ་ཡིན་པ་ལ། རྗེ་འདི་ལ་ངེས་དོན་གྱི་མངའ་བདག་ལ་ཕྱག་འཚལ་ལོ་ཞེས་ཕྱག་ལན་མཛད། ཀུན་མཁྱེན་ཆེན་པོ་དབུས་ཕྱོགས་སུ་གདན་དྲངས། ལྷ་སར་དེའི་སྐུ་འདྲ་བཞེངས། ངེས་དོན་གྱི་བསྟན་པ་འཕེལ་བར་མཛད་ནས་བདེ་བ་ཅན་དུ་གཤེགས་སོ། །དེའི་སློབ་མ་ཞོ་ལུང་མཆོ་ཁ་པ་ཡོན་ཏན་འཕེལ་དང་། གཉལ་བ་དཔལ་ལྡན་འོད་དང་། རྟོགས་ལྡན་ཡེ་རྒྱལ་བ་གསུམ་ག་ལ། ལ་ཕྱི་བ་སངས་རྒྱས་དཔལ་གྱི་གསན། དེ་ལ་ཆོས་རྗེ་ཡེ་ཤེས་དཔལ་བཟང་པོས་སྦྱོར་དྲུག་ཁྲིད་དང་བཅས་པ་གསན་ཏོ། །ཡང་རིན་ཚུལ་བའི་སློབ་མ་ཆོས་ཀྱི་རྒྱལ་མཚན། འབྲུལ་ཞིག་པ། བདག་གི་བླ་མ་དུས་འཁོར་ཞབས་སོ། །

གྲུབ་ཐོབ་སེ་མོ་ཆེ་བའི་སློབ་མ་བོ་དོང་རིན་ཆེན་རྩེ་མོ་ནི། བོ་དོང་རོག་ཚོར་འབྲངས། ཨེའི་བླ་ཆོས་པ་གསའ་རོང་གཉིས་ཀྱི་དྲུང་དུ་མངོན་པ་བསླབས། གཉལ་

ཞིག་པ་དང་འཇམ་གསར་བ་ལས་ཕར་ཚད་སོགས་མཁས་པར་སྦྱངས། སེ་མོ་ཆེ་བའི་དྲུང་དུ། འཇམ་གསར་བའི་ཕྱུགས་ཕྱིར་བྱོན་ཏེ། དུས་འཁོར་རྒྱུད་འགྲེལ་དབང་གདམས་ངག་དང་བཅས་པ་མ་ལུས་པར་གསན། སླད་དུ་འཇམ་གསར་བ་ལ་ཡང་དྲི་གཏུག་མཛད་ཅིང་གསན་པས་མཁས་པར་མཁྱེན། བོ་དོང་ཨེའི་བླ་ཆོས་པ་མཛད། བྲག་རམ་དུ་བཤད་གྲྭ་བཙུགས་པས་སློབ་མ་མཁས་པ་མང་དུ་བྱུང་། ཁྱད་པར་དུ་རྒྱུད་གསུངས་པས་གདུགས་ཐེག་པའི་སློབ་མ་བཅོ་བརྒྱད་ཙམ། ཁྲིད་ཡིག་པས་ཀྱང་གྲུབ་པ་ཐོབ་པའི་སློབ་མ་མང་དུ་བྱུང་། གུ་ཐང་གི་ལྷ་ཆེན་དཔལ་འབར། ཁྲོ་ཕུ་བྱམས་ཆེན། བོ་དོང་རིན་རྩེའི་ལྷ་མོ་ཆེ་ཞེས་མཉམ་པོར་གྲགས་པའི་དུས་འཁོར་གྱི་ཐང་ག་ཆེན་མོ་བཞེངས། སྟན་ཡིག་གཅིག་ཏུ་བཟླས་བསྙེན་བྱེ་བ་རྫོགས། སྤྱིན་སྲེག་མཛད་དུས་མེ་ལྕེ་ལ་དཔལ་བེའུ་དང་བཀྲ་ཤིས་འཁྱིལ་བ་སོགས་བྱུང་། སེ་མོ་ཆེ་བ་ལ་ལོ་དུ་ཐུབ། གར་སྐྱེ་ཞུས་པས། ལོ་ལྔ་བཅུ་རྩ་གཅིག་ཐུབ། ཤམྦྷ་ལར་སྐྱེ་ཞེས་ལུང་བསྟན་པ་ལྟར། ང་གཅིག་པ་ནག་ཟླའི་ཉའི་ཟླ་བ་ཚུང་ཟད་འཕགས་པ་ལ་གཤེགས། དེར་བྱོན་པ་མཁན་ཆེན་གསེར་ཁང་པས་ཆོས་གསུང་བའི་འཕྲོ་ནས་ཀྱང་གཟིགས་སོ། །དེ་ལ་སློབ་མ་སྟག་སྡེ་བ་དང་། འཛོམས་པ་རིན་ཤེ་དང་། གྲུབ་ཆེན་ཨོ་རྒྱན་པ་སོགས་མང་དུ་བྱུང་བ་ལས།

སྟག་སྡེ་བ་སེང་གེ་རྒྱལ་མཚན་ནི། ཆུ་ཕོ་སྤྲེའུ་ལ་ཕ་རི་ལུང་དུ་སྐུ་འཁྲུངས། ལ་སྟོད་བྱང་གི་སྟག་སྡེ་བ་ཡིན། བོ་དོང་རིན་རྩེ་ལ་ཕར་ཚད་མཉན་གསུམ། ཁྱད་པར་དུས་འཁོར་གྱི་དབང་རྒྱུད་བཤད་མན་ངག་མཐའ་དག་གསན་པས་མཁས་པ་ཆེན་པོར་གྱུར་ནས་ཨེར་ཟུར་ཆོས་པ་ཡུན་རིང་དུ་མཛད། རིན་རྩེ་གཤེགས་ནས་ཡོག་སྒྲོང་སོགས་ཆོས་གཞི་རྣམས་སུ་བཤད་ཉན་མཛད་པས། སྤྲ་ཚར་ལ་ཤོང་སྐུ་མཆེད། དཀོན་གཞོན་ཆེ་ཆུང་། ཐུགས་ཤེ་ཆེ་ཆུང་སོགས་མཁས་པ་མང་པོ་ཚར་ཏེ་གདུགས་ཐེག་པའི

སློབ་མ་བཅུ་གསུམ་བྱུང་། ཕྱིས་ལ་སྟོད་བྱང་གི་ཚ་སྣར་བཤད་པ་མཛད་པས། རོང་པ་ཤེར་སེང་། སྟག་སྡེ་བརྩོན་རྒྱལ། བླ་མ་དགེ་འདུན་བརྟན། མཁན་པོ་ཡོན་ཏན་མགོན། སྤྱང་ལོ་ལ་སོགས་པ་མཁས་པ་མང་དུ་ཐོན་ཏེ་སློབ་དཔོན་ལས་སློབ་མ་མཁས་ཞེས་གྲགས་པ་བྱུང་། གྱ་གསུམ་པ་ཤིང་ཕོ་རྟ་ལོ་རྒྱལ་བླའི་ཆོས་བརྒྱུད་ལ་སྒྲུ་གཤེགས་སོ། །

ཤོང་ལོ་ཙཱ་བ་རྡོ་རྗེ་རྒྱལ་མཚན་ནི། ལ་སྟོད་ལྷོའི་སྤྱིད་ལུང་ཤར་ཁའི་བོང་ར་ཞེས་པར་སྐུ་འཁྲུངས། གཞོན་ནུ་ལ་རབ་ཏུ་བྱུང་། གོ་ལུང་པ་མདོ་སྡེ་དཔལ་རྒྱལ་མཚན་གྱི་དྲུང་དུ། དུས་འཁོར་ཆག་ལུགས། བདེ་དགྱེས་ཕྲེང་བ་སྐོར་གསུམ་སོགས་མང་དུ་གསན་ཅིང་གཡར་ཐེག་རྩིས་ལ་བྱང་བར་བསླབས་ཏེ། གཟའ་གསལ་བར་བྱེད་པའི་སྒྲོན་མ་སོགས་རྩིས་ཀྱི་བསྟན་བཅོས་དུ་མ་མཛད། དེ་ནས་ཚ་སྣར་སྟག་སྡེ་བའི་དྲུང་དུ་ཕར་ཚད་མདོན་གསུམ་ལ་མཁས་པར་སྦྱངས། དུས་འཁོར་གྱི་སྐོར་ཤོག་སྡེབ་བཞི་བཅུ་ཙམ་ཕྱག་བྲིས་སུ་བྲིས་ནས་ཡོན་དུ་ཕུལ་ཏེ་འབྲོ་ལུགས་ཀྱི་དབང་རྒྱུད་བཤད་མན་ངག་དང་བཅས་པ་གསན། འཕགས་པ་རིན་པོ་ཆེས་རེས་ས་སྐྱར་བྱོན་པ་ན་བསྟོད་པའི་ཚིགས་སུ་བཅད་པ་སྤྲེལ་ལེགས་ཕུལ་ནས་ལོ་ཙཱ་སློབ་ཏུ་འགྲོ་བས་རྗོང་བར་ཞུ་ཞུས་པས། དེ་ལྟ་བུའི་བློ་སྐྱེ་བ་བཟང་། གཞུང་ལུགས་གསར་པ་བསྒྱུར་བའི་ནུས་པ་འོང་པ་དཀའ་སྟེ། པཎྜི་ཏ་ལ་སློབ་གཉེར་དང་དྲི་གཏུགས་ལེགས་པར་གྱིས་ཤིག །ཁོ་བོས་ཀྱང་ཆོས་ཀྱི་རྗེ་བསྟེན་ཡུན་ཐུང་བས་སྡེབ་སྦྱོར་མེ་ཏོག་གི་ཆུན་པོ་དང་། ཚིག་གཏེར་སོགས་ཚུལ་བཞིན་དུ་མི་ཤོང་བར་སྣང་བས་འདི་དག་ཤེས་པ་ཞིག་ཅི་ནས་ཀྱང་གྱིས་ལ་ཤོག་ཅིག་གསུང་ནས། དེ་དག་གི་དཔེ་དང་གསེར་སྲང་ལྔ་དར་ཡུག་བཅུ་རྣམས་གནང་སྟེ། རྟེན་འབྲེལ་ཡོང་བས་དོ་ནུབ་རྗེ་བཙུན་གོང་མའི་གཟིམས་ཁང་དཔེ་ཁང་དུ་ཉོལ་ལ་སོང་ཞེས་གསུངས་ནས་བརྫངས་སོ། །ཤོང་གི་ཐུགས་དགོངས་ལ་སྐྱེས་སྟོབས་ཀྱི་བློ་གྲོས་ནི་ཕུན་

སུམ་ཚོགས། སྦྱོར་བྱུང་གི་ནན་ཏན་ནི་མཆོག་ཏུ་གྱུར་ན། ལེགས་བཤད་གསར་པ་མང་དུ་བསྒྱུར་བར་ཅི་སྟེ་མི་ནུས་སྙམ་དུ་དགོངས་ཏེ། འཕགས་པའི་གཟིམས་གཡོག་པ་མདོ་སྨད་པ་བློ་གྲོས་རྒྱལ་པོ་དང་འགྲོགས་ནས་བལ་ཡུལ་དུ་བྱོན་ཏེ། པཎྜི་ཏ་མཉྫུ་བྷ་དྲས་དཔང་བཟང་པོའི་དྲུང་དུ་སྒྲ་སྐད་ངག་སྡེབ་སྦྱོར་ཟློས་གར་མངོན་བརྗོད་ལ་བྱང་བར་མཛད་ནས་ས་སྐྱར་བྱོན། འཕགས་པ་རིན་པོ་ཆེའི་བཀའ་བཞིན་རྒྱུད་འགྲེལ་ཤོང་འགྱུར་མཛད། སླར་ཡང་རྡོ་རྗེ་གདན་དུ་བྱོན་ནས་མཧཱ་བོ་དྷི་ལ་མཆོད་པ་དང་བསྐོར་བ་མཛད། པཎྜི་ཏ་ལཀྵྨཱི་ཀ་ར་སྤྱན་དྲངས་ནས། དཔག་བསམ་འཁྲི་ཤིང་། ཀླུ་ཀུན་ཏུ་དགའ་བའི་ཟློས་གར། སྐད་ངག་མེ་ལོང་། འཇིག་རྟེན་དབང་ཕྱུག་གི་བསྟོད་པ་བརྒྱ་པ། འཇམ་དཔལ་གྱི་བསྟོད་པ་ཁྲིཏྣ་མཱ་ལ། ཙནྡྲ་པའི་མདོ་ལ་སོགས་པ་སྔོན་མ་འགྱུར་བ་བསྒྱུར། འཆི་མེད་མཛོད་ལ་འགྱུར་མཚན་མཛད་ནས། སྒྲ་སྐད་ངག་གི་སྒོ་ལ་ལེགས་པར་བརྩམས། འཕགས་པ་རིན་པོ་ཆེས་ཀྱང་། སྡེ་སྣོད་འཛིན་པ་ཤོང་ལོ་ཙཱ་བའི་སྐད་དུ་གསོལ་བ། ཞེས་པའི་འཕྲིན་ཡིག་མཛད་པ་ན། དཔལ་དུས་ཀྱི་འཁོར་ལོའི་རྒྱུད་འགྲེལ་པར་བཅས་པ་རྒྱ་ཆེ་ལ་ཟབ་ཅིང་གཏིང་དཔག་པར་དཀའ་ལ་ཚིག་བསླེང་ཞིང་། སྡེབ་སྦྱོར་དབྱིངས་ཆེ་བས་ཆེན་པོ་རྣམས་ཀྱིས་ཀྱང་ཉམས་སུ་ལོན་དཀའ་བས། སྔོན་བྱུང་བའི་ལོ་ཙཱ་བ་དག་གིས་ཀྱང་མ་འགྱུར་བ་དང་། ལོག་པ་དང་། རྣམ་གྲངས་གཞན་དང་། ཕྱོགས་རེ་བ་དང་། ཐལ་བར་བསྒྱུར་བ་ལ་སོགས་པ་དེ་དག་ཉིད་ཀྱིས་ལེགས་པར་བོད་དུ་ཚུད་ཅིང་མཐའ་གཅིག་ཏུ་ངེས་ཏེ། ཞུ་ཆེན་མཛད་པའི་གླེགས་བམ་དང་། ཀླུ་རྣམས་རབ་ཏུ་དགའ་བར་བྱེད་པའི་ཟློས་གར་མཐོང་བས། དགེ་བ་དང་རྗེས་སུ་ཡི་རང་བ་ཉིད་པར་ཅན་སྐྱེས། ཞེས་རབ་ཏུ་བསྔགས། སྒྲ་བསྒྱུར་རྣམས་ཀྱི་གཙུག་གི་ནོར་བུར་གྱུར་ཏོ།།

དེ་ལ་དེ་ཉིད་ཀྱི་དབོན་པོ་ཤོང་ལོ་ཙཱ་བ་བློ་གྲོས་བརྟན་པས་གསན་ཏེ། དེ་ནི་འཕགས་པ་རིན་པོ་ཆེའི་སློབ་མའི་ཐུ་བོར་གྱུར་ཅིང་། སེ་ཆེན་རྒྱལ་པོས་ཀྱང་བླ་མར་བཀུར་བ། གཞི་འགྱུར་དང་འགྱུར་བཅོས་མང་དུ་མཛད། གཅེན་གྱི་ཡོན་ཏན་བུམ་པ་གང་བྱོའི་ཚུལ་དུ་མཁྱེན་ཞིང་། དུས་འཁོར་ལ་མཁས་པའི་སློབ་མ་མང་དུ་ཐོན་ཏོ། །

དེ་ལ་ལོ་ཙཱ་བ་མཆོག་ལྡན་དང་སྣྲ་ཚད་པ་རིན་རྒྱལ་གཉིས་ཀྱིས་གསན་ལ། ལོ་མཆོག་པ་ནི། མང་མཁར་ཁྲ་ཚང་དུ་སྐུ་འཁྲུངས། འཕགས་པ་རིན་པོ་ཆེ་ལས་རབ་ཏུ་བྱུང་། མཚན་མཆོག་ལྡན་ལེགས་པའི་བློ་གྲོས་དཔྱང་རྒྱན་མཛེས་པའི་ཏོག་ཅེས་རང་ཉིད་ཀྱིས་འབོགས་པར་ཞུས་པ་བཞིན་བཏགས་ལ། ཕྱིས་ལོ་མཆོག་པ་ཞེས་གྲགས། ཤོང་ལོ་སྐུ་མཆེད་ལས་དབང་རྒྱུད་བཤད་མན་ངག་དང་བཅས་པ་གསན། བོད་དུ་འགྱུར་རོ་འཚལ་གྱི་དབང་གདམས་ངག་བཀའ་བསྟན་བཅོས་ཕལ་མོ་ཆེའི་བཀའ་ལུང་མང་བ་ལས་དགེ་བའི་བཤེས་གཉེན་མང་པོའི་བླ་མར་གྱུར་ཏོ། །དེ་ལ་སྟེ་བདུན་པ་ཆེན་པོ་དཔལ་ལྡན་སེང་གེ་དང་། སྐྱི་སྟོན་འཇམ་དབྱངས་གྲགས་པ་རྒྱལ་མཚན་གྱིས་ཤོང་ལུགས་གསན་ལ། དེ་གཉིས་རོང་བ་ཤེས་རབ་སེང་གེ་ལ་རྭ་ལུགས་ཡང་གསན་ཏེ། དཔལ་ལྡན་སེང་གེ་ལ། བུ་སྟོན་ཐམས་ཅད་མཁྱེན་པ་དང་། ཏི་ཤྲཱི་ཀུན་དགའ་རྒྱལ་མཚན་དང་། ཀུན་སྤངས་ཆོས་གྲགས་དཔལ་བཟང་པོས་གསན་ཞིང་། སྐྱི་སྟོན་པ་ལ། ཀུན་མཁྱེན་ཆེན་པོས་གསན་ཏོ། །ཡང་ལོ་མཆོག་པ་ལ་གཉལ་ཀྱུང་སྣང་གི་བཙོམ་ལྡན་བློ་མཛེས་པས་ཀྱང་གསན་ཏོ། །

ལྷག་སྟེ་བའི་སློབ་མ་སྤྱང་ལོ་ཙཱ་བ་ནི། ལ་སྟོད་ལྷོའི་སྤྱང་ལུངས་ཀྱི་འུམ་བུ་གྲུམ་དུ་མེ་ཕོ་བྱི་བ་ལ་འཁྲུངས། གདུང་དབང་། ཡུམ་སྐྱ་མོ་ནས་གྲོངས་ཏེ་ལུག་གི་འོ་མས་བསོས་པས་ལུ་གུ་བཞེས་པར་གྲགས། ཁོ་བོ་བའི་འོ་མས་བསོས་ན་ལེགས་པ་ལ

བླུན་པོ་རྣམས་ཀྱིས་ལུག་གི་འོ་མ་བྱིན་པས་བློ་གྲོས་ཀྱི་ཕྱེད་འགྲིབ་ཏུ་བཅུག་གསུང་། གྲུབ་ཆེན་ཨོ་རྒྱན་པས་བུ་ཆུང་དེ་ལ་དགེ་བཤེས་ཆེན་པོ་ཞིག་འོང་བས་འདི་བྱིན་གསུང་ནས་ཛ་གསོལ་འཕྲོ་གསོལ་ཞིབ་དང་བཅས་པ་བསྐུར། ལོ་ལྔ་པ་ལ་རྐོང་ཚང་བའི་གདན་ས་པ་བྱང་གླིང་པ་ལས་དགེ་བསྙེན་མནོས། མཚན་བློ་གྲོས་བརྟན་པར་བཏགས། བདུན་པ་ལ་མཁན་ཆེན་གསེར་ཁང་པ་དང་མི་སྟོན་འདུལ་འཛིན་ལས་རབ་ཏུ་བྱུང་། ཡབ་ཀྱིས་ཀྱང་དགེ་སློང་བྱས་ཏེ་བྱང་ཆུབ་སེང་གེ་ཞེས་བཙུན་པར་གྲགས་སོ། །བཅུ་པ་ལ་མདོ་རྩ་བྲ་ཊཱི་ཀ་དང་བཅས་པ་ཁྲི་བདུན་གྱིས་བདས་ཀྱང་ཐོན་པ་བྱུང་། སྟོན་ཆེ་སྦྱངས་པས་སྐྱེ་བ་འདིར། །གཞུང་རྣམས་རྩེད་མོའི་ཞོར་ལ་ཤེས། །ཞེས་གསུངས། གྲོགས་ཤིག་གིས་ཆུ་ལ་ཁྱུར་བས་ཁྲིད་སྟོབས་ཆེ་སངས་རྒྱས་ཀྱི་བསྟན་པ་རིངས་པོ་ཁྱུར་བས་ཐེག་འགྲོ་བར་འདུག་གསུངས་པས་དེས་ཐབས་སླད་དོ། །བཅུ་གསུམ་པ་ལ་ཚ་སྣར་སྟག་སྟེ་བའི་དྲུང་དུ་བྱོན། ལོ་དྲུག་བར་མ་ཆད་དུ་བསྟེན་ནས་ཕར་ཚད་མདོན་གསུམ། དབུ་མ། ཁྲིད་པར་དུས་འཁོར་ལ་སྦྱངས་པས་བུམ་པ་གང་བྱོའི་ཚུལ་དུ་མཁས་པར་མཁྱེན་ནས། ཕྱི་ནང་གཞན་གསུམ་དོན་སྟོན་པའི། །རྒྱུད་འགྲེལ་ཚིག་དོན་རབ་བཤད་ནས། །རྡོ་རྗེ་ཐེག་པར་བློ་ཕྱོགས་མཛད། །གསང་བའི་དོན་སྟོན་བླ་མར་འདུད།། བསམས་ཤིང་ཡང་བླ་མ་འདི་བཀའ་དྲིན་ཆེ། །སྟག་སྟེ་བ་འདི་བཀའ་དྲིན་ཆེ། །སེང་གེ་རྒྱལ་མཚན་འདི་བཀའ་དྲིན་ཆེ། །བཀའ་དྲིན་ཅན་གྱི་བླ་མ་ལ། །གུས་པར་ཕྱག་འཚལ་སྐྱབས་སུ་མཆི། །ཞེས་སོགས་ཀྱི་གསོལ་འདེབས་ཡང་མཛད། བཅུ་དགུ་པ་ལ་སྟག་སྟེ་བ་སྐུ་གཤེགས་ནས་མང་མཁར་ཁྲ་ཚང་དུ་ལོ་མཆོག་པ་ལ་དུས་འཁོར་ཤོང་ལུགས། ག་ཙ་ན། མེ་ལོང་། རོང་པ་ཤེས་རབ་སེང་གེ་ལ་དུས་འཁོར་རྭ་ལུགས། ས་སྐྱར་འཇམ་སྐྱབ་ལ་བརྟག་གཉིས་རྣམ་འགྲེལ་རིགས་གཏེར་གསན། ཉེ་ཤུ་པ་ལ་གསེར་ཁང་པས

མཁན་པོ། མི་སྐྱོན་པས་ལས་སློབ། བྱང་སྐྱོབས་པས་གསང་སྟོན་མཛད་དེ་བསྙེན་པར་རྫོགས། ཨ་ཙ་ར་བྱུང་ཚད་ལ་ཕྲལ་སྐད་བསླབས། འཇམ་དབྱངས་བཞི་ཐོག་པ་དང་པཎྜི་ཏའི་བར་གྱི་ལོ་ཙཱ་མཛད་པས་ལོ་ཙཱ་བར་གྲགས། ཉེར་གཅིག་པ་ལ་བལ་པོར་བྱོན། ར་མ་ཨཱ་ཙནྡྲ་དང་མ་ད་ན་ཨཱ་ཙནྡྲ་ལ་ཙནྡྲ་པ་གསན། ས་སྐྱར་བྱོན་ཏེ་ཀཱ་ལཱ་པ་འགྲེལ་པ་གཉིས་དང་བཅས་པ་བསྒྱུར། ཤོང་སྟོན་ལེགས་བཤད་ལྡེ་མིག་བླངས། །ལེགས་སྦྱར་སྐད་ཀྱི་གཏེར་ཁ་ཕྱེ། །སྙན་ངག་གཞུང་ལུགས་རིན་ཆེན་བླངས། །ལེགས་བཤད་དགའ་སྟོན་འགྱེད་ལ་དབང་། །ཞེས་གསུངས། དོག་ཤེང་པ་ལ་བསྟོད་པ་རྒྱན་ཕྲེང་མཛད་ནས་བསྒྱུར་བས་དད་དེ་དངུལ་བྲེ་ཆེན་ཕུལ་བ་བསྣམས་ནས་ཡང་བལ་པོར་བྱོན། པཎྜི་ཏ་སྨྲ་མ་གཉིས་དང་རྒྱ་གར་ཤར་ཕྱོགས་ཀྱི་ཙུ་ཊ་པཎྜི་རྣམས་བསྟེན་ནས། དགོངས་རྒྱན་སོགས་བསྒྱུར། སླར་ས་སྐྱར་ཕེབས་དུས་འཇམ་སྐྱབས་གཙོ་མཛད་ཀྱིས་སེར་ཕྲེང་དང་བཀུར་ཆ་ཆེན་པོ་མཛད། བལ་པོར་ལན་བདུན་དུ་བྱོན། བལ་པོའི་པཎྜི་ཏ་ཕལ་ཆེ་བས་མན་སྙེ་དང་དགོངས་རྒྱན་སོགས་ཞུས། ས་སྐྱར་བཞི་ཐོག་པ་དང་འཇམ་སྐྱབས་ལ་ལམ་འབྲས་སོགས་མང་དུ་གསན། སོ་གཉིས་པ་ལ་གུང་ཐང་གནས་པོ་ཆེར་ཆོས་གཞི་བཙུགས་ཏེ། གུང་ཐང་པ་བདེ་བློ་སོགས་སློབ་མའི་ཚོགས་རྒྱ་མཚོ་ལྟ་བུ་འདུས་པ་ལ། དབྱར་དུས་འཁོར། དགུན་ཕར་ཚད་མངོན་གསུམ་གྱི་དུས་ཆོས་གསུངས། དེའི་ཚེ་ཡང་བླ་མ་དགེ་འདུན་བརྟན་དང་རི་འདབས་པ་ལ་དབང་ལུང་། སྦྱོར་དྲུག་གསན། སྙན་པའི་གྲགས་པས་རྒྱ་གར་དང་ཧོར་ཡུལ་ཚུན་ཁྱབ། ཡ་ཚེ་དང་ཧོར་རྒྱལ་པོས་གདན་འདྲེན་རིམ་པར་བྱུང་བ་ལ། བར་ཆད་དུ་གཟིགས་ནས་སྤྲིང་ཡིག་གོང་འོག་ཙན་གྱིས་ཡ་ཚེ་བ་བཟློགས་ཤིང་། སྤྱད་ཕུ་དགོན་གསར་ལ་སེང་གེ་གླིང་དུ་བཏགས་ཏེ་དེར་བཞུགས་པས་ཧོར་བཟློགས། སྡིག་པའི་གྲོགས་པོའི་གཡོ་བ་རིང་དུ

སྤྱངས། །བདུད་ཀྱི་ཞགས་པའི་འཆིང་བ་ཆེ་ལས་གྲོལ། །འཇིགས་པ་མེད་པ་སེང་གེའི་གླིང་དུ་སླེབ། །དཔལ་ལྡན་བློ་གྲོས་བརྟན་པའི་བསམ་པ་འགྲུབ། །ཅེས་གསུང་། སྐབས་དེར་ས་སྐྱར་ཕྱིན་ནས་ལོ་མཆོག་པ་ལ་མངའ་བའི་བཀའ་ལུང་མཐའ་དག་ལོ་ཉི་ཤུ་རྩ་ལྔའི་བར་བསྟེན་ཏེ་བུམ་པ་གང་བྱོའི་ཚུལ་དུ་གསན། ཤས་ཆེར་གནས་པོ་ཆེར་བཞུགས་ནས་བཤད་བསྒྱུར་རྩོམ་གསུམ་གྱི་སྒོ་ནས་བསྟན་པ་གསལ་བར་མཛད། ཤིན་ཏུ་སྡིག་པ་འཛེམ་པའི་བློས། །ཆོས་སྤྱོད་བཅུ་པོ་འབད་པས་སྒྲུབ། །དེ་ཡིས་གཞན་ཕན་ཅི་ནུས་བྱེད། །རྣལ་འབྱོར་བདག་གི་ལས་ཀ་ལགས། །ཞེས་གསུང་། སླར་ཡང་ས་སྐྱར་ཕྱིན་ཆོས་མང་དུ་གསུངས། གྲུམ་དང་ཨེའི་གདན་ས་ཐོགས་ཙམ་མཛད། དེ་ནས་དབུས་སུ་ཕྱིན་པའི་ལམ་དུ་གླེགས་བམ་མང་པོ་སློབ་མ་ལ་བཀྱེ་བའི་མནལ་ལམ་བྱུང་པས་ཟླ་བ་བཅུ་དྲུག་གི་བར་དབུས་སུ་བཞུགས་ནས། ལྷ་ས། བསམ་ཡས། གུང་ཐང་། སྟག་ལུང་། ར་སྒྲེང་། གསང་ནེའུ་ཐོག་རྣམས་སུ་དུས་འཁོར། དགོངས་རྒྱན། ཕར་ཚད་མངོན་གསུམ། དབུ་མ་རྒྱན། དབྲ་སྐད་ངག །ཟབ་མོའི་མདོ་ལྷ་སོགས་ཆོས་མང་དུ་གསུངས་པ་དབུས་ཀྱི་དགེ་བའི་བཤེས་གཉེན་ཕལ་མོ་ཆེས་གསན། ད་ནི་ཤི་ཡང་མི་འགྱོད་དོ། །ཞེས་གསུང་། དེ་ནས་སླར་ཐང་དུ་མཆིམས་བློ་བཟང་པ་སོགས་ལ་དུས་འཁོར། དགོངས་རྒྱན། སྒྲ་སྐད་སོགས་གནང་། དེ་ནས་ཨེ་དང་ས་སྐྱའི་བར་དུ་ཕྱིན། གཞི་འགྱུར་དང་ཞུ་ཆེན་མང་དུ་མཛད་ཅིང་། དུས་འཁོར་འགྲེལ་ཆེན་གྱི་སྟོད་འགྲེལ་སོགས་བསྟན་བཅོས་མང་དུ་མཛད་ནས། རེ་བདུན་པ་ཆུ་ཕོ་རྟའི་ནག་ཟླའི་ཚེས་བཅུ་གསུམ་ལ་བདེ་བ་ཅན་དུ་གཤེགས་སོ། །དམ་པ་འདི་ལ་བླ་མ་དོན་ཡོད་རྒྱལ་མཚན། དཔལ་ལྡན་བླ་མ་བསོད་ནམས་རྒྱལ་མཚན། ལོ་ཆེན་བྱང་རྩེ་སོགས་མཁས་གྲུབ་ཀྱི་སློབ་མ་མང་དུ་བྱུང་བ་ལས།

ལོ་ཆེན་ནི། ལ་སྟོད་ཟུར་ཚོ་ཞེས་པར་ཡབ་གཞོན་ནུ་དཔལ་བཟང་། ཡུམ་སྤྱང་ལོའི་སྲས་མོ་ཡེ་ཤེས་སྒྲོན་ནེའི་སྲས་སུ་ཤིང་མོ་ཡོས་ལ་འཁྲུངས། དགུང་ལོ་བདུན་པ་ལ་སྤྱང་ལོ་ལས་དགེ་བསྙེན་མནོས། མཚན་དཔལ་ལྡན་བྱང་ཆུབ་རྩེ་མོར་བཏགས། ཤོང་གི་དཔོན་པོ་ཆོས་སྐྱོང་དཔལ་ལས་རབ་ཏུ་བྱུང་། བཅུ་དྲུག་པ་ལ་གུང་ཐང་གནས་པོ་ཆེར་སྤྱང་ལོ་ལས་མངོན་ཚད་གསན་ཅིང་སྦྱངས། སྤྱང་ལོ་བོ་དོང་ཨེའི་གདན་སར་བཞུགས་དུས་ལོ་བཞིའི་བར་རིག་པའི་གནས་ཕལ་མོ་ཆེ་ལ་སྦྱངས། ཉེར་གསུམ་པ་ལ་འཛམ་དབྱངས་དོན་ཡོད་རྒྱལ་མཚན་གྱིས་མཁན་པོ། སྤྱང་ལོས་ལས་སློབ། ཆོས་རྗེ་བསོད་ནམས་རྒྱལ་མཚན་གྱིས་གསང་སྟོན་མཛད་དེ་ས་སྐྱར་བསྙེན་པར་རྫོགས། ཉེར་ལྔ་པ་ལ་ལོ་ཙཱ་མཁས་པར་མཁྱེན། སྤྱང་ལོ་ཞི་བར་གཤེགས་ཀྱི་བར་ཕྱི་བཞིན་འབྲངས་པས་དུས་འཁོར་སོགས་དེ་ཉིད་ལ་མངའ་བའི་ཡོན་ཏན་མ་ལུས་པ་ཐུགས་སུ་ཆུད། དེ་ནས་བུ་སྟོན་རིན་པོ་ཆེ། ཆོས་རྗེ་བླ་མ་དམ་པ། རྒྱལ་སྲས་ཐོགས་མེད་པ་རྣམས་ལས་རྒྱུད་སྡེ་རྒྱ་མཚོའི་དབང་རྒྱུད་མན་ངག་དང་བཅས་པ་གསན་ཞིང་ཐུགས་ཉམས་སུ་བཞེས་པས་རྣལ་འབྱོར་གྱི་དབང་ཕྱུག་ཆེན་པོར་གྱུར་ནས་ཀུན་གྱིས་གྲུབ་ཆེན་དུ་མངའ་གསོལ། རྒྱལ་སྲས་ཐོགས་མེད་པས་ལོ་ཆེན་འདི་ལ་ཞལ་ཟས་ཀྱིས་བསྙེན་བཀུར་ན་མུ་གེའི་བསྐལ་པ་ལས་ངེས་པར་ཐར་བ་འདུག་གསུང་བ་ཐོས་པས་གང་དུ་བཞུགས་ཀྱང་བསྙེན་བཀུར་གྱི་མཚོ་བརྗོལ་པ་འབྱུང་། ཆུ་ལ་མི་འབྱིང་། བུག་པ་ཆུང་དུ་ཡའང་སྐུ་བདེ་བར་ཤོང་། དབང་བསྐུར་མཛད་དུས་ཁང་བུ་ཆུང་ངུར་མི་མང་པོ་དོག་པ་མེད་པར་ཤོང་བ་སོགས་རྫུ་འཕྲུལ་དུ་མ་བསྟན། མངོན་པར་མཁྱེན་པ་ཐོགས་མེད་དུ་མངའ། དཔལ་ལྡན་བླ་མ་དམ་པའི་བཀས་བོ་དོང་ཨེའི་གདན་ས་ཡང་མཛད། དཔལ་ལྡན་བླ་མའི་ཕྱུགས་ཕྱིར་སྟག་ལུང་དུ་བྱོན་པས། སྟག་ལུང་པ་རཏྣ་གུ་རས་ལོ་ཆེན་འདི་ངེད་ཀྱི་དཔོན་

པོའི་སློབ་དཔོན་དུ་འཛོག་པར་ཞུས་པས་གནང་སྟེ། སྟག་ལུང་པ་ནམ་མཁའ་དཔལ་བཟང་པོ་ལ་དུས་འཁོར་གྱི་དབང་རྒྱུད་བཤད་མན་ངག་དང་བཅས་པ་གནང་ནས། སླར་དགུས་པོར་དཔལ་ལྡན་བླ་མ་དམ་པའི་དྲུང་དུ་ཕེབས་ཏེ་ཀ་ལཱ་པའི་ས་རིས་ཕྱུལ། གཙང་ཕྱོགས་སུ་བཞུགས་ནས་དགུང་ལོ་མཐོན་པོར་གྱུར་པ་ན་སྤྱན་སྔ་གྲགས་བྱང་བས་གདན་དྲངས་ནས། ཡར་ཀླུངས་གདན་ས་ཐེལ། གུང་ཐང་རྣམས་སུ་དུས་འཁོར་གཙོ་བོར་བཏོན་པའི་ཆོས་ཀྱི་ཆར་གྱིས་མཁས་པ་མང་པོ་ཚིམ་པར་མཛད། གཡེའི་ཆབ་ཚན་ལ་བྱོན་དུས་ཐུགས་མཁྱེན་མང་དུ་གསུངས། སྟག་ཚང་། ཤངས། འུ་ཡུག །སྒྱུང་སྟོད་རྣམས་སུ་དུས་འཁོར་ལ་སོགས་པའི་དབང་རྒྱུད་བཤད་དང་། སྦྱོར་དྲུག་སོགས་ཁྲིད་མང་དུ་གནང་། གསང་ཆབ་འཐུངས་པ་ཙམ་གྱིས་ལྐུགས་པ་མང་པོ་བྲོ། ཞལ་མཐོང་བའམ། གསུང་ཐོས་པའམ། གསོལ་རས་ཐོབ་པ་ཙམ་གྱིས་ནད་ཐོན་པ་དང་བྱིན་བརླབས་ཞུགས་པ་མང་དུ་བྱུང་། གདུལ་བྱ་མང་པོ་སྨིན་གྲོལ་ལ་བཀོད་ནས། དོན་བརྒྱུད་པ་ལྕགས་ཕོ་སྤྲེའུ་མཆུ་ཟླའི་ཉེར་གཅིག་ལ་གཟིམས་ཁང་འོད་ཀྱིས་གང་། ལྷའི་སྤོས་ཀྱི་ངད་ལྡང་། མེ་ཏོག་གི་ཆར་དང་བཅས་ཏེ་ཨོ་རྒྱན་དུ་གཤེགས་ཤིང་། གདུང་ལ་རྣལ་འབྱོར་མའི་སྐུ་དང་། རིང་བསྲེལ་མང་དུ་བྱོན་ནོ། །སློབ་མའི་མཆོག་ལོ་ཙཱ་བ་ནམ་མཁའ་བཟང་པོ། ཉིད་ཀྱི་དཔོན་པོ་ལོ་ཙཱ་བ་གྲགས་པ་རྒྱལ་མཚན། སྤྱན་སྔ་གྲགས་པ་བྱང་ཆུབ། སྟག་ལུང་པ་ནམ་མཁའ་དཔལ་བཟང་། ལྷ་ཁང་སྟེངས་པ་སངས་རྒྱས་རིན་ཆེན་སོགས་མང་དུ་བྱུང་ལ།

ལོ་ཙཱ་བ་ནམ་མཁའ་བཟང་པོ་ནི། སྒྲ་ཚད་དུས་འཁོར་ལ་མཁས་པར་གྱུར་ནས་ལོ་ཆེན་གྱི་ཕྱུགས་ཕྱི་དང་། ས་གཞན་དུའང་དུས་འཁོར་གྱི་བཤད་པ་མང་དུ་མཛད་དོ། །ལོ་ཙཱ་བ་གྲགས་པ་རྒྱལ་མཚན་ནི། ལོ་ཆེན་ཉིད་ཀྱི་ཆོས་རྣམས་བུམ་པ་གང་བྱོར་

མཁྱེན། དུས་འཁོར་གྱི་བཤད་སྲོལ་མ་ཉམས་པར་བཟུང་ངོ་། །

དེའི་དབོན་པོ་དཔལ་འཇིགས་མེད་གྲགས་པ་ནི། བསྟན་པའི་བདག་པོར་གྱུར་ནས། དེ་ཉིད་འདུས་ཆེན་ཞེས་པའི་བསྟན་བཅོས་ཆེན་པོ་མཛད། བསྐལ་བཟང་གི་སངས་རྒྱས་སྟོང་གི་མཐའ་མ་མོས་པ་ཡིན་པར་རང་ཉིད་ཀྱིས་ཞལ་གྱིས་བཞེས་སོ། །

དེའི་སློབ་མ་བྲམས་པ་གླིང་པ་ཆེན་པོ་ནི། སྡེ་སྣོད་མང་པོ་ལ་སྦྱངས་ཤིང་མཁས་པ་ཆེན་པོར་གྱུར་ནས། ཕྱིས་ཡར་འབྲོག་ཏུ་པཎ་ཆེན་འཇིགས་མེད་གྲགས་པའི་དྲུང་དུ་གསན་པ་རྒྱ་ཆེར་མཛད་དེ། འདིའི་ལུགས་ཀྱི་གསང་སྔགས་ཀྱི་སྙིང་པོ་ཁོན་ལ་ཐུགས་ཧྲོན་ཅིང་། པཎ་ཆེན་ནགས་ཀྱི་རིན་ཆེན་ལ་ཟབ་ལམ་གྱི་ཁྲིད་མནོས། དུས་འཁོར་ལ་རིང་དུ་སྦྱངས་པའི་མཁས་པ་དོན་གྲུབ་ཀུན་དགའ་ལ་རྒྱུད་འགྲེལ་གྱི་བཤད་པ་གསན་ནས་ཊཱིཀྐ་པོ་ཏི་བདུན་པ་ཞིག་དང་། སྔགས་འདུལ་ལ་སོགས་པའི་བསྟན་བཅོས་མང་དུ་མཛད་དེ་བསྟན་པ་གསལ་བར་མཛད་དོ། །

དཔལ་འཇིགས་མེད་གྲགས་པའི་སློབ་མ་བདག་པོ་རྣམ་རྒྱལ་གྲགས་པ་ནི། སྡེ་སྣོད་མང་པོ་དང་། ཁྱད་པར་དུས་འཁོར་ལ་མཁས་པར་གྱུར་ནས་དཀྱིལ་འཁོར་བློས་བསླངས་དངུལ་ལས་བཞེངས་ཤིང་། ཆོས་འདི་དར་བར་མཛད་དོ། །སྦྱན་སྨྲ་གྲགས་པ་བྱང་ཆུབ་ནི། ལོ་ཆེན་ལ་སྦྱོར་དྲུག་གསན་ནས། ལོ་ཆེན་འདིའི་ཐུགས་དམ་མཛད་ཚུལ་མཐོང་བ་ན། རང་རེ་ཀུན་ལ་དགེ་སྦྱོར་མི་བྱེད་པའི་དབང་མི་འོང་བར་འདུག་གསུང་ནས་གཟིམས་ཁུང་དུ་མུན་མཚམས་བསྡམས་ཏེ་ཐུགས་དམ་རྩེ་གཅིག་ཏུ་མཛད་དོ། །སྟག་ལུང་པ་ནམ་མཁའ་དཔལ་བཟང་པོ་ནི། ལོ་ཆེན་བྱང་རྩེ་ལས་དུས་འཁོར་གསན་ནས། སྦྱོར་དྲུག་བསྒོམས་དུས་མནལ་ལམ་དུ་འོ་མ་ཕོར་གང་གསོལ་འཕྲོ་ལ་ལས་པ་ཞིག་བྱུང་བས། ལོ་གཅིག་བསྒོམས་ན་མཆོག་འགྲུབ་པ་འདུག་སྙམ་གསུང་།

བསྐྱེད་རིམ་བདེ་མཆོག་དང་། རྫོགས་རིམ་སྦྱོར་དྲུག་ལ་མཛད། འཕགས་པའི་ཡུལ་དུ་བདག་ཅག་སྟོན། །ཡོག་པར་ལྷ་བས་སེམས་འཕྲེད་ཀྱང་། །དུས་ཀྱི་འཁོར་ལོ་དང་མཇལ་བས། །ཕྱི་ནས་གངས་རིའི་ཁྲོད་འདི་རུ། །ཡན་ལག་དྲུག་ལྡན་ཉམས་སུ་བླངས།། ཞེས་གསུང་། སྦྱོར་དྲུག་གི་ཁྲིད་ཡིག་དང་། རྩིས་ཡིག་སོགས་མཛད། ཟབ་ལམ་གྱི་གདམས་པས་གདུལ་བྱ་རྣམས་བསྐྱངས། སྲས་ཧྲཱི་ཤྲཱ་ར་ཡིན་པར་ཞལ་གྱིས་བཞེས་སོ། །

ཡང་མངོན་གྲུ་པའི་སློབ་མ་འཛིམས་པ་རིན་ཤེས་བོ་དོང་རིན་རྩེ་དང་། ལྷོ་པ་གྲུབ་སེང་གཉིས་ལ་གསན། དེ་ཉིད་དང་རྗེ་བཙུན་རྭ་ལོ་གཉིས་ག་ལ་དབུས་པ་དགེ་སློང་ཚུལ་ཁྲིམས་དར་གྱིས་རྭ་འགྲོའི་སྐོར་ཚང་བར་གསན། དེ་ལ་དུས་འཁོར་བ་ཤར་པ་ཡེ་ཤེས་རིན་ཆེན་གྱིས་གསན། དེ་ལ་བྱང་སེམས་རྒྱལ་ཡེ་དང་མཁས་བཙུན་ཡོན་ཏན་རྒྱ་མཚོས་གསན་ནོ། །ཡང་མངོན་གྲུ་བ་རིན་རྩེ། ཞང་རྡོ་རྗེ་རིན་ཆེན། འཛམ་དབྱངས་འབོན་སྟོན། ཀུན་སྤངས་ཆོས་གྲགས་དཔལ་བཟང་པོ་སོགས་བྱུང་སྟེ་འགྲོ་ལུགས་སོ།།

༄ གསུམ་པ་རྭ་ལུགས་ནི། སྔ་ནས་སྣང་ཡུལ་དུ་སྐུ་འཁྲུངས་པའི་རྭ་ལོ་ཙཱ་བ་རྡོ་རྗེ་གྲགས་ཀྱི་དབོན་པོ་རྭ་ལོ་ཙཱ་བ་ཆོས་རབ་ཀྱིས། རྭ་ལུགས་ཀྱི་གཤིན་རྗེ་གཤེད་ནག་པོ་སྐོར་གསུམ། མངོན་འབྱུང་རྣམ་གསུམ། ཨ་ཧྲི་ཧྣ་ན། སམྦུ་ཊི་སོགས་རྒྱུད་མང་པོ་དང་། ཆོས་ཆུང་དྲུག་ལ་སོགས་པ་མཁྱེན་ནས། དུས་འཁོར་གསན་པའི་ཆེད་དུ་བལ་པོར་བྱོན་ཏེ། ཡེ་རང་དུ་པཎྜི་ཏ་ས་མནྟ་ཤྲཱི་ལོ་ལྔ་ཟླ་བ་བཅུ་ཞག་ལྔ་བར་མ་ཆད་དུ་བསྟེན་ནས། དབང་རྒྱུད་བཤད་མན་ངག་གི་བཀའ་རྣམས་ཞུས་ཤིང་། པཎྜི་ཏ་བོད་དུ་སྤྱན་དྲངས་ནས་རྒྱུད་འགྲེལ་མན་ངག་དང་བཅས་པ་བཤད་བསྒྱུར་གཏན་ལ་ཕབ། ཐམས་ཅད་ཀྱིས་བསྙེན་བཀུར་ཆེར་བྱས་ཏེ་ཉིན་གཅིག་ལ་གསེར་སྲང་སུམ་བརྒྱ་ཕུལ།

གཤེགས་སྐྱེལ་ཡང་སྐྱི་རོང་གི་བར་དུ་མཛད་པས། བླ་མ་ཡང་ཤིན་ཏུ་མཉེས་ཏེ། པཎྜི་ཏ་འབུམ་ཕྲག་གསུམ་པའི་ཕྱག་ཞུ་དང་ཕྱུགས་ལྷམ། པཎྜི་ཏ་ཉིད་ཀྱི་ཕྱག་དྲིལ་དུས་འཁོར་ལུགས་ཀྱི་ཕྱག་ཚད་མ་རྣམས་གནང་། ལོ་ཙཱ་བས་ཀྱང་ནེའུ་མེ་ཏོག་ལྷུན་གྱི་བསྐྱི་གནས་སུ་བཞུགས་ཏེ་གཞན་ཕན་རྒྱ་ཆེར་མཛད་དོ། །དེ་ལ་དེ་ཉིད་ཀྱི་སྲས་བླ་མ་རྣ་ཡེ་ཤེས་སེང་གེས་གསན་ཏེ་བུམ་པ་གང་བྱོའི་ཚུལ་དུ་མཁྱེན། དེ་ལ་དེ་ཉིད་ཀྱི་སྲས་རྣ་འབུམ་སེང་གེས་གསན་ནོ། །དེ་ལ་རྗེ་བཙུན་རྒྱ་ལོས་གསན་ཏེ། དེ་ནི་སྟོན་ཆོས་རྒྱལ་ཁྲི་སྲོང་ལྡེ་བཙན་གྱི་མཆོད་གནས་མེ་ཉག་ཧ་ཤང་དུ་གྱུར་པའི་སྲས་བརྒྱུད་ཐེག་པ་ཆེན་པོའི་གཞུང་ལུགས་མ་ཉམས་པར་སྐྱོང་བའི་སྔགས་འཆང་ཤ་སྟག་བྱུང་བ་ལས། མི་ཉག་ཧོ་རྗེ་སེང་གེས་གཙང་རོང་མཁར་ཕུག་བཟུང་། དེའི་སྲས་གྲུབ་ཐོབ་ཡེ་ཤེས་རྡོ་རྗེས་རོང་དབེན་དམར་དུ་བཞུགས། དེ་དང་མ་གཅིག་སྐྱིད་མོའི་སྲས་སུ་ཆུ་མོ་ཕག་ལ་འཁྲུངས། ཡབ་ཀྱི་མཚན་ལྟས་ལས་དཔལ་རྒྱ་ལོའི་སྐྱེ་བར་དགོངས་ཏེ་མཚན་རྒྱ་ལོར་བཏགས། ལོ་གསུམ་པ་ན་པཎ་ཆེན་ཤཱཀྱ་ཤྲཱི་ཚུར་མིག་ཏུ་བྱོན་པའི་ཚེ། ཡུམ་གྱིས་བསྣམས་ནས་ཆོས་དང་བྱིན་བརླབས་ཞུས་པ་ན། གཞན་ལས་མཆོག་ཏུ་འགྱུར་བར་སོ་སྐྲི་ཏའི་སྐད་ཀྱིས་ལུང་བསྟན། ཉིད་ཀྱི་གསུང་གིས་ཀྱང་། བྱིས་པའི་དུས་ན་ཁ་ཆེ་བའི།། བླ་མ་པཎ་ཆེན་ཉིད་དང་མཇལ། །མགོ་ལ་ཕྱག་གིས་བྱུགས་མཛད་ནས། །ལེགས་སྦྱར་སྐད་ཀྱིས་དབུགས་དབྱུང་མཛད། །ཅེས་སོ། །ཡབ་ཀྱི་དྲུང་དུ་འབྲི་ཀློག་དང་། འཇིག་རྟེན་བསྟན་པ། ཕུང་པོ་ལྔའི་རབ་བྱེད། སྤྱོད་འཇུག་སོགས་ལ་སྦྱངས། དགུང་ལོ་བཅུ་གསུམ་པ་ལ་དཔྱལ་ལོ་ཙཱ་བ་ཆོས་ཀྱི་བཟང་པོའི་དྲུང་དུ་བྱོན། ལོ་གསུམ་གྱི་བར་དུ་རྒྱ་ཡིག་འབྲི་ཀློག་དང་། ཁྱད་པར་དུ་དགྲེས་ཕག་གཉིས་ལ་སྦྱངས་ནས་བཅུ་དྲུག་པ་ལ་ཚུར་མིག་ཏུ་ལེགས་པར་གསུངས། དེའི་ཚེ་རྨི་ལམ་དུ་བཙུན་ཆུན་ལྷམ་མཐིལ་རྡོལ་གྱི

ཁྲིས་པོ་ཁྱུར་བ་ཞིག་འོངས་ཏེ། འདི་ཙམ་ཟད་ཟད་བཙལ་ཀྱང་མ་རྙེད་པའི་གྲོགས་པོ་དེ་གཏོད་རྙེད་པ་ཨ་རེ་དགའ་ཟེར་ཞིང་། དགའ་དགའ་མགུ་མགུ་ལྟར་བྱུང་ན་འཁོད་པ་ནས་བརྩམས་ཏེ་ཕྱི་བཞིན་འབྲང་ཞིང་ཕན་པ་སྒྲུབ་པ་ལྟར་རྩུལ་འཚོས་སོ། །དེ་ནས་དཔེན་དམར་དུ་བྱོན་པའི་ཚེ་ཡབ་ཀྱི་གསུང་གིས། མདང་ནི་འབྱུང་པོའི་ཆོ་འཕྲུལ་ཆེ་བ་ལ་དེ་རིང་དགེ་བཤེས་པ་བྱོན། བགེགས་ཀྱི་བར་ཆད་འོང་ཉེན་ཡོད་པས་འབྱུང་པོའི་ཕན་པ་ལ་ཐུགས་མ་གཏད་པར་ཐུགས་དམ་ལ་གཙོ་བོར་མཛོད་ཅིག་གསུང་བ་དང་། ཐུགས་ཀྱི་དམ་པ་བསྐྱེད་དེ་བཟླས་པ་དང་། འཐབ་པ་དང་། བསྐྲད་པ་ལྟ་བུ་བྱས་ཀྱང་ཞུམ་པ་མེད་དོ། །དེ་ནས་འདོལ་ཆུང་ན་བཞུགས་པའི་ཚེ་ཅུང་ཟད་བསྟུང་བ་ན། མགྲོན་བཙུན་རྒྱ་དཔེ་གོང་རྩེ་གད་ཁྲུར་བ་ཞིག་གིས་པོ་ཏི་བསྟན་ཏེ། ཁྱོད་མཁས་ན་འདི་དག་གི་དོན་སློབ་ཀྱིས་ཤོག་ཟེར་བས་ང་ནི་ན་བས་ཁམས་ཟེ་བའི་ཕྱིར་རེ་ཞིག་སྡོད་ཅིག་གསུངས་པ་ན། མིག་སྔར་དུ་དཔེ་རིས་ཡག་ཡུག་ཤད་ཤུད་བྱེད་ཅིང་། ཡི་གེ་ལ་ནི་མ་བརྟེན་པར། །དམ་པའི་དོན་ནི་རྟོགས་མི་འགྱུར། །ཞེས་གྲོལ་བ་དང་། མཚན་མོ་གཅེར་བུར་བྱས་ནས་ལྟ་ཁང་གི་རྡའི་དུམ་བུ་མགོར་བཞག་ནས། ང་ནི་རྡ་ཁྱུང་མགོ་ཞེས་བསྡིགས་པ་སོགས་བྱེད་དོ། །རེས་འགའ་ནི་བཤེས་གཉེན་གྱི་ཚུལ་ལྟ་བུར་བསྒྱུར་ཏེ། སྐྱེ་བ་མང་པོ་ནས་གྲོགས་སུ་གྱུར་པ་ཡིན་ལ། སྐྱེ་བ་འདི་དང་འདིར་ཡང་ལེགས་པ་འདི་ལྟ་བུ་བསྒྲུབས་སོ། །ཞེས་སྐྱེ་རྒྱུད་སྣ་ཚོགས་ཀྱི་གླེང་གཞི་སྟོན། རེས་འགའ་ནི་གཙུག་ལག་ཁང་གི་བདག་པོ་བཙལ་ཏེ། བདག་གི་གཙུག་ལག་ཁང་འདིའོ། །སྔོན་གྱི་རབས་ནི་འདི་འདྲའོ། །ཕྱིས་ཀྱི་རྒྱུད་ནི་འདི་འདྲའོ་ཞེས་གཏམ་སྣ་ཚོགས་སྟོན་ཅིང་། ཁྱོད་ཀྱང་བདག་དང་མཐུན་པར་བྱས་ཏེ་འདི་འདྲ་བའི་བདག་པོ་བྱ་བར་རིགས་སོ་ཞེས་སྟོན་ནོ། །རེས་འགའ་ནི་མཁས་པའི་གཟུགས་སུ་བསྒྱུར་ཏེ། གཞུང་ལུགས་ནི་འདི་འདྲའོ། །སྔོན་

ནི་འདི་འདྲར་སྒྱུར་ཏོ། །ཕྱིས་ནི་འདི་འདྲར་འགྱུར་རོ། །ཁྱོད་ཀྱང་འདི་ལྟར་བྱ་བར་རིགས་སོ་ཞེས་སྟོན་ནོ། །རེས་འགའ་ནི་གྲུབ་པ་ལྟར་བཅོས་ཏེ་རྫས་དང་སྨན་དང་སྔགས་ནི་འདི་འདྲའོ། །འདི་ལྟ་བུ་བསྟེན་ན་འདི་འདྲར་འགྱུར་རོ། །ཞེས་འཆད་ཅིང་། རེས་འགའ་ནི་བྱའི་གཟུགས་སེ་བོ་མིའི་སྐད་དུ་སྨྲ་བར་འགྱུར་ཏེ་བརྩེ་བརྩེ་ལྟར་འགྲམ་དུ་འདུག་ནས། ཕོ་རངས་ཀྱི་ཚེ་འདབ་གཤོག་རྡེབ་པའི་སྒྲ་དང་བཅས་པ། ཟླ་འོད་གཞོན་ནུ། སེང་གེ་རྒྱལ་མཚན། འོད་ཀྱི་སྒྲོ་མ་ཞེས་འབོད་ཅིང་། ཡར་ལ་ལོངས་ཤིག །ལྟ་རྟོག་མཛོད་ཅིག །ཐུགས་དམ་མཛོད་ཅིག །གཞུང་ཤོར་ཅིག །ཅེས་ཆོས་ལ་བསྐུལ་བ་ལྟར་འཚོས་པ་ལས། ཐར་པར་གཤེད་དམར་གྱི་དབང་ཞུ་བར་བརྩམས་པ་ན། ད་ནི་ཡུལ་དུ་འགྲོ་བར་རིགས་སོ། །ཡབ་དང་ཡུམ་ནི་ན་བས་བལྟ་བར་བྱའོ། །དབང་བསྐུར་ནི་ཕྱིས་ཞུ་བར་འཐད་དོ་ཞེས་སྨྲའོ། །ཕྱིས་ཞུ་བར་དཀའ་བས་ད་ལྟ་ཞུའོ་ཞེས་སྨྲས་པས། ངས་དེ་ཙམ་དུ་ཁྱོད་ལ་བསམས་ནས་ཁྱོད་འདི་ལྟར་བྱེད་པ་ནི་ཤིན་ཏུ་མི་རིགས་ད་ལྟ་འདེང་ཞེས་སྨྲ་ཞིང་འཁྲང་དང་ཁྲེས་པོའང་བསྒོག་པར་བྱེད་དོ། །དེ་ལྟར་བྱས་ཀྱང་གཤེགས་པར་མ་བྱས་པ་ན། འཁྲང་དང་ཁྲེས་པོ་སྐས་འོག་ཏུ་བསྐྱུར། ཡུན་རིང་འགྲོགས་པའི་གྲོགས་པོས་བསླུས་སོ། །ད་ནི་ང་འགྲོ་བས་ཁྱོད་ཀྱིས་སྐྱེལ་ཐུང་གྱིས་ཤིག་ཅེས་སྨྲ་བ་ལ། ཐར་པ་གླིང་གི་མོ་དཔེན་སྐང་ཁར་བསྐྱལ་བས། དེ་ན་འདུག་པའི་རྟ་ལ་ཞོན་ནས་ནམ་མཁའ་ལ་འཕགས་ཏེ། རྟ་དེ་སེང་གེའི་རྣམ་པར་བསྒྱུར་ནས་དཔོན་གུ་རུ་པ་ཞེས་པའི་གནས་བརྟན་གྱི་རྣམ་པས། ལག་པས་འགྲམ་པ་སྐྱོར་ཏེ་གླུ་ལེན་ཅིང་མགོ་སེ་ཡེ་རེ་ལ་རྒྱན་བརྒྱལ་ནས་སོང་ངོ་། །དེ་ནས་དཔྱལ་ལ་གཤེད་དམར་གྱི་དབང་ཞུས་མཚན་ཡང་རྣམ་རྒྱལ་རྡོ་རྗེར་བཏགས། དེ་ཕྱིན་ཆད་བདུད་ཀྱི་བར་ཆད་ཀྱིས་མ་ཚུགས་སོ། །གཞན་ཡང་བརྟག་གཉིས་ནཱ་རོ་འགྲེལ་ཆེན་མན་ངག་དང་བཅས་པ། བདེ་

མཆོག་གཞུང་ཕྲན་དང་བཅས་པ་གསན། བདེ་མཆོག་གི་དབང་ཞུས་པའི་ཚེ་དཀྱིལ་འཁོར་གྱི་དབུས་ནས་ངོ་མཚར་བའི་སྒྲ་ཐོས། ཤངས་ཁྲག་ཟགས་པས་ནད་དང་སྡིག་སྒྲིབ་བྱང་སྟེ་སྐུ་ལུས་བདེ་ཞིང་ཤེས་རབ་གསལ་བར་གྱུར། ས་སྐྱ་པཎྜི་ཏ་ནི་བྱང་ཐང་དུ་ཆོས་གྲྭ་ལ་བྱོན་པའི་ཚེ་མཇལ་བས། རིགས་བཟང་ལ་ན་སོ་གཞོན་ཞིང་ཤེས་རབ་ཆེ་བས་ཀུན་མཁྱེན་ལྟ་བུ་ཞིག་བསླབ་པར་བྱའོ་ཞེས་ཞལ་གྱིས་བཞེས། གཞུ་ཡོ་རྒྱན་དུ་ནག་པོ་པའི་དབང་སྒྲུབ་སྐོར། རྣམ་འཇོམས། ཨ་ར་པ་ཙ་ན་གསན། རྒྱང་འདུར་དུ་ཆོས་རྗེ་འཇམ་གསར་བའི་དྲུང་དུ་ཕར་ཚད་སོགས་མཚན་ཉིད་ཕྱོགས་ཀྱི་བཀའ་བསྟན་བཅོས་དུ་མ་དང་། ཁྱད་པར་དུ་དུས་འཁོར་འགྲོ་ལུགས་ཀྱི་དབང་རྒྱུད་བཤད་མན་ངག་གི་བཀའ་མ་ལུས་པར་མནོས་པས་མཁས་པའི་མཆོག་ཏུ་གྱུར། གཤེད་དམར་དང་སྒྲོལ་མ་ཡང་གསན། ཆུ་ཞིང་དུ་རྭ་འབུམ་སེང་གི་དྲུང་དུ་དུས་འཁོར་སོགས་རྭ་ལུགས་ཀྱི་ཆོས་སྐོར་མ་ལུས་པར་གསན། ལྷོ་མདོ་སྡེ་སེང་གེ་ལ། ཡོ་ག་དང་གསང་འདུས། པཎ་ཆེན་བི་བྷཱུ་ཏི་ཙནྡྲ་ལ་ཤ་བ་རའི་སྦྱོར་དྲུག །ཁྲོ་ཕུ་ལོ་ཙཱ་བ་ལ་མན་ངག་ཟབ་ཆོས་མང་པོ། ཆོས་རྒྱལ་འཕགས་པ་ལ་བདེ་དགྱེས་མཱ་ཡཱ་གུར་མགོན་རིགས་གཏེར་རྣམས་གསན། གཞན་ཡང་དཔྱལ་ཨ་མོ་གྷ་དང་། སྲིན་པོ་རི་བ་མཁན་པོ་འཇམ་དང་། སེང་གེ་ཟིལ་གནོན་ལ་སོགས་པ་བསྟེན་ནས་ཟབ་པ་དང་རྒྱ་ཆེ་བའི་ཆོས་ཀྱིས་ཕྱུག་པར་གྱུར། སྦྱོར་དྲུག་ལ་ཐུགས་དམ་རྩེ་གཅིག་ཏུ་མཛད་པས། རྡོ་རྗེའི་ཚིག་གྲུབ་ཅིང་མངོན་པར་ཤེས་པ་ཐོགས་མེད་དུ་མངའ། ཁྲུས་རྒྱ་གར་གྲགས་པ་དང་། སློབ་མ་གཞོན་ནུ་རྒྱལ་མཚན་གཉིས་ཧོར་དམག་གིས་ཁྱེར་བ་ལ། སྒྲོལ་མ་བཅོམ་འདོན་གྱི་ཚིག་མཛད་པས་སྒྲོལ་མའི་སྐུ་ནམ་མཁའི་ཁྱོན་གང་བ་ཞིག་གི་ལྟེ་བའི་ཁུང་ན་བྱིས་པ་གཉིས་པོ་མགོ་སྒུག་གེ་འདུག་པ་གཟིགས། ཞག་གསུམ་ན་ཁྲུས་ཐར་ལ་ཟླ་བ་གཅིག་ན་སློབ་མས་ཀྱང་ཐར་རོ།།

སྣར་ཕུའི་དགོན་པ་མཛོ་སྣང་གི་བུ་གཅིག་པོ་སོགས་ལྐུགས་ཕྱེ་མང་པོ་ལ་གསོས་བཏེས་མིང་བཏགས་པས་དེ་མ་ཐག་འགྲོ་འདུག་སྨྲ་བརྗོད་ཤེས་པར་གྱུར། ཐར་པ་གླིང་དུ་སྟོན་པ་གཞོན་བརྩོན་ཞེས་པ་རྨ་འབྲས་ཀྱིས་སྣག་ཁྲག་ཟགས་པས་གློ་སྙིང་མཐོང་བ་ཞིག་ལ་སྟོན་པས་རྩེར་མིང་བཏགས་ནས། སྟོན་པ་གཞོན་བརྩོན་སྟོན་པ་རྣ་རྩེར་རེད། །སྟོན་པ་རྣ་རྩེས་མི་ཁ་ར་ཐོ་བཤད། །ཅེས་སློ་གོང་ལ་བྲིས་པས་ནད་སོས། སོ་ན་བ་ལ་ཐབ་ཀྱི་སེར་ཀ་བསུབས་པས་ཕན་པ་དང་། སྨད་གཟེར་ན་བ་ལ་སློའི་གཟེར་ཕྱུང་བས་ཕན་པ་དང་། རྐང་པ་ན་བ་ལ་འོ་དོད་བོད་ཅིང་དབྱུག་བརྡུངས་བྱས་པས་ཕན་པ་དང་། བུ་ཚ་མ་ཐོན་པ་ལ་ཐད་ཀའི་གྲེང་ལ་བུག་པ་ཕུག་པས་ཕན་པ་དང་། སྨྱོ་བདུལ་བ་སོགས་གཞན་ཕན་མཐའ་ཡས་པ་མཛད། ཁྱད་པར་དུ་དུས་འཁོར་རྒྱུད་འགྲེལ་གྱི་བཤད་པ་དུས་ཆོས་སུ་མཛད་ཅིང་། སྦྱོར་དྲུག་གི་ཁྲིད་བསྐྱངས་པས་དུས་འཁོར་ལ་མཁས་པའི་སློབ་མ། སྲས་རྣམས་དང་། མན་ལུངས་གུ་རུ་ ཆོས་རྒྱལ་འཕགས་པ། ཁྲོ་ཕུ་རིན་པོ་ཆེ་བསོད་ནམས་སེང་གེ །དཔྱལ་ཨ་མོ་གྷའི་སྲས་ཉི་མ་དཔལ། ལ་སྟོད་པ་ཆོས་ལྡན་དང་། དབུས་པ་རྩུལ་དར། ལྷོ་བ་གྲུབ་སེང་། ཐང་སྟོན་ལོ་ཙྪ་བ་ལ་སོགས་པ་མང་པོ་བྱུང་། བསམ་ཡས་ནས་རྒོད་དཀར་ལ་ལ་བྱོན་པའི་ཚེ་ཚོམ་རྐུན་མང་པོ་བྱུང་བ་ལ། ལྟ་སྟངས་དང་སྡིགས་མཛུབ་མཛད་པས་རེངས་པ་སོགས་གྲུབ་པའི་མཚན་མ་བསམ་གྱིས་མི་ཁྱབ་པ་བསྟན་ནས། བརྒྱད་ཅུ་པ་ཆུ་ཕོ་རྟའི་ལོ་ཆོ་འཕྲུལ་ཆེན་པོའི་ཚེས་གསུམ་ལ་སྐུ་གཤེགས་སོ། །

དེའི་སྲས་ཆེ་བ་རྒྱ་གར་གྲགས་པ་རབ་ཏུ་བྱུང་པའི་མཚན་ནམ་མཁའ་དཔལ་ཞེས་པས་དུས་འཁོར་ལ་སོགས་པ་ཡབ་ཀྱི་ཡོན་ཏན་རྣམས་ཐུགས་སུ་ཆུད་ནས་དབེན་དམར་གྱི་གདན་ས་བཟུང་། གཙུག་ལག་ཁང་བརྩིགས། ཆོས་ཀྱི་བྱ་བ་རྒྱ་ཆེན་པོ་མཛད

ནས་མྱུ་ངན་ལས་འདས་སོ། །

སྲས་གཉིས་པ་བླ་མ་ཤེས་རབ་སེང་གེ་ནི་ལྟ་ཕུགས་མོ་ཕག་ལ་འཁྲུངས། ཡབ་ཀྱི་དྲུང་དུ་དུས་འཁོར་ལ་སློབ་གཉེར་མཛད་དེ། དགུང་ལོ་བཅུ་དྲུག་པ་ལ་གསུངས། ཉི་ཤུ་པ་ལ་ཐར་པར་བྱོན་ནས་དཔྱལ་བའི་ཆོས་རྣམས་ཞུས། ཉེར་གཉིས་པ་ལ་སྟག་སྡེ་སེང་རྒྱལ་གྱི་དྲུང་དུ་བྱོན་ཏེ་ལོ་ལྔའི་བར་དུ་ཕར་ཚད་ལ་སྦྱངས། །ཁྱད་པར་དུ་ཚད་མ་ལ་མཁས་པར་གྱུར་ཏེ་དབུས་གཙང་དུ་གྲྭ་བསྐོར་ཡང་མཛད། སུམ་ཅུ་པ་ལ་ཆོས་རྒྱལ་འཕགས་པ་དང་མཁན་པོ་མཆིམས་ཀྱི་དྲུང་དུ་རབ་ཏུ་བྱུང་སྟེ་བསྙེན་པར་རྫོགས་ནས་ཆོས་མང་དུ་ཞུས། མན་ལུངས་པ་ལ་དུས་འཁོར་གྱི་ཟབ་གནད་མང་པོ་གསན། ལོ་གྲགས་པ་གདན་དྲངས་ནས་རྡོ་རྗེ་ཕྲེང་བའི་དབང་དང་། འཇམ་དཔལ་རྩ་རྒྱུད་ལ་སོགས་པའི་རྒྱུད་དང་། སྨན་དཔྱད་ཡན་ལག་བརྒྱད་པ་གསན། དཔེན་དམར་གྱི་གདན་ས་བཟུང་ནས་དུས་འཁོར་གྱི་བཤད་པ་ཡུན་རིང་དུ་མཛད། གཞན་ཡང་ཐར་པ། ཁྲོ་ཕུ། བསམ་ཡས། སྟག་ལུང་། གཞུ་ཀུན་ར། ཞངས་རྩེ་གདོང་། སྟོན་མོ་ལུང་། གཡུས་དགའ་ལྡན་རྣམས་སུ་ཆོས་མང་པོ་གསུངས། ཞེ་གཅིག་པ་ལ་དཔེན་དམར་གྱི་གདན་ས་བླ་མ་རྡོ་རྗེ་རྒྱལ་མཚན་པ་ལ་བཏད་ནས། དམུ་རུ་ཕྱོགས་ཕེབ་སྟེ་ཞངས་འབར་བཏབ་ནས་གཞན་ཕན་རྒྱ་ཆེར་མཛད། ཏི་ཤྲི་ཀུན་བློ་སོགས་ས་སྐྱ་པའི་གདུང་རྒྱུད་མང་པོ་དང་། གཞན་ཡང་མི་ཆེ་བ་དང་མཁས་བཙུན་གྱི་སློབ་མ་མང་དུ་བྱུང་ཞིང་ཁྱད་པར་དུ་ལོ་ཙྪ་བ། ཡར། ཐར། སྤྱང་གསུམ། དཔལ་ལྡན་སེང་གེ །སྐྱི་སྟོན་གྲགས་པ་རྒྱལ་མཚན། ཀུན་མཁྱེན་འཕགས་འོད། དཔྱལ་ཨཱནྡ་ཤྲཱི་སོགས་དུས་འཁོར་ལ་མཁས་པའི་སློབ་མ་མང་པོ་བྱུང་ངོ་། །དེ་ལྟར་རང་གཞན་གྱི་དོན་མཐར་ཕྱིན་པར་མཛད་ནས་ཤིང་མོ་ཡོས་ཀྱི་ལོ་ལ་ཞངས་འབར་དུ་སྐུ་གཤེགས་སོ། །སྲས་གསུམ་པ་སློབ་

དཔོན་རྣལ་འབྱོར་གྱིས་ཡུལ་འཁོར་བསྐྱངས། སྲས་བཞི་པ་བླ་མ་ཨ་ཀཱ་ར་སིདྡྷི་ཞེས་པ་སྐྱེ་མེད་གྲུབ་པ་ནི། རྗེན་དགེ་བསྙེན། ཡབ་ལས་དུས་འཁོར་རྡ་འབྲོའི་ལུགས་གསན་པས་མཁས་པར་མཁྱེན། དཔྱལ་པ་དང་ས་སྐྱ་པའི་ཆོས་སྐོར་མ་ལུས་པ་མནོས། འཕར་སྤྱིལ་དུ་གཙོ་བོར་བཞུགས་ཏེ་སྦྱོར་དྲུག་ལ་ཐུགས་དམ་རྩེ་གཅིག་ཏུ་མཛད་པས་གྲུབ་པ་བརྙེས་ཏེ་མངོན་པར་མཁྱེན་པ་མངའ་བ་ཞིག་གོ །

དེའི་སྲས་བླ་མ་རྡོ་རྗེ་རྒྱལ་མཚན་དཔལ་བཟང་པོ་ནི་ཆུ་མོ་ལུག་ལ་འཁྲུངས། འཇམ་དབྱངས་རིན་རྒྱལ་བ་དང་། སློབ་དཔོན་ཤེར་རྒྱལ་ལ་མཁན་སློབ་ཞུས་ནས་དགེ་ཚུལ་མཛད། བླ་མ་ཤེས་རབ་སེང་གེའི་དྲུང་དུ། དུས་འཁོར་སོགས་རོང་ལུགས་ཀྱི་ཆོས་སྐོར་ཐམས་ཅད་ཞུས་པས་ཐུམ་པ་གང་བྱོར་མཁྱེན་ཅིང་ཁྱད་པར་དུས་འཁོར་ལ་མཆོག་ཏུ་མཁས་པར་གྱུར། བཅུ་དྲུག་པ་ནས་དབེན་དམར་གྱི་གདན་ས་བཟུང་། དུས་འཁོར་གྱི་བཤད་གྲྭ་བསྐྱངས། ཆོས་ལུང་མཁན་ཆེན་བཀའ་བཞི་པ་དང་། བསོད་གྲགས་པ་ལ་མཁན་སློབ་ཞུས་ནས་བསྙེན་རྫོགས་མཛད། ཐར་ལོ་ལས་ཙནྡྲ་པ་བསླབས། རྒྱ་གར། སེང་ཀླ་གླིང་། ཁ་ཆེའི་ཡི་གེའི་རིགས་ཐམས་ཅད་མཁྱེན། མངོན་པ་དང་། སྦྱོར་དྲུག་དང་སྒྲུབ་ཐབས་མང་པོ་གསན། ལས་སློབ་ལ་འདུལ་མཛོད་གསན། མ་ཧཱ་བོ་ལྷས་པ་སངས་རྒྱས་སྒོམ་པ་ལ་སྣང་ལོ་ཙྪ་བ་ནས་བརྒྱུད་པའི་རྡོར་ཕྲེང་གི་དབང་། གསང་འདུས། བདེ་མཆོག །ཡམ་འབྲས་གསན། སྲིའུ་ཆུང་པ་བློ་ལྡན་སེང་གེ་ལ་ཡོ་ག་གསང་འདུས་གསང་ལྡན་གདན་བཞི་སོགས་རྒྱུད་མང་པོ་གསན། བླ་མ་ཤེས་རབ་སེང་གེ་སྐུ་གཤེགས་ནས་ཤངས་འབར་ཡང་བཟུང་སྟེ་དུས་འཁོར་གྱི་བཤད་ཉན་ཡུན་རིང་པོ་མཛད། བཞི་བཅུ་པ་ལ་རྒྱ་ནག་ཏུ་བྱོན་ནས་རྒྱལ་བློན་རྣམས་ལ་དུས་ཀྱི་འཁོར་ལོའི་དབང་བསྐུར། འགྲོ་ཕན་རྒྱ་ཆེན་པོ་མཛད་ནས་ཞེ་གསུམ་པ་ཤིང་མོ་གླང་ལ་ཞི་བར

གཟིགས་སོ། །དེ་ལ་བུ་སྟོན་རིན་པོ་ཆེས་རྒྱུད་འགྲེལ་ཡན་ལག་དང་བཅས་པ་གསན་ཏོ། །

བླ་མ་རྡོ་རྗེ་རྒྱལ་མཚན་གོང་དུ་ཐེགས་རྗེས་དེ་དང་གདུང་གཅིག་པའི་བླ་མ་རིང་པ་བསོད་ནམས་ལྷུན་གྲུབ་ཀྱིས་གདན་ས་གཉིས་ག་བཟུང་སྟེ། དེ་ནི་བླ་མ་ཤེས་རབ་སེང་གེ་དང་སྐྱེ་མེད་གྲུབ་པ་དང་རྡོ་རྗེ་རྒྱལ་མཚན་རྣམས་ལ་རྒྱུད་འགྲེལ་ཡན་ལག་དང་བཅས་པའི་དབང་བཤད་མན་ངག་གི་བཀའ་ལེགས་པར་གསན། མཁས་ཤིང་གྲུབ་པ་བརྙེས་སོ། །

དེའི་སློབ་མ་རིང་པ་དཔལ་ལྡན་དབང་ཕྱུག་གྲགས་པ་ནི། བླ་མ་འདི་ལ་སེམས་འགྲེལ་སྐོར་ཆ་ལག་དང་བཅས་པ་གསན། བུ་རིན་པོ་ཆེ་དང་། དཔལ་ལྡན་བླ་མ་བསོད་ནམས་རྒྱལ་མཚན་ལ་ཡང་། དབང་རྒྱུད་མན་ངག་མཐའ་དག་གསན། ཀུན་མཁྱེན་ཆེན་པོ་ལ་སྦྱོར་དྲུག་གསན། དྲང་བའི་དོན་དང་ངེས་པའི་དོན་གཉིས་ག་ལ་མཁས་པ། གར་དབྱངས་ལ་སོགས་པའི་ཕྱག་ལེན་གྱིས་ཀྱང་གཞན་གྱི་ཡིད་འཕྲོག་པས། དཔལ་ལྡན་བླ་མས་ངག་གི་དབང་ཕྱུག་གྲགས་པ་ཞེས་མཚན་བཏགས། གསང་ཕུ་བྲག་ནག་ཏུ་བཞུགས་པས་བྲག་ནག་པར་གྲགས། རྩིས་ལ་ཡང་ཤིན་ཏུ་བྱང་། སྔགས་གར་སོགས་དཀྱིལ་འཁོར་གྱི་ཕྱག་ལེན་གྱི་རྒྱུན་ཡང་ཕྱོགས་ཀུན་ཏུ་ཤིན་ཏུ་དར། དབང་རྒྱུད་མན་ངག་མཐའ་དག་གི་སྒོ་ནས་སློབ་མ་དུས་འཁོར་ལ་མཁས་པ་མང་པོ་ཐོན། ཀྲོད་ཕྱུག་ཆོས་རྗེས་སྦྱོར་དྲུག་གསན་དུས་ཤ་ཝ་ར་དབང་ཕྱུག་དངོས་སུ་གཟིགས། དུས་འཁོར་སྐོར་གྱི་བརྩམས་ཆོས་མང་དུ་མཛད། མངོན་པར་མཁྱེན་པ་མངའ་ཞིང་གྲུབ་པ་བརྙེས། ཞལ་ནས་ཀྱང་། གཉིད་ཐམ་ཐུམ་ལོག་པའི་རྨི་ལམ་ན། །བྱང་ཤ་སྦ་ལ་དེར་ཕྱིན་པ་རྨིས། །རྒྱལ་པོ་འཇམ་དབྱངས་གྲགས་པ་དང་མཇལ་བ་རྨིས། །རྒྱུད་དུས་ཀྱི་

འཁོར་ལོ་དེ་ཐོས་པ་རྨིས། །ལྷོ་དཔལ་གྱི་རི་བོ་དེར་ཕྱིན་པ་རྨིས། །གྲུབ་ཆེན་རི་ཁྲོད་དབང་ཕྱུག་དང་མཇལ་བ་རྨིས། །སྦྱོར་བ་ཡན་ལག་དྲུག་ལྡན་དེ་ཞུས་པ་རྨིས། །རྨི་ལམ་བག་ཆགས་ཤིག་ཡིན་ཀྱང་ངོ་མཚར་ཆེ། །ཞེས་གསུང་། བསམ་ཡས་སུ་སྐུ་གཤེགས་པའི་ཚེ་གཙུག་ཏོར་མཐོན་པར་འཕགས་པ་ལས་བྱང་ཆུབ་ཀྱི་སེམས་དཀར་པོ་བྲུམ་པ་གང་ཙམ་ལྷུང་ཀྱིས་བྱུང་ཞེས་གྲག་གོ །

དེའི་སློབ་མ་ཡར་ཀླུངས་པ་ཆོས་ཀྱི་རྒྱལ་མཚན་པ་ནི། དགེ་སློང་བྱང་སེམས་རྡོ་རྗེ་འཛིན་པ་ཆེན་པོ། དཀའ་ཆེན་བཞི་སོགས་སྡེ་སྣོད་མཐའ་དག་ལ་ལེགས་པར་སྦྱངས། རྒྱུད་སྡེ་རྒྱ་མཚོའི་ཕ་རོལ་ཏུ་སོན། །ཁྱད་པར་དུ་བང་ཆེན་ཆོས་ཀྱི་དཔལ་བ། ངག་དབང་གྲགས་པ། ཞང་སྟོན་རྒྱ་བོ་གསུམ་ག་ལ་དབང་བརྒྱུད་བཤད་མན་ངག་མཐའ་དག་དང་། རིན་ཚུལ་བ་ལ་སྦྱོར་དྲུག་གསན་ཅིང་གྲུབ་ནས། བསམ་ཡས་ཀྱི་དབེན་གནས་འོད་གསལ་དཔལ་གྱི་བདེ་ཆེན་དུ་ཕྲིན་ལས་བསྐྱངས་པས་ཆོས་རྗེ་བསམ་ཡས་པར་གྲགས། དེའི་སློབ་མ་འབྲུལ་ཞིག་པ་སྟེ་རོང་ལུགས་སོ། །

༄ གྲུབ་ཆེན་མན་ལུངས་གུ་རུ་ནི། མན་ལུངས་པ་དྲན་སྟོན་མཐའ་བྲལ་ཞེས་པ་གཞུང་ལུགས་དུ་མ་ལ་སྦྱངས་པ་མཐོན་ཤེས་ཅན་དེས་དྲན་སྟོན་ཤེས་རབ་སེང་གེ་ལ་གསུངས་པ། ནུབ་ཕྱོགས་ནས་བུད་མེད་པདྨ་ཅན་ཞིག་འོང་བས་དེ་རྗེས་སུ་ཟུངས་ཤིག །དེ་ལ་བརྟེན་ནས་མ་འོངས་པའི་དུས་སུ་སེམས་ཅན་གྱི་དོན་རྒྱ་ཆེན་པོ་འགྲུབ་པ་ཡིན། ཞེས་དང་། ཚེ་གཞུག་རྒྱ་གར་དུ་སྐྱེལ་སྙིང་འདོད། །འཁྱོལ་ན་འཁོར་འདབ་ཅི་དགའ་གྱིས། །ཞེས་དང་པོ་ཏ་ལའི་ལམ་ཡིག་ཁྲི་ཕུ་ལོ་ཙྪ་བའི་ཕྱག་ནས་བྱུང་བ་དེ་མ་འོངས་པ་ན་ཁོ་བོ་ལ་དགོས་པས་དཔེ་སྒམ་དུ་སྦྲོས་ཤིག །ཅེས་གསུངས་ནས། ཡབ་དྲན་སྟོན་ཤེས་རབ་སེང་གེ་དང་། ཡུམ་མ་གཅིག་པདྨ་རིན་ཆེན་ཞེས་པ་ལུང་བསྟན་པའི་

མཚན་ཉིད་ཚང་བ་དེའི་ཐུགས་སུ་དྲན་སྟོན་མཐའ་བྲལ་ཉིད་སྐུ་སྐྱེ་བ་བཞེས་ཏེ། རོང་གཡུང་གི་སྟག་ལུང་དགོན་པར་ས་མོ་ཕག་གི་ལོ་ལ་ས་གཡོ་བ་དང་བཅས་ཏེ་སྐུ་བལྟམས། ཡབ་ཀྱིས་ཤེས་རབ་བསྐྱེད་པའི་ཚོ་ག་དང་དབང་གིས་སྨིན་པར་བྱས་ཏེ། མཚན་མར་མེ་མཛད་དུ་བཏགས། ལོ་དགུ་ན་ཡབ་གཤེགས་ཏེ། གྱི་རེ་ནས་ལྷ་རིན་ཆེན་རྒྱལ་པོ་གདན་དྲངས། ལུག་ལོ་དབྱིད་ཐའི་ཆོས་དྲུག་གི་ཉིན་སྔ་དྲོ་ཡབ་ཀྱི་གཤེགས་རྫོང་བྱས། ཕྱི་དྲོ་ལྷ་པའི་དྲུང་དུ་མཁན་པོ་གམ་ཉག་པ་བཀྲ་ཤིས་སེང་གེ །སློབ་དཔོན་རིན་ཆེན་རྒྱལ་མཚན་ལས་རབ་ཏུ་བྱུང་། མཚན་བསོད་ནམས་དཔལ་དུ་བཏགས། ལྷ་པའི་ཕྱུགས་ཕྱིར་གྱི་རེར་བྱོན་ནས་ལྷ་དེ་ཉིད་དང་། འབྲི་ཁུང་གཙུང་དང་། སློབ་དཔོན་ཁམས་པ་ལས། གཉོས་ལུགས་དང་འབྲི་ཁུང་པའི་ཆོས་མ་ལུས་པར་གསན། དེ་ནས་ལྷ་རིན་པོ་ཆེས་མན་ལུངས་པའི་གདན་སར་བསྐོས། དཀར་ལུང་པ་དཔལ་བཟང་པོ་ལ་དྲན་སྟོན་ཆེན་པོའི་ཞལ་གདམས་སོགས་མན་ལུངས་པའི་ཡབ་ཆོས་ཐམས་ཅད་དང་། གཞན་རས་ལ་ཀརྨ་པའི་ཆོས་སྐོར་གསན། ད་ལྟ་བདེ་མཆོག་སུ་མཁས་དྲིས་པས། དབུས་ན་དཀོན་ཡོན་དང་། གཙང་ན་དྲན་སྟོན་ཇོ་དབང་མཁས་ཟེར་བས། དེ་གཉིས་ལ་བདེ་མཆོག་གསན་པས། སྟོད་འགྲེལ་གྱི་རྫོགས་རིམ་གྱི་བཤད་པ་ལ་ཐུགས་མ་ཚིམ་སྟེ། འདིའི་དོན་སུ་མཁས་དྲིས་པས། རོང་དཔེན་དམར་ན་རྗེ་བཙུན་གྲྭ་ལོ་མཁས་ཟེར་བས། དེར་བྱོན་ནས་དུས་འཁོར་གྱི་དབང་རྒྱུད་འགྲེལ་ཆ་ལག་དང་བཅས་པ་དང་། རྒྱུད་སྡེ་མང་པོའི་དབང་རྗེས་གནང་། རྒྱུད་འགྲེལ་སྒྲུབ་ཐབས། བྱམས་པའི་ཆོས་ལྔ། སྤྱོད་འཇུག །འཇམ་གསར་བའི་ཕར་ཚད་ལ་སོགས་པ་མང་དུ་གསན་ཅིང་། ཁྱད་པར་དུ་སྦྱོར་དྲུག་འཆི་མེད་ཀྱི་རྩ་བ་ལག་ལེན་དང་བཅས་པ་ཟབ་ལམ་གྱི་གནད་མ་ལུས་པ་གསན་པས་ཐུགས་ལེགས་པར་ཚིམ། སློ་མོར་སྐྱ་ས་པ་དོན་

གྲུབ་ལ་དགྱེས་རྫོར་གསན། བླ་མ་ཐམས་ཅད་མཉེས་པ་གསུམ་གྱིས་མཉེས་པར་མཛད། མདོ་རྒྱུད་བསྟན་བཅོས་མཐའ་དག་ལ་མཁས་ཤིང་། རྒྱུད་ཀྱི་ངེས་དོན་ལ་མཆོག་ཏུ་མཁས་པར་གྱུར་ཏེ། མན་ལུངས་སུ་དུས་འཁོར་གཙོ་བོར་བཏོན་པའི་འདུས་པ་དང་བྲམས་པའི་ཆོས་ལྔ་སོགས་གཞུང་ཆེན་མོ་རྣམས་དགེ་འདུན་མང་པོ་ལ་གསུངས། བོད་བྱིན་དུས་མི་བདེ་བས་ཐུགས་ཕྱུང་སྟེ་ཕག་རི་རིན་ཆེན་སྒང་དུ་བྱོན། ལྷ་རིན་ཆེན་རྒྱལ་པོ་ལ་མན་ལུངས་ཕུལ་ནས་སྒྲུབ་པ་བྱེད་པར་ཞུས་པས། བླ་མས་ཤོལ་བཏབ་ཀྱང་སླར་སེམས་ལས་སུ་རུང་དགོས་པར་འདུག་གསུང་ནས་སྟེངས་པོ་ཆེར་ལོ་བཞི་དང་ཟླ་བ་ཕྱེད་དང་བརྒྱད་ལྷོས་མེད་བཞེས་སྦྱོར་དྲུག་ལ་ཐུགས་དམ་རྩེ་གཅིག་ཏུ་མཛད་པས་རྡོ་རྗེའི་ཚིག་གྲུབ་སྟེ། རྒྱལ་ཁམས་ཐན་པས་བསྒྲིགས་པ་ན། ཆར་ཕབ་ཅིག་གསུངས་མ་ཐག་ཆར་ཆེན་པོ་བབ་པ་དང་། གངས་ལ་མེ་སྦར་བ་དང་། ཨ་རུ་ར་སྔོན་པ་འཕྲལ་ལ་ཕྲུག་ཏུ་འབྱུང་བ་མཛད། དེ་ནས་ཚེ་གཅིག་ལ་བྱང་ཆུབ་སྒྲུབ་པར་རྒྱ་གར་དུ་འབྱོན་པར་ཐུགས་ཐག་བཅད་ནས། ལམ་གྱི་བར་ཆོད་བཟློག་པའི་ཆེད་དུ་ཞི་བའི་སྦྱིན་སྲེག་མང་པོ་མཛད། ཉེར་དྲུག་པ་མེ་བྱི་ལ་ལུགས་སྨད་ལྷུང་གསར་བ་བྱང་ཆུབ་དཔལ། རོང་གཡུང་གི་མདོ་མཁར་བ་རིན་བསོད། ལ་སྟོད་པ་འོད་ཟེར་སྙིང་པོ། མྱང་སྟོད་པ་བསོད་ནམས་མགོན་སོགས་ཕྲུགས་ཕྱིར་ཁྲིད་ནས་རྒྱ་གར་ལ་བྱོན་པས་ཆོལ་མིས་ས་སྐྱུར་ཟིན་ནས་ལྡོག་པར་ཞུས་ཀྱང་མ་གནང་བར་སྐྱི་རོང་དུ་འཕགས་པ་ཝ་ཏིའི་དྲུང་དུ་བྱོན། འཕགས་པའི་དབུ་ནས་མེ་ཏོག་གི་ཕྲེང་བ་འཕར་ཏེ་ཉིད་ཀྱི་དབུ་ལ་ཕོག །ཞབས་ལ་གསེར་གྱི་མེ་ཏོག་གི་ཚེར་མ་ཟུག་སྟེ་ཁྲག་མང་པོ་ཟགས་པས་ངའི་སྒྲིབ་པ་རགས་པ་ཟད་པ་ཡིན་གསུང་། བོད་ཅིག་ཁབ་ཀྱི་རྒྱལ་པོ་ཡང་དག་པའི་ལམ་ལ་བཀོད། དེ་ནས་བལ་པོར་ཕེབས་ཏེ་ཡེ་རང་དུ་གནས་པོ་ཨ་མ་ར་ཙཎྜ་ལ་བབས། འཕགས་པ་ཤིང་ཀུན་ཏུ་བྱོན་

པའི་ཚེ་སྤྲེའུ་རྣམས་ཀྱིས་བསུ་ཞིང་མེ་ཏོག་ཕུལ། དེར་མཆོད་པ་མཛད་པས་ས་གཡོས། འཇམ་ལིར་བྱོན་པས་མར་མེ་རང་འབར། རྫུག་སཾ་དུ་བྱོན་པས་འཕགས་པས་གོམ་པ་གང་ཙམ་ནུར་ཏེ་བསུས། ཧཱུཾ་ཀ་རའི་ལྷ་ཁང་དུ་བྱོན་པ་ན་ནམ་མཁའ་ལ་ཧཱུཾ་གི་སྒྲ་ཆེ་ལ་ཡུན་རིང་བ་ཞིག་བྱུང་བས་དྲུང་ན་གནས་པ་ཐམས་ཅད་རྣམ་པར་མི་རྟོག་པའི་ཏིང་ངེ་འཛིན་ལ་ཡུན་རིང་དུ་གནས་པ་བྱུང་། དེ་དུས་ཏེ་ར་ཧུ་ཏི་བ་དང་ཁུ་སྟོན་འབྲུགས་ནས་ལམ་མི་བདེ་བས་ཡ་ཙེ་ལ་བྱོན། རྒྱལ་པོ་ཨ་སོག་ལྷས་བླ་མར་བཀུར། དེར་འཛུལ་པ་ནམ་ཡེས་སྐུ་ཚབ་ལ་བཞག་ནས་རྡོ་རྗེ་གདན་དུ་བྱོན། བྱང་ཆུབ་ཆེན་པོ་ལ་མཆོད་ཅིང་སྒྲུབ་པ་མཛད། བདུད་འཇོམས་པའི་ལྷ་ཁང་གསོས། དེའི་དུས་དུས་འཁོར་བསྡུས་རྒྱུད་མཚན་བརྗོད་སེམས་འགྲེལ་གསུམ་ལ་དོན་ཁྱད་པར་ཅན་གསར་དུ་རྟོགས། དེ་དང་མཐུན་པའི་ཡི་གེ་རྣམས་ཀྱང་མཛད། སླར་ཡང་ཡོས་ལོ་ལ་བལ་པོར་ཕེབས། བོང་ཙོག་པའི་སའི་ཆ་དབེན་གནས་ལྷུམ་པ་སྐོར་དུ་ཐུགས་དམ་མཛད། དེ་དུས་རྒྱ་ལོའི་ཕྲས་ནམ་མཁའ་དཔལ་སོགས་དཔོན་གཡོག་སུམ་ཅུ་ཙམ་གྱིས་གདན་འདྲེན་ལ་སྐྱི་རོང་དུ་སླེབ། ཀུན་པོ་རྣམས་ཉེན་འགྲོ་བས་ངེད་སྐྱི་རོང་དུ་འགྲོ་གསུང་ནས་བྱོན། དེ་རྣམས་ཀྱིས་ཞུ་བ་ཞུ་རྟེན་དང་བཅས་པ་ཕུལ་བས་ལོ་གཅིག་གི་ཁོངས་སུ་ཕེབས་པར་ཞལ་གྱིས་བཞེས། བཀའ་ཤོག་མཛད་ནས་མན་ལུངས་ཀྱི་གདན་སར་སློབ་དཔོན་བསོད་ནམས་རྒྱལ་མཚན་བསྐོས། དེ་ནས་ལྷུགས་ཕོ་འབྲུག་ལ་ཕུག་རྫོང་དང་དཀར་ལུང་དུ་བྱོན་ཏེ་བླ་མ་དཔལ་བཟང་པོ་མཇལ། མན་ལུངས་དང་སྟེངས་པོ་ཆེར་ཡང་བྱོན། ལྷ་སར་བྱོན་ནས་མཆོད་པ་མཛད། དེ་དུས་ལམ་དུ་མཚུར་ཕུའི་དགོན་གཉེར་ཞིག་གིས་གཞན་ལ་བསྐོར་ནས་བསྙེན་བཀུར་ལན་བརྒྱད་ཞུས་ཀྱང་ཐུགས་མཁྱེན་གྱིས་མ་གསོལ། ལྷ་རིན་ཆེན་རྒྱལ་པོ་དང་རྗེ་བཙུན་རྒྱ་ལོ་སོགས་བླ་མ་རྣམས་མཇལ། དེ་ནས་ཕུག་རྫོང་དུ་ལོ་ངོ་

གསུམ་བཞུགས་ནས་ཐུགས་དམ་མཛད། དེ་དུས་མན་ལུངས་པ་རྣམས་ཀྱི་ཆོས་སྐལ་བྱེད་པ་ཡིན་གསུང་ནས། རྒྱུད་འགྲེལ་གྱི་བཤད་པ་དང་སྦྱོར་དྲུག་གི་ཁྲིད་མང་པོ་གནང་ཞི་བཞི་པ་ཆུ་ཕོ་རྟ་ལ་ཇོ་བཙུན་ཀྲ་ལོ་གཤེགས་པས་ཀུང་ཐུགས་བསྐུལ་ཏེ། ཁྱེད་རྣམས་མཚན་བརྗོད་མང་དུ་ཐོན། སུ་ཤི་བ་སྔ་བ་ང་དང་འཕྲད་པ་སྔ་བ་ཡིན་ཡན་པར་མི་འགྲོ་ཞེས་དང་། ང་དོན་ཆེན་པོ་སྒྲུབ་དགོས་པར་ཡོད་གསུང་ནས། ཡ་ཙེར་བྱོན་ཏེ་རྒྱལ་པོ་ཨ་སོག་ལྡེ་དང་། དེའི་མཆོད་གནས་པཎྜི་ཏ་རཏྣ་རཀྵི་ཏ་ལ་ཆོས་མང་དུ་གནང་། རོང་སྣར་པ་བྱང་ཡེས་སྐུ་ཚབ་ཏུ་བཞག་ནས། བྱང་ཆུབ་དཔལ། རིན་བསོད། སྟག་ཚལ་ལོ་ཙཱ་བ་གྲགས་པ་བྱང་ཆུབ། འོད་ཟེར་སྙིང་པོ། དཔལ་ལེ་རྣམས་ཕྱུགས་ཕྱིར་ཁྲིད་ནས་རྡོ་རྗེ་གདན་དུ་བྱོན། མཆོད་པ་དང་སྒྲུབ་པ་ལ་ནན་ཏན་དུ་མཛད། ང་འདིར་སྡོད་ཁྱེད་རང་རྣམས་བྱང་ཆུབ་གླིང་གི་རིའི་རྒྱབ་ཏུ་ལོ་བཅུ་གཉིས་སྒོམས་གསུང་། བླ་མ་དང་ནམ་མཇལ་ཞུས་པས། དཔྱིད་འབྲིང་ནག་པོའི་ཉ་འདི་དུས་ཁྱད་པར་ཅན་ཡིན་པས་མཆོད་པ་ཤོམས་ལ་གསོལ་བ་ཐོབ་དག་པའི་དབྱིངས་སུ་ངེས་པར་ཕྲད་འོང་གསུང་། བླ་མ་གཅིག་པོ་དེར་བཞུགས། གཞན་རྣམས་ཚད་པ་མ་ཐུབ་ནས་ཆུར་ལ་འོངས། དེའི་ཕྱི་ལོ་སྤྲེའུའི་ལོ་ལ། ཡར་ཀླུངས་ལོ་ཙཱ་བ་གྲགས་པ་རྒྱལ་མཚན། སྟག་ཚལ་ལོ་ཙཱ་བ་གྲགས་པ་བྱང་ཆུབ། ཞང་བསོད་ནམས་དར་སོགས་མི་དགུས་རྡོ་རྗེ་གདན་དུ་བྱོན། ཟབ་ལམ་གྱི་ཁྲིད་ཆ་ལག་དང་བཅས་པ་ཞུས། བོད་ལ་འབྱོན་པར་ཞུས་པས། ང་ཤྲཱི་ཧླ་ཙུ་ཀ་ཏ་ཀར་འགྲོ་བ་ཡིན་གསུངས་ནས་མ་གནང་། བྱ་ལོའི་དགུན་ཚན་བཞུགས་པར་ཞུས་ནས་ཁོང་རྣམས་བོད་ལ་བྱོན། ཞང་དེར་གུམ། གཞན་རྣམས་ཀྱིས་སློབ་དཔོན་བྱང་ཆུབ་དཔལ་ལ་ལན་རྣམས་སྤྲད། ཁོང་གིས་སློབ་དཔོན་རིན་བསོད་མན་ལུངས་སུ་བཏང་། མན་ལུངས་པ་རྣམས་ཀྱིས་གསེར་སྲང་ཉི་ཤུ་རྩ་བདུན་རིན་བསོད་ལ་བསྐུར་ནས

བརྗངས། བྱང་ཆུབ་དཔལ་བ་དཔོན་སློབ་དང་བཅས་པས་རྒྱ་གར་དུ་ཕྱིན། དེའི་བར་ལ་གྲུབ་ཆེན་ཉིད་ཀྱིས་བྱང་ཆུབ་ཆེན་པོའི་དྲུང་དུ་ཐུགས་དམ་ལ་རྩེ་གཅིག་ཏུ་བཞུགས་ཤིང་། ཁྱད་པར་ཞག་བཅུ་བདུན་གྱི་བར་དུ་ས་སྟེ་བཙུགས་ཏེ། འབྲས་ཉག་མ་གཅིག་དང་། བཏུང་བ་ཐིགས་པ་གཅིག་ཀྱང་མ་གསོལ་བར་བདག་ལ་ལུང་སྟོན་ན་ལེགས། མི་སྟོན་ན་འཆི་བའི་དུས་བྱེད་ཀྱང་བླའོ་ཞེས་དམ་བཅའ་བརྟན་པོ་མཛད། ཞག་བཅོ་ལྔ་ན་མ་ག་དྷའི་པཎྜི་ཏ་མུ་ཁ་ཏི་མཻ་ཏྲི་དང་། གནས་པོ་ར་མ་སོགས་ཀྱིས་དབུ་ལ་ཆུ་བླུག་པ་ཚོར་བ་ཙམ་བྱུང་། ཞག་བཅུ་བདུན་ན། བྱང་ཆུབ་ཆེན་པོའི་ཞལ་ནས། པོ་ཏ་ལ་ན་སྤྱན་རས་གཟིགས་འཁོར་བྱང་སེམས་མང་པོ་ལ་ཐེག་པ་ཆེན་པོའི་ཆོས་སྒྲ་རྒྱུན་ཆད་མེད་པར་སྒྲོག་པའི་དྲུང་དུ་ཚངས་པ་མཚུངས་པར་སྤྱོད་དུ་སོང་ཞིག །ཅེས་ལུང་བསྟན་དོན་དུ་ནི་སོར་བསམ་གྱིས་རླུང་དབུ་མར་ཞུགས་པའི་མཐུས་ལུང་བསྟན་ཐོབ་སྟེ། མ་ག་དྷའི་རྒྱལ་པོ་བུདྡྷ་སེ་ན་དང་། པཎྜི་ཏ་མུ་ཁ་ཏི་མཻ་ཏྲི་སོགས་མང་པོས་ཤོལ་བཏབ་ཀྱང་མ་ཐེབས་པར། བཀའ་ཤོག་ཅིག་བཞག་སྟེ། པཎྜི་ཏ་མུ་ཁ་ཏི་མཻ་ཏྲིའི་དཔོན་པོ་གོ་ཏ་མ་བྷ་དྲ་དང་། རྒྱ་གར་ཤར་ཕྱོགས་ཙནྡྲ་དྭི་པ་ཞེས་པ་ཟླ་བའི་གླིང་གི་བཙུན་པ་ཛེ་ཏཱ་རི་བྷ་དྲ་གཉིས་ཕྱུགས་ཕྱིར་ཁྲིད་ནས་ཤིང་མོ་བྱའི་ལོའི་སྨིན་དྲུག་གི་ཟླ་བའི་ཚེས་བརྒྱད་ལ་ལྷོ་ཕྱོགས་སུ་གཤེགས་སོ། །དེར་བླ་མ་བྱང་ཆུབ་དཔལ་ལ་སོགས་པ་རྣམས་ཀྱིས་ཟླ་བ་དེའི་ཉེར་དྲུག་ལ་རྡོ་རྗེ་གདན་དུ་སླེབ། བཀའ་ཤོག་གི་ལུགས་བཞིན་གསེར་རྣམས་ལ་རྡོ་རྗེ་གདན་དུ་མཆོད་པ་རྒྱས་པ་མཛད། བྱང་ཆུབ་དཔལ་བ་དང་། ལོ་ཙྪ་བ་གྲགས་པ་བྱང་ཆུབ་སོགས་ཀྱི་བཀའ་བཞིན་བལ་བོད་མཚམས་ཀྱི་བྱང་ཆུབ་གླིང་གི་རི་ལ་ཐར་པ་གླིང་ཞེས་པའི་དགོན་པ་བཏབ་ནས་ལོ་བཅུ་གཉིས་འདག་འབྱར་ལ་བཞུགས་ནས་ཐུགས་དམ་མཛད་པས་གྲུབ་པ་བརྙེས། བྱང་ཆུབ་གླིང་པ་ཞེས་གྲགས་ཏེ་གྲུབ་ཐོབ་ཀྱི་

བུ་སློབ་མང་དུ་འཕྲོན་ཏོ། །འོད་ཟེར་སྙིང་པོ་ནི་དཔེན་གནས་ལྟུམ་པ་བསྐོར་དུ་བཞུགས
ཏེ་གྲུབ་པ་བརྙེས་སོ། །གྲུབ་ཆེན་དཔོན་སློབ་གསུམ་གྱིས་རི་བྲག་ཤར་དང་། ཛམྦུའི་གླིང་
གི་གནས་ཆེན་པོ་བཞི་དང་བརྒྱད་དང་བཅུ་གཉིས་སོགས་གཟིགས་ནས། དཔལ་
འབྲས་སྤུངས་ཀྱི་མཆོད་རྟེན་ཆེན་པོར་བཞུགས་ཏེ་ཕྱག་མཆོད་བསྐོར་བ་དང་སྒྲུབ་པ་ལ
ནན་ཏན་དུ་མཛད་པས། སྐྱེ་བའི་ལས་ཟད་པའི་རྟགས་སུ་ཞབས་ལས་ཁྲག་མང་པོ་
ཟགས། དེ་ཚད་པ་དང་ད་ང་ལ་འཆི་བ་མི་འོང་གསུང་། བཟའ་བཏུང་བསམ་གྱིས་མི་
ཁྱབ་པ་གསོལ་ཡང་ཟག་པ་མི་འཛག །གཅིག་ཀྱང་མ་གསོལ་ཡང་མི་བཀྲེས། སྟག་ལ་
སོགས་པའི་གདུག་པ་ཅན་རྣམས་ཀྱིས་གུས་འདུད་བྱེད། ཚད་པ་ལ་སོགས་པའི་ནད་
ཀྱིས་མི་བརྫི། སྐུ་ལ་གྲིབ་མ་མེད། གཞན་གྱིས་དབུགས་ཕྱི་ནང་དུ་རྒྱུ་བ་མི་ཚོར། ཆུ་ལ་
མི་འབྱིང་། སྐུ་ལུས་ཡང་བས་ནམ་མཁའ་ལ་ཡང་ཐེགས། གྲུབ་པ་ཐོབ་པའི་སྙན་པས
ས་ཐམས་ཅད་དུ་ཁྱབ། པཎྜི་ཏ་མ་ལ་ཤྲཱིས་ཆོས་འབྱུང་རབ་གཟིགས་ཞེས་པ་ལ་སོགས
པའི་བསྟོད་པ་མཛད། དེའི་ཚེ་གོ་ཏ་མ་བྷ་དྲ་ལ། ཁྱོད་བོད་དུ་སོངས་ལ་ཤེར་ཕྱིན་སྟོང་
ཕྲག་བརྒྱ་པའི་ལུང་ལོང་། བོད་ཀྱི་དཔེ་ལས་རྒྱ་དཔེར་བསྒྱུར། ཛ་ཡ་པུ་རིར་དགེ་འདུན
གྱི་སྡེ་ཚུགས་གསུང་། དེས་ཀྱང་བཀའ་བཞིན་ས་ཕོ་བྱི་བ་ལོ་ལ་མན་ལུངས་སུ་ཕེབས།
མན་ལུངས་པ་དང་། ས་སྐྱ་པ་རྣམས་ཀྱིས་བཏྫངས་པའི་གསེར་གྱིས་རྟེན་སོ་བྱས་ནས།
རྒྱལ་པོའི་ཁབ་ཀྱི་ཛ་ཡ་པུ་རིར་ཐེག་པ་ཆེན་པོའི་དགེ་འདུན་གྱི་སྡེ་བཙུགས། རབ་ཏུ
བྱུང་པ་སུམ་ཅུ་རྩ་གསུམ་རེ་བཞུགས་ཏེ། མ་ག་དྷར་ཆོས་ཚུགས་བཟང་ཤོས་སུ་གྲགས
སོ། །གྲུབ་ཆེན་ཉིད་ཛེ་ཏཱ་རི་བྷ་དྲ་དང་ལྷན་ཅིག་འབྲས་སྤུངས་ནས་ལྷོ་ཕྱོགས་སུ་བ་ཀླཱི
ཀཱ་ཡ་ཞེས་པ་རིག་པ་མེད་པའི་གདུགས་ཅན་དུ་གྲགས་པ་དེར་བྱོན། དེ་ནས་ཀྱང་ལྷོར
རྡྷ་ན་ཀ་ཡ་ཞེས་པ་རྟེན་ཆུ་ནང་དུ་བཞུགས་པ་དེའི་གནས་སུ་བྱོན། སླར་ཡང་འབྲས

སྤྱངས་ཀྱི་མཆོད་རྟེན་དུ་བྱོན་ཏེ། པཎྜི་ཏ་སུ་ཙ་རི་བྷ་དྲ་སོགས་སྐལ་བ་དང་ལྡན་པ་མང་པོ་ལ། དུས་འཁོར་གསང་འདུས་བདེ་དགྱེས་ལ་སོགས་པའི་དབང་བསྐུར་རྒྱུད་བཤད། ཟབ་ལམ་གྱི་ཁྲིད་མང་དུ་གནང་སྟེ། རྒྱ་གར་ལྷོ་ཕྱོགས་སུ་སློབ་མ་གྲུབ་ཐོབ་མང་དུ་བྱུང་ཞིང་རྡོ་རྗེ་ཐེག་པ་དར་བར་མཛད་དོ། །དེའི་ཚེ་མས་བརྟན་གྱི་བདེ་བ་གྱེན་དུ་ཁ་བལྟས་ཏེ། རྣམ་སྨིན་གྱི་ལུས་མ་བོར་བར་མི་འགྱུར་བའི་བདེ་བས་རིག་པ་འཛིན་པའི་སྐུ་བརྙེས། ས་ཐོབ་འཇིགས་པ་ལྔ་དང་བྲལ། །ཞེས་པའི་ཡོན་ཏན་ཐམས་ཅད་རྫོགས། བྱང་ཆུབ་སེམས་དཔའི་སྤྱོད་པ་རླབས་པོ་ཆེས་རྫུ་འཕྲུལ་སྣ་ཚོགས་པ་འགྱེད། ཛོ་ཏཱ་རི་བྷ་དྲ་ལ་ཁྱོད་ཛམྦུའི་གླིང་གི་གནས་ཆེན་པོ་བཞི་དང་བརྒྱད་དུ་གྲགས་པ་རྣམས་ལྟོས་ལ་རྒྱ་ནག་རི་བོ་རྩེ་ལྔ་ལ་སོངས། སྔོན་གྱི་འབྲེལ་བས་འཇམ་དཔལ་གྱིས་རྗེས་སུ་འཛིན་པར་འདུག །ཁོ་བོ་ནི་རྗེ་བཙུན་སྤྱན་རས་གཟིགས་ཀྱི་དྲུང་དུ་ཚངས་པ་མཚུངས་པར་སྤྱོད་དུ་འགྲོ་གསུང་ནས་པོ་ཏ་ལར་གཤེགས་སོ། །དེ་ཚུན་ནི་ཛོ་ཏཱ་རི་ལ་སོགས་པ་ཕལ་ཆེར་གྱིས་མཐོང་ལ། ཕན་ཚད་ནི་སོ་སོ་སྐྱེ་བོ་དང་འགྲོགས་པའི་སྐལ་བ་མི་མཉམ་པས་བློའི་ཡུལ་ལས་འདས་ཏེ་འཕགས་པ་རྣམས་ཀྱི་སྤྱོད་ཡུལ་ཁོ་ནའོ། །ཛོ་ཏཱ་རིས་བཀའ་བཞིན་སྟོན་པ་བལྟམས་པའི་ས་ལུམྦི་ནཱི་ལ་སོགས་པ་གནས་རྣམས་བསྐོར་ནས་ལོ་རེ་ལྔ་ལོན་པ་ཞིག་ས་མོ་ཕག་གི་ལོ་ལ་བོད་དུ་བྱོན། ཐར་ལོས་སྔར་གྱི་ལོ་རྒྱུས་རྣམས་བསྒྱུར། མན་ལུངས་སུ་ཟླ་བ་གཉིས་བཞུགས། དེ་ནས་རི་བོ་རྩེ་ལྔ་ལ་ཐེགས་ནས་ལོ་ཤས་ཤིག་དེ་ན་བཞུགས་པ་དེར་གནས་པ་རྣམས་ཀྱིས་མཐོང་ལ་མཐར་ཡེ་ཤེས་ཀྱི་སྐུ་གྲུབ་བོ། །

སློབ་དཔོན་བསོད་ནམས་མགོན་ནི། སྦྱོར་དྲུག་བསྒོམས་པས་ཚད་པས་མི་བཟི་བར་གྱུར་ནས་རྒྱ་གར་དུ་བྱོན་ཏེ། རྡོ་རྗེའི་གདན་དུ་མཆོད་པ་ཕུལ། དེ་ནས་དཔལ་ལྡན་འབྲས་སྤུངས་སུ་བྱོན། དེ་ནས་ཀུང་གྲུབ་ཆེན་ལ་གཏད་དེ་ལྷོ་ཕྱོགས་ལ་

གཤེགས་སོ། །

ཡར་ཀླུངས་ལོ་ཙཱ་བ་གྲགས་པ་རྒྱལ་མཚན་ནི། ཆུ་ཕོ་སྟག་ལ་གསེར་བ་སར་འཁྲུངས། རྒྱ་གར་དུ་ཐེགས་ཏེ། ཀཱི་རྟི་ཙནྡྲ་སོགས་པཎ་གྲུབ་དུ་མ་བསྟེན་ནས་རྒྱུད་སྡེ་མང་དུ་གསན། མན་ལུངས་པས་དུས་ཀྱི་འཁོར་ལོའི་དབང་རྒྱུད་མན་ངག་མཐའ་དག་མནོས། སྤྱིར་ལྷོ་བལ་དུ་ལོ་སུམ་ཅུ་བཞུགས། བོད་དུ་ཕེབས་ནས་ས་སྐྱར་འཇམ་དབྱངས་བཞི་ཐོག་པ། བཅོམ་ལྡན་རིགས་རལ། རོང་པ་ཤེར་སེང་རྣམས་ཀྱིས་ཡོན་སྦྱར་ནས་འགྱུར་མང་པོ་མཛད་དེ། སྐད་གཉིས་གཞུང་ལུགས་ཉི་ཤུ་དྲུག །བོད་སྐད་རྐྱང་པ་སུམ་ཅུ་གཉིས། །སྟོན་ཚད་མ་བསྒྱུར་ཉི་ཤུ་བཞི། །བསྡོམས་ན་ལྔ་བཅུ་རྩ་བརྒྱད་དོ། །ཞེས་པ་ལྟར་རོ། །རྡོ་རྗེ་ཕྲེང་བ་སོགས་ཀྱི་དབང་མང་པོ་མཛད། ཕྱིས་ཡར་ཀླུངས་སུ་གཡའ་བཟངས་པ་དང་། རྗེ་བོ་གྲགས་པ་རིན་ཆེན་སོགས་ཀྱིས་བཏེག་ནས་གསེར་ཐང་ཕྲག་།ཁར་བཞུགས་ཏེ། དུས་འཁོར་གཙོ་བོར་གསུངས་པས། དུས་འཁོར་བ་བསོད་ཤེ་སོགས་རབ་ཏུ་བྱུང་བའི་དགེ་འདྲིམས་བརྒྱ་ལྷག་རེ་འདུས། འགྲོ་ཕན་དང་སྐུ་བསོད་ཤིན་ཏུ་ཆེ། མཐོན་པར་ཤེས་པ་ཐོགས་མེད་དུ་མངའ། དགུང་ལོ་བརྒྱ་དང་ལྔ་བཞུགས་ཏེ་གཤེགས་སོ། །གྲུབ་ཆེན་མན་ལུངས་པ་ཉིད་ཀྱིས་རོང་པ་ཤེར་སེང་། དེས་ཀུན་མཁྱེན་འཕགས་འོད། དེས་བུ་སྟོན་རིན་པོ་ཆེ་ལ་དབང་མདོར་བསྟན་དང་། མན་ལུངས་པའི་སྦྱོར་དྲུག་ཁྲིད་དང་བཅས་པ་གནང་ངོ་། །

ཡང་ལོ་གྲགས་པ། བླ་མ་གྲུབ་པ་དཔལ་བཟང་པོ། ཡོན་ཏན་རྒྱ་མཚོ། ཀུན་མཁྱེན་ཆེན་པོ་རྣམས་ལས་བརྒྱུད་དེ་མན་ལུངས་པ་ནས་བརྒྱུད་པའི་རྒྱུད་འགྲེལ་གྱི་བཤད་བཀའ་དང་། སྦྱོར་དྲུག་གི་མན་ངག་དང་ལོ་གྲགས་པའི་འགྱུར་གྱི་རྒྱུད་འགྲེལ་དང་། ལོ་གྲགས་པས་པཎྜི་ཏ་མང་པོ་ལ་གསན་པའི་གདམ་རྒྱུད། ཞལ་གདམས་རྣམས

ཀྱང་བྱུང་ངོ་། །ཡང་ལོ་གྲགས་པ། འབྱུང་གནས་རྒྱལ་མཚན། རི་སྟོན་བློ་ཆེན་འོད། སངས་རིན་པ། ཐམས་ཅད་མཁྱེན་པ་འགོས་ལོ་ཟླ་བ་རྣམས་བརྒྱུད་དེ་རྒྱུད་འགྲེལ་མན་ངག་དང་བཅས་པ་བྱུང་ངོ། །

ཆོས་རྒྱལ་འཕགས་པ་ནི། རྒྱ་ཡུལ་ནས་ཡར་ཕེབས་དུས་དུར་མིག་ཏུ་རྗེ་བཙུན་ཀྲྀ་ལོ་གདན་དྲངས་ནས་དབང་རྒྱུད་བཤད་མན་ངག་རྣམས་གསན་ཏེ་དུས་འཁོར་ལ་མཁས་པས་བསྟན་པའི་བདག་པོར་གྱུར་ཏོ། །

གངས་ཅན་འདིར་ཐུབ་པའི་བསྟན་པ་ཡོངས་སུ་རྫོགས་པའི་མངའ་བདག ཐམས་ཅད་མཁྱེན་པ་བུ་སྟོན་རིན་པོ་ཆེ་ནི། ཡབ་བྲག་སྟོན་རྒྱལ་མཚན་དཔལ་བཟང་པོ་ཞེས་པ་གདུང་རབས་བཅུ་བདུན་དུ་སྔགས་རྙིང་མའི་གྲུབ་ཐོབ་ཟམ་མ་ཆད་པའི་མཁས་གྲུབ་གཅིག་དང་། ཡུམ་སློབ་དཔོན་མ་བསོད་ནམས་འབུམ་ཞེས་པ་གསང་སྔགས་རྙིང་མའི་ཆོས་ལ་མངའ་བརྙེས་པ་ཞིག་གི་སྲས་སུ་ལྕགས་ཕོ་སྟག་ལ་ཤབ་སྨད་སྒོམ་གནས་སུ་སྐུ་བལྟམས། ཁ་ཆེ་པཎྜི་ཏ་ཤཱཀྱ་ཤྲཱིའི་སྐུ་སྐྱེར་གྲགས། འཇམ་དཔལ་བསྒྲུབས་པས་ཞལ་གཟིགས། དུས་ཕྱིས་ཀྱང་གཟིགས་རྟོག་མ་གྲུབ་པར་ཆོས་གསུང་བའི་ཚེ། ཡོན་ཏན་ཡེ་ཤེས་བཟང་པོའི་བསྟོད་གྲུབ་རེ་སྟོན་དུ་བཏང་ན་ཚིག་དོན་ཐམས་ཅད་གསལ་ལམ་མི་ཐུགས་ལ་འཆར། དགུང་ལོ་ལྔ་དྲུག་ནས་ཡུམ་གྱིས་ཀློག་སློབ་པར་བརྩམས་པ་ན་འདའ་ཀ་ཡེ་ཤེས་དང་སའི་སྙིང་པོ་འཁོར་ལོ་བཅུ་པ་ལ་སྦྱར་ཀློག་མཛད་པས་ཀློག་མཁྱེན་པ་དང་ཐུགས་ལ་ཟིན་པ་མཉམ་དུ་བྱུང་། མེས་བླ་ཆེན་ཚུལ་ཁྲིམས་དཔལ་བཟང་པོའི་ཕྱག་དཔེ་གཟིགས་པས་འདི་བསྟན་བཅོས་རྣམ་དག་གོ །འདི་ནི་མིན་ནོ་ཞེས་སོར་ཕྱེ་བས་མེས་པོ་འང་ཤིན་ཏུ་དགྱེས། ཡིག་རྩིས་བསླབས་པས་སློབ་དཔོན་ལས་མཁས་པར་གྱུར། བདུན་པ་ལ་ཁྲོ་ཕུ་རིན་པོ་ཆེའི་དྲུང་དུ་སེམས་བསྐྱེད་ཞུས་པས་བདག

པས་གཞན་གཅེས་ཀྱི་ཐུགས་བཅོས་མིན་དུ་འཁྲུངས། བརྒྱད་པ་ལ་ཁྲོ་ཕུར་རྗེ་དེའི་དྲུང་དུ་བདེ་མཆོག་དྲིལ་བུ་པའི་དབང་ཞུས་དུས་འདིའི་དགུ་ལ་ཕྱག་བཞག་ནས་འོ་འདི་ལ་ངའི་ངལ་བསོས་བྱེད་པ་ལགས་སོ་གསུང་། ཁྲོ་ཕུ་བའི་ཟབ་ཆོས་རྣམས་ཀྱང་གནང་། མེས་པོའི་དྲུང་དུ་གསང་སྔགས་རྙིང་མ་མང་དུ་གསན། བཟོ་སྨན་མཁྱུད་དཔྱད་མཁས་པར་མཁྱེན། བཅོ་བརྒྱད་པ་ལ་ལོ་ཆེའི་མཁན་བརྒྱུད་མཁན་པོ་རིན་ཆེན་སེང་གེ་དང་། སློབ་དཔོན་ཚད་མའི་སྐྱེས་བུ་བསོད་ནམས་མགོན་ལས་རབ་ཏུ་བྱུང་སྟེ་མཚན་རིན་ཆེན་གྲུབ་ཏུ་བཏགས། སློབ་དཔོན་དེའི་དྲུང་དུ་ཕར་ཕྱིན་གྱི་སློབ་གཉེར་ལ་ཞུགས་ཏེ་འདིའི་ཕྱོགས་སུ་ཤེ་ནའང་ཤེ་སྐམ་དུ་དགོངས་ཏེ། ཉིན་མཚན་དུ་གསོལ་དང་མནལ་གྱི་ལོང་མེད་པར་གསན་སྦྱང་ལ་འབད་པས་སྐུ་སེང་སེང་པོར་སོང་སྟེ་ཀུན་གྱིས་སྙིང་རྗེའི་གནས་སུ་བྱེད། གཞུང་ཊཱིཀ་ནག་འབུམ་ཐུགས་སུ་ཆུབ་ཅིང་། ཉི་སྣང་། བརྒྱད་སྟོང་འགྲེལ་ཆེན། བྱམས་པ་དང་འབྲེལ་བའི་ཆོས་སྡེ་ཉི་ཤུ་ལ་མཁས་པར་གྱུར་ནས། ཁྲོ་ཕུར་བཤད་གསར་མཛད་དེ་སྡེ་སྣོད་འཛིན་པ་རྣམས་རིགས་པས་ཟིལ་གྱིས་མནན། བོད་ན་ཀ་པ་ལི་འགྲེམས་པ་ཞིག་ལ་ཤེས་རབ་ཆེ་བར་གྲགས། དེ་ནས་མདོ་རྩ་དང་མེ་ཏོག་ཕྲེང་རྒྱུད་གསན་ཅིང་གཙོ་བོར་རྣམ་ངེས་ལ་སྦྱངས་པས་སྡེ་བདུན་མདོ་དང་བཅས་པ་ཚིགས་མེད་དུ་མཁྱེན། དེ་ནས་མངོན་པ་ཀུན་ལས་བཏུས་ལ་སྦྱངས་ཏེ། སུ་དྲེ་གཞུང་མདའ་ཚད་ཤོག་བུ་བདུན་དང་ཊཱིཀྐ་ཤོག་བུ་ལྔ་ཐུགས་སུ་འཛིན་པ་དང་། ཕྱི་དྲེ་བཤད་པ་རྒྱལ་བཤད་དུ་གསན་པས་ཟླ་བ་གཅིག་ལ་མཁས་པའི་ཕུལ་དུ་ཕྱིན། སྤྱོད་འཇུག་དང་རིགས་ཚོགས་སོགས་དབུ་མའི་སྐོར་རྣམས་ཀྱང་གསན། ཡང་རྗེ་བ་རིན་ཆེན་སེང་གེ་ལ་བདེ་མཆོག་སོགས་སྔགས་ཆོས་མང་པོ་གསན། ཉེར་གཅིག་པ་ལ་ཡབ་དང་ལྷན་ཅིག་དབུས་གཙང་གི་ཆོས་སྡེ་ཕལ་ཆེ་བར་གྲྭ་བསྐོར་ལ་བྱོན། དབུས་ནས་ཤཱཀ་གཞོན།

བཙན་དགོན་པ་བ། །ཁ་རག་བྱང་གཞོན། གཙང་ནས་དཔལ་ལྡན་སེང་གེ །འཇམ་སྐྱ་སོགས་ལུང་རིགས་ཀྱིས་བརྟུལ་བས་ཕ་སྟོན་བུ་སྟོན་དུ་གྲགས་ཤིང་ཁྱད་པར་དུ་རྗེ་འདི་གྲུབ་མཐའ་རྒྱ་མཚོའི་ཕ་རོལ་ཏུ་སོན་པས་མཁས་པའི་གྲགས་པས་ཐམས་ཅད་དུ་ཁྱབ། དེ་ནས་རྣམ་སྣང་པ་ཡོན་ཏན་རྒྱ་མཚོ་ལ་སྦྱོང་ཡུལ། དོན་གྲུབ་དཔལ་བ་ལ་བརྟག་གཉིས། །ཡབ་ལ་ཕྱག་རྡོར། གྲང་པོ་ལུང་བ་ལ་དོན་ཞགས། འཇམ་སྐྱ་ནམ་མཁའ་དཔལ་ལ་རྣམ་འགྲེལ་གསན། དེ་ནས་ཁྲོ་ཕུར་འཆད་ཉན་མཛད་དེ་ཕར་ཚད་མདོན་གསུམ་ལ་བཤད་པའི་རྐང་བཙུགས། ཉེར་གསུམ་པ་ལ་ཚོང་འདུས་མགུར་མོའི་བླ་བྲང་དུ། བཀའ་བཞི་པ་གྲགས་པ་གཞོན་ནུ། བྱང་སེམས་བསོད་ནམས་གྲགས། བསོད་ནམས་བཟང་པོ་དེ་ཆོས་ལུང་མཁན་པོ་གསུམ་གྱིས་མཁན་སློབ་མཛད། དད་པའི་དགེ་འདུན་ཉེར་གཉིས་ཀྱི་དབུས་སུ་བསྙེན་པར་རྫོགས། མཁན་སློབ་ལ་མདོ་རྩ། སོ་ཐར་གྱི་མདོ། ཀརྨ་ཤ་ཏཾ། བློ་སྦྱོང་རྣམས་གསན། དེ་ནས་ཐར་པ་གླིང་དུ་ཐར་ལོའི་དྲུང་དུ་ཟླ་བ་བཅུ་བར་མ་ཆད་པར་ལོ་བཞི་བཞུགས་ནས། ཀ་ཙན་གྱི་མདོ་བྱིངས་ཉེ་བསྒྱུར་ཨུ་ཎ་དང་། ཨ་མ་ར་ཀོ་ཥ་རྣམས་སཾ་སྐྲི་ཏའི་སྐད་དུ་ཐུགས་རྟེན་མཛད་ནས། དེ་རྣམས་འགྲེལ་པ་དང་བཅས་པ་ལ་ལེགས་པར་སྦྱངས། རྒྱ་གར་ཤར་ནུབ། ཁ་ཆེ། སེཧྐ་ལ། སེཧླ། རྒྱ་མཚོ་མཐའ་ལ་སོགས་པའི་ཡི་གེ་རིགས་མང་པོ་མཁྱེན། ལོ་ཙཱ་བྱང་བར་གྱུར། དེ་ནས་གསེར་གྱི་མཎྜལ་ཕུལ་ནས་ཟབ་ལམ་གྱི་ཁྲིད་ཞུས་པས་ཚིག་འདིའི་བདག་པོ་ཁྱེད་རང་ཡིན་པས་བགྱིའོ་གསུང་ནས། དཔེ་མེད་འཚོ་དང་ཤ་ཝ་རའི་གདམས་པ་གནང་སྟེ། འདག་འབྱུར་ཐུག་སྒོ་ཅན་དུ་བཞུགས་པ་ན། རྩ་རླུང་ཐིག་ལེའི་གནས་ཚུལ་མངོན་སུམ་དུ་གཟིགས། གཟུང་འཛིན་དབྱིངས་སུ་དག་ནས་ཡེ་ཤེས་ཆེན་པོའི་རྩལ་རྫོགས། རིན་ཆེན་སྣང་བ་དང་རིན་ཆེན་སྒྲོལ་མ་སོགས་ཏིང་ངེ་འཛིན་གྱི་སྒོ་དུ་མ་མངོན་དུ་གྱུར་ཏེ།

ཉམས་རྟོགས་མངོན་པར་ཤེས་པ་ཐོགས་པ་མེད་པ་འཁྲུངས། བླ་མ་ལ་སངས་རྒྱས་དངོས་ཀྱི་འདུ་ཤེས་ལས་ཐ་མལ་དུ་ནམ་ཡང་མ་མཐོང་གསུང་། དབང་མདོར་བསྟན། རྒྱུད་ཕྱི་མ། སེམས་འགྲེལ་གཉིས། དོན་དམ་བསྙེན་པ། ནཱ་རོ་པ། ཨ་ནུ་ཡ། བརྩོན་འགྲུས་དཔལ་གྱི་སྦྱོར་དྲུག །དབང་རབ་འབྱེད་ཀྱི་འགྲེལ་པ། སྙིང་པོ་རྒྱན། སཱ་དྷུ་པུ་ཏྲའི་སྒྲུབ་དཀྱིལ། ཉི་ཟླ་སྒྲུབ་པ། ཡེ་ཤེས་སྤྱན་སྒྲུབ། སྨྲས་པ་མིག་འབྱེད་ཐར་ལོ་ཉིད་ཀྱིས་མཛད་པའི་སྦྱོར་དྲུག་གི་སྐོར་སོགས་མང་དུ་གསན། དེ་ནས་དཔལ་ལྡན་སེང་གེའི་དྲུང་དུ། ར་འབྲིའི་དགོངས་པ་གཅིག་ཏུ་དྲིལ་བ་ལས། ཁྱད་པར་ཕྱག་ལེན་ར་ལུགས་གཙོ་བོར་བཏོན་པའི་དབང་ཞུས་པའི་ཚེ། བླ་མ་རྡོ་རྗེ་ཤུགས་དངོས་སུ་གཟིགས། གཞན་ཡང་བདེ་དགྱེས་སྐུ་འོད་རྡོ་རྗེ་ཕྲེང་བའི་དབང་སོགས་གསན། དེ་ནས་རོང་དབེན་དམར་དུ་བླ་མ་རྡོ་རྗེ་རྒྱལ་མཚན་པའི་དྲུང་དུ་བྱོན། ཟླ་བ་དགུ་བར་མ་ཆད་པར་བསྙེན་ནས། དུས་འཁོར་རྒྱུད་འགྲེལ་ར་འབྲིའི་བཞེད་ཚུལ་སོ་སོར་ཕྱེ་བའི་རྒྱུད་བཤད་མཛུབ་ཁྲིད་ཚར་གཉིས་ཆ་ལག་དང་བཅས་པ་གསན་ཏེ་ཚིག་དོན་གཉི་ག་ལ་མཁས་པར་གྱུར། བླ་མས་ཀྱང་འོ་ཆོས་བདག་པོ་ལ་འཕྲོད་ད་བློ་བདེའོ་གསུང་། དུས་ཕྱིས་ཀྱང་དུས་འཁོར་ཁོ་ན་ལ་ཐུགས་རྩིས་ཆེ་ཞིང་། གསུང་པའི་དུས་ནའང་འདི་དཔལ་དུས་ཀྱི་འཁོར་ལོ་བྱ་བ་གཞན་གྱི་རྒྱུད་འགྲེལ་བས་འདིའི་དཀྱིལ་ཆོག་ཀྱང་དཀའ། རྒྱུད་གཞན་གྱི་དཀྱིལ་ཆོག་པས་འདིའི་སྲུང་འཁོར་ཡང་ཆེན་ཆེ། འདི་འདྲ་བའི་ཆོས་སློབ་པ་ལའོ་ཡངས་ཞོར་གཤམ་ལ་ཤེས་པ་མི་འཆི། འདིར་བྱོན་ཅིག་གསུང་ནས་ས་རིས་ལ་སོགས་པ་རྣམས། དཔོན་སློབ་ཆོས་ཁྲིའི་ཁ་རུ་བསྒྲིགས་ནས་མཛད། བརྗེད་ཐོའི་དཔེ་ཆུང་དང་འཕྲུལ་འཁོར་གྱི་གནད་ལ་སོགས་པ་རྣམས་རྒྱུད་འགྲེལ་དང་བསྟུན་གྱིན་ཕྱག་ལེན་མཛད། འོ་སྐོལ་སྤྱགས་པ་ཀུན་ལ་ཕྲ་མོའི་ལག་ལེན་ཚུན་ཆད་ལ་དྲི་གཏུག་བྱེད་པ

ཞིག་རང་མ་བྱུང་ན། ཨོཾ་སོབ་སོབ་རེའི་དགེ་བཤེས་ལ་གཤའ་མ་མི་འཆི། དེས་ན་འདི་ལྟ་བུའི་རྒྱུད་ལ་སློབ་གཉེར་བྱེད་ན། ཁོལ་པོན་དུ་དཀའ་དཀའ་ལ་ནན་ཏན་ཆེན་པོ་འཚལ། མ་བདེ་བ་བྱུང་ན་དྲིས་ཤིག །ཆོས་ཟབ་ལ་རྒྱ་ཆེ་བ་སངས་རྒྱས་རྣམས་ཀྱིས་གསུངས། སྟོད་བྱེད་རྣམས་ཀྱིས་བསྟུས། པཎ་གྲུབ་རྣམས་ཀྱིས་བསྒྱུར། མཁས་པ་རྣམས་ཀྱིས་གཏན་ལ་ཕབ། བཤད་པའི་སྲོལ་མ་ཆག །དབང་གི་ཆུ་བོ་མ་ནུབ། ལྷད་མ་ཞུགས། འདྲེས་མ་ཁྱེར། དམ་མ་ཉམས། བཀའ་རྒྱུད་གྲུབ་ཐོབ་ཀྱི་ཟམ་མ་ཆད། བྱིན་བརླབས་ཀྱི་ན་བུན་མ་ཡལ། མདོ་རྒྱུད་འགྲེལ་པ་ཟབ་མོ་རྣམས་ཀྱི་ལྡེ་མིག །སངས་རྒྱས་སྲས་བཅས་ཐམས་ཅད་ཀྱི་སྤྱི་ལམ་འདི་ལྟ་བུའི་ཆོས་བཤད་ཉན་བྱར་ཡོད་པ་ཚོགས་བསགས་པ་ཡིན་པས་ང་རྒྱུད་མ་གཟན། རང་གཞན་གྱི་དོན་རྒྱ་ཆེན་པོ་མཛོད་ཅེས་ནན་ཏན་ཆེན་པོའི་སྒོ་ནས་གསུང་ཞིང་། དཀའ་བའི་གནད་རྣམས་ལ་དྲི་བ་ཞུས་པ་ལ་ཤིན་ཏུ་དགྱེས། ཛྙ་ལཀྵྨ་རི་པའི་དངོས་སློབ་པི་ཧྲུ་ཏི་དྣ་ལ་ལ་གཏུམ་མོ་དང་གེགས་སེལ་དང་། བར་ཕྱུག་རོང་པ་གཞོན་ནུ་གྲུབ་ལ་བཀའ་གདམས་པའི་ལུགས་མང་པོ་གསན། སོ་གཅིག་པ་ལ་སྐུ་ཞང་གྲགས་པ་རྒྱལ་མཚན་པས་གདན་དྲངས། ཞ་ལུ་གསེར་ཁང་གི་གཙུག་ལག་ཁང་དུ་ཕྱུགས་ཕབ་ནས་བཀའ་ཆེན་བཞི་ལ་བཤད་པའི་རྐང་མཛད་ནས་འཆད་ཉན་གྱི་གྲྭ་བཙུགས་པ་ན། གྲྭ་པ་འགའ་ཞིག་གིས་ཆགས་སྡང་གི་རྣམ་འགྱུར་མི་ཟད་པ་བསྟན་པ་ཞི་བའི་ཆེད་དུ་དབུ་མཛད་བཀྲ་ཤིས་བཟང་པོ་ལ་ཕར་ཕྱིན་གསན། འོན་ཀྱང་ད་དུང་མ་བཟློག་པར་སྤྱན་ལ་ཧེ་འུ་འཕེན་པ་སོགས་བྱས་པས། རང་ལ་མི་ཕན་གཞན་ལ་གནོད་པ་ཡི། །བདག་གིས་འཆད་ཉན་འདི་འདྲས་ཅི་བགྱི་ལགས། །ཟ་འདུག་འགྲོ་འཆག་ལ་སོགས་ཅི་བྱས་ཀྱང་། །གཞན་གྱི་ཁོང་ཁྲོའི་རྒྱུ་རུ་འགྱུར་ལ་སྐྱོ། །ད་ནི་ཚེ་ཡང་རིང་དུ་མི་གནས་ཤིང་། །ནང་གི་དབང་པོ་ཡོངས་སུ་མི་

གསལ་ལ། །སྐྱེ་འཆིའི་སྡུག་བསྔལ་ཤིན་ཏུ་བཟློད་པར་དཀའ། །ཙུང་ཟད་ཞེས་པ་ཉམས་ལེན་དུས་ལ་བབ། །གསུངས་ནས་རེ་ཞིག་ཐུགས་ལས་ཆུང་དུ་ལ་གཉེལ་བ་ན། སྐུ་ཞང་ཆེན་པོ་ཧབ་ཧབ་པོར་གྱུར་ནས་མ་རུངས་པ་རྣམས་སྲོག་གི་ཆད་པ་ལ་གཏུགས་པ་ན། དེ་རྣམས་ཀུང་འགྱོད་པས་ནོངས་པ་ཆགས་ཤིང་རྗེ་འདི་ཁོན་སྐྱབས་སུ་བསྟེན་ཏེ་མགྲིན་གཅིག་ཏུ་གསོལ་བ་བཏབ་པས། དེ་རྣམས་ཀྱི་འཇིགས་སྐྱོབ་དང་བསྟན་པ་ལ་དགོངས་ནས་སླར་ཡང་ཆོས་ཀྱི་འཁོར་ལོ་བླ་མེད་པ་བསྐོར། དེ་དུས་གྲུབ་ཐོབ་ཟེ་དམར་བ་ལ་བདེ་མཆོག་གསན། དེ་ནས་སྟོན་ཇོ་བོ་རྗེས་བྱིན་གྱིས་བརླབས་པའི་བསྟི་གནས། དེའི་མཆོད་རྟེན་ཡང་བཞུགས་པའི་ཞ་ལུ་རི་ཕུག་ཏུ་གཙུག་ལག་ཁང་དགེ་འདུན་གྱི་སྡེ་དང་བཅས་པ་བཞེངས། སྔར་རོང་པ་རྡོ་རྗེ་རྒྱལ་མཚན་ལ་དུས་འཁོར་གསན་པའི་དུས་སུ་གསང་འདུས་ཞེས་པ་ཞིག་བྱུང་ན་སློབ་ཞུས་པས། དེད་ཀྱི་མཆེད་གྲོགས་སློབ་དཔོན་འཕགས་པ་བྱ་བ་འཕགས་ཡོག་དུས་གསུམ་ལ་མཁས་པ་ཞིག་ལ་དག་ཕྱོགས་ན་ཡོད་གསུང་སྟེ་རྩད་བཅད་པས། ཕྱིས་སྐྱི་མཁར་ན་བཞུགས་པ་གསན་ནས་གདན་འདྲེན་བཏང་བ་ན། མནལ་ལམ་དུ་བུད་མེད་གཅིག་གིས་བུམ་པ་ཆུས་ཙུང་མ་གང་བ་ཞིག་དང་། རྣལ་འབྱོར་པ་ཞིག་གིས་རྡོ་རྗེ་དྲིལ་བུ་ཞིག་ཁྱེར་བྱུང་ནས། འདི་པ་སྟར་ཁྱེད་རང་གི་ཡིན་པ་ན་ཞིང་ནས་བྲག་རམ་ན་ཡར་ལ་ཕྱིན་ད་ཁྱེད་རང་ལ་གཏོད་པ་ཡིན་ཟེར་ནས་གཏོད་དུ་བྱུང་པ་རྨིས། ཐུགས་དགྱེས་ཆོར་དང་བཅས་པས་ཀུན་མཁྱེན་འཕགས་འོད་ཞ་ལུ་རི་ཕུབ་ཏུ་གདན་དྲངས་པས། ཁྱེད་ལ་རྒྱ་པའི་རྒྱ་ལུགས་དང་གར་བའི་གར་ལུགས་སོགས་ནས་དགོས་པ་དེ་མིན། འགག་འདྲ་བཤད །གཞན་ཤར་རྩེ་བཀླུགས་ནས་ཐོབ་ཆེ་བ་ཞིག་བགྱིའོ་གསུང་། བཤད་པ་རྡོ་རུས་ཐུག་པ་ཞིག་ཞུ་ཞུས་པས། ཨ་བ་སྙིང་ནས་རང་སློབ་ན་སྟོན་ལ་རིམ་ལྔའི་དམར་ཁྲིད་བགྱི་གསུང་ནས་དབང

དང་ཁྲིད་གནང་། དེའི་ཚེ་སངས་རྒྱས་བྱང་སེམས་མང་པོ་ཏིང་ངེ་འཛིན་གྱི་རྩེད་མོ་སྣ་ཚོགས་མཛད་པ་དང་། བསྐྱེད་རིམ་གྱི་དུས་སུ་ལྷ་སོ་གཉིས་ཀྱི་ཞལ་གཟིགས། རྫོར་བརླབས་ཀྱི་དུས་སུ་རྟགས་ལྔ་དང་རླུང་ལྔ་སོ་སོར་གསལ་བ་གཟིགས། སྐུ་ལུས་འཇའ་འོད་གྱུར་པ་ལ་ལྷ་སོ་གཉིས་ཀྱི་དཀྱིལ་འཁོར་དུ་གཟིགས། མནལ་འོད་གསལ་དུ་ཟིན། ཨོ་རྒྱན་དུ་བྱོན་ནས་ཡེ་ཤེས་མཁའ་འགྲོ་མ་དང་མཇལ། མངོན་དགར་བྱོན་ནས་རིན་པོ་ཆེའི་གཞལ་མེད་ཁང་ན་སངས་རྒྱས་སྟོང་གྲལ་བསྒྲིགས་སུ་བཞུགས་པ་གཟིགས། ཞིང་ཁམས་དག་པ་པདྨ་ན་ཉི་ཟླ་ལ་ཞོན་པའམ་འོད་ཟེར་ལ་འཇུ་བའམ། མཁའ་ལྡིང་ལ་ཞོན་པ་སོགས་བྱས་ནས་གང་འགྲོ་འདོད་པའི་ཡུལ་དུ་སླེབ་པ་སྙམ་བྱས་ན་མཐོང་གི་འདུག་གསུང་། མཚན་མོ་མནལ་ལམ་དུ་གསུང་རབ་གང་བཞེད་ལ་གཟིགས་རྟོག་མཛད་ནས་སང་དེ་ཚོགས་སུ་གསུང་། དེ་ནས་གསང་འདུས་འཕགས་སྐོར། ཡེ་ཤེས་ཞབས་ལུགས། དུས་འཁོར་ར་འབྲིའི་དབང་རྒྱུད་བཤད་མན་ངག་གི་བཀའ། ནཱ་རོ་པ། ཛ་བོ་རྗེ། ཤཱཀྱ་ཤྲཱི། ཤ་བ་རི། དཔལ་ཨ་མོ་གྷ། ཀྱི་ཧོ། ཏཻ་མི། ཀྲ་ཡོ། ཞང་ཚལ་པ། སྲིག་པ་ལུང་པ། མར་པ་བྱ་ཟེ་རྣམས་ཀྱི་སྐྱོར་དྲུག །ཨོ་རྒྱན་བསྙེན་སྒྲུབ་སོགས་སྐྱོར་དྲུག་རིགས་མི་འདྲ་བ་མང་པོ། བདེ་དགྱེས། གཤིན་རྗེ་གཤེད། སྒྱུ་དྲ། གདན་བཞི། མཱ་ཡཱ། གྲུབ་སྙིང་། ཡོ་ག ། བྱ་སྤྱོད་ཕལ་མོ་ཆེའི་དབང་བཤད་མན་ངག་གི་བཀའ་ཐམས་ཅད་ནོད། བླ་མ་འདི་ལ་རྡོ་རྗེ་འཆང་གི་འདུ་ཤེས་ལས་སྣང་ཅིག་ཀྱང་མི་གཡེལ། བླ་མས་ཀྱང་ཆོས་རེ་རེ་གསུང་བའི་གཤམ་དུ་ཆོས་བདག་པོ་ལ་འཕྲོད་དོ་གསུང་། སྤྱིར་བླ་མ་ཉི་ཤུ་རྩ་བརྒྱད་མངའ། མང་དུ་ཐོས་པ་རྒྱ་མཚོའི་མཐར་སོན་ནས། དབྱར་དགུན་གྱི་དུས་ཆོས་ལ། བཀའ་ཆེན་བཞི་སྤྱོད་འཇུག །འཕགས་ཡོག་དུས་གསུམ་ཞེས་པའི་ཐ་སྙད་མཛད་ནས་སྟོན་དཔྱིད་དུས་འཁོར་དང་གསང་འདུས་རྒྱུད་འགྲེལ། རྡོ་རྗེ་འབྱུང་བ།

སཾ་བུ་ཊི་རྣམས་རྒྱུན་དུ་གཙོ་བོར་གསུང་། གཞན་མདོ་རྒྱུད་ཀྱི་བཤད་ལུང་དབང་མན་ངག་ཐུག་པ་མེད་པ་ཞར་ཆོས་སུ་གསུང་། བསྟན་བཅོས་མང་དུ་མཛད་པ་ལས་དུས་འཁོར་གྱི་སྐོར་ལ། རྒྱུད་འགྲེལ་གྱི་མཆན། ས་བཅད། ཆོས་འབྱུང་། མཁས་པ་དགའ་བྱེད། ལག་ལེན་གྱི་རྩིས། རྒྱུར་རྩིས་ཀྱི་ལྷན་ཐབས། སྒྲ་རིག་མཁས་རྒྱན། མདོར་བསྡུས་དང་པོའི་ཊཱི་ཀཱ །ངེས་དོན་སྙེ་མ། ལྷན་སྐྱེས་དང་། ཐུགས་དཀྱིལ་དང་། ཡོངས་རྫོགས་ཀྱི་སྒྲུབ་ཐབས། བསྐྱོད་པ། དཀྱིལ་ཆོག །དེའི་ལྷན་ཐབས། མཆོད་གར། སྟགས་གར། སྟངས་སྟབས་བདུན་པ། རྒྱུད་མཆོད་བརྒྱུད་པའི་གསོལ་འདེབས། རབ་གནས། དུས་ཐ་མའི་ཆོ་ག །མཆོད་ཕྲེང་། གོ་ལའི་རྣམ་གཞག །ཞི་བ་དང་ལས་བཞིའི་སྦྱིན་སྲེག །ཐིག་རྩ། ཁོར་ཡུག་གི་ལྷ་འགོད་ཚུལ། དབང་མདོར་བསྟན་གྱི་ཊཱི་ཀཱ །ཁྲིད་ཡིག །ངོ་སྤྲོད། འགལ་སྤོང་རྣམས་མཛད། ས་སྐྱ་པ་དོན་ཡོད་རྒྱལ་མཚན་སྐུ་མཆེད་ཀྱིས་བརྟག་གཉིས་ལ་ཊཱི་ཀཱ་མཛད་པར་བསྐུལ་བ་ན། རྗེ་བཙུན་གྲགས་པ་རྒྱལ་མཚན་དང་ལན་གཉིས་མཇལ། རྗེ་བཙུན་གྱི་ཞལ་ནས་འདིའི་འགྲེལ་པ་བྱེད་པ་དེ་ལེགས། སྤྱིར་བཀའ་བསྟན་བཅོས་རྣམས་དང་། ཁྱད་པར་གསང་སྔགས་ཀྱི་བསྟན་བཅོས་ལ་ལུས་དག་དང་ཡང་སྨོས་སུའང་བསྟན་བཅོས་ལ་ང་རང་གིས་ལུས་དག་ཅིག་བྱ་སྙམ་ནའང་མ་གྲུབ། དེ་ཉིད་ཀྱིས་ལུས་དག་གྱིས་ཤིག་ཅེས་ལུང་བསྟན་པས། ག་རེ་བླ་མ་རྗེ་བཙུན་ཆེན་པོ་དང་མཇལ། ས་སྐྱ་པའི་ཆོས་རྣམས་དང་ཁྱད་པར་བརྟག་གཉིས་ལ་ང་བས་རྒྱུད་ཐག་ཉེ་བ་དེང་སང་མེད་སྙམ་དུ་དགོངས། འགྲེལ་པ་བྱ་བར་ལུང་བསྟན་གོང་མའི་ཡིག་ཆ་རྣམས་ལ་དགག་སྒྲུབ་བྱ་བར་བཀས་གནང་ཡང་བཏང་སྙོམས་སུ་བཞག་ནས་ལུང་འགྲེལ་མཛད། སྐུ་ཞང་ཆེན་པོའི་རྗེས་སུ་སྲས་ཀུན་དགའ་དོན་གྲུབ་ཀྱིས་སྦྱིན་བདག་བྱས་ནས། ཞ་ལུར་རྣལ་འབྱོར་རྒྱུད་ཀྱི་གཞལ་ཡས་ཁང་དུ་ལྷ་འབུམ་མཛད་དེ་

དཀྱིལ་འཁོར་ལྷ་བརྒྱ་ལྷག་ཡོགས་བྲིས་སུ་བྲིས། བསྟན་འགྱུར་བཞེངས་ཏེ་དཀར་ཆག་མཛད། དཔོན་ཆེན་རྒྱལ་བ་བཟང་པོས་ཤངས་སུ་གདན་དྲངས་ཏེ། མཆོད་རྟེན་དང་ལུགས་མའི་རྟེན་མང་པོའི་ཞལ་བསྐྲོས། སྤྱོད་རྒྱུད་ཀྱི་དཀྱིལ་འཁོར་བཞི་བཅུ་ལྷག །བྱ་རྒྱུད་ཀྱི་དཀྱིལ་འཁོར་སུམ་ཅུ་ལྷག་གི་ལྷ་འབུམ་མཛད་ནས་རི་མོར་བྲིས། རི་ཕུག་ཏུ་དུས་འཁོར་གྱི་སྐུ་རིན་པོ་ཆེ་ལས་གྲུབ་པ་སོགས་སྐུ་མང་པོ་དང་བཀའ་འགྱུར་དང་། བོད་ཀྱི་བསྟན་བཅོས་ཀྱང་ཕལ་མོ་ཆེ་བཞེངས། རྒྱ་གར། རྒྱ་ནག །བལ་པོ། ཧོར། ཡུ་གུར། སོག་པོ། འགའ། དབུས་གཙང་མངའ་རིས་ཁམས་ཀྱི་སློབ་མ་གྲངས་མེད་པ་སྨིན་གྲོལ་དུ་མཛད། འཇམ་དབྱངས་དོན་ཡོད་རྒྱལ་མཚན་སྐུ་མཆེད། བསོད་ནམས་བློ་གྲོས་སྐུ་མཆེད། ཆོས་ལུང་མཁན་ཆེན་བསོད་ནམས་གྲགས། ཀུ་ཤྲི་ཆོས་གྲགས་དཔལ་བཟང་པོ། ལོ་ཙྪ་བ་བློ་གྲོས་དཔལ་སོགས་མཁས་བཙུན་གྱི་སློབ་མ་མང་དུ་འདུས། བཀའ་ཆེན་བཞི། དབུ་སྤྱོད་རྣམས་ཀྱི་ཚིག་དོན་ལ་མཁས་པའི་སྟོན་པ་དང་། འཕགས་ཡོག་དུས་གསུམ། གུར་བརྟག་སཾ་གསུམ། ལོ་ནག་དྲིལ་གསུམ། སྒྲུ་ཐོད་གདན་གསུམ། དམར་ནག་འཇིག་གསུམ་སོགས་ལ་མཁས་པའི་ཕྱི་ནང་གི་རྡོ་རྗེ་སློབ་དཔོན་ཕལ་ཆེར་བ་དང་། བསྐྱེད་རྫོགས་ལ་བརྟན་པ་ཐོབ་པའི་རྣལ་འབྱོར་པ་དང་། ཀུ་ས་ལི་ལ་སོགས་པའི་སློབ་མ་བགྲང་གིས་མི་ལང་བ་ཐོན། ཞ་ལུར་ཚོགས་པ་སུམ་སྟོང་བརྒྱད་བརྒྱ། རི་ཕུག་ཏུ་སྒེ་སྟོད་འཛིན་པ་ཤ་སྟག་དང་། འདག་འབྱུར་ལུག་སྒོ་ཅན་ལ་བཞུགས་པའི་དགེ་འདུན་ལྔ་བརྒྱ་ལྷག་རེ་འདུས། སྟག་ཚལ། འོར་མོ། ཚ་མིག །བྲེ། འབྲས་ཡུལ། ཤངས། དཔེན་དམར་ལ་སོགས་པར་སྐྱེ་བོ་ཁྲི་ཕྲག་མང་པོ་ལ་སེམས་བསྐྱེད་གནང་། རྒྱ་གར་གྱི་རྒྱལ་པོ་པུ་ཏྲ་མལ་གྱིས་འཕྲིན་ཡིག་སྐྱེས་དང་བཅས་ནས་ཕུལ། ཆོས་ཟབ་མོའི་སྐྱེས་ལན་གནང་བས་གུས་པར་འཛིན། རྒྱ་ནག་ནས་རྒྱལ་པོ་ཐོ་གན་ཐེ་

སྤུར་གན་གྱིས་གདན་འདྲེན་གྱི་གསེར་ཡིག་པ་བཏང་བ་དབེན་པར་བཞུགས་པའི་ཐུགས་དམ་གྱིས་བཟློགས། གཤེད་དམར་གྱི་རྒྱུད་སོགས་གསུང་རབ་མང་པོ་ཞུ་ཆེན་མཛད་དེ་གཞི་ནས་བསྒྱུར། འགྱུར་བཅོས་དང་ཏོར་ཁོང་བསབ་པ་མང་པོས་བསྟན་པའི་སྲོག་ཤིང་མཛད། རེ་གཉིས་པ་ལ་གཡའ་ཕག་གཉིས་ཀྱི་འབྲུག་སྨྲམས་ལ་དབུས་སུ་བྱོན་པའི་ལམ་དུ་སྤུང་སྟོད་ཆུ་མིག་ར་ལུང་སོགས་སུ་ཆོས་མང་དུ་གསུངས། རྗེས་ཀྱི་མཁན་པོ་ནམ་མཁའ་རིན་ཆེན་སོགས་དགེ་སློང་དགེ་ཚུལ་མང་པོའི་མཁན་སློབ་མཛད། ར་སྒོ་ལྷ་བཙུན་གྱི་བུའི་ལྷུགས་ཕྱི། ཁ་རོ་དང་། ཡར་འབྲོག་སྣ་དཀར་རྩེ་ལ་སོགས་པར་སོ་ཐར་དང་སེམས་བསྐྱེད་མང་དུ་གནང་། ཡར་འབྲོག་མཚོ་མོ་ཆེ་ལ་བྱོན་དུས་གྲུ་ནང་དུ་འདུལ་བའི་དུས་གོ་མཛད། སྲིན་པོ་རི། གྲ་ཐང་། ཡར་ཀླུངས་རྣམ་རྒྱལ། སྣེ་གདོང་། དོ་སྟོན། ཁྲ་འབྲུག །བྲེ་གུ་དོ། འོལ་ཁ་ཚ་ཐང་རྣམས་སུ་སྔགས་མཚན་ཉིད་ཐེག་པ་ཆེ་ཆུང་གི་ཆོས་མང་དུ་གསུངས། དེ་ནས་དཔལ་ལྡན་བླ་མ་བསོད་ནམས་རྒྱལ་མཚན་དྭགས་པོ་ནས་གདན་འདྲེན་པའི་ཆེད་དུ་སྟོང་སྟེ་ལུང་པ་ནས་ཡུལ་མ་ལ་བརྒྱུད་དེ་ཐུ་དེ་ཡུལ་དུ་འབྱོན་པར་བརྩམས་པ་ན། ཡུལ་དེའི་ཁྲིམ་ཆེན་པོ་ཚོགས་པའི་ནང་དུ་གཙང་མོ་གཟུགས་མི་ཚད་ལས་ཉེས་འགྱུར་གྱིས་ཆེ་བ། གོས་ནི་ཨོཾ་ཁ་གྱོན་པ་རྒྱན་གྱིས་མཛེས་པ་གསུམ་བྱུང་ནས། ཀྱིའི་གྲོང་མི་རྣམས་ནངས་པར་ཡུལ་མ་རོང་ལ་སྐྱེས་བུ་དམ་པ་ཁྱད་པར་ཅན་འབྱོན་གྱིས་ཁྱེད་རྣམས་ཀྱིས་ཟམ་པ་འཛུགས་པ་དང་བསུ་སྐྱེལ་བྱས་ན་བསོད་ནམས་ཆེན་པོ་ཐོབ་པོ་ཟེར་ནས་མི་སྣང་བར་གྱུར་པས། ཀུན་ངོ་མཚར་ཏེ་ཐང་ཤིང་གི་ཟམ་པ་འཛུགས་པ་དང་ལམ་འཕྲང་བཅོས་ཚར་བ་ན། རྗེ་ཉིད་ཕེབས་ཏེ་དེ་རྣམས་ཀྱིས་ཟམ་པ་ལ་གདན་དྲངས་བྱིན་བརླབས་ཞུས། དེ་ནི་སྒྲོལ་མས་ཆུའི་འཇིགས་པ་ལས་བསྐྱབས་པ་ཡིན་གསུང་། དེ་ནས་དྭགས་པོ་མཁར་ལུང་བཟངས་སུ་ཕེབས། དཔལ་

ལྡན་བླ་མ་གདན་འདྲེན་པར་བརྩམས་པ་ན། རོང་མི་ཀུན་གྱིས་དམག་གིས་བཀག་པས་དཔུང་གི་ཁྲོད་དུ་ཐོག་བབས་ཏེ་སྟར་ཀའི་སྟོང་པོ་ཕྱེ་མར་བརླགས་པས་ས་སྐྱ་པའི་འདྲེ་བྱུང་ཟེར་ནས་སྐྲག་སྟེ་སླར་དད་པར་གྱུར། སྒྲུབ་པ་དང་། སྒོམ་ཆིགས་པ་སོགས་སྐྱེ་བོ་མང་པོ་ལ་སེམས་བསྐྱེད་གནང་། སྣམ་པོ་རིན་པོ་ཆེ་སོགས་དམ་པ་མང་པོའི་མཁན་སློབ་མཛད། དེ་ནས་དཔལ་ལྡན་བླ་མ་གདན་དྲངས་ནས་ཡར་བྱོན། གདན་ས་ཐེལ་དང་། བསམ་ཡས་སོགས་སུ་ལྷ་བཙུན་བསོད་ནམས་འོད་ཟེར་སོགས་དགེ་བཤེས་སྐྱེ་བོའི་ཚོགས་སྟོང་ཕྲག་མང་པོ་ལ་ཆོས་གསུངས། ཡེར་པ། གུང་ཐང་། འཕྲུལ་སྣང་། ར་མོ་ཆེ། མཚུར་ཕུ། དབུ་རི། གཞུ་ཀུན་ར། སྣེ་མོ། ཚ་མིག །གྲུ་བ་མདོ་ཕུག་ལ་སོགས་པ་གནས་བཤད་གྲྭ་སྒོམ་གྲྭ་ཆེ་ཆུང་རྣམས་སུ་ཕྱགས་མཚན་ཉིད་ཀྱི་བཤད་སྲོལ་ཕྱར་མེད་པ་རྣམས་སྲོལ་བཏོད། ཡོད་པ་རྣམས་དར་ཞིང་རྒྱས་པར་མཛད། སྐྱེ་རྒྱུའི་ཚོགས་འབུམ་ཕྲག་མང་པོ་ཐེག་པ་ཆེན་པོའི་ལམ་དུ་བཀོད་དེ། སླར་རི་ཕུག་ཏུ་ཕེབས་ནས་ཕྱར་བཞིན་དུས་ཆོས་རྣམས་དང་། སྦྱོར་དྲུག །རིམ་ལྔ། སྦྲོས་མེད། ཆོས་དྲུག །ངལ་གསོ། ཞི་བྱེད་སོགས་ཀྱི་ཁྲིད་བཀའ་དང་། རྒྱུད་སྡེ་བཞིའི་དབང་བཤད་བྱིན་བརླབས་ཀྱི་བཀའ་བར་མ་ཆད་དུ་གནང་། རི་གསུམ་པ་ལ་དཔལ་ལྡན་འབྲས་སྤུངས་ཀྱི་ཆག་ཚད་བསྒྱུར། རི་ཕུག་ཏུ་བྱང་ཆུབ་ཆེན་པོའི་མཆོད་རྟེན་བཞེངས། དཔོན་ཆེན་དབང་བརྩོན་སོགས་སྐྱེ་བོ་མང་པོ་བྱང་ཆུབ་ལ་བཀོད། ཧོར་རྒྱལ་བུ་པྲཛྙ་ཅིང་ཟེའུ་ཅིང་དབང་འཁོར་ཧོར་བརྒྱ་ཕྲག་དང་བཅས་པ་ལ་དུས་འཁོར་གྱི་དབང་གནང་ཟབ་ཆོས་ལ་སྦྱར། ཆོས་ཡོན་དུ་བཙོན་གསོད་ངེས་སྟོང་ཕྲག་མང་པོའི་སྲོག་བསྐྱབས། ཁྲི་ཕུར་ཁྲི་ལོའི་གདན་ས་མཛད་དེ་བཤད་གྲྭ་དང་སྒོམ་གྲྭ་བསྐྱངས། ས་སྐྱར་བྱོན་ནས་གདུང་རྒྱུད་པ་དང་སྡེ་སྣོད་འཛིན་པ་གནམ་གྱི་སྐར་མ་ཙམ་ཆོས་ཀྱིས་ཚིམ་པར་མཛད། ཁྲུ་སོ་དྲུག

པའི་དཔལ་མཆོག་རིགས་བསྡུས་ཀྱི་དཀྱིལ་འཁོར་བཞེངས་ནས་ཆོས་ཀྱི་རྒྱལ་མཚན་པ་ལ་དབང་བསྐུར། ལྷ་ཁང་ཆེན་མོར་རྡོར་དབྱིངས་ཀྱི་དཀྱིལ་འཁོར་བློས་བསླངས་རྒྱུ་རིན་པོ་ཆེ་ལས་གྲུབ་པ་རྩ་ཐིག་ཁྲུ་བཅུ་གཉིས་པའི་བཀོད་པ་མཛད་དེ་བཞེངས། རེ་བདུན་པ་ལ་ཞ་ལུའི་གདན་སར་ཐུགས་སྲས་ལོ་ཙཱ་བ་བསྐོས་ནས་རི་ཕུག་ཉིད་དུ་བཞུགས་ཏེ། ཁ་ཆེ་པཎྜི་ཏ་སུ་མན་ཤྲཱི་བྱོན་པ་ལ་སྤྱན་རས་གཟིགས་པདྨའི་དྲ་བ་གསན། ཆོས་ཀྱི་རྒྱལ་མཚན་པ། གུ་ཤྲི་ཀུན་དགའ་རིན་ཆེན། ཏའི་སི་ཏུ། འཇམ་དབྱངས་གུ་ཤྲི་རྣམས་ལ་དུས་འཁོར་གྱི་དབང་གནང་། ཏི་ཤྲི་བསོད་བློ་བ་ལ་རྡོ་རྗེ་ཕྲེང་བའི་དབང་གནང་། དུས་འཁོར་སོགས་ཕྱི་ནང་དཀྱིལ་འཁོར་མང་པོའི་ལོ་དུས་ཀྱི་སྒྲུ་མཆོད་ཆེན་མོའི་སྲོལ་བཙུགས། བོ་དོང་ཨེར་ཐུགས་སྲས་ལོ་ཙཱ་བ་དང་། ཆོས་ཀྱི་དཔལ་བ་དང་། ཆེ་འཇམ་སོགས་སྡེ་སྣོད་འཛིན་པ་མང་པོ་ལ་རྡོ་རྗེ་ཕྲེང་བ་སོགས་ཆོས་རྗེ་ཉིད་ལ་བཞུགས་པའི་དབང་ཐལ་མོ་ཆེ་གནང་། ཨེའི་གཙུག་ལག་ཁང་གི་རབ་གནས་མཛད། ཆུ་མིག །སྟག་ཚལ་རྫིང་ཁ། རིན་སྤུངས། མྱང་སྟོད་ལྕང་ར། སྟག་ཚང་རྫོང་ཁ། ཞུ་འབྲོག་གནས། ཤངས་མཐོང་སྨོན་སོགས་སུ་གདུལ་བྱ་མང་པོ་སྨིན་གྲོལ་ལ་བཀོད། གདན་ས་རི་ཕུག་ཏུ་གཙང་ཕྱོགས་ཀྱི་དགེ་འདུན་མཐའ་དག་བསགས་ནས། ང་དགའ་ལྡན་དུ་འགྲོ་བའི་ཕྱི་ཕྱག་ཡིན་གསུང་ནས་སྤྱིང་ཐག་མཛད། སྐབས་ཤིག་ཏུ་མདང་སུམ་རྨི་ལམ་ཤིན་ཏུ་བཟང་། དགའ་ལྡན་ནས་སྐྱས་རིང་གསུམ་བྱུང་བའི་དབུས་མ་ལ་བྱམས་པ་བྱོན། གཅིག་ལ་ངས་འཛོགས། གཅིག་ལ་སུས་ཕྱིན་ནམ་གསུང་། དོན་བཞི་པ་ལ། གྲ་པ་ཀློག་པ་བ་རྣམས་ཞ་ལུར་བརྫངས། སློང་བ་པ་རྣམས་ནང་མཚམས་བསྡམས། ཆོས་རྗེ་ཉིད་ཀྱང་མུན་ཁང་བསྒྲུབས་ནས་ཐུགས་དམ་ལ་རྩེ་གཅིག་ཏུ་བཞུགས། འབྲུག་ལོའི་དཔྱིད་སྐྱ་ཁམས་མཉེལ་བ་ན། རྒྱལ་སྲས་ཐོགས་མེད་པ་སོགས་དགེ་འདུན་མང་

པོས་གསེར་གྱི་མཎྜལ་ཕུལ་ནས་གསོལ་བ་བཏབ་པས། མདང་སུམ་ངའི་རྨི་ལམ་ན་རྣམ་ཐོས་ཀྱི་བུས་ནང་ཆོ་འགོགས་པ་ཡིན་ཟེར་ནས་ལུས་ལ་བསེ་ཁྲབ་ལྷ་བུ་མང་པོ་བཀོག་ནས་བསྐུར་གཏོང་གྱིན་གདའ་གསུང་ནས་སྐུ་ཁམས་དྭངས་ཏེ་གཏང་རག་གི་གཏོར་མ་མཛད་དོ། །སློར་ཏོར་ཟླ་ལྔ་པའི་གཞུག་ནས། ཅུང་ཟད་མཉེལ་ཏེ་དོན་ལྔ་པ་ཤིང་ཕོ་འབྲུག་གི་ལོ་ཟླ་བ་དྲུག་པའི་ཉི་ཤུ་གཅིག་གི་ཐོ་རངས་མེ་ཏོག་གི་ཆར་དང་བཅས་ཏེ་མྱ་ངན་ལས་འདའ་བའི་ཚུལ་བསྟན། ཉི་ཤུ་བདུན་ལ་གདུང་སྦྱངས་པས་རིང་བསྲེལ་ཡུངས་འབྲུ་ལྷ་བུའི་ཕུང་པོར་གྱུར་པས། རྒྱ་གར། རྒྱ་ནག །བལ་བོད་ཀྱི་ཕྱོགས་ཐམས་ཅད་དུ་ཁྱབ་པར་བྱས། ཞ་ལུར་ནང་རྟེན་རྗེ་བོའི་སྐུ་ཚད་མ། ཕྱི་རྟེན་གསེར་འབུམ། དབྱེན་འདུམ་པའི་མཆོད་རྟེན། གདན་ས་རི་ཕུག་ཏུ་སྐུ་འདྲ་རིན་པོ་ཆེ་རྣམས་བཞེངས་སོ། །བདག་ཉིད་ཆེན་པོ་འདི་ལ་བུ་སློབ་བསམ་གྱིས་མི་ཁྱབ་ཀྱང་མཆོག་ཏུ་གྱུར་པ་དུས་འཁོར་ལ་མཁས་པ་ནི། ཁ་ཆེ་པཎྜི་ཏ་སུ་མ་ན་ཤྲཱི། དཔལ་ལྡན་བླ་མ་དམ་པ་བསོད་ནམས་རྒྱལ་མཚན། ཐུགས་སྲས་ལོ་ཙཱ་བ། ཆོས་ཀྱི་དཔལ་བ་གཉིས། ལོ་ཆེན་བྱང་རྩེ། རྒྱལ་ཐང་པ། སྐྱབས་མཆོག་པ། ཁྱུང་པོ་ལྷས་པ། ཆོས་གྲགས་དཔལ་བ། ལོ་ཙཱ་བ་བློ་གྲོས་དཔལ། དབང་རྣོན་པ། འཇམ་དཀར་བ། དུས་འཁོར་བ་ཤཱཀྱ་དཔལ། ཚེ་འཛམ་པ། འཇམ་རིན་པ། གྲུབ་པ་དཔལ། གཞོན་གྲུབ། མགོན་དཔལ་བ། དབང་གྲགས་པ། དཔལ་ཆེན་པ་སོགས་བྱུང་ལ།

ཁ་ཆེ་པཎ་ཆེན་སུ་མན་ཤྲཱི་ནི། ཡོངས་སུ་རྫོགས་པའི་པཎྜི་ཏ་ཆེན་པོ་རྒྱུད་སྡེ་རྒྱ་མཚོ་ལ་མཁས་པ་དེས། རྗེ་འདི་ལ་འཕགས་ཡུལ་དུ་ཞ་ལུ་པཎྜི་ཏ་ཞེས་གྲགས་ཤིང་མཆོག་ཏུ་དུས་འཁོར་ལ་མཁས་པའི་སྙན་པ་གསན་ནས། དེ་ཞུ་བའི་ཆེད་དུ་ཞ་ལུར་ཕེབས་པ་ལ་དུས་འཁོར་གྱི་དབང་རྒྱུད་བཤད་སྦྱོར་དྲུག་གི་ཁྲིད་མ་ལུས་པར་སཾ་སྐྲི་ཏའི་

སྐད་དུ་གནང་བས། པཎ་ཆེན་དེ་མཆོག་ཏུ་དགྱེས་ཤིང་གུས་པ་ཆེན་པོས་ལེགས་པར་གསན་ནས། སླར་རྒྱ་གར་དུ་ཐེགས་ཏེ་དེའི་རྒྱུན་དར་བར་མཛད་དོ། །

དཔལ་ལྡན་བླ་མ་དམ་པ་བསོད་ནམས་རྒྱལ་མཚན་དཔལ་བཟང་པོ་ནི། ཡབ་བདག་ཉིད་ཆེན་པོ་བཟང་པོ་དཔལ་དང་ཡུམ་ཞ་ལུ་བ་གཞོན་ནུ་འབུམ་གྱི་སྲས་སུ་ཆུ་ཕོ་བྱི་བ་ལོ་ལ་ས་སྐྱར་སྐུ་འཁྲུངས། ཟླ་བ་གསུམ་ན་ཉན་ཆེན་བསོད་ནམས་བརྟན་པ་ལ་དྲིལ་བུ་པའི་དབང་དང་། དགུང་ལོ་གསུམ་པ་ལ་རོང་པ་ཤེར་སེང་ལ་གཤེད་དམར་གྱི་དབང་གསན། བརྒྱད་པ་ལ་བརྟག་གཉིས་གསུང་། བཅུ་གཅིག་པ་ལ་བླ་ཆེན་ཀུན་བློ་བ་ལ་དགེ་བསྙེན་མནོས། བཅུ་བདུན་པར་མཁན་ཆེན་བསོད་གྲགས་པས་མཁན་པོ། དཔལ་ལྡན་སེང་གེ་བས་སློབ་དཔོན་མཛད་དེ་རབ་ཏུ་བྱུང་། ཉི་ཤུ་པ་ལ་མཁན་སློབ་དེ་གཉིས་དང་། རིན་ཆེན་དཔལ་བཟང་པས་གསང་སྟོན་མཛད་དེ་བསྙེན་པར་རྫོགས། མནལ་ལམ་དུ་པཎ་ཆེན་ཤཱཀྱ་ཤྲཱི། ས་སྐྱ་པཎྜི་ཏ། ཕ་དམ་པ་རྣམས་དང་མཇལ། བླ་མ་རིན་ཆེན་དཔལ་བཟང་པོ་ལ་སྦྱོར་དྲུག་གསན་པས་སྟོང་གཟུགས་ཀྱི་འཇམ་དབྱངས་ལོངས་སྐུའི་རྣམ་པ་གཟིགས། བྲག་ཁ་བ་དང་། སྟོན་པ་ཆོས་དཔལ་བཟང་པོ་དང་། མཁན་ཆེན་བསོད་གྲགས་པ་ལ་སྦྱོར་དྲུག་གསན་པས་རླུང་རྩོལ་ལ་དབང་འབྱོར། བླ་མ་དཔལ་ལྡན་སེང་གེ །བྲག་ཕུག་པ་བསོད་ནམས་དཔལ། གཞོན་ནུ་དཔལ་བཟང་པོ། ཤང་བློ་གྲོས་བརྟན་པ། གན་པ་རིན་ཆེན་རྒྱལ་མཚན། བུ་སྟོན་རིན་པོ་ཆེ། མཁན་ཆེན་གཞོན་ནུ་མགོན་པོ། རྒྱལ་སྲས་ཐོགས་མེད་པ། ལོ་ཆེན་བྱང་རྩེ་རྣམས་ལ་བསྟེན་ནས། ཕར་ཚད་འདུལ་མངོན་དབུ་མ་སོགས་སྡེ་སྣོད་ཀྱི་གཞུང་ལུགས་རབ་འབྱམས་དང་། སྒྲ། སྙན་ངག །སྡེབ་སྦྱོར། མངོན་བརྗོད་ལ་སོགས་པ་ཐ་སྙད་ཀྱི་གཞུང་ལུགས་མང་པོ་དང་། ཁྱད་པར་དུ་གསང་སྔགས་ཀྱི་རྒྱུད་སྡེ་རྒྱ་མཚོའི་དབང་རྒྱུད་བཤད་མན་ངག་མཐའ་དག

ལ་ལེགས་པར་སྦྱངས་པས། མཁས་པ་ཟླ་མེད་པར་གྱུར། ཁྱད་པར་དུ་སྤྱང་ལོ་ལ་རྒྱུད་འགྲེལ་གསན་དུས་ཁྱེད་ཀྱིས་འདི་ཙི་ནས་ཀྱང་ལེགས་པར་མཁྱེན་པར་མཛོད་ཅིག་ཅེས་ངོ་དམ་ཆེར་མཛད་ནས་གསུངས་པས། སླད་མར་བུ་སྟོན་རིན་པོ་ཆེ་ལ་དུས་འཁོར་གྱི་དབང་རྒྱུད་བཤད་མན་ངག་དང་བཅས་པ་དང་། རྫོ་དེས་ཆོས་གསན་ནོ་ཅོག་མཐའ་དག་ཐུམ་པ་གང་ཕྱིར་གསན་པས་མཆོག་ཏུ་མཁས་པར་གྱུར། ཉེར་བདུན་པ་ལ་གོང་མའི་གདན་འདྲེན་ལན་གསུམ་བྱུང་ནའང་། འོད་ཟེར་ཅན་གྱི་མན་ངག་གིས་བཟློགས། སོ་གསུམ་པ་ལ་ཧོར་རྒྱལ་པོས་འཇའ་ས་དང་ཤེལ་དམ་བཞི་ཕྱུལ་ནས་བཞི་ཐོག་ཏུ་བཞུགས་སུ་གསོལ་ཏེ་བསྟན་པའི་མངའ་བདག་ཏུ་བཀུར། ཕར་ཚད་བརྟག་གཉིས་ལ་སོགས་པའི་བཤད་གྲྭ་བཙུགས། ལམ་འབྲས་ལ་སོགས་པའི་ཁྲིད་དང་དབང་གིས་གདུལ་བྱ་ཆིམ་པར་མཛད། སོ་དྲུག་པ་ལ་དབུས་སུ་ཕེབས་ཏེ། ཐེལ་དུ་སྤྱན་སྔ་གྲགས་པ་རྒྱལ་མཚན་པ་ལ་ཆོས་གནང་། བསམ་ཡས་ཞིག་བསོས་ཀྱི་གྲྭ་བཙུགས། སོ་བདུན་པ་ལ་ཡང་ཧོར་གྱི་གདན་འདྲེན་བྱུང་པས། ཏ་དབེན་བློ་གྲོས་རྒྱལ་མཚན་བཞི་ཐོག་ཏུ་བསྐོས། རྟ་ལ་ཆིབས་པ་སྤྱངས་ཏེ་ཞབས་ཐང་མཛད་ནས་བྱང་འདམ་གྱི་བར་དུ་བྱོན། སྟག་ལུང་པ་རཏྣ་ཨཱ་ཀ་ར་ལ་ཐུགས་བསྐྱེད་གནང་། གཡང་ལ་ལ་ཁ་བ་ཆེན་པོ་བབ་ཀྱང་ཐང་རྐྱང་མཛད་དེ་བྱོན་པས་རླངས་ཕྱུར་རེ་བྱུང་པས་ཀུན་ངོ་མཚར་དུ་གྱུར། རྔ་སྒྲེང་དུ་ཇོ་བོའི་བརྒྱ་དཔེ་རྣམས་གཟིགས་པས་འཇའི་གུར་ཕུབ། དགེ་འདུན་རྣམས་ལ་ཆོས་གསུངས་པས་མེ་ཏོག་གི་ཆར་བབ། དཔོན་སློབ་ཉི་ཤུ་ཙམ་གླང་ཤོད། འོལ་ཁ། དྭགས་པོ་སྨན་ལུང་། ཙྭ་དེ་ཡུལ་རྣམས་བརྒྱུད་དེ་རྫ་ཡུལ་གྱི་མཁར་ལུང་བཟངས་སུ་ཕྱུགས་ཕབ། ལོ་གཅིག་གི་བར་དུ་ཐུགས་དམ་འདག་འབྱུར་ལ་བཞུགས། བུ་སྟོན་རིན་པོ་ཆེ་གདན་འདྲེན་ལ་ཕེབས་པས། གཙང་དུ་འབྱོན་པ་ནི་མ་གནང་བར་དབུས་སུ་བསྐོར

ཅིག་ཕེབས། བླ་ཆེན་བསོད་བློ་བ་གདན་སར་བརྫངས། སླར་ཡང་དྭགས་པོར་ཐེགས། མ་གཅིག་བསྟུང་བའི་གདན་འདྲེན་བྱུང་བས་མགྱོགས་པར་བྱོན་ཏེ། པོ་དོང་ཨེར་ཡུམ་གྲུས་མཇལ། མ་གཅིག་འདས་པ་དག་པའི་ཞིང་དུ་འདྲེན་པར་མཛད། དེ་ནས་ས་སྐྱར་མཁས་བཙུན་སྟོང་ཕྲག་མང་པོ་ལ་དབང་དང་ལམ་འབྲས་ཀྱི་ཁྲིད་གནང་། དབུས་སུ་ཕེབས་ཏེ་ཉན་པོར་ཕར་ཕྱིན་གསུང་དུས། གྲོ་ས་ཀུན་མཁྱེན་པས་ཐུབ་པ་ཆེན་པོ་ཤར་ཕྱིན་གསུང་བར་མཐོང་། ཤེས་རྡོར་བས་ཆོས་རྗེ་ཉིད་འཛམ་དབྱངས་སུ་མཐོང་སྟེ། མཐུལ་གྱི་རྒྱན་གྱི་ཆེད་དུ་རང་ཉིད་ཀྱི་ལག་པའི་སོར་མོ་ལྔ་བཅད་པ་ན། ཆོས་རྗེ་ཉིད་ཧབ་ཧབ་པོར་བྱོན་ཏེ་དེའི་སོར་མོ་རྣམས་བསྒྲིགས་ཞལ་ཆབ་བཏབ། ན་རོ་མཁའ་སྤྱོད་ཀྱི་བྱིན་བརླབས་གནང་བས་དེའི་ནུབ་མོ་སོར་མོ་སྔོན་བཞིན་དུ་སོས། དེ་ནས་སྐྱེ་ཐང་དུ་བཞུགས་ནས་དགེ་འདུན་གྱི་ཚོགས་ཆེན་པོ་ལ་ཕར་ཚད། བརྟག་གཉིས། ལམ་འབྲས་སྦྱོར་དྲུག་རྣམས་གནང་། དེ་ནས་གདན་ས་ཐེལ་དུ་སྤྱན་སྔ་བ་སོགས་སྡེ་སྣོད་འཛིན་པ་མང་པོ་ལ་དུས་འཁོར་གྱི་རྒྱུད་བཤད་ལམ་འབྲས་སྦྱོར་དྲུག་སོགས་གནང་། དེ་དུས་ལོ་གཅིག་ཁོངས་སུ་བསམ་ཡས་ཀྱི་ཞིག་བསོས་མཐའ་དག་གྲུབ། རབ་གནས་ཀྱི་ཚེ་དགེ་འདུན་ཁྲི་ཕྲག་ལྷག་ཙམ་འདུས་ལྷའི་མེ་ཏོག་སྣ་ལྔ་པའི་ཆར་བབ། དེ་ནས་ས་སྐྱར་བྱོན་ཏེ་ཆོས་གསུང་བའི་སྐབས་སུ། ཧོར་གྱི་གདན་འདྲེན་པ་བྱུང་བས། དཔོན་སློབ་བཅོ་བརྒྱད་ཀྱིས་ཟླ་བ་གཉིས་ཀྱི་བར་དུ་ཉིན་མོ་བཞུགས་ཤིང་མཚན་མོ་འབྲོས་པའི་དཀའ་བ་སྤྱད་ནས། ཞི་བརྒྱད་པ་ལ་ཡང་མཁར་ལུང་བཟངས་སུ་བྱོན། དེར་ལོ་གཅིག་གི་བར་དུ་སྐུ་མཚམས་མཛད་ནས་སློབ་མ་མང་པོ་ལ་ལམ་འབྲས་དང་། སྦྱོར་དྲུག་གི་ཁྲིད་བཀའ་མང་པོ་ཐུག་སྒོ་ལས་གནང་། དུས་འཁོར་ཊཱི་ཀ་ཆེན་མཛད་པར་བརྩམས་པ་ན། མནལ་ལམ་དུ་བུད་མེད་སྔོ་བསངས་རྒྱན་དང་བཅས་པ་གཅིག་གིས་སྣག་སྨྱུག་གཏད་

ནས་ད་བྲིས་ཤིག་ཟེར་བྱུང་བས་མཐར་ཕྱིན་པའི་ལྟས་སུ་དགོངས། ལྔ་བཅུ་པ་ལ་བྲག་རིངས་ཞེས་པའི་གནས་སུ་སྐུ་འཁོར་བཞི་དང་བཅས་པ་ཟླ་བ་དྲུག་གི་བར་དུ་ཐུགས་དམ་ཁོ་ན་ལ་རྩེ་གཅིག་ཏུ་བཞུགས། སློབ་དཔོན་མཧཱ་ཤྲཱི་བས་སྐུ་ལུས་ཚུད་ཟད་རེམ་བཅགས་ན་སྐྱོན་མི་མཆི་ལགས་སམ་ཞུས་པས་ཧྲིང་ངེ་འཛིན་གནད་དུ་སོང་ན་དེ་ཉིད་ལུས་སྦྱོངས་སུའང་འགྲོ་བ་ཡིན་པར་འདུག་གསུང་། དེ་ནས་མཐའ་རྒྱས་སུ་བྱོན་ནས་ཟླ་ཆེན་བསོད་བློ་བ་གོང་དུ་བརྫངས། རྩེད་ཐང་བསམ་གཏན་གླིང་དུ་རྒྱལ་སྲས་ཐོགས་མེད་པ་དང་ལྷན་ཅིག་ཟླ་བ་གསུམ་ཐུགས་དམ་ལ་བཞུགས། སྣེ་ཐང་ཆོས་རྫོང་བཏབ་སྐྱེ། དེར་སེ་ཏུ་ཆོས་རིན་པས་ཞུ་བ་པོ་མཛད་ནས་སྡེ་སྣོད་འཛིན་པ་ལྔ་བཅུ་ཙམ་ལ་ཐུགས་རྩོམ་ཊཱི་ཀ་ཆེན་གྱི་སྟེང་ནས་དུས་འཁོར་གྱི་བཤད་པ་རྒྱས་པར་གནང་། ཁྲིད་རིམ་ཡང་རྒྱུན་མི་ཆད་དུ་གནང་། དེ་ནས་ཡང་ང་གསུམ་པ་ལ་མཁར་ལུང་བཟངས་སུ་ཕེབས་ཏེ། དུས་འཁོར་དོན་དུ་གཉེར་བའི་དགེ་བཤེས་མང་པོ་ཕྱུགས་ཕྱིར་བྱོན་པ་རྣམས་ལ་དུས་འཁོར་གྱི་བཤད་པ་རྒྱས་པ་དང་འཁྲིད་རིམ་རྣམས་གནང་། དེ་ནས་ལོ་གཅིག་ན་གོང་པོ་ནས་པར་དུས་འཁོར་ཐུགས་དཀྱིལ་གྱི་དཀྱིལ་འཁོར་བློས་བསླངས་བཞེངས། གོང་པོ་རལ་གསུམ་ག་ལ་ཕྱུགས་ཕབ་ནས་སྐྱེ་བོའི་ཚོགས་ཆེན་པོ་ལ་སེམས་བསྐྱེད་གནང་། ལོ་གཅིག་གི་བར་རྒྱ་བསྡམས། སྦྲུ་ཚུ་ལྷ་ཁང་དུ་འབུམ་ནག་དང་འབུམ་དམར་གཟིགས་པས་མི་རྟོག་གི་ཆར་བབ། འོ་ཐང་མཚོ་མོའི་ཡུལ་སྟེ་ལ་ཆུའི་གནོད་པ་བསྐྱུར། ང་དྲུག་པ་ལ་བོད་ཀླུངས་ལ་རྒྱུད་དེ་བྱར་བེལ་ཁ། ཕོ་བྲང་ཡངས་རྩེ་རྣམས་སུ་ཕེབས། གཉལ་ལྡེའུ་རར་དབྱར་ཆོས་ལ་བརྟག་གཉིས་དང་། ལམ་འབྲས་གནང་། གསེར་ཕྱེ་འབུམ་པའི་དྲུང་དུ་སེམས་བསྐྱེད་གསུངས་པས་ཐམས་ཅད་ཀྱིས་བཟུང་དུ་བཏུབ་པའི་མི་རྟོག་གི་ཆར་བབ། ལྷ་སར་ཇོ་བོ་རིན་པོ་ཆེ་ལ་ཁྲི་རྒྱབ་ཕུལ། སྣེ་ཐང་དུ་དུས་འཁོར་གྱི་

བཤད་པ་རྒྱས་པར་གསུངས་པས། རྣ་འབྲོ་ཤོད་འགྱུར་གྱི་དཔེ་འགྲེམས་བརྒྱ་ལྷག་བྱུང་དབུས་ཕྱོགས་ཀྱི་དུས་འཁོར་འཆད་ཉན་པ་གཅིག་ལ་དེ་ཉིད་སྡེ་སྣོད་འཛིན་པའི་ཚོགས་འདུ་ཆེ་བར་གྲགས། ཀླུང་ལྷས་ལ་སྐུ་ཚེའི་བར་ཆད་འོང་བ་མཁྱེན་ནས། གཡེ་གོར་གདོང་དུ་རྡོ་རྗེ་བཟླས་པ་འབུམ་ཕྲག་གཅིག་མཛད་པས་ལོ་ལྔ་སྐུ་ཚེ་བསྲིངས། མཁན་ཆེན་གྲགས་རྒྱལ་བ་ལ་རྡོ་རྗེ་ཕྲེང་བའི་དབང་གནང་། འཇམ་དབྱངས་གུ་ཤྲི་ལ་སྦྱོར་དྲུག་གནང་། བོ་དོང་ཨེར་དགེ་འདུན་བཞི་ཁྲི་ལྷག་འདུས་པ་ལ་ཆོས་ཀྱི་འཁོར་ལོ་བསྐོར་ཏེ་གསེར་ཞོ་རེའི་འགྱེད་གནང་། དེ་ནས་ས་སྐྱར་ཕེབས་ཏེ་ཚོགས་སུ་དུས་འཁོར་གྱི་ཆོས་འབྱུང་། མདོར་བསྡུས་དང་པོ་ཡན་གྱི་བཤད་པ། བརྟག་གཉིས་རྣམས་གསུངས། རྟེན་རྣམས་ལ་ཞིག་གསོས་མཛད། སྐུ་ཁམས་ཅུང་ཟད་མཉེལ་དུས་ཐུབ་པ་ཆེན་པོ་ལ་གནས་བརྟན་བཅུ་དྲུག་གིས་བསྐོར་བ་མངོན་སུམ་དུ་གཟིགས་མ་ཐག་བསྙུན་ལས་དྭངས། དེ་ནས་བོ་དོང་ཨེར་ལོ་ཆེན་བྱང་རྩེ་སོགས་གཙང་ཕྱོགས་ཀྱི་བླ་མ་རྣམས་ཀྱིས་ཐོག་དྲངས་སྡེ་སྣོད་འཛིན་པ་ཤ་སྟག་དང་བསྐྱེད་རྫོགས་ལ་བརྟན་པ་ཐོབ་པའི་རྣལ་འབྱོར་གྱི་དབང་ཕྱུག་མང་དུ་འདུས་པ་ལ་དུས་འཁོར་གྱི་བཤད་པ་རྒྱས་པ། ལམ་འབྲས། སྦྱོར་དྲུག །རིམ་ལྔ། སྤྲོས་མེད་ལ་སོགས་ཁྲིད་དབང་བྱིན་བརླབས་མང་དུ་གནང་། དེ་ནས་དཔལ་སྟེངས། ཆུ་མིག །སྣར་ཐང་། ཞ་ལུ་རྣམས་སུ་འང་ཆོས་ཀྱི་འཁོར་ལོ་བསྐོར་བཞིན་པར་བྱོན་ཏེ། དབུས་ཕྱོགས་སུ་ཕེབས། བསམ་ཡས་སུ་དགེ་འདུན་ཉི་ཁྲི་འདུས་པ་ལ་ཆོས་ཀྱི་འཁོར་ལོ་བསྐོར། གསེར་ཞོ་རེའི་འགྱེད་གནང་། རྗེ་འདིའི་བཀའ་འབུམ་ལ་པོ་ཏི་ཉི་ཤུ་རྩ་ལྔ་བཞུགས་པ་ལས་ཁྱད་པར་དུ་དུས་འཁོར་བསྐོར་ལ་བསྡུས་དོན་ཆོས་འབྱུང་། སྟོང་འཇུག་གི་རྩིས། སྦྱོར་དྲུག་གི་ཁྲིད་ཡིག །ངོ་སྤྲོད། སྲུང་འཁོར་གཉིས། མངོན་དཀྱིལ། ཐུགས་དཀྱིལ་མངོན་རྟོགས། རྣལ་འབྱོར་

མའི་མཆོད་ཆོག་རྣམས་སོ། །རྗེ་འདིས་དགེ་བསྙེན་དང་དགེ་ཚུལ་ལྔ་ཞིག །བསྙེན་རྫོགས་ཀྱི་སྡོམ་པ་ཕོག་པ་ལ་སྟོང་ཕྲག་ལྔ་ལྷག་པ་བྱུང་། སྡོམ་པ་འབོག་པ་དང་། དབང་བསྐུར་བ་དང་། རབ་གནས་རྣམས་ལ་སླ་ཆོས་གཏན་མི་མཛད། ཚུལ་ཁྲིམས་ཀྱི་དྲི་དང་ལྡན་ཁོ་བོ་བཅུ་བདུན་པ་ལ་རབ་ཏུ་བྱུང་ནས་ད་དའི་བར་དུ་ཚུལ་ཁྲིམས་གཙང་བར་བསྲུངས་པས་འདི་ངའི་ཕྲིན་ལས་ཀྱི་གཙོ་བོ་ཡིན་གསུང་། དུས་ཕྱིས་བོད་དུ་བྱུང་བ་གཅིག་ལ་མཁན་ཆེན་བུ་སྟོན་པའི་བརྩོན་འགྲུས་ལ་སུས་ཀྱང་མི་དོ། དེ་མ་གཏོགས་ང་ཡང་བརྩོན་འགྲུས་ཆུང་རྒྱུ་མེད་གསུང་། མཉམ་པར་མ་བཞག་པའི་ཐུགས་མི་མངའ་སྟེ། གཟིགས་རྟོག་གི་སྐབས་སུའང་ཕྱག་དཔེའི་སྟེང་དུ་སྟོང་གཟུགས་དུས་རྒྱུན་དུ་འབྱུང་གསུང་། བདག་ཉིད་ཆེན་པོ་འདིའི་ཞབས་གཉིས་ལ་འཁོར་ལོའི་མཚན་དང་ལྡན། སྐུ་ལུས་ལ་གྲིབ་བུའི་རིགས་མི་འབྱུང་། སྐྱེ་བོ་གཞན་ལས་མཆོག་ཏུ་གྱུར་པའི་གཟི་འོད་འབར། གསུང་སྙན་ཅིང་ཚངས་པའི་དབྱངས་དང་ལྡན་ནོ། །རི་གསུམ་པ་ལ་ཆོས་རྫོང་དུ་བླ་མ་གཞོན་རྒྱལ་བ་ལ་བདེ་བ་ཅན་ན་ས་ཆེན་ཡབ་སྲས་ཀྱང་བཞུགས་པས། སྔ་ཕྱི་ཀུན་ཏུ་དེར་སྐྱེ་བར་སྨོན་ལམ་བཏབ་པ་ཡིན་ནའང་། བྱམས་ཆོས་འདི་རྣམས་ལ་ཐོས་བསམ་བྱས་པའི་མཐུ་ཡིན་ནམ་དགའ་ལྡན་དུ་འགྲོ་བར་འདུག་གསུང་། དེར་སྡེ་སྣོད་འཛིན་པ་ཉེར་ལྔ་ཚན་པ་གསུམ་ལ་དུས་འཁོར་གྱི་དབང་རྫོགས་པ་དང་། དབང་མདོར་བསྟན་དང་། ལམ་འབྲས་དང་། སྦྱོར་དྲུག་གནང་། དེ་ནས་བསམ་ཡས་སུ་ཕེབས། མཁན་ཆེན་ཞི་བ་འཚོའི་དབུ་ཐོད་བླ་བྲང་དུ་གདན་དྲངས། ཉིན་རེ་བཞིན་བརྒྱ་ཕྲག་མཛད་ཅིང་སྨོན་ལམ་འདེབས། ཐོ་རངས་བུ་སྟོན་རིན་པོ་ཆེ་དང་རྡོ་རྗེ་རྣལ་འབྱོར་མ་བྱོན་ནས། བུ་སྟོན་པས་འདི་རང་མཁའ་སྤྱོད་ཡིན་ནོ་གསུང་བ་བྱུང་། དེ་བཞིན་གཤེགས་པའི་སྐུ་གཟུགས་མང་པོས་ཞིང་གང་བ་གཟིགས། ལོ་ཙཱ་བ་ནམ་མཁའ་བཟང་

པོ་ལ་ཆག་ལོ་ཙཱ་བ་དེ་ལ་རྣམ་ཐར་བཟང་པོ་ཡོད་པས་ལྷོས་ཤིག་གསུང་། རི་བཞི་པ་ཡོས་ལོ་ཟླ་བ་དྲུག་པའི་ཉི་ཤུ་ལྔ་ལ་ས་གཡོ་བ་དང་། མེ་ཏོག་གི་ཆར་འབབ་པ་དང་བཅས་པའི་ཆོ་འཕྲུལ་བསྟན་ཏེ་དགའ་ལྡན་དུ་གཤེགས་སོ། །དེ་དུས་ཀྱི་མཁས་བཙུན་རྣམས་དང་། ཁྱད་པར་དུ་དུས་འཁོར་སློབ་ཐལ་མོ་ཆེ། རྗེ་དེའི་སློབ་མར་མ་གྱུར་པ་མེད་པས་བགྲང་བར་མི་དཔོགས་ལ།

ཁྱེ་བྲག་ཏུ་མཚུངས་མེད་གཞོན་ནུ་གྲགས་པ་ནི། འཕན་ཡུལ་དུ་སྐུ་འཁྲུངས། གཞུང་ལུགས་མང་པོ་ལ་ལེགས་པར་སྦྱངས། ཁྱད་པར་དུ་འདུལ་མཛོད་ལ་མཆོག་ཏུ་མཁས། གནས་བརྟན་ཆེན་པོ་ཚུལ་ཁྲིམས་ཤིན་ཏུ་གཙང་བ། རྒྱལ་སྲས་ཐོགས་མེད་པ་ལ་ཐུགས་བསྐྱེད་དང་བློ་སྦྱོང་གསན་པས་བྱང་ཆུབ་ཀྱི་ཐུགས་འབྱོངས། བུ་སྟོན་རིན་པོ་ཆེ་ལ་དབང་དང་གདམས་ངག་མང་དུ་མནོས་ཤིང་། ཁྱད་པར་དུ་དཔལ་ལྡན་བླ་མ་མཁར་ལུང་བཟངས་སུ་བཞུགས་པའི་དྲུང་དུ། དུས་ཀྱི་འཁོར་ལོའི་དབང་དང་སྦྱོར་དྲུག་གསན་པས་སྒྱུ་མ་ལྟ་བུའི་ཏིང་ངེ་འཛིན་མངོན་དུ་གྱུར། ཁྲབ་ལ་ཁར་འདུལ་མཛོད་དུས་ཆོས་སུ་གསུང་ཞིང་། རང་ཉིད་ཟབ་ལམ་གྱི་ཐུགས་དམ་ལ་གཙོ་བོར་བཞུགས་ཏེ་རང་གཞན་གྱི་དོན་རྒྱ་ཆེན་པོ་མཛད་དོ། །དེ་ལ་འབྲུལ་ཞིག་པ། ཡང་། དཔལ་ལྡན་བླ་མ། ངག་དབང་གྲགས་པ། ཆོས་ཀྱི་རྒྱལ་མཚན། འབྲུལ་ཞིག་པ་སྐྱེ། དེ་ལ་བདག་གི་བླ་མ་དུས་ཞབས་པས་དཔལ་ལྡན་བླ་མའི་སྦྱོར་དྲུག་གི་ཁྲིད་ཡིག་ངོ་སྤྲོད་དང་བཅས་པ་དང་། སྤྲོན་ལུགས་ཀྱི་གདམས་པ་རྣམས་གསན་ཏོ། །ཡང་རྒྱ་མ་བ་ཡོན་ཏན་འོད་ཀྱིས་དཔལ་ལྡན་བླ་མ་ལས་དུས་འཁོར་གྱི་དབང་རྒྱུད་བཤད་མན་ངག་དང་བཅས་པ་གསན་པས་མཁས་ཤིང་གྲུབ་པ་བརྙེས། དེ་ལ་ཤངས་པ་ཀུན་མཁྱེན་ཤེས་རབ་དཔལ་བཟང་པོ། དེ་ལ་ཐམས་ཅད་མཁྱེན་པ་འགོས་ལོ་ཙཱ་བས་དཔལ་ལྡན་བླ་མའི་ཊཱིཀ་ཆེན་ངེས་དོན་

གསལ་བྱེད་ཀྱི་ལུང་གསན་ཏོ། །

ཐུགས་སྲས་ལོ་ཙཱ་བ་ནི། སྟགས་འཚང་ཞིག་གི་བུ་མོའི་སྲས་སུ་ས་ཕོ་རྟ་ལ་འཁྲུངས། མེས་པོ་ལ་ཡང་དག་ཕུར་པ་འཇིགས་བྱེད་ཀྱི་དབང་ཐོབ། གསང་མཚན་ཐུགས་ཀྱི་རྡོ་རྗེ། ཡང་རྩེ་བ་རིན་ཆེན་སེང་གེ་ལ་དགེ་བསྙེན་མནོས། དགུང་ལོ་བདུན་པ་ལ་ཡུམ་འདས་ནས་ཞ་ལུ་དཔོན་མོས་ལེགས་པར་བསྐྱངས། བཅུ་པ་ལ་བུ་སྟོན་རིན་པོ་ཆེ་དང་སློབ་དཔོན་དར་བྱང་ལས་རབ་ཏུ་བྱུང་སྟེ་མཚན་རིན་ཆེན་རྣམ་རྒྱལ་དུ་བཏགས། ཕར་མདོན་དང་སྒྲ་ཚད་མཁས་པར་མཁྱེན་པས་སྒྲ་ཚད་པར་གྲགས། རྒྱ་གར་ནུབ་ཕྱོགས་ཀྱི་པཎྜི་ཏ་སུམ་ཏི་ཀིརྟི་མགུར་མོར་བྱོན་པ་ལ། བུ་སྟོན་རིན་པོ་ཆེས་དྲི་བ་ཉི་ཤུ་འདྲིར་བཏང་བའི་ཚེ་དེ་ལ་དབྱངས་ཅན་མ་དང་ཀླུང་སྦྱོར་ཟབ་མོ་གསན། པཎྜི་ཏ་དེས་བུ་སྟོན་ལ་བསྟོད་པ་དང་འཕྲིན་ཡིག་དུས་འཁོར་གྱི་བུམ་སྨན་ཚད་མ་ཕུལ། བསྟོད་འཕྲིན་དེ་བསྒྱུར་བས་ལོ་ཙཱ་བ་གྲགས། དབྱངས་ཅན་མའི་པི་ཝང་གི་སྒྲ་གསན། བསླབ་པ་ལ་སྐྱོན་ཞིག་བྱུང་བ་ལེགས་པར་བཤགས་ནས་དེ་ཉིན་རང་བུ་སྟོན་རིན་པོ་ཆེ། སྐྱབས་མཆོག་དཔལ་བཟང་པོ། དར་བྱང་བ་ལ་མཁན་སློབ་ཞུས་ནས་ཚིག་རྫོགས་སུ་བསྙེན་པར་རྫོགས། འདུལ་བ་བྱམས་ཆོས་དབུ་མ་སོགས་སྡེ་སྣོད་ཀྱི་གཞུང་ལུགས་རྒྱ་མཚོ་ལྟ་བུ་ལ་སྦྱངས། རྒྱུད་སྡེ་ཀུན་གྱི་དབང་རྒྱུད་བཤད་མན་ངག་དང་བཅས་པ་གསན་པས་བུམ་པ་གང་བྱོར་མཁྱེན། ཁྱད་པར་སྦྱོར་དྲུག་གསན་དུས་ཟླ་བ་གསུམ་མུན་མཚམས་ལ་བཞུགས་པས་བསམ་གཏན་གྱི་རྟོགས་པ་འཁྲུངས་ཤིང་མངོན་པར་ཤེས་པ་མངའ། དགྲ་ནག་གི་དབང་ཞུས་དུས་ནམ་མཁའ་ལ་འཕགས་ནས་གར་མཛད། ཕག་དཀར་དང་བདེ་མཆོག་གི་ཞལ་གཟིགས། གཤིན་རྗེ་གཤེད་ཀྱི་སྦྱིན་སྲེག་མཛད་པས་མེ་ལྕེ་ལས་བཀྲ་ཤིས་པའི་རྟགས་ཤར། སོ་དགུ་པ་ལ་བུ་སྟོན་རིན་པོ་ཆེས་ཞ་ལུའི་གདན

སར་བསྒྲིས་ཏེ། ཞལ་བསྒྲིས་མང་པོ་གནང་། ཨ་ཏི་ཤའི་གསུང་བཞིན། སྦྱོལ་གྱི་ལུགས་པ་བརྗེས་ཀྱང་སྦྱོལ་མི་བརྗེ། ཁོ་བོ་འཆི་ཚུལ་བསྟན་ཀྱང་ཨ་ཏི་ཤ །དེ་བས་ཆགས་ཤིང་ཞེན་པ་མ་ཆེ་བར། །དགའ་ལྡན་གནས་སུ་ཁོ་བོའི་དྲུང་དུ་ཤོག །ཅེས་གསུངས། རྗེ་འདིས་བཀའ་བཞི། འཕགས་ཡིག་དུས་གསུམ། བདེ་མཆོག །སཾ་པུ་ཊའི་རྒྱུད་དུས་ཆོས་སུ་གསུང་། རྒྱུད་རྣམས་ལ་ལེའུ་མཚམས་མ་གཏོགས་ཆོས་ཐུན་རིང་ཐུང་མེད་པ་དང་། གདན་བཞི་གསུང་བ་ལ་དཔོན་སློབ་ཁ་བལྟ་ཕྱོགས་ཚུན་སྟོན་མ་ལས་མ་འགྱུར་བར་མཛད། ལན་ཅིག་སློབ་དཔོན་འཛམ་དཔལ་བ་ལ་བསམ་ཡས་རྒྱལ་པོ་དངོས་སུ་འོངས་ཏེ་བར་ཆད་བརྩམས་པས་ཁོང་ལ་གྲྭ་ལྔའི་དབང་དང་བསྲུང་བ་གནང་བ་ཙམ་གྱིས་རྒྱལ་པོས་ཁོང་ཧེ་ཙམ་བཙལ་ཡང་མི་མཐོང་བ་བྱུང་། དེ་མ་གཏོགས་ལོ་དགུའི་རིང་བུ་སྟོན་ཉིད་ལ་ཆོས་གསན་པ་དང་། དུས་ཆོས་བཤད་པ་ཁོ་ན་ལས་དབང་རྗེས་གནང་མི་མཛད། བུ་སྟོན་དགའ་ལྡན་དུ་ཐེགས་ནས་ནི་དབང་ཁྲིད་མན་ངག་རྣམས་ཀྱང་ལྷུག་པར་སྩོལ། བཀྲ་ཤིས་སྒོ་མངས་དང་། བུ་སྟོན་རིན་པོ་ཆེའི་བཀའ་འབུམ་པོ་ཏི་སོ་གསུམ་བཞེངས། མངའ་རིས་པ་བདེ་ལྡན་ལ་པདྨ་དྲ་བའི་དབང་གནང་དུས། དེ་ནམ་མཁའ་ལ་འཕགས་ཏེ་གར་བསྒྱུར་ཞིང་ཧ་སྒྲད་ཆེར་བ་སོགས་བྱུང་། བཞི་ཐོག་པ། ཤ་བཙན་ལྷ་སྦྱིན། གཡག་གཞོན་གཉིས། བྲམས་ཆོས་པ། སྐྱབས་མཆོག་དཔལ། ཙོང་ཁ་པ་བློ་བཟང་གྲགས་པ། ཀརྨ་པ་དཀོན་གཞོན། ལོ་ཙཱ་བ་གྲགས་རྒྱལ། ཚོགས་སྒོ་བཞིའི་མཁན་པོ། ས་བཟང་འཕགས་པ། དབུས་པ་བློ་གསལ། སྣར་ཐང་པ་རྒྱལ་མཚན་གྲགས་སོགས་མཁས་བཙུན་མང་པོ་ལ་མདོ་སྔགས་ཀྱི་ཆར་ཕབ། རྟོགས་ལྡན་ཆོས་འབྱུང་ལ་ནམ་མཁའི་སྙིང་གེགས་བསལ། གྲུབ་ཆེན་ཆོས་གྲུབ་ལས་སྙིང་ལོག་པའི་གེགས་བསལ། གནས་རྙིང་པ་རྒྱལ་དབང་གི་ཐེག་ལེའི་གེགས་བསལ། སློབ་

དཔོན་རྩེད་པོའི་སྟོང་ཉམས་ཀྱི་གེགས་བསལ། ཧོར་རྒྱལ་བུ་ཕེང་ཚང་གི་སྙིང་རླུང་བསལ། ཧོར་བེ་མ་ལ་གུ་ཤྲི་ལ་བདུད་གཞེར་བ་ནག་པོ་ཕོག་པའི་དུག་བསལ། བདུན་ཙུ་པ་ས་ཕོ་འབྲུག་ལ། དཔོན་པོ་གྲགས་རྒྱལ་འདི་ལ་ཆོས་ཐུམ་པ་གང་ཕྱིར་གཏད་ཡོད་པས་གདན་སར་བསྐོས་ཤིག །ཅེས་གསུངས་ཏེ་ཞ་ལུ་རི་ཕུག་ཏུ་དབུའི་གཙུག་ནས་རླངས་པ་ལྷ་བུའི་འོད་དཀར་དམར་བ་ཐག་ཙམ་པ་ཐོན་ནས་བླ་རེ་ལ་ཐུག་པའི་ཆོ་འཕྲུལ་དང་བཅས་ཏེ་དགའ་ལྡན་དུ་གཤེགས་སོ། །

རྗེ་འདིའི་ཐུགས་ཀྱི་སྲས་མཆོག་རིན་པོ་ཆེ་གྲགས་པ་རྒྱལ་མཚན་དང་། མཁས་བཙུན་བསོད་ནམས་དོན་གྲུབ་གཉིས་ཀྱི། ཕྱི་མ་ནི་ཞ་ལུའི་གདན་སར་བཞུགས་ནས་འགྲོ་དོན་རྒྱ་ཆེར་མཛད་ཅིང་། སྔ་གདོང་རྩེར་ཆོས་རྒྱལ་གྲགས་པ་འབྱུང་གནས་པས་བླ་མར་གདན་དྲངས། དབུས་ཕྱོགས་ཀྱི་མཁས་བཙུན་མང་པོ་འཕགས་ཡོག་དུས་གསུམ་སོགས་ཆོས་ཀྱིས་ཚིམ་པར་མཛད། རྩེད་ཐང་གི་ཡོ་ག་དང་དུས་འཁོར་སོགས་ཀྱི་སྒྲུབ་མཆོད་རྣམས་ཀྱང་རྗེ་འདིའི་ཕྲིན་ལས་ལས་བྱུང་བ་ཡིན་ནོ། །

དེའི་སློབ་མ་རྡོ་རྗེ་འཛིན་པ་ཡེ་ཤེས་རྒྱ་མཚོ་བ་ནི། དེ་དུས་མཆོད་གཡོག་ཏུ་ཕེབས་པ་སླད་མར་དབུས་སུ་གདན་དྲངས་ཏེ། ཆོས་ཀྱི་རྗེ་སྤྱན་སྔ་རིན་པོ་ཆེ་དང་། དཔལ་ཀུན་བཟང་རྩེ་པས་དུས་འཁོར་དང་ཡོ་གའི་དབང་བཀའ་ཕྱག་ལེན་གསན་ཅིང་སྦྱངས། དཔལ་ཀུན་བཟངས་རྩེ་པ་ལ་བདག་གིས་དུས་འཁོར་གྱི་དབང་ཡོངས་སུ་རྫོགས་པ་མནོས་སོ། །

མཁས་བཙུན་བསོད་ནམས་དོན་གྲུབ་པ་ནི། ཐུགས་སྲས་ལོ་ཙཱ་བ་ལས་དབང་རྒྱུད་མན་ངག་མ་ལུས་པ་གསན་ཅིང་སྦྱངས་པས་དུས་འཁོར་ལ་མཆོག་ཏུ་མཁས་ཤིང་གྲུབ་པ་ཞིག་གོ །

དེའི་སློབ་མ་སྐུ་ཞང་ཆོས་རྗེ་རིན་ཆེན་བཀྲ་ཤིས་གྲགས་པ་རྒྱལ་མཚན་དཔལ་བཟང་པོ་ནི། ཐོག་མར་ཐུགས་སྲས་ལོ་ཙཱ་བ་ལས་རབ་ཏུ་བྱུང་ཞིང་། དགེ་སློང་བྱང་སེམས་རྡོ་རྗེ་འཛིན་པ་ཆེན་པོ། ཁྱད་པར་དུ་བསོད་ནམས་དོན་གྲུབ་པ་ལས་དུས་འཁོར་གྱི་དབང་རྒྱུད་བཤད་མན་ངག་མ་ལུས་པར་གསན་ནས་སྦྱངས་པས་མཁས་ཤིང་གྲུབ་པ་བརྙེས་ཏེ། རྟ་དགོན་གསར་དུ་དུས་འཁོར་གྱི་བཤད་ཉན་དང་ཕྱག་ལེན་གྱི་སྲོལ་བཙུགས་པས་དེང་སང་གི་བར་དུའང་གྲྭ་བཟང་ཤོས་སུ་བྱུང་། མངོན་པར་མཁྱེན་པ་དང་། མཚན་མོ་མུན་ནང་དུའང་ཞལ་རས་ཟླ་བ་ལྟར་དཀར་སྣང་གསལ་བ་དང་། ནཱ་རོ་ལ་མཁའ་ལ་རྒྱུ་བ་ལ་སོགས་མཛུབ་མཛད་པས་ས་ལ་ལྷུང་བ་སོགས་གྲུབ་པའི་མཚན་མ་མང་པོ་དང་ལྡན་པ་ཞིག་གོ །དེའི་སློབ་མ་ཆོས་རྗེ་ཡོན་བཀྲས་པ་ནི། རྒྱུད་འགྲེལ་དབང་མདོར་བསྟན་གསུམ། བུ་སྟོན་པའི་གསུང་སྒྲོས་དང་། བུ་མཆན་ཕྱོགས་མཆན་ཚུན་ཐུགས་ལ་བཞུགས་པ་དུས་འཁོར་ལ་མཆོག་ཏུ་མཁས་པ་ཞིག་གོ །དེ་ལ་བདག་གི་བླ་མ་དུས་འཁོར་བས་རྒྱུད་བཤད་གསན་ཅིང་སྐུ་ཞང་ཆོས་རྗེ་ལ་དབང་ཁྲིད་གསན་ཏོ།།

ནམ་ཤྲཱི་པ་ནི། དགེ་སློང་བྱང་སེམས་རྡོ་རྗེ་འཛིན་པ་ཡོངས་སུ་རྫོགས་པའི་མཁས་པ་ཆེན་པོ་མངོན་པར་རྟོགས་པའི་ཡོན་ཏན་ཞལ་དུ་བྱུང་བ། རྗེ་གདན་ཚོགས་པའི་མཁན་པོར་བསྐོས་པས་མ་མཛད་ཀྱང་མཁན་ཆེན་ནམ་ཤྲཱི་ཞེས་གྲགས། ཁྱད་པར་བུ་སྟོན་རིན་པོ་ཆེ་ལ་དུས་འཁོར་རྒྱུད་འགྲེལ་ཚར་མང་བ་ཞིག་གསན་པས་མཆོག་ཏུ་མཁས་པར་གྱུར་ནས། བཀའ་ཆེན་བཞི། འཕགས་ཡོག་དུས་གསུམ། ལྷག་པར་དུ་དུས་འཁོར་ལ་དུས་ཆོས་ཀྱི་སྒོ་ནས་ཕྲིན་ལས་རྒྱ་ཆེར་བསྐྱངས་སོ། །གོང་གསུམ་བདེ་ཆེན་དཔལ་བ་ནི། བུ་སྟོན་རིན་པོ་ཆེ་ལ་རྒྱུད་འགྲེལ་ཚར་བཅུ་བདུན་གསན་པས། དུས་འཁོར་ལ་མཆོག་ཏུ་མཁས་པར་གྱུར་ནས། ཆོས་འདིའི་ཕྲིན་ལས་རྒྱ་ཆེར་བསྐྱངས་སོ། །

དེའི་སློབ་མ་ཞང་པ་ཀུན་མཁྱེན་ཤེས་རབ་དཔལ་བཟང་པོ་ནི། ཆོས་ཀྱི་དཔལ་བ་ལ་དུས་འཁོར་གསན་པས་ལེགས་པར་མཁྱེན་ཅིང་མདོ་སྔགས་མ་ལུས་པ་ལ་མཁས་པས་ཀུན་མཁྱེན་དུ་གྲགས་ལ། ཞང་ས་རི་བོ་དགེ་འཕེལ་དུ་ཧར་ཆགས་པའི་དུས་འཁོར་གྱི་དབང་རྒྱུན་དང་། དུས་ཆོས་གསུངས་པས་སེམས་འགྲེལ་གྱི་ཕྲིན་ལས་རྒྱས་པར་མཛད་དོ། །དེ་ལ་རྗེ་ཐམས་ཅད་མཁྱེན་པ་འགོས་ལོ་ཙྪ་བས་དབང་དང་རྒྱུད་བཤད་གསན་ཏོ།། ཡང་བདེ་ཆེན་ཆོས་ཀྱི་དཔལ་བ་ལ། རྗེ་རིན་པོ་ཆེ་ཙོང་ཁ་པ་བློ་བཟང་གྲགས་པས་གསན་དུ་ཐེགས་པའི་ཚེ་མཇལ་དར་ལ་དར་སེར་པོ་དང་། ཕྱིས་འབུལ་བ་ལ་གོས་ནེ་ཙོ་ཡུག་ཕུལ་བས། དང་པོར་འབྱུང་བ་བསྐྱེད་རིམ་དང་སླད་མར་སྐྱི་རིམ་དུ་གདའ་བས་རྟེན་འབྲེལ་བཟང་གསུང་ནས་དགྱེས། ནང་ལེ་གསུང་བའི་ཐོག་མ་ནས་གསན་ཆོག་པ་བྱུང་བས། གང་ཞིག་ཆེན་པོའི་མི་རྣམས་སྨིན་པར་བྱ་བའི་སླད་ཅེས་པ་ཚིག་མཚམས་དྲ་ལེགས་པར་དགོངས་ཏེ། རྒྱུད་བཤད་ཕྲན་དང་བཅས་པ་གསན་ནས། ས་ཕོ་ཁྱི་ལ་སློབ་མའི་ཚོགས་ཆེན་པོ་ལ་རྒྱུད་འགྲེལ་གྱི་བཤད་པ་རྫོགས་པར་གནང་ངོ་། །འཇམ་རིན་པ་ནི། བུ་སྟོན་རིན་པོ་ཆེ་ལ་དབང་རྒྱུད་བཤད་མན་ངག་མ་ལུས་པར་མནོས། དེ་ལ་ཞང་དཀར་བ་རིན་ཆེན་རྒྱལ་མཚན།

དེ་ལ་སྐྱུངས་ལུངས་པ་སངས་རྒྱས་དཔལ་བས་གསན་ཏོ། དེ་ནི་མེ་ཕོ་སྟག་ལ་འཁྲུངས། མདོ་སྔགས་ཀྱི་གཞུང་ལུགས་ཕལ་མོ་ཆེ་མཁྱེན་ཅིང་། ཁྱད་པར་སྟག་པ་ཆོས་རྗེར་དང་ཞང་དཀར་བ་ལས་དུས་ཀྱི་འཁོར་ལོའི་དབང་རྒྱུད་བཤད་མན་ངག་མཐའ་དག་མནོས། རྨོག་ལྕོག་པ་རིན་ཆེན་བརྩོན་འགྲུས་ཀྱི་སྤྲུལ་པར་གྲགས། བསྐྱེད་རིམ་ཤིན་ཏུ་བརྟན་པས་གཞན་ལ་ཡི་དམ་ལྷའི་སྐུར་གསལ་བར་སྟོན། དབང་གི་སྐབས་སུ་ཡེ་ཤེས་ངེས་པར་ཕེབས། ཐུགས་གཏད་པ་ཙམ་དང་དམིགས་པའི་མདེའུ་ཁ་ཅུང

ཟད་རེག་རླུང་སེམས་དབུ་མར་ཚུད་ནས་ཉམས་མྱོང་མཐའ་ཡས་པ་འཆར། མནལ་ལམ་འཁྲུངས་པས་ཤམྦྷ་ལའི་རིགས་ལྡན་ལ་ཆོས་གསན། མངོན་པར་མཁྱེན་པ་མངའ། གསང་ཆབ་འཐུངས་པ་ཙམ་གྱིས་གཏུམ་མོའི་བདེ་དྲོད་འཕྲལ་དུ་སྐྱེ། ཕྱོག་ཏུ་སློབ་མ་ན་བ་ལ་རྨི་ལམ་དུ་ཆོས་རྗེ་ཉིད་ཀྱིས་དུས་འཁོར་གྱི་ལྷ་སོ་སོའི་སྔགས་བརྗོད་ཅིང་བྱིན་གྱིས་རློབ་པའི་སྣང་བ་བསྟན་པས་དེ་མ་ཐག་གྲོལ་བ་སོགས་བྱིན་བརླབས་ཀྱི་རྣམ་འཕྲུལ་བསམ་གྱིས་མི་ཁྱབ་པ་མངའ། བུ་སློབ་རྣམས་ལ་ང་མཁའ་ཁྱབ་མཁའི་རྡོ་རྗེ་ཅན་ཡིན་པས་གསོལ་བ་གང་བཏབ་ཏུ་འོང་། དུས་འཁོར་སྨོན་ལམ་རེ་ཐོབ་ཅེས་གསུངས་ཏེ། རེ་བརྒྱད་པ་ཆུ་མོ་བྱ་ལ་འཇའ་འོད་དང་པི་ཝང་གླིང་བུའི་སྒྲ་དང་བཅས་ཏེ་སྐུའི་བཀོད་པ་བསྡུས། དབུ་ཐོད་ལ་ཨ་ཡིག་འབུར་དུ་དོད་པ་བྱོན་ཏོ། །དེ་ལ་བདག་གི་བླ་མ་དུས་ཞབས་པས་དབང་རྒྱུད་མན་ངག་མནོས་སོ། །

རྗེ་བཙུན་དཔལ་ཆེན་བཟང་པོ་ནི། ཡུལ་གཉལ་སྟོད་གཡུ་ཐེ་ཕྱེའུ་གྲོང་དུ། ཡབ་རྡོ་རྗེ་འཛིན་པ་ཆེན་པོ་གྲུམ་སྟོན་བསོད་ནམས་བཟང་པོ་དང་། ཡུམ་སྐྱི་བ་མོ་རྒྱལ་མོ་སྐྱིད་ཀྱི་སྲས་སུ་མེ་ཕོ་འབྲུག་ལ་འཁྲུངས། དགུང་ལོ་བདུན་པ་ལ་ལྗེའུ་རར་བྱོན་ཏེ། མཁན་པོ་ཆག་རིན་ཆེན་འབྱུང་གནས་དཔལ་བཟང་པོ་དང་། སློབ་དཔོན་ཐང་ཆེན་པ་ཚུལ་ཁྲིམས་དཔལ་ལས་རབ་ཏུ་བྱུང་མཚན་དཔལ་ཆེན་བཟང་པོར་བཏགས། མཁན་པོ་ལ་གསང་འདུས་རྒྱུད་འགྲེལ་དང་། དུས་འཁོར་རྒྱུད་འགྲེལ་ཆག་ལུགས་གསན་ཏེ་ལེགས་པར་སྦྱངས། བླ་བྲང་བ་བློ་གྲོས་དཔལ་བ་ལ་གསང་འདུས་རྒྱུད་འགྲེལ་སྤྱོད་རྒྱུད། ཕྲེང་སྐོར་གསུམ་གྱི་བཤད་པ་གསན། བླ་བྲང་བ་ཤཱཀྱ་དཔལ་ལ་གཤེད་དམར་བདེ་དགྱེས་གསང་འདུས་སོགས་ཆག་པའི་ཆོས་སྐོར་གསན། རྗེ་དེ་གཤིན་རྗེ་གཤེད་དངོས་སུ་གཟིགས། གྲུབ་ཆེན་མཏྲ་ལ་ཤྲཱི་ཞེས་པ་བདེ་མཆོག་གི་གྲུབ་ཐོབ་དགུང

ལོ་བརྒྱ་བཞེས་ཀྱང་སྐུ་ལུས་གཞོན་ནུ་དང་མཚུངས་པ་ལས་ཆན་བཅུ་གཉིས་འཕྲལ་དུ་སྐྲུབ་པ་ལ་ཚེགས་མེད་པ། སྣ་རུ་ལ་བཞུགས་གདན་གྱི་འོག་ཏུ་འཇུད་ནུས་པ་དེ་ལྷེའུ་རའི་ཟུར་ཁང་དུ་བཞུགས་པ་ལ་བདེ་གསང་དུས་གསུམ། ཀུན་རིག་སོགས་གསན། བླ་མ་དེ་དབང་མཛད་པའི་དབང་གཡོག་མཛད་དེ་ཕྱག་ལེན་ཤིན་ཏུ་བྱུང་། ཆག་དར་མ་རྡོ་རྗེ་ལ་གནས་ཀྱི་བླ་མ་བཅོལ་ཏེ་འདུལ་བའི་བསླབ་བྱ་ལ་བྱུང་བར་གྱུར། སྐྲགས་ཕྱག་ཏུ་ཁུ་བོ་གྲུབ་ཐོབ་ལེགས་ལྡན་འོད་ལ་གསང་འདུས་ཀྱི་དབང་ཞུ་དུས་དཀྱིལ་འཁོར་གྱི་གཙོ་བོ་དངོས་སུ་གཟིགས། དེ་ནས་བརྟམས་ཏེ་རྡོ་རྗེ་འཆང་དངོས་ཀྱི་འདུ་ཤེས་ཁོན་ལས་ཐ་མལ་གྱི་རྟོག་པ་མི་མངའ། གྲུབ་ཆེན་དེ་ལ་ཆག་ལུགས་ཀྱི་སྐོར་དྲུག་བང་རིམ་ལྔ་དང་དབང་རྒྱུད་མན་ངག་མཐའ་དག་གསན། མི་གཡོ་སྔོན་པོ་གསན་པས། ཁྱོད་དང་འབྲེལ་བ་ཡོད་པས་བཅོམ་ལྡན་འདས་འདིས་རྗེས་སུ་འཛིན་པར་འགྱུར་རོ་གསུང་། བྲ་གོར་དུ་མོན་ཁྲ་བ་ལ། མདོ་རྒྱ་སྦྱོད་འཇུག་ལམ་རིམ་དང་། ལྷེའུ་རར་དབུ་མ་བ་རིན་ཆེན་རྒྱལ་པོ་ལ་རིགས་ཚོགས་གསན། ཉེར་བརྒྱད་པ་ལ་ལྷེའུ་རར་ཆག་ལོའི་མཁན་རྒྱུད་འཛིན་པ་བྱང་རྗེ་སྒོ་བ་མགོན་པོ་དཔལ་གྱིས་མཁན་པོ། བླ་བྲང་བཟང་པོ་དཔལ་གྱིས་ལས་སློབ། ཚོགས་ཆེན་མོའི་དབུ་མཛད་སེང་གེ་རིན་ཆེན་གྱིས་གསང་སྟོན་མཛད་ནས་བསྙེན་པར་རྫོགས། བླ་བྲང་བ་དེ་ལ་རྡོ་རྗེ་ཕྲེང་བ་སོགས་དབང་མང་པོ་དང་། ཕར་ཕྱིན། དབུ་མ། སྤྱོད་འཇུག །སྐྱེས་རབས། ཏིང་འཛིན་རྒྱལ་པོ། གསང་འདུས། ཀྱེ་རྡོར། སྤྱོད་རྒྱུད། མཚན་བརྗོད། སྡོམ་འབྱུང་། གཤེད་དམར། འཇིགས་བྱེད། འཁོར་ཆེན་སོགས་གསན། སོ་བཞི་པ་ལ་ཐང་པོ་ཆེར་རྗེ་བླ་བྲང་བའི་དྲུང་དུ་བྱོན་པ་ན། དཔལ་ལྡན་བླ་མ་དམ་པ་བསོད་ནམས་རྒྱལ་མཚན་པ་དྭགས་པོ་ནས་གདན་འདྲེན་པར། བུ་སྟོན་རིན་པོ་ཆེ་དང་། རྒྱལ་སྲས་ཐོགས་མེད་པ་དང་། གནས་དྲུག་པ་སོགས་ཕེབས་པ་

ལ་ཆོས་འབྲེལ་རེ་གསན། ཁྱད་པར་དུ་བུ་སྟོན་རིན་པོ་ཆེ་ཡར་ཀླུངས་དོ་སྟོན་དུ་བྲག་ཁའི་རྗེ་བོ་སོགས་མི་ཆེན་ཉེར་ལྔ་ལ་དུས་འཁོར་གྱི་དབང་གནང་བའི་ཚེ་མཇལ་དུ་བྱོན་པས། ཉི་མ་ཤར་བ་དང་དུས་མཚུངས་པར་ཞལ་མཇལ། ཁྱེད་རྣམས་བཅོམ་ལྡན་འདས་དཔལ་དུས་ཀྱི་འཁོར་ལོར་འགྱུར་རོ་ཞེས་གསུང་བ་དང་འགྲིག་པས། རྟེན་འབྲེལ་བཟང་བར་དགོངས། ཆོས་འབྲེལ་དང་བྱིན་བརླབས་ཞུས་པས་མྱུར་དུ་ཕྲད་པར་བྱེད་དོ་གསུང་བས། ཞབས་དྲུང་དུ་སླེབས་པའི་སྨོན་ལམ་མང་དུ་བཏབ་ནས་གཉལ་དུ་བྱོན། ཡབ་ཀྱི་ཞལ་ནས་དགེ་བའི་བཤེས་གཉེན་དང་མཇལ་བ་ལ་ཡི་དམ་ལ་གསོལ་བ་འདེབས་དགོས་པ་ཡིན་གསུང་བས། ཕྱུའུ་གྲོང་གི་མཆོད་ཁང་ཆུང་ངུ་ཞིག་ཏུ་མཚམས་བཅད་དེ། མི་གཡོ་སྔོན་པོ་ཕུས་བཙུགས་ཀྱི་བསྙེན་པ་འབུམ་ཕྲག་ལྔ་བཅུ་རྩ་དྲུག་ཁ་སྐོང་གི་སྦྱིན་སྲེག་དང་བཅས་པ་མཛད་པས། ཟླ་བ་བཅུ་བདུན། ཡི་དམ་གྱི་ཐང་སྐུ་ལས་འོད་འཕྲོ་བ་དང་། ལྷོ་ཕྱོགས་ཀྱི་བུ་ག་ནས་ཁྱི་ནག་པོས་གཏོར་མ་ལེན་པ་བྱུང་ཞིང་། མཐར་ཁྱི་ནག་པོ་དེ་ཡི་དམ་དངོས་སུ་གཟིགས་ཏེ། བསྟོད་པ་གསོལ་འདེབས་དང་བཅས་པ་མཛད། དེ་ནས་རིམ་གྱིས་བསམ་ཡས་སུ་བྱོན། དཔལ་ལྡན་བླ་མ་དམ་པ་བསོད་ནམས་རྒྱལ་མཚན་ལས། དུས་འཁོར་རྒྱུད་འགྲེལ། རྗེ་ཉིད་ཀྱིས་མཛད་པའི་ཊཱིཀྐ་དང་བཅས་པ། དབང་མདོར་བསྟན། བརྟག་གཉིས། མཚན་བརྗོད་རྣམས་ཀྱི་བཤད་པ། ཤིན་ཏུ་སྤྲོས་མེད་ཀྱི་ཁྲིད་གསན། དེ་ནས་སྣེ་ཐང་ཆོས་རྫོང་དུ་ཞབས་ཕྱིར་འབྲངས་ནས་ལམ་འབྲས། ཞི་བྱེད། ཡང་དགོན་པའི་རི་ཆོས་རྣམས་གསན། ལྷ་སར་ཇོ་བོ་ལ་གསེར་ཕུལ་ནས་གསོལ་བ་བཏབ། མཚུར་ཕུར་ཀརྨ་པ་རོལ་པའི་རྡོ་རྗེ་ལ་ཆོས་འབྲེལ་གསན། ཞ་ལུ་རི་ཕུག་ཏུ་བུ་སྟོན་རིན་པོ་ཆེ་དང་མཇལ་ནས། ས་སྐྱར་ཐེགས་ཏེ་གནས་དྲུག་པ་ལ་མངོན་པ། མདོ་སྡེ་རྒྱན། རྣམ་ངེས་དང་མན་ངག་ཕྲན་མང་པོ་གསན

ཅིང་། ཟླ་བ་བཅུ་གཅིག་བཞུགས། དེ་ནས་ཇོ་མོ་ནང་དུ་ཀུན་མཁྱེན་ཆེན་པོ་ལ་སྦྱོར་དྲུག་དང་། དཀོན་མཆོག་རྒྱལ་མཚན་པ་ལ་ཐུགས་རྗེ་ཆེན་པོའི་དམར་ཁྲིད་གསན། དེ་ནས་ཞ་ལུར་ཕེབས་ཏེ། བུ་སྟོན་རིན་པོ་ཆེའི་དྲུང་དུ་ལོ་བཅུའི་བར་དུ་བཞུགས་ནས། བཀའ་ཆེན་བཞི་ལ་ཉིད་ཀྱི་ཊཱིཀྐ་དང་བཅས་པའི་བཤད་པ་ཚར་མང་དུ་གསན། དུས་ཀྱི་འཁོར་ལོའི་དབང་གསན་དུས་ཟླ་མ་དུས་འཁོར་དངོས་སུ་གཟིགས། གཞན་ཡང་གསང་འདུས། བདེ་དགྱེས། གཤེད་དམར། ཇོར་དབྱིངས། དཔལ་མཆོག །རྒྱ་མོ་སོགས་ཀྱི་དབང་ཐོབ། དུས་འཁོར་རྒྱུད་འགྲེལ་དང་། གསང་འདུས་རྒྱུད་འགྲེལ་གྱི་བཤད་པ་ཚར་བདུན་བདུན་གསན། བདེ་མཆོག་རྩ་སྟོམ། རྣལ་འབྱོར་མ་ཀུན་སྤྱོད། དུས་འཁོར་གྱི་རྒྱུད་ཕྱི་མ། དོན་དམ་བསྙེན་པ། ཕྱག་ཇོར་དང་རྡོ་རྗེ་སྙིང་པོའི་སྟོད་འགྲེལ་མཚན་བརྗོད་རྣམས་ཀྱི་བཤད་པ། རིམ་ལྔ། སྦྱོར་དྲུག །ཤིན་ཏུ་སྤྲོས་མེད་ཀྱི་ཉམས་ཁྲིད་རྫོགས་པ་དང་། སྦྱོར་དྲུག་ལུགས་མི་འདྲ་བ་བཅུ་གཉིས། གཤེད་དམར། ལོ་{ལྷུ་}ནག་དྲིལ་གསུམ། བདེ་ཆེན་རལ་གཅིག །གདན་བཞི། ཡོ་ག་སྐོར་སོགས་མང་དུ་གསན། བུ་སྟོན་པས་མཁན་ཆེན་རྣམ་ཤྲཱི་ལ་བཀའ་གནང་ནས་སློབ་ཀྱི་ཡོངས་འཛིན་དུ་བསྐོས་པ་ལ། མངོན་པ་ཀུན་ལས་བཏུས་དང་དུས་འཁོར་རྒྱུད་འགྲེལ་གྱི་བཤད་པ་ཚར་མང་དུ་གསན། བུ་སྟོན་རིན་པོ་ཆེའི་བཀའ་འབུམ་དང་ཁྲོ་ཕུ་བའི་མན་ངག་བརྒྱ་རྩ་ཡང་གསན། སྒྲ་ཚད་པ་ལ་ཡོ་ག་རབ་འབྱམས་གསན། ཁ་ཆེ་པཎྜི་ཏ་སུ་མན་ཤྲཱི་ལ་ཐུགས་རྗེ་ཆེན་པོ་དང་སྒྲོལ་མ་གསན། ལོ་ཆེན་བྱང་རྩེ་ལ་ཀཱ་ལཱ་པ་སྙན་ངག་མེ་ལོང་སྦྱིབ་སྦྱོར་རིན་ཆེན་འབྱུང་གནས་གསན་ཅིང་སྦྱངས། དབུལ་ཕུའི་ཆོས་རྗེ་ང་དུ་རྒྱལ་སྲས་ཐོགས་མེད་པ་ལ་སྨོན་འཇུག་སེམས་བསྐྱེད་དང་། བློ་སྦྱོང་གསན་པས་བྱང་ཆུབ་ཀྱི་ཐུགས་འཁྲུངས། གཞན་ཡང་ཆོས་ལུང་མཁན་ཆེན་པ་བསོད་ནམས་བཟང་པོ་

སོགས་བླ་མ་མང་དུ་བསྟེན་ནས། མང་དུ་ཐོས་པ་རྒྱ་མཚོ་ལྟ་བུའི་མཐར་སོན་ཅིང་། ཁྱད་པར་དུ་དུས་འཁོར་ལ་མཁས་པར་གྱུར་ནས། ཞེ་བརྒྱད་པ་ལ་གཉལ་དུ་འབྱོན་དུས། བུ་སྟོན་རིན་པོ་ཆེས་ཐུགས་དམ་ཐང་ག་སྟོན་པའི་སྐུ། རྗེ་ཉིད་ཀྱི་ན་བཟའ་དབུ་ཞྭ་རྣམས་གནང་ནས། བསྟན་པའི་བྱ་བ་འཆད་ཉན་དང་། དབང་མན་ངག་གི་བཀའ་ལེགས་པར་སྐྱོངས། རང་གི་དགེ་སྦྱོར་ལ་འབད་པ་ཐོན། རང་རེ་བ་ཡང་སྐྱེ་བ་ཕྱི་མ་དགའ་ལྡན་དུ་ངེས་པར་འཕྲད་གསུང་བ་ལ། ཞབས་ཟུང་སྤྱི་བོར་བཀོད་ནས་བདག་སྐྱེ་བ་ཐམས་ཅད་དུ་རྗེས་སུ་བཟུང་དུ་གསོལ་ཞེས་གསོལ་བས། དེ་ཁོན་བགྱིའོ་གསུང་། དེ་ནས་རིམ་གྱིས་གཉལ་དུ་ཕེབས། ལྷེའུ་ར་དང་སྒྲགས་ཕུག་ཏུ་ཆོས་གཞི་མཛད་དེ། སྤྱིར་ན་ཆོས་ཀྱི་བཀའ་དྲིན་ལེགས་ཐོབ་པའི། །བཤེས་གཉེན་དམ་པ་བཞི་བཅུ་ལྷག་པ་རྣམས། །གུས་པས་བསྟེན་ཏེ་མང་དུ་ཐོས་གྱུར་ཅིང་། །ཐོས་པ་ཇི་བཞིན་གཞན་ལ་བསྟན་བསམ་དང་། །སྦྱོར་བ་ཡིས་ཀྱང་འཕགས་ཡོག་དུས་གསུམ་དང་། །བདེ་དགྱེས་གཉིས་དང་བཀའ་བ་བཞི་པོ་དང་། །འགྲེལ་བཅས་དབུ་མ་རྒྱ་འཇུག་སྤྱོད་འཇུག་དང་།། སྐྱེས་པའི་རབས་དང་གཞན་ཡང་སྔགས་ཕྲན་མང་། །ལན་མང་བཤད་པས་རིགས་གཟུགས་འཁྲུར་ལྡན་གྱུར། །དད་བློ་བརྩོན་འགྲུས་ལྡན་རྣམས་དགའ་བར་བྱས། །ཞེས་ཀྱང་གདམས་ཏེ། བླ་བྲང་བ་ཆོས་དཔལ་བཟང་པོ་སོགས་དགེ་བའི་བཤེས་གཉེན་མང་དུ་འདུས་པ་ལ། བཀའ་ཆེན་བཞི། དབུ་མ་རྒྱ་ཤེར། ཚིག་གསལ། རིན་ཆེན་ཕྲེང་བ། སྤྱོད་འཇུག །སྐྱེས་རབས། ཏིང་འཛིན་རྒྱལ་པོ་རྣམས་དང་། གསང་འདུས་འཕགས་སྐོར། དུས་འཁོར་རྒྱུད་འགྲེལ་ཕྲན་དང་བཅས་པ། བདེ་དགྱེས་གཤེད་དམར་ཡོ་ག་ཕྲེང་བ་སྐོར་གསུམ་རྣམས་ཀྱི་བཤད་གྲྭ་བཙུགས་ཏེ་དབྱར་དགུན་གྱི་ཟླ་བ་དྲུག་དུས་ཆོས་སུ་མཛད། བསམ་གཏན་སྒང་ཆུང་དུ་རྟོགས་ལྡན་རིན་ཆེན་ལྷུན་པོ་སོགས་སྒྲུབ་པ་

པ་མང་པོ་ལ་སྦྱོར་དྲུག་དང་རིམ་ལྔའི་གདམས་ངག་གནང་ནས་སྒྲུབ་གྲྭ་བཙུགས། སྟོན་དཔྱིད་ཟླ་བ་གཉིས་སྐུ་མཚམས་བསྡམས་ནས་སྦྱོར་དྲུག་སོགས་ཀྱི་རྫོགས་རིམ་ལ་ཐུགས་དམ་མཛད། དེ་ལྟར་བཤད་སྒྲུབ་ཀྱི་སྒོ་ནས་ཐུབ་པའི་བསྟན་པ་རྒྱས་པར་སྤེལ་ཏེ། དོན་དགུ་པ་ཤིང་ཕོ་ཁྲི་ལོ་ལ་དགའ་ལྡན་དུ་གཤེགས་སོ། །

དེའི་སྲས་ཀྱི་ཐུ་བོ་ཆོས་རྗེ་རིན་པོ་ཆེ་ཡེ་ཤེས་དཔལ་བཟང་པོ་ནི། ཆག་ལོ་ཙཱ་བ་ཆོས་རྗེ་དཔལ་གྱི་གཙུང་དར་མ་དབང་ཕྱུག་གི་སྲས་མངའ་བདག་དཔལ། དེའི་སྲས་ཁྲ་དཔལ། དེའི་སྲས་ཆག་འཕགས་པ་དང་། ཡུམ་དཔལ་དར་སྐྱིད་ཀྱི་སྲས་སུ་མེ་མོ་ལུག་ལ་གཉལ་སྨད་ཆག་གྲོང་དུ་བལྟམས། བླ་བྲང་བ་བཟང་པོ་དཔལ་ལ་སེམས་བསྐྱེད་དང་ཨ་ར་པ་ཙ་ན་གསན། དགུང་ལོ་བདུན་པ་ལ་རྗེ་བཙུན་དཔལ་ཆེན་པ་ལས་དགེ་བསྙེན་མནོས། བཅུ་གཅིག་པ་ལ་གཤེད་དམར་གྱི་བསྙེན་པ་མཛད་པས་མནལ་ལམ་དུ་ཧྲཱིཿཧྲཱིའི་ཕྱགས་ལྷུགས་བསྲེགས་པ་ལྟ་བུ་ཞལ་དུ་གསོལ་བའི་སྣང་བ་བྱུང་། གསང་འདུས་ཀྱི་དབང་ཞུས་དུས་བླ་མ་དཀྱིལ་འཁོར་གྱི་གཙོ་བོ་དངོས་སུ་གཟིགས། བཅུ་གསུམ་པ་ལ་བླ་བྲང་བ་ཉི་མ་རྒྱལ་མཚན་དང་། རྗེ་བཙུན་དཔལ་ཆེན་པ་ལས་རབ་ཏུ་བྱུང་། བཅུ་པ་ནས་ཉེར་གཅིག་བར་རྗེ་བཙུན་དཔལ་ཆེན་པ་ཉིད་འབྲལ་བ་མེད་པར་བསྟེན་ནས། བཀའ་ཆེན་བཞི། རྟ་ཤེར། ཚིག་གསལ། འཇུག་པ། སྤྱོད་འཇུག །བྱམས་ཆོས་སོགས་སྡེ་སྣོད་ཀྱི་གཞུང་ལུགས་མང་པོ་དང་། དུས་གསང་བདེ་དགྱེས་སོགས་རྒྱུད་སྡེ་མང་པོའི་བཤད་པ། རྡོ་རྗེ་ཕྲེང་བ་ལ་སོགས་པའི་དབང་། སྦྱོར་དྲུག་དང་རིམ་ལྔ་ལ་སོགས་པའི་ཁྲིད། ཡི་དམ་སོ་སོའི་སྒྲུབ་སྐོར་ཕྲན་དང་བཅས་པ་གསན་ཅིང་ལེགས་པར་སྦྱངས་པས་མཁས་པར་མཁྱེན། བཅུ་བཞི་པ་ལ་ལྟེའུ་རས། གསང་འདུས་སྒྲོན་གསལ། སྡོམ་འབྱུང་། བརྟག་གཉིས། དབང་མདོར་བསྟན། སྤྱོད་རྒྱུད། སྐྱེས

རབས་རྣམས་བཤད། ཉི་ཤུ་པ་ལ་རྗེ་དཔལ་ཆེན་པ། ཆག་ཤཱཀྱ་དཔལ། གཡག་ནག་པ་ཤེས་རབ་དཔལ་རྣམས་ལ་མཁན་སློབ་ཞུས་ཏེ་བསྙེན་པར་རྫོགས། ཉེར་གཉིས་པ་ལ་རྩེད་ཐང་དུ་ཆེན་པོ་བྱང་རིན་པ་ལ་རྣམ་འགྲེལ། རྒྱ་མ་པ་ཡོན་ཏན་དཔལ་ལ་ཕར་ཕྱིན། འཕན་ཡུལ་བ་བསམ་གྲུབ་ཡེ་ཤེས་ལ་ཕར་ཚད་གཉིས། ཐང་པོ་ཆེར་ཆོས་རྗེ་ཉི་མ་བ་ལ་གསང་འདུས་ཀྱི་རྫོར་གྱུར་མགོན་གསན། ཟླ་བ་གཟས་བཟུང་བའི་ཆེ་མ་ཤའི་སྒྲུབ་པ་མཛད་པས་སྨྲ་གྲུ་མེ་ཏོག་དང་བཅས་པ་སྐྱེས། གསང་ཕུ་སོགས་སྐྱི་ཤོད་ཀྱི་ཆོས་གྲྭ་རྣམས་སུ་གྲྭ་བསྐོར་མཛད། ལྷ་སར་ཇོ་བོའི་དྲུང་དུ་གསོལ་བ་བཏབ་པས་ནམ་མཁའི་སྙིང་པོས་རྗེས་སུ་བཟུང་ཞིང་ལུང་བསྟན་པའི་མཚན་མ་བརྙེས། ཉེར་ལྔ་པ་ལ་ལྷེའུ་རའི་གདན་སར་བཞུགས་ཏེ་གཉལ་ལོར་བྱར་རྣམས་ཀྱི་གནས་གཞི་ཕལ་མོ་ཆེར་ཆོས་གཞི་མཛད་ཅིང་ཕར་ཚད་སྐྱོང་འཛུག་དང་། འདུས་པ་བདེ་དགྱེས་དུས་འཁོར་རྣམས་ཀྱི་རྒྱུད་འགྲེལ་དུས་ཆོས་སུ་གསུངས། རྗེ་བཙུན་དཔལ་ཆེན་པ་ལ་ཆོས་ལྷག་མ་མ་ལུས་པར་གསན་བུམ་པ་གང་བྱོར་མཁྱེན། ལྷེའུ་རའི་གདན་ས་བ་དེ་ལོ་བཅུ་གསུམ་ལ་གྲོངས་འགྲོ་བའི་སྲི་གཅིག་ཡོད་པས། སོ་བདུན་པ་ལ་བླ་བྲང་ཉིད་དུ་སྐུ་མཚམས་དམ་པར་བཅད་དེ་ཐུགས་དམ་ལ་རྩེ་གཅིག་ཏུ་བཞུགས་པས། མི་ནག་པོ་བཞིས་བཞུགས་གདན་གྱི་ཟུར་ནས་ཁྱེར་ཏེ་ནམ་མཁའ་ལ་འཕགས་ནས་མགོ་ཏིང་བསྐྱུར་བ་སོགས་ཆོ་འཕྲུལ་མི་ཟད་པ་བྱུང་ཡང་ཐུགས་དམ་ལས་མ་གཡོས་པས་གཤིན་རྗེ་གཤེད་དམར་པོའི་ཞལ་གཟིགས་ཏེ་བར་ཆད་ལས་གྲོལ། ཡེ་ཤེས་ཀྱི་མགོན་པོ་རྣམས་ཀྱིས་བཀའ་བཞིན་ཕྲིན་ལས་སྒྲུབ་པས་ནུས་མཐུའི་ཕ་རོལ་ཏུ་སོན། ཞེ་གཉིས་པ་ལ་བསམ་འགྲུབ་དཔལ་མགོན་པ་གདན་སར་བསྐོས་ཏེ། གསལ་རྗེ་གངས་སུ་ཐུགས་དམ་ལ་རྩེ་གཅིག་ཏུ་བཞུགས་པས། ཡེ་ཤེས་ཀྱི་རྩ་དབུ་མ་དང་། རླུང་རྒྱུ་བའི་སྲོག་གཟུགས་མངོན་དུ་གྱུར་

ཏེ་ཆོས་ཐམས་ཅད་ཀྱི་དེ་ཁོ་ན་ཉིད་གཟིགས། འཆི་འཕོ་བ་དང་སྐྱེ་བ་དང་མངོན་གྱི་གནས་རྗེས་སུ་དྲན་པའི་མངོན་པར་ཤེས་པ་ཤར། ཆག་གྲོང་དུ་ཐུགས་དམ་གྱི་ལྷ་མང་པོ་དང་། ཁྱད་པར་དུས་འཁོར་གྱི་བསྙེན་པ་བྱེ་བ་མཛད། དཔལ་རིར་ཕྱུག་ན་རྡོ་རྗེའི་སྐུས་ནམ་མཁའ་ཁྱབ་པ་གཟིགས། དེ་ནས་སྟང་དགོན་པར་ཐུགས་དམ་ལ་སྙིང་པོར་མཛད་ནས་བཞུགས། དེའི་ཚེ་བདུད་དང་སྲིན་པོའི་དམག་འཇིགས་སུ་རུང་བས་བསྐོར་བ་ན། ནམ་མཁའ་ནས་རྡོ་རྗེ་ཤུགས་ལ་གསོལ་བ་ཐོབ་ཅེས་གྲག་པ་དང་། རྐང་པ་བཅུ་དྲུག་པ་ལན་གཅིག་བརྗོད་པས་དཔལ་རྡོ་རྗེ་ཤུགས་མིག་གིས་བལྟ་མི་བཟོད་པའི་འོད་ཟེར་འབར་བ་དངོས་སུ་གཟིགས་མ་ཐག་དམག་རྣམས་བྱེར་ཏེ་བར་ཆད་ཞི། བླ་བྲང་པ་བསོད་ནམས་དཔལ་འབྱོར་ལ་རིམ་ལྔའི་ཁྲིད་གནང་བའི་ཚེ་གསང་བ་འདུས་པ་དངོས་སུ་བསྟན། གསེར་ཕྱི་འབུམ་པའི་དྲུང་དུ། གླང་པཎྜི་ཏ་དང་། བྲ་གོར་མཁན་ཆེན་པ་ཆོས་དཔལ་རྒྱལ་བ་སོགས་སྡེ་སྣོད་འཛིན་པ་མང་པོ་ལ་དུས་འཁོར་གྱི་དབང་གནང་བའི་ཚེ་ཞབས་ས་ལ་མི་རེག་པ་བྲ་གོར་བས་གཟིགས། ཆོས་རྗེ་ཆོས་གྲགས་པ་ལ་སྤྱོད་རྒྱུད་དཀྱིལ་འཁོར་བཅུ་གཉིས་ཀྱི་དབང་གནང་བའི་ཚེ་འཇིག་རྟེན་པ་དྲུག་གི་ལྷ་རྣམས་དྲང་དུ་འོངས་ནས་སློབ་མ་བསྲུང་བའི་རིག་པ་ཕུལ། ཆེན་པོ་ཆོས་རྒྱལ་རིན་ཆེན་ལ་ཁྲིད་གནང་བའི་ཚེ་གེགས་བྱུང་བ་ལ། ཆོས་རྗེ་ཉིད་ཀྱིས་སྐུ་ལུས་ཀྱི་འཁྲུལ་འཁོར་མཛད་པས་སེལ། ཆོས་རྗེ་ར་སྟོན་པ་དང་། མཁན་ཆེན་ནམ་མཁའ་དཔལ་འབྱོར་བ་ལ་མངོན་པར་མཁྱེན་པ་མང་དུ་གསུངས་པས་མཆོག་ཏུ་གུས་པ་ཐོབ། དང་རྒྱལ་བ་རིན་ཆེན་བློ་གྲོས་པ་ལ་གཏུམ་པོའི་དབང་གནང་བའི་ཚེ་བར་ཆད་ཀྱི་མཚན་མ་ཁྱུང་དུ་སྤྲུལ་ནས་བསལ། སློབ་མའི་ཚོགས་རྣམས་ལ། དུས་གསང་བདེ་དགྱེས་ལ་སོགས་པའི་རྒྱུད་བཤད་དང་རྡོ་རྗེ་ཕྲེང་བ་ལ་སོགས་པའི་དབང་དང་། རིམ་ལྔ་སྦྱོར་དྲུག་སོགས་ཁྲིད་རིམ་

མང་པོའི་ཆོས་ཀྱིས་ཚིམ་པར་མཛད། གྱ་བརྒྱད་པ་ཤིང་ཕོ་ཁྱིའི་ལོ་ཟླ་བ་གསུམ་པའི་ཚེས་དྲུག་ལ་བདེ་བ་ཅན་དུ་གཤེགས་སོ། །

དེའི་སྲས་ཀྱི་ཐུ་བོ་རྒྱལ་བའི་སྲས་པོ་བློ་བཟང་དཔལ་འབྱོར་ནི། ལྷུགས་མོ་གླང་ལ་འཁྲུངས། བླ་བྲང་པ་བསོད་ནམས་དཔལ་འབྱོར་ལས་རབ་ཏུ་བྱུང་། ཉི་ཤུ་པ་ལ་ཚོགས་ཆེན་པོའི་མཁན་པོ་ཡོན་ཏན་རིན་ཆེན། ལས་སློབ་བྱང་ཆུབ་བླ་མ། གསང་སྟོན་འགྲོ་བཟང་སྙིང་པོས་མཛད་དེ་ཇོ་གདན་ཚོགས་པའི་དབུས་སུ་བསྙེན་པར་རྫོགས། མཁན་ཆེན་ནམ་མཁའ་དཔལ་འབྱོར་པ་སོགས་བསྟེན་ནས་སྡེ་སྣོད་ལ་སྦྱངས། ཆོས་རྗེ་ཆོས་གྲགས་པ་ལ་ཀཱ་ལཱ་པ་གསན། གཙོ་བོར་ཆོས་རྗེ་ཡེ་ཤེས་དཔལ་བཟང་པོ་ཉིད་ལ་མངའ་བའི་ཆོས་རྣམས་གསན་ཅིང་ཐུམ་པ་གང་བྱོར་མཁྱེན། ཁྱད་པར་དུས་འཁོར་གསན་དུས་མནལ་ལམ་དུ་བུ་སྟོན་རིན་པོ་ཆེ་དང་མཇལ་དེ་བྱིན་གྱིས་བརླབས་པས་ཚིག་དོན་མ་ལུས་པར་ཐུགས་སུ་ཆུད། རྐང་པ་བཅུ་དྲུག་པ་ལ་བསྙེན་པ་མཛད་པས་རིག་སྔགས་གྲུབ་པའི་མཚན་མ་གཟིགས། ལྷའུ་རའི་གདན་སར་གཞན་ཕན་བསྐྱངས་ནས་སྣང་དགོན་པར་ཐུགས་དམ་ལ་རྩེ་གཅིག་ཏུ་བཞུགས་ཏེ། ཞེ་གཉིས་པ་ཆུ་ཕོ་རྟའི་ལོ་ཧོར་ཟླ་གསུམ་པའི་ཚེས་བཅུ་གཉིས་ལ་གཤེགས་སོ། །བདག་གིས་ཆོས་རྗེ་རིན་པོ་ཆེ་ཡེ་ཤེས་དཔལ་བཟང་པོའི་ཞལ་སྔར་དཔལ་དུས་ཀྱི་འཁོར་ལོའི་དབང་ཡོངས་སུ་རྫོགས་པ་ཐོབ་ཅིང་རྒྱལ་བའི་སྲས་པོ་འདི་ཉིད་ཀྱི་ཞལ་སྔར་དབང་རྒྱུད་ལུང་མན་ངག་དང་བཅས་པ་ལེགས་པར་མནོས་སོ། །

༄། བཞི་པ་ཙ་མི་ལུགས་ནི། ཙ་མི་ལོ་ཙཱ་བ་ལ་བོད་ཀྱི་སློབ་མ། རྭ་ལོ་ཙཱ་བ། རོང་ལོ་ཙཱ་བ། སྙིང་པ་ལོ་ཙཱ་བ། སེ་ལོ་ཙཱ་བ། ལྕེ་རེ་ལོ་ཙཱ་བ། ར་བྱིད་ལོ་ཙཱ་བ། བ་རི་ལོ་ཙཱ་བ་སོགས་བྱུང་པ་ལས། དཔལ་ཆེན་རྭ་ལོ་ནི། མདོ་སྨད་གཡར་མོ་ཐང་གི་ལྷོ་ཕྱོགས

ཅོང་ཁ་ཐེའུ་ཆུང་། ཡབ་དགེ་བཤེས་མངོན་པ་བ་རྒྱ་ཤེས་རབ་རྩེ་དང་། ཡུམ་མྱུང་གཟའ་ཚེ་སྒྲོལ་གྱི་སྲས་སུ་འཁྲུངས། མཚན་ཛོ་སྲས་རྒྱ་མཚོར་བཏགས། ལོ་བདུན་ལ་ཡབ་ཀྱིས་ཆོས་བསླབས། བཅུ་བདུན་པ་ལ་མངོན་པ་མཁས་པར་མཁྱེན། ཉི་ཤུ་པ་ལ་ཇོག་ལོ་ཙྪ་བའི་སློབ་མ་དབང་སྟོན་ལས་དགེ་སློང་ཚིག་རྫོགས་མཛད་དེ་འདུལ་བ་དབུ་ཚད་གསན། མཚན་གཞོན་ནུ་དཔལ་དུ་བཏགས། ཉེར་གསུམ་པ་ལ། ཡབ་ཡུམ་དང་མཁན་པོ་ལ་སོགས་པས་ཞལ་བཏབ་ཀྱི་དོགས་པས་བྲོས་ནས་ལམ་དུ་སློང་མོ་མཛད་པ་གསེར་དུ་བསྒྱུར་ཞིང་བྱོན་ཏེ་ང་རྒྱ་གར་དུ་འགྲོ་གསུངས་པས་རྒྱ་ལོར་གྲགས། སྣེའུ་ཟུར་པ་ལ་ལམ་རིམ། གླང་རི་ཐང་པ་ལ་སེམས་བསྐྱེད་གསན། ལམ་རིམ་གྱི་དཔེ་རྒྱ་གར་ལ་ཡང་བསྣམས། སྟོད་ལུང་ཕུའི་གནམ་རྩེ་ལྡང་དུ་བྱོན་པས་དེ་ན་གནས་པའི་ཁམས་པ་རྒྱ་སྟོན་གྱིས་གསེར་མང་དུ་བཟངས། གཙང་དུ་དགེ་བཤེས་དགེ་བ་དང་། ཁྱུང་ལ་ཚད་མ་གསན་འཕྲོ་ལ། རྒྱ་གར་ལ་འགྲོ་བའི་གྲོགས་བྱུང་པས་གསེར་སྲང་དྲུག་ཅུ་བསྣམས་ཏེ་རྡོ་རྗེའི་གདན་དུ་བྱོན་ནས། རྒྱལ་པོ་རམ་པཱ་ལ་ལ་བབས་པས། དེ་ན་རེ་ཁྱེད་ཅི་འདོད་པ་ཡིན་ཆོས་ཚོལ་ན་དཔལ་ནཱ་ལེནྡྲ་ན་པཎྜི་ཏ་མང་པོ་བཞུགས། དེའི་ནང་ནས་ཀྱང་ཙ་མི་པཎྜི་ཏ་བྱ་བ་རིག་པའི་གནས་ལྔ་ལ་མཁས་ཤིང་ཚེའི་དངོས་གྲུབ་བརྙེས་པ་ཞིག་བཞུགས་ཀྱི། ཁྱེད་བོད་ཐམས་ཅད་དེར་འབབ་པ་ཡིན་པས་དེར་སོངས་ཤིག་ཟེར་བ་དང་། ཙ་མི་ནི་བོད་ཡིན། ང་རྒྱ་གར་དུ་འོངས་ནས་བོད་གཅིག་ལ་ཆོས་ཞུ་བ་མི་རིགས་མོད་འོན་ཀྱང་ལན་ཅིག་སོང་དང་སྐམ་སྐྱེ་བྱོན་ནས་གསེར་ཐམས་ཅད་དེར་བཅོལ་ལོ། །དེ་ནས་མ་ག་དྷ་དང་མཉན་ཡོད་སོགས་ཡུལ་ཀུན་ཏུ་ཙ་མི་ནི་བོད་ཡིན་ལ། ཁྱེད་རྒྱ་གར་ན་མཁས་ཤིང་གྲུབ་པ་ཐོབ་པ་སུ་ཡོད་ཅེས་དྲིས་པས། ཁ་མཐུན་པར་རྡོ་རྗེ་གདན་པ་ཨ་བྷྱཱ་ཀ་ར་བྱ་བ་ཡོད་ཟེར་བས། དེའི་དྲུང་དུ་བྱོན་ནས་གསེར་སྲང་བདུན

གྱི་མཐུ་ཕུལ། བདེ་མཆོག་གི་དབང་དང་། ལྷན་སྐྱེས་ཀྱི་གདམས་ངག་གནང་བ་བསྒོམས་པས་སྙུ་ཁམས་མི་བདེ་བ་ཞིག་བྱུང་པ་བླ་མ་ལ་ཞུས་པས། དེ་ལ་ཚོགས་མེད་གསུང་ནས་གདམས་ངག་གཅིག་བསྟན་པས་ཞག་གསུམ་བསྒོམས་པ་རང་གིས་ཕན། དུས་རེ་ཞིག་ན་ཨ་ཧྲ་ཡས་ཙ་མི་ལ་ཆོས་ཉན་པ་ཆོར་ནས། ཨ་ཧྲ་ཡ་ལས་ཀྱང་ཙ་མི་ཆེ་བར་འདུག་པས། ད་དུང་པཎྜི་ཏ་གཞན་ཞིག་བཙལ་དགོས་སྙམ་ནས། གོས་ཕྲུར་བུ་ཟས་གདན་གཅིག་པས་ལོ་གསུམ་བསོད་སྙོམས་མཛད་ཅིང་མཉན་ཡོད་ལ་སོགས་པ་ཐམས་ཅད་དུ་བྱོན། རྡོ་རྗེ་གདན་གྱི་བྱང་གི་ག་ཡ་མགོའི་རིར་ག་ཡ་འོད་སྲུང་གི་ལྷུང་བཟེད་བསིལ་བྱེད་གཟིམས་མལ་རྣམས་ལ་ཕྱིན་བརླབས་ཞུས། དེ་ལྟར་ཡུལ་ཀུན་བསྐོར་ཏེ། ཨ་ཧྲ་ཡ་མ་གདོགས་པ་རྒྱ་གར་ན་སུ་ཆེ་དྲིས་པས། ཨུ་ རྒྱན་ན་པཎྜི་ཏ་ཝཱ་གཱི་ཤྭ་ར་ངག་གི་དབང་ཕྱུག་བྱ་བ་ཡོད་ཟེར་བས་དེར་བཞུད་པར་དགོངས་ཏེ་ལམ་དུ་ཞུགས་ཁ་ཙམ་ན། པཎྜི་ཏ་གདུགས་སྦྱི་རེ་བ་ཞིག་ནཱ་ལེནྡྲར་བྱོན་པ་ལ་སུ་ཡིན་དྲིས་པས། ཙ་མིའི་སློབ་མ་ཨུ་རྒྱན་གྱི་པཎྜི་ཏ་ཝཱ་གཱི་ཤྭ་ར་ཡིན། སྔོན་ཙ་མི་ལ་ཞུས་པའི་དུས་འཁོར་གྱི་མན་ངག་རྣམས་ཕྱོགས་གཅིག་ཏུ་སྡེབས་པའི་ཡི་གེ་ཞིག་ཞུར་བྱོན་པ་ཡིན་ཟེར། དེ་ལ་ཙ་མིས་སྐྱོར་བའི་ཕྲེང་བ་མཛད་དེ་གནང་། ད་ནི་ཙ་མི་དང་ཨ་ཧྲ་ཡ་ལས་ཆེ་བ་ཛམྦུའི་གླིང་ན་མ་རྙེད་ངོ་མཚར་ཆེ་སྙམ་ནས། གསེར་སྲང་ཞེ་བདུན་ཡོད་པའི་བཙུ་བཞག །སོ་བདུན་ལ་མཎྜལ་བྱས་ནས་ཙ་མི་ལ་ཕུལ་ཏེ། བདག་ལ་ཚེ་འདི་ཉིད་ལ་སངས་རྒྱ་བའི་གདམས་ངག་དམིགས་པ་སྤྲོ་མི་དགོས་པ་ཞིག་ཞུ་བྱས་པས། སྦྱོར་དྲུག་གི་གདམས་ངག་གནང་སྟེ། ནཱ་ལེནྡྲའི་མཐའ་ཞིག་ན་བོད་ཀྱི་གནས་གོ་ས་ལ་གྲྭ་མ་ཞེས་པར་འདུག་འབྱུར་དང་སྦྲ་བཅད་བྱས་བསྒོམ་པའི་ཚེ། གྲོགས་ཤིག་གིས་བོས་པས་ལན་མ་བྱུང་བ་ལ། ཁྱེད་ཁ་རོག་པར་འདུག་སྟེ་ཏུ་རུཥྐའི་དམག་བྱུང་ངོ་བྱས་པས། ཁམས་

འདུས་ནས་འདུག་སྒོ་བཞིག་ཏེ་རྡོ་རྗེ་གདན་གྱི་གཙྪོ་ལའི་སྟེང་དུ་ཤེར། ཁམས་འདུས་སོལ་བ་དང་། སླར་ཡང་འདུག་འཁྱུར་བྱས་ནས་སྒྲུབ་པ་ལོ་ཕྱེད་དང་གསུམ་མཛད་པས། རྟགས་མང་པོ་བྱུང་བ་ཙ་མི་ལ་ཞུས་པ་དང་། དེས་ཨ་ཧྲ་ཡ་ལ་བཤད་པས། དེ་ཐུག་སྒོར་ཕྱིན་ནས་ཁྱེད་ལ་ཡོན་ཏན་འདི་འདྲ་བ་བྱུང་བ་བདེན་ནམ་གསུང་བ་ལ། དེ་བདེན་ཞུས་པས་རྟགས་ཀྱི་འཕྲོ་ཆད་དོ། །དེ་ཙ་མི་ལ་ཞུས་པས། ད་དུང་ཡང་བསྒོམས་དང་མི་འོང་བའི་དོགས་མེད་ཀྱི་རྟགས་བྱུང་བ་ན་ང་ལ་ཡང་མ་སྨྲ་གསུང་། སླར་ཡང་ལོ་དྲུག་བསྒོམས་པས་རྟགས་དང་ཡོན་ཏན་སྔར་བས་ཆེས་ལྷག་པ་འཁྲུངས། སྒྲོལ་མ་ཕྱིན་ནས་བུ་བསེལ་བའི་ཚལ་དུ་སོང་ལ་ཚོགས་ཀྱི་འཁོར་ལོ་གྱིས་དང་དངོས་གྲུབ་ཐོབ་པར་འགྱུར་རོ་གསུང་ནས་མི་སྣང་བར་གྱུར། དེ་ནས་བླ་མ་གཉིས་ལ་བསེལ་བའི་ཚལ་དུ་འགྲོ་བར་ཞུས་པས་ཡེ་མ་གནང་བས། སླར་ཡང་ལོ་གཅིག་དང་ཟླ་བ་ལྔར་བསྒོམས་ནས། ལྷས་ལུང་བསྟན་པ་དང་དྲོད་ཐོབ་པའི་རྟགས་རྣམས་ཙ་མི་ལ་ཞུས་ནས། དུར་ཁྲོད་དུ་འགྲོ་བའི་བཀའ་གནང་བར་ཞུ་བྱས་པས། འོ་ན་སྦྲོད་ལ་ཕྱིན་ན་བཟང་གསུང་། གྲི་གུག་བསྐུར་གཡོག་པོ་ཉམས་རྟོགས་རྒྱལ་ཅན་ཞིག་བཏང་ནས་ཚོགས་དང་གཏོར་མ་བཟང་པོ་ཤེམ་དུ་བཅུག་གོ །དེ་ནས་སྦྲོད་ལ་ཕྱིན་ཏེ་ལམ་ཁ་ན་དུར་ཁྲོད་ཀྱི་བདག་པོ་ཞིང་སྐྱོང་གི་རྟེན་ཤིང་ཙ་གྲོ་ཏྲའི་སྡོང་པོ་ཞིག་ཡོད་པའི་དྲུང་དུ་བཞུགས་པས། ཤིང་ལས་ཚིག་སྒྲ་དང་བཅས་ཏེ་མེ་འབར་བའི་ཁྲོད་ནས། ཁྱོད་ཤིང་འདི་དང་ལྷན་ཅིག་བཅིང་ངོ་ཟེར་བ་དང་ཡར་གཟིགས་པས་མིའི་ལུས་ལ་ཕག་གི་མགོ་བོ་ཅན་ཞིག་སྣང་བ་ལ། སྤྲུལ་པའི་གཟུགས་མ་སྟོན་པར་རང་རང་གཟུགས་སྟོན་ཅིག་གསུངས་པས། སྡོང་པོའི་རྒྱ་བ་ནས་སྦྲུལ་ལྡང་ག་སྒྲ་དམར་བ་གདུང་ཙམ་པ་ཞིག་བྱུང་བ་ཤིང་དེ་ལ་འཁྲིལ་ནས་སོང་། ནངས་པར་གྱི་དུས་སུ་མདང་གི་གཡོག་པོ་དེ་བྱུང་ནས། བར་ཆད་མ་བྱུང་ངམ་ཟེར་བ

ལ། ང་འདྲ་བའི་དཔལ་ཧེ་རུ་ཀ་ལ་སྲུས་བར་ཆད་བྱེད་པ་གསུང་། དེ་ནས་དུར་ཁྲོད་ཀྱི་དཀྱིལ་ན་ཐུ་གྲོ་ཧྣའི་ཕུག་ཅེས་པ་ཤིན་ཏུ་འཇིགས་པ་ཞིག་གི་ནང་དུ་བྱོན་ཏེ་ཚོགས་དང་གཏོར་མ་བཤམས་ནས་བཞུགས་པའི་དུས་སུ། དེའི་ཕྱི་མཐའ་ན་རོ་ལངས་ཤ་ཟ་ལྕེ་སྤྱང་ཐམས་ཅད་ང་རོ་དི་རི་རི་སྒྲོག་ཅིང་མདུན་ན་ལྕེ་སྤྱང་གསུམ་ཉལ་ནས་འདུག་གོ །དེར་བསྒོམས་པས་ཏིང་ངེ་འཛིན་མི་གསལ་ཞིང་རྒྱང་ན་ནག་ཡོར་ཡོར་ཞིག་ཇེ་ཆེར་སོང་ནས་མདུན་དུ་བྱུང་སྣམ་པའི་མོད་ལ། ནམ་མཁའ་ལ་སྟུག་ཆོམ་གྱི་སྒྲ་ཆེན་པོ་གྲག །ཡར་གཟིགས་པས་མགོ་བརྙན་སྣ་ཚོགས་འཇིགས་སུ་རུང་བ་དག་གིས་ནམ་མཁའ་གང་ནས། ཧ་ཧ་དང་། ཕཊ་ཕཊ་དང་། རྒྱབ་སོད་ཟེར་ཞིང་མཚོན་ཆ་སྣ་ཚོགས་འཕང་བས་སྐྱི་བུང་དུ་སོང་ངོ་། །དེར་འཇིགས་པ་དེ་རྣམས་གང་ནས་བྱུང་། གང་ན་གནས་གཟིགས་པས་ཏིང་ངེ་འཛིན་དུ་ལྡན་གྱིས་སོང་སྟེ་ཐོ་རངས་ཆོ་འཕྲུལ་རྣམས་སངས་པ་ན། ཚོགས་གཏོར་རྣམས་མི་སྣང་བར་མདུན་ན་དཀར་མེ་རེ་བ་ཞིག་འདུག་པ་ལ་གཟིགས་པ་དང་། ཐོད་པ་ཆང་གིས་གང་བ་ཞིག་ཏུ་སོང་བས་དེང་ཕན་ཆད་ཆང་མི་བཞེས་པ་ལ། དེ་ནི་དཔལ་ཆེན་པོའི་དངོས་གྲུབ་ཏུ་དགོངས་ནས་གསོལ་ལོ། །དེ་མ་ཐག་དཔལ་འཁོར་ལོ་སྡོམ་པ་ལྷ་དྲུག་ཅུ་རྩ་གཉིས་པའི་དཀྱིལ་འཁོར་དུར་ཁྲོད་དང་བཅས་པ་དངོས་སུ་གཟིགས། སྐད་ཅིག་དེ་ཉིད་ལ་དེ་ཁོ་ན་ཉིད་མངོན་སུམ་དུ་རྟོགས། སྒྱུ་ལུས་ཀྱི་ཟག་པ་ཡང་ཆད། མེས་མི་ཚིག །ཆུ་ལ་མི་བྱིང་བ་ལ་སོགས་པའི་ཡོན་ཏན་མང་དུ་བརྙེས། ཡེ་ཤེས་ཀྱི་མཁའ་འགྲོ་མ་ཙ་མུཎྜི་བྱོན་ཏེ་གཏུམ་མོའི་གདམས་ངག་ཀྱང་གནང་། ནམ་ལངས་པ་དང་ལྕེ་སྤྱང་ཤ་ཟ་དུག་སྦྲུལ་ལ་སོགས་པས་ཕྱག་དང་མཆོད་པའི་རྣམ་འགྱུར་བྱེད། སྟར་གྱི་གཡོག་པོས་མ་གྲོངས་པར་མཐོང་ནས་མྱུར་དུ་ལོག་སྟེ་བླ་མ་ལ་ཞུས་པས། བླ་མ་རྣམ་གཉིས་དེར་བྱོན་ནས། གོས་ཀྱི་ཁྲི་ལ་རྒྱ་ལོ་བཞུགས་བཅུག་སྟེ། ཨ་ཧྲ

ཡས་ནི་མགུལ་ནས་འཁྱུད། ཙ་མིས་ནི་སྤྱི་བོས་གཏུགས་ཏེ་དགྱེས་པའི་གསུང་བསྐུལ། དེའི་ཚེ་ཁམས་པ་མེ་ཇོ་སྲས་ཕྲག་དོག་སྐྱེས་ཏེ། ཏ་ཏ་ត་ཆུང་བས་ཀྱང་བསིལ་བའི་ཚུལ་དུ་བསྒོམ་ན། ང་མི་ཚེ་སྒོམ་བཟླས་ལ་བསྐྱལ་བས་ཁོ་དང་ཙི་མ་མཉམ་ཞེས་ཟེར་ནས་དེར་བྱུང་བ་ལ། དུར་ཁྲོད་འདི་ནི་ཤིན་ཏུ་གཉན་པ་ཞིག་འདུག་པས་ཁྱེད་འདིར་བསྡད་ན་མི་ལེགས་སོ་གསུངས་པས་དེ་ཁྲོས་ཏེ་ལོག་གོ །དེ་ནས་སངས་རྒྱས་གདན་བཞི་ཞེས་པའི་ལྷ་ཁང་སྟོང་པ་ཞིག་ཏུ་བཞུགས་པས། དབྱུག་ཐོ་དང་ཁྲི་ཐོད་ཐོགས་པའི་ཀེང་རུས་ཀྱི་མི་བདུན་བྱུང་ནས་རྣ་བར་མདའ་འཛུགས་པ་ལ་སོགས་པའི་ཆོ་འཕྲུལ་བསྟན་ཡང་། ཉམ་ང་བ་མ་སྐྱེས་པས་རུས་པར་སྤྱངས་ཀྱི་སོང་ངོ་། །དེར་གསེར་འོད་དམ་པ་ནས་བཤད་པའི་དེ་བཞིན་གཤེགས་པ་བཞིའི་ཞལ་གཟིགས། སྐབས་ཤིག་ན་མེ་ཇོ་སྲས་གསུངས་ནས་ཅུ་གྲོ་ཧྲའི་ཕུག་ན་འདུག་པ་ཚོར་ནས་དེ་ཤི་དོགས་ཏེ་ཁྱོན་ཅན་ཁ་ཐུབ་ཏུ་ཤི་ནས་འདུག །གཡོག་པོ་ཞིག་རྩེའུ་ཆུང་ཕྲིག་ཕྲིག་ཤི་ལ་ཁད་འདུག་པ་ལ་ཚོས་གོས་ཀྱི་ཐུ་བ་རྒྱབ་པས་སོས་ཏེ་ཡུལ་དུ་བསྐྱལ་ལོ། །དེ་ནས་ཅུ་གྲོ་ཧྲའི་ཕུག་གི་གཡོན་ན་རྗེའི་དབང་ཕྱུག་རང་བྱུང་ཞིག་ཡོད་པའི་སྟེང་དུ་བཞུགས་པས། ང་ཡུལ་འདི་ནས་མ་འབུད་བྱ་བའི་སྒྲ་ཞིག་གྲག་པ་དང་། རྒྱལ་པོ་ར་མ་པཱ་ལ་དབང་ཆེ་སྟེ་ངས་ཡུལ་ནས་ཕུད་དོ་གསུངས་པས། ཅུང་ཞིག་ན་ནམ་མཁའ་ལས་ཨུར་སྒྲ་ཆེན་པོ་དང་། མུ་སྟེགས་པའི་ལྷ་དང་མིའི་དམག་དཔག་ཏུ་མེད་པས་བསྐོར་བྱུང་བ་ལ། ཧེ་རུ་ཀ་སྤྱན་གསུམ་པར་བསྟན་པས་བྲོས་སོ། །ཡང་ཕུག་དེའི་གཡོན་ན་སྤྱན་རས་གཟིགས་ཀྱི་སྐུ་རང་བྱོན་ཞིག་ཡོད་པའི་དྲུང་དུ་བསྒོམས་པས། སྤྱན་རས་གཟིགས་དང་། འོད་ཟེར་ཅན་བྱོན་ནས་གདམས་ངག་གནང་། ཆོས་སྐྱོང་གི་རྗེ་སྐུ་རང་བྱོན་གྱི་དྲུང་དུ་བཞུགས་པ་ན། ལས་མགོན་བྱ་རོག་གདོང་ཅན་མཁའ་ལ་བྱོན་པ་ལ་བསྟོད་པ་མཛད། ས་ལ་ཡེ་ཤེས་མགོན་པོ་ཕྱག་བཞི་པ

བྱོན་པ་ལ་སྲོག་སྙིང་དང་སྒྲུབ་ཐབས་ལ་སོགས་པ་ཞུས། ཕྱིས་ཅ་མིའི་སྒྲུབ་ཐབས་དང་ཞུས་དག་བྱས་པས་རྩ་ལྟུགས་དང་སྲོག་སྙིང་ལ་ཁྱད་མ་བྱུང་། དེ་ལྟར་བསིལ་བའི་ཚལ་དུ་ཟླ་བ་དགུ་བཞུགས་པས། མ་ག་དྷ། ཤར་ཧྲཾ་ག་ལ། ལྷོ་ཀོ་ས་ལ། ནུབ་ཁ་ཆེ་དང་ཨུ་རྒྱན། བྱང་ལྷ་ར་ཋ་སླེ་སོགས་རྒྱ་གར་བོད་རྒྱ་ནག་འཛམ་བུ་གླིང་ཐམས་ཅད་དུ་སྙན་པའི་གྲགས་པས་ཁྱབ། རྒྱལ་པོ་ར་མ་པཱ་ལས་གྲུབ་པའི་མཚན་མ་སྟོན་པར་ཞུས་ནས། དུར་ཁྲོད་ཀྱི་མཆོག་གཉན་པོ་ཞིག་ཡོད་པའི་འགྲམ་དུ་རྒྱལ་པོ་དཔུང་ཚོགས་དང་བཅས་པ་དང་། ཕྱི་ནང་གི་པཎྜི་ཏ་མང་པོ་དང་། ལྟད་མོ་བ་མང་པོ་ཚོགས་པ་ན། མཚོའི་སྟེང་དུ་སྐྱིལ་ཀྲུང་བཅས་ནས་བཞུགས་པས། མུ་སྟེགས་པ་རྣམས་ཆུ་ལ་མི་འབྱིང་བ་རླུང་བསྒོམས་པས་ཡོང་། འདི་ལ་ངོ་མཚར་ཅི་ཆེ་ཟེར་བ་ལ། རང་འདྲའི་སྐུ་བདུན་སྤྲུལ་ཏེ་མུ་སྟེགས་པ་སུན་ཕྱུང་བས་ཐམས་ཅད་འདུད་པར་གྱུར་ཅིང་། རྒྱལ་པོས་གདན་དྲངས་སྐུ་བཀྲུས་པའི་ཆུས་ཁྲུས་འཐུང་བྱས་ཕོ་བྲང་ལ་གཏོར། གླང་པོ་ཆེ་འཆར་བྱེད་ལ་བླུད་མ་ཐག་དེས་ཏུ་རུཥྐའི་དམག་ཕམ་པར་བྱས་པས་རྒྱལ་པོ་མཆོག་ཏུ་དད། རྡོ་རྗེ་གདན་དུ་ཤཱཀྱ་ཐུབ་པའི་ཞལ་གཟིགས། བྱ་རྒོད་ཕུང་པོའི་རི་བོར་ཟླ་བ་གསུམ་བཞུགས་དུས་ཨུ་རྒྱན་ནས་པཎྜི་ཏ་མང་པོ་རྭ་ལོའི་རྫུ་འཕྲུལ་བལྟ་བ་ལ་བྱོན་པ་ན། བྱ་ཆེན་པོ་ཞིག་ཕུར་བྱུང་བ་ལ་ལྷ་སྔངས་མཛད་པས་ས་ལ་ལྷུང་སྟེ་ཤི་བས། དེ་རྣམས་མ་རངས་པ་དང་སེ་གོལ་གཅིག་གཏོགས་པས་འཕུར་ནས་སོང་། དེར་ཡང་ཐུབ་པ་ཉན་ཐོས་ཀྱི་དགེ་འདུན་དང་བཅས་པ་གཟིགས། དེ་ནས་ནཱ་ལེནྡྲར་བྱོན་པའི་ལམ་དུ་མི་ཐམས་ཅད་ཀྱིས་མེ་ཏོག་གཏོར་བའི་གསེབ་ཏུ་མཐར་ཏེ་འཕྱུག་དགོས་པ་བྱུང་བས་པཎྜི་ཏ་རྣམས་སྔན་ཆད་འདི་འདྲ་བའི་མི་ཐམས་ཅད་དད་ཅིང་འདུན་པ་འོང་མ་མྱོང་ཟེར། གྲུབ་ཐོབ་འགས་ཀྱང་ཞབས་ལ་བཏུད་དོ། །ཀོག་ལ་ཀྲ་མར་བཞུགས་དུས་རྒྱ་གར་ཤར་ཕྱོགས་ནས་གྲུབ་ཐོབ

གསུམ་སོགས་རྣལ་འབྱོར་པ་ལྔ་བརྒྱ་མཇལ་དུ་བྱུང་ཞིང་། སེཀྐ་ལ་དང་། གསེར་གླིང་དང་། ཟངས་གླིང་ལ་སོགས་པའི་གླིང་ཕྲན་དྲུག་གི་ཚོང་པ་མང་པོས་ཀུང་ནོར་བུ་ཕུལ་ཏེ། དེ་རྣམས་སུ་ཡང་གྲགས་པས་ཁྱབ། དེ་ནས་བོད་དུ་བྱོན་ཏེ་ལ་སྟོད་དགེ་ཕུག་ཏུ་ལོ་གསུམ་བཞུགས་དུས། མ་ཛོ་ལྷ་གཅིག་མ་ཞེས་པ་སྲོག་ཆགས་གསོད་པའི་ཆོས་ལོག་སྤྱོད་པ་ཞིག་འདུལ་བའི་ཆེད་དུ་དགེ་ཕུག་གི་བྲག་ལོགས་ཀྱི་སྣ་བ་གཅིག་ལ་ཕྱིགས་མཛུབ་མཛད་པས་ཐང་ལ་ལྷུང་སྟེ་ཤི །སླར་སེ་གོལ་གདོགས་པས་གསོས་པ་སོགས་རྫུ་འཕྲུལ་གྱིས་དེ་ཡང་དག་པའི་ལམ་ལ་བཙུད། དེར་ཁམས་པ་ཨ་སེང་ལ་སྦྱོར་དྲུག་གནང་། མ་ལ་ཡེར་བབ་ལ་བདེ་མཆོག་གནང་། ས་སྐྱུར་རྗེ་ས་ཆེན་ལ་མ་རྒྱུད་ཀྱི་རྡོ་རྗེའི་སྦྱོར་དྲུག་གནང་། གང་དུ་བྱོན་སར་ཁྲིམ་ཆེས་པས་མི་ཤོགས་པ་ཙམ་བྱུང་། དེ་ནས་དབུས་སུ་བྱོན་དུས་གཙང་པོ་ལ་མཉན་པས་གྲུ་མ་བཏང་བས་ཆུའི་སྟེང་དུ་སྐྱིལ་མོ་དཀྲུང་མཛད་ནས་བྱོན། བྱང་སེ་མོ་དོ་ལ་ལོ་ལྔ་བཞུགས། དེར་རྨིན་འདོར་བ་ཁུ་སྒོམ་དང་། བྱང་ཆུབ་སེམས་དཔའ་སྟག་སྟོན་རྣམས་སྦྱོར་དྲུག་གི་གདམས་པས་གྲོལ་བར་མཛད། དོན་གྲུབ་ཀྱི་ཞལ་གཟིགས། ཀླུའི་ཡུལ་དུའང་བྱོན་ཏེ་ཀླུ་རྣམས་ལའང་ཆོས་བསྟན། གནམ་རྩེ་ལྡང་དུ་གསེར་བརྫངས་པའི་དྲིན་གཟོར་ལོ་གཉིས་བཞུགས། རྒྱ་སྟོན་དང་། དཔལ་ཕག་མོ་གྲུ་པ་ལ་གདམས་པ་གནང་། འཕན་ཡུལ་རྒྱལ་དུ་དུས་གསུམ་མཁྱེན་པ་ལ་གདམས་པ་གནང་། བྱང་གི་འབབ་རོང་དུ་ལོ་གཅིག །མདོ་ཁམས་སྐམ་པོ་གངས་རར་ལོ་བདུན་བཞུགས། མདོ་སྨད་དུ་བྱོན་ནས་ཡབ་ཡུམ་ནི་མ་བཞུགས། མཁན་པོ་ལ་གདམས་ངག་ཕོག་སྟེ་ཉམས་རྟོགས་ལ་བཀོད། སྦྱོར་དྲུག་གི་གདམས་པས་འབྲི་ལུང་དུ་སློབ་མ་གྲུབ་པ་ཐོབ་པ་བདུན་བྱུང་། རྒྱ་ནག་རྒྱལ་པོས་གདན་འདྲེན་བྱུང་བས་དེ་ལ་བྲོས་ནས་ཡར་བྱོན། མདོ་ཁམས་སྨད་དུ་མི་ནག་པོས་ཆོས་

བསྐུབས་པ་རྣམས་བཏུལ་ཏེ་ཐམས་ཅད་ཆོས་ལ་བཀོད། སྟོང་ཚར་ལྷ་ཁང་དང་རབ་སྤྱང་སྤྲ་མདའི་གཙུག་ལག་ཁང་སོགས་ལྷ་ཁང་བཤིག་པ་ཐམས་ཅད་བསོས། ཁམས་ཀྱི་ནག་ཚུལ་སྐྱིལ་ཀྲུང་གིས་ཕར་ཆོད་ཚུར་ཆོད་མཛད་པས། ཕྲང་དེ་ལ་ཕྱིན་ཆད་འབྲུལ་པ་ལ་དཀྲ་མེད་པར་མཛད། ནག་ཤོད་དུ་ཞང་ལ་སྦྱོར་དྲུག་གནང་། དེ་ནས་ཡང་འབབ་རོམ་དང་མགོར་འཛོང་བྲག་སོགས་སུ་བཞུགས་ཏེ། སྐུའི་བཀོད་པ་གསུམ་སྟོན་པ། ཞལ་གྱི་དཀྱིལ་འཁོར་ནམ་མཁའ་ལྟར་ཆེ་བ། སྐུ་བགྲེས་གཞོན་སྣ་ཚོགས་སུ་སྟོན་པ་ལ་སོགས་པའི་ཆོ་འཕྲུལ་སྣ་ཚོགས་པ་བསྟན་ནས་འགྲོ་བ་མང་པོ་རྡོ་རྗེའི་ཐེག་པ་ལ་བཀོད་པས། སློབ་མའི་ཚོགས་གྲུབ་པ་ཐོབ་པ་མང་དུ་བྱུང་། གྲུ་དགུ་པ་ལ་རྩེ་ཤོད་རངས་རྫོང་མགོར་རྡོ་རྗེའི་སྐྱིལ་ཀྲུང་ལས་མི་གཡོ་བར་ཤིང་བལ་ལྟར་ཡང་བའི་སྐུ་གདུང་བཞག་སྟེ་མྱ་ངན་ལས་འདའ་བའི་ཚུལ་བསྟན་ཏོ། །གདུང་ཞུགས་ལ་ཕུལ་བའི་དུ་བ་ལ་ངོ་མཚར་བའི་ལྟས་དུ་མ་བྱུང་ངོ་། །

རྗེ་ས་སྐྱ་པ་ཆེན་པོས་དཔལ་རྒྱ་ལོ་ལ་སྦྱོར་དྲུག་གསན་ནས། མ་རྒྱུད་ཀྱི་རྡོ་རྗེའི་སྦྱོར་དྲུག་ཅེས་པའི་ཡི་གེ་ཡང་མཛད་དེ། སློབ་དཔོན་བསོད་ནམས་རྩེ་མོ་དང་། རྗེ་བཙུན་གྲགས་པ་རྒྱལ་མཚན་ལ་གནང་། ཁྱད་པར་དུ་རྗེ་བཙུན་ལ་བུ་ངས་ཁྱོད་ལ་ཆོས་བསྟན་པ་ཐམས་ཅད་འདིར་འདུས་པ་ཡིན་ཏེ། བྱང་ཆུབ་སེམས་ཀྱི་བདག་ཉིད་དངོས།། དངོས་པོའི་ཆོས་ཉིད་གདན་དུ་བྱ། །འབྱུང་བ་རླུང་ལ་སྦྱར་ཟིན་བྱ། །གཏུམ་མོའི་མེ་དྲོད་རབ་ཏུ་བསྐྱེད། །བྱང་ཆུབ་ཆུ་རྒྱུན་དབུ་མར་ཞུ། །ས་སོགས་འབྱུང་བ་དབང་དུ་འདུ། །ཡེ་ཤེས་ལྷ་ནི་མངོན་གྱུར་ནས། །འཆི་བ་མེད་པའི་གནས་ཐོབ་བོ། །ཞེས་གསུངས་ཏེ། རྐང་པ་དང་པོ་གཉིས་ཀྱིས་སོར་བསམ། གསུམ་པས་སྲོག་རྩོལ། བཞི་པས་འཛིན་པ། ལྔ་པས་རྗེས་དྲན། དྲུག་པས་ཏིང་ངེ་འཛིན། ཐ་མ་གཉིས་ཀྱིས་གྲུབ་པ་ཡེ་ཤེས་ཀྱི་སྐུ

བསྟན་ཏོ། །དེ་ནས་ས་སྐྱ་པཎྜིཏ། རྒྱུས་པ་གཞོན་ནུ་སེང་གེ །དོལ་པོ་ཡེ་ཤེས་མགོན་པོ། ཀུན་སྤངས་ཆེན་པོ་རྣམས་རིམ་པར་བརྒྱུད་དེ་སྦྱོར་དྲུག་ས་ལུགས་ཞེས་གྲགས་སོ། །

གྲུབ་ཐོབ་ཁམས་པ་ཨ་སེང་ནི། མང་དུ་ཐོས་པའི་མཁས་པ། ཕྱིས་རྒྱ་ལོ་ལ་གདམས་པ་གསན་ནས་སྒྲུབ་པ་ལ་རྩེ་གཅིག་ཏུ་བཞུགས་ཏེ། ལོ་རེ་ལ་ཟླ་གཅིག་ཞག་བཅུ་གསུམ་གཞན་ལ་ཆོས་གསུང་། གཞན་དུ་སྒོམ་འབའ་ཞིག་མཛད་པས་གྲུབ་པ་བརྙེས་སོ། །དེས་ཕྱུ་པ་ཆོས་ཀྱི་སེང་གེ །མྱང་བྲན་ཆོས་ཡེ། སྐྱི་ཕོ་ཚུལ་འཕགས། ཁམས་པ་ལོ་ཙྪ་བ་སྟོན་འབུམ། ཕག་མོ་གྲུ་པ། དུས་གསུམ་མཁྱེན་པ། གཡོར། གཉན། སྒོག་ལྕོག་པ་སོགས་མང་པོ་ལ། ཙ་མིའི་སྦྱོར་དྲུག་རྩ་འགྲེལ། སྦྱོར་ཕྲེང་རྩ་འགྲེལ། སྙིང་པོ་གསུམ་རྩ་འགྲེལ་གྱི་སྒོ་ནས་གདམས་པ་གནང་སྟེ་གྲོལ་བར་མཛད་དོ། །

བླ་མ་ཞང་གཡུ་བྲག་པ་ནི། ཡུལ་གུང་ཐང་ཚ་བ་གྲུ། ཡབ་ཞང་སྣ་ནམ་རྡོ་རྗེ་སེམས་དཔའ། ཡུམ་བན་དེ་མོ་མང་སྐྱིད་ཀྱི་སྲས་སུ་ཆུ་མོ་ཡོས་ཀྱི་ལོ་ལ་སྐུ་བལྟམས། རྫོག་མདོ་སྟེ་དང་། སམྦུ་ལོ་ཙྪ་བ་ལས་སློབ་གཉེར་མཛད། ཉེར་དྲུག་པ་ལ་ཁམས་སུ་བྱོན། དཀོན་བརྩེགས་གཟིགས་པས་ངེས་འབྱུང་ལྷག་པར་སྐྱེས་ནས་དགེ་སློང་ཚིག་རྫོགས་སུ་མཛད། མཚན་བརྩོན་འགྲུས་གྲགས་པར་བཏགས། སུམ་པ་རྒྱ་ཤོད་ཀྱི་སློག་སྐྱིའུ་དགོན་པར་བཞུགས་དུས། དཔལ་ཆེན་པོ་རྒྱ་ལོ་འབྱོན་པ་ཡོད་ཟེར་འུར་ཆེན་པོ་བྱུང་བས། བསིལ་བའི་ཚལ་དུ་སྤྱོད་པ་ལ་གཤེགས་པ་དེ་ཡིན་ནམ་བྱས་པས་ཡིན་ཟེར། གདམས་ངག་མ་གནང་ཡང་ཐུབ་ལ་འཆངས་པ་རང་གིས་ཆོག་སྐམ་ནས་དྲུང་དུ་འགྲོ་རྩིས་བྱས་པས་ད་དེ་ཟླ་བ་གཅིག་ན་སོག་ཏུ་འབྱོན་ཟེར་བས། དེ་ནས་རིམ་གྱིས་ནག་ཤོད་དྲ་བ་མཁར་དུ་ཕྱིན་པས། བླ་མ་ཁྲིམ་ཆེན་པོ་དང་བཅས་ཏེ་བྱོན། ཞང་གིས་དྲུང་མཁན་བྱས་ཏེ་ཡུལ་མི་རྣམས་ཀྱིས་བསུ་བ་བྱས་པས། ཞལ་མཐོང་མ་ཐག་ལུས་སྐྱི་བུང

སོང་ནས་སྣང་བ་ལོག་གིས་འགྱུར། སེམས་ཉིད་ནམ་མཁའ་ལྟ་བུར་ཕྱུལ་གྱིས་སོང་། མི་རྣམས་ཀླུག་ཅོར་ཟེར་ཡང་རྨི་ལམ་ལྟ་བུར་མཐོང་། བདེ་གསལ་གྱི་ཉམས་མྱོང་ངོ་མཚར་བ་སྐྱེས་ཏེ་བྱིན་བརླབས་ཞུས། དེའི་ཕྱི་དེ་ནུབ་ཁྲིམ་རྣམས་གྱེས་པ་དང་། བླ་མ་མཇལ་ཏེ་ཟ་འོག་ཡུག་གཅིག་དང་མར་ཐུད་ཅིག་ཕུལ་ནས། སངས་རྒྱས་ཐོབ་པར་བྱེད་པའི་ཐབས་ཁྱེད་རང་གིས་ཐུགས་ཉམས་སུ་བཞེས་པ་དེ་ཐུགས་ལ་གདགས་པར་ཞུ། ཕྱུགས་ཕྱིར་འབྲིང་བ་ཡིན་ཞུས་པས། ང་ལ་ཡི་དམ་གྱི་ལྷ་ཁ་མིག་རྣ་བ་ཅན་མེད། སྟོང་པ་ཉིད་དང་སྙིང་རྗེ་ཟུང་འཇུག་ཏུ་བསྒོམ་པ་ཡིན་པས་ཁྱོད་རང་དེ་སྒོམས་ཤིག །གདམས་ངག་དེས་ཆོག་རོ། །ངའི་ཕྱིར་འབྲིང་ན་ང་འདག་འགྱུར་བྱེད། འཁོར་རྣམས་ལ་ལ་སྤྲང་དུ་འགྲོ། ལ་ལ་སོ་སོར་འགྲེས་པ་ཡིན། ཁྱོད་རང་ལྷོགས་ཏེ་ཤི་བར་འོང་གསུང་བས། ཆོས་ཕྱིར་འཆི་ནུས་ན་ཕྱུགས་ཕྱིར་འདེང་གསུང་བར་གོ་ནས་ཤིན་ཏུ་དགའ་ནས་ཡོང་ཙམ་ན། བུ་རམ་ལ་གོ་སྣོད་བཏབ་པའི་ཐང་ཞིག་གསོལ་གྱིན་འདུག་པ་གནང་བྱུང་བ་འཐུངས། ཕོར་པ་ས་ལ་བཞག་པས་བཙུན་པ་ཞིག་གིས་བླངས་ནས་ལྷག་དེ་བྱིགས། དེ་ལ་སྐྱེར་བ་མིན་གསུང་། དེ་ནས་ཡང་ད་མི་ལྟོ་གསུང་བས། གསོལ་རས་གནང་པ་དེ་གདམས་ངག་ཐུན་མོང་མ་ཡིན་པ་ཁྱོད་ལ་སྦྱིན་བྱ་བར་གོ །མི་སྐྱེར་བ་ཡིན་བྱ་བ་དེ་གཞན་ལ་བཤད་མ་རན་བྱ་བར་གོ །ད་མི་ལྟོ་གསུང་བ་དེ་བཤད་ཀྱང་མི་ལྟོ་གསུང་བར་གོ །དེ་ནས་ཕྱུགས་ཕྱིར་འབྲངས་ཏེ་རྟག་ཏུ་མཇལ་ཕུལ་ཞིང་གསོལ་བ་བཏབ་པས། ཐོག་མར་རླུང་ལ་སེམས་འཛིན་པའི་མན་ངག་གནང་། དབང་བསྐུར་གཅིག་གནང་བར་ཞུས་པས། ངའི་དབང་ཡོན་ལ་ཛ་སེག་བཞི་བཞི་དངུལ་བྲེ་བཞི་བཞིར་ཕབ་ཡོད་པ་འབྱོར་ན་བྱ་གསུང་། གྲུབ་ཐོབ་ཡིན་པས་བརྫ་མཛད་པར་གོ་ནས། དེ་རྣམས་ཡིད་ཀྱིས་ཕུལ་ཏེ་ཕུལ་ཟིན་ལགས་ཞུས་པས། བྱར་བཏུབ་ཁྱོད་ཀྱི་ཕ་དེ་ཡང་དེ་འདྲ་འཁོར་འཁོར་

བར་འདུག་གསུང་། དེར་བདེ་མཆོག་གི་དབང་བསྐུར། ཙ་མིའི་སེམས་སྐྱོང་རིན་པོ་ཆེའི་ཕྲེང་བ། ཡི་གེ་ཉེར་གསུམ་པ་དང་ལྷན་སྐྱེས་རྣམས་གནང་། སྦྱིར་རྡུལ་ཚོན་དང་རས་བྲིས་ལ་བརྟེན་པའི་དབང་གཉིས། ཏིང་ངེ་འཛིན་གྱི་དབང་བསྐུར་གསུམ། དབང་གོང་མ་ཡོངས་སུ་རྫོགས་པ་གཅིག །རླུང་བུམ་པ་ཅན་དང་། གཏུམ་མོའི་གདམས་པ་གནང་། དེ་ནས་ལྐོག་སྐྱེའུ་དགོན་པར་མཚམས་བཅད་རླུང་བུམ་པ་ཅན་དང་ལུས་སྦྱོང་ལ་འབྱུངས་པས་ཉམས་མྱོང་དང་མཐོང་སྣང་གི་བྱེ་བྲག་མང་པོ་བྱུང་སྟེ་རླུང་ནམ་བཟུང་ཙམ་ན་འོད་ཁ་དོག་སྣ་ཚོགས་པ་དང་། མེ་སླང་ཙམ་པ་དང་། ལག་པ་ནག་པོ་གཉིས་ཀྱིས་མགོ་ནས་མར་བསྡམས་ནས་མ་ཕྲེལ་བ་དང་། ནག་པོ་བསྐོར་ལེང་ཞིག་གི་དཀྱིལ་ན་མི་ཐོད་སྐམ་པོ་རྡིག་གེ་བ་དང་། སྔར་བ་ནག་པོའི་དཀྱིལ་ན་མིག་དམར་ཙེ་རེ་སོགས་བྱུང་བས། ནག་ཤོད་རི་དཔུང་དུ་བླ་མ་ལ་ཞུས་པས། འོད་དེ་རླུང་གིས་འབྱུང་བ་འཁྲུགས་པའི་འོད་ཡིན། ཐོད་པ་དེ་རྩ་ནང་དུ་རླུང་ཚུད་པའི་རྟགས་ཡིན། མིག་དམར་ཙེ་རེ་བ་དེ་ལ་མཛུ་གུ་ཚུགས། འཚོ་བ་ངན་པས་ལན་པ་ཡིན་གསུང་། མར་ཁུ་དང་ཐུད་ཡོད་ཚད་འཚལ་བ་ཡིན་ཏེ་ཞུས་པས། དེས་མི་ཕན་རབ་ཏུ་བྱུང་བ་ཤ་མི་ཟ་ཡང་ཤ་དང་རུས་པ་ཕན། ཙི་རི་རི་ཟ། ཙི་རི་རི་བསྒོམ་དགོས་པ་ཡིན། ཁམས་སོས་པ་དང་འཕྲོ་ཆོད་གསུང་ནས། སེ་ཁྲིམ་དུ་སྦྱོར་བ་ཡན་ལག་དྲུག་གི་ཁྲིད་གནང་། ཐམས་ཅད་བོར་ལ་འབད་འབུངས་ཐོན་ལ་བསྒོམས་དང་འཕྲོ་མ་བཅད་པར་བྱས་པས་ད་གཟོད་གཤའ་མ་འོང་བ་ཡིན་གསུང་། རྩེ་གཅིག་ཏུ་བསྒོམས་པས་ཉམས་ཀྱི་གློང་རྫོལ། མགོན་པོ་མགུལ་ཁྲུག་མ་དང་མི་གཡོ་བ་དང་ཆབ་གཏོར་བླ་སུ་གི་གསན། དེ་ནས་ཡབ་སྲས་འགྲོགས་ཏེ་དབུས་སུ་བྱོན། རང་ཡུལ་ཚ་བ་གྲུར་གདན་དྲངས་ནས་བསྙེན་བཀུར་མཐོན་པོ་མཛད། དེ་དུས་བླ་མས་ཞལ་རས་ཀྱིས་ནམ་མཁའ་ཁྱབ་པའི་རྫུ་འཕྲུལ

བསྟན། ཡེར་པར་བྱོན་དུས་སྤྱོས་ཁ་དང་འབྲིམ་དང་གླང་ར་རྣམས་སུ་སྐུའི་བཀོད་པ་རེ་རེ་དུས་གཅིག་ལ་བསྟན། དེ་ནས་གོ་ལ་ལ་བྱོན་ནས་གསུམ་ཕྲེང་གི་བར་དུ་བླ་མའི་ཕྱུགས་ཕྱི་མཛད། ཡུལ་དུ་འགྲོ་བར་ནུས་པས། བླ་མས་ཁབ་སྐྱུད་གཅིག་གནང་ནས་འོ་འདི་ལ་ལོ་གསུམ་གྱི་སྒོམ་རྒྱུགས་ཀྱིས་ལོ་གསུམ་ན་ང་མགོར་འཛོང་བྲག་ལ་སྡོད་དུས་ཤོག་གསུང་ནས་བླ་མ་འབབ་རོམ་དུ་བཞུད། དེ་ནས་ཡུལ་དུ་བྱོན་ཏེ་བྱ་མཁར་སོགས་རི་ཁྲོད་འགྲིམ་ཞིང་བསྒོམ་མཁས། སྔར་བླ་མ་ཐུགས་ལོག་འདུག་སྙམ་པའི་ལོག་རྟོག་ལན་ཅིག་བྱུང་བའི་རྐྱེན་འབྲེལ་གྱིས། སྐབས་ཤིག་ཏུ་ཐིག་ལེའི་གེགས་ཤིག་བྱུང་བ། མ་ལ་ཡེར་པ་བ་ལ་གེགས་སེལ་ཞུས་པས། ད་རེས་ཀྱི་གེགས་འདི་ནཱ་རོ་པའི་གདམས་ངག་གཅིག་གིས་སེལ་བར་འདུག །གཏན་དུ་ནམ་ཡང་བླ་མ་དཔལ་ཆེན་པོའི་གདམས་ངག་ལས་ལྷག་པ་མེད་པས་དེ་རང་བསྒོམ་དགོས་སོ་གསུང་ནས་གཏུམ་མོ་དང་གེགས་སེལ་གནང་། ལོ་གསུམ་ན་མགོར་འཛོང་ལ་བྱོན། བླ་མ་དང་མཇལ་བས་ཤིན་ཏུ་མཉེས་ཏེ་སྔོན་ཆུང་ངའི་ཟླ་ལ་ཉོལ་གསུང་ནས་བླ་མའི་འདབ་ཏུ་ཉལ། ཁྱོད་དོ་ནུབ་སྒོམས་ཤིག་གསུང་བ་ལ་ཐང་ཆད་པས་མནལ་བ་འོད་གསལ་འབབ་ཞིག་ཏུ་སོང་། ནམ་ལངས་པ་དང་། བླ་མ་རྣམས་གདམས་ངག་སོ་སོ་ཡིན་ཀྱང་བྱིན་བརླབས་གཅིག་ཏུ་འོད། ཉམས་ལ་བོགས་ཤིག་ཐོན་འདུག་གསུང་། བླ་མ་ཁྲིའི་སྟེང་ན་བཟང་པོའི་འདུག་སྟངས་མཛད། སྤྱན་གསུམ་ཡོད་པའི་དབུས་མའི་སྤྱན་འབྲས་ཁམ་ཆེལ་ལེ་བ་གཅིག་གཟིགས། དེ་ནས་བླ་མ་སྐུ་བ་དང་ཚུལ་མ་བསྟན་གྱི་བར་དུ་ཞབས་ཏོག་བྱས་ཏེ་གདམས་ངག་ལྷག་མ་རྣམས་ཞུས། བྱ་མཁར་ཕུག་ཏུ་བསྒོམས་པས་དྲོད་ལ་བརྟེན་ནས་ཞབས་ལ་ཚེར་མ་ཟུག་པ་ཡང་བདེ་བར་ལྷང་ལྷང་སོང་། ལན་ཅིག་རྐྱེན་ཅི་ཡང་མེད་པར་སྣང་བ་ཐམས་ཅད་ནམ་མཁའ་སྤྲིན་དྭངས་པ་བཞིན་བུན་གྱིས་སོང་། སེམས་སྐྱེ

འགག་ གནས་ གསུམ་ དང་ བྲལ་ བ་ ནམ་ མཁའ་ ལྟ་ བུར་ རྟོགས། གདོད་ མ་ ཉིད་ ནས་ དངོས་ པོ་ ཐམས་ ཅད་ རྟོགས། ཞེས་ སོགས་ མགུར་ ཡང་ གསུངས། དེ་ནས་ དྭགས་ པོ་ སྒོམ་ཚུལ་གྱི་དྲུང་དུ་བྱོན་པས། འོ་བྱོད་བླ་མ་དཔལ་ཆེན་པོ་ལྟ་བུ་བསྟེན་ནས་ཐུགས་མ་ཆེམ་མམ་གསུང་། བློ་ མ་ ཆེམ་ པ་ མིན་ ཏེ། དོགས་ པ་ ཞིག་ གཅོད་ དུ་ འོངས་ པ་ ལགས་ ཞུས་པས། ཕྱག་རྒྱ་ཆེན་པོའི་གདམས་ངག་གཅིག་གནང་། བསམ་གཏན་གྱི་ཤེས་རབ་དང་རྟོག་དཔྱོད་ཀྱི་ཡན་ལག་མཐར་ཕྱིན། རྒྱ་གར་བའི་རོ་ཙ་ན་བཛྲ་དང་། གཤེན་དགོན་དཀར་བ་དང་། འོལ་ཁ་བ་རྣམས་ལ་གདམས་པ་མང་དུ་གསན། དེ་ནས་གཡུ་བྲག་ལ་སོགས་པའི་སྒྲུབ་གནས་མང་པོར་སྒྲུབ་པ་རྩེ་གཅིག་ཏུ་མཛད་པས་གྲུབ་པ་བརྙེས། ཚལ་གུང་ཐང་བཏབ། གཞན་དོན་དཔག་ཏུ་མེད་པ་མཛད་དེ་དོན་གཉིས་པ་ཆུ་མོ་གླང་ལ་སྐུ་གཤེགས་སོ། །

དེའི་ཐུགས་ཀྱི་སྲས་ལྷ་ཕྱུག་པ་ནི། དོལ་ཞུར་གྱིན་ལུང་དུ་ཡབ་སྟགས་འཆང་སངས་རྒྱས་སྐྱབས། ཡུམ་མཚུར་མོ་ཤེས་རབ་སྐྱིད་ཀྱི་སྲས་སུ་མེ་ཕོ་སྟག་ལ་འཁྲུངས། གདུང་བ་ཟེག་རྟོག་མདོ་སྡེ་ལ་ཀྱི་རྟོར་གསན། བཅུ་དྲུག་པ་ལ་གཡུ་བྲག་ཏུ་བླ་མ་ཞང་ལ་སེམས་བསྐྱེད་ཐོབ། ཉེར་བདུན་པ་ལ་ངེས་འབྱུང་སྐྱེས་ཏེ་གཉལ་དུ་བྱོན་ནས་ལོ་རོ་ཆུ་ཁྱེར་བའི་དྲུང་དུ་བྱོན། དེ་དུས་བླ་མ་ཞང་ཤིན་ཏུ་དྲན་པར་བྱུང་སྟེ། ཟླ་བ་ཕྱེད་ཙམ་ན་ཚུར་ལོག་ནས་ཞང་སྐྲགས་མདའ་ན་ཆོས་གསུང་བའི་དུས་སུ་ཆུ་མོ་སྦྲུལ་གྱི་ལོ་ལ་མཇལ། ད་ལྟ་རང་སངས་རྒྱ་བའི་ཆོས་ཤིག་ཞུ་བྱས་པས་ཞང་མཉེས་ནས་དེ་ཉིད་དུ་སྟོན་འགྲོའི་གདམས་པ་དང་། ངར་ཕྱུག་ཏུ་ཕྱག་ཆེན་གྱི་ཁྲིད་ཚར་བར་གནང་། སུམ་ཅུ་པ་ ལ་ ཤ་ མི་ འདུལ་ འཛིན་ གྱིས་ མཁན་ པོ། ཞང་ གིས་ ལས་ སློབ་ མཛད་ ནས་ ལྷ་ སར་བསྙེན་པ་ཆིག་རྫོགས་མཛད། ཞང་གི་གསུང་ནས་ཉི་ཟླ་ལྟར་སེམས་ཅན་གྱི་དོན་

བྱེད་པ་ཞིག་འོང་ཞེས་མཚན་ཡང་ཉི་ཟླ་འོད་དུ་བཏགས། མཁན་པོ་ལ་འདུལ་བ་གསན་ཅིང་ལག་ལེན་བྱང་ལ་བསླབ་པ་ལ་གཅེས་སྤྲུས་ཆེ་བར་མཛད་པས་འདུལ་བ་འཛིན་པར་གྲགས། ཡབ་ཡུམ་སྐུ་མཆེད་རྣམས་གྲོངས་པ་དང་ཡུལ་ཞིང་བཙོངས་ནས་སྤྱོང་ཐག་མཛད་དེ་བླ་མ་ཞང་ལ་མ་ལུས་པར་ཕུལ། ལྷོ་གོས་ལ་གྱོང་ཁུར་ཏེ། ཞང་གི་ཕྱུགས་ཕྱིར་འབྲེངས་ནས། རྡུལ་ཚོན་དང་རས་བྲིས་ལ་བརྟེན་པའི་དབང་ཉེར་ལྔ་མཆོག་དབང་དང་བཅས་པ་ཐོབ། དཔལ་རྒྱ་ལོའི་གདམས་པ་མ་ལུས་པ་ཐོབ་ནས། མངོན་མཚན་ཅི་ཆུང་བྱས་ཏེ། གཅིག་ཕུར་བརྩོན་འགྲུས་དྲག་པོས་བསྒོམས་པས་ཉམས་རྟོགས་ཀྱི་འུར་རྡོལ། རེས་སྤྱིས་ཁྲུངས་ལ་སོགས་པ་རི་ཁྲོད་འགྲིམ་ཞིང་། རེས་ཕྱུགས་ཕྱིར་འབྲེངས་ཏེ་ལོ་ཉེར་གཅིག་གི་བར་དུ་བླ་མ་ཞང་བསྟེན། ཞང་གི་ཆོས་སྐོར་མ་ལུས་པ་ཐོབ། ང་ལ་བླ་མ་ཞང་གཅིག་པུས་ཆོག་ཆོས་ཀྱང་འདིའི་ཆོས་གཅིག་པུས་ཆོག་སྙམ་ནས་སུ་ལ་ཡང་ཆོས་འབྲེལ་མ་ཞུས། བ་ཡུལ་དང་བ་ལམ་མཐའ་བྲག་དང་འཛུ་ཕུ་ཆུ་བཟང་དཔལ་རྫོང་ལ་སོགས་པའི་རི་ཁྲོད་རྣམས་སུ་སྒྲུབ་པ་རྩེ་གཅིག་ཏུ་མཛད་པས་གྲུབ་པ་བརྙེས། བ་ལམ་ཕུར་ལྷ་ཕྱུག་མཁར་ཞེས་པའི་དགོན་གནས་བཏབ་ནས་སློབ་མ་སྐལ་ལྡན་མང་དུ་འདུས་པ་ལ་བླ་མ་ཞང་གི་ཕྱག་ལེན་བཞིན་གདུལ་བྱ་ཐུན་མོང་བ་ལ་དཔལ་སྣམ་པོ་པའི་ཆོས་སྐོར་དང་། ཐུན་མོང་མ་ཡིན་པ་ལ་དཔལ་རྒྱ་ལོའི་ཆོས་སྐོར་གྱིས་སྨིན་གྲོལ་དུ་མཛད་ཅིང་། གུང་ཐང་དུའང་གདན་ས་ལོ་ལྔ་མཛད་དེ་བླ་མའི་ཕྲིན་ལས་རྒྱས་པར་མཛད་དོ། །དེས་ཟུར་སྟེངས་པ། དེས་དོལ་པོ་ཡེ་ཤེས་མགོན་པོ། དེས་ཀུན་སྤངས་ཆེན་པོ་ལ་གནང་བ་ནས་རིམ་པར་བརྒྱུད་དེ་ཙ་མིའི་སྦྱོར་དྲུག་སྟེ་སྐོར། སྦྱོར་ཕྲེང་། རླུང་སྦྱོར་བཞི་པ། ཙ་མིའི་སྦྱོར་དྲུག་རྒྱས་པ། འབྲིང་པོ་ནོར་བུ་འདོན་པའི་དཔེས་བསྟན་པ། འཕྲུལ་འཁོར་ཉེར་ལྔ་པ། བསྡུས་པ་སྙིང་པོ་གསུམ་དང་དོན་དམ་བཞིར་དབྱེ་བ་རྩ་བའི་

དཔེས་བསྟན་པ། བཅུད་ལེན། གེགས་སེལ། ཉམས་རྟོགས་བསྟན་པ་རྣམས་ལ་ཙ་མི་ལུགས་སུ་གྲགས། རྒྱ་ལོའི་སྦྱོར་དྲུག་གི་མན་ངག །དེ་ཁོ་ན་ཉིད་ཀྱི་མན་ངག །རྣལ་འབྱོར་གྱི་དེ་ཁོ་ན་ཉིད་ཀྱི་མན་ངག །འཆི་བ་བརྟག་པ། འཕོ་བའི་མན་ངག་རྣམས་ལ་རྒྱ་ལུགས་སུ་གྲགས། ཞང་གི་ཁྲིད་སྐོར་རྣམས་ལ་ཚལ་ལུགས་སུ་གྲགས་པ་རྣམས་བྱུང་ངོ་།། ཡང་བླ་མ་ཞང་། །ཁམས་པ་རས་ཆུང་བ། ཁམས་པ་རས་ཆེན། འདག་འབྲུར་བ་བྱང་ཆུབ་འབུམ། དེ་ལ་ཀུན་སྤྱངས་ཆེན་པོས་ཙ་མིའི་སྦྱོར་ཁྲིད་གསན་ནོ། །

༄ རོང་གླིང་ལོ་ཙྪ་བ་ནི། གཉལ་རོང་གླིང་དུ་འཁྲུངས། རུས་རིང་པོ། རྗེན་དགེ་བསྙེན། མཚན་རྡོ་རྗེ་དབང་ཕྱུག །མ་ག་དྷར་བྱོན་ནས་ཨ་བྷ་ཡ་དང་ཙ་མི་ལ་གཏུགས་ཏེ་གཞུང་གདམས་ངག་མང་དུ་གསན་ཅིང་། ཁྱད་པར་དུ་དུས་འཁོར་ལ་མཁས་པར་གྱུར་ནས་བོད་དུ་ཕེབས་ཏེ་རོང་གླིང་དུ་སོགས་ཀ་ཞེས་པའི་གནས་བཏབ་སྟེ་འགྲོ་དོན་མཛད་དོ། །

སྟེང་པ་ལོ་ཙྪ་བ་ཚུལ་ཁྲིམས་འབྱུང་གནས་སྦས་པ་ནི། གཉལ་སྨད་དགེ་བའི་འདབ་ཏུ་ཡབ་སྟེང་པ་ཏོག་འབར་དང་། ཡུམ་མཐའ་མོ་བུ་སྐྱིད་ཀྱི་སྲས་སུ་མེ་མོ་ཕག་ལ་འཁྲུངས། གདུང་རུས་ག་རོད། དགུང་ལོ་དྲུག་པའི་ཚེ་གྲུང་བུག་གཅིག་ན་ཕར་བལྟས་པས་མཆོད་རྟེན་དང་བཅས་པའི་ཡུལ་ཁམས་མང་པོ་མཐོང་། ཕྱིས་རྒྱ་གར་དུ་བྱོན་དུས་དེ་ཀ་བཞིན་དུ་འདུག་གསུང་། མི་གཡོ་བ་ལ་བསྙེན་པ་དུམ་རེ་བྱས་པས་ངག་ནུས་ཆེ་བར་བྱུང་། མ་ཡར་སྤང་བས་ལོ་བཅུ་གསུམ་པ་ལ་དྭགས་པོར་བྱོན། གློག་བསླབས་ཤིང་གློག་འདོན་ནུས་པའི་རྙེད་པ་ཕའི་ཁྱིམ་དུ་བསྐྱལ་བས་ཕ་ཡང་འབར། སྐྱོ་བ་སྐྱེས་ནས་དྭགས་པོར་བྱོན། སྐན་མོ་གནས་བརྟན་ལ་སྐྲ་བཅད། བཅོ་ལྔ་ལ་མྱང་སྟོད་དུ་རྒྱ་འདུལ་ལས་རབ་ཏུ་བྱུང་། མཆིམས་ཐམས་ཅད་མཁྱེན་པ་ལ་སྤྱོད་ཕྱོགས་བསླབས།

བཅུ་དགུ་ལ་རྒྱ་ས་མཁན་པོ། གཉལ་བ་དགེ་འདུན་སྐྱབས་ཀྱིས་ལས་སློབ། སྐྱི་ཕོ་རྩལ་འཕགས་ཀྱིས་གསང་སྟོན་མཛད་དེ་བསྙེན་པར་རྫོགས། ཉེ་ཤུ་པ་ལ་རྒྱ་གར་དུ་འབྱོན་བཞེད་ནས་དིང་རིར་ཕེབས་པ་ན་སྤྱན་རས་གཟིགས་ཀྱིས་མི་ཞིག་ཏུ་སྤྲུལ་ནས་ལམ་གྱི་རྒྱུས་བཤད། དེ་ནས་མ་ག་དྷར་བྱོན་ཏེ་ཙ་མི་ལ་གདུགས་ནས་ཟླ་ཚད་སྔེ་སྟོད་མང་པོ་དང་ཁྱད་པར་དུ་དུས་འཁོར་ལ་མཁས་པར་སྦྱངས། དེ་དུས་གཙུག་ཆོས་འབར་གྱིས་གསེར་མང་པོ་ཁྱེར་ནས་བསྐྱལ། དེ་ཡང་སློབ་གཉེར་ལ་བརྩུད་པས་པཎྜི་ཏ་མཁས་པ་ཞིག་བྱུང་སྙེ་ཚད་པས་གྲོངས། འདའ་ཁར་ཁྱེད་ཀྱིས་ངའི་རུས་པ་བོད་དུ་བསྐྱེལ་དགོས་ཟེར་མནའ་བཀག་པས་སུམ་ཙུ་པ་ལ་བོད་དུ་བྱོན། དགེ་རི་གནས་སུ་གཙུག་གི་གདུང་ཁང་བཞེངས། སླར་རྒྱ་གར་དུ་བྱོན་ཏེ་ཙ་མི་མི་བཞུགས་པས་གདུང་ལ་མཆོད་པ་ཕུལ། ལོ་ལྔར་པཎ་ཆེན་བཅུ་གསུམ་ལ་མང་དུ་གསན། ཁྱད་པར་དུ་ཛ་སྐ་ར་གུཔྟ་ལ་དུས་འཁོར་གསན། ཁ་ཆེ་སྤྱན་གསུམ་པའི་རྒྱུད་པ་ཨ་ལཀྵ་དེ་ཝ་དང་། ཤཱི་ལ་ཙནྡྲ་སྤྱན་དྲངས། རྒྱ་དཔེ་མི་ཁུར་བཅུ་བདུན་བསྣམས། དུས་འཁོར་རྒྱུད་འགྲེལ། གསང་འདུས་འཕགས་སྐོར། ཉེ་ཁྲི་གཞུང་འགྲེལ། འདུལ་བ་རང་འགྲེལ། སྐྱེས་རབས། སྒྲུབ་ཐབས་བརྒྱུས་པ་ཆེན་པོ་སོགས་གཞི་འགྱུར་དང་འགྱུར་བཅས་མང་དུ་མཛད། ཡང་རྒྱ་གར་དུ་བྱོན་ནས་བྲེ་བྲག་བཤད་མཛོད་ཆེན་མོ་འབུམ་གསུམ་གྱི་ཡིག་ཆོགས་ཡོད་པ་ལོ་གསུམ་གྱི་བར་དུ་བསླབས། རྟེན་རང་བྱུང་བརྒྱད་ཅུ་དང་། ཤྲེན་པོས་མཏྭ་བོ་རྗེ་ལ་མཆོད་པ་བྱེད་པའི་བཀོད་པ་གཟིགས། བསིལ་བ་ཚལ་དུ་གུར་མགོན་དང་ནཱ་ལེནྡྲར་ཕྱག་བཞི་པ་དང་། དེ་ཕ་རི་ཁྲིར་དབྱངས་ཅན་མ་གཟིགས། ཨ་ལཀྵ་དེ་ཝ་དང་ལྷན་ཅིག་བོད་དུ་བྱོན་ནས་བཤད་མཛོད་ཀྱི་འགྱུར་གསུམ་གཉིས་ཙམ་གྲུབ་པ་ན་པཎ་ཆེན་སྐུ་གཤེགས། མདབ་ཏུ་ཆོས་འཁོར་ཆེ་བ་ཞིག་མཛད། མཆོད་རྟེན་བཞེངས། བལ་པོར་

ཕྱིན་ནས་རྡོ་རྗེ་གདན་དུ་མར་མེའི་རྒྱུ་གསེར་དང་། ཁ་ཆེར་གདུང་སྐལ་བརྫངས། སྐར་དགེ་རི་དཔེན་ཚར་བཞུགས་བདེ་མཆོག་ལྷ་དྲུག་ཅུའི་ཞལ་གཟིགས། གྲོ་ལུང་པ་ཆེན་པོ་སོགས་མཁས་པ་ཆེ་དགུས་ཞབས་ལ་གཏུགས། བསྟན་པའི་བདག་པོར་གྱུར་ནས་གྱ་བཞི་པ་ལྕགས་ཕོ་ཁྲི་ལ་གཤེགས། གདུང་ལས་རྟེན་རིང་བསྲེལ་མང་དུ་ཕྱིན། སློབ་མ་ཡང་ཚག་ལོ་དགྲ་བཅོམ་དང་། སོ་ཐམས་ཅད་མཁྱེན་པ་དང་། རོང་ལོའི་དཔོན་པོ་རྒྱལ་བ་རྣལ་འབྱོར་དང་། དཔེན་ཚ་བ་སོགས་མང་དུ་བྱུང་ངོ་། །

ཁམས་པ་ཤེའུ་ལོ་ཙྪ་བ་ནི། ཨ་བྷ་ཡ་དང་ཙ་མི་གཉིས་ལ་དབང་རྒྱུད་བཤད་མན་ངག་དང་བཅས་པ་ཞུས། དེ་ལ་རྒྱ་ཕོ་བ་ལུང་པས་དབང་ཡོངས་སུ་རྫོགས་པ་ཞུས། དེ་ལ་སྐྱེ་མདོ་ཐམས་ཅད་མཁྱེན་པས་དགུང་ལོ་ཞེ་གཅིག་བཞེས་པའི་ཚེ་ཞུས། དེ་ནས་སྐྱེ་མདོ་ཀུན་དགའ་དོན་གྲུབ། ཀརྨ་པ་རང་བྱུང་རྡོ་རྗེ་ནས་དེང་སང་གི་བར་དབང་རྒྱུན་མ་ཆད་པར་ཡོད་དོ། །

སེ་ལོ་ཙྪ་བ་གཞོན་ནུ་ཚུལ་ཁྲིམས་ནི། རྒྱ་གར་དུ་ཕྱིན་ཏེ་ཙ་མི་ཆེན་པོ་གཙོ་བོར་བསྟེན་ནས་རྒྱུད་བཤད་ཚར་གཉིས། ཨ་བྷ་ཡ་ལ་ཚར་གཅིག །ཨ་ཧྲི་ཡུཀྟ་ལ་ཚར་གཅིག །ཀྲྀཥྞ་ར་གུཧྱ་ལ་ཚར་གཅིག་གསན། དབང་རྒྱུད་མན་ངག་མཐའ་དག་ལ་མངའ་བརྙེས་ནས་བོད་དུ་ཕེབས་དུས་ལ་སྟོད་བྱང་གི་གཉོས་སྟོན་འོད་མ་ཞེས་པ་བགྲེས་པོ་ཞིག་གིས་དེ་ལོ་གསུམ་བསྟེན་ནས་རྒྱུད་འགྲེལ་གསན་ཞིང་ནན་ཏན་ཆེ་བར་མཛད། སེ་ལོ་དབུས་སུ་གཤེགས་པའི་ཤུལ་དུ་མགོ་བ་ལ་དཀར་བཀུས། སེ་ལོ་ཡར་ཕྱིན་དུས་དྲི་གཏུགས་མཛད་པས་ཐེ་ཚོམ་མེད་པར་ལེགས་པར་མཁྱེན། དབང་བཤད་མན་ངག་མ་ལུས་པ་ཐོབ། སེ་ལོ་ནི་རྒྱ་གར་དུ་གཤེགས་སོ། །

འོད་མ་ལ་སློབ་མ་དུས་འཁོར་བ་བཀྲ་ཤིས་རིན་ཆེན་དང་གཉོས་སློམ

གཉིས་ལས། གཉོས་སློམ་ནི་བསློམས་པས་གྲུབ་པ་ཐོབ་སྟེ་ས་འོག་གི་གཏེར་མཐོང་བ་སོགས་ཀྱི་ཡོན་ཏན་དང་ལྡན་ནོ། །བཀྲ་ཤིས་རིན་ཆེན་གྱིས་འོད་མ་ལོ་བཅུ་གཉིས་ཀྱི་བར་དུ་བསྟེན་ནས་སྦྱངས་པས་བུམ་པ་གང་བྱོ་ཡོད་པའི་སྟེང་དུ་རྣ་འབྲོ་གྱི་ཇོ་སོགས་ཀྱི་བཀའ་ཡང་གསན་ཏེ་རང་ལས་ལྷག་པ་མི་འདུག་གསུང་། དེ་ལ་ལ་སྟོད་བྱང་གི་དུས་འཁོར་བ་སངས་རྒྱས་ཇོ་རྗེས་ཚར་སུམ་ཅུ་རྩ་གཉིས་མཉན་པས་བུམ་པ་གང་བྱོར་མཁྱེན། །

དེ་ལ་ཨོ་རྒྱན་པས་གསན་ཏེ་དེ་ནི་ཡུལ་ལ་སྟོད་ལྷོ། ཡབ་རྒྱུས་ཇོ་ཕན་དང་ཡུམ་སྐྱག་གེ་ལ་སྲས་བཞིའི་གཙེན་པོ་ཆེ་བ་གོ་ལུང་པ་མདོ་སྡེ་དཔལ་རྒྱལ་མཚན་གསུམ་པ་རྗེ་འདི་ཡིན་ཏེ་ལྕགས་ཕོ་སྟག་ལ་འཁྲུངས། ལོ་བདུན་པ་ལ་ཁུ་བོ་གོ་ལུང་པ་ཇོ་བཙུན་ནམ་མཁའ་རྒྱལ་མཚན་ལ་བདེ་དགྱེས་མ་ཕྱུར་སོགས་གསན། རྐོད་ཚང་པ་ལ་དགེ་བསྙེན་མནོས། བཅུ་དྲུག་པ་ལ་བོ་དོང་ཨེར་བྱོན་ནས་མངོན་གྲ་པ་རིན་རྩེ་ལ་ཕར་ཚད་མངོན་གསུམ་བསླབས། ཉི་ཤུ་པ་ལ་རིན་རྩེས་མཁན་པོ། ཞང་བསམ་གླིང་པས་ལས་སློབ། བསོད་ནམས་འོད་ཟེར་བས་གསང་སྟོན་མཛད་ནས་བསྙེན་པར་རྫོགས། མཚན་རིན་ཆེན་དཔལ་དུ་གསོལ། དེ་ནས་ལོ་བཅུ་གཉིས་སུ་རྟོར་དཀར་གདན་གཅིག་མཛད། རིན་རྩེ་ལ་དུས་འཁོར་འབྲོ་ལུགས་གསན་པས་རིན་རྩེའི་ཞལ་ནས། འཇིག་རྟེན་གྱི་ཁམས་ཀྱི་ཆོས་གཞན་ཐམས་ཅད་ཤེས་པར་བྱ་ཡི། དུས་འཁོར་ཞོག་ཟེར་ན་ང་མི་བྱེད་གསུང་བས་དད་པ་ལྷག་པར་སྐྱེས། གཙེན་པོ་གོ་ལུང་པ་མདོ་སྡེ་དཔལ་རྒྱལ་མཚན་ལ་ཕར་ཕྱིན་འདུལ་བ། རྒྱུད་སྡེ་མང་པོའི་དབང་རྒྱུད་མན་ངག་གསན། ཁྱད་པར་དུས་འཁོར་ཆག་ལུགས་ལེགས་པར་བསླབས། རྩིས་ལ་སྦྱངས་ཤིང་མཁས་པར་མཁྱེན། ཁོང་གི་གསུང་གིས་དུས་འཁོར་བ་སངས་རྒྱས་ཇོ་རྗེ་དེ་ཙ་མི

ལུགས་ལ་མཁས་པས་དེར་ཉོན་གསུང་བས། ལ་སྟོད་བྱང་གི་དགོན་པ་རྣོར་བཟངས་སུ་དེའི་དྲུང་དུ་ཕྱིན། ཟླ་བ་བཅུ་གཅིག་གི་བར་དུ་རྒྱུད་འགྲེལ་ཕྲན་དང་བཅས་པ་གསན། དེར་ཁོང་ཆོས་བཅགས་སེར་ཆགས་ལ་ཕྱིན་པ་ལ་ཐུགས་སྐྱོ་ནས་དམ་པ་སངས་རྒྱས་ལ་གསོལ་བ་བཏབ་པས་མནལ་ལམ་དུ་མཇལ་ཞིང་ལུང་ཡང་བསྟན། བདེ་ཆེན་སྟེངས་སུ་རྐོང་ཚང་བའི་དྲུང་དུ་ཕྱིན་པས་ཞབས་མ་ཐག་རོ་གཅིག་གི་རྟོགས་པ་འཁྲུངས། བདག་ཤཱཀྱ་ཡར་དུས་འཁོར་གྱི་དཀའ་ཁྲེང་མ་བདེ་བ་རྣམས་གཅོད་པ་ལ་འགྲོ་ཞུས་པས་ཤཱཀྱ་ལར་འབྲེལ་བ་མེད་ཨོ་རྒྱན་དང་འབྲེལ་བ་ཡོད་པས་དེར་ཕྱིན། མ་བདེ་བ་ཅི་འདྲ་ཡོད་གསུང་བ་ལ་དཀའ་ཁྲེང་འགའ་ཞིག་ཞུས་པས། ལན་ཇི་ལྟ་བ་བཞིན་དུ་གནང་བྱུང་། དུས་འཁོར་ནི་མ་གསན་འདི་འདྲ་བའི་མཁས་པ་འོང་བ་ཐུག་ལགས་ཞུས་པས། ང་ཤྲཱི་རིར་བསྡད་དུས་རྡོ་རྗེ་རྣལ་འབྱོར་མས་པོ་ཏི་གཅིག་བྱིན་པ་མེད་པའི་སྣང་བ་བྱུང་བས་བོད་དུ་འགྱུར་བའི་ཆོས་ལ་མི་ཤེས་པ་མེད་གསུང་། འོ་ན་བདག་ལ་དུས་འཁོར་གྱི་དབང་ཞིག་ཞུ་ཞུས་པས་གསོལ་བ་ཐོབ་ལ་རྨི་ལམ་ཟུངས་ཤིག་གསུང་། གསོལ་བ་བཏབ་པས་མནལ་ལམ་དུ་ཆོས་རྗེ་ཉིད་དུས་འཁོར་བ་སངས་རྒྱས་རྡོ་རྗེའི་ཆ་བྱད་དུ་མཛད་ནས་དབང་རྒྱས་པ་ཞིག་གནང་། སང་དེ་དྲུང་དུ་ཕྱིན་པས་སློབ་དཔོན་ཛོ་བཙུན་ཐུགས་ཆེམ་མམ་གསུང་། དེ་ནས་ཨུ་རྒྱན་དུ་འགྲོ་བར་ཞུས་ནས་དང་པོར་བྱང་མི་མེད་ཀྱི་རི་ལ་སྒྲུབ་པ་ལ་ཕྱིན་ནས་ཟླ་བ་དགུ་བཞུགས་པས་སྔར་གྱི་ཆོས་བརྗེད་པ་ཐམས་ཅད་སོས། དེ་ནས་ཏི་སེར་ཕྱིན་པས་རྟེན་འབྲེལ་ཤར་ནས་བསྟན་བཅོས་ཕྱི་ནང་གསལ་བ་ཞེས་པ་མཛད། དེ་ནས་དཔལ་ཡེ་དང་འགྲོགས་ནས་ཕྱིན་ཏེ་འཛིགས་པའི་ཕྲང་མང་པོ་བཅད། ཁྱད་པར་སོག་པོའི་རྟ་པ་བཞིས་སྐྲིགས་བརྡུང་པས་རླུང་དབུ་མར་ཚུད། དེ་མ་ཐག་བཞེངས་ཏེ་བཀའ་བསྒྲོན་དྲག་པོ་ཕབ་པས་དེ་རྣམས་སྐྲག་སྟེ་བྲོས། རྐུ་བོ་སེ་རྒྱུའི

འཁྲུལ་དུ་གནམ་ས་གོ་ལོག་འགྱུར་བའི་ཉམས་ཤར། དེ་ནས་ཨུ་རྒྱན་ཧུ་མ་ཐ་ལར་ཕེབས། དེར་རྡོ་རྗེ་རྣལ་འབྱོར་མ་སྣང་འཚོང་མའི་བུ་མོའི་གཟུགས་སུ་བྱུས་པ་ཞིག་གིས་ཚོད་མ་ཕོར་གང་བྱིན་ཞིང་བྱིན་གྱིས་བརླབས་པས་ལས་ཀྱི་སྒྲིབ་པའི་ལྷག་མ་ཐམས་ཅད་སློངས་ཤིང་ཟད། རྡོ་རྗེ་གསུམ་གྱི་དོན་ཇི་ལྟ་བ་བཞིན་དུ་ཐུགས་ལ་འཁྲུངས། རྡོ་རྗེ་རྣལ་འབྱོར་མ་ཉིད་ཀྱིས་སྐུ་སིནྡྷུ་རའི་མདོག་ཅན་དངོས་སུ་བསྟན་ནས་སེང་གེའི་འོམ་ལྟ་བུ་སྦྱོར་བ་ཡན་ལག་དྲུག་གི་གདམས་པ་གནང་། རྡོ་རྗེ་གསུམ་གྱི་བསྙེན་སྒྲུབ་ཅེས་སུ་བཏགས། སྐུ་ལུས་ཟག་མེད་རྡོ་རྗེའི་སྐུར་གྱུར། ཚུར་ལམ་ཁ་ཆེར་བྱོན་དུས་པཎ་ཆེན་ཧུ་མི་ཤྲི་ལ་ཆོས་གསན། ཁ་ཆེའི་རྒྱལ་པོས་གསོད་མི་བཏང་ཡང་བསྒྲོངས་མ་ནུས། མངའ་རིས་སུ་བླ་ཆེན་དེ་ཁྲིམ་གྱི་གཅེས་ཕྲུག་བརྒྱ་དུས་གཅིག་ལ་ཕུལ་བ་རབ་ཏུ་བྱུང་། དེ་ནས་རྒོད་ཚང་པའི་ལུང་བསྟན་ལྟར་ཞི་བཞི་པ་ལ་རྒྱ་གར་ལ་བྱོན། ཏི་ར་ཧུ་ཏིར་རམ་ཤིང་རྒྱལ་པོ་བརྟུལ་ཞུགས་ཀྱིས་བཏུལ། རྡོ་རྗེ་གདན་དུ་ནུབ་སྒོ་ནས་བྱོན་ནས་བྱང་ཆུབ་ཀྱི་ཤིང་གཟིགས་མ་ཐག་དད་པ་དྲག་པོས་སྐུ་ལུས་བརྡབས་ཤིང་ཕྱག་བཙལ་བས་རླུང་སེམས་དབུ་མར་ཆུད། ཀུན་རྫོབ་བྱང་ཆུབ་ཀྱི་སེམས་བཅོས་མིན་དུ་འཁྲུངས། ཚོགས་ཀྱི་བདག་པོས་སྲོག་སྙིང་ཕུལ། བསིལ་བ་ཚལ་གྱི་ཞིང་སྐྱོང་དམ་ལ་བཏགས། དེ་ནས་བོད་དུ་བྱོན་ཏེ་ལམ་དུ་ཆུ་ལ་མི་འབྱིང་བ་དང་སྟག་ལ་རེངས་པའི་སྦྱོར་བ་མཛད། རྡོ་རྗེ་གསུམ་གྱི་བསྙེན་སྒྲུབ་ཀྱིས་སྐལ་ལྡན་མང་པོ་སྨིན་གྲོལ་ལ་བཀོད། ངས་ཁྲིད་བཏབ་ན་ལུང་པ་གྲུབ་ཐོབ་ཀྱིས་འགེངས་པར་འདུག་སྙེ་རྒོད་ཚང་པའི་ཁྲིད་སྲོལ་ལ་གནོད་པར་འདུག་གསུང་ནས་བཀའ་རྒྱ་གདམས། བདེ་ཆེན་དུ་བསྟན་མ་བཅུ་གཉིས་ཀྱིས་སྟོད་ཧོར་བཟློག་པར་གསོལ་བ་བཏབ། དབྱངས་ཅན་མའི་པི་ཝང་གི་སྒྲ་གསན། བལ་པོ་རྫོང་གི་ཤར་ཕྱོགས་གལ་པོར་འབྱུང་པོ་འདུལ་བྱེད་ཀྱི་ཞལ་གཟིགས། མང་ཡུལ་གོས

ཀར་ཞུག་ཏུ་རྣལ་འབྱོར་མས་རྡོ་རྗེ་གསུམ་གྱི་བསྙེན་སྒྲུབ་ཡི་གེར་འགོད་པ་རྗེས་སུ་གནང་། སླར་ཡང་རྡོ་རྗེ་གདན་དུ་བྱོན་ཏེ་མཧཱ་བོ་དྷི་ལ་མཆོད་པ་མཛད། དེ་ན་གྲུབ་ཆེན་མན་ལུང་པ་ལྷོ་ཕྱོགས་བཻ་ཧྲཀྲའི་ཡུལ་དུ་འབྱོན་པའི་རིམ་གྲོར་སྟོན་པའི་ཚེམས་ལ་སྐུ་ཁྲུས་གསོལ་ཞིང་བཞུགས་འདུག་པ་ལ་བསྟོད་པ་མཛད། རྒྱལ་བུ་ཐམས་ཅད་སྒྲོལ་གྱི་བཞུགས་གནས་ཨ་ཡཾ་ག་བཙ་ཏ་གཟིགས། དེ་ནས་བོད་དུ་བྱོན་དུས་སྐྱི་རོང་ནགས་སུ་ཧྥོ་ཏ་པཎྜི་ཏ་ལ་ཆང་སྐྱུག་པའི་སྦྱོར་བ་མཛད། རི་བོ་ཤར་གངས་ཀྱི་མགུལ་དུ་བདེ་མཆོག་གི་ཞལ་གཟིགས། དེ་ནས་དབུས་སུ་བྱོན་ནས་མཚུར་ཕུར་ཀརྨ་པ་ཤི་ལ་ཀརྨ་པའི་ཆོས་སྐོར་གསན། དབུ་ཞྭ་ཞྭ་ནག་ཀྱང་གནང་། ང་གསུམ་པ་ཆུ་ཕོ་རྟ་ལ་བསམ་ཡས་སུ་བསྟན་རྩིས་མཛད། དེའི་ཕྱི་ལོ་ལ་ཡར་ཀླུངས་མདོ་མཁར་དུ་སྐོ་མདོ་བ་སྐུ་མཆེད་དང་ཆག་ལོའི་དཔོན་པོ་སོགས་ལ་དུས་འཁོར་གྱི་དབང་མཛད་པའི་ཚེ་རྫུ་འཕྲུལ་མང་དུ་བསྟན། དེ་དང་གཡའ་བཟངས་སུ་རྒྱུད་ཞལ་གདང་། གཡེ་རོང་དུ་ཡར་ལྷ་ཤམ་པོས་བསུ་བ་བྱས། དེ་ནས་གཉལ་དུ་བྱོན་ཏེ་ཟིམ་ཕུད་དུ་ཆོམ་རྐུན་རྗེས་སུ་བཟུང་། དེ་ནས་གཉལ་སྨད་ལྷེའུ་རར་བྱོན་ཏེ་ཕྱག་རྫས་རྩན་ཆེ་བ་ཡོད་པ་རྣམས་མཁན་ཆེན་གཙང་པ་ལ་གཏད་ནས་དེའི་ཞིག་གསོས་ཀྱི་རྐྱེན་ལ་སྦྱར། ལོ་རོ་དང་མཚོ་སྣའི་བར་དུ་བྱོན་ནས་གཞན་དོན་ས་འུར་དང་རྡོ་འུར་དུ་མཛད། ཕྱིས་རྟོར་རྒྱལ་པོ་གོ་པེ་ལས་སྤྱན་དྲངས་ནས་རྟོར་ཡུལ་དུ་བྱོན། རྒྱལ་པོ་ལ་རིན་པོ་ཆེ་འབབ་ཞིག་གི་རྟལ་ཚོན་གྱི་དུས་ཀྱི་འཁོར་ལོའི་དཀྱིལ་འཁོར་དུ་དབང་བསྐུར། རྟལ་ཚོན་རྣམས་ཆུ་བོར་དོར། དངོས་པོའི་བཟུང་བ་ཁབ་ཙམ་ཡང་མེད་པར་ཕྱིར་བྱོན། བརྒྱད་ཅུ་པ་ས་མོ་བྱ་ལ་གཤེགས་སོ། །

དེའི་སློབ་མའི་གཙོ་བོ་ནི། རྡོ་རྗེ་རྣལ་འབྱོར་མས་ལུང་བསྟན་པའི་སློབ་མ་རིན་པོ་ཆེ་མཁར་ཆུ་བ། སྟེ་མདོ་ཀུན་དགའ་དོན་གྲུབ། ཀརྨ་པ་རང་བྱུང་རྡོ་རྗེ། བླ་མ་དབུ་མ་པ།

མཁན་ཆེན་བསོད་ནམས་འོད་ཟེར། རྟོགས་ལྡན་ཟླ་བ་སེང་གེ །གསེར་ཁང་པ་སོགས་བྱུང་། མཁར་ཆུ་བ་ཆོས་བསམ་འོད་ནི། གཡའ་བཟངས་ཀྱི་གདན་ས་ལོ་བཅོ་བརྒྱད་མཛད་པའི་དུས་སུ་ཨུ་རྒྱན་པ་གཡའ་བཟངས་སུ་གདན་དྲངས། དུས་འཁོར་གྱི་དབང་རྒྱུད་བཤད། ཁྱད་པར་དུ་བསྙེན་སྒྲུབ་གསན་ནས་ལྷོ་བྲག་མཁར་ཆུར་རྩེ་གཅིག་ཏུ་བསྒོམ་པས་གྲུབ་པ་བརྙེས་སོ། །

སྙེ་མདོ་བ་ནི། ཡབ་མེས་སྔགས་རྙིང་མའི་རྒྱུད་པ་གདུང་རབས་ཉི་ཤུ་རྩ་ལྔའི་བར་དུ་སྔགས་རྒྱུད་ཟམ་མ་ཆད་པར་བྱུང་བའི་རིགས་ཅན། སྔགས་འཆང་བཀྲ་ཤིས་གྲགས་པ་སྲས་གསུམ་བྱུང་བའི་ཆེ་བ་རྩེ་སྣང་པ། བར་པ་ཞིག་པོ་ཉི་སེང་། ཆུང་བ་མཁས་པ་བརྩོན་སེང་དང་གསུམ་འཁྲུངས། བརྩོན་སེང་སྙེ་མདོར་བཞུགས་པ་ལ་སྲས་སྙེ་མདོ་ཐམས་ཅད་མཁྱེན་པ་བསོད་ནམས་དཔལ་བྱུང་། དེ་དང་ཡུམ་སྔགས་སྐྱེས་ཀྱི་རྣལ་འབྱོར་མ་དབང་ཕྱུག་སྐྱིད་ལ་སྲས་གསུམ་འཁྲུངས་པའི་ཆེ་བ་ཀུན་དགའ་བཟང་པོ་གོང་ཚང་པའི་སྐྱེ་བ་ཡིན། ཡབ་དང་ཨུ་རྒྱན་པ་ལ་དུས་འཁོར་གསན་པས་མཁས་པར་མཁྱེན། བར་པ་ཀུན་དགའ་མགོན་པོ། ཆུང་བ་ཀུན་མཁྱེན་ཀུན་དགའ་དོན་གྲུབ་པ་ནི་ས་ཕོ་འབྲུག་ལ་འཁྲུངས། ལོ་བཅུ་ཙམ་ཡབ་ཀྱི་དྲུང་དུ་དུས་འཁོར་སོགས་གསར་རྙིང་གི་བཀའ་ལུང་ཕལ་ཆེར་གསན། ཡབ་འདས་ནས་གཅེན་ཀུན་བཟང་བ་ལ་དུས་འཁོར། བདེ་དགྱེས། གསང་འདུས་མ་ཡཱ་གདན་བཞི་མདོ་སྒྱུ་སེམས་གསུམ་གྱི་གཞུང་གདམས་ངག་དང་བཅས་པ་དང་ཞི་བྱེད་རྒྱུད་པ་གསུམ་གསན། ཡབ་ཀྱི་བུ་ཆེན་རྣམས་ལས་ཀྱང་སློབ་གཉེར་མཐར་ཕྱིན་པར་མཛད། བཅོ་ལྔ་པ་ལ་གྲུབ་ཆེན་ཨུ་རྒྱན་པ་དང་མཇལ། དེའི་ཕྱི་ལོ་ལ་གཡའ་བཟངས་དང་མདོ་མཁར་དུ་གྲུབ་ཆེན་པ་ལ་དབང་རྒྱུད་བཤད་ཚར་གཉིས་མན་ངག་དང་བཅས་པ་རྫོགས་པར་གསན། ཨུ་རྒྱན་པའི་བུ་ཆེན་གཞོན་ནུ

དཔལ་ལ་བདེ་མཆོག་སྙན་ངག་དབྱངས་འཆར་སོགས་གསན། བཅུ་བདུན་པ་ལ་ཆད་དམར་བ་ལ་ཕྲེང་བསྐོར་གསུམ། རྫོག་ཆོས། ས་སྐྱ་པའི་ཆོས་སྐོར། ཕྱག་ཆེན་གསན། ལོ་དེ་ཉིད་ལ་གཙང་དུ་བྱོན་ནས་མཁན་པོ་ཁྲི་ཤུ་བ་བསོད་ནམས་སེང་གེ་དང་། བྲག་རམ་གྱི་དབུ་མ་པ་ཤེས་རབ་འབུམ་གྱི་དྲུང་དུ་རབ་ཏུ་བྱུང་། མཁན་པོ་ལ་ཁྲི་ཤུ་བའི་ཆོས་སྐོར་དང་། སློབ་དཔོན་ལ་དབུ་མ་གསན། ཨུ་རྒྱན་པའི་གསུང་ལ་བརྟེན་ནས་ལོ་གྲགས་པ་སྐྱེ་མདོར་གདན་དྲངས་ནས་རྒྱུད་འགྲེལ་མན་ངག་དང་བཅས་པ་དང་། དཔང་རྡོ་རྗེ་ཕྲེང་བ་གསན། གཞན་ཡང་ཐར་ལོ། གཡག་སྡེ་ལོ་ཙྪ་བའི་ཐུགས་སྲས་དཔེན་ལུང་པ། སྣར་ཐང་པ་དཔོན་མགོན། རྒྱལ་ཚ་ལུང་མང་པོ། བླ་མ་སོ་བ། ཚལ་ཡང་དགོན་པ། ཀརྨ་པ་ཤི །འབྲི་ཁུང་པ་རྡོ་རྗེ་རིན་ཆེན་རྣམས་བསྟེན་ནས་རིག་པའི་གནས་ལྔ་ལ་མཁས་པར་སྦྱངས། སྦྱོར་དྲུག་དང་། ཞི་ཕྱག་རྫོགས་གསུམ་གྱི་སྐོར་ཐམས་ཅད་ལ་ཇོ་རུས་འཕྲོད་པར་སྒྲུབ་པ་སྙིང་པོར་མཛད་པས་མཉམ་རྗེས་མེད་པའི་ཐུགས་དམ་འཁྲུངས། ཡི་དམ་གྱི་ལྷ་དཔག་ཏུ་མེད་པའི་ཞལ་གཟིགས། ཆོས་རྗེ་རང་བྱུང་རྡོ་རྗེ། གསང་ཕུ་བ་ཡོན་ཏན་དཔལ། སྣར་ཐང་པ་སངས་རྒྱས་དཔལ། ལ་སྟོད་པ་རིན་སྨོན། མདོ་སྨད་པ་དིང་འཛིན་བཟང་པོ་སོགས་མཁས་བཙུན་མང་པོ་ལ་དུས་འཁོར་ལ་སོགས་པའི་ཁྲིད་ལས་བསྒྱུངས། སི་ཏུ་རིན་ཆེན་གྲགས་པ་དང་། གཡུ་སྦྲིན་དང་། དུ་ཞེན་ཤ་སོགས་དཔོན་ཆེ་དགུ་མང་པོ་སྨིན་པར་མཛད། ཆོས་འབྱུང་། བསྟུས་རྒྱུད་ཀྱི་ས་བཅད། ཊཱིཀྐ །མངོན་དཀྱིལ། ཁྲིད་ཡིག་སོགས་བསྟན་བཅོས་མང་དུ་མཛད་དེ་རེ་གཅིག་པ་ས་ཕོ་འབྲུག་ལ་མེ་ཏོག་གི་ཆར་དང་བཅས་ཏེ་མྱ་ངན་ལས་འདས་སོ། །

ཆོས་རྗེ་ཀརྨ་པ་རང་བྱུང་རྡོ་རྗེ་ནི། རྗེ་བཙུན་མི་ལའི་འཁྲུངས་ཡུལ་ལ་སྟོད་རྩའི་ཤུར་ཤིང་པོ་སྤྲེའུ་ལ་འཁྲུངས། དགུང་ལོ་ལྔ་ན་ཨུ་རྒྱན་པ་དང་མཇལ་ཞིང་བདག་གི

ཞྭ་ནག་ཁྱེར་ཤོག་གསུང་ནས་གུང་ལ་བཞུགས་པ་ན། ཁྱོད་དེར་སྡོད་པ་ཅི་ཡིན་གསུངས་པས་མིང་ཡོངས་སུ་གྲགས་པའི་ཀརྨ་པ་ཡིན། སེམས་ལ་དབང་ཐོབ་ནའང་ལུས་མ་རྫོགས་པས་རེ་ཞིག་ཁྱོད་ཀྱི་འོག་ཏུ་བསྡད་དོ་ཞེས་གསུང་། རང་བྱུང་རྡོ་རྗེ་ཞེས་པའང་ཀརྨ་པ་ཤིའི་གསང་མཚན་ཡིན་པས་མཚན་གཞན་མ་བཏགས་སོ། །དེ་ནས་ཨུ་རྒྱན་པ་ལ་བདེ་དགྱེས་མ་ཕུར་རྣམས་ཀྱི་དབང་དང་དུས་འཁོར་སྐུ་དྲ་འབྱུང་པོ་འདུལ་བྱེད་ཀྱི་རྒྱུད་རྣམས་དང་གདམས་པ་མང་དུ་གསན། བདུན་པ་ལ་མཁན་པོ་ཀུན་ལྡན་ཤེས་རབ་ལས་རབ་ཏུ་བྱུང་། དེ་ནས་མཚུར་ཕུར་གཉན་རས་ལ་ཀརྨ་པའི་ཆོས་རྣམས་གསན། བཅོ་བརྒྱད་པ་ལ་མཁན་ཆེན་གཞོན་བྱང་བ་དང་། དགེ་འདུན་རིན་ཆེན་སོགས་ལས་བསྙེན་པར་རྫོགས། གསང་ཕུ་བ་ཤཱཀ་གཞོན་ལ་ཕར་ཚད་མངོན་པ་གསན། མདོ་རྒྱུད་བསྟན་བཅོས་མཐའ་དག་ལ་མཁས་པའི་ཚུལ་བསྟན། སྙེ་མདོ་བ་ལ་རྒྱུད་བཤད་རྒྱས་པར་གསན་ནས་དུས་འཁོར་འདི་ལ་མཆོག་ཏུ་རྩལ་འདོན་པ་ཞུ་ཞེས་ཨུ་རྒྱན་པས་གསོལ་བ་བཞིན་ཕྱིས་སྙེ་མདོ་ཀུན་མཁྱེན་ལ་དུས་འཁོར་གྱི་དབང་རྒྱུད་འགྲེལ་གྱི་བཤད་པ་རྒྱས་པ་ཕྲན་དང་བཅས་པ་སྦྱོར་དྲུག་རིགས་བརྒྱུད་སོགས་གསན། དེའི་ཚེ་རིགས་ལྡན་བརྒྱུད་པའི་བླ་མ་མཁའ་འགྲོ་དང་བཅས་པ་བྱོན་ནས་བྱིན་གྱིས་བརླབས་པས་ཕྱི་ནང་གཞན་གསུམ་གྱི་དོན་གཅིག་ཏུ་དགོངས། ཁྲུང་རྫོང་དུ་ཨུ་རྒྱན་པ་བྱོན་ནས་རྡོ་རྗེ་གསུམ་གྱི་བསྙེན་སྒྲུབ་ཀྱི་གནད་མ་ལུས་པར་གནང་། མཚུར་ཕུར་ཕྱི་ནང་གི་གཟའ་སྐར་མཐུན་པར་གཟིགས་པས་རྩིས་ཀྱི་བསྟན་བཅོས་མཛད། བདེ་ཆེན་སྟེངས་སུ་ཕྱི་ནང་གི་རྟེན་འབྲེལ་དག་པར་གཟིགས་པས་ཟབ་མོ་ནང་དོན་གྱི་བསྟན་བཅོས་མཛད། ཧོར་རྒྱལ་པོའི་བླ་མ་མཛད་དེ་ཧོར་བོད་ཀྱི་འགྲོ་བ་དཔག་ཏུ་མེད་པ་སྨིན་གྲོལ་ལ་བཀོད་ནས་ང་དྲུག་པ་ས་མོ་ཡོས་ལ་རྒྱའི་ཡུལ་དུ་ཞི་བར་གཤེགས་ཏེ་ཆོས་རྗེ་

ཉིད་ཟླ་བའི་དཀྱིལ་འཁོར་གྱི་ནང་དུ་བཞུགས་པར་བསྟན་པས་རྒྱལ་པོ་འཁོར་དང་བཅས་པ་དད་པར་མཛད་དོ། །འདིའི་སློབ་མ་རྒྱུད་བཤད་ལ་མཁས་པ་གཡུང་སྟོན་པ་དང་། མན་ངག་ལ་མཁས་པ་མགོན་རྒྱལ་བ་དང་། ཤ་གྲགས་སེང་བ་དང་། གཡག་སྡེ་པཎ་ཆེན་དང་། དར་རྒྱལ་བ་སོགས་བྱུང་བ་ལས།

རྒྱལ་བ་གཡུང་སྟོན་པ་ནི། འཁྲུངས་ཡུལ་ཚོང་འདུས་པ། གདུང་གླན། ཤིང་ཕོ་སྤྲེའུ་ལ་འཁྲུངས་གཞོན་ནུ་ནས་མཁྱེན་པ་ཤིན་ཏུ་ཆེ། སྔགས་གསར་རྙིང་དང་མངོན་པ་ཀུན་ལས་བཏུས་ལ་མཁས། ཟུར་བྱམས་པ་སེང་གེས་ཤངས་པ་ཤཱཀ་འབུམ་ལ་གཤིན་རྗེའི་སྐོར་གསན་པའི་ཕྱགས་ཕྱིར་བྱོན་ནས་བླ་མ་དང་ལྷན་ཅིག་ཏུ་ལེགས་པར་བསླབས་པས་འཕྲུལ་འཁོར་ལས་སྦྱོར་སོགས་ལ་ཤིན་ཏུ་མཁས་ཤིང་མཐུ་ཆེ། གཞོན་དུས་སུ་གོང་མའི་ལུང་གིས་རྒྱ་ཡུལ་དུ་བྱོན། འཆམས་ལ་སོགས་པའི་རྣམ་འགྱུར་དང་གོང་དུ་འབྲུ་འདབ་དགོས་པའི་མི་སྡེ་མང་པོས་ཐན་པ་བྱུང་བའི་ཚེ་གོང་མ་ལ་ཆར་འབེབས་པ་རྫོང་བར་ཞུ་བ་བྱས། དེར་ཁོང་བརྫངས་པ་ན་ཆར་ཆེ་བར་ཕེབས་པས་གོང་མ་དགྱེས་ཏེ་གནང་སྦྱིན་མང་པོ་གནང་། བོད་དུ་ཕེབས་ནས་ཡོ་བྱད་ཐམས་ཅད་ཡུམ་གྱི་དོན་དུ་བླ་མ་དང་དགེ་འདུན་ལ་ཕུལ། བླ་མ་མང་པོ་ལ་ལུང་མན་ངག་གི་གསན་པ་ཤིན་ཏུ་ཆེ། ཁྱད་པར་དུ་ཆོས་རྗེ་རང་བྱུང་རྡོ་རྗེ་ལ་དུས་ཀྱི་འཁོར་ལོའི་དབང་། རྒྱུད་མན་ངག་མཐའ་དག་གསན་ཅིང་མཁས་པར་སྦྱངས། ཀརྨ་པའི་ཆོས་སྐོར་རྣམས་ཀྱང་གསན། བུ་སྟོན་རིན་པོ་ཆེའི་དྲུང་དུའང་དུས་འཁོར་གསན་ཅིང་དོགས་པ་ཆོད་པར་མཛད། མོན་པ་གྲོར་ཕུགས་དམ་གྱི་རྩལ་ཆེན་པོ་འཁྲུངས་ཏེ། མཉམ་མེད་རྒྱལ་བ་གཡུང་སྟོན་ངས།། ཞེས་པ་ལ་སོགས་པའི་མགུར་ཡང་གསུངས། ཕུང་པོ་རི་བོ་ཆེ་དང་ར་དུམ་བྲག་ལ་སོགས་པར་བཞུགས་ཏེ་བཤད་པས་གཞན་ལ་ཕན་པ་ཆེན་པོ་མཛད། སྔགས་ཀྱི་སངས

རྒྱས་དང་མཚན་ཉིད་ཀྱི་སངས་རྒྱས་གཉིས་ཀྱི་ཁྱད་འབྱེད་མཛད་པ། གཡག་སྡེ་པཎ་ཆེན་གྱིས་གཟིགས་པས་ཤིན་ཏུ་དད་དེ་སློབ་དཔོན་བཅོ་ལྔས་ཕྱུང་པོ་རི་བོ་ཆེར་བྱོན་ནས་ཞབས་ལ་གཏུགས། སྐུ་ཚེའི་སྨད་ལ་ཚོགས་པ་ཆོས་ལུང་བ་ལས་བསྙེན་རྫོགས་མཛད། མཚན་དོ་རྗེ་འབུམ་ཞེས་པ་དོ་རྗེ་དཔལ་ཞེས་པར་བསྒྱུར། ཐོད་སྒྲོས་ཆུའི་གྲོད་པ་དུམ་བུར་བཅད་ཀྱང་ཆུ་མི་འབོ་བ་དང་། ལྕུགས་སྲེག་བླངས་ཀྱང་མི་འཚིག་པ་དང་། རྟིག་པ་ལ་རྡོ་དྲུག་སྦྱོར་གྱི་ཞལ་བ་བྱས་པས་རྟིག་པ་བྲག་ཆེན་པོ་གཅིག་ཏུ་གྱུར་པ་ལ་སོགས་པའི་རྟེན་འབྲེལ་མང་པོ་མཛད། གྱ་གཉིས་པ་ཤིང་མོ་སྦྲུལ་ལ་ཞི་བར་གཤེགས་སོ། །

ཆོས་རྗེ་རོལ་པའི་དོ་རྗེ་ནི། ཡུལ་རྫོང་ཀྱི་ཨ་ལ་རོང་གོ་ཆེན་སྤྱང་ཁར་གྱི་གནམ་རྫོང་དུ་ཡབ་བསོད་ནམས་དོན་གྲུབ། ཡུམ་བརྩོན་འགྲུས་རྒྱན་གྱི་ལྷུམས་སུ་ཆོས་རྗེ་རང་བྱུང་དོ་རྗེ་ཉིད་དགའ་ལྡན་ནས་བྱོན་ཏེ་བཞུགས། ལྕགས་ཡོ་འབྲུག་ལ་བལྟམས། ལ་སྟོད་པ་རྟོགས་ལྡན་མགོན་རྒྱལ་བ་ལ་སྦྱོར་དྲུག་དང་ཟབ་མོ་ནང་དོན་སོགས་ཀརྨ་པའི་ཆོས་སྐོར་རྣམས་གསན། མཚུར་ཕུར་ཕེབས་ནས་མཁན་ཆེན་དོན་གྲུབ་དཔལ་བ་དང་སློབ་དཔོན་བསོད་ནམས་འབུམ་ལས་རབ་ཏུ་བྱུང་། མཚན་དཔལ་ལྡན་ཀརྨ་གཱིརྟི་གསོལ། དཔལ་ལྡན་བླ་མ་ལ་འཇམ་དཔལ་གྱི་སྒྲུབ་ཐབས་གསན། གཡུང་སྟོན་པ་ལ་དོ་རྗེ་ཕྲེང་བ་སོགས་གསང་སྔགས་གསར་རྙིང་གི་དབང་རྒྱུད་མན་ངག་མང་པོ་དང་། ཁྱད་པར་དུ་དུས་འཁོར་རྒྱུད་འགྲེལ་ཁྲིན་དང་བཅས་པ་གསན། བཅོ་བརྒྱད་པ་ལ་སྟོང་གྱི་མཁན་སློབ་དང་། གསང་སྟོན་གཞོན་ནུ་དཔལ་གྱིས་མཛད་དེ་བསྙེན་པར་རྫོགས། ཤ་ཆང་སྒོ་རྩེ་ཙམ་ཡང་སྤྱན་ལམ་དུ་མི་འགྲིམ། བཅུ་དགུ་པ་ལ་ཐོ་གན་ཐེ་མུར་གྱིས་སྤྱན་དྲངས་ནས་རིམ་གྱིས་བྱོན་ཏེ་ཉེར་གཅིག་པ་ལ་ཡོ་བྲང་དུ་ཕེབས། རྒྱལ་པོ་ཡབ་སྲས་ལ

དུས་འཁོར་གྱི་དབང་ཁྲིད་རྒྱུད་འགྲེལ་ཆ་ལག་དང་བཅས་པ་གནང་། སླར་བོད་དུ་ཕེབས་ཏེ་འགྲོ་ཕན་རྒྱ་ཆེན་པོ་མཛད་ནས་ཞེ་བཞི་པ་ལ་བྱང་ཕྱོགས་ཀྱི་རི་བོའི་འདབ་ཏུ་གཤེགས་སོ། །

འདིའི་སློབ་མའི་གཙོ་བོ་ཤ་གྲགས་སེང་བའི་སྐུའི་སྐྱེ་བ་དཔལ་མཁའ་སྤྱོད་དབང་པོ་ནི། ཡུལ་གནམ་གྱི་བྱེ་མ་ལུང་དུ་ཡབ་ལྷ་རྒྱལ་དང་། ཡུམ་འབྲོག་མོའི་སྲས་སུ་ལྕགས་ཕོ་སྟག་ལ་འཁྲུངས། མཁས་གྲུབ་དར་རྒྱལ་བས་མཚུར་ཕུའི་གནས་ནང་དུ་གདན་དྲངས། དགུང་ལོ་བདུན་ལ་ཆོས་རྗེ་རོལ་པའི་རྡོ་རྗེ་ལ་དགེ་བསྙེན་མནོས། མཁན་ཆེན་དོན་གྲུབ་དཔལ་བ་དང་རྗེ་རོལ་པའི་རྡོ་རྗེ་ལས་རབ་ཏུ་བྱུང་། བཅོ་བརྒྱད་པ་ལ་དོན་གྲུབ་དཔལ་བ། ཆོས་རྗེ་རྡོར་བ། གཞོན་ནུ་དཔལ་བ་རྣམས་ལས་བསྙེན་པར་རྫོགས། རྗེ་རོལ་པའི་རྡོ་རྗེ་དང་མཁས་གྲུབ་དར་རྒྱལ་བ་ལས་དབང་རྒྱུད་མན་ངག་དཔག་ཏུ་མེད་པ་གསན་ཅིང་། ཁྱད་པར་དུ་དུས་འཁོར་གྱི་དབང་རྒྱུད་བཤད་མན་ངག་དང་བཅས་པ་གསན། བདེ་བ་ཅན་པ་འཇམ་རིན་པ་ལ་བྱམས་ཆོས་ཚད་མ་འདུལ་བ་རྣམས་གསན། མཁན་ཆེན་ཀུན་དགའ་འོད་ཟེར་ལས་རྡོ་རྗེ་ཕྲེང་བའི་དབང་སོགས་གསན། ཙ་རིའི་བྲག་དཀར་མོར་ཡང་ལོ་གསུམ་ཐུགས་དམ་རྩེ་གཅིག་ཏུ་མཛད། སྟག་རྩེ་དང་། དགའ་ལྡན་མ་མོ་ལ་སོགས་པ་གནས་མང་དུ་བསྙེན། བཀའ་འབུམ་པོ་ཏི་བདུན་ཙམ་མཛད་ཅིང་ཕྲིན་ལས་རྒྱ་ཆེར་བསྐྱངས་ནས་ང་དྲུག་པ་ཤིང་མོ་བྱ་ལ་ཞི་བར་གཤེགས་སོ། །སློབ་མ་ཡང་། ཆོས་རྗེ་དེ་བཞིན་གཤེགས་པ། སོགས་དཔོན་རིགས་པའི་རལ་གྲི། ལྷ་གཟིགས་རིན་ཆེན་རྒྱལ་མཚན། འབྲུལ་ཞིག་བསོད་ནམས་འབུམ། བླ་མ་ཆོས་བཟང་པ་སོགས་མང་དུ་བྱོན་པ་ལས།

ལྷ་གཟིགས་པ་ནི་དང་པོ་འབྲི་ཁུང་པའི་གཟིམས་གཡོག་པ་ཡིན། ཕྱིས

མཁའ་སྤྱོད་པའི་ཞབས་ལ་གཏུགས་ཏེ་གདམས་པ་མ་ལུས་པ་མནོས་ནས་གསུང་རྣམས་ལ་ཟིན་བྲིས་མཛད། རྟོགས་པ་མཆོག་ཏུ་གྱུར་ཏེ་ས་སྟོད་སྨད་ཐམས་ཅད་དུ་གཞན་དོན་རྒྱ་ཆེར་བསྐྱངས་སོ། །དེའི་སློབ་མ་མཁན་ཆེན་ལྷག་རྩ་པ་ཤཱཀྱ་གྲགས་པ། མཚན་གཞན་རིན་ཆེན་དཔལ་བཟང་དང་རང་གྲོལ་ལྷུན་གྲུབ་ཅེས་གྲགས་པ་དེས་དང་པོར་མཁའ་སྤྱོད་པ་ཉིད་ལ་ཐུག་ཅིང་གདམས་པའི་ཞིབ་ཆགས་ཐམས་ཅད་ལྷ་གཟིགས་པ་ལ་བསྙེན་ནས་གསན་པས་གྲུབ་པ་བརྙེས་ཏེ་དགུང་ལོ་གྱ་གཉིས་ཀྱི་བར་དུ་འགྲོ་དོན་བསྐྱངས་སོ། །དེ་ལ་སེམས་དཔའ་ཆེན་པོ་ནམ་པའི་ཞལ་སྔ་ནས་གདམས་པ་མ་ལུས་པར་གསན་ཏེ་བདག་ལ་དཔལ་མཁའ་སྤྱོད་པའི་ལུགས་ཀྱི་སྦྱོར་དྲུག་ལེགས་པར་གནང་ངོ་། །

འབྲུལ་ཞིག་བསོད་ནམས་འབུམ་ནི། གནས་ནང་དང་ཉེ་བའི་གཡུ་མ་ཞེས་པར་འཁྲུངས། མཁའ་སྤྱོད་པ་ལ་གདམས་པ་མ་ལུས་པ་གསན། གསུང་ཟིན་བྲིས་སུ་བཏབ་སྟེ་བསྙེན་སྒྲུབ་ཀྱི་ཁྲིད་ཡིག་ཆེན་མོ་སོགས་མཛད། གནས་ནང་གི་གདན་སར་བཞུགས་ནས་ཕྲིན་ལས་བསྐྱངས། དེ་ལ་སློབ་དཔོན་རིན་པོ་ཆེ་བླ་མ་རྒྱལ་མཚན་པས་གསན་ཏོ། །བླ་མ་ཆོས་བཟང་བ་ནི་འཁྲུངས་ཡུལ་ནག་ཤོད་པ། མཁའ་སྤྱོད་པ་ལ་གདམས་པ་མ་ལུས་པར་མནོས། སྟག་རྩེ་དང་བ་ཡོའི་གདན་ས་མཛད་ནས་ཕྲིན་ལས་བསྐྱངས་སོ། །

རོལ་པའི་རྡོ་རྗེའི་སྐུའི་སྐྱེ་བ་ཆོས་རྗེ་དེ་བཞིན་གཤེགས་པ་ནི། ཡུལ་ཉང་པོར་ཡབ་སྔགས་འཆང་གུ་རུ་རིན་ཆེན་དང་། ཡུམ་ལྷ་མོ་སྐྱིད་ཀྱི་སྲས་སུ་ཤིང་ཕོ་བྱི་བ་ལ་མེ་ཏོག་གི་ཆར་དང་བཅས་ཏེ་སྐུ་བལྟམས། དགུང་ལོ་གཉིས་པ་ལ་སྐར་དུ་ཕེབས། བཞི་པ་ལ་དཔལ་མཁའ་སྤྱོད་པ་དང་མཇལ་ཏེ་སྟག་རྩེར་རྡོ་རྗེ་ཕྲེང་བའི་དབང་། ཆོས་དྲུག་ཕྱག

ཆེན་སྦྱོར་དྲུག་སོགས་ཀརྨ་པའི་ཆོས་སྐོར་རྣམས་གསན། བདུན་པ་ལ་རྩེ་ལྷ་སྒང་དུ་ཚལ་མིན་པ་དང་ཡོན་བློ་བ་ལས་རབ་ཏུ་བྱུང་། མཚན་ཆོས་དཔལ་བཟང་པོར་གསོལ། བཅོ་བརྒྱད་པ་ལ་མདོ་ཁམས་སུ་ཐེགས་ཏེ་ཀརྨ་དང་རི་བོ་ཆེ་སོགས་སུ་ཆོས་ཀྱི་འཁོར་ལོ་རྒྱ་ཆེན་པོ་བསྐོར། ཉི་ཤུ་པ་ལ་རྩེ་ལྷ་སྒང་དུ་སྔར་གྱི་མཁན་སློབ་ལས་བསྙེན་པར་རྫོགས། ཁྲིད་བསྒོམ་མ་ནུས་པ་ཞིག་ལ་ཁོའི་ཁང་ཐོག་ཏུ་བྱོན་ནས་སྐུ་སྟོད་རིབ་ཙམ་དང་དབུ་རིབ་ཙམ་མཛད་ནས་གཟིགས་པའི་རྫུ་འཕྲུལ་བསྟེན་པ་དང་དེ་འཇིགས་ཏེ་བསྒོམས་པས་རྟོགས་པ་བསྐྱེད་པ་སོགས་སློབ་མ་གྲངས་མེད་པ་གྲོལ་བར་མཛད། དེ་ནས་གོང་མ་ཡེ་དབང་གིས་གདན་དྲངས་ཏེ་ལྷ་ས་མཚུར་ཕུ་ཁམས་ཀྱི་སའི་ཆ་རྣམས་རིམ་གྱིས་བརྒྱུད་ནས་ཕེབས་པ་ན་རྒྱའི་ཡུལ་དུ་ཉིན་མཚན་ཀུན་ཏུ་འོད་ཀྱིས་གང་བ་དང་། སྤྲིན་གསེབ་ཏུ་སངས་རྒྱས་བྱང་སེམས་མང་པོ་བཞུགས་པ་དང་། ལྷའི་བུ་ཕོ་མོ་མང་པོ་མཆོད་པ་འབུལ་བ་སོགས་ངོ་མཚར་བའི་ལྟས་བརྒྱ་རྩ་བརྒྱད་བསྟེན་པ་ཀུན་གྱིས་མཐོང་བས་རྒྱལ་པོ་འཁོར་བཅས་ལྷག་པར་དད་དེ་རྒྱལ་པོ་སོགས་སེམས་ཅན་བགྲང་བ་ལས་འདས་པ་ཡང་དག་པའི་ལམ་ལ་བཀོད། སྐུའི་གཟི་བརྗིད་དང་། ཚངས་པའི་དབྱངས་དང་། མངོན་ཤེས་དང་རྫུ་འཕྲུལ་སོགས་ཀྱིས་འགྲོ་བ་རྣམས་སྨིན་པར་མཛད་པས་ཐུབ་པའི་དབང་པོ་འཇིག་རྟེན་དུ་བྱོན་པ་འདྲ་ཞེས་རྒྱལ་པོས་དེ་བཞིན་གཤེགས་པ་ཞེས་སུ་གསོལ། སླར་བོད་དུ་ཕེབས་ཏེ་སྐྱེ་རྒྱུའི་ཚོགས་མཐའ་ཡས་པ་གདམས་པ་དང་ཞལ་མཐོང་བ་ཙམ་གྱིས་བྱང་ཆུབ་ལ་བཀོད་ནས་སོ་གཉིས་པ་ཤིང་མོ་ལུག་ལ་ངས་ཀརྨའི་ཉེ་ལོགས་སུ་འདུན་པ་བཏང་ཚར་བས་དེར་གསོལ་བ་ཐོབ་ཅེས་ལུང་བསྟན་མཛད་དེ་ལྷ་ས་པོ་ཏཱ་ལར་མྱ་ངན་ལས་འདའ་བའི་ཚུལ་བསྟན་ཏོ། །རྗེ་འདི་ལ་སོག་དཔོན་རིགས་པའི་རལ་གྲི་རིན་ཆེན་བཟང་པོ་དང་། སྤྲུལ་སྐུ་ཆོས་དཔལ་ཡེ་

ཞེས་པ་དང་། ཟུར་མངས་པ་སོགས་སློབ་མ་མཁས་གྲུབ་མང་དུ་བྱུང་ངོ་། །

དཔལ་མཁའ་སྤྱོད་པའི་སྐུའི་སྐྱེ་བ་ཆོས་དཔལ་ཡེ་ཤེས་པ་ནི། ཡུལ་ཉང་པོར་ཡབ་ཁུ་བསམ་འགྲུབ་དང་། ཡུམ་བར་གཟའ་གཉིས་ཀྱི་སྲས་སུ་མེ་ཕོ་ཁྱི་ལ་སྐུ་མཛེས་ཤིང་ཞབས་ལ་རྒྱལ་ཞེས་པའི་ཡི་གེས་མཚན་པ་ཞིག་འཁྲུངས། དགུང་ལོ་གཉིས་པ་ལ་སྣག་ཙེ་དང་དགའ་ལྡན་མ་མོ་སོགས་སུ་གདན་དྲངས། བྲག་དང་རྩིག་པ་གང་ལ་ཡང་ཐོགས་པ་མེད་པར་འགྲོན་པ་སོགས་རྫུ་འཕྲུལ་མང་པོ་བསྟན། ཆོས་བཟང་པ་ལ་མཁའ་སྤྱོད་བཀའ་འབུམ་སོགས་ལུང་དང་དབང་ཁྲིད་མང་པོ་དང་། གྲགས་རྒྱལ་བ་ལ་བདེ་མཆོག་གསན། བརྒྱད་པ་ལ་ཆོས་རྗེ་དེ་བཞིན་གཤེགས་པ་དང་མཇལ་ཏེ་སྣག་ཙེར་རྗེ་དེ་ལས་རབ་ཏུ་བྱུང་། ཆོས་དྲུག་བསྙེན་སྒྲུབ་སྦྱོར་དྲུག་སོགས་དབང་ཁྲིད་མང་དུ་གསན། ཏའི་མིང་རྒྱལ་པོས་གཙོད་སྦྱིན་བཟང་པོ་ཕུལ། འོལ་ཁར་ཚལ་མིན་པ་ལས་བསྙེན་པར་རྫོགས། རིགས་པའི་རལ་གྲི་ལ་རང་བྱུང་རྡོ་རྗེའི་བཀའ་འབུམ་བྱམས་ཆོས་དབུ་མ་གསན། མཚུར་སྟོན་ཆོས་ཀྱི་རིན་ཆེན་ལ་མཁའ་འགྲོ་རྒྱ་མཚོའི་དབང་སོགས་ཆོས་མང་པོ་དང་། ཁྱད་པར་སྦྱོར་དྲུག་གི་ཁྲིད་དང་ཟབ་མོ་ནང་དོན་གསན་ཏེ་འདིའི་བརྒྱུད་པ་ནི། རང་བྱུང་རྡོ་རྗེ། ཆོས་ཀྱི་རྒྱལ་མཚན་ཛ་ཡ་བཛྲ། ཆོས་ཀྱི་རིན་ཆེན་ཞེས་སོ། །སྣག་ཙེ་སོགས་སུ་ཆོས་རྗེ་མཐོང་བ་དོན་ལྡན་པ་ལ་ཆོས་རྣམས་གཏད། གོང་པོར་ཉིན་ལམ་བཅུ་གཉིས་ཀྱི་བར་གྱི་འབྲུག་པ་ཞི་བའི་རྒྱ་བསྡམས། རྒྱ་ལས་འགོངས་པ་རྣམས་ཆོ་འཕྲུལ་དུ་མས་བཏུལ། ཀརྨ་མཐོང་བ་དོན་ལྡན་པའི་སྐུ་ཚེའི་བར་ཆད་བསལ། །ཁམས་དབུས་ཀུན་ཏུ་འགྲོ་བའི་དོན་མཛད་ནས་ཞི་བདུན་པ་ཆུ་ཕོ་སྤྲེའུ་ལ་དགའ་ལྡན་མ་མོར་མེ་ཏོག་གི་ཆར་དང་བཅས་ཏེ་སྐུའི་བཀོད་པ་བསྡུས་སོ། །

དེ་བཞིན་གཤེགས་པའི་སྐུའི་སྐྱེ་བ་ཆོས་རྗེ་མཐོང་བ་དོན་ལྡན་པ་ནི། ཀརྨ

དང་ཉེ་བའི་ས་ཆ་ངོམ་དུ་སྟགས་འཆང་གཟའ་མིའི་སྲས་སུ་མེ་ཕོ་སྤྲེའུ་ལ་འཁྲུངས། མཁན་ཆེན་མགོ་བློན་པས་སྐར་དུ་གདན་དྲངས་ཏེ་འོལ་ཁར་ཚལ་མིན་པ་ལས་རབ་ཏུ་བྱུང་། བཀའ་བཞི་པ་རིགས་པའི་རལ་གྲི། སྤྲུལ་སྐུ་ཆོས་དཔལ་ཡེ་ཤེས། རོང་ཆེན་པ་སོགས་སྐྱེས་བུ་དམ་པ་མང་དུ་བསྟེན་ནས་གསན་པའི་ཚུལ་རྒྱ་ཆེ་བར་མཛད། ཁྱད་པར་ཆོས་དཔལ་ཡེ་ཤེས་པ་ལ་སྦྱོར་དྲུག་གསན། གངས་ཅན་གྱི་འགྲོ་བ་སྨིན་ཅིང་གྲོལ་བར་མཛད་ནས། སོ་བརྒྱད་པ་ཆུ་མོ་བྱ་ལ་དབེན་གནས་བཟའ་ཕུར་གཤེགས། དེའི་སློབ་མའི་མཆོག་མང་དུ་བྱུང་བ་ལས་གཙོ་བོར་གྱུར་པ་ནི་བན་དཀར་བ་འཇམ་དཔལ་བཟང་པོ་དང་། གུ་ཤྲི་དཔལ་འབྱོར་དོན་གྲུབ་གཉིས་སོ། །

མཐོང་བ་དོན་ལྡན་པའི་སྐུའི་སྐྱེ་བ་དཔལ་གཙྪ་པ་ཆོས་གྲགས་རྒྱ་མཚོ་ནི། རྫོང་ཀྱི་སའི་ཆ་སྙི་ནང་དུ་ཡབ་གྲགས་པ་དཔལ་དང་ཡུམ་ལྷ་མོ་སྐྱིད་ཀྱི་སྲས་སུ་ཤིང་ཕོ་ཁྱི་ལ་སྐུ་བལྟམས། བན་དཀར་བ་དང་གུ་ཤྲི་དཔལ་འབྱོར་དོན་གྲུབ་གཉིས་ལས་རབ་ཏུ་བྱུང་ནས་མང་དུ་གསན་པ་རྒྱ་མཚོ་ལྟ་བུ་མཛད་དེ་མདོ་སྔགས་ཀྱི་གཞུང་ལུགས་མཐའ་དག་ལ་མཆོག་ཏུ་མཁས་པའི་ཚུལ་སྟོན། ཤིན་ཏུ་སྒྲིན་པོའི་མཁས་པས་ཀྱང་མཁྱེན་པའི་མཐའ་མི་མངོན། རྒྱ་རྒྱལ་པོས་ལུང་བཟང་པོ་དང་འབུལ་བ་ཚན་ཆེན་པོ་ཕུལ། ཆོས་ཀྱི་རྗེ་སྤྱན་སྔ་རིན་པོ་ཆེས་སྣེ་གདོང་རྩེར་སྤྱན་དྲངས་ནས་གུས་པས་བསྟེན། མཁས་བཙུན་མི་ཆེན་དགེ་འདུན་ཚོགས་སྟོང་ཕྲག་མང་པོ་ལ་ཆོས་ཀྱི་ཆར་ཕབ། འཕགས་ཡུལ་དང་རྒྱ་ནག་ཚུན་ཕྱིན་ལས་ཀྱིས་ཁྱབ། དབུས་གཙང་ཁམས་གསུམ་གྱི་སའི་ཆ་ཀུན་ཏུ་ཞབས་ཀྱིས་བཅགས་ཏེ་གང་དུ་ཆོས་གསུང་བའི་སར་ལྷ་རྣམས་ཀྱིས་མེ་ཏོག་གི་ཆར་འབེབས་པ་དང་། རབ་ཏུ་གནས་པའི་མེ་ཏོག་རྒྱུད་རིང་པོ་ནས་འཐོར་བ་ཡུལ་དུ་མ་བརྒྱལ་བའི་སར་འབབ་པ་སོགས་ངོ་མཚར་བའི་ཆོ་འཕྲུལ་དང་མངོན་པར

མཁྱེན་པས་དུས་གསུམ་ལུང་སྟོན་ཅིང་གཞུང་བཤད་དང་གདམས་པ་སྩོལ་བ་དང་ཞལ་སྟོན་པ་དང་ཕྱག་གིས་དབང་བསྐུར་བས་སྐྱེ་རྒུའི་ཚོགས་དཔག་ཏུ་མེད་པ་བྱང་ཆུབ་ཀྱི་ལམ་ལ་འགོད་པར་མཛད་པ་ལས་བསམ་ཡས་མཆིམས་ཕུར་ཕེབས་པའི་ཚེ་བདག་ལ་རྗེ་རང་བྱུང་བའི་ཁྲིད་ཡིག་གི་སྙིང་ནས་ཡན་ལག་དྲུག་པའི་ཁྲིད་བཀའ་དྲིན་གྱིས་བསྩལ་ཏོ། །

ཆོས་དཔལ་ཡེ་ཤེས་པའི་སྐུའི་སྐྱེ་བ་ཆོས་ཀྱི་རྗེ་སྤྲུལ་པའི་སྐུ་ཞྭ་དམར་ཅོད་པན་འཛིན་པ་བཞི་པ་ནི། ཏྲེ་ཤོད་མཐིལ་དུ་ཡབ་ལྷོང་དགོན་པ་སྐྱབས་དང་ཡུམ་བསོད་ནམས་སྒྲོལ་མའི་སྲས་སུ་ཆུ་མོ་བྱ་ལ་སྐུ་བལྟམས། མཚན་མི་ཕམ་རྡོ་རྗེར་གསོལ། འབྲུངས་མ་ཐག་ནས་མཁྱེན་པའི་གཏིང་མི་དཔོགས་པའི་ཚུལ་གྱིས་ཐོགས་པ་མེད་པར་ཆོས་གསུངས་ཤིང་མངོན་པར་མཁྱེན་པས་དུས་གསུམ་ལུང་སྟོན། དགུང་ལོ་བཅུ་པ་ལ་གུ་ཤྲི་དཔལ་འབྱོར་དོན་གྲུབ་ལས་དགེ་བསྙེན་མནོས། མཚན་ཆོས་ཀྱི་གྲགས་པ་ཡེ་ཤེས་དཔལ་བཟང་པོར་གསོལ། དེ་ལ་དབང་ཁྲིད་ལུང་མང་དུ་གསན། བཅུ་གཅིག་པ་ལ་ཟུར་མང་དགོན་པར་ཀརྨ་པ་དང་མཇལ། གུ་ཤྲི་བས་མཁན་པོ། བན་དཀར་བས་སློབ་དཔོན་མཛད་དེ་རབ་ཏུ་བྱུང་། བན་དཀར་བ་ལ་གསང་འདུས་དང་ལྷ་ཚན་ལྔ་སོགས་གསན། བཅུ་གཉིས་པ་ལ་དགའ་ལྡན་མ་མོར་ཕེབས། བཅོ་ལྔ་པ་ལ་སློབ་དཔོན་བླ་མ་རྒྱལ་མཚན་གོང་པོར་གདན་དྲངས་ནས་རྡོ་རྗེ་ཕྲེང་བ་ལ་སོགས་པའི་དབང་ཁྲིད་ལུང་མང་པོ་དང་། ཁྱད་པར་ནག་པའི་ཟླ་བ་ལ་དུས་ཀྱི་འཁོར་ལོའི་དབང་མནོས་པའི་ཚེ་མར་མེའི་ཕྲེང་བ་ཞག་མང་དུ་འབར་བ་བྱུང་། རྒྱུད་འགྲེལ་མན་ངག་དང་བཅས་པ་གསན། བཅོ་བརྒྱད་པ་ལ་སླར་ཡང་མདོ་ཁམས་ནས་ཟི་ལིང་མཁར་གྱི་བར་དུ་ཐེགས་ནས་སེམས་ཅན་གྲངས་མེད་པ་འཁོར་བ་མཐའ་ཅན་དུ་མཛད། དེ་ནས་རྫོང་

ཡུལ་དུ་ཐེགས་ནས་རྗོར་རྣམས་འདུལ་བར་མཛད་དེ་ཨ་རམ་གྱི་སྡིག་ལས་ཆེན་པོ་རྒྱུན་བཅད་ཆོས་བསྟན་ནས་བརྟེ་ལ་གུས་པར་བྱེད་དུ་བཅུག་སྟེ་བྱང་ཆུབ་ཏུ་ངེས་པར་མཛད། སླར་ཁམས་དང་གོང་པོ་རིམ་པར་བརྒྱུད་དེ་ཉེར་བཞི་པ་ལ་དབུས་ཕྱོགས་སུ་ཕེབས། ཆོས་ཀྱི་རྗེ་སྤྱན་སྔ་རིན་པོ་ཆེས་ཆོང་འདུས་ཡངས་པ་ཅན་དུ་གདན་དྲངས། དབུས་ཕྱོགས་ཀྱི་དགེ་བའི་བཤེས་གཉེན་ཆེ་དགུ་ཐམས་ཅད་འདུས་པ་ལ་སོ་སོའི་འདོད་པ་བཞིན་ཆོས་མང་དུ་སྩལ། ཐམས་ཅད་མཁྱེན་པ་འགོས་ལོ་ཙྪ་བ་ལ་ཤ་ཝ་རིའི་ལུགས་ཀྱི་སྦྱོར་དྲུག་དང་། རྒྱུད་གསུམ་གསང་བ་གསན། རྗེ་དེས་མཁན་པོ། མཁན་ཆེན་རབ་འབྱོར་པས་ལས་སློབ། ཆོས་རྗེ་རིན་པོ་ཆེ་ནམ་པས་གསང་སྟོན་མཛད་དེ་བསྙེན་པར་རྫོགས། ཉེར་ལྔ་པ་ལ་འགོས་ལོ་ཙྪ་བ་ལས་སྒྲ་ཚད་སོགས་རིག་པའི་གནས་དང་མདོ་སྔགས་ཀྱི་གཞུང་ལུགས་རྒྱ་མཚོ་ལྟ་བུ་གསན་ཅིང་སྦྱོང་བའི་ཚུལ་མཛད། ཁྱད་པར་དུས་ཀྱི་འཁོར་ལོའི་རྒྱུད་འགྲེལ་རྣ་འབྲིའི་བཤད་པ། དཔལ་ལྡན་བླ་མའི་ཊཱི་ཀ་ཆེན། རྒྱུད་ཕྱི་མ། རྡོ་རྗེ་སྙིང་འགྲེལ། དབང་མདོར་བསྟན། ལྟ་འདོད་མདོར་བསྟན། དོན་དམ་བསྙེན་པ། དཔེ་མེད་འཚོའི་སྦྱོར་དྲུག་རྩ་འགྲེལ། མཚན་བརྗོད་འགྲེལ་པ་བདུད་རྩི་ཐིགས་པ། དུས་ཞབས་སྙན་རྒྱུད། ཡུ་མོའི་གསལ་སྒྲོན། སྒྲོམ་ལྔ། ཆོས་རྗེ་ཕྱོགས་པའི་སྦྱོར་དྲུག་གི་ཁྲིད་ངོ་སྤྲོད་སོགས་ཆ་ལག་དང་བཅས་པ་གསན། རྗེ་ལོ་ཆེན་པ་ལ་པཎ་ཆེན་ལུགས་ཀྱི་སྦྱོར་དྲུག་དང་རྫོག་ཆོས་སོགས་མང་པོ་དང་། དཔལ་ཀཱ་ལ་པ་དང་སྟག་ལུང་པ་ལའང་མང་དུ་གསན་པ་མཛད། དབུས་གཙང་ལྷོ་བྲུམ་ཐང་ཚུན་ཞབས་ཀྱིས་བཅགས་ཏེ་མཁས་བཙུན་མི་ཆེན་སྐྱེ་བྲུའི་ཚོགས་བགྲང་བ་ལས་འདས་པ་ཐེག་པ་ཆེན་པོར་སྨིན་པར་མཛད། དགའ་ལྡན་མ་མོར་གཙུག་ལག་ཁང་རྟེན་ཆེན་དང་བཅས་པ་ངོ་མཚར་བའི་བཀོད་པ་ཅན་བཞེངས། དཔལ་ཀུན་ཏུ་བཟང་པོའི་ཆོས་འཁོར་དུ་སེང་གེའི

ཁྲི་ལ་བཞུགས་ཏེ་བསྟན་པའི་སྒྲོན་མེ་སྦར་བར་མཛད་དོ། །རྒྱལ་བ་འདི་ཉིད་ཀྱི་ཞབས་ཀྱི་པདྨོ་ལ་བདག་གིས་གུས་པས་བཏུད་དེ་རྣལ་འབྱོར་ཡན་ལག་དྲུག་པའི་གདམས་པ་དཔལ་མཁའ་སྤྱོད་པའི་ལུགས་ལེགས་པར་ཐོབ་བོ། །གྲུབ་ཆེན་ཨོ་རྒྱན་པའི་སློབ་མ་དབུ་མ་པས་རྡོ་རྗེ་ཚིག་ལ་བཤད་པ་དང་མན་ངག་ལག་ལེན་དང་བཅས་པ་མཛད། དེ་ལ་མཁས་གྲུབ་འབྱུང་གནས་བཟང་པོས་གསན་ཏེ་ཐུགས་ཉམས་སུ་བཞེས་པས་གྲུབ་པ་བརྙེས་ནས། མཚམས་ཕུར་བཞུགས་ཏེ་ཁྲིད་ཡིག་གི་སྙིང་པོ་མཛད་ནས་ཕྲིན་ལས་བསྐྱངས་སོ། །དེ་ནས་ཡོན་རིན་པ། ཆོས་ཀྱི་རྒྱལ་མཚན། འཕྲུལ་ཞིག་པ། བདག་གི་དུས་འཁོར་ཞབས་སོ། །མཁན་ཆེན་བསོད་ནམས་འོད་ཟེར་བས་རྡོ་རྗེ་ཚིག་གི་རྣམ་བཤད་ཆེན་མོ་མཛད་པ། ཆོས་རྗེ་གངས་པ་ནས་བརྒྱུད་ནས་དཔལ་ལྡན་བླ་མའི་བར་དུ་བྱུང་ངོ་། །རྟོགས་ལྡན་ཟླ་སེང་པས། རྡོ་རྗེ་ཚིག་གི་རྣམ་བཤད། ཁྲིད་རིམ་གེགས་སེལ་ངོ་སྤྲོད་ལ་སོགས་པའི་ཡིག་འཇོག་མང་དུ་མཛད་ཅིང་། ཕྲེང་སྐོར་དུ་གྲགས་པ་མཛད་དོ། །དེ་ནས་སྤྱིད་ཕུའི་མཁན་ཆེན་བྱང་ཆུབ་སེང་གེ །འཕགས་མཆོག་བསོད་ནམས་དཔལ། ཀོང་ཕྲུག་གྲགས་པ་འབྱུང་གནས། འགོས་ལོ་ཙཱ་བ་གཞོན་ནུའི་ཞབས་རྣམས་རིམ་པར་བརྒྱུད་དོ། །ཡང་ཟླ་སེང་པ། རྟོགས་ལྡན་ཤེས་རིན་པ། ཆོས་སྒོ་བ་ཆོས་དཔལ་ཤེས་རབ། ཆོས་ཀྱི་རྒྱལ་མཚན། འཕྲུལ་ཞིག་པ། བདག་གི་བླ་མ་དུས་ཞབས་པ་རྣམས་སོ། །གསེར་ཁང་པ་གཞོན་ནུ་འབུམ། གྲགས་པ་དཔལ། ཀུན་མཁྱེན་འཕགས་འོད། བུ་སྟོན་རིན་པོ་ཆེ་རྣམས་རིམ་པར་བརྒྱུད་པའི་མན་ངག་ཀྱང་བྱུང་ངོ་། །ཨོ་རྒྱན་པའི་དངོས་སློབ་འདི་དག་རྒྱུད་འགྲེལ་དང་སྦྱར་ཏེ་ཁྲིད་ཀྱི་གདུལ་བྱ་རྗེས་སུ་འཛིན་པ་པོ་ནའོ། །

༈ ལྔ་པ་པཎ་ཆེན་ཤཱཀྱ་ཤྲཱིའི་ལུགས་ནི། པཎ་ཆེན་དེས་དགུང་ལོ་དོན་

བརྒྱད་བཞེས་པའི་དུས་སུ་པཎྜི་ཏ་བི་བྷུ་ཏི་ཙནྡྲ། སུ་ག་ཏ་ཤྲཱི། ཛ་ཡ་དཏྟ། དཱ་ན་ཤཱི་ལ། སཾཀྲ་ཤྲཱི། སུ་མ་ཏི་ཤཱི་ག་ར། ཀཱ་ལ་ཙནྡྲ། ཛཱ་ན་ཤྲཱི། མཏྣ་བོ་དྷི་སྟེ་འཁོར་པཎྜི་ཏ་དགུ་དང་བཅས་པ་ཛ་གདྡ་ལ་ནས། ཁྲོ་ཕུ་ལོ་ཙཱ་བས་གདན་དྲངས་ཏེ་བེ་དུར་ཚོང་འདུས། གྲོ་མོ། ཕག་རི། འབྲིང་མཚམས། རྒྱང་རོ་རྣམས་སུ་རིམ་གྱིས་བྱོན། དེ་ནས་དཔྱལ་ལོ་ཙཱ་བས་ཁྲོ་བོ་ཆེ་དང་ངམ་ཁ་གནས་སུ་གདན་དྲངས། ཀྱེ་རྡོ་རྗེ་འགྲེལ་པ་མན་ངག་དང་བཅས་པ་གནང་། དེ་ནས་མགུར་མོ་དང་། ཆུ་མིག་རིང་མོར་དགེ་འདུན་གྱི་ཚོགས་ཆེན་པོས་བསྐོར་བས་ཁྲིམས་པ་རྣམས་ཀྱིས་ཞལ་ཡང་བལྟ་དཀའ་བར་བྱུང་། དེར་ས་པཎ་གྱིས་ཀྱང་མཇལ། དེ་ནས་ཁྲོ་ཕུར་ཕེབས། ཤིང་ཕོ་བྱི་བ་ལོའི་དབྱར་གནས་དེ་ཉིད་དུ་མཛད་དེ་ཚུལ་ཤིང་ལེན་པ་བརྒྱད་བརྒྱ་བྱུང་། ལྷོ་བྲག་པ་བྱང་ཆུབ་དཔལ་ལ་བསྙེན་རྫོགས་གནང་། བརྒྱད་སྟོང་པ་ཨ་བྷ་ཡའི་འགྲེལ་པ་དང་བཅས་པ་དང་སོ་ཐར་དང་མདོ་སྡེ་རྒྱན་གསུངས། དེ་ནས་སྣར་གྱི་སླུས་མོ་ཆེར་བྱོན། དེར་ཐུགས་བག་ཕེབས་པས་སྔར་མ་གཟིགས་པའི་ཡི་དམ་མང་པོའི་ཞལ་གཟིགས། སུམ་ཅུ་རྩ་གསུམ་པ་དང་དགའ་ལྡན་པའི་མཆོད་པའི་ཐ་སྒྲ་ལས་ཆོས་ཀྱི་སྒྲ་འབྱུང་བ་གསན། འཇིག་རྟེན་གྱི་ཁམས་ཀྱི་བཀོད་པ་དུས་འཁོར་ནས་ཇི་ལྟར་བཤད་པ་བཞིན་མངོན་སུམ་དུ་གཟིགས་པས་མངོན་པའི་ལུགས་དེ་མ་དག་པ་ཡིན་ནམ་དགོངས་པ་ན། སྒྲོལ་མའི་ཞལ་ནས་གདུལ་བྱའི་བློ་དང་བསྟུན་པས་མི་འགལ་ཏེ་སྐྱེ་བ་བཅོ་བརྒྱད་ལྟ་བུ་ཡིན། ཡང་དག་པར་ན་འཇིག་རྟེན་རང་ཡང་མེད་གསུང་། གཙང་སོ་བ་བསོད་ནམས་མཛེས་ཀྱིས་མཇལ་ཏེ་བདག་བསྙེན་པར་རྫོགས་ནས་ལྟུང་བ་བྱུང་བ་མ་དྲན་པས། ཚུལ་ཁྲིམས་བསྲུངས་པའི་དགེ་བ་བྱང་ཆུབ་ཏུ་བསྔོ་བར་ཞུས་པས། དབུ་ཞྭ་ཟླུལ་གྱིས་ཕྱུད་ཕྱག་ཐལ་མོ་སྦྱར་ནས། བསྔོ་རྒྱུ་བཟང་འདི་ལྟ་བུ་རྒྱ་གར་ན་ཡང་དཀོན། ཁོ་བོའི་རྩ་རར་སྟོད

ལ་མཆོད་གནས་ཀྱིས་བསྟོ་བ་གནང་། དེར་བསོད་སྙོམས་འདྲེན་པ་ཤིན་ཏུ་མང་བས་གདན་གཅིག་གི་དུས་སུ་ཆོས་རྗེ་ཉིད་ལ་དྲངས་པའི་གདུགས་ཚོད་ཀྱིས་དགེ་འདུན་ཉིས་བརྒྱའི་འཚོ་བ་སྦྱོར། ཆོས་ཆེ་ཕྲ་མང་དུ་གསུངས་ཤིང་ལམ་རིམ་དང་ཆོས་སྤྱོད་རྒྱས་པ་བརྩམས། བན་ཚུང་རྣམས་ལ་ས་སྡེ་དང་། ཚད་མ་སྡེ་བདུན་དང་། དུས་འཁོར་རྒྱུད་འགྲེལ་གནང་། གླང་ལོའི་དབྱར་གནས་ཀྱང་སླུས་མོ་ཆེར་མཛད་དེ་མདོ་རྩ་དང་མེ་ཏོག་ཕྲེང་རྒྱུད་གསུངས། དགག་དབྱེ་ཐོན་ནས་ཆུ་མིག་རིང་མོར་བྱོན། རིན་ཆེན་ཕྲེང་བ་དང་དཔེ་རྒྱན་གསུངས། རྒྱན་གོང་གནས་སུ་རྡོ་རྗེ་དཔལ་ལ་བསྙེན་རྫོགས་གནང་། དེ་ནས་སྲིན་པོ་རི་པས་སྤྱན་དྲངས་ཏེ། གཞུ་སྐྱེ་དང་མཚུར་ཕུ་ནས་བརྒྱུད་ལྷ་ས་མཇལ་ནས་སྲིན་པོ་རིར་ཕེབས། དེར་ཆག་ལོ་དགྲ་བཅོམ་གྱིས་ཀྱང་མཇལ་བ་ལ་བྱོན། སྟག་ལོའི་དབྱར་གནས་ཀྱང་སྲིན་པོ་རིར་མཛད་དེ་མངོན་པ་ཀུན་ལས་བཏུས་རྣྭ་ན་མི་ཏྲའི་འགྲེལ་པ་དང་བཅས་པ། སྤྱི་ཆོས་ལ་མུ་ངན་མེད་ལུང་བསྟན་པ་དང་ལས་བརྒྱ་པ། གཞན་ཡང་བྱམས་ཆོས་ལྔ་དང་རིགས་ཚོགས་རྣམས་གསུངས། སྲིན་པོ་རིའི་གདན་ས་བ་ལ་བྱམས་ཆོས་ཀྱི་ཁྲིད། རིགས་ཚོགས་ཀྱི་ཁྲིད། སྤྱོད་ཕྱོགས་ཀྱི་ཁྲིད་རྣམས་གནང་། དེ་ནས་ལྷ་ཞི་བ་འོད་ཀྱིས་བསམ་ཡས་སུ་སྤྱན་དྲངས་ཏེ་ཆོས་མང་དུ་གསུངས། བསམ་ཡས་ཀྱི་བཀོད་པ་ལ་མཉེས་ཏེ་བི་ཀཱ་མ་ཤཱི་ལ་དང་དུས་མཚུངས་སུ་འདུག་གསུང་། དེར་སངས་རྒྱས་དབོན་སྟོན་གྱིས་མཇལ་ཏེ་རྒྱ་མ་རིན་ཆེན་སྒང་དུ་གདན་དྲངས། སླར་སྲིན་པོ་རིར་ཕེབས། ཆག་ལོ་དགྲ་བཅོམ་གྱིས་གདན་དྲངས་ཏེ་ཐང་པོ་ཆེ་དང་། རིམ་གྱིས་གཉལ་ལྡེའུ་རར་ཕེབས། ཡོས་ལོའི་དབྱར་གནས་དེ་ཉིད་དུ་མཛད། དགེ་སློང་ཚུལ་ཤིང་ལེན་པ་བདུན་བརྒྱ་བྱུང་། ལོ་པཎ་གཉིས་ཀྱི་མདོ་སྔགས་ཀྱི་ཆོས་མང་དུ་བསྒྱུར་ཞིང་གསུངས། གསེར་ཁྲི་འབུམ་པའི་ནུབ་ཀྱི་ཆོས་ཁྲི་ལ་ལོ་པཎ་གཉིས་ག་བཞུགས་ནས

སེམས་བསྐྱེད་དང་ལམ་རིམ་གསུངས། ཞང་དང་སྐྱིལ་བ་ལ་བསྙེན་རྫོགས་གནང་། རྣམ་རྒྱལ་མཆོད་རྟེན་བཞེངས་པས་མེ་ཏོག་གི་ཆར་བབ། དེ་ནས་ཐང་པོ་ཆེར་བྱོན་བསྟན་རྟེས་མཛད། སྔོ་གུ་དོར་ཡང་ཆོས་གསུངས། འབྲུག་ལོའི་དབྱར་གནས་ཐང་པོ་ཆེར་མཛད་ནས། འོན་ཟངས་རི་གཡེ་གངས་བར་ནས་སླར་གཉལ་ལྷེའུ་ར་དང་། དེའི་བུ་ལག་རོང་རྩེ་དཀར་ཆུན་དུ་ཐེགས་ཏེ་ཟངས་ཆེན་པ་སོགས་མཁས་བཙུན་མང་པོ་ལ་ལམ་རིམ་གྱི་ཁྲིད་དང་། མེ་ཏོག་ཕྲེང་རྒྱུད། བརྒྱུད་སྐོང་པ། ཐུབ་པ་དགོངས་རྒྱན་གསུངས། ས་ལྷའི་གནས་སུ་སྒྲོལ་མའི་བྲིས་སྐུས་པཎ་ཆེན་ལ་ཆོས་གསུངས། བྱ་ནག་རིན་ཆེན་འོད་སོགས་ལ་སྦྱོང་རྒྱུད་དཀྱིལ་འཁོར་བཅུ་གཉིས་ཀྱི་དབང་གནང་། ལོ་རོ་མཆོ་སྣ། ལྷོ་བྲག །གྲུ་ཤུལ་རྣམས་ལའང་ལོ་པཎ་གཉིས་ཀ་བྱོན་ཏེ་ཆོས་མང་དུ་གསུངས། སླར་ཡང་ལྷེའུ་ར། ཐང་པོ་ཆེ། སྲིན་པོ་རི། རྒྱ་མ་རིན་ཆེན་སྒང་རྣམས་སུ་རིམ་གྱིས་བྱོན་ཏེ། སྤྲེལ་ལོའི་དབྱར་གནས་རིན་ཆེན་སྒང་དུ་མཛད། ཆོས་བསྟན་པས་ཕྱིར་མི་ལྡོག་པའི་ས་ཐོབ་པ་བརྒྱད་ཅུ་ལྷག་པ་བྱུང་། རྭ་སྒྲེང་དུའང་བྱོན། འབྲི་ཁུང་པས་གདན་འདྲེན་བྱུང་བ་ལ་མ་ཐེགས་པར་ཆོས་སྐྱེས་གནང་། དེ་ནས་རིམ་གྱིས་གཙང་དུ་བྱོན་ནས་ཉང་ཆུང་དུ་བཞུགས་པ་ན། ས་སྐྱ་པས་གདན་དྲངས་ཏེ་རྟ་ལོའི་དབྱར་གནས་ས་སྐྱར་མཛད། ཆོས་རྗེ་ས་པཎ་ལ་བསྙེན་རྫོགས་གནང་། བཀའ་ཆེན་བཞི་སོགས་མང་དུ་གསུངས་ཤིང་། ཁྱད་པར་དུ་དུས་འཁོར་རྒྱུད་འགྲེལ་ཕྲན་དང་བཅས་པ་གནང་། དེ་ནས་ཤངས། འུ་ཡུག །ཉང་རོ་ལ་སོགས་པར་བྱོན། ལུག་ལོའི་དབྱར་གནས་ཤངས་ལུ་གུ་གདོང་དུ་མཛད། དེ་ལོ་ཐན་པ་ཆེ་བས་ཆར་འབེབས་མཛད་པ་ན། ཀླུ་བརྒྱུད་དངོས་སུ་འོངས་ནས་ཆར་ཕུལ། ལྷ་བཙུན་གུང་ཐང་པ་ལ་བསྙེན་རྫོགས་གནང་། ཇོ་གདན་སེང་གེ་དཔལ་ལ་ཁྲིད་བོད་ལ་གཏད་པ་མེད། རླུང་རེ་བཟུང་དྲོད་ཨེན་ཙམ་རེ་བྱུང་བ་

དང་གྲུབ་ཐོབ་ཏུ་རེ་བར་འདུག་གསུང་། གཞན་གྱིས་ཕུལ་བའི་ཡོ་བྱད་ཡོད་དོ་ཅོག་ཁྲི་ཕུའི་བྱམས་ཆེན་ལ་བཏང་། སྤྲེའུ་ལོའི་དབྱར་གནས་ཁྲི་ཕུར་མཛད། དབྱར་ཟླ་འབྲིང་པོ་ལ་བྱམས་ཆེན་གྱི་རབ་གནས་གནང་ནས་རིམ་གྱིས་མངའ་རིས་སུ་ཐེགས། བོད་ཀྱི་དགེ་སློང་རྗེས་སུ་འབྲང་བ་རྣམས་གཙང་སོ་བ་དང་། བྱང་རོང་རྣམ་གཉིས་ལ་གཏད་ནས་སྟན་གཅིག་པའི་སྡེ་བཙུགས། པུ་ཧྲངས་སུ་ཆོས་ཀྱི་རྒྱལ་པོ་སྟག་ཚའི་བླ་མ་མཛད་ནས་བྱ་ལོའི་དབྱར་གནས་དེ་ཉིད་དུ་མཛད། དེ་ནས་ཕག་ལོ་ལ་ཁ་ཆེར་ཕེབས་ཏེ་ཐམས་ཅད་མཁྱེན་པའི་བཤེས་གཉེན་གྱིས་གྲུབ་པའི་སྒྲོལ་མ་ལྷ་ཁང་དུ་གཙོ་བོར་བཞུགས་ཏེ། ལོ་བཅུ་དང་ཟླ་བ་དྲུག་གི་བར་དུ་བསྟན་པའི་བྱ་བ་རྒྱ་ཆེར་མཛད་ནས། དགུ་བཅུ་གོ་དགུ་པ་ཤིང་མོ་བྱའི་ལོ་ལ་དགའ་ལྡན་དུ་གཤེགས། སྤུར་བཞུ་བའི་ཚེ་ནམ་མཁའི་རོལ་མོ་ལས་སེལ་སྣན་བདུན་པ་ཞེས་པའི་ཚིགས་སུ་བཅད་པ་བྱུང་བ་པཎྜི་ཏ་ཕྱེད་དང་ཉིས་བརྒྱས་ཡི་གེར་བཀོད་པ་ཡོད་དོ། །པཎ་ཆེན་འདི་ལ་བོད་ཀྱི་སློབ་མ་མང་དུ་བྱོན་པ་ལས། ཆོས་འདི་པའི་སྲས་ཀྱི་ཐུ་བོ་ནི་དཔྱལ་ཆག་ས་གསུམ་གྱི།

དཔྱལ་ལོ་ཙཱ་བ་ཆོས་ཀྱི་བཟང་པོ་ནི། དཔྱལ་ལོ་ཙཱ་བ་ཀུན་དགའ་རྡོ་རྗེའི་སྲས་ཀུན་དགའ་གྲགས་ལ་སྲས་ལྔ་ཡོད་པའི་བར་པ་ཡིན། གཞོན་ནུའི་དུས་ནས་ལྷ་ལུང་པ་ཇོ་བཟངས་ཀྱི་དྲུང་དུ་དཔྱལ་བའི་ཆོས་སྐོར་ལ་སྦྱངས། ཕྱག་ན་རྡོ་རྗེ་བསྒྲུབས་པས་ཞལ་གཟིགས། འབྲིང་མཚམས་པ་ཞང་ལོ་ལས་ལོ་ཙཱ་བསླབས། ཞ་ལུའི་ཇོ་བོ་ལས་ལུང་བསྟན་ཐོབ་ནས། ལྷ་ལུང་པས་ཀྱང་བཀའ་གནང་སྟེ། གྲོགས་མཆོག་དམ་པ་ཆག་ལོ་དགྲ་བཅོམ་དང་ལྷན་ཅིག་རྒྱ་གར་དུ་བྱོན། ཐོག་མར་མཧཱ་བོ་དྷི་ལ་མཆོད་པ་ཕུལ་ཏེ་གསོལ་བ་བཏབ། ཤྲཱི་ནཱ་ལེནྡྲ་པཎ་ཆེན་ཤཱཀྱ་ཤྲཱི་ལས་རབ་ཏུ་བྱུང་། བྱང་ཆུབ་ཤིང་དྲུང་དུ་ཨཱ་ནནྡ་ཀ་ར་ལས་ཐུགས་བསྐྱེད། རྡོ་རྗེ་གདན་དུ་ནིཥྐ་ལངྐ་ལ་བདེ

མཆོག་གི་དབང་ཐོབ། པཎ་གྲུབ་དེ་རྣམས་དང་། མུ་ནི་ཤྲཱི། ཀྲྀ་ཏི་ཙནྡྲ། ཤཱི་ལཱ་ཀཱ་ར། མདྷཱ་ནིཧི་རྣམས་ལས་སྒྲ་ཚད་སྡེ་སྣོད་རྒྱུད་སྡེ་མཐའ་དག་ལ་སྦྱངས་པས་མཁས་པར་གྱུར། འབར་བའི་ཕྱུག །གོ་ས་ལ། ཨོ་དནྟ། པུ་ལཱ་ཧ་རི། ཀླུ་སྒྲུབ་དང་ནག་པོ་སྤྱོད་པའི་སྒྲུབ་ཁང་རྣམས་སུ་སྒྲུབ་པ་མཛད་པས་འཇིག་རྟེན་དབང་ཕྱུག་གི་ཞལ་གཟིགས། རྒྱ་གར་ཤར་ནུབ་ཀུན་ཏུ་བྱོན་ཏེ་གནས་ཁྱད་པར་ཅན་རྣམས་མཇལ། རྡོ་རྗེ་གདན་དུ་སྟོན་པའི་ཆེམས་ལ་མཆོད་པ་ཕུལ། ནཱ་ལེནྡྲར་གཎྜཱི་བརྡུངས་ཏེ་ཆོས་སྟོན་ལན་ལྔ་མཛད། ལོ་བཅུ་གཉིས་བཞུགས་ནས་མཐར་གྲུབ་ཐོབ་ནིཥྐ་ལངྐ་སྤྱན་དྲངས་ནས་བོད་དུ་བྱོན། ངམ་ཁའི་གནས་དང་གསེར་གདེངས་སུ་བཞུགས་ནས་དབང་གཞུང་མན་ངག་གིས་འགྲོ་ཕན་ཆེ་བར་མཛད། དབེན་གནས་ཐར་པ་གླིང་དུ་གཙོ་བོར་བཞུགས་པ་ན། པཎ་ཆེན་ཤཱཀྱ་ཤྲཱི་བྱོན་པ་མཇལ་ནས་ན་རོ་པའི་བརྟག་གཉིས་འགྲེལ་ཆེན་གསན་ཅིང་བསྒྱུར། དེའི་མན་ངག་ཀྱང་གསན་ཏེ་སྦྱོར་དྲུག་རིན་པོ་ཆེའི་སྒྲོམ་གྱི་ལྡེ་མིག་མཛད། སྦྱོར་དྲུག་རྡོ་རྗེ་ཚིག་གི་སྙིང་པོ་བསྡུས་པའང་བསྒྱུར། བདེ་དགྱེས་ཕག་མོ་གསང་འདུས་གཤེད་དམར་རྣམས་ཀྱི་ཞལ་གཟིགས། གླང་ལོ་སྟོན་འབྲིང་གི་ཚེས་དྲུག་ལ་གཤེགས་སོ། །དེ་ལ་དེ་ཉིད་ཀྱི་དབོན་པོ་དཔྱལ་ཨ་མོ་གྷས་སྦྱོར་དྲུག་གི་གདམས་པ་གསན་ཏེ་ཀུན་མཁྱེན་ཆོས་སྐུ་འོད་ཟེར་ལ་གནང་བ་ནས་རིམ་པར་བརྒྱུད་པ་བྱུང་ལ། ཡང་ཨ་མོ་གྷ་ནས། དཔལ་གཞོན་ནུ་ཡེ་ཤེས། ཐར་ལོ། བུ་སྟོན་ཞབས་ནས་རིམ་པར་བརྒྱུད་པ་བྱུང་ངོ་། །

དཔྱལ་ཆོས་བཟངས་ཀྱི་སློབ་མ་གཉལ་པ་རྒྱལ་པོ་ཞེས་པས་སྒྲོམ་ལྡེའི་འགྲེལ་པ་མཛད་དེ། རིམ་པར་བརྒྱུད་ནས། ཐམས་ཅད་མཁྱེན་པ་འགོས་ལོ་ཙཱ་བ། སྤྲུལ་པའི་སྐུ་ཞྭ་དམར་ཅོད་པན་འཛིན་པའི་ཞལ་སྔར་བདག་གིས་ནོད་དོ། །

ཆག་ལོ་ཙཱ་བ་དགྲ་བཅོམ་པ་ནི། ཆག་ཡོན་ཏན་རིན་ཆེན་གྱི་སྲས་ཆེ་བ།

ཤིང་ཕོ་ཁྲི་ལ་འཁྲུངས། གྲོ་ལུང་པ་ཆེན་པོའི་སློབ་མ་ཆག་རིན་ཚུལ་ལས་རབ་ཏུ་བྱུང་། ཉི་ཤུ་པ་ལ་མདོ་སྡེ་ཕྱུག་ཏུ་སྤྱོད་འདུལ་གྱི་བརྒྱུད་པ་མཁན་ཆེན་ཤུད་ཕུ་བ་དར་མ་བརྩོན་འགྲུས་ལས་བསྙེན་པར་རྫོགས། སྟེང་པ་ལོ་ཙྪ་བ་ལས་ལོ་ཙྪ་དང་དུས་འཁོར་བསླབས། བོད་དུ་བླ་མ་བཅོ་ལྔ་བསྟེན། ཆོས་ཕལ་ཆེ་བ་མཁྱེན། ཁ་སརྦ་ཛིས་ལུང་བསྟན་ནས་རྒྱ་གར་ལ་བྱོན། གནྡྷའི་འགྲམ་དུ་ཤི་སྐྱིད་ཀྱི་ཐག་པ་བྱུང་ཡང་བདེ་བར་རྡོ་རྗེ་གདན་དུ་བྱོན། ཉིན་རེ་བཞིན་གསེར་གྱིས་ཉོས་པའི་མེ་ཏོག་གི་ཕྲེང་བ་ཐུང་འཕྱོར་བས་མཧཱ་བོ་དྷིའི་སྐུ་མགོན་གཉིས་སུ་ངེས་པར་ཆགས། ཤཱཀྱ་ཤྲཱི། བུདྡྷ་ཤྲཱི། མཻ་ཏྲི་ཙནྡྲ། ནིཥྐ་ལངྐ། ཤཱི་ལཱ་ཀཱ་ར། ཨཱ་ནནྡཱ་ཀཱ་ར་གུཔྟ། དེ་ཝ་ཤྲཱི། ཀརྞ་ཊ་པ། ཨ་མོ་གྷ་སྟེ་པཎ་ཆེན་དགུའི་ཞབས་བསྟེན་པས་ཡོངས་སུ་རྫོགས་པའི་པཎྜི་ཏར་གྱུར། ཚད་པས་བསྡུང་བ་ན་སྒྲོལ་མས་དངོས་སུ་ཁྲུས་གསོལ་བས་དེངས་ཤིང་ཏིང་ངེ་འཛིན་གྱི་སྒོ་དུ་མ་འཁྲུངས། རྒྱ་གར་གྱི་རྟེན་རང་བྱུང་བརྒྱད་ཙམ་ཡང་གཟིགས། ནཱ་ལེནྡྲར་བདེ་མཆོག་གི་ཞལ་གཟིགས་ཏེ་ལྷན་ཅིག་སྐྱེས་པའི་ཡེ་ཤེས་མངོན་དུ་གྱུར། ཞེ་བདུན་པ་ལ་བལ་ཡུལ་ནས་པཎྜི་ཏ་བུདྡྷ་ཤྲཱི་གདན་དྲངས་ཏེ་ལྕགས་མོ་བྱ་ལ་ལོ་པཎ་གཉིས་ཀྱིས་ཆུ་མིག །མགུར་མོ། འཕན་ཡུལ་རྒྱལ། ལྷ་ས། ཐང་པོ་ཆེ་ལ་སོགས་པའི་གནས་རྣམས་སུ་བཞུགས་ཏེ་ཆོས་གསུངས། དེ་ནས་གཉལ་ལྟེའུ་རར་ཕེབས་ནས་མཁས་བཙུན་མང་པོ་ལ་རྒྱལ་བའི་ལམ་འཇུག །མངོན་རྟོགས་རྒྱན་པཎ་ཆེན་ཉིད་ཀྱི་འགྲེལ་པ་དང་བཅས་པ། དུས་འཁོར་གསང་འདུས་བདེ་དགྱེས་སོགས་གཞུང་གདམས་ངག་དང་བཅས་པ་པཎྜི་ཏ་རྒྱ་སྐད་དང་། ལོ་ཙྪ་བས་བོད་སྐད་དུ་གསུངས། པཎ་ཆེན་ལ་གསེར་སྲང་སུམ་བརྒྱ་གཙོས་པའི་འབུལ་ནོད་རྒྱ་ཆེན་པོ་མཛད་པས་ཤིན་ཏུ་དགྱེས། ཆུ་ཕོ་ཁྱིའི་སྟོན་གཉལ་ནས་སྟེང་ནས་པཎ་ཆེན་བལ་ཡུལ་དུ་མ་ཕེབས་བར་གྱི་ཞབས་ཏོག་མཛད་ཅིང་ཡར་ལམ་ཆུ་མིག་རིང་མོར

བསྟན་རྩིས་མཛད། ང་གསུམ་པ་ལ་པཎ་ཆེན་ཤཱཀྱ་ཤྲཱི་སྲིན་པོ་རི་ནས་བསུས་ཏེ་ཐང་པོ་ཆེ་དང་ལྷོ་ཙུ་ར་སོགས་སུ་གདན་དྲངས། པཎ་ཆེན་དེ་ཉིད་དང་། རཏྣ་ཤྲཱི་དང་། ཐམས་ཅད་མཁྱེན་པའི་དཔལ་བཟང་པོ་རྣམས་ལས་གཞུང་མང་པོའི་འགྱུར་མཛད། སྟོན་གཅིག་ཆོས་གོས་གསུམ་པ་དབུ་རག་ཞབས་རྗེན་རྡོ་རྗེའི་སྐྱིལ་ཀྲུང་སོགས་སྦྱངས་པའི་ཡོན་ཏན་དང་ལྡན། ཚུལ་ཁྲིམས་ཀྱི་དྲིང་དད་ཀྱིས་རྒྱང་རིང་པོར་ཁྱབ། པཎྜིཏ་ཛྙཱ་ཤྲཱི་སོགས་རྒྱ་གར་བའི་སློབ་མ་མཁས་པའང་མང་དུ་བྱུང་། རེ་བཞི་པ་མེ་མོ་གླང་ལ་ལྷོ་ཙུ་རར་སྤྲུལ་པའི་སྐུའི་བཀོད་པ་བསྡུས་སོ། །དེ་ཉིད་ལ་ཆག་ལོ་ཙཱ་བ་ཆོས་རྗེ་དཔལ་གྱིས་སྦྱོར་དྲུག་གི་ཁྲིད་གསན་ནོ། །

ཆོས་རྗེ་ས་སྐྱ་པཎྜི་ཏ་ནི། སྐྱེ་བ་ཉི་ཤུ་ལྔར་འཇམ་དཔལ་གྱི་རྗེས་སུ་བཟུང་བས་མཁྱེན་རབ་འབྱམས་ཀླུ་དང་བྲལ། བཅོ་ལྔ་པ་ལ་རྗེ་བཙུན་ཆེན་པོ་ལས་ཡབ་མེས་ཀྱི་ཆོས་ཐམས་ཅད་ཐུགས་སུ་ཆུད། མནལ་ལམ་དུ་དབྱིག་གཉེན་མཇལ་བས་མངོན་པ་བསླབ་མ་དགོས་པར་མཁྱེན། ཉེར་གསུམ་པ་ལ་ཆུ་མིག་རིང་མོར་པཎ་ཆེན་ཤཱཀྱ་ཤྲཱི་དང་མཇལ། པཎ་ཆེན་དབུས་སུ་བྱོན་གྱི་བར། བལ་པོ་སྒྷ་ཤྲཱི་དང་། སུ་ག་ཏ་ཤྲཱི་ས་སྐྱུར་སྤྱན་དྲངས་ནས་སྒྲ་ཚད་སྙན་ངག་སྡེབ་སྦྱོར་མངོན་བརྗོད་ཟློས་གར་སོགས་གསན་ཅིང་། སྔར་མ་འགྱུར་བའི་རྣལ་འབྱོར་གྱི་རྒྱུད་གསུམ་ལ་གཞི་འགྱུར་མཛད། པཎ་ཆེན་ཡར་ཕེབས་ནས། ཉེར་དགུ་པ་ལ་པཎ་ཆེན་གྱིས་མཁན་པོ། སྤྱི་བོ་ལྷས་པས་ལས་སློབ། དོན་མོ་རི་པས་གསང་སྟོན་མཛད་དེ་བསྙེན་པར་རྫོགས། པཎ་ཆེན་ལ་རྣམ་འགྲེལ་སོགས་བཀའ་ཆེན་བཞི། དུས་འཁོར་རྒྱུད་འགྲེལ་ཆ་ལག་དང་བཅས་པ། གསང་འདུས་འཕགས་སྐོར། ཡེ་ཤེས་ཞབས་ལུགས། བདེ་མཆོག་རྣམས་ཀྱི་དབང་གཞུང་བཤད་མན་ངག་དང་བཅས་པ། ཁྱད་པར་སྦྱོར་དྲུག་སྒྲོག་རྩོལ་སྟན་རྒྱུད་གསན།

ཡོངས་སུ་རྫོགས་པའི་པཎྜི་ཏར་གྱུར། ཡི་དམ་གྱི་ལྷ་མང་པོའི་ཞལ་གཟིགས། སྐྱི་རོང་དུ་འཕྲོག་བྱེད་དགའ་བོ་སོགས་མུ་སྟེགས་ཀྱི་སྟོན་པ་དྲུག་བཏུལ། མཁས་པའི་གྲགས་པས་འཕགས་ཡུལ་དང་རྒྱ་ནག་ཚུན་ཁྱབ། བསྟན་བཅོས་མང་དུ་བརྩམས་ཏེ་བསྟན་པ་ཆེས་གསལ་བར་མཛད། བོ་དོང་རིན་པོ་ཆེ་སོགས་གདུལ་བྱ་མང་པོ་ལ་འཇམ་པའི་དབྱངས་དངོས་སུ་བསྟན། གསང་བའི་གནས་བལྟར་མི་མངོན། དབུ་གཙུག་ཏོར་དང་ལྡན། མཛོད་སྤུ་དུང་ལྟར་འཁྱིལ། རི་གསུམ་པ་ལ་རྒྱལ་བུ་གོ་དན་གྱིས་གདན་དྲངས་ནས་གོང་དུ་བྱོན། སྤྲུལ་པའི་སྡེར་བཞུགས་ནས་རྒྱ་མཚོའི་མཐའ་ཚུན་ཐུབ་པའི་བསྟན་པས་ཁྱབ་པར་མཛད། རྗེ་བཙུན་གྲགས་པ། བི་རཱུ་པ། ནག་པོ་སྤྱོད་པ་གསུམ་གྱིས་མངོན་པར་དགའ་བའི་ཞིང་དུ་རྒྱལ་བ་དྲི་མ་མེད་པའི་དཔལ་ཞེས་སུ་འཚང་རྒྱ་བར་ལུང་བསྟན། བདུན་ཅུ་པ་ལ་ངོ་མཚར་བའི་ལྟས་དང་བཅས་ཏེ་གཤེགས་སོ། །དེ་སྒྲོག་རྩོལ་རྡོ་རྗེའི་སྙན་རྒྱུད་བརྒྱུད་པ་གཞོན་ནུ་སེང་གེ་ལ་གནང་། དེས་དོལ་པོ་ཡེ་ཤེས་མགོན་པོ། དེས་ཀུན་སྤངས་ཆེན་པོ་ལ་གནང་སྟེ། དེས་སྒྲོག་རྩོལ་གྱི་མན་ངག་འདི་ཉིད་ལ་གཙོ་བོར་མཛད་དོ། །

༄ དྲུག་པ་ཆག་ལུགས་ནི། རྗེ་སྒྲ་སྒྱུར་གྱི་རྒྱལ་པོ་ཆག་ལོ་ཙཱ་བ་ཆོས་རྗེ་དཔལ་ཞེས་གྲགས་པ་འདིས། རྒྱ་གར་གྱི་པཎ་ཆེན་རྣམས་ལ་གསན་པ་སྟེ། དེ་ནི་གཉལ་སྨད་ཆག་གྲོང་དུ་ཆག་ལོ་ཙཱ་བ་དགྲ་བཅོམ་པའི་གཅུང་པོ་སློབ་དཔོན་དར་མ་འབྱུང་གནས་དང་། ཡུམ་ངོ་རྗེ་མོ་ཆོས་འབུམ་སྐྱིད་ཀྱི་སྲས་སུ་ས་ཕོ་རྟ་ལ་འཁྲུངས། དབུ་གདུགས་ལྟར་མཛེས་པ། སྤྱན་མཐོན་མཐིང་། ཚེམས་དཀར་མཉམ་བཞི་བཅུ་ཚང་བ། ལྷགས་ཐབ་ཡངས། སྐུ་འཚམ་ཞིང་མཛེས་པ། ཚངས་པའི་དབྱངས་དང་ལྡན་པ། དགུང་ལོ་བདུན་ནས་ལྕེའུ་རར་ཁུ་བོ་ཆོས་རྗེ་ལོ་ཙཱ་བ་དགྲ་བཅོམ་པའི་དྲུང་དུ། རྒྱ་བོད་ཀྱི་ཡི་གེ་

འབྲི་གློག་དང་བེ་ཐཛ་དང་བཀས་བཅད་དང་། ཁྲི་ཐེག་བསླབས། བཅུ་གཅིག་ནས་ཉི་ཤུའི་བར་ཞབས་དྲུང་རྟག་ཏུ་བསྟེན། བཅུ་གསུམ་ལ་དགེ་བསྙེན། བཅོ་ལྔ་ལ་དགེ་ཚུལ་མཛད་ཅིང་། སྡོམ་འབྱུང་དང་ཀུན་རིག་གི་དབང་དང་སེམས་བསྐྱེད། ཕྱགས་མཚན་ཉིད་ཐེག་པ་ཆེ་ཆུང་གི་གདམས་པ་མང་པོ་དང་ཁྱད་པར་སྦྱོར་དྲུག་གསན། ལོ་ཙྪ་མཁས་པར་མཁྱེན། བཅུ་གཅིག་པ་ལ་པཎ་ཆེན་ཤཱཀྱ་ཤྲཱི་ལྷོའུ་རར་བྱོན་པ་ལ། སེམས་བསྐྱེད་རྡོ་རྗེ་རྣལ་འབྱོར་མའི་བྱིན་བརླབས་ལམ་རིམ་དང་། པཎ་ཆེན་ཐམས་ཅད་མཁྱེན་པའི་དཔལ་ལ་ཐུབ་པ་དགོངས་རྒྱན་གསན། བཅོ་ལྔ་པ་ལ་བཀྲ་ཤིས་ལྷུན་པོར་མི་གཡོ་བའི་ཞལ་གཟིགས། ཉི་ཤུ་པ་ལ་མོན་འགར་སྟོང་པོ་རྩའི་གཙུག་ལག་ཁང་དུ། ཆག་ལོ་གོང་མས་མཁན་པོ། དགེ་རྒྱས་པ་སྟག་འདུལ་བ་འཛིན་པས་ལས་སློབ། འགར་ལྷ་སྟེངས་པས་གསང་སྟོན་མཛད་དེ་བསྙེན་པར་རྫོགས། ཉེར་གཅིག་པ་ལ་ཆོས་རྗེ་གོང་མ་སྐྱུ་ཡལ་བའི་ཞལ་ཆེམས་ལྟར་རྡོ་རྗེ་གདན་མ་མཐོང་བར་དུ་ལྡོག་རི་ཞེས་དབུ་བསྟུང་བཞེས་ནས། བལ་ཡུལ་དུ་བྱོན། པཎ་ཆེན་རཏྣ་རཀྵི་ཏ་འཕགས་པ་ཤིང་ཀུན་ན་རྟེན་འགའི་རབ་གནས་མཛད་ཁར་ཕེབས་པ་མཇལ་ནས་ཁོང་དེ་ངོ་མཚར་ཆེ་གསུང་། དེར་ལོ་གཅིག་བཞུགས་ནས་ཁམས་པ་སྟོན་གྲགས་སོགས་དྲུག་དང་ལྷན་ཅིག་ཏུ། རྡོ་རྗེ་ཕྲེང་བ་ལ་སོགས་པའི་དབང་མང་པོ་དང་། བདེ་དགྱེས་གསང་གསུམ་སོགས་ཀྱི་གདམས་པ་གསན། ཉེར་གཉིས་པ་ལ་མངའ་རིས་དགྲ་བཅོམ། ལྷ་བཙུན་གུང་ཐང་པ་མགོན་པོ་དཔལ། འཛང་ཡོན་ཏན་ཤེས་རབ། ས་སྐྱ་པཎྜི་ཏ། ཁྲོ་ཕུ་ལོ་ཙྪ་བ། ཕྱང་སྟོད་ལོ་ཙྪ་བ། གོ་ལུང་པ་ནམ་མཁའ་རྒྱལ་མཚན། ཡོལ་སྟོན་པདྨ་རྒྱལ་མཚན། སྣར་ཐང་པ་གྲོ་ཆེན་པོ། མཆིམས་བློ་བརྟན། དགའ་བ་གདོང་པ་དབྱར་ཉི་མ། ཀོ་བྲག་པ། འཇང་པ་རིན་ཆེན་གྲགས། ཡོལ་བ་པ་ལ་སོགས་པའི་ཞལ་སྔར། ལོ་བཞིའི་བར་དུ་ཕྱགས

མཚན་ཉིད་ཐེག་པ་ཆེ་ཆུང་ཆོས་དཔག་ཏུ་མེད་པ་གསན། ཁྱད་པར་དུ་ཡོལ་སྟོན་པ་ལ་རྩིས་དང་སྦྱོར་དྲུག་དང་། ཇོ་ཆུང་ཟེང་སྒོམ་ལའང་སྦྱོར་དྲུག་གསན། ཉེར་ལྔ་པ་ལ་བལ་ཡུལ་དུ་བྱོན་ནས། ཧྨ་ཧླ་ཏུ་པི་ཧ་རར་པཎ་ཆེན་རྡོ་རྗེ་གདན་པ་རེ་ཝེནྡྲའི་སྤྱན་སྔར་ལོ་གཅིག་བཞུགས་ཏེ་འདུས་པ་དང་དུས་འཁོར་ལ་སོགས་པའི་དབང་བསྐུར་བཅུ་གསུམ་དང་། འདུས་པ་གཞི་སྐོར་བདེ་དགྱེས་དུས་འཁོར་སྒྱུ་ཐོད་གདན་བཞི་ཡོ་ག་སོགས་ཀྱི་གཞུང་བཤད་མན་ངག་གསན། ཉེར་དྲུག་པ་ལ་རྒྱ་གར་དུ་བྱོན། རྡོ་རྗེ་གདན་སོགས་གནས་ཆེན་རྣམས་མཇལ། ན་ལེནྡྲར་པཎ་ཆེན་གནས་བརྟན་རཏྣ་ཤྲཱི་ཧཱ་དྲ་གཙོ་བོར་བསྟེན་ནས། ཀ་ལྔ་པ་འདུལ་བ་ཏིང་འཛིན་རྒྱལ་པོ། དུས་འཁོར་བདེ་དགྱེས་གསང་འདུས་སོགས་གསན། མ་ག་དྷ་རྒྱལ་པོའི་ཁབ་ཏུ་པཎ་ཆེན་ཡ་ཤོ་མི་ཏྲ་ལ་སྒྲ་རྩིས་སྨན་དཔྱད། ཟློས་གར། གྲུབ་སྙིང་སྐོར་གསན། རྡོ་རྗེ་གདན་དུ་བསྐོར་བ་མཛད་པའི་སྐབས་སུ་རྒྱལ་བ་ཤཱཀྱ་ཐུབ་པའི་གཡས་གཡོན་དུ་བྱམས་པ་འཇམ་དབྱངས་བཞུགས་པའི་ཞལ་གཟིགས། དེ་གསུམ་ཞལ་འཛུམ་པའི་འོད་བཀྱེ་བས་ཕྱོགས་བཅུའི་སངས་རྒྱས་ཀྱི་ཞིང་དཔག་ཏུ་མེད་པ་གཟིགས། རྡོ་རྗེ་གདན་གྱི་ཤར་སྒོའི་འགྲམ་གྱི་ཀླུ་སྒྲུབ་ཀྱི་སྒོམ་ཁང་དུ་འཕགས་པ་ཡབ་སྲས་དང་བིརྺ་པས་དབང་བསྐུར་བྱིན་གྱིས་བརླབས། རྒྱ་གར་དུ་ལོ་གཉིས་བཞུགས་ནས། ཉེར་བརྒྱད་པ་ལ་ཏི་ར་ཧུ་ཏིར་བསྟན་དྲག་པོས་ཟིན་དུས་ཡེ་ཤེས་མགོན་པོ་ཕྱག་བཞི་པས་བོད་ཀྱི་རྗེ་སྲས་ཀྱི་རྣམ་པར་སྤྲུལ་ནས་བསྐྱང་གཡོག་བྱས་ཏེ་བསྟན་དེངས། དེ་ནས་བལ་ཡུལ་དུ་ཕེབས་ཏེ། པཎ་ཆེན་རེ་ཝེནྡྲ་པ་ལ་སྔར་གསན་པའི་དག་ཐེར་དང་སླར་ཡང་གཞུང་གདམས་ངག་མང་དུ་གསན། རཏྣ་ཎ་བི་ཧ་རར། བི་ཀྲ་མ་ཤཱི་ལའི་ཆོས་དཔོན་པཎ་ཆེན་ཛེ་ན་རཀྵི་ཏ་དང་། ཐཾ་བི་ཧ་རར་བི་ཧཱུ་ཏི་ཙནྡྲ་དང་། མ་ཧེ་ཀཱ་ཤྲཱི་རཏྣ་དང་། ཧྨ་ཤྲཱི་དང་། མ་ནོ་ར་ཐ་གུཔྟ་དང་། གཽ་ཏ་མ་ཤྲཱི་རཏྣ

ན་རྣམས་ལས། རིག་པའི་གནས་ལྔ་སྡེ་སྦྱོར་གསུམ་རྒྱུད་སྡེ་བཞིའི་གཞུང་བཤད་དབང་གདམས་ངག་མང་དུ་གསན། ཁྱད་པར་དུ་ཛོན་རཀྵི་ཏ་ལ་དུས་འཁོར་རྒྱུད་འགྲེལ་གསན་ཅིང་འགྱུར་ཡང་མཛད། པེ་ཧྲཱུ་ཏི་ལ་རྒྱུད་བཤད་དང་། ལྷག་པར་ཤ་ཝ་རི་ལུགས་ཀྱི་སྦྱོར་དྲུག་གསན། སོ་གསུམ་པ་ལ་མང་ཡུལ་གུང་ཐང་དུ་ནག་ཚོའི་གདན་ས་ཡང་ཐོག་དང་། ཤ་རི་མ་ན་ད་སོགས་མ་དང་འདྲ་བའི་བུ་བཞི་ལ་སོགས་པ་གནས་བཞི་བརྒྱ་དང་བཅུ་ཐམ་པ་རྣམས་སུ་ལོ་བཞི་བཞུགས། གློ་བོ་ལོ་ཙཱ་བ་དང་གཡག་སྡེ་ལོ་ཙཱ་བ་དང་། གོ་ལུང་པ་མདོ་སྡེ་དཔལ་རྒྱལ་མཚན་དང་། གཡུང་ཕུག་པ་མདོ་སྡེ་དཔལ་རྒྱལ་མཚན་དགེ་བ་སོགས་སྡེ་སྣོད་འཛིན་པ་མང་པོ་ལ། འཕགས་སྐོར་བདེ་དགྱེས་དུས་འཁོར་གཤེད་སྐོར་སོགས་གནང་། ས་སྐྱ་པཎྜི་ཏས་རྗེ་འདིའི་མཚན་བརྗོད་འགྲེལ་པ་བདུད་རྩི་ཐིགས་པའི་གཞི་འགྱུར་གཟིགས་པས་ཤིན་ཏུ་མཉེས་ཏེ། ལོ་ཙཱ་བ་རིན་ཆེན་བཟང་པོའི་རྗེས་ལ་ཁྱེད་ལས་མཁས་པ་མ་བྱུང་ངེས་པ་ཡིན། ང་ཡང་རྒྱ་གར་དུ་མ་བཏང་བས་ཡབ་མེས་གོང་མ་རྣམས་སྐུ་དྲིན་ཆེ་ལ་ཆུང་དུ་བྱུང་གསུང་ནས་རྣམ་པ་ཀུན་ཏུ་བསྔགས་པ་ཆེར་མཛད་པས་མཁས་པའི་གྲགས་པས་ཧོར་ཡུལ་ཀུན་ཁྱབ། འཕགས་པ་རིན་པོ་ཆེས་ཀྱང་རིག་པའི་གནས་འགའ་ཞིག་གསན། སོ་བདུན་པ་ལ་ལམ་དུའང་དགེ་བའི་བཤེས་གཉེན་དང་སློབ་མ་མང་པོའི་དོན་མཛད་ཅིང་ལྷོའུ་རར་ཕེབས། ཕར་ཕྱིན་ཨ་བྷ་ཡ་ལུགས་དང་སྤྱོད་ཕྱོགས་དང་། ཏིང་ངེ་འཛིན་རྒྱལ་པོ་དང་། འཕགས་སྐོར་བདེ་དགྱེས་རྣམས་དུས་ཆོས་སུ་གནང་ཞིང་། གཞན་ཡང་དུས་འཁོར་སོགས་བཤད་གྲྭ་དང་། དགོན་གདང་ཞེས་པར་ཐུགས་དམ་སྐྱོང་ཞིང་། རིམ་ལྔ་དང་སྦྱོར་དྲུག་གི་ཁྲིད་གྲྭ་བཙུགས། གཞི་འགྱུར་དང་འགྱུར་བཅོས་མང་པོ་མཛད་དེ་འགྲོ་ཕན་ཆེ་བར་མཛད་དོ།།

དེ་ནས་ལོ་གཉིས་ན་ཁྲ་འབྲུག་ཏུ་ཆོས་འཁོར་བསྐོར་ཏེ་མཁས་བཙུན་དཔག་མེད་འདུས།

དེ་ནས་བསམ་ཡས་སུ། ལྷ་བཀྲ་ཤིས་ལྷེས་སྦྱིན་བདག་བྱས་ཆོས་འཁོར་བསྐོར། ལྷ་སར་ཇོ་བོ་རིན་པོ་ཆེ་ལ་དཀར་མེ་གསེར་ཆབ་འབུལ་བ་ལ་ཐེགས་པའི་ལམ་དུ་པཎ་ཆེན་དྷ་ན་ཤྲཱི་ལ་ཡར་ཀླུངས་སྣུག་ཚལ་དུ་མཇལ་བས་ཁྱེད་རྒྱ་གར་དུ་ཕྱིན་པས་མཁས་པ་ཆེན་པོའི་ཆེན་པོར་འདུག །ང་བོད་དུ་བསྡད་པས་བ་ལང་དུ་སོང་ཞེས་བསྟགས་པ་མཛད། ཆོས་ཀྱི་རྒྱལ་པོ་འཕགས་པ་དང་། ཧོར་རྒྱལ་པོ་གོ་པེ་ལ་ཡོན་མཆོད་ཀྱིས་དཔོན་ཤེ་ཤ་ཐ་སྤྱན་འདྲེན་དུ་བཏང་བྱུང་ནའང་མ་བྱོན། སླར་ལྷེའུ་རར་བཞུགས་པའི་སྐབས་སུ། དཔོན་ཨེ་ལེ་ཐ་གན་དང་འཇུར་ན་གཉིས་ལ་འཇའ་ས་བསྐུར་ནས་སྤྱན་འདྲེན་དུ་བྱུང་བས་བྱང་སྟེང་འབྲུམ་བར་དུ་བྱོན། དེ་ནས་ཞབས་བསྟུང་སྟེ། དཔོན་ཟིན་ཤེས་རབ་སྐྱབས་ལ་རྣམ་ཐར་ཡི་གེར་བཀོད་ནས་གནང་ནས་གཞལ་དུ་བྱོན། ཉེ་གནས་གཞོན་ནུ་རྒྱལ་མཚན་གོང་དུ་བཏང་བ་ལ་འཇའ་ས་དངུལ་ཡིག་སྤྱིལ་བ་དང་བཅས་པ་གནང་། ང་ལྔ་པ་ལ་བཀྲ་ཤིས་སྒོ་མངས་ཞེས་པ་བཏབ། དེར་རིམ་ལྔ་དང་སྦྱོར་དྲུག་གི་སྒྲུབ་གྲྭ་བཙུགས་པས་ཐུགས་དམ་སྒོམ་སྙེར་གྲགས། རེ་གཅིག་པ་ལ་ཐང་པོ་ཆེར་བཅོམ་ལྡན་འདས་རལ་གྲིས་ཐོག་དྲངས་མཁས་བཙུན་མང་པོ་ལ་འཕགས་སྐོར་སོགས་སྟགས་མཚན་ཉིད་ཀྱི་ཆོས་མང་དུ་གསུངས། ཐང་དུ་བླ་བྲང་བརྩིགས། ཁྱིང་ཨོ་དཀར་བྲག་ཏུའང་ཐུགས་དམ་མཛད། གདན་ས་ཐེལ་དུ་བཅུ་གཉིས་རིན་པོ་ཆེས་སྤྱན་དྲངས་བཀུར་བསྟི་ཆེར་མཛད། རལ་གྱད་དུའང་ཆོས་གསུངས། ཡར་ཀླུངས་སུ་ལོ་ལྔ་བཞུགས། དེའི་ཚེ་ཧོར་རྒྱལ་པོ་ཡོན་མཆོད་ཀྱི་བཀའ་ལུང་བཞིན་ཆུ་མོ་ཕག་ལོ་ལ་ཆུ་མིག་ཏུ་ཆོས་འཁོར་བཙུགས་པའི་ཚོགས་དཔོན་ལ་གདན་འདྲེན་བྱུང་བས་ཐེགས། བཅོམ་ལྡན་རིགས་པའི་རལ་གྲི། ཆུ་མིག་པ་ཆེན་པོ། ཤར་པ་རྡོ་རྗེ་འོད་ཟེར། ཡེ་ཤེས་རྒྱལ་མཚན། དུས་འཁོར་བ་ཡེ་ཤེས་རིན་ཆེན་སོགས་དགེ་བའི་བཤེས་གཉེན་ཁྲི་ཕྲག་མང་པོ་ལ་སོ་

སོའི་སྐལ་བ་བཞིན་ཆོས་གསུངས། ཆོས་རྒྱལ་འཕགས་པའི་བཀའ་བཞིན་དཔོན་ཆེན་ཤཱཀྱ་བཟང་པོས་ས་སྐྱར་གདན་དྲངས། ཚོགས་དྲུང་བཏང་སྟེ་དགེ་འདུན་འདུས་པ་རྒྱ་མཚོ་ལ་ཆོས་གསུངས། དུས་འཁོར་རྒྱུད་འགྲེལ་གྱི་བཤད་པ་ཡང་གནང་། རེ་བདུན་པ་ལ་ལྷེའུ་རར་ཕེབས་ནས་མཁས་བཙུན་དཔག་མེད་འདུས་པ་ལ་ཆོས་འཁོར་ཟླ་མེད་པ་བསྐོར། བྲིན་ལྷས་སུ་ཤངས་པ་རྩལ་ཤེས་གཙོས་པའི་རྡོ་རྗེ་སློབ་མ་མང་པོ་ལ་རྡོ་རྗེ་ཕྲེང་བའི་དབང་གནང་། ཤིང་ཕོ་བྱི་བ་ལོའི་མགོའི་ཟླ་བའི་ཚེས་དགུའི་ཉིན་ཁྲོ་བོ་བཅུའི་ཞལ་གཟིགས། ཚེས་བཅུའི་ཉིན་ས་གཡོ་བ་དང་བཅས་པའི་ཚོ་འཕྲུལ་བསྟན་ཏེ་ཞི་བར་གཤེགས། བླ་བྲང་གི་སྟེང་དུ་འཇའ་ཁ་དོག་ལྔ་པ་རྣམ་པར་བཀྲ་བ་ཀུན་གྱིས་མཐོང་། ལྷའི་སྒྲོས་དང་སིལ་སྙན་འཁྲོལ་བ་བྱུང་ཞིང་། རྒྱལ་ཟླའི་ཚེས་བཅོ་ལྔ་ལ་གདུང་ཞུ་བས་དུ་བའི་རྩེ་ལ་འཇའ་གདུགས་ཕུབ་པ་ལྷ་བུ་ནུབ་ཕྱོགས་ལ་འགྲོ་བ་བྱུང་། ལྷའི་མེ་ཏོག་དཀར་པོ་དཀར་ཡོལ་ལྷ་བུའི་ཆར་བབ། ཞག་གསུམ་གྱི་བར་དུ་ཆབ་རོམ་ཐམས་ཅད་ཞུ། གདུང་ལས་དཔལ་གཤིན་རྗེ་གཤེད་དམར་པོ་དང་། རིགས་ལྔའི་ཕྱག་མཚན་སོགས་བྱོན། དགེ་བཤེས་གྲུར་དང་སྟོན་པ་ཆོས་སྐྱབས་གཉིས་བལ་པོར་བཏང་སྟེ། བལ་པོའི་བཟོ་བོ་ཉང་རོ་ཧེ་ཞེས་པས་ནང་རྟེན་བྱང་ཆུབ་ཆེན་པོ་བཞེངས་ནས་གདན་དྲངས། ལྷེའུ་རའི་གཙུག་ལག་ཁང་དུ་བཞུགས་སུ་བཙུག །ཕྱི་རྟེན་མཆོད་རྟེན་བཞེངས་ཏེ་ཆར་ཆེ་ལོ་ལེགས་པས་བཀྲ་ཤིས་ཆར་འབེབས་སུ་གྲགས། བཅོམ་ལྡན་རིགས་རལ་གྱིས་དུས་འཁོར་འདི་ན། ཟླ་བ་ཤར་དུ་འགྲོ་བ་དང་། རྒྱ་ནག་བོད་ཀྱི་བྱང་ན་ཡོད་པ་སོགས་དངོས་སུམ་དང་འགལ་བ་མང་དུ་ཡོད་ཅེས་སྨྲ་བ་ལ། ཕྱིས་ཆོས་རྗེ་ལོ་ཙཱ་བ་ལ་རྒྱུད་འགྲེལ་གསན་པས་མཆོག་ཏུ་དུས་འཁོར་ལ་མོས་ཤིང་མཁས་པར་གྱུར། སློབ་མའི་ཚོགས་ལའང་ལན་དུ་མར་གསུངས། གོ་ལུང་པ་མདོ་སྡེ་དཔལ་རྒྱལ་མཚན་གྱིས

ཆོས་རྗེ་མངའ་རིས་ན་བཞུགས་པའི་སྐབས་སུ་དབང་རྒྱུད་འགྲེལ་མན་ངག་དང་བཅས་པ་གསན་ཅིང་སྦྱངས། རྩིས་ལ་ཤིན་ཏུ་མཁས། སྨད་མར་ཤོང་ལོ་སྐྱ་མཆེད། གོ་ལུང་པ་གཞོན་ནུ་དཔལ། གྲུབ་ཆེན་ཨོ་རྒྱན་པ་སོགས་ལ་གསུངས་སོ། །

ལོ་ཙཱ་བ་ཆེན་པོའི་ཐུགས་སྲས་མཁན་ཆེན་གཙང་པ་ནི་གཙང་ནགས་ཕུག་པ། མཚན་དབང་ཕྱུག་ཤེས་རབ། ནགས་ཕུག་པ་ཆེན་པོ་དང་། ཁྱད་པར་དུ་ལོ་ཙཱ་བ་འདི་ཉིད་ཀྱི་ཞབས་ལ་གཏུགས་པས། སྒྲ་ཚད་དང་སྡེ་སྣོད་མཐའ་དག་ལ་མཁས། རྒྱུད་སྡེ་རྒྱ་མཚོ་ལ་དབང་འབྱོར། དུས་འཁོར་གྱི་དབང་རྒྱུད་བཤད་མན་ངག་རྣམས་ཀུང་གསན་ཅིང་མཁས་པར་མཁྱེན། ཚག་ལོ་ལས་བསྙེན་པར་རྫོགས། ཚུལ་ཁྲིམས་ཀྱི་དྲིས་ཀུན་ཏུ་ཁྱབ། ལོ་ཙཱ་བའི་གདན་སར་བཞུགས་ཏེ་ཕྲིན་ལས་བསྐྱངས་སོ། །

དེ་ལ་ཚག་ལོའི་དཔོན་པོ་བསྟན་འཛིན་དཔལ་བཟང་པོས་གསན་ཏེ། དེ་ནི་ཚག་ལོའི་གཙུང་སློབ་དཔོན་ཇོ་ཡེས་ཀྱི་སྲས་སུ་འཁྲུངས། མཁན་ཆེན་གཙང་པ་ལས་བསྙེན་པར་རྫོགས། ཚག་ལུགས་ཀྱི་ཆོས་རྣམས་མཁས་པར་མཁྱེན། གྲུབ་ཆེན་ཨོ་རྒྱན་པ་ལ་ཡང་དུས་འཁོར་རྒྱུད་བཤད་དབང་མན་ངག་དང་བཅས་པ་གསན། ལྷེའུ་རའི་གདན་སར་འགྲོ་ཕན་ཆེར་མཛད་དོ། །དེ་ནས་དེ་ཉིད་ཀྱི་དཔོན་པོ་ཚག་རིན་ཆེན་འབྱུང་གནས་དཔལ་བཟང་པོ། རྗེ་བཙུན་དཔལ་ཆེན་བཟང་པོ། ཆོས་རྗེ་ཡེ་ཤེས་དཔལ་བཟང་པོ་ཡབ་སྲས་ཏེ་རྒྱུད་འགྲེལ་གྱི་ལུང་རྒྱུད་དོ། །ཚག་ལོ། ཤངས་པ་ཚུལ་ཤེ །བླ་བྲང་པ་གཞོན་ནུ་རྒྱལ་མཚན། བླ་བྲང་པ་བློ་གྲོས་དཔལ། བླ་བྲང་པ་བཟང་པོ་དཔལ། དཔལ་ཆེན་བཟང་པོ། ཡེ་ཤེས་དཔལ་བཟང་པོ་སྟེ་དབང་རྒྱུད་དོ། །ཚག་ལོ། གྲུམ་སྟོན་ཤེས་རབ་དཔལ། གྲུབ་ཐོབ་ལེགས་ལྡན་འོད། དཔལ་ཆེན་བཟང་པོ། ཡེ་ཤེས་དཔལ་བཟང་པོ་སྟེ་ཁྲིད་ཀྱི་བརྒྱུད་པའོ། །ཡང་ཚག་ལོ། བླ་བྲང་པ་ཆེན་པོ། བླ་བྲང་པ་བློ་གྲོས

དཔལ། བླ་བྲང་པ་བཟང་པོ་དཔལ། དཔལ་ཆེན་བཟང་པོ། ཡེ་ཤེས་དཔལ་བཟང་པོ། རྒྱལ་སྲས་བློ་བཟང་དཔལ་འབྱོར་བ་སྟེ་མཚན་བརྗོད་ཀྱི་འགྲེལ་པ་བདུད་རྩི་ཐིགས་པའི་བརྒྱུད་པའོ།། །།

༄། བདུན་པ་ཤ་ཝ་རི་དབང་ཕྱུག་གི་མན་ངག་ལུགས་ཁྱད་པར་དུ་བཤད་པ་ལ། རྗོ་རྗེ་འཆང་ངམ་སྤྱན་རས་གཟིགས་ལ་གྲུབ་ཆེན་ཤ་ཝ་རི་དབང་ཕྱུག་གིས་གསན་ཏེ། འདི་ནི་གྲོང་ཁྱེར་ཏེ་ཏེའི་གར་མཁན་ལོ་གི་དང་གུ་ན་གཉིས་ཀྱི་བུ་ཚ་རིགས་ངན་གླུ་གར་གྱིས་འཚོ་བའི་མིང་སྲིང་གསུམ་ཡོད་པ། སློབ་དཔོན་ཀླུ་སྒྲུབ་ཧྲི་ག་ལའི་རི་བོ་ན་བཞུགས་པ་ལ་སློང་དུ་ཕྱིན་པས། རིགས་ངན་ལ་རྣམ་རྟོག་མ་མཛད་པར་ནང་དུ་བོས་ཁ་ཟས་མང་པོ་བྱིན་པ་དང་དད་པ་ཐོབ་སྟེ་བྱང་སེམས་བློ་གྲོས་རིན་ཆེན་གྱི་སྐུའི་རས་བྲིས་མཐོང་ནས། འདི་ཅི་ལགས་ཞུས་པས། བྱང་སེམས་ལྷའི་བུ་ཐ་མལ་པས་མི་མཐོང་བ་ཞིག་ཡིན་གསུངས། བདག་ཅག་ལ་བསྟན་པར་ཞུ་ཞུས་པས། སྤྱི་གཙུག་ན་ཡོད་ཀྱིས་ལྟོས་གསུང་། དེ་མཐོང་བའི་མིག་གཅིག་ཞུ་ཞུས་པས། འཁོར་ལོ་སྡོམ་པའི་དཀྱིལ་འཁོར་དུ་བཙུག་ནས་དབང་བསྐུར་རྒྱུད་བཤད་གདམས་པ་གནང་། དེ་དག་གིས་ཀྱང་ཉམས་སུ་བླངས་པས་རྒྱུད་དག་ནས་བྱང་སེམས་ཀྱི་ཞལ་མཐོང་སྟེ། བྲམ་ཟེ་ཆེན་པོའི་དོ་ཧ་གླུར་བླངས་ནས་གར་བྱས་མཆོད་པ་ཕུལ་བས། ཁྱོད་ཀྱིས་དེའི་དོན་ཤེས་སམ་གསུངས། མི་ཤེས་པས་ཞུ་ཞུས་པས། རྒྱུད་བྱིན་གྱིས་བརླབས་ཏེ་དོ་ཧའི་སྙིང་པོ་དོན་གྱི་དགོངས་པ་བསྟན་པས་དེ་ཉིད་དུ་དེ་ཁོ་ན་ཉིད་ཀྱི་རྟོགས་པ་ཐོབ་བོ། །དེར་བྱང་ཆུབ་སེམས་དཔས་རིགས་ཀྱི་བུ་ཁྱོད་ལྷོ་ཕྱོགས་ལྷོང་ངར་གྱི་སྟོན་པ་ཤ་ཝ་རི་དབང་ཕྱུག་བྱ་བ་ཡིན་པས། འདིར་མ་སྡོད་པར་རྫོན་པའི་ཆས་སུ་ཞུགས་ལ་ལྷོ་ཕྱོགས་དཔལ་གྱི་རི། སེམས་ངལ་བསོ་བའི་རི། ཡིད་ཕམ་པར་བྱེད་པའི་རི་ལ་སོང་ས་ལ་དབང་པོ་ཡང་རབ

རྣམས་ཀྱི་དོན་གྱིས་ཤིག་ཅེས་ལུང་བསྟན་པ་བཞིན། དེ་རྣམས་ཀྱིས་ཀྱང་དེ་བཞིན་དུ་བྱས་པས་ཕྱག་རྒྱ་ཆེན་པོ་མཆོག་གི་དངོས་གྲུབ་བརྙེས་ཏེ་དེང་སང་གི་བར་དུ་ཡང་བཞུགས་སོ། །འདིས། མ་རིག་མུན་པའི་ནགས་ཚལ་དུ། །གཟུང་འཛིན་གཉིས་ཀྱི་རི་དྭགས་རྒྱུ། །ཐབས་ཤེས་གཉིས་ཀྱི་གཞུ་བརྡུངས་ནས། །སྙིང་པོ་དོན་གྱི་མདའ་ཞིག་འཕངས། །འཆི་ནི་རྣམ་པར་རྟོག་པ་འཆི། །ཤ་ནི་གཉིས་སུ་མེད་པར་ཟོས། །རོ་ནི་བདེ་བ་ཆེན་པོར་མྱོང་། །འབྲས་བུ་ཕྱག་རྒྱ་ཆེན་པོ་ཐོབ། །ཅེས་གླུ་བླངས་སོ། །འདི་ལ་བླ་མ་རྡོ་རྗེ་གདན་པས་ཀྱང་། གར་མཁན་དཔལ་གྱི་རི་ལ་བཞུགས། །ཡུམ་སྲིང་གཉིས་ཀྱིས་དངོས་གྲུབ་བརྙེས། །ཤ་ཝ་རི་ཞེས་བྱ་བ་ཡི། །བླ་མ་དེ་ལ་ཕྱག་འཚལ་ལོ། །ཞེས་བསྟོད་དོ། །དེ་ལ་པཎ་ཆེན་བི་བྷཱུ་ཏི་ཙནྡྲས་གསན་ཏེ། དེ་ནི་རྒྱ་གར་ཤར་ཕྱོགས་བ་རེནྡྲ་པ། སྒོམ་ཛ་གདྡ་ལ་བ་ཡིན། རིགས་རྒྱལ་རིགས་མང་པོས་བཀུར་བའི་སྡེ་ལས་རབ་ཏུ་བྱུང་། རིག་པའི་གནས་ལྔ་མཁྱེན། ཐེག་པ་ཆེ་ཆུང་གི་ཆོས་མ་ལུས་པ་ལ་སྦྱངས། ཁྱད་པར་དུ་གསང་སྔགས་ལ་མཁས། བི་བྷཱུ་ཏ་དེ་བ་དང་། ཤཱཀྱ་ཤྲཱི་དང་། ཆོས་འབངས་ལས་དུས་འཁོར་གྱི་དབང་རྒྱུད་བཤད་མན་ངག་དང་བཅས་པ་གསན་ཅིང་མཁས་པར་མཁྱེན་ནས་རྒྱུད་འགྲེལ་གྱི་མཆན་མཛད། ཐོག་མར་འཛམ་དབྱངས་དང་། ཕྱིས་བདེ་མཆོག་དང་དུས་འཁོར་ལ་སོགས་པ་ཡི་དམ་གྱི་ལྷ་མང་པོའི་ཞལ་མཐོང་། ཤཱཀྱ་ཤྲཱིའི་ཕྱག་ཕྱིར་བོད་དུ་བྱོན། སྲིན་པོ་རིར་བདེ་མཆོག་གི་སྐུ་བཞེངས། རྒྱ་གར་དུ་ཐེགས་ནས་སླར་ཡང་བོད་དུ་ཕེབས། སྡོམ་གསུམ་འོད་ཕྲེང་མཛད། བོད་སྐད་ལ་ཤིན་ཏུ་བྱང་བས་འབྲིང་མཚམས་རྒྱ་བཏགས་གནས་སུ་ཉི་མ་དཔལ་ཡེ་ཤེས་ཀྱི་བརྗེད་བྱང་ལ་སོགས་པ་རང་འགྱུར་མང་པོ་བསྒྱུར། འགྲོ་ཕན་ཆེ་བར་མཛད་ནས་བལ་པོར་བྱོན་ཏེ། ཡམ་བུའི་སྤྱཾ་བི་ཧ་ར་ཀ་བའི་གཙུག་ལག་ཁང་ན་བཞུགས་པའི་ཚེ། རྒྱ་གར་གྱི་རྣལ་འབྱོར་པ་རྣ་བ

ལ་ཀྲིཥྞ་ས་རིའི་རྣ་དུང་བཙུག་པ། དེའི་ལྷགས་པའི་སྐད་དཀྲིས་ཅན་རས་ཀྱི་འགའ་ཕྱིར་བརྣབས་པ་ཡང་ཆོ་དར་ལ་བབ་པ་ཞིག་བྱོན་ནས། འདིར་ཞག་འགའ་སྡོད་པ་ཡིན་གསུང་། དེར་སྒྲ་སློབ་པའི་ཁྲང་ཁང་ཞིག་ཏུ་བཞུགས་སུ་བཅུག་པས། སྒྲ་སློབ་པ་ལ་དེ་རྣམས་ན་རེ། རྒྱལ་འབྱོར་པ་འདི་ངོ་མཚར་ཅན་ཞིག་གདའོ་ཟེར་བས་བླ་མས་སྤྱན་དྲངས་ཏེ། ཆོས་ཀྱི་གསུང་གླེང་བྱས་པས། གང་དྲིས་པ་ཐམས་ཅད་ཐོགས་པ་མེད་པར་བྱུང་བས། ཤ་ཝ་རི་ཡིན་པར་དགོངས་ཏེ་ཡིན་ནམ་ཞུས་པས་ཡིན་གསུང་བ་དང་། ཚོགས་ཀྱི་འཁོར་ལོ་དང་མཇལ་ཕྱུལ་ཏེ། མདོ་རྒྱུད་ཐམས་ཅད་ཀྱི་བཅུད་བསྡུས་པའི་སྙིང་པོ་ཞིག་ཞུ་ཞེས་གསོལ་བས། སྦྱོར་བ་ཡན་ལག་དྲུག་གི་མན་ངག་འདི་གནང་ནས་ང་འགྲོ་གསུང་། གར་གཤེགས་ཞུས་པས། ནུབ་ཕྱོགས་ཁ་ཆེར་འགྲོ་ལས་ཅན་གྱི་གདུལ་བྱ་ཡོད། དེ་ནས་དཔལ་གྱི་རི་ལ་འགྲོ་གསུང་ནས་གཤེགས་ཏེ། ལར་སྤྲཾ་བི་ཏ་རར་ཞག་ཉི་ཤུ་རྩ་གཉིས་བཞུགས་སྐད་དོ། །པཎ་ཆེན་གྱིས་ཀྱང་བསྒོམས་པས་དངོས་གྲུབ་བརྙེས་ནས་གཞུང་ཆུང་ཡི་གེར་བཏབ། ངའི་དུས་འཁོར་བཤད་བཀའ་དང་ཁྱད་པར་མན་ངག་གི་བཀའ་འདི་དར་བ་ཞིག་བྱ། ལྷག་པར་བོད་དུ་ཕན་ཐོགས་ཆེ་བར་འོང་བ་དགོངས་ནས། བོད་ཀྱི་བྱ་བྲལ་བ་རྣམས་ལ། བོད་ན་དགེ་བའི་བཤེས་གཉེན་སུ་ཆེ་དྲིས་པས། ཀོ་བྲག་པ་གྲགས་པ་ཆེ་བར་གསན་ནས། ཀོ་བྲག་པ་ལ། ངས་བོད་ན་དགེ་བའི་བཤེས་གཉེན་སྣན་པ་དང་གྲགས་པ་སུ་ཆེ་མཉན་ཅིང་དྲིས་པས་ཀོ་བྲག་པ་ཁྱེད་གྲུབ་ཐོབ་ཀྱི་གྲགས་པ་ཆེ་བར་འདུག །ངེད་ལ་དུས་ཀྱི་འཁོར་ལོའི་དབང་བཤད། ཁྱད་པར་མན་ངག་གི་བཀའ་མཆོག་ཏུ་གྱུར་པ་ཡོད་པས་སྤྱན་གྱིས་ཁྱེད་བལ་པོར་ཐག་རིང་བ་ལ་མ་གཅོག་པར་ཤོག་འགྲོ་ཕན་ཆེར་འགྱུར་གསུང་བའི་གསུང་ཤོག་དང་། དེའི་རྟེན་དུ་ཐུབ་པའི་རྡོ་སྐུ་མཛད་པ་བརྒྱད་ཀྱིས་བསྐོར་བ་གཅིག །བལ་པོ་ལུགས་ཀྱི་ཟ་འོག

ཡུག་གཅིག །ཀ་རའི་གླིང་པོ་ཆེ་གཅིག་རྣམས་པཎ་ཆུང་གཅིག་ལ་བཀུར་ཏེ་ཀོ་བྲག་པ་གླིང་གོར་ན་བཞུགས་པའི་སར་སྐྱེལ་དུ་བཏང་བྱུང་བས། ཀོ་བྲག་པས། བླ་མ་པཎ་ཆེན་གྱི་གསུང་ཤོག་གནང་སྦྱིན་དང་བཅས་པ་ཐུགས་ལ་བཏགས། ངེད་གཅིག་པུ་བལ་པོར་འོངས་པས་སེམས་ཅན་ལ་ཕན་ཐོགས་ཆེ་རྒྱུ་མི་མཆི། བླ་མ་པཎ་ཆེན་ཉིད་བོད་དུ་བྱོན་ན། དགེ་བའི་བཤེས་གཉེན་གཞན་ཕན་ཅན་མང་པོ་ལ་ཕན་ཐོགས་ཆེ་བར་མཆི་བས། ཅིས་ཀྱང་བོད་དུ་འབྱོན་པ་གཅིག་ཐུགས་ལ་འདོགས་པར་ཞུ་ཞེས་པའི་ཞུ་ཡིག་དང་། ཡི་གེའི་རྟེན་དུ་པཎ་ཆེན་ལ་བེར་ཐུལ་བཟང་བ་གཅིག །པཎ་ཆུང་རྣམས་ལ་བོད་ཀྱི་ན་བཟའ་བཟང་བ་རེ་རེ། ཚུར་ལ་འབྱོན་པའི་ཆས་ཀ་དང་བཅས་པ་མི་བདུན་ལ་བཀུར་ཏེ་པཎ་ཆེན་གདན་འདྲེན་དུ་སྦྲཾ་པི་ཏ་རར་བཏང་ངོ་། །དེ་ནས་པཎ་ཆེན་འབྱོན་གྱི་ཡོད་ཅེས་པའི་གཏམ་སྙེབ་བྱུང་པ་དང་། ཀོ་བྲག་པས་སྐྱི་རོང་ཐུག་བསུ་བ་ལ་བྱོན། ཕྱོགས་ཐམས་ཅད་དུའང་པཎ་ཆེན་འབྱོན་གྱི་ཡོད་ཅེས་པའི་གྲགས་པ་སྒྲོག་ཏུ་བཏང་། པཎ་ཆེན་གླིང་གོར་དུ་ཕེབས་པ་དང་། བོད་ཀྱི་དགེ་བའི་བཤེས་གཉེན་མང་པོ་ཡང་འདུས། དེ་རྣམས་ལ་དུས་འཁོར་གྱི་དབང་རྒྱུད་བཤད་ཁྲིད་དང་བཅས་པ་གནང་། ཁྱད་པར་དུ་ཀོ་བྲག་པ། དཔྱལ་ཨ་མོ་གྷ། ཉག་པོ་ཆོས་ལྡན། ལྷོ་པ་ཚུལ་གཞོན། ཆར་སྟོན་གཡང་འབར། གཡུང་ཤུག་པ་རྒྱལ་མཚན་དགེ་བ། གཉལ་པ་མི་མཉམ་བཟང་པོ་སྟེ་སློབ་མ་དམ་པ་བདུན་ལ་སྦྱོར་དྲུག་གི་གདམས་པ་རྫོགས་པར་གནང་། མི་མཉམ་བཟང་པོས་དཔེ་མེད་འཚོའི་སྦྱོར་དྲུག་བསྒྱུར། གླིང་གོར་དུ་དུས་འཁོར་གྱི་བཀའ་རྫོགས་པ་གསུམ་མཛད་པའི་རྗེས་སུ། པཎ་ཆེན་ལ་བསྙུང་དྲག་པོ་ཞིག་བྱུང་པ་ལ་ཀོ་བྲག་པས་གེགས་སེལ་མཛད་པས། པཎ་ཆེན་མཉེས་ཏེ་ཀོ་བྲག་པ་ལ་ཡང་པཎ་ཆེན་གྱིས་ཆོས་གསན། ལར་པཎ་ཆེན་གྱིས་བོད་དུ་ལན་གསུམ་བྱོན་པའི་ཐ་མ་ཡིན། ད་རེས་ཀྱང་སྤྲིན་པོ་རི

ཡན་ཆད་དུ་བྱོན་ཏེ། གཙང་རོང་དུ་རྗེ་བཙུན་ཀྲྭ་ལོ་དང་། གཙང་སྟོད་དུ་ཀུན་མཁྱེན་ཆོས་སྐུ་བ་ལ་སྦྱོར་དྲུག་གནང་། རྒྱུས་པ་གཞོན་སེང་དང་ཞང་སྒོམ་རིན་སེང་ལ་ཡེ་ཤེས་སྤྱན་སྒྲུབ་སོགས་གདམས་པ་མང་པོ་གནང་། ཁྲིད་ཀྱི་སྒོ་ནས་གཞན་ཕན་ཆེ་བར་མཛད་དེ་སློབ་མ་གྲུབ་ཐོབ་མང་དུ་བྱོན། པཎ་ཆེན་སླར་རྒྱ་གར་ལ་ཐེགས་ཏེ་གཉིས་སུ་མེད་པའི་ཡེ་ཤེས་ཀྱི་སྐུ་གྲུབ་བོ། །

སློབ་མའི་ཐུ་བོ་གྲུབ་ཐོབ་དུམ་བུ་ཀོ་བྲག་པ་ནི། ཡུལ་དིང་རི། ཡབ་ལྷོང་རྒྱལ་གཡུང་དང་། ཡུམ་སྟོད་མོ་རྡོ་རྗེ་མ་གཉིས་ཀྱི་སྲས་སུ་ཆུ་ཕོ་སྟག་ལ་སྐུ་བལྟམས། འབྲི་ཀློག་རྩོལ་མེད་དུ་མཁྱེན། སེ་མིག་པ་ལས་དགེ་བསྙེན་མཛད། པཎ་ཆེན་ཤཱཀྱ་ཤྲཱི་ལ་བློ་སྦྱོང་གསན། གྲུམ་དུ་བླ་མ་རྡོ་རྗེ་དཔལ་བ་ལ་རིག་འཛིན་བཅུ་གསན། གཉོས་སངས་རྒྱས་རིན་ཆེན་ལ་ལམ་འབྲས་གསན། གྲང་རིམ་དང་གོང་མོའི་རི་ལ་བསྒོམས་པས་རྟོགས་པ་འཁྲུངས། པཎ་ཆེན་རཏྣ་རཀྵི་ཏ་ལ་བདེ་མཆོག་གི་དབང་གསན། དེ་ནས་ལ་ཕྱི་སོགས་སུ་བཞུགས། ཉེར་དགུ་པ་ལ་ཆོས་རྗེ་སྐྱོས། ཕྱུ་རུ་འདུལ་འཛིན་སློབ་དཔོན་ལོ་རྣམས་ལ་མཁན་སློབ་ཞུས་ནས་དགེ་སློང་ཚིག་རྫོགས་མཛད། མཚན་བསོད་ནམས་རྒྱལ་མཚན་དུ་གསོལ། དེ་ནས་ཏི་སེར་བྱོན་ལོ་ལྔ་བཞུགས་དུས་གྲུབ་པ་བརྙེས། རྡོ་རྗེ་ལུས་ཀྱི་གནས་ལུགས་ཇི་ལྟ་བ་བཞིན་དུ་གཟིགས་པས་གེགས་སེལ་ལ་མཆོག་ཏུ་མཁས། མ་ཕང་གི་ཀླུས་ཆུའི་དངོས་གྲུབ་ཕུལ། ཕྱིས་མྱང་སྟོད་ཀོ་བྲག་གི་དགོན་པ་བཏབ་པས་སྣམ་པོ་ལ་ཆུ་མིག་རྡོལ། ཀོ་བྲག་པ་ཞེས་གྲགས། མཁས་བཙུན་ཐམས་ཅད་ཀྱིས་ཀྱང་ཞབས་ལ་གཏུགས། ཆོས་ལའང་འདི་མི་མཁྱེན་བྱ་བ་མེད། བལ་པོ་ནས་བི་བྷུ་ཏི་ཙནྡྲ་དིང་རིར་སྤྱན་དྲངས་སྦྱོར་དྲུག་གི་གདམས་པ་གསན། འགྲོ་དོན་རྒྱ་ཆེར་མཛད་ནས་བརྒྱད་ཅུ་པ་ལྕགས་མོ་བྱ་ལ་མཁའ་སྤྱོད་དུ་གཤེགས་སོ། །འདིའི་སློབ་མ་ལོ་ཙྪ་བ

དཔྱལ་ཁྲོ་ཆག་གསུམ། ལྷ་བཙུན་གུང་ཐང་པ། མཆིམས་ནམ་མཁའ་གྲགས། དབྱར་ཉི་མ། འཛམ་གསར་བ། རྒྱང་རོ་པ་བཞོན་རིན། མངའ་རིས་དགྲ་བཅོམ། ཉི་མ་དཔྲལ་ནག །ཡང་དགོན་པ། དྲན་སྟོན་སེར་སེང་། གཙང་སོ་བ། འོལ་གོང་པ་སོགས་མང་དུ་བྱུང་བ་ལས་སྦྱོར་དྲུག་གི་བརྒྱུད་པ་འཛིན་པ་ནི་གྲུབ་ཆེན་གོ་ལུང་པ་གཞོན་ནུ་དཔལ་ལོ།།

དཔྱལ་ཨ་མོ་གྷ་ནི། དཔྱལ་ཆོས་བཟངས་ཀྱི་གཅེན་པོ་སློབ་དཔོན་བ་སྟག་དང་། ཡུམ་བཀྲ་ཤིས་དགེ་ལ་སྲས་གསུམ་བྱུང་བའི་ཆེ་བ་ཡིན། མཚན་ཀུན་དགའ་སྙིང་པོར་བཏགས། དགུང་ལོ་དགུ་པ་ལ་གྲུབ་ཐོབ་མི་ཏྲ་ཛྙཱ་ན་ལ་ཀྱེ་རྡོར་གྱི་དབང་ཞུས་དུས་དེ་ཉིད་རྡོ་རྗེ་འཆང་དངོས་སུ་གཟིགས། དེ་དང་ཁུ་བོ་དཔྱལ་ཆོས་བཟངས་གཉིས་ལ་བདེ་དགྱེས་གཤིན་རྗེ་གཤེད་ལ་སོགས་པའི་ཆོས་མང་དུ་གསན། བཅུ་བདུན་པ་ལ་རབ་ཏུ་བྱུང་། མཚན་ཨ་མོ་གྷ་ཤྲཱི་བྷ་དྲ་དོན་ཡོད་དཔལ་བཟང་པོར་བཏགས། པཎ་ཆེན་ཤཱཀྱ་ཤྲཱི་དང་། རྒྱ་མིག་ལུང་པ་དམར་ཙ་དང་། ཀོ་བྲག་པ་སོགས་ལས་སྔགས་མཚན་ཉིད་གཞུང་གདམས་ངག་མང་དུ་གསན། ཁྱད་པར་དུ་པཎ་ཆེན་བི་བྷཱུ་ཏི་ཙནྡྲ་རྒྱ་བཏགས་ནས་ཐར་པར་སྤྱན་དྲངས་སྐད་གཉིས་ཡི་གེ་དང་བཅས་པ་ལེགས་པར་བསླབས། ཆོས་མང་དུ་གསན། ཕྱིས་པཎ་ཆེན་ཀོ་བྲག་པས་གདན་དྲངས་པའི་ཚེ་སྦྱོར་དྲུག་ལུགས་གཉིས་རྫོགས་པར་གསན་ཅིང་བསྒོམས་པས་གྲུབ་པ་བརྙེས། ཐར་པའི་གདན་སར་གདུལ་བྱ་དཔག་ཏུ་མེད་པ་སྨིན་གྲོལ་ལ་བཀོད་ནས། རེ་བརྒྱད་པ་ལ་རྗེ་བཙུན་སེང་གེ་སྒྲས་ལུང་བསྟན་པ་ལྟར་འཇིག་རྟེན་གྱི་ཁམས་པདྨོ་ཅན་དུ་གཤེགས་པས་པདྨོ་ཅན་པ་ཞེས་གྲགས་སོ། །དེ་ལ་ཐར་པའི་མཁན་ཆེན་དཔལ་གཞོན་ནུ་ཡེ་ཤེས་ཀྱིས་ཆོས་བུམ་པ་གང་བྱོར་གསན། དེ་ལ་ཐར་ལོས་གསན་ནོ། །

ཉིག་པོ་ཆོས་ལྡན་ནི། འབྲུངས་ཡུལ་ལྷོ་པ། སྤྱིར་བླ་མ་མང་པོ་ལས་སྡེ་སྣོད་

ལ་ལེགས་པར་སྦྱངས། ཁྱད་པར་མེ་མོ་ཆེ་བ་དང་འཇམ་གསར་བ་ཡུན་རིང་དུ་བསྟེན་ནས་དུས་འཁོར་འགྲོ་ལུགས་མཁས་པར་མཁྱེན། པེ་ལྟ་ཧི་ལ་ཁྲིད་གསན་ཅིང་བསྒོམས་པས་རྫོགས་རིམ་གྱི་ལྟ་བ་གྲུབ་བོ། །

ལྷོ་གོ་ལུང་པ་གཞོན་དཔལ་ནི། ཉིག་པོ་ཆོས་ལྡན་ལ་དུས་འཁོར་འགྲོ་ལུགས། གོ་ལུང་པ་མདོ་སྡེ་དཔལ་རྒྱལ་མཚན་ལ་ཚག་ལུགས། ལོ་མཆོག་པ་ལའང་གསན་ཅིང་སྦྱངས་པས་དུས་འཁོར་ལ་མཆོག་ཏུ་མཁས། ཀོ་བྲག་པ་དང་། གཡུང་ཕུག་པ་དང་། ཉིག་པོ་ཆོས་ལྡན་གསུམ་ལ་སྦྱོར་ལུགས་གཉིས་པོ་གསན་པས་ཉམས་རྟོགས་མཐར་ཕྱིན་ནས་མཁའ་སྤྱོད་དུ་གཤེགས་སོ། །

དེ་ལ་ཐར་པ་ལོ་ཙཱ་བ་ཉི་མ་རྒྱལ་མཚན་དཔལ་བཟང་པོས་གསན་ཏེ། དེ་ནི་དགེ་སློང་ཚུར་སླིག་འཛིན་པ་ཆེན་པོ། གངས་ཅན་གྱི་བླ་མ་རྣམས་ལས་སྡེ་སྣོད་དང་རྒྱུད་སྡེ་མང་དུ་གསན་ཅིང་སྦྱངས། རོང་པ་ཤེར་སེང་ལ་དུས་འཁོར་རྭ་ལུགས་དང་། གོ་ལུང་པ་ལ་འགྲོ་ལུགས་ཀྱི་དབང་རྒྱུད་བཤད་མན་ངག་དང་། ཁྱད་པར་དུ་དཔེ་མེད་འཚོ་དང་ཤ་ཝ་རིའི་གདམས་པ་འདི་གཙོ་བོར་གསན། དཔལ་གཞོན་ནུ་ཡེ་ཤེས་ལ་དུས་འཁོར་གྱི་མན་ངག་དཔྱལ་ལུགས་དང་། ཤོང་བློ་བརྟན་ལ་ཡང་གསན་པ་ཆེར་མཛད། བལ་པོར་ལོ་བཅུ་གཉིས་སུ་སྦྱངས། རྒྱ་གར་དུ་ལན་འགའ་བྱོན་ཏེ། པེ་ལྟ་ཧིའི་སློབ་མ་པེ་ཛ་ཡ་རཀྵི་ཏ། གཽ་ཏ་མ་ཤྲཱི། པུ་ཎྱོཧྐ་མ། རཏྣ་ཤྲཱི་སོགས་པཎ་གྲུབ་དུ་མ་བསྟེན་ནས་རིག་པའི་གནས་ལྔ་ལ་སྦྱངས་པས་པཎྜི་ཏ་ཆེན་པོར་གྱུར། ཁྱད་པར་དུ་པེ་ཛ་ཡ་རཀྵི་ཏ་དང་རྒྱ་གར་ནུབ་ཕྱོགས་མ་ལ་བའི་གྲུབ་ཐོབ་གོ་པི་བ་ལ་དུས་འཁོར་གྱི་གདམས་པ་མང་དུ་མནོས། བལ་པོར་བཞུགས་དུས་ཤིང་ཀུན་གྱི་ནགས་གསེབ་ཏུ་སྐྱོ་བ་སངས་ལ་བྱོན་པས་ཤིང་དྲུང་ཞིག་ན་གྲུབ་ཆེན་ཨ་ཙ་ལ་ནཱ་ཐ་སྤྲེའུ་མང་པོ་འདུས་པའི་རྣ་བར་གླིང་བུ

བཙུགས་ཏེ་འབུད་ཀྱིན་འདུག་པ་ལ་སྨྲ་རིངས་ཀྱི་གདམས་པ་གསན། པཎྜིཏ་ཨཱ་ནནྡ་ཤྲཱི་བོད་དུ་སྤྱན་དྲངས་ཏེ་རིའི་ཀུན་དགའ་སོགས་མདོ་བཅུ་གསུམ་བསྒྱུར་ཞིང་། གཞན་ཡང་གཞི་འགྱུར་དང་འགྱུར་བཅོས་མང་པོ་མཛད། ཕྱི་ནང་གི་རྒྱུད་སྡེའི་དགོངས་པ་ཐུགས་སུ་ཆུད་ཅིང་སྦྱོར་དྲུག་ལ་རྩེ་གཅིག་ཏུ་བསྒོམས་པས། འཆི་འཕོ་བ་དང་སྐྱེ་བ་མངོན་པར་མཁྱེན་རླུང་ལ་དབང་ཐོབ། འབྱུང་བ་གསུམ་དང་གནད་གཉིས་སོགས་གདམས་པ་འདིའི་བསྟན་བཅོས་མང་པོ་མཛད་ཅིང་ཐར་པའི་གདན་སར་བཞུགས་ནས་ཕྱིན་ལས་བསྐྱངས་སོ། །དེ་ལ་བུ་སློབ་ཐམས་ཅད་མཁྱེན་པས་གསན་པས་མངོན་པར་ཤེས་པ་ལྔ་ཐོབ་པོ། །ཡང་པཎ་ཆེན་བི་བྷཱུ་ཏི་ཙནྡྲ་དང་། དཔྱལ་པཎྜི་ཙན་གཉིས་ལ། ཀུན་མཁྱེན་ཆོས་སྐུ་འོད་ཟེར་གྱིས་གསན། དེ་ལ་ཀུན་སྤངས་ཆེན་པོས་གསན་ཏོ། །

བི་བྷཱུ་ཏི་ཙནྡྲའི་སློབ་མ་མར་སྟོན་གཡང་འབར་ནི། བི་བྷཱུ་ཏི་ལ་སྦྱོར་དྲུག་ཞུས་ནས་བསྒོམས་པས་རླུང་དབུ་མར་ཆུད། སངས་རྒྱས་ཀྱི་ཞིང་མང་པོ་གཟིགས། བླ་མ་ཡང་ཤིན་ཏུ་མཉེས། ཕྱིས་གཙང་སག་ཐང་གི་སེ་བེར་བཞུགས། སྟོང་གཟུགས་ཁོན་ལས་འདས་མ་འོངས་མཐའ་དག་གཟིགས་པའི་མངོན་ཤེས་རྗེས་དྲན་ལ་སོགས་པ་རྣམས་དཔལ་སེང་གེ་འབུམ་གྱིས་གསན་ཏེ། དེ་ནི་སྦྱོར་རྒྱུད་སྡེ་དང་གདམས་ངག་མང་དུ་གསན། ཁྱད་པར་དུ་མར་སྟོན་གཡང་འབར་ལ་སྦྱོར་དྲུག་གསན་ཏེ་རྩེ་གཅིག་ཏུ་བསྒོམས་པས་རྟོགས་པའི་ཡོན་ཏན་ཕུལ་དུ་ཕྱིན། སྟོང་གཟུགས་ཀྱི་ཀ་བུམ་ལ་སོགས་པ་གང་རུང་དང་འདྲ་བས་སྟོང་གཟུགས་དང་སྐུ་ལུས་གཅིག་ཏུ་གྱུར་ཏེ་སྣ་ཚོགས་སུ་སྤྲུལ་ནུས། བདེ་བ་ཅན་ལ་སོགས་པ་གང་འདོད་པའི་སངས་རྒྱས་ཀྱི་ཞིང་དེ་མི་ཤིགས་པའི་ཐིག་ལེའི་ནང་དུ་གཟིགས་མ་ཐག་མངོན་དུ་འགྱུར། སྤྱིར་གནས་ངེས་པ་མེད་པར་རི་ཁྲོད་གང་དབེན་དུ་བཞུགས་ཤིང་། འཁྲོག་དུར་གྱི་དགོན་པར་ཅུང་ཟད་བཞུགས་པ་

མཛད་དོ། །དེ་ལ་ཀུན་སྤྱངས་ཐུགས་རྗེ་བརྩོན་འགྲུས་ཀྱིས་གསན་ནོ། །ཡང་ཤ་ཝ་རི་དབང་ཕྱུག་གིས་ཕ་དམ་པས་སངས་རྒྱས་ལ་སྦྱོར་བ་ཡན་ལག་དྲུག་རྡོ་རྗེའི་གླུར་བླངས་ནས་གསུངས། དེ་ཞ་མ་ལོ་ཙཱ་བ་སེང་གེ་རྒྱལ་མཚན་གྱིས་བསྒྱུར་བ་རིམ་པར་བརྒྱུད་དེ་དཔལ་ཀརྨ་པ་ལ་བདག་གིས་ཐོབ་ལ་སྐྱངས་ལུངས་པ་སངས་རྒྱས་དཔལ། བདག་གི་བླ་མ་དུས་འཁོར་ཞབས་ལས་ཀྱང་ཐུང་ངོ།། །

གྲུབ་ཆེན་ཤ་ཝ་རི་དབང་ཕྱུག་གི་སྲས་པཎ་ཆེན་ནགས་ཀྱི་རིན་ཆེན་ནི། རྒྱ་གར་ཤར་ཕྱོགས་སུ་གྲོང་ཁྱེར་དམ་པ་ཞེས་པར་རྒྱལ་པོའི་སྲས་སུ་སྐུ་འཁྲུངས། དགུང་ལོ་བརྒྱད་པ་ལ་མཧཱ་ཙེ་ཏྱའི་གཙུག་ལག་ཁང་དུ་མཁན་པོ་སངས་རྒྱས་དབྱངས་དང་སློབ་དཔོན་སུ་ཛྙཱ་ན་རཏྣ་ལས་རབ་ཏུ་བྱུང་སྟེ་རིག་པའི་གནས་མང་པོ་ལ་སྦྱངས། མཁན་པོ་ལས་སེམས་བསྐྱེད་ཅིང་དགེ་མེད་འཚོ་ནས་བརྒྱུད་པའི་སྦྱོར་དྲུག་དང་དབང་མན་ངག་མང་དུ་གསན། ཉི་ཤུ་པ་ལ་མཁན་སློབ་དེ་གཉིས་ལས་བསྙེན་པར་རྫོགས། དེ་ནས་སིཀླ་ལའི་གླིང་དུ་བྱོན་ཏེ་ལོ་དྲུག་བཞུགས་ནས་སློབ་དཔོན་ཆོས་ཀྱི་གྲགས་པ་ལ་འདུལ་བ་ལུང་དང་འོད་ལྡན་གསན། གནས་དང་རྟེན་ཁྱད་པར་ཅན་རྣམས་མཇལ་ཞིང་གཙོ་བོར་ཐུགས་དམ་ལ་བཞུགས། སངས་རྒྱས་གངས་ཆེན་མཚོའི་ཞལ་གཟིགས། སླར་རྒྱ་གར་ལྷོ་ཕྱོགས་ཀ་ལིངྐའི་ཡུལ་དུ་ཕེབས། པཎྜི་ཏ་ཆེན་པོ་མིའི་ཉི་མས་བསྟོད་པ་ཕུལ། དེ་ནས་དཔལ་ལྡན་འབྲས་སྤུངས་ཀྱི་མཆོད་རྟེན་དུ་བྱོན་ནས་ཀླུའི་བྱང་ཆུབ་ཀྱི་གནས་སུ་བཞུགས། དེར་དཔལ་ཤ་ཝ་རི་དབང་ཕྱུག་དང་ཐོག་མར་མཇལ། མ་ག་དྷར་བྱོན་ཏེ་རྡོ་རྗེ་གདན་དུ་བྱང་ཆུབ་ཆེན་པོ་ལ་གསོལ་བ་བཏབ། པཎྜི་ཏ་རི་ཏ་ར་ལ་ཀ་ལཱ་པ་གསན། ཆུ་བོ་ཀན་ཀ་ཤྲཱི་ཧཾ་གྱི་ལོགས་སུ་རྣལ་འབྱོར་ཡན་ལག་དྲུག་ལ་ལོ་གསུམ་ཕྱོགས་གསུམ་གྱི་ངེས་པ་མཛད་དེ་བཞུགས། ཨ་རུ་ཎ་སེའི་གནས་སུ་བི་རཱུ་པཱ་དང་། པཱ་ཀླ་ལ་དང་

མཇལ། སྤྱན་རས་གཟིགས་ཀྱི་རྡོ་སྐུ་བོད་ཡུལ་དུ་སོངས་ཤིག་རྒྱལ་པོ་ཞིག་ལ་བརྟེན་ནས་འགྲོ་བ་མང་པོ་ལ་ཕན་པར་འགྱུར་རོ་ཞེས་ལུང་བསྟན་པས། བལ་པོར་ཕེབས་ཏེ་པཎྜི་ཏ་ཤྲཱི་ལ་སཱ་ག་ར་ལ་སེམས་བསྐྱེད་གསན། མེ་ཕོ་རྟའི་ལོ་ལ་བོད་དུ་བྱོན། ལྷ་ས་ཡར་ཀླུངས་སུ་ཡང་ཡུད་ཙམ་ཕེབས་ཏེ། སླར་བལ་པོར་འཕགས་པ་ཤིང་ཀུན་གྱི་ཤཱཀྱ་ཐུ་རིའི་གཙུག་ལག་ཁང་དུ་བཞུགས་པ་ན། དང་པོར་བླ་མ་སངས་རྒྱས་དབྱངས་བྱོན། དེ་ནས་ཤ་ཝ་རི་དབང་ཕྱུག་བྱོན་ནས་སྤྲུལ་པའི་སྒོམ་པའི་དཀྱིལ་འཁོར་དུ་དབང་བསྐུར། ཟབ་མོའི་དབང་ཕྱི་མ་ལ་བརྟེན་ནས་མཆོག་ཏུ་མི་འགྱུར་བའི་བདེ་བ་བསྐྱེས། སླར་ཡང་སི་ཏུ་རབ་བརྟན་པས་སྤྱན་དྲངས་ཏེ་རྒྱང་མཁར་རྩེར་ཕེབས། རོང་སྟོན་སྨྲ་བའི་སེང་གེས་ཞབས་ལ་གཏུགས། འདུལ་བ་མི་རྟོག་ཕྲེང་རྒྱུད་ལ་འགྱུར་བཅོས་མཛད། སྲིན་པོ་རིར་ཕེབས་པ་ན། ཆོས་རྒྱལ་གྲགས་པ་འབྱུང་གནས་པས་སྣེ་གདོང་རྩེར་གདན་དྲངས། ཆོས་འཁོར་ལོ་ཙྪ་བ་མཉྫུ་ཤྲཱིས་ལོ་ཙྪ་བྱས་ཏེ་ཆོས་ཀྱི་རྒྱལ་པོ་ཉིད་དང་དཔལ་ཀུན་བཟང་རྩེ་པས་ལུ་ཨི་པ་དང་མི་གཡོ་བླ་མེད་ཀྱི་དབང་གནང་། དེ་ནས་མོན་སྤྲ་གྲོར་ཐེགས་ཏེ་པདྨ་སཾ་བྷ་བ་དང་མཇལ། སླར་ཡང་མེ་ཕོ་འབྲུག་ལོ་ལ་སྣེ་གདོང་དུ་ཕེབས། ཐམས་ཅད་མཁྱེན་པ་འགོས་ལོ་ཙྪ་བ། སྣར་ཐང་མཁན་ཆེན་བསོད་ནམས་མཆོག་གྲུབ་པ། ཆེན་པོ་གྲགས་བཟང་པ། ཆེན་པོ་བློ་རྒྱལ་བ། མཁན་ཆེན་ཀུན་རྒྱལ་བ། དཔལ་ཆོས་ཀྱི་གྲགས་པ། ཆོས་རྗེ་བློ་གྲོས་དབང་ཕྱུག་སོགས་སྡེ་སྣོད་འཛིན་པ་སུམ་ཅུ་རྩ་གཉིས་ལ་དཔེ་མེད་འཚོའི་ལུགས་ཀྱི་སྦྱོར་དྲུག་རྫོགས་པར་གནང་། ཁྲིད་ཐོན་རྗེས་མི་གཡོ་བླ་མེད་ཀྱི་དབང་དང་ཕག་མོའི་བྱིན་བརླབས་ཀྱང་གནང་། སྤྲུལ་ལོ་ལ་ཆོས་རྒྱལ་གྲགས་པ་འབྱུང་གནས་དང་། དཔལ་ཀུན་བཟངས་རྩེ་པ་ལ་རྡོ་རྗེ་ཕྲེང་བ་དཀྱིལ་འཁོར་ཞེ་ལྔ་མའི་དབང་རྫོགས་པར་གནང་། དེའི་རྗེས་ལ་དཀྱིལ་འཁོར་དེ་ཉིད་དུ་འགོས་ལོ་

ཙྪ་བ་སོགས་སྡེ་སྟོང་འཛིན་པ་མང་པོས་ཀྱང་དབང་ཚང་བར་ཞུས། བདེ་དགྱེས་དང་གྲ་ལྷའི་བོད་བཀའ། ཁྱད་པར་དུ་དཔལ་དུས་ཀྱི་འཁོར་ལོའི་དབང་ཡོངས་སུ་རྫོགས་པར་གནང་། དབང་མདོར་བསྟན་ཨཱ་ཧྲུ་ལུ་ཧཱའི་དཀའ་འགྲེལ་དང་བཅས་པ། དཔྱིད་ཐིག་འགྲེལ་པ། མི་གཡོ་བླ་མེད་ཀྱི་རྒྱུད་རྣམས་པཎ་ཆེན་ཉིད་དང་འགོས་ལོ་ཙྪ་བས་བསྒྱུར་ཏེ་གསུངས། མན་ངག་སྙེ་མ་དང་དཔེ་མེད་འཚོའི་སྦྱོར་དྲུག་རྩ་འགྲེལ་ཡང་གནང་། དེ་ནས་བལ་པོར་བྱོན་ནས་སངས་རྒྱས་དབྱངས་ཀྱི་སྐུ་ཚབ་གསེར་སྐུ་བཞེངས། རྡོ་རྗེ་གདན་དུ་མཆོད་འབུལ་བ་བརྫངས། ཕྱིས་ཆུ་མོ་བྱ་ལོ་ལ་བོད་དུ་ཕེབས། རྗེ་འགོས་ལོ་ཙྪ་བས་ལ་སྟོད་ནས་གདན་དྲངས། སེ་ཏུ་རྣམ་རྒྱལ་གྲགས་པ་ལ་བདེ་མཆོག་གི་དབང་གནང་། ལམ་རྣམས་སུའང་ཆོས་མང་པོ་རིམ་པར་གནང་ཞིང་ཡར་ཀླུངས་སུ་ཕེབས་ནས་བདག་པོ་ཀུན་དགའ་ལེགས་པ་འཁོར་དང་བཅས་པ་དང་རྗེ་བྱམས་པ་གླིང་པ་ཆེན་པོ་སོགས་སྡེ་སྟོང་འཛིན་པ་མང་པོ་ལ་སྦྱོར་དྲུག་གི་ཁྲིད་གནང་། རྩེ་ཐང་། གསང་ཕུ་གུང་ཐང་། གདན་ས་ཐེལ་ལ་སོགས་པར་དགེ་འདུན་སྡེ་ལ་ཚོགས་ཆོས་གནང་བ་དང་། ཡུལ་སོ་སོའི་འགྲོ་བ་ཕལ་མོ་ཆེ་བྱང་ཆུབ་ཏུ་སེམས་བསྐྱེད་པ་ལ་བཀོད་དེ་སྲིད་པ་མཐའ་ཅན་དུ་མཛད། དུས་ཕྱིས་པཎྜི་ཏ་བྱོན་པ་ལ་ཕྲིན་ལས་ཆེ་ཤོས་སུ་སྣང་། ཁྱད་པར་རྡོ་རྗེ་ཐེག་པའི་ངེས་དོན་གྱི་བསྟན་པ་ལ་སྒྲོག་འབུད་པ་ལྷ་བུའི་བཀའ་དྲིན་མཛད། འཇམ་རྫོར་ལ་སོགས་པའི་དབང་འགའ་ཞིག་ཀྱང་གནང་། སྤྱན་སྔ་རིན་པོ་ཆེ་ངག་གི་དབང་ཕྱུག་ལ་དྲིལ་བུ་རིམ་ལྔ་མཚན་མ་མེད་པའི་རྫོགས་རིམ་ཉིད་དུ་བཀྲལ་བར་གཞུང་བཤད་དང་ཁྲིད་གནང་། དཔལ་བྱམས་པ་གླིང་པ་དང་ལོ་ཆེན་བསོད་ནམས་རྒྱ་མཚོ་ལ་བདེ་མཆོག་གི་རྫོགས་རིམ་སངས་རྒྱས་འཆར་བ། ཀྱེ་རྡོ་རྗེའི་རྫོགས་རིམ་སྙིང་པོ་བརྒྱ་པ་རྩ་འགྲེལ་གནང་ཞིང་ལེགས་པར་བསྒྱུར། སླར་བལ་པོར་ཐེགས་ནས་གོ་བི་ཙནྡྲའི

དགོན་པར་སྒྲུབ་པ་སྙིང་པོར་མཛད་དེ་བལ་ཡུལ་བ་རྣམས་ཆོས་དང་ཟང་ཟིང་གིས་ཚིམ་པར་མཛད་ནས་གྱི་ལྷུ་པ་ས་ཕོ་བྱི་བ་ཟླ་བ་བཅུ་གཅིག་པའི་ཚེས་བཅོ་བརྒྱད་ལ་བར་སྣང་ནས་འོ་མ་ལྟར་དཀར་བའི་ཆུའི་རྒྱུན་འབབ་པ་དང་། མེ་ཏོག་གི་ཆར་དང་ས་གཡོ་བ་དང་། འཇའ་འོད་དང་བཅས་པའི་ཆོ་འཕྲུལ་བསྟན་ནས་ཉེར་གཉིས་ཀྱི་ནམ་ཕྱེད་ན་རྡོ་རྗེའི་སྐྱིལ་ཀྲུང་གིས་བཞུགས་ཏེ་སྐུ་དྲང་པོར་བསྲང་ནས་མཁའ་སྤྱོད་དུ་གཤེགས། ཉེར་གསུམ་གྱི་གྲོང་ལ་དུར་ཁྲོད་རམ་དོ་ལིར་སྐུ་གདུང་ཞུགས་ལ་བཞེན་པའི་ཚེ་བལ་པོའི་ཡུལ་ཐམས་ཅད་སྣང་བ་ཆེན་པོས་ཁྱབ་པ་བྱུང་། བོད་ཡུལ་དུའང་མེ་ཏོག་གི་ཆར་འབབ་པ་དང་། ནམ་མཁའ་ལ་འཇའ་དཀར་པོ་མཐོལ་ལྷུ་པའི་རྣམ་པ་ཤར་བ་སོགས་བྱུང་ངོ། །

དེའི་སྲས་མཆོག་ལོ་ཆེན་བསོད་ནམས་རྒྱ་མཚོའི་སྡེ་ནི། ངན་ལམ་རྒྱལ་བ་མཆོག་དབྱངས་ཀྱི་རིགས་རྒྱུད་རིག་འཛིན་བསོད་ནམས་འོད་ཟེར་དང་། ཡུམ་དཔལ་ལྡན་འཛོམ་པའི་སྲས་སུ་ཤིང་ཕོ་འབྲུག་ལ་ཡར་ཀླུངས་བཙན་ཐང་དུ་འཁྲུངས། བྲག་ནག་པ་དགོན་རྒྱལ་པས་མཚན་བསོད་ནམས་རྒྱ་མཚོའི་སྡེ་ཞེས་གསོལ། དགུང་ལོ་བདུན་པ་ལ་རིང་སྟོན་སྨྲ་བའི་སེང་གེ་དང་། དྭགས་པོ་བཀྲ་ཤིས་རྣམ་རྒྱལ་པ་ལས་རབ་ཏུ་བྱུང་། སློབ་དཔོན་ངག་དབང་པ་ལས་ཕར་ཚད་ལ་སྦྱངས་ནས་བཅུ་གསུམ་པ་ལ་རྩོད་ཐང་དུ་བཤད། ཆོས་རྒྱལ་གྲགས་པ་འབྱུང་གནས་པས་ཆེན་པོ་དཔལ་འཁོར་རྒྱ་མཚོ་ལ་གཏད་དེ་སྡེ་སྣོད་ཕལ་མོ་ཆེ་ལ་སྦྱངས་ནས། ཉེར་གཅིག་པ་ལ་རྩོད་ཐང་ཚོགས་སུ་བྱམས་ཆོས་ལྔ། རིགས་ཚོགས། རིན་ཆེན་ཕྲེང་བ། བཤེས་སྤྲིང་། འཇུག་པ། སྤྱོད་འཇུག །བཞི་བརྒྱ་པ། མངོན་པ་གོང་འོག །བར་སྣང་། མདོ་རྩ། མེ་ཏོག་ཕྲེང་རྒྱུད། སུམ་བརྒྱ་པ། སོ་ཐར། སྡེ་བདུན་མདོ་དང་བཅས་པ། རིགས་གཏེར་རྣམས་ཀྱི་གཞུང་

བཞེས་ཏེ་བཤད་པ་ཟླ་བ་མང་པོ་སྤེལ་ཏེ་མཛད། ཡབ་ཀྱི་དྲུང་དུ་འཁོར་ཆེན་དང་དུས་འཁོར་གྱི་དབང་གསན། ཉེར་གཉིས་པ་ལ་ཚོགས་ཆེན་པའི་མཁན་པོ་དོན་གྲུབ་དཔལ་བ་ཐམས་ཅད་མཁྱེན་པ་འགོས་ལོ་ཙཱ་བ། ཆེན་པོ་དཔལ་འབྱོར་པ་རྣམས་ལ་མཁན་སློབ་ཞུས་ཏེ་བསྙེན་པར་རྫོགས། རོང་ཆེན་པ། བཀྲས་རྣམ་པ། རྫོག་བྱང་ཆུབ་དཔལ། དམར་སྟོན་རྒྱལ་མཚན་འོད་ཟེར། མཁན་ཆེན་བསོད་ནམས་མཆོག་གྲུབ། མཁན་ཆེན་ཀུན་རྒྱལ་བ། མཚུར་ཕུ་བ་དོན་གྲུབ་འོད་ཟེར། ཐྲག་ནག་པ་རིན་ཆེན་རྒྱལ་མཚན་སོགས་ལ་ཐེག་པ་ཆེ་ཆུང་གི་གཞུང་གདམས་ངག་དང་གསང་སྔགས་ཕྱི་ནང་གི་དབང་རྒྱུད་བཤད་མན་ངག་དང་བཅས་པ་ཕལ་མོ་ཆེ་གསན། ཁྱད་པར་སློབ་དཔོན་ཡེ་ཤེས་རྒྱ་མཚོ་ལ་དུས་འཁོར་གྱི་དབང་དང་། ཐམས་ཅད་མཁྱེན་པ་འགོས་ལོ་ཙཱ་བ་ལ་དུས་འཁོར། སྒྲོན་གསལ། ཀྱེ་རྡོར་ལ་སོགས་པའི་རྒྱུད་སྡེའི་བཤད་པ་དང་། སྒྱུ་འཕྲུལ་གྱི་དབང་རྗེས་གནང་མང་པོ་གསན། སྒྲའི་ས་རིག་དང་སྐད་དོད་སྦྱངས་པས་ལོ་ཙཱ་མཁས་པར་མཁྱེན། རིག་པའི་གནས་མཐའ་དག་ལ་ཆེས་བྱང་བས་ཡོངས་སུ་རྫོགས་པའི་མཁས་པ་ཆེན་པོར་གྱུར། ལྷག་པར་པཎ་ཆེན་ནགས་ཀྱི་རིན་ཆེན་པ་ལ་སྡོམ་པ་བཅུ་གསུམ་མ་དང་། དུས་འཁོར་གྱི་དབང་དང་སྦྱོར་དྲུག་གི་ཁྲིད་ཨཱཏྟ་དེ་བའི་སྙིང་པོ་བརྒྱ་པ་གསན་ཅིང་དུས་འཁོར་རྒྱུད་འགྲེལ་གྱི་དཀའ་གནད་རྣམས་ལ་དྲི་གཏུག་གི་སྒོ་ནས་ངེས་པ་ཐུགས་སུ་ཆུད། ཕྱིས་རྗེ་བྱམས་པ་གླིང་པ་ཆེན་པོ་དང་། སྤྲུལ་པའི་སྐུ་ཞྭ་དམར་ཅོད་པན་འཛིན་པ་ལས་གསན་པ་རྒྱ་ཆེར་མཛད། རྩེད་ཐང་དང་བསམ་ཡས་ལ་སོགས་པར་བཀའ་བསྟན་འགྱུར་རོ་འཚལ་གཟིགས། རྗེ་འགོས་ལོ་ཙཱ་བའི་སྤྱན་གྱི་ཐད་ན་དུ་བ་ཞིག་འབྱུང་བ་ལས་སྟོང་གཟུགས་རབ་འབྱམས་གཟིགས། མཁར་ཆུར་ནམ་མཁའ་ལྡིང་གི་མཚན་མ་བརྙེས། གྲོ་བོ་ལུང་དུ་རྗེ་མར་པ་དང་མཇལ། དིང་རིང་དམ་པའི་སྐུ

གདུང་དཀར་རུ་ལས་ངོ་མཚར་གྱི་བཀོད་པ་གཟིགས། དེ་ནས་བལ་པོར་ཐེགས་ཏེ་པཎ་ཆེན་རིན་པོ་ཆེ་ལས་སྡོམ་པའི་དཀྱིལ་འཁོར་དུ་དབང་གི་ཡེ་ཤེས་ལྷན་ཅིག་སྐྱེས་པ་མངོན་དུ་འགྱུར། རྣལ་འབྱོར་ཡན་ལག་དྲུག་པའི་གསང་མཛོད་བུམ་པ་གང་བྱོར་ཐོབ། ཤིང་ཀུན་ཏུ་ཤཱནྟ་པུ་རིར་ཤ་ཝ་རིས་བྱིན་གྱིས་བརླབས། སླར་བོད་དུ་ཕེབས་ནས་ཙ་རིར་བྱོན་པའི་ཚེ་ཞིང་སྐྱོང་དངོས་སུ་འོངས་ཏེ་ཕྲིན་ལས་བསྒྲུབས། གནས་དེ་ཕྱི་ནང་གཞན་གསུམ་གྱི་ངེས་པ་དང་མཐུན་པར་གཟིགས། བཀའ་བསྒོས་གནང་ནས། ནང་སོ་ཡར་རྒྱབ་པས་སྦྱིན་བདག་མཛད་དེ། རྗེ་བྱམས་པ་གླིང་པའི་ཐུགས་དམ་མཆོད་རྟེན་བཀྲ་ཤིས་སྒོ་མངས་རྒྱན་བཀོད་པ་ངོ་མཚར་ཅན་བྱམས་ཆེན་གྱི་སྐུ་དང་བཅས་པ་བཞེངས། སྙིང་པོ་བརྒྱ་པ་རྩ་འགྲེལ། རྡོ་རྗེ་རྣམ་སྣྲེག་སོགས་གཞུང་ཚུང་མང་པོ། གུར་བརྟག །སྡོམ་འབྱུང་། སྡོམ་པའི་འགྲེལ་པ་རྟག་པའི་རྡོ་རྗེས་མཛད་པ། བཅུ་གསུམ་མའི་དཀྱིལ་ཆོག་སོགས་གཞི་འགྱུར་དང་འགྱུར་བཅོས་མང་པོ་མཛད་པས་ལོ་ཙཱ་བ་ཆེན་པོར་གྲགས། བསྟན་བཅོས་རྩོམ་པ་མང་དུ་གནང་བ་ལས། ཁྱད་པར་དུས་ཀྱི་འཁོར་ལོའི་ལེའུ་དང་པོ་གཉིས་ཀྱི་འགྲེལ་བཤད། སེམས་འགྲེལ་གཉིས་ཀྱི་དཀའ་འགྲེལ། སྦྱོར་དྲུག་གི་ཁྲིད་ཡིག་མཛད། སྤྲུལ་པའི་སྐུ་ཞྭ་དམར་ཅོད་པན་འཛིན་པ་ལ་རྫོགས་དཀྱིལ་བདུན་གྱི་དབང་གནང་བའི་ཚེ་དཀྱིལ་འཁོར་དེ་དག་གི་རྟེན་བརྟེན་པ་མ་ལུས་འཛའ་འོད་ཀྱིས་བསྐོར་བ་གཟིགས། དབེན་པ་ལ་དགྱེས་པས་གཙོ་བོར་ཐུགས་དམ་ཟབ་མོ་ལ་རྩེ་གཅིག་ཏུ་བཞུགས་ཏེ། སློབ་མ་སྡེ་སྣོད་འཛིན་པ་མང་པོ་ལ་ཟབ་ཅིང་རྒྱ་ཆེ་བའི་ཆོས་ཀྱི་ཆར་ཆེན་པོས་ཚིམ་པར་མཛད་ཅིང་། ཁྱད་པར་དཔལ་དུས་ཀྱི་འཁོར་ལོར་ནི་གསུང་རབ་མཐའ་དག་གི་སྙིང་པོ་ཟུང་འཇུག་གི་བསྟན་པ་མ་སྨྲས་པར་གསལ་བར་སྟོན་པ། འདི་ཁོང་དུ་ཆུད་ན་མདོ་སྔགས་ཀྱི་གསུང་རབ་ཐམས་ཅད་ཁོང་དུ་ཆུད་པར

ནུས་ཤིང་། གཞན་ཐམས་ཅད་འདི་རྟོགས་པའི་ཐབས་སུ་གྱུར་པ་སྟེ། བསྟན་པའི་སྙིང་པོ་ལས་ཀྱང་ཆེས་སྙིང་པོར་གྱུར་པ་ཡིན་གསུང་ཞིང་། གླེགས་བམ་ལ་འབྲལ་སྤྱང་མཛད་པ་དང་། མདོ་སྔགས་ཀྱི་གསུང་ཆོས་ཅི་གནང་ཡང་དུས་ཀྱི་འཁོར་ལོའི་ངེས་བླ་གསལ་བར་མཛད་དེ་གསུང་། ཐམས་ཅད་ཀྱི་དོན་གྱི་སྙིང་པོ་མཐར་ཐུག་པ་ནི་ཟུང་འཇུག་གི་ཐེག་པ་འདིར་བགྲོད་པ་གཅིག་པོའོ་ཞེས་འཛིགས་པ་མེད་པའི་སེང་གེའི་སྒྲ་ཡང་གསལ་བར་བསྒྲགས། སྟེ་སྣོད་མང་དུ་ཐོས་ཤིང་མཁས་པར་སྦྱངས་པ་ལས་ཐེག་པ་འདིར་ཡིད་རྟོན་པས་དུས་ཀྱི་འཁོར་ལོའི་གླེགས་བམ་ལ་མགོ་བོ་གཏུགས་ཏེ་དུས་ཐུས་ན་སངས་རྒྱ་བ་ལ་ཉེ་ཞེས་གསུང་། དེ་ལྟར་དུས་ཀྱི་འཁོར་ལོ་ལ་གཅེས་སྤྲས་སུ་མཛད་དེ། རྒྱུད་གསུམ་གསང་བ་ལས་ནི་མང་པོ་དང་རྒྱུད་འགྲེལ་ཀྱང་རྒྱ་ཆེར་སྤྱལ་ལ་གཙོ་བོར་སྦྱོར་བ་ཡན་ལག་དྲུག་གིས་སྐལ་བ་དང་ལྡན་པའི་ཚོགས་བགྲང་བ་ལས་འདས་པ་ཁྲིད་པར་མཛད་ཅིང་། དོལ་བསམ་གཏན་གླིང་དུ་ཆོས་འདིའི་སྒྲུབ་གྲྭ་བཙུགས་ནས་ང་དགུ་པ་ཆུ་ཕོ་སྟག་ལོ་ཟླ་བ་དགུ་པའི་ཚེས་བདུན་ལ་དགའ་ལྡན་དུ་གཤེགས་ཏེ་གདུང་ལས་སྐུ་དང་རིང་བསྲེལ་མང་དུ་བྱོན་ཏོ། །སྔད་དུ་ལྷོ་རྒྱུད་ཀྱི་ས་སྐྱོང་པ་དཔལ་བཀྲ་ཤིས་དར་རྒྱས་ལེགས་པའི་རྒྱལ་པོས་སྦྱིན་བདག་མཛད་དེ། ཞལ་སློབ་དམ་པ་དཔལ་ཆོས་ཀྱི་གྲགས་པས་ཀྱང་ཟབ་མོ་ཡང་དག་རིར་སྒྲུབ་པའི་སྡེ་བཙུགས། དམ་པ་དེ་ཉིད་ལ་ཆོས་ཀྱི་རྗེ་སྐལ་བཟང་ཆོས་ཀྱི་རྒྱ་མཚོའི་སྟེས་རྡོ་རྗེའི་རྣལ་འབྱོར་ལེགས་པར་གསན་ཏོ། །

ཆོས་ཀྱི་རྗེ་སྐྱུལ་པའི་སྐུ་ཞྭ་དམར་ཅོད་པན་འཛིན་པ་བཞི་པས་ལོ་ཆེན་ཉིད་ལ་ལེགས་པར་གསན་པའི་རྡོ་རྗེའི་རྣལ་འབྱོར་གྱི་གདམས་པ་རྣམས་ཐུགས་རྗེ་ཆེན་པོས་བདག་ལ་བསྩལ་ཏེ། ཡང་པཎ་ཆེན། ཆོས་རྗེ་བློ་གྲོས་དབང་ཕྱུག །ཆོས་ཀྱི་རྗེ་དུས

འཁོར་ཞབས་པ་ལས་ཀྱང་ལུགས་འདིའི་གདམས་པ་བདག་གིས་ལེགས་པར་ཐོབ་བོ།། འདི་ར་ཆོས་འདི་ལ་བརྟེན་ནས་མཁས་གྲུབ་ཏུ་གྱུར་པའི་སྐྱེས་བུ་དམ་པ་ཆེ་ལོང་ཙམ་གྱི་རྣམ་པ་བརྗོད་པ་ཡིན་ལ། གཞན་དུ་ནི་བགྲང་བར་མི་དཔྱོད་པ་ཉིད་དོ། །དེ་ལྟར་བླ་མ་འདི་དག་ནི། བླ་མ་གཞན་ལས་ཁྱུལ་དུ་བྱུང་བས་མཆོག་གི་བླ་མའམ་དཔལ་ལྡན་བླ་མ་ཞེས་བྱ་སྟེ། རྒྱུད་ལས། དབང་བསྐུར་དྲི་མེད་རི་བོང་ཅན་མཚུངས་མེ་ལོང་གཟུགས་བརྙན་ལྷ་བུ་འདི་ལ་ཞུགས་པ་གང་ཡིན་པ། །དེ་ལས་མྱ་ངན་ལས་འདས་བདེ་བ་འཕོ་མེད་ལྡན་ཅིག་སྐྱེས་པ་འགྱུར་མེད་འདི་ནི་བཞི་པ་སྟེ། །སངས་རྒྱས་ཞལ་འདི་གང་གི་ཐུགས་དང་ཞལ་ལ་གནས་པར་གྱུར་པ་དེ་ནི་དཔལ་ལྡན་བླ་མའོ། །ཞེས་པ་ལྟར་དབང་བཞི་པའི་དོན་རང་གི་དེ་ཁོ་ན་ཉིད་མངོན་དུ་གྱུར་ནས་དེ་ཉིད་གཞན་ལ་འདོམས་པར་མཛད་པ་ཤ་སྟག་གོ །དེས་ན་ཆོས་འདིའི་གདམས་པ་ལ་ཞལ་ནས་བྱུང་བས་སྙན་རྒྱུད་དམ་བླ་མའི་ཞལ་གྱི་མན་ངག་ཅེས་བྱ་བ། ཐུགས་གཉིས་སུ་མེད་པའི་ཡེ་ཤེས་གཅིག་ནས་གཅིག་ཏུ་བརྒྱུད་པས་ནི་དོན་རྒྱུད་དམ་གྲུབ་པའི་རྒྱུད་ཅེས་ཀྱང་བྱ་སྟེ། རང་གི་དེ་ཁོ་ན་ཉིད་རིག་པར་མཛད་པ་པོ་ལ་རྩ་བའི་བླ་མའི་ཐ་སྙད་འཇོག་གོ །དེ་བས་ན་སྐལ་བ་དང་ལྡན་པ་ཚེས་མྱུར་བར་རྫོགས་པའི་སངས་རྒྱས་ཐོབ་པར་འདོད་པ་དག་གིས་ནི་ཟབ་མོའི་ཆོས་འདི་ཉིད་ལ་བརྟེན་པར་བྱའོ། །དཔག་བསམ་སྙེ་མ་ལས་བླ་མ་དམ་པའི་བརྒྱུད་པ་བར་མ་ཆད་པའི་ལེའུ་སྟེ་ལྔ་པའོ།། །།

མཁྱེན་པ་ཤེས་བྱའི་ཕ་མཐའ་ལ་འགྲན་སྐལ་བཟང་ཆོས་ཀྱི་རྒྱ་མཚོའི་གསུང་གི་དགའ་སྟོན་གསར་པས་བསྐུལ་གྱུར་པས། །བསམ་ཡས་ངོ་མཚར་དམ་པའི་ཡོན་ཏན་འཆི་མེད་དགའ་བའི་སྐྱིད་ཚལ་འཛལ་བྱེད་དཔག་བསམ་སྙེ་མ་དེང་འདིར་འཕྲུངས། །སྐལ་ལྡན་རྣ་བའི་བདུད་རྩི་འཐུངས་པས་དད་པའི་སྤྱུ་ལྡང་རང་གི་སྙིང་པོའི

ལུས་སྐྱོབས་རྒྱས་པར་གྱུར་མིན་ནམ། །དེ་ལྟ་ན་ཡང་རྡོ་རྗེའི་སྣ་ལྡན་སྟོན་ནས་ཞེན་པས་རང་གི་ཟས་ལ་མངོན་པར་དགའ་བས་སུ་ཡིས་བཟློག །བླ་མའི་མཛད་པ་མཁའ་ལྟར་ཡངས་པས་ཁབ་མིག་ནང་ཙམ་མི་ཤེས་བཞིན་དུ་འདིར་བརྗོད་པ། །མགོན་པོ་རྣམས་དང་གཞན་ཡང་མཁས་པ་དག་གིས་བཟོད་ཅིང་བདག་ལ་ལྷག་པར་དགྱེས་འགྱུར་ཏེ། །མཛངས་པའི་ཚིག་དང་རྒྱུས་མི་འཚལ་ཡང་སྤྱི་བརྗོལ་ཅན་གྱི་བྱིས་པས་རང་གི་ཕ་མེས་ཀྱི། །ངང་ཚུལ་སྨྲ་ལ་ཕ་དང་གཉེན་བཤེས་མགྲོན་པོ་རྣམས་ཀྱང་དེ་ཉིད་ལྷག་པར་ཡིད་དུ་འོང་བ་བཟང་པོའི་ལུགས། །ཇི་སྲིད་ས་གཞིའི་པདྨོ་དག་ལ་བགོད་ལེགས་གླིང་བཞིའི་གེ་སར་རབ་རྒྱས་ལྷུན་པོའི་ཟེའུ་འབྲུ་མཛེས་འཛིན་པ། །ཉི་ཟླ་བྱུང་བའི་ཟློས་གར་སྒྱུར་བྱེད་ཡ་མཚན་བསྐལ་པའི་ཕྲེང་བ་ཇི་སྙེད་ཡོངས་སུ་རྫོགས་པ་དེ་སྲིད་དུ། །བླ་མའི་རྟོགས་བརྗོད་ཨུཏྤལ་གསར་པས་མཐའ་དག་འགྲོ་བའི་རྣ་རྒྱན་དག་ལ་རྟག་ཏུ་འགོད་པ་ཐོབ་གྱུར་ཅིག །དེ་ཡིས་དེ་དག་དག་པའི་སར་བགྲོད་མི་ཟད་རྒྱན་གྱི་འཁོར་ལོའི་དཔལ་ལ་ཀུན་ཏུ་རོལ་པ་ཆོས་ཉིད་ཡིན། །དཔལ་མཆོག་གི་དང་པོའི་སངས་རྒྱས་ཀྱི་སྙིང་པོ་དུས་ཀྱི་འཁོར་ལོའི་བརྒྱུད་པ་རིན་པོ་ཆེའི་རྟོགས་པ་བརྗོད་པ་དཔག་བསམ་གྱི་སྙེ་མ་ཞེས་བྱ་བ། མདོ་སྔགས་ཀྱི་གཞུང་ལུགས་རྒྱ་མཚོ་ལྟ་བུའི་མངའ་བདག་ཆོས་ཀྱི་རྗེ་སྐལ་བཟང་ཆོས་ཀྱི་རྒྱ་མཚོའི་སྡེའི་བཀས་བསྐུལ་བ་ལས། ཤཱཀྱའི་དགེ་སློང་རིན་ཆེན་ཆོས་ཀྱི་རྒྱལ་པོས་སྨིན་མའི་རི་བོར་གཞན་ལ་ཕན་པའི་བསམ་པས་བྲིས་སོ།། །།

སྲིད་དང་ཞི་བའི་རང་བཞིན་གྱི། །ཡེ་ཤེས་བདུད་རྩིའི་རོ་མཆོག་ལ། །དགྱེས་སྤྱོད་གཉིས་སུ་མི་ཕྱེད་པའི། །དུས་ཀྱི་འཁོར་ལོ་ལ་ཕྱག་འཚལ། །དཔལ་ལྡན་འབྲས་སྤུངས་མཆོད་རྟེན་དུ། །རྒྱལ་བས་ཟླ་བ་བཟང་པོ་ལ། །རྒྱུད་ཀྱི་རྒྱལ་པོ་གསུང་གྱུར་ནས། །ཤམྦྷ་ལ་རུ་ཆོས་རྒྱལ་དང་། །རིགས་ལྡན་རྣམས་ལ་བརྒྱུད་པ་གང་། །དེ་ཡིས་ཇི་ལྟར་བཤད་པའི་ཚུལ། །དེ་ནས

འཕགས་ཡུལ་གྲགས་ལྡན་དུ། །རྣམ་པ་གང་གིས་གསལ་བར་མཛད། །སླད་ཀྱི་གངས་རིའི་ཁྲོད་འདིར་ཡང་། །གང་དང་གང་གིས་གདམ་འདི་གསལ། །མདོར་ན་སེང་གེ་དེ་ཉིད་ཀྱི། །ཕྲུག་གུ་ཡིས་ནི་མཚོན་ནུས་ལྟར། །ཡོངས་སུ་འཛིན་པའི་ཁྱད་པར་ནི། །སློབ་མ་རྣམས་ཀྱི་རྟགས་ལས་ཤེས། །སངས་རྒྱས་ཉིད་ནས་དེང་སང་བར། །བརྒྱུད་པའི་རིམ་པ་མ་ཆད་པ། །རིན་ཆེན་ཕྲེང་མཛེས་ལྟར་བརྒྱུས་པའི། །དམ་པ་རྣམས་ཀྱི་མཛད་པའི་ཕྲུལ། །རྣམ་ཐར་མཛེས་པའི་ཅོད་པན་འདི། །ཀུན་གྱི་མགོ་བོ་བརྒྱན་བྱའི་ཕྱིར། །ཆོས་ཀྱི་རྒྱལ་སྲིད་ཆེན་པོ་ལ། །རང་དབང་དུ་ནི་ལེགས་སྤྱོད་པའི། །རིན་ཆེན་ཆོས་ཀྱི་རྒྱལ་པོ་ལ། །སྐལ་བཟང་ཆོས་ཀྱི་རྒྱ་མཚོའི་སྟེས། །གུས་ལྡན་བློ་མཆོ་ལས་འོངས་པའི། །གསོལ་བཏབ་གསེར་གྱི་དོ་ཤལ་གྱིས། མགུལ་པ་བཀྲ་བར་བྱས་པ་ཡིས། །ལེགས་དགུའི་སྐྱེས་བཟང་བསྟུལ་བ་ཡིན། །དེ་ལས་བྱུང་བའི་དགེ་བ་ཡིས། །འགྲོ་ཀུན་སྙིང་པོའི་ལམ་ཞུགས་ནས། །སྒྲིབ་བྲལ་དུས་ཀྱི་འཁོར་ལོ་ཡི། །གོ་འཕང་ཐོབ་པར་གྱུར་ཅིག་གྱུ། ཆོས་འདི་ལ་མོས་པས་ངེས་པའི་དོན་ལ་བློའི་སྣང་བ་རྒྱས་པ་བླ་མ་ནམ་ལངས་པ་དང་། བླ་མ་གསལ་ཡངས་པ་དང་། བཤེས་གཉེན་དཀོན་མཆོག་ཆོས་རྒྱལ་དང་། དཔལ་འབྱོར་ཕུན་ཚོགས་རྣམས་དང་། རིག་བྱེད་ཀྱི་དབང་པོ་དར་པོ་རྣམས་ཀྱིས་སྦྱིན་བདག་བགྱིས་ཏེ། བསྙེན་སྒྲུབ་རས་ཆེན་པ་དང་བླ་མ་བློ་གྲོས་འོད་ཟེར་པས་དཔར་ཞིང་བསྒྲུབས་ཤིང་། ཟམ་གྱི་མཁས་པ་ལྷ་སྐྱབས་རྡོ་རྗེས་ཡི་གེར་བཀོད་ནས། དཔོན་དར་ཁོ་དཔོན་སློབ་ཀྱིས། དུས་ཀྱི་འཁོར་ལོ་གངས་ཅན་དུ་ཕེབས་ནས་ལོ་བཞི་བརྒྱ་བདུན་ཅུ་པ་མེ་ཕོ་འབྲུག་གི་ལོ་ལ་དཔར་དུ་བསྒྲུབ་སྟེ་སྦྱིན་པར་བྱ་བའི་ཆོས་སོ། །

གང་ཡང་འདི་ལས་བྱུང་བའི་དགེ་བ་དེས། སྦྱིན་བདག་རྣམས་དང་། ཡི་གེ་པ་དང་། བརྐོས་ཀྱི་རིག་བྱེད་པ་རྣམས་དང་། མ་དང་ཕ་དང་། མཁན་པོ་དང་། སློབ་དཔོན་དང་། དགེ་བའི་བཤེས་གཉེན་སྟོན་དུ་འགྲོ་བའི་སེམས་ཅན་གྱི་ཕུང་པོས་བླ་ན་མེད་པའི་ཡེ་ཤེས་ཀྱི་འབྲས་བུ

དཔལ་མཆོག་གི་དང་པོའི་སངས་རྒྱས་དུས་ཀྱི་འཁོར་ལོ་མྱུར་དུ་ཐོབ་པར་གྱུར་ཅིག །བསོད་ནམས་འདི་ཡིས་འགྲོ་རྣམས་དུ་བ་ལ་སོགས་ལམ་གྱི་ལྷན་སྐྱེས་བདེ་བ་མཆོག་བསྒོམས་ཏེ། །འགྲོ་བའི་བླ་མ་སུམ་ཅུ་རྩ་གཉིས་མཚན་ལྡན་སྐུ་འདི་ཆོས་ཀྱི་འཁོར་ལོར་ཡང་དག་གནས། །ལྷ་རྣམས་མགོ་ཡི་གཙུག་གི་ནོར་བུའི་འོད་ཟེར་ཚོགས་ཀྱིས་ཞབས་ཀྱི་པདྨ་ལ་གཏུགས་ཤིང་། །དམ་པའི་ལམ་སྟོན་ཉིན་བྱེད་བཞིན་དུ་མུན་པ་ཀུན་འཇོམས་དུས་ཀྱི་འཁོར་ལོ་ཉིད་གྱུར་ཅིག །དུས་འཁོར་གསང་བ་ལེགས་རྟོགས་དམ་ཚིག་ཡོངས་ལྡན་ཞིང་། །འདི་སྟོན་བླ་མའི་རྗེས་འབྲངས་རྡོ་རྗེ་སྤུན་ལ་སོགས། །ཕན་ཚུན་ལེགས་པར་སློ་ཞིང་འཁོན་དུ་མི་འཛིན་དང་། །དམ་ཚིག་རྡོ་རྗེ་གླེང་སློང་དལ་གྱིས་གནས་པར་ཤོག །མ་རུངས་དམ་བྲལ་ངན་པའི་ལས་བྱེད་ཅིང་། །རྣལ་འབྱོར་ཆེད་དུ་མི་གཉེར་སྐྱེ་བོ་གང་། །དེ་དག་མི་འགྲོགས་དེ་ཡིས་མི་མཐོང་དང་། །རང་སྟུག་བླ་མ་རྡོ་རྗེ་མཆོད་པར་ཤོག །རྩོད་ལྡན་དུས་སུ་གསང་ཆེན་སྟོན་བྱེད་དང་། །མུ་སྟེགས་སྐྱེ་བོ་ངན་པའི་ལྟ་འཇོམས་ཤིང་།། གང་དེའི་ལྟ་བ་དབྱིངས་ནས་འདོན་བྱེད་པའི། །དེ་དག་འདུལ་བའི་དེད་དཔོན་དེ་བྱེད་ཤོག །སྙིང་ན་བྱང་ཆུབ་སེམས་དཔའ་གང་དག་བདུད་ཀྱི་ཕྱོགས་གནས་ལྷ་མ་ཡིན་རྣམས་མཆོག་ཏུ་འཇིགས་བྱེད་དང་། །མི་ཡི་འཇིག་རྟེན་དག་ན་ཕྱོགས་དང་ཕྱོགས་བྲལ་དུ་གནས་ཁྲོ་བོའི་རྒྱལ་པོ་བཙུན་མོར་བཅས་རྣམས་དང་། །ས་འོག་དག་ན་གདེངས་ཅན་དབང་པོ་གང་དག་གདོན་ཚོགས་མི་དགེ་དུས་ཀུན་ཏུ་ནི་འཆིང་བྱེད་པ། །དེ་རྣམས་ཐམས་ཅད་ཉིན་ཞག་སོ་སོའི་དུས་སུ་མི་ཤེས་འཇིག་རྟེན་ཀུན་ནས་སྐྱོང་བར་བྱེད་གྱུར་ཅིག །སརྦ་མངྒ་ལཾ།། །།

༄༅། །དུས་འཁོར་བླ་མ་བརྒྱུད་པའི་རྣམ་ཐར་བཞུགས་སོ། །

སྟོང་ར་མཁན་ཆེན་ཀུན་དགའ་ལེགས་གྲུབ་ཀྱིས་མཛད།

ཤྲཱི་ཀཱ་ལ་ཙཀྲ་ན་མཿ བླ་མ་དཔལ་ལྡན་དུས་འཁོར་ལ། །སྒོ་གསུམ་གུས་པས་ཕྱག་བཙལ་ཏེ། །དུས་འཁོར་བླ་མ་བརྒྱུད་པ་ཡི། །རྣམ་པར་ཐར་པ་བརྗོད་པར་བྱ། །དེ་ལ་རྣམ་པ་དྲུག་ཡིན་ཏེ། །སྟོན་པས་དུས་འཁོར་གསུངས་པའི་ཚུལ། །སྡུས་པ་པོ་ཡིས་བསྡུས་པའི་ཚུལ། །དེ་ཡི་བསྟན་པ་གནས་པའི་ཚུལ། །ཆོས་རྒྱལ་རིམ་པར་བརྒྱུད་པའི་ཚུལ། །འཕགས་པའི་ཡུལ་དུ་དར་བའི་ཚུལ། །ཁ་བ་ཅན་དུ་འཕེལ་བའི་ཚུལ། །ལམ་གྱི་རྣམ་གཞག་བཤད་ཚུལ་རྣམས། །སོ་སོར་ངེས་པར་བྱ་བའོ། །

དང་པོ་ནི། ཞིང་གི་གནས་ཚུལ་སྔོན་དུ་འགྲོ་སྟེ། འཛམ་གླིང་ཆུང་ངུ་འདིའི་ལྷོ་ནས་བྱང་དུ་འཕགས་པའི་ཡུལ་དང་། བོད་དང་། ལི་དང་། རྒྱ་ནག་དང་། ཤཾ་བྷ་ལ་དང་གངས་ལྡན་རྣམས་རིམ་པ་བཞིན་དུ་གནས་སོ། །དེ་ལ་ཤཾ་བྷ་ལའི་ཡུལ་དེ་ཡང་རྒྱར་དཔག་ཚད་སུམ་སྟོང་ཡོད་པ་གངས་རིའི་མུ་ཁྱུད་ཀྱིས་བསྐོར་ཞིང་། ཆུས་བཅད་པའི་ས་པདྨ་འདབ་བརྒྱད་ཀྱི་རྣམ་པར་གནས་པ། དེའི་དབུས་ན་དཔག་ཚད་སྟོང་ཕྲག་གཅིག་པའི་ལྟེ་བ་ཟླུམ་ཞིང་མཐོ་བ་ཀཻ་ལ་ཤར་གྲགས་པ། དེའི་དབུས་ན་ཀཱ་ལ་པ་ཞེས་བྱ་བའི་ཕོ་བྲང་ཞིང་དཔག་ཚད་བཅུ་གཉིས་པ་གྲོང་ཁྱེར་བྱེ་བས་ཉེ་བར་བསྐོར་བ། ཕོ་བྲང་དེའི་ལྷོ་ཕྱོགས་ན་མ་ལ་ཡའི་སྐྱེད་མོས་ཚལ། ཚལ་དེའི་ཤར་ན་ཉེ་བའི་ཡིད་ཀྱི་མཚོ། ནུབ་ན

པདྨ་དཀར་པོའི་མཚོ། དེ་གསུམ་ག་དཔག་ཚད་བཅུ་གཉིས་ཀྱི་ཚད་མཉམ་པའོ། །ཁྲི་རོལ་གྱི་འདབ་མ་རེ་རེ་ལ་གྲོང་འབུམ་ཕྲག་རེ་རེས་བརྒྱན་པའི་ཡུལ་འཁོར་བརྒྱ་ཕྲག་རེ་རེ་ཡོད་ཅིང་། ཡུལ་ཆེན་པོ་རེ་རེ་ལ་དབང་བསྒྱུར་པའི་རྒྱལ་པོ་དགུ་བཅུ་རྩ་དྲུག་གིས་ཆོས་ཀྱི་འཁོར་ལོས་བསྒྱུར་པའི་རྒྱལ་པོའི་བཀའ་ཉན་ཞིང་འདུད་པར་བྱེད་དོ། །དེ་ལྟར་ན་འདབ་མ་རྣམས་ལ་གྲོང་བྱེ་བ་ཕྲག་དགུ་བཅུ་རྩ་དྲུག་ཡོད་དོ། །དེ་རྣམས་ཀྱི་མགོན་དུ་གྱུར་པ་སྤྲུལ་པའི་ཆོས་ཀྱི་རྒྱལ་པོ་ཉི་མའི་འོད་དང་ཟླ་བཟང་ལ་སོགས་རིམ་པར་བྱོན་ནོ༎

ཡང་འཕགས་ཡུལ་གྱི་ལྷོ་ཕྱོགས་སུ་སྔོན་དྲང་སྲོང་གིས་འབྲས་སོ་བའི་ཆར་བབ་པས་འབྲས་སྤུངས་སུ་གྲགས་པ་ནི། མཚོའི་དབུས་སུ་ཤྲཱི་དྷཱ་ནྱ་ཀ་ཊ་ཀ་སྟེ་འབྲས་སྤུངས་ཀྱི་མཆོད་རྟེན་ཕྱེད་མཚོ་ནང་དུ་ནུབ་པ། ནང་དུ་དབུས་སུ་དཔག་ཚད་དྲུག་དང་རྒྱང་གྲགས་གཅིག་ཡོད་པ། བུམ་པའི་ཕྱི་རོལ་གྱི་ཤར་དུ་ཁྱབ་འཇུག །ལྷོར་སྨིན་དྲུག་གི་བུ། ནུབ་ཏུ་ཚངས་པ། བྱང་དུ་དབང་ཕྱུག་གིས་གཙུགས་པའི་ཀ་བ་བདུན་བདུན་ཡོད་པས་རྒྱ་སྐར་གྱི་དཀྱིལ་འཁོར། མཚོ་དེའི་ཕྱི་རོལ་ཏུ་ར་བ་རིམ་པ་གསུམ། སྒོ་གསུམ་རིམ་པ་གསུམ། དེ་ནས་སྟོན་པས་དུས་འཁོར་གསུངས་ཚུལ་ལ་ཕུན་སུམ་ཚོགས་པ་ལྔ་སྟེ། དུས་ཚོགས་པ་ནི། སྟོན་པ་ཤཱཀྱ་སེངྒེ་འཛམ་བུ་གླིང་དུ་སངས་རྒྱ་བའི་ཚུལ་བསྟན་ནས་ཟླ་བ་བཅུ་གཉིས་སོང་བ་ནག་པའི་ཉ་ལའོ། །གནས་ཕུན་སུམ་ཚོགས་པ་དཔལ་ལྡན་འབྲས་སྤུངས་ཀྱི་མཆོད་རྟེན་གྱི་ནང་དུ་བདེ་བ་ཆེན་པོའི་གནས་རྡོ་རྗེ་དབྱིངས་ཀྱི་དཀྱིལ་འཁོར་ཆེན་པོར་རྡོ་རྗེ་སེངྒེའི་ཁྲི་ལའོ། །སྟོན་པ་ཕུན་སུམ་ཚོགས་པ་ནི། ཤཱཀྱ་ཐུབ་པ་དུས་ཀྱི་འཁོར་ལོའི་ཏིང་ངེ་འཛིན་ལ་སྙོམས་པར་བཞུགས་ཏེ་འོག་ཏུ་ཆོས་དབྱིངས་གསུང་དབང་གི་དཀྱིལ་འཁོར། སྟེང་དུ་དཔལ་ལྡན་རྒྱ་སྐར་གྱི་དཀྱིལ་འཁོར་སྦྲུས། དཀྱིལ་འཁོར་བཀོད་པའི་འཁོར་སངས་རྒྱས་དང་བྱང་ཆུབ་སེམས་དཔའ། ཁྲོ་བོ་དང་

མཁའ་འགྲོ་མ་རྣམས་ཀྱིས་བསྐོར་བའོ། །འཁོར་ཕུན་སུམ་ཚོགས་པ་ནི། ཤཾ་བྷ་ལའི་རྒྱལ་པོ་བགེགས་མཐར་བྱེད་ཀྱི་སྤྲུལ་པ་ཉི་མའི་འོད་དང་། བཙུན་མོ་རྣམ་པར་རྒྱལ་མའི་སྲས་ཕྱག་ན་རྡོ་རྗེའི་སྤྲུལ་པ་ཟླ་བ་བཟང་པོ་སྤྲུལ་པའི་རྒྱལ་པོ་དགུ་བཅུ་རྩ་དྲུག་གིས་བསྐོར་བ། ལྷ་དང་ལྷ་མ་ཡིན་དང་། མཁའ་འགྲོ་དང་མཁའ་འགྲོ་མ་ལ་སོགས་པའི་འཁོར་དཔག་ཏུ་མེད་པ་དང་བཅས་པ་རྫུ་འཕྲུལ་གྱིས་འོངས་ཏེ་བཅོམ་ལྡན་འདས་ལ་བསྐོར་བ་དང་། མཆོད་སྟོན་དུ་འགྲོ་བས་ཞབས་ཀྱི་པདྨ་ལ་རིན་པོ་ཆེའི་མེ་ཏོག་གིས་མཆོད་ཅིང་ཡང་དང་ཡང་དུ་ཕྱག་འཚལ་བའོ། །ཆོས་ཕུན་སུམ་ཚོགས་པ་ནི། འཇིག་རྟེན་དང་འཇིག་རྟེན་ལས་འདས་པའི་དངོས་གྲུབ་སྒྲུབ་པའི་དོན་དུ། དུས་ཀྱི་འཁོར་ལོའི་དབང་རྒྱུད་མན་ངག་སོགས་ཆོས་ཀྱི་འཁོར་ལོ་རྒྱ་ཆེན་པོ་བསྐོར་རོ། །

གཉིས་པ་ནི། རྒྱལ་པོ་ཟླ་བ་བཟང་པོས་ཤཾ་པ་ལར་བྱོན། མཆོག་གི་དང་པོའི་སངས་རྒྱས་རྩ་བའི་རྒྱུད་སྟོང་ཕྲག་བཅུ་གཉིས་པ་བསྡུས་ཤིང་གླེགས་བམ་དུ་བྲིས། དེའི་འགྲེལ་པ་སྡེབ་སྦྱོར་རྗེས་སུ་སྟུགས་པའི་སྟོང་ཕྲག་དྲུག་ཅུ་པ་མཛད། གྲོང་ཁྱེར་བྱེ་བ་ཕྲག་དགུ་བཅུ་རྩ་དྲུག་ན་གནས་པའི་སྐལ་བ་དང་ལྡན་པ་རྣམས་ལ་དབང་བསྐུར་ཏེ་རྒྱུད་དང་མན་ངག་ལེགས་པར་བསྟན་པས་དེ་དག་གིས་ཀྱང་ཉན་ཅིང་གླུགས་ཏེ་རང་གི་སེམས་ལ་བཟུང་ནས་གཞན་དག་ལ་ཡང་རྒྱ་ཆེར་རབ་ཏུ་བསྟན། རྒྱུད་བསྟན་པའི་ལོ་གཉིས་པ་ལ་ཀ་ལ་པའི་ལྷོ་ཕྱོགས་མ་ལ་ཡའི་ཚལ་གྱི་དབུས་སུ་རིན་པོ་ཆེ་སྣ་ལྔ་ལས་གྲུབ་པའི་དཀྱིལ་འཁོར་ཁང་པ་ཤིན་ཏུ་ཆེ་ཞིང་ཡངས་པའི་ནང་དུ་རིན་པོ་ཆེ་སྣ་ལྔའི་རང་བཞིན་གྱི་དཔལ་དུས་ཀྱི་འཁོར་ལོའི་སྐུ་གསུང་ཐུགས་ཡོངས་སུ་རྫོགས་པའི་དཀྱིལ་འཁོར་འདོམ་བཞི་བརྒྱ་པ་བཞེངས་ཤིང་རྫུ་འཕྲུལ་བསྟན་ནས་སྲས་སའི་སྙིང་པོའི་སྤྲུལ་པ་ལྷ་དབང་སེངྒེའི་ཁྲི་ལ་ཆོས་སྟོན་པར་བཀོད་དེ། ལོངས་སྤྱོད་རྫོགས་པའི་སྐུ་དེ་ཉིད་དུ་གཤེགས

སོ། །

གསུམ་པ་ནི། ས་དུམ་བུ་བཅུ་གཉིས་སུ་བསྟན་པ་ལོ་ཉི་ཁྲི་ཆིག་སྟོང་དྲུག་བརྒྱ་གནས་ཤིང་། དེ་ལ་རྫོགས་ལྡན། གསུམ་ལྡན། གཉིས་ལྡན་རྣམས་ལྔ་སྟོང་བཞི་བརྒྱ་རེ་རེ་གསུངས། གླིང་བཅུ་གཉིས་རེ་རེར་སྟོང་བརྒྱད་བརྒྱ་རེ་གནས་པར་གསུངས་སོ། །

བཞི་པ་ནི། ལྷ་དབང་གིས་ཀྱང་ལོ་བརྒྱའི་བར་དུ་རྩ་རྒྱུད་འགྲེལ་པ་དང་བཅས་པའི་ཆོས་བསྟན། དེ་ནས་དེའི་སྲས་གཤིན་རྗེ་མཐར་བྱེད་ཀྱི་སྤྲུལ་པ་གཟི་བརྗིད་ཅན། དེའི་སྲས་སྒྲིབ་པ་རྣམ་སེལ་གྱི་སྤྲུལ་པ་ཟླ་བས་བྱིན་དང་། དེ་སྲས་ཕྱུགས་བྱེད་ཀྱི་སྤྲུལ་པ་ལྷའི་དབང་ཕྱུག །དེའི་སྲས་ཧ་མགྲིན་གྱི་སྤྲུལ་པ་སྣ་ཚོགས་གཟུགས། དེའི་སྲས་མཁའ་སྙིང་གི་སྤྲུལ་པ་ལྷའི་དབང་ལྡན་རྣམས་ཀྱང་སེངྒེའི་ཁྲི་ལ་རྩ་རྒྱུད་རྩ་འགྲེལ་བསྟན་ནོ། །དེ་ནས་མཁའ་སྙིང་གི་སྲས་འཇམ་དཔལ་གྱི་སྤྲུལ་པ་གྲགས་པས་སེངྒེའི་ཁྲི་ལ་ལོ་བརྒྱར་རྩ་རྒྱུད་རྩ་འགྲེལ་བསྟན་ནས། དེ་བཞིན་གཤེགས་པས་ལུང་བསྟན་པའི་སྟོབས་ཀྱིས་ཀཱ་ལ་པའི་གྲོང་ན་གནས་པའི་ཚངས་པའི་དྲང་སྲོང་བྱེ་བ་ཕྲག་ཕྱེད་དང་བཞི་ལ་སོགས་པ་རྣམས་སད་པར་མཛད་ནས་ནག་པའི་ཉ་ལ་མ་ལ་ཡའི་ཚལ་གྱི་དཀྱིལ་འཁོར་ཆེན་པོར་བཅུག་ནས་འཇིག་རྟེན་དང་འཇིག་རྟེན་ལས་འདས་པའི་དབང་བསྐུར་རྩ་བའི་རྒྱུད་སྟོང་ཕྲག་བཅུ་གཉིས་པ། ཕྲེང་བ་འཛིན་པའི་སྦྱིབ་སྦྱོར་གྱིས་སྟོང་སུམ་ཅུ་པ་ཡང་དག་པར་བསྡུས་ཤིང་དེ་ཡང་འཇིག་རྟེན་ཁམས་ལེ་ལ་བརྒྱ་རེ་དགུ། ནང་ལེ་ལ་བརྒྱ་དོན་གསུམ། དབང་ལེ་ལ་ཉི་བརྒྱ་དང་གསུམ། སྒྲུབ་ལེ་ལ་ཉི་བརྒྱ་དང་སོ་བཞི། ཡེ་ལེ་ལ་ཉི་བརྒྱ་དང་ང་གཅིག་སྟེ་རྩ་རྒྱུད་ལས་ཕྱུང་བའི་ཤློ་ཀ་སྟོང་སུམ་ཅུ་དང་ཁམས་ལེར་རབ་མཆོག་པ་གཞི་ཞེས་ཤློ་ཀ་གཅིག་གང་ཞིག་མི་ཡི་སོགས་སློབ་དཔོན་མཉེས་པ་དང་། ཇི་ལྟར་བསྡུས་པ་དང་དགེ་བ་བསྔོ་བ་དང་། གྲགས་པ་བདག་ལ་ཨུཏྲ

ལའི་དཔེ་སྟོན་པར་མཛད་པ་རྣམས་ལེགས་པར་བསྟན། རིགས་བཞི་མཐའ་དག་རྡོ་རྗེའི་རིགས་གཅིག་ཏུ་མཛད་པས་རིགས་ལྡན་ཞེས་མཚན་གསོལ། དེ་མན་ཆད་རྣམས་ལའང་རིགས་ལྡན་དུ་གྲགས། ཉི་མའི་ཤིང་རྟ་སོགས་དྲང་སྲོང་རྣམས་ཟླ་བ་ཕྱི་མ་ས་གའི་ཉའི་ཐོ་རངས་ལ་ཕྱག་རྒྱ་ཆེན་པོའི་དངོས་སྒྲུབ་བརྙེས་སོ། །རང་གི་སྲས་སྤྱན་རས་གཟིགས་ཀྱི་སྤྲུལ་པ་པདྨ་དཀར་པོ་ལ་འགྲེལ་བཤད་རྩོམ་པར་བསྐོས་ཤིང་ལོངས་སྤྱོད་རྫོགས་པའི་སྐུ་དེ་ཉིད་དུ་ཐིམ་མོ། །པདྨ་དཀར་པོས་འགྲེལ་བཤད་སྟོང་ཕྲག་བཅུ་གཉིས་པ་དྲི་མ་མེད་པའི་འོད་དང་དོན་དམ་བསྙེན་པ་མཛད། ལོ་བརྒྱར་ཆོས་བསྟན། དེ་བཞིན་དུ་དེའི་སྲས་གཤིན་རྗེ་མཐར་བྱེད་ཀྱི་སྤྲུལ་པ་བཟང་པོ། དེའི་སྲས་ས་སྙིང་གི་སྤྲུལ་པ་རྣམ་རྒྱལ། དེའི་སྲས་རྨུགས་བྱེད་ཀྱི་སྤྲུལ་པ་བཤེས་གཉེན་བཟང་པོ། དེའི་སྲས་སྒྲིབ་སེལ་སྤྲུལ་པ་ཕྱག་དམར། དེའི་སྲས་ཁེངས་བྱེད་ཀྱི་སྤྲུལ་པ་ཁྱབ་འཇུག་སྦས་པ། དེའི་སྲས་ནམ་སྙིང་གི་སྤྲུལ་པ་ཉི་མ་གྲགས། དེའི་སྲས་བགེགས་དགྲའི་སྤྲུལ་པ་ཤིན་ཏུ་བཟང་། དེའི་སྲས་ཕྱག་རྡོར་གྱི་སྤྲུལ་པ་རྒྱ་མཚོ་རྣམ་རྒྱལ། དེའི་སྲས་གཤིན་རྗེ་མཐར་བྱེད་ཀྱི་སྤྲུལ་པ་རྒྱལ་དཀའ། དེའི་སྲས་ས་སྙིང་གི་སྤྲུལ་པ་ཉི་མ་དང་། དེའི་སྲས་རྨུགས་བྱེད་ཀྱི་སྤྲུལ་པ་སྣ་ཚོགས་གཟུགས། དེའི་སྲས་སྒྲིབ་སེལ་གྱི་སྤྲུལ་པ་ཟླ་བའི་འོད་དང་། དེའི་སྲས་ཁེངས་བྱེད་ཀྱི་སྤྲུལ་པ་མཐའ་ཡས་དང་། དེའི་སྲས་ནམ་སྙིང་གི་སྤྲུལ་པ་ས་སྐྱོང་དང་། དེའི་སྲས་བགེགས་དགྲའི་སྤྲུལ་པ་དཔལ་སྐྱོང་དང་། དེའི་སྲས་ཕྱག་རྡོར་གྱི་སྤྲུལ་པ་སེངྒེ་དང་། དེའི་སྲས་གཤིན་རྗེ་གཤེད་ཀྱི་སྤྲུལ་པ་རྣམ་པར་གནོན་པ་དང་། དེའི་སྲས་ས་སྙིང་གི་སྤྲུལ་པ་སྟོབས་པོ་ཆེ་དང་། དེའི་སྲས་རྨུགས་བྱེད་ཀྱི་སྤྲུལ་པ་མ་འགགས་པ་དང་། དེའི་སྲས་སྒྲིབ་སེལ་གྱི་སྤྲུལ་པ་མིའི་སེངྒེ་དང་། དེའི་སྲས་མཁའ་སྙིང་གི་སྤྲུལ་པ་དབང་ཕྱུག་ཆེན་པོ་དང་། དེའི་སྲས་ཕྱག་རྡོར་གྱི་སྤྲུལ་པ་མཐའ་

ལས་རྣམ་རྒྱལ་དང་། དེའི་སྲས་འཇམ་དཔལ་གྱི་སྤྲུལ་པ་རིགས་ལྡན་དྲག་པོ་འཁོར་ཅན་བྱུང་ངོ་། །དེ་དག་ལས་གཟི་བརྗིད་ཅན་དང་། མ་ག་དྷའི་གྲོང་ཁྱེར་སྐྱ་བོའི་བུར་སྐྱོབས་ཀྱི་འཁོར་ལོས་སྒྱུར་བ་ཆོས་རྒྱལ་མྱ་ངན་མེད་བྱུང་བ་དུས་མཉམ། སྣ་ཚོགས་གཟུགས་དང་། སློབ་དཔོན་ཀླུ་སྒྲུབ་བྱོན་པ་དུས་མཉམ། དེའི་སྐྱ་ཚེའི་རིང་ལ་རིགས་ལྡན་རྣམ་རྒྱལ་ཡན་ཆད་རྫོགས། རྣམ་རྒྱལ་རྒྱལ་སར་བསྐོས་པ་དང་། འཕགས་པ་ཐོགས་མེད་བྱོན་པ་དུས་མཉམ་མོ། །རིགས་ལྡན་དྲག་པོའི་སྲས་ལ་གཉིས། འཇམ་དཔལ་གྱི་སྤྲུལ་པ་ལྷའི་དབང་པོ་དང་། འཇིག་རྟེན་དབང་ཕྱུག་གི་སྤྲུལ་པ་ཚངས་པའོ། །དེ་གཉིས་ཀྱི་རྒྱབ་དང་མདུན་གྱི་དུམ་བུར་ཆོས་སྟོན་ཞིང་། དེར་རྗེས་འོད་སྲུང་ལ་སོགས་པའི་མི་བདག་བརྒྱད་ཀྱིས་དུམ་བུ་རེ་རེར་ཆོས་སྟོན་པ་ཉིད་དོ། །

ལྔ་པ་ནི། ཟླ་བ་རྣམས་རྒྱ་གར་ཤར་ཕྱོགས་ཨོ་ཊྲི་སར་རྣལ་འབྱོར་པ་གཅིག་ལ་སྲས་གཅིག་འཁྲུངས། དེ་རབ་ཏུ་བྱུང་ཙི་ལུ་པ་ཞེས་བྱ། སྡེ་སྣོད་མཐའ་དག་ལ་སྦྱངས་ཤིང་རིག་པའི་གནས་ལྔ་ལ་མཁས་པས་ཙི་ལུ་པཎྜི་ཏར་གྲགས། སྔགས་ཀྱི་སྡེ་སྣོད་ཐམས་ཅད་གསན། རཏྣ་གི་རི་བི་ཧ་ར་དང་། བི་ཀྲ་མ་ལ་ཤཱི་ལ་དང་། ན་ལེནྡྲ་རྣམས་སུ་སྡེ་སྣོད་ཀྱི་སྒྲོ་ཏི་མཐའ་དག་གཟིགས་ཤིང་ཁྱད་པར་ཏུ་རྟ་ཁའི་གནོད་པ་མི་འབྱུང་བ་རིན་ཆེན་རི་བོར་སྔགས་ཀྱི་སྒྲོ་ཏི་གཟིགས་པས་ཚེ་གཅིག་གིས་སངས་རྒྱས་འགྲུབ་པ་ལ་སྔགས་ཀྱི་ཐེག་པ་དགོས་ཤིང་། ཁྱད་པར་དུ་བྱང་ཆུབ་སེམས་དཔའི་འགྲེལ་པས་གསལ་བར་བྱས་པ་དགོས་ལ། དེ་ཤཾ་བྷ་ལ་ན་ཡོད་པར་མཁྱེན་ནས། ཡི་དམ་གྱི་ལྷས་ལུང་བསྟན་པ་ལ་བརྟེན་ནས། རྒྱ་མཚོར་ནོར་བུ་ལེན་པའི་ཚོགས་པ་དང་འགྲོགས་ཏེ། རྒྱ་མཚོ་ལ་བརྒལ་བ་ན་ཚོང་པ་རྣམས་དང་ཟླ་བ་དྲུག་གིས་འཛོམས་དུས་བྱས་ཏེ་སོ་སོར་ཞུགས་སོ། །དེ་ནས་སློབ་དཔོན་གྱིས་རིམ་གྱིས་བྱོན་པས་རི་གཅིག་གི་སྟེང་དུ་འཛེགས

པ་དང་མི་ཞིག་དང་ཕྲད་པས་དེ་ན་རེ། ཁྱོད་གར་འགྲོ་ཟེར་བ་ལ། ཤཾ་ལྷ་ལས་བྱང་ཆུབ་སེམས་དཔའི་སྐོར་ཆོལ་དུ་འགྲོ་བྱས་པས། དེར་ཤིན་ཏུ་འགྲོ་དཀའ་སྟེ་ཤེས་པ་བྱུང་ན་འདིར་ཡང་མཉན་པས་ཆོག་མོད་གསུང་བ་དང་། འཇམ་དཔལ་གྱི་སྤྲུལ་པར་ཤེས་ཏེ། ཕྱག་བྱས་མཎྜལ་ཕུལ་གསོལ་བ་བཏབ་པས། དབང་རྒྱུད་འགྲེལ་མན་ངག་མཐའ་དག་གནང་ཞིང་རྗེས་སུ་བཟུང་ནས་མེ་ཏོག་གཅིག་སྤྱི་བོར་བཞག་སྟེ། བྱང་ཆུབ་སེམས་དཔའི་སྐོར་མ་ལུས་པ་ཡོངས་སུ་ཆུད་པར་གྱུར་ཅིག་ཅེས་བྱིན་གྱིས་བརླབས་ནས། ཆུ་སྟོད་གཅིག་ནས་གཅིག་ཏུ་བྱོ་བ་ལྟར་བྱང་ཆུབ་སེམས་དཔའི་སྐོར་མ་ལུས་པ་ཡོངས་སུ་ཆུད་པར་གྱུར་ཏོ། །ཚུར་བྱོན་པ་དང་ཚོང་པ་རྣམས་དང་འཛོམས་ཏེ། སླར་རྒྱ་གར་ཤར་ཕྱོགས་སུ་བྱོན་ནོ། །དེ་ནས་སློབ་དཔོན་དེས་ཀ་ཧེ་ཀའི་རྒྱལ་པོའི་སར་བཞུགས་པས། སློབ་མ་གསུམ་བྱུང་། དེ་རྣམས་ཀྱིས་རྒྱུད་འགྲེལ་རྣམས་གླེགས་བམ་དུ་འབྲི་བར་ཞུས་ནས་བྲིས་སོ། །སློབ་མ་གཅིག་ཐ་མལ་གཅིག་བྱུང་། གཅིག་རྒྱལ་བའི་འབྱུང་གནས་སྦས་པ་ཞེས་པ་གྲུབ་པ་བརྙེས་པ་གཅིག་བྱུང་། གཅིག་ཤར་ཕྱོགས་ཧྭ་ག་ལར་འཁྲུངས་པའི་པི་ཏོ་ཨཱ་ཙརྱ་འམ། པཎྜི་ཏ་ཨཱ་ཙརྱ་ཞེས་པ་མཁས་པ་ཞིག་བྱུང་སྟེ། དེས་བྱང་ཆུབ་སེམས་དཔའི་སྐོར་མ་ལུས་པ་ཐུགས་སུ་ཆུད་ཅིང་། ཐུགས་ཉམས་སུ་བཞེས་ཏེ། དེ་ནས་ཡུལ་དེར་རྒྱལ་པོ་གཞན་གྱི་དམག་བྱུང་སྟེ། རྒྱུད་འགྲེལ་གྱི་དཔེ་ཐམས་ཅད་དངོས་དུ་སྦས་ཏེ་བྲོས། དམག་གྱེས་ནས་བལྟས་པས་བདེ་དགྱེས་གཉིས་ཀྱི་འགྲེལ་པའི་སྨད་མི་འདུག་ནས། འབྲི་བར་ཞུས་པས། མཁའ་འགྲོ་མས་སྦས་པས་བྲིར་མི་རུང་གསུང་ནས་མ་གནང་། ཅོ་ལུ་བ་སླར་རྒྱ་གར་ཤར་ཕྱོགས་སུ་གཤེགས་སོ། །དེ་ནས་པཎྜི་ཏ་ཨཱ་ཙརྱ་དེས། བ་རེནྡྲར་སྐུ་འཁྲུངས་པའི་སློབ་དཔོན་དུས་ཞབས་པ་ཆེན་པོ་ལ་གསུངས་ཤིང་། དེས་ཀྱང་སྔར་བཞིན་དུ་མཁྱེན་ཅིང་ཐུགས་ཉམས་སུ་བཞེས་སོ། །དེ་ནས་རྒྱ་གར་ཤར་

ཕྱོགས་མེ་ཏོག་ཁྲིམ་ཞེས་བྱ་བར་བཞུགས་པས་སློབ་མའི་མཆོག་བཞི་བྱུང་སྟེ་དུས་ཞབས་པ་ཆུང་ངུ་དང་། འདུལ་བ་གནས་བློ་གྲོས་དང་། སེངྒེ་རྒྱལ་མཚན་དང་། མཐའ་ཡས་རྣམས་སོ། །དེ་ལ་དུས་ཞབས་པ་ཆུང་བ་ནི་མཉྫུ་ཤྲཱི་ཤར་ཕྱོགས་སུ་སྐུ་འཁྲུངས། མཚན་སོ་རྫི་པ་ཞེས་ཀྱང་ཟེར། ནཱ་ལེནྡྲ་པ་ཞེས་ཀྱང་ཟེར་རོ། །དུས་ཞབས་པ་ཆུང་བ་དེ་མ་ག་དྷར་དར་ནས། ཐམས་ཅད་དུ་དར་བར་གྱུར་སྙམ་དུ་དགོངས་ནས། མ་ག་དྷའི་རྒྱལ་པོ་ཤིང་སྟན་ཅན་གྱིས་བྱེད་ཅིང་། སེན་ྡྷ་བས་ཨོ་ཏནྟ་པུ་རིའི་གཙུག་ལག་ཁང་འཛིན་པའི་དུས་སུ། ནཱ་ལེནྡྲར་བྱོན་ནས། གཙུག་ལག་ཁང་གི་སྒོ་གོང་དུ་རྣམ་བཅུ་དབང་ལྡན་གྱི་སྔགས་བྲིས། དེའི་འོག་ཏུ་གང་ཞིག་དང་པོའི་སངས་རྒྱས་མི་ཤེས་པ་དེ་རྣམས་ཀྱིས་མཚན་ཡང་དག་པར་བརྗོད་པ་མི་ཤེས་ཞེས་པ་ནས། རྡོ་རྗེ་འཛིན་པའི་ལམ་དང་བྲལ་བ་སྟེ་འཁོར་བ་པའོ། །ཞེས་པའི་བར་བྲིས་པས། པཎྜི་ཏ་ལྔ་བརྒྱ་ཙམ་བཞུགས་པ་རྣམས་མ་རངས་པར་བརྩད་པས། ཆོས་ཀྱི་རང་བཞིན་ཟབ་ཅིང་རྒྱ་ཆེ་བས་ཐམས་ཅད་བརྟུལ་ནས་སློབ་མར་གྱུར་ཏེ། ཁྱད་པར་དུ། མཉྫུ་ཀཱིརྟི་དང་། ཨ་བྷི་ཡུཀྟ་དང་། པཎྜི་ཏ་བོ་པ་དང་། རྡོ་བྱང་ཆུབ་སེམས་དཔའ་དང་། ཨ་བྷྱ་ཡ་དང་། པུཎྱ་ཆེན་པོ་དང་། ཁ་ཆེ་གསྟི་ར་དང་། ཤཱནྟི་གུཔྟ་དང་། ཀུ་ན་རཀྵི་ཏ་དང་། ཟླ་མགོན་དང་། ཙ་མི་ལ་སོགས་པའི་མཁས་པ་མང་དུ་བྱུང་ཞིང་རྒྱལ་རིགས་རྗེ་རིགས་ཚོང་པ་ལ་སོགས་པ་རྣམས་ཀྱང་དད་ནས་དགེ་འབྲི་ཞིང་བག་ཆགས་འཇོག་པ་མང་དུ་བྱུང་སྟེ་ཤིན་ཏུ་དར་བར་གྱུར་ཏོ། །དེ་ནས་བལ་པོ་ཡེ་རང་དུ་སྐུ་འཁྲུངས་པའི་པཎྜི་ཏ་སམནྟ་ཤྲཱི་ཛྙཱ་ན་མཁས་པ་ལྔ་ལ་གསན་ཅིང་། ཁྱད་པར་མཉྫུ་ཀཱིརྟིའི་རྗེས་སུ་འབྲང་ངོ་། །

འབྲོ་པ་ནི་ཤཾ་ཛྙཱ་ལ་ན་རྒྱལ་པོ་དཔལ་སྐྱོང་ཆོས་བྱེད་པའི་དུས་སུ་གཤིན་རྗེ་གཤེད་ཀྱི་རྣལ་འབྱོར་པ་ཡབ་ཡུམ་གཉིས་ཀྱིས། གཤིན་རྗེ་གཤེད་ཀྱི་རྒྱུད་ནས་འབྱུང་

བ་བཞིན་དུ་རིགས་ཀྱི་ཐྲས་བསྐྱུན་པའི་ཚིག་བྱས་པས་ཁྲེའུ་གཅིག་འཕྲུངས་ཏེ་ཆེར་སྐྱེས་པ་དང་ལྷོ་ཕྱོགས་ན། བྱང་ཆུབ་སེམས་དཔའ་དངོས་སུ་ཆོས་སྟོན་པ་སུ་ཡོད་པར་གྲགས་པར་ཉན་དུ་བྱོན་པ་ལ་ཁྲེའུའི་ལྷག་པའི་བསམ་པ་རྣམ་པར་དག་པ་དང་། ཆོས་ལ་འདུན་པ་དང་། ཤཾ་བྷ་ལར་འོངས་ནས་ཚེའི་བར་ཆད་དུ་འགྲོ་བར་མཁྱེན་ནས། དཔལ་སྐྱོང་བྱོན་ན་དེར་ཁྱེད་ཀྱིས་འགྲོ་བར་མི་ནུས་ཆུ་མེད་པའི་མྱ་ངམ་གྱི་ཐང་ལ་ཟླ་བ་བཞི་འགྲོ་དགོས་པས་སྲོག་གི་བར་ཆད་དུ་འགྲོ། ང་ཡིས་འོངས་ལ་བཤད་གསུངས་ནས་ཟླ་བ་བཞི་གསུངས། བུམ་པ་གང་བྱོའི་ཚུལ་དུ་མཁྱེན། ནང་བྱང་ཆུབ་སེམས་དཔའི་སྡོམ་གསུམ་ལ་སོགས་པ་རྒྱུད་སྡེ་མང་པོ་ཐུགས་ལ་བཟུང་ནས་བྱོན་པས། འཇམ་དཔལ་གྱི་སྤྲུལ་པ་ཡིན་པར་གྲགས་ཤིང་། དེའི་མཚན་ཡང་དུས་འཁོར་ཞབས་ཞེས་ཟེར་རོ། །དེའི་དུས་ན་རྒྱ་གར་ན་དགེ་སློང་བློ་ཤིན་ཏུ་རྟུལ་བ་ཞིག་གི་བལྟས་བསྟན་པའི་རྨི་ལམ་ལ་བརྟེན་ནས། ཁྲི་རུ་ལ་ལྷ་མོ་ཀུ་རུ་ཀུ་ལླེའི་སྒྲུབ་བྱས་ཏེ། ཟུད་མེད་རོའི་ཁར་བརྩུག་ནས་རྒྱབ་ཏུ་དཀྱིལ་དཀྲུངས་བཅས་ཏེ་ཞག་བདུན་བསྒྲུབས་པས། ཁ་གྱེན་དུ་བལྟ་སྟེ་ཅི་འདོད་ཟེར་བ་ལ། མཐོང་ཚད་ཟིན་པར་འདོད་བྱས་ཀྱང་འོང་བ་ཡིན་པ་ལ། བློ་རྟུལ་བས་ཞུམ་པས་ཁྲིས་ཚད་ཟིན་པར་འདོད་བྱས་པས་དེ་ལྟར་བྱུང་པས། པཎྜི་ཏ་ངག་གི་དབང་ཕྱུག་གྲགས་པ་ཞེས་བྱ་བ། ཁ་སར་པ་ཎིའི་གཙུག་ལག་ཁང་དུ་བྱུང་། དེས་སློབ་དཔོན་དུས་འཁོར་ཞབས་ལ་རྒྱུད་དུ་ཤེས་དྲིས། སློབ་དཔོན་གྱིས་ལན་གསུངས་པས། རྒྱུད་ཀྱི་མཚན་ཙམ་ཡང་འཛིན་པར་མ་ནུས། དེ་ལ་སློབ་མ་མང་པོ་བྱུང་པ་ལས་ཐལ་ཆེར་རྣལ་འབྱོར་པར་གྱུར་ནས་བཤད་པའི་སྲོལ་འཛིན་པ་སྲས་ན་ལེནྡྲ་པ་དུས་འཁོར་ཞབས་ཆུང་བར་གྲགས། སྔ་མ་ལྟ་བུའི་ཡོན་ཏན་དང་ལྡན་པ་ཡིན་སྐད། དེའི་དུས་ཁ་ཆེར་བྲམ་ཟེ་གཅིག་གི་བུ་ཟླ་མགོན་བྱ་བ་བློ་ཤིན་ཏུ་རྣོ་བ་ཞིག་བྱུང་

པས། ཡབ་མུ་སྟེགས་བྱེད་ཀྱི་ཆོས་རྣམས་ལོ་བཅུ་གཉིས་ལ་ཤེས། ཡུམ་སངས་རྒྱས་ཡིན་པས་ངའི་ཆོས་སློབ་དགོས་ཟེར་ནས། ཁ་ཆེ་བྲམ་ཟེ་ཞབས་ཞེས་བྱ་བའི་པཎྜི་ཏ་ལ་ཉན་དུ་བཅུག་པས་ནང་པའི་ཆོས་མང་པོ་གསན། དེ་ནས་དབང་མདོར་བསྟན་གྱི་དཔེ་གཟིགས་པས་ཤིན་ཏུ་མོས་ཏེ། མ་ག་དྷར་བྱོན་པ་དང་། དུས་འཁོར་བ་ཡབ་སྲས་མཇལ་བྱོན་ནོ། །བྱང་ཆུབ་སེམས་དཔའི་ཆོས་སྐོར་རྣམས་ཞུས་སོ། །མཁས་པ་ཁ་ཆེ་རིན་ཆེན་རྡོ་རྗེ་དང་རྩོད་པས་ བླ་མགོན་ལ་ཐོབ་རིན་ཆེན་རྡོ་རྗེ་ན་རེ། ང་ལ་སློབ་མ་མི་དད་པར་འོངས་གཞན་དུ་བྱོན་གསུངས། དེ་ནས་ཆོས་འདི་བོད་དུ་སྤེལ་དགོངས་ནས་བོད་དུ་བྱོན་ནོ། །

དེ་ནས་གསུམ་པ་ལ་འབྲོ་བའི་ལུགས་དང་རྭ་པའི་ལུགས་སོ། །དང་པོ་ནི། དེ་ནས་ཁ་ཆེ་བླ་མགོན་བོད་དུ་བྱོན། ཁ་རག་གཉོས་ལ་བབས། འཁྲུལ་པ་དྲི་མ་མེད་པའི་འོད་བསྒྱུར། གསེར་སྲང་བརྒྱ་རྫོང་བར་ཆད། པཎྜི་ཏ་མ་མགུ་བར་འགྲེལ་པ་ཕྱེད་ལས་མ་བསྒྱུར། འགྱུར་བྱེད་འཕྲོ་བསྣམས་ནས་འཕན་ཡུལ་གྲབས་སུ་བྱོན། ཞང་ཕོ་ཆུང་བས་བླ་མར་བཟུང་། འབྲོས་ལོཙྪཱ་བ་བྱས་ནས་ཡོངས་སུ་རྫོགས་པར་བསྒྱུར། གཉོས་ཀྱིས་ཞང་སྟོན་ལ། ཁྱོད་ཀྱིས་ངའི་བླ་མ་ཁྲིགས་པ་ཡིན་པས། སྦྲ་གསེབ་ཏུ་ཡུངས་དཀར་ཙམ་ཅང་ངེ་བ་ཞིག་བྱ་ཡི་ཟེར་བ་ལ། ཁྲོ་བོ་བརྒྱ་ཡིས་བསྐོར་གྱུར་མི་འཇིགས། ལྷ་མོ་བརྒྱ་ཡིས་འཇུམ་བསྟན་ཀྱང་མི་ཆགས་པ་ཡིན་ཟེར་ནས། ཞབས་ཏོག་མཛད། གཉོས་སྟོན་ཡེ་ཤེས་མཆོག་གིས་གསེར་སྲང་བཅོ་བརྒྱད་ཕུལ། གྲ་པ་མངོན་ཤེས་ཀྱིས་ལོ་གསུམ་ཆོས་སྟོན་དྲངས། ནམ་མཇལ་དུས་ཕྱག་རྟེན་མ་ཆད་པར་བྱས། རྡོ་བཙུན་ཚུལ་ཁྲིམས་རིན་ཆེན་གྱིས་གསེར་སྲང་དྲུག་ཕུལ། གཡོ་རུ་བ་མགར་ཡོན་ཏན་མང་ཡུལ་སྟོན་པ་སྲི་ཐར། སྟོན་འགྲོའི་འཛམ་སྒོམ་ལ་སོགས་པས་ཞབས་ཏོག་ཆེ་བར་བྱས

ཀྱང་སོ་སོར་སྡོང་རྩོམ་མ་གཏོགས་པ་གཞན་ལ་མ་གནང་། འཕན་ཡུལ་གྲབས་སུ་སྐྱུ་འབྲུངས་པ་སྒོམ་པ་དཀོན་མཆོག་སྲུང་གིས་འཁོར་པ་ཐམས་ཅད་བསྡུས་པས་གསེར་སྲང་དྲུག་བྱུང་སྟེ་ཕུལ། དར་ཡུག་གཅིག་སྐྱེ་ལ་བཏགས་ཏེ་ལུས་ཕུལ་ནས་ཞབས་ཏོག་མཛད་པ་ལ་དབང་གཞུང་གདམས་ངག་རྫོགས་པར་གནང་། དེའི་ཚེ་བསྒོམས་པས་མཆོག་མི་འགྱུར་གྱི་ལེའུ་ཞུས་པས། འདི་ཤིན་ཏུ་ཟབ་པས་གཞན་གྱིས་བློར་མི་ཤོང་གསུངས་ནས་མ་གནང་། ནན་གྱིས་ཞུས་པས། འོ་ན་འདི་ལ་ལོ་རྩྭ་བ་མི་དགོས་གསུངས་ནས་རང་འགྱུར་མཛད་པས་འགྱུར་ཤིན་ཏུ་བཟང་བ་གཅིག་བྱུང་སྟེ་དཔེས་བཞིན་དུ་ལེགས་པར་གནང་། སྒྲོ་སྟོན་ལ་ཡང་སོར་བསམ་གྱིས་ཁྲིད་གནང་། སློབ་མའི་ཚོགས་ཆེན་པོ་ལ་གསང་འདུས་སྒྲོན་གསལ་དང་དབུ་མ་རྒྱ་ཤེར་གསུངས། ཡར་འབུལ་ནོད་ལྷོས་ཆེ་བར་བྱུང་ཡང་། སྦྱོར་དྲུག་ལ་བཀའ་དམ་པས་ཀུན་ལ་མ་གནང་སྟེ། ཆོས་ཚོང་པ་ལས་ནོར་ཚོང་པ་དཀའ་གསུངས་ཤིང་། སྤྲུས་པའི་རྣལ་འབྱོར་གྱི་རྩལ་གྱིས་ཚོང་འདུ་མཛད་ཅིང་གོང་པོའི་བར་ཞབས་ཀྱིས་བཅགས། སྐར་ཆུང་སོགས་སུ་བཞུགས། སྒྲོ་སྟོན་ལ་ཆོས་གནང་སྟེ་སྒྲོ་འདོགས་བཅད། ཡུ་མོས་ཀྱང་ཆོས་འབྲེལ་ཐོབ། བོད་དུ་སྦྱོར་དྲུག་གི་གདམས་ངག་རྫོགས་པར་གནང་བ་གཉིས་ཁོ་ན་སྟེ། དེ་ཡང་གཅིག་ནི་བླ་མ་གྲབ་སྒོམ་ཡིན་ལ། གཅིག་ནི་མང་ཡུལ་གྱི་བཙུན་པ་གཅིག་གིས་ཞབས་ཏོག་ཡུན་རིང་དུ་བྱས་པ་ལ་མན་ངག་རྫོགས་པར་གནང་། དེས་ཀྱང་གཞན་ལ་མ་བསྟན་པར་རྩེ་གཅིག་ཏུ་བསྒོམས་པས་ཡན་ལག་དྲུག་མཐར་ཕྱིན་ཏེ་ལུས་མ་སྤངས་པར་འོད་གསལ་གྱི་གོང་བུ་གཅིག་ཏུ་གྱུར་ནས་ཡེ་ཤེས་ཀྱི་སྐུ་གྲུབ་བོ། །དོན་དམ་བསྙེན་པའི་འགྱུར་མཛད་པའང་ཤིན་ཏུ་བཟང་ལ། མངའ་རིས་སུ་ཕྱིས་བྱོན་དུས་འགྲེལ་ལ་ཡང་རང་འགྱུར་མཛད་པས་འབྲོ་འགྱུར་ལས་ཆེས་བཟང་ཞེས་གྲགས་སོ། །སླར་ཁ་ཆེར

བྱོན་ཏེ་གཉིས་སུ་མེད་པའི་ཡེ་ཤེས་ཀྱི་སྐུ་བརྙེས་སོ། །པཎ་ཆེན་དེའི་གདངས་ཅན་གྱི་སྲས་གཅིག་བུ་ལྷ་རྗེ་སྒོམ་པ་དཀོན་མཆོག་སྲུང་ནི། འཕན་ཡུལ་གྲབ་ཏུ་སྐུ་འཁྲུངས། རྗེན་དགེ་བསྙེན་སྨན་དཔྱད་ལ་བྱང་པས་འགྲོ་དོན་ཆེ། མངོན་པ། ས་སྐྱེ། གསང་འདུས་འཕགས་སྐོར། གཤེད་བསྐོར། བདེ་དགྱེས་སོགས་གསང་སྔགས་ཕལ་མོ་ཆེ་མཁྱེན། བསྙེན་སྒྲུབ་ཞུལ་དུ་ཕྱིན་པས་གྲུབ་སྒོམ་དུ་གྲགས་ཤིང་ཐུན་མོང་གི་དངོས་གྲུབ་ལ་མངའ་བརྙེས་པ་དེས། པཎ་ཆེན་ཟླ་མགོན་བོད་དུ་བྱོན་ཐེངས་བར་པའི་རེས་ལ་འཇལ་བས་ཤིན་ཏུ་དད་དེ། མཁྱེན་པ་ཆེ་ཞིང་ཅི་གསུང་བཀའ་བཞིན་བསྒྲུབས་པས་དགྱེས་ཏེ། དབང་རྒྱུད་འགྲེལ་མང་དག་མ་ལུས་པ་དང་། གཞན་ཕན་གྱི་བཀའ་གདམས་རྗེས་གནང་དང་བཅས་པ་སྩལ། པཎ་ཆེན་རྒྱ་གར་ལ་བྱོན་པའི་ཕྱུགས་ཕྱི་ཐོགས་ནའང་མ་ཁྲིད་པར་འཕན་ཡུལ་གྲབ་ཉིད་དུ་རྩེ་གཅིག་ཏུ་བསྒོམ་དུ་བཅུག་པས། ཐུགས་དམ་གྱི་ལྷ་མང་པོའི་ཞལ་གཟིགས་ཏེ། ཡེ་ཤེས་ཀྱི་ནང་མཐར་ཕྱིན། མངོན་ཤེས་ལྔ་གྲུབ། རླུང་གཙུག་ཏོར་དུ་འཆིང་ནུས། རྒྱུད་འགྲེལ་འབྲི་འགྱུར་གྱི་སྟེང་ནས་བཤད་པས་འབྲི་ཡང་བཀའ་དྲིན་ཆེ་ཞེས་བརྒྱུད་པ་ལ་འཇོད་པར་མཛད་ལ། འབྲི་ལུགས་ཞེས་གྲགས་སོ། །བླ་མ་དེས་གཞན་ལ་གཞུང་བཤད་ཆེར་མ་མཛད། ཆོས་རྣམས་སྒྲོ་སྟོན་ལ་གནང་ནས། ངོ་མཚར་བའི་ལྟས་དུ་མ་དང་བཅས་ཏེ་མྱུ་ངན་ལས་འདས་སོ། །ཕྱི་རྟེན་རིང་བསྲེལ་མང་པོ་འབྱུང་བ་ཞིག་འཕན་ཡུལ་རག་མའི་ནང་ན་དེང་སང་ཡང་ཡོད་ཅེས་གྲག་གོ །

དེ་ཉིད་ཀྱི་ཐུགས་སྲས་སྒྲོ་སྟོན་ནི། འཁྲུངས་པ་འཕན་ཡུལ་སྒྲ་རིས། གདུང་སྒྲོ་མཚན་གནམ་ལ་བརྩེགས་རྗེན་དགེ་བསྙེན་ན་བཟའ་དཀར་པོ་ཅན། དགུང་ལོ་ཉི་ཤུ་རྩ་དྲུག་པ་ལ་གཡུ་སྙིང་ཞུལ་གང་རྒྱུགས་སུ་བསྣམས་ནས་ལེང་ཤཱཀྱ་བརྩོན་འགྲུས། འབྲོག་མི་ཤཱཀྱ་ཡེ་ཤེས། འགོས་ཁུག་པ་ལྷས་བཙས་ཏེ་ལོ་ཙཱ་བ་གསུམ་གྱིས་སློབ་མ

དགེ་བཤེས་ལོ་རོ་བ་ཞེས་པའི་དྲུང་དུ་ཡོལ་དབུས་སྟེར་བྱོན་ཏེ། དགུང་ལོ་བརྒྱད་ཅུ་རྩ་བརྒྱད་ཀྱི་བར་དུ་ཕར་ཚད་མདོན་སུམ། བྱ་སྤྱོད་རྣལ་གསུམ། བདེ་དགྱེས་གསང་གསུམ། སྒྲུ་ཐོད་གདན་གསུམ་སོགས་ལ་སློབ་གཉེར་མཛད་དོ། །ལོ་རོ་བའི་ཞལ་ནས་མཆིམས་ཞེས་བྱ་བའི་སྔགས་པ་ཆེན་པོ་གཅིག་ཡོད་པ་ལ། འདི་ན་ཞིང་རྩ་ན་རྡོ་རྗེ་འཛིན་པ་དང་འདྲ། ང་བ་གླང་དང་འདྲ། ད་ང་ཡང་ལོ་ཙྪ་བ་གསུམ་ལ་ཐུགས་པས་རྡོ་རྗེ་འཛིན་པ་དང་། དུས་འཁོར་ཤེས་པ་གཅིག་བྱུང་ན་ད་དུང་ང་བ་གླང་དང་འདྲ་བར་འདུག་གསུངས་པས། བླ་མ་གནམ་བརྩེགས་དུས་འཁོར་ཤེས་པ་གཅིག་བྱུང་ན་སྙམ་དུ་སེམས་ཤིང་། དགེ་བཤེས་དེ་ལ་ཐིག་ལེ་སྐོར་གསུམ་གསན་པའི་སྐབས་སུ་རྒྱ་གར་ནས་པཎྜི་ཏ་སོ་མ་ནཱ་ཐ་ཞེས་པ་དུས་འཁོར་མཁྱེན་པ་གཅིག་བྱོན་པ་འདུག་ཅེས་གསན་ནས། བླ་མ་ལ་ཞུས་པས། ཁྱོད་མཇལ་འདོད་ཆེ་བར་འདུག་པས་ཆོས་གྲོལ་མ་ཐག་སྟོན་ལ་སོང་། ང་ཕྱི་ལ་ཡོང་གིས་གསུངས་པས་བྱོན་ཏེ་པཎ་ཆེན་ལ་གསེར་སྲང་བཅུ་གཉིས་ཕུལ་ཏེ་མཇལ། སླད་མར་ཞིང་སེང་མ་ཅན་བཙོངས་ཏེ་རྟ་ནག་བཟང་པོ་གཅིག་ཕུལ། ཀོང་པོ་རྩུབ་ཕྱུག་ཕྱིར་འབྲེངས་ཞབས་ཏོག་ཡུན་རིང་དུ་བྱས་པས་དབང་དང་སོར་བསམ་གནང་སྟེ་ཉམས་རྟོགས་ཁྱད་པར་ཅན་འཁྲུངས། ཆོས་གཞན་མ་ཐོབ་པ་དང་། པཎ་ཆེན་དང་བླ་མ་སྒོམ་པ་གཉིས་འགོལ་དུས་ཞུས་བཏུགས་མཛད་ཅིང་གཞན་བྱུང་པ་དང་འཕྲོ་གཅོད་པ་གཟིགས་ནས། གདམས་ངག་ཐམས་ཅད་བླ་མ་སྒོམ་པ་ལ་གནང་ཡོད་དགོངས་ཏེ་སྒོམ་པ་གསེར་ཕུལ་ནས་ཞུས་པས། བཀའ་རྒྱ་ཡོད་གསུངས་ནས་མ་གནང་། དེ་ནས་པཎ་ཆེན་རྒྱ་གར་དུ་གཤེགས་པའི་ཤུལ་དུ། འཕན་ཡུལ་ཡུར་མའི་མདའི་རྣོར་བཟངས་སུ་ལོ་གསུམ། ཡེར་པར་ལོ་གསུམ། བླ་མ་སྒོམ་པ་གོ་ཊིག་མཛད་ནས། སེམས་འགྲེལ་སྐོར་གསུམ་མན་ངག་ཕྲན་དང་བཅས་པ་ཡོངས་སུ་རྫོགས་པ་དང་

གསང་འདུས་འཕགས་སྐོར་སོགས་ཐུམ་པ་གང་བྱོའི་ཚུལ་དུ་ཞུས། དེ་རྗེས་བླ་མ་སྐྱ་ངན་ལས་འདས་པའི་སྐུ་མདངས་མཛད། རྣལ་འབྱོར་ཉིད་དུ་ཐུགས་དམ་ལས་མི་གཡེལ་བར་བཞུགས་པ་ན། ཕྱིས་པཎ་ཆེན་བོད་དུ་ཕེབས་དུས་སློབ་མ་རྣམས་ཀྱིས་ལྷ་རྗེ་སྒོམ་པས་གདམས་ངག་ཐམས་ཅད་སྒྲོ་ལ་བྱིན་ནས་ཁོང་རང་གཤེགས་སོ་ཞེས་ཞུས་པས། སྒྲོ་སྟོན་གྱིས་པཎ་ཆེན་མཇལ་དུ་འོངས་པའི་དུས་སུ། དམ་ཆོས་གང་འདོད་སྦྱིན་ནོ་གསུངས་པ་ལ། གཙོན་དུས་སུ་ནི་གནང་དུ་མ་བཞེད། ད་རྒྱས་པས་མི་ཞུ་བྱས་པས། ཁྱོད་དཀོན་མཆོག་སྲུང་གི་ཆོས་ཀྱིས་ངོམས་འདུག་སྟེ། དེ་ང་ལས་མ་བྱུང་ན་སུ་ལས་བྱུང་གསུང་ནས་ཕྱག་ཐུགས། བླ་མ་ཆེན་པོའི་བཀའ་དྲིན་ལགས་ཞུས་པས། གང་གང་བྱིན་གསུང་། འདི་དང་འདི་རྣམས་གནང་ལགས་ཞུས་པས། དེ་ལས་ང་ལ་ཡང་མེད་ཐམས་ཅད་རྫོགས་པར་བྱིན་འདུག་སྟེ་གཞན་ལ་སྟེར་རི་མནའ་སྐྱོལ་གསུངས་ནས་མགུལ་ལ་ཕྲེང་བ་བཙུག །དེར་བླ་མས་ནི་རྫོགས་པར་མ་གནང་བླ་མ་སྒོམ་པ་ལ་ཞུས་པ་ལགས་མོད། ཞུས་པས་ཕྲེང་བ་ཕུད་དེ་ངན་པ་འདི་གསུངས་ནས་དབུ་ལ་བྱེ་མ་སྟར་གང་བརྒྱབ། རེ་ཤིག་ན་ད་འོ་ན་ཁྱོད་ཀྱིས་གཞན་ལ་སྟོན་ལ་མགོ་ལུས་ཚང་བར་བྱིན་ཅིག་ཅེས་རྗེས་སུ་གནང་བ་ཡང་ཐོབ། སྒྲོ་སྟོན་གྱི་རང་གི་ཡོ་བྱད་ཡོད་དོ་ཅོག་ཕུལ་བས་པཎ་ཆེན་མཉེས་ཏེ། དབང་རྣམས་རྫོགས་པར་བསྐུར། རྒྱུད་འགྲེལ་གྱི་བཀའ་གནད་རྣམས་དྲི་གཏུགས་མཛད་ཅིང་གསན། དེ་ལྟར་པཎ་ཆེན་དང་བླ་མ་སྒོམ་པ་ལས་སེམས་འགྲེལ་སྐོར་གསུམ། གཞུང་གདམས་ངག་ཆ་ལག་དང་བཅས་པ་མ་ལུས་པར་གསན་ནས། ཆོས་ཕྲན་བག་རེ་གསུང་ཞིང་སློབ་མ་ཐམས་ཅད་ལ་སོར་བསམ་གནང་ནས་སྒོམ་པ་ཁོ་ན་ལ་བཙུད་དེ། གཞུང་བཤད་མི་མཛད་པ་ལས། དགུང་ལོ་བདུན་ཅུ་རྩ་གཉིས་བཞེས་པ་ན་གྲུབ་ཆེན་ཡུ་མོ་ལ་ཆོས་བསྐོར་རྫོགས་པར་གནང་སྟེ། དགུང་ལོ་བརྒྱད་ཅུ

ལ་ཆོས་ཀྱི་དབྱིངས་སུ་སྙོམས་པར་བཞུགས་སོ། །དེའི་ཕྱི་རྟེན་སྒྲོ་རིགས་གནས་སྣང་ན་བཞུགས་པ་ཞིག་པའི་ས་འབུར་ཙམ་ལས་རིང་བསྲེལ་དུ་མ་རྙེད་ཅིང་ཚ་ཚའི་ནང་བཞུགས་གཟུངས་ཀྱི་ཤམ་བུར་བླ་མ་གནམ་བརྩེགས་ཀྱི་ཐུགས་དགོངས་རྫོགས་པར་གྱུར་ཅིག་ཅེས་པ་ཡོད་པ། ཕྱིས་ཀུན་སྤྱངས་ཆོས་གྲགས་དཔལ་བཟང་པོས་མཇལ་བས་རིང་བསྲེལ་བརྒྱ་ཕྲག་མང་པོ་བརྙེས། །ཁང་བུ་བརྩེགས་པའི་མཆོད་རྟེན་བསོས་ཏེ་བཞུགས་སོ། །

བླ་མའི་ཐུགས་ཀྱི་སྲས་གཅིག་བུ་གྲུབ་ཆེན་ཡུ་མོ་ནི། གངས་ཏེ་སེའི་རྒྱར་ཡབ་རྫམ་ཁྲོ་བོ་ཞེས་པ་ལ། སྲས་ཤཱཀྱ་རྒྱལ་མཚན། རྡོར་བྱུང་། རྩལ་ཤེ །གྲུབ་ཆེན་ཏེ་བཞི་འཁྲུངས་སོ། །འདི་ཉིད་རིམ་གྱིས་ལ་སྟོད་ལྷོར་བྱོན་ནས། དགུང་ལོ་བཅུ་པ་ལ་ལྷོ་བ་ཆེར་གྱི་གནས་སུ་མཁན་པོ་སྟག་ལོ་ཙཱ་བ་གཞོན་བརྩོན་ལས་རབ་ཏུ་བྱུང་སྟེ། མཚན་འདོགས་པའི་ཚེ་གདུང་རུས་རྫམ་དུ་འདུག་དད་པ་ཤིན་ཏུ་ཆེ་བ་ཞིག་འདུག་པས། རྫམ་བཙུན་དད་པ་རྒྱལ་པོ་ཞེས་པར་འདོགས་སོ་ཞེས་མཚན་དེ་ལྟར་བཏགས། མཁན་པོ་ལ་ཆོས་གསན་ཞིང་ལོ་གཉིས་བཞུགས། དེ་ནས་དོན་མོ་རིར་སེ་སྟོན་སྒྲ་གཅན་འཛིན་དང་། དགེ་གནས་སུ་བ་རེག་ཐོས་པ་དགའི་དྲུང་དུ་མངོན་པ་དང་ཕར་ཕྱིན་གསན། མི་རྣམས་དབུ་ས་ཡུ་མོའི་མགོ་འདྲ་ཞེས་གླེང་བར་རང་ཉིད་ཀྱིས་ཡུ་མོ་ཞེས་མཚན་བླ་དྭགས་སུ་བཏགས་སོ། །རྨ་དགེ་མཐོང་དང་། སློགས་ལ་དབུ་ཚད་དང་། སོག་འདུལ་བ་འཛིན་པ་ལ་འདུལ་བ་དང་སྤྱོད་ཕྱོགས། མདོ་རྒྱ་ལ་ཞལ་སྟོན་མཛད། ཀྱི་རྡོར་སོགས་སྔགས་སྐོར་ཡང་གསན། དེར་གྲོགས་གཅིག་གིས་དགུན་ཅི་བྱེད་འདྲི་བ་ལ། མཚམས་བྱས་སྔགས་དཔེ་འདྲ་འབྲི་གསུངས་པས། འོ་ན་བྱོན་ལག་ཚང་ན་རྡོ་རྗེ་སྙིང་འགྲེལ་འདུག་ཟེར་བས་དེ་འབྲིའམ་ཟེར་མ་ཐག །སྔོན་གྱི་བག་ཆགས་སད་ནས་དད་པས་སྤུ་ཟིང་དུ

གྱུར་ཏེ། དཔེ་དེ་གཡར་ནས་འབྲི་ཞིང་གཟིགས་པས་ཤིན་ཏུ་དད་དེ་སུས་ཤེས་དྲིས་པས། སོ་མ་ནཱ་ཐས་ཤེས་ཟེར་བ་ལ། དེ་སྟོན་གྱི་མི་ཞིག་ཡིན་སྙམ་ནས། དབུས་སུ་ཁམས་པ་ལྡེའུ་པ་ལ་སྐྱོད་ཕྱོགས་གསན་ཅིང་བཞུགས་པའི་དུས་སུ། དཔལ་ཆེན་རྒྭ་མགོན་སྐར་ཆུང་ན་བཞུགས་ཟེར་བ་གསན་ཏེ། རྡོ་རྗེ་སྙིང་འགྲེལ་ཤེས་སམ་བྱས་པས། དེ་ལོས་མཁྱེན་དེར་མ་ཟད། སྤྱིར་གསང་སྔགས་ཙམ་ལ་མཁས་ཁྱད་པར་དུ་དཔལ་དུས་ཀྱི་འཁོར་ལོའི་འགྲེལ་པ་ཆེན་མོ་ཡང་མཁྱེན་ཟེར། ཞུས་ན་གནང་ངམ་དྲིས་པས། སྤྱིར་བཀའ་དོག་སྙེ་ད་ལྷ་བལ་ཡུལ་དུ་གཤེགས་པའི་ཞབས་ཏོག་པ་མེད་པས་འགྲོ་ནུས་ན་གནང་འོང་ཟེར། སུམ་པ་རྡོ་རྗེ་གཞོན་ནུས་ཞུས་སྣ་བྱས་ནས་པཎ་ཆེན་དང་། བླ་མ་གནམ་བརྩེགས་གཉིས། ཀྱེ་རོར་རྩ་སྔགས་དང་། དེ་བཞིན་གཤེགས་པའི་ཡི་གེ་བརྒྱ་པ་ལ་ཞུ་ཏིག་མཛད་པའི་སྐབས་སུ་མཇལ་ཏེ་ཆོས་འབྲེལ་ཞུས་པས། སྔགས་གཉིས་པོ་ལ་བཤད་པ་མཛད་ནས་གསུངས། ཆང་དཀར་ཡོལ་གང་གནང་། པཎ་ཆེན་གྱིས་གསེར་ཐིག་པོ་དང་། གླ་རྩེའི་རྒྱལ་པ་མང་པོ་བསྟན་ནས། འདི་རྣམས་ཁྱོད་ཀྱིས་བལ་ཡུལ་དུ་ཁྱེར་ནུས་ཤིང་མགོ་ཐོན་ན། སང་རེས་ང་བོད་དུ་འོང་དུས་ཆོས་སྦྱིན་ནོ་གསུངས་པས། སྒོམ་པ་ཚུལ་གྲགས་ལ་དཔེ་ཆ་བཅོལ་བ་ལེན་དུ་བྱོན་པས། ཁྱོད་གར་འགྲོ་ཟེར་བ་ལ་སྔར་གྱི་ལོ་རྒྱུས་བསྙད་པས། པཎྜི་ཏ་ལ་ཆོས་མི་ཁུགས། སྔར་ཡང་མང་པོས་མ་ཁུགས་པ་ཡིན། དེ་བས་པཎྜི་ཏའི་ཆོས་མ་ལུས་པ་མཁྱེན་པ་ངེད་ཀྱི་བླ་མ་རྣོར་བཟངས་ན་བཞུགས་བྱས་པས། བློ་འགྱུར་ཏེ་སྟོན་པ་རྒྱལ་བ་འོད། སྒོམ་པ་དབང་བསོད། སྒོམ་པ་ཚུལ་ཁྲིམས་གྲགས་རྣམས་ཀྱིས་ཞུས་སྣ་བྱས། སྒྲོ་སྟོན་ལ་ཞུ་རྟེན་དུ་གསེར་ཞོ་འགའ་ཞིག་དང་། དུང་ཆོས་ལེགས་པ་གཅིག །ཀ་པཱ་ལ་གཅིག་ཕུལ་བས། ཁྱོད་ཀྱིས་འདི་ཚོ་ལ་ཉེ་བཟང་། སོག་འདུལ་བ་འཛིན་པ་དེ་བཙུན་པ་ཟས་ཟ་མི་ཤེས་པས་བྱིན་མི་ཤེས

པ་ཐམས་ཅད་ལ་ཞལ་འཚོས་པ་ལྟར་བྱེད་པ་ཡིན་ཟེར། དེའི་ཐུགས་ཟིན་ཁྲིད་ཡིན་པར་འདུག་པས། ཡོན་ཏན་གཅིག་ཡོད་པ་ཡིན་ཏེ་འོང་གསུངས་ནས་ཆོས་གནང་བར་ཞལ་གྱིས་བཞེས། བླ་མ་དཀྱུང་ལོ་བདུན་ཅུ་རྩ་གཉིས་པ་ལ་ཞལ་མཇལ་ཏེ། ལོ་བཞི་བར་མེད་དུ་བསྟེན་ནས་འགྲེལ་པ་སྐོར་གསུམ་གྱི་གཞུང་མན་ངག་དང་བཅས་པ་དང་། མཚན་བརྗོད་མན་ངག་གི་བཤད་པ་དང་། གསང་འདུས་སྒྲོན་གསལ་ལ་སོགས་གསན་པའི་དུས་སུ། བླ་མ་བག་ཙམ་བསྙུང་བ་ན། གཙང་སྟོན་འདི་ལ་ཆོས་མ་རྫོགས་ཀྱི་བར་དུ་མ་གསད་ཅེས་མཁའ་འགྲོ་མ་ལ་གསོལ་བ་བཏབ་ནས་གདམས་པ་ཐམས་ཅད་རྫོགས་པར་གནང་ངོ་། །མཐར་ཡང་དབང་བཞི་པ་གནང་། བདག་པོ་ཆེའི་དབང་བསྐུར་མཛད་ནས་འདིས་རྒྱུད་ཀྱི་བཀའ་གནང་ཁྲོལ་བ་ཡིན། སྐལ་ལྡན་མ་གཏོགས་པ་ལ་མ་བཤད་གསུང་སྟེ། རྡོ་རྗེ་ལག་ཏུ་གཏད། རྒྱུད་འདི་ཁྲིད་དང་བདག་པོའི་དབང་མ་ཐོབ་པ་ལ་མི་འཆད་པ་ཡིན། དཔེ་ཙམ་གྱིས་མི་འཁྲོལ་བས། ལན་གསུམ་ཡན་ཆད་ཐོས་ནས་ཚིག་ཟིན་དོན་གོ་བས་བླ་མ་ལ་ཞུར་བཟླས་ཤིང་གཏན་ལ་དབབ་དགོས་པ་ཡིན་གསུང་། དཀྱུང་ལོ་ལྔ་བཅུ་པ་ལ་འུ་ཡུག་ཏུ་བྱོན་ནས་ནུབ་མའི་མདའ་རྒྱལ་ཁབ་ཞེས་པར་གཞི་ཕབ་སྟེ། ཕྱུར་དཔེན་གནས་ཀྱང་མཛད་གག་ཚང་གི་ཕུའི་བྲག་ཏུའང་ཐུགས་དམ་ཡུན་རིང་དུ་མཛད་པས་གྲུབ་པ་ཐོབ་སྟེ། དབང་རྒྱུད་བཤད་མན་ངག་མང་དུ་གསུངས། གསལ་སྒྲོན་བཞི་དང་གཅེས་བསྡུས་ལ་སོགས་པའི་གདམས་པའི་བསྟན་བཅོས་ཀྱང་མང་དུ་མཛད་ནས། དཀྱུང་ལོ་བརྒྱད་ཅུའི་བར་དུ་བཞུགས་ཏེ། བསྟན་པ་ལ་བྱ་བ་རྒྱ་ཆེར་མཛད་པ་ཡིན་ནོ། །སློབ་མ་ཡང་སྲས་མཆོག་ཧྨེ་ཤྭ་ར། ཕ་བྲག་དཀར་བ། གཉལ་པ་གྲོ། གཉོས་ཀྱི་ཁྲུང་བ། གྲུབ་ཐོབ་ཧྨ་བོ་ཧེ། མཁས་པ་ཏེ་བོ་མགོན་པོ། སེ་ཆོས་ཀྱི་མདའ་བདག་ལ་སོགས་པ་མང་དུ་བྱོན་ནོ། །

ཡུ་མོའི་སྐུ་སྲས་ཧྲམྨེ་ཤྭ་ར་ནི། ཡབ་དགུང་ལོ་ལྔ་བཅུ་རྩ་ལྔའི་ཚེ་འུ་ཡུག་རྒྱལ་ཁབ་ཏུ་འཁྲུངས། སྐྱེས་སྟོབས་ཀྱི་ཐུགས་རབ་ཤིན་ཏུ་ཆེ་ཞིང་། མཚན་ཆོས་ཀྱི་དབང་དུ་བཏགས། ཆོས་འདི་ལ་སྦྱོང་གྱི་བག་ཆགས་སད་དེ། ཡབ་ལ་ལེགས་པར་གསན་ནས། དགུང་ལོ་བཅུ་གཉིས་པ་ལ་དབང་མདོར་བསྟན་གསུངས། བཅུ་དྲུག་པ་ལ་མི་ཆེན་མང་པོ་ལ་སེམས་འགྲེལ་གསུམ་ག་གསུངས། བཅུ་བདུན་པ་ནས་ལོ་རེ་ལ་རྒྱུད་འགྲེལ་དུས་ཆོས་སུ་གནང་། ཉེར་ལྔ་ཚུན་ལ་ཡབ་ཀྱི་ཡོན་ཏན་བུམ་པ་གང་བོའི་ཚུལ་དུ་མཁྱེན། སྤྱིར་ཡབ་ཀྱི་ཞལ་སློབ་དགེ་བཤེས་ཆེ་དགུ་མཐའ་དག་ལ་གཏུགས་ནས། སྤྱོད་ཕྱོགས་དབུ་ཚད། ལམ་རིམ་རྒྱུད་སྡེ་མང་པོ་དགུང་ལོ་སུམ་ཅུའི་བར་དུ་གསན་ཅིང་སྦྱངས། དཔྱལ་ཀུན་དགའ་རྡོ་རྗེ། ས་ཆེན། རྒྱ་གླིང་པ་ལ་སོགས་མཁས་པ་མང་པོ་རྩོད་པས་ཟིལ་གྱིས་མནན་ཏེ་མཁས་པའི་གྲགས་པས་ས་སྟེང་ཐམས་ཅད་ཁྱབ། གཙང་གཡས་རུ་ཤངས་རྩེ་གདོང་གི་ཤར་ཕྱོགས་སློན་མཁར་གྱི་གྲོང་ཆུང་དགོན་པར་ཕལ་ཆེར་བཞུགས་ནས་སྤྱོད་ཕྱོགས་དང་། ཚད་མ་དང་། འཕགས་སྐོར་སོགས་ཀྱང་གསུང་ཞིང་གཙོ་བོར་ཆོས་འདིའི་སྒོ་ནས་བསྟན་པའི་སྒྲོན་མེ་འབར་བར་མཛད་དོ། །

འདིའི་སློབ་མ་མཁའ་གསར་བ་ནམ་མཁའ་འོད་ནི། འགོས་དབང་གཙན་ལ་རིགས་ཚོགས་གསན་པས། སྡེ་སྣོད་མཐའ་དག་ལ་མཁས་པ། སྲས་མཆོག་ཧྲམྨེ་ཤྭ་ར་ལས་སེམས་འགྲེལ་སྐོར་གསུམ་གཞུང་གདམས་ངག་མ་ལུས་པ་གསན་ཏེ། རྒྱུད་འགྲེལ་ཆེན་མོའི་བཤད་པ་བྱང་བ། ཡན་ལག་དྲུག་གི་ཉམས་རྟོགས་ཁྱད་པར་ཅན་འཁྲུངས་པ་ཞིག་གོ །

གཉིས་པ་སྲས་གྲུབ་ཐོབ་སེན་མོ་ཆེ་བ་ནི། ལྷོགས་མི་བདེ་ཡང་ཆུང་ངུ་ནས་གློག་མ་བསླབས་པར་མཁྱེན། ཡབ་ལ་དབང་རྒྱུད་བཤད་གདམས་ངག་དང་བཅས་པ

ཐོབ་ཅིང་། སྒྲུབ་སྐུ་རྡོ་འབུམ་ལས་ཀྱང་འགྲེལ་ཆུང་པདྨ་ཅན་དང་། སྒྲུབ་ཐབས་མན་ངག་ཕྲན་བུ་མང་པོ་ཐོབ། སླར་ཡང་མཁས་པ་ནམ་མཁའ་འོད་ལས་རྒྱུད་འགྲེལ་གྱི་ཟབ་བཤད་དང་། ཡུ་མོའི་བསྟན་བཅོས་འགའ་ཞིག་དང་། ཡབ་ཀྱིས་མཛད་པའི་རྩོ་བཅུད་སྟོང་ཐུན་ལ་སོགས་པ་དང་། འབྲོ་ལུགས་ཀྱི་གསུང་སྒྲོས་འོད་ཟེར་ཕྲེང་བ་དང་། རྗེ་བཙུན་ཁྱུང་གིས་མཛད་པའི་དྲི་མེད་རྒྱན་རྣམས་གསན་ཅིང་། དེ་དག་ཀྱང་ལན་རེ་ལ་ཐུགས་སུ་ཆུད་ཅིང་། མི་བརྗེད་པའི་གཟུངས་ཐོབ། རབ་ཏུ་བྱུང་པའི་མཚན་ནམ་མཁའ་རྒྱལ་མཚན་ཞེས་བཏགས། བླ་མ་གྱི་རེ་བ་དང་། རྩེ་གདོང་པ་སོགས་ལ་ཆོས་དྲུག་ཕྱག་ཆེན་བདེ་མཆོག་སོགས་གསན། རྡོ་རྗེའི་རྣལ་འབྱོར་ལ་ཐུགས་དམ་སྙིང་པོར་མཛད་པས་གང་སྣང་སྟོང་གཟུགས་ཁོ་ནར་ཤར་ལ་མངོན་པར་མཁྱེན་པ་ཐོགས་མེད་དུ་མངའ། གཞན་གྱི་སེམས་ཤེས་པའི་མངོན་ཤེས་འཛེམ་མེད་དུ་གསུངས་པས་འགའ་ཞིག་མོས་ཀྱང་ཕལ་ཆེར་སྐྲག་ཅིང་བག་ཚ་བར་གྱུར་པས། བླ་མ་རྩེ་གདོང་པས་བཀའ་རྒྱ་བཏབ་ནས་ཕྱིས་སྟོད་ལྡན་རེ་རེ་ཙམ་ལས་གནང་དུ་མི་བཞེད། གཙང་གི་འོ་ལུང་སེ་མོ་ཆེར་བཞུགས་པས་གྲུབ་ཐོབ་སེ་མོ་ཆེ་བར་གྲགས། ལྷུམ་རྡོ་འབུམ་མཁའ་སྤྱོད་ལ་གཤེགས་པའི་དུས་མཆོད་ཀྱི་སྐབས་སུ། ཟླ་བ་ཕྱེད་ཀྱི་བར་དུ་མི་གཡོ་བར་ཏིང་ངེ་འཛིན་གྱི་སྒོ་མང་པོ་ལ་མཉམ་པར་བཞག་སྟེ། དེ་ལས་བཞེངས་ནས་འདི་སྐད་གསུངས་པ། བདག་གིས་ཕག་གི་ལོ་གསར་ལ། །འོད་གསལ་ཆེན་པོར་མཉམ་བཞག་དུས། །སྔོན་གྱི་སྐྱེ་བ་དྲན་ཞིང་གསལ། །དཔེར་ན་གཉིད་སད་རྨི་ལམ་བཞིན། །སྔོན་འདས་དུས་ན་འཇིག་རྟེན་ཁམས། །འོད་ཟེར་ཀུན་ནས་འཕྲོ་ཞེས་པར། །བསྐལ་པ་ཆེན་པོ་བཟང་ལྡན་ལ། །བཅོམ་ལྡན་བདེ་གཤེགས་རྫོགས་སངས་རྒྱས། །དྲི་མེད་སྒྲོན་མ་ཞེས་པ་བྱོན། །རྒྱལ་སྲས་ཟླ་བ་དྲི་མེད་དང་། །ཉི་མའི་སྙིང་པོ་ཞེས་པ་བྱུང་། །བདག་གི་འཛམ་གླིང་ས་ཡི་

བདག །འཁོར་ལོས་བསྒྱུར་བ་སྟོབས་པོ་ཆེ། །གཙུག་གི་ནོར་བུ་ཞེས་བྱར་སྐྱེས། །ལྷ་མཛེས་འོད་མཛེས་ཉི་མཛེས་གསུམ། །བཙུན་མོའི་མཆོག་ཡིན་གཞན་ཉི་བརྒྱ། །དཔལ་འབར་ཟླ་འོད་སྙིང་རྗེ་སོགས། །སྲས་ནི་གཞོན་ནུ་སུམ་བརྒྱ་ཡོད། །བློ་གྲོས་སྙིང་པོ་ལ་སོགས་པའི། །བློན་པོ་དམ་པ་ཉི་ཁྲི་ཡོད། །རྒྱལ་ཕྲན་འབངས་བཅས་བརྒྱ་ཁྲི་ཡོད། །ཕོ་བྲང་འཚོ་བ་བཟང་པོ་ཞེས། །མཆུ་ཞེང་དཔག་ཚད་བཞི་བཅུ་པ། །དེ་ན་རྒྱལ་སྲིད་འདོད་ཡོན་ལ། །ཀུན་ནས་སྤྱོད་ཅིང་གནས་པ་ན། །སེམས་དཔའ་གཉིས་པོ་དེར་བྱོན་ནས། །སངས་རྒྱས་འཁོར་བཅས་མཆོད་པ་དང་། །ཆོས་ནི་ཉན་པར་བསྐུལ་གྱུར་ཀྱང་། །བདག་ནི་རྒྱལ་པོའི་དྲེགས་པ་ཡིས། །སེམས་དཔའ་གཉིས་ཀྱི་བཀའ་བཅག་ཅིང་། །བརྙས་ཏེ་དུས་སུ་མ་ཉན་ཏོ། །ཕྱི་ཞིག་རྒྱལ་པོ་འགྱོད་གྱུར་ནས། །སེམས་དཔའ་གཉིས་ལ་མདོངས་གསོལ་ཏེ། །སངས་རྒྱས་འཁོར་བཅས་རྟག་མཆོད་ཅིང་། །དམ་པའི་ཆོས་ཀྱང་ཉན་ཞིང་བསྒོམས། །དེ་ནས་བདག་ནི་ཚེ་འཕོས་ཏེ། །བྱང་ཆུབ་སེམས་དཔའི་དགག་བཅག་ཅིང་། །བརྙས་པའི་སྡིག་པས་ལྷུང་གྱུར་ཏེ། །ཤུག་རོན་སྐྱེ་བ་བརྒྱ་བླངས་ཤིང་། །དེ་ནས་བྱ་རྐོད་ལུས་ཉི་ཤུ། །ཁྱིའུ་སུམ་ཅུ་སྐྱ་ཀ་བཅུ། །ནེ་ཙོ་བཞི་བཅུ་ཁྲུང་ཁྲུང་གི །སྐྱེ་བ་ལྔ་བཅུ་ལྔ་ཡུལ་དུ། །ཤང་ཤང་ཏེའུའི་ལུས་བཅུ་གསུམ། །དེ་ནས་ཕུ་ཤུད་ལུས་དྲུག་ཅུ། །ཆུ་བྱ་ལྔ་བཅུ་རྨ་བྱ་བཅུ། །སྦྲང་བུ་ཉི་ཤུ་སྦུར་བཅུ་གསུམ། །དེ་ནས་མིར་སྐྱེས་དམུན་ལོང་ལ། །ཚེ་ལོ་དྲུག་ཅུར་སྡུག་བསྔལ་མྱོང་། །དེ་ནས་རིགས་ངན་ལྷུགས་ཤིང་དབུལ།། ནད་ཀྱིས་ལོ་ནི་ལྔ་བཅུར་གཙེས། །སླར་ཡང་གྲོག་མའི་སྐྱེ་བ་གསུམ། །ར་ལྔ་ཁྲི་གསུམ་ཏ་ལྔ་དང་། །མཐའ་མར་ལུག་ནི་དཀར་པོར་སྐྱེས། །རྗེ་བོས་ཁུར་རྡོ་འཕངས་པས་ཤི །རོ་དེ་རྣལ་འབྱོར་པ་བཞིས་ཁྱེར། །བྲག་ཕུག་དབེན་པར་ཚོགས་འཁོར་བྱས། །དེ་ཡིས་མིར་སྐྱེས་བདག་རང་ཡིན། །ངན་འགྲོ་ཟད་མེད་སྡིག་ལྷག་གིས། །མིག་མི་གསལ་ཞིང

ལྷོ་མི་བདེ། །ཞྭ་བ་འཛིན་པ་འདི་ལགས་སོ། །རྫོགས་སངས་རྒྱས་ལ་བསྙེན་བཀུར་ཞིང་།། ཐེག་པ་ཆེན་པོའི་ཆོས་ཐོས་པས། །ད་ལྟ་དམ་པའི་རིགས་སུ་སྐྱེས། །བླ་མ་གྲུབ་ཐོབ་མཆོག་དང་མཇལ། །ཟབ་ལམ་རྣལ་འབྱོར་ཡན་ལག་དྲུག །ཉམས་སུ་ལེན་འདི་བྱུང་བ་ཡིན། །ཁྱེད་པར་མ་གཅིག་འདས་མཆོད་དུས། །ཕྱག་རྒྱ་ཆེན་པོའི་རང་ཉམས་ལ། །ཡེ་ཤེས་མཁའ་འགྲོ་རྣམ་ལྔ་བྱོན། །དེ་རྗེས་བདེ་མཆོག་དཀྱིལ་འཁོར་མཐོང་། །མི་བསྐྱོད་སྣང་བ་མཐའ་ཡས་དང་། །འཇམ་དཔལ་སྒྲོལ་མ་སྤྱན་རས་གཟིགས། །ཕྱག་ན་རྡོ་རྗེ་སྟོབས་པོ་ཆེ། །མི་གཡོ་བ་དང་བྱམས་པ་མགོན། །དེ་རྣམས་ཀྱི་ནི་སྐུ་མཐོང་གསལ། །དེ་རྗེས་དང་པོའི་སངས་རྒྱས་ཀྱི། །བརྒྱུད་པའི་བླ་མ་རྣམས་བྱོན་ཏེ། །ཕྱག་ན་ཡིད་བཞིན་ནོར་བུ་བསྣམས། །ཞལ་ནས་གདམས་པའི་བདུད་རྩི་སྩལ། །ཁྱོད་ནི་འདིའི་འོག་རོལ་ཏུ། །རབ་ཏུ་དགའ་བའི་ས་ཐོབ་ནས། །གཙང་མའི་གནས་སུ་ཉེར་འགྲོ་ཞིང་། །སེམས་ཅན་ཐེར་འབུམ་མང་པོ་ཡི། །དོན་ཡང་འགྲུབ་པར་འགྱུར་ཅེས་གསུངས། །ཞེས་སོགས་མང་དུ་གསུངས་ཤིང་། ད་ནི་ཁོ་བོ་སྐྱེ་བ་བཅུ་དྲུག་ན་སངས་རྒྱས་ནས་སེམས་ཅན་རྣམས་སྒྲོལ་བར་བྱེད་དེ། སྐྱེ་བ་དང་པོ་མི་གདུང་བའི་ལྷ། གཉིས་པ་འཁོར་ལོ་སྒྱུར་བའི་རྒྱལ་པོ་གདུགས་ཀྱི་ནོར་བུ། གསུམ་པ་དབང་བསྒྱུར་ཆེན་པོ། བཞི་པ་རྒྱལ་པོ་དོན་ཡོད་ནོར་བུ། ལྔ་པ་རྒྱལ་པོ་འཁོར་ལོ་ནོར་བུ། དྲུག་པ་རྒྱལ་པོ་རྡོ་རྗེ་འཆང་། བདུན་པ་རྨ་བྱའི་རྒྱལ་པོ་གསེར་དུ་གནང་བ། བརྒྱད་པ་ནམ་མཁའ་ལྡིང་གི་རྒྱལ་པོ། དགུ་པ་རྒྱལ་པོ་ལག་ན་པདྨ། བཅུ་པ་རྒྱལ་པོ་དགེ་བ་བཀོད་པ། བཅུ་གཅིག་པ་རྒྱལ་པོ་ལག་ན་རིན་པོ་ཆེའི་ཕྱག་རྒྱ། བཅུ་གཉིས་པ་རྒྱལ་པོ་ཞོ་བྲང་རལ་གྲི་ཅན། བཅུ་གསུམ་པ་རྒྱལ་པོ་གྲགས་པ་མཐའ་ཡས། བཅུ་བཞི་པ་ལྷའི་བུ་དབང་བསྒྱུར་རྒྱལ་པོ། བཅོ་ལྔ་པ་འཁོར་ལོས་བསྒྱུར་བའི་རྒྱལ་པོ་པདྨ་ཅན། བཅུ་དྲུག་པ་རྒྱལ་པོ་པདྨའི་ནོར་བུ་རྣམས་སུ

སྐྱེས་ནས་ས་བཅུ་བགྲོད་པས་སྨོན་ལམ་རྫོགས་ཤིང་སེམས་ཅན་རྣམས་སྨིན་པར་བྱས་ཏེ་སངས་རྒྱས་ཀྱི་ཞིང་ཡོངས་སུ་སྦྱང་བ། མཐར་ཐུག་ནས་འཇིག་རྟེན་གྱི་ཁམས་པདྨ་ཅན་ཞེས་བྱ་བ་བཻ་ཌཱུརྻ་ལས་གྲུབ་པའི་ས་གཞི་ལག །མཐིལ་ལྟར་མཉམ་པ་ངམ་གྲོག་དང་ལུང་མེད་པ། གསེར་གྱི་བྱེ་མ་བརྡལ་བ་དེར་སྐྱེས་པའི་སེམས་ཅན་ཐམས་ཅད་ཀུང་དུག་གསུམ་མེད་ཅིང་ལོངས་སྤྱོད་ལྷུན་གྱིས་གྲུབ་པ། བུད་མེད་དང་ཉན་རང་མེད་པ་ཐེག་པ་དམན་པའི་སྒྲ་ཡང་མི་སྒྲག་པ། དེར་སྐྱེས་པའི་བྱང་ཆུབ་སེམས་དཔའ་ཐམས་ཅད་ཀུང་སྐྱེ་བ་གཅིག་གིས་ཐོགས་པ་ཤ་སྟག་གོ །དེར་བདག་དེ་བཞིན་གཤེགས་པ་དགྲ་བཅོམ་པ་ཡང་དག་པར་རྫོགས་པའི་སངས་རྒྱས་པདྨའི་ནོར་བུ་ཞེས་བྱ་བར་འཚང་རྒྱ་སྟེ། འཁོར་བྱང་ཆུབ་སེམས་དཔའ་འབའ་ཞིག་ལ་ཐེག་པ་ཆེན་པོའི་ཆོས་སྟོན་ཏོ། །སྟོན་པ་དེའི་ཕྱག་ཞབས་ཀྱི་སོར་མོ་རེ་རེ་ལས་པདྨ་རེ་རེ་འབྱུང་ལ། དེ་རེ་རེ་ལས་ཀུང་པདྨ་བྱེ་བ་ཕྲག་ཐེར་འབུམ་འབྱུང་ཞིང་། དེའི་རེ་རེའི་ནང་ནས་སངས་རྒྱས་སྤྲུལ་པའི་སྐུ་བྱེ་བ་ཕྲག་ཐེར་འབུམ་བྱུང་ནས། སེམས་ཅན་དཔག་ཏུ་མེད་པ་ལ་ཐེག་པ་ཆེན་པོའི་ཆོས་སྟོན་ཏེ་གྲོལ་བར་མཛད་དོ། །ཞེས་རང་གཞན་གྱི་སྐྱེ་བ་འདས་མ་འོངས་མང་པོ་ལུང་བསྟན། ཡོ་བ་ལུང་ཤུག་ཏུ་བསྟུང་བ་མི་མངའ་བར་དབྱུ་གུ་ཐྲ་བའི་ཆོས་བརྒྱད་ལ་སྐུ་གདུང་རིང་བསྲེལ་གྱི་ཕུང་པོ་ཅན་བཞག་སྟེ་ཆོས་ཀྱི་སྐུར་ཐིམ་མོ། །བླ་མ་འདི་ལ་སློབ་མ་མང་ཡང་མཆོག་ཏུ་གྱུར་པ་ནི། ཁྲོ་ཕུ་ལོ་ཙྪ་བ། དགེ་བཤེས་རྨ་བྱ་བ། ཆོས་རྗེ་འཛམ་གསར་བ། བོ་དོང་རིན་རྩེ། ལྷོ་པ་ཆོས་ལྡན་ནོ། །

ཆོས་རྗེ་འཛམ་གསར་བ་ནི་ཡུལ་ཉང་རོའི་སྐྱུར་པོར། ཡབ་སློབ་དཔོན་དཔལ་ཆེན་ཞེས་པ་ལ་སྲས་གཉིས་འཁྲུངས་པའི་ཆུང་ཤོས་ཡིན། མཚན་རྗེ་སྲས་བློ་བདེ་ཞེས་པ་མིག་འཕྲུལ་དང་ལུགས་ཀྱི་བསྟན་བཅོས་མཐའ་དག་ལ་མཁས་ཤིང་། སྐྱེས་སྟོབས

ཕྱུལ་དུ་ཕྱུང་བས་ཁྲིམས་པའི་དུས་ནས། གཙང་ནག་པའི་འགྲེལ་པ་ལ་ཐུན་ཉན་བྱས་ཏེ་ཕར་ཕྱིན་ལ་སློབ་གཉེར་བྱས། ཡབ་དང་མཆེད་འདས་པ་ལ་བརྟེན་ནས་འཁོར་བ་ལ་ཡིད་བྱུང་སྟེ། ཆུ་མིག་ལུང་དུ་སངས་རྒྱས་ཡམ་པའི་དྲུང་དུ་རབ་ཏུ་བྱུང་། མཚན་ཤེས་རབ་འོད་ཟེར་དུ་བཏགས། ཆོས་དུས་སུ་སློབ་དཔོན་བསེ་དམར་བ་ལ་ཕར་ཕྱིན་གསན་ཅིང་། ཆོས་བར་ལ་མཁན་པོ་ལ་བསླབ་བྱ་དང་། བདེ་མཆོག །ཕག་མོ། ཕྱག་ཆེན་གསན། དཀའ་ཐུབ་ལ་རྒྱུན་དུ་གནས་པས་ལུས་སྐྱུངས། སྐབས་རེར་ཤིག་ནད་དྲག་པོ་བྱུང་པ་ལ་བཟློག་བསྒོམ་མཛད་ཅིང་། སྐུ་ལུས་སྦྱིན་པར་བཏང་བས་ཟུག་རྔུ་ལ་བརྟེན་ནས་ཐུགས་དམ་འཕྲུངས། དེ་ནས་ཡང་མཛེ་ནད་དྲག་པོས་མཉེལ་བ་ན། སློབ་དཔོན་ལ་ཕྱག་རྫོར་མདོ་ལུགས་ཞུས་ཏེ། མཚམས་དམ་པར་བཅད་ནས་ཐོ་རངས་ཡུད་ཙམ་རེ་མ་གཏོགས་མནལ་ཡེ་མ་ལོག་པར་བཟླས་པ་མཛད་པས་བསྐྱེད་རིམ་བརྟན་པར་བྱུང་སྟེ། མཐོང་བ་ཙམ་གྱིས་གདོན་བགེགས་ཐམས་ཅད་དངངས་ནས་འགྲོ་སྙམ་པ་བྱུང་། ལོ་གཅིག་དང་ཟླ་བ་དྲུག་ན་ཡི་དམ་གྱི་ཞལ་གཟིགས་ཏེ། བསྟུང་རྩ་བ་ནས་གྲོལ་ཞིང་། གཞན་ལ་འདྲེ་གདོན་གནོད་པ་ན་ཐུགས་གཏད་པ་ཙམ་གྱིས་འཕྲལ་དུ་འགྲོ་བ་བྱུང་། དེ་ནས་ཕར་ཕྱིན་གྱི་ཚིག་དོན་གསུང་སྒྲོས་ཐམས་ཅད་མ་བསླེལ་བར་སྟོན་པས་སློབ་དཔོན་བས་ཀྱང་མཁས་ཞེས་གྲགས། ཞང་འབྲི་མཚམས་པ་ལ་མངོན་པ་བྱུང་བར་བསླབས། དེ་ནས་གསང་ཕུར་བྱོན་ཏེ། གཉལ་ཞིག་ལ་དབུ་ཚད་ཕར་ཕྱིན་རྣམས་གསན། ཆོས་བར་ལ་པཎྜི་ཏ་རཏྣ་ཤྲཱི་ལ་ལ་བདེ་མཆོག་དང་། གཤེད་དམར་གྱི་དབང་དང་སྔགས་ཆོས་མང་དུ་གསན། པཎྜི་ཏས་ཀྱང་རྗེ་འདི་ཉིད་ལ་ཕར་ཕྱིན་གསན། དེ་ནས་ས་སྐྱ་པ་རྣམས་དང་བགྲོ་གླེང་མཛད་པས་ཐམས་ཅད་ལས་རྒྱལ་ཡང་ཐུགས་མ་ཆེམ་སྟེ། ལན་ཅིག་གཉལ་ཞིག་ལ་རྣམ་ངེས་ཀྱི་ཆོས་ཐོན་པའི་རྗེས་སུ་ཁྲིད་དེ་ལྟར་བཞེད་པ་ལགས་

སམ་ཞུས་པས། ཐུགས་རྒྱལ་བཞེངས་ཏེ་འདི་མ་སྐྱོངས་ན་གཉལ་ཞིག་མིན་གསུངས་ནས་དམ་བཅའ་ཁས་བླངས། དེ་རྗེས་འདི་མ་ཁེགས་ན་གཙང་སྟོན་མིན་ཞུས་ཏེ། ཕྱོགས་ཆོས་དཔེ་ལ་འགྲོ་མི་འགྲོ་ལ་ཉི་མ་གསུམ་དུ་མུན་སྲོས་སྲོས་ཀྱི་བར་དུ་འགྲོ་གླེང་མཛད་པས་རྗེ་འདི་རྒྱལ། གཉལ་ཞིག་གིས་དེའི་ནུབ་མོ་ཧ་བཟང་པོ་ཉི་ཤུའི་མང་བསྐོལ་བྱས། དར་ཡུག་གཅིག་བཏང་སྟེ། འདི་ལ་ང་འཇམ་དཔལ་དང་མཉམ་པ་ཡིན་སྙམ་པ་ཡོད་དེ། ང་བས་ཀྱང་ཁྱེད་ཤེས་རབ་ཆེ་བར་འདུག་པས་འཇམ་དཔལ་རང་དུ་གདའོ། །གསུངས་པས་འཇམ་དཔལ་གསར་མར་མཚན་གྲགས་ཏེ། སྙན་པའི་བ་དན་གྱིས་ས་ཀུན་ཏུ་ཁྱབ། གཉལ་ཞིག་བུ་དགུའི་ཡ་རྒྱལ་དུ་གྲགས། དེར་ཚད་མ་རྡོ་རྗེ་ཕྲེང་བ་མཛད་ནས་གཙང་དུ་བྱོན་པ་དང་། སློབ་དཔོན་བསེ་དམར་བ་འདུག་པས་ཐུགས་སྐྱོ་ཏེ། ཡུལ་ཞིང་རྣམས་ཕག་ཏུ་བཙོངས་ནས་སློབ་དཔོན་གྱི་དགོངས་རྫོགས་ལ་བཏང་། ས་ལམ་གྱི་རྣམ་གཞག་མེ་ཏོག་ཕྲེང་བ་མཛད། ཐར་པ་གླིང་དུ་བྱོན་ནས་དཔྱལ་ཆོས་བཟང་ལས་ལོ་ཙཱ་བསླབས། དེ་ནས་འདོལ་ཆུང་དང་། རྒྱང་འདུར་དུ་བཞུགས་ནས་གྲྭ་པ་ཕྱེད་དང་ཉི་བརྒྱ་ལ་ཕར་ཚད་ཀྱི་ཊཱིཀྐ་མཛད་ནས་གསུངས། ཁྲོ་ཕུ་ལོ་ཙཱ་བ་དང་། དཔྱལ་ཀུན་དགའ་སྙིང་པོ་དང་། སྣར་ཐང་པ་གྲོ་ཆེན་པོ་དང་། ཞང་ཆོས་བླ་དང་བྱ་མ་ཁྱུང་མ་རྣམས་ལའང་དབང་རྒྱུད་གདམས་ངག་མང་པོ་དང་། ས་སྐྱེ་སོགས་གསན། ཁ་ཆེ་པཎྜི་ཏ་ཤཱཀྱ་ཤྲཱི་ལ་དབང་དང་གདམས་པ་མང་པོ་གསན་ཞིང་། ལོ་ཙཱ་མཛད་དེ། ཨོ་རྒྱན་སྒྲོལ་མའི་སྒྲུབ་ཐབས་སོགས་བསྒྱུར། ཀོ་བྲག་པ་ལ་ལམ་འབྲས་གསན་པས་ཐུགས་སྣང་འགྱུར་ཏེ། སྐུ་མཚམས་དམ་པོ་ལ་བཞུགས་དུས་རྡོ་རྗེ་ལུས་ཀྱི་རྩ་གནས་མངོན་སུམ་དུ་གཟིགས། འཇམ་དཔལ་ངག་གི་དབང་ཕྱུག་མཇལ་བ་ལ། བདག་གི་བླ་མ་དང་གདམས་ངག་སྒོམ་པ་གང་ལགས་ཞུས་པས། སེ་མོ་བ་ལ་དུས་འཁོར་དང་སྦྱོར

དྲུག་ཞུས་ན་ལམ་མྱུར་དུ་བགྲོད་པར་འགྱུར་ཞེས་ལུང་བསྟན་ཐོབ་སྟེ་སེ་མོ་ཆེ་བ་དེ་གཡས་རུ་གྲོང་ཚུད་ན་སྤྲུལ་སྐུ་རྡོ་འབུམ་མཁའ་སྤྱོད་དུ་ཆོས་འཁོར་མཛད་པའི་སྐབས་སུ་དེར་འབྱོན་པར་བརྩམས་པ་ན། གཙོད་སྦྱིན་ཆེན་པོ་བདུན་གྱིས་གཙོས་པའི་སྣང་སྲིད་ཀྱི་ལྷ་འདྲེ་མང་པོས་མེ་འོད་དང་། འཇིགས་པའི་གཟུགས་སྟོན་པ་དང་། སྒྲ་དྲག་པོ་སྒྲོག་པ་དང་། རྡོ་ཆར་འབེབས་པ་སོགས་ཆོ་འཕྲུལ་མང་པོ་བསྟན་པས། དངོས་གྲུབ་སྟེར་བའི་ཡི་དམ་ལྷ། །གནོད་པར་སེམས་པའི་འདྲེ་གདོན་གཉིས། །མི་བདག་ལ་རོ་སྙོམ་ཁྱད་པར་མེད། །ལྷ་འདྲེ་གང་དགའ་མ་དགར་ཞོག །གཉེན་པོ་ཐོས་བསམ་སྒོམ་གསུམ་དང་། །ཕྱང་བྱ་ཉོན་མོངས་རྣམ་རྟོག་རྣམས། །མི་བདག་ལ་རོ་སྙོམ་ཁྱད་པར་མེད། །ཉམས་བཟང་ངན་གང་དགའ་མ་དགའ་ཞོག །འཁོར་བརྒྱ་དང་སྟོང་གིས་བསྐོར་བ་དང་། །རང་གཅིག་བུར་གང་བདེར་ཉལ་བ་གཉིས། །མི་བདག་ལ་རོ་སྙོམ་ཁྱད་པར་མེད། །འཁོར་མང་ཉུང་གང་དགའ་མ་དགའ་ཞོག །ཚེ་རིང་ནད་མེད་ཕུན་ཚོགས་དང་།། དུས་ད་ལྟ་ཉིད་དུ་འཆི་བ་གཉིས། །མི་བདག་ལ་རོ་སྙོམ་ཁྱད་པར་མེད། །ཚེ་རིང་ཐུང་གང་དགའ་མ་དགའ་ཞོག །ཅེས་སོགས་ཆོས་བརྒྱད་མགོ་སྙོམས་པའི་མགུར་གསུངས་པས་ཞི། གཙང་གཞུང་ལ་ཡར་བྱོན་ཙ་ན། ནམ་མཁའ་ཐམས་ཅད་སངས་རྒྱས་བྱང་སེམས་ཀྱིས་གང་བའི་སྣང་བ་བྱུང་། སེ་མོ་ཆེ་པ་དང་མཇལ་མ་ཐག་བླ་མ་དེ་ཉིད་ཕྱག་ན་རྡོ་རྗེར་དངོས་སུ་གཟིགས་ཏེ་སྣང་བ་འགྱུར་བའི་མོས་གུས་ཚུད། འབུལ་ནོད་རྒྱ་ཆེན་པོ་མཛད་དེ། སྦྱོར་དྲུག་ཞུས་པས་སྟོན་འགྲོའི་ཁྲིད་ཚར་བ་དང་མཆོག་དབང་གོང་མ་བསྐུར་ནས་སོར་བསམ་གནང་སྟེ་བསྒོམས་པས། སྔར་གྱི་ཆོས་ཀྱི་གོ་བ་ཚོ་སྨྲན་གོག་བཞིན་དུ་བྱུང་། ཞག་གཅིག་ན་བསམ་གཏན་གྱི་དྲོད་དང་རྟགས་རྣམས་བྱུང་སྟེ་ཡིད་ཆེས་གསུམ་ཐོབ་ནས། སླར་ཡང་རྒྱང་འདུར་དུ་འབྱོན་དབུར་ཆོས་གྲོལ་ནས། བོ་དོང་

རིན་རྩེ་སོགས་སློབ་མ་བཅུ་དང་ལྷན་ཅིག་ཏུ་དུས་འཁོར་གསན་དུ་ཕྱིན་ཏེ། ཞག་བཅུ་བཞི་ལ་དབང་རྫོགས་པར་ཐོབ་ནས། ཟླ་བ་བཞིའི་བར་དུ་རྒྱུད་འགྲེལ་མན་ངག་དང་བཅས་པ་མ་ལུས་པར་མནོས། དེ་ནས་རྒྱང་འདུར་དུ་ཐུབ་པའི་དབང་པོ་འཁོར་དང་བཅས་པ་ཞལ་གཟིགས་པ་ལ། ཡན་ལག་བདུན་པ་ཞིག་ཕུལ། སངས་རྒྱ་བའི་རྒྱུ་ལམ་འབྲས་བུ་ཐམས་ཅད་བླ་མ་སངས་རྒྱས་ཀྱི་དྲུང་དུ་སྒྲོ་འདོགས་བཅད་ཟིན་པས་ཆོས་ནི་མ་ནུས་གསུངས། རྡོ་རྗེ་ཐེག་པ་མཆོག་གི་ལམ་ཞུགས་ཀྱང་། །ལས་དང་ཡེ་ཤེས་ཕྱག་རྒྱ་རྩ་རླུང་དང་། །ཁྲ་མོ་ཐིག་ལེ་ལ་སོགས་སྒོམ་པ་ཡང་། །ཐུན་མོང་དངོས་གྲུབ་འགྲུབ་ཀྱི་མཆོག་མིན་གསུང་། །པཎ་ཆེན་རྣམས་དང་གྲུབ་ཆེན་གྲངས་མེད་དང་། །བོད་ཡུལ་གསང་སྔགས་སྤྱོད་པ་འབུམ་གྱིས་ཀྱང་། །སངས་རྒྱས་རྣམས་ཀྱི་རྡོ་རྗེའི་ཉེ་ལམ་མཆོག། རྒྱུད་ཀུན་ལས་སྦྲས་ལྷས་པས་རྙེད་མ་ཡིན། །བླ་མེད་རྒྱུད་བསྟན་རྡོ་རྗེ་རྩ་བསྟན་གྱི། །རྒྱལ་པོའི་ཕོ་བྲང་མཐའ་དྲུག་ཚུལ་བཞིའི་སྒོ། །ལེགས་གདམས་རྡོ་རྗེ་ཚིག་གི་སྒོ་ལྕགས་བཅུག །གསང་འཛིན་ཆེན་པོ་རྣམས་ཀྱིས་ལྡེ་མིག་སྦྲས། །རིགས་གསུམ་མགོན་དང་དེ་རྣམས་རྗེས་འབྲངས་པའི། །འགྲེལ་པ་རྡོ་རྗེའི་སྒོ་འབྱེད་ལྡེ་མིག་གིས། །དུས་འཁོར་རིན་ཆེན་བང་མཛོད་སྒོ་ལེགས་ཕྱེ། །རྒྱུད་ཀུན་དགོངས་པ་སྦྱོར་དྲུག་ཉིད་ཡིན་པར། །སྐལ་ལྡན་བླ་མ་རྣམས་ཀྱིས་རྟོགས་པར་འགྱུར། །དངོས་གྲུབ་ཀུན་འབྱུང་རིན་ཆེན་སྣ་ཚོགས་དང་། །སྦྱོར་དྲུག་ཡིད་བཞིན་ནོར་བུ་དངོས་སུ་གནང་། །རྩོད་ལྡན་ཤིན་ཏུ་སྨྱུར་བར་སངས་རྒྱ་བའི། །ཟབ་ལམ་འདི་ནི་བླ་མའི་གདམས་ངག་དང་། །རྒྱལ་སྲས་འཕགས་པ་རྣམས་ཀྱི་རྒྱུད་འགྲེལ་ལས། །བསོད་ནམས་ཤེས་རབ་སྟོབས་ཀྱིས་ཁོ་བོས་རྙེད། །ཡིད་བཞིན་ནོར་བུ་གོས་རྒྱལ་གྱིས་གཏམས་ནས། །གཏེར་དུ་སྦས་ཏེ་འཛམ་གླིང་འདི་ཉིད་ན། །ང་ཉིད་ནོར་ཆེ་སྦྲས་ཀྱང་སུ་ཡིད་ཆེས། །གང་ཞིག་ལ་ཡང་ཕན

འདོགས་ནུས་པར་འགྱུར། །དེ་བས་བདག་རང་འཆི་མེད་འཚོ་སླ་བའི། །གནས་དེར་སྒྲུབ་པའི་རྒྱལ་མཚན་རྩེར་བཏགས་ནས། །རྩེ་གཅིག་མི་རྟོག་སེམས་ཀྱིས་གསོལ་བཏབ་ནས། །རང་གཞན་དགོས་འདོད་འབྱུང་བར་ཐེ་ཚོམ་མེད། །དེ་ཕྱིར་ཁོ་བོ་དབེན་པར་སྡོད་ལ་དགའ། །འཆི་མེད་བདུད་རྩི་སྙེད་ནས་ཟས་ངན་སྤོང་། །ནོར་བུ་རིན་ཆེན་སྙེད་ནས་གསེར་ཡང་འདོར། །མཆོག་ཐོབ་དམན་པ་འདོར་བ་ཇི་ལྟར་འགྲུབ། །སྔོན་ཆད་གདམས་ངག་བརྒྱ་ཕྲག་དུ་མ་བསླབས། །འོན་ཀྱང་ད་དུང་གཞན་དག་ཚོལ་བར་འདོད། །ད་ནི་སངས་རྒྱས་ཐམས་ཅད་བྱོན་ལགས་ཀྱང་། །མྱུར་དུ་འཚང་རྒྱའི་ལམ་གཞན་ཞུ་བསམ་མེད། །ཞེས་སོགས་གསུངས་ཤིང་། ཉམས་དང་རྟོགས་པའི་བདག་ཉིད་དུ་གྱུར་ཏོ། །

དེའི་སློབ་མ་ཀུན་མཁྱེན་ཆོས་སྐུ་འོད་ཟེར་ནི། ཡུལ་ཉང་སྟོད་ཀྱི་གནས་ཨུཏྤ་ལ་ཁ་ཕྱེ་བ་ལྟ་བུའི་གསེར་སྡིངས་སུ། གདུང་སུམ་པ། ཡབ་གྲུབ་ཐོབ་ཀྱི་རྒྱལ་པོ་གསེར་སྡིངས་པ་གཞོན་ནུ་འོད་དང་། ཡུམ་མཁར་བཙུན་མ་ཤེས་རབ་རྒྱན་གྱི་སྲས་སུ་སྐུའི་སྐྱེ་བ་བཟུང་། གཡའ་མ་རའི་གཙུག་ལག་ཁང་གི་འདབ་ཏུ་ཡུམ་གྱི་མིང་པོ་མཁར་གྲགས་པ་དབང་ཕྱུག་ལ། སྦྲུམ་མ་སྐྱོང་དུ་བཅུག་ནས། ཤིང་ཕོ་ཁྱི་ལོའི་སྟོན་འབྲིང་ཉི་མ་སྒྲ་གཅན་གྱིས་བཟུང་བ་དང་དུས་མཚུངས་པར་སྐུ་བལྟམས། ཡུམ་གྱིས་མཚན་བདག་མེད་རྡོ་རྗེར་བཏགས། ཡུམ་གྱི་ལད་མོ་བྱས་པས་ཡི་གེ་འབྲི་ཀློག་དང་། ཆོས་སྤྱོད་ཀྱི་ཁ་འདོན་རྣམས་ཚེགས་མེད་པར་མཁྱེན། དེ་ནས་གསེར་སྡིངས་སུ་བླ་མ་དགེ་འདུན་ལ་བསྙེན་བཀུར་ཏེ། བཟོད་པ་གསོལ་ནས་གསེར་སྡིངས་ཆེན་པོའི་དྲུང་དུ་ཞང་པོ་དང་ལྷན་ཅིག་ཆོས་ཉན་པ་ན། ཤིན་ཏུ་གཞོན་པས་རྩེ་ཐབས་འབའ་ཞིག་གིས་དུས་འདའ་བ་གཟིགས་ཏེ། བདག་མེད་རྡོ་རྗེ་ཁྱོད་ཀྱི་རྩེད་མགོ་དང་། ངའི་ཆོས་མགོ་འཛོམས་པ་དུས

མཉམ་དུ་བྱེད་པས་ང་དང་ཆོས་ལ་མ་གུས་པ་ཞིག་གམ། ཞེས་བཀའ་བཀྱོན་པས་ཆོས་རྗེ་བས་ཉན་ཅིང་རྩེ་ཐབས་རྐང་ལག་གིས་བྱེད་པ་ལ་འགལ་བ་ཅི་མཆི། ཆོས་གསུངས་པ་རྣམས་འདི་དང་འདིའོ་ཞེས་སྨྲས་པས། ཀུན་གྱིས་འདི་ནི་སྤྲུལ་པ་ཞིག་གོ་ཞེས་ཡ་མཚན་དུ་སྒྲོག་ཅིང་སྔོན་གྱི་གནས་རྗེས་སུ་དྲན་པའི་ཚུལ་བརྗོད་པས་པཎ་ཆེན་ཤཱཀྱ་ཤྲཱིའི་སྤྲུལ་པར་ཀུན་གྱིས་ཤེས་སོ། །བླ་མ་ཡང་དགྱེས་ཏེ་ཡབ་ཏུ་ཞལ་གྱིས་བཞེས་ནས། དེ་ཕྱིན་གྱི་བསྟན་བཅོས་རྣམས་ཀྱི་སྦྱོར་བྱང་དུ་རྣལ་འབྱོར་དབང་ཕྱུག་ཆེན་པོ་ཞེས་མཛད་དོ། །བཅུ་གསུམ་པ་ལ་གནས་སྙིང་པ་ཆོས་ཀྱི་རིན་ཆེན་གྱིས་མཁན་པོ། གླང་པ་ཕང་ཐང་པ་ཤཱཀྱ་དར་གྱིས་སློབ་དཔོན་མཛད་ནས་རབ་ཏུ་བྱུང་། མཚན་ཡང་ཆོས་ཀྱི་འོད་ཟེར་དུ་བཏགས། ཡབ་གསེར་སྡིངས་པ་ཆེན་པོའི་དྲུང་དུ་སྔོན་འཇུག་གི་སྡོམ་པ་དང་། ཐོག་མར་དཔལ་འཁོར་ལོ་སྡོམ་པའི་དཀྱིལ་འཁོར་དུ་དབང་བསྐུར་བ་ཐོབ། གདམས་པ་མང་པོ་ཞིག་གསན་པའི་སྐབས་སུ། རྡོ་རྗེ་འཆང་ཆེན་བྱིན་རླབས་ཀྱིས། །བྱང་ཆུབ་སེམས་ལ་བརྟན་པ་ཐོབ། །སྣང་སེམས་སྲིད་པ་ཧྲུལ་པོར་སོང་། །འགྲོ་བ་སེམས་ཀྱི་དེ་ཉིད་མཐོང་། །ཐམས་ཅད་རྩོལ་མེད་ལྷུན་གྲུབ་རྫོགས། །ཞེས་ཞུས་པས། འོ་དེ་ཙུག་འོང་བ་ཡིན། ངས་ཧེ་ལྷར་ངོ་སྤྲད་པ་བཞིན་དུ་ཁྱོད་ལ་ཕྱར་བཏབ་པ་བཞིན་རྩོལ་མེད་དུ་འབྱུང་བ་འདི་རང་བྲོད་གསུངས་ནས། འདུས་པ་དང་། དགྱེས་རྡོར་གྱི་དབང་། རིམ་ལྔ། ཆོས་དྲུག །ལམ་འབྲས་སོགས་གནང་བ་ན། གནས་པ་རྩ་ཡི་དེ་ཉིད་ཤེས། །གཡོ་བ་རླུང་ལ་རང་དབང་ཐོབ། །བགོད་པ་བྱང་ཆུབ་སེམས་ཀྱིས་བརྒྱན། །ལུས་ངག་སེམས་ནི་བདེ་གསལ་སྟོང་། །རྒྱུ་ལམ་འབྲས་བུའི་བཞུགས་ཚུལ་ཤེས། །ཞེས་ཞུས་པས། འོ་ཅག་ཕ་བུ་ལ་དེ་ཙམ་རེ་ཏེ་རེ་སར། ངས་སྙིང་པོའི་ལྡེ་མིག་གཏད་ཟིན་གྱིས་གཞོན་དུས་བཤེས་གཉེན་ཕྱོགས་མེད་གྲངས་མེད་བསྟེན་ལ། ཐེག་པ་མཐའ་དག་གི་ལུང་དོན་ཅིག

སྡེ་སྣོད་རྒྱུད་སྡེ་ཐམས་ཅད་ཀྱི་སྒོ་ཕྱི་ལ། འདོད་དགུ་འབྱུང་བའི་ནོར་བུ་རྣམས་གདུལ་བྱའི་སེམས་ཅན་རིས་མེད་པ་ལ་རང་རང་གི་སྐལ་བ་དང་འཚམས་པར་བྲིམས་ཤིག །སྙིང་པོ་བསྡུས་པའི་ལྡེ་མིག་གིས། །སྒོ་ལྕགས་བཙན་ཡང་ཕྱེད་དེ་མཆི། །ཐོག་མར་ངེས་ཤེས་སྐྱེས་ན་ཡང་། །ད་དུང་རྒྱུ་མཚན་ཕྱི་ནས་སེམས། །དེ་ལྟར་བསམས་ན་ཐུབ་བསྟན་དང་། །སེམས་ཅན་ཀུན་ལ་ཕན་པ་བྱས། །ང་ཡི་འབད་པ་དོན་དང་བཅས། །དེ་རིང་ཁོ་བོའི་བསམ་པ་རྫོགས། །ཞེས་གསུངས། དགུང་ལོ་བཅོ་ལྔ་པ་ནས་ལོ་བཅུའི་བར་དུ་གསན་སྦྱོང་མཛད་པས་བུམ་པ་གང་བྱོའི་ཚུལ་དུ་མཁྱེན། དེ་ནས་ཡབ་ཀྱི་ཞལ་ནས། ཆོས་རྗེ་འཇམ་གསར་བ་དང་སྐྱེ་བ་སྔ་མ་ནས་ལས་འབྲེལ་ཡོད་པས་དེའི་དྲུང་དུ་སོངས་ཤིག་ཅེས་བརྫངས་ཏེ། འཇམ་གསར་བ་གྲུབ་ཁང་ན་བཞུགས་པའི་དྲུང་དུ་ཕྱིན་ནས། གཤེད་དམར་གྱི་དབང་གསན་པའི་ཚེ་བླ་མ་གཤིན་རྗེ་གཤེད་དུ་གཟིགས། གཞན་ནང་དབང་བྱིན་རླབས། ཕར་ཚད་སོགས་གཞུང་གདམས་ངག་མང་དུ་གསན། ཆོས་རྗེའི་ཞལ་ནས། གཞན་བློ་བུམ་ནང་ནམ་མཁའ་ཙམ། །འདི་བློ་ཕྱི་རོལ་ནམ་མཁའ་འདྲ། །དེ་ཕྱིར་འདི་བློ་མཚུངས་མེད་དེ། །མ་བྱུང་འབྱུང་བ་ཤིན་ཏུ་དཀོན། །ཞེས་ཚོགས་སུ་བསྔགས་པར་མཛད་དོ། །གྲུབ་ཐོབ་སེ་མོ་ཆེ་བ་ལ་དུས་འཁོར་གསན་དུ་ཕྱིན་པས། ཆོས་འདི་ལ་ངས་དམ་དུ་བྱས་པ་ཡིན་ཅིང་། གདམས་ངག་དང་རྒྱུད་རྫོགས་པར་ཞུ་བ་ལ་བླ་མ་ལོ་མང་དུ་བསྟེན་དགོས་པ་ཡིན། ང་ལས་འཇམ་གསར་བ་རྒྱུད་མཐོ་བར་འདུག །ཁོང་འཇམ་དཔལ་དངོས་སུ་མཐོང་བས་ངས་ཐམས་ཅད་དུས་གཅིག་ལ་བྱིན་ནས། ཆོས་འདིའི་བདག་པོ་ཁོང་ལ་གཏད་པ་ཡིན་པས། ཁྱོད་རང་ཡང་ཆོས་འདི་འདོད་ན་ཁོང་ལ་ཞུས། ཁྱེད་གཉིས་སྐྱེ་བ་མང་པོའི་དཔོན་སློབ་ཡིན་གསུངས་ནས། ཆོས་འབྲེལ་དང་བྱིན་རླབས་གནང་དེ་ནས་གྲུབ་ཁང་དུ་འཇམ་གསར་བ་ལ་དུས་འཁོར་གྱི་དབང་

གསན་པའི་དུས་ཀྱི་ཚེ། བླ་མ་རྡོ་རྗེ་ཤུགས་དངོས་སུ་གཟིགས། འདི་ལྟར་གདའ་ཞུས་པས། རྡོ་རྗེ་ཤུགས་དངོས་ཡིན་སྙམ་པའི་དཔའ་ཡོད་པ་ཡིན། འོ་སློལ་དཔོན་སློབ་ལ་བགེགས་ཀྱིས་མི་ཚུགས་གསུངས། ཡེ་ཤེས་ཕབ་དུས་སོཾ་སྒྲི་ཏའི་སྐད་མང་དུ་བྱུང་བས་ཁ་ཆེ་པཎ་ཆེན་གསང་འདུས་ལ་མཁས་པའི་བག་ཆགས་སད་པར་འདུག་གསུང་། དཀྱིལ་འཁོར་དུ་ཞུགས་པའི་ཚེ་ཡེ་ཤེས་ཀྱི་དཀྱིལ་འཁོར་མངོན་སུམ་དུ་གཟིགས། དབང་བཞི་པའི་སྐབས་སུ་ང་བཞིན་དུ་ལུས་གནད་འཆོས་ལ་མི་རྟོག་པའི་ངང་ལ་ཞོགས་གསུངས་པ་ཙམ་གྱིས་འགྱུ་བ་ཕྲ་རགས་ཆད་དེ་བདེ་སྟོང་ཆེན་པོའི་ཏིང་ངེ་འཛིན་མངོན་དུ་གྱུར། ཕྱིས་སྒོམ་ཁང་དུ་བསྒོམས་པས་ཉམས་རྟོགས་ཨུར་ལངས་ཏེ། ཆོས་རྗེའི་གསུང་གིས་གསལ་བ་རབ་ཀྱི་མཐར་ཕྱིན་གདའ། གཞན་མའི་སྒོམ་ཆེན་གྱི་སྒོམ་ཐྲན་ལ་འོ་སློལ་གྱི་གདམས་ངག་འདི་ཡོད་ན་ལྷུང་པ་གྲུབ་ཐོབ་ཀྱིས་གང་དུ་ཡོང་ངེ་གསུངས། ཆོས་རྗེ་དེ་ཐུབ་པ་དང་འཇམ་དཔལ་སོགས་སུ་གཟིགས་པས། ངས་ལྷ་གང་བསྒོམས་པ་ལྟར་ཁྱེད་ཀྱིས་མཐོང་བར་འདུག་པ། གཞན་ལ་མ་གླེང་གསུངས། ཕྱིས་རྒྱ་ནག་ནས་ཕེབས་ནས་ཀྱང་། རྒྱུད་འགྲེལ་མན་ངག་དང་བཅས་པ་མང་དུ་གསན། དང་པོ་མཇལ་བ་ནས་སངས་རྒྱས་ཀྱི་འདུ་ཤེས་ལས་ཐ་མལ་དུ་ནམ་དུ་ཡང་མ་མཐོང་གསུང་མཚན་གསན་པ་ཙམ་ལའང་སྤྱན་ཆབ་འཁྲིན། གྲང་པོ་ལུང་དུ་འཇམ་རྒྱལ་བ་ལ་བསྟུང་གནས་ཀྱི་ལུང་ཞུས་པས་སྤྱན་རས་གཟིགས་ཀྱི་ཕྱག་གིས་དབུ་ལ་ཉུལ་བའི་སྣང་བ་བྱུང་ཁྲི་ཕུར་བཟང་རིངས་ལ་མངོན་པ་དང་། སྟག་ཐོག་ཏུ་ས་སྐྱ་པཎྜི་ཏ་ལ་སྒྲ་ཚད་སྙན་ངག་སྡེབ་སྦྱོར་བདེ་དགྱེས་སོགས་ཆོས་མང་པོ་དང་། པཎ་ཆེན་བི་བྷུ་ཏ་ཙནྡྲ་ལ་ཕྲེང་བ་སྐོར་གསུམ། བདེ་མཆོག །སྦྱོར་དྲུག །ཁ་ཆེ་སངྒ་ཤྲཱི་ལ་ཕྲེང་བའི་དབང་དང་ཀ་ཙན་གྱི་སྒྲ་མདོ། དཔྱལ་ཆོས་བཟང་ལ་དཔྱལ་པའི་ཆོས་སྐོར། དཔྱལ་བརྐོ་ཙན་ལ་སྦྱོར་དྲུག

རྣམས་གསན། ཉེར་ལྔ་པ་ལ་སྔར་གྱི་མཁན་སློབ་དགེ་འདུན་དང་བཅས་པ་ལས་བསྙེན་པར་རྫོགས། ཤྲི་ཙུ་ཆུང་པ་ལྔེ་མདོ་སྡེ་སེངྒེ་ལ་ཡོ་ག་སོགས་ཆོས་སྐོར་མང་པོ་གསན། སོ་བརྒྱད་པ་ལ་མང་མཁར་དྲིལ་ཆེན་དུ་ས་སྐྱ་པཎྜི་ཏ་ལ་བགྱེས་རྡོར་གྱི་དབང་། སེམས་བསྐྱེད། རིགས་གཏེར་གསན། ཁོང་ཧོར་ཡུལ་དུ་ཐེགས་པའི་སྐྱེལ་གདུང་གཞུ་ཀུན་དགའ་ར་བའི་བར་དུ་མཛད། ལྷ་སར་ཇོ་བོའི་དྲུང་དུ་མཆོད་པའི་སྦྱིན་སྐྱབས་ཏེ་གསོལ་བ་བཏབ་པས་ཇོ་བོའི་སྐུ་ལས་འོད་ཟེར་འཕྲོ་བ་བྱུང་། བདག་གིས་ཚོགས་བསྐྱངས་ཆོས་བཤད་དང་། །དབེན་པར་ཚོགས་སྤྱངས་སྒོམ་པ་གཉིས། །ཚེ་འདིར་དགེ་སྦྱོབས་གང་ཆེ་ལགས། །སྒོམ་པའི་གནས་མཆོག་གང་ཞིག་ལེགས། །ཞེས་ཞུས་པས། ཇོ་བོ་ཉིད་སྟོན་པ་དངོས་སུ་གསལ་བའི་གསུང་སྙན་པོས། ཁྱོད་ཀྱིས་དང་པོར་བརྩམས་པ་ནས། །བརྩོན་པས་བསྒྲུབས་པས་ལུས་འདི་ཡིས། །སངས་རྒྱས་མཆོག་ཐོབ་འགྱུར་བ་ལ། །བརྩོན་པ་དོར་བ་མ་ལེགས་སོ། །འོན་ཀྱང་ངའི་ཐེག་ཆེན་ཆོས། །སྟོན་པར་འདོད་ན་འདི་རྣམས་བསྒྲུབས། །ལྷག་པའི་ལྷ་ནི་གྲུབ་པའི་ཕྱིར། །སྤྲིན་སྲིག་ལན་བརྒྱ་རྩ་བརྒྱད་ཀྱིས། །སྐུ་གཟུགས་འཇམ་དཔལ་རྩ་རྒྱུད་བཞིན། །སྐྱེ་བོ་མང་པོའི་ཚོགས་པར་བཞེངས། །གསང་སྔགས་གཞུང་གདམས་མ་ལུས་པ། །བཤེས་གཉེན་བཟང་ལ་ལུང་ཐོབ་བྱོས། །ཆ་ནད་དབུལ་བས་སྡུག་བསྔལ་བའི། །མི་རྣམས་ཀྱི་ནི་མགོན་སྐྱབས་གྱིས། །དེ་ལྟར་ཁྱོད་ཀྱིས་བསྒྲུབས་གྱུར་ན། །ཡོན་ཏན་གེགས་ཀྱི་ལས་སྒྲིབ་སེལ། །རྟེན་འབྲེལ་འགྲིག་ནས་ཚེ་འདི་ལ། །ཡོན་ཏན་རྒྱ་ཆེན་སྐྱེ་འགྱུར་ཏེ། །འཇིག་རྟེན་གསུམ་གྱི་མགོན་པོ་དང་། །འགྲོ་བའི་ཡིད་བཞིན་ནོར་བུར་འགྱུར། །བྲག་གནས་རྡོ་རྗེའི་རྩེ་འདྲས་བརྒྱན། །མཐོ་བའི་དགོན་པར་སྐྱེ་བོ་རྣམས། །བྱང་ཆུབ་སེམས་མཆོག་ལ་བཀོད་ན། །ཕྱིག་སྦྱོད་རྒྱལ་པོས་གནོད་མི་འགྱུར། །བློ་ལྡན་གོང་ནས་གོང་དུ་འགྲོ། །

ཞེས་ལུང་བསྟན་ཐོབ། དེར་ཆོས་རྒྱལ་སོགས་བཀའ་བརྒྱུད་ཀྱི་བླ་མ་རྣམས་ཀུང་བྱོན་ནས། ཐུགས་དམ་དབུ་ཐོག་ཏུ་བཞག་ནས། དུས་ཀྱི་འཁོར་ལོའི་ཆོས་ཀྱིས་འགྲོ་བ་ལ་ཕན་ཐོགས་པར་ལུང་བསྟན། དེ་ནས་གསེར་སྡིངས་སུ་ཞི་བའི་སྦྱིན་བསྲེག་བརྒྱ་རྩ་མཛད། སོ་དགུ་པ་ལ་རྗོར་དམག་བོད་དུ་ལྷགས་དུས་སེམས་ཅན་མང་པོའི་སྲོག་སྐྱབས། བཟང་སླན་གྲུབ་གླིང་གི་དགོན་པ་བཏབ། འགྲོ་མགོན་འཕགས་པ་དང་མཆིམས་ཆེན་པོ་ནས་རྫ་ཚུང་མ་ལ་ཚུ་རྡོའི་དཀའ་ཐུབ་ཞུས་པ་ཡན་ལ་བླ་མ་གྲངས་མེད་པ་བསྟེན། བོད་དུ་འགྱུར་རོ་འཚལ་གྱི་ཆོས་ཇི་སྙེད་པ་གསན་ཞིང་། ཡན་རེ་གཟིགས་པ་ཙམ་གྱིས་མཁྱེན་པས་ཀུན་མཁྱེན་དུ་གྲགས་ལ། ཉེན་མཚན་གྱི་སྣང་བ་མཐའ་དག་འོད་གསལ་ཁོ་ནར་འཆར་བས། འགྲོ་མགོན་འཕགས་པས་ཆོས་སྐུ་འོད་ཟེར་དུ་མཚན་གསོལ། འདོལ་ཚུང་ཆོས་འཁོར་ཆེན་མོའི་དུས་སྔེ་སྣོད་འཛིན་པ་རྒྱ་མཚོའི་དབུས་སུ་སྨྲ་བའི་སེང྄་གེར་གྱུར་ཅིང་སླན་པའི་གྲགས་པས་ས་ཐམས་ཅད་ཁྱབ། རྣམ་རྒྱལ་འཁོར་ཆེན་བདེ་དགྱེས་འདུས་པ་དུས་འཁོར་སོགས་ཐུགས་དམ་གྱི་ལྷ་དཔག་ཏུ་མེད་པའི་ཞལ་གཟིགས། ཕར་ཕྱིན་སྤྱོད་འཇུག་གསུངས་ཚེ། གང་འདིར། སྟོན་པ་ཆོས་ཀྱི་ཆར་འབེབས་ཀྱི། གང་དག་ཉན་པར་འདོད་པ་འདིར་ཤོག་ཅིག །ཅེས་གསུངས་པ་ན། སྐྱའི་སྒོ་ཐམས་ཅད་ནས་འོད་ཟེར་སྣ་ཚོགས་འཕྲོད་ཅིང་བསྟུད། གཞན་གྱིས་བལྟས་ན་གདེ་མུག་གི་བག་ཞད་ཆེ་བ་གཅིག་འདུག་ནའང་། ཁོ་བོ་ལ་དགེ་སྦྱོར་གྱི་གྲོགས་སུ་འགྱུར་བ་ཞིག་འདའ་གསུངས་ནས་མནལ་བར་མཛད། ཁོ་བོ་རྨི་ལམ་རང་རྒྱུད་པ། །རྨི་བ་ཡོང་ཡེ་མ་དྲན་ཞིང་། །ཉལ་ཉན་སྒོམ་ལ་སྦྲིབ་པ་ལྷུས། །སྦྲིབ་པ་ནམ་ཡང་འབྱུང་མ་ལགས། །ཞེས་གསུངས་མཉམ་རྗེས་ཀྱི་དབྱེ་བ་མེད་པར་མཉམ་གཞག་འབབ་ཞིག་གིས་དུས་འདའ། མྱང་ཚུ་ལ་མ་བྱིང་བར་ཞབས་ཚུལ་རེག་ཙམ་མཛད་དེ་བྱོན། གསེར་

སྔོངས་སུ་གཙུག་ལག་ཁང་རྩིག་པའི་ཆོ་ག་སྐམ་པོ་ལས་ཆུ་རྫོལ། བསམས་ན་ཤེས་པ་ཙམ་ལས་འདས་པའི་མངོན་པར་མཁྱེན་པ་ཐོགས་མེད་དུ་མངའ། རང་ཉིད་ཀྱིས་གསན་པའི་ཆོས་རྣམས་སློབ་མའི་ཚོགས་ལ་སོ་སོར་གཏད། སློབ་དཔོན་འོད་ཟེར་མགོན་གདན་སར་བསྐོས་ཏེ་དབེན་གནས་བྱ་བཏང་དུ་ཐེགས་ནས། དོན་དགུ་པ་ཆུ་ཕོ་འབྲུག་ལོ་ཧོར་ཟླ་གསུམ་པའི་ཉེར་དགུ་ལ་ནམ་མཁར་ཟླ་བ་ལྔ་བུ་ལ་ཚོམ་བུ་སོ་གཉིས་འོད་ལྔས་བསྐོར་བ་ཐལ་བྱུང་དུ་གྲེན་ལ་འགྲོ་བ་དང༌། ལྷའི་སྤོས་དང་རོལ་མོའི་སྒྲ་དང་བཅས་ཏེ་སྐུའི་བཀོད་པ་བསྡུས་སོ། །

བདག་ཉིད་ཆེན་པོ་དེའི་སྲས་ཞང་ཀུན་སྤངས་ཆེན་པོ་ནི། ཡུལ་གཡས་རུ་བྱང་གི་ངབ་ཕྱུར་སྤང་སྔང་དུ། ཡབ་འབྲོ་རྗེ་དབང་ཕྱུག །ཡུམ་གཉག་མོ་ལྕམ་མེའི་སྲས་སུ་ཆུ་མོ་ཡོས་ལ་སྐུ་འཁྲུངས། དགུང་ལོ་ལྔ་པ་ལ་མཉག་ཚར་ས་སྐྱ་པཎྜི་ཏར་སེམས་བསྐྱེད་གསུང་བ་ལ་མའི་སྤྱང་ནས་གསན། བདུན་པ་ལ་འཁྲུག་དཔོན་རྫོང་པའི་དྲུང་དུ་དགེ་བསྙེན་མནོས། དགུ་པ་ལ་འཁྲུག་ཞང་གིས་མཁན་པོ་རྫོང་པས་སློབ་དཔོན་མཛད་ནས་རབ་ཏུ་བྱུང༌། མཚན་ཐུགས་རྗེ་བརྩོན་འགྲུས་སུ་བཏགས། ཉི་ཤུ་པ་ལ་གཡས་རུ་ཕྱི་འབྲུམ་དགོན་གསར་དུ་ལྷ་བཙུན་བསོད་ནམས་སྙིང་པོས་མཁན་པོ། མདོག་ལྡོང་པ་ཤཱཀྱ་བྱང་ཆུབ་ཀྱིས་ལས་སློབ། བསོད་བློ་བས་གསང་སྟོན་མཛད་ནས་དད་པའི་དགེ་སློང་ལྔ་བཅུའི་དབུས་སུ་བསྙེན་པར་རྫོགས། ཀུན་མཁྱེན་ཆོས་སྐུ་འོད་ཟེར། འགྲོ་མགོན་འཕགས་པ། སངས་རྒྱས་འབུམ། ཤངས་པ་དཀོན་བརྩེགས། ལྷ་བཙུན་དགོན་གསར་བ། རྡོ་རྗེ་འཆང་འཇམ་དབྱངས་པ། རིག་པའི་སེངྒེ། མདོག་ལྡོང་པ། མཁན་ཆེན་མཆིམས། མཁས་པ་སྟན་སྟོན་ལ་སོགས་པ་བླ་མ་དམ་པ་རྣམས་བསྟེན། མདོ་མངས། བྱམས་པ་དང་འབྲེལ་བའི་ཆོས་སྡེ་ཉི་ཤུ། མངོན་པ་གོང་འོག །ཚད་མ་སྡེ་

བདུན། རིགས་གཏེར། ཀ་ལཱ་པ། སླ་སྒོ་མཆོན་ཆ། འདུལ་བ་མདོ་རྩ། ལུང་སྡེ་བཞི། འབུམ། ཉི་ཁྲི། བརྒྱད་སྟོང་པ། སྡུད་པ། དེ་དག་གི་རྒྱ་འགྲེལ། སྤྱོད་འཇུག །བསླབ་བཏུས་རྣམས་གསན་ཞིང་མཁས་པར་སྦྱངས། ཁྲི་ཕྲུ་བ་ལ་བདེ་ཆེན་རལ་གཅིག་སོགས་ཁྲི་ཕྲུ་བའི་ཆོས་རྣམས་གསན། མ་འོངས་པ་ན་ཇོ་ནང་དུ་ཡུན་རིང་དུ་བཞུགས་ན་བསྟན་པ་ལ་ཕན་ཞེས་ལུང་བསྟན། འགྲོ་མགོན་ཕྱུག་ན་གཤེགས་པའི་ཆོས་འཁོར་གྱི་ཚེ་ལུང་རིགས་སྨྲ་བའི་མཆོག་ཏུ་གྲགས། དེའི་དུས་ན་རྟོག་གེ་ལ་ཀུ་མིག་པ་སེངྒེ་དཔལ་མཁས་པར་གྲགས་པས། ཁོང་གིས་དཔལ་ཆོས་ཀྱི་གྲགས་པ་ལ་ལན་མེད་ཀྱི་ཐལ་འགྱུར་བཅུ་གསུམ་ཡོད་ཅེས་གསན་པས། ཁོང་སྣར་ཐང་ན་བཞུགས་པའི་དྲུང་དུ་བྱོན་ནས། ཁོང་གི་གྲུབ་མཐའ་ལ་ཞག་མང་པོའི་བར་དུ་རྩོད་ནས། དཔལ་ཆོས་ཀྱི་གྲགས་པའི་ལན་དུ་ངས་ཀྱང་ཁྱེད་ལ་ལན་མེད་ཀྱི་ཐལ་འགྱུར་འདི་རྣམས་སོང་བ་ཡིན་ནོ། །ཞེས་གྲངས་འཛིན་ཅིང་། ཕྱུག་ལ་རི་མོ་མཛད། འཇམ་སྐྱེག་ལ་སོགས་པའི་མཁས་པ་ཆེན་པོ་རྣམས་ལུང་རིགས་ཀྱིས་བརྟུལ། ཀུ་མིག་གི་ཆོས་འཁོར་སྡོམ་ལ་ཕར་འདྲི་བ་དང་། ཕྱི་མ་ལ་ལན་འདེབས་པ་ལ་མཁྱེན་བློ་དང་བྲལ་བར་གྱུར་ཏོ། །དོན་མོ་རི་དང་འདར་ཆོས་སྡིང་དུ་ཕར་མདོན་དབུ་ཚད་ཀྱི་འཆད་ཉན་དང་། འཁྲུག་པོ་ཆེའི་གདན་ས་ལོ་མང་དུ་མཛད། དེའི་ཚེ་རྐྱང་འདུར་དུ་ཆོས་བར་ལ་བྱོན་ནས་ཀུན་མཁྱེན་ཆོས་སྐུ་འོད་ཟེར་བ་ལ། སྦྱོར་དྲུག་རིགས་མི་འདྲ་བ་མང་པོ་གསན་དུས། རྣམ་པ་ཐམས་ཅད་པའི་སྐུ་རགས་པ་བསམ་གྱིས་མི་ཁྱབ་པ་དང་། ཕྲ་བ་སེན་མོའི་སྟེང་ན་བཞུགས་པ་འཛམ་བུའི་གླིང་དུ་མི་ཤོང་སྙམ་པ་དང་། ནང་གི་དབང་པོ་དྲུག་ཏེང་ངེ་འཛིན་གྱི་ཡུལ་དྲུག་འབྱམས་ནས་འགྲོ་བ་བྱུང་། དེ་ནས་དུས་འཁོར་རྒྱུད་འགྲེལ། གསང་འདུས་འཕགས་སྐོར། བདེ་མཆོག་རྩ་སྟོམ། ཀྱེ་རྡོར་ས་ལུགས། རྫོག་ལུགས། གདན་བཞི། མ་ཡཱ། ཡོ་ག །བྲྀ་སྦྱོད་ཀྱི་དབང་

རྗེས་གནང་རྒྱུད་འགྲེལ་གཞུང་བཤད་མན་ངག་དང་། ལམ་འབྲས། རིམ་ལྔ། ནཱ་རོ། ནི་གུ། གྲུབ་སྙིང་སོགས་ཆོས་བུམ་པ་གང་བྱོར་གསན། གསང་མཚན་མི་བསྐྱོད་རྡོ་རྗེར་བཏགས། དེ་ནས་རྒྱང་འདུར་དུ་འཇམ་གསར་བའི་གདན་སར་བཞུགས་ནས་ཆོས་རྗེའི་དྲུང་བཏང་སྟེ་འཆད་རྩོད་རྩོམ་གསུམ་གྱིས་བསྟན་པ་རྒྱས་པར་མཛད། དོལ་པོ་བ་ཡེ་ཤེས་མགོན་པོ་ལ་སྲོག་རྩོལ་གསན་ཏེ། རྒྱང་འདུར་དུ་འདག་སྦྱར་མཛད་ནས་སྦྱོར་དྲུག་བསྒོམས་པས་ཉམས་འུར་ལངས་ཤིང་མངོན་ཤེས་ལྔ་གྲུབ། གེགས་ཀྱི་རྣམ་པ་མང་དུ་བྱུང་སྟེ། བདེ་བ་ཅན་དུ་གདན་འདྲེན་པ་ཡིན་ཟེར་ནས་བསུ་བའི་བཀོད་པ་བསམ་གྱིས་མི་ཁྱབ་པ་བྱུང་། དེའི་དུས་སུ་བུད་མེད་གཅིག་གིས་ལྕེ་མིག་གཅིག་ཁྱེར་བྱུང་ནས། སྒོ་ཞིག་ལ་སྒོ་ལྕགས་བརྒྱབ་འདུག་པ་དེ་ལ་བསྐལ་སོང་། དེ་སྒོ་ཕྱེ་ཞིག་ཅེས་པའི་བརྡར་དགོས་ནས་སྒོ་ཕྱེ་སྟེ། དེ་ནས་ལུས་སྦྱོང་གི་མན་ངག་བྱུང་པ་བཞིན་མཛད་པས། རླུང་ལྔ་སྟོབས་སུ་འགྱུར་ཏེ། རེས་ཕྱུག་ཡ་རེ་ལ་མི་བདུན་བདུན་གྱིས་བཟུང་བ་ཕྱོགས་གཅིག་ཏུ་འཕངས་ཀྱང་གནོད་པ་མི་འབྱུང་། རེས་མི་མང་པོས་དགྲུལ་བསྐྱོད་མི་ནུས། རེས་བསིལ་བས་མི་རྣམས་འདར་ཞིང་འཁྱུག །རེས་ཚ་གདུང་གིས་ལུང་པ་འགེངས་པ་བྱུང་ཞིང་། དེ་ཐམས་ཅད་ཀུན་མཁྱེན་ཆོས་སྐུ་འོད་ཟེར་གྱིས་དགེ་སྡིངས་ནས་གཟིགས་ཏེ་བྱོན་པ་ན། རྗེ་འདིས་ཀྱང་མཁྱེན་ནས་སློབ་མ་རྣམས་ལ་བླ་མ་མཇལ་བར་འདུག་གི་གསོལ་བ་ཐོབ་གསུངས། སང་བླ་མ་བྱོན་ཏེ་ད་རེས་ཁྱེད་གཤེགས་ན་སྐུ་བཞི་ལ་འགྱུར་པར་འདུག་སྟེ་གདུལ་བྱ་མང་པོའི་དོན་དུ་བཞུགས་དགོས་སོ་གསུངས་ནས་སྲོག་གེགས་དེ་བསལ་ནས། བདེ་བ་ཅན་དུ་བསུ་བ་དེ་རྣམས་ད་རེས་གདན་མི་འདྲོངས་པར་འདུག་ཟེར་ནས་གྱེས་པའི་སྣང་བ་བྱུང་། དུས་འཁོར་བ་ཤར་པ་ཡེ་ཤེས་རིན་ཆེན་པ་དང་། རྣལ་འབྱོར་སེང་འབུམ་སོགས་པོད་ན་སྦྱོར་དྲུག་མི་འདྲ་བ་ཡོད་ཟེར་ཚད་ལ་ཡང་གསན་

པ་མཛད། མང་མཁར་གནས་གསར་དུ་བླ་མ་འཇམ་དཔལ་བ་ལ། མདོ་སྒྱུ་སེམས་གསུམ་གསན་པས་མནལ་ལམ་དུ་མཁར་བདུན་རིམ་སྐས་བདུན་བརྩེགས་པ་ལ་འཛེགས་པས་རྩེ་མོར་ཕྱིན་ཏེ་ཏིང་ངེ་འཛིན་གྱི་སྣང་བ་རྒྱ་ཆེན་གཟིགས། ཉིན་ཞུག་པ་སངས་རྒྱས་འབུམ་ལ་རྫོགས་ཆེན། དེ་ནས་འཆད་ཉན་གྱི་སྦྱོར་པ་བཅད་དེ།ཁ་རག་ཏུ་ཕྱིན་ནས་དབྱར་བཞུགས་མཛད། དེ་ནས་རི་ཁྲོད་རྣམས་སུ་སྦྱོར་དྲུག་དང་དམར་ཁྲིད་བསྐྱངས་པས་ཀུན་སྤྱངས་པ་ཆེན་པོར་གྲགས། སེ་མཁར་ཆུང་གི་གཙུག་ལག་ཁང་བགོས་ཤིང་འབྲོག་མིའི་སྐྱ་འབུམ་ལ་གསེར་གསོལ་བས། མི་མ་ཡིན་རྣམས་ཀྱིས་སེ་མཁར་ཆུང་བ་དེ་ད་ཡང་འདིར་བྱུང་ཞེས་སྒྲོག་པ་གསན། དེར་རྗེ་མོ་ནགས་རྒྱལ་མ་བྱུང་སྟེ། ཁྲིད་ལ་གནས་ལེགས་པ་གཅིག་འབུལ་ཞེས་ཞུ་བ་ལ་ལོ་གསུམ་ན་འབྱོན་པར་ཞལ་གྱིས་བཞེས། སྦྱོར་དྲུག་རྫོགས་པར་སྟོན་པ་བཀའ་ཉན་པར་བྱུང་བས་ལྷ་སར་ཕྱིན་ནས། ཇོ་བོ་རྣམ་གཉིས་ཁྱད་པར་དུ་བཅུ་གཅིག་ཞལ་གྱི་དྲུང་དུ་གསོལ་བ་དྲག་ཏུ་བཏབ་པས། ཁྲིད་ཡིག་བྲི་བ་དང་། ཁྲིད་རྫོགས་པར་བསྟན་པས་འགྲོ་ཕན་རྒྱ་ཆེན་པོ་འབྱུང་བའི་གནང་བ་ཐོབ། དེ་ནས་ལྷུན་པོ་རྩེ་སོགས་གཡས་རུ་རི་ཁྲོད་དུ་སྒྲུབ་པ་མཛད། དེ་ནས་རྗེ་མོ་ནང་དུ་ཕེབས་མ་ཐག་གདུལ་བྱ་ཤར་ཏེ། གཙོ་བོར་དུས་འཁོར་རྒྱུད་འགྲེལ་གྱི་དུས་ཆོས་གསུང་ཞིང་སློབ་མ་བརྒྱ་སྟོང་མང་པོ་ལ་སྦྱོར་དྲུག་གི་ཁྲིད་ཚན་ལྔ་དྲུག་དུས་མཉམ་དུ་གནང་། ཁྱད་པར་དུ་མཁའ་སྤྱོད་བདེ་ལྡན་དུ་ཕྱིན་པའི་ཚེ། ཆོས་རྒྱལ་རིགས་ལྡན་སོགས་བཀའ་བརྒྱུད་ཀྱི་བླ་མ་རྣམས་ཕྱིན་ནས་བྱིན་རླབས་དང་ལུང་བསྟན་མཛད། སེ་མཁར་ཆུང་ཇོ་ཐོག་མ་དང་། སེཏྲི་རྫོང་དུ་བར་དང་། གནས་དེར་མཐའ་མར་དགེ་བའི་མཚན་མ་ཐོབ་ནས་དུས་ཀྱི་འཁོར་ལོའི་རྒྱུད་ཀྱི་སྙིང་པོའི་རྩ་འགྲེལ་དང་། ཐོག་མཐའ་བར་དགེའི་ཁྲིད་ཡིག་མཛད། དགེ་བའི་བཤེས་གཉེན་དཔག་ཏུ་མེད་པ་འདུས

པ་ལ་དུས་ཀྱི་འཁོར་ལོ་གཙོ་བོར་གྱུར་པའི་གསང་སྔགས་གསར་རྙིང་གི་དབང་བསྐུར། རྒྱུད་འགྲེལ་གྱི་བཤད་པ། མན་ངག་གི་ཁྲིད་རིམ་རྣམས་རྒྱ་ཆེར་བསྩལ། ས་སྐྱ་དཔོན་ཆེན་སྐྱེ་བོའི་ཚོགས་མང་པོ་ལའང་སོ་སོའི་སྐལ་བ་དང་འཚམ་པར་ཆོས་ཀྱིས་ཚིམ་པར་མཛད་པས་ཇོ་ནང་པ་ཆེན་པོ་ཞེས་ཕྱོགས་ཀུན་ཏུ་གྲགས་པར་གྱུར། ཆུ་ཕོ་བྱི་བ་ལོ་ལ་མར་མེ་འཆི་ཁར་གསལ་བྱ་བ་ཡིན་གསུང་སྐུ་ཁམས་བཟང་བའི་ངང་ནས་སློབ་མ་རྣམས་ལ་ཆོས་རྣམས་རྫོགས་པར་གཏད། དེ་ནས་དགུན་སྨད་སྐུ་ཆེའི་འདུ་བྱེད་བཏང་ཡང་བྱང་སེམས་རྒྱལ་བ་ཡེ་ཤེས་པ་གདན་ས་ལ་བསྐོ་བའི་ཕྱེད་དུ། སྲོག་རྩོལ་ལ་བརྟེན་ནས་འཚོ་བའི་འདུ་བྱེད་བྱིན་གྱིས་བརླབས་ཏེ། ཟླ་བ་ཕྱེད་ཙམ་ན་བྱང་སེམས་པ་ལ་མགུར་ཆམ་བྱུང་ཡོད་པ་ལ་ཕན་ན་མྱུར་དུ་ཤོག་གསུང་བས་བྱོན་པ་ན། ངད་ལོ་མི་ཧོག་ཁྲ་ཆེལ་བའི་དུས་ན་འཆི་རྩིས་ཡིན་པ་ལ་མདང་ཞག་གློ་བུར་དུ་རྩ་བསྡུས་པ་གཅིག་བྱུང་ངེད་འཆི་དུས་ཁྱེད་དང་འཕྲད་དགོས་པ་ལ་མ་སླེབས་པས། ངདུས་ཀྱི་འཁོར་ལོའི་རྣལ་འབྱོར་པ་ཡིན། ཁྱེད་ཀྱིས་བརྟུངས་ན་ངས་བསྲིངས་པ་ཆོས་སྐམ་སྟེ་རླུང་སྦྱོར་འགག་བྱས་པས་རྩ་སོར་ཆུད་དེ་འཆི་བ་བསླུས་པ་བདོག་གསུང་། སྐུ་ཁམས་བཟང་ཞིང་ཕྱག་རྩ་བདེ་ན་གཤེགས་པའི་རྟགས་ཅི་ལགས་ཞུས་པས། རླུང་སེམས་ལ་དབང་ཐོབ་ན་འགྲོ་བ་ལ་རྟགས་ཅི་དགོས། ད་ཞག་ངས་བར་དོར་ཕྱིན་ནས་འཇིག་རྟེན་གྱི་ཁམས་མང་པོའི་བར་དོའི་སེམས་ཅན་ཚད་མེད་པ་བསྒྲལ། སངས་རྒྱས་ཀྱི་ཞིང་མང་པོ་བལྟས་ཤིང་། བདེ་བ་ཅན་དང་། དགའ་ལྡན་དང་། ཤཾ་བྷ་ལར་ཡང་ཕྱིན། བདེ་བ་ཅན། རིན་པོ་ཆེའི་པདྨོ་ཁ་བྱེ་བ་སོགས་སྐྱེ་སྒོ་མང་པོ་གདའ་ཡང་། མཚན་ཉིད་ཀྱི་དུས་ནས་བྱམས་པའི་དྲུང་དུ་སྒྲོ་འདོགས་བཅད་སྙམ་ནས་མདུན་པ་དྲག་པོས་རྟེན་འབྲེལ་སྒྲིགས་ཤིང་། ཁྲི་ཕུ་བ་དང་དཔོན་སློབ་ཐམས་ཅད་རྟེན་འབྲེལ་འགྲིག་པ་ཞིག་བྱུང་བས། ང་འདི་ནས་བར་

དོའི་རིགས་མཐུན་དུ་བྱས་ནས་སེམས་ཅན་དཔག་ཏུ་མེད་པ་བསྒྲལ། དེ་ནས་དགའ་ལྡན་དུ་འགྲོ་གསུངས་ནས་བྱང་སེམས་པ་གདན་སར་བསྐོར། བྱང་སེམས་སྐུ་ཁམས་འཁྲུགས་པ་ན། ང་འགྲོ་བའི་རྟེན་ཡིན་ཏེ། ངས་སོང་ན་ཁྱེད་ཀུང་གྲོངས་པར་འདུག་པས། ཁམས་སོས་ཀྱི་བར་དུ་ངས་བསྡད་དོ། །གསུངས་ནས་ཞག་ཉི་ཤུ་ལྷག་ཏུ་ཉིན་རེ་བཞིན་ཆོས་ཟབ་མོའི་འབྲེལ་གདམ་མཛད། དོན་གཅིག་པ་ཆུ་གླང་དཔྱིད་འབྲིང་ཉི་ཤུ་ལྔའི་ཐོ་རངས་བྱང་སེམས་པ་ལ་རྡོ་རྗེ་སློབ་དཔོན་དུ་དབང་བསྐུར་བའི་ཚོགས་རྡོ་རྗེ་དྲིལ་བུ་གནང་ནས། ཁྱེད་ཀྱི་ཁམས་ནི་སོར་ཆུད་འདུག །ད་ང་འགྲོ་བ་ཡིན། རོ་འདི་ཤི་མ་ཐག་བསྲེགས་ཀུང་ཆོག །ང་རོའི་ནང་དུ་འོད་གསལ་བསྒོམ་ཞིང་སྡོད་བྱ་བའི་ལུགས་མེན། ཀུན་སྤྱངས་ཀྱི་བྱ་བ་མཐར་ཕྱིན། དགའ་སྐྱོ་དང་བཅས་པས་གསོལ་བ་ཐོབ་གསུངས་ཏེ་མྱ་ངན་ལས་འདས་སོ། །དེ་ནས་ཞག་བདུན་ན་སྐུ་གདུང་གཞུ་བས་དུས་འཁོར་ལ་སོགས་པའི་རྟེན་མང་པོ་དང་། རིང་བསྲེལ་ཡུངས་འབྲུ་ལྟ་བུའི་ཕུང་པོར་གྱུར། དགེ་འདུན་ཁྲི་ཕྲག་གཅིག་འདུས་ཏེ་སྐུ་འདས་མཆོད་བྱས། སྐྱིད་ཕུག་རྫ་སྐུ་འབུམ་དང་། དགའ་ལྡན་དུ་སྐུ་འབུམ་ཆེ་བ་དང་། སྐུ་འདྲ་རིན་ཆེན་བཞེངས། འདི་ལ་སློབ་མའི་ཚོགས་རྒྱ་མཚོ་ལྟ་བུ་ལས་ཡོངས་སུ་གྲགས་པ་ནི། ཁྲོ་ཕུ་རིན་ཆེན་བསོད་ནམས་སེངྒེ། འཇམ་དབྱངས་བཞི་ཐོག་པ། ཀུན་སྤྱངས་གྲགས་རྒྱལ་བ། འཇམ་དབྱངས་མགོན་སྟོན། ཐུགས་རྗེ་རིན་ཆེན་སོགས་ས་སྐྱ་པའི་ཆེན་པོ་རྣམས་དང་། བྱང་སེམས་རྒྱལ་བ་ཡེ་ཤེས། སོལ་སྟོད་པ་དབང་རྒྱལ། མུན་མེ་བྲག་ཁ་བ། སྟོན་པ་ཀུན་རྒྱལ་རྣམས་ལ་ཀུན་སྤྱངས་བུ་བཞིར་གྲགས་པ་དང་། ཤེས་རབ་འབུམ། ཀུན་མཁྱེན་འཕགས་འོད། མཁས་བཙུན་ཡོན་ཏན་རྒྱལ་མཚོ། བུ་ཆེན་རིན་ཆེན་དཔལ་བཟང་རྣམས་སོ། །

ཀུན་སྤྱངས་ཆེན་པོའི་ཐུགས་སྲས་ཀྱི་མཆོག་བྱང་སེམས་རྒྱལ་བ་ཡེ་ཤེས་ནི།

ཡུལ་ཁམས་ཀྱི་རྫོག་མདོར། ཡབ་ཡོན་ཏན་ཤེས་རབ། ཡུམ་བཟང་མོ་ཞེས་བྱ་བའི་སྲས་སུ་མེ་མོ་སྦྲུལ་ལ་སྐུ་འཁྲུངས། ཆུང་དུའི་དུས་ཆོས་རྗེ་ཀརྨ་པ་ཀྵིས་ཕ་དེ་མི་འདོད་པ་བཞིན་དུ་བླངས་ནས། བློ་གྲོས་སེངྒེ་དང་། མདོག་ཤཱཀྱ་བྱང་ཆུབ་ལས་རབ་ཏུ་བྱུང་། ཀརྨ་པ་ཀྵི་ལ་ཀརྨ་པའི་ཆོས་སྐོར་མཐའ་དག་གསན། དེ་ནས་དབུས་སུ་ཕེབས་ནས་མཚུར་ཕུར་ཀརྨ་པའི་གསོལ་ཀ་བ་ཡང་མཛད། ཀརྨ་པས་རི་ཁྲོད་འགྲིམ་ཞིང་རྩེ་གཅིག་ཏུ་བསྒོམས་ཤིག་དོན་གཉིས་འགྲུབ་བོ་ཞེས་ལུང་བསྟན། དེ་ནས་གསང་ཕུར་འོད་ཟེར་མགོན་པོ་དང་། ཟུལ་ཕུ་བ་བསོད་ནམས་རིན་ཆེན་ལས་བསྙེན་པར་རྫོགས་ཤིང་། མདོ་རྒྱ། ཕར་ཕྱིན། སྤྱོད་འཇུག་རྣམས་གསན། གཡའ་ལུང་པ་ལས་བྱམས་པའི་ཆོས་ལྔ། མངོན་པ། ལམ་རིམ་གསན། ཆོས་རྒྱལ་འཕགས་པ་ལས་སེམས་བསྐྱེད། བདེ་མཆོག །མ་ཡཱ་སོགས་གསན། འཇམ་དབྱངས་བཞི་ཐོག་པ་ལས་དུས་འཁོར་རྒྱུད་འགྲེལ། འཕགས་སྐོར། བདེ་དགྱེས། འཇིགས་བྱེད། རིགས་ཚོགས་རྣམས་གསན། དུས་འཁོར་ཡེ་ཤེས་རིན་ཆེན་ལ་དུས་འཁོར་རྒྱུད་འགྲེལ་གསན། ཁ་ཆེ་པཎྜིཏ་བི་མ་ལ་ཤྲཱི། གྲུབ་པ་དཔལ། གྲགས་ཆེན་པ་སོགས་བླ་མ་མང་པོ་ལས་སྡེ་སྣོད་རྒྱུད་སྡེའི་བཀའ་ཕལ་ཆེ་བ་གསན། ཁྱད་པར་ཇོ་ནང་དུ་ཀུན་སྤྱངས་ཆེན་པོ་གཙོ་བོར་བསྟེན་པས། དུས་འཁོར་སོགས་ཆོས་རྣམས་བུམ་པ་གང་བྱོའི་ཚུལ་དུ་གནང་། མངོན་ཤེས་ལྔ་གྲུབ། ང་བདུན་པ་ལ་ཇོ་མོ་ནང་གི་གདན་སར་བཞུགས་ནས་ཆོས་འདི་གཙོ་བོར་སྟོན་པའི་ཕྲིན་ལས་རྒྱས་པར་མཛད། དཀའ་ལྡན་པ་ཀུན་བསོད་ལ་སོགས་པ་དགེ་བའི་བཤེས་གཉེན་ཆེན་པོ་མང་པོ་དང་། དཔོན་ཆེན་བྱང་རྡོར་ལ་སོགས་པའི་མི་ཆེན་པོ་རྣམས་ཀྱིས་ཀྱང་ཞབས་ལ་བཏུགས། མདོ་སྡེ་ལུང་སྦྱོར་ཆེ་ཆུང་རྒྱུད་སྡེ་ལུང་སྦྱོར་ཆེ་ཆུང་རྡོ་རྗེ་ཐེག་པའི་བསྡུད་ལེན་སོགས་བསྟན་བཅོས་ཡང་མང་དུ་མཛད། མཐར་གཙང་པོ་ཀྲལ་ཏེ་

ཆོས་དབྱིངས་ཕྱུག་མོའི་གནས་སུ་རྩེ་གཅིག་ཏུ་སྒྲུབ་པ་ལ་བཞུགས། རེ་བཞི་པ་ལྟུགས་པོ་སྤྲེའུ་ལ་མཁས་བཙུན་པ་གདན་སར་བསྐོས་ནས། དཔྱིད་ཟླ་ར་བའི་ཚེས་གཅིག་ལ་གཤེགས། སྙིང་ཕྱོགས་འོག་མིན་གྱི་ལྷ་གནས་ན་བཞུགས་སོ་ཞེས་ཀརྨ་པ་རང་བྱུང་རྡོ་རྗེས་གསུངས་སོ། །རྗེ་འདི་ཉིད་ལ་རྒྱུད་འཆད་པ་ལ་མཁས་པ་དང་། སྦྱོར་དྲུག་ལ་མྱོང་རྟོགས་ཐོབ་པའི་སློབ་མ་གྲངས་མེད་ཅིང་ཕྱིར་མི་ལྡོག་པའི་ས་ཐོབ་པ་ཡང་བརྒྱ་ཕྲག་མང་དུ་བྱུང་པ་ལས། མཆོག་ཏུ་གྱུར་པ་ནི། སྟག་ལུང་པ་རཏྣ་ག་ར། ཤ་གྲགས་སེང་བ་གྲུབ་ཐོབ་དར་ཡུལ་བ། མཁས་བཙུན་ཡོན་ཏན་རྒྱ་མཚོ་དང་བཞིའོ། །

མཁས་བཙུན་ཡོན་ཏན་རྒྱ་མཚོ་ནི། གཙང་མདོག་གི་དབེན་པར་བསྟུགས་པའི་དགོན་པ་མཁར་རྙིང་དུ་ཡབ་ཀུན་དགའ་དཔལ་དང་། ཡུམ་མགོན་སྐྱིད་ཀྱི་སྲས་སུ་ལྟུགས་སྤྲེལ་ལ་འཁྲུངས། གདུང་ལྡིང་མཆེད་ལྔའི་ཐ་ཆུང་། བཅུ་གསུམ་པ་ལ་ཤར་པ་ཡེ་ཤེས་རྒྱལ་མཚན་ལ་དགེ་བསྙེན་མནོས། མཚན་ཡང་ཐུགས་རྗེ་དཔལ་དུ་བཏགས། བཅོ་ལྔ་པ་ལ་མདར་དུ་བྲམས་དར་བྱང་སྐྱབས་ཀྱི་གྲྭ་སར་བྱོན། སྤྱང་སྟོན་རྡོ་རྗེ་རྒྱལ་མཚན་གྱིས་མཁན་པོ། ཡོན་ཏན་དཔལ་གྱིས་སློབ་དཔོན་མཛད་དེ། རབ་ཏུ་བྱུང་། མཚན་ཐུགས་རྗེ་རྒྱལ་མཚན་དུ་བཏགས། མདོན་པ་ཀུན་ལས་བཏུས་རྣམ་ངེས་རིགས་གཏེར་རྣམས་མཁས་པར་སྦྱངས། དེ་ནས་ས་སྐྱར་བྱོན་ཏེ་འཇམ་དབྱངས་གཞི་ཐོག་པ་ལ་གཏུགས། ཁོང་གིས་བུ་སྟོན་ཀུན་བཟང་དཔལ་ལ་སྤྲད། ཕར་ཕྱིན་འཇམ་གསར་ལུགས་སློབ་ཏུ་བཙུག་པས་འཕྲུལ་དུ་མཁྱེན། བཞི་ཐོག་པ་མཉེས་ཏེ། དེ་རིང་ཆོས་ཁྲི་ཁར་འབུལ་བ་གང་བྱུང་ཡང་ཁྱོད་ལ་སྟེར་བས། ངའི་ཆོས་ཁྲིའི་སྟེང་དུ་སྡོད། འབུལ་བ་ཆེ་ཆུང་ཁྱེད་རང་གི་བསོད་ནམས་ལ་རག་ལས་སོ་གསུངས་པ་ལ། དེར་ཁམས་པ་གཅིག་གིས་དབུ་ཞ་གསོལ་ཞལ་སྟེར། བེར་ཐུལ། ཛ་སྟུམ། གོས་ཕྱིན་དང་། མཛོ་སོགས

འབུལ་བ་བྱུང་པས་སྐུ་བསོད་ཆེ་བར་གྲགས་སོ། །བཞི་ཐོག་པའི་དྲུང་དུ་ཕྱི་ནང་གི་རྒྱུད་སྡེ་མང་དུ་གསན། དུས་འཁོར་བ་ཡེ་ཤེས་རིན་ཆེན་རྒྱ་ཡུལ་ལ་འབྱོན་པའི་ཕྱག་ཕྱིར་བྱོན་ཏེ། ལོ་ངོ་བཞི་ལ་ས་སྐྱར་ཕེབས། བཞི་ཐོག་པ་ལ་དུས་འཁོར་རྒྱུད་འགྲེལ་དང་བཅས་པ་དང་། རྟག་གཉིས་ཁྲིན་དང་བཅས་པ་གསན། གྲུབ་པ་དཔལ་བཟང་པོ་ལས་ཀྱང་ཕྱག་ལེན་རྣམས་བསླབས། དེ་ནས་སུམ་ཅུ་པ་ལ་ཇོ་མོ་ནང་དུ་ཀུན་སྤྱངས་ཆེན་པོའི་ཞབས་ལ་གཏུགས་ཏེ། སྦྱོར་དྲུག་གི་ཆོས་ཚན་བརྒྱ་ལྷག་པ་གསན། རྒྱུད་འགྲེལ་སོགས་ཀུན་སྤྱངས་པ་དང་། བྱང་སེམས་པ་ལ་མངའ་བའི་ཆོས་རྣམས་བུམ་པ་གང་བྱོའི་ཚུལ་དུ་མཁྱེན། མང་དུ་གསན་པས་ཡོན་ཏན་རྒྱ་མཚོར་བདགས། སོ་བདུན་པ་ལ་བླ་བྲང་བཞི་ཐོག་ཏུ་འཇམ་དབྱངས་ཆེན་པོས་མཁན་པོ། ཞང་ཀུན་སྤྱངས་ཆེན་པོས་ལས་སློབ། ཤར་པ་ཡེ་ཤེས་རྒྱལ་མཚན་པས་གསང་སྟེ་སྟོན་པ་མཛད་ནས་བསྙེན་པར་རྫོགས། རེ་གཅིག་པ་ལ་ཇོ་མོ་ནང་གི་གདན་ས་མཛད་དེ། སྡེ་སྣོད་འཛིན་པའི་ཚོགས་ཆེན་པོ་ལ། དུས་ཀྱི་འཁོར་ལོའི་དབང་རྒྱུད་འགྲེལ་མན་ངག་གནང་བ་སོགས་ཕྲིན་ལས་རྒྱ་ཆེན་བསྐྱངས། མངོན་པར་ཤེས་པ་སོགས་མངོན་པར་རྟོགས་པའི་ཡོན་ཏན་མང་པོ་མངའ། རེ་བདུན་པ་ལ་ཀུན་མཁྱེན་ཆེན་པོ་གདན་སར་བསྐོས་ཏེ། སྤྱིར་ལོ་སུམ་ཅུ་རྩ་བརྒྱད་ཀྱི་བར་དུ་ཇོ་མོ་ནང་ཉིད་དུ་བཞུགས་ནས། རེ་བརྒྱད་པ་མེ་མོ་ཡོས་ཐ་སྐར་ཟླ་བའི་ཚེས་བརྒྱད་ལ་མཉེལ་བ་མེད་པར་ས་གཡོ་བ་དང་། མེ་ཏོག་གི་ཆར་འབབ་པ་སོགས་ངོ་མཚར་བའི་ལྟས་དང་བཅས་ཏེ་བདེ་བར་གཤེགས། གདུང་ཞུགས་ལ་བཞེན་དུས་འོད་ཀྱི་གོང་བུ་ཛ་མ་ཙམ་མང་པོ་ཐོན་ཏེ་ནམ་མཁའ་ལ་འགྲོ་བ་བྱུང་། རིང་བསྲེལ་རྣམས་སྐུ་འདྲ་དང་། ཕྱི་རྟེན་རྣམས་རྣམ་རྒྱལ་མཆོད་རྟེན་ན་བཞུགས་སོ། །

དེའི་སྲས་ཀྱི་མཐུ་བོ་ཀུན་མཁྱེན་ཆེན་པོ་ནི། དོལ་པོ་བན་ཚང་དུ་ཡབ་ནམ

སྟོན་ཡེ་ཤེས་དབང་ཕྱུག །ཡུམ་ཇོ་ལྕམ་ཚུལ་ཁྲིམས་རྒྱན་གྱི་སྲས་སུ་ཆུ་ཕོ་འབྲུག་ལ་འཁྲུངས། གདུང་རུས་རྣམས་ བླ་མ་སྐྱི་སྟོན་པ་ལ་འཇམ་དཔལ་དབང་མོ་ཆེ་ཞུས། མཚན་ཤེས་རབ་མགོན་དུ་བཏགས། དེ་དུས་སྐྱི་སྟོན་འཇམ་དབྱངས་གྲགས་པ་རྒྱལ་མཚན་སྐྱི་སྟེངས་སུ། བཅུ་པ་ལ་མཁན་ཆེན་བྱང་ཆུབ་སེངྒེ་ལ་ཡང་དག་སོགས་རྙིང་མའི་སྐོར་གསན། བཅུ་གསུམ་པ་ལ་སྐྱི་སྟེངས་སུ་མཁན་པོ་ཚུལ་ཁྲིམས་སྙིང་པོ་དང་། སློབ་དཔོན་ཟེ་ཕྱུག་པ་ལས་རབ་ཏུ་བྱུང་ནས་མཚན་ཤེས་རབ་རྒྱལ་མཚན་དཔལ་བཟང་པོར་བཏགས། དེ་དུས་སྐྱི་སྟོན་འཇམ་དབྱངས་གྲགས་པ་རྒྱལ་མཚན་གྱིས་སྐྱི་སྟེངས་སུ་བྱོན་པ་ལ། ཇོ་རྗེ་ཕྲེང་བའི་གར་ཐིག་བསླབས་པས་ཚོགས་མེད་པར་མཁྱེན་པས་མཁས་པ་ཆེན་པོ་གཅིག་འོང་བར་འདུག་གསུངས་ནས་ཤིན་ཏུ་དགྱེས། སྐྱི་སྟོན་པ་ཡ་ཚེ་རྒྱལ་པོའི་བླ་མ་ལ་བྱོན་ནས། སླར་གློ་བོར་ཕེབས་པ་གསན་པས། བཅོ་བརྒྱད་པ་ལ་རང་གཅིག་བུར་དར་ཡུག་འགའ་ཞིག་དང་། ཟངས་ཆེ་གཅིག་བསྣམས་ནས་གློ་བོར་བྱོན། སྐྱི་སྟོན་པ་ལ་ཚད་མ་བསྡུས་པ་གསན། སྐྱི་སྟོན་པ་ས་སྐྱར་ཐེགས་རྗེས་ཤེར་བཟང་བ་དང་། གཞོན་བཟང་བ་བསྙེན་ནས་ལོ་གཉིས་སུ་རྣམ་ངེས་ལ་སྦྱངས། དེ་ནས་ས་སྐྱར་བྱོན་ཏེ་སྐྱི་སྟོན་པའི་དྲུང་དུ་ཕར་ཚད་མངོན་གསུམ། སྤྱོད་འཇུག །ཇོ་རྗེ་ཕྲེང་བ་རྣམས་ཀྱི་སློབ་གཉེར་དུས་གཅིག་ལ་མཛད། སྐྱི་སྟོན་ཤཱཀ་འབུམ། བདག་ཉིད་ཆེན་པོ་བཟང་པོ་དཔལ། ཏི་ཤྲི་ཀུན་བློ། ནམ་ལེགས་པ། ཤར་པ་སེངྒེ་དཔལ་རྣམས་ལ་ཕར་ཚད་མངོན་གསུམ་རྣམ་འགྲེལ་རིགས་གཏེར་བརྟག་གཉིས་རྣམས་གསན། ཁྱད་པར་དུ་ཀུན་སྤངས་གྲགས་རྒྱལ་བ་ལ་དུས་འཁོར་གྱི་དབང་སྒྲུབ་སྐོར་གསན། ཉེར་གསུམ་པ་ལ་ས་སྐྱར་ཕར་ཚད་མངོན་གསུམ་གྱི་བཤད་སྟོན་མཛད། དཔྱིད་ཆོས་ཟླ་བ་གཉིས་ལ་ཚོགས་ཆེན་མོའི་ཤར་སྒོའི་སྟེང་ནས་སྔ་དྲོ་ཕར་མངོན་གཉིས། ཕྱི་དྲོ་རྣམ་ངེས་བསྡུས་པ་གཉིས

གསུངས། གཙང་གི་ཆོས་གྲྭ་ཕལ་མོ་ཆེར་གྲྭ་བསྐོར་ཡང་མཛད། ཉེར་བཞི་པ་ལ་ཚོང་འདུས་མགུར་མོར་ཆོས་ལུང་མཁན་ཆེན་བསོད་གྲགས་པས་མཁན་པོ། མཆོག་སྤྲིན་དཔལ་གྱིས་ལས་སློབ། མཁན་ཆེན་བསོད་བཟང་པས་གསང་སྟོན་མཛད་ནས་རྗེ་གདན་ཚོགས་པའི་དབུས་སུ་བསྙེན་པར་རྫོགས། མཁན་པོ་ལ་མདོ་རྩ་དང་། ལས་སློབ་ལ་སོ་ཐར་གསན། བསོད་ཤ་མི་གསོལ་བའི་གཡར་དམ་མཛད། སླར་ཡང་ས་སྐྱར་སྐྱི་སྟོན་པའི་དྲུང་དུ་མངོན་པ་མཛོད་ལ་སྦྱངས་ཤིང་། ཕྲེང་བ་ཞེ་གཉིས་མ་དང་ཉེར་བརྒྱད་མ། དུས་འཁོར་བདེ་དགྱེས་གསང་གསུམ། སྐྱུ་ཐོད་གདན་གསུམ། དམར་ནག་འཇིགས་གསུམ། དཔལ་རྩེ་དབྱིངས་གསུམ་ལ་སོགས་པའི་དབང་རྗེས་གནང་ཉི་བརྒྱ་བཅུ་བཞི་རྣམས་དགུས་ཐོག་གཅིག་ལ་གསན། དུས་འཁོར་རྭ་ལུགས་སོགས་རྒྱུད་སྡེ་མང་པོའི་བཤད་པ། ཚད་མ་སྡེ་བདུན། བྱམས་པའི་ཆོས་ལྔ། པྲ་ཀ་ར་ཎ་སྡེ་བརྒྱད་སོགས་གཞུང་ལུགས་མང་པོ། ལུང་སྡེ་བཞི། ཤེར་ཕྱིན་རྒྱས་འབྲིང་བསྡུས། མདོ་མངས། ཕལ་དཀོན། རྒྱུད་འབུམ་སོགས་མདོ་རྒྱུད་བསྟན་བཅོས་མན་ངག་མཐའ་ཡས་པ་གསན། དེ་ནས་ལྷ་སར་ཇོ་ཤཱཀ་རྣམ་གཉིས་མཇལ། ཁྱད་པར་སྤྱན་རས་གཟིགས་ཀྱི་དྲུང་དུ་སེམས་འགྲེལ་སྐོར་གསུམ་ཆ་ལག་དང་བཅས་པའི་ཚིག་དོན་མ་ལུས་པ་ཐུགས་སུ་ཆུད་ནས་གཞན་ལ་སྟོན་ནུས་པའི་གསོལ་བ་དྲག་ཏུ་བཏབ། བྱིན་གྱིས་བརླབས་པའི་མཚན་མ་ཐོབ། བསམ་ཡས་ཀྱང་མཐལ་ཞིང་སྐྱི་ཕན་གྱི་གྲྭ་ས་ཕལ་མོ་ཆེར་གྲྭ་བསྐོར་ལ་བྱོན། འཇམ་དབྱངས་ཤཱཀ་གཞོན། བཙུན་དགོན་པ་བ། དབེན་དགེ་བ་སོགས་མཁས་པར་གྲགས་པ་རྣམས་རིགས་པས་བརྩལ། མཁན་ཆེན་བསོད་གྲགས་པ་ལ་བློ་སྦྱོང་ཞུས་པས་བྱང་ཆུབ་ཀྱི་ཐུགས་འབྱོངས། འཁྲུངས་ཡུལ་དུ་བྱོན་ནས་ཡབ་དང་འཇལ། ལ་སྟོད་མངའ་རིས་ཀྱི་དགེ་བཤེས་རྣམས་རིགས་པས་བརྩལ་བས

མངའ་རིས་དབུས་གཙང་ཐམས་ཅད་དུ་མཁས་པའི་གྲགས་པས་ཁྱབ། །ཁབ་གུང་ཐང་དུ་ཤར་པ་ཀུན་བསོད་ལ་བདེ་མཆོག་གསན། དེ་ནས་ས་སྐྱར་ཕེབས་ཏེ་དུས་ཆོས་སུ་བཀའ་ཆེན་བཞི་སོགས་པོ་ཏི་ལྔ་དྲུག་རེ་སྤྲེལ་ནས་གསུངས། དུང་ལུང་དགའ་ལྡན་དུ་ཀྱི་རྡོར་གྱི་སྒྲུབ་མཆོད་མཛད་པས་བུམ་ཆུ་ཁོལ། ཡི་དམ་གྱི་ལྷ་མང་པོའི་ཞལ་གཟིགས། ཇོ་མོ་ནང་དུ་གུ་ཤྲི་རིན་སེང་བའི་དར་འགྱེད་སྐྱིལ་དུ་བྱོན་པས་སྒྲུབ་པ་བ་རྣམས་ཀྱི་སྒྲུབ་ཚུགས་ལ་དད་པ་སྐྱེས་ཏེ། ད་བཟོད་འདིར་འོངས་ནས་སྒོམ་ཆིག་ཁྲིལ་གཅིག་བྱ་དགོས་དགོངས་པ་བྱུང་། བླ་མ་སེངྒེ་དཔལ་བས་བསྐུལ་བས་རྣམ་འགྲེལ་གྱི་ཊཱི་ཀྐ་མཛད། སེངྒེ་དཔལ་བ་དབུས་ཕྱོགས་ཀྱི་ཆོས་གྲྭ་ཐམས་ཅད་དུ་འབྱོན་པའི་ཕྱུགས་ཕྱིར་བྱོན། མཆུར་ཕུར་གཙྨ་པ་རང་བྱུང་རྡོ་རྗེའི་དྲུང་དུ་རང་སྟོང་གི་ལྟ་བ་བཟུང་ནས་འབྲེལ་གཏམ་མཛད་པས། མ་འོངས་པ་ན་གཞན་སྟོང་དུ་འགྱུར་ཞེས་ལུང་བསྟན། སེངྒེ་དཔལ་བ་གོང་དུ་བྱོན་པའི་ཕྱག་ཕྱིར་འབྱོན་དགོས་གསུང་བ་ལ་ཞུ་བ་ནན་གྱིས་ཕུལ་ནས། སོ་གཅིག་པ་ལ་ཇོ་མོ་ནང་དུ་མཁས་བཙུན་ཡོན་ཏན་རྒྱ་མཚོའི་ཞབས་ལ་གཏུགས་ཏེ་དུས་ཀྱི་འཁོར་ལོའི་དབང་དང་ཁྲིད་གསན་ནས་ཐུགས་ཉམས་སུ་བཞེས་པས་ཉམས་རྟོགས་ཀྱི་གློང་རྡོལ། རྒྱུད་བཤད་སོགས་ཆོས་སྐོར་མ་ལུས་པ་གསན། དེ་ནས་གསང་ཐབས་སུ་ཀུན་སྤྱངས་ཆོས་གྲགས་དཔལ་བཟང་པོ་ལ་དུས་འཁོར་རྒྱུད་འགྲེལ། རྣམ་ཕྲེང་བའི་དབང་ཕྱག་ལེན། བྱམས་པའི་ཆོས་ལྔ་སོགས་གསུངས། དེ་ནས་ཀུན་སྤྱངས་པས་ཞུ་བ་པོ་མཛད་ནས་མཁས་བཙུན་པ་ལ་དུས་འཁོར་གྱི་དབང་གསན་དུས། ཐིག་འདེབས་པ་ལ་ཀུན་སྤྱངས་པ་ཆེས་མཁས་པར་བྱུང་པས། མཁས་བཙུན་པ་དགྱེས་ཏེ། རྗེ་འདི་ལ་ཁྱེད་ཀྱིས་དང་འདུན་ཅན་རྣམས་ལ་རྒྱུད་འགྲེལ་ཚར་གཅིག་གསུང་བ་ཞུ་གསུངས་པས། བདེ་བ་ཅན་གྱི་བླ་གཡེར་དབུས་སུ་དཀྱིལ་འཁོར་ཡོངས་རྫོགས་དང་། ཕྱོགས་མཚམས

སུ་ཐབ་ཐེག་རྣམས་བདབ། འཇིམ་པས་དཀྱིལ་འཁོར་ཐབ་བསླང་། ཕྱི་འཇིག་རྟེན་དང་ནང་རྩིག་ཀླུང་གསུམ་གྱི་བཀོད་པ་རྣམས་བཟོས། སློབ་མ་ཉིས་བརྒྱ་ཙམ་ལ་རྒྱས་པར་གསུངས་པས། མཁས་བཙུན་པས་བེར་ཐུལ་སོགས་གནང་སྤྱིན་ཆེན་པོ་མཛད་ནས། ཚོགས་ཆོས་ཡང་གནང་བར་ཞུ་གསུངས་པས། བཀའ་བཞིན་སྐྱེས་རབས་སྤྱོད་འཇུག་བསླབ་བཏུས་རྣམས་གསུངས། དེ་ནས་མཁས་བཙུན་པས་བདེ་དགྱེས་གསང་གསུམ་སོགས་ཀྱི་དབང་རྒྱུད་མན་ངག་ཞུམ་པ་གང་བློའི་ཚུལ་དུ་རྫོགས་པར་གནང་། དེ་ནས་མཁའ་སྤྱོད་བདེ་ལྡན་དུ་ཐུགས་དམ་རྩེ་གཅིག་ཏུ་བཞུགས་པས། མངོན་པར་མཁྱེན་པ་ཐོགས་མེད་དུ་མངའ་བ་དང་། སྒྲོག་ཐུར་འདྲེས་པའི་བདེ་ཉམས་ཧུར་ལ་དག་པ་སོགས་གྲུབ་པའི་མཚན་མ་བརྟན་པོ་བརྙེས། སོ་ལྔ་པ་ལ་བླ་མའི་བཀས་ཇོ་མོ་ནང་གི་གདན་ས་མཛད། ཀུན་མཁྱེན་ཆེན་པོ་ཞེས་མཚན་དོན་དང་མཐུན་པར་ཀུན་གྱིས་གསོལ། སོ་དགུ་པ་ལ་བཟང་ལྡན་འོག་མར་མཆོད་རྟེན་གྱི་ས་ཆོག་མཛད་པས་ས་གཡོས་ཤིང་མེ་ཏོག་གི་ཆར་འབབ། དེ་ནས་སྐུ་འབུམ་འཛམ་གླིང་རྒྱན་མཐོང་གྲོལ་ཆེན་མོ་དཔལ་ཡོན་ཅན་ལྷ་ཁང་བརྒྱ་རྩ་བརྒྱད་པ། རྒྱ་སྟོངས་མཉམ་པར་ཁྲུ་ཉི་བརྒྱ་བཅོ་ལྔ་པ། རྒྱན་བཀོད་པ་ཕུན་སུམ་ཚོགས་པ། གདུགས་ཀྱི་ལྷ་ཁང་ན་རིན་པོ་ཆེ་སྣ་ཚོགས་ལས་གྲུབ་པའི་དུས་འཁོར་ཡོངས་རྫོགས་ཀྱི་དཀྱིལ་འཁོར། བློས་བསླང་བཞུགས་པ་ལོ་ཕྱེད་དང་བཞི་ལ་གྲུབ་སྟེ། རབ་གནས་མཛད་དུས་འདབ་མ་ཡུ་བ་དང་བཅས་པའི་མེ་ཏོག་གི་ཆར་ཁབ་བབ་པ་ཙམ་བབས། ལྷུན་པོ་བཞེངས་པས་རྒྱ་མཚོ་ཇོལ་བ་སྙམ། ཞེས་གསུངས་ཏེ་ཆོས་ཀྱི་གསང་མཛོད་རྫོལ། རྣམ་གཉིས་ལ་ཞུས་མཚན་དང་མཆན་བུ་མཛད། མཁན་ཆེན་བསོད་གྲགས་པས་གཙོ་མཛད་ཇོ་གདན་ཚོགས་པ་ལ་གཞལ་ཡས་ཁང་དུ་དུས་འཁོར་གྱི་དབང་མོ་ཆེ་མཛད། དེ་ལྟར་ལོ་བཅུ་གསུམ་གྱི་བར་དུ་ཇོ་མོ་ནང་ཉིད་དུ། ལོ་རེ་

བཞིན་མཁས་པ་མང་པོ་ལ་དུས་འཁོར་རྒྱུད་འགྲེལ་དང་། བྱམས་ཆོས་རྣམས་དུས་ཆོས་སུ་གསུང་ཞིང་སྟོན་དཔྱིད་སྟོར་དྲུག་གི་དུས་ཁྲིད་དང་། ཚོགས་ཆོས། དབྱར་དགུན་སྐུ་མཚམས་དམ་པོ་རྣམས་དུས་ལས་མ་ཡོལ་བར་ཆག་མེད་དུ་མཛད་ནས། སྟག་ལོ་ལ་ལོ་ལྔ་བ་བློ་གྲོས་དཔལ་གདན་སར་བསྐོས། གཟིམས་ཁང་བདེ་བ་ཅན་དུ་བཞུགས་ནས་རི་ཆོས་ངེས་དོན་རྒྱ་མཚོ། མངོན་རྟོགས་རྒྱན་དང་རྒྱུད་བླའི་ཊཱི་ཀ་རྣམས་མཛད། གོང་མ་ཐེ་གན་ཐེ་མུར་གྱིས་གདན་འདྲེན་དུ་བསྟུགས་པའི་གསེར་ཡིག་པ་བྱུང་དུས། གསང་དམ་པོས་ན་ཐུང་དུ་ལོ་གཉིས་སྟུགས་པའི་ཆ་ལུགས་མཛད་ནས་ཧ་མགྲིན་གྱི་ཐུགས་དམ་ལ་རྩེ་གཅིག་ཏུ་བཞུགས་པས་གསེར་ཡིག་པ་ཟློག །ས་སྐྱ། ངམ་རིངས། བཟང་ལྡན། རྒྱ་བཟང་རྣམས་སུ་སྤྱི་ཕྱིར་དགེ་འདུན་གྱི་ཚོགས་ཆེན་པོ་ལ་དུས་འཁོར་ལ་སོགས་པའི་ཆོས་ཀྱི་འཁོར་ལོ་བླ་མེད་པ་བསྐོར། དགའ་ལྡན་ལྷ་ཁང་དུ་དབུ་མ་བསྟོད་ཚོགས་གསུང་དུས་མེ་ཏོག་གི་ཆར་ཆེན་པོ་བབས། རིན་ཆེན་སྤྱིངས་དང་ལྷ་རྩེར་སྐུ་མཚམས་དམ་པོ་མཛད། ཇོ་མོ་ནང་དུ་དུས་འཁོར་གྱི་དཀྱིལ་ཆེན་མོ་འབྲལ་མདངས་གྲུབ། ཧ་ལོ་ལ་ལོ་ལྔ་བ་སྐུ་གཤེགས། ཆོས་རྗེ་ཕྱོགས་རྒྱལ་བ་གདན་སར་བསྐོས། གཙང་ཆེ་གསུམ་པོར་ལོ་གསུམ་དུ་ཆག་པས་ལོ་ཐོག་བཅོམ་པ་ལ་བཀའ་ཤོག་བསྒྲགས་པ་ཙམ་གྱིས་གནོད་པ་ཞི། སྣར་ཐང་དུ་དགེ་འདུན་གྱི་ཚོགས་ཆེན་པོ་ལ་རྒྱུད་འགྲེལ་དང་། རྒྱས་འབྲིང་བསྡུས་སོགས་ཆོས་མང་དུ་གསུངས། བདུན་ཅུ་པ་ལ་ནུབས་ཆོས་ལུང་དུ་ཕེབས་ཏེ་དཔལ་ལྡན་བླ་མ་དམ་པ་བསོད་ནམས་རྒྱལ་མཚན་དང་མཇལ། བཀའ་བསྡུ་བཞི་པ་རྩ་འགྲེལ་གནང་། དཔལ་ལྡན་བླ་མར་ཇོ་མོ་ནང་དུ་གདན་ས་བ་གཅིག་བསྐོ་བར་ཞུས་པས། དཀོན་ མཆོག་ རྒྱལ་ མཚན་ པ་ བསྐོས། རྟ་ ལོའི་ དབོན་ པོ་ ཀུན་ དགའ་ འཕེལ་ སོགས་ལ་དབང་ཁྲིད་གནང་། དུ་དབོན་ཤྲཱི་ཛྙཱ་ཀིརྟིས་གོང་མའི་ལུང་དང་གནང་སྦྱིན་

བཟང་པོ་ཕུལ། དེ་ནས་ཁུ་ལུང་མདའི་གནས། བདེ་གནས། ངུར་སྨྲིག །ཁྱེ་མ། རྩ་དཀྱེ། ཚ་མིག །དགེ་འདུན་སྒང་། གཞུ་ཀུན་ར། གནམ་ཁ་ཚང་། དབུ་རི། གནམ་རྩེ་ལྡིང་། སྟོད་ལུང་རྣམ་རྒྱལ། དལ་གདིངས། དཔེན་ཚ་སྟག་རྣམས་ལ་རིམ་གྱིས་རྒྱུད་དེ་ལྷ་སར་ཕེབས། གནས་སོ་སོར་བླ་མ་དགེ་བའི་བཤེས་གཉེན་རྣམས་ཀྱིས་བསུ་བ་དང་བསྙེན་བཀུར་མཐོན་པོ་མཛད་པ་ལ། དུས་འཁོར་གྱི་དབང་རྒྱུད་མན་ངག་དང་བཅས་པ་གནང་། སྐྱེ་བོའི་ཚོགས་སྟོང་ཕྲག་མང་པོ་སེམས་བསྐྱེད་སོགས་ཐེག་པ་ཆེན་པོའི་ཆོས་ཀྱིས་ཚིམ་པར་མཛད། ལྷ་སར་ཟླ་བ་བདུན་གྱི་བར་དུ་བཞུགས་ཏེ། ཇོ་བོའི་དྲུང་དུ་མཆོད་པའི་སྤྲིན་རྒྱ་མཚོས་མཆོད་ནས་བསྟན་པ་དང་སེམས་ཅན་ཁོ་ནའི་ཆེད་དུ་སྨོན་ལམ་འདེབས་ཤིང་། འབྲས་ཀྱི་མཁས་པ་ཕལ་མོ་ཆེ་འདུས་པ་ལ། དུས་ཀྱི་འཁོར་ལོའི་དབང་རྒྱུད་འགྲེལ་མན་ངག །ངེས་དོན་གྱི་མདོ་བསྟན་བཅོས་མང་པོ་གནང་། བསྐོར་ལམ་རྣམས་ཀུང་ཁྲིད་པའི་ཉམས་གར་གྱིས་བཀང་། ཚལ་དང་གུང་ཐང་རྣམས་སུ་ཡང་ཐེགས། ཚལ་པ་ཁྲི་དཔོན་དང་གཞོན་རྒྱལ་དུ་དཔེན་ཤྭ་སོགས་དཔོན་སྐྱ་མང་པོ་ཡང་དག་པའི་ལམ་ལ་བཀོད། སྐྱེ་བོའི་ཚོགས་འབུམ་ཕྲག་མང་པོས་སེམས་བསྐྱེད་བྱང་ཆུབ་ཏུ་སྨིན་པར་མཛད། ལྷ་རྣམས་ཀྱིས་མེ་ཏོག་གི་ཆར་འབེབས་པ་སོགས་ངོ་མཚར་བའི་ལྟས་མང་པོ་བྱུང་། ཆོས་ལུང་ནས་བརྩམས་ཏེ་འདི་ཡན་ལ། སོར་བསམ་གྱི་ཁྲིད་ཐོབ་པས་ཉམས་རྟོགས་བཟང་པོ་དང་ལྡན་པ་ཤ་སྟག་སྟོང་ཉིས་བརྒྱ་འབྱུང་། དེ་ནས་གཙང་ནས་གདན་འདྲེན་དང་། རྒྱང་མཁར་རྩེ་ནས་དཔོན་འཕགས་པ་དཔོན་གཡོག་དང་། ཡར་འབྲོག་ཁྲི་དཔོན་རྗེར་རྒྱལ་གདན་འདྲེན་ལ་ཕེབས་པས། བྱི་བ་ལོ་ཟླ་བ་གཉིས་པའི་ཚེས་གཅིག་ལ་ཕྱོགས་རིས་ཀྱི་མཛལ་མི་མང་པོ་རྣམས་ར་མོ་ཆེ་ནས་ཉང་བྲན་བྲག་གདོང་གི་བར་ཕྲེང་མ་ཆད་པར་བསྒྲིགས་པ་ལ། འདོ་ལིའི་སྟེངས་ནས་བྱིན་བརླབས

ཚོམ་པར་གནང་། དེ་ནས་རྒྱལ་སྡེ་སྐར་ཚུང་། གསང་མདའ། སྒེ་ཐང་། རྣམ་རྒྱལ་སྒང་། འུ་ཤང་རྡོ། གྱེ་རེ། ཚུ་ཤུལ་གནས། རབ་བཙུན། གན་པ་གནས་གསར། གྲ་མ་ལུང་། དཔལ་སྟེ། ཡར་སྦྲིབ། ཉན་པོ། སྣ་དཀར་རྩེ། ཁ་བོ་གངས་བཟང་གི་མགུལ། ར་ལུང་། ཉང་རོའི་སྨན་ཆུ་ཁ། གནས་སྙིང་། ལྷུང་ར། གནས་དཀར་པོ། གསེར་སྡིངས། ཞ་ལུ་མགུར་མོ། སྣར་ཐང་། ཁྲོ་ཕུ། བོ་དོང་ཨེ་ལ་སོགས་པ་རྣམས་སུ། བླ་མ་དགེ་བའི་བཤེས་གཉེན་དང་། མི་ཆེན་པོ་རྣམས་ལ་དུས་འཁོར་གྱི་དབང་ཁྲིད་གནང་། སྐྱེ་བོ་སྟོང་ཕྲག་མང་པོ་ཐེག་པ་ཆེན་པོ་ལ་བཀོད་ནས་ཇོ་མོ་ནང་དུ་ཕེབས། སྐུ་འབུམ་ཆེན་མོའི་བཟོ་གནས་ཕྲ་མོ་རྣམས་ལེགས་པར་གྲུབ་སྟེ། མཐོང་གྲོལ་གྱི་སྐུ་འབུམ་ཆེན་མོ་ལ། ཉི་གདན་གྱི་སྟེང་ནས་བསྐོར་བ་བྱེད། ཟླ་གདན་གྱི་སྟེང་ནས་མེ་ཏོག་འབུལ། ཁྲམས་ཁྲའི་ནང་དུ་གསུང་རབ་བལྟ། སོ་སོའི་སྒོ་ནས་ཕྱག་མཆོད་བྱེད། ཨེ་མ་སྐལ་ལྡན་ཀུན་དགའ་བར་བྱས་སོ། །ཞེས་གསུངས་ཤིང་ཐུགས་སྤྲོ་བས་བསྐོར་བ་མང་དུ་མཛད། ཕྱོགས་རིས་ནས་འདུས་པའི་བུ་སློབ་མང་པོ་ལ་རྒྱུད་འགྲེལ་མན་ངག་དང་བཅས་པ་གསུངས། སློབ་མའི་ཐུ་བོ་རྣམས་ལ་ཡང་ཆོས་ཀྱི་ལྷག་མ་མ་ལུས་པར་བསྐུལ། ལོ་མཚམས་པ་རྣམས་ལ་བུག་སྒོ་སོ་སོར་ཡུད་ཀྱིས་ཕེབས་ནས། གེགས་སེལ་དང་གདམས་པ་གནང་སྟེ་བདེན་པ་མཐོང་བར་མཛད། ཕལ་ཆེ་བས་ནི་འཕྲུལ་དུ་གྲུབ་པའི་མཚན་མ་བསྟན་པས་ཆོས་རྗེ་ཡང་མཉེས། བདུན་ཅུ་པ་ལྕགས་མོ་གླང་གི་ལོ་ཧོར་ཟླ་བཅུ་གཅིག་པའི་ཚེས་ལྔའི་ཉིན་ཁྲིད་གསར་པ་རྣམས་ལ། བླ་མའི་རྣལ་འབྱོར་རྒྱས་པར་གནང་ནས་འདི་ལ་རྟེན་འབྲེལ་ཐམས་ཅད་སྒྲིག་དགོས། གལ་པོ་ཆེ་ཡིན་པས་སྒོམས་ཤིག །དེ་ནས་གདན་ས་བས་གནང་ངོ་གསུང་། ཚོགས་པ་ལ་ངེས་དོན་རྒྱ་མཚོའི་ཆོས་འཁྲོ་དེ་ཉིན་ཆེས་ཐུགས་གསལ་ཞིང་། གཞི་མདངས་ཆེ་བའི་རྣམ་པས་ལྷག་པར་གསུང་

ཆེ་བར་གསུངས་ཏེ། འུ་ཅག་གི་ཆོས་བཤད་མཚམས་དེ་ཀ་ལ་བྱེད་པ་ཡིན་ནོ་གསུངས་ནས་ཆོས་འཁྲིར་བཞུགས །ཆོས་དྲུག་གི་ནམ་ལངས་མ་ཐག་འོད་གསལ་ལ་མཉམ་པར་བཞག་ནས་དགོངས་མོ་མུ་དེན་ལས་འདས་ཏེ། མཁའ་ཁྱབ་མཁའི་རྡོ་རྗེ་ཅན་ཡིན་མོད་ནའང་། སྤྲུལ་པའི་སྐུ་ནི་ཞིང་བདེ་བ་ཅན་དུ་འགྱུར་པར་ཞལ་གྱིས་མཆེས་སོ། །ཞག་བདུན་གྱི་བར་དུ་གཟི་མདངས་རྗེ་ཆེར་སོང་ཞིང་། ཞལ་འཛུམ་སྟོན། གསང་བ་སྤྲུབས་སུ་ནུབ། དབུའི་གཙུག་ཏོར་འཕགས་པ་ལ་ཟླ་བ་བདུད་རྩིའི་ལུང་། ཕྱི་ནང་རྟེན་འབྲེལ་གནད་གཅིག་པས་གཙང་པོ་གྱེན་ལ་ལོག་སྟེ་གྲམ་པའི་མཐིལ་གྱི་རྡོ་མཐོང་བ་བྱུང་། གདུང་ཞུགས་ལ་ཞེན་པས་རིང་བསྲེལ་ཡུངས་འབྲུ་ལྟ་བུའི་ཕུང་པོར་གྱུར་ཅིང་། སྤྱན་རས་གཟིགས་ཀྱི་སྐུ་བྱོན། བདེ་བ་ཅན་དུ་ཚེ་དཔག་མེད་རྗེ་བོའི་སྐུ་ཚད་མ་དང་། སྐུ་འབུམ་ཆེན་མོར་སྐུ་འདྲ་མཐོང་བ་དོན་ལྡན་བཞེངས་པའི་ནང་དུ་རིང་བསྲེལ་ཕལ་ཆེ་བ་བཞུགས་སོ། །

བདག་ཉིད་ཆེན་པོ་རིགས་ལྡན་སྤྲུལ་པའི་སྐུ་འདིའི་སློབ་མའི་ཐུ་བོ་ནི། ཀུན་སྤྱངས་ཆོས་གྲགས་དཔལ་བཟང་པོ། ས་བཟང་མ་ཏི་པཎ་ཆེན། ལོ་ཙཱ་བ་བློ་གྲོས་དཔལ། ཆོས་རྗེ་ཕྱོགས་ལས་རྣམ་རྒྱལ། དཀོན་མཆོག་རྒྱལ་མཚན། ཆོས་དཔལ་མགོན་པོ། ཆོས་རྗེ་རིང་ཚུལ་བ། ཞང་སྟོན་རྒྱ་བོ་བསོད་ནམས་གྲགས་པ། གཡག་སྡེ་པཎ་ཆེན། ལ་དོང་སྨན་ཚུ་ཁ་པ་བློ་གྲོས་རྒྱལ་མཚན། ལོ་ཆེན་བྱང་རྩེ། སེ་སྡིངས་པ་བློ་གྲོས་དཔལ། བསྟན་པའི་རྒྱལ་མཚན། ཆོས་གྲགས་གསར་མ། ཉ་དབོན་ཀུན་དགའ། བླ་བྲང་པ་བཟང་པོ་དཔལ། ཐང་ཆེན་པ་ཀུན་དགའ་འབུམ། ས་སྐྱ་མཁན་པོ་ནམ་ཡེ་བ། ཤངས་པ་རྡོ་རྗེ། གནས་དྲུག་པ་བློ་གྲོས་མཚུངས་མེད། འཇམ་སྟོན། འཇམ་སྐྱེག །མཁས་པ་རིན་ཆེན་མཆོག །མཁས་པ་དགེ་དབང་། སྣར་ཐར་པ་མཆིམས་བློ་བཟང

གྲགས་པ། ཆོས་ལུང་མཁན་པོ་བསོད་ནམས་བཟང་པོ་དང༌། གྲགས་པ་རྒྱལ་མཚན། བྱང་ཆུབ་སེམས་དཔའ་དགེ་བའི་བློ་གྲོས། རི་སྟོན་བློ་ཆེན་འོད། མཁན་ཆེན་དོན་གྲུབ་དཔལ་དང་ཡོན་ཏན་རྒྱལ་མཚན། ཆོས་ལུང་མཁན་ཆེན། གྲགས་ཚུལ་བ་དང་གྲགས་པ་དཔལ། མཁན་ཆེན་བྱང་ཆུབ་འོད་ཟེར། ནུབས་གནས་གསར་བ་སེངྒེ་དཔལ། འོངས་གཞོན་ནུ་སངས་རྒྱས། སྐྱེ་ཐང་པ་བཀྲ་ཤིས་སེངྒེ། གྲ་དགོན་པ་ཀུན་དགའ་རྒྱལ་མཚན། ཆོས་འཁོར་གླིང་པ་བྱམས་པ་བ། བདེ་བ་ཅན་པ་འཇམ་རིན། ཚ་མིག་པ་ཡོན་ཏན་སེངྒེ། གསང་ཕུ་བ་བློ་གྲོས་སེངྒེ། ཚལ་པ་སངས་རྒྱས་རྒྱལ་མཚན། ཁྲི་ཕུ་བ་ནམ་མཁའ་བཟང་པོ། ཨེ་པ་ནམ་མཁའ་གྲགས། མྱང་སྟོད་སྣ་མོ་བ་སངས་རྒྱས་གྲགས། ངམ་རིངས་པ་བརྩོན་རྒྱལ། སྤང་འདབ་རིན་པོ་ཆེ། རི་ཁྲོད་པ་དབང་རིན། མཛོད་མ་སྟོད་རིན། དུས་འཁོར་བ་དགེ་འདུན་དཔལ། བླ་མ་རྩེ་མོ་བ། བ་དེ་ལུང་པ། མཁན་པོ་ལྷ་བཙུན། སློབ་དཔོན་དར་དབང༌། གསང་ཕུ་བ་གྲགས་བཟང༌། སློབ་དཔོན་བསོད་ནམས་དཔལ། སོ་སྟོན་པ་རྡོར་རྒྱལ། རྩ་ནག་པ་ཉི་རྒྱལ། བླ་མ་རྒྱལ་འབྱུང༌། སྐྱེ་ཐང་པ་རྡོར་རྒྱལ། ཤེས་རྡོར་བ། མཁན་ཆེན་བཀྲས་ཚུལ་བ། བྲག་རམ་པ་བསོད་ནམས་སེངྒེ། ནགས་ཕུག་པ་དཔལ་རྒྱལ། བཅོམ་ལྡན་འདས་རྡོ་རྗེ་སྙིང་པོ་སོགས་དུས་ཀྱི་འཁོར་ལོ་ལ་མཁས་ཤིང་ཡོངས་སུ་སློབ་མ་མང་དུ་བྱུང་ལ། ཏི་ཤྲི་ཀུན་དགའ་རྒྱལ་མཚན། བློ་གྲོས་རྒྱལ་མཚན། བཞི་ཐོག་པ་ལ་སོགས་ས་སྐྱའི་གདུང་བརྒྱུད་པ་རྣམས་དང༌། རྟོགས་ལྡན་དར་རྒྱལ་བ། གྲུབ་ཐོབ་དབུས་པ། བླ་མ་མཁའ་སྤྱོད་པ། སྒོམ་ཁང་པ་ཆོས་ཀྱི་རྒྱལ་མཚན་ལ་སོགས་པའི་རྣལ་འབྱོར་གྱི་དབང་ཕྱུག་མང་དུ་བྱོན་ནོ། །

དེའི་སློབ་མ་ཆོས་རྗེ་རིན་ཚུལ་བ་ནི། ཡུལ་ཚ་རག་དབུས་སྡེའི་ཁང་གསར་དུ། ཡབ་དཔོན་དོན་ཡོད་བཟང་པོ་དང་ཡུམ་བྱང་ཆུབ་ལྡན་གྱི་སྲས་སུ་ཡོས་ལོ་ལ་འཁྲུངས།

མཚན་གཞོན་ནུ་བཟང་པོར་བཏགས། བཅུ་གསུམ་པ་ལ་ཀྱུ་བཟང་དགོན་པར་མཁན་ཆེན་རིན་ཆེན་སེངྒེ་དང་། སློབ་དཔོན་རིན་བསམ་པ་ལས་རབ་ཏུ་བྱུང་སྟེ་མཚན་རིན་ཆེན་ཚུལ་ཁྲིམས་སུ་བཏགས། ལྷུན་གྲུབ་སྒང་དུ་བླ་མ་སེངྒེ་དཔལ་ལ་གུར་བརྟག་སཾ་གསུམ་གསན། སློབ་དཔོན་པ་ལས་ཕར་ཕྱིན་བྱང་བར་བསླབས། བཅོ་བརྒྱད་པ་ལ་མཁན་ཆེན་སངས་རྒྱས་གཞོན་ནུ་བ། ལས་སློབ་དར་མ་བཟང་པོ། གསང་སྟོན་བ་རིན་བཀྲས་པས་མཛད་དེ་བསྙེན་པར་རྫོགས། བུ་སྟོན་རིན་པོ་ཆེའི་དྲུང་དུ་ཕར་མདོན། སྤྱོད་འཇུག །ཡོ་ག་རབ་འབྱམས་གསན། དེ་ནས་ཡར་ཀླུང་ལྷུང་མོར་ཆོས་དཔལ་མགོན་པོའི་དྲུང་དུ་དུས་འཁོར་གྱི་དབང་དང་སྦྱོར་དྲུག་གསན་ཏེ་བསྒོམས་པས་ལུས་ངག་གི་ཉམས་རྫོལ། མྱང་སྟོད་དུ་ལ་སྟོད་པ་དབང་རྒྱལ་ལ་སྦྱོར་དྲུག་རྫོགས་པར་གསན་པས་རྟོགས་པ་འཕྲུངས་ཤིང་མངོན་ཤེས་དང་ལྡན། ཤངས་སུ་བླ་མ་རིན་ཆེན་སེང་བ་ལ་ལམ་འབྲས་གསན། དེ་ནས་བཟང་ལྡན་དུ་ཀུན་མཁྱེན་ཆེན་པོ་རྒྱུད་འགྲེལ་གསུང་བའི་དྲུང་དུ་བྱོན་པས། ཨེ་ཝཾ་གཟུངས་སྒྲུབ་ཀྱི་སྐབས་སུ་ཕེབས། དེའི་ཉིན་རང་ནས་བཤད་པའི་འཁྲོ་ལ་ཞུགས་ཆོག་པ་བྱུང་། དབང་རྒྱུད་བཤད་མན་ངག་ཕྲན་དང་བཅས་པ་ཡོངས་སུ་རྫོགས་པ། བྱམས་པའི་ཆོས་སྡེ་ཉི་ཤུ་སོགས་མང་དུ་གསན་ཅིང་དཔྱིས་ཕྱིན་པར་མཁྱེན། ལོ་ཙཱ་བ་བློ་གྲོས་དཔལ་བ་ལ་སེམས་འགྲེལ་གཉིས་སོགས་མང་དུ་གསན། དེར་གཅིག་ཤེས་ཀུན་གྲོལ་གྱི་གནད་གོ་བས། འཇམ་གསར་བའི་གསུང་ལས། ད་ནི་རྫོགས་པའི་སངས་རྒྱས་བྱོན་གྱུར་ཀྱང་། མྱུར་དུ་སངས་རྒྱ་བའི་ལམ་ནི་ཞུ་བསམ་མེད། གསུང་བ་བདེན་པར་འདུག་གསུངས། སྒྲུབ་པ་ལ་རྩེ་གཅིག་ཏུ་གཞོལ་ནས་གྲུབ་ཆེན་མན་ལུངས་པ་ལྟ་བུ་གཅིག་མཛད་དགོངས་པ་ན། ཀུན་མཁྱེན་ཆེན་པོས་ངེས་དོན་གྱི་ཆོས་སྟོན་པ་ལ་གཙོ་བོར་འདོན་པ་ཞུ་གསུང་བ་ལ་བརྟེན་ནས།

སློབ་མ་མཐོ་དམན་རིས་མེད་པ་ཁྱེད་ཀྱི་ཉམས་རྟོགས་ལ་སྦྱོར་བར་མཛད། གཉལ་ཕྱོགས་སུ་ཡང་འགྲོ་དོན་མང་དུ་མཛད། ཕྱིས་ཡར་ཀླུང་ལྷུང་མོ་ན་བཞུགས་དུས། གཡའ་བཟངས་ཁྲི་དཔོན་རྒྱལ་འབུ་འོང་མཆོག་ཏུ་གུས་པར་ཡོད་པ་དེ་འདས་པའི་གཏམ་གསན་པས། ཁོང་ལ་རེས་སངམ་གཏོགས་མེད་དུ་གསུངས། དེ་མ་ཐག་ཐུགས་དམ་ཟབ་མོས་རྗེས་སུ་བཟུང་བས་ཐོ་རངས་ཤིག་ནམ་མཁའ་ལས། ཨེ་མ་སངས་རྒྱས་ཨེ་སངས་རྒྱས། །ཞེས་སོགས་ཆེད་དུ་བརྗོད་པའི་སྒྲ་གྲགས་པ་གསན། དེ་ནས་མཁན་ཆེན་བསོད་ནམས་འོད་ཟེར་བས། སྟོད་ལུང་གཏེར་མཛོད་དུ་གདན་དྲངས་ནས་ཁྱེ་རྫིང་ཚོགས་པའི་མཁན་པོར་བསྐོས། གཞོན་རྒྱལ་དུ་ཕེབ་ཤ་བས་སྦྱིན་བདག་གི་རྩ་བ་བྲུས་ཏེ་ཡོ་བྱད་མཐའ་དག་གིས་བསྟབས། ཚོགས་པ་དང་། སྦྱིན་བདག་རྣམས་ལ་ཟབ་ལམ་གྱི་ཁྲིད་སྐྱལ། ལོ་གཅིག་གི་བསྐྱངས་ནས་མཁན་ཆེན་བསོད་ཤེ་བ་གདན་སར་བསྐོས་ཏེ། ཀུན་མཁྱེན་ཆེན་པོ་སུ་ལ་ཡང་ཕྱག་ལན་མི་མཛད་པ་ཡིན་པ་ལ། རྗེ་འདི་ལ་ངེས་དོན་གྱི་མངའ་བདག་ལ་ཕྱག་འཚལ་ལོ་ཞེས་ཕྱག་ལན་མཛད། ཀུན་མཁྱེན་ཆེན་པོ་དབུས་སུ་གདན་དྲངས། ལྷ་སར་དེའི་སྐུ་འདྲ་བཞེངས། ངེས་དོན་གྱི་བསྟན་པ་འཕེལ་བར་མཛད་ནས་བདེ་བ་ཅན་དུ་གཤེགས་སོ། །

གཉིས་པ་རྭ་ལུགས་ནི། པཎྜིཏ་མནྟྲ་ཀཱིརྟིས། དུས་ཞབས་པ་ཆུང་བ་ཡབ་སྲས་བསྟེན། ལེགས་པར་སྦྱངས་པས་མཁས་ཤིང་གྲུབ་པ་བརྙེས། མནྟྲ་ཀ་ར་ཞེས་པའི་གནས་སུ་བཞུགས། དེའི་སློབ་མ་མཧཱ་ཤྲཱི་བྷ་དྲ་ཞེས་བལ་པོ་ཡེ་རང་གི་རོལ་པའི་གྲོང་ཁྱེར་དུ་སྐུ་འཁྲུངས། དེས་དུས་ཞབས་པ་ཆུང་བའི་སློབ་མ་མཁས་པ་ལྷ་ལ་གསན་ཅིང་། ཁྱད་པར་མནྟྲ་ཀཱིརྟིའི་རྗེས་སུ་འབྲང་ངོ་། །དེའི་སློབ་མ་རྭ་ཆོས་རབ་དེས། དུས་ཀྱི་འཁོར་ལོ་དོན་དུ་གཉེར་བར་གྱུར་ཏེ། བལ་པོའི་མཐིལ་དུ་ཕྱིན་ནས། པཎྜིཏ་ས་མཧཱ་ཤྲཱི

ལ་ལོ་ལྔ་ཟླ་བ་བཅུ་ཞག་ལྔར་བར་མ་ཆད་པར་བསྟེན་ནས། བཤད་བཀའ་དང་དབང་བཀའ་མན་ངག་བཀའ་དང་བཅས་པ་ཞུས་པས་ལེགས་པར་གནང་སྟེ་པཎྜི་ཏ་བོད་དུ་སྤྱན་དྲངས་ནས་རྒྱུད་འགྲེལ་ཡན་ལག་དང་བཅས་པ་བཤད་སྒྱུར་གཏན་ལ་ཕབ། ཐམས་ཅད་ཀྱིས་བསྙེན་བཀུར་ཆེར་བྱས་ཏེ། ཉི་མ་གཅིག་ལ་གསེར་སྲང་སུམ་བརྒྱ་ཕུལ། གཤེགས་སྐྱེལ་ཡང་སྐྱི་རོང་གི་བར་དུ་མཛད་པས། བླ་མ་ཡང་ཤིན་ཏུ་མཉེས་ཏེ་པཎྜི་ཏ་འབུམ་ཕྲག་གསུམ་པའི་སློག་ཞུ། ཆགས་ལྷུམ་རྫོར་དྲིལ་དུས་འཁོར་ལུགས་ཀྱི་ཕྱག་ཚད་མ་གནང་ངོ་། །དེ་ལ་ཉིད་ཀྱི་སྲས་བླ་མ་ཡེ་ཤེས་སེངྒེས་གསན་ཅིང་། དེས་ཀྱང་བུམ་པ་གང་བྱོའི་ཚུལ་དུ་ཐུགས་ལ་མཆིན་ཅིང་། ཐུགས་ཉམས་སུ་བཞེས་སོ། །དེ་ལ་ཉིད་ཀྱི་སྲས་རྭ་འབུམ་སེང་གིས་ཡོངས་སུ་རྫོགས་པར་གསན་ཅིང་། ཐུགས་ཉམས་སུ་བཞེས་སོ། །དེ་ལ་བླ་མ་རྭ་ལོས་ཞུས་སོ། །བླ་མ་རྭ་ལོ་ནི་བོད་ཀྱི་རྒྱལ་པོའི་དུས་སུ། བློན་པོ་ཐ་སང་ཤེ་ཕོ་ཉར་བཏང་སྟེ། རྒྱ་ནག་ལས་ཧྭ་ཤང་སྤྱན་དྲངས་པ་དང་འབྲེལ་བར་མི་ཉག་ཧྭ་ཤང་དུ་གྱུར་པ་སྤྱན་དྲངས་ཏེ། རྒྱལ་པོའི་མཆོད་གནས་སུ་གྱུར་ཅིང་། ཐེག་པ་ཆེན་པོའི་གཞུང་ལུགས་མ་ཉམས་པར་སྐྱོང་བའི་སྔགས་འཆང་ཤ་སྟག་ཏུ་གྱུར་པའི་བརྒྱུད་ལས། ཡ་འབྲོག་སྣང་དུ་མི་ཉག་གཞོན་ནུ་སྙིང་པོ་ཞེས་བྱ་བ་བྱུང་། དེའི་སྲས་གཞོན་ནུ་སེངྒེ། དེའི་སྲས་རིག་འཛིན་སྙིང་པོ། དེས་རང་གི་རྒྱ་མའི་ཡུལ་དུ་བབས། དེའི་སྲས་རྡོ་སེང་གིས་རོང་མཁར་ཕུག་བཟུང་། དེ་ལ་སྲས་བཞི་བྱུང་བའི་གཅེན་པོ་ཡེ་ཤེས་རྡོ་བྱ་བ་མཁས་ཤིང་གྲུབ་པ་བརྙེས་པ་ཞིག་བྱུང་། དེས་ཕྱག་རྒྱ་ཆེན་པོ་དགུག་ཆོས་སུ་གྲགས་པའི་མན་ངག་ལས་གྲུབ་པ་ཐོབ་པ་དབང་ཕྱུག་རྒྱལ་པོ་ཞེས་བྱ་བའི་གདན་ས་དབེན་དམར་བཟུང་། དེའི་སྲས་རྡོ་བརྩོན་གྲྭ་ལོ་ནི། །ཚོམ་འགྲོ་ལུས་འདུག་གོ །།

༄། །དཔལ་དབྱངས་འཆར་བའི་རྟེས་རིག་རྗེ་ལྷར་དར་བའི་ལོ་རྒྱུས་བློ་གསལ་དགའ་སྐྱེད་ཅེས་བྱ་བ་བཞུགས་སོ། །

རྗེ་བླ་མ་ཚུལ་ཁྲིམས་རྒྱལ་མཚན་གྱིས་མཛད།

༄། །ཨོཾ་སྭསྟི། སྤྱངས་རྟོགས་མཐར་ཕྱིན་ཚད་མེད་ཐུགས་རྗེ་ཡིས། །སྣ་ཚོགས་གདུལ་བྱ་རྗེས་སུ་གཟུང་བའི་ཕྱིར། །མདོ་སྔགས་རིག་གནས་གྲུབ་མཐའ་ཀུན་གསུངས་པའི། །སྟོན་པ་མཚུངས་མེད་ཤཱཀྱ་སེང་གེར་འདུད། །བདེ་གཤེགས་ཀུན་གྱི་ཐུགས་རྗེའི་རང་གཟུགས་སྤྱན་རས་གཟིགས་དབང་སྤྲུལ་པའི་གར། །བདེ་སྡུག་ཀློག་གྱུར་འགྲོ་ལ་ལུང་སྟོན་གཡུལ་རྒྱལ་གསང་བའི་རྟེས་རིག་འཛོམས། །བདེ་གཤེགས་ཐལ་བའི་དབང་པོར་འཚང་རྒྱར་སྟོན་མཆོག་ཐུབ་པའི་ལུང་གིས་བསྔགས། །བདེ་འབྱུང་ཞེས་གྲགས་མཚན་སྙན་དོན་ལྡན་ལྷ་ཆེན་མཆོག་དེས་དགེ་ལེགས་མཛོད། །ཤེས་རབ་འོད་ཀྱིས་རྨོངས་པའི་མུན་སེལ་ཞིང༌། །ལེགས་བཤད་འདོད་རྒྱུས་གདུལ་བྱའི་རེ་བ་སྐོང༌། །སྐད་གཉིས་སྨྲ་བའི་མཁས་མཆོག་རིན་ཆེན་དབང༌། །བསྟོད་ཚིག་རྒྱལ་མཚན་རྩེ་མོར་དེང་འདིར་མཆོད། །ངོ་མཚར་བླང་དོར་གསལ་སྟོན་གཙུག་ལག་རྒྱུད། །འགྲེལ་མཛད་མཁས་དབང་རིམ་པར་བྱོན་རྣམས་དང༌། །རྒྱུད་དོན་སྦས་པ་མངོན་ཕྱུང་མན་ངག་གནད། །འདོམས་མཛད་དམ་པའི་ཞབས་ལ་སྤྱི་བོས་འདུད། །ས་བརྒྱད་དབང་ཕྱུག་གཙུག་ན་ཟླ་བ་ཡི། །ལེགས་གསུང་སུ་རོ་དྷ་ཡའི་རྒྱུད་ཆེན་པོ། །རྗེ་ལྷར་དར

ཚུལ་མདོ་ཙམ་འཆད་པ་ལ། །དུས་ལྔའི་ཚོགས་ཀྱིས་དགྱེས་པས་གྲོགས་མཛོད་ཅིག །

ཅེས་མཆོད་པར་བརྗོད་ཅིང་འདོད་དོན་གསོལ་བའི་ཚིགས་སུ་བཅད་པ་སྔོན་དུ་བཏང་ནས་འདིར་གང་གླེང་བར་བྱ་བ་ནི། འཕགས་མཆོག་ཐུགས་རྗེ་ཆེན་པོའི་གདུལ་ཞིང་བོད་ཁ་བ་རི་པའི་ལྗོངས་འདིར་མཁས་པ་རྣམས་འཇུག་པའི་ཡུལ་རིག་པའི་གནས་ཆེ་ཆུང་བཅུ་རུ་གྲགས་པའི་ཡ་གྱལ། ཆུང་བ་ལྔ་ཡི་ནང་ཚན་གྲངས་ཀྱི་རིག་པ་ལ་བརྟེན་ནས་ལྐོག་གྱུར་གྱི་སྣང་དོར་སྟོན་པ་ངོ་མཚར་རྩིས་ཀྱི་རིག་པ་འདི་ཉིད་སྟོན་པའི་གཞུང་གཙོ་བོ་སྐར་ནག་དབྱངས་གསུམ་དུ་གྲགས་པ་ལས། འདིར་དབྱངས་འཆར་རྒྱུད་ཀྱི་ལོ་རྒྱུས་མདོ་ཙམ་བྲི་བ་ལ་དོན་བདུན་ཏེ། མཛད་པ་པོ་གང་ཞིག་ཡིན་པ། གནས་གང་དུ་གསུངས་པ། དུས་གང་གི་ཚེ་འཁོར་གང་དུ་གསུངས་པ། གསུངས་པའི་རྒྱུད་ཀྱི་ལུས་རྣམ་པར་བཞག་པ། མི་ཡུལ་དུ་ཇི་ལྟར་དར་བའི་ཚུལ། རྒྱུད་ཀྱི་ཆེ་བ་བསྟན་པ། ཞར་བྱུང་དོགས་པ་སྤོང་བའོ། །

དང་པོ་ནི་འཕགས་པ་སྤྱན་རས་གཟིགས་དེ་ཉིད་གདུལ་བྱ་ཕྱི་པ་ལ་དགའ་བ་རྣམས་ཀྱི་ངོར། དེ་དག་གི་སྟོན་པ་ལྷ་ཆེན་པོའི་སྐུར་སྤྲུལ་པར་མཛད་པ། སྣོད་བཅུད་འཇིག་རྟེན་ཐམས་ཅད་ཀྱི་བྱེད་པ་པོར་བསྒྲགས་པ་ཚངས་པ་དང་། ཁྱབ་འཇུག་ལ་སོགས་པ་ལྷའི་ནང་ན་ཆེན་པོར་རློམས་པ་རྣམས་ཀྱང་གང་གི་མདུན་དུ་ཉི་མའི་དྲུང་ན་སྲིན་བུ་མེ་འཁྱེར་བཞིན་དུ་སྤྱོད་པ། རྒྱན་སྟུག་པོ་བཀོད་པ་ལས། ཕྲ་ཞིང་ཡང་ལ་ཕྲ་བར་ནུས་པ་དང་། །སྤྱོད་པར་ནུས་དང་བདག་ཉིད་ཆེན་པོ་དང་། །དགའ་མགུར་བྱེད་དང་ཐམས་ཅད་དབང་དུ་བྱེད། །གང་འདོད་རྫུ་འཕྲུལ་དབང་ཕྱུག་ཡོན་ཏན་བརྒྱད། །
ཅེས་གསུངས་པ་ལྟར། ཕྲ་བ། རྟག་པ། ཆ་ཤས་མེད་པ་སོགས་ཞི་བའི་ངོ་བོར་གནས་ཤིང་། རྟོག་གེ་འབར་བ་ལས་བཤད་པ་ལྟར། འབྱུང་བཞི་ནམ་མཁའ་ཟླ་ཉི་

ལ་སོགས་པ་བརྒྱད་ཀྱི་གཟུགས་ཀྱིས་འཇིག་རྟེན་ཐམས་ཅད་ལ་ཁྱབ་པར་གྲགས་པ། ལྷ་ཡི་དབང་པོ་བརྒྱ་བྱིན་གྱིས་ཀྱང་། བྱ་བའི་གནས་དང་གནས་མ་ཡིན་པའི་ལྡོག་གྱུར་གྱི་ལུང་འདྲི་བའི་ཡུལ་དུ་གྱུར་པ་ལྷ་དབང་ཕྱུག་ཆེན་པོ་ཡིན་ལ། འདི་ཉིད་འཇིག་རྟེན་དུ་ཐོག་མར་འབྱུང་བ་ནི། མི་རྣམས་ཀྱིས་ཚེ་ལོ་བརྒྱ་ཉི་ཤུ་ཐུབ་པའི་དུས་སངས་རྒྱས་རྣམ་གཟིགས་འཇིག་རྟེན་དུ་བྱོན་པའི་ཚེ་ཡིན་པར་བཤད་དོ། །

གཉིས་པ་གནས་གང་དུ་གསུངས་པ་ནི། མཚོ་མ་དྲོས་པ་དང་ཉེ་བའི་རི་བོ་གངས་ཅན་དུ་གསུང་བར་མཛད་ལ། འདི་ལྷ་བུའི་རི་མཚོ་གཉིས་ཀྱི་རྣམ་གཞག་སངས་རྒྱས་ཀྱི་ཆོས་ལས་ཐུན་མོང་མ་ཡིན་པ་གསུངས་པ་ནི། ཆོས་མངོན་པ་སོགས་ལས་གསུངས་པའི་མཚན་ཉིད་ཅན་གྱི་མཚོ་མ་དྲོས་པ། དེ་ལས་འབབ་པའི་ཆུ་བོ་བཞི་དང་བཅས་པ། འཛམ་བུའི་གླིང་འདི་ཉིད་ན་བྱང་གི་ཕྱོགས་ལ་ཡོད་ཀྱང་རྒྱ་བོད་ཧོར་སོགས་མི་རིགས་རྫུ་འཕྲུལ་དང་མི་ལྡན་པ་རྣམས་ཀྱི་མངོན་སུམ་གྱི་ཡུལ་ལས་འདས་པ་ཤ་སྟ་ལ་དང་འདྲ་བ་ཞིག་སྟེ། དེ་སྐད་དུ་ཡང་། མཛོད་ལས། འདི་ནས་བྱང་དུ་རི་ནག་པོ། །དགུ་འདས་གངས་རིའོ་དེ་ནས་ནི། །སྤོས་ངད་ལྡན་པའི་ཚུ་རོལ་ན། །ཆུ་ཞེང་ལྔ་བཅུ་ཡོད་པའི་མཚོ། །ཞེས་སོགས་ཀྱི་འགྲེལ་པ་ལས། འཛམ་བུའི་གླིང་འདིའི་བྱང་ཕྱོགས་འཛམ་བུའི་གླིང་འདི་ཉིད་ན་རི་ནག་པོ་དགུ་འདས་པའི་ཕ་རོལ་ན་གངས་རི་ཡོད་དོ། །གངས་རི་དེའི་ཕ་རོལ། རི་སྤོས་ངད་ལྡན་གྱི་ཚུ་རོལ་ན། མཚོ་མ་དྲོས་པ་ཞེས་བྱ་བ་གང་ལས་ཆུ་བོ་ཆེན་པོ་བཞི་པོ། གངྒཱ་དང་། སིནྡྷུ་དང་། སི་ཏ་དང་། པཀྵུ་འབབ་པ་ཡོད་དོ།། ཞེས་སོགས་དང་། འཇམ་མགོན་བླ་མས། སྡོམ་གསུམ་རང་མཚན་དུ། མཛོད་ཀྱི་རྩ་ཚིག་ལ་མཆན་མཛད་པར། མ་ག་དྷའི་ཡུལ་འདི་ནས་བྱང་དུ་རི་ནག་པོ་སྟེ་གངས་ཐར་ཐོར་ཆགས་པའི་རིའི་རྒྱུད་རིང་པོ་སྟེ་མཛོད་ཀྱི་འགྲེལ་པ་ལས། འདི་ན་ནི་རི་ནག་པོ་

གསུམ་མོ། །ཞེས་གསུངས་པས། བོད་དང་རྒྱ་གར་གྱི་བར་ན་སྟོད་མངའ་རིས་ནས་རྒྱ་ནག་གི་བར་མ་ཆད་པའི་རི་བརྒྱུད་གཉིས། བོད་དང་ཧོར་གྱི་བར་ན་ཆགས་པའི་གངས་བརྒྱུད་གཅིག་སྟེ། དེ་ལྟར་གསུམ་དང་། ཆུ་བོ་སི་ཏའི་བྱང་ན་རི་བརྒྱུད་དྲུག་སྟེ་དགུ་འདས་པ་ན། ནག་ཚོག་མེད་པ་གངས་འབའ་ཞིག་ཏུ་སོང་བའི་རི་འོ། །དེ་ནས་ནི། རི་བོ་སྤོས་ངད་ལྡན་པའི་རྩ་རོལ་ན་མ་དྲོས་པ་རྒྱ་ཞེང་ལྔ་བཅུ་ཡོད་པའི་མཚོ་ཞེས་སོགས་མཚན་ཉིད་རྒྱ་ཆེར་གསུངས་ཤིང་དགྲ་བཅོམ་པ་ལྔ་བརྒྱ་རང་རང་གི་ལས་ཀྱི་རྒྱུ་བ་ལུང་བསྟན་ཅིང་བཞུགས་པའི་གནས། ལྷ་ཡི་དབང་པོ་བརྒྱ་བྱིན་གྱིས་གཡུལ་ངོར་སྤྱོད་པའི་གླང་པོ་ཆེ་ས་སྲུང་གི་བུ་ཡིས་བརྟེན་པའི་ས། ཧི་མ་ལ་ཡའི་སྒྲ་ལས་གངས་ཅན་ཏེ། གོང་དུ་མཛོད་འགྲེལ་གྱི་ལུང་དྲངས་པ་དང་། གདགས་པ་ལས་ཀྱང་། ཆུ་ཀླུང་གངྒཱ་སིནྡྷུ་པཀྵུ་དང་། །སི་ཏ་དབའ་རླབས་དབུ་བའི་ཕྲེང་བ་ཅན། །འབབ་ཅིང་ཐམས་ཅད་གསལ་བའི་ཆུ་ཡིན་ཏེ། །ཕྱོགས་བཞི་ཁ་ར་ཁོར་ཡུག་དག་ནས་འབྱུང་། །གངྒཱ་ཤར་ཕྱོགས་རྒྱ་མཚོར་འགྲོ་བ་སྟེ། །སིནྡྷུ་ལྷོ་ཕྱོགས་རྒྱ་མཚོར་འགྲོ་བ་ཡིན། །པཀྵུ་ཡང་ནི་ནུབ་ཕྱོགས་རྒྱ་མཚོར་འགྲོ། །དེ་ཡི་བྱང་ཕྱོགས་རྒྱ་མཚོར་སི་ཏ་འགྲོ། །ཆུ་ཀླུང་རབ་མཆོག་བཞི་པོ་འདི་དག་ནི། །མཆོག་ཏུ་བཟང་ཞིང་སོ་སོར་འབབ་པ་སྟེ། །རི་རི་ཞིང་ཡང་ལྔ་བརྒྱ་ཁྲིར་ནས་ནི། །ཆུ་ཡི་རྒྱུན་རྣམས་རྒྱ་མཚོ་ཆེན་པོར་འགྲོ། །ཞེས་སོགས་གསུངས་པ་ལྟར། ཀླུ་ཡི་རྒྱལ་པོ་མ་དྲོས་པའི་གནས་མཚོ་མ་དྲོས་པ་ཁ་འབབ་ཀྱི་ཆུ་བོ་རྣམ་བཞི་དང་བཅས་པར་ཉེ་བའི་རི་བོ་གངས་ཅན་ཞེས་བྱ་བ་དེ་རུ་གསུང་བར་མཛད་དོ། །གནས་དེ་ན་རྫུ་འཕྲུལ་དང་མི་ལྡན་པའི་མི་རྣམས་ནི་བགྲོད་པར་མི་ནུས་ཏེ། མཛོད་འགྲེལ་དེ་ལས། དེར་ནི་རྫུ་འཕྲུལ་དང་མི་ལྡན་པའི་མིས་བགྲོད་པར་དཀའོ། །ཞེས་དང་། ལུང་སྨན་གྱི་གཞི་ལས། གནོད་སྦྱིན་གཏུམ་པོ་མི་ཟད་གནས་པ་ཡིད་འོང་ཞིང་། །མེ་ཏོག་སྣ་ཚོགས་ཤིང་གིས

རྣམ་པར་མཛེས་བྱས་པས། །དེ་ལས་རྒྱ་མཚོ་དུག་ཅན་དག་ཏུ་འགྲོ་བ་ཡི། །ཆུ་བོ་བཞི་པོ་འདི་དག་ཕྱོགས་བཞིར་འབབ། །གངྒཱ་སིནྡྷུ་དེ་བཞིན་པཀྵུ་དང་། །སི་ཏ་དེ་ལ་རྫུ་འཕྲུལ་སྟོབས་ཐོབ་པ། །མ་གཏོགས་མི་རྣམས་ཀྱིས་ནི་མི་བགྲོད་པ། །དེར་ནི་ཐུབ་པ་དགེ་འདུན་བཅས་པ་བཞུགས། །ཞེས་དང་། རབ་དབྱེ་ལས། དེས་ན་རི་བོ་གངས་ཅན་དུ། །རྫུ་འཕྲུལ་མེད་པས་འགྲོ་མི་ནུས། །ཞེས་དང་། དེར་ནི་རྫུ་འཕྲུལ་མི་ལྡན་པས། །བགྲོད་པར་བྱ་བ་མིན་ཞེས་བཤད། །ཅེས་གསུངས་པ་ལྟར་རོ། །རྫུ་འཕྲུལ་དང་མི་ལྡན་པས་བགྲོད་མི་ནུས་ན་འཛམ་བུའི་གླིང་ན་མེད་པར་ཐལ་བར་འགྱུར་རོ། །ཞེ་ན། མི་འགྱུར་ཏེ་བྱང་ཤམྦྷ་ལའི་བཀོད་པ་བཞིན་ནོ། །འདིར་ཤེས་པར་བྱ་བ། སྤྱིར་གངས་ཅན་ལ། དུས་འཁོར་ནས་བཤད་པ་དང་། མངོན་པ་ནས་བཤད་པ་དང་། བདེ་མཆོག་ནས་བཤད་པ་དང་། ཀྱེ་རྡོར་ནས་བཤད་པ་དང་། མུ་སྟེགས་ཀྱི་གཞུང་ནས་བཤད་པ་དང་། ཕལ་པོ་ཆེའི་མདོ་ལས་བཤད་པ་དང་། རྨ་བྱ་ཆེན་མོའི་མདོ་ལས་བཤད་པ་སོགས་དུ་མ་ཡོད་ལ། དེ་ལས་དུས་འཁོར་དང་། མངོན་པ་ནས་བཤད་པ་གཉིས་མི་གཅིག་སྟེ། དེ་གཉིས་སྤྱིར་རི་གླིང་རྒྱ་མཚོ་ཆགས་ཚུལ་མི་འདྲ། ཁྱད་པར་འཛམ་གླིང་གི་ཆགས་ཚུལ་གཏན་ནས་མི་འདྲ་སྟེ། དུས་འཁོར་ལས་གངས་ཅན་གྱི་འགྲམ་ན་ཤམྦྷ་ལ་ཡོད་པར་བཤད་ལ། མངོན་པ་ནས་ཤམྦྷ་ལ་ཁས་མི་ལེན་ཞིང་། མངོན་པ་ནས་མཚོ་མ་དྲོས་པ་གངས་ཅན་གྱི་བྱང་ན་ཡོད་པར་བཤད་པ་དང་། དུས་འཁོར་ནས་ལྷོ་ན་ཡོད་པར་བཤད་པ་སོགས་ཀྱི་ཕྱིར་རོ། །གསང་སྔགས་ཀྱི་རྒྱུད་གཞན་ནས་བཤད་པའི་གངས་ཅན་ཡང་དུས་འཁོར་དང་མི་གཅིག་སྟེ། དུས་འཁོར་ནི་རྒྱུད་སྡེ་གཞན་དང་བཤད་ཚུལ་མི་མཐུན་ཞིང་། ཤམྦྷ་ལའི་ཡུལ་ཙམ་གྱི་ལུང་ཁུངས་ཀྱང་རྒྱུད་སྡེ་གཞན་ནས་འཚོལ་བ་ཤིན་ཏུ་དཀའ་བར་བྱུང་ན། དེ་ནས་བཤད་པའི་གངས་ཅན་དེ་རྒྱུད་གཞན་ནས་བཤད་པའི་

གངས་ཅན་དང་དོན་གཅིག་པར་མཐུན་སྣང་དུ་གྲུབ་པ་མི་འབྱུང་བ་སྨོས་མ་དགོས་པའི་ཕྱིར་རོ། །དེས་ན་མདོན་པ་ནས་གསུངས་པ་དང་དོན་གཅིག་ཏུ་ཁས་ལེན་དགོས་ཏེ། རྒྱུད་སྡེ་རྣམས་ཀྱི་རི་གླིང་སོགས་ཀྱི་ཆགས་ཚུལ་ཐམས་ཅད་མདོན་པ་ནས་གསུངས་པ་དང་མཐུན་པར་འབྱུང་བའི་ཕྱིར་རོ། །དེ་ལྟར་མོད་ཀྱི་འོན་ཀྱང་ཕྱི་ནང་གི་བསྟན་བཅོས་པ་འགའ་ཞིག་དང་། འཇིག་རྟེན་པ་ལ་ཐུན་མོང་དུ་གྲགས་པ་ཆེ་བར་གྱུར་པ་ནི། ཆུ་བོ་གངྒཱའི་འདོད་ཚུལ། རྩ་བ་མ་ཕམ་ནས་ཐོག་མར་ནུབ་ཏུ་འབབ། རྒྱ་གར་ནུབ་ཕྱོགས་སུ་སླེབས་པ་ན། ཤར་དུ་ཁ་བལྟས་ཏེ་འབབ་པ་རྡོ་རྗེའི་གདན་གྱི་བྱང་ཕྱོགས་ནས་བསྐོར་ཏེ། མཐར་ལྷོ་ཕྱོགས་ཀྱི་རྒྱ་མཚོར་འབབ་པ་དེ་ཡིན། འདི་ལ་མདོན་བརྗོད་དང་། སྨན་དཔྱད་དང་། འདུལ་བ་སོགས་ལས་ཆུ་བོ་གངྒཱ་ཞེས་རྒྱ་ཆེར་བཤད་ཅིང་། ལྷོ་བལ་གྱི་སྐྱེ་བོ་ཀུན་ལ་གངྒཱ་ཞེས་གྲགས་ལ། མདོ་སྡེ་རྣམས་ལས་ཀྱང་གངྒཱའི་ཀླུང་གི་བྱེ་མ་སྙེད་ཅེས་བཤད་དོ། །དེ་དང་འདྲ་བར་སིནྡྷུའི་ཡུལ་དུ་འབབ་པའི་ཆུ་བོ་སིནྡྷུ་དང་། བྱང་ཕྱོགས་ན་ཆུ་བོ་ཤི་ཏ་ཞེས་བྱ་བ་བཤད་མོད། དེ་དག་ནི་མཚོ་མ་དྲོས་པ་ཞེས་བྱ་བ་མདོན་པ་སོགས་ནས་བཤད་པའི་ཡོན་ཏན་དང་ལྡན་པ་དེ་ནས་འབབ་པའི་བཤད་པ་མི་བཞེད་དོ། །མ་ཕམ་ཡང་གངྒཱ་འཕྲིལ་བ་ལས་བྱུང་པའི་མཚོ་རུ་ཁས་ལེན་པ་ཡིན་གྱི། ཆུ་བོ་ཆེན་པོ་བཞི་ཆུ་ཕྲན་དང་བཅས་པ་གང་ནས་འབབ་པའི་རྩ་བར་གྱུར་པའི་མཚོ་མ་དྲོས་པ་ཡིན་པར་ཁས་ལེན་པ་མ་ཡིན་ནོ། །དེས་ན་ཕྱི་རོལ་གྱི་གཞུང་ལས། གངྒཱའི་སྒོ་དང་ཀུ་ཤ་འཕྲིལ། །བིལ་བ་ཅན་དང་སྔོན་པོའི་རི། །ཀཱ་ལི་ཀ་ནིའི་འཇུག་ངོགས་སུ། །ཁྲུས་བྱས་ཡང་འབྱུང་སྲིད་མ་ཡིན། །ཞེས་པ་ལྟར་གངྒཱའི་གཏམ་རྒྱུད་དང་བཅས་དེ་ལ་ཁྲུས་བྱས་པས་སྡིག་པ་དག་པ་དང་། མ་ཕམ་མཚོ་དང་ཉེ་བའི་གངས་ཏི་སེ་ལྷ་དབང་ཕྱུག་ཆེན་པོའི་བཞུགས་གནས་སུ་ཁས་ལེན་ཞིང་། འཕགས་ཡུལ་གྱི་འཇིག་རྟེན་པ་དག་ལ་དེ་ལྟར་གྲགས་ལ།

བོད་འདིར་ ཡང་རྣལ་ འབྱོར་ གྱི་ དབང་ཕྱུག་ རྗེ་ བཙུན་ མི་ ལའི་ གསུང་ ལས། གངས་དཀར་ཏི་སེ་སྐད་པ་དེ། །དགྲ་བཅོམ་ལྔ་བརྒྱ་བཞུགས་པའི་གནས། །རི་བོ་གངས་ཅན་བྱ་བ་ཡིན། །མ་ཕམ་གཡུ་མཚོ་སྐད་པ་དེ། །མ་དྲོས་མཚོ་མོ་བྱ་བ་ཡིན། །བྲག་དམར་སྤོ་མཐོ་སྐད་པ་དེ། །རི་ནག་འབིགས་བྱེད་བྱ་བ་ཡིན། །ཞེས་གསུངས་པའི་ཉམས་མགུར་ལ་བརྟེན་ནས་ ཕྱག་ རྒྱ་ པ་ རྣམས་ ཀྱིས་ གངས་ ཏི་ སེ་ ལྷ་དབང་ཕྱུག་ཆེན་པོ་དང་། དགྲ་བཅོམ་ལྔ་བརྒྱའི་བཞུགས་གནས་སུ་ཁས་བླངས་པས་མངོན་པ་ནས་བཤད་པའི་གངས་ཅན་དུ་འདོད་པར་གསལ་ལོ། །ཆོས་རྗེ་ས་པཎ་གྱིས། རབ་དབྱེ་ལས། གངས་ཅན་དེ་ནི་ཏི་སེ་མིན། །མ་དྲོས་རྒྱ་མཚོ་མ་ཕམ་མིན། །ཞེས་སོགས་དང་། མཁས་པ་འཇུག་པའི་སྒོ་ལས། ཧི་མ་ལ་ཡའི་སྒྲ་ལྷ་མོ་ཨུ་མའི་ཕ་དབང་ཕྱུག་ཆེན་པོ་འདུག་པའི་གནས་མཚོ་མ་དྲོས་པ་དང་ཉེ་བའི་རི་བོ་གངས་ཅན་བྱ་བ་ཡིན་མོད་ཀྱི་ལོ་ཙྪ་མི་ཤེས་པ་དག་གིས་ཏི་སེར་བསྒྱུར་བ་འགའ་རེ་མཐོང་། གངས་ཅན་ལ་རྒྱ་གར་གྱི་སྐད་དུ་ཧི་མ་ལ་ཡ་ཟེར། ཏི་སེ་ལ་རྒྱ་གར་སྐད་ཀེ་ཏ་ར་ཟེར་བ་ཡིན། གངས་ཅན་ཏི་སེ་གཉིས་རྒྱ་གར་གྱི་སྒྲ་ཡང་ཐ་དད། དོན་ཡང་ཐ་དད་དུ་གནས་པ་ལ་མ་ཤེས་པས་འཁྲུལ་བར་བསྒྱུར་བ་ཡོད། ཅེས་གསུངས། འདི་དག་ནི་བཞེད་པ་མི་འདྲ་བ་རྣམ་གྲངས་སུ་བཀོད་པ་ལས་དགག་སྒྲུབ་ཀྱིས་ཁ་ཚོན་བཅད་པ་མ་ཡིན་པས་གཟུར་གནས་བློ་ལྡན་རྣམས་རང་ཉིད་གང་གི་རྗེས་སུ་འབྲངས་བ་ནི། ཇོ་བོ་རྗེས། ངང་པས་ཆུ་ལས་འོ་མ་འཐྱེད་པ་བཞིན། །རང་གི་འདོད་པ་དང་དུ་བླང་བར་རིགས། །ཞེས་གསུངས་པ་ལྟར་རོ། །རི་བོ་གངས་ཅན་འདིའི་ངོས་འཛིན་ལ་མཁས་པ་རྣམས་བཞེད་ཚུལ་མི་འདྲ་བ་མང་དུ་མཆིས་ཤིང་རང་རང་གིས་སྒྲུབ་བྱེད་དུ་མ་བཀོད་ཀྱང་འདིར་མ་སྤྲོས་སོ། །

གསུམ་པ་དུས་གང་གི་ཚེ་འཁོར་གང་ལ་གསུངས་པ་ནི། རྒྱུད་ལས། སྟོན་ཚེ

ལྷ་དང་ལྷ་མིན་དག །བ་སྤྲུ་ལྡང་བའི་གཡུལ་འགྱེད་ཚེ། །ལྷ་ཡི་དབང་པོས་བདག་ལ
དྲིས། །འདི་བཤད་ལྷ་མིན་ཕམ་པར་བྱས། །བསྟན་བཅོས་གསང་བ་ཆེན་པོའི་རྒྱུད། །
གཡུལ་ལས་རྣམ་པར་རྒྱལ་བར་གྲགས། །ཞེས་གསུངས་པ་ལྟར་སྔོན་གྱི་ཚེ་བརྒྱ་བྱིན
ལ་སོགས་པའི་སུམ་ཅུ་རྩ་གསུམ་པའི་ལྷ་གནས་ཀྱི་ལྷ་རྣམས་དང་ལྷ་མ་ཡིན་གྱི་དབང
པོ་སྟེ་དང་བཅས་པ་རྣམས་འཇིགས་སུ་རུང་བའི་གཡུལ་དྲག་པོ་འཐབ་པའི་ཚེ། རི་བོ
གངས་ཅན་ན་དབང་ཕྱུག་ཆེན་པོ་ལྷ་མོ་ཨུ་མ་དང་བཅས་པ་བཞུགས་པའི་དྲུང་དུ། ལྷ་ཡི
དབང་པོ་བརྒྱ་བྱིན་གྱིས། སྲིག་ཟླའི་ཕྱོགས་ན་གནས་ཤིང་། མཐའ་ཡས་པའི་འབྱུང་པོ
ཡོངས་སུ་སྐྱོབ་པའི་བསམ་པ་རྣམ་པར་དག་པ་དྲང་སྲོང་ཆེན་པོ་མི་ལྷ་ཕོ་ཉར་བཏང
ནས་གླང་དོར་དྲིས་པའི་ཚེ། དབང་ཕྱུག་ཆེན་པོས་དབྱངས་འཆར་བའི་རྒྱུད་འདི་བཤད
ཅིང་རྩིས་ནས་བསྟན་པ་ལྟར་ལྷ་རྣམས་ཀྱིས་བྱས་པས། ལྷ་མིན་གྱི་དམག་དཔུང་ཕམ
པ་དང་། ལྷ་རྣམས་རྣམ་པར་རྒྱལ་བར་གྱུར་པས་དེ་ཕྱིན་ཆད་ནས་བསྟན་བཅོས་གསང
བ་ཆེན་པོའི་རྒྱུད་འདི་ལ་མཚན་དཔལ་གཡུལ་ལས་རྣམ་པར་རྒྱལ་བ་ཞེས་གྲགས་ཤིང
ལྷ་ཡུལ་དུ་ཐོག་མར་དར་རོ། །དེ་ནས་དུས་ཕྱི་ཞིག་གི་ཚེ་ན། བསྙེན་པར་འོས
པའི་གནས་དཔལ་དང་ལྡན་པའི་རི་བོ་གངས་ཅན་ལ་ལྷ་རྣམས་ཀྱི་མཆོག་ལེགས་ལྡན
དབང་ཕྱུག་ཆེན་པོ་བཞུགས་ཏེ། སྔར་ལྷ་མོ་ཨུ་མ་སོགས་ལ་དབྱངས་འཆར་བའི་རྒྱུད
རྒྱས་པ་འབུམ་པ་གསུངས་ནས་སླར་ཡང་ཞུ་བ་པོའི་འཁོར་ལྷ་ཆེན་དེ་ཉིད་ཀྱི་ཡུམ་ལྷ་མོ
གངས་རིའི་སྲས་མོ་ཨུ་མ་ཡང་། གཙོ་བོ་དབང་ཕྱུག་ཆེན་པོ་སྙོམས་འཇུག་གི་མཆོད་པ
སོགས་ཀྱིས་མཉེས་པར་བྱེད་པ་ལ་བརྩོན་ཞིང་། ཉན་པ་པོ་མཆོག་གི་འཁོར་གྲུབ་པའི
སྐྱེས་བུའི་ཚོགས་རྟོགས་པ་མཉམ་པ་ཐམས་ཅད་དང་། བར་མའི་འཁོར་དཀའ་ཐུབ
པའི་མཆོག་ལྔའི་དྲང་སྲོང་རྣམས་རང་རང་གི་གནས་ནས་འོངས་ཤིང་འདུས་པ་དང་། ཐ

མའི་འཁོར་འཇིག་རྟེན་པའི་སྐྱེ་བོ་སྐལ་བ་དང་ལྡན་པ་རྣམས་དབྱངས་འཆར་བ་སོགས་ཤེས་བྱའི་གནས་ལུགས་ཤེས་པ་དོན་དུ་གཉེར་བ་ལ་འདུས་པ་ཀུན། དབང་ཕྱུག་ཆེན་པོའི་མདུན་ན་རྒྱུད་ཉན་པར་འདོད་ནས་འཁོད་པའི་ཚེ། ལྷ་མོ་ཨུ་མས་ལྷ་ཆེན་པོ་ལ་བསྟོད་ཅིང་། མཆོག་ཏུ་གསང་བ་དབྱངས་འཆར་བའི་རྒྱུད་རྒྱས་པ་འབུམ་པ་སྔར་གསུངས་པ་དེ། ད་ཅང་རྒྱས་པས་སྐྱེ་བོ་བློ་དམན་རྣམས་ཀྱིས་རྟོགས་དཀའ་བས་ན། རྒྱུད་རྒྱས་པ་ལས་བཏུས་ནས་རྒྱས་བསྡུས་མཐའ་གཉིས་སུ་མ་ལྷུང་བ། འདོད་པའི་དོན་ཐམས་ཅད་བདེ་བླག་ཏུ་རྟོགས་ནུས་པ། ཁྱད་པར་འབྱུང་བའི་ལམ་ལྔ་རྣམ་པར་ཤེས་པ་དང་། དཀར་ནག་ཚེས་ལ་དབྱངས་གསལ་དང་། དུས་སྦྱོར་འཆར་ཚུལ་དང་། ཕྱི་རོལ་གྱི་ལྟས་མཐུན་པ་དང་ལྡོག་པ་སོགས་ཀྱིས་དགེ་དང་མི་དགེ །བདེ་དང་སྡུག་བསྔལ། སྙེད་དང་མི་སྙེད། འཚོ་དང་འཆི་བ། རྒྱལ་དང་ཕམ་པ། འགྲོ་དང་འོང་བ་སོགས་བླང་དོར་བརྟག་པ་ལ་གལ་ཆེན་མི་ཤེས་སུ་མི་རུང་བ་རྣམས་ལྷག་པར་གསལ་བར་བསྟན་པར་ཞུས་པའི་ངོར་རྒྱུད་འདི་གསུང་བར་མཛད་དོ། །མདོར་ན་དེ་ལྟ་བུའི་ལྷ་ཆེན་པོ་དང་གངས་ཅན་གྱི་སྐྱིད་མོས་ཚལ་དུ་ཨུཏྤལ་ཆེན་པོའི་སྙིང་པོར་འཁྲུངས་པ། དཀའ་ཐུབ་བློག་པའི་བདག་མོ་གཉིས་སྟོན་པ་པོ་དང་། སྟོད་པ་པོར་འཕྲེལ་བའི་ཚུལ་གྱིས་དཔལ་དབྱངས་འཆར་བའི་རྒྱུད་ཀྱི་རྒྱལ་པོ་འདི་ཉིད་བསྟན་པ་ཡིན་ཏེ། མི་ཕམ་འཇམ་པའི་རྡོ་རྗེས་དབྱངས་འཆར་འགྲེལ་པ་ཤེལ་གྱི་མེ་ལོང་གི་ལྗང་གི་སྐབས་ལས། ཡེ་ལྗང་དེ་ཐམས་ཅད་ཀྱི་སྦྱོར་བས་འཆིང་བ་དང་། ལྗང་གི་གནད་ལ་རྣལ་འབྱོར་དུ་བྱས་པས། འཆི་བ་བསླུ། གྲུད་པ་གསོ། མཆོག་ཐུན་མོང་གི་དངོས་གྲུབ་འགྲུབ་པས་ན་སྨྱུན་རས་གཟིགས་དང་སྒྲོལ་མས་ཕྱི་ནང་ཐུན་མོང་གི་ངོར། དབང་ཕྱུག་དང་ཨུ་མའི་རྣམ་པར་བཞེངས་ཏེ་རྒྱུད་འདི་གསུངས་སོ། །ཞེས་གསུངས་པ་ལྟར་རོ། །

བཞི་པ་གསུངས་པའི་རྒྱུད་ཀྱི་ལུས་རྣམ་པར་བཞག་པ་ལ་གཉིས་ཏེ། བརྗོད་བྱའི་ལུས་རྣམ་པར་བཞག་པ་དང་། རྗོད་བྱེད་ཀྱི་ལུས་རྣམ་པར་བཞག་པའོ། །སྐྱེ་རྒུ་རྣམས་ཀྱི་དགེ་ལེགས་དང་རྒྱུད་པ་མཐའ་དག་མ་འདྲེས་པར་གསལ་བའི་བསྟན་བཅོས། གཡུལ་ལས་རྣམ་པར་རྒྱལ་བའི་བྱེ་བྲག་སྤྱི་མིང་དུ་ཞུགས་པ་དབྱངས་འཆར་བ་ཞེས་གྲགས་པ་འདི་ཉིད་ཀྱི་བརྗོད་བྱ་གཙོ་བོ་ནི། གློ་བོ་ལོ་ཙཱ་བས་མཆིམས་ནམ་མཁའ་གྲགས་ཀྱི་དྲིས་ལན་དུ་གནང་བའི་དབྱངས་འཆར་བའི་རྒྱུད་ཀྱི་རྒྱལ་པོའི་མན་ངག་གནད་ཀྱི་ཟླ་ཟེར་ལས། དྲི་བ་གཉིས་པ་གཞུང་འདིའི་དབུ་ཞབས་ཀྱི་དོན་མདོར་བསྡུས་པའི་གནད་ཟབ་པ་ཅིག་ཞུ་ཞེས་པའི་ལན་དུ། འདི་ལྟར་གསུངས་ཏེ། དབྱངས་དང་གསལ་བྱེད་འཆར་བ་དང་། །ཚེ་ཡི་གནས་སྐབས་འབྲས་བུ་དང་། །དུས་ཀྱི་ཙཀྲའི་ལྟས་དང་གསུམ། །ཁམས་པོ་སྲོག་ཆགས་རང་རིགས་གསུམ། །གླང་ཆེན་མཆེ་སོགས་ཙཀྲ་དྲུག །རཱ་ཧུ་ལ་སོགས་བཅུ་དྲུག་དང་། །ཏཀྐཱལ་དུས་སྦྱོར་མཆོག་ཏུ་གཅེས། །ཤ་ལ་ཀ་ཡི་དུམ་བུ་དྲུག །བྱེ་བྲག་སོ་སོའི་ཙཀྲ་ནི། །བཅུ་ཚན་བཞི་དང་གཉིས་ལྷག་པ། །སྐྱེས་སྐར་མིང་ཡིག་མིང་སྐར་གསུམ། །ཕྲིན་ལས་ཕྲན་ཚེགས་ཙཀྲ་ལྔ། །ལམ་ལྔའི་ཙཀྲ་མི་བསླུ་བས། །དུས་ཀྱི་ལྷ་ལྔ་འཆར་བ་དང་། །རྒྱུད་འདིར་ཚད་མའི་ཙཀྲ་གཅིག །བློ་གྲོས་ཆེན་པོ་འདི་རྣམས་ཀྱིས། །གཞུང་འདིའི་གནས་རྣམས་ཕལ་ཆེར་ནི། །བསྡུས་པ་ཡིན་ནོ་འདི་རྣམས་ལ། །ནན་ཏན་ཤིན་ཏུ་བསྐྱེད་པར་ཞུ། །ཞེས་རྒྱུད་ཀྱི་བརྗོད་བྱ་ཐམས་ཅད་དོན་ཚན་ཆེན་པོ་བཅུ་གཉིས་སུ་བསྡུས་ཏེ་སྟོན་མཛད་ནས་དོན་བཅུ་གཉིས་དེ་དག་མཚོན་པའི་དཔེ་བཅུ་གཉིས། དཔེ་དོན་མཚུངས་ཆོས་དང་བཅས་པ་གསལ་བར་བསྟན་ཏེ། འདི་འདྲའི་མན་ངག་ཁྱད་པར་ཅན། །སྟོན་ཚད་གངས་ཅན་ཁྲོད་ན་མེད། །གབ་པ་མེད་ཅིང་མ་སྦས་པར། །བཤད་ཀྱིས་བློ་གྲོས་ཆེན་པོ་གསོན། །ཞེས་མན་ངག་གི་ཆེ་བ་

བརྗོད་ཅིང་། སླར་ཡང་དེ་དག་གི་དཀའ་བའི་གནས་ཀྱི་བྱེ་བྲག་འགའ་ཞིག་སོ་སོར་ཕྱེ་སྟེ་རྒྱས་པར་བཤད་ནས་མཐར། ཐབས་དང་ཤེས་རབ་ཀྱི་བྱེད་པས་ཀློག་སྦྱར་གྱི་དངོས་པོ་འཕྲུལ་དུ་ཤེས་པ་འདིས་ནི། རྒྱུད་འདིའི་ཙཀྲ་མང་པོ་རྣམས་ལ་ཅང་བདེན་ནམ་སྙམ་པའི་ཐེ་ཚོམ་བསལ་བའི་ཕྱིར། བདེན་རྫུན་གཏན་ལ་ཕབ་པ་ཡིན་ནོ། །དེ་རྣམས་ཀྱིས་ནི་གཞུང་འདིའི་བརྗོད་བྱ་མ་ལུས་པ་ཡི་གེར་བྲིས་པ་ཐུགས་ལ་གདགས་པར་ཞུ། ཞེས་གསུངས་པ་དང་། གཞན་ཡང་མཆིམས་ལ་སྦྱིང་བའི་མན་ངག་ཡིག་ཆུང་དུ་མ་དང་། སློབ་དཔོན་སེང་གེ་གོ་ཆའི་དབྱངས་འཆར་བརྗོད་བྱའི་སྡོམ་ཚིག་སོགས་མཁས་པ་རྣམས་ཀྱི་མན་ངག་གི་སྙིང་པོ་བསྡུས་ཏེ་དུས་རམས་པ་འཆི་མེད་བདེ་བས་དབྱངས་འཆར་འགྲེལ་བ་འོད་ཟེར་བརྒྱ་པ་ལས། བརྗོད་བྱ་འཁོར་ལོ་རྣམས་ཀྱི་གཙོ་ཕལ་དང་། བསྒྲུབ་བྱའི་ལས་གང་དང་གང་ལ་འཁོར་ལོ་གང་དང་གང་། ཚུལ་ཇི་ལྟར་སྦྱོད་པ་སོགས་དབྱངས་འཆར་སྤྱིའི་གོ་བ་དམིགས་ཕྱེད་པར་དཔེ་དོན་མཚུངས་ཚོས་སྦྲེལ་ནས་གོ་སླ་བར་འདི་ལྟར་གསུངས་ཏེ། འདི་དོན་རྟོགས་པར་བྱ་བའི་ཕྱིར། །དཔེ་དང་སྦྱར་ཏེ་བཤད་པར་བྱ། །དབྱངས་དང་གསལ་བྱེད་འཆར་ཚུལ་དང་། །ཚེ་ཚད་འབྲས་བུ་བརྟག་པའི་ཚུལ། །འཆི་ལྟས་བརྟག་པའི་འཁོར་ལོ་གསུམ། །རྒྱལ་པོ་འདྲ་བར་ཤེས་བྱ་སྟེ། །བཀའ་སྲུལ་གང་བྱུང་ཉན་པའི་ཕྱིར། །ཁམས་པོ་སྲོག་ཆགས་རང་རིགས་གསུམ། །བློན་པོ་འདྲ་བར་ཤེས་པར་བྱ། །གང་ལས་གང་འགྲིག་བལྟ་བའི་ཕྱིར། །གླང་ཆེན་མཆེ་སོགས་འཁོར་ལོ་དྲུག །དམག་མི་རྣམས་དང་འདྲ་བ་སྟེ། །གང་རྒྱལ་གང་གནོད་བལྟ་བའི་ཕྱིར། །རྣ་རུལ་སོགས་བཅུ་དྲུག་ནི། །མཚོན་ཆ་འདྲ་བར་ཤེས་བྱ་སྟེ། །ཐབས་ནས་འགྱུར་བ་མེད་པའི་ཕྱིར། །ཏཀྐ་ལ་ཡི་དུས་སྦྱོར་ནི། །བཙུན་མོ་དང་ནི་འདྲ་བ་སྟེ། །བཀའ་བཙན་གང་བྱུང་གཉན་པའི་ཕྱིར། །ཁྲུམ་ལྟའི་དུས་སྦྱོར་ཡན་ལག་འདྲ། །དགོས

དོན་ཅི་འགྲུབ་བལྟ་བའི་ཕྱིར། །གཉིས་ནི་ལྟག་པའི་བཅུ་ཚན་བཞི། །རྒྱལ་པོའི་ཕོ་ཉ་འདྲ་བ་སྟེ། །གང་དགོས་ས་དེར་གཏོང་བའི་ཕྱིར། །སྐྱེས་སྐར་མིང་སྐར་ཡིག་གསུམ། །རྒྱལ་པོའི་འཁོར་དང་འདྲ་བསྟེ། །གནོད་པ་གང་འདུག་བལྟ་བའི་ཕྱིར། །ཕྲིན་ལས་ཕྲན་ཚེགས་འཁོར་ལོ་ལྔ། །འཕྲིན་པ་འདྲ་བར་ཤེས་པ་སྟེ། །ཕན་གནོད་བཀའ་སྐྱུལ་གང་བྱུང་བལྟ། །ལམ་ལྔའི་འཁོར་ལོ་རྐན་པོ་འདྲ། །མཐར་ཐུག་འདི་དང་བལྟ་བའི་ཕྱིར། །དུས་ཀྱི་ལྷ་ལྔ་འཆར་ཚུལ་ནི། །ལས་བྱེད་སྐྱེས་བུ་འདྲ་བ་སྟེ། །གླང་དོར་ཐམས་ཅད་འདེབས་བྱེད་ཕྱིར། །ཞེས་དེ་ལྟར་བསྟན་པ་འདིས་རྒྱལ་པོའི་དགོར་མཛོད་ཀྱི་ལྡེའུ་མིག་ལག་ཏུ་གཏད་པ་དང་འདྲ་བར་རྒྱུད་འདིའི་དོན་གྱི་གནད་ཕལ་ཆེ་བ་རྟོགས་པར་འགྱུར་མོད། དེ་ལས་ཀྱང་བྱེ་བྲག་འགའ་ཞིག་སོ་སོར་ཕྱེ་ན། བེམས་པོའི་འཁོར་ལོ་ལ་ཡང་། པདྨའི་འཁོར་ལོ། བུམ་པའི་འཁོར་ལོ། རལ་གྲིའི་འཁོར་ལོ། མདའ་གཞུ་སོགས་ཀྱི་འཁོར་ལོ་མང་པོ་ཡོད། སྲོག་ཆགས་སོགས་ཀྱི་འཁོར་ལོ་ལ་ཡང་སྦྲུལ་གྱི་འཁོར་ལོ། སྡེ་བརྒྱད་ཀྱི་འཁོར་ལོ། འདབ་ཆགས་ཀྱི་འཁོར་ལོ། དགྲ་གཤེད་ཀྱི་འཁོར་ལོ། རུས་སྦལ་གྱི་འཁོར་ལོ། བྱ་ཁྱུང་སོགས་ཀྱི་འཁོར་ལོ་ཤིན་ཏུ་མང་ངོ་། །རང་རིགས་ཀྱི་འཁོར་ལོ་ནི། ཁྱི་ཤུག་རིགས་གསུམ་གྱི་འཁོར་ལོ་ཡིན་ནོ། །དམག་མི་དང་འདྲ་བ་དྲུག་ནི། གླང་ཆེན་མཆེ་བའི་འཁོར་ལོ། རྐང་པ་བརྒྱ་པའི་འཁོར་ལོ། རྐང་པ་བརྒྱད་ཅུ་རྩ་གཅིག་པའི་འཁོར་ལོ། རུས་སྦལ་གྱི་འཁོར་ལོ། སེང་གདན་གྱི་འཁོར་ལོ། གདུགས་ཀྱི་འཁོར་ལོ་དང་དྲུག་ཡིན་ནོ། །མཚོན་ཆ་དང་འདྲ་བ་བཅུ་དྲུག་ནི། སྒྲ་གཅན་རྩ་བའི་འཁོར་ལོ། དཀར་ཕྱོགས་ཀྱི་ཚེས་ལ་འཆར་བ་དང་། ནག་ཕྱོགས་ཀྱི་ཚེས་ལ་འཆར་བའི་སྒྲ་གཅན་གྱི་འཁོར་ལོ། ཡུད་ཙམ་རྣ་རྒྱུའི་འཁོར་ལོ་གཉིས། ཟླ་ཕྱེད་རྣ་རྒྱུའི་འཁོར་ལོ། ཐུན་ཕྱེད་རྣ་རྒྱུའི་འཁོར་ལོ། མདུང་རྩེ་བཅུ་གཉིས་རྣ་རྒྱུའི་འཁོར་ལོ།

བེཧྥིའི་འཁོར་ལོ། ཐུན་མཚམས་བརྒྱད་ཀྱི་ནཱ་ཌུ་སྡེ་ནཱ་ཌུའི་འཁོར་ལོ་བཅུ། གཞན་ཡང་ཕྱོགས་མཚམས་བརྒྱད་ཀྱི་གཟའ་བརྒྱད་ཀྱི་འཁོར་ལོ། རྣལ་འབྱོར་མ་བརྒྱད་ཀྱི་འཁོར་ལོ། དུས་སྦྱོར་ཕྱེད་པའི་འཁོར་ལོ། ཐུན་ཕྱེད་ཀྱི་འཁོར་ལོ། ཉིན་མཚན་ཕྱེ་བ་བདུན་རྩེ་ཐུན་མཚམས་ཀྱི་འཁོར་ལོ། རིགས་ལྔན་འཆར་བའི་འཁོར་ལོ་དང་བཅུ་དྲུག་ཡིན། ཧླཱ་ལའི་དུས་སྦྱོར་ལས་ཕྱེ་བའི་དུས་སྦྱོར་གྱི་འཁོར་ལོ་བརྒྱད་ཅུ་ལྷག་ཡོད་ཅིང་། རྒྱུད་འདིའི་གནད་ཐམས་ཅད་དུས་སྦྱོར་ལ་ཡོད་པས་དབང་ཆེ་ཞིང་མི་བསླུ་བའི་ཕྱིར་བཙུན་མོ་དང་འདྲ་བས་བྱ་བ་ཐམས་ཅད་ལ་དུས་སྦྱོར་ཁོ་ན་གཙོ་བོར་གཟུང་བར་བྱ་དགོས་ཏེ། ཇི་སྐད་དུ། མན་ངག་གནད་ཀྱི་ཟླ་ཟེར་ལས། སྦྱོར་རྩིས་འདིའི་དངོས་གཞི་ནི་དུས་སྦྱོར་ཁོ་ན་ཡིན་ནོ། །ཞེས་དང་། དབྱངས་འཆར་འགྲེལ་པ་འོད་བརྒྱ་ལས། མངོན་ཤེས་སྟོན་བྱེད་དུས་སྦྱོར་བརྩི། །རྩིས་མཁན་གཞན་གྱིས་འདི་མ་རིག །ཅེས་གསུངས་པས་སོ། །ད་ནི་སྐྱེ་བོ་རྣམས་ཀྱི་དོན་སོ་སོར་ཕྱེ་བར་བྱ་སྟེ། དབྱངས་ཀྱི་ཡི་གེས་སྐྱེ་བ་ནི། །ཕ་མ་གང་ནས་འཕོ་སྐྱེ་བརྟག །ཕོ་མོའི་མིང་གིས་སྐྱེ་བ་བརྟག །མིང་ཡིག་ཚེ་ཡི་རིང་ཐུང་བརྟག །ཛ་ཏ་ཙཀྲས་སྐྱེ་བ་འདིའི། །གནས་ཚུལ་ཇི་ལྟར་འབྱུང་བ་བརྟག །སྐྱེས་པའི་དུས་ཀྱི་རྒྱུ་རྐྱེན་ལས། །ཚེ་ཡི་རིང་ཐུང་བརྟག་པར་བྱ། །གོང་མའི་གནས་ལ་བརྟེན་ཅིང་ཞུ། །སེ་བ་ཙཀྲས་བརྟག་པར་བྱ། །ཤ་ལ་ཀ་ཡི་འཁོར་ལོ་བརྒྱད། །སྐྱེས་བུ་ལམ་དུ་འཇུག་ན་གཅེས། །སྐྱེས་བུ་བྱེས་སུ་འགྲོ་བ་ལ། །ཐོག་མར་ཐུམ་བཞིའི་འཁོར་ལོས་བརྟག །དེ་ནས་ཚངས་པའི་འཁོར་ལོས་བརྟག །བྱེས་སུ་སྐྱེས་བུ་དགེ་མི་དགེ །པདྨའི་འཁོར་ལོས་བརྟག་པར་བྱ། །སྐྱེས་བུ་ལམ་དུ་དགེ་མི་དགེ །སྦྲུལ་གྱི་འཁོར་ལོས་བརྟག་པ་གཅེས། ཁྱིམ་གྱི་འཕོ་མཚམས་ལ་བརྟེན་ནས། །ཟིང་གི་དཀོན་མོད་བརྟག་པར་བྱ།། མིང་གི་ཡི་གེས་རྒྱན་མོ་བརྟག །ཕོ་ཉས་དྲིས་པའི་དབྱངས་ལ་ནི། །དོན་རྣམས་འགྲུབ་

ཐམ་མི་འགྲུབ་བརྟག །གསལ་བྱེད་ཀྱིས་ནི་དགོས་བྱེད་བརྟག །མིག་གི་གསལ་འགྲིབ་མེད་ལ་བརྟག །ཏཱཀྐཱལ་སྐར་མས་སྐྱེས་བུ་རྣམས། །ལམ་དུ་འཇུག་པའི་སྤྱོད་ཡུལ་བརྟག། སྐྱེས་བུ་ན་བ་འཚོ་འཆི་ནི། །ཀླུ་ཡི་འཁོར་ལོས་བརྟག་པས་ཤེས། ཁྲོ་ཤུག་གྲོགས་པོ་དཔོན་གཡོག་དང་། །ཡུལ་དང་དགོན་པ་རང་གི་ལྷ། །མཐུན་ནམ་མི་མཐུན་བྱེ་བྲག་ནི།། སྦྲུལ་གྱི་འཁོར་ལོས་བལྟས་པས་ཤེས། །འདི་ལ་ཁྱད་པར་ཁྲོ་ཤུག་དང་། །གྲོགས་པོའི་ཕན་གནོད་གཙོ་བོ་ཡིན། །མི་རྣམས་མཐུན་ནམ་མི་མཐུན་ལ། །རྒྱན་གྱི་འཁོར་ལོས་བརྟག་པར་བྱ། ཁྱད་པར་ཁྲོ་ཤུག་མཐུན་མི་མཐུན། །རིགས་གསུམ་འཁོར་ལོས་བརྟག་པར་བྱ། །སྐར་མའི་རིགས་ཀྱིས་མི་རིགས་བརྟག །སྡེ་བརྒྱད་འཁོར་ལོས་མི་རྣམས་ཀྱི།། སྟོབས་དང་གཉེན་པོའི་བྱེ་བྲག་བརྟག །སྐྱེས་བུའི་དུས་ཚོད་དར་གུད་རྣམས། །འདབ་ཆགས་འཁོར་ལོས་བརྟག་པར་བྱ། །བུད་མེད་རྣམས་དང་རྩེ་འདོད་ན། །དཀར་པོའི་འཁོར་ལོས་བརྟག་པར་བྱ། །རི་དྭགས་བལྟ་ནརྫོན་པ་ཡི། །སྡིག་ཅན་འཁོར་ལོས་བརྟག་པར་བྱ། །ལས་ངན་བཤན་པའི་གང་ཟག་ལ། །ནག་པོའི་འཁོར་ལོས་བརྟག་པར་བྱ། །རྩོད་ན་རྒྱན་གྱི་འཁོར་ལོས་བརྟག །དགྲ་དང་རྒྱལ་ཕམ་མེད་ལ་བརྟག །གཡུལ་བཤམ་ཟླ་ནི་འབྱུང་མི་འབྱུང་། ཁྲི་ཤུ་ལ་ཡི་འཁོར་ལོས་བརྟག །ལུས་ཀྱི་ཆ་ཤས་གར་བྱུང་ནི། །ཟླ་བརྟག་འཁོར་ལོས་བརྟག་པར་བྱ། །གཡུལ་ཞུགས་རྒྱལ་ཕམ་འབྱུང་ཚུལ་ནི། །ཉི་མའི་འཁོར་ལོས་བརྟག་པར་བྱ། །རལ་གྲི་ཐོགས་པས་གཡུལ་དུ་ཆས། །རལ་གྲི་འཁོར་ལོས་བརྟག་པར་བྱ། །མདའ་གཞུ་ཐོགས་པས་མདའ་གཞུ་བརྟག །གཡུལ་དུ་སྐྱེས་བུ་ཆས་པའི་ཚེ། ཁྲི་ཤུལ་གསུམ་གྱི་ཞབས་བསྟུས་བརྟག །ཁྱད་པར་འཐབ་རྩོད་དྲག་ལས་ལ། །ནཱ་རཱ་ལ་སོགས་བཅུ་དྲུག་གི །འཁོར་ལོས་བརྟག་པ་གནང་དུ་ཆེ། །ཕ་རོལ་རྫོང་ནི་འཐེབས་འདོད་ན། །སྦྲང་རྩི་སྒྲོང་གི་འཁོར་ལོས་བརྟག །རང་

ཕྱོགས་མཁར་ནི་བསྲུང་འདོད་ན། །མ་ཧཱ་ཀཱ་ལའི་འཁོར་ལོས་བརྟག །དེར་མགོ་ཁྲིན་པ་བཀྲོ་འདོད་ན། །ཐུམ་པ་བརྒྱད་པའི་འཁོར་ལོས་བརྟག །ཕྱོགས་བཅུའི་རྒྱལ་པོ་དགེ་མི་དགེ །རྟུས་སྤྲུལ་ཅ་ཀྲས་བརྟག་པར་བྱ། །གདུགས་ཀྱིས་ཤར་ནུབ་རྒྱལ་པོ་བརྟག །སེང་གདན་ལྷོ་བྱང་རྒྱལ་པོ་བརྟག །ཁྲིན་ལས་ཁྲུན་ཚོགས་འགའ་ཞིག་ལ། །སྐྲ་གཅན་གདོང་གི་འཁོར་ལོ་དང་། །བྱ་ཁྱུང་འཁོར་ལོས་བརྟག་པར་བྱ། །ཕན་ཚུན་བདེན་རྫུན་འགྲན་པ་ལ། །ཟླ་བའི་སྐྱིགས་མ་བརྟག་པར་བྱ། །སྐྱེས་བུ་ཤེད་རྩལ་འགྲན་དུས་སུ། །བི་རྡྷུན་རྣ་རུ་བརྟག་པར་བྱ། །ཉ་ནས་ལུག་ཏུ་འཕོ་མཚམས་སུ། །དབང་ཕྱུག་ཞལ་སྦྱོད་འབྲས་བུ་བརྟག །ཉིན་དང་མཚན་མོའི་དགོས་དོན་ལ། །འཇིགས་བྱེད་ལྟང་ཉལ་བརྟག་པར་བྱ། །ལམ་ལྷའི་འཁོར་ལོ་ཤིན་ཏུ་མྱུར། །རྡོ་ཞིང་མི་བསླུ་ཡིན་པའི་ཕྱིར། །རང་གཞན་འཕྲུལ་གྱི་དགོས་དོན་ལ། །འདི་ཉིད་ཁོ་ན་བརྟག་པ་གཅེས། །སྐྱེས་པའི་སྐར་མ་སྲོག་ཡིན་ཞིང་། །མིང་གི་སྐར་མ་ངག་ཏུ་འདོད། །མིང་ཡིག་ལུས་སུ་ཤེས་པར་བྱ། །དེ་ཕྱིར་དེ་གསུམ་གནོད་པ་བསྲུང་། །ཐབས་དང་ཤེས་རབ་བྱེད་ལས་ལ། །ལྐོག་གྱུར་བྱ་བ་འཕྲུལ་དུ་ཤེས། །འདི་འདྲའི་མན་ངག་ཁྱད་པར་གྱིས། །རྒྱུད་འདིའི་གནད་ཀུན་རྟོགས་པས་ན། །ཤེས་ལྡན་འདི་དོན་རྟོགས་འདོད་རྣམས། །དགའ་བ་སྐྱེད་ཅེས་གདམས་པར་བྱེད། །དེས་ན་འཁོར་ལོ་དེ་དག་ཀུན། །རྒྱལ་པོའི་ཕོ་ཉ་དང་འདྲ་ཞིང་། །དུས་ནི་ཟས་དང་འདྲ་བས་ཏེ། །འགའ་ཞིག་ཕན་པར་བྱེད་འགྱུར་ཞིང་། །ལ་ལས་གནོད་པར་འགྱུར་བར་ལྟར། །གཟའ་སྐར་དུས་སྦྱོར་ལ་ལས་ཕན། །འགའ་རེས་གནོད་པར་འགྱུར་བས་ན། །ཕན་པ་རྣམས་ནི་བླང་བྱ་ཞིང་། །གནོད་པ་རྣམས་ནི་སྤང་བར་བྱ། །ཞེས་གསུངས་པ་ལྟར་རྒྱུད་ཀྱི་དངོས་བསྟན་དུ་གསལ་བ་དེང་སང་འགྲེལ་པར་ཡོངས་གྲགས་ཁྱབ་ཆེར་གྱུར་པའི་འཁོར་ལོ་བརྒྱ་དང་ཉི་ཤུ་རྩ་གསུམ་ཡོད་པ་དེ་

དག་ཇི་ལྟ་བ་བཞིན་ལག་ཏུ་ལེན་ཚུལ་སྟོན་པ་ཡིན། གཞན་རྒྱུད་འདིར་དངོས་སུ་མི་གསལ་ཡང་། མན་ངག་རིན་ཆེན་རྒྱ་མཚོ་དང་། ཡིད་བཞིན་ནོར་བུ་སོགས་ནས་གསུངས་པའི་འཁོར་ལོའི་རིགས་བཅས། དཀར་དམར་ནག་པོའི་འཁོར་ལོར་རྣམ་གྲངས་ཤིན་ཏུ་མང་ཞིང་། ལས་ཕྲན་ཡང་ཡིག་དང་བཅས་འགྲེལ་པ་རེ་རེ་ལ་ཡང་མཐའ་ཡས་པར་མཆིས་མོད། དེ་དག་རྣམས་ལ་ཡང་ཕན་བྱེད་སྨན་གྱི་ནགས་ཚལ་ལྟ་བུ་དང་། གནོད་བྱེད་དུག་གི་སྡོང་པོ་ལྟ་བུ་སྣ་ཚོགས་པ་ཞིག་ཡོད་པ་ལས་ཕན་ཆ་བླང་འོས་རིགས་རྣམས་ན་གདོགས། དེ་ལས་གཞན་རྣམས་ཀུན་གྱིས་ཤེས་པར་ཏ་ཙང་དགེ་མཚན་མེད་པར་མ་ཟད། སྙིགས་མའི་སྐྱེ་བོ་མ་རུངས་པ་རྣམས་ཀྱིས་རང་གཞན་ལ་གནོད་པའི་རྒྱུ་བྱེད་པར་དགོངས་ནས་གཡུལ་རྒྱལ་སྐོར་སོགས་དམར་ནག་གི་འཁོར་ལོའི་རིགས་མང་པོ་ཞིག་བློ་བོ་ལོ་ཙཱ་བས་མེར་བསྲེག་མཛད་པར་གྲགས་ཚུལ་བཻ་དཀར་དུ་གསུངས་པ་དང་། དེ་དང་མཐུན་པར་པད་དཀར་ཡིད་བཞིན་དབང་པོའི་དབྱངས་འཆར་འགྲེལ་པ་རྒྱན་མེ་ལས་ཀྱང་། དབྲ་བོ་སྒྲོལ་བའི་ལས་ཚོགས་དུ་མ་ཞིག །གཞན་ལ་གནོད་དོགས་མེ་ལྷའི་ཞལ་དུ་བཏབ། །ཅེས་གསུངས་ལ། བསྟན་འགྲོའི་དོན་དུ་ཚར་གཅོད་རྗེས་འཛིན་གྱི་ཕྲིན་ལས་ལ་མཁོ་ཞིང་རྩ་སྔུར་ཟབ་ཁྱད་ཅན་ཁྲིམ་སྒྲོགས་སུ་མི་རུང་བ་རྣམས་ནི་སློབ་བུ་སྙིང་དང་འདྲ་བ་ལ་ཡིག་ཆ་ཟུར་དུ་བཀོད་པ་སོགས་གསང་སྤྱོད་ཤིན་ཏུ་དམ་པས་ཅིག་བརྒྱུད་ཁོ་ན་ལ་བརྟེན་མན་ངག་གནད་ཀྱི་འཁོར་ལོ་མཐའ་དག་ཇི་བཞིན་རྟོགས་པ་ནི་ཉིན་སྐར་ལྟར་དཀོན་ཏེ། བློ་བོ་ལོ་ཙཱ་བས། དེང་སང་མཁས་པའི་སྐྱེ་བོ་དཀོན། །མཁས་པ་ཤེས་པ་དེ་བས་དཀོན། །ཞེས་གསུངས་པའི་ཐོག་ཏུ་བབས་པས་ཀུན་གྱི་སྤྱོད་ཡུལ་མ་ཡིན་ལ། འོན་ཀྱང་གཞན་ཕན་དོན་དུ་གཉེར་ཞིང་ལས་དང་སྐལ་བར་ལྡན་པ་འགའ་ཞིག་མཆིས་ན། དཔལ་ཤེས་རབ་རིན་ཆེན་གྱིས།

ཙཀྲའི་ཚང་ཚིང་སྤྲལ་མ་ཡིས། །ཀློ་ཡི་དྲུ་གུ་འཛིངས་པ་ལ། །རྨོངས་པའི་མདུད་པ་འགྲོལ་བ་ཡི། །ཡིད་ཆེས་མན་ངག་བཤད་ཀྱིས་ཉོན། །ཅེས་གསུངས་པས་ཙཀྲའི་མན་ངག་ཟབ་མོ་འགའ་ཞིག་ཟུར་དུ་ཡོད་པ་ལས་རྟོགས་དགོས་པ་ཡིན་ནོ། །

གཉིས་པ་རྫོད་བྱེད་ཀྱི་ལུས་རྣམ་པར་བཞག་པ་ནི། དེ་ལྟ་བུའི་བརྗོད་བྱ་དེ་རྣམས་སྟོན་པ་ལ། ཇི་སྐད་དུ། རྗེས་སུ་བསྡུགས་པའི་སྟོང་ཕྲག་གཅིག །བསྟན་བཅོས་འདི་ཡི་ཚད་ཡིན་ནོ། །ཞེས་གསུངས་པས་རྫོད་བྱེད་ཀྱི་ཚིག་ཡི་གེ་བརྒྱད་པ་རྗེས་བསྡུགས་ཀྱི་ནང་གསེས་ཁ་སྒོ་ཕན་པའི་སྟེབ་སྦྱོར་གྱི་ཤློ་ཀ་སྟོང་ཕྲག་གཅིག །ལེའུ་བཅུའི་སྒོ་ནས་བསྟན་པ་ཡིན་ཏེ། དེ་ཡང་རྩོམ་པའི་ཡན་ལག་སྟོན་དུ་འགྲོ་བས། གནས་དང་སྟོན་འཁོར་ངོས་བཟུང་ཞིང་། བསྟན་བྱ་རྒྱུད་ཀྱི་ཆེ་བའི་ལོ་རྒྱུས་དང་། དབྱངས་འཆར་མི་ཤེས་པའི་སྐྱོན་དང་། ཤེས་པའི་ཡོན་ཏན་བརྗོད་པས་ཡིད་ཆེས་ཤེད་སྐྱོ་བ་བསྐྱེད་པ་སོགས་གླེང་གཞི་ཕུན་སུམ་ཚོགས་པ་དང་འབྲེལ་བར་ཞུ་བའི་སྒོ་ནས་ལུས་མདོར་བསྟན་ཅིང་། ལན་གྱི་སྒོ་ནས་ཡན་ལག་རྒྱས་པར་བཤད་པ་ལ། བརྗོད་བྱ་འཁོར་ལོ་རྣམས་རྫོད་བྱེད་ལེའུ་བཅུ་སོ་སོ་ནས་ཇི་ལྟར་བསྟན་པའི་ཚུལ་ནི། ལེའུ་དང་པོས་གཡུལ་དུ་འཇུག་པ་དང་། ཚོང་སོགས་ལ་འགྲོ་བའི་ལྟས་བཟང་ངན་བརྟག་པ་དང་ཐམས་ཅད་ཀྱི་རྩ་བ་རླུང་དུ་བསྟན་པ་དང་། འབྱུང་བ་ལྔའི་འཁོར་ལོ་དང་། ཚེས་སོ་སོ་ལ་དབྱངས་དང་གསལ་བྱེད་འཆར་བ་དང་ནུབ་པའི་ཙཀྲ་དང་། དེའི་འབྲས་བུ་རྣམས་བསྟན་པའོ། །ལེའུ་གཉིས་པས་ཁྱིམ་སོ་སོའི་རྫོགས་ཚད། ཁྱིམ་སོ་སོའི་བདག་པོའི་གཟའ་ངོས་བཟུང་བ། གཟའ་དེའི་གྲོགས་དང་དགྲ་གང་ཡིན་བཤད་པ། གཟའ་རྣམས་ཕྱོགས་གང་དང་གང་ལ་སྟོབས་ཆེ་ཆུང་། དེ་བཞིན་དུ་ཉིན་མཚན་གང་ལ། དཀར་ནག་གི་ཕྱོགས་གང་ལ། ཁྱིམ་ཕོ་མོ་གང་ལ། བགྲོད་པ་གང་ལ། ལས་བཞི་གང་

ལ་སྟོབས་ཆེ་ཆུང་སོགས་བསྟན་པ། བསོད་ནམས་སྡིག་གཟའི་ངོས་འཛིན། དཀྐཱ་ལ་དང་དུས་སྦྱོར་ངོས་འཛིན། དུམ་དྲུག་རྩི་ཚུལ། དུས་སྦྱོར་བཅུ་གཉིས་ཀྱི་སྲང་ཚད། གཟའ་སོ་སོའི་ཁ་དོག་དེ་ལ་བརྟེན་ནས་རྫས་སོ་སོའི་རིགས་འབྱེད་ཚུལ། དུས་སྦྱོར་རྣམས་ཕྱོགས་གང་དུ་སྟོབས་ཆེ་བ། ཉིན་མཚན་གང་ལ་མཐོང་བ་བརྟགས་ཏེ་དེའི་བཟང་ངན། ར་ཤི་དུས་སྦྱོར་མཉམ་མི་མཉམ། ར་ཤི་ཕོ་མོ། ར་ཤི་ཞི་དྲག །ར་ཤི་བརྟན་གཡོ། ཨ་པ་ཙ་དང་། ཨུ་པ་ཙའི་རྩིས་རྣམས་སྟོན། ལེའུ་གསུམ་པས་ལེའུ་གཉིས་པར་བསྟན་པའི་དུས་སྦྱོར་སོ་སོའི་འབྲས་བུ་རྒྱས་པར་འཆད་དེ། དེ་ཡང་རྟེན་པ་འཚོལ་བའི་རྩིས། དོན་འགྲུབ་དང་མི་འགྲུབ་ཀྱི་རྩིས། བདེ་སྡུག་གི་རྩིས། ཚེ་རིང་ཐུང་གི་རྩིས། སྐྱན་གྲགས་འབྱུང་མི་འབྱུང་གི་རྩིས། ནད་པ་བརྟག་པའི་རྩིས། གཡུལ་དུ་འཇུག་པ་བརྟག་པའི་རྩིས། དེ་ལ་རྒྱལ་ཕམ་སོགས་ཇི་ལྟར་འབྱུང་བའི་རྩིས། ལམ་དུ་འཇུག་པ་ལ་དགྲ་འབྱུང་མི་འབྱུང་གི་རྩིས། དགྲ་བོ་ཕམ་པར་འགྱུར་བའི་རྩིས། དོགས་པ་མེད་ཀྱང་དགྲ་བོ་འབྱུང་བའི་རྩིས། དགྲ་བོ་ཆས་ཀྱང་ལྡོག་པའི་རྩིས། དགྲ་བོ་འཚོགས་ཀྱང་ལམ་དུ་འཇུག་པའི་རྩིས། རྐུན་མོ་བརྟག་པའི་རྩིས། རྨི་ལམ་བརྟག་པའི་རྩིས། ས་རིས་དང་ཕོ་ཉའི་ངག་ལ་བརྟེན་པའི་རྩིས། ཚོང་དུས་ཀྱི་ཐོང་དཀོན་མོད་བརྟག་པའི་རྩིས། ཡང་རྐུན་མོ་ངོས་འཛིན་གྱི་རྩིས། བུད་མེད་ལ་བུ་ཚ་ཇི་ལྟར་སྐྱེ་བའི་རྩིས། ཁྲི་ཤུག་སྡེ་མ་སུ་འཆི་བརྟག་པའི་རྩིས། མིག་གི་གསལ་འགྲིབ་བརྟག་པའི་རྩིས། གསལ་བྱེད་ཀྱིས་གནས་སྐབས་ཀྱི་དོན་བསྒྲུབ་པ་བརྟག་པ། འདྲི་བྱེད་ཕོ་ཉའི་མཚན་མ་བརྟག་པ། ཉེ་འཁོར་སོ་སོའི་བརྟན་གཡོའི་མཚན་མ་བརྟག་པ། འཇིགས་བྱེད་ལྷང་ཉལ་སོགས་བརྟག་པ་རྣམས་བསྟན། ལེའུ་བཞི་པས་མིང་སྐར་བཙལ་ཚུལ། དེའི་འབྲས་བུ་བཤད་པ། དེ་ལའང་གནོད་པ་ལྔ་ངོས་བཟུང་བ། གནོད་པའི་སྐྱོན་མཐོང་བ་བྱེ་བྲག་ཏུ་བཤད་

པ། འདི་ལའང་གཟའ་བརྒྱད་ཀྱི་མཐོང་བའི་ཁྱད་པར། མཐོང་བའི་འབྲས་བུའི་དངོས་པོ། ཤ་ལ་ཀ་སྟེ་ཐུར་མ་བདུན་པའི་ཙཀྲ་ལ་ཡང་། སྟོབས་ཀྱི་འཁོར་ལོ། ཨ་ཊ་མིང་གི་འཁོར་ལོ། བག་མ་ཟླུག་རྫིའི་འཁོར་ལོ། མདུང་དང་མདུང་ཆེན་གྱི་འཁོར་ལོ། རང་གི་བདག་པོའི་འཁོར་ལོ། ཕན་ཚུན་ཆེན་པོའི་འཁོར་ལོ། རང་གི་ཕྱུག་རྒྱུའི་འཁོར་ལོ་སོགས་བསྟན་ནོ། །ལེའུ་ལྔ་པས་ཏང་པ་བརྒྱད་ཙུ་རྩ་གཅིག་པ་རྒྱས་པར་བཤད། ཉེ་བའི་གཟའ་རྩིས་བཤད། ལེའུ་གཞན་ནས་བསྟན་པའི་ཁ་ཐོར་བའི་རྩིས་བཤད། བརྒྱད་ཙུ་རྩ་གཅིག་པའི་འབྲས་བུ་སྤྱིར་བསྟན། གླང་ཆེན་མཆེ་བའི་འཁོར་ལོ། རུས་སྦལ་གྱི་འཁོར་ལོ། སེ་བའི་འཁོར་ལོ་རྣམས་བསྟན་ནོ། །ལེའུ་དྲུག་པས་ཉི་ཟླའི་ལམ་ནས་རླུང་རྒྱུ་བའི་ཚུལ་ལ་བརྟགས་ནས་འཚོ་འཆི་སོགས་ལུང་སྟོན་པ་དུས་ཀྱི་འཁོར་ལོ་དང་། ཚེ་ཚད་འབྲས་བུ་དང་བཅས་པ་བརྟག་པའི་འཁོར་ལོ། སྐྱེ་བ་བརྟག་པའི་འཁོར་ལོ་རྣམས་བསྟན་ནོ། །ལེའུ་བདུན་པས་སྐྱེས་བུ་ལམ་འཇུག་སྦྲུལ་གྱི་འཁོར་ལོ། དམར་པོའི་འཁོར་ལོས་རི་དྭགས་གཤོར་བ། རྒྱན་གྱི་འཁོར་ལོས་སྟོབས་བརྟག་པ། ཏྲི་ཤུ་ལས་གཡུལ་ནང་དུ་རྨ་འབྱུང་མི་འབྱུང་བརྟག་པ། ལུས་ཀྱི་ཆ་ཤས་གང་དུ་རྨ་འབྱུང་བ་བརྟག་པ། ཏྲི་ཤུ་ལ་ཞབས་བསྐྱུས་ཀྱི་ཙཀྲ། རྒྱལ་ཕམ་བརྟག་པའི་ཙཀྲ། སྲོག་ཆགས་བཅུ་བཞིའི་སྟོབས་ཁྱད་བརྟག་པའི་ཙཀྲ། ཁྲོ་ཤུག་རིགས་གསུམ་གྱི་ཙཀྲ། སྟེ་བརྒྱད་ཀྱི་ཙཀྲ། འདབ་ཆགས་ཀྱི་ཙཀྲ། དཀར་པོའི་འཁོར་ལོས་ལུས་ཕྲ་དབང་སྐྱོད། ཚངས་པའི་ཙཀྲ། གླུ་ཡི་ཙཀྲས་ནད་པ་བརྟག་པ། སྦྲུལ་གྱི་ཙཀྲས་ཁྲོ་ཤུག་སོགས་མཐུན་མི་མཐུན་བརྟག་པ། སྦྲུལ་གདུགས་འཁོར་ལོ། སེང་གདན་གྱི་འཁོར་ལོ། མདའ་གཞུའི་འཁོར་ལོ། རལ་གྲིའི་འཁོར་ལོ། བྲེས་བགྲོད་བརྟག་པ་ལ་བུམ་པ་བཞིའི་འཁོར་ལོ་དང་། པདྨའི་འཁོར་ལོ། བུ་ཚ་ནམ་བཙའི་འཁོར་ལོ་རྣམས་བསྟན་ནོ། །ལེའུ་བརྒྱད་པས་ཕ

རོལ་གྱི་རྗོད་འཛོམས་པའི་ལེའུ་ལོ། རང་ཕྱོགས་སུ་རྗོད་སྲུང་བའི་ལེའུ་ལོ། རྗོད་ལ་ཉེ་བར་མཁོ་བའི་ཁྲིན་པ་བཀྲ་བའི་ལེའུ་ལོ། པིཙྪན་རྣ་ཏུའི་ཅ་ཀྲ་རྣམས་བསྟན་ནོ། །ལེའུ་དགུ་པས་སྨྲ་གཅན་རྩ་བའི་ལེའུ་ལོ། ཆོས་ཀྱི་རྣ་ཏུ་ལ། ཕྱོགས་མཚམས་ཀྱི་གཟའ་འཆར་ཚུལ། ཡུད་ཙམ་རྣ་ཏུ། ཐུན་ཕྱེད་རྣ་ཏུ། ཟླ་ཕྱེད་རྣ་ཏུ། ཟླ་བའི་རྣ་ཏུ། སྨྲ་གཅན་གདོང་གི་རྣ་ཏུ་རྣམས་བསྟན་ནོ། །ལེའུ་བཅུ་པས་སྦྱིན་པའི་ལེའུ་ལོ། བྱ་ཁྱུང་ལེའུ་ལོ། བིཥྚི་བརྒྱད་ཀྱི་ལེའུ་ལོ། ཡི་གེ་ཆོས་ལ་འཆར་ཚུལ། རྣལ་འབྱོར་མ་བརྒྱད་ཀྱི་ཙ་ཀྲ། ཟླ་བའི་སྐྱིགས་མ་བརྟག་པའི་ཚུལ། ཀླུ་རིགས་ལྔན་འཆར་ཚུལ། ཐུན་ཕྱེད་སྨྲ་གཅན་གང་རྒྱུ་བཤད་པ། བདུད་རྩི་ཐུན་མཚམས་བཤད་པ། ཁྱིམ་འཕོ་མཚམས་ཀྱི་འབྲས་བུ་ལ་སོགས་པ་དང་། རྒྱུད་ཡོངས་སུ་གཏད་པ་བཅས་རྫོགས་པར་བསྟན་ཏེ་དབྱངས་འཆར་ནི་མདོར་ན། སྔྲུང་གི་བྱེ་བྲག་ལ་བརྟེན་ནས་དགེ་མི་དགེ་ཤེས་པ་དང་། ལུས་ཀྱི་བྱེ་བྲག་ལ་བརྟེན་ནས་དགེ་མི་དགེ་ཤེས་པ་དང་། ཆོས་གྲངས་སོ་སོ་ལ་དབྱངས་དང་གསལ་བྱེད་དང་། རྒྱུ་སྐར་དང་། གཟའ་ལ་སོགས་པ་དུས་ཀྱི་བདག་པོ་རྣམས་འཆར་བར་འགྱུར་ཞིང་། དེ་རྣམས་ཀྱི་འཆར་ཚུལ་ལ་བརྟགས་ཏེ་དགེ་མི་དགེ་ཤེས་པར་བྱེད་པའི་ཐབས་ཀྱི་གཙོ་བོ་རྣམ་པ་གསུམ་དུ་གནས་པས་དེ་གསུམ་ག་ཡང་བསྟན་བཅོས་འདིར་ཚང་ཞིང་ཕྱིན་ཅི་མ་ལོག་པར་སྟོན་པར་བྱེད་པ་ཡིན་ནོ། །དེ་ལྟར་རྒྱུད་འདིའི་དབུ་ནས་ཞབས་སུ་བསྡུས་པའི་བརྗོད་བྱ་རྗོད་བྱེད་ཀྱི་ལུས་རྣམ་པར་བཞག་པ་འདི་བཞིན་ཤེས་ཤིང་བྱང་ཆུབ་པར་གྱུར་ན་དབྱངས་འཆར་སླབ་ལ་ཐོགས་པ་མེད་པར་འགྱུར་རོ། །

ལྔ་པ། མི་ཡུལ་དུ་ཇི་ལྟར་དར་བ་ལ་གཉིས་ཏེ། སྤྱིར་དར་བ་དང་། བྱེ་བྲག་བོད་ཡུལ་འདིར་དར་ཚུལ་ལོ། །རྒྱུད་ཀྱི་རྒྱལ་པོ་འདི་ཉིད་དཔལ་ལྡན་དབང་ཕྱུག་ཆེན

པོ་རི་བོ་གངས་ཅན་དུ་བཞུགས་པ་ལས། གྲུབ་ཐོབ་ཨུཌྱལ་ཡིད་གྲུས་ཞེས་བྱ་བས་ཞུས་ཏེ་སྤྱན་དྲངས་ནས་མི་ཡུལ་དུ་ཐོག་མར་སྤེལ་བར་གསུངས་ཏེ། ཡོངས་གཏད་ལས། དཔལ་ལྡན་ཁྲུ་མཆོག་རྒྱལ་མཚན་ལས། །གྲུབ་ཐོབ་ཨུཌྱལ་ཡིད་གྲུས་དེས། །དབྱངས་འཆར་བསྟན་བཅོས་འདི་ཉིད་ནི། །ས་སྟེང་འཇིག་རྟེན་གསལ་བར་མཛད། །ཅེས་གསུངས་པ་ལྟར་དེ་ལས་རིམ་བཞིན་འཕགས་པའི་ཡུལ་སོགས་སུ་དར་ཞིང་རྒྱས་པར་གྲགས། དབྱངས་འཆར་གྱི་རྒྱ་ཆེར་འགྲེལ་པ་དོན་གསལ་རྒྱན་ལས་ནི། ཡང་ཐོག་མཐའ་བར་གསུམ་དུ་དགེ་བ་དང་བསྟུན་ཏེ། ཐོག་མར་དགེ་བ་ནི། སངས་རྒྱས་ཀྱིས་ལྷ་ཡུལ་དུ་དབྱར་གནས་མཛད། ཡུམ་གྲོལ་བར་བྱས་ཏེ་དེ་ནས་མར་འཛམ་བུའི་གླིང་དུ་གངས་ཏེ་སེར་དགྲ་བཅོམ་པའི་ཁྱིམ་ཤེལ་སྦྲའི་ཕོ་བྲང་དུ་གདུགས་ཚོད་དྲངས་དུས་སུ། དུས་སྦྱོར་གྱི་རྩིས་ལུང་གནང་སྟེ། ཇི་ལྟར་སངས་རྒྱས་བཅོམ་ལྡན་འདས། །གཡས་གཡོན་རླུང་གི་བྱེ་བྲག་བརྟག །ཅེས་གསུངས། བར་དུ་དགེ་བ་དཀར་ཕྱོགས་ཀྱི་ལྷ་བརྒྱ་བྱིན་རྒྱལ། ནག་ཕྱོགས་ལྷ་མ་ཡིན་ཕམ་པར་བྱས་པའི་ཕྱིར་རོ། །མཐའ་མར་དགེ་བ་ནི། པཎྜི་ཏ་སེང་གེ་གོ་ཆ་ལ་སོགས་པ་སྐྱེ་བལ་པོ་ནཱ་རུ་འོད་བྱེད་ལ་སོགས་པ་བཟུང་ངོ་། །དེ་རྣམས་ཀྱིས་ཕྱག་ཏུ་བླངས་ཏེ་ཉམས་སུ་བསྐྱར་བའོ། །ཞེས་གསུངས་སོ། །དེ་དང་མཐུན་པར་ཞུ་ཆེན་མཧཱ་པཎྜི་ཏའི་གསན་ཡིག་བརྒྱུད་རིམ་ལས་ཀྱང་། ཐུབ་པ་ཆེན་པོ། ལྷ་དབང་ཕྱུག་ཆེན་པོ། དེའི་སྲས་དཔལ་ལྡན་ཚངས་ལྷ་ནཱ་ཐ། དེས་དཔལ་ཟླ་བ་ཀུན་དགའ་མགོན་པོ། དེས་དཔལ་ཨུཌྱལ་བཟང་པོ། དེས་དཔལ་གསང་བའི་མཚན་ཅན། དེས་དཔལ་ཡི་དམ་བཟང་པོ། དེས་དཔལ་ཨ་ཧྲི་ནཾ་གུཧྱ་ར་ན། དེས་དཔལ་ཤཱཀྱ་ར་ཀྵི་ཏ། དེས་དཔལ་ཕུན་ཚོགས་འཛིན་བཟང་པོ། དེས་དཔལ་སེང་གེ་གོ་ཆ། དེས་དཔལ་འཇམ་དཔལ་དགའ་བྱེད། དེས་དཔལ་འོད་མཛད་དང་། དེས་དཔལ་ཛ་ཡ་ཨཱ་ནནྟ་ལ་

གནང་། དེས་དཔལ་གློ་བོ་ལོ་ཙྪ་བ་ཤེས་རབ་རིན་ཆེན་ལ། ཞེས་རྒྱུད་འདི་བསྒྱུར་བའི་ལོ་པཎ་ཟུང་གི་ཡན་ལ་ཕྱི་ནང་གི་མཁས་པའི་བརྒྱུད་རིམ་དེ་དག་བྱུང་བར་གསུངས་ཤིང་། འགྲེལ་པ་དོན་གསལ་རྒྱན་ལས། ཕྱིར་རྒྱ་གར་ན་རྩིས་ཤིན་ཏུ་དར་ཞིང་མཁས་པ་མངོན་ཤེས་ལྔ་བུ་ཡོད། དེ་ལ་གཙོགས་ཀྲུང་ཚེ། ཞེས་དང་། གོང་སྨོལ་ཡོན་ཏན་རྒྱ་མཚོས། སྔར་རྒྱ་གར་དང་བལ་ཡུལ་ཕྱི་པ་རྣམས་ལ་འདིའི་མན་ངག་ཆེས་ཆེར་དར་ཡོད་པར་སྣང་ངོ་། །ཞེས་གསུངས་པ་ལྟར་རོ། །

བོད་དུ་དར་བའི་ཚུལ་ནི། དབང་ཕྱུག་ཆེན་པོས་མཛད་པའི་གཡུལ་རྒྱལ་རྒྱས་པ་དབྱངས་འཆར་འབུམ་པ་དང་། གོའུ་ཙ་ར་ཞེས་པ་དུས་སྦྱོར་དུམ་དྲུག་གི་འབྲས་བུ་ཤིན་ཏུ་རྒྱས་པ་ཡོད་ཚུལ་གློ་བོ་ལོ་ཙྪ་བས་གསུངས་ཏེ་དེ་གཉིས་བོད་དུམ་འགྱུར། དེ་དག་གི་སྙིང་པོ་བསྡུས་པ་ལེའུ་བཅུ་པ་འདི་ཉིད། ཤེས་བྱ་ཀུན་ཁྱབ་ལས། དབང་ཕྱུག་ཨུ་མའི་ཞུས་ལན་གཡུལ་རྒྱལ་རྒྱུད། །གློ་བོས་བསྒྱུར་ཞིང་ཕུག་པ་སོགས་ཀྱིས་བཀྲལ། །ཞེས་གསུངས་པ་ལྟར། ཆོས་རྗེ་ས་པཎ་ཁུ་དབོན་གྱི་སྐུ་དུས་སུ་འཛམ་ལིང་གི་མཁན་པོ་པཎྜི་ཏ་ཛ་ཡ་ཨཱ་ནནྡ་དང་། བོད་ཀྱི་གློ་བོ་ལོ་ཙྪ་བ་གཉིས་ཀྱིས་བསྒྱུར་བ་ཡིན། ལོ་ཙྪ་བ་འདི་ས་སྐྱ་པཎྜི་ཏའི་སློབ་མ་མཆོག་གི་གྲས་དང་། ཆོས་རྒྱལ་འཕགས་པའི་བླ་མ་ཆོས་མང་པོ་གསན་ཡུལ་ཞིག་ཡིན། མཚན་དངོས་ཤེས་རབ་རིན་ཆེན། འཁྲུངས་ས་གློ་བོ་སྟེ། དེ་ཡང་ཡབ་ཁམས་པ་མཐའ་བཞིའི་རིགས་ཡིན་པ་ཞིག་གློ་བོར་སློབས་པའི་སྲས་སུ་འཁྲུངས། སྐུ་གཞོན་ནུའི་དུས་བལ་པོར་ཚོང་ལ་བྱོན་དུས་སོག་པོ་དང་། བལ་པོའི་སྐད་ལེགས་པར་ཤེས་ནས་ཚོང་པའི་ལོ་ཙྪ་བྱས་པས་མཚན་སྙན་དྭགས་སུ་གློ་བོ་ལོ་ཙྪ་བ་ཞེས་གྲགས། ཁོང་གི་ཐུགས་ལ་ངས་ལོ་ཙྪ་ཤེས་རྒྱུ་མེད་པའི་ལོ་ཙྪ་བའི་མིང་འདི་མི་རུང་། དེ་བས་ན་གསུང་རབ་ཀྱི་ལོ་ཙྪ་དོན་མཐུན་ཞིག་བསླབ་པར་རིགས་སོ

དགོངས་ནས། ཐོག་མར་བལ་པོ་ཧྲ་རེནྡྲ་ལ་སྒྲ་བསླབས་ནས་ལོ་ཙཱ་ཐུབ་པར་མཛད། སློབ་དཔོན་དེ་ཉིད་ལ་གཤེད་དམར་ལྷ་བཅུ་གསུམ་མའི་དབང་གསན། ཕྱིས་སུ་རང་གི་སྐུ་མཁར་ཉེ་ཟླ་ཟུར་དུ་པཎྜི་ཏ་དྷྲཱན་ཨཱ་ཙནྡྲ་སྤྱན་དྲངས་ནས་རྫོགས་རིམ་ཤིན་ཏུ་སྤྲོས་མེད་ཀྱི་ཁྲིད་གསན། རྣལ་འབྱོར་དབང་ཕྱུག་བིརྺ་པའི་རྫོགས་རིམ་གྱི་གཞུང་གསུམ་དང་། དཔལ་འཛིན་གྱི་མཛད་པའི་གཞུང་བཅུ་གསུམ་ཕལ་ཆེར་བསྒྱུར་ཏེ་དར་བར་མཛད། དྷྲཱན་གྱི་འཆི་བའི་དེ་ཁོ་ན་ཉིད་ཀྱང་བསྒྱུར། དེ་རྣམས་ཀྱི་མན་ངག་རྣམས་ཀྱང་ཐུགས་སུ་ཆུད་པར་མཛད་ཅིང་། ལོ་ཙཱ་བ་ཉིད་ཀྱིས་མཛད་པའི་འདི་སྐོར་གྱི་ཡིག་ཆ་ཡང་མང་དུ་ཡོད། ལོ་ཙཱ་བ་འདི་རབ་ཏུ་མ་བྱུང་གོང་ལ་ཐྲས་བྱུང་པ་འགྲོ་མགོན་ས་པ་ཞེས་གྲགས་ཏེ། གློ་བོ་སྟོད་ཀྱི་ཆ་ས་པ་ཞེས་པར་སྐུ་འཁྲུངས་པས་མཚན་འགྲོ་མགོན་ས་པ་ཞེས་གསོལ་བ་དང་། ལོ་རྒྱུས་ཁ་ཅིག་ལས། ཆོས་རྒྱལ་འཕགས་པས་རང་གི་བླ་མའི་ཐྲས་ཡིན་པས་ཐུགས་དགྱེས་དགྱེས་ཀྱིས་ས་ཡིག་ཡོད་པའི་དམ་ཁ་ཞིག་གནང་བས་མཚན་ས་པ་ཞེས་གྲགས་པར་བཤད་དེ་གང་ལྟར་མང་མཁར་ལོ་ཙཱ་བ་མཆོག་ལྡན་ལེགས་པའི་བློ་གྲོས་ཀྱི་བླ་མ་ཡིན་ནོ། །ལོ་ཙཱ་བ་ཉིད་ཕྱིས་རབ་ཏུ་བྱུང་ཞིང་། དེ་ཡང་སྔ་ཙམ་ཡིན་པར་མངོན་ཏེ་འདི་ཉིད་ཀྱིས་བསྒྱུར་བའི་གསུང་རབ་རྣམས་ཀྱི་འགྱུར་བྱང་གི་མཚན་ཕལ་ཆེ་བའི་ཐོག་མར་དགེ་སློང་ཞེས་འབྱུང་བས་སོ། །དེ་ལྟ་བུའི་ལོ་ཙཱ་བ་དེ་ཉིད་ཀྱིས་པཎྜི་ཏ་ཛ་ཡ་ཨཱ་ནནྡའི་ཞབས་ལ་གཏུགས་ཤིང་རྒྱུད་འདི་བོད་སྐད་དུ་ལེགས་པར་བསྒྱུར་ནས། འགྱུར་བྱང་གི་མཇུག་ཏུ་ལོ་ཙཱ་བ་ཉིད་ཀྱིས་རྒྱུད་ཀྱི་ཆེ་བ་འདོན་ཞིང་རྗེས་འཇུག་རྣམས་སྤྲོ་བ་བསྐྱེད་པའི་ཆེད་དུ་ཐུགས་སྨོན་འདི་ལྟར་མཛད་དེ། དེང་སང་གངས་ཅན་ཁྲོད་ན་ཕལ་ཆེར་བླུན་པོའི་ངག །གཅེར་འཛིན་ལེགས་བཤད་རྣམས་སྤངས་བུམ་ནང་བུད་པ་འདྲ། །གཞུང་ལུགས་དཔལ་འདིར་འཇུག་རྣམས་སྐལ་

བ་ཤིན་ཏུ་བཟང་། །འདིར་འབད་དྲི་མེད་དགེ་དེས་འགྲོ་རྣམས་ཀུན་མཁྱེན་ཐུར། །ཅེས་གསུངས་སོ། །རྒྱུད་འདིའི་འགྱུར་བྱང་གི་མཚན་ལ། རྒྱ་གར་གྱི་མཁན་པོ་ཛ་ཡ་ཨཱ་ནནྡ་དང་བོད་ཀྱི་ལོ་ཙཱ་བ་དགེ་སློང་རྨ་ངས་པའི་གཉེན་པོ་དགོས་འདོད་ཐམས་ཅད་འབྱུང་བས་བསྒྱུར་ཅིང་གཏན་ལ་ཕབ་པའོ། །ཞེས་འབྱུང་བའི་ཛ་ཡ་རྒྱལ་བ། ཨཱ་ནནྡ་ཀུན་དགའ་ཞེས་ཡོངས་གྲགས་ལྟར་དང་། ལོ་ཀ་འཇིག་རྟེན། ཙཀྵུ་མིག་སྟེ་འཇིག་རྟེན་མིག་ལོ་ཙཱ་བ། ཡང་སྐོན་ཚ་དང་ཅ་བརྩེགས་ཏེ་བྲི་བ་ལྟར་ན། ཚན་དྲ་ཏ་མོས་པས་འདུན་པ་སྟེ་ལོ་ཙྪ་བ་ཞེས་གསུངས། རྨ་ངས་པའི་གཉེན་པོ་ནི་ཤེས་རབ། དགོས་འདོད་ཐམས་ཅད་འབྱུང་བ་ནི་རིན་ཆེན་ཡིད་བཞིན་ནོར་བུ་ཡིན་པས་དོན་ལ་རང་གི་མཚན་ཤེས་རབ་རིན་ཆེན་ཞེས་སྟོན་པར་མཛད་པ་ཡིན་ནོ། །

འོ་ན་རྒྱུད་འདི་གང་ལས་བྱུང་པའི་བརྒྱུད་པའི་རིམ་པ་དང་། དགོངས་འགྲེལ་གྱི་བསྟན་བཅོས་ཇི་ལྟར་བྱུང་ཞེ་ན། བདག་ཅག་གི་སྟོན་པ་ཐུབ་པའི་དབང་པོ་ནས། བློ་བོ་ལོ་ཙཱ་བའི་བར་གོང་དུ་སྨོས་པ་ལྟར་ལས། དེ་ནས་བླ་མ་ཆོས་རྗེ། སློབ་དཔོན་རིན་ཆེན་རྒྱལ་པོ། སློབ་དཔོན་རིན་ཆེན་དབང་ཕྱུག །བླ་མ་གཞོན་ནུ་རིན་ཆེན། ཐུགས་འཆང་ལྷུན་གྲུབ་དཔལ། མཁས་གྲུབ་ཆོས་རྗེ། མཁས་མཆོག་ཨཱ་ནནྡ་དེ་ཝ། མཁས་དབང་སངས་རྒྱས་བློ་གྲོས། དུས་ཞབས་པ་ཆེན་པོ་དཔལ་མགོན་ཕྲིན་ལས། མཁས་པ་དཔལ་གྱི་སེང་གེ །བླ་མཁྱེན་གཡུ་ལོ་བ། གཉགས་བན་ངག་དབང་འཇམ་དཔལ་བློ་གྲོས། ཐམས་ཅད་མཁྱེན་པ་ངག་དབང་བློ་བཟང་རྒྱ་མཚོ་ཡིན་ནམ། དེ་ནས་བརྒྱུད་པ་གསུམ་བཞི་མ་རྣེད་པས་བཙལ་དགོས། དེ་ནས་སྨྲ་མཁས་ངག་གི་དབང་ཕྱུག་གྲགས་པ། དེས་བདག་ཚུལ་ཁྲིམས་རིན་ཆེན་ལ། ཞེས་འབྱུང་། འོད་ཟེར་བརྒྱ་པའི་མཇུག་ཏུ་བརྒྱུད་རིམ་བཀོད་པ་ལས། ཐུབ་པའི་དབང་པོ་ནས་དཔལ་མགོན་ཕྲིན་ལས་ཡན་

གོང་ལྟར་ལ། དེ་ནས་དུས་རམས་པ་འཆི་མེད་བདེ་བ། དུས་ཞབས་པ་རྡོ་རྗེ། མཁས་པ་དུས་འཁོར་རབ་འབྱམས་པ། སློན་གྲོ་པཎྜི་ཏ་ཆོས་དབང་དོན་གྲུབ། སློན་གྲོ་ལོ་ཙཱ་བ་འཛམ་དབྱངས་དབང་རྒྱལ་རྡོ་རྗེ། རྒྱལ་དབང་ལྔ་པ་ངག་དབང་བློ་བཟང་རྒྱ་མཚོ། ཞེས་འབྱུང་། དེ་ནས་རང་རང་གི་བླ་མའི་བར་དུ་བརྒྱུད་ཚུལ་མི་འདྲ་བ་དུ་མ་བྱུང་སྟེ་དེང་སང་གི་བར་དུ་ལུང་དང་ལག་ལེན་རྒྱུན་མ་ཆད་པར་བྱུང་བ་ཡིན་ནོ། །

དགོངས་འགྲེལ་གྱི་བསྟན་བཅོས་ཇི་ལྟར་བྱུང་བ་ནི། ཐོག་མར་རྒྱ་གཞུང་ལ། སེང་གེ་གོ་ཆས་མཛད་པའི་སྤྲས་པ་གསལ་བྱེད་དང་། ཡང་དེས་མཛད་པའི་དབྱངས་འཆར་བའི་རྒྱུད་ཀྱི་མན་ངག་ལས་སྣ་ཚོགས་སྤྱོད་པ་སྟོབས་ཆེན་དོམ་ནག་ལྕེ་མདུང་སོགས་དམར་ནག་གི་འཁོར་ལོ་པཎྜི་ཏ་ཛ་ལ་ཨཱ་ནནྡ་དང་། གློ་བོ་ལོ་ཙཱ་བའི་འགྱུར། དེ་བཞིན་དུ་དབྱངས་འཆར་རྒྱུད་ཀྱི་ཉེར་མཁོའི་མན་ངག །གནོད་པ་ལྔ་ལ་ཇི་ལྟར་བྱ་བའི་ལས་སྦྱོར། མཆེ་བ་དྲུག་འཛིན་གྱི་ལས་སྦྱོར། ཚེ་ཡི་གནས་སྐབས་ལ་ཇི་ལྟར་བྱ་བའི་ལས་སྦྱོར། དབྱངས་འཆར་གྱི་དོན་བསྡུས་རྣམས་ཀུང་སེང་གེ་གོ་ཆས་མཛད། ནག་པོའི་འཁོར་ལོ་ལས་བེ་ཧཱ་བརྒྱད་པའི་ལས་སྦྱོར་སོགས་རྒྱ་གར་ཤར་ཕྱོགས་ཀྱི་པཎྜི་ཏ་བུདྡྷ་ཤྲཱི་ཛྙཱ་ན་དང་། ལོ་ཙཱ་བ་ཉི་མ་རྒྱལ་མཚན་གྱིས་འགྱུར། དབྱངས་འཆར་གྱི་ལས་སྣ་ཚོགས་ཞེས་པ་གྲུབ་ཆེན་ཨོ་རྒྱན་པའི་འགྱུར་དང་། ཁ་ཆེའི་པཎྜི་ཏ་རྣམས་ཀྱིས་དུས་སྦྱོར་གྱི་མན་ངག་བྱས་པ་པཎྜི་ཏ་ཧེ་རུ་ཀ་ཧྲ་དྲ་དང་། གར་ཞ་ལོ་ཙཱ་བའི་འགྱུར་སོགས་དུ་མ་བཞུགས།

བོད་ཀྱི་བསྟན་བཅོས་ལ་ཐོག་མར་གློ་བོ་ལོ་ཙཱ་བ་ཉིད་ཀྱིས་དབྱངས་འཆར་བའི་རྒྱུད་ཀྱི་རྒྱལ་པོའི་མན་ངག་གནད་ཀྱི་ཟླ་ཟེར་མཆིམས་ནམ་མཁའ་གྲགས་ཀྱི་དྲིས་ལན་དུ་བསྐུལ་བ་དང་། དེ་ལས་འཕྲོས་ནས་ནམ་མཁའ་གྲགས་ལ་གནང་བའི་སྤྲིང་

ཡིག་འགའ་ཞིག་དང་། དུས་སྦྱོར་གྱི་ངོས་འཛིན་དང་། དུམ་བུ་དྲུག་གི་འགལ་སྤོང་སོགས་ཡིག་ཆ་དུ་མ་མཛད། འགྲོ་མགོན་ཆོས་རྒྱལ་འཕགས་པ་ལ་དབྱངས་འཆར་གྱི་མན་ངག་ཁྱད་པར་ཅན་ཕུལ། བླ་མ་འཕགས་པས་ཀྱང་གསེར་སྲང་བརྒྱད་ཡོན་དུ་ཕུལ་ཞེས་འགྲེལ་པ་དོན་གསལ་རྒྱན་ལས་བཤད། གཞན་ཡང་སྟོད་དང་ལྷན་པའི་སློབ་མ་འགའ་ཞིག་བསྐྱངས། ཁྱད་པར་མཆིམས་ནམ་མཁའ་གྲགས་ལ་འདི་སྐད་ཅེས། གཡུལ་ལས་རྣམ་རྒྱལ་གཞུང་འདི་ཡིས། །རང་གཞན་ཕན་བཞེད་བློ་གྲོས་ཀྱི། །ཇི་ལྟར་བཞེད་བཞིན་ཐུགས་སྤྲོ་བས། །རྒྱུད་འདི་བདག་པོ་མཛད་པར་ཞུ། །ཞེས་རྒྱུད་ཀྱི་བདག་པོར་བཀའ་ཡིས་བསྐུལ་མ་མཛད།

མཆིམས་ནམ་མཁའ་གྲགས་ནི། མྱང་སྟོད་སྨོན་འགྲོའི་ཁའུར་ཆོས་རྒྱལ་ཁྲི་སྲོང་ལྡེའུ་བཙན་གྱི་བློན་པོ་མཆིམས་ཇོ་རྗེ་སྤྲེལ་ཚུང་གི་རྒྱུད་དུ་རབ་བྱུང་བཞི་པའི་ལྕགས་རྟ་ལོར་སྐུ་འཁྲུངས། སྐུ་གཞོན་ནུ་ནས་རབ་ཏུ་བྱུང་། དཔལ་གྲོ་མོ་ཆེ་ལས་བསྙེན་པར་རྫོགས། དཔལ་ལྡན་གྲོ་དང་། ཞང་སྟོན། མཆིམས་བློ་བརྟན། མཉམ་མེད་སངས་རྒྱས་སྒོམ་པ་བཞི་ལས་བཀའ་གདམས་པའི་ཆོས་སྐོར་རྣམས་ཀྱི་བཀའ་དྲིན་མནོས། དགེ་བའི་བཤེས་གཉེན་བཀྲ་ཤིས་སྣང་པ་ལ་བྱང་སེམས་ཟླ་བ་རྒྱལ་མཚན་ལས་བརྒྱུད་པའི་ལྟ་བའི་མན་ངག་ལ་སོགས་པ་གསན་པས་བསྟན་པའི་བདག་པོར་གྱུར། དགུང་གྲངས་ཞེ་གཅིག་པ་ལྕགས་ཁྱི་ལོར་སྣར་ཐང་གི་གདན་ཁྲིར་ཕེབས། གཙུག་ལག་ལ་སྦྱངས་པའི་མཁྱེན་སྤྱན་ཡངས་ཤིང་། དབྱངས་འཆར་བའི་རྒྱུད་རྒྱལ་འདི་ཉིད་གསན་སྦྱངས་མཐར་ཕྱིན་པ་མཛད་ནས། དབྱངས་འཆར་རྒྱུད་ཀྱི་སྙིང་པོ་དེ་ཁོ་ན་ཉིད་ཀྱི་མན་ངག་གསེར་གྱི་ཡང་ཞུན་ཞེས་པ་གཞོན་ནུ་རོལ་པའི་སྡེབ་སྦྱོར་གྱི་ཚིགས་བཅད་སུམ་བརྒྱའི་གཞུང་ཚད་ཅན་མཆན་བུ་དང་བཅས་པ་ཚིག་ཉུང་དོན་འདུས

ཀྱི་ལེགས་བཤད་རྨད་དུ་བྱུང་བ་སོགས་ཡིག་ཆ་དུ་མ་མཛད། ཆུ་མིག་ཆོས་འཁོར་གྱི་གྲལ་གཙོ་ཡང་གནང་། འགྲོ་མགོན་ཆོས་རྒྱལ་འཕགས་པ་སོགས་གངས་ཅན་གྱི་ཆེ་རྒྱུ་རྣམས་ཀྱིས་མཆོད་ཅིང་བཀུར། གཞན་ཡང་སྐྱིལ་ནག་བྲག་སེང་དང་། རྒྱང་རོ་པཊ་ཆེན། བཅོམ་ལྡན་རིགས་པའི་རལ་གྲི་ལ་སོགས་པའི་སློབ་མ་མཁས་པ་མང་དུ་བསྐྱངས། རྗེ་འདི་ཉིད་འཕགས་པའི་གནས་བརྟན་བཅུ་དྲུག་གི་ཡ་གྱལ་ཞིག་དང་། སངས་རྒྱས་སྨན་པའི་རྒྱལ་པོའི་སྤྲུལ་པར་གྲགས་ཤིང་། བསྟན་པའི་རྩ་ལག་ཆེན་པོ་དང་མཆིམས་ཐམས་ཅད་མཁྱེན་པ་ཞེས་མཁས་པའི་གྲགས་པས་ས་སྟེང་ཁྱབ། དཔལ་སྣར་ཐང་ཆོས་སྡེ་ལོ་སོ་དྲུག་བསྐྱངས་ནས་དགུང་ལོ་དོན་དྲུག་པ་རབ་བྱུང་ལྔ་པའི་ཤིང་བྱ་ལོའི་ས་ཟླའི་ཚེས་བཅུ་བཞི་ལ་སྐུ་མྱ་ངན་ལས་འདས་སོ། །གཞན་ཡང་ལོ་ཙཱ་བ་ནམ་མཁའ་བཟང་པོའི་དབྱངས་འཆར་མན་ངག་དང་། བོ་དོང་པའི་རྩིས་པ་ཀུན་དགའ་གསལ་བ་གྲགས་པས་དབྱངས་འཆར་འགྲེལ་པ་དཔལ་གྱི་སྒྲོན་མེ་མཛད། འདི་སྐྱུལ་བ་པོ་བླ་མ་དམ་པ་བསོད་ནམས་རྒྱལ་མཚན་ཡིན། རྩིས་པ་སངས་རྒྱས་རིན་ཆེན་གྱིས་དབྱངས་འཆར་འགྲེལ་པ་དོན་གསལ་བའི་རྒྱན་ཞེས་བྱ་བ་དཔལ་སྣར་ཐང་གི་ཆོས་གྲྭར་སྦྱར་བ། དེའི་ནང་དུ་འདི་ལྟར་གསུངས་ཏེ། པཎྜི་ཏ་སེང་གེ་གོ་ཆ་དང་ལོ་ཙཱ་བའི་རྒྱུད་ཀྱི་བརྒྱུད་པའི་མན་ངག་རྣམས་ཉམས་སུ་དོགས་ནས་བྲིས་པ་ཡིན། ཡང་བལ་པོ་རཱ་ཧུ་ལོད་བྱེད་དང་། པཎྜི་ཏ་ཁ་ཡར་དང་། བོད་དུ་བུ་སྟོན་སེང་འོད་དང་། སྣར་ཐང་པ་མཆིམས་ནམ་མཁའ་གྲགས་དང་། ཤོ་པ་ཨ་བཙུལ་དང་། བླ་བ་རིའི་དཔོན་དང་། ཁ་དམར་དཔྱལ་དཀར་མེ་ལོང་དང་། སྟོད་ཕྱོགས་མངའ་རིས་པའི་མན་ངག་ཐོར་བུ་བ་མང་དུ་སྣང་ནའང་། ཡིད་བརྟན་མི་སྣང་། ཡི་གེ་མངས་པས་དོར་ཏེ་སྙང་དྲིལ་བྱས་པ་འདི་ཚད་མར་བྱས་ན་དོན་གྲུབ་བོ། །ཞེས་དང་། མཁས་པ་མང་པོའི་མན་ངག་དག །

ཕལ་ཆེར་གབ་ནས་མི་གསལ་མོད། །ཁོ་བོས་སེར་སྣ་མེད་པར་བཀོད། །མཁའ་ལ་ཉི་
མའི་འོད་བཞིན་གསལ། །ཞེས་བསྒྲགས་སོ། །འགྲེལ་པ་དཔལ་སྒྲོན་དང་འདི་གཉིས་
ཀས་ནག་རྩིས་ལ་ཟུར་ཟ་ཆེ་རབ་འདུག །པོ་དོང་པ་ཡོན་ཏན་བློ་གྲོས་ཀྱིས་སྙིང་པོ་
བསྡུས་པ་རྩ་འགྲེལ་མཛད། དེ་བཞིན་དུ་བུ་སྟོན་སེང་གེ་འོད་ཀྱིས་དབྱངས་འཆར་མན་
ངག་གཅེས་པའི་ལྡེ་མིག་མཛད། སྣེ་ཐང་གྲགས་པ་སེང་གེ །མྱང་སྟོད་ཆོས་དབང་།
མངའ་རིས་པ་ཧྲཱི་ན་ཀ་ར། ཚུལ་ཁྲིམས་བཟང་པོ། བྱམས་པ་རྒྱལ་མཚན་སོགས་ཀྱིས་
ཀྱང་ཡིག་འཇོག་མང་དུ་མཛད། སྐབས་ཤིག་ནས་ཕུག་པ་སྔ་ཕྱིའི་མཁས་པ་རྣམས་བྱོན་
ནས་རྩིས་སྐར་ནག་དབྱངས་གསུམ་ཆར་ལ་མཛད་རྩོམ་ཆེ་བར་བྱུང་སྟེ། དེ་ཡང་ཆོས་
རྒྱལ་ཁྲི་སྲོང་ལྡེའུ་བཙན་གྱི་སྐུ་དུས། བོད་འདིར་རྩིས་ཀྱི་བསྟན་པ་སྤེལ་བར་བཞེད་
ནས། རྒྱ་ནག་དར་ཆེན་ཐིག་ལེའི་དྲུང་དུ། བོད་ཀྱི་མཁས་པ་མི་བཞི་རྩིས་སློབ་ཏུ་བཏང་
བའི་ནང་ཚན། ལང་ཚོ་ལྡོང་ཡགས་ཞེས་པའི་རིགས་ཚ་མདོ་ཁམས་རྒྱ་སྡེར་ཚགས་པའི་
མི་བརྒྱུད་མི་ཉག་རྒྱལ་མཚན་དཔལ་བཟང་ཞེས་པ་བྱུང་། དེ་ཉིད་དབུས་སུ་བྱོན་ཏེ་
གཡོར་པོ་གྲ་ནང་གི་མདར། ཕུག་པའི་ནང་དུ་བཞུགས་པས་མཚན་ལ་ཕུག་པ་བ་ཞེས་
གྲགས། འདི་ཁྲུང་ནག་ཤཀ་དར་ཞེས་གྲ་ཕྱི་ཁང་དམར་དུ་འཁྲུངས་པ་དེའི་སློབ་མ་
ཡིན། དེ་ལ་སྲས་སྟགས་པ་ལྷུན་གྲུབ་དཔལ་ཞེས་པ་བྱུང་། དེ་ལ་སྲས་དྲུང་མཁས་གྲུབ་
པ་བྱ་བ་བྱུང་། དེའི་སྲས་ལ་སློབ་དཔོན་ཨཱརྱ་དེ་ཝ་སྟེ་འཕགས་པ་ལྷ་དང་། གཞན་ཡང་
རིགས་སྲས་སློབ་དཔོན་དགེ་བཟང་པ་བྱུང་། འདིའི་དུས་བཞུགས་ཁང་གསར་བསྐྲུན་
མཛད། འཕགས་པ་ལྷའི་སྲས་ཆེ་བ་ཀུན་དགའ་དཔལ་བ་ཞེས་མཁས་པ་ཆེན་པོ་བྱུང་།
དེས་རང་རིགས་ཆོས་རྗེ་བསོད་ནམས་ཚེ་འཛིན་ལ་རྩིས་ཐམས་ཅད་མཁས་པ་
བསླབས། དེ་ནས་གཙུང་ལྷུན་གྲུབ་རྒྱ་མཚོ་བྱོན། འདིའི་འཁྲུངས་འདས་ཀྱི་ལོ་ཚིགས་

བསྟན་རྩིས་དང་། ཆོས་འབྱུང་ལོ་རྒྱུས་གང་དུའང་མ་གསལ་བས་འདིར་འགོད་པར་རྗེ་མ་ཐོགས། དེས་ཆོས་གྲགས་རྒྱ་མཚོ། ནོར་བཟང་རྒྱ་མཚོ། ཡོན་ཏན་རྒྱ་མཚོ་རྣམས་ཀྱི་ཞབས་ལ་གཏུགས་ནས་རྩིས་རིག་ཐམས་ཅད་ལ་མཁས་པར་གྱུར། ཁྱད་པར་མཁས་ཤིང་གྲུབ་བརྙེས་ཆེན་པོ་འཕགས་པ་ལྷའི་ཞབས་ལ་གཏུགས་པས། དབྱངས་འཆར་གཞུང་གི་ཚིག་དོན་མན་ངག་ཕྲ་མོ་ཡན་མ་སྨས་པར་དགྱེས་བཞིན་དུ་གནང་ནས་རྒྱུད་འདི་ཁྱོད་ལ་གཏད་པ་ཡིན། འདི་ལ་རྒྱ་བོད་ཀྱི་ཡིག་ཕྲན་མང་དུ་འདུག་ནའང་། ཤིན་ཏུ་འཐོར་བ་དང་། ལུས་ཡོངས་སུ་རྫོགས་པའི་བཤད་པ་མཛད་པའང་ཆེས་ཉུང་བར་བྱུང་འདུག་པས། འདིའི་རྣམ་བཤད་ཡོངས་སུ་རྫོགས་པ་རྒྱས་པར་ཕྱེ་བ་ཞིག་བྱུང་ན་ཕན་པ་ཆེན་པོར་འགྱུར་བས་དེ་ལྟར་དུ་གྱིས་ཤིག་ཅེས་བཀའ་གནང་བ་དང་། ཀུན་དགའ་དཔལ་བས་ཀྱང་བསྐུལ་ནས། ལྷུན་གྲུབ་རྒྱ་མཚོའི་དཔལ་གྱིས། དབྱངས་འཆར་འགྲེལ་པ་ལེགས་པར་བཤད་པའི་འཇུག་ངོགས་མཆོག་ཏུ་དགའ་བའི་སྒྲ་དབྱངས་མཛད་པ་མན་ངག་ལ་ལྟོས་པའི་ཆེད་དུ་དངོས་བསྟན་ལ་གབ་དགྱུགས་ཅུང་ཟད་ཡོད་པར་གསུངས། འདི་མཁས་པ་ལ་ལས་དབྱངས་འཆར་གྱི་བོད་འགྲེལ་ཐོག་མ་ཡིན་པར་གསུངས་ཀྱང་མ་ངེས་ཏེ། མཆོག་དགའ་ལས་བླ་མ་ལོ་ཙཱ་བ་དང་། གྲགས་པ་སེང་གེ་སོགས་དམིགས་ཀྱིས་བསལ་བ་དང་། མ་བསལ་བར་འདི་ལ་འགྲེལ་པ་བྱེད་པ་དག །ཅེས་དང་། གནའ་མཚན་མང་པོ་ལས་ཀྱང་དེ་བཞིན་དུ་སྟོན་ཏེ་ཞེས་སོགས་འགྲེལ་བྱེད་སྟོན་མ་རྣམས་ཀྱི་འཆད་ཚུལ་མི་འདྲ་བ་དུ་མ་བཀོད་ནས་དེ་དག་ལ་དགག་སྒྲུབ་ཀྱི་དཔྱད་པ་མཛད་པ་མང་དུ་སྣང་བས་ཤེས་སོ། །ཕྱུག་པའི་བརྒྱུད་འཛིན་ཆོས་གླིང་པའི་སློབ་མ་དབང་ཕྱུག་རྒྱལ་མཚན་གྱིས་དབྱངས་འཆར་འགྲེལ་པ་ཚིགས་བཅད་མ་གོ་བདེ་དོན་གསལ་ཞིག་མཛད། ཨཱནྟ་དེ་ཝའི་སྲས་ཀྱི་ཐ་ཆུང་ཕྱུག་པ་ཛོ་སྲས་པ་ལ་སྲས་ལྔ་

ཙམ་བྱུང་བའི་བགྲེས་འོག་མར་དཔལ་མགོན་ཕྲིན་ལས་པ་ཆེན་པོ་འཁྲུངས། འདི་ལ་མཚན་གཞན་སྐུ་མདུན་དཔལ་འབྱོར་ཕུན་ཚོགས་སུ་ཡང་གྲགས། འདི་ནི་རྒྱལ་དབང་ལྔ་པ་ཆེན་པོས། རྩིས་ཀྱི་དྲིས་ལན་ལས། དུས་ཕྱིས་གཙུག་ལག་འདི་ཉིད་དབྱངས་འཆར་ཉམས་ནས་རྗེ་ཕྲིན་ལས་ཞབས་ཙམ་མ་གཏོགས་རྫོགས་པར་མཁྱེན་མཁན་ཉིན་སྐར་ལྟར་གྱུར་པའི་ཚེ། ཞེས་བསྔགས་ཤིང་ཚད་མར་མཛད་པས་རྩིས་རིག་སྤྱི་དང་དབྱངས་འཆར་ལ་ཤིན་ཏུ་མཁས་པ་ངེས། དེས་ན་ཕུག་པའི་མཁས་པ་སྔ་མ་རྣམས་དང་ཁྱད་པར་དཔལ་མགོན་ཕྲིན་ལས་འདི་པའི་དབྱངས་འཆར་སྐོར་གྱི་གསུང་རྩོམ་འགའ་ཞིག་ཡོད་ངེས་ཀྱང་དེང་སང་མཇལ་དུ་མེད་པ་ནི་བརྒྱུད་འཛིན་རྣམས་ཀྱིས་དཔེ་རྒྱུན་འཕེལ་ཐབས་མ་བྱས་པས་དུས་འགྱུར་དག་གི་སྐབས་སུ་ཕལ་ཆེར་ནུབ་པར་མངོན། འདི་ལ་སྲས་ཤིག་བྱུང་ཡང་རིག་པ་ཤིན་ཏུ་བླུན་པས་ཅི་ཡང་བྱར་མ་གཏུབ། སྐུ་མཆེད་ཀྱི་རིགས་འབྱོར་དཔལ་གྱི་སེང་གེ་ཞེས་པ་བྱུང་བ་ཕུག་པར་བླངས་ནས་སྟོན་འགྲོ་སོགས་བསླབ། དཔལ་མགོན་ཕྲིན་ལས་འདས་རྗེས་དཔལ་གྱི་སེང་གེའི་ཡོན་ཏན་འཕྲོ་སྐྱོང་དུ་སྒྲགས་རྒྱལ་བྱེད་ཚལ་གྱི་སློབ་དཔོན་དང་། ཟུར་མཁར་བློ་གྲོས་རྒྱལ་པོ། རབ་འབྱམས་པ་པདྨ་ཆོས་སྐྱོང་སོགས་བསྟེན་ནས་ལེགས་པར་སྦྱངས་པས། རྩིས་རིག་སྤྱི་དང་། དབྱངས་འཆར་ཚོག་དཀའ་སོགས་ལ་མཁས་པར་གྱུར། དགུང་ལོ་ཉེར་བརྒྱད་སྐོར་ལ་ངེས་འབྱུང་གིས་ཆོས་གྲོས་ལ་བྱོན་པས་ཕུག་པའི་རིགས་བརྒྱུད་ཆད། འོན་ཀྱང་རྩིས་ཀྱི་མཁྱེན་དཔྱོད་ནི་ཕུག་པའི་སྲོལ་རྒྱུན་ཟིན་ངེས་བྱུང་བར་གསུངས། བླ་རྩིས་པ་ཆེན་པོ་དཔལ་མགོན་ཕྲིན་ལས་ལ་ཞལ་སློབ་མང་པོ་བྱུང་བའི་ནང་ནས་རྩིས་ལ་ཁྱད་ཐོན་བྱུང་པ་ནི། དུས་རམས་པ་འཆི་མེད་བདེ་བ་སྐྱེ། འདིས་རྩིས་སྐར་ནག་སོགས་རིག་གནས་སྤྱི་དང་། ཁྱད་པར་དབྱངས་འཆར་བའི་རྒྱུད་ཀྱི་རྒྱལ་པོ་ལ་སྦྱངས་པས་ཕུལ་

དུ་བྱུང་། ད་དུང་སྔར་གྱི་བོད་འགྲེལ་རྣམས་ཀྱིས་ཐུགས་མ་ཚིམས་པར། རྒྱ་གར་དང་བལ་ཡུལ། འཛམ་ལང་སོགས་ཀུ་བཞིན་ཞུ་ཏེ། པཎྜི་ཏ་དང་བྲམ་ཟེའི་མཁས་པ་མང་པོ་ལ་གཏུགས་ནས་སྒྲོ་གདོགས་བཅད། དེ་དག་གི་ཞལ་རྒྱུན་ཕྱག་ལེན་མྱོང་བས་གྲུབ་པ་རྣམས་མ་ཉམས་པར་ཕྱོགས་གཅིག་ཏུ་བཀོད་པའི་འགྲེལ་པ་འོད་ཟེར་བརྒྱ་པའམ། དབྱངས་འཆར་ལག་ལེན་ནོར་བུའི་ཕྲེང་བ་མཛད། རྒྱུད་ལ་ནག་མཆན་ཡང་བཏབ། འགྲེལ་པ་འདི་རྒྱལ་དབང་ལྔ་པ་དང་། སྡེ་སྲིད་རིན་པོ་ཆེ་སོགས་ཀྱིས་དབྱངས་འཆར་སླ་ན་མེད་དུ་མི་རུང་བ་ཞེས་དང་། མཁས་མང་ཐུགས་ཀྱི་ནོར་བུ་ལྷ་བུ་ཞེས་སོགས་ཐུགས་རྗེས་བསྔགས་བརྗོད་ཤིན་ཏུ་ཆེ། འཆི་མེད་བདེ་བའི་ནག་མཆན་དང་མཉམ་དུ་བྱུང་པ་རྗོ་རྗེས་སློབ་དཔོན་གྱི་ཞལ་རྒྱུན་དང་། རྒྱུད་དང་འགྲེལ་པ་ལས་བཏུས་ཏེ་ཕྱག་ཇོང་ཞོལ་དུ་དམར་མཆན་ཡང་འདེབས་པར་མཛད་དོ། །ཡང་ཡུལ་དབུས་སུ་འབྲུངས་ཤིང་རིག་གནས་ལ་མཁས་པ་པད་དཀར་ཡིད་བཞིན་དབང་པོས། གོང་གི་འགྲེལ་པ་དང་། མན་ངག་རྣམས་ལ་ཞིབ་ཏུ་དཔྱད། དེ་དུས་ཀྱི་རྒྱ་བལ་མཁས་པའི་ཕྱག་ལེན་ལྟར། བླ་མའི་མན་ངག་གི་བརྒྱུན་ཏེ་འགྲེལ་པ་གཞན་ཕན་ངོ་མཚར་རྒྱན་གྱི་མེ་ཏོག་ཅེས་བྱ་བ་མཛད། འདི་ནི་མཛད་པ་པོ་ཉིད་ཀྱིས། གཞུང་འདིར་སྔོན་གྱི་མཁས་པའི་འགྲེལ་བཤད་དག །གོ་བདེ་རྣམས་ལ་རྒྱ་ཆེར་འགྲེལ་པ་དང་། །དཀའ་བའི་གནས་ལ་འཕྲོག་འགྲོས་བསྡུས་ཏེ་གསུངས། །ཁོ་བོ་འཆད་ཚུལ་དེ་ལས་ལྡོག་སྟེ་སླ། །ཞེས་སྤྲོབས་པ་སྒྲོགས་པར་མཛད་ཅིང་དོན་ལ་ཡང་གོ་སླ་བ་དང་དགོས་པ་ཆུང་བ་རྣམས་མ་སྤྲོས་ཤིང་། དཀའ་གནད་རྣམས་ལ་ལེགས་བཤད་ཆེ་བར་གྲགས་སོ། །རྒྱལ་མཆོག་ལྔ་པ་ཆེན་པོ་ནི་ཉིད་ཀྱི་གསུང་རྩེས་ཀྱི་དྲིས་ལན་ལས། བླ་རྩིས་པ་ཆེན་པོ་དཔལ་མགོན་ཕྲིན་ལས་ཀྱི་དངོས་སློབ་དུས་རམས་པ་འཆི་མེད་བདེ་བས། གྲ་ཕྱུག་ཏུ་སྦྱངས

པའི་འཕྲོ་ལྷུང་དུ་ཞིག་ལུས་པ་དང་། ཅུང་ཟད་ཐུགས་གང་བ་ཙམ་མ་བྱུང་བས། སླར་རྒྱ་བལ་འཛོམ་ལང་གི་པཎྜི་ཏ་གཏུགས་ནས་ཚིག་གཅིག་ཀྱང་མ་ལུས་པར་སྦྱངས་པའི་གསུང་རྒྱུན་ཕྱག་ལེན་མ་ཉམས་པ། ཁོ་བོའི་སློབ་དཔོན་ཆེན་པོ་སྨོན་གྲོ་པཎ་ཆེན་གྱི་དྲིན་ལས་ཁོང་དུ་ཆུད། ཅེས་ཞལ་གྱིས་བཞེས་པ་ལྟར། རིག་ལམ་འདིར་ཐུགས་དགྱེས་པ་ཆེན་པོས་གསན་སྦྱངས་གནང་། དེ་སྐབས་ཉིད་ཀྱི་གསུང་ལས། སྨོན་གྲོ་ནས་ཡབ་སྲས་གཉིས་ཀྱིས་ཀྱང་མཆན་ཁ་ཡར་ཡོད་ཅིང་། བྱིས་འགྲོ་སྤྲུལ་འཁོར་དང་། དུས་སྦྱོར་ཕྱེད་པ་གཉིས་ལ་ཁོ་བོས་ཀྱང་དཔེར་བརྗོད་སློབ་དཔོན་མཁས་པའི་དྲུང་དུ་བསླབ་སྦྱངས་ཀྱི་ཚེ་བྲིས། ཞེས་སོགས་གསུངས་པ་ལྟར་སྒྲོ་འདོགས་བཅད་དེ། སྡེ་སྲིད་སངས་རྒྱས་རྒྱ་མཚོ་ལ་ཚེ་རབས་ལས་རྩིས་གནང་བ་སོགས་ཕྱག་ལེན་རྒྱ་ཆེར་མཛད་པ་ནས་བཟུང་། རྒྱལ་དབང་སྐུ་ཕྲེང་རིམ་བྱོན་ལ་བླ་རྩིས་པ་རྣམས་ཀྱིས་སྐུ་ཡི་ལས་རྩིས་ཀྱང་འབུལ་སྲོལ་ཡོད་པར་མ་ཟད། ལུགས་གཉིས་ཀྱི་མཛད་སྒོ་ཆེ་ཕྲར་གཙུག་ལག་འདི་ཡི་རྩིས་འབྲས་གླང་དོར་ལ་ཐུགས་གཙིགས་ཆེ་བའི་ཕྱག་བཞེས་མཛད་སྲོལ་ད་ལྟའི་བར་མ་ཉམས་པར་ཡོད་པ་འདི་བྱུང་།

དེ་མཚུངས་སྡེ་སྲིད་རིན་པོ་ཆེ་སངས་རྒྱས་རྒྱ་མཚོ་དེ་ཉིད་སྐུ་ན་ཕྲ་མོ་ནས་རྒྱལ་མཆོག་ལྔ་པ་ཆེན་པོའི་ཞབས་ལ་བརྟེན། མདོ་སྔགས་རིག་གནས་ཀུན་ལ་མཁས་པར་མཛད། དེ་དག་གི་ཚུལ་རྒྱས་པ་གཞན་དུ་གསལ་བས་འདིར་མི་སྤྲོ། དབྱངས་འཆར་གྱི་རྩིས་གཅིག་པུར་མཚོན་ནའང་། བཻཌཱུར་དཀར་པོའི་མཛད་བྱང་ལས། འཕྲུལ་གཟའ་སྐར་གྱིས་མཚོན་གླང་དོར་ཚང་མར་དབྱངས་འཆར་འོད་ཟེར་བརྒྱ་པ་ཞེས་འགྲེལ་པ་མཆོག་དགའ་ལ་དམིགས་སུ་བསལ་བ་དང་། བཏང་སྙོམས་ཀྱིས་དབྱེ་བ་མ་ཕྱེད་པ་དང་། རི་མོའི་ཟུར་ཁྲིད་དཀའ་བ་རྣམས་དུས་རམས་པ་འཆི་མེད་བདེ་བས་རྒྱ་བལ་གྱི་

པཎ་གྲུབ་ཁྱུངས་མར་གཏུགས་པའི་དོན་རྒྱུན་དུ་ཕྱུག་ལེན་ལ་གནང་གི་ཡོད་པས་གཟའ་སྐར་སོགས་གཟིགས་སྐབས་ཤིང་ཡོས་ནས་ས་ལུག་གི་བར་ཚེ་ཕྲ་ཀུན་དང་། ད་ལྟའི་བར་གལ་ཆེ་བའི་དུས་སྦྱིན་ལ་ཕོག་དོགས་དབྱངས་འཆར་རྩིས་ཀྱི་ཕྱུག་དཔེ་རྣམས་ངེད་ཀྱིས་ཀློག་ནས་སྟན་ལ་འབུལ་ཞིང་། ཞར་བྱུང་འགྲེལ་པ་འོད་བརྒྱུས་གཙོས་བླང་དོར་ལུང་སྟོན་གྱི་གནད་རྣམས་བསླབ་སྟོན་གནང་བས་ཡིད་ཀྱི་དཔལ་བེར་སིམ་པར་གྱུར། ཅེས་དང་། འགྲེལ་པ་ཡོངས་གྲགས་མཆོག་དགའ་དང་དཔལ་སྒྲོན་གཉིས། གཞན་ཕན་རྒྱན་གྱི་མེ་ཏོག་སོགས་བོད་འགྲེལ་ཉི་ཤུ་སྐོར་དང་བཅས་པའི་ཡང་ཡིག །ལས་ཕྲན། བུ་དཔེའི་རིགས་རྣམས་ལུ་འགོ་བླ་མཁྱེན་ངག་གི་དབང་པོར་ཞིབ་པར་ནོས། ཞེས་གསུངས་ཏེ། སྟེ་སྲིད་རིན་པོ་ཆེ་འདི་ཉིད་སྐུ་ན་ཕྲ་མོའི་སྐབས་ཕྱུག་དཔེ་ཐུགས་འཛིན་གནང་དུས། འབྲས་སྤྱུངས་དགེ་འཕེལ་གྱི་རི་རྩེར་ཉི་མ་ཤར་བ་ནས་ཉང་བྲན་ཆུ་བཟང་དུ་ཉི་མ་མ་ཤར་བར་ལ་གྲ་ཐང་རྒྱུད་བཞི་ལྡེབ་རིང་གཉིས་རེ་འཛིན་ཐུབ་པའི་ཐུགས་རིག་གསལ་བ་ལ། སླར་ཡང་གོང་ས་མཆོག་ནས་མ་ཏི་ལུགས་ཀྱི་འཇམ་དཀར་དང་། དབྱངས་ཅན་མ་དམར་མོ་སོགས་ཤེས་རབ་ལྷ་ཡི་རྗེས་གནང་བསྩལ་ཏེ་བྱིན་གྱིས་བརླབས། ཡེ་མཁྱེན་དུས་གསུམ་གཟིགས་པ་དེ་ལྟ་བུ་ཟུང་གི་གསུང་གིས་བསྐྱངས། མཁས་པའི་ལེགས་བཤད་ཀྱི་གཞུང་འགྲེལ་མང་པོ་དེ་ལྟ་བུ་གཟིགས་རྟོག་མཛད་པས་འགྲན་ཟླ་དང་བྲལ་བའི་མཁས་པའི་གོ་འཕང་བརྙེས་པ་ལ་སུ་ཞིག་ཐེ་ཚོམ་ཟ། གཞན་ལ་ལེགས་བཤད་ཀྱི་བགོ་སྐལ་བསྩལ་བ་ཡང་།མཛད་བྱུང་དེ་ལས། དམར་ནག་མིན་པའི་འཕྲུལ་སེལ་གྱི་ལྦོར་ལོའི་རིགས་ཀྱང་གོང་ནས་གནང་བའི་འགྲེལ་པ་འོད་བརྒྱ་དང་། མཆོག་དགའ་སོགས་ཀྱི་དགོངས་དོན་འགལ་མེད་རྣམ་དག་ཏུ་བླངས་ཏེ་བཀོད། ཅེས་གསུངས་པ་ལྟར། ལོ་ཐོ་སོགས་ལ་མེད་དུ་མི་རུང་བའི་ཐུན་མོང་འཁོར

ལོའི་རིགས་མང་པོ་ཞིག་བི་དཀར་ལེའུ་བཅུ་གཉིས་པར་བཀོད། ནཱ་རོ་བརྒྱུད་སོགས་དམར་ནག་འཁོར་ལོའི་མེད་དུ་མི་རུང་བའི་མན་ངག་དང་། ཚེ་རྩིས་སོགས་ལ་རྣམ་དཔྱོད་ཀྱིས་དཔྱད་དེ་ལེགས་བཤད་ཀྱིས་བརྒྱན་པའི་ཡིག་ཆ་ཟུར་པ་དུ་མ་ལོགས་སུ་འགོད་པར་མཛད། རྒྱལ་དབང་དྲུག་པའི་སྐུ་ཚེ་འཛད་ཕྲིན་སོགས་ཀྱི་ལས་རྩིས། རྒྱལ་དང་སེམས་དཔའི་ཞལ་ལུང་ཞེས་དུས་དབྱངས་སྦྱོར་ཐང་སོགས་རྩིས་རིག་བཀའ་བསྟན་དུ་མའི་མན་ངག་སྙིང་པོ་ཕྱོགས་བསྡུས་དང་། ཁྱད་པར་ཟློག་སྒྱུར་སྟོན་པ་དཔལ་དབྱངས་འཆར་བའི་དགོངས་དོན་རྣམས་འོལ་སྤྱི་དང་ཕྱིན་ཅི་ལོག་མ་ཡིན་པར་ཕྲ་ཞིབ་རྣམ་པར་དག་པ་གོང་མའི་ཕྱག་རྒྱུན་ཉམས་མེད་དུ་བཀོད་པ་ཀུན་གསལ་མེ་ལོང་ཞེས་མ་འོངས་སྟོན་སྟོན་གྱི་ཚེ་རྩིས་ཁྱད་འཕགས་དང་། དྲུག་པ་ཆེན་པོས་རྩིས་རིག་གསན་སྐྱངས་གནང་དུས་བཀའ་བསྩལ་ལྟར་བརྩམས་པའི་དཔལ་དབྱངས་འཆར་བའི་རྒྱུད་ཀྱི་རྒྱལ་པོ་ལས། གཅེས་བསྡུས་ཀྱིས་ཟུར་བརྒྱན་པའི་གནས་མལ་བཅུ་གཉིས་ཀྱི་མོ་དཔེ་རྡོ་ཐིག་ངོ་མཚར་ཅན་སོགས་དབྱངས་འཆར་གྱི་མན་ངག་སྟོན་པའི་གསུང་རྩོམ་དུ་མ་བཞུགས། འདི་ཉིད་ཀྱི་མཛད་རྣམ་རྒྱས་པ་དུ་ཀཱུ་ལའི་གོས་བཟང་ཞལ་སྐྱིང་དང་། བོད་ལྗོངས་སྨན་རྩིས་ཁང་གི་དབུ་འཛིན་མཁས་དབང་བྱམས་པ་ཕྲིན་ལས་མཆོག་གིས་མཛད་པའི་གསོ་རིག་བསྟན་འཛིན་རིམ་བྱོན་གྱི་རྣམ་ཐར་སོགས། སྨན་རྩིས་སྐོར་གྱི་གསུང་རྩོམ་དུ་མར་གསལ་བ་ལས་རྟོགས་པར་བྱའོ། །

ཕྱག་ལུགས་བརྒྱུད་འཛིན་ཡོངས་ཀྱི་གཙུག་རྒྱན་སྨིན་གླིང་ལོ་ཆེན་དྷརྨ་ཤྲཱིས། ཟླུམ་པོ་དོན་གྲུབ་དབང་རྒྱལ་གྱི་མདུན་ནས་དབྱངས་འཆར་གཞུང་གི་བཤད་པ་དང་། འཁོར་ལོའི་ངོ་སྤྲོད་ཞིབ་པར་གསན་ནས་ཐུགས་ཆུབ་པར་མཁྱེན། རྗེས་སུ་དབྱངས་འཆར་གྱི་མཆན་འགྲེལ་རྒྱ་སྐར་ཕྲེང་བ་དང་། སྤྱི་དོན་བདུད་རྩིའི་ཉིང་ཁུ་ཞེས་པ་གཉིས

མཛད་འདུག །མཁས་མཆོག་འདིའི་གསུང་མཆན་འགྲེལ་འདི་ཉིད་དོན་གསལ་བ་ཚིག་བསྡུས་པ་རྨད་དུ་བྱུང་བའི་ལེགས་བཤད་དུ་སྣང་། ཅིག་ཤོས་ལེགས་བཤད་ཕུལ་དུ་བྱུང་བ་ཞིག་ཡོད་ངེས་ཀྱང་དཔེ་རྒྱུན་དཀོན་པས་མཇལ་བའི་སྐལ་བ་མ་ཐོབ་བོ། །གཞན་མཛད་བྱང་དངོས་སུ་མ་གསལ་བའི་འཆི་མེད་མཛོད་ཅེས་པའི་དབྱངས་འཆར་འགྲེལ་པ་དང་། ལེའུ་དྲུག་པ་ཚེ་རྩིས་ཟུར་བཀོལ་དང་། དབྱངས་འཆར་ཙཀྲའི་ཤོག་ཁྲ་ཉི་མའི་སྙིང་པོ་དོན་གསལ་སོགས། མན་ངག་ལྟེ་མིག །རེའུ་མིག་སོགས་ཡིག་ཆ་མང་པོ་ཡོད་དེ། མདོར་ན་རྒྱལ་མཆོག་ལྔ་པ་ཆེན་པོས། འདི་ལ་འགྲེལ་པ་བྱེད་པ་མང་དུ་བྱུང་ངོ་། །ཞེས་གསུངས་པ་ལྟར་ལྗོངས་འདིར་ཡང་། མངའ་རིས། དབུས་གཙང་། མདོ་ཁམས་བཅས་སུ་དར་རྒྱས་ཆེ་བར་བྱུང་། འོན་ཀྱང་འགྲེལ་པ་རྒྱན་མེ་ལས། རྒྱུད་འདིར་རྒྱ་བོད་འགྲེལ་བྱེད་མང་ན་ཡང་། །དགའ་བའི་གཞུང་དོན་ཇི་བཞིན་རྟོགས་པ་ཉུང་། །ཞེས་གསུངས་པ་བཞིན་དུ། སྤྱིར་རྒྱུད་ཀྱི་དོན་ཟབ་ཅིང་རྒྱ་ཆེ། མན་ངག་གི་གནད་གསང་ཟབ་མོ་རྣམས་ནི་དང་པོ་ནས་གབ་སྦས་ཆེ་ཞིང་དཀྱུགས་སྙེབ་དཀའ་གནད་མང་བས་ན། བར་སྐབས་སུ་དབྱངས་འཆར་སླ་བར་རློམས་པ་འགའ་ཞིག་འཁྲུལ་པའི་ལམ་དུ་འཕྱན་པའང་བྱུང་སྟེ། གཙུག་ལག་གི་རྒྱུད་ཆེན་འདི་ཉིད་ཚིག་ཙམ་ལས། ལག་ལེན་གནད་ཀྱི་སྙིང་པོ་ཇི་ལྟ་བ་བཞིན་སྟོན་པ་ནི་ཉིན་སྐར་ལྟར་གྱུར་པའི་ཚེ་མཁས་པའི་དབང་པོ་མི་ཕམ་འཇམ་པའི་རྡོ་རྗེ་དེ་ཉིད་བྱོན། རྒྱུད་འགྲེལ་གྱི་མཛད་བྱང་དུ་གསལ་བ་ལྟར། སྔོན་གྱི་ལས་འཕྲོ་སད་ཅིང་། ལྷག་པའི་ལྷ་ཡིས་བྱིན་གྱིས་བརླབས་པས། རྒྱུད་དོན་བླ་མའི་མན་ངག་གིས་བཀྲལ་བ། རང་གི་རིག་རྩལ་རྣམ་པར་དཔྱོད་པས་ཉམས་སུ་མྱོང་བ་ཐོབ་སྟེ། རྒྱུད་དོན་འཐོར་བ་བསྡུས། ཟབ་མོའི་གནད་བཀྲོལ། གབ་པ་མངོན་དུ་ཕྱུང་། མན་ངག་གི་བཅུད་དྲིལ་ནས། རྫོང་བྱེད་ཀྱི་ཚིག་བསྡུས། བརྗོད་

བྱའི་དོན་རྒྱས། སྐབས་ཀྱི་དགོས་དོན་མ་ཚང་བ་མེད་པ་ཡོངས་སུ་རྫོགས་པ་ལེགས་བཤད་ཤེལ་གྱི་མེ་ལོང་ཞེས། མཁས་བླུན་ཀུན་གྱི་ཡིད་རྟོན་གྱི་གནས་སུ་རུང་བ་འདི་ཉིད་མཛད། འདི་ལྟ་བུའི་རྒྱུ་དོན་གསལ་པོར་ཕྱེ་བ་སྔ་ན་མེད་པར་ངེས་པའི་ལེགས་བཤད་འདི་བཞིན་རྣམ་པར་དཔྱད་ན་ལྐོག་གྱུར་གྱི་དངོས་པོ་བརྒྱ་ཕྲག་ལག་མཐིལ་གྱི་རྫས་བཞིན་དུ་གསལ་བར་མཐོང་བས། གཞན་ཟེར་རྗེས་འབྲངས་ཙམ་མ་ཡིན་པར་གངས་ཅན་རྩིས་ཀྱི་རིག་པའི་ངོ་མཚར་རང་ལ་མངོན་སུམ་དུ་སྣང་བར་འགྱུར་ཏེ། མཛད་པ་པོ་ཉིད་ཀྱིས། འདི་ན་སྙིང་པར་དགའ་བའི་རིན་ཆེན་ནི། །ཤིན་ཏུ་གསང་བ་ཆེན་པོའི་མན་ངག་གང་། །གཡུལ་ལས་རྣམ་པར་རྒྱལ་བ་དབྱངས་འཆར་རྒྱུད། །འདི་འདྲའི་ཚུལ་ལ་བདག་ཅག་རིང་ནས་མོས། །ཞེས་སོགས་དང་། དེང་དུས་གཡུལ་ལས་རྒྱལ་བའི་གཙུག་ལག་རྒྱུད། །རྒྱ་མཚོའི་གཏིང་དུ་བྱིང་བའི་ནོར་བུ་བཞིན། །མིང་ཙམ་ཕྱོགས་ཀྱི་བུ་མོའི་རྣ་རྒྱན་ལ། །ཡང་ཡང་གྲགས་ཀྱང་ལག་ལེན་ངོ་མཚར་གཟུགས། །ཇི་བཞིན་སྟོན་པ་གངས་ཅན་འདི་ན་ཡང་། །ཉིན་མོའི་སྐར་མ་ལས་ཀྱང་ཆེས་དཀོན་པར།། མཐོང་ནས་ཐབས་ཚུལ་རིགས་པ་སྣ་ཚོགས་ཀྱིས། ཁྱབ་འཇུག་དཔའ་བོའི་རྣམ་ཐར་བདག་གིས་བཟུང་། །དེ་ཚེ་ལྷ་བརྒྱའི་ཅོད་པན་ནོར་བུ་ཡིས། །གང་གི་ཞབས་ཀྱི་ཆུ་སྐྱེས་རྟག་མཆོད་པ། །བདེ་འབྱུང་ཡབ་ཡུམ་དུས་ལྷའི་ཚོགས་བཅས་ཀྱིས། །དགྱེས་ཞལ་ཟླ་བའི་ངང་ཚུལ་བསྟན་ནམ་སྙམ། །འཐོར་བའི་དོན་བསྡུས་ཉུང་ངུའི་ངག་གིས་བསྟན། །ཟབ་མོའི་གནད་བཀྲོལ་རབ་གསལ་ཚིག་གིས་བརྗོད། །མང་པོའི་བཅུད་དྲིལ་དགོས་དོན་ཡང་དག་རྫོགས། །ལེགས་བཤད་ཤེལ་གྱི་མེ་ལོང་འདི་ན་ངོམ། །རྒྱུད་དོན་རྒྱ་མཚོའི་གཏིང་མཐའ་དཔག་ཡས་ཤིང་། །གབ་དང་སྦས་པའི་ཐ་གློང་བཀྲོལ་དཀའ་བས། །གངས་ཅན་དབྱངས་འཆར་སླ་བའི་དོན་མཐུན་བརྒྱ། །ཟབ་དོན་ནོར་བུའི་གླིང་

ལ་རྒྱབ་ཀྱིས་ཕྱོགས། །སྔོན་གྱི་ལས་འཕྲོ་བཟང་པོའི་འཕེན་པ་དང་། །བླ་མ་མཆོག་དང་ལྷག་པའི་ལྷ་ཡི་མཐུས། །ཇི་བཞིན་ངེས་པ་རྙེད་པའི་གཞུང་བཟང་འདི། །སྐལ་བཟང་སྐྱེ་བོའི་ཡིད་རྟོན་གནས་སུ་རུང་། །ཞེས་དང་། གང་ཞིག་ཕས་ཀྱང་བུ་ལ་མི་སྟོན་ཞིང་། །ཕོངས་ཀྱང་རིན་ཆེན་གསེར་ལ་མི་བཙོང་བ། །གསང་བའི་གདམས་པ་གཡུལ་ལས་རྒྱལ་བའི་རྒྱུད། །བལྟས་པ་ཙམ་གྱིས་བདེ་བླག་རྟོགས་བྱེད་འདི། །ཞེས་དང་། རྒྱུད་དོན་རྒྱ་མཚོ་བཀྲལ་བའི་རྣམ་དཔྱོད་ནི། །དྲི་མེད་བཻཌཱུའི་གླིང་ལྟར་མཛོན་དགའ་བ།། དེ་ལས་བྱུང་བའི་རྩིས་རིག་རིན་ཆེན་ཚོགས། །སྐལ་བཟང་སྐྱེ་བོ་དགའ་བའི་རྒྱན་དུ་མཛོད། །ཅེས་ཆེད་དུ་བསྔགས་པ་འདི་དག་རབ་བརྟགས་ལྟ་བུ་མ་ཡིན་པར་རང་བཞིན་བརྗོད་པའི་ཚེ་བ་དོན་ལ་གནས་པ་ཡིན་པས་གཟུར་གནས་བློ་ལྡན་རྣམས་ཀྱི་གཙུག་རྒྱན་དུ་གྲུབ་པ་ཡིན་ནོ། །

དྲུག་པ་རྒྱུད་ཀྱི་ཆེ་བ་བསྟན་པ་ནི། དབྱངས་འཆར་བའི་རྒྱུད་ཉིད་ལས་འདི་ལྟར་གསུངས་ཏེ། སྔོན་བྱུང་ལོ་རྒྱུས་ཀྱི་ཆེ་བ་ནི། སྔོན་ཆེ་ལྷ་དང་ལྷ་མིན་དག །བ་སྤྱི་ལྡང་བའི་གཡུལ་འགྱེད་ཚེ། །ལྷ་ཡི་དབང་པོས་བདག་ལ་དྲིས། །འདི་བཤད་ལྷ་མིན་ཕམ་པར་བྱས། །བསྟན་བཅོས་གསང་བ་ཆེན་པོའི་རྒྱུད། །གཡུལ་ལས་རྣམ་པར་རྒྱལ་བར་གྲགས་ཞེས་དང་། རྟོགས་དཀའ་ཞིང་མི་ཤེས་པའི་སྐྱོན་ནི། རྒྱུད་རྣམས་ཀུན་ཏུ་སྦས་པ་སྟེ། །གསང་བ་བས་ཀྱང་ཆེས་གསང་བ། །གང་གིས་དབྱངས་འཆར་མི་ཤེས་པར། །གཡུལ་ལས་རྒྱལ་བར་འདོད་པ་ནི། །མཁའ་ལ་ཁུ་ཚུར་བསྣུན་འདོད་དང་། །སྨིག་རྒྱུའི་ཆུ་ནི་བསྙེགས་པ་བཞིན། །མཛེས་མ་ཇི་ལྟར་འཇིག་རྟེན་དུ། །དུས་ཀྱི་ལྷ་རྣམས་འཆར་བ་ལས། །བརྟག་དཔྱད་མེད་པར་འཇུག་པ་ནི། །ལྷུན་པོར་ངེས་སོ་རྫོང་ལྟ་མོ། །ཞེས་དང་། ཤེས་ན་བླང་དོར་གསལ་བའི་ཡོན་ཏན་ནི། །དུས་ཀྱི་བདག་པོ

རྣམས་འབྱུང་བས། །བརྟགས་ཤིང་དཔྱད་ནས་འཇུག་པར་བྱ། །ཤེས་དང་མི་ཤེས་ཐམས་ཅད་ཀྱི། །མཚན་ཉིད་རྣམས་ནི་སྟོན་པར་བྱེད། །གཅིག་ཏུ་ཡིད་ནི་དག་པ་ལ། །མི་རྟོག་ཕྱིར་ན་འདི་མི་དགོས། །ཞེས་དང་། རྒྱུད་དོན་རྟོགས་པ་བླ་མའི་མན་ངག་ལ་བལྟོས་པའི་ཆེ་བ་ནི། ལྷ་མོ་དབྱངས་འཆར་ཞེས་བྱ་བ། །དགོས་དོན་མ་ཚང་མེད་པ་ཡི། །རྒྱུད་འདི་བླ་མའི་མན་ངག་ལས། །ཐེ་ཚོམ་མེད་པར་ཤེས་པར་འགྱུར། །ཞེས་དང་བླ་མའི་མན་ངག་མེད་ན་མི་རྟོགས་པ་ནི། འཁོར་ལོའི་མཚན་ཉིད་མང་པོ་རྣམས། །གཞུང་གི་མཐར་ཐུག་འདི་ལས་ཤེས། །གང་ཚེ་བླ་མའི་མན་ངག་བྲལ། །དེ་ཚེ་བསྟན་བཅོས་གཞུང་འདི་སྤོང་། །ཞེས་དང་། ཤིན་ཏུ་མཁས་ཀྱང་འདི་ལ་འཇུག་པར་འོས་པ་ནི། གང་ཞིག་ཐམས་ཅད་ལྟས་འདི་ལས། །འབྲས་བུ་མང་པོ་མཐོང་བར་འགྱུར། །ཐམས་ཅད་མཁྱེན་པའི་སྐྱེ་བོས་ཀྱང་། །དོན་འདོད་དགའ་བས་འདིར་ཞུགས་ན། །བཤད་པའི་འཁོར་ལོ་འདྲི་བྱེད་ལ། །འབྲས་བུ་འཕྲུལ་དུ་མཐོང་བ་ཡིན། །ཞེས་དང་། བླུན་པོའི་སྤྱོད་ཡུལ་མ་ཡིན་པས་མཆོག་ཏུ་གྲུབ་པ་ནི། དབྱངས་འཆར་སྤྱོང་བའི་བླུན་པོ་ནི། །ཉོར་བུ་ཕྱུགས་ལ་ཧི་ལྟ་བུ། །ཁྭ་ཡིས་ནོར་བུ་དཔལ་མིན་བཞིན། །སྐྱེས་བུ་བླུན་པོས་མཆོག་འདི་སྤོང་། །ཅེས་དང་། ཇི་བཞིན་རྟོགས་པའི་འབྲས་བུ་ནི། ཐེ་ཚོམ་མེད་ཅིང་འཇིགས་མེད་པར། །གཡུལ་ལས་རྒྱལ་བ་སེང་གེ་འདྲ། །ཞེས་དང་། གསང་བས་འགྲུབ་པའི་ཁྱད་ཆོས་ནི། ཐེ་ཚོམ་ཐམས་ཅད་གཅོད་པའི་རྒྱུད། །ལྷ་མོ་གསང་བ་ལས་ཀྱང་གསང་། །མཆོག་ཏུ་གསང་བ་རྣ་བཞི་པ། །ཤིན་ཏུ་སྦས་འགྲུབ་ལྷ་མོ་ཀྱི། །ཞེས་དང་། གང་ལ་གསང་བ་དང་སྟོན་པའི་སྣོད་ཀྱི་ཁྱད་པར་ནི། སྡིག་པ་ལ་བརྩོན་གཡོ་སྒྱུ་ཅན། ཁྲོ་ཞིང་མ་རུང་ལས་ལ་དགའ། །མེད་པ་བ་དང་རྒྱུད་འཚོང་བ། །གུས་མེད་རྣམས་ལ་སྦྱིན་མི་བྱ། །བླ་མ་ལ་གུས་སེམས་ཞི་བ། །བདེན་སྨྲ་རྟག་ཏུ་དགེ་ལ་བརྩོན། །བསྟན

བཅོས་དམ་པ་རྙེད་དཀའ་བ། །འདི་ལ་སྨིན་བྱ་ལྟས་མཚོད་མ། །ཞེས་གསུངས་པ་འདི་དག་གཞུང་ཚིག་ཞལ་གསལ་བས་གསལ་བྱེད་ཕྲན་བུ་ལས་མ་སྤྲོས་ལ། མདོར་ན་སྲིད་པ་འདི་ན་ནོར་བུ་རིན་པོ་ཆེ་བཞིན་དུ་རྙེད་པར་དཀའ་བ་ཤིན་ཏུ་གསང་བ་ཆེན་པོའི་མན་ངག་དཔལ་གཡུལ་ལས་རྣམ་པར་རྒྱལ་བ་དབྱངས་འཆར་བའི་རྒྱུད། དུས་གསུམ་ལྐོག་གྱུར་གྱི་ཤེས་བྱ་སྒྲིབ་མེད་དུ་གསལ་བས། ཕས་ཀྱི་རྒོལ་བ་སྟོང་གི་སྟོབས་འཇོམས་ཤིང་རང་གི་འཕྲུལ་ཡུན་གྱི་འདོད་རྒྱུ་ཐམས་ཅད་ཚོགས་མེད་དུ་སྒྲུབ་ནུས་པ་འདི་འདྲ་བའི་རྟེན་འབྲེལ་ཟབ་མོའི་འཕྲུལ་འཁོར་ལ་བརྟེན་པའི་གསང་བའི་མན་ངག་ཚུལ་བཞིན་ཤེས་པའི་བློ་ལྡན་དེས་ནི། རང་གཞན་གྱི་ཕུན་སུམ་ཚོགས་པའི་དོན་ཆེན་མཐའ་དག་ཡིད་བཞིན་དུ་འགྲུབ་པ་ལ་མངའ་དབང་བསྒྱུར་ཞིང་། སྲིད་པ་གསུམ་གྱི་ཆེ་རྒྱ་ཀུན་གྱི་གཙུག་གིས་མཆོད་པར་འགྱུར་ཏེ། མི་ཕམ་འཇམ་དཔལ་རྡོ་རྗེས། སྔ་ཕྱི་ཀུན་ཏུ་མཐོང་བའི་མིག་བགྱིད་ནས། །རྒོལ་ངན་གླང་པོ་སྟོང་གི་སྟོབས་འཇོམས་ཤིང་། །རང་གི་འདོད་རྒུ་སྒྲུབ་ལ་རྩལ་ལྡན་པ། །རྩིས་རིག་འདི་འཛིན་མི་ཡི་སེང་གེ་འདྲ། །ཞེས་དང་། འདི་འདྲའི་རྟེན་འབྲེལ་ཟབ་མོའི་འཕྲུལ་འཁོར་ལ། །བརྟེན་པའི་མན་ངག་རྙེད་པའི་སྐལ་བཟང་དེས། །ཕུན་ཚོགས་ཡིད་བཞིན་འགྲུབ་པའི་རྩེད་འཛེ་ཡིས། །སྲིད་གསུམ་ཆེ་རྒྱའི་ཅོད་པན་ཁྲི་ལ་འཁྱིད། །ཞེས་གསུངས་པ་ལྟར་རོ། །

བདུན་པ་དོགས་པ་སྤང་བ་ནི། ཁ་ཅིག་དབྱངས་འཆར་འདི་ཉིད་གསུང་བ་པོ་ལྷ་དབང་ཕྱུག་ཆེན་པོ་ཡིན་ཞིང་དེ་ནི་ཕྱི་རོལ་པའི་སྟོན་པ་ཡིན་པས་ན། སངས་རྒྱས་ཀྱི་རྗེས་སུ་འཇུག་པ་རྣམས་ཀྱི་བསླབ་བྱ་མ་ཡིན་ཏེ་སྟོན་པ་ཉིད་ཀྱིས་ཆོས་འདི་ལས་ཕྱི་རོལ་ཏུ་གྱུར་པ་ལ་དགེ་སྦྱོང་གི་ཚུལ་དང་། འཕགས་པའི་ལམ་མེད་དོ། །ཞེས་དང་། ཀུན་ཏུ་རྒྱུ་གླན་ཀ་འཚོལ་བའི་བསམ་པས་འོངས་པ་དེ་དག་ལ་དཀར་པོའི་ཆོས་གཅིག

ཙམ་ཡང་ངས་མ་མཐོང་སྟེ། ཞེས་གསུངས་པའི་ཕྱིར་རོ་སྙམ་ན། མུ་སྟེགས་ཡིན་ན་མུ་སྟེགས་རང་རྒྱུད་པ་ཡིན་པས་མ་ཁྱབ་སྟེ། མུ་སྟེགས་ཀྱི་སྒྲས་བརྗོད་རིགས་ལ་དབྱེ་ན། མིང་བཏགས་པ་ཙམ་གྱི་མུ་སྟེགས་དང་། དེར་སྤྱོད་པ་དང་། རང་རྒྱུད་པའི་མུ་སྟེགས་ཏེ་དབྱེ་བ་གསུམ་ཡོད་དེ། ལང་ཀར་གཤེགས་པའི་མདོ་ལས། ཇི་སྲིད་སེམས་ནི་འཇུག་པའི་བར། །དེ་སྲིད་འཇིག་རྟེན་རྒྱང་འཕེན་ཡིན། །ཞེས་རྣམ་རྟོག་མ་ཟད་ཀྱི་བར་ལ་རྒྱང་འཕེན་གྱི་སྒྲས་གདགས་པར་གསུངས་ཤིང་། བདེན་སྨྲའི་མདོ་ལས། ཡིད་བཞིན་ནོར་དང་མཆེང་བུ་འཕྲེད་གྱུར་པ། །བདེན་པའི་ཚུལ་དུ་ནམ་ཡང་འགྱུར་བ་མེད། །དེ་བཞིན་སངས་རྒྱས་རིན་ཆེན་མུ་སྟེགས་ཅན། །ཞིང་གཅིག་ཏུ་ནི་ནམ་ཡང་འབྱུང་བ་མེད།། མུ་སྟེགས་ཅན་སྒོ་འདི་ཀུན་བསམ་གདན་དང་། །མངོན་ཤེས་དབང་བསྒྱུར་ཐབས་མཁས་ཡིན་ཤེས་ཀྱིས། །ཤེས་རབ་ཐབས་ཀྱི་སྤྱོད་པས་བློ་ལྡན་རྣམས། །རྣམ་པར་འཕྲུལ་པ་སྣ་ཚོགས་སྟོན་པར་བྱེད། །ཅེས་དང་། རབ་ཏུ་ཞི་བ་རྣམ་པར་ངེས་པ་ཆོ་འཕྲུལ་གྱི་མདོ་ལས། སེང་གེ་ཆེན་པོའི་མདུན་དུ་རི་དྭགས་ཕྲ་མོ་མི་གནས་པ་བཞིན་དུ། དེ་བཞིན་གཤེགས་པའི་མདུན་དུ་མུ་སྟེགས་གནས་པར་མི་ནུས་མོད་ཀྱི་སེམས་ཅན་སྨིན་པར་བྱ་བའི་དོན་དུ་དེ་བཞིན་གཤེགས་པ་ཉིད་ཀྱིས་བྱིན་གྱིས་བརླབས་པ་ནི་མ་གཏོགས་སོ། །ཞེས་ཟབ་མོའི་ལམ་ལ་དངོས་སུ་བཀྲིར་མི་རུང་བ་དག་རིམ་གྱིས་གཞུག་པའི་ཕྱིར་དུ་སངས་རྒྱས་དང་བྱང་ཆུབ་སེམས་དཔའ་རྣམས་ཀྱི་དེ་དག་གི་སྟོན་པར་སྤྲུལ་ནས་རིགས་པའི་སྒོ་དུ་མ་སྟོན་པར་གསུངས་སོ། །དཔེར་ན་སངས་རྒྱས་པའི་ཉན་རང་ལ་ཕྱོགས་ཡོངས་སུ་འཛིན་པའི་ཉན་རང་དང་། སྤྲུལ་པའི་ཉན་རང་གཉིས་ཡོད་པར་གསུངས་ཏེ། ཇི་སྐད་དུ། ཐེག་པ་རླབས་པོ་ཆེས་ནི་སྒྲག་འགྱུར་ཞིང་། །འདི་ན་སེམས་ཅན་དམན་ལ་མོས་རིག་ནས། །བྱང་ཆུབ་སེམས་དཔའ་དེ་དག་ཉན་ཐོས་འགྱུར། །རང་

རྒྱལ་བྱང་ཆུབ་པ་ཡང་རབ་ཏུ་སྟོན། །ཞེས་གསུངས་པ་དེ་བཞིན་དུ་ཕྱི་རོལ་པ་ཡང་ཕྱོགས་ཡོངས་སུ་འཛིན་པའི་ཕྱི་རོལ་པ་དང་། སྤྲུལ་པའི་ཕྱི་རོལ་པ་གཉིས་སུ་ཡོད་ལ། དེས་ན་བསྟན་བཅོས་འདི་གསུང་བ་པོ་དབང་ཕྱུག་ཆེན་པོ་ནི་ཕྱོགས་ཡོངས་སུ་འཛིན་པའི་ཕྱི་རོལ་པ་མ་ཡིན་ཏེ། མུ་སྟེགས་འདུལ་བ་སོགས་ཀྱི་ཆེད་དུ་སྤྱན་རས་གཟིགས་ཀྱི་སྤྲུལ་པར་གསུངས་པའི་ཕྱིར་དང་། ས་ཆེན་པོ་ལ་གནས་པའི་བྱང་སེམས་ཡིན་པས། དུས་ཀྱི་འཁོར་ལོའི་དཀྱིལ་འཁོར་གྱི་ནང་དུ་ཡང་བཞུགས་པའི་ལྷ་ཡིན་པས་མངོན་པར་ཤེས་པ་ལྔ་དང་ལྡན་པའི་ཕྱིར་དང་། མ་འོངས་པ་ན་སངས་རྒྱས་པའི་ལུང་བསྟན་ཐོབ་པ་ཡིན་པའི་ཕྱིར་རོ། །དེ་ཡང་མདོ་སྡེ་ཟ་མ་ཏོག་བཀོད་པར། སངས་རྒྱས་རྣམ་པར་གཟིགས་འཇིག་རྟེན་དུ་བྱོན་པའི་ཚེ། འཕགས་པ་སྤྱན་རས་གཟིགས་དབང་ཕྱུག་གིས། མ་འོངས་པའི་དུས་ན། སྙིགས་མ་ལྔ་དང་ལྡན་པའི་སེམས་ཅན་རྣམས། སངས་རྒྱས་ཤཱཀྱ་ཐུབ་པ་དང་བྱང་ཆུབ་སེམས་དཔའི་སྤྱན་རས་གཟིགས་སོགས་ཚ་ལུགས་ཀྱིས་མི་འདུལ་བར་སྙིགས་མའི་འགྲོ་བ་རྣམས། ཕྱི་རོལ་པའི་ལྷའི་དབང་ཕྱུག་ཡབ་ཡུམ་གཉིས་གཟུགས་དང་། དེའི་རྟགས་ཕྱག་ན་ཆུ་སྲིན་གྱི་རྒྱལ་མཚན་ཐོགས་པ་དང་མཚན་མས་སྤྱི་བོར་རི་བོང་གིས་མཚན་པ་འདུལ་བར་གཟིགས་ནས། ལྷ་ཐམས་ཅད་མཁྱེན་སརྦ་ཛྙཱ་ཞེས་བྱ་བ་ལྷ་ཡུལ་དུ་བརྡ་སྤྲོད་པ་སོགས་ཀྱི་སློབ་དཔོན་ཡང་ཡིན་པ་ཞེས་བྱ་བའི་ཏིང་ངེ་འཛིན་ལ་སྙོམས་པར་བཞུགས་སོ། །དེ་ནས་དབང་ཕྱུག་དཔྲལ་བ་ནས་བྱུང་། ཚངས་པ་ཕྲག་པ་གཡས་པ་ནས་བྱུང་། ཁྱབ་འཇུག་ཕྲག་པ་གཡོན་པ་ནས་བྱུང་། ཉི་མ་མིག་གཡས་པ་ནས་བྱུང་། ཟླ་བ་མིག་གཡོན་པ་ནས་བྱུང་། ཆུ་ལྷ་ལྟོ་བ་ནས་བྱུང་། དབྱངས་ཅན་མ་ཞལ་གྱི་མཆེ་བའི་རྩེ་ལས་བྱུང་ངོ་ཞེས་གསུངས་པས་ན། སྤྱན་རས་གཟིགས་དང་། སྒྲོལ་མས་དབང་ཕྱུག་ཡབ་ཡུམ་གྱི་རྣམ་པས་རྒྱུད་འདི་བསྟན་ནོ། །ཞེས་བླ་མ་སྟོན་མ་མང་པོས་གསུངས་པ་དོན་ལ་

གནས་སོ། །དཔལ་དུས་ཀྱི་འཁོར་ལོ་ལས་སྐུའི་དཀྱིལ་འཁོར་གྱི་གཙོ་བོར་དབང་ཕྱུག་ལ་སོགས་པ་ལྷ་ཆེན་པོ་རྣམས་བཀོད་ཅིང་། མཆོག་ཏུ་མི་འགྱུར་བའི་ཡེ་ཤེས་གྲུབ་པའི་མདོར་བསྟུས་ཆེན་པོ་ལས། དེ་ལྟར་བརྗོད་པའི་རིམ་པ་འདིས། ས་བརྒྱད་ཀྱི་དབང་ཕྱུག་དང་། དབང་ཕྱུག་ལ་སོགས་པའི་ལྷ་རྣམས་དང་། བྱང་ཆུབ་སེམས་དཔའ་རྣམས་ལ་ཡང་མངོན་པར་ཤེས་པ་ལྔ་རིག་པར་བྱའོ། །ཞེས་རྒྱུད་ལས་གསལ་བར་གསུངས་པས་རྒྱུད་དང་འགྲེལ་པ་དངོས་འགལ་དུ་སུ་ཞིག་གིས་སྨྲ་བར་ནུས། གོང་དུ་དྲངས་པའི་ལུང་དེ་ཙམ་དུ་མ་ཟད། འཇམ་དཔལ་རྩ་རྒྱུད་ལས། རང་ཉིད་འོད་ལྡན་སེམས་ཅན་ནི།། དེ་ཡི་དུས་སུ་རྫོགས་ལྡན་ཡིན། །ཞེས་དང་། དེ་ཉིད་ལས། མི་ཡི་ལུས་ལ་ཡང་དག་བརྟེན། །བཟའ་དང་བཏུང་ལ་བཀྲམ་ཆགས་པས། །འོད་དེ་དག་ནི་རབ་ཏུ་ཉམས། །ལུས་ནི་སྲ་བ་ཉིད་གྱུར་ཅིང་། །དགེ་དང་མི་དགེའི་རྣམ་པར་སྤྱོད། །དེ་ནས་ཉིན་ཞག་ཟླ་བ་དང་། །གཟའ་ཡི་འོད་ནི་བྱུང་བར་གྱུར། །དེ་ནས་བཟུང་ནས་གང་ཙུང་ཟད། །སྐར་མའི་དཔྱད་ཤེས་པ་ཉིད་དང་། །སེམས་ཅན་རྗེས་སུ་བཟུང་བར་བརྗོད། །ངས་ནི་དེ་དག་བསྟན་པ་ཡིན། །ཞེས་གཟའ་དང་རྒྱུ་སྐར་དེ་དག་གི་གནས་ལུགས་དང་། བགྲོད་འགྲོས། ལེགས་ཉེས་ཀྱི་དཔྱད་རྣམས་སེམས་ཅན་ལ་སྟོན་པ་པོ་དྲང་སྲོང་ཧ་བོང་དང་། དབང་ཕྱུག་ཆེན་པོ་སོགས་ཀྱང་བདག་ཅག་གི་སྟོན་པ་ཉིད་ཡིན་པར་གསུངས་པ་དང་། འགའ་ཞིག་ཏུ་དབང་ཕྱུག་ཕྱུག་རྡོར་གྱི་སྤྲུལ་པར་ཡང་བཤད། གཞན་ཡང་གཟུངས་གྲྭ་ལྔར། ལྷའི་བུ་དབང་ཕྱུག་ཆེན་པོ་དང་། ཞེས་དང་། རྒྱ་ཆེར་རོལ་པར་ལྷ་དབང་ཕྱུག་དང་། དབང་ཕྱུག་ཆེན་པོ་དང་ཞེས་ནང་པའི་ལྷར་གསུངས། རྣམ་སྣང་མངོན་བྱང་དུ། ལ་ལར་ནི་དབང་ཕྱུག་དང་ཞེས་སྤྲུལ་པར་བཤད། གདུགས་དཀར་དུ། ལེགས་ལྡན་དྲག་པོ་དཀའ་ཐུབ་ཟློག་པའི་བདག་པོ་སོགས་ལེགས་ལྡན་མཆེད་གསུམ་དུ་བགྲང་བ

དང་། མཁའ་འགྲོ་མ་མེ་ལྕེ་འབར་བའི་རྒྱུད་སོགས་མདོ་རྒྱུད་དུ་མ་ནས་ནང་པའི་ལྷ་རུ་བཤད། ཐོན་མི་སམ་བྷོ་ཊས། གང་གིས་མིང་གཞི་སྟོན་གསུང་བའི། །རྟག་ཞི་བ་ལ་ཕྱག་འཚལ་ལོ། །ཞེས་པའི་རྟག་ཞི་བ་ལྷ་དབང་ཕྱུག་ཆེན་པོ་ཡིན་པ་སུམ་རྟགས་ཀྱི་འགྲེལ་པ་མང་པོར་འབྱུང་། མུ་སྟེགས་པའི་གྲུབ་མཐའ་བརྒྱམས་ནས་ལྷར་བཟུང་བས། ཕྱི་ནང་ཐུན་མོང་གི་གདུལ་བྱའི་དོན་མཛད་པ་ཡིན་ནོ། །ལུང་བསྟན་བརྟེན་པའི་ཚུལ་ནི། མགོན་པོ་མདོན་བྱུང་གི་རྒྱུད་ལས། ལེགས་ལྡན་དབང་ཕྱུག་ཆེན་པོ་ནི། མ་འོངས་པའི་དུས་ན་དེ་བཞིན་གཤེགས་པ་དགྲ་བཅོམ་པ་ཡང་དག་པར་རྫོགས་པའི་སངས་རྒྱས་ཐལ་བའི་དབང་པོ་ཞེས་བྱ་བར་འགྱུར་རོ། །ཞེས་གསུངས་པ་དེ་ཡིན། དེས་ན་རྟོག་གེས་དཔྱད་པ་ཉི་ཚེ་བའི་ཚུ་རོལ་མཐོང་བ་དག་ལས་ཤིན་ཏུ་འདས་པའི་འཕགས་པ་རྣམས་ཀྱི་མཁྱེན་པའི་མེ་ལོང་སྒྲིབ་པ་མེད་པ་ལ། ཇི་ལྟར་ཇི་སྙེད་ཀྱི་ཤེས་བྱའི་གཟུགས་བརྙན་མཐའ་དག་མ་འདྲེས་གསལ་བར་འཆར་བ་ནི་སུས་ཀྱང་འགོག་ཏུ་མེད་ཅིང་། དེ་དག་གིས་ཀྱང་གང་ལ་གང་འདུལ་གྱི་ཐབས་ཀྱིས་གདུལ་བྱ་རྣམས་ལ་སྟོན་པར་འགྱུར་བ་ཡང་སྐྱེ་རྒྱུའི་བསོད་ནམས་དང་སྟོན་གྱི་སྨོན་ལམ་གྱི་མཐུ་ལས་འབྱུང་བ་ཆོས་ཉིད་དུ་གྲུབ་པས་ན་དོན་དེ་ལ་དགོངས་ནས་སྟོན་པ་སངས་རྒྱས་ཉིད་ཀྱིས་ཀྱང་། འདུལ་བ་ལུང་ལས། གཞན་ལ་ལེགས་པར་གོ་བར་བྱེད་ནུས་ཤིང་རྒྱལ་བའི་དཀའ་ལ་བརྩོན་པ་ཉིད་མི་གཏོང་ན་ཕྱི་རོལ་པའི་བསྟན་བཅོས་དག་ཀྱང་གཟུང་བར་བྱའོ། །ཞེས་དང་། འགྲེལ་ཆེན་དྲི་མེད་འོད་ལས། དེའི་ཕྱིར་སངས་རྒྱས་པ་རྣམས་ཀྱིས་ཕྱི་རོལ་ཡོངས་སུ་ཤེས་པའི་དོན་དུ་ཚངས་པ་དང་། ཉི་མ་པ་དང་། གཅེར་བུ་པ་དང་། སྒྲ་ཅན་གྱི་གྲུབ་པའི་མཐའ་རྣམས་ཀྱང་ཤེས་པར་བྱའོ། །ཞེས་པ་ནི་བཅོམ་ལྡན་འདས་ཀྱི་ངེས་པའོ། །ཞེས་ཤེས་བྱའི་གནས་ལ་མཁས་པར་བྱ་བའི་ཕྱིར་དུ་སངས་རྒྱས་པ་རྣམས་ཀྱིས་ཀྱང་ཕྱི

རོལ་པའི་བསྟན་བཅོས་ལ་ཡང་བསླབ་དགོས་པར་གསུངས་ལ། ཆོས་འདི་ལས་ཕྱི་རོལ་གྱུར་པ་ལ་དགེ་སྦྱོང་གི་ཚུལ་དང་འཕགས་པའི་ལམ་མེད་པ་དང་། ཀུན་ཏུ་རྒྱུ་གླན་ཀ་འཚོལ་བའི་བསམ་པས་འོངས་པ་ལ་དཀར་པོའི་ཆོས་མེད་པར་གསུངས་པ་རྣམས་ནི་སྤྲུལ་པའི་ཕྱི་རོལ་པ་དེ་དག་གི་གདུལ་བྱ་མང་པོ་ཞིག་མུ་སྟེགས་རང་རྒྱུད་ཡིན་པ་ལ་དགོངས་ནས་དེ་ལྟར་གསུངས་པ་ཡིན་ནོ། །གལ་ཏེ་ཕྱི་རོལ་རང་རྒྱུད་པ་ཞིག་གིས་བྱས་པ་ཡིན་ཀྱང་ལྟ་བ་སོ་སོར་འཛིན་ནས་ཐུན་མོང་དུ་བསླབ་པར་བྱ་བ་བཟོ་གསོ་སྒྲ་ཚད་རྩིས་ལ་སོགས་པ་རང་གཞན་ལ་ཕན་པའི་དོན་དང་ལྡན་ན། བདག་ཉིད་ལེགས་སུ་འདོད་པ་རྣམས་ཀྱིས་བླང་བྱ་ཡིན་ཏེ། སློབ་དཔོན་འཕགས་པ་ལྷས། རིགས་པའི་དོན་ནི་གཞན་ལས་ཀྱང་། །བློ་ལྡན་ལེགས་པར་འདོད་པས་བླངས། །ཉི་མ་ས་སྟེང་མིག་ལྡན་པ། །ཀུན་གྱི་སྤྱི་མཐུན་མ་ཡིན་ནམ། །ཞེས་དང་། ས་སྐྱ་ལེགས་བཤད་ལས། ལེགས་བཤད་བྱིས་པ་དག་ལས་ཀྱང་། །མཁས་པ་རྣམས་ནི་ཡོངས་སུ་ལེན། །དྲི་ཞིམ་བྱུང་ན་རི་དྭགས་ཀྱི། །ལྟེ་བ་ལས་ཀྱང་གླ་རྩི་ལེན། །ཞེས་གསུངས་པ་ལྟར་སྙིགས་འདོར་བཅུད་ལེན་བྱ་དགོས་སོ། །གལ་ཏེ་དབྱངས་འཆར་ཕྱི་རོལ་པའི་ཚུལ་བཟུང་བས་བརྩམས་པའི་རྒྱུ་མཚན་གྱིས་བླང་བྱ་མ་ཡིན་ན། གསོ་བ་རིག་པའི་བསྟན་བཅོས་ཡན་ལག་བརྒྱད་ལྟ་བུ། ཚངས་པས་ཚེ་ཡི་རིག་བྱེད་དྲན་ནས་བཤད་པ་རྣམས་དང་། སྒྲ་མདོ་ཀ་ལཱ་པ་ལྷ་བུ་གཞོན་ནུ་གདོང་དྲུག་གིས་དབང་ཕྱུག་གོ་ཆ་ལ་བཤད་པ་དང་། ཚིག་རྒྱན་གྱི་བསྟན་བཅོས་མེ་ལོང་དབྱུག་པ་ཅན་གྱིས་སྦྱར་བ་དང་། མངོན་བརྗོད་ཀྱི་བསྟན་བཅོས་འཆི་མེད་མཛོད་ཅེས་པ་རིག་བྱེད་ནས་འབྱུང་བའི་གདམ་རྒྱུད་དབང་བཙན་པར་བྱས་ནས་སྦྱར་བ་དེ་དག་ཀྱང་འདོར་དགོས་པར་འགྱུར་ལ། དེ་ལྟ་ན་རིག་པའི་གནས་དང་པོ་བཞི་ཕྱི་ནང་གི་རིག་པའི་གནས་ཐུན་མོང་བ་མ་ཡིན་པར་འགྱུར་ལ། དེ་དག

སངས་རྒྱས་པས་གང་ལ་མཁས་པར་བྱ་བའི་གནས་མ་ཡིན་ན། རྒྱལ་སྲས་རྣམས་ཀྱིས་རིག་པའི་གནས་ཐམས་ཅད་ལ་མཁས་པར་སློབ་དགོས་པར་མདོ་དང་བསྟན་བཅོས་ཀྱི་ལུང་དྲངས་པ་རྣམས་དང་འགལ་བར་འགྱུར་རོ། །རྒྱུ་མཚན་དེའི་ཕྱིར་མདོར་བསྡུས་ན། དབྱངས་འཆར་འགྲེལ་པ་ཞལ་གྱི་མེ་ལོང་ལས། དེ་ཕྱིར་སྟོན་པས་འདུལ་བ་ལུང་ལས་ཀྱང་། །གཞན་ལ་ལེགས་པར་གོ་བར་བྱེད་ནུས་ཤིང་། །རྒྱལ་བའི་བཀའ་ལ་བཙོན་པ་མི་གཏོང་ན། །ཕྱི་རོལ་བསྟན་བཅོས་དག་ཀྱང་གཟུང་གསུངས་ན། །ཕྱི་དང་ནང་གི་རྟེན་འབྲེལ་ཟབ་མོའི་ཚུལ། །ཇི་སྐད་བརྗོད་ལ་དུས་ཀྱི་འཁོར་ལོ་སོགས། །ཐེག་མཆོག་རྒྱུད་སྡེ་ཆེན་པོ་རྣམས་དང་ཡང་། །དགོངས་པ་གཅིག་དང་དབྱངས་གཅིག་ཉིད་གྱུར་པ། །སྨིན་རས་གཟིགས་དང་སྒྲོལ་མས་ཐུན་མོང་རོར། །ལྷ་མཆོག་བདེ་འབྱུང་ཡབ་ཡུམ་རྣམ་རོལ་པས། །སྐྱེ་རྒུའི་མིག་བཟང་གྱུར་པ་བླང་དོར་རྟེས། །འདི་འདྲ་འདོམས་པར་མཛད་ལ་སུ་མི་གུས། །ཞེས་གསུངས་པ་ལྟར་ཡིན་པས་མཁས་པ་རྣམས་ཀྱིས་བླང་དོར་སྟོན་པའི་རིག་གནས་ཀྱི་སྙིང་པོར་གྱུར་པ་འདི་ཉིད་སྲིད་མཐའི་བར་དུ་དར་ཞིང་རྒྱས་པའི་ཐབས་ལ་འབད་པར་བྱའོ། །

ཡང་འགའ་ཞིག་གིས། དབྱངས་འཆར་ནི་དུས་ཀྱི་འཁོར་ལོའི་རྒྱུད་ལས་བཀག་སྟེ། འདུ་བ་ཁ་དོག་དབྱངས་ལ་སོགས་པ་མཉམ་དང་མི་མཉམ་གྱུར་པ་རྣམས་ཀྱིས་འབྲས་མེད་སྟོན་པ་ཉིད། །ཅེས་རྒྱལ་མཚན་དང་། དུ་བ་དང་། སེནྡྷི་ལ་སོགས་པ་བརྒྱད་ཀྱི་དུ་བ་བརྟག་པ་སོགས་ཀྱིས་གཞན་ལ་རྒྱལ་ཕམ་ལུང་སྟོན་པ་ནི་འབྲས་བུ་མེད་པ་ལུང་སྟོན་པ་ཉིད་དེ། གང་གི་ཕྱིར་ན་མངོན་པར་ཤེས་པ་ལྟ་མེད་པའི་ཕྱིར། ཞེས་སོགས་ཀྱིས་བཀག་པས་སོ་སྙམ་ན། དེ་ནི་དབང་ཕྱུག་གི་ཆོས་ལ་གནས་པའི་དྲང་སྲོང་རྣམས་ཀྱིས་སེམས་ཅན་རྣམས་ཀྱི་བདེ་སྡུག་རང་རང་གི་ལས་ཀྱིས་བྱེད་པར་མི་ཤེས

པར་གཟའ་སྐར་མ་ཁྲིམ་ལ་སོགས་པའི་དུས་ཀྱི་འབྲས་བུ་ཡིན་པར་བསམ་ནས་དེ་ལྟར་དབང་ཕྱུག་གིས་གསུངས་སོ། །ཞེས་རྫུན་གྱི་ཚིག་གིས་འཇིག་རྟེན་བསླུ་བར་བྱེད་པའི་ཕྱིར་དུ་དུ་བ་བརྟག་པ་སོགས་དབྱངས་འཆར་བའི་རྒྱུད་ཀྱི་དོན་དུ་བཀོད་པར་བྱས་པ་དེ་ཁོ་ན་འགོག་པར་མཛད་ཀྱི། དབྱངས་འཆར་མཐའ་དག་བཀག་པ་མ་ཡིན་ནོ། །དེ་ཡང་འཐབ་མོའི་རྒྱལ་ཕམ་བརྟག་པའི་རྩིས་ཀྱི་སྐོར་དབྱངས་འཆར་གྱི་རྒྱུད་ལས་བཤད་པ། རྒྱན་གྱི་འཁོར་ལོ། རྒྱལ་མཚན་དང་། དུ་བ་སོགས་བརྒྱད་ཀྱི་བརྟག་པ་དང་གཟའ་སོགས་ཀྱི་ཁ་དོག་ལྗང་དཀར་དམར་ནག་བཞི་དང་། དེ་བཞིན་དུ་བྲམ་ཟེ་སོགས་རིགས་བཞི་དང་། མིང་གི་དབྱངས་ལ་སོགས་པ་ཡི་གེའི་ཚོགས་རྣམས་ཀྱི་གསལ་བྱེད་རྣམས་གཉིས་དང་། དབྱངས་བཞིས་བསྒྱུར་བ་བསྡོམས་ཏེ། བདུན་གྱིས་བགོས་པའི་ལྷག་མ་མཉམ་པ་དང་མི་མཉམ་པ་བརྟགས་ནས། ཕྱི་རོལ་པའི་ལྷ་ཤེས་པ་རྣམས་ཀྱིས་དྲི་བ་པོ་ལ་རྒྱལ་ཕམ་སོགས་དེ་ཁོ་ན་ལྟར་ལུང་སྟོན་པ་དེ་བཀག་པ་ཡིན་ཏེ། དེ་དག་འགོག་པའི་རྒྱུ་མཚན་ཡང་། སེམས་ཅན་རྣམས་ཀྱི་བདེ་སྡུག་ནི་རང་རང་གི་སྔོན་ལས་ཀྱིས་བྱེད་པ་ཡིན་གྱི། གཟའ་སོགས་བདེ་སྡུག་བྱེད་པོ་གཞན་གང་ཡང་མེད་ལ། གཟའ་སོགས་ཀྱི་མཚན་མའི་བརྟག་པ་ཙམ་ཞིག་གིས་སེམས་ཅན་རྣམས་ཀྱི་ལས་ཀྱི་སྨྱོང་བ་མཐའ་གཅིག་ཏུ་རྟོགས་པར་མི་ནུས་ཤིང་། ལས་དང་བསོད་ནམས་ཀྱི་འཕེན་ཤུགས་དྲག་ཞན་གྱི་སྟོབས་ལས། བདེ་སྡུག་གི་རྣམ་པ་སྣ་ཚོགས་སུ་འགྱུར་བ་རྩིས་འབྲས་ལྟར་མི་འགྱུར་བའང་ཡོད་པས་ལས་འབྲས་གཙོ་བོར་ཤེས་པར་བྱ་ཡི་རྩིས་འབྲས་ཁོ་ན་གཙོ་བོར་མི་བྱ་སྟེ། དེ་ལྟར་བྱས་ན་ལས་འབྲས་ལ་སྐུར་བ་འདེབས་པར་འགྱུར་བའི་ཕྱིར་རོ།།

སྟོན་དྲང་སྲོང་སྐར་མ་ལ་དགའ་བས། ཐུབ་པ་ཁྱེད་ནི་རྒྱལ་ལ་སྐྱེས། །མཚན་མཆོག་དག་ནི་ཤིན་ཏུ་དགའ། །ཞེས་ཞུས་པའི་ལན་དུ། བཅོམ་ལྡན་འདས་ཀྱིས། ཀུན་ཏུ་རྟོག

པའི་སྤྱོད་ཡུལ་ཅན། །བྱིས་པ་གང་ལ་སེམས་ཆགས་པ། །དེ་ནི་བྱིས་པ་རྨོངས་པ་སྟེ། །ཞེས་སོགས་ཀྱིས་སྐར་མ་རྒྱལ་ལ་སྐྱེས་པའི་སེམས་ཅན་ཐམས་ཅད་མཐའ་གཅིག་ཏུ་བདེ་བར་འགྱུར་བ་མ་ངེས་པ་དང་། ཉ་ཡི་རྒྱ་བཅིངས་པ་སོགས་ལས་སྲོག་ཆགས་མང་པོ་དུས་གཅིག་ཅར་འཆི་བ་རྣམས་སྔར་སྐྱེས་པའི་དུས་གཅིག་མ་ཡིན་པ་སོགས་ལས་ཀྱི་དབང་ལས་ཡིན་པར་གསུངས་པ་དང་། དེ་བཞིན་དུ། ཡང་དག་པར་རྫོགས་པའི་སངས་རྒྱས་དང་། གཉན་ཡོད་ཀྱི་རྒྱལ་པོ་གསལ་རྒྱལ། མ་ག་དྷའི་རྒྱལ་པོ་གཟུགས་ཅན་སྙིང་པོ། འཕགས་རྒྱལ་གྱི་རྒྱལ་པོ་གདུམ་པོ་རབ་སྣང་། བད་ས་ལའི་རྒྱལ་པོ་འཆར་བྱེད་རྣམས། ལོ་གཅིག །ཟླ་བ་གཅིག །ཚེས་གཅིག །གཟའ་གཅིག །སྐར་མ་གཅིག །དུས་སྦྱོར་གཅིག་ལ་སྐྱེས་ཏེ། དེ་དག་ལས་སངས་རྒྱས་ནི་ཕྱུངས་རྫོགས་ཡོངས་སུ་རྫོགས། ལྷ་མི་ཀུན་གྱི་མཆོད་གནས་སུ་གྱུར། རྒྱལ་པོ་གཟུགས་ཅན་སྙིང་པོ་མ་སྐྱེས་དགྲས་བཙོན་དོང་དུ་བཅུག །ཟས་བཅད་རྐང་ལག་སྤུ་གྲིས་བྲེགས་ཏེ་ཤི །རྒྱལ་པོ་གསལ་རྒྱལ་འཕགས་སྐྱེས་པོས་རྒྱལ་ས་འཕྲོག །རྒྱལ་པོ་གཟུགས་ཅན་སྙིང་པོ་སྤྲང་སློང་དུ་ཕྱིན་པས་ཤིན་ཏུ་བཀྲེས་ཏེ་ལ་ཕུག་རས་པ་གཅིག་རྙེད་ནས་ཟོས་པས་ཕོ་ལོག་ལངས་ནས་ཤི །རྒྱལ་པོ་འཆར་བྱེད་ཀྱང་མས་འཁོན་སྙིང་ཞེ་ལ་བཞག་ནས་གསོན་པོར་ཁྱི་ལ་བྱིན། དེ་དག་གི་སྐྱིད་སྡུག་གི་ཁྱད་པར་བསམ་གྱིས་མི་ཁྱབ་ཀྱང་དེ་དག་གི་རྒྱུ་འབྲས་ནི་གཅིག་རང་དུ་འོང་བ་ལས་འོས་མེད་པའི་ཚུལ་ལ་བསམ་ཀྱང་རྟོགས་པར་ནུས་སོ། །འོ་ན་གཟའ་སྐར་རྩི་བ་སོགས་དགོས་པ་གཏན་ནས་མེད་པར་འགྱུར་རོ་ཞེ་ན། མི་འགྱུར་ཏེ། རྩིས་གཞུང་ཁྱད་ཆོས་བདུན་ལྡན་ལས། གཟའ་སྐར་འཕྲོད་དང་འཕྲོད་མིན་གྱིས་འགྲོ་ལ། །ལེགས་ཉེས་འབྱུང་ཕྱིར་བླང་དོར་སྟོན་བྱེད་འདི། །སྣང་སྲིད་མཉམ་ཉིད་རྟོགས་ལ་མི་དགོས་མོད། །རེ་དོགས་གཉིས་འཛིན་ཅན་ལ་དགོས་ངེས

ཡིན། །ཞེས་པ་ལྟར། སྤྱིར་གཟའ་སྐར་སོགས་རྩི་མི་དགོས་པའི་གང་ཟག་དང་། རྩིས་ཀྱང་འབྲས་བུ་དེ་བཞིན་མི་འབྱུང་བའི་གང་ཟག་དང་། རྩིས་འབྲས་ཇི་བཞིན་འབྱུང་བའི་གང་ཟག་གསུམ་ཡོད། དང་པོ་ནི་རྩིས་ཁོངས་ལས་འདས་པའི་གང་ཟག་མཆོག་དམན་ལ་གཟའ་སྐར་བལྟ་མི་དགོས་ཏེ། རྟོགས་པ་མཆོག་ལྡན་གྱི་གང་ཟག་རྣལ་འབྱོར་པ་ཡིད་རྣམ་པར་དག་པས། རྣམ་རྟོག་ཐམས་ཅད་དང་བྲལ་བ་ལ་གཟའ་སྐར་ངན་པ་སོགས་ཀྱིས་གནོད་མི་ནུས་པར་མ་ཟད། དེ་དག་གྲོགས་སུ་འགྱུར་བའང་ཡོད་དེ། རྒྱུད་ལས། གཅིག་ཏུ་ཡིད་ནི་དག་པ་ལ། །མི་རྟོག་ཕྱིར་ན་འདི་མི་དགོས། །མཆོག་དགའ་ལས་འདི་དང་མི་འདྲ་བར་འགྲེལ་འདུག །ཞེས་དང་། བདེ་མཆོག་མཁའ་འགྲོ་རྒྱ་མཚོ་ལས། རྣལ་འབྱོར་དག་པའི་སེམས་འཆང་བ། །དེ་ལ་གདུག་པའི་གཟའ་སྐར་དང་། །བགེགས་དང་ལོག་འདྲེན་ཐམས་ཅད་ཀྱིས། །གནོད་པར་མི་ནུས་རྟོག་མེད་ཕྱིར། །ཞེས་དང་། གྲུབ་ཆེན་ཤ་ཝ་རིས། གནས་ལུགས་རྟོགས་པའི་རྣལ་འབྱོར་ལ། །གཟའ་དང་ཚེས་གྲངས་རྩི་མི་དགོས། །ཞེས་དང་། གཅིག་ཏུ་ཡིད་ནི་དག་པ་ལ། །རྩི་རྒྱུ་མེད་པ་རྩ་བའི་གནད།། ཅེས་དང་། སྣ་ཚོགས་ལུས་དང་ལོངས་སྤྱོད་དང་། །གནས་དང་སྡུག་བསྔལ་ལ་སོགས་པ། །སེམས་ཀྱི་རང་སྣང་ཡིན་པའི་ཕྱིར། །རྣལ་འབྱོར་ཅན་ལ་འདི་མི་དགོས། །ཞེས་དང་། དྲི་མེད་འོད་ལས། གཟའ་ཚེས་རྒྱུ་སྐར་སྦྱོར་བ་ལ། །བྱེད་པ་ཉིད་དང་དུས་སྦྱོར་དང་། །གདུག་པའི་གཟའ་སྐྱེ་འདི་རྣམས་ནི། །བསོད་ནམས་བྱེད་པ་རྣམས་ལ་དགེ །ཞེས་དང་། གཞན་ཡང་། གང་འདི་རྒྱུ་བ་དང་ནི་མི་རྒྱུ་བ། །སྒྱུ་མ་ནམ་མཁའི་ངོ་བོར་ཡོངས་རྟོགས་པ། །དོན་དམ་མཐོང་བའི་སྲུང་བ་དེ་ཉིད་ཡིན། །སྲུང་བའི་གོ་ཆ་གཞན་དག་འདིར་ཅི་དགོས། །ཞེས་སོགས་མདོ་རྒྱུད་དུ་མ་ནས་གསུངས། མ་རུངས་བདུད་སྡེའི་རིགས་ཀྱང་དེ་དག་འདྲ་སྟེ། གཟའ་སྐར་སོགས་བརྩི་བྱར་མ་གྲུབ་པ་ཁ་བྱང་བསྟན

གྱི་ཕྱུག་པར་ཉེ་མ་མི་ཤར་བ་བཞིན་ནོ། །

གཉིས་པ་ནི་འགྲོ་བ་རང་རྒྱུད་པ་ཡང་བསོད་ནམས་རླུང་རྟ་འབར་བའི་སྐང་ལ་རྩིས་བབ་ངན་ཡང་ངན་འབྲས་འཕྲུལ་དུ་མི་འབྱུང་བ་དང་། དེ་དག་གུད་ན་རྩིས་བབ་བཟང་ཡང་འབྲས་བུ་དེ་ལྟར་མི་འབྱུང་བའང་ཡོད་དོ། །གསུམ་པ་ནི་གཉིས་འཛིན་དང་བཅས་ཤིང་། བསོད་ནམས་ལས་རླུང་རང་བཞིན་དུ་གནས་པ་རྣམས་ལ་ནི་འབྲས་བུ་ཇི་སྐད་བཤད་པ་བཞིན་འབྱུང་བར་ངེས་ཏེ། མི་ཕམ་རིན་པོ་ཆེས། མཚན་མའི་བློ་ཅན་འགྲོ་བ་ལ། །ཚད་མར་གྱུར་པ་ཀུན་རྫོབ་རྩིས། །རྟེན་འབྱུང་བསླུ་མེད་ཚུལ་གསལ་བ།། ཀུན་ཀྱང་རྩིས་ཀྱི་ལམ་ལ་ཐུག །ཅེས་དང་། ཇི་སྐད་དུ། རྩིས་པའི་ཡོན་ཏན་མ་རྩིས་སྐྱོན། །གཟའ་སྐར་རྩིས་པས་ཁྲུས་རྒྱུ་འགྲུབ། །ཅེས་གསུངས་པ་བཞིན་རྟག་ཏུ་འཇིག་རྟེན་གྱི་ཁམས་ཐམས་ཅད་ན་རྒྱུ་ཞིང་ལོ་ཟླ་ཞག་དུས་ཀྱི་ཆ་ལ་གནས་ཤིང་དབང་བ། ལས་དང་བྱ་བ་སྤྱི་དང་། ཁྱད་པར་གསོན་གཤིན་གྱི་བྱ་བ་ཇམ་ཆེན་རིགས་ལ་ཀོ་ལོང་སྨོམ་པའི་ལྷ་ཀླུ་གཟའ་སྐར་ས་བདག་སོགས་དྲེགས་པ་རྣམས་བསྙོས་ན་དབལ་ཆ། བཀུར་ན་སྐྱིང་ཉེ་བ་ཡིན་པ་དང་། ཁྱད་པར་དུ་འཇམ་དཔལ་རྩ་རྒྱུད་ལས། རྒྱུ་སྐར་མང་པོ་གསུངས་པ་སྟེ། །སྟོང་ཕྲག་དྲུག་ཅུ་རྩ་བཞིའོ། །དུས་ཀྱི་ཐ་མ་འདི་ལ་ནི། །འདི་དག་གི་ནི་ནུས་པ་ཡོད། །ཅེས་གསུངས་པ་ལྟར་དུས་སྙིགས་མར་གྱུར་ཏེ་སེམས་ཅན་རྣམས་ཀྱི་ཉོན་མོངས་ཆེས་ཆེར་འབར་བ་བཞིན་དུ་གཟའ་སྐར་དེ་དག་གི་ནུས་པའང་དེ་ཙམ་དུ་ཆེ་རུ་འགྲོ་བར་གསུངས་པས་གནས་སྐབས་ཀྱི་སྤྱང་བླང་རྣམས་སྒྲུབ་དཀའ་སླ་དང་། གཟའ་སྐར་རྣམས་དང་འཕྲོད་མི་འཕྲོད་ཀྱི་བྱེ་བྲག་ཤེས་པས། དེ་དག་དང་འགལ་བར་མི་འགྱུར་ཞིང་། དེ་དག་ཀྱང་བསམ་པའི་བྱེ་བྲག་གིས་འགལ་རྐྱེན་སྒྲུབ་པ་དང་། མཐུན་རྐྱེན་སྒྲུབ་པ་ལ་སོགས་པའི་བྱ་བ་སྣ་ཚོགས་བྱེད་ཅིང་། དེ་ལ་ལས་སམ་བྱ་བའི་དབང་

གིས་འགལ་རྐྱེན་སྒྲུབ་པ་རྣམས་སྤྱངས་ནས་མཐུན་རྐྱེན་སྒྲུབ་པ་རྣམས་བླངས་པས་བྱ་བ་སྒྲུབ་སླ་བ་དང་། མཐར་ཕྱིན་པར་འགྱུར་བའི་དགོས་པ་ཡོད་པས། རྒྱལ་བས་རྒྱུད་སྡེ་རིན་པོ་ཆེ་རྣམས་ནས་དཀྱིལ་འཁོར་རྟེན་བཞེངས། བསྙེན་དང་སྒྲུབ་པ། ལས་བཞིའི་ཕྲིན་ལས་གང་སྒྲུབ་ཀྱང་། གཟའ་སྐར་དང་བསྟུན་ཞིང་ཕྱོགས་དང་དུས་ཀྱི་རྟེན་འབྲེལ་དང་བསྒྲིག་དགོས་པར་གསུངས་ལ། སྔོན་བྱོན་དམ་པ་དུ་མས་རྩིས་རྒྱུད་ཀྱི་དགོངས་པ། པཎ་གྲུབ་རྣམས་ཀྱི་མན་ངག་འབྲས་རྩིས་སོགས་དོན་འདི་ལ་ཉེ་བར་མཁོ་བའི་ཆེས་ཟབ་ཀྱི་བསྟན་བཅོས་མང་པོ་ཕྱི་རབས་ཀྱི་འགྲོ་བ་རྣམས་ཀྱི་དོན་དུ་མཛད་པ་ཡིན་པས་གཅེས་པར་བཟུང་ནས་བྱ་བ་གང་དང་གང་བརྩམས་པར་འདོད་ཀྱང་། གཟའ་སྐར་གཙུག་ལག་གི་སྐོར་འགོ་མ་ལོག་པ་དང་། གཙུག་ལག་རྩིས་གཞུང་ལྟར་བཅོས་ཀ་ཚུལ་བཞིན་བྱས་ན། ལྷ་ཀླུ་གཟའ་སྐར་རིགས་པའི་ཚོགས་ཀུན་ཆོས་དང་ཟང་ཟིང་གིས་རྒྱུད་ཚིམས་ནས་གདུག་རྩུབ་སྤྱངས་ཏེ་ཕྲིན་ལས་སྒྲུབ་པར་འགྱུར་བ་ནི། སྤྱིར་ཆོས་ཐམས་ཅད་རྟེན་འབྲེལ་ལ་རག་ལས་པའི་རང་བཞིན་ཅན་ཡིན་ཞིང་། བཅོམ་ལྡན་འདས་ཀྱིས་སྔགས་དང་། སྨན་དང་། བསམ་གཏན་དང་། མཁྱེན་དཔྱད་ཀྱི་ནུས་པ་བསམ་གྱིས་མི་ཁྱབ་པར་མདོ་ལས་གསུངས་སོ། །དེས་ན་སངས་རྒྱས་ཀྱི་བསྟན་པ་དར་བའི་ཡུལ་དུ་སྐྱེས་ཤིང་ཆོས་དོན་གོ་བའི་གང་ཟག་རྣམས་ཀྱིས་གཙུག་ལག་རྟེན་གསུམ་བཞེངས་པ། མཁར་ལས་དང་ཆེ་འདོན། མདོས་ཟོར་དྲག་ལས། ཐག་རིང་མགྲོན་དུ་འགྲོ་བ། ཆུ་ཆེན་གྲུ་ལ་བརྒལ་བ། བག་མ་གཏོང་ལེན། དམག་དང་རྩལ་འགྱེད། རོ་འདོན་དུར་འདེབས། སྐྱས་སྤྱོ་ཁྱིམ་འཛིན། ལྟད་སྟོན་ཁྲོམ་ཚོགས་སོགས་གསོན་གཤིན་གྱི་བྱ་བ་ཆེ་ཆུང་གང་བྱས་ཀྱང་། མི་ནོར་ཟས་གཡང་མི་ཉམས་ཤིང་། བཀྲ་ཤིས་བདེ་ལེགས་ཕུན་སུམ་ཚོགས་པ་དང་། ལྷ་ཀླུ་གཟའ་སྐར་སོགས་ཀྱི་ངན་གནོད་མི་

འབྱུང་ཞིང་དེ་དག་གིས་མི་ཚུགས་པའི་ཆེད་དུ། རྗེས་གཞུང་རྣམས་ནས་སྒྲིབ་བཅོས་དང་སྲུང་བ་སོགས་ཇི་ལྟར་གསུངས་པ་ལག་ཏུ་བླང་བ་གལ་ཆེ་སྟེ། རྒྱུད་འདིར། དེ་བཞིན་ཚུ་རོལ་མཐོང་བའི་ངོར། །རྟག་ཏུ་ཕྱུན་སུམ་ཚོགས་པ་དང་། །གནོད་པ་ཀུན་གྱི་མི་ཚུགས་པར། །གང་སུ་འདོད་པ་འདི་ཉོན་ཅིག །ཅེས་གསུངས་པས་སོ། །

མ་རྗེས་པའི་སྐྱོན་ནི་ཐྱོངས་པ་འགའ་ཞིག་རྗེས་ཀྱི་སྒྲིབ་བཅོས་སོགས་ཀྱིས་ཅི་ཡང་མི་ཕན་སྣམ་དུ་ལོག་ལྟ་དང་། འགའ་ཞིག་ལྟ་སྤྱགས་ཧིང་འཛིན་གྱི་ནུས་པ་ཡོད་ཟོལ་དང་། གཞན་དག་རྗེས་རིགས་ཀྱི་རྩོལ་བ་མི་བྱེད་པར་གང་བབ་བབ་དུ་སྤྱོད་པས་རྟེན་འབྲེལ་མཐུ་ཆེ་བས་ཟློག་མ་ནུས་པར། དེའི་རྐྱེན་གྱིས་གཟའ་སྐར་སོགས་དུས་ཀྱི་བདག་པོ་རྣམས་འཁྲུགས་པས། འཇིག་རྟེན་ན་མི་དགེ་བ་འབྱུང་བའི་རྒྱུ་ཡིན་པར་མ་ཟད་རང་གཞན་གཉིས་ཕུང་གི་རྒྱུ་རུ་གསུངས་པས་ན། དཔལ་སྤྱུལ་འཇིགས་མེད་ཆོས་ཀྱི་དབང་པོས། ཧེ་སྲིད་གཉིས་འཛིན་འཁྲུལ་པའི་ཚ། །དབྱིངས་སུ་ནུབ་པར་གྱུར་གྱི་བར། །ཀུན་རྫོབ་རྟེན་ཅིང་འབྲེལ་འབྱུང་གི །བསླུ་མེད་གནད་ལ་བསླབ་པ་གཅེས། །ཞེས་དང་། བདེན་མེད་ཡིན་ནོ་སྙད་པ་ཡི། །ཕོ་རྡུས་གཟིངས་པའི་རྣལ་འབྱོར་ཡང་། །བཟང་ངན་རྐྱེན་དང་ཕྲད་པའི་ཚེ། །སྲང་མདའ་བཞིན་དུ་དགའ་སྡུག་བྱེད། །དེ་ཕྱིར་དྲང་དོན་རྒྱལ་བའི་བཀའ། །འབྲེལ་མེད་སྒྲུར་བ་མི་འདེབས་འཚལ། །ཞེས་དང་། གཞན་ཡང་རྗེས་པའི་ཡོན་ཏན། མ་རྗེས་པའི་སྐྱོན་སོགས་མི་ཕམ་རིན་པོ་ཆེས་ནག་རྗེས་བརྗེད་བྱང་དུ་བཀའ་བསྩལ་པ་སྙིང་དབུས་སུ་བཅང་བར་བྱའོ། །དེས་ན། རྟོགས་ན་རང་སེམས་སངས་རྒྱས་ཏེ། །མ་རྟོགས་པ་ལ་གཙུག་ལག་དགོས། །ཞེས་གསུངས་པས། བཟང་ངན་གཉིས་འཛིན་གྱི་རྣམ་རྟོག་དང་མ་བྲལ་ཕྱིན། རིག་པའི་གནས་ཐམས་ཅད་རྟོགས་པའི་མཁས་པས་ཀྱང་རྗེས་དང་བསྟུན་དགོས་ཤིང་། རྗེས་གཞུང་འཕགས་པའི་

ལུང་གིས་བསྟན་པའི་རྟེན་འབྲེལ་གཏོ་ཐབས་ཀྱི་བཅོས་རྣམས་ལ་མ་རྟོགས་ལོག་རྟོག་ཐེ་ཚོམ་མེད་པར་ཡིད་ཆེས་པ་དང་། རྫས་སྔགས་དང་། གྱེར་འདོན་དམིགས་སྒོམ་སོགས་ཇི་སྐད་བཤད་པའི་ཆོ་གའི་ཡན་ལག་མ་ཉམས་ཤིང་། ཕྱོགས་དུས་ཀྱི་གནད་དང་སྦྲིག་ཤེས་ན། །གཏོ་ཐབས་བྱེས་པའི་རྩེད་མོ་འདྲ། །ཕན་པ་རི་རྒྱལ་ལྷུན་པོ་འདྲ། །ཞེས་གྲགས་པ་ལྟར། རྩིས་ལུང་བཞིན་འདོད་པའི་འབྲས་བུ་རྒྱ་ཆེར་སྨིན་པའི་དགེ་མཚན་མངོན་སུམ་དུ་མཐོང་ནས་ངོ་མཚར་བའི་ཡིད་ཆེས་ཐོབ་པར་འགྱུར་ཏེ། རྒྱུད་འདིར། ཐམས་ཅད་མཁྱེན་པའི་སྐྱེ་བོས་ཀྱང་། །རྟོག་མེད་དགའ་བས་འདིར་ཞུགས་ན།། བཤད་པའི་འཁོར་ལོས་འདི་བྱེད་ལ། །འབྲས་བུ་འཕྲུལ་དུ་མཐོང་བ་ཡིན། །ཞེས་གསུངས་སོ། །དེ་ལྟར་ཤེས་ན་རྩིས་ལ་དགོས་པ་ཆེན་པོ་ཡོད་པ་དང་། འགའ་ཞིག་རྩིས་འབྲས་ལྟར་མི་འབྱུང་བའི་རྒྱུ་མཚན་ཤེས་ནས་ཡིད་ཆེས་པར་འགྱུར་རོ། །མདོར་ན་འགྲེལ་ཆེན་དྲི་མེད་འོད་དུ་ཡང་འདུ་བ་བརྟག་པ་འདིའི་ཐད་དང་། མཆོག་ཏུ་མི་འགྱུར་བའི་ལེའུར་གསུངས་པ་ལྟར། སེམས་ཅན་རང་རང་གི་སྔོན་ལས་ཀྱི་བདེ་སྡུག་ཏུ་བྱེད་པའི་རྐྱེན་སྨན་དང་། དུག་སོགས་ལ་འཕྲད་པ་ལྟར་ལས་བཟང་བ་རྣམས་གཟའ་སྐར་དུས་སྦྱོར་བཟང་པོ་འཕྲད་ནས་ལས་གྲུབ་པ་དང་། ངན་པ་རྣམས་དེ་ལས་ལྡོག་པ་སོགས་གཟའ་སྐར་རྣམས་རྐྱེན་ཙམ་དང་། ལ་ཉེ་སྟོན་པ་ཡིན་གྱི་སྐྱེ་རྒུའི་བདེ་སྡུག་གི་བྱེད་པོ་མ་ཡིན་པ་ཤེས་དགོས་ཏེ། དུས་རྩིས་ངོ་མཚར་ཉི་མ་ལས། རྩིས་ནི་རྟེན་འབྲེལ་མེ་ལོང་སྟེ། །གང་ཤར་བཟང་ལས་ངེས་རྙེད་ན། །གླིང་དོར་འབྲས་བུ་དུ་མ་མཐོང་། །དེ་ལས་གཞན་ཕན་ཁ་དམར་སྒྲོགས། །ཞེས་གསུངས་པ་ལྟར་རོ། །དེས་ན་དུས་འཁོར་འགྲེལ་ཆེན་ལས། དབང་ཕྱུག་པ་རྣམས་ཀྱིས་དབྱངས་འཆར་བཀོད་དེ་དབང་ཕྱུག་གིས་གསུངས་སོ་ཞེས་རྫུན་གྱིས་བསླུ་བ་སྟེ། ཞེས་གསུངས་པའི་དགོངས་པ་གོང

བཤད་ལྟར་དང་། གལ་ཏེ་དུ་བ་སོགས་ཀྱི་ཐད་ནས་དེ་རྣམས་ཁྲམ་ཟེ་རྣམས་ཀྱིས་དབྱངས་འཆར་དུ་བཀོད་དེ་ཞེས་པར་གོ་དགོས་ཀྱི། དབང་ཕྱུག་ལ་མངོན་ཤེས་ལྔ་མེད་པ་དང་དབྱངས་འཆར་གྱི་རྒྱུད་མཐའ་དག་དྲང་སྲོང་གདུག་པས་དབང་ཕྱུག་ལ་ཁ་གཡར་ཏེ་བརྩམ་མོ། །ཞེས་པའི་དོན་མིན་པ་ངེས་པར་གསོལ་ཏེ། རྒྱུད་ལས་ཀྱང་འདི་ཐད་ཁོ་ནར་གསུངས་པ་དང་། འགྲེལ་པས་ཀྱང་གཟའ་སོགས་བདེ་སྡུག་གི་བྱེད་པོ་ཡིན་པར་འདོད་པ་སྔ་ཕྱིར་བཀག་ལ་དབྱངས་འཆར་སྤྱིར་མ་བཀག་ཅིང་། ཟབ་མོ་ནང་གི་རླུང་རྩིས་དབུ་མའི་དབུགས་ཀྱི་རྒྱུ་ཚུལ་སོགས་དབྱངས་འཆར་ནས་བཤད་པ་དང་། དུས་ཀྱི་འཁོར་ལོའི་རྒྱུད་ལས་བཤད་པ་གཉིས་དགོངས་པ་གཅིག་ཏུ་འགྱུར་ཅིང་། གཞན་ཡང་རྩ་གསུམ་སྤྲུལ་འཁོར་སོགས་དུ་མ་དུས་འཁོར་རྒྱུད་དང་ཤིན་ཏུ་མཐུན་པར་ཡོད། ཐུན་ཕྱེད་སོགས་རྒྱུ་ཚུལ་ཆ་འགའ་ལ་མི་མཐུན་པ་ཙུང་ཟད་ཡོད་མོད། དེ་ཙམ་གྱིས་ཡང་མ་དག་པར་མི་འགྱུར་ཏེ། དེ་འདྲ་ནང་པའི་རྒྱུད་སོ་སོ་ལ་ཡང་དགོངས་པའི་དབང་གིས་མི་འདྲ་བ་མང་དུ་སྣང་བས་སོ། །དེས་ན་དབྱངས་འཆར་གྱི་རྒྱུད་དོན་ཕལ་ཆེ་བ་ནི་སྐར་རྩིས་ཀྱི་གཞུང་དག་གི་གླང་དོར་གྱི་འབྲས་རྩིས་སྟོན་པ་ལ་མཆོག་ཏུ་ཟབ་ཅིང་། དུས་ཀྱི་འཁོར་ལོའི་རྒྱུད་ཀྱི་འབྲས་རྩིས་ཀྱི་ཆ་ལག་ལྟ་བུར་གསུངས་པས་ན། བློན་པོ་དག་གིས། རྒྱུད་ཚིག་ཟབ་མོའི་དགོངས་ཡུལ་མ་ཤེས་པར། དབྱངས་འཆར་ནི་བསྟན་བཅོས་ངན་པ་དྲུག་གི་ནང་ནས་ངན་གཡོའི་བསྟན་བཅོས་ཡིན་ནོ། །ཞེས་པའི་ཚིག་ཙམ་ལ་བརྟེན་ནས་གཞུང་འདི་སུན་འབྱིན་པ་ནི། ས་སྐྱ་པཎྜི་ཏས། འདི་འདྲ་འཛིན་པ་ལྟ་ཅི་སྨོས། །ཐོས་པར་གྱུར་ཀྱང་རྣ་བ་དགབ། །ཅེས་གསུངས་པ་ལྟར་དཔྱོད་ལྡན་རྣམས་ཀྱིས་རྒྱང་རིང་དུ་སྤངས་ནས་གླང་དོར་ཕྱིན་ཅི་མ་ལོག་པ་སྟོན་པའི་གཙུག་ལག་གི་རྒྱུད་ཁྱད་པར་ཅན་དུ་ཤེས་པར་བྱའོ། །

སླར་སླུས་པ། སྙིང་རྗེའི་ལྷ་མཆོག་མིག་མི་འཛུམ་དང་རྒྱལ་ཡུམ་སྒྲོལ་མས་ཐུན་མོང་དོར། །ལྷ་ཆེན་དབང་ཕྱུག་ཡབ་ཡུམ་རོལ་པས་ཞུས་ལན་ཚུལ་གསུངས་དབྱངས་འཆར་ཞེས། །རིང་དུ་བརྟགས་ཀྱང་ཐལ་པའི་ཡུལ་མིན་ལྐོག་གྱུར་ཤེས་བྱ་མངོན་སུམ་དུ། །སྟོན་པའི་ངོ་མཚར་རྩིས་རིག་མཆོག་འདི་མཐའ་ཡས་སྐྱེ་རྒུའི་མིག་ཏུ་གྱུར། །ཕྱི་ནང་ཆོས་ཀུན་རྟེན་ཅིང་འབྲེལ་བའི་ཚུལ། །བསླུ་མེད་ངེས་གསང་མཐོང་བའི་བློ་ལྡན་གང་། །ཕུན་ཚོགས་སྡེ་བཞིའི་དཔལ་ལ་དབང་འབྱོར་ཞིང་། །སྲིད་གསུམ་རྐེ་རྒྱའི་གཙུག་གི་རྒྱན་དུ་འགྱུར། །སྟོང་གསུམ་གསེར་གྱིས་བཀང་བའི་ཟོང་གིས་ཀྱང་། །ཁུགས་མིན་ངོ་མཚར་རིག་གནས་འདི་ལྟ་བུ། །ལྷོངས་འདིར་སྤེལ་མཛད་རང་མེས་གོང་མ་ཡི། །བཀའ་དྲིན་གངས་ཅན་སྐྱེ་བོས་ཇི་ལྟར་གཞལ། །དེ་ཕྱིར་དམ་པའི་སྐུ་དྲིན་དྲན་པ་དང་། །གཞུང་འདི་འཛིན་རྣམས་སྤྲོ་བ་བསྐྱེད་པའི་ཕྱིར། །ཁུངས་ལྡན་ལོ་རྒྱུས་བློ་གསལ་དགའ་སྐྱེད་འདི། །དད་པའི་བློ་ཅན་ཚུལ་ཁྲིམས་མིང་གིས་བྲིས། །དགེ་དེས་གཙུག་ལག་མཆོག་འདི་དར་ཞིང་རྒྱས། །གནས་སྐབས་འགྲོ་ཀུན་བླང་དོར་ལམ་བཟང་གསལ། །མཐར་ཐུག་རྣམ་མཁྱེན་རྒྱལ་བའི་ཡེ་ཤེས་བརྙེས། །རང་གཞན་དོན་གཉིས་བདེ་བླག་འགྲུབ་གྱུར་ཅིག། ༎

༄། །ས་དཔྱད་ཀྱི་རྩིས་རིག་ཇི་ལྟར་དར་བའི་ལོ་རྒྱུས་རྟེན་འབྲེལ་མེ་ལོང་ཞེས་བྱ་བ་བཞུགས་སོ། །

རྗེ་བླ་མ་ཚུལ་ཁྲིམས་རྒྱལ་མཚན་གྱིས་མཛད།

ན་མོ་གུ་རུ ས་གསུམ་འགྲོ་བའི་བླ་མ་ཤཱཀྱའི་རྒྱལ། །ས་བཅུའི་དབང་ཕྱུག་རྒྱལ་སྲས་འཇམ་དབྱངས་དང་། །ས་ཡི་སྙིང་པོའི་ཞབས་ལ་འདང་ཕྱག་འཚལ་ནས།། ས་དཔྱད་རྩིས་རིག་དར་བའི་ལོ་རྒྱུས་སྤེལ། །

དེ་ཡང་ཇི་སྐད་དུ། ཀུན་ཀུང་རྩིས་ཀྱི་ལམ་ལ་ཐུག །ཅེས་བཤད་པ་ལྟར། ནམ་མཁའི་ཉི་ཟླ་གཟའ་སྐར་གྱི་འཁོར་བསྐྱོད་ལ་བརྟག་པ་དང་། བར་སྣང་གི་རླུང་སྤྲིན་སོགས་ཀྱི་ཕྱོགས་དུས་ལ་བརྟག་པ་དང་། ས་གཞིའི་རྟེན་དང་བརྟེན་པའི་འབྲེལ་བ་ལ་བརྟག་པའི་སྒོ་ནས་གནམ་ས་བར་གསུམ་གྱི་དངོས་པོ་ཐམས་ཅད་གདན་ལ་འབེབ་ཅིང་འབྱུང་འགྱུར་གྱི་ལེགས་ཉེས་སྟོན་པའི་རྩིས་ཀྱི་རྣམ་གྲངས་མཐའ་ཡས་པ་ལས་འདིར། ས་དཔྱད་ཀྱི་རྩིས་རིག་ཇི་ལྟར་དར་ཚུལ་མདོ་ཙམ་སྨྲ་བ་ལ་བཞི་སྟེ། ས་ཡི་བདེན་འབྲས། ས་དཔྱད་ཀྱི་གཞུང་དར་ཚུལ། ས་དཔྱད་ཀྱི་རྣམ་གྲངས། ས་དཔྱད་ལེགས་ཉེས་ཀྱི་དཔེ་མཚོན་མདོ་ཙམ་སྨོས་པའོ། །དང་པོ་ནི། དེ་ཡང་ཀུན་རྫོབ་རྟེན་འབྲེལ་བསླུ་བ་མེད་པའི་བདེན་པ་ལས། ཕྱི་སྣོད་ཀྱི་འཇིག་རྟེན་གྱི་ས་དཔྱད་ལེགས་ཉེས་ཀྱི་དབང་ལས་ནང་བཅུད་ཀྱི་འགྲོ་བ་རྣམས་ལ་སྐྱིད་སྡུག་དར་གུད། ཕྱུག་དབུལ་སོགས་ལེགས་ཉེས་སྣ་ཚོགས་འབྱུང་བར་འགྱུར་ཏེ། དེའི་རྒྱུ་མཚན་ཡང་། ཕྱིར་སྣོད་བཅུད་ཀྱི་དངོས་པོ་ཀུན་

ཀྱང་འབྱུང་བ་ལྔ་ཡི་རང་བཞིན་ཡིན་པ་ལས། ཁྱད་པར་ས་འདི་འབྱུང་བའི་བཅུད་མཐའ་དག་འཛིན་ཞིང་རྒྱུ་བ་དང་མི་རྒྱུ་བའི་དངོས་པོ་ཐམས་ཅད་ཀྱི་རྟེན་གཞི་ཡིན་པས་དབང་ཆེ་སྟེ། ས་དུར་གྱི་སྙིང་གྲེར་ལས། གནས་འདིའི་དོག་ས་གྲོ་མོ་འདི། །འགྲོ་བ་སེམས་ཅན་ཀུན་གྱི་མ། །ཀུན་ཀྱང་ས་ལ་རྒྱུ་བ་སྟེ། །གླིང་བཞི་རི་རབ་ས་ལ་བརྟེན། །རྩི་ཤིང་ལོ་ཏོག་ས་ལས་སྐྱེ། །རིན་པོ་ཆེ་ཡང་ས་ལས་འབྱུང་། །རླུང་ཡང་སར་འཚུབ་ཆུ་ཡང་སར། །བྲུབ་ལ་མེ་ཡང་ས་ལས་སྐྱེས། །ས་འདི་ཡོན་ཏན་ཀུན་གྱི་གཞི། །ཞེས་གསུངས་པ་ལྟར་ཡིན་པས་དེ་ལྟ་བུའི་རྟེན་འབྲེལ་གྱི་དབང་ལས། རི་རབ་ལྷུན་པོའི་ཕྱོགས་མཚམས་ཀྱི་གླིང་བཞི་གླིང་ཕྲན་གྱི་མི་རྣམས་ཀྱི་གདོང་གི་དབྱིབས་དང་མངལ་སྒོའི་དབྱིབས་ཀྱང་རང་རང་གི་གླིང་དེའི་ས་གཞིའི་དབྱིབས་སུ་ཡོད་པར་མངོན་པའི་འགྲེལ་པ་རྣམས་སུ་གསུངས་ལ། རང་རེའི་མངོན་སུམ་དུ་ཡང་། འཛམ་བུའི་གླིང་འདིའི་ས་ཡི་དབྱིབས་སོག་ཁ་ཡིན་པར་བཤད་པ་ལྟར་མི་རྣམས་ཀྱི་གདོང་དང་། ཡན་ལག་ལྔ་ཆེན། ལྔ་ཆུང་སོ་སོ་དང་། མིག་དང་། རྣ་བ་དང་། སྣ་དང་། ལྕེ་དང་། སྙིང་དང་། ལུས་སྤྱི་སྟེ་དབང་རྟེན་རྣམས་ཀྱང་རེ་རེ་བཞིན་དབྱིབས་སོག་ཁ་ཡིན་པ་མཐོང་བ་འདིས་མཚོན་ནས་གླིང་གཞན་རྣམས་ལ་ཡང་དེ་ལྟར་ཡོད་པར་ངེས་ཤིང་། ལུས་དབྱིབས་ཙམ་དུ་མ་ཟད། ཤར་ལུས་འཕགས་པོར་རིན་པོ་ཆེའི་རི་བོའི་ཁྱད་ཆོས་དང་ལྡན་ཞིང་གཟུགས་བྱད་ཕུན་སུམ་ཚོགས་པ་དང་། ལྷོ་གླིང་འདིར་འཛམ་བུའི་ལྗོན་པའི་ཁྱད་ཆོས་དང་ལྡན་ཞིང་། རྒྱལ་བསྟན་དར་བའི་བསོད་ནམས་དང་ལྡན་པ། ནུབ་བ་ལང་སྤྱོད་དུ་འདོད་འཇོའི་བ་ཡི་ཁྱད་ཆོས་དང་ལྡན་ཞིང་། ཅི་འདོད་ལོངས་སུ་སྤྱོད་པ། བྱང་སྒྲ་མི་སྙན་དུ་མ་རྨོས་འབྲུངས་པའི་ལོ་ཏོག་གི་ཁྱད་ཆོས་དང་ལྡན་ཞིང་ཚེ་རིང་འཚོ་བའི་ཡོན་ཏན་རྣམས་འབྱུང་བ་དང་། འཛམ་གླིང་འདིར་ཡང་། རྒྱ་གར། །ཁ་ཆེ། ཏ་ཟིག །རྒྱ་ནག །ཧོར། འཇང་

སོག་པོ། བོད་དང་། གློ་དང་། ཧོར་དང་། ཁ་ཀྲ་ལ་སོགས་པ་རྣམས་ཀྱང་རང་རང་གི་ས་ཡི་ཆགས་ཚུལ་ལ་བརྟེན་ནས། འགའ་ཞིག་འཁོར་བ་ཆེ། སེམས་ཆུང་ཞིང་བློ་སྲབ་པ། འགའ་ཞིག་ས་རྒྱ་ཆེ་ལ། ཁོག་ཡངས། བློ་རྣོ། རིག་པ་གཟོ་བ། ལོངས་སྤྱོད་ཕུན་སུམ་ཚོགས་པ། འགའ་ཞིག་ས་མཐོ་ཞིང་གྲང་ལ་དྲན་པ་གསལ་བ། འགའ་ཞིག་ཡུལ་དོག་ལ་བློ་བླུན་ཞིང་། རྒྱུད་གྱོང་བ་སོགས་གནས་ཚུལ་མི་འདྲ་བ་སོ་སོར་བྱུང་བའི་ལོ་རྒྱུས་རྣམས་ཕུར་པའི་ས་དཔྱད་ཀྱི་གཞུང་དུ་གསལ་བར་བཤད་ལ། གཞན་ཡང་གླིང་འདིའི་གནས་ཆེན་ལྔ་ཞེས། འཛམ་གླིང་ས་ཡི་ལྟེ་བ་དབུས་འགྱུར་རྡོ་རྗེའི་གདན་གཞོམ་མེད་རྡོ་རྗེའི་ཁམས་ལས་གྲུབ་པས་མེ་ཆུ་རླུང་གསུམ་གྱིས་མི་འཇིག་པ་དེ་ཉིད་ཁོ་ན་དུས་གསུམ་གྱི་སངས་རྒྱས་ཐམས་ཅད་ཀྱིས་བྱང་ཆུབ་བརྙེས་པའི་གནས་ཡིན་ཞིང་དེ་ལས་གཞན་པའི་ས་གཞི་གང་གིས་ཀྱང་མི་ རུང་བར་བཤད་པ་དང་། དེ་བཞིན་དུ་ཤར་དུ་འཕགས་པ་འཇམ་དཔལ་གྱི་གནས་རི་བོ་རྩེ་ལྔ་གང་དུ་ཕྱིན་པ་ཙམ་གྱིས་ཤེས་རབ་འཕེལ་བ་དང་ལྷོ་རུ་སྤྱན་རས་གཟིགས་ཀྱི་གནས་རི་བོ་པོ་ཏ་ལ་གསོལ་བ་བཏབ་ན་སྙིང་རྗེ་རྩོལ་མེད་དུ་སྐྱེ་བ་དང་། ནུབ་ཏུ་ཨུ་རྒྱན་མཁའ་འགྲོའི་གླིང་དྲན་པ་ཙམ་གྱི་རིག་འཛིན་གྱི་ཉམས་རྟོགས་སྤྲོར་བ་དང་། བྱང་དུ་རིགས་ལྡན་གྱི་ཞིང་ཁམས་ཧ་འཕྲུལ་དང་མི་ལྡན་པས་བགྲོད་མི་ནུས་པ་སོགས་དེ་དག་གི་གནས་ཀྱི་ཡོན་ཏན་ས་གནས་ཡུལ་རིས་གཞན་ལ་མེད་པའི་ངོ་མཚར་གྱི་ཆེ་བ་མདོ་རྒྱུད་མང་པོར་རྒྱ་ཆེར་གསུངས་པ་དེ་དག་ཀྱང་ས་ལ་ལེགས་ཉེས་ཡོད་པ་དང་། ས་དཔྱད་ཀྱི་བདེན་འབྲས་བསླུ་བ་མེད་པའི་ཁུངས་སུ་རིགས་པར་ཡང་དག་པར་གྲུབ་བོ། །དེ་ལྟ་ན་ཡང་། ས་དཔྱད་གནད་ཀྱི་གཟེར་ཏིག་ལས། གསང་སྔགས་དབང་པོ་ཡང་རབ་པ་རྣམས་ནི། །དབེན་དང་མི་དབེན་གང་ཡང་རུང་བ་ཀུན། །ཕྱི་སྣོད་རྒྱལ་བའི་ཞིང་ཁམས་ཁོ་ཐག་ཆོད། །དེ་ལ་ཀུན་རྫོབ་བརྟག་པ

ཅང་མ་མཆིས། །ཞེས་གསུངས་པ་ལྟར་རྟོགས་པ་མཆོག་ལྡན་གྱི་སྐྱེས་བུ་ལ་ས་དཔྱད་བཟང་ངན་ལ་ལྟོས་པ་མེད་དེ། རྗེ་བཙུན་རིན་པོ་ཆེ་གྲགས་པ་རྒྱལ་མཚན་གྱི་མགུར་ལས། རང་གང་དུ་གནས་པ་འོག་མིན་ཞིང་། །གྲོགས་སུ་དང་འགྲོགས་ཀྱང་ཡི་དམ་ལྷ།། ཅི་ཟ་དང་ཅི་འཐུང་བདུད་རྩིའི་ཟས། །ཕྱི་རུ་སྒྲུབ་གནས་མི་འཚོལ་བ། །གསང་སྔགས་ཟབ་མོའི་དམ་ཚིག་ཡིན། །དེ་གླུ་རུ་མི་ལེན་བཞོལ་ལ་ཞོག །ཅེས་གསུངས་པ་ལྟར་རོ།། ཉམས་ལེན་གྱི་གདེང་ཚད་འབྲིང་ཙམ་ལྡན་པས་སྐྱོན་ལྟར་སྣང་ཡང་རྣམ་རྟོག་འཛིགས་ཞུམ་དང་། ཡོན་ཏན་ལྟར་སྣང་ཡང་བཟང་རློམས་མེད་པར་རོ་སྙོམས་ལམ་དུ་ཁྱེར་བས་བརྟགས་མ་བརྟགས་ཁྱད་པར་མེད་པས་ན་མ་རྩིས་ཀྱང་ཆོག་སྟེ། དེ་ཉིད་ལས། འབྲིང་གིས་སྐྱོན་དང་ཡོན་ཏན་སུ་ཡིན་ཀྱང་། །རོ་སྙོམས་ལམ་དུ་ཁྱེར་ནས་བརྟག་བྱ་ཟད། །ཅེས་གསུངས་ལ། དེ་ལས་གཞན་དུ་རྟོགས་པའི་གདེང་ཚད་མཐོན་པོ་མེད་ཀྱང་ཆོས་ཐམས་ཅད་རྟེན་འབྲེལ་དུ་ཤེས་ཤིང་ཡིད་ཆེས་ཀྱི་དད་པ་ལམ་དུ་བྱེད་པ་དག་ལ། ས་དཔྱད་ལེགས་ཉེས་བརྟགས་པས་ཕན་པ་ཡོད་དེ་ཨོ་རྒྱན་རིན་པོ་ཆེས། འཁོར་བའི་ཆོས་ཀུན་མ་དག་རྟེན་འབྲེལ་ཏེ། །ཕྱི་ནང་འདས་པ་དག་པའི་རྟེན་འབྱུང་ཙམ། །དེ་ཕྱིར་ལམ་གྱི་སྣང་བ་ཐམས་ཅད་ཀུན། །རྒྱུ་རྐྱེན་རྟེན་འབྲེལ་ལེགས་པའི་ཕྱོགས་སུ་བསྒྲིགས། །ཞེས་གསུངས་པ་དང་། རྒྱུད་རྫམ་གླིག་ལས། རིག་བྱེད་དག་གི་ཡན་ལག་ལས། །དུས་རྣམས་ཤེས་པ་བྱ་བ་ནི། །བཀྲ་ཤིས་ལྷ་ཡི་ཉི་མ་དང་། །འཁྱོར་དང་དུས་ཚོད་བཟང་བ་ནི། །མཚན་མའི་རྟོག་པ་ཡིན་མོད་ཀྱང་། །བརྟགས་ན་དངོས་གྲུབ་མཚན་མ་འབྱུང་། །ཞེས་གསུངས་པ་འདི་ས་དཔྱད་ལ་ཡང་ཅིས་མི་མཚུངས། ལྷག་པར་ལྟ་བ་མཐོན་པོར་རློམས་ནས་ཁ་ཕོ་སྒྲོག་ཀྱང་དོན་ལ། ཁོ་ཐག་ནང་ནས་མ་ཆོད་པར་རང་གི་གྲིབ་མ་དཀྲར་མཐོང་ལྟར་གནོད་འཛིན་ངན་རྟོག་གིས་བཅིངས་པ་རྣམས་ལ་ས་དཔྱད་ཀྱིས

ཕན་གནོད་ཡོད་དེ། གནོད་པའི་ཉེར་ལེན་ཡོད་ཅིང་། མི་གནོད་པའི་གཉེན་པོ་མེད་པའི་ཕྱིར་རོ། །དེ་ཡང་ས་དཔྱད་གནད་གཟེར་ལས། འོན་ཀྱང་སྐྱིགས་དུས་ཁ་ལ་དེ་བརྗོད་ཀྱང་། །དོན་ལ་རང་གི་གྲིབ་མ་དགྲར་མཐོང་ལྟར། །འཛིན་རྟོག་གིས་བཅིངས་མང་དུ་འབྱུང་བས་ན། །དེ་ལ་དོན་གྱི་ཁོ་ཐག་མ་ཆོད་ཕྱིར། །མ་བརྟགས་གང་བྱུང་བྱས་པས་མི་རུང་འགྱུར། །ཞེས་གསུངས་པས་སོ། །

སྤྱིར་ས་དཔྱད་ལ། བལ་པོའི་རྒྱལ་པོ་དེ་ལྟ་ལྟས། བོད་ཅེས་བྱ་བ་ཁྱད་པར་འཕགས་པའི་ཡུལ། །རི་མཐོ་ས་གཙང་གངས་རི་གཉན་གྱི་མགུལ། །བསིལ་ལ་མཛེས་པ་ལྷ་གནས་གཞལ་མེད་ཁང་། །ངོ་མཚར་རྨད་བྱུང་ཕན་བདེ་འབྱུང་བའི་གཞི། །ཆུ་བོ་བཞི་འབབ་རྩེ་ཤིང་ནགས་ཀྱིས་མཛེས། །འབྲུ་སྣ་ལྔ་འབྲུངས་རིན་ཆེན་སྣ་ཚོགས་འབྱུང་། །ཞེས་དང་། རྒྱ་རྗེས་ཀོང་ཇོ་ལ་གདམས་པ་ལས། བོད་ཅེས་བྱ་བ་ཁ་བ་ཅན་གྱི་ཡུལ། །ཡུལ་ལ་ཁྱད་པར་འཕགས་པ་དེ་ཡིན་ཏེ། །གངས་རི་རང་བྱུང་མཆོད་རྟེན་ཡ་མཚན་ཅན། །ལྷུན་གྱིས་གྲུབ་པའི་གནས་མཆོག་དམ་པ་ནི། །མཚོ་བཞི་གཡུ་ཡི་མཎྜལ་བཀྲམ་པ་འདྲ། །ཐང་བཞི་ཡིད་འོང་མཆོད་པ་བཤམས་པ་འདྲ། །ཆུ་བོ་བཞི་ཡི་འཁྲོས་བཞིའི་རང་བཞིན་ཅན། །རི་མཐོ་ས་གཙང་གངས་རི་གཉན་གྱི་ལྗོངས། །བཀྲ་ཤིས་ཉམས་དགའ་གཡུང་དྲུང་བྲིས་པ་འདྲ། །ཞེས་པ་སོགས་ནི་ཐུན་མོང་ཕྱི་ཡི་ས་དཔྱད་ཡིན་ཞིང་། དེ་ཙམ་ནི་རྒྱལ་ཁབ་དང་མི་རིགས་མཐའ་དག་གིས་རྣམ་པ་འདྲ་མིན་གྱིས་བརྟག་དཔྱད་དང་བླང་དོར་བྱེད་བཞིན་པ་ཡིན། འོན་ཀྱང་ས་ཡི་དཔྱད་ཕྱི་ནང་གསང་གསུམ་དུ་གནས་པ་དེ། བརྟག་ཐབས་ཀྱང་ཕྱི་ནང་གསང་གསུམ་གྱི་བརྟགས་ནས་བླང་དོར་བྱེད་པ་ནི་རྟེན་འབྲེལ་ཟབ་མོ་མཁྱེན་པ་པོ་ནའི་སྤྱོད་ཡུལ་ལས་གཞན་གྱི་མ་ཡིན་ནོ། །དེ་ལྟར་སྨྲ་བ་དེ་ཡང་དཔེར་ན། ལུས་ཅན་རྣམས་ནད་ཀྱིས་མནར་བ་དང་། ནད་ལས་གྲོལ

བའི་རྒྱུད་རང་རང་གི་ལས་ཡིན་མོད། དེ་ལྟར་བྱེད་པའི་རྐྱེན་ནི་ཟས་སྤྱོད་མི་འཕྲོད་པ་དང་འཕྲོད་པ། དུག་དང་སྨན་སོགས་རྐྱེན་འགའ་ཞིག་གིས་བྱེད་པ་ལྟར་ཡིན་གྱི། གྲུབ་མཐའ་གཞན་འགའ་ཞིག་གི་འདོད་པ་ལྟར་འགྲོ་བའི་བདེ་སྡུག་གི་བྱེད་པ་པོ་ས་ཡིན་ཞེས་ནམ་ཡང་སྨྲ་བ་མ་ཡིན་པར་ཐམས་ཅད་དུ་ཤེས་པར་བྱའོ། །

གཉིས་པ་ས་དཔྱད་ཀྱི་གཞུང་དར་བའི་ཚུལ་ལ། རྒྱ་གར་དུ་དར་བའི་ཚུལ་ནི། སངས་རྒྱས་བཅོམ་ལྡན་འདས་ཀྱིས། མདོ་རྒྱུད་རྣམས་ནས་སྒྲུབ་པ་པོ་ཡི་ཁྱད་པར། བསྒྲུབ་བྱའི་ལྷ་ཡི་ཁྱད་པར། སྒྲུབ་པའི་དུས་ཀྱི་ཁྱད་པར། སྒྲུབ་པ་ཕྲིན་ལས་བཞིའི་ཁྱད་པར་རྣམས་ལ་བརྟེན་ནས་སྒྲུབ་གནས་ཀྱི་ས་དཔྱད་མང་དུ་གསུངས་པ་དེ་དག་གི་དགོངས་པ་འགྲེལ་པའི་བསྟན་བཅོས་འཕགས་ཡུལ་མཁས་གྲུབ་རྣམས་ཀྱི་གསུང་། རྒྱ་གཞུང་གི་ལེགས་བཤད་དག་ལས་གོང་གི་ཁྱད་པར་དེ་དག་དང་མཐུན་པར་གནས་ཡུལ་གྱི་ས་དཔྱད་ཇི་ལྟར་དགོས་ཚུལ་རྒྱ་ཆེར་བཤད། ཐུན་མོང་རིག་གནས་ཀྱི་སྐབས་ནས་ཀྱང་བཟོ་རིག་པའི་བརྟག་པ་རྣམ་པ་བརྒྱད་ཀྱི་གྲས། ས་གཞི་བརྟག་པ་ཞེས་ས་དཔྱད་ལེགས་ཉེས་བརྟག་པ་དུ་མ་ཡོད། ཁྱད་པར་རྒྱ་གར་གྱི་པཎྜི་ཏ་དངོས་ཀྱིས་ཆ་ཚང་བའི་ས་དཔྱད་མཛད་པ་ཡང་། ཇོ་བོ་རྗེ་བོད་དུ་འབྱོན་ཁར། ཇོ་བོའི་བླ་མ་དུ་རུ་ནག་པོ་ཞེས་པ་བཅོམ་ལྡན་འདས་དགྱེས་པ་རྡོ་རྗེའི་ཞལ་མངོན་སུམ་དུ་གཟིགས་པ་དེས། ས་དཔྱད་རིན་པོ་ཆེ་འཕྲུལ་གྱི་མེ་ལོང་ཞེས་པ་ཇོ་བོ་ལ་གནང་ནས། ཁྱོད་བོད་དུ་འགྲོ་བར་འདུག །ཁྱོད་ལ་གདན་ས་བྱང་སྐྱབས་པ། ལྷ་གཞོལ་བ། རྟེ་ཤིང་ནགས་ཚལ་དང་ལྡན་པ་གཅིག་འོང་བར་འདུག །བོད་ནས་ཚུར་མི་ལྡོག་པར་འདུག །ཁྱོད་ལ་བུ་སློབ་མང་པོ་འོང་བར་འདུག་དེ་རྣམས་ཀྱིས་སྡེ་དགོན་མང་པོ་བཞེངས་པར་འདུག །དེ་དུས་འདི་དགོས་པ་ཡིན་ཞེས་ལུང་བསྟན་ཚུལ་བཀའ་གདམས་ཕ་ཆོས་ལས་གསུངས།

སློབ་དཔོན་པདྨ་དང་། ཇོ་བོ་རྗེས་མཛད་པའི་ས་དཔྱད་ཀྱང་ཡོད་ཅིང་། འདི་གཉིས་མཛད་པ་པོ་འཕགས་ཡུལ་བ་ཡིན་ཀྱང་། བོད་ཡུལ་དུ་བོད་སྐད་ཀྱི་སྟེང་ནས་མཛད་པས་ན་བོད་གཞུང་གི་གྲས་སུ་འགོད་དོ། །

དེ་ནས་རྒྱ་ནག་ཕྱ་དར་བའི་ཚུལ་ནི། རྒྱལ་བ་ཀུན་གྱི་མཁྱེན་རབ་ཀྱི་བདག་པོ་འཕགས་པ་འཇམ་དཔལ་དེ་ཉིད་ཀྱིས་སྤྱིར་སྙིགས་མའི་སེམས་ཅན་ཚེ་ཐུང་ནད་མང་། ནོར་དབུལ་དགྲས་གཙེས་པ་སོགས་འཇིགས་པ་བཅུ་དྲུག་གིས་མནར་ཞིང་ཆོས་བརྒྱད་ལ་བློ་གཞོལ་བ་སྤྱི་དང་། ཁྱད་པར་བློ་ལྷི་ཞིང་བསམ་པ་དམན་པ། ངན་ལས་སྣ་ཚོགས་ལ་དགའ་ཞིང་བྱ་བ་མང་བ། སྒོ་གསུམ་རྣམ་པར་མི་དབེན་པས། ངེས་དོན་དམ་པའི་དོན་གྱི་བདེན་པ་ལ་བློ་འཇུག་པར་མི་མོས་པར། དྲང་དོན་ཀུན་རྫོབ་བདེན་པ་སྤྲོས་བཅས་ཀྱི་དཔྱད་པ་ལ་མོས་པའི་གདུལ་བྱ་རྣམས་རྗེས་སུ་གཟུང་བའི་ཕྱིར་འཇམ་དཔལ་རིགས་ལྔ་དེ་དག་རྟེན་འབྲེལ་གཏོ་ཐབས་ཀྱི་སྟོན་པའི་རྣམ་པར་སྤྲུལ་པ་མཛད་དེ། རྒྱ་ནག་རི་བོ་རྩེ་ལྔའི་དབུས་རི་བོ་དྷ་རྩེ་ཞེས་བྱ་བར། འཇམ་དཔལ་གཞོན་ནུར་གྱུར་པ་དེ་ཉིད། སྐྱེད་པའི་ཡབ་དང་བལྟམས་པའི་ཡུམ་མེད་པར་ཛམ་བུ་ཧྲི་ཤའི་ཤིང་གི་ལྗ་བ་ལས་མི་འགྱུར་གསེར་ལྟར་བརྫུས་ནས་སྐུ་འཁྲུངས་ཏེ། རུས་སྦལ་རྣམ་པ་ལྔ་དང་། རྩ་བཞི་འདུས་པའི་རྒྱུད་བདུན་གསུངས། དེ་ནས་གསོན་རྩིས་ཉི་ཁྲི་ཚིག་སྟོང་། གཤིན་རྩིས་ཉི་ཁྲི་ཚིག་སྟོང་། བག་རྩིས་ཉི་ཁྲི་ཚིག་སྟོང་། ས་དཔྱད་ཀྱི་རྩིས་ཉི་ཁྲི་ཚིག་སྟོང་སྟེ་རྩིས་ཀྱི་སྒོ་མོ་བརྒྱད་ཁྲི་བཞི་སྟོང་གསུངས་ནས། རྒྱ་ནག་རྩིས་ཀྱི་གདུལ་ཞིང་དུ་གྲགས་ཤིང་ས་དཔྱད་ཀྱི་རྩིས་ཀྱང་ཤིན་ཏུ་དར། རྒྱ་ནག་རི་བོ་རྩེ་ལྔའི་ཆགས་ཚུལ་གནས་བཤད་དེ་དག་ཀྱང་། ས་རྩིས་ཀྱི་གཞུང་ནས་བཤད་པའི་ཡོན་ཏན་དང་མཐུན་པར་གཏན་ལ་ཕབ་པ་ཤ་སྟག་ཡིན། འཇམ་པའི་དབྱངས་ཀྱིས་རྗེས་སུ་བཟུང་བ་གོང་ཅོ

འཕྲུལ་གྱི་རྒྱལ་པོ་དང་། ཡེ་ནམ་འཕྲུལ་གྱི་རྒྱལ་པོ། ཧྲི་ཙོ་འཕྲུལ་གྱི་རྒྱལ་པོ། ཧྲི་ནམ་འཕྲུལ་གྱི་རྒྱལ་པོ་སྟེ་རྒྱལ་པོ་བཞི་དང་། ཐང་སྲོང་ནོར་བུ་རིན་ཆེན། ཁྲམ་ཟེ་མུ་ཏིག །རྒྱ་ནག་ཟུར་ཕུད་ལྔ་པ། རྒྱ་ནག་གཡུ་བཞེར་སྟག་ཚལ་ཏེ། རྒྱ་ཡི་མཁས་པ་མི་བཞི་སོགས་ཀྱིས་མཛད་པའི་ས་དཔྱད་ཀྱི་གཞུང་། མདོ་སྡེ་སྒྲོམ་གྱི་མགོ་ཁྲ་བོ་རི་རྩེགས། གལ་པོ་ལ་བྱང་། བྱ་རྐོད་ལ་བྱང་། བྱང་པ་གསེར་གཞུང་། ནག་པོ་སྟག་ཤམ། རྒན་མོ་འཛུབ་ཚུགས། བྱེ་མ་ལག་ཁྲིད། ཆུང་དུར་དོན་མདུན་མ་ལ་སོགས་པ་མང་པོ་མཛད། སློབ་དཔོན་དུ་ཧར་གྱིས་རྒྱ་བཟའ་ཕེབས་དུས་རྒྱ་ཡི་རྗེ་བོར་གསུངས་པའི་ས་དཔྱད་ཟུར་པ་དང་། གཞན་ཡང་སློབ་དཔོན་འབར་བ་ཚོམ་ཚོམ་དང་། སློབ་དཔོན་སེམས་རྩེ། རྒྱ་བཟའ་སྨྲ་ཕྱི་སོགས་ནག་རྩིས་སྤྱི་དང་ས་དཔྱད་ལ་མཁས་པ་མང་དུ་བྱོན་པ་དེ་དག་གིས་ཀྱང་ས་གཞུང་དུ་མ་སྤེལ་ཚུལ་གཤམ་དུ་གསལ་ལོ། །

བོད་དུ་དར་བའི་ཚུལ་ནི། བོད་རྗེའི་ཐོག་མ་གཉའ་ཁྲི་བཙན་པོ་དེ་ཉིད་བོད་ཡུལ་འགྲོ་བའི་མགོན་དུ་ཐོག་མར་ཕེབས་དུས། ལྷ་རི་གྱང་མཐོའི་རྩེ་ལ་བྱོན་ནས་རིམ་བཞིན་བཙན་ཐང་སྒོ་བཞིར་བབས་པ་ན་བོན་ཤེས་པ་ཅན་བཅུ་གཉིས་ཀྱི་ཕྱུ་གུ་ཕྱུགས་སྐྱོང་བ་རྣམས་ཀྱིས་གཉའ་བར་ཁྲི་བཅུགས་ནས་གདན་དྲངས་ཏེ་བོད་ཀྱི་རྗེ་བོར་མངའ་གསོལ། དེ་ལྟ་བུའི་རྗེ་འདིའི་རིང་ལ་བོད་དུ་མཁར་ལ་སྔ་བ་ཡུམ་བུ་བླ་སྒང་ཞེས་པ་བཞེངས། འདི་ཐང་ལས་མངོན་པར་འཕགས་ཤིང་ངོ་མཚར་ཆེ་བའི་རི་ཡི་སྟེང་དུ་བརྩིགས་པ་ནི། དཔྱད་དོན་ཡིད་ཀྱི་འདོད་འཇོ་ལས། དེ་ནི་ཕོ་བྲང་གདབ་པའི་གནས་བསྟན་པར། །པད་གདབ་འདྲ་བའི་ཡུལ་གྱི་ལྟེ་བའམ། །རི་བོ་གླང་ཆེན་ཉལ་འདྲའི་མཁལ་གཞུང་དང་། །གླང་པོ་གཟན་ལ་འཇུག་འདྲའི་སྣ་གོང་དང་། །སེང་གེ་གནམ་ལ་འཕྱོ་འདྲའི་སྤྱི་བོ་དང་། །སྟག་མོ་ནག་ལ་རྒྱུག་འདྲའི་ནང་འཛོམ་དང་། །ཁྱུང་ཆེན་གནམ་

ལ་ལྷིང་འདྲའི་གཉའ་གོང་གདབ། །མདོར་ན་གཞན་གྱིས་བརྗི་བར་མི་ནུས་པའི། །སྒྲོག་ཆགས་འདྲ་བ་དེ་ཡི་མིག་མཚམས་དང་། །ནང་འཛོམ་ལྷོ་བ་མཛིང་སྙིང་རྣམས་སུ་གདབ། །ཡང་ན་རིན་ཆེན་སྤུངས་འདྲའི་འདབས་སུ་འོ། །དེར་ནི་ཀུན་གྱིས་འདུད་ཅིང་བཀུར་བ་དང་། །གཞན་གྱིས་བརྙས་པར་མི་ནུས་འབྲུ་ནོར་འཕེལ། །རིགས་དང་བྲན་གཡོག་དཔལ་ཡོན་རྒྱས་པར་འགྱུར། །ཞེས་བཤད་པའི་ས་དཔྱད་ཀྱི་མཚན་ཉིད་དང་ལྡན་པ་ལས། བོད་འབངས་ཡོངས་ཀྱིས་བརྩི་བཀུར་བྱས། ཡབ་སྲས་དབོན་རྒྱུད་མཐའ་དག་མགོ་ལ་བཙན་པའི་རྒྱལ་རབས་རིམ་པར་བྱོན་པའི་རྟེན་འབྲེལ་འགྲིག །ཁྱད་པར་ལྷ་ཐོ་ཐོ་རིའི་སྐུ་ཚེའི་སྐབས་སུ་དཀོན་མཆོག་གི་རྟེན་ཁྱད་པར་ཅན་ཤེལ་གྱི་མཆོད་རྟེན་དང་། མདོ་སྡེ་ཟ་མ་ཏོག །དཔང་ཀོང་ཕྱག་བརྒྱ་པ། དགེ་བ་བཅུའི་མདོ། ལས་རྣམ་འབྱེད་རྣམས་ཀྱི་གླེགས་བམ་ཕྱག་ཏུ་བབས་ནས་དམ་པའི་ཆོས་ཀྱི་དབུ་བརྙེས། རྒྱལ་པོ་སྐུ་བགྲེས་པ་ཚེམས་ཐོན། དབུ་སྐྲ་དཀར་བ་ཡང་ནག་པོར་སོང་། དུང་སོ་འཕོར་མ་སྐྱེས། སླར་གཞོན་ནུ་ལྟར་གྱུར་ཏེ་དགུང་ལོ་བརྒྱ་དང་ཉི་ཤུ་བར་བསྲིངས་པས་སྐྱེ་བ་གཅིག་ལ་མི་ཚེ་གཉིས་ཐུབ་པ་སོགས་བྱུང་། དེ་དག་འཕགས་པ་དང་སེམས་ཅན་གདུལ་བྱ་འདུལ་བྱེད་ལས་སྨོན་གྱིས་འབྲེལ་བའི་རྒྱུ་ལས་བྱུང་བ་སྨོས་མ་དགོས་ཀྱང་། རྟེན་འབྲེལ་ལེགས་པའི་ཕྱོགས་སུ་འགྲིག་པའི་རྐྱེན་ཙམ་ས་དཔྱད་ཀྱིས་ཀྱང་བྱེད་པ་ནི་ས་གཞུང་ཚད་ལྡན་དང་ལོ་རྒྱུས་ལ་དཔྱད་པས་ཀྱང་ངེས་ཤེས་ཁྱད་པར་ཅན་སྐྱེ་བར་འགྱུར་རོ། །དེ་ནས་ཆོས་རྒྱལ་སྲོང་བཙན་སྒམ་པོའི་སྐུ་དུས་སུ་བལ་བཟའ་ཁྲི་བཙུན་གྱིས་ཇོ་ཁང་བཞེངས་དུས་རྒྱ་བཟའ་ཀོང་ཇོ་ལ་རྩིས་བྱེད་པར་ཞུས་པས་ཀོང་ཇོས་སྤྱོར་ཐང་བརྒྱད་ཅུའི་སྐོར་གྱི་སྙིང་ནས་བརྩིས་པས་ཁ་བ་ཅན་གྱི་ཡུལ་འདི་སྲིན་མོ་གན་རྐྱལ་དུ་འགྱེལ་བ་ལྟ་བུར་འདུག་པ་ལས། འོ་ཐང་གི་མཚོ་འདི་སྲིན་མོའི་སྙིང་ཁྲག

དམར་ལྷུགས་ཀྱི་རི་འདི་སྙིང་གི་རུས་པའི་རྣམ་པར་འདུག་ནའང་། མཚོ་ཡི་སྙིང་དུ་ཤཱཀྱ་མུ་ནེ་བཞུགས་པ་དང་། རི་རྩེར་རྒྱལ་པོའི་ཕོ་བྲང་ཡོད་པས་ནོན་ཅིང་། དེ་དག་གི་མཐའ་བསྐོར་ན་ས་དཔྱད་སྐྱོན་ཡོན་གཉིས་ལས། ཡོན་ཏན་ནི་ཤར་ན་མཆོད་སྡོང་བཙུགས་པ་འདྲ་བའི་རི། ལྷོ་ན་རིན་པོ་ཆེའི་མཆོད་རྟེན་འདྲ་བ། ནུབ་ན་མཎྜིའི་སྙིང་ན་དུང་ཕོར་བཞག་པ་འདྲ་བ། བྱང་ན་པདྨ་ཁ་ཕྱེ་བ་འདྲ་བ་སྟེ་ཁྱད་པར་དུ་འཕགས་པའི་རི་བཞི། དེའི་ནང་སྐོར་དུ་ཉང་བྲན་འཕན་དཀར་གྱི་རི་ལ་གདུགས། མལ་གྲོང་གི་རི་ལ་གསེར་ཉ། མདོངས་མཁར་གྱི་བྲག་ལ་པདྨ། གྲིབ་ཀྱི་འཁྲུགས་རུམ་ལ་དུང་། རྫོང་བཙན་གྱི་རི་ལ་བུམ་པ། ཡུག་པའི་རི་ལ་དཔལ་བེའུ། འཕན་དཀར་གྱི་རི་ལ་རྒྱལ་མཚན། བྲང་ཕུའི་བྲག་ལ་འཁོར་ལོ་སྟེ་བཀྲ་ཤིས་པའི་བརྟགས་བརྒྱད། ལྷུགས་ཁ་རི། ཤུག་པ་གདོང་། ར་ཁ་བྲག །རྗེ་མོ་ཟེ་རྣམས་ལ་གསེར་དངུལ་ཟངས་ལྷུགས་ཀྱི་གཏེར་ཁ། ཤར་གྱི་སྟག་དཀའ་གདོང་འོག་མ། ལྷོའི་གཡུ་འབྲུག་གཙང་ཆབ། ནུབ་ཀྱི་བྱ་སྐྱི་བུ་གཏོང་། བྱང་གི་རུས་སྦལ་ཕ་བོང་ཁ། མདོར་ན་གནམ་ལ་འཁོར་ལོ་རྩིབས་བརྒྱད་དང་། ས་ལ་པདྨ་འདབ་བརྒྱད་དེ་གཙུག་ལག་ཁང་རྩིག་པའི་ཡོན་ཏན་ཕུན་སུམ་ཚོགས་པ་ཡོད་ལ། འོན་ཀྱང་སྐྱོན་ནི། ཤར་བྱེ་མའི་རི་ལ་སྲིན་མོ་འདོམས་བཟེད་པ་ལྟ་བུ། ལྷོ་ན་སྡིག་པ་གཟན་ལ་རུབ་པ་འདྲ་བ། ནུབ་ཤུན་གྱི་བྲག་ལ་བདུད་བྱ་ར་བྱེད་པ་ལྟ་བུ། བྱང་ཉང་དོགས་ཀྱི་བར་ན་གླང་པོ་ཆེ་གཡུལ་དུ་ཞུགས་པ་ལྟ་བུའི་རི། ཤར་ལྷོ་མཚམས་ན་བཙན་གྱི་རྒྱུ་ས། ལྷོ་ནུབ་མཚམས་ན་འདྲེའི་འདུ་ཕུང་། བྱང་ན་མ་མོའི་ཉལ་ས། གཞན་ཡང་སྐྲུམ་པ་རི་ལ་ཆུ་སྲིན་དྲེའུ་ཁྲིད་པ་འདྲ་བ། གནམ་སྒོ་ཕྱེ་བ་གནམ་རལ་གྲི་འདྲ་བ། ས་སྒོ་ཕྱེ་བ་ཕག་པའི་སྣ་འདྲ་བ་སོགས་ས་དཔྱད་ངན་པ་རྣམས་གནོན་པར་བྱེད་པའི་ཐབས་སུ། ཐོག་མར་རྒྱལ་པོ་ཡབ་ཡུམ་གསུམ་གྱིས་སྙིང་ཤོད་ཉང་བྲན་ཕ་བོང་ཁར་སྒྲུབ་པ་མཛད་ནས།

སྒྲུབ་པའི་རྟགས་ཐོན་པ་དང་། སྲིན་མོའི་ཡན་ལག་དང་ཉིང་ལག་གནོན་པར་བྱེད་པ་ལ། གཡོན་རུ་བྲ་འབྲུག །གཡས་རུ་གཙང་འགྲམ། དབུས་རུ་ཀ་ཚལ། རུ་ལག་གྲུམ་པ་རྒྱང་གི་ལྷ་ཁང་སྟེ་མཐའ་འདུལ་གྱི་ལྷ་ཁང་བཞི། ཀོང་པོ་བུ་ཆུ། ལྷོ་བྲག་མཁོ་མཐིང་། བྱམས་སྤྲིན་དགེ་རྒྱས། བྱང་པྲ་དུམ་རྩེ་སྟེ་ཡང་འདུལ་གྱི་ལྷ་ཁང་བཞི། ཁམས་གློང་ཐང་སྒྲོལ་མ། སྤུ་གྲོ་སྐྱེ་ཆུ། ཚལ་རིགས་ཤེས་རབ་སྒྲོལ་མ། ཚངས་པ་རླུང་གནོན་ཏེ་རུ་གནོན་གྱི་གཙུག་ལག་ཁང་རྣམས་བརྩིགས། སྔར་བཤད་པའི་ཉེ་སྐོར་གྱི་ས་དགྲ་ངན་པ་རྣམས་ལ་མཆོད་རྟེན། རྡོའི་སེང་གེ །དབང་ཕྱུག་གི་རྟེན། བྱ་ཁྱུང་། དུང་དཀར་སོགས་ཀྱིས་བཙོས། དེ་རྗེས་མཚོ་བསྲུབས་པའི་སྟེང་དུ་ལྷ་ཁང་བརྩིགས་ཏེ་རྒྱ་བལ་གྱི་ལྷ་རྣམས་བཞུགས་ན་སངས་རྒྱས་ཀྱི་བསྟན་པ་དར་ཞིང་། ཕྱིས་དབོན་སྲས་རྣམས་ཀྱི་རིང་ལའང་དགེ་འདུན་གྱི་སྡེ་དང་། མདོ་རྒྱུད་ཀྱི་བཤད་སྒྲུབ་འཕེལ་རྒྱས་སུ་འགྱུར་བར་འདུག་གསུངས་པའི་ལུང་བསྟན། བཀའ་ཆེམས་བཀའ་ཁོལ་མ་ལས་འདི་སྐབས་རྒྱ་བཟས་སྦྱོར་ཐང་ཁྲ་མོ་བརྟིང་ནས་ས་དཔྱད་ལེགས་པར་བལྟས་ཏེ་ས་བཤད་བྱས་ཚུལ་ཡང་། སའི་དཔྱད་འདི་ལ་བྱེད་པ་བརྒྱ་རྩ་བརྒྱད། བརྟག་པ་དགུ་བཅུ་ཐམ་པ། ནོར་སོ་བདུན་ཅུ་དོན་གཉིས། སའི་དགྲ་ངོས་ཟིན་པ། དེ་ཟློག་པའི་ཐབས་དགོས་པས།

དེ་དག་ཐམས་ཅད་བསྡུ་ན། སྐྱེ་བོ་མང་པོ་འདུ་སས་བདག་རྒྱལ་པོའི་ཕོ་བྲང་གི་ས་དང་གཅིག །འཕགས་པའི་དགེ་འདུན་མང་པོ་འདུ་བ་གཙུག་ལག་ཁང་གི་ས་དང་གཉིས། དྲང་སྲོང་འབྱུང་བའི་གནས་འགྲིག་དགོན་པའི་ས་དང་གསུམ། རི་ཞིག་བདེ་བར་སྤྱོད་པ་སྐྱེ་བོ་ཕལ་པའི་ས་དང་བཞི། ཙང་ཞིག་གནས་པ་བས་མཐའི་ས་གཏན་ལ་དབབ་པ་དང་ལྷ་ཡོད་ཚུལ་དང་སྐབས་སུ་བབས་པའི་ས་དཔྱད་གང་ཡིན་སོགས་གསུངས་ཤིང་། ས་དཔྱད་རིན་ཆེན་སྤུངས་པ་ཞེས་པ་མཛད་ཚུལ་རྒྱས་པར་བཤད།

གཞན་ཡང་རྒྱལ་རབས་རྣམས་སུ་སྲོང་བཙན་གྱི་རྣམ་ཐར་འཆད་པའི་སྐབས། པོ་ཏ་ལའི་རི་འདིའི་རྩེ་ལ་ཕོ་བྲང་བཏབ་ནས་བཞུགས་ན། མཐའ་བཞིའི་གུས་ལྡན་གྱི་རྒྱལ་པོ་ཐམས་ཅད་ཀྱིས་རང་དབང་མེད་པར་གུས་པས་འདུད་པའི་དབང་ཕྱུག་བརྒྱད་ཀྱི་ཡོན་ཏན་མཐའ་དག་ལྡན་གྱིས་གྲུབ་པར་དགོངས་ནས་ཞེས་སོགས་དུ་མ་འབྱུང་། རས་འཕྲུལ་སྣང་གི་གཙུག་ལག་ཁང་བཞེངས་པ་ལ་ས་འདུལ་ལེགས་པར་མ་བྱུང་བས་རྩིག་མ་ཐུབ་ཚེ། བོད་མི་ཤེས་རབ་ཅན་བཞི་རྒྱ་ནག་ཏུ་མངགས་ནས། རྒྱ་ཡི་སློབ་དཔོན་འབར་བ་ཚིམ་ཚིམ་ལ་གདུགས་ནས་ཞུས་པའི་རྩིས་སྐོར་དུ་མ་བྱུང་པ་དང་། རྒྱ་ཡི་ས་དཔྱད་ཀྱི་གཞུང་བོད་དུ་བསྒྱུར་བ་ཡང་སྔ་འགྱུར་ཐོག་མའི་སྐབས་སུ་ས་དཔྱད་ཀྱི་རྒྱུད་བུ་རྒོད་བློ་རྡོལ་སོགས་འགའ་ཞིག་འགྱུར། ཆོས་རྒྱལ་མེས་ཨག་ཚོམ་གྱི་བཙུན་མོར་རྒྱ་བཟའ་ཨང་ཆུང་བཞེས་པའི་དུས་སུ་འགྱུར་བར་པའི་གཞུང་རྣམས་སུའང་ས་དཔྱད་ཅི་རིགས་པ་ཡོད་ལ། སྔ་འགྱུར་ཕྱི་མ་ཆོས་རྒྱལ་ཁྲི་སྲོང་ལྡེའུ་བཙན་གྱི་དུས། བསམ་ཡས་ཀྱི་གཙུག་ལག་ཁང་བཞེངས་པའི་ཚེ་ཡུམ་གྱིས་འཕྲིན་ཡིག་བསྐུར་ནས་ས་དཔྱ་ངན་པ་རྣམས་བཅོས་པའི་ཕྱིར། རྒྱ་ཡི་སློབ་དཔོན་སེམས་རྩེ་ཞེས་པ་གདན་འདྲེན་དུ་གསང་ཐུབ་རས་སྐྱེས་གཙུག་ན་དང་། ལི་ཁྲི་མགོ་སྐྱ་ཞེས་པར་གསེར་སོགས་སྐྱེས་བཟང་པོ་བསྐུར་ཏེ་བཏང་བས་སེམས་རྩེ་བོད་དུ་བྱོན། སློབ་དཔོན་དེ་ནི་སྤྱིར་ཤར་སྒོ་ཀེག་གི་རྩིས། ལྷོ་སྒོ་གཉེན་གྱི་རྩིས། ནུབ་སྒོ་ཁང་པའི་རྩིས། བྱང་སྒོ་རོ་ལམ་གྱི་རྩིས་ཏེ་དཔྱད་སྒོ་བཞི་དང་། རྨང་པོ་འཕན་དར་དུ་གཏོང་བ་དུར་གྱི་ཡོན་ཏན། དབུལ་པོ་ཕྱུག་པོར་གཏོང་བ་ཁང་སའི་ཡོན་ཏན། ངན་པ་བཟང་པོར་གཏོང་བ་དགྲ་གྲོགས་ཀྱི་ཡོན་ཏན་སོགས་ཡོན་ཏན་བདུན་ཡོད་པ་དེ་ལས། སྒོ་བཞིའི་ནང་ནས་ཀྱང་ནུབ་སྒོ་ཁང་སའི་ས་དཔྱད་དང་། ཡོན་ཏན་བདུན་གྱི་ནང་ནས་ཁང་སའི་ཡོན་ཏན་གྱི་རྩིས་ལ་ཤིན་ཏུ་

མཁས་པ་དེས་རྒྱལ་པོའི་ཕོ་བྲང་། དགེ་འདུན་གྱི་གཙུག་ལག །མཆོད་རྟེན་བརྩིགས་པ། སྐྱེ་བོ་ཕལ་པའི་ཁང་ཁྱིམ་བརྩིགས་པ། རི་ལུང་ལ་སོགས་པའི་ས་དཔྱད་མང་པོ་གསུངས།

བར་འགྱུར་ཐོག་མའི་སྐབས་སུ་རྒྱ་ཡི་མཁན་པོ་ཤེས་རབ་བླ་མ་ལ། མཁས་པ་ཐེར་སྟོན་ཅན་གྱིས་ཞུས་ནས། ས་རྩིས་དྲ་བ་འགྲེལ་ཆེན་བསྒྱུར། བར་འགྱུར་དབུས་མ་ལ། རྒྱ་ཡི་པཎ་ཆེན་ཁྲི་མཧཱ་ཡ་ན་དང་། བོད་ཀྱི་ལོ་ཙཱ་བ་ཁམས་པ་ལིང་ཅེ་དང་། རྒྱ་ནག་གི་ལྷན་ཅ་ནག་པོ་ལ་བོད་ཀྱི་ལོ་ཙཱ་བ་བྲན་ཁ་པདྨ་ཞུས་ནས་ས་དཔྱད་ཞིབ་པ་གསེར་གཞུང་བསྒྱུར། བར་འགྱུར་ཕྱི་མའི་སྐབས་སུ། རྒྱ་ནག་མཁས་པ་ཤྲཱི་མཧཱ་ཡ་ན་དངོས་སུ་བོད་དུ་བྱོན་ནས་ས་དཔྱད་གཾ་ག་བེ་ཤ་ལ་སོགས་པ་བཤད་ཅིང་བསྒྱུར། ཕྱི་འགྱུར་ཐོག་མའི་སྐབས་སུ། རྒྱ་པཎ་འཛིང་གང་ངེ་ལ། བོད་ཀྱི་ལོ་ཙཱ་བ་མེ་ཉག་འཛིན་དར་ཀ་ཡོང་གིས་ཞུས་ཏེ་ས་གཞུང་བྱེ་མ་ལག་ཁྲིད་སོགས་བསྒྱུར། ཕྱི་འགྱུར་བར་པའི་སྐབས་སུ། རྒྱ་པཎ་བྱམས་ཆེན་གྲགས་པ་ལ་ལོ་ཙཱ་བ་ཁམས་པ་ལྷ་ཡུ་ཆོས་རྒྱལ་གྱིས་ཞུས་ཏེ་ས་དཔྱད་ཀྱི་འཁྱོང་སོགས་བསྒྱུར། ཕྱི་འགྱུར་ཐ་མའི་སྐབས་སུ་རྒྱ་ནག་གི་པཎ་ཆེན་ཀུན་འབྱུང་ཨ་ལོ་ལ། ཤེའུ་ཧཱུཾ་ཆེན་གཉིས་པ་དང་། ལོ་ཙཱ་བ་ཁམས་པ་གཙུག་སྟོན་གྱིས་ཞུས་ཏེ། ས་དཔྱད་རིན་ཆེན་ཕྲེང་བ་སོགས་བསྒྱུར། གཞན་ཡང་ཁྲི་སྲོང་ལྡེའུ་བཙན་གྱི་སྐུ་དུས་སུ་བོད་དུ་དངོས་སུ་བྱོན་པ་པཎ་ཆེན་དུ་ཧར་ནག་པོས་མཛད་པའི་རིན་ཆེན་གསལ་བའི་སྒྲོན་མེའི་ནང་དུ་ས་དཔྱད་བཟང་ངན་གྱི་རྩིས་ས་དགྲ་ཟློག་པའི་བཅོས་དང་བཅས་པ་གསལ་ཞིང་ཚང་བ་བསྟན་པ་དང་། དུ་ཧར་ནག་པོའི་སློབ་མ་དྲང་སྲོང་ཕུར་བུ་སོགས་མ་ནོར་ཤེས་པའི་མི་བཞིར་གྲགས་པ་རྣམས་ལ། རྒྱ་ཡི་པཎ་ཆེན་རཱ་ཧུ་དམར་པོ་དང་། པཎ་ཆེན་ཟླ་བ་ནག་པོ་གཉིས་ཀྱིས་ཞུས། དེ་ལས་བོད་ཀྱི་ལོ་ཙཱ་བ་ཁམས་ཁྲ་གཉིས་པས་ཞུས་ཏེ་བོད་སྐད་དུ་བསྒྱུར་བའི་རྩིས་གཞུང་དུམ་ཡོད་པ་ལས། ཁྱད་དུ་འཕགས

པ་ཡང་འགྱུར་གསལ་སྒྲོན་དུ་གྲགས་པའི་སྦྱོར་བ་གཞུང་གི་སྐོར་ལ་ས་དཔྱད་ཀྱི་རྒྱུད་རིན་ཆེན་སྤུངས་པ་སོགས་དང་། རྩིས་རྒྱུད་མང་པོ་ལ་བརྟེན་ནས་དུ་རུར་ནག་པོས་བསྟན་བཅོས་མང་དུ་མཛད་པའི་ནང་ནས། རྩ་བ་སྐབས་དོན་ལྔ་པ་ལས་བཞི་པ་ས་དཔྱད་ཀྱི་རྩ་བ་དང་། འགྲེལ་པ་ཉི་ཤུ་ལས་བཅུ་དགུ་པ་ས་དཔྱད་ཀྱི་འགྲེལ་པ་མཐོང་སྒོ་དབྱེ་བ་དང་། གསང་དེབ་བཅུ་གཅིག་ལས་དགུ་པ་ས་དཔྱད་ཀྱི་གསང་དེབ་དང་། ཉིང་ཁུ་ཤོག་ཁྲའི་སྐོར་ལས་གསུམ་པ་ས་དཔྱད་ཀྱི་ཤོག་ཁྲ་སོགས་མང་ཞིང་། དུས་ཕྱིས་ཙེ་ནའི་ས་དཔྱད་གསར་འགྱུར་ལུགས་རྒྱ་ཡི་མཁས་པ་ཐར་མཆོག་དང་། འབེ་ལོ་ཙྪ་བ་ཚེ་དབང་ཀུན་ཁྱབ་ཀྱིས་རྒྱ་ཡི་དཔེ་ལས་བསྡུས་ཏེ་བསྒྱུར་བ་སྟོན་མེད་ཀྱི་ལེགས་བཤད་ཁྱད་པར་ཅན་ཞིག་ཀྱང་ཡོད་པར་བཤད་དོ། །

བོད་ཀྱི་ས་དཔྱད་ཀྱི་གཞུང་ནི། སློབ་དཔོན་པདྨས་མཛད་པའི་ས་དཔྱད་གསེར་གྱི་ལྡེའུ་མིག་དང་། ནམ་མཁའི་སྙིང་པོས་མཛད་པའི་ས་དཔྱད་ནག་པོ་འབུམ་ནག་ཅེས་པ་དང་། གདུག་པའི་ལྡེ་མདུང་དགུ་སྐོར་སོགས་མངོན་སྤྱོད་ཀྱི་ལས་ལ་མཁོ་བའི་ས་དཔྱད་དང་། རྫོ་བོ་རྗེས་དངོས་སུ་གནང་བའི་ས་དཔྱད་ལྕང་དུ་དང་། མ་གཅིག་ལབ་ཀྱི་སྒྲོན་མས་མཛད་པའི་གཉན་མིག་ཁྲམ་མིག་གི་ས་དཔྱད་ཅེས་པ་སོགས་གཅོད་ཡུལ་བས་གཉན་ས་འགྲིམ་པའི་ས་དཔྱད་དུ་མ་ཡོད། སྒྲུབ་པ་བྱེད་པའི་གནས་ཀྱི་ས་དཔྱད་ནི། ཆགས་མེད་རིན་པོ་ཆེས་རི་ཆོས་མཚམས་ཀྱི་ཞལ་གདམས་ཀྱི་ས་དཔྱད་རིན་ཆེན་ཀུན་འདུས་དང་། འཇིགས་མེད་གླིང་པའི་སྒོམ་ཕྱོགས་དྲིས་ལན་ལྷ་བུ་རི་ཆོས་སྐོར་རྣམས་སུ་གསལ། གཏེར་མ་ཡང་། ས་དཔྱད་རྟེན་འབྲེལ་གྱི་ཆེ་བ་ཞེས་པ་རཏྣ་གླིང་པའི་གཏེར་མ་དང་། གསང་སྔགས་སྤྱི་ཆིངས་སྒྲུབ་གནས་སོགས་ཀྱི་ས་ཡི་དཔྱད་ཐབས་གནད་ཀྱི་གཟེར་དེབ་ཅེས་པ་རིག་འཛིན་རོལ་པའི་རྡོ་རྗེས་གཏེར་ནས་གདན་དྲངས་པ

དང་། གཞན་ཡང་བསྙེན་སྒྲུབ་ལས་གསུམ་གྱི་ཆ་ལག་ཏུ་ས་དཔྱད་བཤད་པ་སྣ་ཚོགས་སྒྲུབ་སྐོར་སོ་སོར་བཞུགས། ཆོས་རྗེ་ས་པཎ་གྱིས་མཛད་པའི་ས་གཞི་སོགས་བརྟག་པ་རྣམ་པ་བརྒྱད་ཀྱི་རྣམ་གཞག་ཡོད་ཚུལ་རྣམ་ཐར་འགའ་ཞིག་ཏུ་འཁོད་པ་དང་། དྭགས་པོ་པཎ་ཆེན་བཀྲ་ཤིས་རྣམ་རྒྱལ་གྱི་བརྟག་པ་སྣ་ཚོགས་ལེགས་པར་བཤད་པ་པདྨ་དཀར་པོའི་ཆུན་པོ་ཞེས་པ་ལེའུ་ལྔ་བཅུ་ཡོད་པའི་ནང་གི་ལེའུ་བཅུ་དགུ་པ་ས་དཔྱད་བརྟག་པའི་ལེའུ་དང་། དཔྱད་དོན་ཡིད་ཀྱི་འདོད་འཇོ་ཞེས་པའི་བརྟག་པ་སྣ་ཚོགས་ནང་གི་ས་དཔྱད་ལྟ་བུ་དང་། སྟག་ཚང་ལོ་ཙཱ་བས་མཛད་པའི་རྟེན་གསུམ་བཞེངས་ཚུལ་དཔལ་འབྱོར་རྒྱ་མཚོ་སོགས་གཞུང་གཞན་གྱི་བརྗོད་བྱ་གསེབ་ཚག་གི་ཚུལ་དུ་ས་ཡི་གླང་དོར་བཤད་པ་ནི་བགྲང་གིས་མི་ལང་ངོ་། །པེ་དཀར་དུ་ས་འབུམ་དཀར་ནག་ཅེས་པའི་ས་དཔྱད་ཀྱང་ཡོད་པར་གསུངས་ཤིང་། སྡེ་སྲིད་རིན་པོ་ཆེས་ཕྱིས་ཀྱི་མཁས་པས་མཛད་པའི་ས་དཔྱད་འདྲ་མིན་བཅོ་ལྔ་སྐོར་གཟིགས་ཚུལ་གསུངས་པས་མཚོན། ས་དཔྱད་མིང་རྣམ་གྲངས་མི་འདྲ་ཞིང་། ཚིག་ཟུར་འདྲ་བ། དོན་ཕལ་ཆེར་འདྲ་རུང་བྱས་པ་ཤིན་ཏུ་མང་ལ། རྒྱ་དཀར་ནག་དང་བོད་ཀྱི་ས་གཞུང་ལེགས་པ་ཐམས་ཅད་ཀྱི་སྙིང་པོ་བསྡུས་ཏེ་ས་དཔྲ་དན་པའི་བཅོས་ཐབས་དང་བཅས་པ་པེ་དཀར་ལེའུ་སོ་གཉིས་པ་ས་དཔྱད་ཀྱི་ལེའུར་གསུངས་པ་འདི་ཉིད་རྒྱ་ཆེ་ཞིང་ཁུངས་བཙན་པ་བློ་ཆེན་རྣམས་ཀྱི་འཇུག་ངོགས་སུ་གྱུར་པ་ཡིན་ནོ། །ད་དུང་གོང་སྤྲུལ་ཡོན་ཏན་རྒྱ་མཚོས་མཛད་པའི་ཙོ་ནའི་ས་དཔྱད་གསར་འགྱུར་ལུགས་ཀྱི་སྒོ་འབྱེད་འཕྲུལ་གྱི་ལྡེའུ་མིག་དང་། མི་ཕམ་རིན་པོ་ཆེས་ས་དཔྱད་ཀྱི་རྩིས་བསྡུས་དང་། པཎྜི་ཏ་ནང་ཆེན་རྣམ་རྒྱལ་བཟང་པོས་མཛད་པའི་ས་དཔྱད་དང་། ཀཿཐོག་ཤིང་ཁྲི་མཁན་པོ་བསོད་ནམས་འོད་ཟེར་གྱིས་མཛད་པའི་ས་དཔྱད་སོགས་ཡོད་དེ་འདིར་མཐོང་ཐོས་འགའ་ཞིག་ཙམ་བཀོད་པ་ལས

གཞན་ཡང་ཤིན་ཏུ་མང་ངོ་། །

གསུམ་པ་ས་དཔྱད་ཀྱི་རྣམ་གྲངས་ནི། སྤྱིར་ས་དཔྱད་ལ་དབྱེ་ན་བཅོ་བྱའི་དབྱེ་བས། གསོན་པོའི་གནས་གཞི་དང་། གཤིན་པོའི་དུར་ས་གཉིས་ཡོད་ཅིང་། བྲག་གསོན་པོའི་ས་ལའང་ནང་གསེས་སུ་རྟེན་གསུམ་བཞུགས་གནས་ཀྱི་གཙུག་ལག །དགེ་འདུན་འདུ་བའི་ཆོས་སྡེ། ས་སྐྱོང་རྒྱལ་པོའི་ཕོ་བྲང་། རྣལ་འབྱོར་སྒྲུབ་པའི་དབེན་གནས། སྐྱེ་བོ་ཕལ་གྱི་ཁང་ཁྱིམ་སོགས་དུ་མ་ཡོད། དེ་དག་ས་དཔྱད་ལེགས་པ་དང་འཕྲད་ན། བྱ་བ་དེ་སྒྲུབ་སླ་མཐའ་བརྟན། བཤད་སྒྲུབ་ཆོས་སྤྱོད། རྒྱལ་འབངས་མངའ་ཐང་། ཉམས་རྟོགས་བོགས་འབྱིན། དཔལ་འབྱོར་ལོངས་སྤྱོད། རིགས་རུས་མི་བརྒྱུད་སོགས་འཕེལ་ཞིང་འཕྲལ་ཡུན་གྱི་ལེགས་ཚོགས་དུ་མ་འབྱུང་བར་གསུངས་ཏེ། ནག་རྩིས་ཀྱི་རྒྱུད་རིན་ཆེན་སྤུངས་པ་ལས། །ཁང་ས་བཟང་པོ་བཙལ་བ་ལས། །དབུལ་ལས་མི་དར་ནོར་འཕེལ་འགྱུར། །ཞེས་དང་། ས་དཔྱད་རིན་ཆེན་ཀུན་འདུས་ལས། སྐར་དང་རུ་བ་ལ་སོགས་པ། །ས་དགྲ་མེད་ཅིང་ས་དཔལ་བཟང་། །དེ་ལྟར་བསྟད་ན་འཕྲལ་དུ་བདེ། །ཞེས་དང་། ས་དཔྱད་འཕྲུལ་གྱི་ལྡེ་མིག་ལས། ས་མིག་ཡོན་ཏན་ལྡན་ན་དེའི།། བསོད་ནམས་ནུས་པ་བདག་པོ་ལ། །ལོ་གསུམ་རྗེན་ལ་འབྱུང་བར་གསུངས། །ཞེས་དང་། སྔ་མ་ལས། དེ་སྤྱིར་ཁང་ས་ལ་སོགས་པ། །གསོན་པོའི་ས་འདི་གལ་ཆེའོ། །ཞེས་གསུངས་པ་ལྟར་ཡིན་ལ། དེ་ལས་ལྡོག་སྟེ་ས་དགྲ་མང་ཞིང་ས་དཔལ་ཞན་པ་དང་། མི་ཤེས་པའི་ས་ངན་དུ་གནས་བཅས་ན་ཕུན་སུམ་ཚོགས་པའི་དཔལ་ལས་ཉམས་ཤིང་འཕྱུང་ཁྲོལ་ཆེན་པོར་འགྱུར་བ་ཡོད་དེ། ཇི་སྐད་དུ། དེ་ལྟར་ངན་པའི་ས་རྣམས་ལ། །འགྲོ་བ་གང་གིས་རྟེན་བཅས་པ། །རིང་པོར་མི་ཐོགས་འཕྱུང་བར་འགྱུར། །ཞེས་འབྱུང་ངོ་། །གཤིན་པོའི་དུར་གྱི་ས་ལ་དབྱེ་ན། རྩིས་ཀྱི་ལུགས་ལ། འབྱུང་བ་ལྔ་ཡི་དུར

རིགས་ལྔ་ཡོད་ཅིང་། དེ་དག་དང་གཤིན་པོའི་ཁམས་སོགས་འཐབ་སྟེ་དགྲ་གྲོགས་རྩེ་ནས་དུར་གང་ཐོབ་བལྟ་དགོས་པ་དང་། ས་དུར་ལ་ཡང་རིགས་རྒྱུས་ཡོན་ཏན་མཐོ་ཞིང་ཆེ་བ། བཀྲ་ཤན་ཡང་ཚ་མཐོང་བ་སོགས་ཤན་དུར་དང་། དེ་མིན་གཞོན་དུར། རྒུང་དུར། གྲི་དུར། དམེ་དུར། མནོལ་དུར། རབས་ཆད་ཀྱི་དུར་སོགས་མང་ཞིང་དེ་དག་སོ་སོ་ལ་ས་ཡི་མཐོ་དམའ་དང་གདབ་དམིག་སོགས། ས་ཡི་དཔྱད་མི་འདྲ་བ་སོ་སོར་ཡོད་པས་དེ་དག་རྩིས་ཀྱི་སྐོར་མགོ་དང་མཐུན་ཞིང་། སྐྱོན་དང་བྲལ་བ་དང་། ལེགས་དཔྱད་འཛོམས་པ་བྱུང་ན་དུར་ས་ལེགས་པ་ཡིན། དེ་ལས་ལྡོག་པ། དཔེར་ན། ཤན་དུར་དམའ་ཆེས་པ་དང་། གཞོན་དུར་མཐོ་ཆེས་པ་ལྟ་བུ་བྱུང་ན་ཡང་ཤི་རེས་གཞོན་ལ་བབས་པ་ཞེས་གཞོན་པ་ཤི་སྐབ་མི་ཆོད་པས་མཚོན་ཉེས་སྐྱོན་དུ་མ་འབྱུང་བར་བཤད་དོ། །དེའི་རྒྱུ་མཚན་ས་དཔྱད་ཀྱི་གཞུང་ལས་བཤད་པ་ནི། གཤིན་པོའི་སྲོག་དང་། རྣམ་ཤེས། བླ་དང་གསུམ། སྲོག་ནི་གཤེད་མ་འདྲེ་ཡིས་བཅད། རྣམ་པར་ཤེས་པ་ནི་རང་གི་བསགས་པའི་ལས་གར་ནག་གི་རྗེས་སུ་འབྲངས་ནས་རྣམ་སྨིན་མྱོང་། བླ་དེ་ཚེ་འདས་ཀྱི་གཟུགས་བཟུང་ནས་ཕུང་པོ་གང་དུ་བསྐྱལ་བའི་དུར་ས་དེ་ན་གནས་པར་བཤད། དུར་ས་ལེགས་ན་བླ་དེ་དར་བས་གསོན་པོ་རྣམས་ལ་མགོན་སྐྱབ་བྱེད་པར་ནུས་པས་ཕ་མེས་ཀྱི་བླ་ཡིས་སྲུང་བ་ཞེས་ཤུལ་གྱི་གསོན་པོ་མི་རབས་ཕྱི་མ་བཅས་ལ་ཤི་སྐབ་ཆོད་ཅིང་མི་རྒྱུད་དར་བ། དཔལ་འབྱོར་འཕེལ་ཞིང་བཀྲ་ཤིས་བཙན་ཕྱུག་རང་ས་ཟིན་ལ་མཐའ་བརྟན་པ་སོགས་འབྱུང་བར་བཤད་དེ། རྩིས་རྒྱུད་རིན་ཆེན་སྤུངས་པ་ལས། གཤིན་པོ་འདུར་ལེགས་ཤི་སྐབ་ཆོད། །ཅེས་དང་། ནག་རྩིས་བརྗེད་བྱང་ལས། དུར་ས་ལེགས་པས་དཔལ་འབྱོར་འཕེལ། །ཞེས་སོགས་གསུངས། དུར་ས་ངན་ན་བླ་དེ་གྱོད་ནས་གསོན་པོ་རྣམས་ལ་སྐྱབས་འཚོལ་དུ་འོང་བས་དེ་དུས་གསོན་པོ་རྣམས་ལ་ན

ཚ་ཤི་གོད། སྲིས་མི་སྨེ་བ། ཡ་ག་དང་། ཁ་སླུས་དང་། ལོངས་སྤྱོད་ཆུང་ཞིང་དབྲ་སྟོང་བ་སོགས་མི་འདོད་པ་དུ་མ་འབྱུང་བར་བཤད་དེ། ས་གཞུང་རིན་ཆེན་ཀུན་འདུས་ལས། ས་དཔྱད་ངན་པར་རོ་བསྒྲུལ་ན། །དུད་འགྲོ་ཡིན་ཀྱང་རྡུལ་དུ་བརླག །དེ་སྐད་འཕགས་པ་འཇམ་དཔལ་གྱིས། །རྒྱ་ནག་གཙུག་ལག་རྒྱུད་ནས་གསུངས། །ཞེས་སོགས་རྒྱ་ཆེར་གསུངས་དམངས་ཁྲོད་དུ་ཡང་། ཕ་ཤི་བ་ལས་ས་ཉེས་པ་སྡུག །ཅེས་གྲགས་ཏེ་འཇིག་རྟེན་དང་བསྟན་བཅོས་གཉིས་ཀར་ས་ཉེས་པ་དེ་སྐྱོན་ཆེ་བའི་ཚད་དུ་བྱེད་པ་ཡིན་ནོ། །

འོ་ན་ས་དཔྱད་ལེགས་ཉེས་བརྟག་ཅིང་དངོས་སུ་བླང་དོར་བྱ་བའི་ཚུལ་ཇི་ལྟར་ཞེ་ན། མདོ་རྒྱུད་མཛོད་ཀྱི་ས་བརྟག་པ་ལས། ས་ཤིང་ཆུ་དཔྱད་སྤང་བླང་གདབ་དམིག་གསུམ། །ཞེས་གསུངས་པ་ལྟར་ས་དཔྱད་ཀྱི་གཞུང་རྒྱས་བསྡུས་མང་ཡང་། བརྟག་བྱ་ས་རྫོ་རི་བྲག་ཆུ་ཤིང་ལམ་སོགས་ལ། བརྟག་ཐབས་དབྱིབས་དང་། ཁ་དོག་ཡོད་ཕྱོགས་སོགས་ལ་བརྟག་པ་དང་། སྤང་བྱའི་སྐྱོན་དང་། བླང་བྱའི་ཡོན་ཏན། གདབ་ཐབས་རྣམས་ཕལ་ཆེར་སྤྱི་ཁོག་འདྲ་བའི་ཚུལ་དུ་ཡོད་པ་ལས། སྤྲོས་པ་ལ་དགའ་ཞིང་འབྱོར་པ་དང་ལྡན་ན། བཻ་དཀར་ས་རྩིས་ལས། སྤང་བྱའི་ས་ཡི་རྣམ་གྲངས་ཡང་། ས་ཡི་འབྱུང་སྲི་བརྒྱད། ས་ཡི་ལྟས་ངན་བརྒྱད། ས་ཡི་གེག་ཕྲན་བརྒྱད། འབྱུང་རི་བརྒྱད། སྲི་དང་བྱེ་བྲག་གི་ཁམས་ཀྱི་དགྲ་རི། གནམ་སྒོ། ས་སྒོ། རི་སྒོ། ས་མིག་ངན་པ་བཅུ་གཉིས། ལྷ་འདྲེའི་གནས་ས་རྣམ་ལྔ། གདབ་མིག་ངན་པ་གསུམ། ས་རོ་བརྒྱད། ས་ཡི་མཚོན་ཆ་བཞི་ལ་སོགས་པ་དང་། བླང་བྱ་ལ་ཡང་ཕྱོགས་ཀྱི་སྲུང་བ་རྣམ་བཞི་སོགས་རྩེའུ་ངོ་གྲངས་ལྔ་སྟོང་དྲུག་བརྒྱ་ལོན་པ་ཤིན་ཏུ་རྒྱས་པ་ཡོད། དེ་ལྟར་ལག་ཏུ་ལོན་པར་དཀའ་བ་རྣམས་ཀྱིས་འབྲིང་དུ་བྱ་བ་ནི། ཆགས་མེད་རིན་པོ་ཆེའི་རི་ཆོས་ས་དཔྱད་ལྟར་ལག་ལེན་བྱེད་པ་སྟེ། དེ་ནི་གཞུང་དེ་ཉིད་ལས། ས་དཔྱད་ལེའུ་དྲུག་པ་འདི། །རྒྱ་གར

ལུགས་དང་རྒྱ་ནག་ལུགས། །གཞུང་མང་འོ་མའི་རྒྱ་མཚོ་ལས། །བཅུད་བསྡུས་མར་གྱི་སྙིང་པོ་ཡིན། །ཞེས་གསུངས་པ་ལྟར། ས་དཔྱད་ཀྱི་གཞུང་མང་པོའི་བཅུད་བསྡུས་པ། གསོན་གཤིན་གྱི་སདཔྱད་སྤྱི་ལ་ཁྱབ་ཆེ་ཞིང་ས་ཡི་ལེགས་ཉེས་བླང་དོར་དགོས་ངེས་རྣམས་ཚང་ཞིང་འཇུག་པ་བདེ་བས་མཆོག་དམན་ཀུན་གྱིས་ལག་ལེན་གནང་བཞིན་པ་ཡིན། བསྡུས་པ་ལ་དགའ་བ་རྣམས་ཀྱིས་མི་ཕམ་འཇམ་པའི་དབྱངས་ཀྱིས་མཛད་པའི་རྩིས་བསྡུས་ལས། སྤྲོས་ན་ཤིན་ཏུ་མང་མོད་དེ། །བསྡུ་ན་གལ་ཆེན་འགག་འདི་ཙམ། །མི་རྩི་ཐབས་མེད་ཡིན་པས་ན། །རྩིས་པ་ཀུན་གྱི་ཐུགས་ལ་ཞོག །ཅེས་རྩིས་ཀྱི་སྐོར་མགོ་གང་གི་སྐབས་སུ་ཡང་། གཙོ་གནད་འཛིན་པ་གལ་ཆེ་ཚུལ་དང་། བསྟན་པར་དམ་བཅའ་བ་དང་། དེ་ཉིད་འཛིན་པར་གདམས་པ་བཅས་སྔོན་དུ་བཏང་ནས།

གཞུང་དངོས་ལ་ཆེ་རབས་ལས་རྩིས་དང་། ནད་རྩིས། ལམ་རྩིས་སོགས་ནག་རྩིས་ཀྱི་སྐོར་མགོ་ཆེ་ཕྲ་ཚང་མའི་གལ་གནད་མན་ངག་བསྟན་ཡོད་པ་ལས། སདཔྱད་ཀྱི་རྩིས་བསྡུས་འདི་ལྟར་གསུངས་ཏེ། ས་ནི་ཤར་ཕྱེས་ལྷོ་སྤྱངས་ལ། །ནུབ་འདབ་བྱང་ནི་གཡོལ་བ་ཡི། །རྒྱབ་རི་རྒྱུད་བཟང་མཐོ་བ་དང་། །མདུན་རི་ཚུར་འདུད་ཕྱོགས་ཀུན་སྟུམ། །གནམ་ཟླུམ་ཡོ་མེད་ཉི་ལམ་རིང་། །ས་གཞི་ཀུན་ནས་བརྡལ་ལེགས་ཤིང་། །ཕུ་བཟང་ཡངས་ལ་མདའ་བསྡོལ་བ། །ཤར་དང་ལྷོར་ལམ་ཆུ་ཤིང་བཟང་། །རི་བྲག་ཤིང་དང་གནམ་སྒྲོན་དང་། །ལམ་ཞབས་བཅུད་ཤོར་མདོག་དབྱིབས་ངན། །རྩུབ་གཟེངས་མི་སྡུག་མཚན་མ་སྤངས། །གང་དུ་ཕྱིན་ན་ཡིད་དགའ་ལ། །ཕྱོགས་ཀུན་ཚུར་ལ་རང་ཕྱོགས་འདུད། །འཇམ་ཞིང་བོད་སྐྱོམས་དེ་འདྲའི་སར། །གད་དོང་ཤ་འུད་བྲག་རལ་དང་། །ལམ་སོགས་གདོང་སྣ་མ་ཟུག་པའི། །ཁྲི་འཕང་ཉལ་མིག་ལྟ་བུའི་གནས། །བརྟན་བསྙེང་དབུས་མིག་བཟུང་བྱས་ན། །ས་དེར་གང་གནས་བསམ་པ་འགྲུབ། །འདི་

ནི་ས་དཔྱད་སྙིང་པོ་ཡིན། །ཞེས་གསུངས་པ་འདིར་བཤད་པའི་ལེགས་ཉེས་བླང་དོར་ལག་ལེན་ཐེབས་པ་དང་། སྐྱོན་དུ་དོགས་པ་ཀུན་ལ་སྤྱི་བཅོས་གང་འཚམས་བསྒྲུབས་པས་མི་འཐུས་པ་གང་ཡང་མེད་དེ། འདི་ཉིད་ཀྱི་མཛོད་བྱང་ལས། སྤྱོར་ཐང་ལུགས་ལ་འཇུག་རྣམས་ཀྱི། །ཤིན་ཏུ་མདོར་བསྡུས་ལག་ལེན་གནད། །ཚིག་ཉུང་བ་ཡིས་བཀྲོལ་བ་འདི། །མི་ཕམ་ཞེས་བྱས་བྲིས་པ་དགེ །ཞེས་གཞུང་ཆེན་པོ་རྣམས་ཀྱི་དགོས་པ་ཆུང་བའི་སྤྲོས་བཤད་རྣམས་དོར་ཏེ། དོན་མདོར་བསྡུས་ནས་ས་མཁན་ཡོངས་ཀྱིས་མི་ཤེས་སུ་མི་རུང་བ་དང་། ངེས་པར་བླང་དོར་དགོས་པའི་ས་ཡི་དགེ་སྐྱོན་རྣམས་ཕྱི་ནང་གསང་གསུམ་གྱི་བརྟག་ཐབས་ལག་ལེན་གནད་ཀྱི་སྙིང་པོར་གྱུར་པའི་མན་ངག་ཚིག་ཉུང་དུས་བསྟན་ཚུལ་གསུངས་ལ། ས་གཞུང་རྒྱས་པ་རྣམས་སུ་ཡང་། སྤྱི་དང་བྱེ་བྲག་ལ་ཚང་དགོས་པའི་ས་ཡི་ཡོན་ཏན་བཟང་པོ་གཙོ་ཆེ་བ་ཁ་ཤས་འཛོམས་ན། ས་དགྲ་ཕྲན་ཚེགས་མང་ཡང་གནོད་མི་ཐུབ་པ་དང་། དེ་མཚུངས་ངེས་པར་འཛེམ་དགོས་པའི་ས་དགྲ་ངན་པ་བྱུང་ན་ཡོན་ཏན་ཕྲན་ཚེགས་མང་ཡང་མི་ཕན་པར་གསུངས་པ་དང་། རྩིས་གཞུང་གཞན་ལས། སྐར་མགོ་རྒྱ་ཆེན་བསྐོར་བྱ་ཞིང་། །ཁ་དམར་སྙིང་པོར་དྲིལ་ལ་སྒྲོས། །ཞེས་དང་། རྗེ་འདིའི་ནག་རྩིས་རབ་གསལ་མེ་ལོང་ལས། མང་པོ་སྤྲོས་ལ་དེ་དག་གི །ཁ་དམར་གནད་ཀྱི་འགག་སུ་དྲིལ། །ཞེས་སོགས་གསུངས་པ་དེ་དག་ཐམས་ཅད་ཚིག་གི་སྤྲོས་བཤད་ཁོ་ནའི་རྗེས་སུ་མི་འབྲང་བར་དོན་གྱི་གཙོ་གནད་བཟུང་དགོས་པར་གདམས་པ་ཡིན་པའི་ཕྱིར་རོ། །དེས་ན་བརྟག་ཚུལ་དེ་ལྟར་ཤེས་ནས་གཞན་ལ་ཐེ་ཚོམ་མེད་པར་ལུང་དུ་སྟོན་ནུས་ན། ཇི་སྐད་དུ། སྔོན་དུ་ལེགས་པར་བརྟགས་ནས་སུ། །ཁ་དམར་ཐེ་བྱ་ཚང་འཇུག་ལྟར། །ཡོ་འཁྲུགས་མེད་པའི་གནད་ཤེས་ན། །ཀུན་ལ་ཕན་པ་ཚད་མེད་འབྱུང་། །ཞེས་གསུངས་པ་བཞིན་འགྲུབ་ངེས་པས་གཞུང་

འདི་ཚིག་ཉུང་བ་ལ་བསམས་ནས་ཇི་མི་སྙམ་དུ་འདོར་བར་མི་བྱ་སྟེ་འཇམ་དཔལ་དབྱངས་ཀྱི་དགོངས་པ་ལ་ཞུགས་པའི་ལེགས་བཤད་དོ། །མདོར་ན་སདཔྱད་ཀྱི་རིག་པ་འདི་ཉིད་ཡང་དག་པར་བཤད་དགོས་ན། ས་དཔྱད་སྒོ་འབྱེད་འཕྲུལ་གྱི་ལྡེའུ་མིག་ལས། ལག་ཁྲིད་མཐོང་བའི་རྒྱུན་མེད་ན། །ཐོས་པ་ཙམ་གྱིས་རྟོགས་པ་མིན། །བསོད་ལྡན་རེ་འགའ་མ་གཏོགས་པ། །ཡོན་ཏན་ཚང་བའང་རྙེད་པར་དཀའ། །ཞེས་གསུངས་པ་ལྟར། ས་དཔྱད་ཀྱི་གཞུང་ཚད་ལྡན་ཞིག་གི་སྟེང་ནས་སློབ་དཔོན་མཁས་པའི་ཞལ་ཁྲིད་དང་། བྱེ་མ་ལག་ཁྲིད་ལྟ་བུའི་མཐོང་བརྒྱུད་ཀྱིས་བརྒྱན་ཏེ། རང་གི་མྱོང་བས་ཤེས་ཤིང་གདེང་ཐོབ་པར་བྱ་དགོས་པ་ལས། ངག་རྒྱུན་གཏམ་དཔེ་ཐར་ཐོར་ཐོས་པ་དང་། དཔེ་ལ་སློབ་དཔོན་བཅོལ་བ་ཙམ་གྱིས་ནི་ཕྱོགས་ཙམ་ཡང་རྟོགས་ནུས་པ་མིན་ལ། རང་རང་ལ་དགོས་པའི་སདཔྱད་མ་ལུས་པ་ཡོངས་སུ་རྫོགས་ན་རབ་དང་། ཆ་མཚུངས་སུ་ཡོད་པ་འབྲིང་དང་། ཡོན་ཏན་སྣ་འགའ་རེ་ཙམ་ཡོད་པ་ཡང་རུང་ཙམ་དུ་གསུངས་པ་ལས་གསོན་གཤིན་གང་ལ་ཡང་སོ་སོར་དགོས་པའི་ས་དཔྱད་བཟང་པོ་ཐམས་ཅད་ཕྱོགས་གཅིག་ཏུ་འཛོམས་ཤིང་། ས་དགྲ་གཏན་ནས་མེད་པ་དེ་འདྲ་སྲིད་མཐའ་མ་བཀག་ཙམ་ཡོད་སྲིད་ཀྱང་། དེ་ལྟ་བུ་ནི་ལས་དང་བསོད་ནམས་ལྡན་པ་རེ་འགའ་ལས་ཕལ་གྱིས་རྙེད་པར་དཀའ་སྟེ་འདྲིས་པའི་ཚུལ་དུ་གནས་པས་ན། སསྐྱ་ལེགས་བཤད་ལས། སྐྱོན་དང་ཡོན་ཏན་སུས་ཀྱང་གསལ། །འདྲིས་པ་འབྱེད་ཤེས་མཁས་པ་ཡིན། །བ་ལས་འོ་མ་ཀུན་གྱིས་ལོན། །ཆུ་ལས་འོ་མ་ངང་པས་འབྱེད། །ཅེས་གསུངས་ལྟར། སྤྱི་ལ་གཅེས་པའི་གནས་ཀྱི་མཚན་ཉིད་ཕྱི་ནང་གསང་གསུམ་དང་། བྱེ་བྲག་གནད་ཀྱི་ས་དམིག །ཁྱད་པར་བརྩི་བྱ་རང་རང་ལ་ཚང་དགོས་པའི་ས་ཡི་ཡོན་ཏན་དང་། འཛེམ་དགོས་པའི་ས་དགྲ་རེ་ཡང་ངེས་པར་ཡོད་པས་དེ་དག་སོ་སོར་ཤེས་ཤིང་འདྲིས་པ་

འཕྲེད་ཅིང་། འདྲ་བའི་ནོར་འཁྲུང་གཅོད་པ་དང་། ཁྱད་པར་ས་དཔྱད་འཕྲུལ་ལྡེ་ལས། ས་དེ་གཞན་ལས་གཟི་བརྗིད་ཆེ། །གཡས་གཡོན་ཁ་དོག་སྨུམ་པ་ལ། །རི་རྣམས་མགོ་བཏགས་འོང་བ་འདྲ། །ས་མིག་ནོན་པའི་རྟགས་སུ་ཤེས། །ཞེས་པ་ལྟར་ས་མིག་རྙེད་དང་མ་རྙེད་ནོན་དང་མི་ནོན་བརྟག་པའི་ཚུལ་ལའང་མཁས་པར་བྱས་ཏེ་བཟང་པོ་བདག་ཏུ་གཟུང་བ་དང་། ཉེས་པ་ལ་ངོ་ལོན་དང་གཉེན་པོ་སྤྱད་དེ་ས་དགྲ་ཟློག་པ་དང་སྲུང་བའི་ཐབས། ས་གཞི་བཀྲ་ཤིས་གཡང་ཆགས་སུ་སྒྲུབ་པའི་རྟེན་འབྲེལ་བྱ་བ་སོགས་དམིགས་བསལ་དང་། སོ་སོའི་ཉེས་སྦྱོང་ལེགས་སྒྲུབ་ཀྱི་ཆོ་ག་རྣམས་ཀྱང་ཚུལ་བཞིན་བྱས་ན་ཕན་པ་རྒྱ་ཆེན་པོ་འབྱུང་བ་རྟེན་འབྲེལ་གྱི་ཆོས་ཉིད་ཡིན་ནོ། །

བཞི་པ་ས་དཔྱད་ལེགས་ཉེས་ཀྱི་དཔེ་མཚོན་མདོ་ཙམ་སྨོས་པ་ནི། སྔོན་གྱི་དུས་བོད་ཡུལ་འདིར་ཆོས་རྒྱལ་སྲོང་བཙན་སྒམ་པོའི་སྐུ་དུས་གཙུག་ལག་ཁང་དང་ཕོ་བྲང་བཞེངས་དུས་ས་དཔྱད་རྩིས་ཀྱི་འབྲས་བུས་སངས་རྒྱས་ཀྱི་བསྟན་པ་ཚུགས་ཤིང་། བོད་འབངས་བདེ་སྐྱིད་དར་བ་སོགས་ཐམས་ཅད་ལུང་བསྟན་པ་ལྟར་བྱུང་ཞིང་། ཆོས་རྒྱལ་ཁྲི་སྲོང་ལྡེའུ་བཙན་གྱིས་དཔལ་བསམ་ཡས་ལྷུན་གྱིས་གྲུབ་པའི་གཙུག་ལག་ཁང་བཞེངས་པའི་ཚེ། བླ་མཁྱེན་བི་རྗེ་བཙན་པ་ལ་བཀའ་གནང་ནས་ས་དཔྱད་གཟིགས་ཚུལ་པདྨ་བཀའ་ཐང་ལས་འདི་ལྟར་གསུངས་ཏེ། དེ་ནས་རྒྱལ་པོ་ཁྲི་སྲོང་ལྡེའུ་བཙན་གྱིས། །བླ་མཁྱེན་བི་རྗེ་བཙན་པར་མངའ་གསོལ་ནས། །བོད་ཡུལ་ལུང་པའི་ས་དཔྱད་གང་ལེགས་བཙལ། །ཞེས་དང་། དེ་ནས་བསམ་ཡས་མཆོ་མོ་མགུལ་དུ་བྱོན། །ས་དཔྱད་གཟིགས་པས་བི་རྗེའི་ཞལ་ན་རེ། །ཧས་པོ་རི་ནི་དུང་སེང་གནམ་མཆོང་འདྲ། །མེ་ཡར་དྲེའུ་རྡ་ཆུ་འཕྱུང་འདྲ་སྙེ་བཟང་། །མཆིམས་ཕུའི་རི་འདི་གཡུ་སེང་གནམ་མཆོང་འདྲ། །ཤར་རི་རྒྱལ་པོ་གདན་ལ་བཞུགས་པ་འདྲ། །དགེ་རྒྱས་རི་འདི་རིན་ཆེན་སྤུངས

པ་འདྲ། །མཆིམས་ཕུའི་ལུང་པ་པདྨ་ཁ་བྱེ་འདྲ། །བྲག་དམར་བྱ་རུའི་སེང་གེ་གནམ་འཕྱོ་འདྲ། །ཏོལ་ཐང་དར་དཀར་ཡོལ་བ་བྲེས་པ་འདྲ། །དབུ་ཚལ་རྫིང་བུ་མར་ཁུའི་གཞོང་པ་འདྲ། །ལྷོ་ཕྱོགས་གཙང་པོ་གཡུ་འབྲུག་གྱེན་འགྲོ་འདྲ། །སྤྱིར་ན་བྲག་དམར་ཟན་ཡང་ས་དཔྱད་འདྲ། །རུས་སྦལ་ཁོག་པར་སྦྲང་རྩི་གདིབས་པ་འདྲ། །ཕྱོགས་བཞིའི་ས་སྦྱོར་མཚམས་བཞི་འགྲམ་ནས་འདུག །བོད་ཡུལ་རུ་བཞིའི་ནོར་རྣམས་འཕེལ་བའི་རི། །ཆུ་བོ་རི་ནི་རིན་ཆེན་སྤུངས་འདྲ་འདུག །གྲུབ་ཐོབ་རྒྱུན་ཆད་མེད་པར་འོང་བའི་རི།། འུ་ཤང་རྡོ་དང་སྐར་ཆུང་འདྲ་བ་འདུག །བོད་རྣམས་ཚེ་རིང་བདེ་བས་འཚོ་བའི་རི། །གཙང་གི་རུ་ལག་གཞོན་པ་སྐྱེས་འདྲ་འདུག །བློན་པོ་རིག་པ་ཅན་མང་འོང་བའི་རི། །འཕྱིང་བར་སྟག་རྩེ་གླང་ཆེན་འགྱིངས་འདྲ་འདུག །སྟོན་ཆེན་འོད་རི་པི་ཝང་རྒྱུད་འདྲ་འདུག །བོད་ལ་སྐབས་སུ་འབྲུགས་པ་འོང་བའི་རི། །རི་ནག་སོག་པོ་ཁྲིམས་པ་འདྲ་བཞང་འདུག །ཅེས་པ་སོགས་ས་དཔྱད་གཟིགས་ནས་མ་འོངས་ལེགས་ཉེས་ཅི་འབྱུང་རྒྱལ་པོའི་སྔན་དུ་གསོལ་བས་ཐུགས་དགྱེས་ནས་ས་ཐེག་བཏབ་སྟེ། མཁན་ཆེན་པོ་རྡོ་ས་ཏྲས་ས་འདུལ་མཛད་པ་དེའི་ཚེ། རྒྱལ་པོའི་སྐུ་ལ་དར་དཀར་ན་བཟའ་གསོལ། །ཕྱག་ཏུ་གསེར་གྱི་འཇོར་ལ་སྨན་སྣ་བཞུགས། །ས་ལ་ཁྲུ་གང་བརྐོས་པའི་འོག་ནས་ནི། །ས་ཞག་དཀར་སེར་དམར་གསུམ་བྱུང་པ་ཡིས། །རྒྱལ་པོས་ཞལ་དུ་གསོལ་ཞིང་དབུ་ལ་བྱུགས། །མཁན་པོའི་ཞལ་ནས་རྗེ་ཡི་བསམ་པ་འགྲུབ། །བསྟན་པ་རབ་ཏུ་དར་བར་གྱུར་ཅིག་གསུངས། །ཞེས་ས་དཔྱད་ལེགས་པའི་རྟགས་མཚན་ཐོན་ཅིང་ཐུགས་སྨོན་བདེན་ཚིག་གསུངས་ཚུལ་གསལ་བ་དང་། སླར་ཡང་མཁན་པོས་ལུང་བསྟན་པ་ལྟར་སློབ་དཔོན་ཆེན་པོ་པདྨ་འབྱུང་གནས་གདན་དྲངས། སློབ་དཔོན་གྱིས་ཕེབས་ལམ་དུ་བོད་ཀྱི་ལྷ་འདྲེ་ཐམས་ཅད་དམ་ལ་བཏགས་ཤིང་ཕེབས། སྔར་གྱི་ས་དཔྲ་ངན་པ་དེ

དག་ལ་ལྷ་ཁང་སོགས་གཉེན་པོ་རེ་རེ་བཞེངས། ལྷ་འདྲེ་ཀུན་ལ་བཀའ་བསྒོས་ནས་སླར་ཡང་ས་འདུལ་ལེགས་པར་མཛད་ཅིང་རྒྱལ་པོའི་བཞེད་དོན་བསྒྲུབ་པ་གཉེར་དུ་གཏད་པས། དཔལ་གྱི་བསམ་ཡས་ལྷུན་གྱིས་གྲུབ་ཅིང་རྒྱལ་པོའི་དགོངས་པ་མཐར་ཕྱིན་པ་བྱུང་པ་དང་། དཔལ་ལྡན་ཇོ་བོ་རྗེ་དང་། འབྲོམ་སྟོན་པ་ཡབ་སྲས་གཉིས་ཀྱིས་སྟོན་གནས་རྗེས་དྲན་གྱི་སྐྱེས་རབས་དྲིས་ལན་གྱི་ཚུལ་དུ་གསུངས་པའི་བཀའ་གདམས་གླེགས་བམ་ལས། མཁའ་འགྲོ་མ་རྣམས་ཀྱིས་རྡོ་རྗེ་མགུར་བླངས་པར། ཤར་རྡོ་རྗེ་གདན་གྱི་བྱང་ཕྱོགས་ན། །གནས་ཡུ་རྒྱལ་བོད་ཅེས་བྱ་བ་ཡོད། །རི་མཐོན་པོ་གནམ་གྱི་ཀ་བ་ཡོད། །མཚོ་དམའ་མོ་གཡུ་ཡི་མཎྜལ་ཡོད། །གངས་དཀར་པོ་ཤེལ་གྱི་མཆོད་རྟེན་ཡོད། །སྤང་སེར་པོ་གསེར་གྱི་ལྷུན་པོ་ཡོད། །དྲི་ཞིམ་པོ་སྨན་གྱི་བདུག་སྤོས་ཡོད། །ཚོན་བཀྲ་བ་གསེར་གྱི་མེ་ཏོག་ཡོད། །དབྱར་བཀྲ་བ་གཡུ་ཡི་མེ་ཏོག་ཡོད། །ཀྱེ་གངས་རིའི་མགོན་པོ་སྤྱན་རས་གཟིགས། །གནས་དེ་ན་ཁྱོད་ཀྱི་ཞིང་ཁམས་ཡོད། །ཞིང་དེ་ན་ཁྱོད་ཀྱི་གདུལ་བྱ་ཡོད། །ཀྱེ་གངས་རིའིམགོན་པོ་སྤྱན་རས་གཟིགས། །རི་པདྨ་སྟོང་ལྡན་དབྱིབས་ལེགས་པ། །དུས་དགུན་གསུམ་དཀར་པོ་ཤེལ་གྱི་མདོག །དུས་དབྱར་གསུམ་སྔོན་པོ་གཡུ་ཡི་མདོག །དུས་སྟོན་གསུམ་སེར་པོ་གསེར་གྱི་མདོག །དུས་དཔྱིད་གསུམ་ཁྲ་བོ་གཟི་ཡི་མདོག །མདོག་ལྡན་སུམ་ཚོགས་པའི་རི་བོ་ལ། །ལྷས་ཁྱད་པར་འཕགས་པའི་མཚན་མ་ཡོད། །དུང་དཀར་པོ་གཡས་སུ་འཁྱིལ་བ་ལ། །དར་དམར་པོ་རླ་གའི་ཅོད་པན་ཡོད། །མི་ཁྱོད་ཀྱི་སྣན་པ་ཕྱོགས་བཅུར་འཕེལ། །དཔལ་བེའུ་རི་བསྐོར་བརྒྱུད་པ་ལ། །ནགས་བཀྲ་ཤིས་ཡལ་འདབ་རྒྱས་པ་ཡོད། །མི་ཁྱོད་ཀྱི་བུ་སློབ་ཕྱོགས་བཅུར་འཕེལ། །རི་བོགས་ཆད་གཡུ་ཡི་བུམ་པ་ལ། །ཆུ་ཡན་ལག་བརྒྱད་ལྡན་ཆུ་མིག་འབབ། །མི་ཁྱོད་ཀྱི་ཐུགས་རྗེས་བསིལ་བར་བྱེད། །གནམ་སྔོན་མོ

གཡུ་བྲུའི་གདུགས་སུ་ཕུབ། །ལས་ཉོན་མོངས་ཚད་པ་ཞི་བར་བྱེད། །མི་ཁྱོད་ཀྱི་དགེ་བཤེས་འཕེལ་བའི་རྟགས། །རི་ཟུར་གསུམ་བྲག་གཞུང་གནམ་དུ་མཐོ། །དེད་མཁའ་འགྲོའི་རྒྱལ་མཚན་བསྒྲེངས་པ་འདྲ། །མི་ཁྱོད་ཀྱི་གནས་དེར་བསྟན་པ་སྤྱེལ། །ས་རྩེ་བརྒྱད་ལུང་པ་ཕྱོགས་སུ་གྲེས། །ཀྱེ་འཁོར་ལོ་རྩེབས་བརྒྱད་ཕབ་པ་འདྲ། །མི་ཁྱོད་ཀྱི་མི་མཐུན་གཅོད་པའི་རྟགས། །ཐང་ཆེན་པོའི་གསེབ་ན་རི་ཆུང་ཉལ། །མཚོ་ཆེན་པོའི་ནང་གི་ཉ་མོ་འདྲ། །མི་ཁྱོད་ཀྱི་སྐྱུན་སྟ་འཕེལ་བའི་རྟགས། །ཀྱེ་གངས་རིའི་མགོན་པོ་སྐྱུན་རས་གཟིགས། །མི་ཁྱོད་ཀྱི་ཞིང་ཁམས་དེ་ན་ཡོད། །ཞིང་དེ་ན་ཁྱེད་ཀྱི་གདུལ་བྱ་ཡོད། །འབྲུ་སྣ་ཚོགས་སྨིན་པའི་ཞིང་ས་ཅན། །འབྲུ་བང་མཛོད་རྒྱས་པའི་རྟགས་སུ་བཟང་། །ཤིང་སྣ་ཚོགས་སྐྱེས་པ་ནགས་ཀྱི་ཁྲོད། །གནས་ཁང་བཟང་འཕེལ་བའི་རྟགས་སུ་བཟང་། །ཆུ་མི་ ཆེ་རྒྱ་མཚོ་ཆེན་པོ་མེད། །ཆུ་མི་ཆུང་ཆུ་བོ་དཔག་མེད་འབབ།། ཆུ་སྣོམས་པས་ཡུལ་མི་རྟག་ཏུ་བདེ། །ཀྱེ་གངས་རིའི་མགོན་པོ་སྐྱུན་རས་གཟིགས། །གནས་དེ་ནི་ཁྱོད་ཀྱི་ཞིང་ཁམས་ཡིན། །ཞིང་དེ་ན་ཁྱོད་ཀྱི་གདུལ་བྱ་ཡོད། །ཤར་ལྷུན་པོའི་རྩེ་ནས་ཉི་མ་འཆར། །ཕྱོགས་གཞན་གསུམ་མི་ནོར་ཤུགས་ལས་ཤེས། །འཆར་མི་སྟ་སྟ་དུས་བསམ་གཏན་འཕེལ། །འཆར་མི་ཕྱི་ཉི་འོད་སྨིན་པ་ལ། །ལུས་བག་ཕེབས་བདེ་བར་སྤྱོད་པར་བྱེད། །ཉས་མི་སྟ་ཕོ་རབ་མདུན་སྣང་འཕེལ། །ཉས་མི་ཕྱིས་མཛངས་མའི་ལས་རྣམས་འགྲུབ། །ཀྱེ་གངས་རིའི་མགོན་པོ་སྐྱུན་རས་གཟིགས། །ཡུལ་བཀྲ་ཤིས་འབྱུང་དེ་ཁྱོད་ཀྱི་ཞིང་། །ཞིང་དེ་ན་ཁྱོད་ཀྱི་གདུལ་བྱ་ཡོད། །ཅེས་སོགས་དང་། ཡང་དེ་ཉིད་ལས། རྟ་མགྲིན་དཔལ་གྱི་གཙུག་ལག་ཁང་བཞེངས་པ་དེ། བདག་ཅག་གཉིས་ཀྱིས་མཐོང་བར་བྱིན་གྱིས་རློབས་ཤིག །ཅེས་དང་། བྱིན་གྱིས་བརླབས་ནས་བསྟན་ཏེ་བལྟས་པ་དང་། ཕྱི་ཤར་དུ་བསྟན་པ། མདའ་ཟུབ་ཏུ་བསྟན་པ།

རྒྱབ་རི་སྐྱབས་པ། མདུན་རི་གཉོལ་བ། ལུང་ལག་བརྒྱད་ཡོད་པ། ས་པདྨ་འདབ་བརྒྱད་དང་འདྲ་བ། ལུང་ལག་གི་སྟོབས་ཀྱིས་གནམ་ཡང་འཁོར་ལོ་རྩིབས་བརྒྱད་ཀྱི་རྣམ་པར་ཡོད་པ། རྒྱབ་རི་རི་ཕྲན་མདུན་དང་བཅས་པ། རྒྱལ་པོ་རྒྱལ་སྲིད་དང་བཅས་པའི་རྣམ་པར་ཡོད་པ་ཐང་ཆེན་པོ་ཕ་ཕང་ཚོལ་ལེ་བ་ཡོད་པ། ལ་ལ་ནི་སྟག་གི་གཟུགས་སོགས་རྒྱ་ཆེར་གསུངས་སོ། །དེ་ལྟར་བོད་སྤྱི་དང་ཁྱད་པར་བཀའ་གདམས་བསྟན་པའི་རྒྱུ་མགོར་གྱུར་པ། གདན་ས་ཆེན་པོ་རྭ་སྒྲེང་གི་གནས་བཀོད་ལ་ས་དཔྱད་ཀྱི་དགེ་མཚན་ལྡན་ཚུལ། དེའི་མཐུས་སྣན་གྲགས་བུ་སློབ་ཕྱོགས་བཅུར་འཕེལ་ནས་བསྟན་པ་དར་རྒྱས་འབྱུང་བ་གསུངས་པ་ལས་མ་འདས་པའི་ཕྱིར་དང་། ཡང་དེ་ཉིད་ལས། དགེ་བའི་བཤེས་གཉེན་ཚུལ་ཁྲིམས་འབར་གྱི་རྣམ་ཐར་འཆད་པའི་སྐབས། ཁྱད་པར་ལུང་པ་དོག་པ་གཅིག་ཉན་ལུང་གི་ནང་དུ་བྱོན་ནས་གཟིགས་པས། ཕུ་ཐུང་ཟད་ཡངས། མདའ་དོག་ཅིང་རྩེ་ཤིང་རྒྱས། རི་མཐོ། ཕུ་ཆུ་དྲག །ཤིང་སྣ་རྣམས་ལ་བྱ་དུ་མ་འདུ། དེ་ལ་དཔྱད་པའི་དགོན་པ་ཕུར་རུ་བྱེད་ན་དྲག་དྲགས་ནས་སེམས་ཅན་མང་པོ་ལ་རྒྱལ་པོ་ངན་པའི་སྤྱོད་པ་བྱས་ནས་གནོད་པ་བྱས་ཀྱིས་དོགས། རི་ཆེན་པོ་གཅིག་གི་རྨང་སུ་བརྩིགས་ན་རྒྱབ་བརྟན་པ་ལ་ཐུང་ཟད་དམན། མདུན་ན་བྲག་ལོ་ཞེས་གྲགས་གདོང་འཛུགས་པ་འདྲ་བ་མཐོང་། ཐུང་རྩོད་པ་འདྲ་སྟེ་བཟོད་པ་སྒོམ་པའི་གནས་སུ་བཟང་། མདའ་དོག་སྟེ་ཆོས་བཀའ་དོག །རང་གི་ཆོས་ལ་མཆོག་འཛིན་ཐུང་ཟད་སྐྱེ། འོན་ཀྱང་འཆལ་བ་དང་། ཐུག་ཆོལ་མི་རྩུད། ལོ་ཐུང་ཟད་འདོད། དེ་ལ་བརྟེན་པའི་དགོན་པ་འང་འབྱུང་། ཆོས་ཁྲིམས་དམ་པས་གཞན་གྱིས་ཟུར་ཟ། ཕུ་ཡངས་ཏེ་འབྲས་བུ་བཟང་། དེས་ན་གནོད་པའི་ཕྱོགས་ལ་མ་གཟིགས་པར་ཕུན་སུམ་ཚོགས་པའི་དགེ་བ་ལ་གཟིགས་ནས་བྱ་གནས་པའི་ཡུལ་དེར་དགོན་པ་བཏབ། ཅེས་སོགས་དགོན་གནས

བཏབ་པའི་ཚེ་ས་དཔྱད་ཀྱི་རྟེན་འབྲེལ་ཁོ་ན་གཟིགས་སུ་མཛད་ཚུལ་དུ་མ་གསུངས་པ་དང་། ཡང་དཔལ་ལྡན་ས་སྐྱའི་ཆོས་གྲྭ་ཆེན་པོ་དེ་ཉིད་སྟོན་ཇོ་བོ་རྗེ་བོད་དུ་ཕྱིན་དུས་ཆུ་འདུས་ཀྱི་ལམ་བརྒྱུད་ལ་རྩེར་ཕྱིན་པའི་ཚེ། ས་སྐྱའི་རྒྱབ་རི་དཔོན་པོ་རི་ས་མདོག་དཀར་ལ་སྨུམ་པ་ངོ་མཚར་ཡོད་དུ་འོང་བའི་ངོས་སུ་འབྲོང་རྒོད་གཉིས་རྩྭ་ཆུ་ལ་སྤྱོད་བཞིན་ངར་སྒྲ་འདོན་པ་དང་། སྤྱུ་སྤྱུགས་བྱེད་ཅིང་སྐྱིད་ཉམས་སྣ་ཚོགས་སྟོན་པ་གཟིགས་པ་དང་། དེ་ནས་ཕྱག་འཚལ་སྒང་དུ་ཕྱིན་ནས་ཆིབས་ལས་བབས་ཏེ་ཕྱག་མཆོད་རྒྱས་པར་མཛད། འཁོར་རྣམས་ཀྱིས་དེའི་རྒྱུ་མཚན་ཅི་ལགས་ཞུས་པས། དཔོན་པོ་རིའི་ས་དཀར་པོའི་ལོགས་ལ་ཧྲཱིཿཡིག་བདུན་དང་། དྷཱིཿདང་། ཧཱུྃ་ཡིག་རྣམས་འདུག་པས་བྱུས་པ་ཡིན། དེའི་རྒྱུ་མཚན་ཡང་བོད་གངས་ཅན་གྱི་བསོད་ནམས་ལས་གནས་མཆོག་ཁྱད་པར་ཅན་འདིར་རིགས་གསུམ་མགོན་པོའི་སྤྲུལ་པ་རྒྱུན་མི་ཆད་པར་འབྱོན་ཞིང་། ཐོག་མར་སྤྱན་རས་གཟིགས་ཀྱི་སྤྲུལ་པ་གཅིག་འཇམ་དབྱངས་ཀྱི་སྤྲུལ་པ་བདུན། ཕྱག་རྡོར་གྱི་སྤྲུལ་པ་གཅིག་འབྱོན། གཞན་ཡང་འབྲོང་རྒོད་གཉིས་འདུག་པ་ཡང་། ཆོས་སྐྱོང་གུར་ཞལ་གཉིས་གནས་འདིར་བཞུགས་ནས་བསྟན་པའི་ཕྲིན་ལས་མཛད་པར་འདུག་ཅེས་ལུང་བསྟན། ཕྱིས་འཁོན་དཀོན་མཆོག་རྒྱལ་པོ་དེ་ཉིད་བྲ་ལུང་དགོན་པའམ་དེང་སང་ས་སྐྱ་གོག་པོར་གྲགས་པ་ན་བཞུགས་དུས། བྲ་བོ་ལུང་གི་རི་ཁ་ནས་གཟིགས་དུས། དཔོན་པོ་རི་གླང་པོ་ཆེ་ཉལ་བ་འདྲ་བའི་མཁལ་ཁུང་གཡས་པའི་ཐད་ན་ས་དཀར་ཞིང་སྨུམ་པ། ཆུ་བོ་གཡས་སུ་འབབ་པ་ལ་སོགས་པ་བཀྲ་ཤིས་དང་དགེ་མཚན་དུ་མ་ལྡན་པའི་ས་དཔྱད་གཟིགས་ནས། འདིར་དགོན་པ་ཞིག་བཏབ་ན་བསྟན་པ་དང་སེམས་ཅན་ལ་ཕན་པ་རྒྱ་ཆེན་པོ་འབྱུང་བར་འདུག་སྙམ་དུ་དགོངས་ཏེ། དེར་དཔལ་ས་སྐྱའི་གཙུག་ལག་ཁང་བཞེངས་པར་གསུང་ལ། ཁྱད་པར་དུ་གནས་དེར

ས་དཔྱད་ཕུན་སུམ་ཚོགས་པ་ཇི་ལྟར་ཡོད་པ་ནི་རྗེ་བཙུན་རིན་པོ་ཆེའི་གནས་བསྟོད་ཀྱི་གསུང་མགུར་ལས། ང་སྤྱོད་སའི་དཔལ་ལྡན་ས་སྐྱ་འདི། །འོག་མིན་གྱི་གནས་དང་མཐུན་པར་འདུག །ཤར་གོང་ཁ་བྲ་ཚུང་གླང་པོའི་སྣ། །ཟུང་འཛུག་གིས་འགྲོ་བ་འདྲེན་པ་པོ། །རྗེ་མི་བསྐྱོད་རྡོ་རྗེའི་བཞུགས་གནས་ཡིན། །ལྷོ་ཁའུ་གཙང་པོ་རིན་ཆེན་ཏ། །འགྲོ་བའི་བསམ་པ་འགེངས་པ་ཅན། །རྗེ་རིན་ཆེན་འབྱུང་ལྡན་བཞུགས་གནས་ཡིན། །ནུབ་ཆུ་མིག་རྫིང་ཁ་རྨ་བྱའི་མདོངས། །འགྲོ་བ་ཆོས་ལ་འདྲེན་པ་པོ། །རྗེ་འོད་དཔག་མེད་པའི་བཞུགས་གནས་ཡིན། །བྱང་དཔོན་པོ་རི་འདི་མཁའ་ལྡིང་གཤོག །འགྲོ་བའི་དོན་རྣམས་སྒྲུབ་བྱེད་པ། །རྗེ་དོན་ཡོད་གྲུབ་པའི་བཞུགས་གནས་ཡིན། །ས་དཀར་པོ་སེང་གེའི་གདོང་པ་འདྲ། །དཔལ་ལྡན་ས་སྐྱ་སེང་གེའི་ལུས། །འགྲོ་དྲུག་གི་བསམ་པ་འགེངས་པ་པོ། །རྗེ་རྡོ་རྗེ་འཆང་གི་བཞུགས་གནས་ཡིན། །དེ་འདྲའི་འོག་མིན་གནས་མཆོག་ན། །ང་རྡོ་རྗེ་འཆང་གི་རྣལ་འབྱོར་བདེ། །སྤྲོས་པ་ཆོད་པའི་རྣལ་འབྱོར་བདེ། །རིགས་སྔགས་ཀྱི་གོ་ཆ་སྲ་བས་བདེ། །མན་ངག་གི་མཛོད་དང་ལྡན་པས་བདེ། །ལྟ་བའི་གདེང་དང་ལྡན་པས་བདེ། །དམ་ཚིག་གི་ར་བས་ཆོད་པས་བདེ། །བདག་གཅིག་པུའི་ཁ་ཕོ་མ་ལགས་ཏེ། །འདི་བཞིན་ཀུན་ལ་ཡོང་བར་གདའ། །ཞེས་དང་། ངག་དབང་ཀུན་དགའ་བསོད་ནམས་ཀྱིས་དཔལ་ས་སྐྱའི་གནས་བཤད་ཕུན་ཚོགས་རྒྱ་མཚོའི་གཏེར་ལས། གོང་བཤད་ལྟར་གཞན་གྱིས་བརྗེ་བར་མི་ནུས་པའི་སྒྲིག་ཆགས་ལྟ་དང་། གཞན་ཡང་ཕྱོགས་ཀྱི་རི་ཐང་ཆུ་བྲག་རྣམས་རྒྱལ་སྲིད་སྣ་བདུན་དུ་གསལ་བར་གྲུབ་ཚུལ་སོགས་རྒྱ་ཆེར་གསུངས། དེས་ན་རྗེ་བསོད་ནམས་རྩེ་མོའི་བསྟོད་པ་ལས། བཀྲ་ཤིས་དགེ་མཚན་དཔལ་གྱིས་མངོན་མཐོ་བ། །ས་ཡི་མཆོག་གྱུར་ས་ཕྱོགས་དཀར་མདངས་སྐྱ། །ཞེས་དང་། ཡང་དགེ་ལེགས་ཡོན་ཏན་བསྐྱེད་ཕྱིར་ས། །སྡིག་པའི་དྲི་མ

སྤྱངས་ཕྱིར་སྐྱོ། །རིག་གནས་མཚན་ཉིད་དེ་འདྲ་ཡིན། །ཞེས་ངེས་ཚིག་གིས་བསྔགས་པའི་ས་མིང་གང་ཟག་ལ་ཐོགས་པ་དཔལ་ལྡན་ས་སྐྱ་པ་ཞེས། འོད་གསལ་ལྷ་ཡི་གདུང་རྒྱུད། ལྷ་རིགས་འཁོན་གྱི་གདུང་རྒྱུད་དཔལ་ལྡན་ས་སྐྱའི་གདུང་རྒྱུད་དེ་མཚན་མཆོག་གསུམ་ལྡན་གྱི་གདུང་རྒྱུད་རིན་པོ་ཆེར་ཇོ་བོ་རྗེས་ལུང་བསྟན་པ་ལྟར། རིགས་གསུམ་སྤྲུལ་པའི་སྐྱེས་ཆེན། འཇའ་ལུས་དངོས་སུ་བརྙེས་པའི་གྲུབ་ཐོབ། མུ་སྟེགས་རིགས་པས་བཏུལ་བའི་མཁས་མཆོག །སྙན་པས་འཛམ་གླིང་ཁྱབ་པའི་བླ་ཆེན། སྡེ་བརྒྱད་བྲན་དུ་བཀོལ་བའི་ནུས་ལྡན་སོགས་ངེས་པ་དོན་གྱི་བསྟན་འཛིན་ཟམ་མ་ཆད་པ་བྱོན་པ་དང་འབྱོན་པར་ངེས་པ་མངོན་སུམ་དུ་སྣང་བ་འདི་བཞིན་དང་། གཞན་ཡང་གསང་ཕུ་ནེའུ་ཐོགས། འཕན་ཡུལ་རྒྱན་གྱི་དབང་པོ་སོགས་དགོན་གནས་ཆེ་ཕྲ་མང་པོའི་ས་དཔྱད་སྣང་ཡང་། རང་རང་གི་གདན་རབས་ལོ་རྒྱུས་རྣམས་སུ་བལྟ་བ་ལས་བྲིས་པས་ཟད་པ་མེད་དོ། །

ས་ཉིས་པའི་དཔེ་མཚོན་ཡང་ཧོར་རྒྱལ་ཐུ་གོ་དན་ཀླུ་ནད་ཀྱིས་ཟིན་པ་རྒྱལ་པོའི་ཕོ་བྲང་ཀླུ་གནས་པའི་ས་མིག་གི་སྟེང་དུ་བརྩིགས་པའི་སྐྱོན་ཡིན་པར་ཆོས་རྗེ་ས་པཎ་གྱི་རྣམ་ཐར་དང་། ལོ་རྒྱུས་གཞན་དུ་ཡང་གསལ་བ་སོགས་མང་དུ་སྣང་། སྔོན་བོད་ཀྱི་ས་དཀྲ་གནོད་པའི་མཐའ་འདུལ་ཡང་འདུལ་གྱི་ལྷ་ཁང་སོགས་མ་བཞེངས་བར་དུ་གཙུག་ལག་ཁང་བཞེངས་མ་ཐུབ་པ་དང་། ས་དཀྲ་བཅོས་ནས་བཞེངས་པས་ལེགས་པར་གྲུབ་པའི་ཚུལ་དང་། ཁྲི་སྲོང་ལྡེའུ་བཙན་འཁྲུངས་ནས་རིང་པོར་མི་ལོན་པ་ན་རང་གི་སྲས་སུ་དག་པ་མ་སྟེར་སྐབས། རྒྱ་བཟས་བོད་ཀྱི་ས་དཔྱད་རྣམས་ངན་པར་བསྒྱུར་བས་བཅོས་མའི་ས་དཀྲར་གྱུར་ཏེ་བོད་ལ་མི་རུང་བ་བྱུང་བ་དང་། རྗེས་སུ་སླར་ཡང་ལེགས་བཅོས་བྱས་ཚུལ་སོགས་ས་རྩིས་ཀྱི་བདེན་འབྲས་བསླུ་བ་མེད་པའི་ཚུལ་ལོ་རྒྱུས

རྒྱན་པོས་བདེན་དབང་བྱས་པ་ལ་བློ་ལྡན་སུ་ཞིག་གིས་སྐྱོན་པར་བྱེད། དེས་ན་མི་ཕམ་རིན་པོ་ཆེས། སྔོན་དུས་མངོན་ཤེས་ལྡན་པའི་དྲང་སྲོང་དུ་མ་དྲི་བའི་ཡུལ་དུ་ཡོད་བཞིན་དུ་ཡང་བླང་དོར་སྟོན་པའི་གཞུང་རྣམས་ནི་ཕུད་དུ་འཐུར་ན། དེང་དུས་དེ་ཁྱད་དུ་གསོད་པ་ནི་སྙེ་བོ་རྣམས་ཆེས་རྨོངས་པས་ཡིན་ཞེས་གསུངས་པས། བློ་གྲོས་དང་སྐལ་བ་མི་ཞན་པ་རྣམས་ཀྱིས་རང་གཞན་གྱི་དོན་གལ་པོ་ཆེའི་གནད་འགགས་སུ་ཤེས་ནས། ས་ཡི་ལེགས་ཉེས་དཔྱད་པ་སོགས་བླང་དོར་གྱི་གནས་རྣམས་གཙུག་ལག་བཟང་པོ་རྣམས་ཀྱི་ལུང་བཞིན་བྱས་ན་འཕྲལ་ཕུག་གི་བདེ་ལེགས་བཀྲ་ཤིས་རྒྱ་ཆེན་པོ་འབྱུང་ངེས་པས་ཅིས་ཀྱང་དེ་ལྟར་འབད་འཚལ་ལོ། །

སླར་སྨྲས་པ། ཀུན་རྫོབ་ལས་སྣང་བྲི་གཞིའི་ངོས་ཡངས་པོར། །ཀུན་རྟོག་པིར་གྱིས་བྲིས་པའི་རི་མོ་ནི། །གནས་དུས་རྐྱེན་བརྒྱུས་བསྒྱུར་བའི་རྟེན་འབྲེལ་ལས། །སྲིད་པའི་བདེ་སྡུག་གཟུགས་སྣང་མི་འཆར་མེད། །གང་དུ་གནས་པའི་ས་ཡི་ལེགས་ཉེས་ལས། །འཕྲལ་ཡུན་དགེ་སྐྱོན་བསླུ་མེད་འབྱུང་མཐོང་ནས། །ས་དཔྱད་གཙུག་ལག་མཁས་པའི་ཕྱག་ལེན་བཞིན། །བླང་དོར་འབད་པས་རང་གཞན་བདེ་བར་མཛོད། །དེ་སྐད་གཞན་ཕན་སྟོན་པའི་རྗེས་ཞུགས་ནས། །རྟེན་འབྲེལ་ཙམ་ལ་མོས་པ་ལམ་བྱེད་མཁན། །ཚུལ་ཁྲིམས་རྒྱལ་མཚན་གཟུར་གནས་ལེགས་བཤད་འཚོལ། །གང་དེས་སྒྲུར་བ་དུས་ཀུན་དགེ་གྱུར་ཅིག། །།

རྩོམ་པ་པོ།	ཆག་ལོ་རིན་ཆེན་ཆོས་རྒྱལ་སོགས།
རྩོམ་སྒྲིག་འགན་འཁུར་བ།	ལྷག་པ་བཀྲ་ཤིས།
མཐའ་ཞིབ།	སྤེན་པ།
མདུན་ཤོག་འཆར་འགོད་པ།	སྐལ་བཟང་ནོར་བུ།
དཔེ་སྐྲུན།	བོད་ལྗོངས་བོད་ཡིག་དཔེ་རྙིང་དཔེ་སྐྲུན་ཁང་།
འགྲེམ་སྤེལ་ཚོང་པ།	རྒྱལ་ཡོངས་ཤིན་ཧྭ་དཔེ་ཚོང་ཁང་།
པར་འདེབས་ཚོང་པ།	ཁྲིན་ཏུ་གྲོང་ཁྱེར་ཅིན་ཡ་ཧྲེ་ཚོན་པར་འགན་འཁྲི་ཚད་ཡོད་ཀུང་སི།
དེབ་ཚད།	850×1168 1/32
པར་ཤོག	13.844
པར་གཞི།	2019 ལོའི་ཟླ་12པར་པར་གཞི་དང་པོ་བསྒྲིགས།
པར་ཐེངས།	2019ལོའི་ཟླ་12པར་པར་ཐེངས་དང་པོ་པར།
པར་གྲངས།	01-2,000
དཔེ་རྟགས།	ISBN 978-7-5700-0368-6
རིན་གོང་།	སྒོར། 32.00

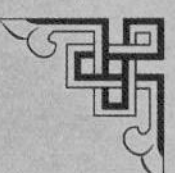

ས་ལུགས་ཀྱི་མཁས་པས་མཛད་པའི་བོད་ཀྱི་ལོ་རྒྱུས་རྣམ་ཐར་ཕྱོགས་བསྒྲིགས་དཔེ་ཚོགས།

༡ རྒྱལ་རབས་གསལ་བའི་མེ་ལོང་སོགས།
༢ བུ་སྟོན་ཆོས་འབྱུང་།
༣ རྒྱ་བོད་ཡིག་ཚང་ཆེན་མོ།
༤ ངོར་པའི་ཆོས་འབྱུང་ཁ་སྐོང་བཅས།
༥ ཆོས་རྣམ་ཆོས་འབྱུང་སོགས།
༦ མཁྱེན་བརྩེའི་ཆོས་འབྱུང་སོགས།
༧ ཆ་གན་རྒྱལ་རབས་སོགས།
༨ སྟོན་པའི་རྣམ་ཐར་དད་ལྡན་དགའ་བསྐྱེད།
༩ རྒྱ་བོད་ཡིག་ཚང་འབྲིང་པོ་སོགས།
༡༠ དབུ་ཚད་ཆོས་འབྱུང་འགའ།
༡༡ འཕགས་པ་གནས་བཅུའི་རྣམ་ཐར་སོགས།
༡༢ བྱ་སྤྱོད་གཙོ་གྱུར་བརྒྱུད་ཡིག་དང་དཀར་ཆག
༡༣ རྣལ་འབྱོར་རྒྱུད་ཀྱི་བྱུང་ཚུལ་འགའ།
༡༤ དཔལ་གསང་འདུས་ཆོས་འབྱུང་འགའ།
༡༥ དམར་ནག་འཇིགས་གསུམ་གྱི་ལོ་རྒྱུས།
༡༦ དཔལ་འཁོར་ལོ་སྡོམ་པའི་ཆོས་འབྱུང་འགའ།
༡༧ ནཱ་རོ་མཁའ་སྤྱོད་བླ་བརྒྱུད་སོགས།
༡༨ བུ་སྟོན་སོགས་ཀྱི་དུས་འཁོར་བྱུང་རིམ།
༡༩ ཆག་ལོའི་དུས་འཁོར་ཆོས་འབྱུང་སོགས།
༢༠ ཨ་མེས་ཀྱི་དུས་འཁོར་ཆོས་འབྱུང་ཆེན་མོ།
༢༡ ལམ་འབྲས་ལུགས་གཞན་གྱི་ལོ་རྒྱུས་སོགས།
༢༢ བླ་མ་དམ་པའི་ལམ་འབྲས་ལོ་རྒྱུས་སོགས།
༢༣ ཨ་མེས་ཀྱི་ལམ་འབྲས་ཆོས་འབྱུང་ཆེན་མོ།
༢༤ གུར་མགོན་སོགས་སྲུང་མའི་ལོ་རྒྱུས།
༢༥ བཀའ་གདམས་ཆོས་འབྱུང་སོགས།
༢༦ ཞ་ལུའི་གདན་རབས་སོགས།
༢༧ བཞད་ཀྱི་ལུང་བཤད་སོགས།
༢༨ རྟ་མགྲིན་ཡང་གསང་བླ་བརྒྱུད་སོགས།
༢༩ ས་སྐྱའི་གདུང་རབས་གྲགས་ཆུང་འགའ།
༣༠ སྤྱང་ལོ་ཆེན་པོའི་རྣམ་ཐར་སོགས།
༣༡ མ་གཅིག་དང་ཐང་རྒྱལ་རྣམ་ཐར་སོགས།
༣༢ པཎ་ཤཱཀ་རྣམ་ཐར་རྒྱས་པ་སོགས།
༣༣ ས་སྐྱ་རྗེ་ངོར་ལུགས་བླ་མ་འགའི་རྣམ་ཐར།
༣༤ བླ་ཆེན་ཆོས་དཔལ་བཟང་པོའི་རྣམ་ཐར་སོགས།
༣༥ མུས་ནམ་མཁའི་རྣལ་འབྱོར་སོགས་ཀྱི་རྣམ་ཐར།
༣༦ ས་སྐྱ་ཨ་མེས་རྣམ་ཐར་རྒྱས་པ་སོགས།
༣༧ གློ་བོ་མཁན་ཆེན་རྣམ་ཐར་སོགས།